제4판

기본 재무관리

Fundamentals of Corporate Finance

Jonathan Berk · Peter DeMarzo · J arrad Harford 지음
선정훈 · 고광수 · 변진호 옮김

Pearson

기본재무관리 제4판

Fundamentals of Corporate Finance Fourth Edition

1쇄 발행 | 2019년 8월 15일

지은이 | Jonathan Berk, Peter DeMarzo, Jarrad Harford
옮긴이 | 선정훈, 고광수, 변진호 옮김
발행인 | 한 헌 주
발행처 | 도서출판 경문사

서울 서특별시 서대문구 독립문로 21-9
홈페이지 : http://www.kmsp.co.kr
전 화 | (02)738-7035
팩 스 | (02)722-4678
이메일 | kmsp@korea.com
등 록 | 1995년 11월 9일 제300-1995-138호

ISBN | 978-89-420-0913-8 93320

값 35,000원

역자 서문

재무관리는 경영학에서 가장 중요한 비중을 차지하는 과목이며, 학생들이 사회에 진출했을 때 가장 큰 도움이 되는 과목임에 틀림없다. 한편 기업 경영에서 재무관리는 투자 의사결정, 자금조달 결정, 기업 인수합병 등 기업의 성장과 발전은 물론 존립을 좌우하는 중요 의사결정을 포함하고 있다. 재무관리가 이처럼 필수적이고 유용한 학문임에도 불구하고, 저자들은 대학에서 재무관리를 강의하면서 많은 학생들이 재무관리에 쉽게 다가가지 못하고 어렵고 이해하기 힘든 학문으로 느낀다는 것을 알았다.

이에 역자들은 어떻게 하면 학생들에게 재무관리를 좀 더 이해하기 쉽게 강의할 수 있을까를 고민하고 있던 중, Berk, DeMarzo, Harford의 Fundamentals of Corporate Finance라는 교과서를 발견했다. 역자들은 이 책을 이용하여 재무관리를 강의하면 소기의 목적을 달성할 수 있을 것으로 판단하였다. 그 판단의 근거는 다음과 같다. 첫째, 이 책은 가치평가 원칙이라는 하나의 이론적 틀에서 재무관리의 기본 원리들을 설명하고 있다. 이는 독자로 하여금 어떠한 재무 의사결정에도 적용할 수 있는 보편적인 원칙과 재무적 사고를 갖출 수 있도록 한다. 둘째, 이 책은 재무관리 이론과 함께 독자가 친숙하게 느끼는 실제 기업의 사례를 풍부하게 제시하고 있다. 이론과 실무가 결합된 이 책은 이론에만 치우치지 않아 독자의 흥미를 유발하고, 독자는 여기서 배운 이론을 실제 현장에 적용하여 도움을 받을 수 있다. 마지막으로 이 책은 많은 표와 그림으로 구성된 시각적인 자료를 효과적으로 사용하여 본문의 내용을 설명하고 있다. 이 책의 표와 그림은 기업들의 실제 수치에 기반을 두고 있어 누구나 쉽게 접근할 수 있으며, 최대한 이해하기 쉽게 작성되어 본문 내용에 대한 독자의 이해도를 높인다.

물론 이 책의 원서로도 재무관리를 공부할 수 있지만, 영어가 모국어가 아닌 사람에게 원서는 여전히 부담스러울 수 있다. 그리고 이 책의 내용이 우리말로 표현된다면, 재무관리를 공부하는 학생들과 현재 기업에서 일하고 있는 실무자들이 재무관리 개념의 이해와 습득에 효과적으로 집중할 수 있을 것이라고 기대했다. 이러한 이유로 인해 저자들은 이 책의 한국어판을 내기로 결정했다. 이 책의 한국어판은 번역서가 갖는 한계를 최대한 줄이기 위해 원서를 일대일로 직역하지는 않았다. 대신 원서의 내용에 충실하면서 그 내용을 우리말로 강의한다는 느낌으로 번역하였다. 원서상의 일부 오류를 수정하여 원서와 약간 다른 경우도 있을 수 있다. 원서를 우리말로 옮기는 과정에서도 의도하지 않았던 오류가 있을 수 있으나, 앞으로 지속적인 보완을 통해 이를 개선하여 나갈 것을 약속 드린다. 독자들의 소중한 의견을 기대한다.

이 책을 내는 과정에서 많은 분들의 도움을 받았다. 이 책의 편집 및 교정 작업에 많은 애를 쓰신 분들께 감사의 뜻을 전한다.

2019년 8월

선정훈, 고광수, 변진호

저자 서문

모든 재무교수의 공통된 책임은 미래 세대의 재무 전문가들을 육성하고 비전공자에게는 재무의 인식과 기법을 불어넣는 것이다. 이번에 펴내는 기본 재무관리에서 우리의 목표는 전공자와 비전공자 모두가 재무에 가깝게 다가갈 수 있는 설명을 제공하는 데 있다. 우리는 수없이 많은 학부 학생과의 경험을 통해서 학생들이 재무관리를 어렵게 느낀다는 것을 알고 있다. 그래서 핵심 원리를 덜 강조하는 대신에 결과에 집중해서 재무관리를 쉬운 것처럼 보이게 하려는 유혹을 받게 된다. 그러나 합쳐서 50년이 넘는 우리의 강의 경험을 통해 재무의 핵심 개념을 강조하는 것이 이 과목을 더욱 이해하기 쉽게 한다는 것을 알게 되었다. 초보자들이 이 과목을 어려워하는 것은 이들이 종종 재무관리의 핵심 개념들과 (재무 의사결정에 사용되면 잘못된 결정으로 이끌게 하는) 직관적으로 호소하는 다른 접근법들을 구분하기 어렵기 때문이다.

2007년–2009년의 금융위기는 많은 실무자들이 재무의 기반이 되고 이 교재의 교육 목표인 핵심 개념을 이해하지 않거나 무시하는 쪽을 선택하고 잘못된 의사결정을 하여 증폭된 측면이 있다. 이러한 점을 고려하여 우리는 단순하지만 강력한 두 가지 개념에 기반한 통합된 하나의 틀로 재무를 설명한다. 여기서 두 가지 개념은 (1) '가치평가가 의사결정을 주도한다', 즉 편익의 가치가 비용의 가치를 초과하는 프로젝트는 선택해야만 한다는 것과 (2) 경쟁시장에서 (개인의 선호도가 아니라) '시장가격이 가치를 결정한다'는 것이다. 우리는 이러한 두 가지 개념을 소위 "가치평가 원칙"과 결합하는데, 이 원칙으로부터 우리는 재무관리의 모든 핵심 개념을 설정한다.

가치평가에 대한 강조

금융위기가 고통스러운 만큼 밝은 희망도 있다. 뉴스에서 재무에 대한 관심이 증가하여 학부 학생들이 재무에 대한 관심을 가지고 강의실에 온다. 우리는 재무에 대한 두려움을 극복하고 오랜 기간 동안 검증을 받은 핵심 원리들을 소통하는데 이들의 자연스러운 관심과 동기를 이용하려고 노력한다. 우리는 비재무 및 재무 전공자들의 흥미 유발을 위해 스타벅스나 애플과 같은 친숙한 기업들과 관련된 예를 제시하고, 현실의 데이터를 일관되게 사용하며, 핵심 개념을 개인재무에 적용하는 예를 제공하는 등 그 동안 강의실에서 해오던 것들을 이 교재의 본문에서 적용한다.

학생들은 가치평가 원칙을 적용하는 법에 대한 학습을 통해 대출 옵션, 투자, 프로젝트 등에 대한 비교 유형을 만드는 기법들을 개발한다. 그리고 이 기법들은 학생들을 지식과 자신감을 갖춘 재무 소비자 또는 재무 관리자로 만든다. 학생들이 재무를 개인의 삶이나 미래 경력에 적용하는 방법을 알게 되었을 때, 재무가 추상적이고 수학에 기반을 둔 개념 이상의 것이라는 것을 이해하게 될 것이다.

책의 구성 및 목차

이 책은 입문 단계의 학부 강의에서 다루는 주요 주제들을 소개하고 있으며, 기업의 투자 선택, 투자에 필요한자금조달 방법 등 기업의 재무 의사결정과 관련된 내용들에 초점을 맞추고 있다. 우리는 이 책을 유연성의 필요성과 한 학기라는 시간상의 제약을 고려하여 디자인하였다.

이론과 실무의 결합

현실적인 초점을 갖는 학습 도우미

성공을 위해 학생들은 핵심 개념들을 습득해야 하고 오늘날 실무자들이 직면하는 문제들을 파악하고 해결해야 한다.

▶ **가치평가 원칙**은 모든 재무 의사결정의 기초라고 표현된다. 기업이 기업가치 증가를 가져오는 프로젝트를 선택하거나 투자를 실행해야 한다는 것이 가치평가 원칙의 핵심 개념이다. 재무의 방법론들은 비용과 편익을 동일한 조건하에서 비교함으로써 프로젝트 또는 투자가 기업가치에 미치는 영향을 결정한다. 제3장에서 처음 소개되고, 이후 각 파트의 시작마다 다시 등장하는 가치평가 원칙은 이 책 전체를 통합하는 하나의 원칙이다.

▶ **안내하는 문제해결**(Guided Problem Solutions; GPS)는 일관된 문제해결 방법을 사용하여 모든 중요한 개념을 포함시키는 예제들이다. 문제해결 과정은 계획, 실행 및 평가의 세 개의 단계로 나누어진다. 학생들의 이해를 돕는 이 접근법은 스스로 문제를 풀 때 풀이 과정을 모형화하는 능력을 향상시키고 수학적인 정답에 대한 해석의 중요성을 예시한다.

▶ **개인재무 GPS**는 일상생활에서 재무분석을 사용하는 예시에 대한 진열장으로 새로운 자동차 또는 집의 구매, 은퇴에 대비한 저축 등과 같은 시나리오에 대한 문제를 제시한다.

▶ **일상적인 실수**는 학생들에게 강의실 또는 실무에서 핵심 개념과 계산에 대한 잘못된 이해 때문에 흔히 하게 되는 실수를 경고하는 상자이다.

예제 2.3
감가상각의 현금흐름에 대한 영향

문제 *Problem*

글로벌은 2016년에 감가상각비로 $1백만의 추가 비용이 들었다. 글로벌의 법인세율이 26%라면, 이 비용이 글로벌의 이익에 미치는 영향은 무엇인가? 연말에 글로벌의 현금에 어떤 영향을 미칠 것인가?

풀이 *Solution*

● 계획

감가상각비는 영업비용이므로, 글로벌의 영업이익, EBIT와 법인세차감전이익에 영향을 미칠 것이다. 법인세율이 26%이므로 법인세차감전이익이 $1 감소할 때, 글로벌의 법인세도 $0.26씩 감소할 것이다. 글로벌의 현금이 어떻게 영향을 받는가를 알기 위하여, 추가적인 감각상각이 현금흐름에 주는 영향을 살펴보아야 한 다. 감가상각이 비용으로 처리되지만 실제 현금 유출이 아니기 때문에, 현금흐름에 주는 유일한 영향은 법인 세 감소에 있다.

● 실행

감가상각에 추가적인 $1백만이 사용되므로, 글로벌의 영업이익, EBIT와 법인세차감전이익은 $1백만 감소할 것이다.

법인세차감전이익의 $1백만 감소는 글로벌의 법인세를 26% × $1백만 = $0.26백만 감소시킬 것이다. 따라서 순이익은 $1백만 $0.26백만 = $0.74백만 감소할 것이다.

현금흐름표에서 순이익이 $0.74백만 감소하지만, 감가상각이 실제 현금 비용이 아니기 때문에 추가적인 감가상각비인 $1백만을 다시 더해 준다. 따라서 영업활동 현금흐름은 −$0.74백만 + $1백만 = $0.26백만 증가할 것이다. 즉 글로벌의 연말 현금 잔액은 추가적인 감가상각의 법인세 절약 금액인 $0.26백만만큼 증가한다.

● 평가

현금 잔액의 증가는 법인세 절감으로부터 발생하는 것이다. 글로벌의 현금 비용은 증가하지 않으면서 법인세가 $0.26만큼 감소하였기 때문에, 연말에 $0.26백만의 현금이 더 많아지게 된다.

개인재무
예제 4.3
영구연금을 위한 기부

문제 *Problem*

당신은 당신의 모교 졸업생들이 매년 졸업파티를 개최할 수 있도록 하기 위해 모교에 기부를 하고자 한다. 당신은 이 파티가 기억에 남는 행사가 되기를 원하여, 연 $30,000의 예산을 무한 시점까지 책정하고 있다. 당신 의 모교가 연 8%의 투자 수익을 올릴 수 있으며, 첫 졸업파티가 오늘부터 1년 후에 개최된다고 하면, 당신은 오늘 얼마를 기부해야 하는가?

풀이 *Solution*

● 계획

당신이 모교에 제공하고자 하는 현금흐름을 시간선에 나타내면 다음과 같다.

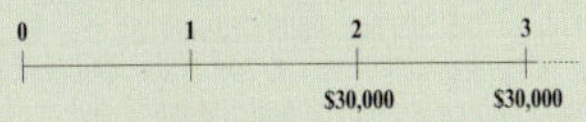

이러한 형태의 현금흐름은 영구연금에 해당된다. 영구연금의 현금흐름이 발생하기 위해 당신이 모교에 기부해야 하는 금액은 영구연금의 현재가치를 계산함으로써 구할 수 있다.

● 실행

영구연금의 현재가치를 구하는 공식을 이용하면

$$PV = C/r = \$30{,}000/0.08 = \$375{,}000 \text{ (오늘)}$$

● 평가

당신이 오늘 $375,000을 기부하고 당신의 모교가 이 금액을 연 8%의 수익률로 영원히 투자하면, 당신 모교의 졸업생들은 매년 $30,000으로 졸업파티를 할 수 있을 것이다.

일반적인 실수 | **서로 다른 시점에 발생하는 현금흐름의 합산**

화폐의 시간가치를 이해하면, 규칙 1은 매우 당연한 것으로 간주된다. 하지만 우리는 재무를 배우지 않은 사람들이 발생하는 시점이 서로 다른 현금흐름들을 동등하게 취급하는 것을 흔히 볼 수 있다. 이는 규칙 1에 위배된다. 그 대표적인 예가 운동선수들의 연봉계약(sports contract)이다. 2011년 앨버트 푸홀스가 로스엔젤레스 에인절스와 연봉계약을 하였는데, 그 당시 이 계약은 "$250 백만" 계약이라고 반복적으로 언급되었

다. 여기서 "$250 백만"은 그가 계약 기간 10년 동안 받게 될 돈을 단순히 더한 금액이다. 10년동안 받게 될 금액을 단순 합산하는 것은 10년 후에 받게 되는 금액을 오늘 받는 금액과 동일하게 간주한다는 뜻이다. 이와 동일한 일이 2013년에 리오넬 메시가 에프씨 바르셀로나와 "$150 백만"의 계약을 통해 2018년까지 계약 연장을 할 때, 그리고 2015년에 지안카를로 스탠튼이 플로리다 마린스와 "$325 백만"의 13년 계약을 할 때 발생했다.

실제 관행을 반영하는 응용

글로벌 금융 위기 **티저 금리(Teaser Rates)과 서브프라임 대출(Subprime Loans)**

변동 이자율 모기지(adjustable rate mortgages; ARM)와 같은 일부 대출은 대출 기간 동안 이자율이 일정하게 유지되지 않는다. 이러한 대출에 대한 이자율이 변경되면, 대출금의 현재 미상환 잔액, 새로운 이자율 및 잔여 대출 기간을 기준으로 분할상환금이 재계산된다.

변동 이자율 모기지는 낮은 등급의 신용 기록을 가진 주택 구매자를 위해 만들어진 소위 "서브 프라임"대출의 가장 일반적인 유형이었다. 이러한 대출은 종종 낮은 초기 이자율을 특징으로 한다. 서브 프라임 차입자들이 전통적인 고정 이자율 모기지가 아닌 변동 이자율 모기지를 선택하도록 유혹하기 위해 낮은 초기 이자율을 제시한다. 이런 초기 이자율을 적절히 명명하면 티저 금리(teaser rate)라고 한다. 짧은 기간(종종 2–5년) 후에는 이자율이 더 높은 수준으로 급등하는데, 이 초기 티저 금리로 대출이 가능할 수도 있었지만, 많은 서브 프라임 차입자들은 대출 이자율이 조정된 후에 더 많은 분할상환금을 지불할 능력이 없었다. 2007년 이전에는 이자율이 낮은 수준을 유지한 가운데 주택 가격이 높고 상승 중이어서 이들이 기존 대출을 더 낮은 초기 티저 금리를 갖는 새로운 대출로 차환(refinancing)하여 부도를 피할 수 있었다. 그들은 이런 식으로 월별 분할상환금을 낮게 유지할 수 있었다. 그러나 2007년에 주택 담보대출 이자율이 상승하고 주택 가격이 하락하기 시작했고, 대출 분할상환액을 낮추기 위한 이러한 전략은 더 이상 가능하지 않게 되었다. 많은 경우에 미상환 대출 잔액이 주택의 시장가치를 초과하여 대출자가 대출을 더 이상 차환하지 않으려고 하였다. 지금은 지불 능력이 없는 높은 이자율의 대출에 사로잡혀 많은 주택 소유자들이 파산했으며 서브 프라임 대출에 대한 차압이 급증했다.

글로벌 금융위기는 최근 금융위기와 국채 위기의 현실, 주목할 만 교훈을 반영한다. 이 책 전체에 분산되어 있는 글상자는 핵심 사항들을 예시하고 분석한다.

인터뷰 **케빈 와쉬 (Kevin M. Warsh)**

스탠포드 경영대학원의 강사이자 후버 연구소의 석좌 방문연구원인 케빈 와쉬는 2006년부터 2011년까지 미 연준(Fed) 이사로 재직하면서 금융시장에 대한 수석 연락 담당자의 역할을 수행했다

질문: 중앙은행이 경제를 통제하기 위해 사용하는 주요 정책 수단은 무엇인가?

답변: 미 연준은 물가안정, 지속 가능한 최대 고용 및 금융안정이라는 목표를 달성하기 위해 몇 가지 정책 수단을 사용한 주요 정책 수단은 단기 이자율인 연방기금 금리에 대한 조정이다. 연방기금 금리 인하는 경기를 촉진시킨다. 연방기금 금리 인상은 일반적으로 경기를 둔화시킨다. 공개 시장 조작을 통해 미국 재무부 단기 채권을 매매하는 것은 표준 관행이다. 2007–2009년 금융위기 이전의 미 연준의 재무상태표는 \$700~\$900 십억 달러에 달했다. 그러나 이자율이 이미 0에 근접했기 때문에 Fed가 이자율을 더 낮출 수 없었 TAF)은 경제 일선에 있는 (대규모 및 소규모) 은행에 저렴한 비용으로 쉽게 사용할 수 있는 기금을 제공하고 이를 통해 은행이 기업 및 소비자에게 제공하는 신용을 확대하도록 촉진하여 경기를 자극했다. 미 연준은 경기 회복을 위해 정책 금리를 거의 0의 수준까지 인하한 후에 정부 및 정부 대행기관 유가증권의 특별 매입인 양적 완화(Quantitative Easing; QE) 프로그램을 두 번 시행하여 통화 공급을 늘리고 대출을 촉진하고, (일부 제안자들에 따르면) 위험 자산의 가격을 상승시켰다고 한다. 미 연준은 또한 유럽 중앙은행(European Central Bank) 및 다른 주요국의 중앙은행들과 일시적으로 중앙은행 유동성 스왑 라인을 설정함으로써 세계 금융위기를

실무자 인터뷰는 저명한 전문가들에 대한 인터뷰로 해당 분야의 리더들을 소개하고 금융위기의 영향을 다루고 있다.

영구연금의 역사적인 예

영구채권은 채권 역사상 초기에 발행된 채권 중의 하나였다. 아직 까지 이자를 지급하고 있는 영구채권 중 가장 오래된 채권은 17세기에 지역 수로의 관리 책임을 맡고 있었던 네덜란드 수자원 관리위원회(Dutch water board)인 "Hoogheemraadschap Lekdijk Bovendams"에 의해 발행되었다. 그중 가장 오래된 영구채권은 1624년부터 발행되었다. 예일 대학의 윌리암 고에즈만(Willam Goetzmann), 게르트 로웬호스트(Geert Rouwenhorst) 두 교수는 아직도 이 채권들이 이자를 지급하고 있음을 직접 확인해 주었다. 예일 대학은 2003년 7월 1일 이 채권들 중 하나를 매입하고, 26년간의 밀린 이자를 지급받았다고 한다. 예일 대학이 구입한 채권은 1648년 발행되었으며, 처음에는 카롤루스 길더(Carolus guilder)로 이자를 지급했다. 이어 355년 동안 이자 지급 통화가 플랑드르 파운드(Flemish pound), 네덜란드 길더(Dutch guilder), 유로(Euro)로 바뀌어 왔다. 최근 이 채권은 연 €11.34의 이자를 지급했다. 비록 네덜란드 채권이 현존하는 가장 오래된 영구채권이지만, 최초의 영구채권의 발행시점은 17세기보다 훨씬 더 이전으로 거슬러 올라간다. 예를 들어 영구연금과 연금의 형태를 취했던 "cencus agreements and rentes"라는 채권이 12세기에 이탈리아, 프랑스, 스페인에서 발행되었다. 이 채권들은 원래 가톨릭 교회의 고리금지법(usury law)을 회피하기 위한 목적으로 발행되었다. 왜냐하면, 가톨릭 교회의 관점에서는 원금의 상환을 요구하지 않는 이 채권들이 대출로 간주되지 않았기 때문이다.

일반 관심 글상자는 비즈니스 문제들과 기업의 실제 관행에 대한 정보를 제공하는 현재 재무 사건으로부터의 시의 적절한 자료를 제시한다.

모든 학생들이 재무를 생각하도록 가르침

수학을 간단하게 표현

비전공자들이 재무를 배울 때 가장 어려워하는 부분 중의 하나는 전문용어, 수학, 비표준화된 기호를 습득하는 것이기 때문에, 기본 재무관리에서는 기호와 공식의 체계적인 사용을 위해 다음 사항들을 갖추고 있다.

- 기호상자 각 장은 기호상자로 시작한다. 기호 상자는 변수와 해당 장에서 사용하는 약어들을 정의하고 학생들이 참고할 수 있는 범례로서 역할을 한다.
- 번호와 제목이 부여된 공식 한 공식이 기호 형식으로 처음 제시될 때 번호가 부여된다. 핵심 공식은 제목이 부여되고 각 장 후반부의 핵심요약 및 공식에 다시 제시된다.
- 시간선 제3장에서 처음 소개되는 시간선은 현금흐름과 관련된 모든 문제를 해결하는 데 중요한 첫 단계로 강조된다.
- 재무계산기 사용법 HP-10BII 또는 TI BAII Plus Professional 재무계산기를 사용하여 문제를 풀이하는 방법을 설명한다. 제4장의 미래가치와 현재가치를 구하는 글상자 그리고 제4장, 제6장 및 제15장의 부록 등이 재무계산기 사용법에 해당된다.
- 스프레드시트 표 일부 선택된 표들은 피어슨이 운영하는 유료 사이트인 MyFinanceLab에서 엑셀 파일을 다운 받을 수 있다. 엑셀 파일 형태의 스프레드시트에서는 입력 값들의 변화를 통해 해당 계산을 다르게 해볼 수 있다.
- 엑셀 사용법 모니터 화상 화면과 함께 엑셀 사용법을 설명하여 학생들에게 엑셀 사용법을 안내하는 역할을 한다.

기호

C	현금흐름	N	현금흐름이 발생하는 마지막 날짜
C_n	날짜 n의 현금흐름	P	원금 또는 동등한 현재가치
FV	미래가치	PV	현재가치
FV_n	날짜 n의 미래가치	r	이자율 또는 수익률
g	성장률		

부록 재무계산기 사용법

소수점 아랫자리의 지정

충분한 소수점 아랫자리의 수가 지정될 수 있도록 한다.

HP-10BII

[ ] DISP 4

TI BAII Plus Professional

2ND • 4 ENTER

기초와 기말의 전환

재무계산기가 기말 모드에 있는지 항상 확인하여야 한다.

HP-10BII

[ ] MAR

표 20.1 동일 매출액을 가정한 스프링필드 스노보드의 2018년 예측 재무제표

1	분기	2017Q4	2018Q1	2018Q2	2018Q3	2018Q4
2	손익계산서($000)					
3	매출액	10,909	5,000	5,000	5,000	5,000
4	매출원가	−7,091	−3,250	−3,250	−3,250	−3,250
5	판매 및 일반 관리비	−773	−500	−500	−500	−500
6	EBITDA	3,045	1,250	1,250	1,250	1,250
7	감가상각	−455	−500	−500	−500	−500
8	EBIT	2,590	750	750	750	750
9	법인세	−907	−263	−263	−263	−263

엑셀 사용하기 NPV와 IRR 계산하기

여기에서는 마이크로소프트 엑셀을 이용하여 NPV와 IRR을 푸는 것을 알아본다. 엑셀 사용 시 주의점에 대해서도 살펴본다.

NPV 함수: date 0은 남겨둠

엑셀의 NPV 함수는 NPV(rate, value1, value2, …)의 형식으로, "rate"는 현금흐름을 할인하는 기간별 이자율이다. 그리고 "value1, "value2", 등은 현금흐름이다(혹은 현금흐름의 범위). NPV 함수는 첫 번째 현금흐름이 date 1에 발생하는 것을 가정하여 현금흐름의 현재가치를 계산한다. 따라서, 만일 사업의 첫 번째 현금흐름이 date 0에 발생하면, 우리는 NPV를 계산하기 위해서 NPV 함수를 사용할 수 없다. date 1 이후의 현금흐름의 현재가치를 계산하는 데 NPV 함수를 사용할 수 있으며, 사업의 NPV를 계산하기 위해서는 date 0의 현금흐름을 더해 주어야 한다. 아래의 화면 그림이 이 차이를 보여준다. 파란색으로 표시된 첫 번째 NPV 계산이 옳은 것이다: 우리는 NPV 함수를 1기를 포함하여 그 이후에 발생하는 모든 현금흐름에 사용하고 이미 현재

재무를 배우기 위한 재무 연습

연습문제 풀이는 재무에 대한 이해를 공고히 하고 확인하는 입증된 방법이다.

▶ 개념확인은 각 절 후반부에 제시되어 학생들로 하여금 해당 절에 대한 이해도를 평가하고 추후에 복습이 필요한 영역을 찾을 수 있도록 한다.

▶ 연습문제는 원저자들에 의해 직접 작성되었으며, 강의자가 최고의 자료를 학생들에게 숙제로 낼 수 있는 기회를 제공한다. 또한 학생들은 숙제로 제시된 문제가 각 장의 내용과 일관된다는 자신감을 가지고 연습을 할 수 있다. 원저자들이 직접 작성한 연습문제와 해답은 실제 강의에서 검증되었으며 정확성 점검을 하였으므로 질이 보장된다.

myfinancelab 핵심요점 및 공식

5.1 이자율의 표시와 조정

▶ 다른 가격들처럼 이자율도 시장 힘(자금에 대한 수요와 공급)에 의해 결정된다.

▶ 실효 연이자율(EAR) 또는 연율화 수익률(APY)은 1년 후에 얻게 되는 총 이자(투자금액 및 이자에 대한 이자) 금액을 투자금액 대비 비중으로 나타낸다. EAR은 1년 후의 미래가치를 현재가치로 환산할 때 할인율로도 사용할 수 있다.

▶ EAR(1-기간 할인율)이 r로 주어졌을 때, 이와 동등한 n-기간 할인율을 다음 식을 이용하여 구할 수 있다. 여기서 n은 1보다 클 수도 작을 수도 있다

$$\text{1-기간 할인율과 동등한 n-기간 할인율} = (1 + r)^n - 1 \tag{5.1}$$

▶ 연율화 이자율(APR)은 가장 보편적인 이자율 표시 방법이다. 복리 계산 기간 당 실제 이자율은 APR을 연간 복리 계산 기간 횟수(m)로 나누어 준 값으로 계산된다. APR은 할인율로 사용될 수 없다.

▶ 연간 복리 계산 기간 횟수를 알면, APR을 가지고 EAR을 구할 수 있다.

$$1 + EAR = \left(1 + \frac{APR}{m}\right)^m \tag{5.3}$$

$(m = \text{연간 복리계산 기간 횟수})$

학습 효과를 강화하는 자료들

핵심 개념들의 이해를 테스트하는 것은 재무 학습에서 매우 중요하다.

▶ 핵심요점 및 공식은 각 장의 핵심 내용과 결론을 제시한다.

▶ 사례연구는 기업 환경 하에서의 깊이 있는 시나리오를 학생들의 분석을 가이드 하기 위한 질문들과 함께 제시한다. 많은 질문들이 인터넷 자료의 사용을 필요로 한다.

▶ 통합사례는 각 부의 마지막에 위치하며 각 부의 기준 개념을 확장하는 문제들을 제시한다. 이 사례는 각 부에 해당되는 장들의 내용에 근거하여 학생들이 분석할 수 있는 시나리오와 데이터를 제공한다.

사례연구

당신은 월마트(Walmart)의 재무 관리 이사(CFO)이다. 오늘 오후에 당신은 이사회 멤버와 골프를 쳤다. 라운딩 후반부에 이사회 멤버인 그녀는 어느 경영학 학술지에서 읽은 최근의 논문에 대해 열정적으로 설명하였다. 논문에서는 효과적인 운전자본 관리를 통해 주식가격이 개선된 몇 개 회사를 언급하고 있다고 역설했다. 그녀는 월마트가 운전자본 관리를 효과적으로 하겠지만 더 효과적으로 할 수 있지 않겠는지 궁금하다고 말하였다. 월마트는 운전자본을 어떻게 관리하고 있고, 운전자본 관리로 널리 알려진 경쟁회사인 코스트코(Costco)와 비교하면 어떤 상태일까?

집으로 돌아온 당신은 인터넷에서 얻을 수 있는 자료를 이용해서 임시로 사전 분석을 해보기로 했다.

1. 코스트코의 지난 4년 동안의 재무제표는 http://moneycentral.msn.com 에서 얻는다.
   a. 박스에 주식 표식(COST)을 치고 "Get Quote"를 클릭한다.
   b. 왼쪽 열에서 "손익계산서(Income Statement)"를 클릭한다.

요약 차례

차례

제1부 입 문

1 기업재무와 재무관리자

2 재무제표 분석 기초

6 채 권

7 주식의 가치평가

10 주식의 가치평가: 다시 보기

제4부 위험과 수익률

제5부 장기 자금조달

14 자기자본 조달

제7부 재무계획과 예측

18 재무모형과 추정 재무제표 분석

19 운전자본 관리

20 단기 재무계획

제1부

입문

가치평가 원칙의 연계. 기업재무란 무엇인가? 주식회사에서 당신의 역할이 무엇이든, 왜 그리고 어떻게 재무 의사결정이 이루어지는가를 이해하는 것은 필수적이다. 이 책의 초점은 어떻게 최적 기업재무 의사결정을 하는가에 있다. 제1부에서는 기업재무 학습의 기본적인 사항을 다루고자 한다. 제1장은 주식회사와 함께 관련된 기업의 형태로부터 시작하여, 기업 의사결정에 있어서 재무관리자와 외부 투자자들의 역할을 검토할 것이다. 최적 의사결정을 하기 위해서 의사결정자는 정보를 필요로 한다. 이에 따라 제2장에서는 주식회사의 의사결정을 위한 정보의 중요 원천(회사의 회계 보고서)에 대해서 검토하고 분석한다. 제1장과 제2장은 재무관리자의 역할 및 목표와 함께 재무관리자가 가치평가 원칙을 적용하여 최적 의사결정을 하는 데 필요한 정보들을 소개한다. 제2부에서는 가치평가 원칙을 소개하고 적용할 것이다.

1 기업재무와 재무관리자

학습목표

- 개인 생활과 업무에 있어서 재무 정보의 중요성을 파악한다.
- 기업 형태의 중요한 특징을 이해하고, 각 기업 유형의 장점이 경제 활동을 지배하는 이유를 살펴본다.
- 재무관리자의 목표와 그 목표의 합리성을 설명하고, 재무관리자가 행하는 세 가지 주요 의사결정을 이해한다.
- 기업이 어떻게 운영되고 통제되며 그 속에서 재무관리자의 위치가 어디인지를 알고, 재무관리자가 직면하는 윤리적 문제들을 이해한다.
- 주식시장과 같은 금융시장이 기업에게 왜 중요한지와 금융시장과의 매개체로서 재무관리자의 역할을 이해한다.
- 경제의 금융 순환에 있어서 금융기관의 역할을 인식한다.

Corporate Finance and the Financial Manager

이 책은 주식회사에서 사람들이 어떻게 재무 의사결정을 하는가에 초점을 맞추고 있다. 기업재무라는 이름에도 불구하고, 기업재무에서 언급되는 많은 것들이 자선 단체와 대학 같은 비영리 단체를 비롯한 어떤 조직의 재무 의사결정에도 적용될 수 있다. 이번 장에서는 네 가지의 주요한 기업 형태에 대해 소개하지만, 주로 주식회사에 집중하여 설명하고자 한다. 우리는 또한 기업 조직 내에서 재무관리자의 중요한 역할도 강조할 것이다. 어떤 제품을 출시하고, 제품 개발에 비용을 어떻게 지불하며, 얼마만큼의 이익을 기업 내부에 유보하고, 이익을 어떻게 투자자에게 돌려줄 것인가 등의 의사결정들은 기업재무의 영역에 속한다. 재무관리자는 기업 가치 극대화의 목표를 가지고 이러한 문제들을 금융시장에서 결정한다. 이 장과 이 책 전반에서 우리는 기업 가치 극대화라는 목적에 초점을 맞추고, 여러분들에게 재무 의사결정의 방법론을 소개하며, 기업이 금융시장을 통하여 어떻게 자금을 조달하는지와 재무관리자의 투자 분석에 매우 중요한 시장 가격이 어떻게 형성되는지도 설명하고자 한다.

1.1 왜 재무를 공부해야 하나?

재무와 재무적 사고는 우리 생활 모든 곳에 필요하다. 대학에 진학하는 것을 생각해 보자. 당신은 고교 졸업 후에 곧바로 취업하는 대안을 생각해 본 후에, 대학이 가장 큰 혜택을 줄 것이라고 결심했을 것이다. 이와 같이 사람들은 개인적 재무 의사결정을 하게 된다. 다음의 경우를 생각해 보라.

- ▶ 퇴직 후를 위하여 언제 저축을 시작하고 얼마나 저축하여야 하는가?
- ▶ 자동차 대출과 리스 중 어느 것이 더 유리한가?
- ▶ 어떤 주식이 좋은 투자인가?
- ▶ 주택담보 대출의 계약을 어떻게 평가해야 하는가?

우리의 직업 생활은 예측하기 힘들고 역동적이다. 이전 세대에서는 한 직장에 평생 근무하는 것이 흔한 일이었지만, 지금은 매우 드문 일이 되어 버렸다. 우리들은 직장뿐만 아니라 직업까지 바꾸는 경우가 많다. 새로운 기회에 대해서 모든 비용과 혜택을 재무적 관점뿐만 아니라 다른 관점에서도 평가하여야 한다.

어떤 재무 의사결정은 간단하지만 대부분은 복잡하다. 당신의 업무에서 다음과 같은 문제에 직면하게 되면 어떻게 할 것인가?

- ▶ 당신의 기업은 새로운 제품을 출시하여야 하는가?
- ▶ 당신의 기업은 어떤 공급자를 선택하여야 하는가?
- ▶ 당신의 기업은 특정 부품을 생산하여야 하는가 아니면 하청을 주어야 하는가?
- ▶ 당신의 기업은 새 주식을 발행하여야 하는가 아니면 차입을 하여야 하는가?
- ▶ 당신의 신설 기업을 위해 어떻게 자금을 조달한 것인가?

이 책에서는 당신의 개인 생활과 업무에 있어서 이러한 모든 의사결정들이 가치평가 원칙(valuation principle)이라는 하나의 강력한 개념에 어떻게 관련되는지를 공부할 것이다. 가치평가 원칙은 의사결정의 비용과 혜택을 비교할 수 있도록 하여 대안들을 적절히 평가할 수 있도록 한다. 가치평가 원칙을 배우면, 여러 대안의 비교를 가능하게 하는 기법을 알게 되어 지식과 자신감을 가진 금융 소비자와 관리자가 될 수 있다.

2007년에서 2009년까지 우리는 신용 경색, 주식시장의 심각한 하락 및 잘 알려진 금융 기관들의 실패를 목격하였다. 이 위기의 여러 가지 요소, 원인 및 사업과 개인 금융에 대한 영향을 이해하려는 시도는 핵심적인 금융 원칙과 개념을 배워야 할 필요성을 제고하였다.

당신이 재무를 주전공으로 하든지 단순히 이 과목을 수강하든지 상관없이, 여기서 얻게 되는 재무 지식이 당신의 개인 생활과 업무에서 필수적인 역할을 한다는 것을 알게 될 것이다.

1.2 4가지 기업의 형태

먼저 재무관리자가 운영하는 기업의 형태를 살펴보면서 기업재무 공부를 시작하고자 한다. 그림 1.1과 같이 4가지 주요 형태의 기업이 있다: 개인회사(sole proprietorships), 파트너십(partnerships), 유한책임회사(limited liability companies), 주식회사(corporations). 각 기업의 형태를 설명하지만, 우리의 주요 초점은 가장 중요한 기업의 형태인 주식회사에 있다.

개인회사

개인회사(sole proprietorships)는 한 사람에 의해 소유되고 운영되는 사업 형태로, 몇 안 되는 종업원을 가지는 경우가 보통이다. 개인회사가 전체 경제의 매출에서 차지하는 비중이 크지는 않지만, 세계에서 가장 일반적인 형태의 기업이라고 할 수 있다. 2012년 현재 개인회사의 수입은 미국 전체의 3%에 불과하지만, 전체 사업체의 72%를 차지하는 것으로 추정되었다.[1]

개인회사: 한 사람에 의해 소유되고 운영되는 사업 형태

개인회사의 주요 특성은 다음과 같다.

1. 개인회사는 설립이 간단하다는 이점이 있다. 많은 신설 사업체들이 이 형태의 기업 체계를 사용한다.
2. 개인회사의 주요 제한은 기업과 소유자의 구분이 없다는 것이다. 사업을 운영하는 한 명의 소유자가 기업을 소유한다. 다른 투자자가 있어도 기업의 소유권 지분을 가질 수 없다.
3. 소유자는 기업의 채무에 대해 개인적으로 무한책임을 진다. 말하자면, 기업이 채무 불이행 상태가 되면, 채권자는 소유자의 개인 자산으로 상환할 것을 요청할 수 있다. 소유자는 개인적으로 채무 변제를 할 수 없을 때, 개인 파산을 선언하여야 한다.
4. 개인회사의 존속 기간은 소유자의 수명으로 제한된다. 개인회사의 소유권을 양도하는 것은 어렵다.

대부분의 사업에서 개인회사의 단점은 장점보다 훨씬 크다. 개인회사의 채무가 소유자의 개인적 책임 한계를 넘어서는 순간이 되면, 사업체의 형태를 소유자의 책임을 제한하는 형태로 전

1) U.S. Census Bureau National Data Book.

환하는 것이 일반적이다. 전환은 아래에서 논의할 다른 형태 기업들의 여러 가지 혜택들을 가지게 한다.

그림 1.1
미국 기업의 형태

미국에는 4가지 주요 형태의 기업들이 있다. (a)와 (b)에서 보듯이, 대부분의 미국 기업들은 개인회사지만, 그들은 주식회사에 비해 전체 수입의 아주 작은 부분을 차지한다.

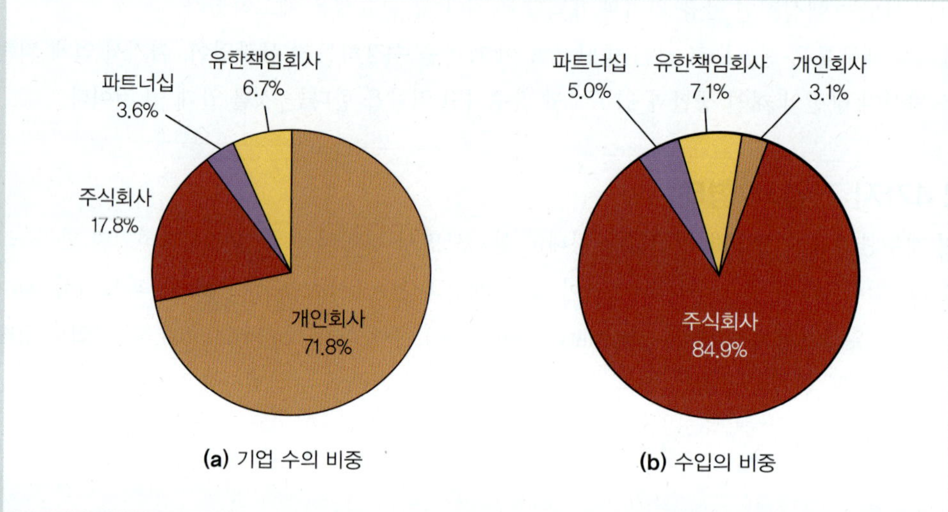

출처: www.irs.gov

파트너십

파트너십: 둘 이상의 개인에 의해 소유되고 운영되는 하나의 사업 형태

파트너십(partnerships)은 두 사람 이상에 의해서 소유되고 운영되는 기업이다. 주요 특징은 다음과 같다.

1. 모든 파트너는 기업의 채무에 대해 책임을 진다. 말하자면, 채권자는 어떤 파트너에게도 채무 변제를 요구할 수 있다.
2. 파트너십은 어떤 파트너 1인의 사망이나 탈퇴가 발생하면 해산된다.
3. 파트너들은 파트너십 협약이 사망 또는 탈퇴 파트너의 지분을 매입하는 등의 다른 대안을 제공한다면 청산을 회피할 수 있다.

몇몇 오래된 사업체는 아직도 파트너십이나 개인회사로 남아 있다. 이러한 기업체들은 소유자의 개인적 평판이 사업의 기반이 되는 경우가 많다. 예를 들어, 법률회사, 의료 진료소, 회계법인 등이 종종 파트너십으로 조직되어 있다. 그러한 기업에서는 파트너의 개인적 책임 때문에 기업의 명성이 좋아진다는 고객의 믿음이 있는 경우가 많다.

유한책임 파트너십: 무한책임 파트너와 유한책임 파트너의 두 종류 소유자에 의한 파트너십

유한책임 파트너십(limited partnership)에는 두 종류의 소유자가 있는데, 하나는 무한책임 파트너(general partner)이고, 다른 하나는 유한책임 파트너(limited partner)이다. 무한책임 파트너들은 파트너로서 (무한책임) 파트너십에서 동일한 권리와 특권을 누리지만, 기업의 의무에 대해서 개인적으로 책임을 져야 한다. 하지만 **유한책임(limited liability)** 파트너들은 자기들의 출

유한책임: 투자자의 책임이 투자액으로 한정되는 경우

자 범위 내에서 책임을 지기 때문에, 그들의 사유 재산은 기업의 채무를 변제하기 위하여 압류될 수 없다. 유한책임 파트너의 사망이나 탈퇴는 파트너십 해체의 원인이 되지 않을 뿐만 아니라 지분의 양도도 가능하다. 그러나 유한책임 파트너는 경영권이 없고 법적으로 경영의사결정에 관여할 수도 없다.

유한책임회사

유한책임회사(limited partnership)는 무한책임사원(general partner)이 없는 유한책임 파트너십과 같다. 즉, 모든 (회원이라고 부르는) 소유자는 유한 책임을 가지지만, 유한책임사원과는 달리 경영진으로 영업에 참여할 수 있다. LLC는 상대적으로 미국에 새로운 개념이다. 1977년에 LLC를 창립하도록 허용한 최초의 주는 와이오밍이다; 1997년에 마지막으로 하와이가 허용했다. 국제적으로는 유한책임을 가지는 회사는 이미 오래 전부터 설립되어 왔다. 100년 전에 이미 독일에서 Gesellschaft mit beschrankter Haftung (GmbH)라는 이름으로 설립되었고, 다른 유럽과 남미 국가에서도 생기기 시작하였다. LLC는 프랑스에서 Societe a responsabilite limitee (SAR), 이탈리아와 스페인에서는 각각 SRL, SL이라고 불린다.

유한책임회사: 무한책임사원이 없는 유한 파트너십

주식회사의 특징

주식회사는 법적으로 정의된 가상의 존재로 소유자와는 분리된다. 이에 따라 주식회사는 자연인이 갖는 많은 법적 능력들을 갖는다. 주식회사는 계약의 주체가 되어 자산을 취득하고 채무를 질 수 있으며, 대부분의 사법권하에서 자산 압류로부터 보호를 받을 수 있다. 주식회사는 소유자와 완전히 분리된 법인이므로 자신의 채무에 대해서 전적인 책임을 진다. 이에 따라 주식회사의 소유자인 주주(또는 주식회사의 종업원과 고객 등)는 기업이 진 채무에 대해서 아무런 책임이 없다. 기업 또한 소유자의 개인적인 채무에 대해서 아무런 책임이 없다.

이메일이나 휴대폰이 없는 현대의 영업을 상상하기 어려운 것처럼, 주식회사는 경제에 대변혁을 이루었다. 1819년 2월 2일에 미국 대법원은 자연인과 비슷하게 주식회사의 성질은 사적이고 미국 헌법 하에서 보호받는다는 법적 판례를 확립하였다.[2] 이러한 결정은 미국 주식회사의 수를 획기적으로 증가시켜서, 1830년에 1,000개였던 것을 1890년에 50,000개가 되게 하였다. 오늘날, 주식회사 구조는 어디에나 퍼져서 미국(기업 전체 수입의 85%를 점하고 있음)뿐 아니라 전세계에 존재하고 있다.

주식회사의 조직 주식회사는 법적으로 조직되어야 하는데, 회사를 조직하기 위해서는 법적인 설립 허가서(미국에서는 이를 corporate charter라고 함)가 있어야 한다는 것이다. 따라서 주식

2) 이 판례는 Dartmouth v. Woodward로, 존 마샬(John Marshall)의 판결 전문을 www.constitution.org/dwebster/dartmouth_decision.htm에서 확인할 수 있다.

회사를 만드는 것은 개인회사를 만드는 것보다 비용이 훨씬 많이 든다. 미국에서는 법적 목적상 주식회사는 주소지를 두는 주의 국민 자격을 갖는다. 대부분의 주식회사는 공식적인 조직화 규정을 포함하는 설립 약관과 정관을 만들기 위하여 변호사들을 고용한다. 설립 약관은 주식회사가 어떻게 운영되어야 하는가의 초기 규정들을 명시하게 된다.

주식: 주식회사의 소유권 또는 자기자본을 나눈 지분

자기자본: 주식회사가 발행한 모든 주식들의 가치 총합

주주: 주식회사의 지분(share), 주식(stock) 또는 자기자본(equity) 소유자

배당금: 주식회사의 재량에 의해 주주에게 지급되는 이익 분배금

주식회사의 소유권 주식회사는 소유자의 수에 대한 제약이 없다. 대부분의 주식회사가 많은 수의 소유자를 보유하고 있기 때문에, 각 소유자는 주식회사 지분의 일부만을 가지게 된다. 주식회사의 전체적인 소유권은 **주식(stock)**이라고 하는 지분(share)으로 나누어진다. 주식회사가 발행한 모든 주식들의 가치 총합을 주식회사의 **자기자본(equity)**이라고 한다. 주식회사의 소유자는 지분 보유자, **주주(shareholder)**, 또는 자기자본 보유자라고 한다. 주주들은 **배당금(dividend payment)**을 지급 받을 권리를 갖는데, 배당금은 주식회사의 재량에 의해 주주들에게 지급되는 이익 분배 금액이다. 주주들은 대개 소유한 주식의 비중에 비례하여 배당금을 지급 받는다. 예를 들어, 주식회사 지분의 25%를 가지고 있으면 총배당금의 25%를 받을 자격이 있다.

주식회사의 중요한 특징은 누가 지분을 소유하는가에 대한 제한이 없다는 것이다. 주식회사의 지분 소유자는 특별한 전문성이나 자격을 가질 필요가 없다. 이런 특징은 주식회사의 지분이 비공개로 자유롭게 거래될 수 있게 하는데, 이는 주식회사로 기업을 설립하는 가장 중요한 장점이 된다. 주식회사는 지분을 익명의 외부 투자자에게 매도할 수 있기 때문에, 대부분의 경우 많은 자본을 비교적 쉽게 조달할 수 있다.

외부 자금조달이 가능하기 때문에 주식회사는 경제를 지배하게 하는 원동력이 되었다. 세계에서 가장 큰 회사인 마이크로소프트 주식회사를 예로 들어보자. 마이크로소프트는 2014년 7월부터 2015년 6월까지의 12개월 동안 $93.6십억의 연간 수입을 기록하였다. 2015년 6월 현재 기업의 총가치(시가총액)는 $354십억이다. 이 기업은 118,000명의 종업원을 고용하고 있다. $93.6십억의 매출을 2014년의 총 GDP로 생각하면, 마이크로소프트는 전 세계 200개 이상의 국가 중에서 슬로바키아 다음인 62번째의 부자 국가에 해당한다.[3] 슬로바키아는 마이크로소프트 종업원의 45배에 해당하는 5.4백만 명의 인구를 가지고 있는 나라다. 마이크로소프트의 종업원 수를 인구 수로 생각한다면, 지구상에서 28번째로 인구가 적은 국가인 퀴라소(Curacao)보다 약간 많다.

주식회사의 과세상 시사점

기업 조직 형태에 있어서 또 하나의 중요한 차이는 과세 체계에 있다. 주식회사는 분리된 법적

3) 2016년 4월 11일현재 World Development Indicators 데이터베이스에서 GDP 테이블을 보려면 http://data.worldbank.org/indicator/NY.GDP.MKTP.CD로 가시오.

주체이기 때문에, 주식회사의 이익은 소유자의 조세 의무와는 분리되어 과세된다. 결과적으로 주식회사의 주주들은 세금을 두 번 납부한다. 먼저, 주식회사가 이익에 대해서 세금을 납부하고, 나머지 이익이 주주들에게 배분될 때 주주들은 이 소득에 대해 개인소득세를 납부해야 한다. 이 체계를 때때로 이중과세(double taxation)라고 부른다.

예제 1.1
주식회사 이익의 과세

문제 *Problem*

당신은 어떤 주식회사의 주주이다. 이 주식회사는 주당 $5.00의 세전이익이 발생한다. 법인세 지급 후에 나머지 이익을 배당으로 분배할 것이다. (여기서는 이렇게 간단한 가정을 하지만, 대부분의 주식회사들은 이익의 일부를 재투자를 위해 유보시킨다는 것을 명심하자.) 배당은 소득이므로, 당신은 이 소득에 대해 세금을 지불할 것이다. 법인세율이 40%이고 배당에 대한 당신의 소득세율이 15%라고 하자. 세금을 지불한 후에 이익의 얼마가 남게 되는가?

풀이 *Solution*

- **계획**

세전이익: $5.00 법인세율: 40% 개인 배당 소득세율: 15%

주식회사의 세후이익을 계산하기 위하여, 먼저 주식회사 수준에서 $5.00의 세전이익으로부터 법인세를 차감한다. 법인세는 $5.00의 40%가 될 것이다. 모든 세후이익이 당신에게 배당으로 지급될 것이기 때문에 당신은 그 금액의 15%를 개인 소득세로 지불할 것이다. 남겨진 금액은 세금이 지불된 이후에 남는 금액이다.

- **실행**

주식회사 수준에서 주당 $5.00 × 0.40 = $2.00의 법인세를 내므로, 주당 분배할 세후이익은 $5.00 − $2.00 = $3.00이다.

당신은 배당에 대해 $3.00 × 0.15 = $0.45를 개인 소득세로 지불하고, 모든 세금을 지불한 후에 최초 $5.00으로부터 $2.55가 남게 된다.

- **평가**

주주로서 최초의 이익인 $5.00 중에서 $2.55만을 가지게 된다. 나머지 $2.00 + $0.45 = $2.45는 세금으로 지불된다. 따라서 당신의 전체 실효 세율은 2.45/5 = 49%가 된다.

S 주식회사 주식회사의 조직 구조는 이중과세에 해당하는 유일한 조직 구조이다. 그러나 미국 내국세법은 S 주식회사가 Subchapter S 과세 취급을 선택하면 이중과세를 면제해 준다. 이 하위 법률 규제에 따라 기업의 이익(과 손실)은 주식회사 과세의 대상이 아니고, 소유권에 따라 주주에게 직접 할당된다. 주주들은 (그들에게 아무런 현금이 배분되지 않아도) 각자의 소득신고에 이를 수입으로 포함해야 한다. 그러나, 이 이익에 대해 소득세를 납후하면 더 이상의 세금은 없다.

C 주식회사 미국 정부는 S 조항 조세 규정의 적격성에 엄격한 제한을 두고 있다. 특히, S 주식

전 세계의 주식회사 과세

대부분의 국가가 주식회사 투자자에게 이중과세 구제책을 제공하고 있다. OECD 30개국이 그렇게 하고 있고, 이 중 아일랜드만이 어떤 구제책도 제공하고 있지 않다. 호주, 핀란드, 멕시코, 뉴질랜드, 노르웨이를 포함하는 몇몇 국가들은 배당소득세를 전혀 부과하지 않는 구제책을 제공하고 있다. 미국은 배당소득에 대해 다른 소득보다는 낮은 세율을 부과하여 부분적인 구제책을 제공한다. 2016년 현재, 적격 배당은 투자자의 과세 구간에 따라 15% 또는 20%로 과세되는데, 이는 개인소득세율보다 훨씬 낮은 수준이다.

예제 1.2
S 주식회사 이익의 과세

문제 *Problem*

예제 1.1로 다시 돌아가서, 그 주식회사가 S 조항의 적용을 받고 당신의 비배당(non-dividend) 소득세율이 30%라고 하자.

풀이 *Solution*

● **계획**

세전이익: \$5.00 법인세율: 0% 개인 소득세율: 30%

이 경우에, 주식회사는 아무런 세금을 내지 않는다. 주당 \$5.00의 이익을 얻었고, S 주식회사이기 때문에 이익의 분배 여부와는 상관없이 모든 소득은 개인 소득으로 인정된다. 결과적으로 당신은 이익에 대해 30%의 소득세를 지불하여야 한다.

● **실행**

당신의 소득세는 0.30 × \$5.00 = \$1.50이 되어, 당신에게 \$5.00 − \$1.50 = \$3.50의 세후 소득이 남게 된다.

● **평가**

당신이 지불하는 \$1.50의 세금은 예제 1.1에서 지불된 \$2.45보다 훨씬 작다. 결과적으로, 당신은 \$2.55가 아닌 주당 \$3.50의 세후 소득을 얻게 된다.

회사의 주주들은 미국 국민이거나 영주권자이어야 하고, 100인을 초과하면 안 된다. 대부분의 주식회사는 누가 지분을 소유하였고 소유자의 수가 얼마인지에 대해서 제한을 두지 않기 때문에 S 조항 규정의 대상이 되지 못한다. 따라서 대부분의 주식회사는 법인세가 과세되는 **"C" 주식회사**이다.

C 주식회사: 주식회사는 소유자와 그들의 주식 수에 아무런 제한을 두지 않는다; 주식회사는 Subchapter S를 적용 받거나 직접 과세의 대상이 될 수 없다.

앞에서 언급하였듯이 기업에는 개인회사, (무한책임 및 유한책임) 파트너십, 유한책임회사, 주식회사("S" and "C") 등 네 가지 형태가 있다. 표 1.1은 이들의 차이를 파악하는 것을 돕기 위해서 각각의 주요 특징을 비교하여 보여주고 있다.

표 1.1
기업 형태별 특징

	소유자 수	기업 부채에 대한 책임	소유자 경영 여부	소유권 변동의 회사 해산 여부	과세
개인회사	1인	예	예	예	개인별
파트너십	무한대 가능	예, 각 파트너 책임	예	예	개인별
유한책임 파트너십	1인의 무한책임 파트너(GP)와 무제한의 유한 책임 파트너	GP–예 LP–아니오	GP–예 LP–아니오	GP–예 LP–아니오	개인별
유한책임회사	무제한	아니오	예	아니오	개인별
S주식회사	최대 100인	아니오	아니오 (법적으로 가능)	아니오	개인별
C주식회사	무제한	아니오	아니오 (법적으로 가능)	아니오	이중과세

개념확인

1. 유한책임회사란 무엇인가? 유한책임 파트너십과 무엇이 다른가?
2. 사업 조직을 주식회사로 만드는 것의 장점과 단점은 무엇인가?

1.3 재무관리자

2015년 12월 현재, 애플은 26,000명의 소유자에 의해 5.5십억 주가 보유되고 있다.[4] 주식회사는 투자자가 많기 때문에 각 주주들은 그들의 주식을 자유롭게 거래할 수 있고, 주식회사이 소유자가 직접적으로 회사를 통제하는 것은 매우 어렵다. 따라서 주주들을 위한 영업상의 재무 의사결정은 재무관리자에게 주어진다. 주식회사 내에서 재무관리자는 3가지의 주요 업무를 가진다.

1. 투자 의사결정
2. 자금조달 의사결정
3. 단기 현금 관리

재무관리자의 대단히 중요한 목적과 함께 각각의 개념에 대해 논의해 보자.

투자 의사결정

재무관리자의 중요한 업무의 대부분은 기업의 투자 의사결정이다. 재무관리자는 모든 투자 대안의 비용과 혜택을 비교하여 어떤 것이 주주의 투자 자금을 적절하게 사용하는 대안인가를 결정한다. 기본적으로 투자 의사결정은 기업이 무슨 사업을 하고 있으며, 무엇이 추가적으로 소유자의 부를 증대시킬 것인가를 알 수 있게 한다. 예를 들어, 지금은 생각하기 어렵지만, 애플의 재무관리자들은 최초의 아이폰 개발에 언제 투자할 것인가를 평가했을 것이다. 그들은 미래의 불확실한 매출과 실질적인 개발 및 생산 비용을 비교해야 했다. 그들의 분석은 아이폰 개발은 훌

4) Apple, Inc., Notice of 2016 Annual Meeting of Shareholders, December 28, 2015.

륭한 투자였고, 그 이외의 것은 과거라고 말한다. 이 책에서는 재무관리자의 투자 의사결정에 필요한 분석 도구들을 소개한다.

글로벌 금융 위기 **도드-프랭크 법 (Dodd-Frank Act)**

2008년의 금융 위기에 직면하여, 미국 연방정부는 금융기관과 비공개 주식회사의 통제와 경영에 있어서 연방정부의 역할을 재평가하게 되었다. 2010년 7월 21일에 서명된 법률인 도드-프랭큰 법(Dodd-Frank Wall Street reform and Consumer Protection Act)은, 2008년 전세계적인 금융 시스템의 붕괴 가능성과 이후의 글로벌 신용 위기 이후, 금융 규제 체계의 개혁에 대한 폭넓은 요구에 직면하여 금융 규제의 광범위한 변화를 가져왔다. 역사는 정말 반복된다: 의회가 연방 예금보험공사(Federal Deposit Insurance Corporation, FDIC)를 설립하고 상업 은행과 증권회사 간의 거래를 규제하기 위해 중요한 은행 개혁을 단행한 것은 1929년 주식시장의 대폭락과 뒤이은 대공황 이후였다.

도드-프랭크 법은 (1)"금융 시스템의 책임성과 투명성을 향상"시켜서 미국의 금융 안정성을 증진시키고, (2)"파산하기에 너무 크다"는 개념을 종식시키며, (3)"구제 금융을 종식시켜서 미국 납세자를 보호"하고, (4)"학대적인 금융 서비스 관행으로부터 소비자를 보호하려는" 목적을 가진다. 시간이 지나면 이 법이 실제로 중요한 목표들을 달성했는가의 여부를 알 수 있을 것이다.

도드-프랭크 법에서 광범위한 금융 개혁을 실행하려면, 많은 연방기관들의 업무를 통해 규정의 제정 또는 기타 규제 조치가 이루어져야 한다. 이 법의 통과 5년 후인 2015년 중반 현재 247건의 개혁이 이루어져서 도드-프랭크 규제 체계에 대해 명확한 그림이 제공되었다. 하지만 또 다른 143개의 규정이나 조치가 이행을 기다리고 있다. 규정의 2/3가 완료되었지만, 많은 핵심 개혁 사항들이 이행 단계 또는 이행을 기다리고 있다. 예를 들어, 정부가 보증하는 예금을 받는 은행들의 투기적 투자를 금지하는 볼커 규정(Volcker Rule)은 2015년 7월 말경에 완전한 효력을 발휘하였다.

자금조달 의사결정

재무관리자가 어떤 투자 의사결정을 하면, 어떻게 자금을 조달할 것인가를 결정해야 한다. 대규모 투자를 위해서 주식회사는 추가적인 자금을 조달하여야 한다. 재무관리자는 기존 주주나 새로운 주주로부터 자금을 조달할 것인지, 아니면 채권이나 여타 채무 등으로 자금을 조달할 것인지를 결정하여야 한다. 채권은 정부나 주식회사가 미래의 약속된 금액 지급을 대가로 하여 현재의 투자자로부터 자금을 조달하기 위해 판매하는 증권이다. 이것은 투자자로부터 발행자에게로의 대출이라고 할 수 있다. 이 책에서는 각 자금 원천의 특징을 설명하고, 주식회사의 채무와 주식의 전체적인 조화 관점에서 어떤 수단을 사용하여야 하는지를 알아보고자 한다.

단기 현금 관리

재무관리자는 매일매일 기업의 지급 의무를 충족시키기에 충분한 현금을 확보해야 한다. 이 업무를 *운전자본 관리*(managing working capital)라고 하는데, 매우 단순한 업무라고 할 수도 있지만, 신설 또는 성장 기업의 경우에는 성공과 실패를 가르는 중요한 업무가 되기도 한다.[5] 훌륭한 제품을 생산하는 기업이라고 할지라도 제품 개발과 판매를 위해서 많은 돈이 들어간다. 스

5) 운전자본은 현금, 재고자산, 원자재, 공급업자에 대한 대출, 고객 지불금과 같이 기업의 원활한 운영에 필요한 윤활유 역할을 한다. 보다 자세한 의미의 운전자본은 다음 장과 제19장 운전자본 관리에서 다룰 것이다.

주주 가치 대 이해관계자 가치

재무관리자의 목표는 주주에게 기업 가치를 증가시켜 주는 것이다. 하지만 이러한 책임은 기업의 의사결정이 종업원이나 고객과 같은 다른 이해관계자에 미치는 영향을 고려하지 않아도 된다는 것을 의미하지는 않는다. 오히려 고객에 대한 추가적인 가치를 창출함으로써 가격을 높이고 이익을 증가시킬 수 있다. 비슷하게, 기업이 종업원들에게 이익이 되는 의사결정을 하면, 임금을 더 낮추거나 생산성 향상으로부터의 혜택을 볼 수 있을 것이다. 반면에 고객과 종업원들이 기업이 자신들을 착취할 가능성이 있다고 예상한다면, 그들은 더 낮은 가격 또는 더 높은 임금을 요구하게 될 것이다. 따라서 주주의 부를 극대화하기 위해서 재무관리자는 자신의 의사결정이 기업 이해관계자들에게 미치는 영향을 고려하여야 한다.

타벅스의 인스턴트 커피인 VIA의 출시는 인스턴트 커피의 과립 개발과 마케팅 캠페인을 위해서 스타벅스에 많은 비용을 지출하게 했다. 보잉 787기의 생산을 위해서 2009년 12월에 787의 처녀 비행이 있기까지 보잉사는 수십억 달러를 지출하였다. 대개 기업은 제품 판매를 통해서 수입을 얻기 전에 상당한 금액을 지출하게 되는데, 재무관리자는 자금 압박이 기업의 성공에 방해가 되지 않도록 하여야 한다.

재무관리자의 목적

재무관리자의 모든 의사결정은 재무관리의 가장 중요한 목적인 주주의 부의 극대화(maximizing the wealth of the shareholders)를 위해 이루어져야 한다. 주주들은 주식회사의 소유자가 되기 위하여 그들의 자금을 주식회사에 투자하게 되는데, 이러한 투자에는 위험이 따른다. 따라서 재무관리자는 주주의 자금을 보호하는 주체로, 주주의 이익을 위하여 의사결정을 한다. 많은 주식회사들이 수많은 주주를 가지는데, 주주의 구성은 대형 기관부터 처음 투자하는 소액 투자자까지 또는 투자에 의존해 사는 은퇴자부터 이제 막 연금 투자를 시작하는 젊은 근로자까지 매우 다양하다. 각각의 주주는 서로 다른 이해 관계와 우선적 관심사를 가질 수 있다. 누구의 이해와 우선적 관심이 기업의 목적을 결정하여야 하는가? 주주의 이해관계가 많은 주요 의사결정에 연동되어 있다는 것을 알게 되면 매우 놀랄 수도 있다. 그들의 개인적 재무 상태와 연령에 관계없이 모든 주주들은 주식회사에 대한 그들의 투자 가치가 극대화 되는 것에 찬성할 것이다. 예를 들어, 향후 주식회사의 훌륭한 수익이 될 신제품을 개발하는 의사결정을 생각해 보자. 모든 주주들은 이 제품의 개발이 좋은 아이디어라는 것에 찬성할 것이다. 아이폰 예로 돌아가서, 2010년 10월에 애플의 주가는 최초로 아이폰이 소개되었던 2007년 1월의 3배 정도가 되었다. 최초로 아이폰이 개발되었던 당시의 모든 애플 주주들은 은퇴를 위하여 주식을 팔았든지 아니면 은퇴 계좌에 주식을 보유하고 있든지 상관없이 경제적으로 더 좋아졌음이 분명하다. 즉 개별 주주들의 상황과는 관계없이 애플의 주가 상승으로 그들이 경제적으로 더 윤택해졌다는 것이다.

주식회사의 모든 주주들이 이런 주식회사의 목적에 대해 찬성한다고 할지라도, 이러한 목적은 실행 가능하여야 한다. 다음 절에서는 주식회사에서 재무관리자의 위치와 주주들이 주식회사에 대한 통제권을 어떻게 발휘하는지에 대해 설명하고자 한다.

개념확인

3. 재무관리자가 행하는 주요 의사결정은 무엇인가?
4. 기업의 목적은 무엇인가?

1.4 주식회사에서 재무관리자의 위치

우리는 주주들이 주식회사를 소유하기는 하지만 주식회사의 활발한 경영을 위해 경영은 재무관리자에게 의존한다는 사실을 배웠다. 주식회사에 대한 직접적 통제권은 이사회와 최고경영자에 의해 지휘되는 경영진이 가지고 있다. 이 질에서는 주식회사에 대한 책임이 이 두 주체에 어떻게 나뉘어져 있는지를 설명하고, 주주와 경영진 사이에 발생하는 갈등에 대해서 언급하고자 한다.

주식회사의 경영진

이사회: 주식회사에서 궁극적인 의사결정 권한을 가진 집단으로 주주에 의해 선출된다.

최고경영자: 이사회에 의해서 정해진 규정들과 정책들을 구체화하여 주식회사를 경영하는 책임이 있는 사람

주식회사의 주주들은 **이사회(board of directors)** 선출을 통해 주식회사에 대한 통제권을 행사한다. 이사회는 주식회사에서 궁극적인 의사결정 권한을 갖는 집단이다. 대부분의 주식회사에서는 이사회 선출 시 주식 한 주당 한 개의 투표권을 부여하기 때문에, 더 많은 지분을 가진 사람의 영향력이 더 커진다. 한두 명의 주주가 매우 큰 비중의 발행주식을 가지고 있다면, 이들 스스로가 이사회의 구성원인 이사가 되거나, 보다 많은 이사를 선출할 권리를 가질 수 있다. 이사회는 주식회사의 운영 규정(주식회사에서 고위층 임원들에게 어느 정도의 보상이 지급되 어야 하는가를 포함)을 만들고, 정책을 수립하며, 기업의 성과를 감시한다. 이사회는 주식회사의 일상적인 경영과 관련된 대부분의 의사결정을 경영진에게 위임한다. **최고경영자(chief executive officer, CEO)**는 이사회에 의해 정해진 규정들과 정책들을 구체화하여 주식회사를 경영할 의무가 있다. 최고경영자를 제외한 나머지 경영진의 규모는 주식회사마다 다르다. 어떤 주식회사에서는 이사회와 최고경영자 사이의 권한 분리가 명확하게 이루어지지 않은 경우도 있다. 실제로는 최고경영자가 이사회 의장이 될 수 있다. 가장 선임인 재무관리자가 최고재무책임자(chief financial officer, CFO) 또는 재무 담당 임원이 되는데, 그는 최고경영자에게 직접 보고한다. 그림 1.2는 주식회사의 전형적인 조직도를 재무관리자의 위치를 강조하여 보여주고 있다.

주식회사의 윤리와 동기 유인

소유자와 분리된 주식회사는 경영진에 의해 경영된다. 그렇다면 주식회사의 주주들은 경영진이 주주들의 목적을 실행한다는 것을 어떻게 확신할 수 있을까?

그림 1.2
주식회사 내의 재무적 기능

주주를 대표하는 이사회는 주식회사를 통제하고 최고경영진을 고용한다. 재무관리자는 최고재무책임자(CFO)를 포함하여 녹색 부분의 직위를 가질 수 있다. 경리 담당자(controller)는 회계와 세금 관련 기능들을 감독한다. 자금 담당자(treasurer)는 자본예산 편성(투자 의사결정), 위험 관리(금융시장의 움직임에 대한 기업의 위험 노출 관리), 신용 관리(기업이 고객에게 제공하는 신용의 조건과 정책 관리)와 같이 더욱 전통적인 재무적 기능들을 감독한다.

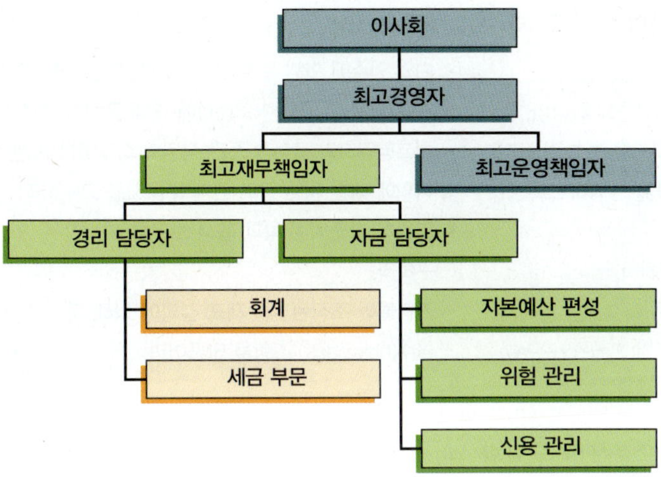

대리인 문제 많은 사람들이 소유와 경영이 분리된 주식회사에서 경영자들이 자신들의 이익에 위배되는 경우 주주의 이익을 위해서 행동할 유인이 거의 없다고 주장한다. 경제학자들은 이를 **대리인 문제(agency problem)**라고 부른다. 대리인 문제는 경영자가 주주의 대리인으로 고용됐지만, 자신들의 개인적인 이익을 주주의 이익보다 앞세우는 경우에 발생한다. 경영자는 '주주의 이익을 먼저 생각하여야 하는 자신의 책임을 지켜야 하는가, 아니면 자신의 개인적인 최선의 이익을 위해서 일할 것인가' 라는 딜레마에 빠지게 된다. 실무적으로는 경영자가 주주의 이익에 반하여 자신의 이익을 앞세워야 하는 의사결정의 수를 최소화함으로써 이 문제를 해결할 수 있다고 한다. 대리인 문제에 대한 해결책 중의 하나는 주주의 이익을 추구하는 의사결정과 경영자의 이익을 추구하는 의사결정이 일치하도록 경영자의 보상 계약을 설계하는 것이다. 예를 들면, 주주들이 종종 최상층 경영자들의 보상을 주식회사의 이익 또는 주가에 연동시키는 것을 들 수 있다. 그러나 이러한 전략에도 한계가 있다. 경영자의 보상을 기업의 성과에 연동시키는 경우, 주주들은 경영자들이 감수하려고 하는 것보다 더 큰 위험을 감수하려고 할 수도 있다. 결국, 경영자들은 주주들이 원하는 의사결정을 하지 않을 수도 있고, 주주들이 원하는 그런 업무를 선뜻 받아들일 유능한 경영자를 찾기도 쉽지 않다. 예를 들어, 생명공학 기업은 암, 에이즈 등 여러 질병

대리인 문제: 경영자가 주주의 대리인으로 고용되었음에도 불구하고, 자신들의 개인적인 이익을 주주들의 이익보다 앞세우는 경우에 발생한다.

들의 치료를 위한 신약 개발에 큰 위험을 걸기도 한다. 이런 질병들을 위한 신약 개발의 성공은 엄청난 시장을 보장하지만, 실패의 위험도 매우 높다. 자신들의 재산 중 일부를 생명공학 기업에 투자한 주주들은 그 정도의 위험을 감수할 수 있지만, 신약 개발의 성공에 자기의 모든 보상을 걸고 있는 경영자는 좀 더 작은 시장을 가지면서 덜 위험한 신약 개발에 몰두하려고 할 것이다.

글로벌 금융 위기

도드-프랭크 법이 주식회사의 보상 및 지배구조에 미치는 영향

보상은 기업의 임원들과 주주들의 가장 중요한 이해상충의 하나다. 중역들이 스스로의 보상에 미치는 영향을 제한하고 과도한 보상을 방지하기 위해서 동법은 SEC가 다음의 새로운 규징들을 체택하도록 하였다.

- 기업의 보상 위원회와 자문자들의 독립성을 명령하라.
- 주주들에게 적어도 3년에 한 번씩 비구속적 자문 의결권을 통해서 임원들의 보상을 개선할 수 있는 기회(주주 발언권: Say-on-Pay)를 제공하라.
- 기업 인수에 의해 쫓겨나는 고위 임원들에게 지급되는 상당한 보너스 지급(소위 "황금 낙하산")에 대해 공시와 주주 동의를 요구하라.
- 최고경영자와 급여상 중간 직원의 총 급여 비율뿐만 아니라 기업의 이익에 대한 임원 급여 관계의 공시를 요구하라.
- 임원이 그들의 주식과 옵션 보유를 헤지할 수 있는지의 공시를 요구하라.
- 기업들이 조작된 재무제표 결과에 의해 지급된 보상을 회복하도록 환수(clawback) 조항을 만들어라.

어떤 의사결정으로부터 주식회사의 일부 주주들만 혜택을 보고 나머지 주주들은 피해를 보는 경우에 잠재적인 이해상충과 윤리적 고려가 있을 수 있다. 주주들과 경영자들은 주식회사의 중요한 두 이해관계자 집단이지만, 정규 근로자들과 기업이 속한 지역사회도 이해관계자에 포함된다. 경영자들은 다른 이해관계자들의 이익을 위해서 의사결정을 할 수도 있다. 예를 들어, 손실이 발생하는 공장을 소규모 도시의 일자리 제공을 위해 계속 유지하거나, 개발도상국에서 공장 근로자들에게 그 지역 시장의 수준보다 더 높은 임금을 지불하는 것, 또는 해당 지역의 법률이 요구하는 것보다 더 높은 환경 기준으로 공장을 운영하는 것 등이 이러한 예에 해당된다.

어떤 경우에는 다른 이해관계자들에게 혜택을 주는 이러한 행동들이 근로자들의 헌신, 고객들의 긍정적인 평판 창출, 또는 다른 간접적인 효과들을 불러일으켜서 기업의 주주들에게 혜택을 줄 수도 있다. 주주들의 비용으로 다른 이해관계자들에게 혜택을 주는 이러한 의사결정들은 주식회사의 자선 행위가 된다. 대부분이 그런 건 아니지만, 많은 주식회사들이 주주들을 대표하여 지역 및 세계 복지에 확실히 기여하기도 한다. 이러한 의사결정에 비용이 들고 자신들의 부를 감소시켜도, 주주들은 이러한 행동들을 승인한다. 주주의 부의 극대화가 경영자들의 목적이지만, 기업을 소유하고 있는 주주들은 기업의 행동이 도덕적이고 윤리적인 가치를 가지길 원한다. 물론, 이런 문제들에 대해서 주주들이 모두 동일한 선호를 가지고 있지 않기 때문에, 잠재적인 이해상충의 문제가 발생할 수도 있다.

최고경영자의 성과 경영자가 주주들의 이익을 대변하도록 만드는 또 다른 방법은 그렇게 하지 않을 경우 경영자들에게 벌칙을 주는 것이다. 주주들이 최고경영자의 성과가 마음에 들지 않

시민연대(Citizen United)와 연방 선거 위원회 (Federal Election Commission)

2010년 1월 21일, 연방 대법원은 일부 학자들이 가장 중요한 수정 헌법 제1조라고 수년 동안 주장한 사건을 판결했다. 시민연대와 연방 선거 위원회 사건에서 법원은 논쟁의 여지가 있는 5–4 판결에서 수정헌법 제1조에 의해 기업과 노동조합이 특정 후보자를 지원하기 위한 정치적 지출을 할 수 있다고 판결했다. 그러나 주식회사의 모든 주주들이 하나의 특정 후보를 만장일치로 지지하기는 어렵기 때문에, 그런 행동을 허가한 것은 잠재적인 이해상충이 사실상 발생할 것임을 허용한 것이다.

으면, 원칙적으로 이사회에 압력을 가하여 최고경영자를 쫓아낼 수 있다. 디즈니사의 마이클 아이스너(Michael Eisner), 휴렛-팩커드의 칼리 피오리나(Carly Fiorina), 홈디포의 로버트 나델리(Robert Nardelli)는 이사회에 의해서 사임하게 되었다. 이렇게 이목을 집중시킨 사례들이 있음에도 불구하고, 이사진과 최고위 경영진이 일반 주주들의 봉기에 의해 교체되는 경우는 드물다. 대신 불만족스러운 주주들은 그들의 지분을 매도해 버린다. 물론, 다른 누군가가 이들로부터 지분을 매입할 것이다. 많은 주주들이 불만족스러울 경우에 다른 투자자들이 지분을 매입하게 하는 방법은 낮은 가격을 제시하는 것뿐이다. 이와 마찬가지로 경영이 잘 되는 기업일 경우에는 지분을 매입하려는 투자자들이 많아져서 주가가 상승할 것이다. 따라서 주식회사의 주가는 주식회사 경영진들의 성과에 대해 주주들이 반응하는 척도라고 할 수 있다.

주가가 심하게 떨어지면 이사회는 최고경영자를 교체하여 그들의 반응을 보일 수 있다. 그러나 어떤 주식회사들에서는 이사회가 최고경영자를 교체할 독립성도 동기도 없어 최고경영자의 직위가 보호되는 경우가 있다. 이사회가 최고경영자와 친한 사람들로 구성되어 객관성이 결여된 경우에는 최고경영자의 교체가 어렵다. 최고경영자가 보호되면서 성과가 안 좋은 주식회사의 경우에는, 성과가 계속 안 좋을 것이 기대되어 주가가 떨어지게 된다. 낮은 주가는 **적대적 인수(hostile takeover)** 과정을 통한 이익 창출의 기회를 제공한다. 적대적 인수에서는 개인이나 조직(기업 사냥꾼이라고 알려짐)이 많은 주식을 매입하여 이사회와 최고경영자를 교체할 수 있을 정도의 표결권을 얻는다. 새로운 경영진이 뛰어나다면 주가가 크게 상승하여 기업 사냥꾼과 주주들에게 큰 이익을 가져다 줄 것이다. "적대적"이란 단어와 "사냥꾼"이란 단어가 부정적인 의미를 내포하고 있지만, 주식회사의 사냥꾼 자체는 주주들에게 중요한 서비스를 제공한다. 적대적 인수에 의해 쫓겨날 수 있다는 위협만으로도 좋지 못한 경영자들을 규율하고, 이사회가 어려운 의사결정을 하도록 하기에 충분하다. 결과적으로 주식회사의 지분이 공개적으로 거래될 수 있다는 것이 주식회사의 통제를 위한 시장을 만들어서, 경영자들과 이사회가 주주의 이익을 대변하도록 만든다.

적대적 인수: 종종 기업 사냥꾼이라고 불리는 개인이나 조직이 목표로 하는 주식회사 주식의 많은 부분을 매입하여, 당해 이사회와 최고경영자를 대체할 수 있는 충분한 의결권을 가지는 것

개념확인

5. 주주들이 어떻게 주식회사를 통제하는가?
6. 주식회사에서 재무관리자의 업무는 무엇인가?
7. 재무관리자가 직면하는 윤리적 과제는 무엇인가?

1.5 주식시장

1.3절에서 우리는 주식회사의 소유자인 주주의 부를 극대화하는 것으로 재무관리자의 목표를 설정했다. 주식회사 소유자의 투자 가치는 주가에 의해 결정된다. 비공개기업은 제한된 수의 주주가 있고, 회사의 지분이 공개적으로 거래되지 않기 때문에 회사의 지분에 대한 가치를 결정하기가 매우 힘들다. 주식회사는 비공개 또는 공개기업일 수 있다. 비공개 주식회사는 제한된 수의 주주를 가지기 때문에 주식에 대해 조직화된 시장이 없어서 아무때나 주식의 가격을 알기는 어렵다. 공개된 주식회사는 많은 소유자를 보유하고 있으며, 회사의 주식이 **주식시장(stock market, 혹은 증권거래소)**이라고 불리는 조직화된 시장에서 거래된다. 주식시장은 주식의 유동성을 제공하고 주가를 결정한다. 어떤 투자가 **유동적(liquid)**이라는 것은 경쟁적 시장에서 매도를 통해 즉각적인 현금화가 이루어질 수 있다는 것을 말한다. 공개기업의 투자자는 주식시장에서 자신의 지분을 빨리 매도하여 쉽게 현금화할 수 있는 정도로 유동성(liquidity)을 평가한다. 이 절에서는 주요 주식시장의 기능을 살펴본다. 주식시장 참가자들의 분석과 거래는 주가에 영향을 미치는 재무관리자의 의사결정을 평가하고, 경영자들의 의사결정에 대한 중요한 피드백을 경영자들에게 제공한다.

주식시장(증권거래소): 많은 주식회사들의 주식이 거래되는 조직 화된 시장

유동적: 경쟁적 시장가격으로 즉시 매도될 수 있기 때문에 쉽게 현금으로 전환될 수 있는 투자를 말한다.

가장 큰 주식시장

뉴욕증권거래소(New York Stock Exchange, NYSE)는 가장 잘 알려진 미국의 주식시장이면서 세계에서 가장 큰 주식시장들 중의 하나이다. 하루에 수십억 달러의 주식이 뉴욕증권거래소에

그림 1.3
거래금액에 의한 전세계 주식시장

막대 그래프는 2015년 거래소별 거래금액에 의해 순위를 매긴 전세계 10대 증권거래소의 거래금액을 보여준다.

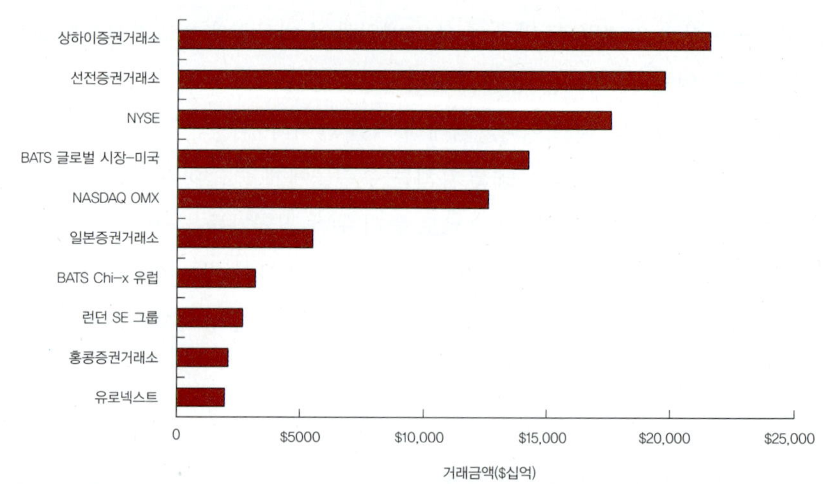

서 거래된다. 다른 유명한 미국의 주식시장은 나스닥(National Association of Security Dealers Automated Quotation, NASDAQ)이다. 대부분의 다른 나라들도 한 개 이상의 주식시장을 보유하고 있다. 중국에서 가장 큰 주식시장은 중국의 상하이와 선전 증권거래소이다. 그림 1.3은 거래량에 따라 주식시장의 순위를 보여주는데, 뒷 부분에서 설명할 BATS 글로벌 시장과 BATS Chi-X와 같은 전자 거래소가 중요성 측면에서 부각되고 있는 것을 반영하고 있다.

발행 및 유통시장

그림 1.3의 모든 시장은 유통시장이다. **발행시장(primary market)**은 주식회사가 새로운 주식을 발행하여 투자자들에게 매도하는 시장을 지칭한다. 주식회사와 투자자 사이의 이러한 최초 거래 이후에 주식들은 발행 회사의 개입 없이 **유통시장(secondary market)**에서 투자자들에 의해 매매되기 시작한다. 예를 들어, 스타벅스 주식 100주를 매입하고 싶다면 시세 표식(ticker symbol) SBUX로 스타벅스의 거래가 이루어지는 거래소에 브로커를 통해 매입 주문을 내면 된다. 당신은 스타벅스 회사가 아닌 스타벅스 주식을 이미 보유하고 있는 누군가로부터 주식을 매입할 수 있다. 기업은 신주를 가끔 발행하기 때문에, 유통시장에서의 거래가 대부분의 주식시장 거래를 의미한다.

발행시장: 주식회사가 새로운 주식을 발행하여 투자자들에게 판매하는 시장

유통시장: 뉴욕증권거래소나 나스닥과 같이 주식회사의 주식이 당해 주식회사의 개입 없이 투자자들 간에 거래되는 시장

전통적인 거래 장소

전통적으로, 기업은 자기 주식을 상장할 증권거래소를 선택하고, 그 주식의 거래는 대부분 그 거래소에서 이루어진다. 미국에서 두 개의 가장 중요한 거래소는 뉴욕증권거래소(New York Stock Exchange)와 나스닥(National Association of Securities Dealers Automated Quotation: NASDAQ)이다.

2005년 이전에는 뉴욕증권거래소 대부분의 거래가 남부 맨해튼의 거래소 매매 입회장(trading floor)에서 이루어졌다. **시장 조성자**(뉴욕증권거래소의 **스페셜리스트**로 알려져 있음)는 매입자와 매도자를 연결시켜 준다. 시장을 조성하는 각 주식에 대해 두 개의 가격을 제시한다: 그들이 사고자 하는 가격(**매입 호가**)과 팔려고 하는 가격(**매도 호가**). 고객들이 이 가격에 매매를 하고 싶으면, 다른 고객들이 이 거래의 상대방이 되기를 원하지 않는 경우에도 시장 조성자들은 그 가격으로 (정해진 수량까지) 거래를 해야 한다. 이렇게 시장 조성자는 참가자들이 항상 누군가와 거래를 하도록 보장할 수 있는 **유동성**을 제공한다.

뉴욕증권거래소와는 달리 나스닥 시장은 매매 장소가 없다. 대신, 모든 거래가 전화와 컴퓨터 네트워크로 이루어진다. 뉴욕증권거래소와 나스닥의 가장 중요한 차이는 뉴욕증권거래소에서는 각 주식이 하나의 시장 조성자를 가지고 있다는 것이다. 나스닥에서는 서로 경쟁하는 여러 명(평균 10~12명)의 시장 조성자들을 가진다. 각 시장 조성자는 모든 시장 참가자들이 볼 수 있도

시장조성자: 증권거래소에서 매입자와 매도자의 거래 상대방이 되어 거래를 성사시키는 개인들

스페셜리스트: 시장조성자의 한 형태로 장내에서 매입자와 매도자를 매칭시키는 개인들

매입 호가: 시장조성자나 스페셜리스트가 증권을 매입하고자 하는 가격

매도 호가: 시장조성자나 스페셜리스트가 증권을 매도하고자 하는 가격

유동성: 경쟁적 시장가격으로 곧 매도될 수 있기 때문에 자산이 현금으로 쉽게 전환될 수 있는 수준을 의미함

인터뷰 프랭크 해서웨이(Frank Hatheway)

나스닥의 최고 이코노미스트이자 선임 부사장인 프랭크 헤서웨이 박사는 나스닥 시장을 위한 내부 자문을 하는 20명의 전문가 팀을 이끌고 있다. 그들의 직무는 새로운 기능의 설계, 운영 시장의 평가, 전략적 주도권에 대한 자문을 포함한다.

질문: 15년 전에 비해, 투자자를 위한 잠재적인 거래 장소의 수가 상당히 많이 변했다. 이러한 변화로부터 혜택을 보는 사람은 누구인가?

답변: 거래 장소의 수가 상당히 증가한 것은 사실이다. 2000년에 나스닥이나 뉴욕증권거래소에 주문을 냈고, 그 주식들에 대한 대부분의 거래가 주문을 낸 시장에서 이루어졌다. 지금은 더이상 그렇지 않다. 이제 거래는 내셔널증권거래소, BATS, 또는 10개의 다른 증권거래소 중의 하나에서 이루어질 수 있다. 급상승하는 장소의 증가에 대처하기 위하여, 거래는 고도로 자동화 되고 경쟁적이 되어서 개인과 기관투자자들에게 도움이 되었다. 1980년대에는 빠른 소매 거래가 3분이 걸렸고, (1980년대 화폐 가치로) $100 이상의 비용이 들었다. 지금은 마우스 클릭 한 번에, 브라우저 새로 보기 한번이면 되는데, 비용은 (2016년 화폐 가치로) $20 정도면 된다. 개인투자자를 위한 거래 비용은 2000년 이후 90% 이상 감소하였다. 기관의 대량 주문도 오늘날 더 저렴해지고 쉬워졌다.

자동화는 거래소의 시장 조성자, 스페셜리스트, 장내 거래자와 같은 전통적인 주식 거래자들을 실질적으로 제거하였다. 한 주요 기업의 거래 데스크 본부장은 2006년 무렵에 "내가 예전에는 1000명의 거래자와 10명의 기술 인력을 사용했는데, 지금은 100명의 기술 인력과 10명의 거래자를 사용한다."라고 빈정거렸다. 한때 분주했던 뉴욕증권거래소 입회장은 이제 TV스튜디오가 되어버렸다.

질문: 그러한 변화가 시장 유동성을 어떻게 변화 시켰나?

답변: 유동성은 아주 일시적인 현상이다. 컴퓨터 알고리즘에 의한 거래는 끊임없이 시장에 주문을 내고, 거래에 실패하거나 시장의 조건이 바뀌면 주문을 취소한다. 그 알고리즘은 시장에 빠르게 주문을 다시 내고 취소하기 때문에 가격과 수량이 빠르게 변화한다. 많은 연구들이 오늘날 시장의 유동성이 더 커졌다고 한다. 15년 전에 주문을 조정하기 위해서는 브로커에게 전화를 걸어서 새로 지시를 해야했다. 하지만 오늘날에는 선택한 알고리즘이 주문을 조정하고, 거의 곧바로 주문을 변경할 수 있다.

질문: 이러한 변화에 의해서 나스닥이 어떻게 영향을 받았고 미래는 어떨까?

답변: 나스닥은 혁신적이고 우리가 상장하고 있는 회사처럼 기술적으로 정통한 기업이다. 15년 전에 우리는 미국에서 하나의 주식시장을 운영했다. 기술적 효율성의 증가로 오늘날은 세 개의 주식시장, 세 개의 상장 옵션시장, 하나의 선물시장을 운영하고 있다. 이런 일곱 개의 시장을 운영하는 것이 15년 전에 하나의 시장을 운영할 때 요구되었던 인력의 절반으로 가능해졌다. 이런 환경에서 경쟁하기 위해, 나스닥은 증가하는 주문량을 처리하기 위해 더 개선된 거래 시스템을 개발해야만 했다. 15년 전에 하루 온종일 처리했던 주문량이 오늘날에는 몇 초면 가능하다. 우리는 우리의 문화를 인간 거래자를 기반으로 했던 산업의 구조에서, 알고리즘 거래자와 그런 알고리즘을 디자인하는 기술 전문인력들을 기반으로 하는 구조로 전환하였다.

질문: 고빈도 거래가 시장에서 고민 거리인가? 그것이 제한되어야 하나?

답변: 고빈도 거래에 대한 걱정거리는 일반적으로 시장 붕괴와 조작에 있고, 밝혀진 사례들은 거래 알고리즘의 운영에 집중된다. 나는 시장 감시가 붕괴 및 조작 행위를 적절하게 밝혀내도록 진화하고 있다고 믿는다.

오늘날에는 미국에서의 모든 주문이 컴퓨터 거래 알고리즘에 의해 처리되고 있다. 간단히 말해서, 우리 모두가 고빈도 거래자이다. 결국, 고빈도 거래를 제한하는 것은 정책의 목적이 되어서는 안 된다. 정책의 목적이 되어야 하는 것은 알고리즘이 시장을 붕괴시키지 않고 투자자들에게 공평한 방법으로 운영된다는 확신을 주어서 주식시장이 투자자와 발행자에게 도움을 준다는 것을 확신시키는 것이다. 시장은 자본 형성과 경제 발전을 뒷받침하기 위해서 존재한다. 나스닥 같은 시장 운영자들은 투자자와 발행자의 관심사를 관리하기 위해서 규제 당국 및 다른 주체들과 함께 일한다.

그림 1.4

왼쪽은 뉴욕증권거래소 상장 주식의 거래량 분포를, 오른쪽은 나스닥 상장 주식의 거래량 분포를 보여준다. 뉴욕증권거래소–Arca는 뉴욕증권거래소의 전자거래 플랫폼이다. BATS와 Direct Edge는 2014년에 합병되었다; 새로운 전자거래소들은 모든 거래의 20% 정도를 처리하고 있다. 딜러 플랫폼과 소위 "다크 풀즈"를 포함하는 다른 거래소들이 2015년 전체 거래의 거의 40%를 처리했다.

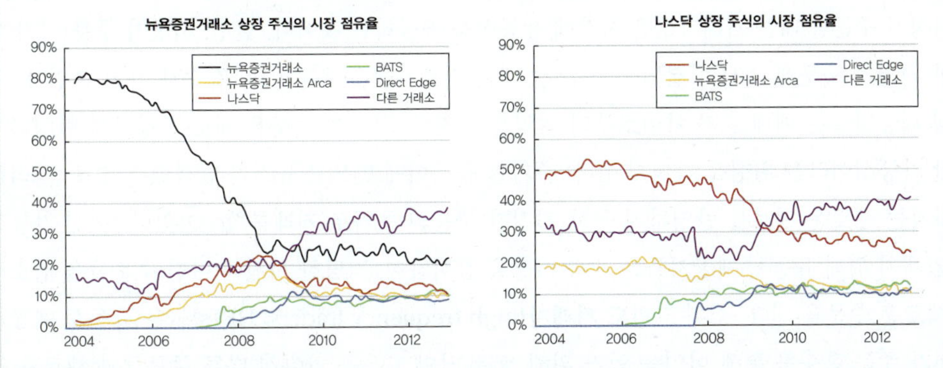

출처: J. Angel, L. Harris, and C. Spatt, "Equity Trading in the 21st Century: An Update," Quarterly Journal of Finance 5 (2015): 1–39.

록 나스닥 네트워크에 매입 및 매도 호가를 제시하여야 한다.

매도 호가가 매입 호가보다 높기 때문에 시장 조성자는 이익을 본다. 이 차이를 **매매 호가 차이(bid-ask spread)**라고 부른다. 고객들은 항상 높은 가격인 매도 호가에 사고, 낮은 가격인 매입 호가에 팔아야 한다. 호가 차이는 투자자가 지불해야 하는 거래 비용이다. 뉴욕증권거래소의 스페셜리스트는 고객들의 거래 상대방이 되어 주는 대가로 호가 차이라는 고객 비용을 그들의 이익으로 가지게 된다. 즉, 이러한 호가 차이가 시장 조성자인 스페셜리스트의 유동성 제공에 대한 보상이다. 투자자는 수수료와 같은 다른 형태의 거래 비용도 지불한다.

매매 호가 차이: 매도 호가가 매입 호가를 초과하는 금액

거래비용: 대부분의 시장에서 증권을 거래하기 위해 투자자가 지불해야 하는 브로커 수수료와 매매 호가 차이

새로운 경쟁과 시장의 변화

지난 10년간 주식시장들은 엄청난 변화를 겪었다. 2005년에는 뉴욕증권거래소와 나스닥이 미국 주식 거래량의 75% 이상을 차지하였다. 그러나 그 이후로 양 거래소는 대안적 거래 시스템뿐만 아니라 완전히 새로운 전자 거래소와 치열한 경쟁을 하게 되었다. 그림 1.4에서 보듯이, 오늘날 이런 새로운 거래 시스템들이 전체 거래의 50% 이상을 담당하고 있다.

이런 시장 구조의 변화와 함께 공식적인 시장 조성자의 역할이 많이 사라졌다. 컴퓨터가 매입과 매도 주문을 맞추어서 모든 거래가 전산으로 이루어지기 때문에, 누구든지 **지정가 주문**(지정된 가격에 주식을 매매하고자 하는 주문)에 주식시장을 조성할 수 있게 되었다. 예를 들어, 주당 $138의 가격으로 IBM 100주를 매입하고자 하는 지정가 주문을 낼 수 있다. 주식의 매매 호가 차이는 제시된 지정가 주문에 의해 결정된다. 지정가 매도 주문의 가장 낮은 가격이 매도 호

지정가 주문: 정해진 가격에 주어진 양의 증권을 사거나 팔고자 하는 주문

지정가 주문책: 주어진 증권에 대한 현재의 모든 지정가 주문 집합

시장가 주문: 가능한 가장 유리한 지정가 주문에 즉시 거래하려는 주문

고빈도 거래자: 초당 여러 번의 주문, 갱신, 취소, 거래 체결을 하는 거래자

가이고, 지정가 매입 주문의 가장 높은 가격이 매입 호가이다. 거래자들은 지정가 매입 및 매도 주문을 내어서 당해 주식의 시장을 조성한다. 모든 지정가 주문의 집합체를 **지정가 주문책**이라고 한다. 거래소는 그들의 지정가 주문책을 공개하여 투자자들이 거래처를 결정할 때 최선의 매매 호가를 알 수 있도록 해 준다.

지정가 주문을 내는 거래자들은 시장에 유동성을 제공하는 것이다. 한편, **시장가 주문**(가장 유리한 지정가 주문에 즉시 체결되는 주문)을 내는 거래자들은 유동성의 "흡수자"라고 불린다. 유동성 제공자들은 매매 호가 차이로부터 이익을 얻지만, 그들의 주문은 새로운 정보를 반영하지 못할 가능성이라는 위험을 가지게 된다: 주가를 움직이게 만드는 뉴스가 발생했을 경우, 영리한 투자자는 새로운 정보를 반영하지 못한 지정가 주문의 호가로 거래를 할 수 있다. 이런 가능성을 없애기 위해 유동성 제공자들은 계속 시장을 감시하여, 적당한 시점에 이전 주문들을 취소하고 새로운 주문을 낸다. 소위 **고빈도 거래자(high frequency traders: HFTs)**들은 유동성 제공과 지정가 주문 흡수를 통해 이익을 얻기 위해, 컴퓨터의 도움을 받아서 다른 주문들과 새로운 정보에 반응하여 1초에 여러 번의 주문, 갱신, 취소, 거래 체결을 한다.

다크 풀즈 (Dark Pools)

다크 풀즈: 주문의 규모와 가격이 참가자들에게 알려지지 않는 거래 장소. 가격들은 공개 시장에서 가장 유리한 매입 및 매도 호가 내에 존재하지만, 매입 또는 매도 주문이 초과할 경우 거래자들의 주문이 체결되지 않을 수 있는 위험을 가진다

거래소에서 투자자들은 현재의 매입 및 매도 호가에 즉시 거래할 수 있는 기회가 주어지고, 거래가 발생하면 모든 투자자들은 체결 결과를 알 수 있다. 이와는 달리, **다크 풀즈**라고 불리는 대안적 투자 시스템은 투자자들의 지정가 주문책을 공개하지 않는다. 대신에 다크 풀즈는 더 유리한 가격에 (예를 들어, 매입 및 매도 호가의 평균으로 거래하여 호가 차이를 회피할 수 있음) 거래할 수 있게 해 주지만, 매입 또는 매도 주문 한 쪽이 초과할 경우 주문이 체결되지 않을 가능성이 있다. 따라서 다크 풀 거래는 자기의 수요를 알리고 싶지 않은 거래자와 잠재적으로 더 유리한 가격에 즉시 거래하는 것을 희생하려는 거래자에게 매력적이다.

다크 풀이 포함될 경우 미국에서 주식을 거래할 수 있는 곳이 50개는 될 수 있다. (역자 주: 다크 풀은 일반적인 개념에서 거래소가 아니지만, 편의상 거래소에 포함되는 개념으로 번역한다.) 주식시장들은 주문량 확대를 위해 서로 경쟁을 한다. 거래자들은 유동적인 시장에 가치를 두기 때문에, 경쟁의 중요한 영역은 유동성이다. 따라서 거래소들은 지정가 주문책에 주문 호가가 많아지는 '깊은(deep)' 시장을 추구한다. 결과적으로 거래소들은 유동성 제공자들을 많게 하고, 오래된 지정가 주문을 이용하려는 거래자들을 억제하기 위하여 다양한 규정들을 시도하였다. 예를 들어, 어떤 거래소는 지정가 주문에는 보상을 주고, 시장가 주문에는 비용을 요구한다. 또다른 거래소는 소매 투자자 주문에는 보상을 하고, 고빈도 거래에는 추가적인 비용을 요구하기도 한다. 거래소의 증가는 다양한 보상 체계를 만들어내었다. BATS는 운영하는 주식시장마다 다른 규정을 적용하여 고객들의 요구에 부응하는 시장을 만들어냈다. 이러한 끊임없는 변화의 끝

NYSE, AMEX, DJIA, S&P 500: 넘쳐나는 약어들

약어들이 넘쳐나기 때문에 많은 혼동이 일어나기 쉽다. 당신은 주식시장에 관한 뉴스나 신문 등에서 "Dow Jones"나 "Dow Jones (Industrial) Average" 및 "S&P 500"이라는 말을 들어보았을 것이다. NYSE, BATS, NASDAQ은 모두 거래를 통해서 주가가 결정되는 주식시장을 일컫는다. 그러나 일반적으로 해설자가 어떤 날 주가가 오르거나 내리는 것을 얘기할 때, 그들은 DJIA나 S&P 500을 언급한다. DJIA나 S&P 500은 단순히 미리 지정된 주식들의 총체적 가격 수준에 대한 지표들이다. DJIA의 경우에는 30개 주식, S&P 500의 경우에는 500개 주식이 있다. 이러한 대상 주식들은 월스트리트 저널의 발행자인 다우존스나 S&P사에 의해 전체 시장을 대표하는 종목으로 선정된 것들이다. S&P 500은 시가총액 상위 500개의 미국 주식으로 구성된다. 개수는 적지만 DJIA의 30개 주식은 마이크로소프트, 월마트, 보잉, 3M 같은 기업들을 포함하는데, 이들은 미국 경제의 중요한 부문들을 대표하고 있다. 아래의 표는 2016년 3월 현재 DJIA의 30개 주식을 보여주고 있다. 다우존스의 편집자들은 전체적인 미국 경제를 반영하는 이런 종목들을 선정한다. 이 주가지수의 대상 종목들은 산업 주도형에서 서비스 및 기술 기반형으로 전환하는 미국 경제를 반영하면서 변해왔다. 예를 들어, 2008년에는 에너지 중요성의 증가를 반영하기 위하여 쉐브론을 추가하였다. 2012년에는 고령화되는 미국인들의 건강 관리 중요성을 반영하기 위해서 미국의 가장 큰 보험업자인 유나이티드헬스를 추가하였다. DJIA와 S&P 500은 뉴욕증권거래소와 나스닥에서 거래되는 주식들을 포함하기 때문에 거래소 자체와는 상관이 없다.

3M Co.	General Electric Co.	Nike Inc.
American Express Co.	Goldman Sachs Group Inc.	Pfizer Inc.
Apple Inc.	Home Depot Inc.	Procter & Gamble Co.
Boeing Co.	Intel Corp.	Travelers Co.
Caterpillar Inc.	International Business Machines	UnitedHealth Group Inc.
Chevron Corp.	Johnson & Johnson	United Technologies Corp.
Cisco Systems Inc.	J.P. Morgan Chase & Co.	Verizon Communications Inc.
Coca-Cola Co.	McDonald's Corp.	Visa Inc.
Du Pont	Merck & Co.	Walmart Stores Inc.
Exxon Mobil Co.	Microsoft Corp.	Walt Disney Co.

출처: djindexes.com.

이 올 것 같지는 않다. 주식시장은 계속 변화의 물결을 타고 있고, 시간만이 주식시장의 궁극적인 모습을 알려줄 것이다.

상장 기준

각 거래소는 자신만의 **상장 기준(listing standards)**을 가지고 있는데, 이는 해당 거래소에서 거래되기 위해 기업이 충족해야 하는 요건들을 말한다. 이 기준은 보통 유동성 있는 시장을 만들고 광범위한 범위의 투자자들의 관심을 끌 수 있을 정도로 해당 기업의 발행주식수가 충분히 많을 것을 요구한다. 뉴욕증권거래소의 기준은 나스닥의 기준보다 더 엄격하다. 전통적으로 뉴욕 증권거래소에 상장되면 특별한 자부심이 있었다. 많은 기업들이 나스닥에서 출발하여 규모가 커지면 뉴욕증권거래소로 옮겨가곤 했다. 그럼에도 불구하고, 나스닥도 스타벅스, 애플, 마이크로소프트와 같은 대규모의 성공적인 기업들을 많이 보유하고 있다. 두 거래소는 대기업들

상장 기준: 기준 주식회사의 주식이거래소에서 거래되기 위하여 충족되어야 하는 요구 사항

(나스닥은 페이스북을 NYSE는 트위터를 상장시킴)의 상장을 위해서 적극적으로 경쟁하고 있는데, 해당 기업의 이사회는 거래의 편리성과 유동성을 가장 잘 제공한다고 판단하는 거래소에 상장하게 된다.

기타 금융시장

물론 주식시장만이 금융시장은 아니다. 실제로 무언가를 거래하는 금융시장들이 존재한다. 이들 중에는 뉴욕증권거래소처럼 물리적인 장소가 존재하는 시장도 있고, 나스닥처럼 전산망에 의한 시장도 있다. 세계에서 가장 큰 두 개의 금융시장은 채권시장과 외환시장인데, 이 두 시장은 전화와 컴퓨터로 연결된 딜러들의 단순한 망 조직이다. 이 시장들에 대해서는 뒤에 더 자세히 설명할 것이다. (제6장과 제15장은 채권에 대해, 제23장은 외환에 대해 각각 설명한다.) 석유, 밀, 콩과 같은 상품들은 뉴욕상품거래소(New York Mercantile Exchange)와 같이 물리적 장소가 존재하는 거래소에서 거래된다. 위험을 헤지하기 위해서 사용되는 복잡한 금융상품인 파생상품들은 시카고옵션거래소(Chiago Board Options Exchange)와 같은 장소에서 거래된 다. (제21장은 파생상품에 대해 설명한다.)

개념확인

8. 주식시장이 주식회사의 투자자들에게 제공하는 장점은 무엇인가? 재무관리자에게는?
9. 지난 10년간 주식시장에서 발생한 중요한 변화들은 무엇인가?

1.6 금융기관

서브프라임 모기지로부터 시작하여 월스트리트로 이어진 2008년의 금융위기는 경제 내에서 금융기관과 그들의 역할이 무엇인지를 모든 사람들에게 인식시켰다. 일반적으로 금융기관이란 수신 업무, 투자 관리, 금융 거래의 중개, 또는 대출과 같은 금융 서비스를 제공하는 주체를 말한다. 이 절에서는 금융기관과 그들의 주요 기능에 대해 설명하고자 한다.

금융 순환

여러 가지 형태를 가지는 금융기관들의 이름과 역할을 알아보자. 먼저, 그림 1.5에 표현된 기본적인 금융 순환을 생각해 보자. 금융 순환에서, (1) 사람들이 그들의 돈을 투자하고 저축하면, (2) 이 돈은 대출과 주식을 통해서 돈을 사용하는 기업으로 흘러 들어간다. 기업은 이 돈으로 새로운 제품을 만들어서 이익을 창출하고 임금을 지불한다. (3) 그러면 이 돈은 다시 저축자와 투자자에게 돌아온다. 모든 금융기관들은 자금을 아이디어와 연결시키고, 그에 따른 이익을 투자자에게 돌려주는 순환 체계에서 일정한 역할을 수행하게 된다.

이 그림은 저축자의 자금을 기업에 연결시키는 기본적인 금융 순환을 나타내고 있다. 기업은 자금을 필요로 하는 프로젝트를 수행하고, 이 프로젝트로부터의 이익을 저축자들에게 돌려준다.

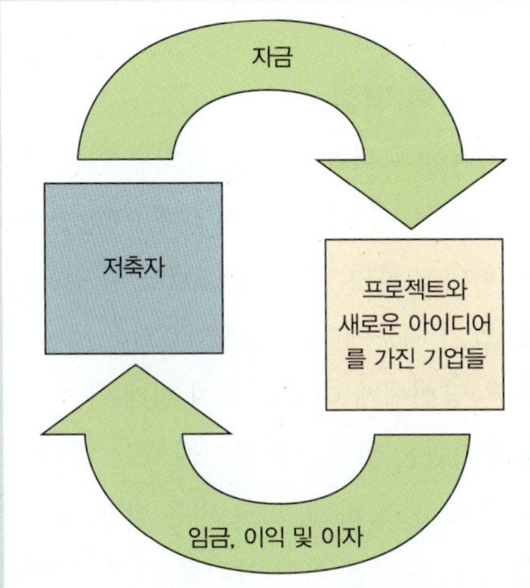

그림 1.5
금융 순환

금융기관의 형태

표 1.2는 금융기관의 주요 종류들과 대표적인 기업들을 나열하고, 금융기관들의 자금 출처와 사용처를 정리하고 있다.

금융 서비스 회사들로 알려진 금융 복합기업(financial conglome- rates)은 두 개 이상의 금융기관들의 복합체다. 그 예로는 뱅크 오브 아메리카(Bank of America), JP모건 체이스(JPMorgan Chase), 도이치 뱅크(Deutche Bank) 등이 있는데, 이들은 모두 투자 은행 업무뿐만 아니라 웰스 파고(Wells Fargo)와 같이 상업은행 업무도 한다. 투자은행 업무란 기업들이 주요 금융 거래를 할 때 자문과 서비스를 제공하는 것이다. 예를 들어, 기업이나 사 업 부문을 매매하고, 주식과 채권을 발행하여 새로운 자본을 조달하는 업무를 포함한다. 골드만 삭스(Goldman Sachs)와

표 1.2
금융기관과 금융 순환에서 그들의 역할

기관	자금의 원천	자금의 사용
은행과 신용조합 예: Wells Fargo, SunTrust	예금(저축)	개인과 사업체에 대한 대출
보험회사 예: Liberty Mutual, Allstate	보험료와 투자 수익	대개 채권과 주식에 투자하여, 투자 수익을 보험금 지급을 위해 사용함
뮤추얼 펀드(mutual Funds) 예: Vanguard, Fidelity	투자자들의 투자(저축)	투자자를 대신하여 주식, 채권 및 다른 금융자산을 매입
연금 펀드(Pension Funds) 예: CalPERS, REST	직장을 통해 기여된 퇴직 저축	퇴직소득의 제공을 목적으로 한다는 것만 제외하고는 뮤추얼 펀드와 비슷함
헤지 펀드(Hedge Funds) 예: Bridgewater, Citadel	부유한 개인들의 투자와 기부금	수익률 극대화를 위하여 어떤 투자 수단에도 투자함
벤처캐피털 펀드 예: Kleiner Perkins, Sequoia Capital	부유한 개인들의 투자와 기부금	신설 기업과 창의적 기업에 투자함
사모 펀드(Private Equity Funds) 예: TPG Capital, KKR	부유한 개인들의 투자와 기부금	약간의 자기자본과 차입에 의해 기업들을 매입함

모건 스탠리(Morgan Stanley)는 투자은행 업무에 집중하는 금융기관들이다.

금융기관의 역할

금융기관들은 여유 자금을 가지고 있는 사람들로부터 이 자금을 필요로 하는 사람에게로 자금을 전달하는 것을 넘어서서 많은 역할을 한다. 예를 들어, 당신이 $20,000의 자동차 대출을 필요로 한다고 하자. 당신은 $20,000이 필요하지만, 그것을 가지고 있지는 않다. 하지만 당신은 급여를 받기 때문에 미래에 $20,000이 생길 것이다. 이 경우에 은행이나 신용조합과 같은 금융기관들은 당신에게 대출을 하여 미래 급여를 현재의 자금으로 전환시켜 준다.

금융기관은 위험을 분산시켜 주는 역할도 한다. 보험회사는 보험 가입자들로부터 프리미엄을 수취하여 사고, 화재, 의료 비용 발생, 또는 사망의 경우에 피보험자들의 요구에 따라 보험금을 지급한다. 보험은 이런 사건들로부터 발생하는 금융 위험을 수많은 보험 가입자들과 보험회사의 투자자들에게 분산시킨다. 비슷한 의미에서 뮤추얼 펀드와 연금 펀드는 당신의 저축을 받아서 많은 기업들의 주식과 채권에 분산 투자하여 투자 위험을 분산시킨다.

뉴스에서 주식시장과 금융기관에 대한 보도를 접할 수 있지만, 당신이 그 회사들과 직접적인 관련이 있다고 생각하기는 쉽지 않다. 이 장에서는 기업재무가 무엇이고, 재무관리자가 무슨 일을 하며, 주식시장과 금융기관의 중요성에 대해 살펴보았다. 다음 장에서는 재무 의사결정과 금융시장 정보 활용을 위한 재무 분석 도구에 대해 자세히 살펴본다.

개념확인

10. 기본적인 금융 순환이란 무엇인가?
11. 금융기관의 세 가지 주요 역할은 무엇인가?

myfinancelab 핵심요점 및 공식

1.1 왜 재무를 공부해야 하나?

- 재무와 재무적 사고는 우리 생활 모든 곳에 필요하다.
- 많은 재무 의사결정들이 단순하지만, 어떤 것들은 복잡하다. 모든 재무 의사결정은 재무 의사결정의 기본이 되는 가치평가 원직과 연계되어 있는데, 이 책에서는 가치평가 원직을 배울 것이다.

1.2 기업의 형태

- 기업의 주요 형태에는 개인회사, 파트너십, 그리고 유한책임회사 또는 주식회사가 있다.
- 개인이 무한책임을 가지는 기업으로 개인회사, 파트너십 등이 있다.

▶ 개인이 유한책임을 가지는 기업으로 유한책임 파트너십, 유한책임회사 등이 있다. 유한책임회사에는 비공개 및 공개기업(주식회사)이 있다.

▶ 주식회사는 법적으로 만들어진 법인으로 사람이 가지는 많은 법적인 권리를 가진다. 주식회사는 계약을 할 수 있고, 자산을 취득할 수 있고, 채무를 질 수 있고, 재산 압류에 대해서 법적인 보호를 받을 수 있다.

▶ C 주식회사의 주주들은 실효적으로 세금을 두 번 지불해야 한다. 주식회사가 한 번 세금을 지불하고, 투자자들이 지급된 자금(배당 등)에 대해 개인 세금을 지불해야 한다. S 주식회사는 법인소득세를 면제받는다.

▶ 주식회사의 소유권은 주식이라고 하는 지분으로 나누어지며, 주식의 소유자를 주주라고 한다. 주식회사가 발행한 모든 주식들의 집합을 주권이라고 한다.

1.3 재무관리자

▶ 재무관리자는 투자 의사결정, 자금조달 의사결정, 운전자본 관리 등의 의사결정을 한다.

▶ 재무관리자의 목표은 주주의 부를 극대화하는 것이다. (주가 극대화)

1.4 주식회사에서 재무관리자의 위치

▶ 주식회사의 소유와 통제는 분리되어 있다. 주주는 이사회를 통하여 간접적으로 주식회사에 대한 통제권을 행사한다.

1.5 주식시장

▶ 공개된 주식회사의 주식은 주식시장에서 거래된다. 비공개 주식회사의 주식은 대개 주식시장에서 거래되지 않는다.

▶ 기업이 투자자에게 주식을 직접 매도하는 시장을 발행시장이라고 한다. 뉴욕증권 거래소와 나스닥과 같은 주식시장은 투자자들끼리 주식을 거래하는 유통시장이다.

▶ 거래자들은 지정가 주문을 내어 주식시장에 유동성을 제공한다

▶ 매입-매도 호가 차이는 지정가 주문책에서 가장 유리한 매입 및 매도 호가에 의해 결정된다.

1.6 금융기관

▶ 기본적인 금융 순환에서 자금은 저축자와 투자자로부터 아이디어를 가진 기업과 기업가에게 흐르고, 이익과 이자의 형태로 다시 저축자와 투자자에게 돌아온다.

▶ 금융기관들은 이 순환 과정에서 정해진 역할을 한다.

▶ 금융기관들은 자금의 시간 간 이동(미래 급여를 전제로 하는 대출)과 폭넓은 투자자 기반에 위험을 분산시키는 것을 돕는다.

연습문제

* 표시는 난이도가 높은 문제임을 나타낸다.

기업의 형태

1. 주식회사와 다른 모든 조직 형태와의 가장 중요한 차이점은 무엇인가?
2. 주식회사의 맥락에서 유한책임이라는 용어가 의미하는 것은 무엇인가?
3. 어떤 조직의 형태가 소유자에게 유한책임을 주는가?
4. 회사를 주식회사로 만드는 것의 주요 장단점은 무엇인가?
5. 미국에서 "S" 주식회사와 "C" 주식회사의 차이점은 무엇인가?
6. 당신은 "C" 주식회사의 주주다. 이 기업은 주당 $2의 세전이익을 낸다. 이 기업이 법인세를 납부하면, 나머지 이익은 배당으로 당신에게 분배된다. 법인세율이 40%이고, 개인 소득세율(배당 및 비배당 소득에 대해 모두 적용)이 30%라고 가정하자. 모든 세금 납부 후에 당신에게 남겨진 금액은 얼마인가?
7. 6번에서 기업이 "S" 주식회사라면 당신에게 남겨진 금액은 얼마인가?

재무관리자

8. 재무관리자의 가장 중요한 의사결정은 무엇인가?
9. 모든 주주들이 재무관리자의 목표에 동의하는 이유는 무엇인가?

주식회사에 있어서 재무관리자의 위치

10. 주식회사의 경영자는 소유자인 주주를 위하여 일한다. 결과적으로 그들은 자신들의 이익 보다 주주들의 이익을 위해서 의사결정을 해야 한다. 경영자들이 주주들을 위해서 일할 수 있도록 하는 전략에는 어떤 것들이 있는가?
11. 당신이 식비를 지불했던 값비싼 식당에서 마지막으로 식사를 했던 때를 생각해 보자. 이제는 비슷한 식당에서 당신의 부모님이 식비를 지불했던 마지막 경우를 생각해 보자. 부모님이 식비를 지불했을 때에 더 많은 음식(더 비싼 음식)을 주문했는가? 이것이 주식회사의 대리인 문제와 어떻게 연결되는지를 설명하시오.
12. 당신이 아파트 임차를 고려하고 있다. 아파트를 소유하고 있는 기업은 주인으로, 임차인인 당신은 대리인으로 볼 수 있다. 이 경우에 어떤 대리인 갈등이 있을 것이라고 생각하는가? 이제는 당신이 그 아파트 기업에서 일한다고 생각해 보자. 이 경우 임차인이 아파트를 잘 관리하면서 사용할 수 있게 하는 임차 계약 조항은 어떤 것이겠는가?
13. 당신이 한 회사의 최고경영자인데, 지금 당신 회사가 다른 회사의 인수 계약을 고려하고 있다. 인수하려는 회사의 가격이 너무 높을 수 있지만, 매입할 경우 당신은 훨씬 더 커진 합병기업의 최고경영자가 될 것이라고 생각한다. 당신은 회사가 더 커지면 당신의 급여와 명성

이 더 커질 것이란 것을 알고 있다. 여기서 대리인 이해상충의 본질은 무엇이며, 대리인 이해상충은 윤리적 사고와 어떻게 연관되어 있는가?

14. 당신은 공개된 주식회사의 재무관리자이다. 엔지니어 중 한 명이 저급 판매자를 이용하여 대표 제품의 이익률을 높일 수 있다고 말한다. 그러나, 제품이 아주 종종 실패하는 경향이 있고 일반적으로 오래 지속되지 못한다. 엔지니어의 조언을 받아들이는 것이 주주들을 더 좋게 할까? 그렇다면 왜 또는 왜 아닐까?
15. 당신은 공개된 주식회사의 이사회에 있다. 최고경영자는 회사 생산 과정의 탄소 영향을 중화하는 단계를 고려하고 있다. 그렇게 하면 회사의 전체적인 비용을 증가시킬 것이다. 하지만 최고경영자는 이런 행동이 주가를 증가시켜서 주주의 부를 최대화할 것이라고 주장한다. 사회적 책임이 있는 행동이 왜 가치를 최대화할까?

주식시장

16. 공개기업과 비공개기업의 차이점은 무엇인가?
17. 발행시장과 유통시장의 차이점은 무엇인가?
18. 지정가 주문과 시장가 주문은 어떻게 다른가?
19. 호가 차이가 거래비용이 되는 이유는 무엇인가?
20. 다크 풀을 이용할 때의 장단점은 무엇인가?
21. Yahoo! Finance에서 2016년 4월 11일 야후(Yahoo!) 주식의 호가는 다음과 같았다.
    당신이 야후 주식을 매입하고 싶다면, 주당 얼마를 지불하겠는가?
    당신이 야후 주식을 매도하고 싶다면, 주당 얼마를 받겠는가?

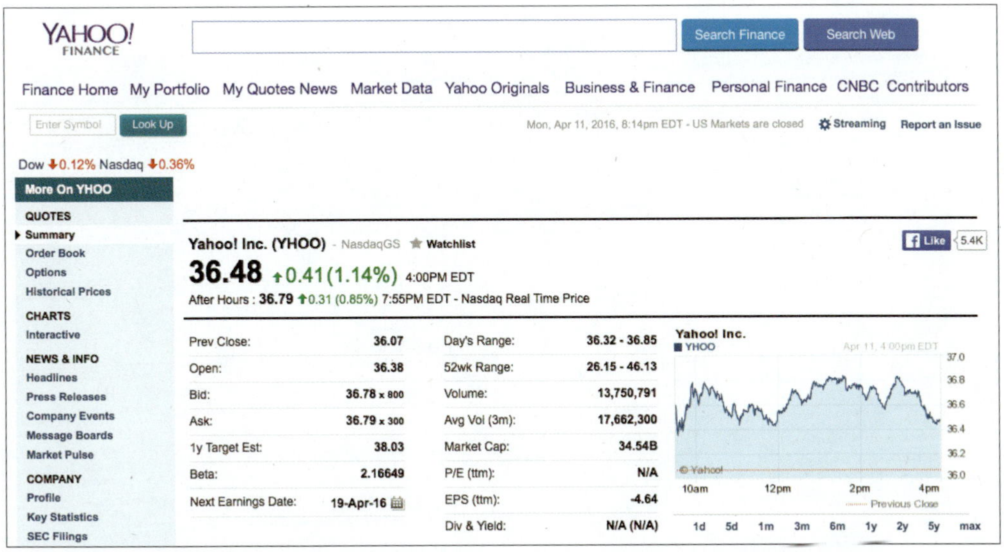

금융기관

22. 금융 순환은 무엇인가?
23. 금융기관은 기업이 위험 부담을 줄이는 데 어떻게 도움을 줄 수 있는가?
24. 투자은행은 경제에서 어떤 역할을 하는가?
25. 뮤추얼 펀드, 연금 펀드, 헤지 펀드의 비슷한 점과 차이점은 무엇인가?

2 재무제표 분석 기초

학습목표

- 재무제표를 통한 재무 정보의 공시가 투자자에게 왜 중요한지를 파악한다.
- 재무상태표의 기능을 이해한다.
- 기업 분석을 위한 재무제표의 활용법을 숙지한다.
- 손익계산서의 사용법을 이해한다.
- 듀퐁 항등식을 포함하여 재무제표를 통해 기업을 분석한다.
- 현금흐름표를 해석한다.
- 경영 회의 및 분석과 주주지분표를 이해한다.
- 엔론 및 다른 금융 스캔들에 따른 사베인스-옥슬리 개혁의 주요 목적과 내용을 파악한다.

Introduction to Financial Statement Analysis

제1장에서 언급한 바와 같이, 투자할 돈이 있는 사람은 주식회사의 지분을 소유할 수 있는 잠재적 투자자다. 결과적으로 수많은 투자자가 주식회사를 소유하는데, 1주를 보유한 개인부터 수백만 주를 보유한 금융기관까지 매우 다양하다. 예를 들어, 2015년 현재 마이크로소프트 주식회사의 발행주식 총수는 거의 80억 주이고, 주주는 수십만 명에 이른다. 주식회사라는 조직은 기업이 자본을 쉽게 조달할 수 있는 구조이면서, 주식의 보유가 기업과 주주들을 연결하는 유일한 수단이라는 의미다. 그렇다면 기업이 투자할 만한 가치가 있다는 것을 투자자들이 어떻게 알 수 있을까? 기업이 스스로의 성과를 평가하고 투자자들에게 정보를 전달하는 방법 중의 하나는 재무제표를 이용하는 것이다. 재무제표는 재무관리자들이 그들 기업의 성공을 평가하고, 다른 경쟁 기업들과 비교할 수 있는 수단이 된다.

기업은 투자자들에게 재무 정보를 전달하기 위하여 정기적으로 재무제표를 발표한다. 재무제표의 작성과 분석에 대한 자세한 설명은 매우 복잡하여 책 한 권을 모두 필요로 할 정도다. 여기서는 앞에서 언급하였듯이, 투자자와 재무관리자가 주식회사의 재무 의사결정을 하기 위해 필요한 내용만을 강조하면서 개략적인 검토를 하고자 한다.

우리는 네 가지 주요 재무제표 형태를 알아보고, 기업 재무제표의 구체적인 예를 제시하며, 투자자나 경영자가 기업에 관해 다양한 정보를 어디서 발견할 수 있는가에 대해서 언급하고자 한다. 또한 기업의 성과와 가치를 평가하기 위해 사용되는 재무 비율에 대해서도 설명하고자 한다. 마지막으로 재무 정보 보고의 남용과 사베인스–옥슬리 규제를 살펴볼 것이다.

2.1 재무 정보의 공시

재무제표: 기업에 의해 분기별 또는 연별로 발행되는 회계 보고서로, 과거의 성과 정보와 기업 자산 및 그 자산의 자금조달에 대한 현황을 보여준다.

연차 보고서(10-K): 미국의 공개기업이 주주들에게 보내주는 연별 사업의 정리 보고서로 재무제표를 포함하여 함께 제공된다.

재무제표(financial statements)는 기업에 의해 정기적으로(분기별 또는 연별로) 발행되는 회계 보고서로, 과거의 성과 정보와 기업 자산 및 그 자산의 자금조달에 대한 현황을 보여준다. 미국의 공개 기업들은 분기별로 10-Q 형식, 연별로 10-K 형식의 재무제표를 미국 증권거래위원회(SEC)에 보고하여야 한다.[1] 종종 비공개기업들은 재무제표를 작성하지만 공시할 필요는 없다. 재무제표는 투자자, 재무분석가와 다른 외부 이해관계자들이 주식회사에 대한 정보를 얻는 중요한 수단이 된다. 뿐만 아니라, 재무제표는 경영자들이 1장에서 언급했던 재무 의사결정을 할 때 유용한 정보 원천이 된다. 이 절에서는 재무제표를 준비하는 방법을 검토하고, 여러 가지 형태의 재무제표를 소개하고자 한다.

재무제표의 준비

기업회계기준(GAAP): 공개기업들이 재무 상태의 보고를 준비할 때 사용하여야 하는 규정과 표준 형식의 공통된 서식

기업의 성과와 재무상태에 관한 보고서는 이해하기 쉽고 정확해야 한다. 국제회계기준(International Financial Reporting Standards)과 함께 **기업회계기준(Generally Accepted Accounting**

1) 증권거래위원회는 증권이 거래되는 공개 금융시장(거래소)에서 발행된 증권들(예: 주식과 채권)을 규제하기 위해 1934년에 국회에 의해 설립되었다.

Principles, GAAP)은 재무제표를 만들 때 공개기업들이 사용하여야 하는 규정과 기준의 형식을 정하고 있다. 이 기준은 서로 다른 기업들의 재무상태를 쉽게 비교할 수 있도록 해준다.

투자자들이 재무제표가 정확하게 작성되었다는 것을 확산할 수 있어야 하기 때문에, 주식회사는 중립적인 의견을 가지면서 재무제표를 검토할 제3자 **회계감사인(auditor)**을 선임하여야 한다. 이렇게 함으로써 주식회사가 기업회계기준을 따르고 있으며, 회계 정보가 신뢰할 만하다는 것을 보일 수 있다.

회계감사인: 기업의 연별 재무제표를 검토하여 그것들이 GAAP에 맞게 작성되었는가와 정보의 신뢰성을 뒷받침하는 증거를 제공하는가를 보증하는 중립적인 제3자를 말하는 것으로, 주식회사는 이들을 고용하도록 의무화되어 있다.

재무제표의 종류

모든 공개기업은 다음과 같은 네 가지 재무제표를 작성하여야 한다: 재무상태표(balance sheet), 손익계산서(income statement), 현금흐름표(statement of cash flows), 주주지분 변동 보고서(statement of changes in shareholders' equity). 재무제표는 투자자와 채권자들에게 기업이 달성한 재무적 성과의 내용을 살펴볼 수 있도록 해 준다.

국제회계기준(International Financial Reporting Standards)

일반적으로 인정된 기업회계기준(Generally Accepted Accounting Principles: GAAP)은 나라마다 다르다. 결과적으로 기업들이 국제적인 영업을 하면 엄청나게 복잡한 회계적 문제에 직면하게 된다. 투자자들은 외국 기업들의 재무제표를 해석하는 데 많은 어려움을 겪게 되기 때문에, 외국 기업 투자를 회피하게 된다. 그러나 기업과 자본시장이 세계화 될수록, 국가별 회계기준에 조화를 이루고자 하는 이해가 점점 더 커지게 된다.

회계기준의 조화를 위해 가장 중요한 프로젝트가 미국을 포함한 10개국 대표들이 국제회계기준위원회(International Accounting Stand-ards Committee)를 설립하였던 1973년에 시작되었다. 이러한 노력이 2001년에 영국 런던에 본부를 둔 국제회계기준청(International Ac-counting Standards Board, IASB)을 설립하도록 하였다. 이제 IASB는 국제회계기준(International Financial Reporting Standards, IFRS)을 발표하고 있다.

IFRS는 전 세계적으로 뿌리를 내리고 있다. 유럽연합(European Union, EU)은 2002년에 EU의 모든 공개기업들이 2005년부터 그들의 결합 재무제표 작성에 있어서 IFRS를 따를 것을 요구하는 회계 규제를 승인하였다. 많은 나라들의 모든 상장기업에 대해서 IFRS를 채용하게 하였는데, 여기에는 호주와 남미 및 아프리카 국가들도 포함되어 있다. 사실 전 세계 모든 주요 증권거래소들이 IFRS를 받아들였지만, 미국과 일본은 아직도 자기들만의 GAAP를 유지하고 있다. 미국의 GAAP와 IFRS의 주요 차이점은 개념적 측면에 있다. 미국의 GAAP는 그 적용에 있어서 주로 특정한 지침을 가지는 회계 규칙에 중점을 두어 특정 지침의 적용이 제한된다. 그렇지만 규칙에 있어서의 차이점들도 존재한다. 예를 들어, IFRS는 어떤 자산을 공정가치(fair value)로 재평가하는 것을 허용하지만, 미국의 GAAP는 비금융자산의 상향적 재평가를 금지한다. 미국의 GAAP는 자산과 부채의 가치를 공정가치로 평가하기보다는 역사적 원가에 더 중점을 둔다.

미국의 GAAP와 IFRS의 접점을 얻으려는 노력은 미국에서 2002년 사베인스–옥슬리 법에 의해 박차를 가하게 되었다. 이 법은 미국의 회계기준이 높은 질적 기준을 가지는 국제 수준으로 나아가게 하는 조항을 포함하고 있다. 현재, SEC의 규제는 미국의 공개 기업이 미국 GAAP에 따라 보고하도록 규제하고 있다. IFRS와 미국 GAAP의 수정으로 인해, 이들이 더욱 가까워졌다. 그럼에도 불구하고, 감액차손, 리스, 보험 및 금융상품 취급 분야에서 이들 간의 주요 차이점이 여전히 존재한다. 2016년 초반에 SEC는 미국 기업이 IFRS를 사용하여 보충 정보를 제공할 수 있도록 허용하였지만, 미국 GAAP에 따라 재무 정보를 제출하도록 요구하고 있다.

인터뷰

루스 포랏(Ruth Porat)

루스 포랏은 알파벳(Alphabet)과 구글(Google)의 수석 부사장 겸 최고재무관리자(CFO)이다. 그녀는 이전에는 모건 스탠리(Morgan Stanley)에서 27년을 근무했으며, Morgan Stanley에서 마지막 직책은 부사장 겸 CFO였다. 모건 스탠리 투자 은행의 부회장과 금융기관 그룹의 글로벌 책임자로서 그녀는 미국 재무부와 뉴욕 연방준비은행에 조언했다.

질문: 재무관리자에게 권장되는 모범 사례는 무엇인가?

답변:

1. 회계의 통제 및 프로세스와 관련하여 엄격한 재무 통제 환경을 유지하라. IT 설계에 대한 전략적 접근 방식을 통합하여 데이터 무결성, 일관성 및 프로세스 통제를 보장하면서 사람과 수동적인 프로세스에 대한 의존도를 줄여 위험과 오류의 원인을 제거하라.
2. 회사에 잘 통합된 강력한 재무 계획 및 분석 팀을 기반으로 강건한 예산 및 자본 배분 프로세스를 보장하라. 회사 경영자에게 데이터의 투명성을 제공하라. 이들은 예산 편성 과정에서 절충안을 만들 수 있는 최적의 위치에 있지만, 종종 이러한 선택을 할 수 있는(그리고 이러한 선택이 꼭 필요함을 알 수 있는) 데이터의 상세함이 부족할 수 있다.
3. 문화가 중요하다. 현상 유지에 도전하고 생각의 동질성을 피하는 정직하고 솔직한 토론 문화는 이 일을 더욱 재미있게 만들고 더 나은 결과를 낳는다. 폭 넓은 경험과 심지어 일부 "전투 흉터"는 조직이 새로운 위험을 예측할 수 있는 패턴을 인식하도록 보장한다. 이와 관련하여 성별, 인종 및 사회경제적 배경이 다양한 구성원들로 이루어진 다양한 팀은 차별화된 시각을 제공하여 효과적인 위험 관리에 기여한다.
4. 힘든 결정을 일찍 하고, 그리고 (이상적으로는) 한번 하라. 선도하라.

질문: 이번 금융위기가 CFO의 역할을 어떻게 형성했나? 혹은 이에 대한 당신의 견해는 무엇인가?

답변: 금융 서비스에서 CFO의 인식을 재정립했다. 회계 및 외부 보고 기능에 중점을 두는 것 외에도 CFO는 현재 회사의 감사 및 위험 관리를 담당하는 최고 글로벌 관리자이다. 감시 업무는 회계(컨트롤러 기능)와 IT 시스템에 대한 포괄적인 접근 방식의 감독을 포함한다. 위험 관리에는 취약성의 근원, 스트레스 테스트 및 이들에 대한 계획 수립이 필요하다. CFO는 CEO, 이사회 및 회사 경영자에게 신뢰할 수 있는 조언자가 되었고, 예산 수립, 자본 배분 및 민감도 분석 업무를 수행하게 되었다. 마지막으로, 특정 산업 분야에서는 CFO가 규제의 핵심 인물이다.

질문: 이번 금융위기에서 어떤 주요 교훈을 얻었나? 미래 CFO에게 어떤 조언을 해주겠는가?

답변: 산업 전반을 걸치고, 좋은 시장 및 나쁜 시장 모두에서 적용될 수 있는 이번 금융위기에서의 세 가지 주요 탈출구가 있다:

1. 당신 취약점의 가장 큰 근원들을 이해하고 이들을 방어하라. 금융 서비스의 경우, 유동성(현금 접근성)이 약점이었다. 그 기간에, 우리는 종종 "유동성은 금융시스템을 위한 산소다. 이것 없이는 당신이 질식한다." 충분한 유동성이 없으면 은행은 자산을 팔아 현금을 모으는 부정적인 사이클을 겪게 된다. 모건 스탠리의 최고재무관리자(CFO)로서 나는 유동성은 신성불가침이라는 금언을 가지고 유동성을 관리했다. 우리는 회사의 유동성 준비금의 금액과 내구성에 상당한 투자를 했다. 마찬가지로, 위기를 벗어난 규제 당국은 자본의 증가, 레버리지의 감소, 유동성의 개선, 자금조달 지속성의 향상, 엄격한 스트레스 테스트 등을 요구했으며, 이는 은행에 투명성을 부여하고 은행의 약점을 드러나게 했다.
2. 재무 및 위험 관리의 통제, 시스템 및 프로세스를 포함하여, 필요에 앞서 강력한 통제 인프라를 구축하라. 바람막이에 진흙이 있는 자동차를 시속 100 마일로 운전하면 안 되는 것처럼, 회사의 경영자는 강력한 재무 통제와 일관되고 정확하며 통찰력 있는 시기 적절한 데이터를 통해 자신의 회사에 대한 가시성을 확보해야 한다. 회사의 요구 사항이 급속한 증가를 계속하기 때문에 급격하게 성장하는 산업은 인프라에 일찍 투자해야 한다.
3. 시간이 당신의 적이라는 것을 알아라. 폴슨(Paulson) 재무부 장관은 금융위기 중에 나에게 문제를 해결할 의지와 수단이 있어야 한다고 말했다. 너무 종종, 당신이 의지를 가질 때면 (너무 늦어서)

당신이 더 이상 그 수단을 가지고 있지 않을 수 있다는 것이다. 그는 정책에 대해 이야기하고 있었지만, 이 규칙은 어떤 의사 결정자에게도 적용된다. 돌이켜 보면, 2007년 8월의 위기와 2008년 3월 베어 스턴스(Bear Stearns) 붕괴의 명백한 징조가 있었지만, 반응은 느리거나 존재하지 않았다. 좋은 시기에도 회사의 경영자는 자원 최적화에 집중하여, 투자 수익률을 극대화할 수 있는 잠재력을 극대화해야 한다.

개념확인

1. 회계 감사인의 역할은 무엇인가?
2. 모든 공개기업이 만들어야 하는 네 가지 재무제표는 무엇인가?

2.2 재무상태표

재무상태표(balance sheet, statement of financial position)는 기업의 자산과 부채를 모두 열거하는 것으로, 주어진 시점에서 기업의 재무상태를 한눈에 보여준다.[2] 표 2.1은 글로벌 주식회사라는 기업의 재무상태를 보여주고 있다. 재무상태표는 왼쪽의 자산과 오른쪽의 부채 및 자기자본의 두 부분으로 나뉜다.

재무상태표: 기업의 자산과 부채를 모두 열거하는 것으로, 주어진 시점에서 기업의 재무상태를 한눈에 보여준다.

1. **자산(asset)**은 기업의 현금, 재고자산, 순유형자산과 그 외 기업의 투자 자산을 말한다.
2. **부채(liability)**는 채권자들에 대한 기업의 채무를 말한다.
3. **자기자본(shareholders' equity)**도 재무상태표의 오른쪽에 부채와 함께 표시된다. 자기자본은 기업의 자산에서 부채를 차감한 금액으로 기업의 순재산을 측정하는 회계적 척도이다. 글로벌의 경우, 주주의 자기자본은 두 가지로 나뉜다: (1) **보통주와 납입잉여금**(주식발행 초과금), 주주들이 기업으로부터의 주식 매입에 의해 직접 투자한 금액, (2) **유보이익 또는 이익잉여금**, 기업의 이익이지만 사내에 유보하여 자산 또는 현금으로 재투자되는 금액. 이 장의 뒷부분인 현금흐름표에 대한 논의에서 유보이익에 대해 자세히 살펴볼 것이다.

자산: 현금, 재고자산, 순유형자산과 그 외 기업의 투자 자산을 말함

부채: 채권자들에 대한 기업의 채무를 말함

자기자본: 기업의 자산과 부채의 차이 금액으로 기업의 순재산을 측정하는 회계적 척도임

보통주와 납입잉여금: 주주들이 기업으로부터의 주식 매입을 통해 직접 투자한 금액

유보이익 또는 이익잉여금: 기업의 이익이지만 사내에 유보하여 자산 또는 현금으로 재투자되는 금액

재무상태표 왼쪽의 자산은 기업이 자본 또는 투자 자금을 어떻게 사용하고 있는가를, 오른쪽의 부채와 자기자본 정보는 자본의 원천이 어디인가를 정리하여 보여준다. 자기자본은 자산에서 부채를 차감한 금액이므로, 당연히 좌변과 우변의 금액은 일치해야 한다.

재무상태표 항등식

$$\text{자산} = \text{부채} + \text{자본} \tag{2.1}$$

표 2.1에서 2016년의 총자산(또는 자산 총계)인 \$170.1백만은 총부채 \$147.9백만과 자기자본 \$22.2백만의 합과 같다.

이제 기업의 자산, 부채, 자기자본에 대해서 좀 더 자세히 살펴보도록 하자. 재무상태표에 포

2) IFRS와 최근 U.S.GAAP 발표에 따르면, 대차대조표(balance sheet)를 재무상태표(statement of financial position)라고 부르기로 했다.

표 2.1
2016년과 2015년 글로벌 주식회사의 재무상태표 ($백만)

자산	2016	2015	부채와 자기자본	2016	2015
유동자산			유동부채		
현금	23.2	20.5	매출채권	29.2	26.5
매입채무	18.5	13.2	지불어음/단기채무	5.5	3.2
재고자산	15.3	14.3	재고자산		
총 유동자산	57.0	48.0	총 유동부채	34.7	29.7
장기자산			장기부채		
재산, 공장 및 장비	113.1	80.9	장기채무	113.2	78.0
총 장기자산	113.1	80.9	총 장기부채	113.2	78.0
			총부채	**147.9**	**107.7**
			주주의 자기자본		
			보통주와 납입잉여금	8.0	8.0
			유보이익	14.2	13.2
			주주의 자기자본	22.2	21.2
총자산	**170.1**	**128.9**	**총부채와 주주의 자기자본**	**170.1**	**128.9**

함된 정보를 분석하면 기업의 재무 상황을 평가할 수 있다.

자산

표 2.1에서 글로벌의 자산은 유동자산과 비유동자산(또는 고정자산)으로 나뉜다.

유동자산: 현금과 1년 이내에 현금으로 전환될 수 있는 자산

시장성 유가증권: 단기 저위험 투자로, 쉽게 매도하여 현금으로 전환할 수 있음

매출채권: 제품이나 용역을 신용으로 구입한 고객이 기업에 지불하여야 하는 금액

재고자산: 공정 중에 있는 재공품 및 완성된 제품과 원자재를 포함함

유동자산 **유동자산**(current assets)은 현금과 1년 이내에 현금으로 전환될 수 있는 자산으로 나뉜다. 유동자산의 범주는 다음과 같다.

1. 현금과 **시장성 유가증권**(marketable securities): 단기 저위험 투자로, 쉽게 매도하여 현금으로 전환할 수 있음(1년 이내에 만기가 돌아오는 정부채와 같은 단기 금융시장 투자)
2. **매출채권**(accounts receivable): 제품이나 용역을 신용으로 구입한 고객이 기업에 지불하여야 하는 금액
3. **재고자산**(inventories): 공정 중에 있는 재공품 및 완성된 제품과 원자재를 포함함
4. 기타 유동자산: 선지급금(임차나 보험과 같이 미리 지급된 비용)을 포함하는 포괄적 개념의 유동자산

장기자산: 1년 이상 동안 유형의 제품을 생산하는 자산으로, 생산 설비를 지칭함

감가상각: 건물이나 장비가 시간이 지남에 따라 노후화되어 가치가 떨어지는 것을 인식하여, 자산의 수명에 따라 정해진 일정대로 (토지가 아닌) 고정자산의 가치로부터 기업이 매년 차감하는 금액

장부가치: 인수 비용에서 누적 감가상각을 차감한 금액

장기자산 1년 이상 보유하는 재산이나 생산 설비를 **장기(또는 비유동)자산** (long-term assets)이라고 부른다. 글로벌이 새로운 장비에 $2백만을 지불했다면 $2백만이 재무상태표 장기자산의 순유형자산에 포함될 것이다. 장비는 시간이 지남에 따라 노후화되거나 닳아서 못쓰게 되므로, 글로벌은 자산의 수명에 따른 **감가상각**(depreciation)을 장비에 적용하여야 한다. 감가상각은 기업이 실제로 지불하는 현금 비용이 아니라, 건물이나 장비가 시간이 지남에 따라 노후화되

어 가치가 떨어지는 것을 인식하는 방법이다. 자산의 **장부가치**(book value)는 인수 비용에서 누적 감가상각을 차감한 금액이다. 순유형자산의 값은 이 자산들의 장부가치를 보여준다.

다른 장기(비유동)자산은 영업활동에 사용되지 않는 재산과 같은 항목, 새로운 사업과 연계된 신설 비용, 상표 및 특허권, 판매를 위한 재산 등을 포함한다. 모든 기업 자산의 합계는 표 2.1 재무상태표의 왼쪽 밑에 자산 총계로 표기된다.

부채

이제 재무상태표의 오른쪽에 나타난 부채에 대해서 살펴보는데, 부채는 유동부채와 장기부채로 나뉜다.

유동부채 **유동부채**(current liabilities)는 1년 이내에 상환될 부채를 말한다. 여기에는 다음 항목들이 포함된다.

유동부채: 1년 이내에 상환될 부채

1. **매입채무**(accounts payable)는 외상으로 구입한 제품이나 서비스에 대하여 공급자에게 지불하여야 하는 금액임.
2. **단기채무**(short-term debt)는 내년도에 상환되어야 하는 내출을 의미한다. 내년도에 상환이 도래하는 장기채무도 장기채무의 유동적 만기화로 인해 여기에 포함되어야 한다.
3. 발생 항목은 급여 또는 세금과 같이 이미 발생하였지만 지급되지 않았거나 이연 또는 아직 발생하지 않은 수입으로, 인도되지 않은 제품에 대해서 지급받는 수입이다.

매입채무: 외상으로 구입한 제품이나 서비스에 대하여 공급자에게 지불하여야 하는 금액

단기채무: 다음 해에 상환되어야 하는 대출

유동자산과 유동부채의 차이는 기업의 **순운전자본**(net working capital)인데, 이는 영업을 위한 단기 가용 자본이다. 지급어음과 단기채무는 유동부채에 포함되지만, 그들은 매입채무나 발생계정과는 다르다. 매입채무와 발생계정은 기업의 운영 의사결정과 관계가 있음에 비해, 지급어음과 단기채무는 기업의 자금조달 의사결정과 관계가 있다. 일반적으로 재무관리자가 이 두 가지 의사결정을 분리하려고 할 때에, 이 구분은 중요한 의미를 가진다.

순운전자본: 기업의 유동자산과 유동부채의 차이로 영업을 위한 단기 가용 자본

$$\text{순운전자본} = \text{유동자산} - \text{유동부채} \quad (2.2)$$

예를 들어, 2016년에 글로벌의 순운전자본은 \$22.3백만(= \$57.0백만 유동자산 - \$34.7백만 유동부채)이었다. 순운전자본이 작거나 음인 기업은 자금 부족이 발생할 수 있다. 단기 만기를 가지는 부채가 기업의 현금과 매출채권 기대 금액을 초과하는 경우가 된다.

장기부채 **장기부채**는 1년 이상의 만기를 가진 부채이다. 기업이 자산을 구입하거나 투자를 위해서 자금을 조달할 필요가 있을 때, 장기부채로 자금을 조달할 수 있다. 이런 부채는 재무상태표에 장기부채로 나타나는데, 1년 이상의 만기를 가지는 차입이나 채무를 말한다.

장기부채: 1년 이상의 만기를 가진 부채

자기자본

주식의 장부가치: 기업의 자산과 부채의 차이로 자기자본 또는 주식이라고 불리는데, 회계학적 관점에서 기업의 순재산가치를 나타낸다.

유동부채와 장기부채의 합계는 총부채가 된다. 기업 자산과 부채의 차이는 자기자본 또는 주식이 된다. 이것을 **주식의 장부가치(book value of equity)**라고 한다. 이미 언급한 바와 같이, 회계학적 관점에서 이것은 기업의 순재산가치를 의미한다. 자기자본의 두 가지 주요 구성 요소는 자본금과 이익잉여금이다. 이 두 요소는 주주 소유권의 장부가치를 형성하는데, 각각 직접 투자와 이익의 재투자로부터 발생한다.

이상적으로 생각한다면, 재무상태표는 사람들에게 진정한 주식 가치에 대해 정확한 평가를 제공하여야 한다. 하지만 실제로는 그렇지 못하다. 먼저, 재무상태표에 나열된 많은 자산들이 현재의 가치보다는 과거의 비용을 근거로 기록되었기 때문이다. 예를 들어, 사무용 건물은 재무상태표에 과거의 구입 원가 또는 비용에서 누적 감가상각비를 차감한 금액으로 기록된다. 하지만 사무용 건물의 실제 가치는 이 금액과 매우 다를 수 있다. 사실, 재산의 가치가 상승했다면 수년 전에 지불한 금액보다는 더 클 것이다. 다른 유형자산에 대해서도 마찬가지다. 자산의 진정한 가치는 장부가치와는 다를 것이며, 초과하는 경우도 있다. 두 번째 이유는 기업의 가치 있는 많은 자산들이 재무상태표에 표시되지 않는다는 것으로, 이 점이 더 중요할 수 있다. 예를 들어, 기업 근로자들의 전문성, 시장에서 기업의 평판, 고객 및 납품업자와의 관계, 경영진의 우수성 등을 생각해 보자. 이러한 자산들은 모두 기업의 가치를 더해 주지만 재무상태표에 나타나지는 않는다. 이런 모든 자산들이 기업가치에 더해지지만 재무상태표에 나타나지는 않는다. 자기자본의 장부가치는 영속적인 기업의 진실된 가치로서는 적절한 추정치가 아님에도 불구하고, 이것이 때때로 자산 매도와 부채 지급 이후 기업에 남는 가치인 **청산가치**의 추정치로 이용된다.

청산가치: 기업의 모든 자산이 매도되고 부채가 모두 상환된 뒤의 기업 가치

시장가치 대 장부가치

시가총액: 기업 주식의 전체 시장가치로 주당 가격에 주식 수를 곱하여 얻어진다.

이러한 이유 때문에 주식의 장부가치는 기업 주식의 실제 가치를 정확하게 평가하지 못한다. 따라서 재무상태표의 가치가 투자자들이 주식에 대해서 지불하고자 하는 금액과 다르다는 것이 놀라운 일은 아니다. 기업 주식의 전체 시장가치는 주당 가격에 주식 수를 곱하여 얻어지는데, 이를 기업의 **시가총액(market capitalization)**이라고 한다. 주가는 기업 자산의 역사적 비용에 의존하지 않고, 기업 자산이 미래에 창출할 것으로 기대되는 가치에 달려있다. 이 차이를 알아보기 위해, 보잉과 같은 기업이 새 비행기를 공개할 때 어떤 일이 벌어지는가를 생각해보자. 이 비행기들을 판매한 미래 현금흐름에 대한 투자자들의 기대는 곧바로 주가를 상승시켜 보잉의 시장가치를 증가시킬 것이다. 그러나, 비행기 판매로부터의 수입은 실제로 그것을 팔았을 때에 보잉의 재무제표에 반영될 것이다.

마지막으로, 주식의 장부가치는 음수가 될 수 있는데, 이것이 반드시 안 좋은 실적을 의미할 필요는 없다. 성공적인 기업들은 채권자들이 기업 자산의 시장가치가 훨씬 크다는 것을 인식하

예제 2.1
시장가치 대 장부가치

문제 *Problem*

글로벌이 3.6백만의 발행주식수를 가지고, 이 주식이 주당 $10.00으로 거래된다면 글로벌의 시가총액은 얼마인가? 시장가치는 글로벌의 장부가치와 어떻게 비교되는가?

풀이 *Solution*

- **계획**

시가총액은 주당 가격에 총발행주식 수를 곱하여 얻어진다. 재무상태표의 오른쪽 밑에서 글로벌 자기자본의 장부가치를 발견할 수 있다.

- **실행**

글로벌의 시가총액은 ($10.00/주)×(3.6백만 주)=$36백만. 이 시가총액은 글로벌의 장부가치 $22.2백만보다 훨씬 크다.

- **평가**

글로벌은 재무상태표에 나타나지 않은 가치의 원천을 가지고 있다. 이것은 성장 기회, 양질의 경영진, 공급자 및 소비자 등과의 관계들을 포함한다.

고 있기 때문에, 기업 자산의 장부가치가 부채를 초과할 수도 있기 때문이다. 예를 들어, 2005년 6월에 아마존(Amazon.com)의 전체 부채는 $2.6십억이고, 주식의 장부가치는 -$64백만 이었으나, 주식의 시가총액은 $15십억을 초과하였다. 투자자들은 아마존의 자산이 재무상태표에 보고된 장부가치보다 크다는 것을 분명히 인식하고 있었다는 것이다. 2016년까지 아마존은 한동안 강한 성장세를 보여서, 주식의 장부가치는 $13십억을 넘었으며, 주식의 시장가치도 $300십억 정도가 되었다.

시장가치/장부가치

예제 2.1에서 글로벌 주식의 시장가치와 장부가치를 비교하였다. 이러한 비교를 가능하게 하는 일반적인 방법은 **시장가치/장부가치 비율(market-to-book ratio 또는 price-to-book[P/B] ratio)**을 계산하는 것이다. 기업의 시가총액을 장부가치로 나누면 이 비율이 계산된다.

시장가치/장부가치 비율: 기업의 시가총액을 주식의 장부가치로 나눈 비율

$$\text{시장가치/장부가치 비율} = \frac{\text{주식의 시장가치}}{\text{주식의 장부가치}} \tag{2.3}$$

시장가치/장부가치 비율은 기업을 평가하기 위해 사용되는 많은 재무 비율 중의 하나다. 대부분의 성공적 기업의 경우 이 비율이 1을 크게 상회하는데, 이는 기업 자산의 가치가 역사적 원가(청산가치)보다 많이 크다는 것을 의미한다. 경영에 의해 높아진 기업 가치뿐만 아니라, 기업의 기본적인 특성이 다르기 때문에 이 비율도 기업마다 다르게 나타난다. 따라서 이 비율은 경영자

의 의사결정을 시장이 어떻게 평가하는가를 주식가격으로 보여주는 피드백의 한 방법이 된다.

2016년 초반에 아메리서브 금융은 자산 수익성이 좋지 않고 시장가치가 장부가치보다 작아야 한다는 투자자의 평가가 반영되어, 시장가치/장부가치 비율이 0.57에 머물렀다. 시티그룹의 비율도 0.59라는 것은 상황이 비슷하다는 것을 의미한다. 그림 2.1은 시장가치/장부가치 비율의 산업별 평균을 보여주고 있는데, 금융서비스 산업은 1, 대규모 미국 기업들은 3에 가까운 수준이었다. 이에 비해, 아마존은 20 이상, 기술 주식들 평균은 8 이상이었다. 증권분석가들은 시장가치/장부가치 비율이 낮은 주식을 **가치주(value stocks)**, 높은 주식을 **성장주(growth stocks)**라고 부른다.

가치주: 낮은 시장가치/장부가치 비율을 가진 기업

성장주: 높은 시장가치/장부가치 비율을 가진 기업

그림 2.1
2016년의 시장가치/장부가치 비율

이 그림은 여러 기업들의 2016년 시장가치/장부가치 비율을 보여주고 있다. 가치주(시장가치/장부가치 비율이 낮음)로 분류될 수 있는 기업들은 빨간색으로, 성장주(시장가치/장부가치 비율이 높음)로 분류될 수 있는 기업들은 파란색으로 표시되었다.

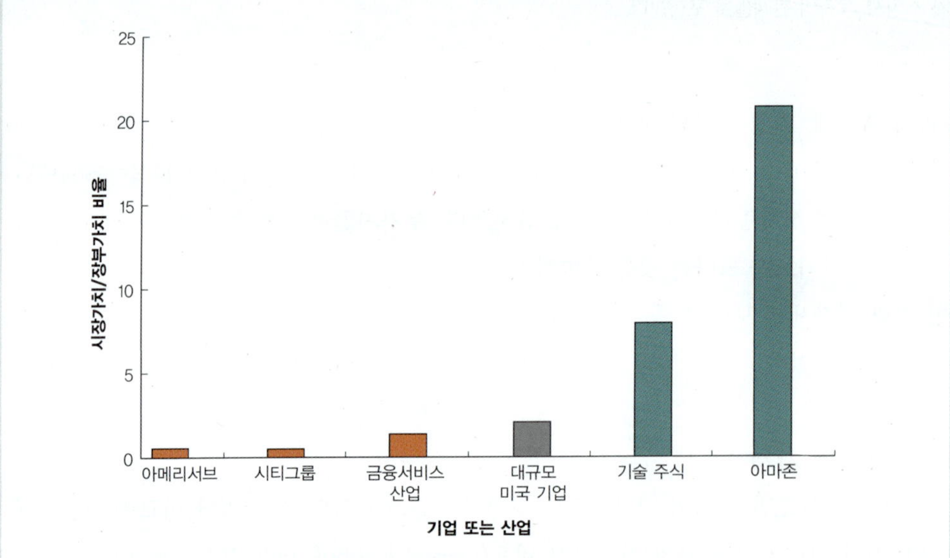

사업가치

회사의 시가총액은 기업 주식의 시장가치로, 기업이 채무를 청산하고 난 뒤의 잔존가치라고 할 수 있다. 시가총액은 기업이 보유하고 있는 현금을 포함한다. 하지만, 사업 자체의 가치는 과연 얼마일까? 기업의 **사업가치(enterprise value)**는 현금과 시장성 유가증권과는 별개로, 기업이 영위하는 사업 자산의 가치를 의미한다. 사업가치는 다음과 같이 계산된다.

사업가치: 기업의 주식과 채무의 전체 시장가치에서 현금 및 시장성 유가증권을 차감한 가치. 이것은 기업이 현재 영위하고 있는 사업의 가치를 측정한다.

$$사업가치 = 주식의 시장가치(시가총액) + 채무 - 현금 \quad (2.4)$$

예제 2.2
사업가치의 계산

문제 *Problem*

2015년 6월에 하인즈(H. J. Heinz Co.: HNZ)는 주당 가격 $72.36, 발행주식 320.7백만 주, 채무의 장부가치 $4.98십억, 현금 보유액 $1.1십억이었다. 하인즈의 시가총액은 얼마인가? 하인즈의 사업가치는 얼마인가?

풀이 *Solution*

● 계획

주가	$72..36
발행주식수	320.7백만
현금	$1.1백만
채무(장부)	$4.98백만

식 2.4를 이용하면 사업가치를 얻을 수 있다: 사업가치 = 주식의 시장가치 + 채무 − 현금. 주가에 발행주식 수를 곱하여 주식의 시장가치인 시가총액을 얻을 수 있다. 현금과 채무 금액은 주어졌다.

● 실행

하인즈는 $72.36/주×320.7백만 주 = $23.21십억의 시가총액을 가진다. 따라서 하인즈의 사업가치는 23.21 + 4.98 − 1.10 = $27.09십억이다.

● 평가

하인즈 운영 사업의 가치는 보유 현금과 관계 없이 사업에 대한 금융 청구권의 전체 가치로, 사업가치는 $27.09십억이다

예를 들어, 예제 2.1의 시가총액이 주어졌을 때, 2016년 글로벌의 사업가치는 $131.5 = 36 + 118.7 - 23.2)백만이 된다. 사업가치는 당해 사업을 취득하는 비용으로 해석할 수 있다. 말하자면, 글로벌의 주식을 모두 매입하고 채무를 청산하는 비용이 36 + 118.7 = $154.7백만이라는 것이다. 그런데, 글로벌의 $23.2백만 현금은 그대로 인수하기 때문에 순 비용은 154.7 - 23.2 = $131.5백만이 된다.

개념확인

3. 감가상각은 무엇을 알기 위하여 만들어졌나?
4. 기업 자산의 장부가치는 보통 시장가치와 다르다. 이러한 차이가 발생하는 이유는 무엇인가?

2.3 손익계산서

누군가가 핵심을 알기 원할 때 마지막 행을 보라고 얘기할 수 있는데, 이는 **손익계산서(income statement)**에서 유래한 말이다. 손익계산서는 정해진 기간 동안의 기업 수입과 비용을 보여준다. 손익계산서의 마지막 행은 정해진 기간 동안 기업의 수익성을 나타내는 순이익을 보여준다. 손익계산서는 손익 계정이라고 불리기도 하고, 순이익은 기업의 **당기 순이익**을 의미한다. 이 절

손익계산서: 정해진 기간 동안 기업의 수입과 비용을 나타낸다.

당기순이익: 정해진 기간 동안 기업의 수익성을 나타내는 지표로 손익계산서의 마지막 행에 나타남

에서는 손익계산서의 항목을 자세하게 살펴보고, 이 자료들을 분석하기 위해 사용할 수 있는 비율들을 소개하고자 한다.

이익의 계산

재무상태표는 정해진 시점에 기업의 자산과 부채 상황을 보여주지만, 손익계산서는 두 개 시점 사이의 기간 동안 발생한 수입과 비용의 흐름을 보여준다. 표 2.2는 2016년과 2015년 글로벌의 손익계산서를 나타내고 있다. 이제 손익계산서의 각 영역을 알아보자.

총이익 손익계산서의 첫째 행은 제품 판매로부터의 수입을, 둘째 행은 제품 생산 및 매출에 따른 비용을 나타낸다. 회계에서는 수입(revenues)과 순매출(net sales)이 같은 개념으로, 순매출은 총매출에서 반환 및 할인금 등을 차감한 값이다. 세 번째 행은 매출 수입에서 매출 비용을 차감한 **총이익(gross profit)**을 나타낸다.

총이익: 매출 수입에서 매출 비용을 차감한 값으로 손익계산서의 세 번째 행에 나타남

영업비용 손익계산서의 다음 항목들은 영업비용(operating expenses)이다. 이 항목들은 정상

표 2.3
2016년과 2015년 글로벌 주식회사의 연말기준 손익계산서(단위: $백만)

글로벌 그룹	2016	2015
순매출	186.7	176.1
매출원가	−153.4	−147.3
총이익	33.3	28.8
판매 및 일반 관리비	−13.5	−13
연구개발비	−8.2	−7.6
감가상각 및 무형자산 감가상각	−1.2	−1.1
영업이익	10.4	7.1
기타수입	–	–
이자법인세차감전이익(EBIT)	10.4	7.1
이자 수입(비용)	−7.7	−4.6
세전 순이익	2.7	2.5
세금	−0.7	−0.6
당기순이익	2.0	1.9
주당 순이익	$0.56	$0.53
희석된 주당 순이익	$0.53	$0.50

적인 영업을 유지하기 위해 지출되는 비용이지만, 판매되는 제품 및 용역의 생산과는 직접적인 관계가 없다. 여기에 포함되는 것들은 판매 및 일반 관리비, 일반 급여, 마케팅 비용, 연구개발비 등이다. 제3의 영업비용인 감가상각 및 무형자산 감가상각(인수 자산의 가치 감소를 반영한 비용)은 시간의 경과에 따라 기업 자산이 낡고 노후화되어서 가치가 감소되는 부분을 추정한 비용

이다.[3] 이 비용들은 현금 지출을 수반하는 실제 비용이 아니다. 영업비용을 차감한 기업의 총이익을 **영업이익(operating income)**이라고 부른다.

영업이익: 기업의 총이익에서 영업비용을 차감한 금액

이자법인세차감전이익 기업의 주요 영업활동이 아닌 원천으로부터의 수입과 비용 정보도 손익계산서에 포함된다. 예를 들어, 기업의 금융 투자로부터 발생한 현금흐름이 여기에 속한다. 기업의 영업이익에 영업외수익(비용)을 합산(차감)한 금액을 **이자법인세차감전이익(earnings before interest and taxes, EBIT)**이라고 한다.

영업이익에 영업외수익(비용)을 합산 (차감)한 금액: 기업의 영업이 익에 영업외 수익(비용)을 합산(차감)한 금액

세전 순이익과 당기순이익 글로벌의 세전 순이익을 계산하기 위하여 EBIT로부터 이자 지급액을 차감한다. 세전 순이익(pretax income)에서 법인세를 차감하면 당기순이익(net income)을 얻게 된다.

당기순이익은 기업 주주들의 총수익을 의미한다. 당기순이익은 종종 1주당 개념으로 발표 되기도 하는데, 이를 **주당 순이익(earnings per share, EPS)**이라고 하고 다음과 같이 계산한다.

주당 순이익: 기업의 당기순이익을 발행주식 수로 나눈 금액

$$\text{EPS} = \frac{\text{당기순이익}}{\text{총발행주식 수}} = \frac{\$\,2.0\text{백만}}{3.6\text{백만 주}} = \$\,0.56 \tag{2.5}$$

글로벌은 2016년 말에 3.6백만 주의 총발행주식 수를 가졌지만(예제 2.1), 더 많은 주식 발행을 약속했다면 주식수는 계속 늘어갈 것이다. 다음의 두 예를 살펴보자.

1. 글로벌이 근로자나 경영진에게 **스톡옵션(stock options)**의 보상을 준다고 생각하자. 스톡옵션은 정해진 시점에 정해진 가격으로 정해진 수의 주식을 살 수 있는 권리다. 근로자들이 이 옵션을 행사한다면 기업은 새로운 주식을 발행하여야 하고 기업의 총발행주식 수는 늘어날 것이다.

스톡옵션: 정해진 날짜까지 정해진 가격으로 일정량의 주식을 매입할 수 있는 권리

2. 회사가 주식으로 전환될 수 있는 채권의 형태인 **전환사채(convertible bonds)**를 발행한다면, 총발행주식 수는 증가할 수 있다.

전환사채: 채권 소유자가 당해 채권을 정해진 수의 주식으로 전환할 수 있는 권리를 지닌 회사채

회사의 순자산은 변화가 없는데 스톡옵션과 전환사채의 발행에 의해 주식 수가 증가하면 이익이 **희석화(dillution)**되는 효과를 가져온다. 기업은 스톡옵션이 행사될 경우 **희석된 주당 순이익(dilluted EPS)**을 보고하여서 옵션으로부터의 희석 효과를 공시하여야 한다. 예를 들어, 글로벌이 주요 경영진에게 20만 주를 주었다면, 희석된 주당 순이익은 $2.0백만/3.5백만 주 = $0.53이 된다.

희석화: 고정된 수익을 나눠 가지는 발행주식의 수를 증가시키는 것

희석된 주당 순이익: 기업의 주당이익은 모든 스톡옵션과 전환사채의 영향을 포함하는 총발행주식수에 의존한다. 따라서 주식 수가 많아지면 EPS가 감소하는데, 이를 희석된 EPS라고 한다.

4) 몇몇 종류의 무형자산 감가상각만이 세전 비용(예를 들어, 언수 특허권 비용의 상각)으로 차감이 가능하다. 또한 기업은 손익계산서에 감가상각과 무형자산 감가상각을 따로 표시하지 않고, 기능별로 비용에 포함시키는 경우가 많다. (예를 들어, 기술개발 장비의 상각을 기술개 발 비용에 포함시킴.)

EBITDA

다음 절에서 현금흐름표를 설명할 때 명백해지겠지만, EBIT나 순이익은 기업의 현금흐름과 같지 않다. 재무 분석가들은 종종 이자법인세상각차감전이익을 계산하는데, 이를 EBITDA라고 부른다. 감가상각과 무형자산 상각은 기업의 현금 비용이 아니기 때문에, EBITDA는 기업의 영업활동으로부터 발생한 현금이다. 글로벌의 감가상각과 무형자산 상각을 EBIT에 더하면, 2016년의 EBITDA는 10.4+1.2=$11.6백만임을 알 수 있다.

개념확인

5. 기업의 수익성 지표는 무엇인가?
6. 희석화란 무엇인가?

2.4 현금흐름표

손익계산서는 정해진 기간 동안 기업의 이익 척도를 제공해 주는 것으로, 기업이 벌어들인 현금의 규모를 알려주는 것은 아니다. 당기순이익이 기업이 벌어들인 현금과 일치하지 않는 두 가지 이유가 있다. 첫째, 손익계산서에는 감가상각과 무형자산 감가상각과 같은 비현금성 항목이 포함되기 때문이다. 둘째, 건물의 구입이나 재고 비용과 같은 현금의 사용은 손익계산서에 보고되지 않기 때문이다. 이런 점들을 고려하여 **현금흐름표(statement of cash flows)**는 손익계산서와 재무상태표의 정보에 의해 정해진 기간 동안 얼마의 현금이 발생하였고, 얼마의 현금이 사용되었는가를 보여준다. 현금은 중요한 의미를 가진다. 현금은 대금 지불과 영업의 유지 및 투자자를 위한 투자 수익의 원천이다. 따라서 기업 가치를 평가하려는 투자자나 현금흐름에 관심 있는 재무관리자의 입장에서 볼 때, 현금흐름표는 네 가지 재무제표 중 가장 중요할 수 있는 정보를 제공해 준다.

현금흐름표는 세 부문으로 나뉜다: 영업활동, 투자 활동, 자본조달 활동. 각 부문들은 재무관리자의 3대 업무와 대체로 일치한다.

1. 영업활동은 손익계산서의 당기순이익으로부터 시작한다. 당기순이익에 기업의 영업활동과 관계된 비현금성 항목들을 다시 더하여 조정을 한다.
2. 투자 활동은 투자를 위해 사용된 현금을 나열한다.
3. 자본조달 활동은 기업과 투자자 간의 현금흐름을 보여준다.

표 2.3에 글로벌의 현금흐름표가 제시되어 있다. 이번 절에서는 현금흐름표의 각 요소에 대해 자세히 살펴보기로 하자.

영업 활동

글로벌의 현금흐름표에서 첫 부분은 당기순이익을 영업활동에 관계된 비현금성 항목으로 조

표 2.3
2016년과 2015년도 글로벌 주식회사의 현금흐름표

글로벌 주식회사의 연말기준 현금흐름표($백만)	2016	2015
영업활동		
당기순이익	2.0	1.9
감가상각비 및 무형자산 상각비	1.2	1.1
순운전자본 변동의 현금 효과 조정:		
매출채권	−5.3	−0.3
매입채무	2.7	−0.5
재고자산	−1.0	−1.0
영업활동 현금흐름	**−0.4**	**1.2**
투자 활동		
자본지출	−33.4	−4.0
인수 및 기타 투자 활동	–	–
투자 활동 현금흐름	**−33.4**	**−4.0**
자본조달 활동		
배당 지급	−1.0	−1.0
주식의 발행 및 매입	–	–
단기 차입의 증가/감소	2.3	3.0
장기 차입의 증가/감소	35.2	2.5
자본조달 활동 현금흐름	**36.5**	**4.5**
현금 및 현금성 자산 순증가	**2.7**	**1.7**

정하는 것이다. 예를 들어, 순이익을 계산할 때 감가상각은 차감 항목이지만, 실제로 현금 지출이 이루어지는 것은 아니다. 따라서 기업이 발생시킨 현금 규모를 결정할 때에는 순이익에 감가상각 부분을 다시 더해 주어야 한다. 그 외에도 지급이 연기된 세금과 같은 비현금성 항목도 다시 더해 주어야 한다.

매출채권, 매입채무 또는 재고자산 등의 유동자산 및 유동부채 부문에서 발생한 순운전자본의 변화를 조정해 주어야 한다. 기업이 제품을 판매할 때, 판매 즉시 현금을 받지 않더라도 매출액을 수입으로 기록한다. 이는 고객에게 신용 판매를 한 것이고, 차후에 대금 지급을 요구하도록 한 것이다. 즉 고객의 채무가 기업의 매출채권이 된다. 이와 같이 순운전자본의 변화를 다음과 같이 조정하여야 한다.

1. 매출채권: 매출이 발생하였을 때 고객으로부터 현금이 들어온 것이 아니므로, 매출채권의 증가분만큼 현금흐름을 차감하여야 한다. 이 증가는 기업의 고객에 대한 추가적인 대출로 보아야 하므로, 기업이 이용 가능한 현금의 규모를 감소시킨다.

예제 2.3
감가상각의 현금흐름에 대한 영향

문제 *Problem*

글로벌은 2016년에 감가상각비로 $1백만의 추가 비용이 들었다. 글로벌의 법인세율이 26%라면, 이 비용이 글로벌의 이익에 미치는 영향은 무엇인가? 연말에 글로벌의 현금에 어떤 영향을 미칠 것인가?

풀이 *Solution*

● **계획**

감가상각비는 영업비용이므로, 글로벌의 영업이익, EBIT와 법인세차감전이익에 영향을 미칠 것이다. 법인세율이 26%이므로 법인세차감전이익이 $1 감소할 때, 글로벌의 법인세도 $0.26씩 감소할 것이다. 글로벌의 현금이 어떻게 영향을 받는가를 알기 위하여, 추가적인 감각상각이 현금흐름에 주는 영향을 살펴보아야 한 다. 감가상각이 비용으로 처리되지만 실제 현금 유출이 아니기 때문에, 현금흐름에 주는 유일한 영향은 법인 세 감소에 있다.

● **실행**

감가상각에 추가적인 $1백만이 사용되므로, 글로벌의 영업이익, EBIT와 법인세차감전이익은 $1백만 감소할 것이다.

법인세차감전이익의 $1백만 감소는 글로벌의 법인세를 26% × $1백만 = $0.26백만 감소시킬 것이다. 따라서 순이익은 $1백만−$0.26백만 = $0.74백만 감소할 것이다.

현금흐름표에서 순이익이 $0.74백만 감소하지만, 감가상각이 실제 현금 비용이 아니기 때문에 추가적인 감가상각비인 $1백만을 다시 더해 준다. 따라서 영업활동 현금흐름은 −$0.74백만 + $1백만 = $0.26백만 증가할 것이다. 즉 글로벌의 연말 현금 잔액은 추가적인 감가상각의 법인세 절약 금액인 $0.26백만만큼 증가한다.

● **평가**

현금 잔액의 증가는 법인세 절감으로부터 발생하는 것이다. 글로벌의 현금 비용은 증가하지 않으면서 법인세가 $0.26만큼 감소하였기 때문에, 연말에 $0.26백만의 현금이 더 많아지게 된다.

2. 매입채무: 매입채무 증가분만큼 현금흐름을 더하여야 한다. 매입채무는 원자재 공급자로부터 기업으로의 차입이 된다. 이러한 차입은 기업이 이용 가능한 현금의 규모를 증가시킨다.
3. 재고자산: 마지막으로 재고자산 증가분만큼 현금흐름을 차감하여야 한다. 재고자산 증가는 비용으로 기록되지 않고 당기순이익에도 기여하지 못한다. 단지, 제품이 판매되면 당기순이익을 계산할 때에 매출원가로 포함될 뿐이다. 그러나 재고자산의 증가 비용은 기업의 현금 지출이므로 현금흐름 계산시에 차감되어야 한다.

운전자금 조정이 매출과 비용이 손익계산서에 기록되는 시점과 실제로 기업에 현금으로 발생하는 시점의 차이를 설명한다. 예를 들어, 표 2.3은 2016년에 영업 활동 현금흐름 계산의 일부로 순이익에서 매출채권의 증가분 $5.3백만을 차감하고 있다. 어떤 일이 벌어질까? 표 2.2로부터, 글로벌이 2015년보다 2016년에 $10.6백만의 매출 증가가 있음을 알 수 있다. 그러나, 표 2.1에서 글로벌의 매출채권은 2015년 $13.2백만에서 2016년 $18.5백만으로 증가하였음을 알 수 있다. 글로벌의 매출이 상당히 증가하였지만, 이 매출로부터의 현금흐름을 모두 회수하지 못했다는 것이다. 대신, 글로벌의 고객들은 2015년보다 2016년 말에 $5.3백만을 더 지급해야 한다. 현금흐름표는 글로벌이 아직 매출로부터 받지 못한 매출을 포함하여 계산된 순이익으로부터 시작하기 때문에, 실제 현금흐름을 계산할 때는 받아야 할 추가적인 매출액 $5.3백만을 차감한다.

재고자산에 대해서도 비슷한 조정을 해야 한다. 글로벌은 재고자산이 매도되어 매출원가에 포함될 때까지 그 비용을 기록하지 않는다. 그러나 실제로 재고자산의 비용을 지불할 때, 글로벌로부터 현금이 유출되어서 영업 현금흐름을 감소시킨다. 그 반대의 경우가 매입채무이다. 글로벌은 매입채무를 실제로 지급하지 않은 상태에서 추가적인 비용으로 기록한다. 이 비용은 순이익을 감소시키지만, 현금의 유출은 아니다.

마지막으로, 영업 현금흐름을 계산하기 전에 순이익에 상각 비용을 더해 주어야 한다. 감가상각은 비용으로서 장부가치의 회계적 조정이지만, 현금 유출은 아니다. 글로벌의 재산, 공장, 장비가 $1.2백만 감가상각 될 때, 글로벌이 실제로 현금을 $1.2백만 지급하는 것은 아니다. 이것이 실제의 현금 유출은 아니지만 순이익을 감소시키는 비용이기 때문에, 현금흐름을 계산하기 위해서 이것을 다시 더해 주어야 한다. 9장에서 자본예산을 공부할 때 감가상각에 대해 더 설명하고자 한다. 이런 모든 조정은 현금흐름이 순이익과 다를 수 있다는 것을 의미한다. 글로벌이 손익계산서에 양의 순이익을 보였지만, 매출채권의 증가로 인해 실제로는 영업 활동으로부터 $0.4백만에 해당하는 음의 현금흐름을 가지게 되었다.

투자 활동

현금흐름표의 다음 부분은 투자 활동에 필요한 현금을 보여준다. 새로운 유형자산의 구입은 **자본지출(capital expenditure)**에 해당한다. 자본지출은 손익계산서에 당장 나타나지는 않고, 차후에 감가상각을 통해서 시간이 지남에 따라 비용으로 인식된다. 기업의 현금흐름을 결정하기 위하여 실질적인 현금 지출이 아닌 감가상각은 이미 다시 더해 주었다. 이제는 현금 지출이 발생했던 실제 자본지출을 차감하여야 한다. 비슷하게, 자산의 구입이나 인수와 같은 투자액도 차감하여야 한다. 표 2.3에서 2016년에 글로벌의 투자 활동으로부터의 현금 지출은 $33.4백만 임을 알 수 있다. 이것은 표 2.2의 감가상각 1.2를 표 2.1의 장기자산 변화분인 ($113.1-$80.9)에 더하여 확인할 수 있다.

자본조달 활동

현금흐름표의 마지막 부분은 자본조달 활동으로부터의 현금흐름을 보여준다. 2016년에 주주들에게 지급하는 배당은 현금 유출이다. 글로벌은 주주들에게 배당으로 $1백만을 지급했다.

회사의 당기순이익과 배당금의 차이가 당해 연도의 **이익잉여금(retained earnings)**이 된다.

이익잉여금: 기업의 당기순이익과 배당 지급액의 차이

$$유보이익 = 순이익 - 배당금 \tag{2.6}$$

글로벌은 \$2백만-\$1백만=\$1백만, 또는 2016년 당기순이익의 50%를 유보하였다. 따라서 2016년의 배당성향은 50%가 된다. 기업의 배당성향은 당기순이익에 대한 배당금의 비율이다:

$$배당성향 = \frac{배당금}{당기순이익} \tag{2.7}$$

자기 주식을 팔거나 되사는 것도 자본조달 활동에 포함된다. 이 기간 동안 글로벌은 신주를 발행하거나 자사주를 매입하지 않았다.

여기서 마지막 항목은 글로벌의 단기 및 장기 차입금 변화이다. 현금흐름표의 마지막 줄은 이 기간 동안 기업 현금 잔액의 전체적인 변화를 계산하기 위해 세 가지 활동으로부터의 현금흐름을 결합하는 것이다. 이 경우, 글로벌은 2016년에 \$2.7백만의 현금흐름을 가지는데, 이는 2015년에서 2016년 사이의 변화에 해당한다. 표 2.3의 현금흐름표를 전체적으로 살펴보면, 투자 및 영업 활동의 비용을 감당하기 위하여 글로벌이 (주로 장기채무로) 차입해야 하는 금액을 결정할 수 있다. 현금 잔액은 증가하였지만, 음의 영업 현금흐름과 상대적으로 높은 투자 활동 지출은 투자자에게 충분히 설명되어야 한다. 이런 패턴이 지속되면, 글로벌은 영업을 유지하기 위하여 새로운 외부 자본을 조달할 필요가 있을 것이다.

개념확인

7. 기업의 당기순이익이 벌어들인 현금과 다른 이유는 무엇인가?
8. 현금흐름표의 항목들은 무엇인가?

2.5 기타 재무제표 정보

회사 재무제표 중 가장 중요한 것은 우리가 이미 설명한 재무상태표, 손익계산서 및 현금흐름표다. 하지만 다음과 같은 재무제표에도 다른 종류의 정보들이 포함되어 있으므로, 이에 대해서도 살펴볼 필요가 있다: 주주 지분표(statement of stockholders'equity), 경영 회의 및 분석(management discussion and analysis), 재무제표 주석(notes to the financial statements)이다.

주주 지분표

주주 지분표: 재무상태표에서 계산된 주주의 자기자본을 주식 발행으로 부터 얻어진 납입자본금과 유보이익으로 구분한다.

주주 지분표는 재무상태표에서 계산된 주주의 자기자본을 주식 발행으로부터 얻어진 금액인 납입자본금과 유보이익으로 구분한다. 주주 자기자본의 장부가치는 재무 목적상 유용한 평가 가치가 아니기 때문에, 재무관리자는 드물게 주주 지분표를 사용한다. 따라서 여기서는 자세한 계산 방법의 소개를 생략하고자 한다. 그러나, 다음과 같이 다른 재무제표 정보를 이용하여 주주

의 지분 변화를 계산할 수 있다.[4]

$$\begin{aligned}\text{주주 지분의 변화} &= \text{유보이익} + \text{주식의 순매도} \\ &= \text{당기순이익} - \text{배당} + \text{주식의 매도} - \text{자사주 매입} \end{aligned} \tag{2.8}$$

예를 들어, 글로벌은 주식 매도와 자사주 매입이 없었으므로, 주주의 자기자본은 유보이익인 $1.0백만만큼 증가하였다. 이 결과는 글로벌의 재무상태표에 나타난 주주의 자기자본 변화와 일치한다.

경영 논의와 분석

경영 회의와 분석(MD&A)은 기업 경영진의 당해 연도 회의 보고서로 재무제표의 서문에 해당한다. 기업의 배경과 발생했던 중요한 사건들이 여기에 포함된다. 경영진은 다음 해의 경영 목적과 신규 사업에 대해 언급할 수 있다.

경영 논의와 분석: 기업 경영진의 당해연도(또는 분기) 회의 보고서로 재무제표의 서문에 해당하는데, 기업의 배경과 발생했던 중요한 사건들이 여기에 포함된다.

경영진은 기업이 당면한 중요한 위험뿐만 아니라 기업의 유동성과 자원에 영향을 미칠 수 있는 사안들에 대해 언급하여야 한다. 또한 경영진은 재무상태표에 나타나지는 않았지만, 기업의 장래 성과에 중요한 영향을 미칠 수 있는 거래나 약정과 같은 **부외거래**(off-balnace sheet transactions)에 대해서도 공시하여야 한다. 예를 들어, 당해 기업으로부터 구입한 자산의 하자에 대해서 손실을 보상해 주겠다고 하였으면, 이 보증은 MD&A의 일부로 공시되어야 하는 미래의 잠재적 부채를 나타낸다.

부외거래: 재무상태표에 나타나 지는 않지만 기업의 장래 성과에 중요한 영향을 미칠 수 있는 거래나 약정

재무제표 주석

네 가지 재무제표에 더하여 기업은 좀 더 자세한 정보를 재무제표 주석을 통하여 제공한다. 예를 들어, 재무제표 작성을 위한 중요한 회계적 가정들이 여기에 해당한다. 자회사의 정보나 별개의 생산 라인에 관한 사항도 여기에 속하고, 근로자들에 대한 스톡옵션이나 발행한 채권의 형태도 포함된다. 인수, 기업 분할, 리스, 세금 및 위험 관리 활동의 자세한 사항도 주석에 표시되어야 한다. 재무제표 주석은 기업의 재무제표를 완전히 이해하기 위하여 매우 중요하다고 할 수 있다.

개념확인

9. 부외거래는 기업의 재무제표 중 어디에 표시되는가?
10. 재무제표 주석이 제공하는 정보는 무엇인가?

4) 주식의 매도는 주식을 기반으로 하는 보상(예: 경영자와 종업원에게 지급되는 주식옵션)도 포함한다.

2.6 재무제표 분석

투자자들은 종종 기업을 평가하기 위해 다음 둘 중 하나의 방법으로 회계 보고서를 사용한다:

1. 시간에 따른 기업의 변화를 분석하여 기업을 비교한다.
2. 공통의 재무 비율을 사용하여 당해 기업을 비슷하지만 다른 기업들과 비교한다.

이 절에서는 가장 일반적으로 사용되는 비율(수익성, 유동성, 자산 효율성, 운전자본, 이자보상, 레버리지, 가치 및 영업 수익률)을 기술하고 각각이 실무에서 어떻게 사용되는가를 설명할 것이다.

수익성 비율

수익성 비율(profitability ratios)에는 총이익률(gross margin), 영업이익률(operating margin), 순이익률(net profit margin)이 있다.

총이익률: 매출 수입에 대한 총이익의 비율로, 직접적인 제조 원가보다 제품을 더 비싸게 판매하는 능력을 반영한다.

총이익률 기업의 **총이익률**은 총이익을 매출액으로 나누어 계산한다.

$$\text{총이익률} = \frac{\text{총이익}}{\text{매출액}} \tag{2.9}$$

총이익률은 기업이 제품의 생산 원가보다 얼마나 비싸게 제품을 팔 능력이 있는가를 반영한다. 기업의 다른 영업을 위한 모든 (매출원가와 관련이 없는) 비용도 총이익률에 포함되어야 한다. 2016년에 글로벌의 총이익은 $33.3백만이었고 매출액은 $186.7백만이었으므로, 총이익률은 33.3/186.7=17.84%이다.

영업이익률: 매출 수입에 대한 영업이익의 비율로, 기업이 이자와 법인세 차감 전에 단위당 매출로 부터 취하는 이익을 말한다.

영업이익률 영업이익은 모든 영업상의 비용을 고려한 것이므로, **영업이익률**은 총이익률과는 다른 의미에서 중요한 수익성 지표가 된다. 영업이익률은 다음과 같이 계산된다.

$$\text{영업이익률} = \frac{\text{영업이익}}{\text{매출액}} \tag{2.10}$$

영업이익률은 이자 및 법인세 차감 전에 매출액 단위당, 어느 정도의 수익성이 있는가를 나타 낸다. 2016년 글로벌의 영업이익률은 10.4/186.7 = 5.57%로 2015년의 7.1/176.1 = 4.03%로부터 증가하였다. 동일 산업 내에서 영업이익률을 비교하면 기업 영업의 상대적인 효율성을 평가할 수 있다. 예를 들어, 2015년에 유나이티드 컨티넨탈 홀딩스의 영업이익률이 13.64%(수입의13.64센트를 벌었음)이었다. 그러나 경쟁사인 알래스카 에어 그룹은 23.19%의 영업이익률을 보여 주었다.

영업이익률의 차이는 경영 전략의 차이로부터 발생할 수 있다. 예를 들어, 2016년에 월마트의 영업이익률은 5%이었지만, 고급 소매업자인 메이시는 9%를 기록하였다. 이 경우에 월마트의 낮은 영업이익률이 비효율성의 결과라기보다는, 일반적인 제품을 대량으로 낮은 가격에 판매하는 전략의 결과라고 볼 수 있다. 사실 월마트의 매출액은 메이시보다 17배 더 컸다.

순이익률 기업의 **순이익률**은 당기순이익을 매출액으로 나누어 계산한다.

순이익률: 매출 수입에 대한 당기순이익의 비율로, 매출액에 대비하여 비용, 이자 및 법인세를 모두 지불한 이후에 주주에게 할당 가능한 이익을 말한다.

$$\text{순이익률} = \frac{\text{당기순이익}}{\text{매출액}} \tag{2.11}$$

순이익률은 매출액 한 단위당 주주에게 돌아가는 순이익의 수준을 보여준다. 2016년에 글로벌 의 순이익률은 2.0/186.7 = 1.07%이었다. 순이익률의 차이가 효율성의 차이에서 발생할 수도 있지만, 이자 지급액을 결정하는 레버리지의 차이에서 발생하는 경우도 많다.

유동성 비율

채권자들은 기업이 단기자금 수요를 충당할 정도로 충분한 운전자본을 보유하고 있는가를 점검하기 위하여 유동자산과 유동부채를 비교한다. 이러한 비교는 유동자산을 유동부채로 나눈 **유동비율**로 요약된다. 더욱 엄격한 검증은 재고자산을 제외한 유동자산을 유동부채로 나눈 **당좌비율**에 의해 이루어지는데, 이는 단기 투자와 매출채권과 같은 현금 및 현금성 자산을 유동부채와 비교한다.

유동비율: 유동자산을 유동부채로 나눈 비율

당좌비율: 재고자산을 제외한 유동자산을 유동부채로 나눈 비율

$$\text{유동비율} = \frac{\text{유동자산}}{\text{유동부채}} \tag{2.12}$$

$$\text{당좌비율} = \frac{\text{유동자산-재고자산}}{\text{유동부채}} \tag{2.13}$$

2016년에 글로벌의 당좌비율은 (57.0-15.3)/34.7=1.20이었다. 유동비율이나 당좌비율이 더 높다는 것은 가까운 미래에 현금 부족을 겪을 위험이 작다는 것을 의미한다. 재고자산을 제외하는 이유는 재고자산이 갑자기 증가하여 유동비율이 증가하는 것이 자기 제품을 판매하는 데 어려움이 있다는 증거가 될 수 있기 때문이다.

궁극적으로, 기업은 종업원에게 지급할 현금이 필요하고 다른 지급 의무들을 지켜야 한다. 현금이 부족하다는 것은 기업에게 상당한 비용으로 작용하기 때문에, 기업들은 가장 엄격한 유동성 비율인 **현금비율**을 계산하여 자신들의 현금 상태를 평가하여야 한다.

현금비율: 현금을 유동부채로 나눈 비율

$$\text{현금비율} = \frac{\text{현금}}{\text{유동부채}} \tag{2.14}$$

자산 효율성

재무관리자는 기업 자산이 얼마나 효율적으로 이용되고 있는가를 평가하기 위하여 손익계산서와 재무상태표로부터 결합된 정보를 사용한다. 가장 포괄적인 효율성 지표는 총자산회전율(asset turnover)로, 매출액을 총자산으로 나누어서 계산한다.

$$\text{총자산회전율} = \frac{\text{매출액}}{\text{총자산}} \tag{2.15}$$

자산회전율이 낮다는 것은 자산의 가치당 매출 또는 수입이 충분히 발생하지 않고 있다는 것이 다. 2016년에 글로벌의 자산은 $170.1백만이고 매출액은 $186.7백만이었으므로, 자산회전율은 1.1(= $186.7/$170.1) 정도였다. 총자산은 매출 발생과 직접적인 관계가 없는 현금 자산도 포함하므로, 재무관리자는 매출액을 고정자산으로 나누어 계산되는 고정자산회전율(fixed asset turnover)을 사용하기도 한다.

$$\text{고정자산회전율} = \frac{\text{매출액}}{\text{고정자산}} \tag{2.16}$$

2016년에 글로벌의 유형자산을 포함하는 고정자산은 $113.1백만이어서, 고정자산회전율은 1.7 (= $186.7/$113.1)로 나타났다. 고정자산회전율이 낮다는 것은 고정자산의 가치당 매출 또는 수입이 충분히 발생하지 않고 있다는 의미다.

순운전자본 비율

매출채권 회수일: 매출채권이 며칠의 매출액에 해당하는가를 나타내는 지표

글로벌의 경영자는 순운전자본의 효율적 관리에도 관심을 가질 수 있다. 이를 나타내는 첫 번째 지표로 **매출채권 회수일** 또는 **평균 회수일**이 있는데, 매출채권을 일평균 매출액으 로 나누어서 다음과 같이 계산한다.[5]

$$\text{매출채권 회수일} = \frac{\text{매출채권}}{\text{일평균 매출액}} \tag{2.17}$$

이는 매출채권이 며칠의 매출액에 해당하는가를 나타내지만, 다른 시각에서 보면 매출채권의 회수에 평균적으로 며칠이 걸리는가를 의미한다. 2016년 글로벌의 일평균 매출액이 $0.51십억(= $186.7백만/365)이므로, $18.5백만의 매출채권은 36일의 매출액을 의미하면서, 매출채권의 회수에 평균적으로 한 달보다 좀 더 걸린다는 것을 의미한다. 2015년에는 매출채권 회수일이 27.5일에 불과하였다. 매출채권 회수일에는 계절적 변동이 있을 수 있지만, 수치로 설명

5) 매출채권 회수일은 당기 말과 전기 말의 평균 매출채권으로 계산할 수도 있다.

되기 어려운 중요한 원인이 있을 수 있다. 예를 들어, 기업이 매출채권 회수에 노력하지 않았던가, 아니면 신용 매출 기간을 연장하여 매출액 신장을 추구하였을 수 있다. 비슷한 비율이 매입채무와 재고자산에도 존재한다. **매입채무 지급일**(매입채무/일평균 매출원가)과 **재고일수**(재고자산/일평균 매입액)가 그것이다.

재고자산이 얼마나 효율적으로 사용되는가를 알아보기 위해서는 **재고자산회전율**을 사용하는데, 이는 매출원가를 최근의 재고자산 원가 또는 당해 연도 평균 재고자산 원가로 나누어 계산한다. 매출원가를 사용하는 이유는 재고자산 원가가 손익계산서에 원가의 개념으로 반영되기 때문이다. 하지만, 총자산회전율처럼 분자에 매출액을 사용하는 방법이 사용되기도 한다.

매입채무 지급일: 매입채무가 며칠의 매출원가에 해당하는가를 나타내는 지표

재고일수: 재고자산이 며칠의 매입액 또는 매출원가에 해당하는가를 나타내는 지표

재고자산회전율: 매출원가를 최근의 재고자산 원가 또는 연평균 재고자산으로 나눈 값으로, 기업이 얼마나 효율적으로 재고자산을 매출로 전환시켰는가를 보여준다.

$$\text{재고자산회전율} = \frac{\text{매출원가}}{\text{재고자산}} \tag{2.18}$$

일반적으로 이 값이 높을수록 좋지만, 다른 비율들과 마찬가지로 이 비율도 산업에 따라 심하게 변할 수 있다.

예제 2.4
운전자본 비율 계산하기

문제 *Problem*

2016년 글로벌의 매입채무 회수일, 재고자산일, 재고자산 회전율을 계산하시오

풀이 *Solution*

● **계획**

운전자본 비율의 계산은 재무상태표와 손익계산서의 정보를 요구한다. 이 비율들을 위해서, 재무상태표의 재고자산과 매입채무, 손익계산서의 매출원가가 필요하다.

재고자산=15.3, 매입채무=29.2, 매출원가=153.4

● **실행**

$$\text{매입채무 상환일} = \frac{\text{매입채무}}{\text{일평균 매출원가}} = \frac{29.2}{(153.4/365)} = 69.48$$

$$\text{재고자산일} = \frac{\text{재고자산}}{\text{일평균 매출원가}} = \frac{15.3}{(153.4/365)} = 36.40$$

$$\text{재고자산 회전율} = \frac{\text{매출원가}}{\text{재고자산}} = \frac{153.4}{15.3} = 10.03$$

● **평가**

재무상태표에서 연말 글로벌의 매입채무는 연중 보편적인 수준을 나타낸다고 가정할 때, 평균적으로 글로벌은 공급자에게 69.5일에 지불할 수 있다는 것이다. 우리가 계산한 27.5일의 매출채권 회수일과 비교된다. 글로벌은 재고자산의 판매에 일반적으로 36일이 걸린다. 재고자산 회전율과 재고자산일은 상이한 방법으로 동일한 내용을 나타내는 것이다. 즉, 글로벌이 재고자산의 판매에 약 36일이 걸리면, 1년 365일에 10번의 회전이 발생한다는 것이다. 운전자본관리를 다루는 19장에서, 기업이 매출채권 회수일, 재고자산일, 매입채무 상환일이 영업 주기를 어떻게 결정하는가를 알게 될 것이다

이자보상배율: 기업 레버리지에 대한 채권자의 평가로, 이익을 이자비용으로 나누어 계산한다.

이자보상배율

채권자들은 기업의 레버리지를 **이자보상배율(interest coverage ratio 또는 times interest earned ratio:TIE)**로 평가하는데, 이는 이익을 이자비용으로 나누어 계산한다. 기업이 이자비용을 쉽게 지급할 수 있는가를 알기 위해서는 이 비율을 주의 깊게 관찰해야 한다. 이 비율에서 이익의 정의가 하나로 지정되어 있지는 않다. 영업이익을 쓸 수도 있고 EBIT나 EBITDA를 쓸 수도 있다. 이 비율이 높으면, 기업이 지급하여야 하는 이자비용보다 훨씬 많은 수익을 얻고 있다는 의미가 된다.

예제 2.5
이자보상배율 계산하기

문제 *Problem*

EBIT와 EBITDA를 사용하는 이자보상배율을 계산하여 글로벌의 이자 감당 능력을 평가하시오.

풀이 *Solution*

● **계획**

글로벌의 손익계산서로부터 매년 EBIT, 감가상각, 무형자산 상각 및 이자 비용을 찾으시오.

2015: EBIT=7.1, EBITDA=7.1+1.1; 이자 비용=4.6

2016: EBIT=10.4, EBITDA=10.4+1.2; 이자 비용=7.7

● **실행**

2015년과 2016년에, 글로벌은 다음과 같은 이자보상배율을 가졌다.

$$2015 = \frac{\text{EBIT}}{\text{이자}} = \frac{7.1}{4.6} = 1.54; \quad \frac{\text{EBITDA}}{\text{이자}} = \frac{7.1+1.1}{4.6} = 1.78$$

$$2016 = \frac{\text{EBIT}}{\text{이자}} = \frac{10.4}{7.7} = 1.35; \quad \frac{\text{EBITDA}}{\text{이자}} = \frac{10.4+1.2}{4.6} = 1.51$$

● **평가**

이자보상배율은 글로벌이 이자 비용의 의무를 감당하기 위해 충분한 현금의 창출 능력이 있는가를 보여준다. 그러나, 글로벌의 낮은 (그리고 감소하는) 이자보상배율은 채권자들에게 관심거리가 될 수 있다.

레버리지: 기업이 자금의 원천으로 채무에 의존하는 정도에 대한 척도

부채비율: 이 비율은 기업의 장단기채무를 총자기자본으로 나누어 계산하는 지표로, 시장가치 또는 장부가치로 계산될 수 있다.

레버리지 비율

기업의 재무상태표로부터 알 수 있는 다른 중요한 정보로 기업의 **레버리지**를 들 수 있는데, 이는 자금조달의 원천으로 채무에 의존하는 정도를 나타낸다. **부채비율**은 기업의 장단기채무를 총자기자본으로 나누어 계산하는 지표로, 레버리지를 평가하기 위해 사용되는 일반적인 비율이다.

$$\text{부채비율} = \frac{\text{총채무}}{\text{총자기자본}} \tag{2.19}$$

이 비율은 주식과 채무의 장부가치나 시장가치를 이용하여 계산할 수 있다. 표 2.1에서 2016년 글로벌의 채무는 지급어음($5.5백만)과 장기채무($113.2백만)를 포함하여 총 118.7백만이다. 따라서, 자기자본의 장부가치를 이용하면 부채비율은 118.7/22.2=5.3이 된다. 2015년도의 장부가치 부채비율이 (3.2+7.8)/21.2=3.8이었으므로 2016년에 상당히 증가한 것이다.

자기자본의 장부가치를 해석하는데 어려움이 있기 때문에, 장부가치 부채비율은 특별히 유용하지는 않다. 그보다는 채무를 주식의 시장가격에 비교하는 것이 정보로서의 가치가 더 크다. 예제 2.1에서 자기자본의 시장가치를 이용한 2016년 글로벌의 부채비율은 118.7/36=3.3. 이다.[6] 이는 글로벌의 채무는 자기자본의 시장가치보다 3배를 약간 상회하는 정도라는 것을 의미한다. 이 책의 뒷부분에서 알게 되듯이, 기업의 시장가치 부채비율은 주식의 위험과 수익률 관계에 매우 중요한 영향을 미친다. **채무/자본 비율**로 채무로 조달된 기업의 비중을 계산할 수 있다.

채무/자본 비율: 총채무를 총채무와 총자기자본의 합으로 나눈 값

$$\text{채무/자본 비율} = \frac{\text{총채무}}{\text{총자기자본+총채무}} \tag{2.20}$$

이 비율도 장부가치나 시장가치로 계산될 수 있다

레버리지는 주주의 위험을 증가시킬 수 있으며, 기업들은 이 위험을 줄이기 위해 현금 준비금을 보유할 수 있다. 따라서, 다른 유용한 지표로 **순채무**, 즉 현금 준비금을 초과하는 채무를 사용할 수 있다.

순채무: 기업의 현금 준비금을 초과하는 채무의 규모

$$\text{순채무} = \text{총채무} - \text{초과 현금과 단기 투자금} \tag{2.21}$$

순채무가 레버리지와 더욱 관계 있는 지표일 수 있는지를 알기 위해, 현재 채무 규모보다 많은 현금을 가지는 기업을 생각해 보자: 그런 기업은 사용 가능한 현금을 이용하여 즉시 채무를 상환할 수 있기 때문에, 위험이 증가하지 않고 효과적인 레버리지가 존재하지 않는다.

채무/자본 비율과 비슷하게, **채무/사업가치 비율**을 계산하기 위해 순채무의 개념을 사용할 수 있다.

채무/사업가치 비율: 기업의 순채무를 사업가치로 나눈 비율

$$\begin{aligned}\text{채무/사업가치 비율} &= \frac{\text{순채무}}{\text{자기자본의 시장가치+순채무}}\\ &= \frac{\text{순채무}}{\text{사업가치}}\end{aligned} \tag{2.22}$$

6) 이 계산에서, 주식의 시장가치를 채무의 장부가치와 비교하고 있다. 엄격히 말해서, 채무의 시장가치를 사용하는 것이 가장 좋다. 하지만 채무의 시장가치는 일반적으로 장부가치와 크게 다르지 않기 때문에 이러한 구별이 실무적으로 종종 무시된다.

글로벌의 2016년 현금 잔액이 $23.3백만이고 총 장·단기채무가 $118.7백만일 때, 순채무는 118.7-23.2=$95.5백만이 된다.[7] 주식의 시장가치가 $36.0백만일 때, 2016년 글로벌의 사업가치는 36.0+95.5=$131,5백만이므로, 채무/사업가치 비율은 95.5/131.5=72.6%가 된다. 즉, 글로벌 영업 활동의 72.6%가 채무에 의해서 조달되고 있다는 것이다.

자기자본 승수: 총자산을 총자기자본으로 나눈 레버리지 지표

마지막 레버리지 지표는 기업의 **자기자본 승수**로, 장부가치 기준으로 총자산/자기자본으로 측정된다. 곧 알게 되듯이, 이 지표는 레버리지로부터 발생하는 기업 회계적 수익률의 증폭을 포착한다. 시장가치 자기자본 승수는 일반적으로 [사업가치/자기자본의 시장가치]로 측정되는데, 이는 레버리지로부터 발생하는 주주의 재무적 위험의 증폭을 말한다.

가치평가 비율

재무분석가와 투자자들은 기업의 시장가치를 측정하기 위하여 여러 가지 비율들을 사용한다. 그 중 가장 중요한 비율이 **주가/순이익 비율**(price-earnings ratio, P/E)이다.

예제 2.6
수익성과 가치평가 비율 계산하기

문제 *Problem*

다음은 월마트와 타겟 주식회사의 자료($십억)를 보여주고 있다.

	월마트(WMT)	타겟 주식회사(TGT)
매출액	469	73
영업이익	28	5
순이익	17	3
시가총액	222	38
현금	8	1
채무	54	18

월마트와 타겟 주식회사의 영업이익, 순이익률, P/E 비율, 영업이익과 매출액에 대한 사업가치의 비율을 비교하라.

풀이 *Solution*

● **계획**

제시된 표는 모든 원천 자료를 포함하고 있지만, 우리는 이것들을 이용하여 필요한 비율들을 계산해야 한다.

영업이익률 = 영업이익/매출액

순이익률 = 당기순이익/매출액

P/E 비율 = 주가/주당 순이익 = 시가총액/당기순이익

영업이익 대비 사업가치 = 사업가치/영업이익

매출액 대비 사업가치 = 사업가치/매출액

7) 순채무는 추가적인 정보가 없을 경우 이상적으로 기업의 영업상 필요한 금액을 초과하는 현금을 차감하여 계산하지만, 실무상 대개 재무상태표의 모든 현금을 차감한다.

● 실행

월마트는 28/469 = 6.0%의 영업이익률, 17/469 = 3.6%의 순이익률과 222/17 = 13.1의 P/E 비율을 가진다. 월마트의 사업가치는 222 + 54 − 8 = $268십억이다. 영업이익 대비 사업가치는 268/28 = 9.6이고, 매출액 대비 사업가치 비율은 268/469 = 0.57이다.

이에 비해, 타겟은 5/73 = 6.8%,의 영업이익률, 3/73 = 4.1%의 순이익률과 38/3 = 12.7의 P/E 비율을 가진다. 타겟의 사업가치는 38 + 18 − 1 = $55십억이다. 영업이익 대비 사업가치는 55/5 = 11이고, 매출액 대비 사업가치 비율은 55/73 = 0.75이다.

● 평가

타겟의 영업 이익률, 순이익률, 사업가치 비율이 월마트에 비해 약간 높지만, P/E 비율이 약간 낮다. 이는 시장이 월마트와 타겟의 큰 규모 차이에도 불구하고 비슷한 성장율을 기대한다는 것을 나타낸다.

$$\text{P/E 비율} = \frac{\text{시가총액}}{\text{당기순이익}} = \frac{\text{주당 가격}}{\text{주당 순이익}} \tag{2.23}$$

P/E 비율은 기업의 당기순이익에 대한 자기자본의 시장가치 비율을 의미한다. 식 2.23에 따라서 2016년 글로벌의 P/E 비율은 36/2.0=18이다. P/E 비율은 주가가 순이익에 비례한다는 가정하에 주가의 과대 또는 과소 평가 여부를 알아보는 단순한 척도다. P/E 비율은 산업마다 다르게 나타나는데, 성장성이 높은 산업의 경우에는 매우 높은 값을 가진다. 예를 들어 2016년에 평균적인 미국 대기업은 2.5 정도의 P/E 비율을 가졌다. 하지만 평균 성장률을 초과하는 경향이 있는 소프트웨어 기업들은 평균 38의 P/E 비율을 가졌다. 높은 P/E 비율이 높은 성장률에 의해 정당화될 수 있다는 것은 P/E 비율을 기대수익 성장률과 비교하면 알 수 있다. 예를 들어, 글로벌의 기대 성장률이 18%라면, P/E 비율을 성장률로 나눈 **PEG 비율(PEG ratio)**은 1이 된다. 어떤 투자자들은 PEG 비율이 1보다 작거나 같으면 주가가 적절하다고 하고, 1보다 크면 잠재적으로 과대 평가되어 있는지에 대해서 의문을 제기할 수 있다.

PEG 비율: 기업의 P/E 비율을 기대 순이익 증가율로 나눈 비율

P/E 비율은 자기자본의 시장가치를 고려하기 때문에 레버리지에 의존하게 된다. 자산의 규모는 레버리지에 의해 증가될 수 있다. 사업의 시장가치를 평가하기 위해서는 기업의 사업가치를 기반으로 하는 가치평가 비율을 고려하는 것이 일반적이다. 사업가치를 매출 수입으로 나눈 비율 또는 사업가치를 영업이익이나 EBITDA로 나눈 비율들이 이를 위해 사용되는 전형적인 비율들이다. 이 비율들은 사업가치를 매출액, 영업이익, 또는 현금흐름과 비교하는 것이다. 경영자들은 기업의 가치가 시장에서 어떻게 평가되는지를 알기 위하여 해당 산업 내 비교를 하는데, 이때 P/E 비율과 함께 이 비율들을 사용한다.

회사의 이익이 음수인 경우에는 P/E 비율이 무의미하다. 이 경우에는 기업의 사업가치를 매출액으로 나눈 값을 사용하는 것이 일반적이다. 하지만 기업의 사업 모델이 기본적으로 잘못 되었기 때문에, 이익이 음수인 경우에는 이 방법도 위험하다. 1990년대 후반의 수많은 인터넷 기

일반적인 실수 **잘못 비교된 비율**

가치평가 비율을 고려할 때, 비교하는 수치가 기업 전체에 관계된 수치인지 아니면 주주에게만 관련된 수치인지를 확인해야 한다. 예를 들어, 기업의 주가와 시가총액은 기업의 주식과 관계된 값들이다. 따라서 주가와 시가총액은, 채권자들에게 지불되는 이자 차감 이후에 주주에게 돌아가는 기업의 주당 이익 또는 순이익과 비교하여야 한다. 하지만 기업의 시가총액을 매출수입, 영업이익, 또는 EBITDA에 비교한다면 조심스러워야 한다. 이러한 값들은 기업 전체에 관련되기 때문에 채권자와 주주 모두에게 관련된 금액이다. 따라서 매출수입, 영업이익 또는 EBITDA는 채무와 주식을 모두 포함하는 기업의 사업가치와 비교하여야 한다.

업들이 여기에 해당한다고 할 수 있다.

영업 이익률

자기자본이익률: 기업의 순이익을 자기자본의 장부가치로 나눈 비율

재무분석가와 재무관리자들은 기업의 투자에 대한 수익성을 **자기자본이익률(return on equity, ROE)**과 같은 지표에 의해 평가한다.[8]

$$\text{자기자본이익률} = \frac{\text{당기순이익}}{\text{자기자본 장부가치}} \tag{2.24}$$

2016년 글로벌의 ROE는 2.0/22.2=9.0%이었다. ROE는 기업의 과거 투자에 대한 수익성을 나타내는 지표이므로, 높은 ROE는 기업이 아주 수익성이 높은 투자 대안을 선택했다는 것을 의미한다. 물론, 이 지표의 단점은 자기자본의 장부가치를 해석하는 데 어려움이 있다는 것이다.

자산이익률: 당기순이익에 이자비용을 더하여 총자산으로 나눈 값

일반적인 다른 지표로 **자산이익률(return on assets: ROA)**이 있는데, 이는 당기순이익에 이자비용을 더하여 총자산으로 나누어 계산된다. 분모인 자산이 채권자와 주주에 의해 조달되기 때문에 ROA 계산은 이자 비용을 포함한다. 기업이 성장하기 위해서는 양의 ROE와 ROA를 가져야만 한다.

투자자본이익률: 이자 차감 전 세후 이익을 현금이 아닌 투자자본(장부가치 자기자본에 순채무를 더한 값)의 장부가치로 나눈 값

성과 지표로 ROA는 ROE보다 레버리지에 덜 민감하다는 장점이 있다. 그러나, ROA는 운전자본에 민감하다. 예를 들어, 매출채권과 매입채무가 동일하게 증가하면 총자산은 증가하지만 ROA는 감소한다. 이 문제를 해소하기 위해, **투자자본이익률(return on invested capital: ROIC)**을 고려할 수 있다.

$$\text{투자자본이익률} = \frac{\text{EBIT(1-법인세율)}}{\text{자기자본의 장부가치+순채무}} \tag{2.25}$$

투자자본이익률은 이자비용(또는 이자수입)을 고려하지 않은 영업 자체로부터 창출된 세후 이익을 측정하여, 이를 주주와 채권자로부터 조달된 (현금으로 보관되지 않은) 자본과 비교한

8) 당기순이익은 당해 연도에 대해 측정되지만, ROE는 전기 말과 당기 말의 평균 자기자본의 장부가치에 의해 계산될 수도 있다.

예제 2.7
영업 이익률의 계산

문제 *Problem*

자산이익률의 변화를 계산하여 지난 몇 년 동안 글로벌의 자산 운영 능력이 어떻게 변했는가를 평가하시오.

풀이 *Solution*

● **계획**

ROA를 계산하기 위하여, 당기순이익, 이자비용, 총자산을 검토한다.

	2015	2016
당기순이익	1.9	2.0
이자비용	4.6	7.7
총자산	128.9	170.1

● **실행**

2015년 글로벌의 ROA인 (1.9+4.6)/128.9=5.0%에 비해, 2016년의 ROA는 (2.0+7.7)/170.1=5.7%이다

● **평가**

2015년에서 2016년까지 글로벌의 ROA 개선은 글로벌이 더욱 효과적으로 자산을 사용하였고 그 기간 동안 이익률을 증가시켰다는 것을 의미한다.

다. 이 세 가지의 영업 이익률 중에서, ROIC는 영업의 성과를 평가하기에 가장 유용한 지표이다.

듀퐁 항등식

글로벌의 재무관리자는 ROE가 9%라는 사실도 알아야 하지만, ROE의 결정 요인이 무엇인가를 알 필요가 있다. 높은 순이익률, 자산의 효율적 사용, 높은 레버리지가 ROE를 높일 수 있다. ROE를 움직이는 요인을 깊이 생각해 보면, 재무관리자는 기업의 재무적 상황에 대해 명확하게 이해할 수 있다. 이런 방법 중의 하나가 **듀퐁 항등식(DuPont Identity)**인데, 이 항등식을 개발하여 널리 알린 듀퐁이 명명한 것이다. 듀퐁 항등식은 ROE를 순이익률, 총자산회전율, 레버리지의 곱으로 표시한 것이다.

듀퐁 항등식: 자기자본이익률을 순이익률, 자산회전율, 레버리지의 곱으로 나타내는 표현

듀퐁 항등식을 이해하기 위하여 ROE를 여러 가지 요소로 분해하여야 한다. 먼저, ROE에 (매출액/매출액)을 곱하여도 크기는 변하지 않으므로 다음과 같은 재배열이 가능하다.

$$\text{ROE} = \left(\frac{\text{순이익}}{\text{자기자본}}\right)\left(\frac{\text{매출액}}{\text{매출액}}\right) = \left(\frac{\text{순이익}}{\text{매출액}}\right)\left(\frac{\text{순이익}}{\text{자기자본}}\right) \tag{2.26}$$

이 식은 ROE가 매출액 한 당위당 순이익(순이익률)과 자기자본 한 당위당 매출액을 곱한 형태 로 표현되어 있다. 예를 들어, 글로벌의 ROE 9%가 순이익률 1.07%에 자기자본 $1당 매출액인 186.7/22.2 = 8.41을 곱해서 얻어졌다는 것이다. 식 2.26의 두 번째 항을 더 분해하여 다

예제 2.8
듀퐁 분석

문제 *Problem*

다음의 표는 월마트(WMT)와 노드스트롬(JWN)에 관한 정보를 보여준다. 각각의 ROE를 계산하고, 월마트가 노드스트롬의 ROE와 같도록 하기 위하여 순이익률을 얼마나 증가시켜야 하는가를 계산하시오.

	순이익률	총자산회전율	자기자본 승수
월마트	3.6%	2.3	2.7
노드스트롬	6.1%	1.5	4.2

풀이 *Solution*

● **계획**

이 표는 ROE를 계산하기 위하여 듀퐁 항등식을 사용하는 데 필요한 관련 정보를 가지고 있다. 순이익률, 자산회전율, 자기자본 승수를 곱하여 각 기업의 ROE를 계산할 수 있다. 월마트가 노드스트롬의 ROE와 같도록 하기 위하여 순이익률을 얼마나 증가시켜야 하는가를 알아야 한다. 월마트의 ROE를 노드스트롬과 같도록 하고, 자산회전율과 자기자본 승수를 고정한 이후에 매출액 순이익율 대해서 방정식을 풀면 된다

● **실행**

듀퐁 항등식을 이용하여 다음을 얻는다.

$$ROE_{WMT} = 3.6\% \times 2.3 \times 2.7 = 22.4\%$$

$$ROE_{JWN} = 6.1\% \times 1.5 \times 4.2 = 38.4\%$$

이제, 노드스트롬의 ROE와 월마트의 자산회전율 및 자기자본 승수를 이용하여 월마트의 ROE가 노드스트롬과 같도록 월마트의 순이익률을 구하면 된다.

$$38.4\% = \text{순이익률} \times 2.3 \times 2.7$$

$$\text{순이익률} = 38.4\%/6.21 = 6.2\%$$

● **평가**

월마트가 노드스트롬의 ROE와 같아지기 위해서는 순이익률을 3.6%에서 6.2%로 증가시켜야 할 것이다. 월마트는 노드스트롬에 비해 자산회전율이 더 높기 때문에, 더 낮은 레버리지와 비슷한 순이익률(6.2% 대 6.1%)을 가지면 노드스트롬의 ROE를 달성할 수 있다.

시 정리하면 다음과 같다.

듀퐁 항등식

$$ROE = \left(\frac{\text{순이익}}{\text{매출액}}\right)\left(\frac{\text{매출액}}{\text{자기자본}}\right)\left(\frac{\text{총자산}}{\text{총자산}}\right)$$

$$ROE = \left(\frac{\text{순이익}}{\text{매출액}}\right)\left(\frac{\text{매출액}}{\text{총자산}}\right)\left(\frac{\text{총자산}}{\text{자기자본}}\right) \quad (2.27)$$

식 2.27에 의하면 ROE는 순이익률에 자산회전율을 곱하고 다시 자기자본 한 단위당 총자산인 자기자본 송수(equity multiplier)를 곱하여 얻어진다. 글로벌의 예로 다시 돌아가면 글로벌의 자기자본 승수는 7.7(= 170.1/22.2)가 된다. 글로벌의 재무관리자는 글로벌의 ROE를 높이

기 위하여 각각의 요인들을 평가해 볼 수 있다. 순이익률 1.07%, 자산회전율 1.1, 자기자본 승수 7.7로부터 글로벌의 ROE는 다음과 같이 계산된다.

$$\text{ROE} = 6\% = (1.07\%)\ (1.1)\ (7.7)$$

ROE의 이러한 분해는 레버리지가 이미 높다는 것을 보여준다. (장부가치 부채비율은 글로벌의 채무가 자기자본에 비해 5배보다 크다는 것을 말한다.) 그러나, 글로벌의 순이익률은 1%에 불과하고, 자산 회전율은 상대적으로 낮다. 따라서, 글로벌의 경영진은 현재의 자산을 더 효율적으로 사용하고 순이익률을 증가시키기 위해 비용을 낮추는 것에 집중하여야 한다.[9]

표 2.4는 재무 비율을 정리하여 제조업, 소매업, 서비스업, S&P 500 지수의 500 기업에 대해서 이 비율들의 전형적인 값들을 보여주고 있다. 채무를 가진 많은 기업들이 이 기간 동안 높은 수준의 현금을 가지고 있었기 때문에, 순채무를 이용한 레버리지 비율은 총채무를 이용한 레버리지 비율에 비해 훨씬 낮다.

표 2.4
주요 재무 비율의 정리

비율	공식	제조업	소매업	서비스업	S&P 500
수익성 비율					
총이익률	매출 총이익 / 매출액	33.8%	30.1%	51.4%	39.0%
영업이익률	영업이익 / 매출액	8.1%	7.3%	12.2%	16.2%
순이익률	당기순이익 / 매출액	1.3%	2.6%	2.5%	4.5%
유동성 비율					
유동비율	유동자산 / 유동부채	2.6	1.5	1.8	2.1
당좌비율	(유동자산−재고자산) / 유동부채	1.9	0.8	1.7	1.6
현금비율	현금 / 유동부채	0.9	0.3	0.9	0.7
효율성과 운전자본 비율					
매출채권 회수일	매출채권 / 일평균 매출액	57.6	7.8	63.0	60.2
고정자산 회전율	매출액 / 고정자산	5.4	6.6	10.6	4.8
총자산 회전율	매출액 / 총자산	0.7	1.7	0.6	0.5
고정자산 회전율	매출원가 / 재고자산	4.2	6.9	26.9	5.7

9) 듀퐁 항등식에 의하면 레버리지를 증가시켜서 ROE를 증가시킬 수 있는 것처럼 보이지만, 문제가 그렇게 단순하지는 않다. 왜냐하면 레버리지를 높이면 이자비용을 증가시켜 순이익률이 감소할 것이기 때문이다.

이자 보상 배율					
EBIT/이자	$\frac{\text{EBIT}}{\text{이자비용}}$	3.2	5.5	2.3	3.9
EBITDA/이자	$\frac{\text{EBITDA}}{\text{이자비용}}$	6.0	9.3	5.3	6.7
레버리지 비율					
장부가치 부채비율	$\frac{\text{총채무}}{\text{자기자본 장부가치}}$	27.1%	44.2%	21.5%	46.6%
시장가치 부채비율	$\frac{\text{총채무}}{\text{자기자본 시장가치}}$	10.0%	17.2%	6.2%	21.8%
채무/자본 비율	$\frac{\text{총채무}}{\text{(총자기자본+ 총채무)}}$	20.9%	30.6%	17.6%	32.0%
채무/사업가치 비율	$\frac{\text{순채무}}{\text{사업가치}}$	0.0%	4.7%	0.0%	2.0%
자기자본 승수	$\frac{\text{총자산}}{\text{총자기자본}}$	1.8	2.4	1.98	2.4
영업 이익률					
자기자본이익률(ROE)	$\frac{\text{당기순이익}}{\text{자기자본 장부가치}}$	4.2%	10.4%	3.6%	7.1%
자산이익률(ROA)	$\frac{\text{(당기순이익+이자비용)}}{\text{총자산}}$	3.6%	5.8%	3.3%	4.1%
투자자본이익률(ROIC)	$\frac{\text{EBIT(1−법인세율)}}{\text{(자기자본 장부가치+순채무)}}$	18.0%	20.1%	18.3%	17.0%
가치평가 비율					
시장가치/장부가치 비율	$\frac{\text{자기자본 시장가치}}{\text{자기자본 장부가치}}$	2.7	2.7	3.5	2.1
주가수익 비율(PER)	$\frac{\text{주가}}{\text{주당 순이익}}$	21.5	21.6	28.8	21.2
사업가치 비율 (사업가치/EBITDA)	$\frac{\text{사업가치}}{\text{EBIT 또는 EBITDA 또는 매출액}}$	8.3	11.7	10.5	12.1

출처: 2012년에서 2015년 평균으로 계산한 S&P Compustat

개념확인

11. 높은 부채비율의 의미는 무엇인가?
12. 기업의 사업가치는 무엇인가?
13. 기업의 ROE를 평가하기 위하여 재무관리자가 듀퐁 항등식을 어떻게 사용하는가?
14. 기업의 시장가치를 추정하기 위하여 주가수익 비율(P/E)을 어떻게 사용하는가?

2.7 재무 보고 실무

우리가 검토하였던 재무제표들은 투자자와 재무관리자들에게 매우 중요한 정보다. 회계기준과 같은 보호책이나 회계감사가 있어도 재무 보고의 남용이 발생한다. 이제 그 중에서 가장 악명 높았던 최근의 예들 중 하나를 소개하고자 한다.

엔론

엔론(Enron)은 2000년대 초반에 회계 스캔들로 가장 유명했던 기업이다. 엔론은 천연가스 파이프라인의 운영자로 영업을 시작하여 가스, 석유, 전기, 심지어는 인터넷으로 사업 영역을 확장하였던 기업이다. 일련의 사건들은 2001년 12월에 엔론이 미국 역사상 가장 대규모의 파산 신고를 하게 만들었다. 2001년 말에 엔론의 시가총액은 $60십억 이상 하락하였다.

흥미롭게도, 1990년대와 2001년 하반기까지도 엔론은 미국에서 가장 성공적이고 수익성이 좋은 기업으로 알려졌다. 포춘지는 1995년부터 2000년까지 6년 동안 계속해서 엔론을 "미국에서 가장 혁신적인 기업"이라고 평가하였다. 엔론 사업의 여러 가지 측면이 성공적이었다고 알려졌지만, 엔론의 경영진이 투자자를 오인하도록 하여 인위적으로 엔론의 주가를 부풀리고 엔론의 신용 평가를 유지하기 위하여 재무제표를 조작하여 왔다는 것이 철저한 조사에 의해 밝혀졌다. 예를 들어, 2000년에 보고된 엔론 이익의 96%가 회계 조작의 결과였다.[10]

엔론이 사용한 회계 조작들은 매우 복잡했지만, 대부분의 사기적 거래의 핵심은 놀라울 정도로 간단했다. 엔론은 부풀려진 가격으로 다른 기업(대개 엔론의 최고재무관리자인 앤드류 패스토가 만든 기업들)에 자산을 판매하였는데, 나중에 더 높은 미래의 가격으로 그 자산들을 다시 매입하겠다고 약속하였다. 따라서 엔론은 효과적으로 차입을 하고, 미래에 더 많은 대금 지불을 약속하는 대가로 당장 현금을 받게 되었다. 그러나 엔론은 당장 들어오는 현금은 수입으로 잡고 자산들을 다시 매입하는 약정들은 여러 가지 방법으로 감추었다.[11] 결국, 1990년대 후반이 많은 수입 증가와 이익들이 이러한 소삭의 결과였음이 밝혀졌다.

사베인스-옥슬리법

투자자들이 투자 대안을 평가하기 위해서는 정확하고 최신 정보가 수록된 재무제표가 필수적이다. 2002년에 미국 의회는 **사베인스-옥슬리법(Sarbanes-Oxley Act, SOX)**을 통과시켰다. SOX는 많은 조항들을 포함하고 있지만, 법제화의 전체적인 의도는 이사회와 주주들에게 제공 되는 재무 정보의 정확성을 제고시키는 것이다. SOX는 이러한 목적을 세 가지 방법으로 달성하였다: (1) 감사 과정에서의 독립성과 철저한 조사의 유도, (2) 잘못된 정보의 제공에 대해서 처벌을 확실하게 함, (3) 기업이 내부의 재무 통제 과정을 정당화하도록 함.

사베인스-옥슬리법: 이사회와 주주들에게 제공되는 재무 정보의 정확성을 제고시키기 위하여 2002년에 미국 의회를 통과한 법

엔론 등의 많은 문제점들이 너무 늦어서 치유할 수 없을 때까지 이사회와 주주들에게 숨겨져 왔다. 이러한 스캔들 속에서 많은 사람들은 당해 기업들의 재무제표가 기업회계기준에 의해 작성되었다 할지라도, 기업의 재무 건전성을 정확하게 보여주지 못했다는 것을 알게 되었다.

---

10)]ohn R. Kroger, "Enron, Fraud and Securities Reform: An Enron Prosecutor's Perspective," University of Colorado Law Review, Decem er 2005, pp. 5/V1 8.

11) 어떤 경우에는 이러한 약정들이 "가격 위험 관리 채무"라고 불렸는데, 다른 거래 활동과 함께 숨겨졌다. 다른 경우는 완전히 공시되지 않은 부외거래였다.

회계감사를 맡은 회계법인은 기업의 재무제표가 기업의 재무상태를 정확하게 반영하고 있다고 확신해야 한다. 하지만 실제에 있어서는 대부분의 회계법인들이 감사 대상인 고객 기업과 오래된 관계를 가져왔다. 이런 관계와 감사 수수료를 많이 받으려는 욕심 때문에 회계법인은 감사 과정에서 경영에 대해서 이의를 제기하지 않으려 한다. 아마 더욱 중요한 것은 대부분의 회계법인들이 매우 수익성이 좋고 대규모인 컨설팅 부문을 가지고 있다는 것이다. 분명한 것은 회계감사가 경영진 고객의 요구를 수용하지 않으면, 그 고객은 다음 번 컨설팅 계약에서 당해 회계법인의 컨설팅 부문을 선택하지 않을 가능성이 있다. SOX는 회계감사 대상인 기업으로부터 회계법인이 벌어들이는 회계감사가 아닌 수수료의 양을 엄격하게 제한하여 이 문제를 해결하였다. 또한 SOX는 회계감사를 맡은 회계법인을 5년마다 교체하도록 하여 회계감사 대상 기업과 회계법인의 오랜 유착 관계를 제한하게 하였다. 마지막으로, SOX는 SEC에 요구하여, 기업들이 외부의 독립된 이사에 의해 지배되는 감사위원회를 만들고 외부 감사위원 중 적어도 한 명은 금융 지식 배경을 가진 사람을 임명하도록 하였다.

SOX는 주주들에게 그릇된 정보를 제공하는 것에 대하여 형법상의 처벌을 가하기로 하였다. 이는 CEO와 CFO가 주주에게 제공되는 재무제표의 정확성을 개인적으로 보증하는 것으로 재무제표에 서명하여 효력이 발생한다. SOX에 의해 그릇된 또는 투자자들을 오해하도록 만드는 재무제표를 제공하는 행위에 대해 처벌이 크게 강화되어서, $5백만 이하의 벌금과 20년 이하의 징역형이 가능하게 되었다. 또한 잘못이 있다면, CEO와 CFO는 재무제표의 해당 기간 동안에 보너스나 당해 주식의 매도 또는 옵션의 행사에 의한 이익을 반환하여야 한다.

마지막으로, SOX의 404조는 공개기업의 최고경영진이나 이사회가 자금이 할당되어 통제되는 과정을 통해 그 효과와 타당성의 입증과 함께 결과도 감시하도록 하였다. 404조는 각 기업에 대해 전체적인 재무 통제 시스템의 타당성을 입증하도록 하여 잠재적으로 엄청난 부담을 지웠기 때문에, 다른 조항들보다 더 많은 주의를 기울이게 하였다. SEC가 추정한 404조의 실행 비용은 모두 $1.24십억에 달했다. Financial Executives International과 American Electronics Association의 2005년 설문에 의하면, 실제 실행 비용은 $20십억에서 $35십억 달러 사이가 될 것이라고 하였다.[12] 매출 수입의 비중으로 생각할 때, 소규모 기업의 경우 이 조항을 준수하는 부담이 너무 과도한 측면이 있다. 앞의 설문이 조사한 바에 의하면, 수십억 달러의 매출을 가진 기업들은 이 비용이 매출액의 0.05%에 불과하지만, $20백만 미만의 매출을 가진 기업은 3% 이상의 비용이 요구된다고 하였다.

12) American Electronics Association, "Sarbanes-oxley Section 404: The 'Section' of Unintended Consequences and Its Impact on Small Business" (2005).

도드-프랭크법

소규모 기업의 법령 준수 부담을 줄이기 위해 2010년 통과된 도드-프랭크 월 스트리트 개혁 및 소비자 보호법은 공개적으로 보유된 주식 $75백만 미만인 기업을 SOX 404조 요건에서 면제한다. 또한 SEC는 $250백만 이하의 거래 가능한 주식을 가진 중규모 기업의 비용을 절감할 수 있는 방법을 연구하고, 그러한 조치가 더 많은 기업이 미국 거래소에 상장될 수 있는지를 평가하도록 요구하고 있다.

도드-프랭크는 또한 SOX의 내부 고발 규정을 확대하여, SEC 등에 의해 벌금 또는 환수를 발생시킬 수 있는 "연방 증권법 (규정과 그에 따르는 규제를 포함) 위반 가능성에 관련된 정보"를 제공하는 개인이 그 벌금 또는 환수액의 10-30%를 받을 자격이 있도록 하였다.

글로벌 금융 위기 버나드 마도프의 폰지 사기

누가 알몸으로 수영했는지 알 수 있는 시점은 썰물이 되었을 때뿐이다.

– 워렌 버핏

2008년 12월 11일, 연방 요원들은 가장 성공적인 헤지펀드 매니저 중의 한 사람인 버나드 마도프를 체포했다. 그가 운영하는 $65십억의 19개 펀드가 실제로 사기였음이 드러났다.[13] 지난 17년 동안 10%에서 15% 사이의 일관된 연수익률을 창출했던 그의 탁월한 성과는 실제로는 완벽한 조작이었다. 그는 세계에서 가장 큰 폰지 사기를 하고 있었다. 즉, 그는 신규 투자자가 투자한 자본을 기존 투자자에 대한 지급을 위해 사용했다. 그의 전략은 감쪽같아서 10여 년 이상 동안 다수의 대형 은행과 투자 자문사는 물론이고, 스티븐 스필버그 감독에서 뉴욕대학교에 이르기까지 다양한 투자자들이 그의 펀드에 투자하기 위해 줄을 섰다. 사실 글로벌 금융위기만 발생하지 않았다면, 그는 이 사기를 죽을 때까지 충분히 숨길 수 있었을 것이다. 글로벌 금융위기가 발생하자, 많은 투자자들은 현금을 모으고 포트폴리오의 다른 곳에서 발생한 손실을 메꾸기 위해 그의 펀드에서 자금을 인출하려고 했다. 또한 글로벌 금융위기로 인해 현금을 보유하고 있으면서 투자 의향이 있는 신규 투자자가 거의 없었다. 그 결과 그는 자본 인출을 원하는 투자자들에게 지급하기에 충분한 새로운 자본을 마련하지 못했고, 그의 폰지 사기는 마침내 무너졌다.

그가 그동안 유례가 없었던 최대의 사기를 그토록 오랫동안 숨길 수 있었던 이유는 무엇일까? 그는 단순하게 재무제표를 조작하지 않고, 재무제표를 만들었다. 이를 위해 그는 사실상 활발히 활동하는 회계사가 단지 한 명이면서 알려지지 않은 한 회계법인의 도움을 받았다. 비록 많은 투자자들이 $65십억의 자산을 가진 거대한 펀드가 알려지지 않은 작은 회계법인을 선택한 것에 대해 의문을 품었지만, 이들 중 충분한 수의 사람들이 이러한 선택이 잠재적인 위험 신호라는 것을 인식하지 못했다. 또한 그의 회사는 사기업이었기 때문에 (사베인즈–옥슬리법과 같은) 상장회사에 대한 엄격한 규제 요건의 적용을 받지 않아서, 보고 요구 사항이 미흡했다. 이 사례에서 알 수 있듯이, 투자 결정을 내릴 때 회사의 재무제표를 검토하는 것뿐만 아니라 재무제표를 작성하는 회계법인의 신뢰성과 평판도 함께 고려하는 것이 중요하다.

재무제표: 유용한 출발점

이 장에서는 기업의 성과, 위상, 재무상태에 대한 정보를 외부 분석가, 투자자, 재무관리자에게 알려주는 방법으로 재무제표의 역할에 대해서 살펴보았다. 그러나 재무관리자의 입장에서 재무제표는 출발점에 불과하다. 예를 들어, 시장가치와 장부가치의 중요성이 더 강조될 수 있다.

13) $65십억은 (가공적인) 수익을 포함하여 마도프가 투자자들에게 보고한 총금액이다; 투자자들은 아직도 투자자들이 이 펀드에 실제로 기여했던 정확한 금액을 결정하려고 한다. 그 금액은 $17십억을 초과하는 것으로 보인다. (www.madoff.com을 보시오.)

재무 비율을 통해서 많은 것들을 알 수 있지만, 재무 비율들은 기업의 경영 상태와 함께 어떤 개선책이 필요한가를 나타내는 지표에 불과하다. 어떤 비율 하나가 기업의 전체 상태를 나타내지도 못한다. 하지만 모든 재무제표를 분석하고 수익성, 레버리지, 효율성 등을 나타내는 비율들을 고려하면, 기업의 건전성과 성과에 대해 정확히 이해할 수 있어야 한다. 마지막으로, 투자자들에게 재무제표의 유용성은 재무제표가 얼마나 윤리적으로 작성되었는가에 달려 있다. 그러나 속임수로 재무제표가 작성되었을지라도, 재무제표에 충분한 지식이 있는 사람들은 현금흐름표나 재무제표 주석 등을 주의 깊게 관찰하여 경고 징후를 발견할 수 있을 것이다.

개념확인

15. 엔론이 자사의 보고 이익을 증가시키기 위하여 사용했던 거래들은 무엇인가?
16. 사베인스-옥슬리법은 무엇인가?

myfinancelab 핵심요점 및 공식

2.1 재무 정보의 공시

- 재무제표는 기업이 과거의 성과를 기술하기 위하여 정기적으로 발행하는 회계 보고서들이다.
- 투자자, 재무 분석가, 경영자, 채권자와 같은 다른 이해관계자들은 주식회사에 관해 신뢰성 있는 정보를 얻기 위하여 재무제표에 의존한다.
- 주요 재무제표에는 재무상태표, 손익계산서, 현금흐름표, 주주지분 변동보고서가 있다.

2.2 재무상태표

- 재무상태표는 어떤 시점에서 기업의 현재 재무상태(자산, 부채, 주주지분)를 보여 준다.
- 재무상태표의 양쪽은 일치해야 한다.

$$\text{자산} = \text{부채} + \text{자기자본} \tag{2.1}$$

- 자본은 기업 주식의 장부가치이다. 이것은 회계 목적상 자산과 부채가 기록되는 방법이기 때문에, 시가총액이라고 불리는 기업 주식의 시장가치와는 다르다.

- 기업의 사업가치는 영위하는 사업의 총가치를 말한다.

$$\text{사업가치} = \text{주식의 시장가치} + \text{채무} - \text{현금} \tag{2.4}$$

2.3 손익계산서

- 손익계산서는 기업의 수입과 비용을 보고하고, 궁극적으로는 손익계산서의 마지막 행인 당기순이익을 계산한다.

▶ 당기순이익은 종종 1주당 개념으로 보고되는데, 이를 주당 순이익(EPS)이라고 한다.

$$\text{EPS} = \frac{\text{당기순이익}}{\text{총발행주식 수}} \tag{2.5}$$

▶ 희석된 EPS를 계산하기 위해서, 총발행주식 수에 기업이 부여한 스톡옵션의 행사에 의해 주식 수를 더하여 계산한다.

2.4 현금흐름표

▶ 현금흐름표는 기업 현금의 원천과 사용을 보여준다. 이는 투자와 자본조달 활동으로부터 사용된 현금과 함께 비현금성 비용과 순운전자본의 변화를 고려하여 당기순이익을 조정한다.

2.5 기타 재무제표 정보

▶ 재무제표의 경영 회의와 분석 부분은 부외거래 위험을 포함하여 기업이 당면한 위험의 공시와 함께 기업 성과에 대한 경영진의 의견을 포함한다.

▶ 주주지분 변동보고서는 재무상태표에서 계산한 주주 지분을 새로운 주식 발행 부분과 유보 이익 부분으로 나눈다. 이것은 재무적 가치평가의 목적상 크게 유용하지는 않다.

▶ 기업 재무제표 주석은 일반적으로 주요 보고서에서 사용된 수치에 대해 좀 더 자세하고 중요한 사항을 포함하고 있다.

2.6 재무제표 분석

▶ 수익성 비율은 기업의 영업이익 또는 당기순이익을 매출액에 대한 비율로 보여주는데, 그것들은 기업의 효율성과 가격 전략을 알려준다.

▶ 유동성 비율은 채권자들이 기업의 단기 자금 필요성 만족 여부를 평가하는 데 도움을 준다.

▶ 자산효율성 비율은 자산 단위당 얻게 되는 수입을 보여주어서, 기업이 자산을 얼마나 효율적으로 사용하는가를 평가한다.

▶ 운전자본비율은 기업의 운전자본을(매출채권에 대해서는) 매출일 수 또는 (재고자산과 매입채무에 대해서는) 매출원가일 수로 나타낸다.

▶ 이자보상배율은 이자비용에 대한 기업 이익 또는 현금흐름의 비율을 나타내는 것으로 금융 견고성의 지표가 된다.

▶ 기업의 레버리지를 평가하기 위해 사용하는 일반적인 비율은 다음의 부채비율이다.

$$\text{부채비율} = \frac{\text{총채무}}{\text{총자기자본}} \tag{2.19}$$

- 이 비율은 주식의 시가총액을 사용하여 계산할 때 가장 정보 가치가 높다. 이는 기업 레버리지의 정도를 의미한다.
- 가치평가 비율은 당기순이익 또는 영업이익에 대비하여 기업의 시가총액이나 사업가치를 계산한 것이다.
- P/E 비율은 기업의 EPS에 대비하여 주가를 계산한 것이다. P/E 비율은 빠르게 성장하는 기업일수록 커지는 경향이 있다.
- 가치평가 비율을 계산할 때, 분자와 분모가 채무를 포함하는지의 여부를 확인하는 것이 중요하다.
- ROE와 ROA는 전형적인 영업 이익률 비율이다. ROE는 기업의 당기순이익을 장부가치 자기자본에 대한 수익률로 나타낸다.
- 듀퐁 항등식은 다음과 같다.

$$\text{ROE} = \left(\frac{\text{순이익}}{\text{매출액}}\right)\left(\frac{\text{매출액}}{\text{자기자본}}\right)\left(\frac{\text{총자산}}{\text{총자산}}\right)$$

$$\text{ROE} = \left(\frac{\text{순이익}}{\text{매출액}}\right)\left(\frac{\text{매출액}}{\text{총자산}}\right)\left(\frac{\text{총자산}}{\text{자기자본}}\right) \tag{2.27}$$

2.7 재무 보고 실무

- 최근의 회계 스캔들은 재무제표의 중요성에 대한 관심을 불러일으켰다. 새로운 법제화는 사기 행위에 대한 벌칙을 강화하였고, 기업이 재무제표가 정확하다는 것을 확인하기 위하여 사용하여야 하는 절차들을 엄격하게 하였다.

비판적 사고

1. 회사들이 재무 정보를 공시하는 이유는 무엇인가?
2. 누가 재무제표를 보는가? 적어도 세 가지 범주의 사용자를 나열하시오. 각 범주마다 그들이 관심이 있는 정보 형태의 예를 들고, 왜 그런지 논의하시오.
3. 재무상태표의 목적은 무엇인가?
4. 손익계산서의 목적은 무엇인가?
5. 현금흐름표와 손익계산서는 어떻게 다른가?
6. 당기순이익이 양수인 기업이 현금 부족에 직면할 수 있는가? 설명하시오.
7. 회사의 건전성을 평가하기 위해서 재무상태표를 어떻게 이용하여야 하는가?
8. 재무상태표와 손익계산서는 어떻게 관계가 있는가?
9. 듀퐁 항등식이 무엇이고, 재무관리자가 그것을 어떻게 이용해야 하는가?

10. 재무상태표나 재무제표 주석에 있는 경영진의 회의로부터 무엇을 알 수 있는가?
11. 회계적 속임수가 엔론의 붕괴에 어떻게 작용하였는가?

연습문제

* 표시는 난이도가 높은 문제임을 나타낸다.

재무 정보의 공시

1. 네 가지 주요 재무제표는 무엇인가? 재무제표의 정확성을 위해 어떤 확인이 필요한가?
2. 기업회계기준은 무엇이고, 누가 이것을 감독하는가?
3. 다음의 출처로부터 스타벅스의 최근 재무제표를 찾아서 비교하시오.
   a. 회사의 웹 사이트(www.starbucks.com). (힌트: "investor relations"를 찾아보시오.)
   b. SEC의 웹 사이트(www.sec.gov). (힌트: EDGAR 데이터베이스에서 기업의 신고 (company filings)를 찾아보시오.)
   c. Yahoo! Finance 웹사이트(finance.yahoo.com).
   d. 적어도 다른 하나의 출처. (힌트: www.google.com에서 "SBUX 10K"를 입력하시오.)

재무상태표

4. 2016년 12월 30일 글로벌에 발생할 수 있는 다유 사건들을 생가해 보자. 각각에 대해서 글로벌의 재무상태표 어떤 부분이 어느 정도 영향을 받을 것인지를 지적하시오. 또한 글로벌 자기자본의 장부가치에 어떤 영향이 있을 것인가도 지적하시오.
   a. 글로벌이 장기채무 $20백만을 변제하기 위하여 가용 현금 $20백만을 사용하였다.
   b. 공장에 불이 나서 보험 대상이 아닌 재고자산 $5백만이 소실되었다.
   c. 글로벌이 전 세계에 여러 건물들 $10백만을 매입하기 위하여 현금 $5백만을 사용하고 새로운 장기채무 $5백만을 발행하였다.
   d. 제품의 외상 매입으로 글로벌에 $3백만의 부채를 지고 있는 대규모 고객 기업이 파산을 선고하였고, 글로벌은 이 대금을 받을 가능성이 전혀 없다.
   e. 글로벌의 엔지니어가 대표 제품의 원가를 50% 이상 절감하는 새로운 공정을 발견하였다.
   f. 주요 경쟁자가 글로벌보다 아주 저렴한 가격으로 판매하려는 새로운 급진적 가격 정책을 발표하였다.
5. 표 2.1에 의하면 2015년에서 2016년이 되면서 글로벌의 자기자본의 장부가치는 어느 정도 변했는가? 이것이 2016년에 글로벌의 주가가 증가하였다는 것을 의미하는가? 설명하시오.
6. 2014년 퀄컴의 10K 보고서를 찾기 위하여 EDGAR(www.sec.gov)를 이용하시오.
   a. 퀄컴의 현금과 단기 투자금액은 얼마인가?

b. 퀄컴의 총매출채권은 얼마인가?

c. 퀄컴의 총자산은 얼마인가?

d. 퀄컴의 총부채는 얼마인가? 이 중 장기채무는 얼마인가?

e. 퀄컴의 자기자본 장부가치는 얼마인가?

7. (2015년 10월에 보고된) 2015 회계년도 코스트코(COST)의 연 10K 보고서를 찾으시오. 재무상태표로부터 다음 질문에 답하시오.

a. 코스트코의 현금은 얼마인가?

b. 코스트코의 총자산은 얼마인가?

c. 코스트코의 총부채는 얼마인가? 이 중 채무는 얼마인가?

d. 코스트코의 자기자본 장부가치는 얼마인가?

손익계산서

8. 코스트코 홀세일 주식회사(COST)의 2015 회계연도의 연차 보고서를 온라인으로 찾아보라.

a. 코스트코의 2015 회계 연도 매출액은 얼마인가? 이 매출액은 전년대비 몇 퍼센트 증가하였나?

b. 코스트코의 이 회계연도 영업이익과 당기순이익은 얼마인가? 이들을 전년도와 비교하시오.

c. 코스트코의 2015 회계 연도 희석 EPS는 얼마인가? 이 희석 EPS는 얼마의 발행주식 수에 근거하고 있는가?

표 2.5 마이데코 주식회사의 재무제표 데이터 및 주가 데이터 (2012~2016)

마이데코 주식회사 2012~2016(연말 기준: 단위: $ 백만)

손익계산서	2012	2013	2014	2015	2016
매출액	404.6	363.8	424.6	510.7	604.1
매출원가	(188.3)	(173.8)	(206.2)	(246.8)	(293.4)
총이익	216.0	190.0	218.4	263.9	310.7
판매비	(66.7)	(66.4)	(82.8)	(102.1)	(120.8)
일반관리비	(60.6)	(59.1)	(59.4)	(66.4)	(78.5)
감가상각 및 무형자산상각	(27.3)	(27.0)	(34.3)	(38.4)	(38.6)
EBIT	61.4	37.5	41.9	57.0	72.8
이자소득(비용)	(33.7)	(32.9)	(32.2)	(37.4)	(38.6)
세금차감전이익	27.7	4.6	9.7	19.6	33.4
세금	(9.7)	(1.6)	(3.4)	(6.9)	(11.7)
순이익	18.0	3.0	6.3	12.7	21.7
발행주식 수(백만)	55.0	55.0	55.0	55.0	55.0
주당 순이익	$0.33	$0.05	$0.11	$0.23	$0.39
재무상태표	**2012**	**2013**	**2014**	**2015**	**2016**
자산					
현금	48.8	68.9	86.3	77.5	85.0
매출채권	88.6	69.8	69.8	76.9	86.1
재고자산	33.7	30.9	28.4	31.7	35.3

유동자산 총계	171.1	169.6	184.5	186.1	206.4
순유형고정자산	245.3	243.3	309	345.6	347.0
영업권 및 무형자산	361.7	361.7	361.7	361.7	361.7
자산 총계	778.1	774.6	855.2	893.4	914.9
부채 및 자기자본					
매입채무	18.7	17.9	22.0	26.8	31.7
미지급보상	6.7	6.4	7.0	8.1	9.7
유동부채 총계	25.4	24.3	29.0	34.9	41.4
장기채무	500.0	500.0	575.0	600.0	600.0
부채총계	525.4	524.3	604.0	634.9	641.4
자기자본	252.7	250.3	251.2	258.5	273.7
부채 및 자기자본 총계	778.1	774.6	855.2	893.4	914.9
현금흐름표	**2012**	**2013**	**2014**	**2015**	**2016**
순이익	18.0	3.0	6.3	12.7	21.7
감가상각 및 무형자산상각	27.3	27.0	34.3	38.4	38.6
매출채권 변동	3.9	18.8	(0.0)	(7.1)	(9.2)
재고자산 변동	(2.9)	2.8	2.5	(3.3)	(3.6)
매입채무 및 미지급금 변동	2.2	(1.1)	4.7	5.9	6.5
영업 활동 현금흐름	48.5	50.5	47.8	46.6	54.0
자본지출	(25.0)	(25.0)	(100.0)	(75.0)	(40.0)
투사 활동 현금흐름	(25.0)	(25.0)	(100.0)	(75.0)	(40.0)
배당금	(5.4)	(5.4)	(5.4)	(5.4)	(6.5)
주식의 매도(또는 매입)	–	–	–	–	–
부채 발행(또는 상환)	–	–	75.0	25.0	–
자본조달 활동 현금흐름	(5.4)	(5.4)	69.6	19.6	(6.5)
현금 변동	18.0	20.0	17.4	(8.8)	7.5
마이데코의 주가	$7.90	$3.29	$5.23	$8.70	$10.87

9. 마이데코 주식회사의 재무제표 데이터 및 주가 데이터를 보여주는 표 2.5를 참조하라.

   a. 마이데코의 매출액은 매년 2013-2016년 사이에 몇 퍼센트씩 증가했나?

   b. 매년 순이익은 몇 퍼센트씩 증가했나?

   c. 매출액 성장률과 순이익 성장률이 다른 이유는 무엇인가?

10. 마이데코의 재무제표 데이터 및 주가 데이터를 보여주는 표 2.5를 참조하라. 마이데코가 2013년에서 2016년까지 매년 2백만 주의 자사주 매입을 한다고 가정하자. 2013년에서 2016년 사이 각 연도의 주당 순이익은 얼마인가?

11. 마이데코의 재무제표 데이터 및 주가 데이터를 보여주는 표 2.5를 참조하라. 마이데코가 2013년 말에 추가적인 장비를 $12백만에 구입했으며 이 장비는 2014년, 2015년 및 2016년에 각각 $4백만 감가상각 되었다. 마이데코의 35% 세율을 감안할 때, 이 추가적인 구매가 2013년에서 2016년 사이에 마이데코의 순이익에 어떤 영향을 미쳤을까?

12. 마이데코의 재무제표 데이터 및 주가 데이터를 보여주는 표 2.5를 참조하라. 2013~2016년 마이데코의 비용 및 지출의 매출액 대비 비율이 2012년과 동일하다고 가정하자. 이 경우 마이데코의 EPS는 매년 얼마인가?

13. 어떤 기업의 법인세율이 35%라고 하자.
    a. $10 백만의 영업비용은 이번 연도의 순이익에 어떤 영향을 미치는가? 다음 연도의 순이익에는 어떤 영향을 미치는가?
    b. $10 백만의 자본지출을 했고, 이를 5년 동안 매년 $2 백만 감가상각을 한다면, 이번 연도의 순이익에 어떤 영향을 미치는가? 다음 연도의 순이익에는 어떤 영향을 미치는가?

*14. 퀴스코 시스템즈는 발행주식 수가 6.5십억 주이고, 주가가 $18.00이다. 퀴스코는 $500 백만의 비용으로 새로운 가정용 네트워크 장비를 개발하려고 한다. 대안으로는 (현재 가격에) 퀴스코 주식 $900백만을 주고 그 기술을 이미 가지고 있는 기업을 인수하는 것이다. 새로운 기술개발의 비용이 없을 때 퀴스코의 EPS는 $0.80이다.
    a. 퀴스코가 제품을 스스로 개발한다고 하자. 개발비용이 퀴스코의 EPS에 미치는 영향은 무엇인가? 모든 비용은 올해에 발생하고 R&D 비용으로 취급되며, 퀴스코의 법인세율은 35%이고, 발행주식 수는 변하지 않는다고 가정하자.
    b. 퀴스코가 자체적으로 기술개발을 하지 않고 기술을 인수하려고 한다. 기술 인수가 올해의 퀴스코 EPS 에 미치는 영향은 무엇인가? (인수비용은 손익계산서에 직접적으로 나타나지 않는다. 피인수 기업은 자체적인 수입과 비용이 없어서 EPS에의 영향은 발행주식 수 변화 때문이라고 가정하자.)
    c. 기술을 얻는 어떤 방법이 순이익에 가장 영향이 작을 것인가? 이 방법이 더 저렴한가? 설명하라.

현금흐름표

15. 2015년 코스트코(COST) 연차 10-K 보고서를 온라인에서 찾아서, 현금흐름표로부터 다음 질문에 답하시오:
    a. 2015년에 영업 활동으로부터 발생한 현금은 얼마인가?
    b. 2015년에 감가상각비는 얼마인가?
    c. 2015년에 새로운 재산과 장비(매도된 금액을 제외함)에 투자된 금액은 얼마인가?
    d. 2015년에 주식을 매도(자사주 매입을 차감한 순금액으로)하여 조달한 금액은 얼마인가?

16. 다음의 현금흐름표를 보시오. (단위: $천)
    a. 4개의 분기에 대해서 누적 순이익은 얼마인가? 영업 활동으로부터의 누적 현금흐름은 얼마인가?
    b. 4개의 분기 동안 영업 활동으로부터의 현금이 투자에 사용된 비중은 얼마인가?

c. 4개의 분기 동안 영업 활동으로부터의 현금이 자본조달에 사용된 비중은 얼마인가?

분기	4	3	2	1
당기순이익	276,710	228,964	194,062	218,532
영업 활동, 제공 또는 사용된 현금흐름				
감가상각	69,997	75,733	74,570	73,173
당기순이익 조정	14,359	(13,142)	48,826	(47,993)
매출채권 변화	(38,869)	(53,218)	100,732	(84,711)
부채 변화	82,816	(111,577)	201,725	39,949
재고자산 변화	(195,186)	(114,121)	85,028	57,681
기타 영업활동 변화	17,675	(26,574)	12,692	(2,097)
영업 활동으로부터의 총 현금흐름	227,502	(13,935)	717,635	254,534
투자 활동, 제공 또는 사용된 현금흐름				
자본 지출	(82,584)	(41,634)	(100,109)	(69,170)
투자	(5,465)	5,465	(93,153)	(48,330)
기타 투자활동 변화	(108,903)	732	(58,069)	20,652
투자 활동으로부터의 총 현금흐름	(196,952)	(35,437)	(251,331)	(96,848)
자본조달, 제공 또는 사용된 현금흐름				
배당 지급	(131,483)	(131,333)	(119,452)	(121,404)
주식 매도	78,774	1,210	(76,807)	(79,288)
순차입	515,709	114,766	(283,696)	64,885
기타 자본조달 변화	(282)	2,000	(46,234)	39,763
자본조달 활동으로부터의 총 현금흐름	462,718	(13,357)	(526,189)	(96,044)
환율 변화의 효과	(119,960)	(610)	32,807	6,890
현금 및 현금성 자산 변화	$373,308	(63,339)	(27,078)	$68,532

17. 당해 연도의 마지막 날에 $5백만의 주문을 받았다고 하자. 그 중 $2백만은 재고자산으로 충족하였다. 고객은 전체 주문을 가져가면서 $1백만을 현금으로 지불하였다. 기업은 나머지 $4백만에 대해서 40일 내로 지불하라는 청구서를 발행하였다. 기업의 법인세율은 0%다. (즉, 법인세 무시) 이 거래가 다음 각 항목에 대해 미치는 영향은 무엇인가?
    a. 매출 수입
    b. 재고자산
    c. 순이익
    d. 현금
    e. 매출채권
18. 노켈라 산업은 $40백만의 회전 변환기를 매입하였다. 회전 변환기는 금년부터 시작해서 4년 동안 매년 $10백만씩 감가상가이 될 예정이다. 이 기업의 법인세율은 40%이다.
    a. 매입 원가가 다음 4년 동안 순이익에 주는 영향은 얼마인가?
    b. 매입 원가가 다음 4년 동안 현금흐름에 주는 영향은 얼마인가?

재무제표 분석

19. 2015년 12월에 GE는 $98십억의 자기자본 장부가치, 9.4십억의 발행주식수, $31의 주가를 가졌다. GE는 또 $102십억의 현금과 $199십억의 총부채를 가졌다.
    a. GE의 시가총액은 얼마인가? GE의 시장가치/장부가치 비율은 얼마인가?
    b. GE의 장부가치 부채비율은 얼마인가? GE의 시장가치 부채비율은 얼마인가?
    c. GE의 사업가치는 얼마인가?
20. 2015년 12월에 애플은 $38.07십억의 현금, $76.22십억의 유동자산, $78.09십억의 유동부채를 가졌다. 또한 $2.45십억의 재고자산을 가졌다.
    a. 애플의 유동비율은 얼마인가?
    b. 애플의 당좌비율은 얼마인가?
    c. 2016년 1월에 휴렛 팩커드는 0.66의 당좌비율과 0.99의 유동비율을 가졌다. 휴렛 팩커드에 비해 애플의 자산 유동성을 평가하시오.
21. 2016년 초반에 의류 소매 기업인 애버크롬비와 피치(ANF) 및 갭(GAP)의 정보는 다음과 같다. 주당 주가를 제외한 가치는 $백만 단위이다.

	자기자본 장부가치	주가	주식 수(백만)
ANF	1,291	26.35	67.59
GPS	2,545	27.74	397.14

    a. 각 기업의 시장가치/장부가치 비율은 얼마인가?
    b. 두 비율을 비교하여 어떤 결론은 내릴 수 있을까?
22. 2015 회계연도에 월마트(WMT)는 $485.65십억의 수입과, $120.57십억의 총이익, $16.36십억의 순이익을 가졌다. 코스트코(COST)는 $116.20십억의 수입, $15.13의 총이익, $2.38의 순이익을 가졌다.
    a. 월마트와 코스트코의 총이익률을 비교하시오.
    b. 월마트와 코스트코의 순이익률을 비교하시오.
    c. 2015년에 어떤 기업이 더 수익성이 좋았나?
23. 로컬 주식회사의 매출액은 $10백만이고, 매출원가는 $6백만이다. 판매 및 일반관리비는 $500,000이고 기술개발비는 $1백만이다. 연 감가상각비는 $1백만이고 법인세율은 35%이다.
    a. 로컬의 총이익률은 얼마인가?
    b. 로컬의 영업이익률은 얼마인가?
    c. 로컬의 순이익률은 얼마인가?

24. 23번의 로컬 주식회사가 판매비를 $300,000 증가시키면, 각각의 이익률에 어떤 영향을 미치는가?

25. 23번의 로컬 주식회사가 이자비용이 $800,000이었다면, 각각의 이익률에 어떤 영향을 미치는가?

26. 슈트앤콤은 $백만의 이자비용과 $30백만의 총 매출액에 대해서 10%의 영업이익률을 가졌다. 슈트앤콤의 이자보상배율은 얼마인가?

27. 래더 주식회사는 $50백만의 매출액에 대해 5%의 순이익률, $40백만의 자기자본 장부가치, $30백만의 장부가치 총부채를 가진다. 래더의 ROE와 ROA는 얼마인가?

28. JPJ 주식회사는 $1백만의 매출액, $50,000의 매출채권, $5백만의 총자산(그 중 고정자산이 $3백만), $150,000의 재고자산, $600,000의 매출원가를 가진다. JPJ의 매출채권 회수일은 얼마인가? 고정자산 회전율은 얼마인가? 총자산 회전율은 얼마인가? 재고자산 회전율은?

29. 28번의 JPJ 주식회사는 매출액을 10% 증가시킬 수 있지만 총자산과 고정자산 증가율을 5%로 유지해야 한다면, 새로운 자산 회전율은 얼마인가?

*30. 2016년에 글로벌은 매출액을 5% 증가시키는 공격적인 마케팅 캠페인을 했다. 그러나, 영업 이익률은 5.57%에서 4.5%로 하락하였다. 그들은 다른 수입이 없고, 이자비용은 변함이 없으며, 법인세는 세전 이익에 대해 2015년과 동일한 비율이 적용된다.

a. 2016년에 글로벌의 EBIT는 얼마인가?

b. 2016년에 글로벌의 이익은 얼마인가?

c. 글로벌의 P/E 비율과 발행주식 수가 변하지 않았다면, 2016년 글로벌의 주가는 얼마인가?

31. 다음과 같은 정보를 가지는 두 기업의 레버리지를 분석한다. (단위: $백만)

	채무	장부가치	시장가치	영업이익률	이자비용
기업 A	500	300	400	100	50
기업 B	80	35	40	8	7

a. 시장가치 부채비율은 얼마인가?

b. 장부가치 부채비율은 얼마인가?

c. 각 기업의 이자보상배율은 얼마인가?

d. 어떤 기업이 채무 상환에 더 어려움이 있을까?

32. 2015년에 월마트와 타겟은 다음 정보를 가졌다. (단위: $백만)

	매출액 (손익계산서)	매출원가 (손익계산서)	매출채권 (재무상태표)	재고자산 (재무상태표)
월마트	482,130	360,984	5,624	44,469
타겟	73,785	51,997	779	8,601

a. 각 기업의 매출채권 회수일은 얼마인가?

b. 각 기업의 재고자산 회전율은 얼마인가?

c. 어떤 기업이 매출채권과 재고자산을 더 효율적으로 관리하는가?

33. 2016년 1월에 유나이티드 항공(UAL)은 $20.6십억의 시가총액, $11.9십억의 채무, $5.2십억의 현금을 가졌다. 수입은 $37.9십억이었다. 사우스웨스트 항공(LUV)은 $27.5십억의 시가총액, $3.2십억의 채무, $3.0십억의 현금, $19.8십억의 수입을 가졌다.

a. 두 기업의 시가총액/수입 비율을 비교하시오.

b. 두 기업의 사업가치/수입 비율을 비교하시오.

c. 두 비교 중에서 어떤 것이 더 의미가 있을까? 설명하시오.

34. 어떤 소매 기업이 3.5%이 순이익률, 1.8의 총자산 회전율, $44백만의 총자산 및 $8백만의 장부가치 자기자본을 가진다.

a. 이 기업의 현재 ROE는 얼마인가?

b. 이 기업이 순이익률을 4%로 증가시키면, ROE는 얼마인가?

c. 이 기업이 수입을 20% 증가시켰으면(이 높은 이익률을 유지하지만 자산과 부채는 변하지 않음) , ROE는 어떻게 바뀌었을까?

*35. 코스트코(COST)의 (2015년 10월에 보고되는) 2015 회계연도 연 10-K 보고서를 온라인에서 찾으시오.

a. 코스트코의 순이익률, 총자산 회전율, 자기자본 승수를 계산하시오.

b. 코스트코의 ROE에 대해서 듀퐁 항등식을 증명하시오.

c. 코스트코의 경영진이 ROE를 1% 증가시키고 싶다면, 얼마나 더 높은 자산 회전율이 필요할까?

36. 35번 문제 a와 b의 분석을 월마트(WMT)에 대해 행하시오. 2015년 10월에 보고되는 월마트의 2015 회계연도 자료를 사용하시오. 듀퐁 항등식에 기초하여 두 기업의 ROE 차이를 설명하시오.

기타 재무제표 정보

37. 어떤 기업의 재무상태표 정보가 아래와 같다. (단위: $백만)

a. 2015년에 자기자본의 장부가치 변화는 얼마인가?

b. 시장가치/장부가치 비율은 의미가 있는가? 장부 부채비율은 의미가 있는가? 설명하시오.

c. 2016년 자기자본의 장부가치는 이 기업의 수익성이 없다는 것을 의미하는가? 설명하시오

재무상태표	2016년 3월 31일	2015년 12월 31일	2015년 9월 30일	2015년 6월 30일
자산				
유동자산				
현금 및 현금등가물	293	300	255	232
순매출채권	401	362	385	460
재고자산	374	342	437	306
기타 유동자산	60	43	53	45
총유동자산	1,128	1,047	1,130	1,043
장기 투자	128	97	–	200
재산, 공장 및 등가물	979	991	995	1,052
영업권	744	748	736	742
기타자산	777	827	911	797
총자산	3,756	3,710	3,772	3,834
부채				
유동부채				
매입채무	876	1,467	922	980
단기 및 유동 장기부채	410	2	173	288
기타 유동부채	–	–	–	–
총유동부채	1,286	1,469	1,095	1,268
장기채무	2,381	2,124	474	475
기타부채	435	574	559	551
총부채	4,102	4,167	2,128	2,294
총자기자본	−346	−457	1,644	1,540
총부채 및 총자기자본	$3,756	$3,710	$3,772	$3,834

재무 보고 실무

38. (2015년 1월에 보고되는) 코스트코(COST)의 연 10-K 보고서를 온라인으로 찾으시오.
   a. 어떤 회계감사 기업이 이 기업의 재무제표를 인증하였는가?
   b. 어떤 경영진이 재무제표를 인증하였는가?

사례연구

이것은 주식 분석가로 직장을 구하는 당신이 유명한 브로커 기업과 가지는 인터뷰다. 당신은 부서 경영자 및 주식 부문 부사장과 아침 인터뷰를 무사히 마쳤다. 모든 것이 순조롭게 진행되어서, 그들은 분석가로서의 당신의 능력을 검증하고자 한다. 어떤 방에 앉아있는 당신에게 컴퓨터 앤 캐터필라(CAT) 및 마이크로소프트(MSFT)라는 두 기업의 이름과 함께 다음과 같은 작업을 위해 90분이 주어졌다.

1. MarketWatch(www.marketwatch.com)로부터 지난 4년간의 연별 손익계산서, 재무상태표, 현금흐름표를 다운로드 하시오. 각 기업의 주식 표식을 입력하고 "financials"로 가시오. 재무제표를 복사해서 엑셀에 붙이시오.

2. Yahoo! Finance(finance.yahoo.com)로부터 각 기업의 과거 주가를 찾으시오. 주식 표식을 입력하고 왼쪽 열에 있는 "Historical Prices"를 눌러서, 각 재무제표의 날짜에 해당하는 달의 마지막 날짜를 포함하는 적절한 날짜 범위를 입력하시오. 주식의 (조정된 종가가 아닌) 종가를 사용하시오. 각 날짜에 해당하는 기업의 시가총액을 계산하기 위하여 총발행주식 수 (손익계산서의 "Basic Weighted Shares Outstanding"을 보시오)에 과거 주가를 곱하시오.
3. 지난 4년간의 재무제표 각각에 대해서, 각 기업의 다음 비율들을 계산하시오.

   가치평가 비율

   주가/순이익 비율(EPS는 희석된 EPS total을 사용하시오.)

   시장가치/장부가치 비율

   EBIDTA 대비 사업가치 비율

   (채무는 단기와 장기채무를 포함하고, 현금은 시장성 유가증권을 포함하시오.)

   수익성 비율

   영업이익률(감가상각 이후의 영업이익을 사용하시오.)

   순이익률

   자기자본이익률

   금융 견고성 비율

   유동비율

   장부 부채비율

   시장 부채비율

   이자보상배율(EBIT ÷ 이자비용)
4. Reuters.com(www.reuters.com/finance/stocks)로부터 각 기업에 대한 산업 평균을 얻으시오. "Symbol lookup" 쪽 최상단부에 주식 표식을 입력하고, "Financials"와 "Search"를 누르시오.
   a. "Valuation Ratios"의 화면을 아래 쪽으로 내려서, 각 기업의 비율들을 이용 가능한 최근 연도의 산업 비율들과 비교하시오. (당신의 계산과 다를 것이기 때문에 "Company" 열을 무시하시오.)
   b. 각 기업의 성과와 산업을 분석하여, 각 개별 기업의 성과 추세에 대해서 논평하시오. 각 기업에서 당신이 발견한 장점과 단점을 확인하시오.
5. 각 기업에 대해 당신이 계산한 시장가치/장부가치 비율을 검토하시오. 둘 중의 어떤 기업이 "성장주"로, 어떤 기업이 "가치주"로 간주될 수 있는가?
6. 두 기업의 가치평가 비율들을 비교하시오. 그들 간의 차이를 당신은 어떻게 해석하는가?
7. 각 연도에 대해 두 기업의 사업가치를 생각해 보시오. 두 기업의 사업가치가 시간이 흐름에 따라 어떻게 변화했는가?

제2부

이자율과 현금흐름의 가치평가

가치평가 원칙의 연계. 제2부에서는 재무 의사결정을 하는 데 필요한 기본적인 방법론을 소개한다. 제3장에서는 이 책에서 가장 중요한 개념인 가치평가 원칙을 소개한다. 가치평가 원칙에 따르면, 기업이 시장가격을 이용하면 투자 기회의 가치를 결정할 수 있다고 한다. 우리는 재무관리(corporate finance)를 공부하면서 가치평가 원칙이 모든 재무(finance)의 기초가 되고, 이 책에 나오는 모든 개념을 하나로 통합시키는 원칙임을 알게 될 것이다.

진 세계의 기업에서 재무관리자는 매일 재무 의사결정을 한다. 이러한 재무 의사결정은 지역 컴퓨터 판매업자가 재고를 다시 채워 놓는 시점의 결정과 같은 상대적으로 사소한 결정부터 2008년 스타벅스(Starbucks)의 600개 점포 폐쇄 결정, 2008년 마이크로소프트(Microsoft)의 야후(Yahoo) 인수 시도, 2010년 애플(Apple)의 아이패드(ipad) 출시 등과 같은 중대한 결정까지 다양하다. 이러한 재무 의사결정들이 갖는 공통점은 무엇인가? 이들이 갖는 공통점은 의사결정의 결과로 발생하는 편익과 비용 간의 비교를 통해 의사결정이 이루어진다는 데 있다. 기업의 재무관리자는 당장의 현금 유출을 고려함과 동시에, 미래의 현금 유입을 발생시키는 각 프로젝트가 기업에게 오늘 얼마만큼의 가치를 가져오는가를 결정해야 한다.

제3장에서는 이러한 분석을 수행하기에 필요한 방법론의 토대를 갖추도록 하기 위하여 우선 재무의 핵심 개념인 화폐의 시간가치를 소개한다. 이어 제4장에서는 여러 기간에 걸쳐 발생하는 현금흐름의 가치평가 방법을 설명하고, 주기적으로 발생하는 일정한 현금흐름의 가치를 간단하게 평가할 수 있는 방법을 도출한다. 그리고 제5장에서는 시장에서 이자율이 표시되는 방법과 1년에 여러 차례 복리계산이 이루어지는 경우의 이자율 계산 방법을, 제6장에서는 이자율과 현금흐름의 현재가치에 대해 배운 지식을 응용하여 채권의 가치를 평가하는 방법을 각각 기술한다. 마지막으로 제7장에서는 보통주의 특징과 보통주의 가치를 평가하는 방법을 논의한다.

3 화폐의 시간가치: 가치평가의 기초

학습목표

- 재무관리자의 역할과 경쟁시장에서 재무관리자의 의사결정을 이해한다.
- 가치평가 원칙을 이해하고 이 원칙이 기업가치 증가를 목적으로 한 의사결정에서 어떻게 활용되는지를 이해한다.
- 이자율이 미래 현금흐름의 현재가치에 미치는 효과를 이해한다.
- 미래 현금흐름의 현재가치 계산법과 현재 현금흐름의 미래가치 계산법을 이해한다.

기호

r 이자율

C 현금흐름

PV 현재가치

n 기간의 수

FV 미래가치

Corporate Finance and the Financial Manager

2011년 아마존(Amazon)은 킨들 파이어(Kindle Fire)를 출시함으로써 테블릿 시장에서 직접 경쟁하기로 결정했으며, 이 제품의 가격을 이 제품의 제조원가의 수준 또는 그 이하인 $199로 결정했다. 아마존 경영자의 이러한 의사결정은 회사를 위한 올바른 의사결정이었을까? 이와 유사하게 애플의 경영자는 2015년에 애플 와치(Apple Watch)로 웨어러블 기술 시장에 진입하기로 결정하였다.

모든 기업의 의사결정은 미래에 일정한 결과를 가져오고, 결국 기업가치에 영향을 미친다. 기업의 의사결정으로 인한 결과는 편익과 비용으로 나눌 수 있다. 예를 들어 아마존의 의사결정은 당장 테블릿과 소프트웨어 개발에 들어가는 초기 비용이 발생하지만, 소프트웨어 및 하드웨어 개발, 마케팅 활동, 고객지원 등을 위한 계속 진행 비용이 발생한다. 한편, 아마존 의사결정의 편익은 이 제품의 판매 수입, 이 제품을 통해 구매되는 컨텐츠에 대한 판매 수입 등을 포함한다. 만약 의사결정으로 인한 편익이 비용을 능가한다면, 이 의사결정은 아마존의 기업가치를 증가시킬 것이다.

일반적으로 기업 주주의 입장에서는 편익이 비용보다 커서 기업가치 증가를 가져오는 의사결정이 좋은 의사결정이다. 그런데 서로 다른 시점에 발생하거나, 서로 다른 통화로 표시되거나, 서로 다른 위험을 갖는 비용과 편익을 비교할 수 있을까? 타당한 비교를 위해서는 모든 비용과 편익이 동일한 조건으로 표현되어야 하는데, 이를 위해 우리는 재무 방법론을 이용한다. 재무 방법론에서는 모든 비용과 편익이 "오늘의 달러(dollars today)"와 같은 동일 통화 및 동일 시점의 금액으로 전환된다. 이 장에서 우리는 (1) 비용과 편익의 평가를 위해 시장정보를 이용하는 방법과 (2) 시장가격이 중요한 이유에 대해 배운다. 이어 화폐의 시간가치와 관련된 중요한 방법론을 학습한다. 이 방법론을 이용하면 비용과 편익이 어느 시점에 발생하는가와 무관하게 이들을 올바르게 비교할 수 있다.

3.1 비용–편익 분석

의사결정의 첫 번째 단계는 의사결정으로 인한 비용과 편익을 확인하는 것이다. 이 절에서는 비용과 편익을 평가하는 데 있어서 재무관리자의 역할과 재무관리자가 비용과 편익을 계량화하는 데 사용하는 방법을 고찰한다.

재무관리자의 역할

재무관리자는 기업의 주주들을 위해 의사결정을 한다. 이 책의 목적은 재무관리자가 기업의 주주들을 위해 기업가치의 증가를 가져오는 의사결정을 어떻게 하는지를 설명하는데 있다. 좋은 의사결정의 원칙은 단순하고 직관적이다. 편익이 비용을 능가하면 된다. 실제 세계에서 비용과 편익의 계량화는 복잡하고, 종종 비용과 편익을 계량화하는 것이 어렵기도 하다. 때때로 비용과 편익의 계량화를 위해 기업 내에서 재무부서가 아닌 다른 부서의 전문가들로부터 도움을 받는 것이 필요하기도 하다. 예를 들면, 다음과 같다.

- 마케팅: 광고 캠페인으로 인해 발생하는 수익 증가 결정
- 경제학: 제품가격 인하로 인한 수요 증가 결정
- 조직행동: 경영 조직의 변화가 생산성에 미치는 효과 결정

- 전략: 가격인상에 대한 경쟁사의 반응 결정
- 운영관리: 생산 공장의 현대화 이후 생산비용 결정

이 교재의 나머지 부분에서는 이러한 각 분야의 전문가들이 제공한 정보를 바탕으로 재무의사결정으로 인한 비용과 편익을 확인하는 작업이 사전에 이루어졌다는 가정 하에 논의가 전개된다. 이러한 작업이 이루어진 이후, 재무관리자가 해야 할 일은 비용과 편익을 비교하여 기업가치의 극대화를 위한 의사결정을 하는 것이다.

비용과 편익의 계량화

편익이 비용을 능가하는 의사결정은 기업의 가치를 증가시킬 것이다. 어떤 의사결정의 비용과 편익을 비교를 위해서는 모든 비용과 편익을 동일한 조건, 즉 오늘의 현금으로 전환하여야 한다. 다음 예를 통해 이를 구체화시켜 보자.

오늘 200 온스의 은을 10 온스의 금과 교환할 기회를 갖고 있는 보석 제조업자가 있다고 가정해 보자. 1 온스의 은과 1 온스의 금은 서로 다른 가치를 갖는다. 따라서 200 온스와 10 온스를 비교한 후, 양이 많은 것을 선택하는 것을 올바른 결정이 아니다. 대신 은의 금의 편익을 비교하는 것이 필요하다. 이를 위해 동일한 조건, 즉 오늘의 현금으로 은과 금의 가치를 환산할 필요가 있다. 가령 은이 현물시장에서 온스당 \$20에 거래되고 있다면, 보석 제조업자가 포기하는 200 온스 은이 현금가치[1]는

$$(200\text{ 온스의 은}) \times (\$20/1\text{ 온스의 은}) = \$4000$$

만약 금이 현물시장에서 온스당 \$1000에 거래되고 있다면, 보석 제조업자가 얻는 10 온스 금의 현재가치는

$$(10\text{ 온스의 금}) \times (\$1000/1\text{ 온스의 금}) = \$10000$$

보석 제조업자의 거래기회는 \$10000의 편익과 \$4000의 비용을 갖는다. 이 의사결정의 순편익은 \$6000로 양수의 값을 갖는다. 보석 제조업자가 이 거래기회를 받아들이면 이 회사의 부는 \$6000만큼 증가하게 될 것이다.

경쟁시장가격의 역할 만약 보석 제조업자가 은으로만 제품을 만들거나 은의 가격이 현재보다 더 비싸야 된다고 생각한다고 가정하면 그의 의사결정은 달라지겠는가? 정답은 '그렇지 않다'이다. 그 이유는 그가 언제든지 이 거래를 할 수 있고, 은을 현재 시장가격으로 살 수 있기 때문이다. 그가 금이 필요하지 않다고 하더라도 10 온스의 금을 당장 \$10000에 팔 수 있고 200 온

1) 당신은 이 계산에 수수료와 다른 거래비용이 포함되어야 한다고 생각할 수 있다. 이 장에서는 거래비용을 고려하지 않는다. 하지만 추후에 거래비용의 효과를 고찰하기로 한다.

예제 3.1
비용과 편익의 비교

문제 *Problem*

당신은 냉동 수산물 수입회사의 고객 계정 관리자로서 일하고 있다고 가정하자. 당신의 고객이 오늘 300파운드의 냉동 새우를 배송비용을 포함한 가격인 $1,500에 구입하고자 한다. 당신이 오늘 도매시장에서 파운드당 $3에 300파운드의 냉동 새우를 산 후, 이를 $100의 배송비용을 들여 배송할 수 있다고 가정하자. 이 거래기회는 당신 회사의 기업가치를 증가시키는가?

풀이 *Solution*

● **계획**

이 거래기회가 당신 회사의 기업가치를 증가시키는지를 결정하기 위하여 시장가격을 이용하여 비용과 편익을 평가할 필요가 있다. 이 거래의 비용을 평가하는 데 필요한 다음과 같은 시장가격들이 주어졌다.

새우 도매가격: $3/파운드 배송비용: $100

당신의 고객은 300파운드의 새우를 배송받는 데 $1,500의 시장가격을 제시하고 있는데, 이는 이 거래의 편익으로 볼 수 있다. 이 거래의 비용을 구한 다음 이 편익과 비교하면 된다.

● **실행**

이 거래의 편익은 현금 $1,500이다. 300파운드의 새우에 대한 비용이 $900(= 300파운드 × $3/파운드)이고 배송비용이 $100이다. 이 거래의 비용은 현금 $1,000이다. 이 비용과 편익에 대한 확신이 선다면, 이 거래기회를 포착하는 것이 올바른 의사결정임에 틀림없다. 그 이유는 당신의 회사가 이 거래를 통해 $500(= $1,500 − $1,000)을 얻을 수 있기 때문이다.

● **평가**

이 거래기회는 당신 회사의 기업가치를 $500만큼 증가시키며, 이 금액은 당신 회사의 투자자들에게 당장 지급할 수 있는 현금의 형태이다.

스의 은을 $4000에 다시 살 수 있다. 이 거래 이후에 그의 주머니에 $6000가 남게 된다. 그러므로 그의 개인적인 견해나 선호와 무관하게 보석 제조업자에게 200 온스의 은의 가치는 여전히 $4000이다.

보석 제조업자는 현재 시장가격에 은을 사고 팔 수 있기 때문에 그의 개인적인 선호, 은의 사용 여부, 은의 공정가격에 대한 개인적인 견해 등은 이 거래의 가치평가와 무관하다. **경쟁시장 (competitive market)**은 상품을 사고 파는 거래를 동일한 가격에 할 수 있는 시장이다. 보석업자의 사례는 경쟁시장에서의 거래와 관련된 다음과 같은 매우 중요한 원칙을 제시한다. 경쟁시장에서 거래가 이루어진다면, 시장가격이 상품의 가치를 결정한다. 이 원칙은 재무에서 매우 핵심적이고 중요한 원칙으로, 이 교재에서 다루는 모든 중요한 개념들의 바탕이 된다.

경쟁시장: 상품을 사고 파는 거래를 동일한 가격에 할 수 있는 시장

개념확인

1. 비용과 편익이 서로 다른 단위 또는 상품으로 표시되는 경우, 어떻게 비용과 편익을 비교할 수 있는가?
2. 만약 원유가 경쟁시장에서 거래된다면, 원유를 사용하는 정유업자는 원유에 대한 가치평가를 원유를 사용하지 않는 다른 투자자들과 달리 하겠는가?

예제 3.2
가치를 결정하는 경쟁시장가격

문제 *Problem*

당신은 라디오 경연대회에서 우승하였다. 하지만 당신은 상(prize)이 "데프 레파드 (Def Leppard)"라는 하드락 밴드의 재결합 콘서트 티켓 4장(한 장당 액면가치는 $40)이라는 것을 알고 실망했다. 그 이유는 당신이 1980년대의 하드락(hard rock)을 좋아하지 않아 이 공연을 보러 갈 의향이 없기 때문이었다. 이에 라디오 방송국은 이 상 대신 당신이 좋아하는 밴드의 매진된 티켓 2장(한 장당 액면가치 $45)을 상으로 주는 다른 선택 안을 제시했다. 한편, 당신은 이베이(eBay) 사이트에서 데프 레파드 밴드의 공연 티켓은 한 장당 $30에, 당신이 좋아하는 밴드의 티켓은 한 장당 $50에 거래되고 있음을 알았다. 당신은 어떤 상을 선택해야 하는가?

풀이 *Solution*

● **계획**

올바른 선택을 위해 중요한 것은 당신의 선호나 티켓의 액면가치가 아닌 시장가치이다. 한 장당 $30인 데프 레파드 밴드의 공연 티켓 4장과 한 장당 $50인 당신이 좋아하는 밴드의 공연 티켓 2장의 시장가치를 비교하여, 시장가치가 가장 큰 상품을 선택해야 한다.

● **실행**

데프 레파드 밴드의 공연 티켓 4장의 시장가치는 $120(=4 × $30)이다. 당신이 좋아하는 밴드의 공연 티켓 2장의 시장가치는 $100(=2 × $50)이다. 따라서 당신이 좋아하는 밴드의 공연 티켓이 아닌 데프 레파드 밴드의 공연 티켓을 상품으로 선택해야 한다. 그 이유는 이베이에서 데프 레파드 밴드의 공연 티켓을 팔고 당신이 좋아하는 밴드의 공연 티켓을 사면, 티셔츠를 살 수 있는 금액인 $20를 남길 수 있기 때문이다.

● **평가**

비록 당신이 데프 레파드보다 다른 밴드를 좋아하더라도, 데프 레파드의 공연 티켓을 받는 선택을 해야 한다. 앞서 강조한 바와 같이, 어떤 선택 안이 더 매력적인가는 시장가격을 이용하여 구한 순가치(net value)에 의존하기 때문이다. 데프 레파드의 공연 티켓이 당신이 좋아하는 밴드의 공연 티켓보다 $20의 가치가 더 있으므로, 데프 레파드의 공연 티켓이 더 매력적이라고 할 수 있다.

3.2 시장가격과 가치평가 원칙

앞의 예제들을 통해 기업 의사결정의 비용과 편익을 쉽게 비교 평가할 수 있다면, 기업 의사결정의 올바른 프로세스가 상당히 단순 명료하다는 것을 알 수 있었다. 기업의 의사결정의 올바른 프로세스는 다음과 같다. 먼저 현재의 시장가격을 이용하여 비용과 편익을 오늘의 현금 가치로 전환해야 한다. 그 다음에는 오늘의 현금 가치로 표시된 비용과 편익을 비교하여, 편익의 현금 가치가 비용의 현금가치를 능가하여 그 의사결정이 기업가치를 증가시키는지 여부를 판단한다.

가치평가 원칙

지금까지의 논의에 의하면, 경쟁시장가격은 기업 의사결정의 비용과 편익을 오늘의 현금으로 평가할 수 있도록 한다. 비용과 편익의 가치가 오늘의 현금 가치로 전환되기만 하면, 기업을 위한 최상의 의사결정은 매우 단순한 문제가 된다. 기업을 위한 최상의 의사결정은 의사결정의 편

예제 3.2
가치평가 원칙의 응용

문제 *Problem*

당신은 회사의 운영 관리자(operations manager)이다. 기존에 있던 계약으로 인해, 당신의 회사는 200 배럴의 원유와 3000 파운드의 구리를 $25000의 금액으로 모두 구입할 수 있는 기회를 가지고 있다. 원유의 현재 시장가격은 $90/배럴, 구리의 현재 시장가격은 $3.50/파운드이다. 당신의 회사는 원유와 구리의 전량을 필요로 하지 않는 상황이므로, 당신은 이 기회를 포착할지에 대해 고민을 하고 있다. 이 기회의 가치는 얼마인가? 만약 당신이 다음 달에 원유와 구리의 가격이 폭락할 것이라고 믿는다면, 당신의 의사결정이 달라지겠는가?

풀이 *Solution*

● **계획**

우리는 시장가격을 이용하여 비용과 편익을 수치화해야 한다. $25000의 비용은 $90/배럴인 200 배럴 원유와 $3.50/파운드인 3000 파운드 구리의 편익과 비교되어야 한다.

● **실행**

현재 경쟁시장가격을 이용하여 원유와 구리의 현재 가치를 각각 구하면

(200 배럴의 원유) × ($90/배럴) = $18000 오늘

(300 파운드의 구리) × ($3.50/파운드) = $10500 오늘

이 기회의 가치는 원유와 구리의 현재 가치의 합계에서 이 기회의 비용을 뺀 값으로 계산된다. 이 기회의 가치는 $18,000 + $10,500 − $25,000 = $3,500 이다. 이 기회의 가치가 양수이므로 당신은 이 기회를 포착해야 한다. 이 기회의 가치는 원유와 구리의 현재 시장가격에만 의존한다. 만약 당신의 회사가 원유와 구리의 전량이 필요하지 않으면, 시장에서 잉여분의 원유와 구리를 현재 시장가격에 팔 수 있다. 비록 우리가 원유와 구리의 시장가격이 하락할 것이라고 생각을 해도 이 기회의 가치는 변화하지 않는다. (우리는 현재의 시장가격에 원유와 구리를 즉시 달러로 교환할 수 있다.)

● **평가**

오늘 거래가 이루어지기 때문에 이 기회의 가치를 결정하는데 있어서 경쟁시장에서의 현재 가격만이 중요하다. 원유와 구리 가격에 대한 미래 전망에 대한 의견은 오늘 의사결정의 가치를 변화시키지 못한다. $3500 만큼 이 회사의 기업가치를 증가시키는 이 기회를 포착하는 의사결정은 이 기업 입장에서 바람직한 의사결정이다.

익이 비용을 능가하여 기업과 투자자를 더 부유하게 만드는 의사결정이다. 우리는 이러한 개념을 가치평가 원칙이라고 정의한다.

> **가치평가 원칙:** *기업(투자자)에게 상품(자산)의 가치는 경쟁시장가격에 의해 결정된다. 따라서 의사결정의 비용과 편익은 경쟁시장가격을 이용하여 평가되어야 한다. 의사결정으로 인한 편익이 비용을 능가할 때, 그 의사결정은 기업의 시장가치 증가를 가져온다.*

가치평가 원칙은 이 책 전반에서 의사결정을 위한 기초가 된다. 이 장의 나머지 부분에서는 비용과 편익이 서로 다른 시점에 발생하는 의사결정에 대해 가치평가 원칙을 적용해 보기로 한다.

동일한 상품에 대해 오직 하나의 경쟁시장가격만이 존재하는 이유

가치평가 원칙과 재무는 일반적으로 비용과 편익의 가치평가를 위해 경쟁시장가격을 이용한다. 경쟁시장에서는 동일한 상품에 대한 서로 다른 두 개의 가격이 존재하지 않는다. 만약 동일한 상품에 대해 서로 다른 두 개의 가격이 존재한다면, 우리는 동일한 상품에 대하여 두 개의 서로 다른 가치를 갖게 된다. 설사 동일한 상품에 대한 서로 다른 가격들이 존재하더라도 경쟁시장에서는 강력한 시장의 힘에 의해 서로 다른 가격들이 같아진다. 예를 들어 금에 대한 서로 다른 두 개의 가격이 동시에 존재한다면 당신은 무엇을 할지 생각해보자. 당신을 비롯한 많은 사람들이 서로 다른 두 개의 금 가격이 존재한다는 것을 알게 되면, 가능한 많은 양의 금을 낮은 가격에 사고 높은 가격에 파는 거래를 통해 무위험 이익(risk-free profit)을 얻고자 할 것이다. 이러한 거래를 하고자 주문은 거래를 통해 얻을 수 있는 무위험 이익이 없어질 때까지 계속 유입될 것이다. 결국 이러한 힘으로 인하여 **일물일가의 법칙(law of one price)**이 성립한다. 이 법칙에 따르면 경쟁시장에서 동일한 상품 또는 증권은 동일한 가격을 가져야 한다. 이 법칙을 보다 일반화시키면 "동일한 현금흐름을 가져오는 증권은 동일한 가격을 가져야 한다."로 확장될 수 있다.

일물일가의 법칙: 동일한 현금흐름을 갖는 증권은 경쟁시장에서 동일한 가격을 갖는다는 법칙

시장간 가격 차이를 이용한 이익을 얻기 위하여 동일한 상품을 사고 파는 행위를 **차익거래(arbitrage)**라고 한다. 위험을 떠안거나 투자를 하지 않으면서 이익을 얻는 것이 가능한 상황을 **차익거래 기회(arbitrage opportunity)**라고 한다. 차익거래 기회가 존재하면 편익이 비용을 능가한다. 이에 따라 금융시장에서 차익거래 기회가 발생하기만 하면 투자자들은 경쟁적으로 이 기회를 포착하려고 하며, 이 과정에서 차익거래 기회는 없어진다.

차익거래: 시장간 가격 차이를 이용한 이익을 얻기 위하여 동일한 상품을 사고 파는 행위

차익거래기회: 위험을 떠안거나 투자를 하지 않으면서 이익을 얻는 것이 가능한 상황

비록 동일한 상품이라 하더라도 나라에 따라 소매점들이 서로 다른 가격을 고시하는 경우가 종종 있다. 더 이코노미스트 잡지는 전세계 맥도날드 빅맥의 가격을 비교해오고 있다. 나라별 빅맥 가격을 2016년 1월 기준으로 비교해보자. 아래 표에는 현지 통화(local currency) 가치로 표시된 이 제품의 가격과 현지 통화 가치를 미국 달러(US$) 가치로 환산한 가격이 함께 제시되어 있다. 물론 이 제품의 가격들은 경쟁시장가격이라 할 수 없다. 그 이유는 소비자들이 이 제품을 이러한 가격들에 살 수만 있고 팔 수는 없기 때문이다. 이 경우 차익거래 기회는 존재하지 않는다. 만약 배송비용이 없다면, 베네수엘라에서 빅맥을 최대한 살 수 있는 만큼 살 수 있지만, 상한 빅맥을 스위스에서 팔 수 없다!

개인재무 의사결정

이 책은 재무관리자의 기업재무 의사결정에 초점이 맞추어져 있지만, 여기에서 배우는 개념과 방법론은 개인재무(personal finance) 의사결정에도 활용할 수 있다. 우리는 일상생활에서도 비용과 편익이 여러 기간에 걸쳐 발생하는 의사결정을 하게 된다. 대학 진학, 교재 구입, 새 차 또는 주택 구입을 위한 저축, 자동차대출 또는 주택 대출 상환, 주식의 매입, 직업의 선택 등은 여러분들이 미래에 접하게 될 개인재무 의사결정에 대한 소수의 예에 불과하다. 여러분들은 이 책을 읽음으로써 가치평가 원칙이 기업이나 개인에 상관없이 모든 재무 의사결정의 기초임을 알게 될 것이다.

도시	현지 가격	US$ 가격
스위스	6.50 Swiss francs	$6.44
스웨덴	45 Swedish Krona	$5.23
미국	4.93 US dollars	$4.93
영국	2.89 pounds	$4.22
캐나다	5.84 Canadian dollars	$4.14
호주	5.30 Australian dollars	$3.74
아랍에미레이트	13 dirhams	$3.54
브라질	13.50 reals	$3.35
일본	370 yen	$3.12
멕시코	49 pesos	$2.81
중국	17.60 yuan	$2.68
홍콩	19.20 HK dollars	$2.48
폴란드	960 zlotys	$2.37
인도네시아	30,500 rupiahs	$2.19
러시아	114 rubles	$1.53
베네수엘라	132 bolivares fuertes	$0.66

출처: Economist.com.

개념확인

3. 투자자들이 이익을 얻고자 하는 동기는 경쟁시장가격이 올바르게 유지되도록 하는데 어떻게 기여하는가?
4. 어떤 의사결정이 기업가치 증가를 가져오는지 여부는 어떻게 판별하는가?

3.3 화폐의 시간가치와 이자율

지금까지의 예제와 달리, 대부분의 재무 의사결정에서는 비용과 편익이 서로 다른 시점에 발생한다. 예를 들어 투자기회의 비용은 당장 발생하지만, 편익은 미래에 발생한다. 이 절에서는 의사결정을 위해 가치평가 원칙을 이용할 경우, 비용과 편익의 발생 시점의 차이를 어떻게 조정할 것인가를 설명한다.

화폐의 시간가치

당신 회사는 다음과 같은 현금흐름을 갖는 투자기회를 가지고 있다.

비용: 오늘 $100,000

편익: 1년 후 $105,000

동일하게 미 달러로 표시된 투자기회의 비용과 편익을 직접적으로 비교할 수 있는가? 비교할 수 없다. 만약 이 투자기회의 순가치를 $5000(= $105,000 - $100,000)으로 계산한다면, 이 계산은 옳지 않다. 왜냐하면 이러한 계산은 비용과 편익의 발생 시점 차이를 전혀 고려하지 않았기 때문이다. 즉 오늘의 돈을 1년 후의 돈과 동일하게 취급했다. 일반적으로 오늘 $1는 1년 후 $1보다 더 높은 가치를 갖는다. 그 이유는 오늘 $1를 투자하면 1년 후에 $1보다 더 많은 금액을 얻을 수 있다. 예를 들어 여러분이 10%의 이자를 지급하는 은행 계좌에 $1를 예치하면, 1년 후에 $1.1를 갖게 된다. 이처럼 오늘의 돈과 미래의 돈이 서로 다른 가치를 갖게 되는 현상을 **화폐의 시간가치**(time value of money)라고 부른다.

화폐의 시간가치: 오늘의 돈과 미래의 돈이 서로 다른 가치를 갖게 되는 현상

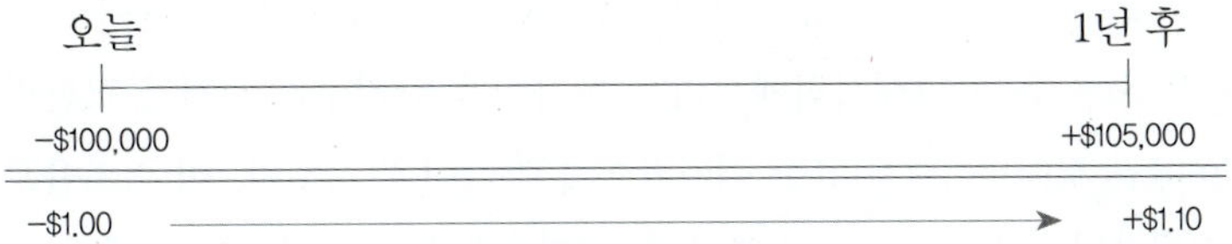

그림 3.1은 경쟁시장가격을 이용하여 어떻게 오늘의 달러를 오늘 다른 상품으로 변환하는 과정과 이자율을 이용하여 오늘의 달러를 미래의 달러로 변환하는 과정을 예시하고 있다. 은과 금이 같지 않은 것처럼 오늘의 돈과 1년 후의 돈이 같지 않다. 경쟁시장가격을 이용하여 은과 금을 비교했던 것과 유사한 방식으로 서로 다른 시점에 발생하는 돈을 비교할 수 있다. 그럼 돈에 대한 가격은 무엇인가? 오늘의 돈을 1년 후의 돈으로 교환하는데 있어서 가격이 바로 **이자율**(interest rate)이다. 우리가 상품의 가치를 결정하기 위하여 경쟁시장가격을 이용했던 것과 동일한 방식으로 돈의 가치를 결정하기 위하여 이자율을 사용한다. 일단 투자 프로젝트의 비용과 편익이 오늘의 달러 가치로 환산되기만 하면, 우리는 가치평가 원칙을 이용하여 이 투자 프로젝트의 기업가치 증가 여부를 판별할 수 있다.

그림 3.1
오늘의 달러를 오늘의 금 또는 미래의 달러로 변환

우리는 경쟁시장가격(이자율)을 이용하여 오늘의 달러를 오늘의 다른 재화(미래의 달러)로 전환할 수 있다. 가치가 동등한 조건으로 표현되어 있으면, 가치평가원칙을 사용하여 의사결정을 할 수 있다.

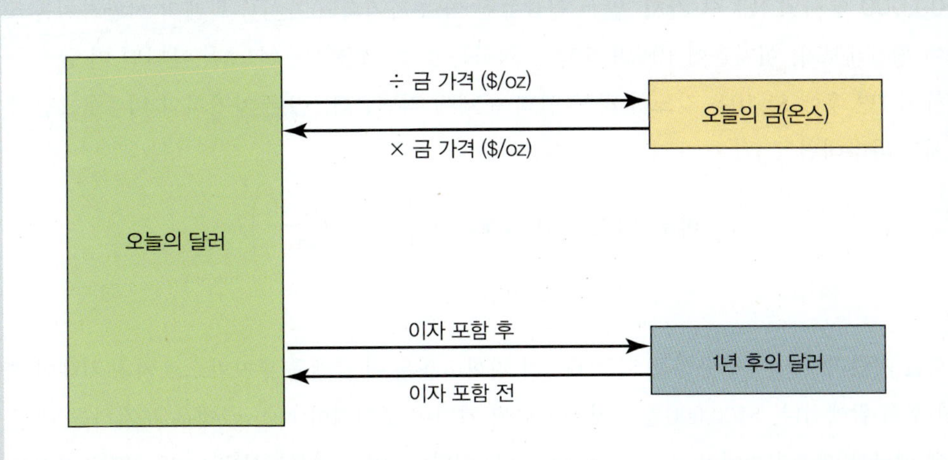

이자율: 현금의 시점간 전환

우리는 이제부터 $100,000 투자기회의 가치를 올바르게 평가하기 위해, 기존의 방법을 좀 더 발전시켜보기로 한다. 우리는 은행의 저축예금 계좌에 돈을 예치함으로써 위험 없이 오늘의 돈을 미래의 돈으로 전환할 수 있다. 또한 우리는 은행으로부터 대출을 받음으로써 미래의 돈을 오늘의 돈으로 전환할 수 있다. 오늘의 돈과 미래의 돈 간의 교환비율은 현재의 이자율에 의해 결정된다. 환율은 한 나라의 화폐를 다른 나라의 화폐로 교환할 때 적용되는 교환비율이다. 한편, 이자율은 한 시점의 화폐를 다른 시점의 화폐로 교환할 때 적용되는 교환비율이다. 한 마디로 이야기하면 이자율은 오늘 돈의 미래시점에서의 시장가치를 알려주는 시점간 교환비율(exchange rate across time)인 것이다. 현재 연간 이자율이 10%라고 가정하자. 이 이자율로 은행에 예금하면 오늘의 $1를 1년 후의 $1.10로 전환할 수 있다. 또한 이 이자율로 은행에서 대출하면 1년 후의 $1.10을 오늘의 $1로 전환할 수 있다. 주어진 기간(예: 1년)에 대한 **이자율(interest rate)** r은 주어진 기간 동안 돈을 빌리거나 빌려줄 때 적용되는 이자율로 정의된다. 만약 이자율이 10%라면 오늘의 $1는 1년 후의 $(1+.10)와 교환할 수 있다. 이를 일반화하면 "오늘의 $1는 1년 후의 $(1+r)와 교환할 수 있고 1년 후의 $(1+r)는 오늘의 $1로 교환할 수 있다"라고 표현된다. 여기서 (1+r)은 현금흐름에 대한 **이자율 요소(interest rate factor)**라고 하는데, 화폐의 시점간 교환비율, 즉 오늘 한 단위의 화폐에 상응하는 1년 후의 화폐 단위(예를 들면, 오늘 1 달러면 1년 후에 몇 달러)를 나타낸다.

이자율: 주어진 기간 동안 돈을 빌리거나 빌려줄 때 지급하는 이자가 원금에서 차지하는 비율

이자율 요소: 1+r "오늘 1 달러와 교환되는 1년 후의 몇 달러" 처럼 현재 화폐와 미래 화폐 간의 교환비율

다른 시장가격과 마찬가지로 이자율도 수요와 공급에 의존한다. 이자율은 저축의 공급(supply of savings)이 대출의 수요(demand of borrowing)와 같아지는 수준에서 결정된다. 이자율이 어떻게 결정되는 지에 상관없이 일단 이자율을 알기만 하면, 발생 시점이 서로 다른 비용과 편익을 갖는 의사결정에 대해서도 가치평가 원칙을 적용할 수 있다.

$100,000 투자의 1년 후 가치 앞서 언급했던 이 투자기회의 가치를 화폐의 시간가치를 고려하여 평가해보자. 이자율이 10%라면 당신 회사는 오늘 $1를 사용하느냐, 아니면 이 금액을 예금하여 1년 후에 $1.10을 갖느냐 하는 선택 문제에 직면한다. 이 투자기회의 비용을 1년 후의 가치로 나타내면

$$\begin{aligned}\text{비용} &= (\text{오늘 } \$100{,}000) \times \left(\frac{\text{1년 후 } \$1.10}{\text{오늘 } \$1}\right) \\ &= \text{1년 후 } \$110{,}000.\end{aligned}$$

오늘 기업이 투자에 사용하는 $100,000의 기회비용은 이 금액을 투자함으로써 포기해야 하는 1년 후의 금액이다. $100,000를 투자함으로써 기업이 포기해야 하는 금액은 투자하는 대신 은행에 예금할 때 1년 후에 받을 수 있는 $110,000이다. 동일 은행으로부터 $100,000를 빌렸을 경

우 기업이 갚아야 하는 금액 역시 $110,000이다.

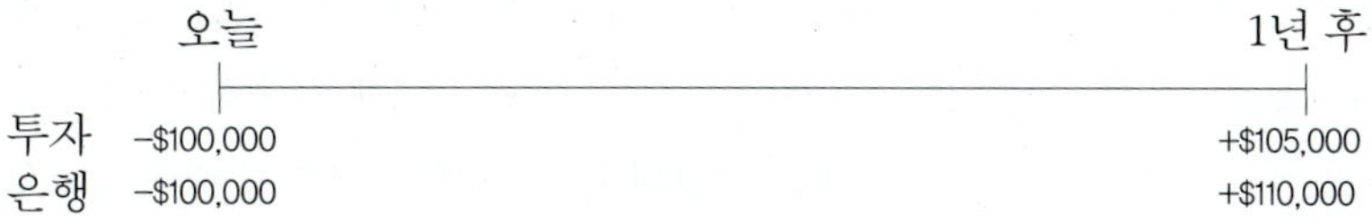

이자율이란 시장가격을 이용하면 비용과 편익을 동일한 1년 후의 달러로 나타낼 수 있다. 그 다음에는 가치평가 원칙을 적용하여 이 투자기회의 1년 후 편익에서 1년 후 비용을 뺀 투자기회의 순가치(net value)를 계산한다.

$$순가치 = \$105,000 - \$110,000 = 1년\ 후\ -\$5000$$

이는 기업이 투자를 하지 않고 은행에 예금하면 1년 후에 $5,000를 더 벌 수 있음을 의미한다. 순가치가 음(-)의 값을 가지므로, 기업은 이 투자기회를 기각해야 한다. 그 이유는 기업이 투자를 하면 투자를 하지 않을 때에 비해 $5,000의 기업 부(wealth)가 줄어들기 때문이다.

$100,000 투자의 현재가치 앞의 계산에서는 투자기회의 비용과 편익을 모두 1년 후의 가치로 나타내었다. 역으로 이자율 요소를 이용하여 1년 후의 비용과 편익을 모두 오늘의 가치로도 나타낼 수 있다. 1년 후 $105,000의 편익을 오늘의 화폐가치로 환산하면 얼마일까? 이 금액은 1년 후 은행 계좌에 $105,000가 들어있기 위해 현재 은행에 예금해야 하는 금액으로, $105,000를 이자율 요소로 나누어 준 값으로 구해진다.

$$
\begin{aligned}
편익 &= (1년\ 후\ \$105,000) \div \left(\frac{1년\ 후\ \$1.10}{오늘\ \$1}\right) \\
&= 오늘\ \$95,454.55
\end{aligned}
$$

또한 이 금액은 1년 후 $105,000를 갚기로 약정할 때 오늘 은행이 빌려주는 금액이기도 하다.[2] 따라서 이자율 요소는 1년 후 $105,000를 사거나 팔 수 있는 경쟁시장가격이라고 할 수 있다.

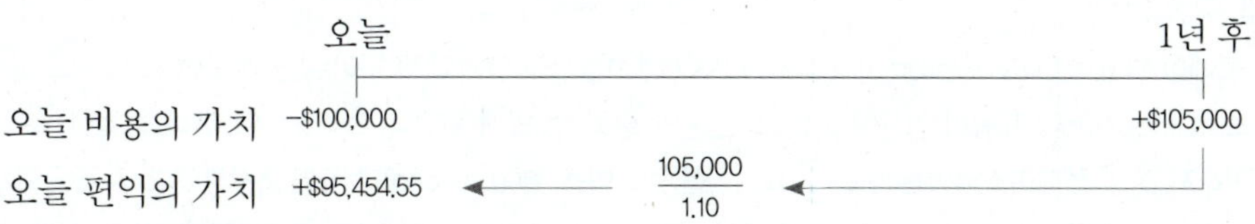

오늘 이 투자 기회의 순가치는 현재의 편익에서 현재의 비용을 뺀 값으로 계산된다.

$$순가치 = \$95,454.55 - \$100,000 = 현재\ -\$4,545.45$$

2) 은행이 동일한 10%의 이자율로 돈을 빌려준다고 가정한다. 이러한 가정은 대출 현금흐름에 전혀 위험이 없는 경우에만 가능하다.

이 경우 순가치가 오늘, 즉 현재 시점의 화폐가치로 계산되므로, 순가치를 *순현재가치*(net present value)라고도 부른다. 순 현재가치의 개념은 제8장에서 정식으로 소개된다. 순가치가 음(-)의 값을 가지므로 이 투자기회를 기각해야 한다. $95,454.55에 상응하는 가치를 얻기 위해 $100,000를 포기하는 이 투자기회의 실행은 기업의 부가 $4,545.45만큼 줄어드는 결과를 가져온다.

현재가치 대 미래가치 이 예제는 투자기회의 순가치가 현재 시점의 가치로 환산되어도 1년 후의 가치로 환산되어도 이 투자기회는 기각되어야 한다는 동일한 결론에 도달함을 예시하고 있다. 이는 현재 시점의 화폐가치로 표시된 이 투자기회의 순가치를 1년 후의 가치로 전환하면 1년 후의 화폐가치로 표시된 이 투자기회의 순가치와 동일함을 통해 확인할 수 있다.

(오늘 -$4,545.45) × (1년 후 $1.10/오늘 $1) = 1년 후 -$5000

현재가치: 오늘 시점의 가치로 환산한 값

미래가치: 미래 특정 시점의 가치로 환산한 값

어떤 투자기회의 가치가 현재 시점의 가치로 표시되면, 이를 그 투자기회의 **현재가치(present value, 이하 PV)**라고 부른다. 그리고 어떤 투자기회의 가치가 미래 시점의 가치로 표시되면, 이를 그 투자기회의 **미래가치(future value, 이하 FV)**라고 부른다.

할인율 앞의 계산에서 사용된

$$\frac{1}{1+r} = \frac{1}{10} = 0.90909$$

은 1년 후 $1의 오늘 가격으로 해석된다. 바꿔 말하면, 1년 후 받게 될 $1를 단지 91 센트 이하로 살수 있다. 1년 후 받게 될 $1의 가치가 1 보다 작음을 주목해야 한다. 이는 미래 $1의 현재가치가 $1보다 작고, 미래 $1의 현재 시장가격에는 할인이 이루어졌음을 의미한다. 1/(1+r)은 **할인요소(discount factor)**라고 불리는데, 그 이유는 이것이 미래의 돈을 구매할 수 있는 할인을 제공하기 때문이다. 할인할 때 적용되는 이자율을 **할인율(discount rate)**이라고 부른다.

할인요소: 미래에 받을 금액을 오늘 시점의 가치로 환산한 값

할인율: 현금흐름을 할인하기 위해 적용되는 적절한 비율

예제 3.3
서로 다른 시점에 발생하는 수익의 비교

문제 *Problem*

소니 플레이스테이션3(PlayStation 3)의 출시가 2006년 11월까지 연기되었다. 이로 인해 마이크로소프트의 엑스박스360(Xbox 360) 제품이 경쟁상대 없이 1년동안 팔릴 수 있게 되었다. 소니는 2013년에 동일한 실수를 되풀이하지 않고, 플레이스테이션4(PlayStation 4)를 엑스박스 원(Xbox one)과 함께 출시하였다. 지금은 2005년 11월이며, 당신은 소니(Sony)의 플레이스테이션(PlayStation) 마케팅 매니저라고 가정하자. 만약 플레이스테이션3가 지금 당장 출시 가능하다고 하면, 첫 번째 해의 매출은 $2 십억에 달할 것으로 당신은 추정하고 있다. 하지만 이 제품의 출시가 1년동안 연기되어 마이크로소프트의 제품의 출시가 앞서 이루어진다면, 첫 번째 해의 매출이 $1.6 십억으로 20% 감소할 것으로 당신은 예측하고 있다. 첫 번째 해의 수익이 1년동안 연기되는 것에 대한 비용을 2005년도 달러 금액으로 환산하면 얼마인가? 단, 연간 이자율이 8%이고 신제품 출시 연기

가 첫 번째 해의 수익에만 영향을 준다고 가정한다.

풀이 *Solution*

● 계획

오늘 출시될 경우 수익: $2 십억　　　1년동안 연기될 경우 수익: $1.6 십억　　　이자율: 8%

우리는 신제품의 출시가 1년동안 연기되는 경우의 첫 번째 해의 수익을 계산하고, 이를 오늘 출시할 경우 첫 번째 해의 수익과 비교하여야 한다. 하지만 공정한 비교를 위하여 1년동안 연기되는 경우 플레이스테이션의 1년 후 수익을 현재 시점의 가치로 환산할 필요가 있다.

● 실행

출시가 1년동안 연기될 경우의 첫 번째 해 수익은 오늘 출시할 경우의 첫 번째 해 수익에서 20%($400 백만) 감소한 $1.6 십억이다. 2006년 달러로 표시된 이 값을 2005년 달러로 표시된 오늘 출시할 경우 발생하는 수익인 $2 십억과 비교하기 위하여서는, 이 값을 8%의 이자율을 이용하여 2005년 달러로 환산해야 한다.

(2006년 $1.6 십억) ÷ (2006년 $1.08/2005년 $1) = 2005년 $1.481 십억

따라서 출시가 1년동안 연기되는 비용은

$2 십억 − $1.481 십억 = 2005년 $0.519 십억 ($519 백만).

● 평가

신제품 출시를 1년동안 연기하는 것은 현금 $519 백만을 포기하는 것과 같다. 비록 이 예제에서는 신제품 출시 연기가 첫 번째 해의 수익에만 영향을 준다고 가정했지만, 실제로 신제품 출시의 1년 연기는 전체 수익 흐름을 각각 1년씩 미루는 효과가 있다. 따라서 신제품 출시 1년 연기의 총 비용은 각 연도 수익의 1년 연기 비용을 계산한 후, 이를 모두 합산함으로써 구해진다.

시간선

시간선(timeline)이란 발생할 것으로 기대되는 현금흐름의 시점과 크기를 나타내는 직선이다. 시간선은 재무 문제를 조직화하고 해결하기 위한 첫 번째 단계이며, 이 책 전반에서 사용되는 수단이다.

시간선: 현금흐름의 발생시점을 나타내는 선

시간선의 구성 시간선에 대한 예시를 위해 당신이 친구에게 돈을 빌려주었다고 가정하자. 당신의 친구는 앞으로 2년동안 매년 말에 $10,000씩을 지급함으로써 오늘 빌린 돈을 갚기로 약정한다. 이러한 정보는 시간선에 다음과 같이 표시된다.

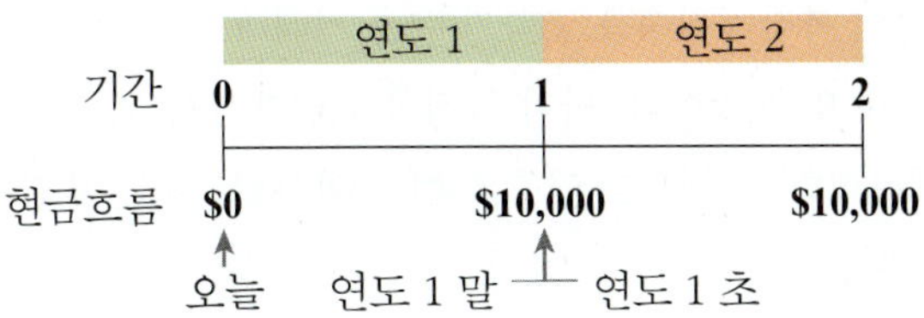

시간선에 날짜 확인 시간선상에 각 점은 특정한 날짜를 나타낸다. 날짜 0과 날짜 1 사이의 공간은 대출 기간 중 연도 1을 의미한다. 날짜 0은 오늘을, 날짜 1은 연도 1의 마지막 일을 각각 의미한다. 날짜 1 밑에 표시된 $10,000의 현금흐름은 당신이 연도 1의 마지막 날에 받는 금액이다. 그리고 날짜 1은 연도 2의 첫 번째 날을, 날짜 2는 연도 2의 마지막 날을 각각 의미한다. 날짜 1 밑에 표시된 $10,000의 현금흐름은 당신이 연도 1의 마지막 날에 받는 금액이다. 여기서 날짜 1은 연도 1의 마지막 날인 동시에 연도 2의 첫 번째 날로 표시되는데, 그 이유는 사실상 이 두 날짜를 같은 시점으로 보아도 큰 무리가 없기 때문이다.[3]

현금유출과 현금유입의 구분 앞에서는 시간선에 현금유입만 표시되었다. 하지만 많은 재무의사결정들에서는 현금유입과 현금유출이 동시에 발생한다. 현금의 유입과 유출을 구분하기 위하여 우리는 현금유입에는 양(+)의 부호를, 현금유출에는 음(-)의 부호를 각각 붙인다.

예를 들어 당신이 오늘 동생에게 $10,000를 빌려준다고 가정하자. 당신 동생은 앞으로 2년간 매년 말에 $6000씩을 지급함으로써 빌린 돈을 갚기로 약정한다. 이러한 정보는 시간선에 다음과 같이 표시할 수 있다.

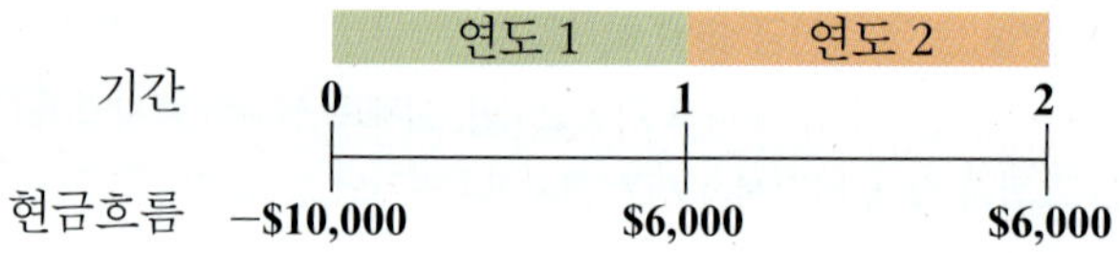

오늘(날짜 0) 발생하는 -$10,000의 현금흐름은 현금유출이므로 음(-)의 부호가 붙어있다. 하지만 미래에 두 차례의 걸쳐 발생하는 $6000의 현금흐름은 현금유입이므로 양(+)의 부호가 붙어있다.

여러 가지 기간의 표시 우리는 지금까지 매년 발생하는 현금흐름들을 나타내기 위해 시간선을 활용하였다. 하지만 우리는 현금흐름의 발생 주기(예: 연, 월, 일 등)에 관계없이 발생하는 현금흐름들을 나타내기 위해 시간선을 활용할 수 있다. 만약 당신이 매월 집 임대료를 낸다고 가정하자. 이 경우 연을 월로 바꾸면, 매월 발생하는 현금흐름들을 시간선에 나타낼 수 있다. 이 장의 예제들은 비교적 단순하므로 굳이 시간을 들여가며 시간선을 그릴 필요성을 느끼지 못했을 수도 있다.

하지만 앞으로 문제들이 복잡해질수록 놓치기 쉬운 거래나 투자 사건들을 포착하는데 시간선이 크게 도움이 됨을 알 수 있을 것이다. 만약 특정한 현금흐름을 포착하지 못한다면, 잘못된 의사결정이 될 수 있기 때문이다. 그러므로 앞으로 어떤 의사결정이든지 간에 시간선을 그려 해결하는 습관을 갖도록 하자.

3) 12월 31일 23:59에 발생한 현금흐름과 다음 년도 1월 1일 00:01에 발생한 현금흐름간에 사실상 큰 차이가 없다. 세금과 같은 문제로 인해 두 현금흐름이 달라질 수도 있지만, 본 교재에서는 이러한 효과를 고려하지 않기로 한다.

개념확인

5. 이자율이 가격이라고 볼 수 있는 이유는 무엇인가?
6. 1년 후에 받을 수 있는 돈의 가치는 이자율이 높을 때와 낮을 때 중 언제 더 높아지는가?

3.4 서로 다른 시점에 발생하는 현금흐름의 가치평가

우리는 앞 절의 $100,000 투자기회 예제를 통해 여러 시점에 발생하는 현금흐름을 비교하는 방법에 대한 기초 지식을 얻었다. 이 절에서는 앞 절에서 소개한 예제를 보다 일반화하여 여러 시점에 걸쳐 발생하는 현금흐름을 비교하거나 결합하는데 사용되는 3가지 규칙을 소개한다.

규칙 1: 가치의 비교 및 합산

동일한 시점에 발생한 현금흐름만을 비교하거나 합산 가능하다는 것이 첫 번째 규칙이다. 이 규칙은 오늘의 $1 또는 1년 후의 $1 등 측정단위가 동일한 경우에만 비교하거나 합산 가능하다는 앞 절의 결론을 되풀이하고 있다. 앞 절에서 우리는 오늘의 $1 또는 1년 후의 $1와 같지 않으며, 비록 동일한 금액이라도 오늘의 $1가 미래의 $1보다 더 가치가 있음을 알았다. 그 이유는 오늘의 $1를 은행에 저축하면 이자를 얻을 수 있기 때문이다.

서로 다른 시점에 발생하는 현금흐름을 비교하기 위해서는 우선 각 현금흐름들을 시간선 상에서 이동시켜 같은 시점으로 정렬함으로써 측정단위(예: 오늘의 $1, 1년 후의 $1 등)를 통일시켜 주어야 한다. 이어서 소개하는 다음 2가지 규칙은 시간선 상에 있는 현금흐름들을 이동시키는데 필요한 규칙들이다.

규칙 2: 복리계산

현재 가지고 있는 $1000의 1년 후의 가치를 계산하고자 한다. 현재 시장이자율이 10%이라고 가정하자. 이 시장이자율을 이용하면 시간선 상에서 현재의 현금흐름을 미래 일정시점인 1년 후

일반적인 실수 **서로 다른 시점에 발생하는 현금흐름의 합산**

화폐의 시간가치를 이해하면, 규칙 1은 매우 당연한 것으로 간주된다. 하지만 우리는 재무를 배우지 않은 사람들이 발생하는 시점이 서로 다른 현금흐름들을 동등하게 취급하는 것을 흔히 볼 수 있다. 이는 규칙 1에 위배된다. 그 대표적인 예가 운동선수들의 연봉계약(sports contract)이다. 2011년 앨버트 푸홀스가 로스엔젤레스 에인절스와 연봉계약을 하였는데, 그 당시 이 계약은 "$250 백만" 계약이라고 반복적으로 언급되었다. 여기서 "$250 백만"은 그가 계약 기간 10년 동안 받게 될 돈을 단순히 더한 금액이다. 10년동안 받게 될 금액을 단순 합산하는 것은 10년 후에 받게 되는 금액을 오늘 받는 금액과 동일하게 간주한다는 뜻이다. 이와 동일한 일이 2013년에 리오넬 메시가 에프씨 바르셀로나와 "$150 백만"의 계약을 통해 2018년까지 계약 연장을 할 때, 그리고 2015년에 지안카를로 스탠튼이 플로리다 마린스와 "$325 백만"의 13년 계약을 할 때 발생했다.

로 이동시킬 수 있다. 현재의 \$1와 1년 후의 금액 사이의 교환비율인 이자율요소를 현재 금액에 곱함으로써 오늘 \$1000에 상응하는 1년 후의 가치를 구할 수 있다. 즉,

(오늘 \$1000) × (1년 후 \$1.10/오늘 \$1) = 1년 후 \$1100.

이를 일반화시켜 시장이자율을 r로 표시하면, 다음과 같이 이야기 할 수 있다. 현재 금액에 (1+r)의 이자율요소를 곱함으로써 현재 현금흐름을 1년 후의 미래시점으로 이동시킬 수 있다. 현재 현금흐름을 시간선을 따라 이동시켜 이 현금흐름의 미래가치(future value)를 구하는 과정을 **복리계산(compounding)**이라고 한다. *두 번째 규칙은 현재 발생하는 어떤 현금흐름의 미래가치를 구하려면 복리계산을 해야 한다는 것이다.*

복리계산: 투자에 대한 수익을 계산하는 과정으로 투자금액에 이자율 요소를 투자 기간의 수만큼 곱해 주는 행위

이 규칙은 반복적으로 적용될 수 있다. 현재 가지고 있는 \$1000의 2년 후의 가치를 계산하고자 하고, 2년동안 시장이자율이 10%로 일정하게 유지된다고 가정하자. 오늘 \$1000의 2년 후 가치는 오늘 \$1000의 1년 후 가치에 이자율요소를 곱함으로써 구해진다.

(1년 후 \$1,100) × (2년 후 \$1.10/1년 후 \$1) = 2년 후 \$1210.

우리는 이러한 복리계산 과정을 시간선에 다음과 같이 나타낼 수 있다.

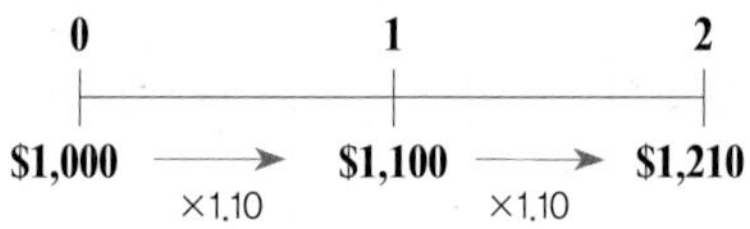

주어진 시장이자율 10% 하에서는, 위 시간선 상에서 있는 현금흐름들, 즉 날짜 0의 \$1,000, 날짜 1의 \$1,100, 날짜 2의 \$1,210 등은 비록 발생하는 시점이 다르지만 모두 동등한(equivalent) 가치를 갖는다. 화살표가 오른 쪽으로 표시되는 것은 현금흐름이 미래의 시점으로 이동되는 것, 즉 복리계산이 이루어짐을 의미한다.

앞의 예에서 \$1,210는 \$1,000의 지금부터 2년 후의 미래가치이다. 먼 미래로 갈수록 미래가치는 더욱 증가한다. 화폐의 시간가치는 오늘의 \$1가 미래의 \$1와 다른 가치를 갖는 현상을 말한다. 오늘의 \$1,000는 2년 후의 \$1,210와 동일한 가치를 갖는다고 말할 수 있다. 오늘의 \$1가 미래의 \$1보다 더 높은 가치를 갖는 이유는 오늘의 \$1는 투자할 수 있는 기회를 갖기 때문이다. 앞의 예에서 돈을 더 빨리 가지면 가질수록 10%의 이자율로 더 빨리 투자할 수 있고, 이로 인해 돈의 미래가치는 더 커짐을 알 수 있다. 앞의 예에서 이자가 첫 번째 해에는 \$100, 두 번째 해에는 \$110가 각각 붙는다. 두 번째 해의 이자 \$110는 원금에 대한 이자 \$100와 첫 번째 해 이자 \$100에 대한 이자 \$10를 더한 값이다. 이처럼 최초 원금과 재투자된 전기 이자들에 대하여 불어나는 이자를 **복리(compound interest)**라고 한다. 그림 3.2는 복리계산(compounding)이 이루어질 때 시간의 경과에 따른 이자율 구성의 변화를 보여준다. 이 그림에 따르면, 시간이 지날수록 이자에 대한 이자가 전체 이자에서 차지하는 비중은 증가하며, 결국 이자에 대한 이자가 원금에 대

복리: 이자에 이자가 붙는 효과

이 막대 그래프는 투자자가 원금 \$1000(빨간 색으로 표시)를 연 10%의 이자를 지급하는 계좌에 20년 동안 예치하였을 경우 계좌의 잔고와 이자의 구성이 시간에 따라 어떻게 변화하는 지를 보여준다. 이자에 대한 이자(녹색으로 표시)가 계속 증가하여 15년 후가 되면 원금에 대한 이자(연두색으로 표시)인 **단리**(simple interest)를 초과한다. 20년 후가 되면 원금 \$1000에 대한 이자는 \$2000이지만, 이자에 대한 이자는 \$3727.50가 된다.

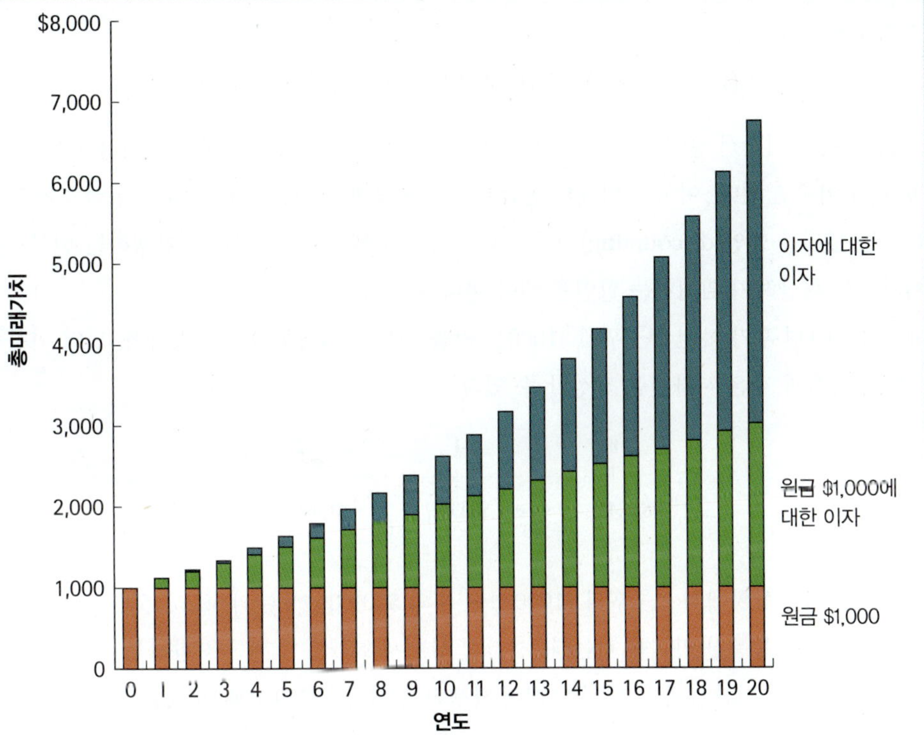

그림 3.2
시간에 따른 이자 구성의 변화

단리: 원금에 대한 이자

한 이자를 능가함을 보여준다.

앞의 예에서, 오늘 \$1000의 3년 후 미래가치는 얼마가 될까? 이는 현재의 현금흐름을 3번의 복리계산 함으로써 구해진다. 경쟁시장이자율이 10%로 주어졌다고 가정하면, \$1,000의 3년 후 미래가치는 다음과 같이 구해진다.

$$\$1,000 \times (1.10) \times (1.10) \times (1.10) = \$1,000 \times (1.10)^3 = \$1,331$$

이를 일반화시키면 다음과 같이 표현할 수 있다. 시장이자율이 r로 일정하게 유지된다고 가정하면, 현재의 현금흐름 C의 n년 후 미래가치는 C를 n번 복리계산 함으로써, 즉 현금흐름 C에 이자율요소를 n번 곱함으로써 구해진다.

현금흐름의 미래가치

$$FV_n = C \times \underbrace{(1+r) \times (1+r) \times \cdots \times (1+r)}_{n\text{번}} = C \times (1+r)^n \tag{3.1}$$

규칙 3: 할인

세 번째 규칙은 미래 시점에 발생하는 현금을 현재가치로 환산하는 규칙이다. 가령 당신이 1년 후에 받을 것으로 기대하는 $1,000의 현재가치를 구하고자 한다고 하자. 시장이자율이 10%이면, 아래와 같이 1년 후의 달러로 표시된 금액을 동일한 가치를 갖는 오늘의 달러로 표시된 금액으로 환산한다.

(1년 후 $1000) ÷ (1년 후 $1.10/오늘 $1) =오늘 $909.09

즉, 현금흐름을 시간선 상에서 한 칸 왼쪽으로 보내기 위해서는 현금흐름을 이자율요소, (1+r)로 한 번 나누어주면 된다. 이처럼 미래의 현금흐름을 동등한 가치를 갖는 현재의 현금흐름으로 환산해주는 행위를 **할인(discounting)**이라고 한다. 세 번 째 규칙은 "미래에 발생하는 현금흐름을 현재가치로 환산하기 위해서는 할인을 해야 한다"이다.

할인: 미래의 현금흐름을 동등한 가치를 갖는 현재의 현금흐름으로 환산해 주는 행위

이제 당신이 1년 후가 아닌 2년 후에 $1000를 받을 것으로 예상한다고 가정하자. 만약 이자율이 10%이면 다음과 같은 시간선을 작성할 수 있다.

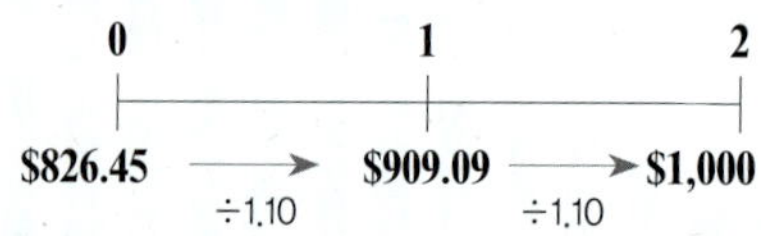

이자율이 10%인 상황에서 2년 후의 $1000, 1년 후의 $909.09, 오늘의 $826.45는 비록 발생하는 시점이 다르지만 동등한 가치를 갖는다. 시간선 상에서 화살표가 왼쪽을 향하는 것은 할인을 의미한다. 우리는 위 시간선에서 더 먼 미래에 발생하는 현금흐름일수록 더 많은 할인이 이루어져서 더 적은 현재가치를 가짐을 확인할 수 있다.

위 시간선 상에서 2기의 현금흐름을 10%의 이자율로 2번 할인하면 0기의 가치가 되고, 이 0기의 현금흐름을 동일한 이자율로 2번 복리계산하면 원래 2기의 현금흐름이 됨을 알 수 있다. 2

72의 법칙

72의 법칙

복리의 효과를 실감할 수 있는 또 다른 방법이 있다. 그것은 서로 다른 이자율들이 주어졌을 때, 각각의 이자율에 대해 당신이 투자한 원금이 2배가 되는 데 걸리는 기간을 알아보는 것이다. 주어진 시장이자율 r에 투자한 $1가 $2가 되는데 걸리는 기간을 알기 위해서는 아래 등식을 만족하는 n의 값을 구하여야 한다.

$$FV_n = \$1 \times (1+r)^n = \$2$$

위 등식을 만족하는 n의 값을 여러 이자율에 대하여 구해보면, n의 근사값과 복리 이자율 사이에 아래와 같은 법칙이 있음을 발견할 수 있을 것이다.

$$2배가 되는데 걸리는 기간 \approx 72 \div 이자율(\%)$$

이 법칙은 72의 법칙이라 불리며, 이 법칙을 이용하면 이자율이 2% 이상일 때 2배가 되는데 걸리는 기간을 비교적 정확히 계산할 수 있다. 예를 들어 이자율이 9%이면 2배가 되는데 걸리는 기간의 근사값은 72 ÷ 9 = 8년이다. 따라서 이자율이 9%이면 투자금액이 매 8년마다 대략 2배가 된다고 할 수 있다. 하지만 8년 후에 투자금액의 몇 배가 되는지를 구해보면 $(1.09)^8 = 1.99$배가 되므로, 72 법칙을 이용하여 구한 값이 근사값임을 알 수 있다.

기의 $1000를 10%의 이자율로 2번 할인하면 $826.45의 날짜 0(현재) 가치를 갖는다. 그리고 이 $826.45를 10%의 이자율로 2년간 투자하면 날짜 2(미래)의 가치는 $1000가 된다.

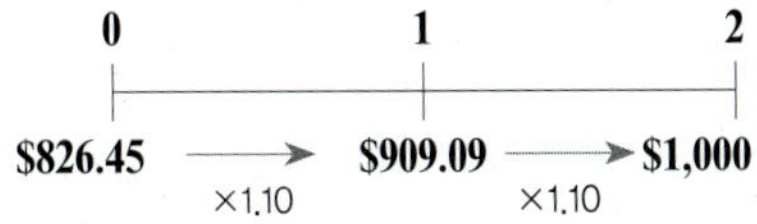

이번에는 당신이 3년 후 $1000를 받을 것으로 예상하고, 이 금액의 현재가치를 구하고자 한다고 가정하자. 시장이자율이 10%이면 다음과 같은 시간선을 그릴 수 있다.

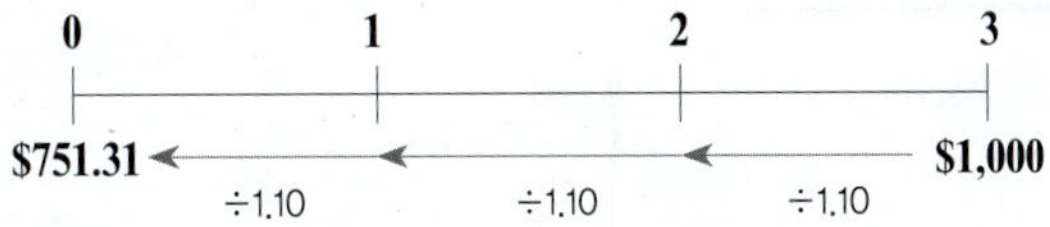

3년 후 $1000의 현재가치는 이 금액을 10%의 이자율을 사용하여 3번의 할인함으로써, 즉 이자율요소로 3번 나누어 줌으로써 구해진다.

$$\$1{,}000 \div (1.10) \div (1.10) \div (1.10) = \$1{,}000 \div (1.10)^3 = \$751.31$$

개인 재무
예제 3.4
미래 단일 현금흐름의 현재가치

문제 *Problem*

당신이 10년 후에 $15,000를 지급하는 채권에 투자한다고 가정하자. 만약 시장이자율이 연 6%에 고정되어 있다고 하면, 이 채권의 현재가치는 얼마인가?

풀이 *Solution*

● **계획**

먼저 시간선을 그려서, 이 채권의 현금흐름을 시간선 상에 나타내어야 한다.

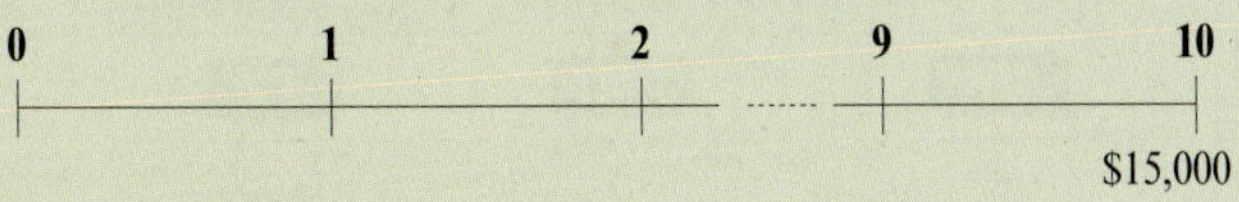

이 채권은 10년 후에 $15,000의 가치를 갖는다. 따라서 이 채권의 가치는 10년 후 $15,000를 식 (3.2)와 6%의 이자율을 이용하여 현재가치로 전환하면 구해진다.

● **실행**

$$PV = \frac{15{,}000}{1.06^{10}} = \$8{,}375.92 \text{ (오늘)}$$

● **평가**

채권의 만기시점 수익을 현재가치로 환산하면, 현재가치가 만기시점 수익보다 훨씬 더 적음을 확인할 수 있으며, 이는 화폐의 시간가치에 기인한다.

이를 일반화시키면 다음과 같이 표현할 수 있다. 시장이자율이 r로 일정하게 유지된다고 가정하면, n년 후 현금흐름 C의 현재가치는 C를 n번 할인함으로써, 즉 현금흐름 C를 이자율요소로 n번 나누어줌으로써 구해진다.

$$PV = C(1+r)^{n} = \frac{C}{(1+r)^{n}} \tag{3.2}$$

표 3.1 현금흐름 가치평가의 세 가지 규칙

규칙	공식
1. 같은 시점의 가치만이 비교되거나 결합될 수 있다.	없음
2. 현재 현금흐름의 미래가치를 계산하기 위하여 복리계산을 해야 한다.	현금흐름의 미래가치 $FV_n = C \times (1+r)^n$
3. 미래 현금흐름의 현재가치를 구하기 위하여 할인을 해야 한다.	현금흐름의 현재가치 $PV = C \div (1+r)^n = \frac{C}{(1+r)^n}$

개념확인

7. 서로 다른 시점에 발생하는 현금흐름을 비교하거나 결합할 수 있는가?
8. 현금흐름의 현재가치 또는 미래가치를 구하기 위하여 당신은 무엇을 알아야 하는가?

재무계산기의 사용

재무계산기는 대부분의 현재가치 및 미래가치 계산이 가능하도록 프로그램 되어 있다. 하지만 간편계산법을 사용하기에 앞서 공식에 대한 이해를 하는 것을 권고한다. 이 교재는 114쪽과 제4장의 부록에 재무계산기의 사용법에 대한 광범위하고 구체적인 설명을 제시하고 있다. 하지만 여기서는 이 장과 관련된 기능들만을 다룰 것이다. 재무계산기의 함수를 사용하기 위하여, 항상 알고 있는 값들을 먼저 입력하여야 한다. 그러면 재무계산기가 미지의 값을 자동적으로 계산한다.

재무계산기를 이용하여 예제 3.4에 대한 답을 구하기 위하여 다음과 같이 입력한다.

개념	기간의 수	단위기간 이자율	반복되는 지급	미래가치
계산기 키	N	I/Y	PMT	FV
입력	10	6	0	15,000

현재가치를 구해야 하므로 PV 키(HP 계산기) 또는 CPT + PV 키(TI 계산기)를 가장 나중에 누른다. 계산기가 산출한 값은 −8375.92이다. 계산기는 현금의 유입과 유출을 같게 한다는 점에 주목해야 한다. 따라서 FV가 양(+)의 값(즉, 현금 유입)이면 PV는 음(−)의 값(현금 유출)을 가져야 한다.

만약에 미래가치를 계산해야 하려면 다음과 같이 입력한다.

N	I/Y	PV	PMT
10	6	−8,375.92	0

그리고 마지막으로 FV 키(HP 계산기) 또는 CPT + FV 키(TI 계산기)를 누르면 된다.

이 절에서 살펴보았듯이, 표 3.1에 요약된 현금흐름 가치평가의 세 가지 규칙을 따르는 한 우리는 서로 다른 시점에 발생하는 어떠한 현금흐름도 비교하는 것이 가능하다. 이 세 가지 규칙을 가지고 재무관리자는 여러 시점에 걸쳐 발생하는 투자의 비용과 편익을 비교할 수 있으며, 가치평가 원칙을 적용하여 올바른 의사결정을 할 수 있다. 제4장에서는 서로 다른 시점에 발생하는 여러 현금흐름과 연관된 상황에서 이 세 가지 규칙을 적용하는 방법을 살펴볼 것이다.

myfinancelab 핵심요점 및 공식

3.1 비용–편익 분석

- 투자 의사결정을 평가하기 위해서는 먼저 의사결정과 관련된 증분 비용과 편익을 측정하여야 한다. 좋은 의사결정은 곧 편익의 가치가 비용의 가치를 초과하는 것이다.
- 서로 다른 시점에 발생하는 비용과 편익을 비교하기 위해 일반적으로 비용과 편익을 오늘 현금으로 환산한다.
- 경쟁시장에서는 상품을 동일한 가격에 사고팔 수 있다. 우리는 상품의 가치 측정을 위해 경쟁시장가격을 사용한다.

3.2 시장가격과 가치평가 원칙

- 차익거래는 동일한 상품이 서로 다른 시장에서 각각 다른 가격을 가진다는 점을 이용하여 이득을 얻는 거래이다.
- 만약 동일한 상품 또는 증권이 서로 다른 경쟁시장에서 동시에 거래되고 있다면, 이들은 각각의 시장 내에서는 동일한 가격으로 거래될 것이다. 이것은 차익거래의 기회가 존재하지 않는다는 말과 같다.
- 가치평가 원칙이란 상품 또는 기업의 자산가치가 경쟁시장가격에 의해 결정된다는 것을 의미한다. 의사결정에 따른 편익과 비용은 반드시 시장가격에 의해 평가되어야 한다. 편익이 비용을 초과할 때, 이러한 의사결정은 기업의 시장가치를 증가시킨다.

3.3 화폐의 시간가치와 이자율

- 화폐의 시간가치는 현재 화폐가치와 미래 화폐가치 간의 차이이다.
- 대출 또는 투자 등으로 인해 이루어지는 현재 화폐가치와 미래 화폐가치 간의 교환 비율이 시장 이자율이다.
- 현금흐름의 현재가치는 현재 관점에서의 가치를 말한다.
- 시간선 작성은 재무적 문제에서 현금흐름을 조직화하는 중요한 첫 단계이다.

3.4 서로 다른 시점에 발생하는 현금흐름의 가치평가

- 현금흐름 가치평가의 세 가지 원칙

  a. 오직 같은 시점에 발생한 현금흐름 간에만 비교 또는 결합이 가능하다.

b. 현금흐름의 미래가치를 구하기 위해서는 복리계산을 한다.
c. 현금흐름의 현재가치를 구하기 위해서는 할인을 한다.

▶ 현금흐름 C의 n년 후 미래가치

$$C \times (1 + r)^n \tag{3.1}$$

▶ n년 후 현금흐름 C의 현재가치

$$C \div (1 + r)^n \tag{3.2}$$

비판적 사고

1. 좋은 투자 의사결정이 되도록 하는 조건은?
2. 투자 의사결정을 할 때 개인적인 선호는 중요한 요소인가?
3. 시장가격은 재무관리자에게 왜 유용한가?
4. 경쟁시장가격 결정에 차익거래는 왜 중요한가?
5. 가치평가 원칙은 재무관리자의 의사결정에 어떻게 도움을 주는가?
6. 우리는 서로 다른 시점에 발생하는 금액을 직접 비교할 수 있는가?
7. 왜 미래의 현금흐름은 현재의 현금흐름보다 더 적은 가치를 갖는가?
8. 할인율은 무엇인가?
9. 복리이자는 무엇인가?
10. 이자의 기하급수적인 성장(geometric growth)이 내포하는 바는 무엇인가?

연습문제

* 표시는 난이도가 높은 문제임을 나타낸다.

비용–편익 분석

1. 혼다 자동차는 미니 밴(minivan) 한 대당 $2000의 리베이트(rebate)를 제공할 것을 검토하고 있다. 만약, 리베이트가 제공되면 미니 밴 한대의 가격은 $30,000에서 $28,000으로 낮아진다. 마케팅 부서의 추정에 따르면 이 리베이트로 인해 내년 미니 밴 판매 대수가 40,000대에서 55,000대로 증가한다고 한다. 혼다의 리베이트로 인한 차 한대당 이익은 $6000라고 가정하자. 만약 이 리베이트가 차 판매대수에만 영향을 미친다고 한다면, 이 의사결정의 비용과 편익은? 리베이트 제공은 좋은 생각인가?
2. 당신은 국제적인 새우 무역상이다. 체코의 식품 제조업자가 당신에게 1년간 냉동 새우를 공급하는 대가로 2 백만 체코 코루나(koruna)를 지급하기로 제안했다. 당신의 태국 공급업자는 체코의 식품업자에게 납품하는데 필요한 양의 새우를 오늘 3 백만 태국 바트(baht)에 공급하

기로 하였다. 경쟁시장에서의 환율이 각각 $1 당 25.50 코루나, $1 당 41.25 바트이다. 이 거래의 가치는 얼마인가?

3. 당신 회사는 $5,000의 현금 보너스와 당신 회사 주식 100주의 주식 보너스의 두 가지 선택 안을 제시하고 있다. 어떤 것을 선택하든 오늘 지급된다. 당신 회사의 주식은 현재 주당 $63에 거래되고 있다.
   a. 당신이 보너스 지급받은 주식을 당장 거래할 수 있다고 가정하자. 각 보너스의 가치는 얼마이며, 당신은 어떤 보너스를 선택해야 하는가?
   b. 당신이 보너스로 지급받은 주식을 적어도 1년간 보유해야 한다고 가정하자. 주식 보너스의 현재가치에 대해 어떤 이야기를 할 수 있는가? 당신의 선택이 의존하는 것은 무엇인가?
4. 빅 은행은 예금과 대출에 5.5%의 동일한 이자율을 제시한다. 그리고 앤 은행은 예금과 대출에 6%의 동일한 이자율을 제시한다.
   a. 이익을 얻을 수 있는 어떤 기회가 존재하는가?
   b. 어떤 은행에서 대출에 대한 수요가 급증하겠는가? 어떤 은행에서 예금이 급증하겠는가?
   c. 결국 두 은행이 제시하는 이자율에 대해 어떤 변화가 발생할 것으로 기대되는가?
5. CD를 구입하고 CD의 15개의 트랙(track)을 추출하여 아이팟(iPod)에 전송하는데, 당신의 시간을 포함한 비용이 $25라고 가정하자. 아이튠즈(iTunes)에서 애플이 15개의 트랙 CD에 대해 최대한 높게 부과할 수 있는 가격은 얼마인가?
6. 기업은 종종 복수의 증권거래소에 자기 회사 주식을 상장한다. 예를 들어 버거킹과 팀 호턴스의 모회사인 레스토랑 브랜드 인터내셔널(QSR)의 주식은 토론토증권거래소와 뉴욕증권거래소 두 증권거래소에서 거래된다. 토론도 증권거래소에서 이 회사의 주가는 한 주당 50 캐나다 달러이고, 누구든지 1 캐나다 달러를 US$0.85와 교환할 수 있다고 가정하자. 뉴욕증권거래소에서 이 회사의 주가는 얼마가 되어야 하는가?

시장가격과 가치평가 원칙

7. 부바는 새우 양식업자이다. 아이러니컬 하게도 부바는 갑각류 알레르기가 있어 새우를 전혀 먹지 못한다. 매일 그는 1톤의 새우를 생산하고, 새우의 시장가격은 1톤 당 $10,000이다.
   a. 그에게 1 톤의 새우 가치는 얼마인가?
   b. 만약 그가 새우에 알레르기가 있지 않다고 하면, 그에게 있어서 새우의 가치가 변하는가? 왜 그런가?
8. 브랫은 아몬드 농장을 가지고 있다. 그는 아몬드에 물려서 더 이상 아몬드를 먹지 않고 대신 호두를 먹는다. 이웃의 호도 농장 주인은 브랫에게 올해 생산한 호도와 아몬드를 서로 교환하기로 제안한다. 올해 브랫은 1000톤의 아몬드를, 그의 이웃은 800톤의 호도를 각각 생산한다고 가정하자. 아몬드의 시장가격은 톤당 $100, 호도의 시장가격은 톤당 $110라고 한다.

a. 브랫은 그의 이웃과 거래를 해야 하는가?

b. 아몬드와 호두에 대한 그의 선호가 그의 의사결정에 중요한가? 왜 그런가?

화폐의 시간가치와 이자율

9. 당신은 $100를 가지고 있고, 은행은 당신에게 5%의 연간 이자율로 예금하는 것을 권유하고 있다. 만약 당신이 은행에 저축하면, 1년 후에 얼마를 갖게 되는가?

10. 당신은 1년 후에 $1000을 갖게 될 것으로 기대하고 있다. 은행은 당신에게 6% 연간 이자율의 대출을 제안하고 있다. 당신이 오늘 빌릴 수 있는 최대 금액은 얼마인가?

11. 당신의 좋은 신용 덕택에 은행이 당신의 $12,000의 대출에 대한 이자율을 연 9%에서 7.5%로 낮추어주기로 했다. 이러한 변화로 인하여 당신은 올해 얼마만큼의 이자를 절감할 수 있겠는가?

12. 당신의 친구는 지금 $55를 빌리고 1년 후에 $58를 갚는 것을 요청하고 있다. 은행이 예금과 대출에 대해 제시하는 연간 이자율은 6%이다.

    a. 만약 당신이 은행에 $55를 예금하면 1년 후에 얼마를 갖게 되는가?

    b. 만약 당신이 1년 후 은행에 $58를 갚으려면 현재 얼마를 빌려야 하는가?

    c. 당신은 친구에게 돈을 빌려주어야 하는가 아니면 이 돈을 은행에 예금해야 하는가?

13. 6% 할인율에 상응하는 할인요소는 얼마인가?

14. 당신의 할인요소가 0.9009라면, 당신의 할인율은 얼마인가?

15. 당신은 은행으로부터 $1000를 빌리고자 한다. 당신은 오늘 $1000를 빌리고, 1년 후에 $1080를 갚기로 약정한다. 당신 입장에서 현금흐름 시간선은 어떤 형태를 취하는가? 은행 입장에서의 현금흐름 시간선은 어떤 형태를 갖는가?

16. 지역 가전제품 가게는 "현금과 동일한 1년"이라는 프로모션을 제안하고 있는데, 이는 지금 $1000의 텔레비전을 사면 1년 후까지 이자를 지급하지 않고 대금 지급을 미룰 수 있음을 의미한다. 당신이 거래하는 은행이 4% 이자율을 제시한다면, 당신에게 이 텔레비전에 대한 오늘 진짜 가격은 얼마일까?

서로 다른 시점에 발생하는 현금흐름의 가치평가

17. 연간 이자율이 4%라고 가정하자.

    a. 오늘 $200와 동등한 가치를 갖는 1년 후의 금액은?

    b. 1년 후의 $200와 동등한 가치를 갖는 오늘의 금액은?

    c. 당신은 오늘의 $200와 1년 후의 $200 중 어떤 것을 더 선호하는가? 당신의 의사결정은 지금 돈이 필요한가에 따라 달라지는가? 왜 그런가?

18. 당신은 10년 후에 $100를 지불하는 저축 채권(savings bond)에 대한 투자를 고려하고 있다.

이 채권에 대한 이자율이 2%라면, 당신은 이 채권에 대해 얼마를 지불해야 할까?

19. 당신이 거래하는 은행은 연 1.5%의 이자를 지급하고, 당신이 오늘 $500를 예치한다면, 5년 후 당신의 은행잔고는 얼마일까?

20. 다음 세 가지 선택 안이 있다.

   i. 1년 후의 $100

   ii. 5년 후의 $200

   iii. 10년 후의 $300

   (a) 연간 이자율이 10%일 때, 세 가지 선택 안을 가치가 높은 순으로 차례대로 나열하시오.

   (b) 연간 이자율이 5%일 때, 세 가지 선택 안을 가치가 높은 순으로 차례대로 나열하시오.

   (c) 연간 이자율이 20%일때, 세 가지 선택 안을 가치가 높은 순으로 차례대로 나열하시오.

21. 당신이 8%의 연 이자를 지급하는 계좌에 $1000을 투자하려고 한다.

   a. 3년 후에 이 계좌의 잔고는 얼마인가? 잔고 중 얼마의 금액이 이자의 이자에 해당되는가?

   b. 25년 후에 이 계좌의 잔고는 얼마인가? 잔고 중 얼마의 금액이 이자의 이자에 해당되는가?

22. 아래 주어진 이자율과 미래시점에 대해 $2000의 미래가치를 구하시오.

   a. 연간 이자율 5% 일 때, 5년 후

   b. 연간 이자율 5% 일 때, 10년 후

   c. 연간 이자율 10% 일 때, 5년 후

   *d. 왜 (a)에서 얻는 이자 금액이 (b)에서 얻는 이자 금액의 절반 보다 작은가?

23. 아래 주어진 이자율과 미래시점에 대해 $10,000의 현재가치를 구하시오

   a. 연간 이자율 4% 일 때, 지금부터 12년 후

   b. 연간 이자율 8% 일 때, 지금부터 20년 후

   c. 연간 이자율 2% 일 때, 지금부터 6년 후

24. 당신의 형이 오늘 $5000를 주는 것과 10년 후에 $10,000를 주는 것의 두 가지 선택 안을 제시했다. 이자율이 7%라면 어떤 안을 선택하는 것이 나은가?

25. 당신이 거래하는 은행이 연 2.5%의 이자를 지급한다. 당신은 오늘 $1000를, 1년 후에 $500를 예치한다. 2년 후에 당신의 은행 잔고는 얼마일까?

26. 당신의 사촌은 12살이다. 그녀는 6년 후에 대학에 진학한다. 당신의 삼촌과 숙모는 그녀의 대학 진학 시에 필요한 $100,000를 마련하기 위해 저축계좌에 예금을 하고자 한다. 이 저축계좌가 연 4%의 고정된 이자율을 지급한다면, 6년 후에 이 계좌에 $100,000의 잔고가 있기 위해서는 현재 얼마를 예금해야 하는가?

27. 당신의 어머니는 퇴직 후 즉시 $250,000을 받는 퇴직연금과 퇴직 후 5년 후에 $350,000을 받는 퇴직연금 두 가지 중 어떤 것을 선택할지를 고민하고 있다. 이자율이 아래와 같이 각각 주

어질 경우, 당신의 어머니는 어떤 퇴직연금을 선택하는 것이 나은가?

a. 연 0%

b. 연 8%

c. 연 20%

28. 당신이 방금 두 가지 지급 옵션 중에서 선택을 할 수 있는 상을 탔다. 첫 번째 옵션은 지금 $100,000를 받고 이후에는 아무 것도 받지 않는 것이다. 두 번째 옵션은 지금 $94,000, 3년 동안 $10,000를 받고 이후에는 아무 것도 받지 않는 것이다. 할인율이 8%라면, 당신은 어떤 옵션을 선택해야 할까?

29. 당신은 연 9%의 수익이 발생하는 퇴직연금 계좌에 $5000를 투자하고자 한다.

  a. 만약 당신이 23세에 이 계좌에 $5000를 예치하고 42년 후에 찾는다면, 이 때 당신이 갖게 되는 금액은 얼마인가?

  b. 만약 당신이 돈의 예치를 10년 기다렸다 시작하여 32년 동안만 이 계좌가 유지된다면, 당신이 최종적으로 갖게 되는 금액은 얼마인가?

*30. 당신의 할아버지는 당신이 태어난 날 당신을 위해 약간의 돈을 계좌에 예치했다. 당신은 지금 18세이고 처음으로 계좌에 예치된 돈을 인출하는 것이 허용되었다고 하자. 이 계좌의 잔고는 $3996이고, 이 계좌는 연 8%의 이자를 지급한다고 한다.

  a. 만약 당신이 25번째 생일까지 이 계좌에서 돈을 찾지 않는다면, 이 계좌의 잔고는 얼마가 되겠는가?

  b. 만약 당신이 65번째 생일까지 이 계좌에서 돈을 찾지 않는다면, 이 계좌의 잔고는 얼마가 되겠는가?

  c. 당신의 할아버지는 원래 이 계좌에 얼마의 금액을 예치하였을까?

4 화폐의 시간가치: 여러 기간 현금흐름의 가치평가

학습목표

- 여러 기간 현금흐름의 가치를 평가한다.
- 영구연금의 가치를 평가한다.
- 규칙적으로 발생하는 현금흐름의 집합인 연금의 가치를 평가한다.
- 일정한 비율로 성장하는 현금흐름인 성장영구연금과 성장연금의 가치를 평가한다.
- 대출 또는 투자의 기간의 수, 현금흐름, 수익률을 계산한다.
- 비연간 현금흐름의 가치를 평가한다.

기호

C	현금흐름	N	현금흐름이 발생하는 마지막 날짜
C_n	날짜 n의 현금흐름	P	원금 또는 동등한 현재가치
FV	미래가치	PV	현재가치
FV_n	날짜 n의 미래가치	r	이자율 또는 수익률
g	성장률		

Time Value of Money: Valuing Cash Flow Streams

제3장에서 논의한 바와 같이, 재무관리자는 투자 프로젝트의 비용과 편익을 분석하여 그 프로젝트의 가치를 평가한다. 투자 프로젝트의 현금흐름은 미래의 한 기간에만 발생하지 않고 여러 기간에 걸쳐 발생하는 경우가 대부분이다. 따라서 재무관리자는 금액을 알고 있는 지금 당장 발생하는 확정된 비용과 불확실한 미래의 연속적인 현금흐름을 비교하는 일에 직면한다고 할 수 있다. 우리는 비용과 편익의 가치평가를 위해 이들의 현재가치를 구해야 한다고 배웠다.

우리는 기업 또는 개인의 재무관리를 위해서 여러 기간에 발생하는 현금흐름의 가치를 평가해야 한다. 이 장에서는 제3장에서 제시한 방법론에 기초하여 여러 기간에 발생하는 현금흐름의 가치를 평가하는 방법을 배운다. 또한 이 장에서는 *연금, 영구연금* 등 규칙성을 갖는 여러 기간 현금흐름의 가치를 간편하게 평가하는 방법을 학습한다.

한편 제5장에서는 이자율이 어떻게 호가되고 결정되는지를 배운다. 이자율이 어떻게 호가되는 지를 이해하면, 1년에 여러 차례 발생하는 현금흐름의 가치평가도 이 장에서 제시된 방법론을 확장하여 적용할 수 있을 것이다.

4.1 여러 기간 현금흐름의 가치평가

여러 기간 현금흐름: 여러 기간에 발생하는 현금흐름

여러 기간 현금흐름(stream of cash flows)도 어느 한 시점에 발생하는 단일 현금흐름처럼 시간선에 나타낼 수 있다. 이 장에서는 제3장에서 소개된 시간선과 현금흐름 가치평가의 세 가지 규칙을 이용하여 여러 가지 재무 문제들을 해결하는 것을 계속하도록 한다.

현금흐름 가치평가 원칙의 적용

투자기회들은 여러 기간에 발생하는 현금흐름을 가지고 있는 경우가 대부분이다. 우리는 제3장에서는 다음과 같은 현금흐름의 가치평가 규칙들을 학습하였다.

규칙 1: 같은 시점에 발생하는 현금흐름만 비교하거나 결합할 수 있다.

규칙 2: 현금흐름의 미래가치를 구하기 위해서 제3장의 식 3.1을 사용하여 복리계산을 해야 한다.

$$FV_n = C \times (1 + r)^n \tag{4.1}$$

규칙 3: 현금흐름의 현재가치를 구하기 위해서 제3장의 식 3.2를 사용하여 할인을 해야 한다.

$$PV = C \div (1 + r)^n = \frac{C}{(1 + r)^n} \tag{4.2}$$

우리는 이러한 규칙들을 사용하여 서로 다른 시점에 발생하는 현금흐름들을 비교하거나 결합할 수 있다. 예를 들어 당신이 오늘(0기) $1000을 예금하고, 앞으로 2년간 매년(1기와 2기) 말에 각각 $1000의 예금한다고 가정하자. 연간 이자율이 10%라고 가정하고, 오늘부터 3년 후(3기)에

당신의 은행 계좌에 들어 있는 금액의 가치를 계산해보자.

우리는 이 문제에 대한 접근 역시 시간선을 가지고 시작해야 한다.

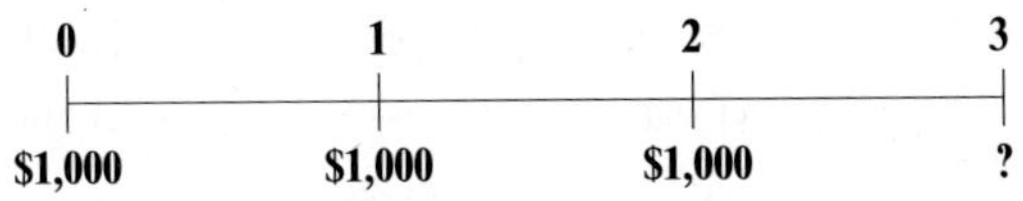

시간선은 0기부터 2기 걸쳐 당신이 하고자 하는 3번의 예금을 보여준다. 이 예금들의 3기 시점 가치를 계산하는데, 현금흐름 가치평가 규칙들이 다음 2가지 방식으로 적용될 수 있다.

첫 번째 방식은 다음과 같다. 0기의 예금을 1기의 가치로 환산한 후, 이를 1기의 예금과 합산하여 1기에 은행 계좌에 들어있는 금액($2100)을 구한다.

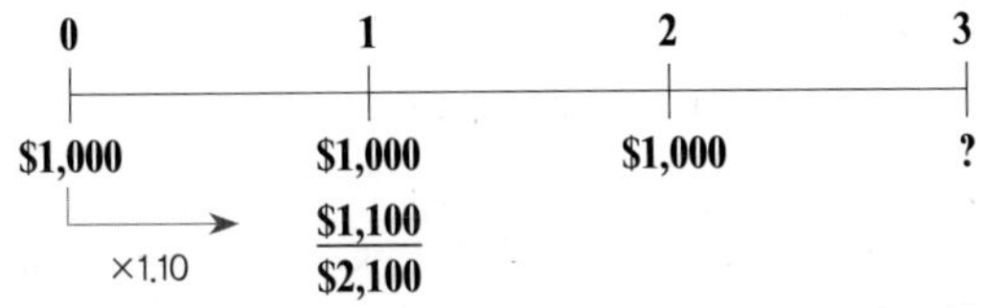

그리고 다시 1기에 은행 계좌에 들어 있는 금액을 2기의 가치로 환산한 후, 이를 2기의 예금과 합산하여 2기에 은행 계좌에 들어있는 금액($3310)을 구한다. 마지막으로 2기 은행 계좌에 들어 있는 금액을 3기의 가치로 환산한 값으로 3기에 은행 계좌에 들어있는 금액($3641)을 구한다.

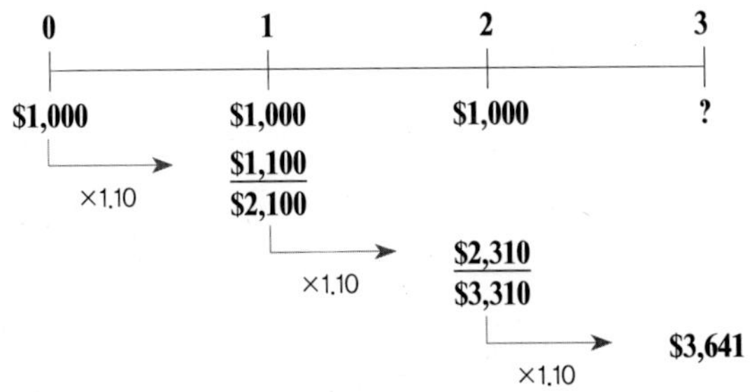

두 번째 방식은 다음과 같다. 0기부터 2기까지의 예금을 각각 3기 시점의 가치로 환산한다(1기: $1331, 2기: $1210, 3기: $1100). 그리고 이를 모두 합산한 값으로 3기에 은행 계좌에 들어있는 금액($3641)을 구한다.

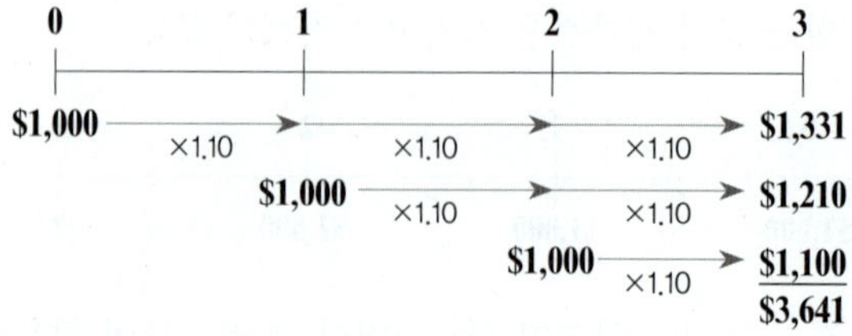

두 가지 방식 모두 $3,641이라는 동일한 계산 결과를 가져온다. 현금흐름의 가치평가 규칙들을 따르는 한, 이 법칙들을 적용하는 순서에 상관없이 우리는 동일한 계산 결과에 도달함을 알 수 있다.

0기에 C_0, 1기에 C_1, ⋯ , N기에 C_N 각각 발생하는 여러 기간 현금흐름이 있다고 가정하자. 이 현금흐름은 시간선에 다음과 같이 나타낼 수 있다.

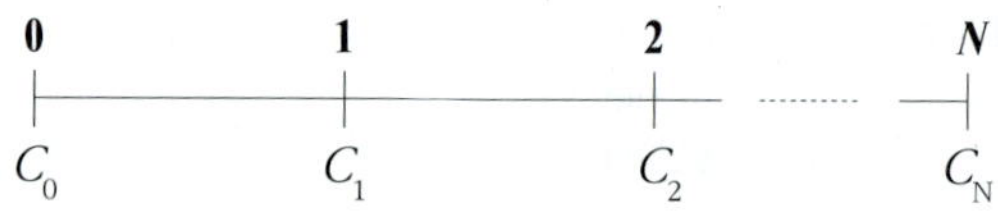

현금흐름 가치평가의 규칙들을 이용하여, 우리는 이러한 현금흐름의 현재가치를 다음 2단계로 구할 수 있다. 첫째, 각 기의 현금흐름의 현재가치를 구한다. 둘째, 모든 현금흐름들이 오늘의 달러라는 동일한 단위로 전환되었으므로, 이들을 합산한다. 이자율이 r로 주어졌을 때, 이러한 과정들을 시간선에 나타내면 다음과 같다.

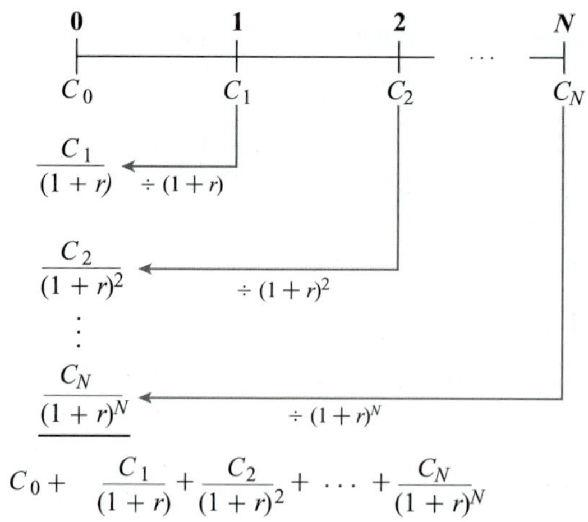

이 시간선은 여러 기간 현금흐름의 현재가치를 구하는 일반적인 공식을 제공한다.

$$PV = C_0 + \frac{C_1}{(1+r)} + \frac{C_2}{(1+r)^2} + \cdots + \frac{C_N}{(1+r)^N} \tag{4.3}$$

개인재무
예제 4.1
여러 기간 현금흐름의 현재가치

문제 *Problem*

당신은 방금 대학을 졸업했고, 새 차를 살 돈이 필요하다. 헨리 삼촌은 당신이 4년 후에 갚기만 한다면, 당신에게 돈을 빌려주려고 한다. 당신은 그가 저축계좌(savings account)에 예금할 때 얻을 수 있는 이자율로 이자를 지급하기로 그에게 제시했다. 소득과 생활비를 고려할 때, 당신 생각에는 첫 해 그에게 \$5,000을 지급할 수 있고, 그 다음 3년간은 \$8,000을 지급할 수 있을 것 같다. 만약 그가 당신에게 돈을 빌려주지 않고 저축계좌에서 예금하면, 연 6%의 이자를 받을 수 있다고 한다. 당신이 그에게 빌릴 수 있는 금액은 얼마인가?

풀이 *Solution*

● **계획**

당신이 헨리 삼촌에게 주기로 약속한 현금흐름은 다음과 같다.

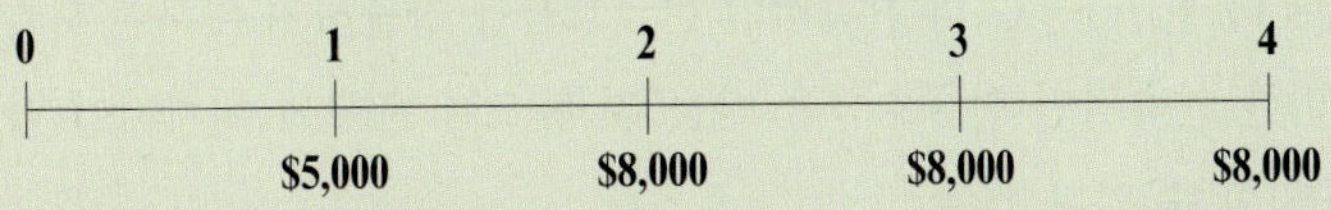

그는 당신이 약속한 이러한 일련의 현금흐름에 대한 대가로 현재 당신에게 얼마의 금액을 주어야 하는가? 그는 이러한 현금흐름들의 현재가치에 해당되는 금액을 줄 것이다. 이 금액은 그가 저축계좌에 예금하여 4년 후에 창출할 수 있는 현금흐름과 동일한 금액이다. 우리는 (1) 식 4.3을 이용해서 이 문제의 답을 구하고, (2) 구한 답의 4년 후 미래가치를 구함으로써 이 답이 맞는 답인지를 확인할 것이다.

● **실행**

1. 우리는 여러 기간 현금흐름의 현재가치를 다음과 같이 구할 수 있다.

$$\begin{aligned}PV &= \frac{5{,}000}{1.06} + \frac{8{,}000}{1.06^2} + \frac{8{,}000}{1.06^3} + \frac{8{,}000}{1.06^4}\\ &= 4{,}716.98 + 7{,}119.97 + 6{,}716.95 + 6{,}336.75\\ &= \$24{,}890.65\end{aligned}$$

이제는 헨리 삼촌이 당신에게 돈을 빌려주고, 당신은 그에게 갚을 돈을 4년 동안 매년 그의 은행계좌에 예금한다고 가정하자. 4년 후에 그의 은행계좌의 잔고는 얼마가 될까?

이에 대한 답을 얻으려면 매년 예금하는 금액들의 4년 후 미래가치를 구해야 한다. 이를 위한 한 가지 방 법은 매년 은행 잔고를 계산하는 것이다.

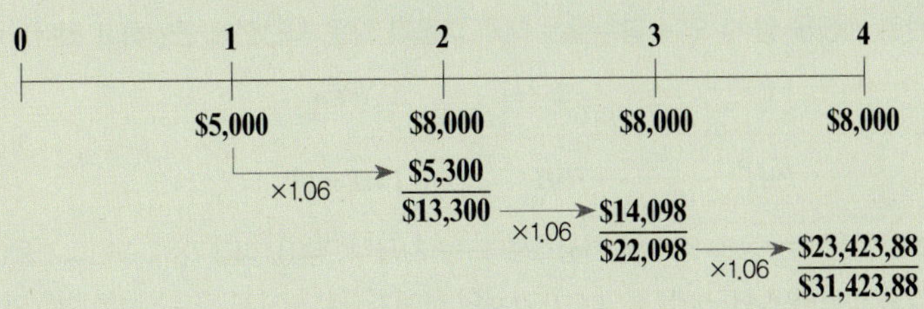

2. 답이 맞는지를 확인하기 위해 그가 \$24,890.65를 은행에 연간 이자율 6%로 예금하였을 때, 4년 후 은행 잔고를 구해보자.

$$FV = \$24{,}890.65 \times (1.06)^4 = \$31{,}423.87\text{(4년 후)}$$

우리는 앞에서 구한 4년 후 은행잔고와 동일한 계산 결과를 얻는다(반올림 때문에 1센트의 차이가 발생 한다).

● **평가**

헨리 삼촌은 당신이 지급하기로 약속한 금액에 대한 대가로 $24,890.65를 빌려줄 것이다. 이 금액은 화폐의 시간가치로 인해 당신이 지급하는 금액의 합계인 $29,000(= $5,000 + $8,000 + $8,000 + $8,000)보다 작다.

즉 여러 기간 현금흐름의 현재가치는 각 기간에 발생하는 현금흐름 현재가치의 합계이다. 제3장에서 현재가치를 미래의 단일 현금흐름을 창출하기 위하여 현재 투자해야 하는 금액이라고 정의했다. 이 정의는 여러 기간에 발생하는 현금흐름에도 적용된다. 여러 기간 현금흐름의 현재가치는 미래에 C_0, C_1, … , C_N의 연속적인 현금흐름을 창출하기 위하여 오늘 투자해야 하는 금액이다. 즉 이러한 연속적인 현금흐름을 받는 것과 오늘 은행에 예치되어 있는 금액이 가치면에서 동등하다고 할 수 있다.

예제 4.1은 여러 기간 현금흐름의 미래가치를 구하는 것이 다음 두 가지 방식에 의해 가능함을 보여준다. 첫째, 예제 4.1의 첫 번째 방식처럼 각 기간 현금흐름의 미래가치를 개별적으로 구한 후, 이들을 더함으로써 전체 현금흐름의 미래가치를 구하는 방식이 있다. 둘째, 예제 4.1의 두 번째 방식처럼 전체 현금흐름의 현재가치를 직접 구한 후, 이를 복리계산하여 전체 현금흐름의 미래가치를 구하는 방식이 있다. 두 가지 방식 모두 현재가치에 대한 미래가치를 구하기 위하 여 식 4.1을 사용하였다. 따라서 두 가지 방식 모두 현금흐름의 가치평가 원칙을 준수한다고 볼 수 있으며, 이로 인해 두 방식의 계산 결과가 동일하다.

재무계산기 사용법: 여러 기간에 발생하는 현금흐름의 현재가치와 미래가치 구하기

지금까지 여러 기간 현금흐름의 현재가치와 미래가치를 구하기 위하여 공식을 사용하였다. 제3장에서 언급했던 것처럼 계산 과정의 신속화를 위해 재무계산기나 스프레드시트는 사전에 프로그램된 공식들을 내장하고 있다. 여기에서는 재무계산기에 초점을 맞추나, 엑셀과 같은 스프레드시트도 재무계산기와 매우 유사한 간편 함수들을 가지고 있다. 재무계산기는 재무 전문가들이 매우 빈번하게 사용하는 계산들을 수행하는 함수들을 가지고 있다. 이러한 함수들 중에서 대출 관련 계산을 할 수 있는 함수들은 대개 다음과 같은 시간선에 근거하고 있다.

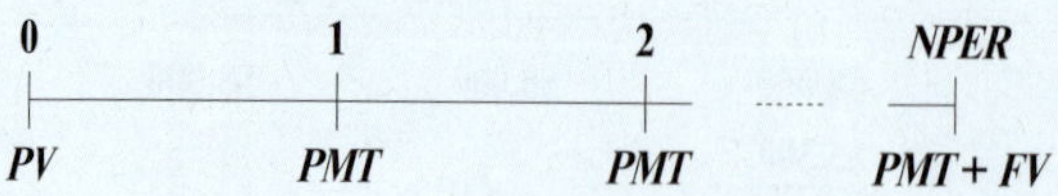

기간의 수(N 또는 NPER), 현재가치(PV), 반복적으로 발생하는 동일 액수의 현금흐름 또는 지급액(PMT), 미래가치(FV), 이자율(I/Y) 등 다섯 개의 변수들이 있다. 각 함수들은 네 가지 변수들의 값을 입력하면 현금흐름들의 현재가치의 합계가 0이 되도록 하는 5번째 변수의 값이 계산된다.

지급액(PMT)의 값을 0으로 놓으면, 앞에서 식 4.1과 식 4.2를 이용하여 구했던 단일 현금흐름의 현재가치와 미래가치를 계산할 수 있다. 4.2절과 4.3절의 예제에서는 [PMT] 버튼을 이용하여 반복적으로 발생하는 동일 액수의 현금흐름을 계산할 것이다. 재무계산기 사용법을 배우는 가장 최선의 방법은 연습을 해보는 것이다. 이를 위해 아래에 한 가지 예제를 제시한다. 그리고 이 장의 각 예제에서는 해당 문제를 재무계산기 함수를 이용해서 풀 수 있도록 재무계산기 버튼들이 제시되어 있다. 마지막으로 이 장의 부록에서는 가장 널리 사용되고 있는 두 개의 재무계산기에 대한 단계별 사용법이 제시되고 있다.

예제

당신은 $20,000을 연 8%의 이자를 지급하는 은행계좌에 투자할 계획이다. 그리고 이 은행계좌에 추가적으로 15년 동안 매년 말에 $1,000을 투자할 예정이다. 15년 후에 이 은행계좌에 들어 있는 금액은 얼마인가? 이 문제를 시간선에 나타내면 다음과 같다.

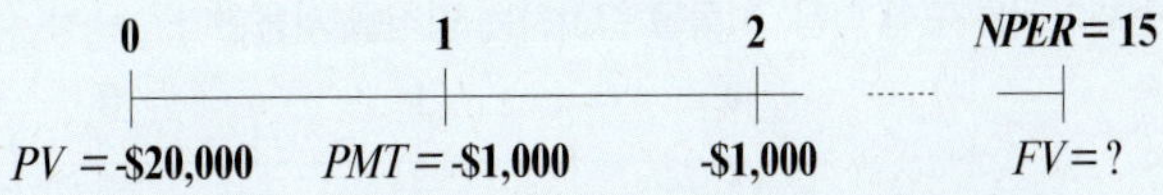

이 문제에 대한 답을 구하려면, 우리가 아는 4가지 변수의 값(N = 15, I/Y = 8, PV = −20,000, PMT = −$1,000)을 입력한 다음, 우리가 모 르는 값인 FV를 계산기가 계산하도록 한다. 구체적으로 HP-10BII나 TI-BAII Plus의 사용 예를 들면 다음과 같다.

1. 15를 입력하고 [N] 버튼을 누른다.
2. 8을 입력하고 [I/Y] (HP 계산기에서는 [I/YR]) 버튼을 누른다.
3. −20,000을 입력하고 [PV] 버튼을 누른다.
4. −$1,000을 입력하고 [PMT] 버튼을 누른다.
5. [FV] (TI 계산기에서는 [CPT] + [FV]) 버튼을 누른다.

	N	I/Y	PV	PMT	FV
입력:	15	8	−20,000	−1,000	
계산 결과:					90,595.50
엑셀 공식: = FV(0.08, 15, −1,000, −20,000)					

재무계산기는 $90,595.50으로 계산된 미래가치의 값을 보여줄 것이다.

PV와 PMT(당신이 은행에 예금하는 금액)의 입력 값에 음(−)의 부호가 붙어 있고 FV(당신이 은행에서 찾는 금액)의 입력 값에는 양(+)의 부호가 붙어 있음에 주목해야 한다. 재무계산기 함수를 사용할 때, 현금 유입 또는 유출에 상응하는 적절한 부호를 붙이는 것이 중요하다. 앞으로 이 장에서 현금흐름의 부호를 붙이는 더 많은 예들을 보게 될 것이다.

엑셀은 동일한 함수들을 사용한다. 하지만 "N"을 "NPER", "I/Y"를 "RATE"라고 부른다. **그리고 재무계산기에서는 8%의 이자율을 "8"로 입력하지만, 엑셀에서는 "0.08"로 입력한다는 것이 재무계산기와 엑셀의 중요한 차이이다.**

개인재무
예제 4.2
미래가치의 계산

문제 *Problem*

앞에서 고려했던 저축 계획으로 다시 돌아가보자. 당신은 오늘 그리고 앞으로 2년 동안 매년 $1,000을 예금하고자 한다. 은행이 제시하는 이자율이 연 10%로 고정되어 있다면, 오늘부터 3년 후에 당신의 은행계좌에 들어 있는 금액은 얼마일까?

풀이 *Solution*

● **계획**

이 문제에 대한 접근 역시 저축 계획에 대한 시간선으로 시작한다.

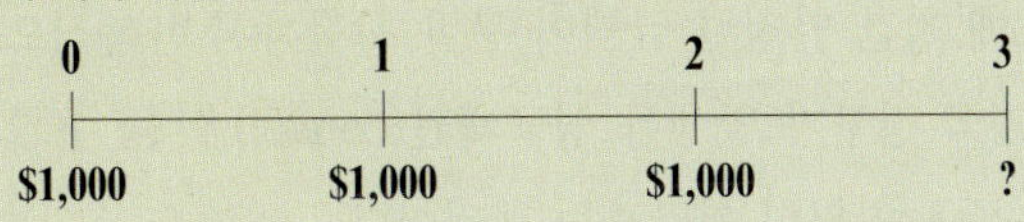

앞서 사용했던 방법과 다르지만, 현금흐름 가치평가 규칙들을 준수하는 방법으로 이 문제를 해결해 보자. 현

금흐름들의 현재가치를 구한 다음, 이 현재가치의 3년 후 미래가치를 구한다.

● **실행**

여러 기간에 발생하는 현금흐름의 현재가치를 구하는 방식에는 여러 가지가 있다. 그중 여기서는 각 현금흐름의 현재가치를 구한 다음, 이들을 합산하는 방식을 사용한다.

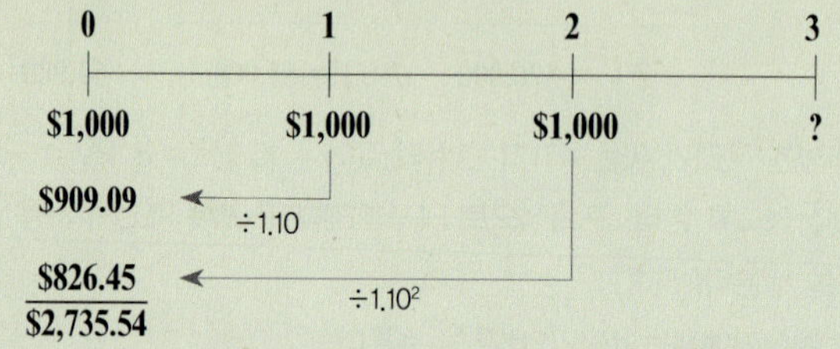

오늘 $2,735.54를 저축하는 것은 3년 동안 매년 $1,000을 저축하는 것과 동등하다. 이제 $2,735.54의 3년 후 미래가치를 계산해보자.

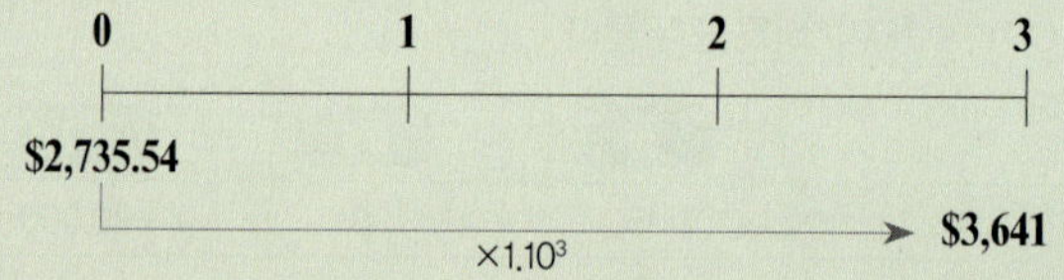

● **평가**

계산된 값은 $3,641로 앞의 계산에서 발견했던 값과 정확히 일치한다. 이는 현금흐름 가치평가 규칙들을 적용하는 한, 우리는 항상 올바른 답에 도달하게 됨을 의미한다.

개념확인

1. 여러 기간에 걸쳐 발생하는 현금흐름의 현재가치는 어떻게 구하는가?
2. 여러 기간에 걸쳐 발생하는 현금흐름의 미래가치는 어떻게 구하는가?

4.2 영구연금

앞서 소개한 공식을 이용하면 어떠한 경우에도 여러 기간에 발생하는 현금흐름의 현재가치와 미래가치를 구할 수 있다. 이 절과 다음 절에서는 영구연금과 연금이라는 규칙성을 갖는 여러 기간 현금흐름을 알아보고, 이들의 가치평가를 간편하게 할 수 있는 방법을 학습한다. 영구연금과 연금의 가치평가가 간편하게 이루어질 수 있는 이유는 이 현금흐름들이 가지고 있는 규칙성 때문이다.

영구연금

영구연금: 매 기간 일정한 금액이 무한 시점까지 반복적으로 발생하는 현금흐름

영구채권: 채권 보유자에게 매년 고정된 금액을 무한 시점까지 지급하기로 약정한 채권

영구연금(perpetuity)은 매 기간 일정한 금액이 무한 시점까지 반복적으로 발생하는 현금흐름이다. 영구연금의 예로 영국 정부가 발행한 **영구채권**(consol)을 들 수 있다. 이 채권은 소유자에게 매년 고정된 현금흐름을 영원히 지급하는 채권이다.

영구연금의 현금흐름을 시간선에 나타내면 다음과 같다

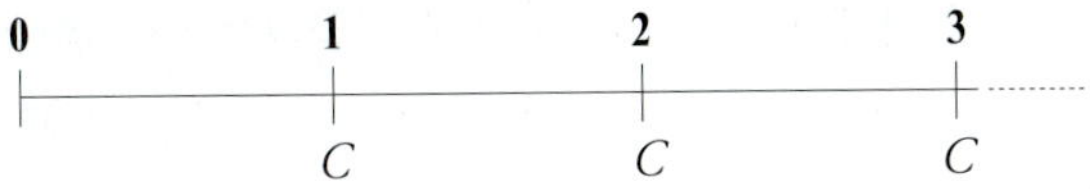

첫 현금흐름이 오늘(0기) 발생하지 않고 오늘부터 1년 후(1기)에 발생함을 주목해야 한다. 지체 지불(payment in arrears)이라고 불리는 현금흐름 발생시점에 대한 가정은 대출 원리금 계산(loan payment calculation)에 있어서 표준적인 관행으로 사용되고 있다. 따라서 우리는 이 책 전반에서 지체 지불을 채택한다.

여러 기간에 발생하는 현금흐름 현재가치 공식을 영구연금에 적용하면, 영구연금의 현재가치는 다음과 같이 나타낼 수 있다.

$$PV = \frac{C}{(1+r)} + \frac{C}{(1+r)} + \frac{C}{(1+r)} + \cdots$$

여기서 C는 매 기간 발생하는 현금흐름을, r은 이자율을 각각 나타낸다. 이 공식에서 매 기간 발생하는 현금흐름이 C로 동일하고, 첫 현금흐름의 발생시점이 0기가 아니라 1기임, 즉 0기의 현금흐름이 0임($C_0 = 0$)을 주목할 필요가 있다.

영구연금의 현재가치를 구하기 위해서는 무한 시점까지 각 시점에 발생하는 현금흐름의 현재가치를 구한 후, 이를 모두 합산해 주어야 한다. 이뗜 이들은 양(+)의 값을 갖는 무한한 수들이 합이 어떻게 유한한 값을 갖는지에 대해 의문을 품을 수 있다. 하지만 양(+)의 값을 갖는 무한한 수들을 합산한 값인 영구연금의 현재가치는 유한한 값을 갖는다. 그 이유는 보다 먼 미래에 발생하는 현금흐름일수록 더 많은 횟수의 할인이 이루어져서, 결국 전체 합산된 금액에 기여하는 정도가 미약해지기 때문이다.

영구연금의 현재가치를 구하는 손쉬운 방법을 찾기 위해, 우리는 영구연금의 현금흐름을 만들어서 영구연금의 현재가치를 계산한다. 현금흐름의 가치평가 원칙에 따르면 어떤 영구연금의 가치는 그 영구연금을 만드는 데 소요되는 비용과 같아야 한다. 예를 들어, 당신이 연 5%의 이자를 지급하는 은행계좌에 영구히 매년 $100씩을 예금한다고 가정하자. 오늘(0기) 은행에 $100을 예금하면, 1년 후(1기)에 은행계좌에 $105(원금 $100 + 이자 $5)가 있게 된다. 1기에 발생한 이자 $5를 인출하고 원금 $100을 1년간 재투자한다. 2기에도 발생한 이자 $5를 인출하고 $100의 원금을 1년간 재투자한다. 이렇게 매년 발생한 이자를 인출하고 원금 $100을 1년간 재투자함으로써 매년 $5의 일정한 현금흐름이 발생하는 영구연금의 현금흐름을 창출할 수 있다.

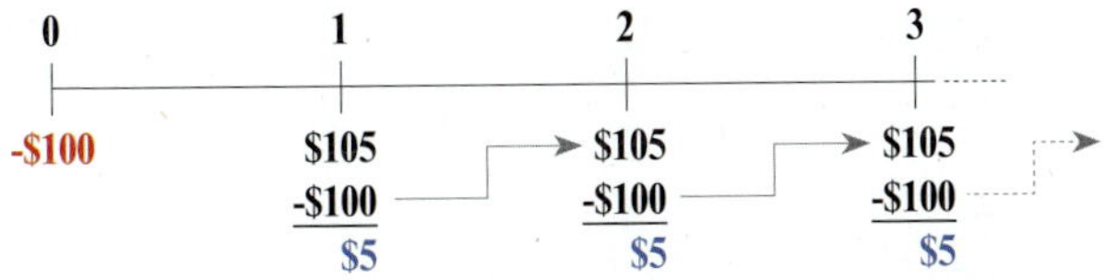

당신은 오늘 \$100을 은행에 예금함으로써 매년 \$5를 지급하는 영구연금 형태의 현금흐름을 만들 수 있다. 우리는 초기 투자비용인 \$100을 가지고 은행을 이용하면 매년 \$5를 지급하는 영구연금이 자동적으로 창출됨을 알 수 있다. 따라서 이 영구연금의 현재가치는 이 영구연금이 자 동적으로 만들어지는 데 소요된 비용(do-it-yourself cost)인 \$100과 같아야 한다.

이제 이러한 논의를 일반화시켜 보자. 연간 이자율이 r%인 은행계좌에 원금 P를 예금한다고 가정하자. 매년 원금 P는 은행계좌에 남겨두고, 발생한 이자인 $C = r \times P$를 인출할 수 있다. C라는 일정한 금액을 매년 지급하는 영구연금을 만드는 데 드는 유일한 비용은 초기 투자비용인 원금 P이다. $C = r \times P$를 P에 대해 정리하면 $P = C/r$이 된다. 따라서 영구연금의 현재가치는 초기 투자비용인 원금 P와 같아야 하므로 다음과 같이 나타낼 수 있다.

영구연금의 현재가치

$$PV(\text{영구히 } C\text{를 지급하는 영구연금}) = \frac{C}{r} \tag{4.4}$$

오늘 $\frac{C}{r}$의 금액을 은행에 예금함으로써 매년 $\frac{C}{r} \times r = C$를 영원히 인출할 수 있다.

우리는 어떤 현금흐름의 현재가치를 구하려면, 그 현금흐름이 자동적으로 창출되기 위해 소요되는 비용을 계산하면 된다. 무한 시점까지 합산하는 것보다 영구연금의 가치를 평가하는 단순하고 빠른 방법이므로, 이 방법은 매우 유용하고 강력한 접근법이다.[1]

영구연금의 역사적인 예

영구채권은 채권 역사상 초기에 발행된 채권 중의 하나였다. 아직 까지 이자를 지급하고 있는 영구채권 중 가장 오래된 채권은 17세기에 지역 수로의 관리 책임을 맡고 있었던 네덜란드 수자원 관리위원회(Dutch water board)인 "Hoogheemraadschap Lekdijk Bovendams"에 의해 발행되었다. 그중 가장 오래된 영구채권은 1624년부터 발행되었다. 예일 대학의 윌리암 고에즈만(Willam Goetzmann), 게르트 로웬호스트(Geert Rouwenhorst) 두 교수는 아직도 이 채권들이 이자를 지급하고 있음을 직접 확인해 주었다. 예일 대학은 2003년 7월 1일 이 채권들 중 하나를 매입하고, 26년간의 밀린 이자를 지급받았다고 한다. 예일 대학이 구입한 채권은 1648년 발행되었으며, 처음에는 카롤루스 길더(Carolus guilder)로 이자를 지급했다. 이어 355년 동안 이자 지급 통화가 플랑드르 파운드(Flemish pound), 네덜란드 길더(Dutch guilder), 유로(Euro)로 바뀌어 왔다. 최근 이 채권은 연 €11.34의 이자를 지급했다. 비록 네덜란드 채권이 현존하는 가장 오래된 영구채권이지만, 최초의 영구채권의 발행시점은 17세기보다 훨씬 더 이전으로 거슬러 올라간다. 예를 들어 영구연금과 연금의 형태를 취했던 "cencus agreements and rentes"라는 채권이 12세기에 이탈리아, 프랑스, 스페인에서 발행되었다. 이 채권들은 원래 가톨릭 교회의 고리금지법(usury law)을 회피하기 위한 목적으로 발행되었다. 왜냐하면, 가톨릭 교회의 관점에서는 원금의 상환을 요구하지 않는 이 채권들이 대출로 간주되지 않았기 때문이다.

1) 온라인 부록에 영구연금 현재가치 공식을 수학적으로 도출한 과정이 있다. 하지만 수학적인 도출 과정은 이러한 도출방식보다 덜 직관적이다.

개인재무
예제 4.3
영구연금을 위한 기부

문제 *Problem*

당신은 당신의 모교 졸업생들이 매년 졸업파티를 개최할 수 있도록 하기 위해 모교에 기부를 하고자 한다. 당신은 이 파티가 기억에 남는 행사가 되기를 원하여, 연 $30,000의 예산을 무한 시점까지 책정하고 있다. 당신 의 모교가 연 8%의 투자 수익을 올릴 수 있으며, 첫 졸업파티가 오늘부터 1년 후에 개최된다고 하면, 당신은 오늘 얼마를 기부해야 하는가?

풀이 *Solution*

● **계획**

당신이 모교에 제공하고자 하는 현금흐름을 시간선에 나타내면 다음과 같다.

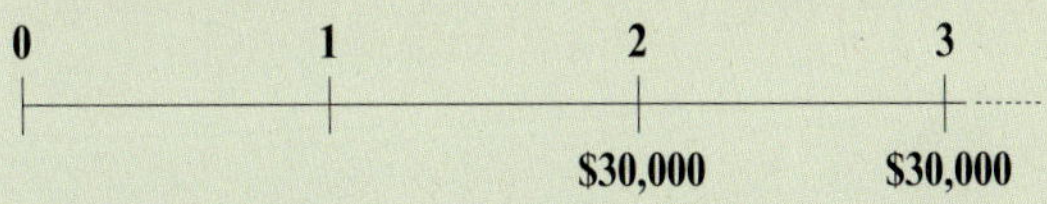

이러한 형태의 현금흐름은 영구연금에 해당된다. 영구연금의 현금흐름이 발생하기 위해 당신이 모교에 기부해야 하는 금액은 영구연금의 현재가치를 계산함으로써 구할 수 있다.

● **실행**

영구연금의 현재가치를 구하는 공식을 이용하면

$$PV = C/r = \$30,000/0.08 = \$375,000 \text{ (오늘)}$$

● **평가**

당신이 오늘 $375,000을 기부하고 당신의 모교가 이 금액을 연 8%의 수익률로 영원히 투자하면, 당신 모교의 졸업생들은 매년 $30,000으로 졸업파티를 할 수 있을 것이다.

일반적인 실수 너무 여러 번 할인하는 경우

영구연금의 현재가치를 구하는 공식은 첫 현금흐름이 첫 기의 마지막, 즉 1기 말에 발생한다고 가정한다. 때때로 영구연금의 시작 시점이 이보다 더 늦을 수도 있다. 우리는 영구연금의 현재가치를 구하는 공식을 응용하여 이러한 영구연금의 현재가치도 구할 수 있다. 하지만, 이 때 흔히 할 수 있는 실수를 피하려면 우리는 신중을 기할 필요가 있다.

이에 대한 예시를 위해 예제 4.3을 변형해보자. 이 예제에서 첫 현금흐름이 오늘부터 1년 후가 아닌 2년 후에 발생한다고 가정하면, 당신이 기부해야 하는 금액은 얼마인가?

이 경우 시간선은 다음과 같다.

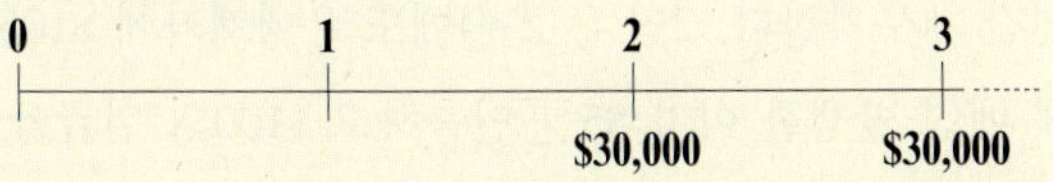

우리는 미래에 파티를 하기 위해 현재 은행에 예치해야 하는 금액을 알려면 이 여러 기간 현금흐름의 현재가치를 결정해야 한다. 하지만, 이 현금흐름은 1기에 현금흐름이 발생하지 않으므로 앞서 정의한 영구연금의 현금흐름과 차이가 있다. 따라서 이 현금흐름의 현재가치를 구하기 위해 식 4.4를 그대로 적용할 수 없다. 0기가 아닌 1기의 관점에서 보면, 1년 후부터 무한 시점까지 주기적으로 일정한 금액의 현금흐름이 발생한다. 따라서 1기의 관점에서 보면, 이 현금흐름은 영구 연금이므로 식 4.4를 적용할 수 있다. 예제 4.3의 계산 결과를 적용하면, 2기부터 무한 시점까지 졸업파티를 위해 1기에 필요한 금액은 $375,000이다. 이를 시간선에 표현하면 다음과 같다.

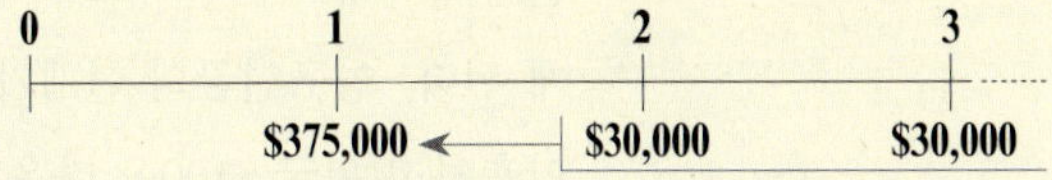

앞의 질문은 다음과 같은 단순한 질문으로 바꾸어 표현할 수 있다. 즉 "1년 후에 $375,000을 갖기 위해 오늘 얼마를 투자해야 하는가?"로 표현된다. 이에 대한 답은 1년 후 한 시점에 발생하는 현금흐름의 현재가치를 계산함으로써 구할 수 있다.

$$PV = \$375,000/1.08 = \$347,222 \text{ (오늘)}$$

우리가 흔히 저지를 수 있는 실수는 첫 졸업파티가 2기부터 시작하므로 파티를 위해 필요한 금액인 $375,000을 두 번 할인하는 것이다. 이런 실수는 영구연금, 연금, 그리고 이 장에서 다루는 모든 규칙성을 갖는 여러 기간 현금흐름에서 발생할 수 있다. 규칙성을 갖는 여러 기간 현금흐름의 현재가치를 구하는 공식은 발생하는 모든 현금흐름들을 첫 현금흐름이 발생하는 시점의 한 기간 전의 가치로 환산한다는 것을 유념해야 한다.

개념확인

3. 영구연금의 예를 몇 가지 들어 보시오.
4. 무한한 수의 현금흐름들의 현재가치가 유한한 값을 갖는 이유를 직관적으로 설명하시오.

4.3 연금

연금: 미래의 유한 시점까지 매 기간 일정한 금액이 반복적으로 발생하는 현금흐름

연금(annuity)은 미래의 유한 시점까지 매 기간 일정한 금액이 반복적으로 발생하는 현금흐름이다. 연금과 영구연금의 차이는 다음과 같다. 영구연금은 현금흐름이 영구히 계속되지만, 연금은 현금흐름이 특정한 미래시점까지만 발생한다. 자동차대출, 주택담보대출, 일부 채권 등의 현금흐름이 연금의 형태를 갖는다. 연금의 현금흐름은 시간선에 다음과 같이 나타낼 수 있다.

연금에서도 영구연금에서처럼 현금흐름이 오늘(0기)부터 한 기간 후인 1기부터 발생한다 고 가정하는 관행을 따른다. N기 동안 현금흐름이 발생하는 연금의 현재가치는 다음과 같다.

$$PV = \frac{C}{(1+r)} + \frac{C}{(1+r)^2} + \frac{C}{(1+r)^3} + \cdots + \frac{C}{(1+r)^N}$$

연금의 현재가치

연금의 현재가치를 구하는 공식을 찾기 위해 영구연금에서와 동일한 접근법을 사용한다. 즉 연금의 현금흐름을 창출하기 위한 방법을 찾는다. 예를 들어, $100을 연 5%의 이자를 지급하는 은행계좌에 예금한다고 가정하자. 1년 후(1기)에 은행계좌에 $105(원금 $100 + 이자 $5)가 있게 된다. 영구연금의 현재가치를 구하는 식을 도출할 때와 동일한 전략이 사용된다. 이자 $5를 인출하고 원금 $100을 다음 기까지 1년간 재투자한다. 2년 후(2기)에도 은행계좌에 $105(원금 $100 + 이자 $5)가 있게 된다. 이렇게 매년 발생한 이자 $5를 인출하고 $100의 원금을 1년간 재투자하는 것을 20년 후(20기)까지 반복한다. 그리고 20년 후에는 은행계좌를 폐쇄하고 원금 $100을 되찾는다. 이 경우 현금흐름을 시간선에 다음과 같이 나타낼 수 있다.

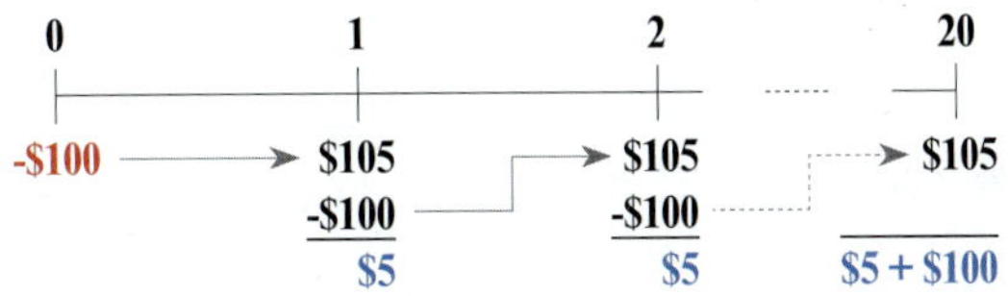

오늘 $100의 투자는 "1년 후부터 매년 $5를 20년간 지급하는 연금과 20년 후 $100"이라는 현금흐름을 창출한다. 가치평가 원칙의 일물일가 법칙에 따르면 "동일한 현금흐름을 창출하는 것들은 동일한 가치를 가져야 한다"고 한다. 따라서 초기 투자비용 $100을 가지고 창출할 수 있는 현금흐름의 현재가치도 $100과 같아야 한다.

$$\$100 = PV(\text{20년간 매년 \$5를 지급하는 연금}) + PV(\text{20년 후 \$100})$$

오늘 $100을 투자한 후 20년간 매년 $5를 받고 20년 후에 $100을 받는 것을 시간선에 나타내면 다음과 같다.

위 등식을 연금의 현재가치에 대해 정리하면 다음과 같다.

$$PV(\text{20년간 매년 \$5를 지급하는 연금}) = \$100 - PV(\text{20년 후 \$100})$$

$$= \$100 - \frac{\$100}{(1.05)^{20}} = = \$100 - \$37.69 = \$62.31$$

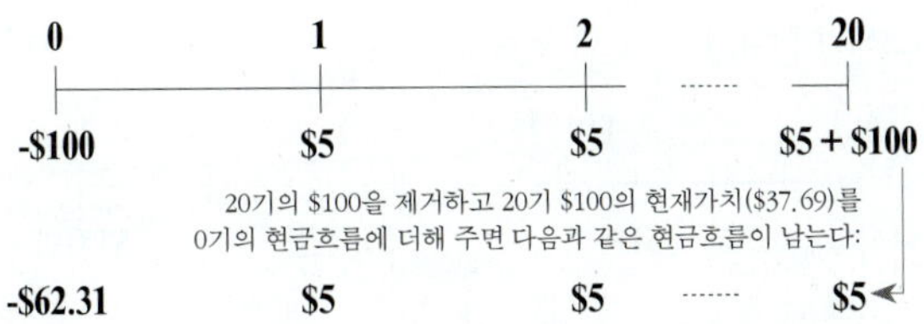

따라서 20년간 매년 받는 $5의 현재가치는 $62.31이다. 직관적으로 연금의 현재가치는 은행계좌에 예치하는 원금에서 20년 후 원금의 현재가치를 뺀 값으로 계산된다.

매년 받는 $5는 $100에 대한 이자이며 $100(.05) = $5로 나타낼 수 있다. 이 등식을 재정렬 하면 $100 = $5/.05로 표현할 수 있다. 연금의 현재가치를 계산한 위 등식에서 $100 대신에 $5/.05를 대입하면, 연금의 현재가치는 $5(매년 현금흐름), .05(이자율), 20(연도의 수)의 함수로 표현된다.

$$PV(\text{20년간 매년 \$5를 지급하는 연금}) = \frac{\$5}{.05} - \frac{.05}{(1.05)^{20}} = \frac{\overset{C}{\$5}}{.05}\left(1 - \frac{1}{(1.05)^{\overset{N}{20}}}\right)$$

$$= \$5 \times \frac{1}{\underset{r}{.05}}\left(1 - \frac{1}{(1.\underset{r}{05})^{20}}\right)$$

우리는 주어진 매년 현금흐름(C), 이자율(r), 기간의 수(N)에 대해 연금의 현재가치를 알고 싶어하기 때문에 이 방법은 매우 유용하다. 연금의 현재가치를 구하는 일반적인 공식은 다음과 같다.

연금의 현재가치

$$PV(\text{이자율이 } r\text{일 때, } N\text{기간 동안 매기마다 } C\text{를 지급하는 연금}) = C \times \frac{1}{r}\left(1 - \frac{1}{(1+r)^N}\right) \quad (4.5)$$

개인재무
예제 4.4
복권 당첨금의 현재가치

문제 *Problem*

당신은 운 좋게 $30백만의 상금을 주는 주정부 발행 복권(state lottery)에 당첨되었다. 당신은 상금을 받는 방식으로 (a) 오늘부터 받기 시작하여 매년 $1백만씩 총 30회를 받는 것과 (b) 일시불로 오늘 $15백만을 받는 것 두 가지 옵션 중에서 한 가지를 선택할 수 있다. 만약 연간 이자율이 8%라면 당신은 두 가지 옵션 중 어떤 것을 선택해야 하는가?

풀이 *Solution*

● 계획

옵션 (a)는 $30백만을 지급하지만 여러 기간에 나누어서 지급한다. 따라서 정확한 가치평가를 위해서 전체 현금흐름의 현재가치를 계산해야 한다. 옵션 (a)를 현금흐름의 시간선에 나타내면 다음과 같다.

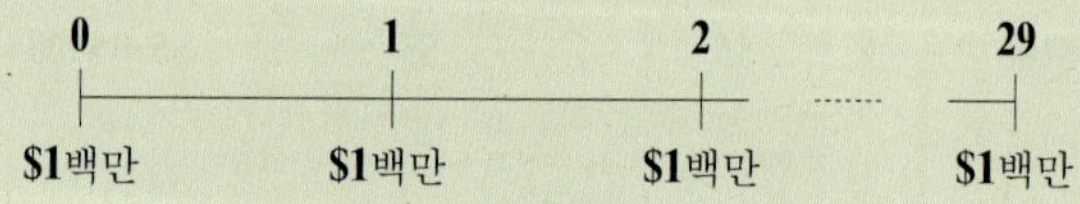

현금흐름이 오늘부터 시작되기 때문에 마지막 지급은 29년 후에 이루어진다.[2] 이미 현재가치로 표시된 0기의 $1백만을 제외한 현금흐름들은 현재가치로 전환해야 한다. 0기의 현금흐름을 제외한 현금흐름들은 매년 $1백만을 29년간 지급하는 연금의 형태를 취한다. 따라서 우리는 연금의 현재가치 공식을 적용할 수 있다.

● 실행

우리는 연금의 현재가치 공식을 사용하여 매년 $1백만을 29년간 지급하는 연금의 현재가치를 구한다.

$$PV(\text{29년간 \$1백만을 지급하는 연금, 연간 이자율 8\%로 평가}) = \$1\text{백만} \times \frac{1}{0.08}\left(1 - \frac{1}{1.08^{29}}\right)$$

$$= \$1\text{백만} \times 11.16$$

$$= \$11.16\text{백만 (오늘)}$$

2) 첫 현금흐름이 오늘(0기)부터 발생하는 연금을 선불연금(annuity due)이라고 한다. 이 책 전반에서 "연금"이라는 용어는 1년 후(1기) 부터 현금흐름이 발행하는 연금을 의미한다.

전체 현금흐름의 현재가치는 이 연금의 현재가치($11.16)에 $1백만을 더한 값인 $12.16백만이다. 이를 시간 선에 나타내면 다음과 같다.

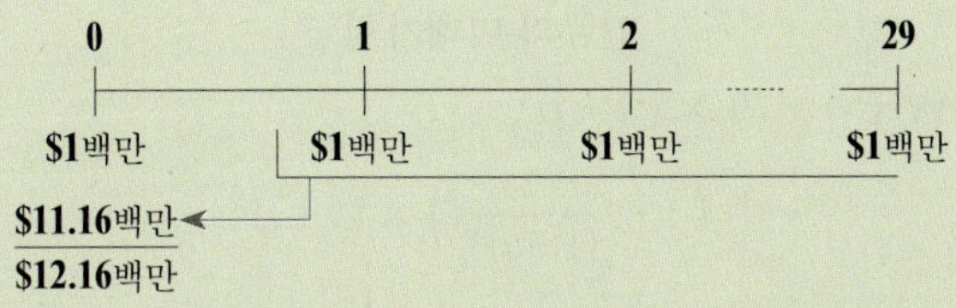

옵션 (a)의 총지급금액($30백만)의 절반에 해당하는 금액($15백만)을 오늘 일시불로 지급하는 옵션 (b)가 옵션 (a)보다 더 가치가 있는 것으로 나타난다.

재무계산기 또는 엑셀을 사용하면 연금의 현재가치를 더 쉽게 구할 수 있다. 이때 매년 발생하는 일정한 현금흐름은 PMT로 입력한다.

	N	I/Y	PV	PMT	FV
입력:	29	8		1,000,000	0
계산 결과:			−11,158,406		
엑셀 공식: = PV(RATE, NPER, PMT, FV) = PV(0.08, 29, 1,000,000, 0)					

재무계산기와 엑셀은 29년간 지급하는 연금의 현재가치가 $11,158,406이라는 결과를 제시할 것이다. 전체 현금흐름의 현재가치를 구하려면 이 값에 첫 현금흐름 $1백만을 더해야 한다.

- **평가**

이렇게 차이가 발생하는 이유는 화폐의 시간가치 때문이다. 당신이 오늘 $15백만을 가지고 있다고 가정하자. 만약 $1백만을 오늘 쓰고 나머지 $14백만을 8%의 이자율로 투자하면, 당신은 1년 후부터 무한 시점까지 $1.12백만(= $14백만 × 8%)을 받을 수 있다. 만약 오늘 $3.84백만을 쓰고, 나머지 $11.16백만(= $15백만 − $3.84백만)을 투자하면, 당신은 1년 후부터 29년 후까지 매년 $1백만을 받을 수 있다.

연금의 미래가치

연금의 현재가치를 구하는 공식을 도출하였으므로 이제 연금의 미래가치를 구하는 공식은 쉽게 찾을 수 있다. N년 후의 미래가치를 구하고자 한다면, 현재가치를 시간선에서 오른쪽으로 N번 이동해 주면 된다.

$$PV = \frac{C}{r}\left(1 - \frac{1}{(1+r)^N}\right)$$

$$\longrightarrow FV = \frac{C}{r}\left(1 - \frac{1}{(1+r)^N}\right) \times (1+r)^N$$

시간선이 보여주는 것처럼 N년 후 연금의 미래가치는 연금의 현재가치를 이자율 r을 이용하여 N번 복리계산을 해 주면 된다.

연금의 미래가치

$$FV(\text{연금}) = PV \times (1+r)^N$$
$$= \frac{C}{r}\left(1 - \frac{1}{(1+r)^N}\right) \times (1+r)^N$$
$$= C \times \frac{1}{r}\left((1+r)^N - 1\right) \quad (4.6)$$

이 공식은 매년 저축계좌에 일정한 금액을 예금할 경우, 미래 일정시점에 이 계좌에 얼마의 금액이 들어 있는지 알고 싶어 할 때 유용하게 활용할 수 있다.

개인재무
예제 4.5
연금의 미래가치

문제 *Problem*

35세인 엘렌은 그녀의 은퇴에 대비하기 위해 퇴직연금 계좌(retirement account)를 개설하기로 결심한다. 그녀는 매년 말에 그녀의 퇴직연금 계좌에 $10,000을 저축할 예정이다. 이 계좌의 수익률이 연 10%라면, 그녀가 65세가 되었을 때 퇴직연금 계좌에는 얼마가 들어 있겠는가?

풀이 *Solution*

● **계획**

항상 그랬던 것처럼, 시간선을 가지고 시작한다. 이 경우 시간선에 날짜와 엘렌의 나이를 함께 표시하는 것이 도움이 된다.

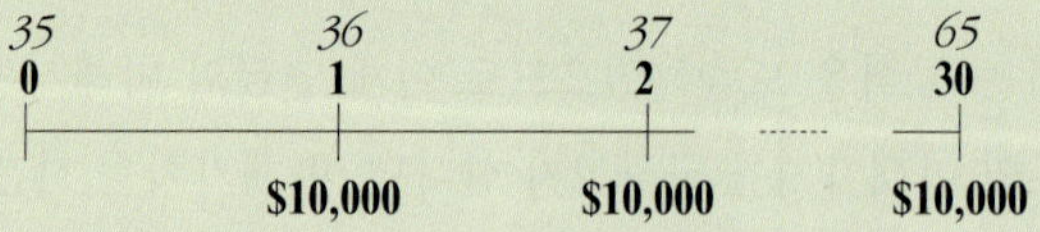

엘렌의 퇴직연금 계좌는 30년 동안 매년 $10,000의 현금흐름을 갖는 연금이다. (힌트: 날짜와 나이를 동시에 고려하지 않고 나이만을 고려하면 혼동이 발생하기 쉽다. 흔히 하는 실수가 29회(= 65 − 36)의 현금흐름만이 존재한다고 생각하는 것이다. 시간선에 날짜와 나이를 동시에 표시하면 이런 실수를 피할 수 있다.)

엘렌이 65세가 되었을 때, 퇴직연금 계좌에 얼마가 있는지를 결정하기 위해 이 연금의 미래가치를 구해야 한다.

● **실행**

$$FV = \$10{,}000 \times \frac{1}{0.10}(1.10^{30} - 1)$$
$$= \$10{,}000 \times 164.49$$
$$= \$1.645\text{백만 (65세 시점)}$$

재무계산기 또는 엑셀을 사용하면,

	N	I/Y	PV	PMT	FV
입력:	30	10	0	−10,000	
계산 결과:					1,644,940
엑셀 공식: = FV(RATE, NPER, PMT, PV) = FV(0.10, 30, −10,000, 0)					

● 평가

30년 동안 매년 $10,000씩, 총 $300,000을 투자하고 이 투자에 복리계산이 이루어지면, 그녀는 은퇴 시에 $1.645백만을 보유할 수 있을 것이다.

개념확인

5. 연금의 예를 몇 가지 들어 보시오.
6. 연금과 영구연금의 차이는 무엇인가?

4.4 성장 현금흐름

지금까지 우리는 여러 기간 현금흐름 중 매년 동일한 금액이 발생하는 현금흐름만을 살펴보았다. 하지만 매년 발생하는 현금흐름이 동일하지 않고 일정한 비율로 성장할 수도 있다. 우리는 이러한 경우에도 전체 현금흐름의 현재가치에 대한 공식을 도출할 수 있다.

성장영구연금

성장영구연금: 미래의 무한 시점까지 매 기간 발생하는 현금흐름이 일정한 비율로 증가하는 여러 기간 현금흐름

성장영구연금(growing perpetuity)은 무한 시점까지 매 기간 현금흐름이 발생하고, 매 기간 발생하는 현금흐름이 일정한 비율로 증가하는 규칙성을 갖는 여러 기간 현금흐름이다. 예를 들어, $100의 첫 번째 지불 이후 지불 금액이 매년 3%의 비율로 영구히 성장하는 현금흐름은 성장영구연금에 해당된다. 이 성장영구연금을 시간선에 나타내면 다음과 같다.

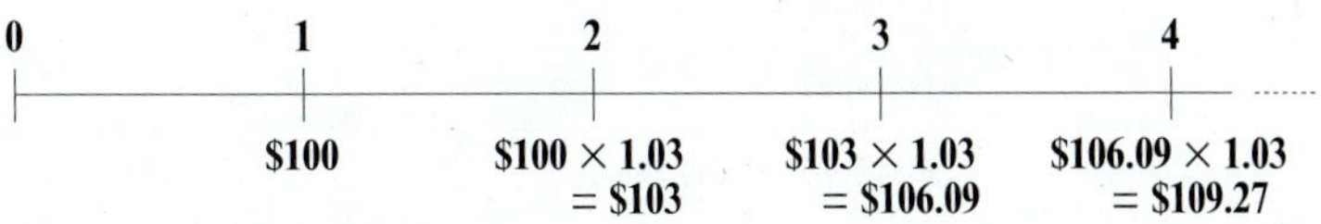

성장영구연금의 현재가치 공식을 도출하기 위하여, 앞서 영구연금의 현재가치 공식을 도출하는데 사용했던 논리를 따르기로 한다. 즉 성장영구연금을 창출하기 위하여 현재 은행에 예치해야 하는 금액을 구한다. 영구연금의 현재가치 공식을 도출할 때는 매년 발생한 이자를 인출하고 초기 투자금액을 재예치하면 무한 시점까지 매 기간 일정한 금액이 발생하는 현금흐름을 창출할 수 있었다. 하지만 매년 인출하는 금액이 증가하기 위해서는 재예치하는 금액 또한 커져야 한다. 따라서 매년 발생하는 이자에서 일부를 남겨두고 인출해야만 이 금액을 이용하여 재예치

하는 금액을 늘릴 수 있다.

특정한 경우를 예로 들어보자. 2% 성장률을 가진 성장영구연금의 현금흐름을 만들기 위해, 연 5%의 이자를 지급하는 은행계좌에 $100을 투자하였다. 1년 후에 은행계좌에 $105(초기 투자금액 $100 + 이자 $5)가 있게 된다. 이때 발생한 이자 $5 중 $3만을 인출하고 초기 투자금 액보다 2% 많은 금액인 $102를 재투자한다. 2년 후에 은행계좌에 $107.10이 있게 된다. 이때 발생한 이자 $7.10 중 $3.06(= $3 × 1.02)만을 인출하고, 나머지 이자($4.04)와 초기 투자금액 의 합계인 $104.04(= $102 × 1.02)를 1년간 재투자한다. 우리는 여기서 매년 인출하는 금액도, 재투자하는 금액도 2%씩 성장함에 주목할 필요가 있다. 이러한 현금흐름을 시간선에 나타내 면 다음과 같다.

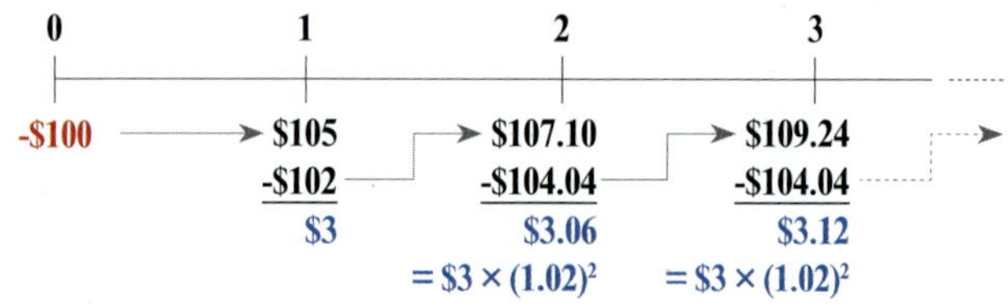

이 전략에 따르면 $3에서 시작하여 매년 2%씩 성장하는 성장영구연금의 현금흐름을 창출할 수 있다. 이 성장영구연금의 현재가치는 초기투자 비용인 $100과 같아야 한다.

이러한 논의는 다음과 같이 일반화된다. 만약 매년 인출하는 금액이 성장률 g로 성장하기를 원한다면, 매년 재투자하는 금액도 동일한 성장률 g로 성장하여야 한다. 즉 1년 후(1기)에는 원금 P가 아닌 P(1 + g) = P + gP가 재투자되어야 한다. 재투자금액을 gP만큼 증가시키기 위해서는 발생한 이자 rP 중에서 gP를 뺀 rP - gP = P(r - g)만을 인출해야 한다. 앞의 예시에서 1기의 현금흐름을 이 기호들을 이용하여 정리하면 다음과 같다.

예치금액	$100	P
발생 이자	(.05)($100)	rP
원금 증가액	(.02)($100)	gP
인출액	(.05)($100) – (.02)($100)	rP – gP
	= $100(.05 – .02)	= P(r – g)

1기의 인출 금액인 C에 대해 C = P(r - g)의 등식이 성립한다. 이 등식을 원금인 P에 대해 정 리하면 첫 현금흐름이 C인 성장영구연금의 현재가치를 구하는 공식을 얻을 수 있다.[3]

3) 만약 $g \geq r$ 이라면, 현금흐름의 증가 속도가 현금흐름의 할인 속도를 능가할 것이다. 할인된 각 기간 현금흐름들의 합계에서 각 기간의 값들이 줄어들지 않고 증가할 것이다. 결국 이 경우 할인된 각 기간 현금흐름들의 합계가 무한한 값을 갖게 될 것이다. 현금흐름의 현재가치가 무한하다는 것은 무엇을 의미할까? 현금흐름의 현재가치는 "그 현금흐름을 스스로 창출할 수 있는 비용(do-it-yourself cost of creating the cash flows)"이라는 것을 기억할 것이다. 어떤 현금흐름의 현재가치가 무한하다는 것은 얼마의 금액을 가지고 시작하든지 상관없이 그 현금흐름을 창출할 수 없다는 것을 의미한다. 이와 같은 성장영구연금은 현실적으로 존재할 수 없다. 그 이유는 어느 누구도 무한한 가격으로 성장영구연금을 구입하려고 하지 않기 때문이다. 또한 영구적으로 이자율보다 빨리 성장하는 금액을 지불할 것이라는 약속이 지켜질 가능성은 현

성장영구연금의 현재가치

$$PV(\text{성장영구연금}) = \frac{C}{r - g} \tag{4.7}$$

성장영구연금의 현재가치 공식을 직관적으로 이해하기 위하여 영구연금의 현재가치 공식에서 시작하자. 영구연금의 경우에는, 매년 발생한 이자가 영구연금의 현금흐름과 같도록 하는 금액을 은행계좌에 예치해야 한다. 하지만 성장영구연금의 경우에는, 현금흐름이 매년 성장해야 하므로 영구연금보다 더 많은 금액을 예치해야 한다. 그러면 성장영구연금은 영구연금보다 얼마나 더 많은 금액을 예치해야 하는가? 은행이 지급하는 이자율이 연 5%라면, 영구연금의 경우는 5% 전부를 인출해야 한다. 하지만 성장률 2%의 성장영구연금의 경우는 재투자금액이 매년 2%씩 증가하여야 하므로 3%(= 5% - 2%)만을 인출해야 한다. 따라서 영구연금의 현재가치는 첫 현금흐름을 이자율로 나누어서 구하지만, 성장영구연금의 현재가치는 첫 현금흐름을 이자율에서 성장률을 뺀 값으로 나누어서 구해야 한다.

개인재무
예제 4.6
성장영구연금을 위한 기부

문제 *Problem*

예제 4.3에서 당신은 모교의 졸업생들이 매년 $30,000의 졸업파티를 개최할 수 있도록 하기 위해 모교에 기부를 하고자 하였다. 모교의 투자 수익률이 연 8%로 주어졌을 때, 당신이 기부해야 하는 금액은

PV = $30,000/0.08 = $375,000 (오늘)

물가상승으로 파티 비용의 증가를 예상한 모교의 학생회가 당신에게 기부금 증액을 요청했다. 학생회는 내년 파티 비용은 $30,000으로 충분하지만, 그다음 해부터는 매년 파티 비용이 4%씩 증가할 것으로 예측하고 있다. 학생회의 이러한 요구를 충족하기 위하여 당신은 오늘 얼마를 기부해야 하는가?

풀이 *Solution*

● **계획**

당신이 모교에 제공하고자 하는 현금흐름을 시간선에 나타내면 다음과 같다.

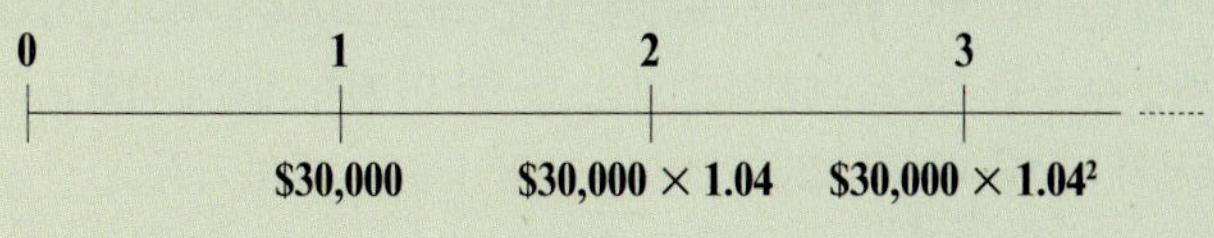

내년 파티 비용은 $30,000이다. 그다음 해부터는 매년 파티 비용이 4%씩 증가한다. 시간선으로부터 이러한 현금흐름이 성장영구연금에 해당됨을 알 수 있다. 성장영구연금의 현재가치를 계산함으로써 이 문제의 답을 구할 수 있다.

● **실행**

성장영구연금의 현재가치를 구하는 공식을 이용하면

PV = $30,000/(0.08 − 0.04) = $750,000 (오늘)

● **평가**

당신의 기부 금액은 2배가 되어야 한다.

실적으로 희박하다. 따라서 실현 가능한 성장영구연금은 성장률이 이자율보다 낮은, 즉 $g<r$이라고 할 수 있다.

성장연금

성장연금: 미래의 유한한 시점까지 매 기간 발생하는 현금흐름이 일정한 비율로 성장하는 형태의 현금흐름

성장연금(growing annuity)도 매 기간 발생하는 현금흐름이 일정한 비율로 성장하는 형태의 현금흐름이다. 성장영구연금은 현금흐름이 무한 시점까지 발생하지만, 성장연금은 유한한 시 점(N)까지만 현금흐름이 발생한다. 첫 현금흐름 C의 발생 이후 g의 성장률로 성장하는 현금흐 름이 N기까지 지속되는 형태의 현금흐름을 시간선에 나타내면 다음과 같다.

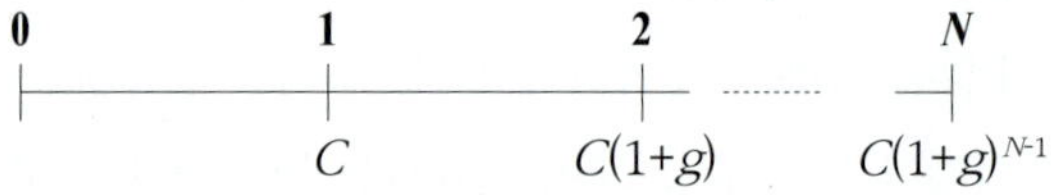

앞에서 사용했던 다음 관행들이 여전히 적용된다. (1) 첫 현금흐름은 1기 말에 발생한다. (2) 첫 현금흐름이 발생한 이후에 현금흐름이 성장한다. 이에 따라 마지막 기인 N기의 현금흐름은 N - 1번의 성장을 반영한 값이다.

첫 현금흐름 C, 성장률 g, 현금흐름 발생 기간의 수가 N인 성장연금의 현재가치 공식은 다음과 같다.

성장연금의 현재가치

$$PV = C \times \frac{1}{(r - g)} \left(1 - \left(\frac{1 + g}{(1 + r)}\right)^{N}\right) \tag{4.8}$$

성장연금은 유한한 수의 현금흐름이 발생하므로, 식 4.8은 $g > r$[4]인 경우에도 성립한다. 이 공식은 연금의 현재가치를 도출하는 과정과 동일한 과정을 통해 도출될 수 있다. 이 공식의 도출 과정에 관심 있는 독자들은 온라인 부록을 참조하기 바란다.

예제 4.7
성장연금의 미래가치

문제 *Problem*

예제 4.5에서 엘렌은 은퇴에 대비하기 위해 매년 $10,000을 퇴직연금 계좌에 저축할 예정이었다. 첫해에는 그녀가 저축할 수 있는 최대금액이 $10,000이다. 하지만 그녀는 매년 그녀의 연봉이 인상되어 매년 저축할 수 있는 금액을 5%씩 증액할 수 있을 것으로 예상하고 있다. 그녀가 이 저축 계획에 따르고 이 계좌의 수익률이 연 10%라면, 그녀가 65세가 되었을 때 퇴직연금 계좌에는 얼마가 들어 있겠는가?

풀이 *Solution*

● **계획**

그녀의 새로운 저축 계획을 시간선에 나타내면 다음과 같다.

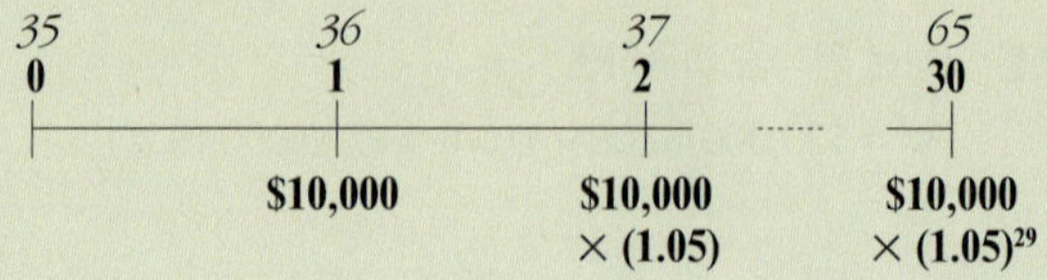

4) 만약 g = r이라면, 식 4.8은 성립하지 않는다. 2기 이후부터 현금흐름의 성장과 할인이 정확히 상쇄되어 매 기간에 1기의 현금흐름과 동일한 현재가치를 갖는 현금흐름이 발생한다. 따라서 이 경우 성장연금의 현재가치는 $PV = C \times N/(1+r)$이다.

● **실행**

엘렌의 성장연금의 현재가치는 다음과 같다.

$$\begin{aligned} FV &= \$10{,}000 \times \frac{1}{0.10 - 0.05}\left(1 - \left(\frac{1.05}{1.10}\right)^{30}\right) \\ &= \$10{,}000 \times 15.0463 \\ &= \$150{,}463 \text{ (오늘)} \end{aligned}$$

엘렌의 저축 계획은 오늘 은행에 $150,463을 가지고 있는 것과 동일한 가치를 가지고 있다. 그녀가 65세가 되었을 때 퇴직연금 계좌에 들어있는 금액을 구하려면, 이 금액을 30년 후로 이동해야 한다.

$$\begin{aligned} FV &= \$150{,}463 \times 1.10^{30} \\ &= \$2.625\text{백만 (30년 후)} \end{aligned}$$

● **평가**

엘렌의 새로운 저축 계획에 따르면, 그녀가 65세가 되었을 때 $2.625백만을 갖게 될 것이다. 이 금액은 그녀가 매년 저축하는 금액을 늘리지 않았을 때보다 $1백만이 더 많은 금액이다. 그녀는 매년 저축하는 금액을 늘림에 따라 투자원금이 누진적으로 증가하는 가운데, 투자원금에 대한 지속적인 복리계산이 이루어져서 결과적으로 그녀의 저축금액이 더욱 커지게 되었다.

개념확인

7. 성장영구연금은 어떻게 유한한 현재가치를 가질 수 있는가?
8. 성장영구연금의 예를 몇 가지 들어 보시오.

4.5 현재가치와 미래가치 이외의 변수 구하기

지금까지 우리는 여러 기간에 발생하는 현금흐름의 현재가치 또는 미래가치를 구해왔다. 하지만 우리는 종종 현금흐름의 현재가치 또는 미래가치를 알지만 지금까지 주어진 것으로 가정해 왔던 변수들을 모르는 경우도 있다. 예를 들어, 대출을 받고자 할 때 대출금은 알고 있지만, 대출금을 상환하는 데 필요한 분할상환금(loan payment)을 모를 수도 있다. 혹은 은행에 저축을 하고자 할 때, 계좌 잔고가 일정 수준에 도달하기까지 얼마의 기간이 걸리는지 알고 싶어할 수도 있다. 이러한 경우 해당 공식에 현재가치 또는 미래가치를 입력한 후, 이 공식을 알고 싶어 하는 변수에 대해 정리하면 된다. 우리는 이 절에서 이에 대한 몇 가지 구체적인 사례들을 살펴보고자 한다.

연금의 현금흐름 구하기

투자의 현재가치는 알지만, 미래에 발생하는 현금흐름을 모르는 경우를 고려해보자. 이에 가장 적절한 예는 지금 얼마를 빌려야 하는지(현재가치)와 이자율은 알지만, 매년 갚아야 하는 일정한 금액(연금의 현금흐름)을 모르는 대출이다. 당신이 새로운 사업을 시작하려고 하는데, 초기 투자자금이 \$100,000이 필요하다고 가정하자. 은행이 이 돈을 당신에게 빌려주기로 했는데, 대출조건은 다음과 같다. 대출 이자율은 연 8%이고, 일정한 금액의 분할상환금을 1년 후부터 10년 동안 매년 지급함으로써 대출을 상환한다. 이 경우 당신의 매년 분할상환금은 얼마인가? 시간선을 은행의 입장에서 그리면 다음과 같다.

은행은 당신에게 오늘 \$100,000을 주고 10년에 걸쳐 매년 일정한 분할상환금인 C를 받는다. 당신은 은행이 요구하는 C를 알아야 한다. 은행이 제시하는 8%의 이자율로 평가한 10회에 걸친 C의 현재가치가 \$100,000이 되어야 은행이 당신에게 \$100,000을 대출해 줄 것이다.

\$100,000 = PV(10년간 매년 C를 지급하는 연금, 대출 이자율로 평가)

식 4.5의 연금의 현재가치 공식을 이용하면

$$100{,}000 = C \times \frac{1}{0.08}\left(1 - \frac{1}{1.08^{10}}\right) = C \times 6.71$$

이 등식을 C에 대해 정리하면,

$$C = \frac{100{,}000}{6.71} = \$14{,}903$$

은행은 당신에게 \$100,000의 대출을 해 준 대가로 10년 동안 매년 \$14,903의 분할상환금을 지급할 것을 요구할 것이다.

우리는 이 문제를 재무계산기 또는 엑셀을 이용해서도 구할 수 있다(당신의 입장에서는 \$100,000의 부호가 양(+)이고 분할상환금의 부호가 음(-)이다).

	N	I/Y	PV	PMT	FV
입력:	10	8	100,000		0
계산 결과:				−14,903	
엑셀 공식: = PMT(RATE, NPER, PV, FV) = PMT(0.08, 10, 100,000, 0)					

일반적으로 분할상환금을 구할 때, 대출금을 분할상환금들의 현재가치로 생각해야 한다. 분할상환금이 연금의 형태를 취하므로, 연금의 현재가치를 구하는 공식을 분할상환금에 대해 정리함으로써 분할상환금을 구하는 공식을 도출할 수 있다. 대출금 P, 분할상환 횟수 N, 분할상환금 C, 이자율 r일 때, 대출 분할상환금의 공식은 다음과 같이 표현된다.

연금의 현금흐름(대출 분할상환금)

$$C = \frac{P}{\frac{1}{r}\left(1 - \frac{1}{(1+r)^N}\right)} \tag{4.9}$$

우리는 이와 같은 원리를 이용하여 현재가치 대신 미래가치를 알 때의 현금흐름 또한 구할 수 있다. 대학을 막 졸업한 당신은 분별력 있게 행동하기로 결심하고, 주택구입 계약금을 마련

예제 4.8
대출 분할상환금 구하기

문제 *Problem*

당신 회사는 창고를 $100,000에 구입하는 계획을 세우고 있다. 은행은 8%의 연간 이자율로 30년간 대출을 해주고, 매년 일정한 금액의 분할상환금을 납부할 것을 제안하였다. 은행은 당신 회사가 구입금액의 20%를 계약금으로 지급할 것을 요구하고 있다. 따라서 당신 회사가 은행으로부터 빌릴 수 있는 금액은 $80,000이다. 당신 회사가 매년 지불해야 하는 분할상환금은 얼마인가?

풀이 *Solution*

● **계획**

은행의 입장에서 발생하는 현금을 시간선에 나타내면 다음과 같다.

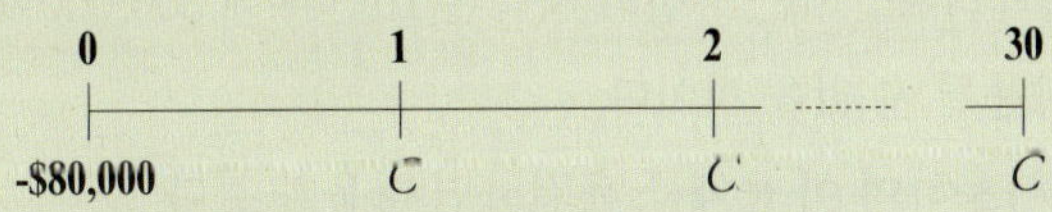

식 4.9에 N = 30, r = 0.08, P = $80,000을 대입하여 C 를 구할 수 있다.

● **실행**

식 4.9를 이용하여 분할상환금을 구하면,

$$C = \frac{P}{\frac{1}{r}\left(1 - \frac{1}{(1+r)^N}\right)} = \frac{80{,}000}{\frac{1}{0.08}\left(1 - \frac{1}{(1.08)^{30}}\right)}$$
$$= \$7{,}106.19$$

재무계산기나 엑셀을 이용하여 구하면,

	N	I/Y	PV	PMT	FV
입력:	30	8	−80,000		0
계산 결과:				7,106.19	
엑셀 공식: = PMT(RATE, NPER, PV, FV) = PMT(0.08, 30, −80,000, 0)					

● **평가**

당신 회사는 대출 상환을 위해 매년 $7,106.19의 분할상환금을 30회에 걸쳐 지불해야 한다. 8%의 연간 이자율로 계산한 $7,106.19씩 총 30회의 현재가치가 $80,000이므로, 은행은 이 금액의 분할상환금을 받아들일 것이다.

하기 위해 저축을 시작한다고 가정하자. 당신은 10년 후까지 $60,000을 저축하는 것이 목표이다. 당신이 연간 이자율 7%에 저축할 수 있다면, 이 목표를 달성하기 위하여 매년 저축해야 하는 금액은 얼마인가?

이 예에 대한 시간선은 다음과 같다.

0	1	2	······	10
	-$C	-$C		-$C +$60,000

즉 당신은 매년 일정한 금액 C를 저축하여 10년 후에 $60,000을 은행에서 찾을 계획이다. 당신은 연금의 미래가치가 $60,000일 경우, 이 연금에서 매년 발생하는 일정한 현금흐름을 찾아야 한다. 우리는 식 4.6의 연금의 미래가치 공식을 이용한다.

$$60{,}000 = FV(\text{연금}) = C \times \frac{1}{0.07}\ (1.07^{10} - 1) = C \times 13.816$$

그러므로 $C = \dfrac{60{,}000}{13.816} = \$4{,}343$이다. 따라서 당신은 매년 $4,343의 일정한 금액을 저축해야 한다. 그러면 7% 이자율로 복리계산되는 당신의 저축은 10년 후에 $60,000이 되어, 당신의 주택구입을 위한 계약금으로 사용될 수 있을 것이다.

재무계산기나 엑셀을 사용하여 이 문제를 해결하면 다음과 같다.

	N	I/Y	PV	PMT	FV
입력:	10	7	0		60,000
계산 결과:				−4,343	
엑셀 공식: = PMT(RATE, NPER, PV, FV) = PMT(0.07, 10, 0, 60,000)					

여기에서도 당신은 10년 동안 매년 $4,343의 일정한 금액을 저축해야 10년 후에 $60,000이 라는 금액을 마련할 수 있다는 것을 발견할 수 있다.

수익률 구하기

때때로 투자에 소요되는 비용과 투자로 인해 기대되는 현금흐름은 알지만, 수익률을 모르는 경우가 있다. 투자의 수익률은 투자의 비용과 기대 현금흐름의 현재가치가 정확히 일치되도록 하는 수익률이다. 이에 대한 예시를 위해 오늘 $1,000을 투자하면 6년 후에 $2,000의 현금흐름이 발생하는 투자 기회가 있다고 가정하자. 이 투자 기회를 시간선에 나타내면 다음과 같다.

0	1	2	······	6
-$1,000				+$2,000

이 투자 기회를 분석하는 방법 중의 하나는 다음과 같은 질문을 하는 것이다. 당신이 받는 금액의 현재가치와 당신이 지불하는 금액의 현재가치가 같은 이자율 r은 얼마인가?

$$1{,}000 = \frac{2{,}000}{(1+r)^6}$$

위 식을 재정렬하면 다음과 같은 식을 얻을 수 있다.

$$1{,}000 \times (1+r)^6 = 2{,}000$$

즉 r은 당신이 $1,000을 투자하여 6년 후에 $2,000을 얻기 위해 필요한 수익률이다. 위 식을 r에 대해 정렬하면,

$$1 + r = \left(\frac{2{,}000}{1{,}000}\right)^{\frac{1}{6}} = 1.1225$$

혹은 r = 0.1225이다. 이 이자율이 이 투자 기회의 수익률이다. 이 투자를 실행함으로써 6년 동안 매년 12.25%의 수익을 얻을 수 있다.

위의 예에서처럼 단지 두 개의 현금흐름만 있으면 수익률을 계산하는 것이 쉽다. 오늘 P를 투자하여 N년 후에 FV를 받는 일반적인 경우를 고려해 보자.

$$P \times (1+r)^N = FV$$
$$1 + r = (FV/P)^{1/N}$$

즉 N년 동안 FV/P라는 총수익률을 얻는데, 이를 연간 수익률로 환산하기 위해 총수익률에 1/N 승을 한다.

이제 더 복잡한 예를 들어보자. 당신 기업이 새로운 지게차를 구입해야 한다. 딜러는 (1) 지게차 가격을 현금으로 지불하거나 (2) 딜러로부터 대출을 받고 매년 일정한 금액을 상환하는 두 가지 옵션을 제시한다. 딜러가 당신에게 제안하는 대출을 평가하기 위해서는 딜러가 제시하는 이자율과 은행이 제시하는 이자율을 비교해보아야 한다. 그러면 딜러가 제시하는 대출상환금이 주어졌을 때, 어떻게 딜러가 제시하는 이자율을 계산할 수 있는가?

이 경우 우리는 딜러 대출의 수익률을 계산해야 한다. 딜러가 제시하는 지게차의 현금 가격은 $40,000이고 딜러가 제시하는 대출 조건은 계약금이 없고, 4년 동안 매년 $15,000을 지급하는 것이라고 가정하자. 이를 시간선에 다음과 같이 나타낼 수 있다.

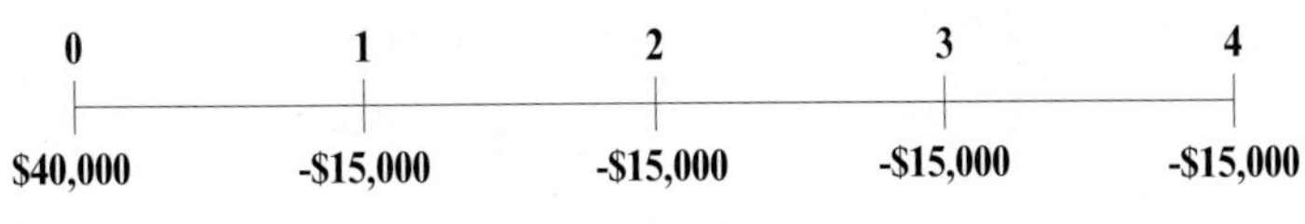

시간선으로부터 대출은 4년 동안 $15,000의 일정한 금액이 발생하는 연금이고, 이 연금의 현재

가치가 \$40,000이라는 것을 알 수 있다. 현금흐름의 현재가치가 0이 되기 위해서는 분할상환금의 현재가치와 지게차의 구입가격이 같아야 한다.

$$40{,}000 = 15{,}000 \times \frac{1}{r}\left(1 - \frac{1}{(1+r)^4}\right)$$

위 등식이 성립하도록 하는 이자율이 대출의 이자율이다. 불행히도 이 경우는 r을 구하는 간단한 방법이 존재하지 않는다.[5] 이 등식을 푸는 유일한 방법은 추측하는 r의 값을 등식이 성립할 때까지 반복적으로 대입하는 것이다.

먼저 r = 10%라고 가정하자. 이때 분할상환금 연금의 가치는 다음과 같다.

$$15{,}000 \times \frac{1}{0.10}\left(1 - \frac{1}{(1.10)^4}\right) = 47{,}548$$

연금의 현재가치가 너무 크다. 연금의 현재가치를 줄이기 위해서는 r을 더 높여야 한다. 이번 에는 r = 20%라고 가정하자.

$$15{,}000 \times \frac{1}{0.20}\left(1 - \frac{1}{(1.20)^4}\right) = 38{,}831$$

이제 연금의 현재가치가 너무 작다. 따라서 우리는 10%와 20% 사이에서 이자율을 골라야 한 다. 우리는 정확한 이자율 값을 찾을 때까지 이러한 작업을 계속해야 한다. 이번에는 추측하는 이자율 값이 18.45%라고 가정해 보자.

$$15{,}000 \times \frac{1}{0.1845}\left(1 - \frac{1}{(1.1845)^4}\right) = 40{,}000$$

이 경우 등식이 성립하므로, 딜러가 제시하는 이자율이 18.45%라고 할 수 있다.

이자율을 추측하여 수작업으로 계산하는 것보다 더 쉬운 방법은 추측 과정을 자동화한 재무계산기나 엑셀을 사용하는 것이다. 이 예에서처럼 현금흐름이 연금의 형태를 취하는 경우, 우리는 재무계산기나 엑셀을 이용하여 이자율을 구할 수 있다. 재무계산기와 엑셀은 비록 약간의 기호 차이는 있지만 다음 등식을 이용하여 해를 구한다(I/Y는 할인율, PMT는 매년 지급액).

$$0 = PV + PMT \times \frac{1}{I/Y}\left(1 - \frac{1}{(1+I/Y)^N}\right) + \frac{FV}{(1+I/Y)^N}$$

이 등식은 비용과 편익의 현재가치가 정확히 상쇄되어 연금의 투자가치가 0이 됨을 보장하는 등식이다. 엑셀이나 재무계산기는 이자율이 알려져 있지 않을 때 이 등식을 충족하는 이자율 값을

---

5) 5기 이상의 기간을 갖는 일반적인 현금흐름이라면, r을 구하는 일반적인 공식이 존재하지 않는다. 이 경우 여러 번의 시행착오를 거쳐 등식이 성립하는 값을 구하는 것이 r을 구하는 유일한 방법이다.

계산한다. 재무계산기나 엑셀을 사용하여 이 예의 답을 구하면 다음과 같다.

	N	I/Y	PV	PMT	FV
입력:	4		40,000	−15,000	0
계산 결과:		18.45			
엑셀 공식: = RATE(NPER, PMT, PV, FV) = RATE(4, −15,000, 40,000, 0)					

두 경우 모두 대출의 이자율이 18.45%라는 계산 결과를 제시한다. 재무계산기가 산출하는 I/Y 값은 18.45이지만, 엑셀이 산출하는 RATE 값은 0.1845임을 유의해야 한다.

개인재무
예제 4.9
재무계산기를 이용하여 수익률 구하기

문제 *Problem*

예제 4.4의 복권 당첨금 문제로 돌아가자. 투자 수익률이 얼마일 때 일시불 $15백만을 선택하는 것이 더 유리한가?

풀이 *Solution*

● **계획**

복권에 당첨된 당신은 (a) 오늘부터 지급받기 시작하여 매년 $1백만씩 총 30회를 지급받는 것과 (b) 오늘 일시불로 15백만을 받는 것 두 가지 옵션 중에서 한 가지를 선택할 수 있다. 첫 번째 옵션인 (a)의 경우 29년간 매년 $1백만을 지급하는 연금과 0기의 $1백만의 합으로 이루어진다.

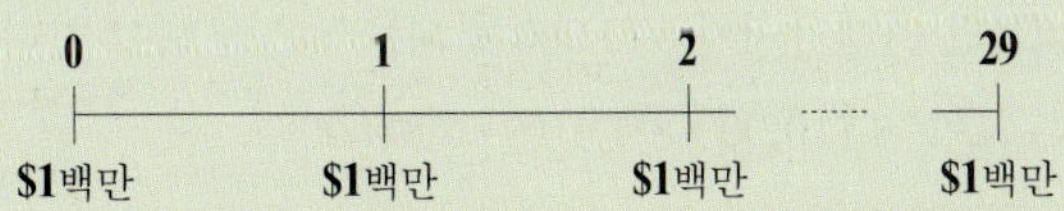

이 문제에 대한 답을 얻기 위해 먼저 두 옵션이 동일한 가치를 갖도록 하는 수익률을 구한다. 그다음에는 이 수익률과 일시불로 받는 금액의 투자 수익률을 비교한다. 만약 일시불로 받는 금액의 투자 수익률이 이 수익률보다 높으면(낮으면) 연금의 현재가치는 $15백만보다 낮다(높다).

● **실행**

먼저 옵션 (a)의 현재가치와 옵션 (b)의 현재가치가 같다고 놓는다. 여기서 오늘 $15백만을 일시불로 지급하는 옵션 (b)는 이미 현재가치로 표현되어 있다.

$$\$15\text{백만} = \$1\text{백만} + \$1\text{백만} \times \frac{1}{r}\left(1 - \frac{1}{(1+r)^{29}}\right)$$

$$\$14\text{백만} = \$1\text{백만} \times \frac{1}{r}\left(1 - \frac{1}{(1+r)^{29}}\right)$$

재무계산기나 엑셀을 이용하여 r을 구하면,

	N	I/Y	PV	PMT	FV
입력:	29		−14,000,000	1,000,000	0
계산 결과:		5.72			
엑셀 공식: = RATE(NPER, PMT, PV, FV) = RATE(29, 1,000,000, −14,000,000, 0)					

두 옵션을 같게 하는 수익률은 5.72%이다.

- **평가**

5.72%의 수익률은 두 옵션을 현재가치 측면에서 동등하게 하는 수익률이다. 만약 당신이 5.72%보다 더 높은 수익률을 올릴 수 있으면, 오늘 $15백만을 받아 투자하면, 30년 동안 매년 $1백만을 받는 것보다 더 많 은 금액을 창출할 수 있다. 하지만 당신이 5.72%보다 더 높은 수익률을 올릴 수 없다면, 투자를 통해 30년 동안 매년 $1백만을 창출할 수 없으며, 옵션 (a)를 선택하는 것이 옵션 (b)를 선택하는 것보다 나은 선택이라고 할 수 있다.

기간의 수 구하기

연금의 현금흐름이나 이자율 이외에 어떤 금액이 미래에 일정 금액까지 증가하는 데 걸리는 기간도 구할 수 있다. 즉 이자율, 현재가치, 미래가치를 알고 있으면 현재가치가 미래가치가 되는 데 걸리는 기간을 계산할 수 있다.

예를 들어, $10,000을 연간 이자율이 10%인 은행계좌에 예금하여 $20,000이 되는 데 걸리는 기간을 알고 싶어 한다고 가정하자. 우리는 아래 시간선에서 N을 결정해야 한다.

아래 공식에서 투자금액의 미래가치가 $20,000이 되는 N을 구해야 한다.

$$PV = \$10,000 \times 1.10^{N} = \$20,000 \tag{4.10}$$

N을 찾는 방법 중 하나는 앞의 이자율 구하는 예제에서처럼 시행착오를 거쳐 구하는 것이다. 예를 들어, 위 공식에 N = 7년을 넣으면 FV = $19,487이므로, 미래가치가 $20,000이 되려면 7년보다 더 걸린다고 할 수 있다. 이번에는 N = 8이라고 하면 FV = $21,436이므로, 미래가치가 $20,000이 되는 데 걸리는 기간은 7년과 8년 사이라고 할 수 있다.

N을 구하는 또 다른 방법 중 하나는 재무계산기나 엑셀을 이용하는 것이다. 재무계산기나 엑셀을 이용하면,

	N	I/Y	PV	PMT	FV
입력:		10	−10,000	0	20,000
계산 결과:	7.27				
엑셀 공식: = NPER(RATE, PMT, PV, FV) = NPER(0.10, 0, −10,000, 20,000)					

미래가치가 $20,000이 되는 데 걸리는 기간은 7.3년으로 계산된다. 기간의 수를 구하는 마지막 방법은 로그를 이용하여 수학적으로 N의 값을 구하는 것이다.

개인재무
예제 4.10
저축 계획에서 기간의 수 구하기

문제 *Problem*

주택구입 계약금 마련을 위한 저축의 예로 다시 돌아가자. 시간이 지나서 당신이 이미 $10,050을 저축했고, 앞으로 매년 말에 $5,000을 저축할 수 있다고 가정하자. 그리고 이자율도 올라서 당신 저축에 대한 연간 이자율이 7.25%라고 한다. 당신의 목표인 $60,000을 모으는 데 앞으로 얼마의 기간이 걸리겠는가?

풀이 *Solution*

● **계획**

이 문제에 대한 시간선은 다음과 같다.

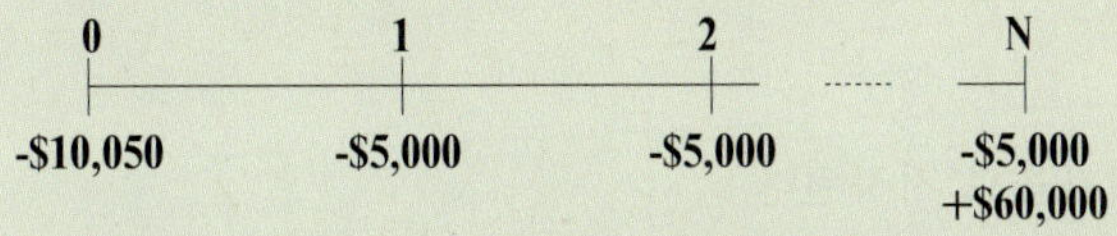

우리는 당신이 이미 저축한 금액의 미래가치와 앞으로 추가적으로 저축할 금액(연금)의 미래가치 합계가 당신 이 목표로 하는 금액과 같아지도록 하는 N을 구해야 한다. 다음 두 가지 요인이 당신이 저축한 금액의 미래가 치에 영향을 미친다. 첫째, 매년 복리이자가 붙는 일정한 금액 $10,050이 기여하는 부분이 있다. 둘째, 매년 $5,000씩 적립되어 복리이자가 붙는 연금이 기여하는 부분이 있다. 따라서 우리는 일정한 금액의 미래가치와 연금의 미래가치를 계산해야 한다.

● **실행**

재무계산기나 엑셀을 이용하여 이 문제의 답을 구할 수 있다.

	N	I/Y	PV	PMT	FV
입력:		7.25	−10,050	−5,000	60,000
계산 결과:	7.00				
엑셀 공식: = NPER(RATE, PMT, PV, FV) = NPER(0.0725, −5,000, −10,050, 60,000)					

또한 이 문제에 대한 답을 수학적으로 구하는 방법도 있다. 식 4.1을 이용하여 초기 현금흐름의 미래가치를, 식 4.6을 이용하여 연금의 미래가치를 각각 구할 수 있다.

$$10{,}050 \times 1.0725^{N} + 5{,}000 \times \frac{1}{0.0725}(1.0725^{N} - 1) = 60{,}000$$

위 등식을 다음과 같이 정리할 수 있다.

$$1.0725^{N} = \frac{60{,}000 \times 0.0725 + 5{,}000}{10{,}050 \times 0.0725 + 5{,}000} = 1.632$$

위 등식의 양변에 로그를 취한 후, N에 대해 정리하면 N을 구할 수 있다.

$$N = \frac{\ln(1.632)}{\ln(1.0725)} = 7\ (\text{년})$$

● **평가**

주택구입 계약금을 마련하는 데 7년이 걸린다.

개념확인

9. 연금에서 매 기간 발생하는 일정한 현금흐름은 어떻게 계산하는가?
10. 당신이 이자율을 계산할 때 PV와 FV가 일정한 가운데 기간의 수가 늘어난다면, 이자율은 높아지는가 아니면 낮아지는가?

4.6 비연간 현금흐름

우리는 지금까지는 연간 간격으로 발생하는 현금흐름만을 고려했다. 현금흐름이 다른 간격, 즉 월간으로 발생하는 경우에도 동일한 방법론이 적용될까? 이에 대한 대답은 '그렇다'이다. 다음 두 가지가 충족되는한, 우리가 연간 현금흐름에 대해 학습한 모든 것이 월간 현금흐름에도 그대로 적용된다.

1. 이자율은 월간 이자율로 지정된다.
2. 기간 수는 월 단위로 표시된다.

예를 들어 한 달에 2%의 이자를 청구하는 신용카드를 가지고 있다고 가정하자. 오늘 카드에 $1,000의 미지불 잔고가 있고 6개월 동안 지불하지 않는다면, 6개월 후의 미래 잔고는 아래와 같다.

$$FV = C \times (1+r)^n = \$1,000 \times (1.02)^6 = \$1,126.16$$

우리는 이전과 동일한 미래가치 공식을 적용하지만 r은 *월간* 이자율이고 n은 *개월* 수이다.

예제 4.11에서 볼 수 있듯이 동일한 논리가 연금에도 적용된다.

예제 4.11
월별 현금흐름을 갖는 연금의 가치평가

문제 *Problem*

당신은 새 차를 구입하려고 한다. 당신은 대금 지급에 대한 두 가지 선택안이 있다. 당신은 $20,000를 즉시 현금으로 지불하거나, 다음 달부터 48개월(4년) 동안 매월 $500를 지불해야 하는 대출을 받을 수 있다. 만약 월간 이자율이 0.5%라면, 당신이 선택해야 하는 안은 어떤 것인가?

풀이 *Solution*

● **계획**

우리는 대출 상환을 시간선에 나타내면서 이 문제에 대한 풀이를 시작한다.

시간선은 대출 상환의 현금흐름이 48기간의 연금이라는 것을 보여준다. 연금의 현재가치 공식을 사용하면 다음과 같다.

$$PV(\text{48기간의 연금 \$500}) = \$500 \times \frac{1}{0.005}\left(1 - \frac{1}{(1.005)^{48}}\right)$$
$$= \$21,290$$

혹은 우리는 재무계산기나 엑셀을 이용하여 이 문제를 풀 수 있다.

	NPER	RATE	PV	PMT	FV
입력:	48	0.50%		500	0
계산 결과:			(21,290)		
	엑셀 공식: =PV(0.005,48,500,0)				

● **평가**

따라서 이 대출은 오늘 $21,290를 지불하는 것과 동등하며, 오늘 현금으로 지불하는 것보다 더 많은 금액을 지불하게 한다. 당신은 현금으로 자동차 대금을 지급해야 한다.

큰 그림

이 장의 도입부에서는 의사결정의 비용과 편익을 분석함으로써 가치평가 원칙을 재무 의사결정에 적용하기 위해 필요한 방법론을 개발하는 것을 목표로 세웠다. 제3장의 화폐의 시간가치를 시작으로, 우리는 미래의 현금흐름과 같은 가치를 갖는 현재의 금액, 현재의 현금흐름과 같은 가치를 갖는 미래의 금액 등을 계산하는 방법을 학습하였다. 또한 우리는 영구연금, 대출과 같이 규칙성을 갖는 현금흐름의 현재가치와 미래가치를 간편하게 계산할 수 있는 방법도 학습하였다. 우리가 살펴본 바와 같이, 현재가치와 미래가치를 구하는 데 있어서 할인율은 매우 중요한 역할을 한다. 하지만 이 장 전반에서 할인율은 주어진 것으로 간주하였다.

할인율을 결정하는 요인들은 무엇인가? 가치평가 원칙에 따르면, 여러 시점에 걸쳐 발생하는 현금흐름의 가치를 평가하기 위해서는 시장 정보에 의존하여야 한다다고 한다. 다음 장에서는 시장 이자율이 어떻게 호가되는지와 함께 시장 이자율의 결정요인들에 대해 학습할 것이다. 이자율의 호가 관행을 이해하면, 우리가 이번 장에서 학습한 방법론을 1년에 여러 번의 복리계산이 이루어지는 경우에도 쉽게 적용할 수 있을 것이다.

개념확인

11. 현재가치 및 미래가치 공식은 연간으로 발생하는 현금흐름에만 적용되는가?
12. 현금흐름이 비연간으로 발생한다면, 어떤 이자율과 어떤 기간의 수를 사용해야 하는가?

myfinancelab 핵심요점 및 공식

4.1 여러 기간 현금흐름의 가치평가

▶ 여러 기간 현금흐름의 현재가치:

$$PV = C_0 + \frac{C_1}{(1+r)} + \frac{C_2}{(1+r)^2} + \cdots + \frac{C_N}{(1+r)^N} \tag{4.3}$$

4.2 영구연금

▶ 영구연금은 매기 동일한 현금흐름 C 가 영구적으로 발생하는 형태의 현금흐름이다.

영구연금의 현재가치:

$$PV\,(\text{영구히 C를 지급하는 영구연금}) = \frac{C}{r} \tag{4.4}$$

4.3 연금

▶ 연금은 매기 동일한 현금흐름 C 가 N 기간 동안 발생하는 형태의 현금흐름이다.

연금의 현재가치:

$$C \times \frac{1}{r}\left(1 - \frac{1}{(1+r)^N}\right) \tag{4.5}$$

연금의 미래가치:

$$C \times \frac{1}{r}\ ((1+r)^N - 1) \tag{4.6}$$

4.4 성장 현금흐름

▶ 성장영구연금은 매기 현금흐름이 성장률 g만큼 영구히 증가해 나가는 형태의 현금흐름이다.

성장연구연금의 현재가치:

$$\frac{C}{r-g} \tag{4.7}$$

▶ 성장연금은 성장영구연금과 달리 만기가 존재한다.

성장연금의 현재가치:

$$PV = C \times \frac{1}{r-g}\left(1 - \left(\frac{1+g}{1+r}\right)^N\right) \tag{4.8}$$

4.5 현재가치와 미래가치 이외의 변수 구하기

▶ 현재가치나 미래가치를 알고 있을 경우, 연금 또는 영구연금 공식을 통해 매 기간 발

생하는 일정한 현금흐름을 구할 수 있다.

- 현재가치가 P, 이자율이 r일 때, N기간 동안 주기적으로 발생하는 현금흐름 C:

$$C = \frac{P}{\frac{1}{r}\left(1 - \frac{1}{(1+r)^N}\right)} \tag{4.9}$$

- 투자 수익률은 투자로 인한 편익의 현재가치와 투자비용의 현재가치를 정확히 일치시키는 이자율이다.
- 연금 공식은 목표 저축 금액을 달성하는 기간을 구할 때 사용할 수 있다.

4.6 비연간 현금흐름

- 월간(혹은 다른 간격의 기간) 현금흐름은 이자율과 기간의 수가 월간으로 표현되는 한 연간 현금흐름과 동일한 방식으로 평가될 수 있다.

비판적사고

1. 여러 기간 현금흐름의 현재가치가 개별 현금흐름 현재가치들의 합계와 같다는 것이 의미하는 바는 무엇인가?
2. 간편한 공식을 이용하여 여러 기간에 걸쳐 발생하는 현금흐름들의 가치를 평가할 수 있으려면 이 현금흐름들이 어떠한 특징들을 가져야 하는가?
3. 연금과 영구연금의 차이는 무엇인가?
4. 영구연금의 예를 몇 가지 들어 보시오.
5. 영구연금은 어떻게 유한한 값의 현재가치를 가질 수 있는가?
6. 연금의 예를 몇 가지 들어 보시오.
7. 성장영구연금의 가치가 유한한 값을 갖기 위해서는 성장률이 어떠한 특징을 가져야 하는가?
8. 기간의 수나 이자율을 구하는 방법은 어떤 상황에서 유용하게 쓰일 수 있는가?

연습문제

* 표시는 난이도가 높은 문제임을 나타낸다.

여러 기간 현금흐름의 가치평가

1. a. 연 10%의 할인율로 할인된다면, 다음 현금흐름 집합의 현재가치는 얼마인가?

연도	1	2	3	4	5
현금흐름	10	20	30	40	50

b. 연 10%의 할인율로 할인된다면, 다음 현금흐름 집합의 현재가치는 얼마인가?

연도	1	2	3	4	5
현금흐름	50	40	30	20	10

c. 동일한 현금흐름 (10, 20, 30, 40, 50)으로 구성된 두 현금흐름 집합이 서로 다른 현재가치를 갖는 이유는 무엇인가?

2. 연 15%의 할인율로 할인된다면, 다음 현금흐름 집합의 현재가치는 얼마인가?

연도	1	2	3	4
현금흐름	100	−100	200	−200

3. 당신은 $10,000를 빌리고자 한다. 당신은 다음 지급이 가능함을 알게 되었다. 대출에 대한 이자율이 연 8.5%라면, 당신의 지급이 $10,000의 대출을 상환하기에 충분한가?

연도	1	2	3	4
지급	2000	3000	3500	3975

4. 당신은 월 1.5%의 이자율을 부과하는 $5000의 신용카드 잔고를 가지고 있다. 당신의 예산을 살펴본 후 당신은 다음 지급이 가능함을 알게 되었다. 이 지급액은 신용카드 잔고를 상환하기에 충분한가?

월	1	2	3	4	5	6	7	8
지급	500	550	600	650	700	750	800	850

5. 당신은 약혼 반지를 사기 위하여 방금 은행으로부터 5년 대출을 받았다. 반지의 가격은 $5000인데, 당신이 $1000를 내고, 나머지 $4000를 대출받고자 한다. 당신은 매년 말에 $1000를 지급해야 한다. 당신의 관점에서 이 대출을 시간선에 나타내시오. 은행의 관점에서 이 대출을 시간선에 나타내면, 어떤 변화가 있는가?

6. 당신은 대출 받은 지 1년이 경과된 자동차 대출을 가지고 있다. 당신은 매달 $300를 지불하는데, 방금 지불을 하였다. 앞으로 대출기간이 4년이 남아 있다. 당신의 관점에서 이 대출을 시간선에 나타내시오. 은행의 관점에서 이 대출을 시간선에 나타내면, 어떤 변화가 있는가?

7. 당신은 은행계좌에 오늘 $500, 1년 후에 $300를 각각 예금할 계획이다. 은행계좌의 연간 이자율이 3%라면, 당신이 두 번째 예금을 한 직후 은행계좌의 잔고는 얼마인가?

8. 당신은 친구의 회사에 투자하여 우발적인 소득을 얻게 되었다. 당신의 친구는 올해 말에 $10,000, 내년 말에 $20,000, 내후년 말(오늘부터 3년 후)에 $30,000를 각각 지급할 것이다. 연간 이자율은 3.5%이다.

   a. 우발적인 소득의 현재가치는 얼마인가?

b. 우발적인 소득의 3년 후(마지막 지급일) 미래가치는 얼마인가?

9. 앞으로 3년동안 매년 말에 $100를 받는다고 가정하자.
   a. 연간 이자율이 8%라면, 이 현금흐름의 현재가치는 얼마인가?
   b. (a)에서 계산한 현재가치의 3년 후 미래가치는 얼마인가?
   c. 당신이 연 8%의 이자를 지급하는 은행계좌에 예금한다고 가정하자. 앞으로 3년 동안 매년 말(당신이 예금한 직후)의 은행계좌 잔고를 각각 구하면? 당신의 최종 은행잔고를 (b)의 계산결과와 비교하면?
10. 당신은 은행 대출이 있다. 이 대출의 상환을 위해 향후 3년동안 매년 말에 $1000씩을 지급해야 한다. 은행은 당신에게 두 번의 지급은 생략하고 대출의 만기가 되는 3년 후에 일시불로 한 번 지급하는 것을 허용한다. 대출 이자율이 5%일때, 최종 지급액으로 은행이 얼마를 요구하면 당신이 두 가지 지급 유형에 대해 무차별하게 생각하겠는가?
11. 당신 투자에 대해 연 9%의 수익을 얻을 수 있다고 가정하자.
   a. 당신이 30세에 은퇴를 위해 $100,000를 투자한다면, 35년 후에 당신은 은퇴를 위한 자금으로 얼마를 갖게 될 것인가?
   b. 당신이 40세가 되기를 기다렸다가 $100,000를 투자한다면, 25년 후에 당신은 은퇴를 위한 자금으로 얼마를 갖게 될 것인가?
   c. 두 경우의 차이가 왜 이렇게 큰가?

영구연금

12. 당신은 지금부터 1년 후부터 시작하여 영구히 매년 $10,000가 장학금으로 수여될 수 있도록 대학에 기부를 하고자 한다. 대학 기부금에 적용되는 할인율은 7%라면, 당신은 오늘 대학에 얼마를 기부해야 하는가?
13. 당신이 오늘 기부를 하지만 첫 장학금의 지급이 지금부터 10년 후에 이루어진다고 하면, 12번 문제의 정답은 어떻게 달라지는가?
14. 영국 정부는 매년 £100를 영구히 지급하는 영구채권을 발행하고 있다. 현재 이자율은 연 4%이다.
   a. 지급이 이루어지고 난 직후 이 채권의 가치는 얼마인가?
   b. 지급이 이루어지기 직전 이 채권의 가치는 얼마인가?
15. 당신은 1년 후부터 $1000를 영구히 지급받을 권리를 제안받았다. 당신의 할인율이 5%라면, 이 제안은 당신에게 얼마의 가치를 갖는가?
16. 당신은 당신의 대학에 $100,000를 기부하고자 한다. 당신은 장학금을 영구히 수여를 원하고, 이에 대한 첫 지급이 1년 후에 이루어진다고 한다. 당신의 대학 할인율이 4%라고 한다

면, 연간 장학금 지급액은 얼마일까?

17. 당신은 문제 16번의 $100,000를 오늘 기부하기를 원하지만, 당신은 당신의 대학에게 장학금 지급의 연기를 요구하여 첫 지급이 오늘부터 10년 후에 이루어진다고 한다면, 연간 지급액은 얼마가 될까?

연금

18. 연간 이자율이 7%일 때, 앞으로 100년동안 매년 말에 $1000를 지급하는 현금흐름의 현재가치를 구하면?
19. 할머니는 당신의 1번째 생일부터 18번째 생일까지 매년 생일마다 당신의 은행계좌에 $1000를 입금해왔고 도중에 전혀 인출하지 않았다. 이 은행계좌는 연 복리 3%의 이자를 지급한다. 할머니가 당신의 18번째 생일에 $1000를 입금하고 난 직후 당신의 은행계좌에 예치되어 있는 금액은 얼마인가?
20. 당신의 부모님은 당신의 대학 등록금을 위해 당신의 18번째 생일까지 $160,000를 저축하고자 한다. 당신의 부모님은 당신의 1번째 생일부터 저축을 시작한다고 가정하자. 당신 부모님은 당신의 생일마다 동일한 금액 저축을 하며, 저축한 금액에 대해 연 8%의 수익을 얻는다고 한다.
    a. 당신 부모님들은 목표를 달성하기 위해 매년 얼마를 저축해야 하는가?
    b. 당신 부모님들은 당신이 대학을 졸업하는데 걸리는 기간이 4년이 아닌 5년이라고 생각하고 저축목표를 $200,000로 수정하려고 한다. 그들이 이 새로운 목표를 달성하려면 매년 얼마를 저축해야 하는가?

*21. 당신은 차를 구입하면서 연간 이자율 6%, 만기 5년의 대출을 받았다. 대출금 상환을 위해 당신은 매년 $5,000의 분할 상환금을 지불해야 한다. 방금 분할 상환금을 지불했는데, 당신은 나머지 대출 잔고를 지불함으로써 대출을 상환하고자 한다. 다음 시나리오에 대한 상환금은 각각 얼마인가?
    a. 만약 당신이 1년동안 차를 소유하였다고 하면(즉, 남은 대출기간이 4년이라면)?
    b. 만약 당신이 4년동안 차를 소유하였다고 하면(즉, 남은 대출기간이 1년이라면)?

22. 당신은 오늘부터 18년 후에 대학에 진학하여 매년 $100,000의 비용이 발생할 것으로 추정하고 있다. 할인율은 연 8%이다. 오늘부터 18년 후를 시작으로 4년간 발생하는 대학교육 비용의 현재가치는 얼마인가?
23. 사회보험(social security)은 오늘부터 45년 후에 당신이 은퇴한 시점부터 시작하여 매년 $40,000를 지불하기로 약속한다고 가정하자.(즉, 첫 $40,000는 오늘부터 45년 후에 발생한다.) 당신의 할인율은 연 복리 7%이고, 당신이 은퇴한 후 15년 동안 산다고(첫 지급액을 포함해서 총 16번을 지급받는다고) 가정하면 사회보험이 약속하는 금액의 현재가치는 얼마

인가?

*24. 알렉스 로드리게스는 2001년 텍사스 레인저스(Texas Rangers)로 이적할 때, $252 백만의 계약(총 약정금액이 $252 백만)을 하여 사람들로부터 많은 관심을 받았다. 이 계약에 대해 다음을 가정하자.

그는 계약연봉(contractual payment)으로 1년차에 $16 백만을, 2~4년차에 $17 백만, 5~6년차에 $19 백만, 7년차에 $23, 8-10년차에 $27 백만을 각각 받는다. 또한 그는 $10 백만의 계약금(signing bonus)을 1~5년차 동안 매년 $2 백만씩을 받는다. 그의 계약사항 중에는 이연지불(deferred payment) 항목이 있는데, 이연지불의 총액은 $33 백만이다. 2011년부터 2020년까지 지급되는 이연지불은 $5 백만, $4 백만, 그리고 8번의 $3 백만 순으로 이루어진다. 하지만 이연지불 금액들과 실제 이연지불의 지급액은 다르다. 모든 이연지불은 지급이 이루어지기 전까지 매년 3%의 이자율로 복리계산 된다. 예를 들어 10년 후인 2011년에 이연지불 되는 2001년 $5 백만의 실제 지급액은 $6.7196 백만이다. 2002년의 $ 4 백만은 2012년까지 이연된다. 즉, 모든 이연지불은 10년씩 이연되어 지급된다.

그의 계약기간은 10년 계약인데, 이 기간 중 매년 이연지불 금액이 있다. 따라서 현금흐름은 총 20년에 걸쳐 발생한다. 연봉, 계약금, 이연지불은 다음과 같다. 여기서 유의할 점은 이연지불은 해당연도에 지급되지 않고 복리 이자를 가산하여 10년 후에 지급된다는 점이다.

2001	2002	2003	2004	2005	2006	2007	2008	2009	2010
$16M	$17M	$17M	$17M	$19M	$19M	$23M	$27M	$27M	$27M
$2M	$2M	$2M	$2M	$2M					
이연지불									
$5M	$4M	$3M	$3M	$3M	$3M	$3M	$3M	$3M	$3M

그가 이 계약에 대해 적용하는 할인율이 연 7%라고 가정하자.

a. 이연지불의 이자를 포함한 이 계약의 총 약정금액을 계산하시오.

b. 모든 지급을 시간선에 나타내시오.

c. 이 계약의 현재가치를 계산하시오.

d. 이 계약의 현재가치를 이 계약의 표시 가치인 $252 백만과 비교하시오. 이러한 차이가 발생하는 원인은 무엇인가?

*25. 당신은 은퇴에 대비하기 위해 퇴직연금 계좌에 얼마를 저축할지를 결정하려고 한다. 당신은 1년 후부터 시작하여 매년 $5000를 투자할 계획이라고 가정하자. 당신은 연 10%의 투자 수익을 얻을 수 있다고 생각하고 있고, 오늘부터 43년 후에 마지막 $5000를 투자하고 은퇴할 계획이다.

a. 당신이 은퇴한 날 퇴직연금 계좌에 얼마가 들어있겠는가?

b. 당신은 매년 $5000를 투자하지 않고 대신 오늘 일시불로 투자를 하고자 한다. 퇴직연금 계좌에 저축한 것과 동일한 저축결과가 발생하기 위해서 당신은 오늘 일시불로 얼마를 투자해야 하는가?

c. 당신이 은퇴 후 20년을 살기를 희망한다. 은퇴 후 20년 후에 퇴직연금 계좌에 잔고가 남아있지 않도록, 은퇴 후 1년 후부터 시작해서 매년 일정한 금액을 퇴직연금 계좌에서 인출하고자 한다(퇴직연금 계좌는 당신의 은퇴 후에도 연 10%의 수익이 발생한다). 당신은 매년 얼마를 인출해야 하는가?

d. 만약 당신이 은퇴 후 1년 후부터 시작해서 매년 $300,000를 인출하고자 한다면, 퇴직연금 계좌의 잔고가 모두 소진되는 데 걸리는 기간은 얼마인가?

e. 당신이 매년 투자할 수 있는 최대금액은 $1000에 불과하지만, 은퇴 시점에 퇴직연금 계좌에 $1 백만이 있기를 원한다. 이 목표가 달성되기 위해서 당신의 투자는 몇 %의 수익률이 발생해야 하는가?(시행착오법, 재무계산기, 엑셀 등을 사용하시오.)

성장 현금흐름

26. 부유한 친척이 당신에게 성장영구연금을 물려주었다. 첫 지급의 시점은 1년 후이고, 금액은 $1000이다. 2번째 지급부터는 지난 번 지급액보다 8% 더 많은 금액을 지난 번 지급일부터 1년이 된 시점에 받는다. 이 지급 패턴은 계속될 것이다. 연간 이자율은 12%이다.

 a. 이 유산의 현재가치는 얼마인가?

 b. 첫 지급이 이루어지고 난 직후 유산의 가치는 얼마인가?

*27. 당신의 회사는 새로운 기계의 구입을 검토하고 있다. 새로운 기계의 도입으로 당신의 회사가 첫 해에 절감하는 비용은 $1000이다. 새로운 기계의 도입으로 인한 비용 절감 효과는 영구히 발생하지만, 기계의 마모로 인해 비용절감 금액이 두 번째 해부터 매년 2%씩 줄어든다. 연간 이자율이 5%라면, 새로운 기계의 도입으로 인한 비용절감 금액의 현재가치는 얼마인가?

28. 알프레드 노벨(Alfred Novel)은 사망 시에 그의 대부분 재산을 5개의 상을 위한 기금에 남겼다. 각 상은 그의 사후 1년 후부터 시작해서 무한시점까지 매년 수여된다(6번째 상인 경제학상은 나중에 추가되었다).

 a. 그가 5개의 상에 각각 $45,000의 상금을 지급하고자 하고 그의 재산이 연 7%의 수익을 얻는다면, 이 상의 재원 마련을 위해 필요한 기금은 얼마인가?

 b. 그가 물가상승을 반영하여 상금이 매년 4%씩 증가하기를 원한다고 가정한다면, 그는 얼마의 재산을 남겨야 하는가? 단, 처음 지급되는 상금은 여전히 $45,000라고 가정한다.

 c. 그의 유언에 놀란 그의 상속인들은 소송을 하였다. 만약, 그의 상속인들이 (b)에서 계산

한 금액을 되찾아서 연 7%의 투자 수익률로 투자하였다고 가정하면, 그들이 노벨이 죽은 지 118년이 지난 2014년에 얼마의 금액을 갖게 되는가?

29. 당신은 신약을 개발한 제약회사에 근무한다. 제약 공장은 17년간 가동된다. 당신은 이 약의 이윤이 첫 해에 $2 백만이고, 그 이후부터는 매년 5%씩 성장할 것으로 추정하고 있다. 특허권이 없어지면 다른 제약회사들도 동일한 약을 생산할 수 있게 되어 경쟁이 발생하여 이 약의 이윤이 0이 된다. 이자율이 연 10%이려면 이 약의 현재가치는 얼마인가?
30. 부유한 숙모가 당신에게 오늘부터 1년 후에 $5000를 주기로 했다. 그 다음부터는 지난 번 지급액보다 3% 더 많은 금액을 지난 번 지급일부터 1년이 된 시점에 주기로 약속했다. 그녀가 앞으로 20년동안 당신에게 약속한 돈을 주면, 총 20회의 지급을 할 것이다. 연간 이자율이 5%라면, 그녀가 지급하기로 약속한 금액의 현재가치는 얼마인가?

현재가치와 미래가치 이외의 변수 구하기

31. 당신은 저축채권 구입을 고려하고 있다. 이 채권의 현재가격은 $50, 만기는 10년, 액면가는 $100이나. 이 채권에 투자하면 연 몇 %의 이자를 얻겠는가?
32. 당신은 투자계좌를 가지고 있다. 10년 전에 $1000를 예치함으로써 시작한 이 계좌의 현재 잔고는 $5000이다.
    a. 이 계좌에 추가적으로 돈을 입금하지 않았다고 가정하면, 이 계좌의 연 수익률은 몇 %인가?
    b. 이 계좌의 연간 수익률이 오늘부터 15%라고 하면, 오늘부터 10년 후 이 계좌의 잔고는 얼마인가?
33. 당신은 오늘 $5000를 투자하면 1년 후에 $6000를 지불하는 투자기회를 가지고 있다. 이 투자기회의 수익률은 몇 %인가?
34. 당신은 영구채권을 매입하기로 결정했다. 이 채권은 매년 1회의 지급을 하며, 연 5%의 이자를 지급한다. 이 채권의 구입가격이 $1000라면 매년 지급하는 금액은 얼마인가?
35. 당신은 $350,000의 주택을 구입하려고 한다. 당신은 현재 $50,000를 보유하고 있고, 부족한 금액은 은행으로부터 주택담보대출(mortgage)을 받으려고 한다. 은행이 제시하는 주택담보대출의 조건은 연간 이자율 7%에, 원리금을 30년에 걸쳐 매년 일정한 금액으로 나누어 분할상환하는 것이다. 당신이 이 대출을 받을 경우, 매년 상환해야 하는 금액은 얼마인가?

*36. 당신은 가격이 $50,000인 예술품의 구입을 고려하고 있다. 딜러가 당신에게 돈을 빌려주고 20년동안 매 2년마다 일정한 금액을 총 10회에 걸쳐 상환하는 것을 제안을 하고 있다. 연간 이자율이 4%라면, 2년마다 딜러에게 얼마의 금액을 지불해야 하는가?

*37. 당신은 주택구입을 위해 35번에서 기술한 조건의 주택담보대출을 받으려고 한다. 당신은

매년 지급할 수 있는 금액은 $23,500이다. 은행은 당신이 이 금액을 매년 균등분할 상환하는 것에 동의하지만, 여전히 $300,000를 빌려준다. 대출의 마지막 시점인 30년 후에 대출 잔고의 전액을 일괄지불 해야 한다. 대출의 마지막 시점에 만기 일괄지불 금액(balloon payment)은 얼마인가?

*38. 당신은 은퇴에 대비하기 위한 저축을 하고 있다. 편안한 생활을 위해 은퇴시점인 65세까지 $2 백만을 저축하기로 결심한다. 오늘은 당신의 22번째 생일이다. 오늘부터 시작해서 65번째 생일까지 매 생일마다 일정한 금액을 저축계좌에 예금할 계획이다. 연 5%의 이자를 지급하는 저축계좌에 예금하면, 당신의 65번째 생일에 이 계좌의 잔고가 $2백만이되기 위해 매번 저축해야 되는 금액은 얼마인가?

39. 당신은 대학을 졸업하고 할아버지로부터 $10,000를 받았다. 당신은 이 돈을 주택 구입을 위한 계약금으로 저축하기로 하고 연 10% 이자를 주는 계좌에 저축한다. 당신이 계약금으로 필요한 금액은 $20,000이다. $10,000가 $20,000가 되는데 걸리는 기간은 얼마인가?

40. 지역은행이 신문에 다음 광고를 하고 있다. "단돈 $1000 투자로 당신은 영구히 $100를 받을 것이다!" 이 광고에 작은 글씨로 다음과 같은 내용이 쓰여 있다. $1000를 예금하면 예금 후 1년 후부터 매년 $100씩 영구히 지급할 것이다. 이 은행이 광고하고 있는 연간 이자율(이 투자의 연 수익률)은 얼마인가?

*41. 당신은 새로운 공장에 투자하는 것을 고려하고 있다. 당신이 새로운 공장을 유지하기만 하면, 이 공장은 매년 $1 백만의 수익을 영구히 창출할 것이다. 이 공장의 연간 유지비용은 $50,000에서 시작해서 5%씩 성장한다. 수익과 비용은 매년 말에 발생한다. 당신은 이 공장이 양의 현금흐름을 창출하는 한(공장으로부터 발생하는 수익이 유지비용을 능가하는 한) 가동하려고 한다. 공장은 즉시 완성되어 가동할 수 있다. 연간 이자율은 6%이다.

a. 수익의 현재가치는 얼마인가?

b. 유지비용의 현재가치는 얼마인가?

c. 공장의 건설비용이 $10 백만이라면, 이 공장에 투자해야 하는가?

*42. 방금 22세가 된 당신은 대학을 졸업하고 취직이 되었다. 당신은 퇴직연금 계좌에 얼마를 저축할지를 지금 결정해야 한다. 퇴직연금 계좌는 다음과 같이 운용된다. 투자금액은 연 7%의 수익을 얻는다. 65세가 될 때까지 돈을 인출할 수 없다. 그 시점이 지나면 돈을 인출할 수 있다. 당신은 100세까지 살 것을 예상하고 65세까지 일하기로 결정했다. 은퇴 후 안락한 생활을 위해 은퇴 후 1년 후부터 당시의 100세 생일까지 매년 $100,000가 필요하다고 추정하고 있다. 당신은 은퇴 후 필요한 자금을 마련하기 위해 일하는 동안 매년 말에 일정한 금액을 퇴직연금 계좌에 투자할 계획이다. 당신이 매년 투자해야 하는 금액은?

비연간 현금흐름

43. 현재 저축 계좌에 $5000가 있고 은행에서 이자를 월 0.5%씩 지불한다고 가정하자. 더 이상 예금이나 인출을 하지 않으면 5년 후에 이 계좌에 얼마를 갖고 있을까?
44. 당신 회사는 매월 $5000를 인쇄 및 우편 비용으로 지출하여 고객에게 진술서를 보낸다. 이자율이 월 0.5%이라면, 전자 명세서를 전송하여 이 비용을 제거하는 것의 현재 가치가 얼마일까?
45. 당신은 차를 사려고 하고 있고 매월 $200를 지불할 수 있다. 60개월 자동차 대출에 대한 이자율이 월 0.75%이다. 당신이 살 수 있는 가장 비싼 자동차는 얼마 짜리일까?
46. 당신은 대학에 방금 입학하고, 최소 월간 지불액이 없는 신용카드를 사용하여 생활비를 지불하기로 결정했다. 다음 21개월 동안 매월 $1000를 카드로 결제하려고 한다. 이 카드는 월 1%의 이자율을 적용한다. 졸업 후인 지금부터 22개월 후에 첫 명세서를 받았을 때, 당신이 카드회사에 갚아야 되는 금액은 얼마일까?
47. 당신은 지금부터 6개월 후부터 매 6개월마다 $5000씩 장학금을 수여하고자 한다. 매 6개월에 대한 적절한 할인율이 2%라면, 장학금을 수여하기 위해 오늘 기부해야 하는 금액은 얼마일까?
48. 당신은 2년마다 이자를 지급하는 흔하지 않은 은행계좌에 방금 $1000를 예치했다. 매 2년에 대한 이자율이 8%라면, 6년 후에 이 계좌의 잔고는 얼마일까?

사례연구

오늘이 2015년 8월 5일이라고 가정하자. 나타샤 킨거리(Natasha Kingery)는 30세이고 컴퓨터 과학 학사 학위를 가지고 있다. 그녀는 워싱턴주 시애틀시에 소재한 전화 회사에 2등급 현장 근무 대표자로 재직 중이다. 현재 그녀의 연봉은 $38,000이고, 앞으로 매년 3%씩 증가할 것으로 예상하고 있다. 그녀는 65세에 은퇴하기를 희망하고 있고, 방금 미래에 대해 생각하기 시작했다.

그녀는 숙모로부터 유산을 받은 $75,000를 가지고 있다. 그녀는 이 돈을 미 재무부 증권에 투자하였다. 그녀는 이 돈을 사용하여 추가적인 교육을 받을지를 고려하고 있다.

그녀는 몇 가지 옵션들을 조사하고, 각 옵션의 재무적 결과를 결정하고자 한다. 그녀는 재무계획 인턴으로 근무하는 당신에게 이에 대한 도움을 요청했다. 그녀는 이미 2개의 교육 프로그램에서 입학 허가를 받았고, 그 중 하나를 곧 시작해야 한다.

그녀가 고려하고 있는 옵션 중의 하나는 네트워크 디자인 자격증을 취득하는 것이다. 이 자격증이 있으면, 그녀는 회사에서 자동적으로 3등급 현장 근무 대표자로 승진한다. 3등급 현장 근무 대표자의 연봉은 2등급 현장 근무 대표자보다 $10,000가 더 많고, 3등급과 2등급간의 연봉 차이는 그녀는 그녀가 재직하는 동안 매년 3%씩 커질 것으로 예상한다. 이 자격증은 20개의 웹 기반 강의를 수강하고, 시험에서 80% 이상의 점수를 얻으면 획득할 수 있다. 그녀는 이 프로그램을 마치는데 평균적으로 소요되는 기간이 1년이라는 것을 알았다. 이 프로그램의 총 비용은 $5,000이고, 프로그램 등록 시에 납부하여야 한다. 그녀는 자격증 취득에 필요한 공부를 그녀의 개인적인 시간에 할 수 있으므로 이 프로그램을 위해 직장을 그만두지 않아도 될 것으로 예상한다.

그녀가 고려하고 있는 또 다른 옵션은 MBA 학위를 취득하는 것이다. MBA 학위가 있으면, 그녀는 현재 다니는 회사에서 관리자로 승진할 수 있다. 관리자의 연봉은 현재 그녀의 직급에서 받은 연봉보다 $20,000를 더 많고, 관리자와 현재 직급간의 연봉 차이는 그녀가 재직하는 동안 매년 3%씩 증가할 것으로 예상한다. 그녀가 고려하고 있는 MBA 프로그램은 야간 프로그램이고 학위 취득 시까지 3년이 걸린다. 이 프로그램의 학비는 매년 $25,000이고, 3년동안 매년 초에 납부하여야 한다. 야간 MBA 프로그램이므로 MBA 학위를 취득하는 동안 그녀는 직장을 그만두지 않아도 된다.

1. 다음 절차를 통해 현재 그녀가 투자하고 있는 미 재무부 채권의 수익률을 구할 수 있다. Yahoo! Finance 사이트(http://finance.yahoo.com)에 가서 "Market Data" 부분의 "10-year bonds"를 클릭한다. 이어 "Historical Prices" 클릭, 날짜 입력란에 "Aug 5, 2015" 입력 등을 하면 "Closing yield"를 얻게 되는데, 이 수익률이 그녀가 얻는 이자율이다. 이 이자율을 이 문제에서 할인율로 사용한다.
2. 엑셀에서 자격증 취득 프로그램 및 MBA 학위 옵션 등을 포함하여 그녀의 상황에 대한 시간선을 만드시오. 이를 위해 다음 가정들을 사용하시오.
   a. 연봉은 매년 말에 1회에 걸쳐 지급된다.
   b. 연봉 인상은 자격증 또는 MBA 학위의 취득과 동시에 이루어진다. 하지만 인상된 연봉의 지급은 매년 말에 이루어진다. 따라서 인상된 첫 연봉의 지급은 자격증 취득 또는 학위 취득 후 1년 후에 이루어진다.
3. 자격증 프로그램 이수의 가치에서 비용을 차감하여 자격증 프로그램 이수로 인한 연봉 차이의 현재가치를 구하시오.
4. MBA 학위 취득으로 인한 연봉 차이의 현재가치를 구하시오. MBA 학위 취득 비용의 현재가치를 구하시오. 이 계산들에 근거하여 MBA 학위 취득의 가치를 평가하시오.
5. 3번과 4번의 답에 근거하여, 그녀에게 어떤 조언을 할 것인가? 만약 두 프로그램이 상호배타적이라면 어떤가? 만약 그녀가 두 프로그램 중 하나를 선택하면 다른 프로그램의 추가적인 혜택이 없어진다. 이 경우 그녀에게 해주는 조언이 바뀌는가?

부록 재무계산기 사용법

소수점 아랫자리의 지정

충분한 소수점 아랫자리의 수가 지정될 수 있도록 한다.

HP-10BII

[ ] DISP 4

TI BAII Plus Professional

2ND • 4 ENTER

기초와 기말의 전환

재무계산기가 기말 모드에 있는지 항상 확인하여야 한다.

HP-10BII

[ ] MAR

TI BAII Plus Professional

2ND PMT

기간의 수 설정

혼란을 방지하기 위해 연간 기간의 수를 항상 1로 설정하여야 한다.

HP-10BII

[ ] PMT 1

TI BAII Plus Professional

2ND I/Y 1 ENTER

일반적인 화폐의 시간가치 키

HP-10BII

N I/YR PV PMT FV

TI BAII Plus Professional

N I/Y PV PMT FV

연금의 미래가치 계산(예제 4.5)

35세인 엘렌은 그녀의 은퇴에 대비하기 위해 퇴직연금 계좌를 개설하기로 결심한다. 그녀는 매년 말에 그녀의 퇴직연금 계좌에 $10,000을 저축할 예정이다. 이 계좌의 수익률이 연 10%라면, 그녀가 65세가 되었을 때 퇴직연금 계좌에는 얼마가 들어 있겠는가?

[정답: 1,644,940]

HP-10BII

키	설명
[ ] [C]	오렌지 키와 [C] 키를 눌러 전에 입력했던 모든 값들을 지운다.
[3] [0] [N]	기간의 수를 입력한다.
[1] [0] [I/YR]	시장 연간 이자율을 입력한다.
[1] [0] [0] [0] [0] [PMT]	매기 지급액을 입력한다.
[0] [PV]	퇴직연금 계좌에 초기 잔고가 전혀 없었음을 의미한다.
[FV]	미래가치를 계산한다.

TI BAII Plus Professional

키	설명
[2ND] [CE/C]	[2ND] 키를 누른 다음 [CE/C] 키를 누른다.
[3] [0] [N]	기간의 수를 입력한다.
[1] [0] [I/Y]	시장 연간 이자율을 입력한다.
[1] [0] [0] [0] [0] [PMT]	매기 지급액을 입력한다.
[0] [PV]	퇴직연금 계좌에 초기 잔고가 전혀 없었음을 의미한다.
[CPT] [FV]	미래가치를 계산한다.

수익률 구하기

$2,000의 초기 현금 유출이 있고, 4년 동안 1년에 한 번씩 $1,000, $400, $400, $800의 순으로 현금 유입이 발생하는 프로젝트가 있다. 이 프로젝트에 대한 연간 수익률(재무계산기에서는 Internal Rate of Return 또는 IRR이라고 한다)은 얼마인가?

[정답: 12.12%]

HP-10BII

키	설명
[ ] [C]	오렌지 키와 [C] 키를 눌러 전에 입력했던 모든 값들을 지운다.
[2] [0] [0] [0] [+/-] [CF_j]	초기 현금 유출을 입력한다.
[1] [0] [0] [0] [CF_j]	첫 번째 현금 유입을 입력한다.
[4] [0] [0] [CF_j]	두 번째 현금 유입을 입력한다.
[2] [ ] [CF_j]	두 번째 현금 유입이 연속적으로 발생하는 횟수를 2로 입력한다.
[8] [0] [0] [CF_j]	네 번째 현금 유입을 입력한다.
[ ] [CST]	오렌지 키와 [CST] 키를 눌러 IRR을 계산한다.

TI BAII Plus Professional

CF	[CF] 키를 눌러 현금흐름 워크시트에 접근한다.
2ND CE/C	[2ND] 키를 누른 다음 [CE/C] 키를 눌러 전에 입력했던 모든 값들을 지운다.
2 0 0 0 +/- ENTER	초기 현금 유출을 입력한다.
↓ 1 0 0 0 ENTER	첫 번째 현금 유입을 입력한다.
↓	초기 현금 유입의 빈도수를 1로 유지한다(원래 설정).
↓ 4 0 0 ENTER	두 번째 현금 유입을 입력한다.
↓ 2 ENTER	두 번째 현금 유입의 빈도수를 2로 입력한다.
↓ 8 0 0 ENTER	네 번째 현금 유입을 입력한다.
↓	네 번째 현금 유입의 빈도수를 1로 유지한다(원래 설정).
IRR CPT	IRR을 계산한다.

5 이자율

학습목표

- 이자율이 호가되는 서로 다른 방식을 이해한다.
- 호가된 이자율을 이용하여 대출의 분할상환금과 잔고를 계산한다.
- 인플레이션, 기대, 위험이 결합되어 어떻게 이자율이 결정되는지를 이해한다.
- 시장 이자율과 기업의 자본비용간의 연계 관계를 이해한다.

기호

APR	연율화 이자율	*m*	연간 복리 계산 횟수
APY	연율화 수익률	*n*	기간의 수
C	현금흐름	*N*	현금흐름이 발생하는 마지막 날짜
C_n	n기의 현금흐름	*PV*	현재가치
EAR	실효 연이자율	*r*	이자율 또는 할인율
FV	미래가치	*rn*	n년의 만기에 대한 이자율 또는 할인율

Interest Rates

제3장과 제4장에서 주어진 시장 이자율 하에서 현재가치와 미래가치간의 복리 계산 구조를 학습하였다. 이 구조에서 이자율은 한 시점의 화폐를 다른 시점의 화폐로 전환하는 기능을 수행한다. 그런데, 이자율은 어떻게 결정되는가? 이 장에서는 이자율을 결정하는 요소들과 주어진 현금흐름에 대해 적절한 할인율을 결정하는 방법에 대해 학습한다. 이를 위해 가장 먼저 이자율이 지급되는 방식, 호가되는 방식, 주어진 서로 다른 호가 관행 하에서 연간 실효 이자를 계산하는 방식 등을 살펴본다. 그 다음에는 인플레이션, 경제성장 등 이자율을 결정하는 요소들에 대해 고찰한다. 이자율은 시간에 따라 변하는 경향이 있다. 투자자들은 서로 다른 투자 기간에 대해 서로 다른 이자율을 요구하는 경향이 있는데, 이는 자신들의 기대와 장기 투자에 수반되는 위험에 근거한다.

5.1 이자율의 호가와 조정

조금만 시간을 내어 신문을 훑어보면, 신문에서 언급되고 광고되는 이자율이 저축계좌 이자율, 자동차 대출 이자율, 국채 이자율을 비롯하여 수십 개가 넘는다는 사실을 발견할 것이다. 이자율은 금융시스템의 작동에서 핵심적인 역할을 하고 있다. 이자율을 올바로 이해하기 위해서 이자율이 가격, 즉, 돈을 사용하는 가격이라고 생각하는 것이 필요하다. 당신이 자동차 구입을 위해 대출을 할 때, 은행의 돈을 사용하여 자동차를 얻고, 여러 기간에 걸쳐 그 돈을 상환한다. 당신의 자동차 대출에 있어서 이자율은 미래의 대출상환금을 오늘의 자동차로 바꿀 수 있도록 하기 위하여 당신이 지불하는 가격이다. 당신이 저축계좌에 돈을 예치하면, 당신이 나중에 인출할 때까지 은행이 이 돈을 사용하도록 하는 것이다. 당신의 예금에 대한 이자는 은행이 당신의 돈을 사용하기 위하여 지불하는 가격이다.

이자율도 다른 가격들처럼 시장의 힘, 특히 자금에 대한 공급과 수요에 의해 결정된다. 다른 모든 조건이 동일하다면, 자금의 공급(저축)이 많고 자금의 수요(차입)이 적으면 이자율은 낮다. 또한 이자율은 기대 인플레이션과 위험에 의해 결정되는데, 이에 대해서는 이 장에서 고찰하겠다.

우리가 이자율을 학습하고 이용하기 위해서는 우선 이자율이 호가되는 방식을 이해해야 한다. 실제로 이자가 지급되는 방식과 이자율이 호가되는 방식은 서로 다를 수 있다. 예를 들어 2016년 초반 앨리 뱅크(ally bank)는 연 1%의 이자율로 일간 기준으로 이자가 지급되는 저축계좌를 제공했다. 이때 다른 은행들이 분기 또는 연간 기준으로 이자가 지급되는 저축계좌를 제공하고 있었다. 이자율은 투자 시계에 따라 달라질 수 있다. 2016년 4월 1년 만기 무위험 미 재무부 단기채의 이자율은 약 0.60%였다. 반면에 20년 만기 미 재무부 장기채의 이자율은 약 2.20%였다. 이자율은 위험이나 과세 여부에 따라 달라질 수 있다: 미국 정부는 존슨 앤 존슨보다 더 낮은 이자율로 차입할 수 있으며, 존슨 앤 존슨은 아메리칸 에어라인보다 더 낮은 이자율로 차입할 수 있다.

이자율은 월간, 반년간, 연간 등 서로 다른 시간 간격에 대해 호가될 수 있기 때문에, 현금흐름을 평가할 때 현금흐름의 시간 간격과 일치하도록 이자율을 조정해야 한다. 이 절에서는 이러한 이자율의 메커니즘을 알아본다.

실효 연이자율

이자율은 가끔 **실효 연이자율**(effective annual rate; EAR) 또는 **연율화 수익률**(annual percent yield; APY)로도 보고된다. EAR은 1년 후에 얻게 되는 총 이자(투자금액 및 이자에 대한 이자) 금액을 투자금액 대비 비중으로 나타낸다.[1] EAR은 1년 후의 미래가치를 현재가치로 환산할 때 할인율로 사용될 수 있다. 예를 들어 EAR 5%일 때 \$100를 투자하면 1년 후에 얻게 되는 금액은 \$105이다.

실효 연이자율 또는 연율화 수익률: 1년 후에 얻게 되는 총 이자(투자금액 및 이자에 대한 이자) 금액을 투자금액 대비 비중으로 나타내는 이자 표시법

$$\$100\times(1+EAR)=\$100\times(1.05)=\$105$$

EAR 5%일 때 \$100를 2년간 투자하면 2년 후에 얻게 되는 금액은 \$110.25이다.

$$\$100\times(1+EAR)^2=\$100\times(1.05)^2=\$110.25$$

월:	0		1		2
현금흐름:	\$100	× (1.05)	= \$105	× (1.05)	= \$110.25
	\$100	×	$(1.05)^2$	=	\$110.25
	\$100	×	(1.1025)	=	\$110.25

서로 다른 시간 기간에 대한 할인율 조정

앞의 예에서 2년간 EAR 5%라는 것은 전체 기간 동안 얻게 되는 총 이자율이 10.25%와 동일하다는 것을 보여주었다.

$$\$100\times(1.05)^2=\$100\times1.1025=\$110.25$$

이를 일반화시키면 1년보다 더 긴 기간인 n년에 대해서 (1+EAR)에 n승을 함으로써 해당 기간에 상응하는 이자율 요소를 얻을 수 있다고 표현할 수 있다.

우리는 1년보다 더 짧은 기간에 대해서도 동일한 방법론을 적용하여 해당 기간에 상응하는 이자율 요소를 구할 수 있다. 예를 들어 EAR이 5%일 때, 6개월(0.5년)에 상응하는 이자율 요소는 \$1.0247이다.

$$(1+r)^{0.5}=(1.05)^{0.5}=1.0247$$

즉 EAR이 5%이면 매 6개월(0.5년)마다 얻게 되는 이자율이 2.47%임을 의미한다. 이러한 결과

1) 실효 연이자율은 실효 연수익률(effective annual yield; EAY)이라고 표현되기도 한다.

는 매 6개월마다 얻게 되는 이자율로 두 번 복리 계산한 값이 EAR로 1번 복리 계산한 값과 일치함을 통해 확인할 수 있다.

$$(1+r)^2=(1.0247)^2=1.05$$

월:	0		$\frac{1}{2}$		1
현금흐름:	\$1	× (1.0247)	= \$1.0247	× (1.0247)	= \$1.05
	\$1	×	$(1.0247)^2$	=	\$1.05
	\$1	×	(1.05)	=	\$1.05

일반적으로 다음 공식을 이용하면, 1-기간 할인율 r을 n-기간에 상응하는 적절한 할인율로 전환할 수 있다.

$$\text{1-기간 할인율과 동등한 n-기간 할인율} = (1+r)^n-1 \tag{5.1}$$

이 공식에서 n이 1보다 크면(작으면), 이 공식을 이용하여 1기보다 긴(짧은) 기간의 할인율을 구할 수 있다.

현재가치 또는 미래가치를 구할 때, 할인율의 기간과 현금흐름의 기간, 즉 현금흐름이 발생하는 간격을 일치시켜 주어야 한다.

이러한 조정은 아래 예제 5.1에서처럼 영구연금 또는 연금의 공식을 연간 현금흐름이 아닌 현금흐름에 적용할 때도 필요하다.

개인재무

예제 5.1

여러 기간 현금흐름의 현재가치

문제 *Problem*

은행이 실효 연이자율 6%로 당신에게 월 이자를 지급한다. 당신은 매월 몇 %의 이자율로 이자를 지급받는가? 오늘 당신의 은행계좌에 잔고가 없다면, 10년 후까지 \$100,000를 모으기 위해 당신이 매월 말 저축해야 하는 금액은 얼마인가?

풀이 *Solution*

● **계획**

식 5.1을 이용하여 EAR을 월 이자율로 전환시키면 첫 번째 질문에 답할 수 있다. 두번째 질문은 연금의 미래가치에 대한 질문이다. 10년 후에 \$100,000를 모으기 위해서 매월 예치해야 하는 연금의 금액이 얼마가 되어야 하는지를 물어보고 있다. 하지만 현금흐름이 매월 발생하므로 이 문제를 풀기 위해서는 시간선을 월 단위의 기간으로 작성해야 한다.

월:	0	1	2	...	120
현금흐름:		C	C		C

즉, 우리는 이 저축계획을 120개월(=10x12)의 월별 연금으로 볼 수 있다. 연금의 미래가치가 ($100,000), 전체 기간의 수가 (120 months), 그리고 월별 이자율은 첫 번째 질문에서 구하게 된다. 식 4.6의 연금의 미래가치 공식에 이 값들을 대입하여 월별 예치금을 구할 수 있다.

● 실행

식 5.1을 이용하면, 6%의 실효 연이자율에 상응하는 월 이자율은 $(1.06)^{1/12}-1=0.4868\%$임을 알 수 있다. 해당 기간이 일년의 1/12, 즉 월이므로 위 등식에서 지수는 1/12이다.

$100,000를 120개월 후까지 모으려는 목표 달성을 위해 매월 저축해야 하는 금액을 결정하기 위하여 연금의 미래가치 $100,000, 월별 기간의 수 120개월, 주어진 월 이자율 0.4868%일 때 매월 지급액 C를 구해야 한다. 이제 모든 값(월별 지급액, 월별 이자율, 월별 기간의 수)들이 월별 수치로 표시되었으므로 제4장에서 학습한 연금의 미래가치 공식에 이 값들을 대입하여 C를 구한다.

$$FV(\text{연금}) = C \times \frac{1}{r}[(1+r)^n - 1]$$

연금의 미래가치 $100,000, 월 이자율 0.4868%와 월별 기간의 수 120을 위 식에 대입하면 월 지급액 C를 구할 수 있다.

$$C = \frac{FV(\text{연금})}{\frac{1}{r}[(1+r)^n - 1]} = \frac{\$100{,}000}{\frac{1}{0.004868}[(1.004868)^{120} - 1]} = \$615.47\ (\text{매월})$$

다음과 같이 재무계산기나 엑셀을 이용하여 월 지급액을 구할 수 있다.

	N	I/Y	PV	PMT	FV
입력:	120	0.4868	0		100,000
계산 결과:				−615.47	
엑셀 공식: = PMT(RATE, NPER, PV, FV) = PMT(0.004868, 120, 0, 100,000)					

● 평가

매월 $615.47을 저축하고 실효 연이자율 6%로 월 이자를 지급받으면, 당신은 10년 후에 $100,000를 갖게 될 것이다. 연금의 공식에 들어가는 모든 값들은 기간의 일관성을 가져야 한다. 이 경우 당신이 월별 예치금을 적립해야 하므로 이자율을 월별 이자율로 전환하고, 년 수(10) 대신에 개월 수(120)를 사용하여야 한다.

연율화 이자율

이자율 표시법 중에서 가장 많이 사용되는 방법은 **연율화 이자율(annual percentage rate; APR)**이다. APR은 1년 후에 얻게 되는 단순이자(투자금액에 대한 이자) 금액을 투자금액 대비 비중으로 나타내는 이자율 표시법이다. APR은 복리효과를 고려하지 않는 이자율 표시방법이므로, APR로 표시된 이자율이 실제 얻게 되는 이자율보다 작은 것이 일반적이다. 따라서 1년 후에 실제로 얻게 되는 이자를 구하기 위해서는 APR을 EAR로 전환해야 한다.

연율화 이자율: 1년 후에 얻게 되는 단순이자(투자금액에 대한 이자) 금액을 투자금액 대비 비중으로 나타내는 이자 표시법

예를 들어 그레나이트 은행(Granite Bank)이 저축계좌의 이자율이 연 6% APR로 월 복리 계

일반적인 실수 연금 공식에서 EAR 사용

이 시점에 많은 학생들은 연금의 현재가치 공식에 EAR을 사용하려는 실수를 범한다. 연금의 현재가치 공식에서 이자율의 발생 주기는 현금흐름의 발생 주기와 같아야 한다. 이와 같은 이유 때문에 예제 5.1에서 EAR을 월간 이자율로 변환시키고 그 다음에 연금의 현재가치 공식을 적용하여 월별 예치금을 계산하였다. 이 경우 범할 수 있는 가장 흔한 실수는 EAR을 연금공식에 사용하여 연간 현금흐름을 얻고, 이 현금흐름을 12로 나누어서 월별 예치금을 구하는 것이다.

이러한 과정은 잘못된 답을 제시할 것이다. 그 이유를 알기 위해서 예제 5.1에서 첫 예치금의 시점을 고려해보자. 월간 이자율과 월별 예치금을 갖는 연금 공식에서 첫 번째 지급은 지금부터 한 달 후에 이루어진다. 지급이 이루어진 후 바로 이자가 붙기 시작한다. 만약 EAR을 사용하여 연금의 현금흐름을 계산하면, 지금부터 1년 후에 첫 예치금을 예치한 것으로 가정한다. 이러한 가정은 이자 가산이 시작되기 전 1년간의 이자를 받지 못하는 결과를 초래하게 된다. 따라서 연금의 현재가치 공식에 EAR을 사용하는 것은 연간보다 더 짧은 기간마다 예치금을 예치할 경우 1년에 1회보다 더 빈번하게 이자가 가산되는 원금을 불입한 것을 파악하지 못하는 효과가 있다고 할 수 있다.

산된다고 광고한다고 가정하자. 이런 방식으로 이자율이 호가되었을 때, 그레나이트 은행이 매월 0.5%(=6%/12)의 이자를 지급하려 함을 의미한다. 월 복리 계산 APR은 사실상 연간 이자율이 아닌 월간 이자율을 호가하는 방식이다. 이 경우 실제 이자율은 매월 0.5%이고, 관행상 은행이 호가하는 이자율은 실제 이자율에 12를 곱하여 표시된다. 매월 복리 계산이 이루어지므로, $1를 예금하여 1년 후에 실제로 얻게 되는 금액은

$$\$1 \times (1.005)^{12} = \$1.061678$$

이고 EAR은 6.1678%이다. 누적된 이자 금액에 대해서도 이자가 가산되는 복리효과로 인해 호가된 연 6% APR보다 높은 6.1678%의 이자율을 예금을 통해 얻게 된다. 요약하면, 매월 0.5%의 실제 이자는 다음 두 가지 방식으로 표현될 수 있다.

- 월 복리 APR 6%
- 매년 실제로 얻게 되는 이자율인 EAR 6.1678%

APR은 1년 동안 실제로 얻게 되는 이자 금액을 반영하지 않고, APR 자체를 할인율로 쓸 수 없다는 것을 명심해야 한다. APR은 매 복리 계산 기간 동안 얻게 되는 이자율에 연간 복리 계산 기간 횟수(m)를 곱하여 이자율을 나타내는 방식이다. 따라서 매 복리 계산 기간 동안 이자율은 APR을 연간 복리 계산 기간 횟수로 나누어서 구한다.

$$\text{매 복리 계산 기간 동안 이자율} = \frac{APR}{m}$$

$$(m = \text{연간 복리계산 기간 횟수}) \qquad (5.2)$$

식 (5.2)를 이용하여 매 복리 계산 기간 동안 이자율을 구하면, 그 다음에는 식 (5.1)을 이용하여 어떤 주어진 기간에 대해서도 동등한 가치를 갖는 이자율을 구할 수 있다. 따라서 APR과 그에 상응하는 EAR은 아래 식 (5.3)의 관계를 갖는다고 할 수 있다. 주어진 APR에 상응하는 EAR

을 식 (5.3)을 이용하여 구할 수 있다.

APR의 EAR로의 전환

$$1 + EAR = \left(1 + \frac{APR}{m}\right)^m$$

$$(m = \text{연간 복리계산 기간 횟수}) \tag{5.3}$$

표 5.1은 6% APR에 상응하는 EAR을 서로 다른 복리 계산 기간에 대해 나타내고 있다. 이 표에서 1년 동안 복리 계산의 빈도가 높아질수록 EAR이 높아지는 것으로 나타나는데, 그 이유는 복리 계산의 빈도가 높을수록 이자가 이자를 낳는 기회가 더 많아 전체적으로 불어나는 이자 금액이 더 많아지기 때문이다. 일별보다 더 짧은 주기마다 복리 계산이 이루어질 수 있다. 원칙 상으로는 매 시간 또는 매 초마다 복리 계산이 이루어질 수 있다. 하지만 현실적으로 일별보다 더 짧은 주기마다 복리 계산이 이루어지는 경우는 드물고, 설사 일별보다 더 짧은 주기마다 복리 계산이 이루어진다 하더라도 연간 복리 계산 기간의 증가가 EAR에 미치는 영향은 제한적이다.

주어진 APR을 이용하여 현금흐름의 현재가치 또는 미래가치를 평가하려면, 먼저 식 (5.2)을 이용하여 APR을 복리 계산 기간에 대한 할인율로 전환 한 후, 식 (5.3)을 이용하여 EAR을 계산하여야 한다.

표 5.1
서로 다른 복리계산 기간에 따른 6% APR의 실효 연이자율

복리계산 기간	실효 연이자율
년	$\left(1 + \frac{0.06}{1}\right)^1 - 1 = 6\%$
반년	$\left(1 + \frac{0.06}{2}\right)^2 - 1 = 6.09\%$
월	$\left(1 + \frac{0.06}{12}\right)^{12} - 1 = 6.1678\%$
일	$\left(1 + \frac{0.06}{365}\right)^{365} - 1 = 6.1831\%$

예제 5.2
APR의 할인율로의 전환

문제 *Problem*

당신 회사는 사용연수가 4년인 새로운 전화 시스템을 구매하고자 한다. 이 시스템은 일시불로 $150,000를 주고 구입할 수 있다. 하지만 제조업자에게 매월 말 $4000의 리스료를 지불하고 이 시스템을 리스를 해서 사용할 수도 있다. 이 리스료는 리스 기간이 48개월이고 조기에 리스 계약을 종료할 수 없다는 가정 하에 제시된 것이다. 당신 회사는 월 복리 6% APR로 돈을 빌릴 수 있다고 한다. 당신 회사는 이 시스템을 구매해야 하는가 아니면 리스를 해야 하는가?

풀이 *Solution*

● **계획**

이 시스템의 리스 비용은 매월 $4000의 현금흐름이 48개월간 발생하는 연금의 현재가치를 구함으로써 계산할 수 있다.

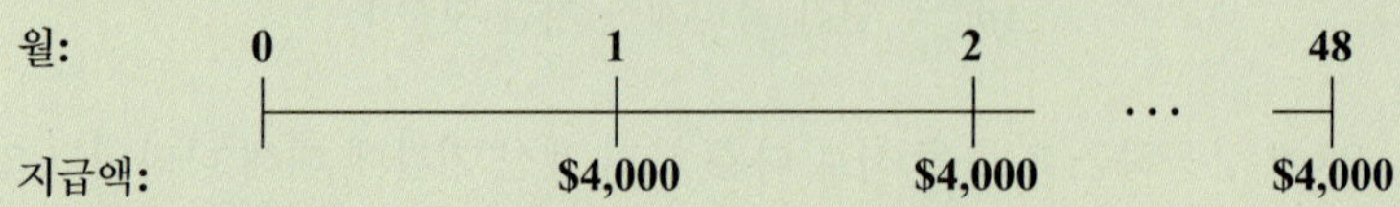

연금의 현재가치 공식을 이용하여 리스 현금흐름의 현재가치를 구할 수 있다. 하지만 먼저 현금흐름 발생 주기인 1개월에 상응하는 할인율인 월간 할인율을 계산해야 한다. 이를 위해 식 5.2를 이용하여 매월 복리 계산되는 6% APR을 월간 할인율로 전환해야 한다. 월간 할인율과 식 4.5의 연금의 현재가치 공식을 사용하여 월별 지급액의 현재가치를 계산한 다음, 이를 이 시스템의 구매 비용과 비교하여야 한다.

● **실행**

식 5.2에서 보는 바와 같이 월 복리 6% APR을 월간 이자율로 환산하면 0.5%(=6%/12)임을 알 수 있다. 월간 이자율을 구하기 위해 APR을 12로 나누어주는 이유는 1년에 12번의 복리계산 기간이 있기 때문이다. 식 4.5 연금의 현재가치 공식에서 이 월간 이자율을 할인율로 사용하여 월별 지급액의 현재가치를 구할 수 있다.

$$PV = 4{,}000 \times \frac{1}{0.005}\left(1 - \frac{1}{1.005^{48}}\right) = \$170{,}321.27$$

다음과 같이 재무계산기나 엑셀을 이용하여 월별 지급액의 현재가치를 구할 수 있다.

	N	I/Y	PV	PMT	FV
입력:	48	0.5		−4,000	0
계산 결과:			170,321.27		
엑셀 공식: = PV(RATE, NPER, PMT, FV) = PV(0.005, 48, −4,000, 0)					

● **평가**

매월 $4000를 48개월간 지불하는 것은 지금 $170,321.27를 지불하는 것과 같다. 시스템의 리스 비용은 시스템의 구매 비용보다 더 비용이 많이 든다. 시스템 리스의 비용은 $170,321.27 − $150,000 = $20,321.27이다. 따라서 당신 회사는 리스를 하는 것보다 시스템을 구매함으로써 비용을 더 절감할 수 있게 된다. 이러한 결과는 다음과 같이 해석될 수 있다. 이자율이 월 복리 6% APR이라면, 당신 회사는 48개월간 매월 $4000를 지급하기로 약속하고 지금 $170,321를 빌릴 수 있다. 리스를 하지 않고 이 대출금을 가지고 전화시스템을 구매하면 다른 용도로 사용할 수 있는 $20,321.27가 생기게 된다.

개념확인

1. EAR과 APR 이자 호가 방법의 차이는 무엇인가?
2. APR로 호가된 이자율을 할인율로 사용할 수 없는 이유는 무엇인가?

5.2 응용: 할인율과 대출

앞 절에서는 호가된 이자율을 이용하여 할인율을 계산하는 것을 학습하였다. 이제는 이 개념을 응용하여 대출의 분할상환금과 잔고를 구하는 문제를 해결해보도록 하자.

대출 분할상환금 계산

원리금 균등상환 대출: 차입자가 매월 이자와 대출잔고의 일부분을 합산한 금액을 분할상환금으로 지불하는 대출의 형태

주택담보 대출, 자동차대출 등 많은 대출들은 매월 분할하여 납부하는 분할상환금을 갖고, 월 복리 APR로 이자율이 표시된다. 이러한 유형의 대출을 **원리금 균등상환 대출**이라고 하는데, 원리금 균등상환 대출은 차입자가 매월 이자와 대출잔고의 일부분을 합산한 금액을 분할상환금으로 지불하는 대출의 형태이다. 매월 상환하는 금액은 동일하고, 마지막 지불시점에 대출이 전액 상환된다. 신차에 대한 전형적인 대출 조건은 "6.75% APR로 60개월"이다. 복리계산 기간이 명시되지 않았지만, 이 경우는 매월 복리 계산이 이루어진다. 따라서 이러한 대출 조건은 6.75% APR로 매월 복리 계산이 이루어지며, 60개월간 동일한 분할상환금을 지불함으로써 대출이 전액상환 됨을 의미한다. 때때로 대출의 현금흐름을 은행의 관점에서 파악하는 것이 도움이 된다. 은행이 대출의 조건을 받아들이기 위해서는, 대출 이자율을 할인율로 사용하여 구한 분할상환금의 현재가치가 지금 낭장 은행이 대출자에게 지급하는 대출금과 같아야 한다. 앞서 언급한 조건에 $30,000를 대출하는 경우를 다음과 같이 시간선에 나타낼 수 있다.

월:	0	1	2	…	60
현금흐름:	**$30,000**	$-C$	$-C$		$-C$

분할상환금 C는 대출 이자율을 이용하여 평가한 현금흐름의 현재가치가 대출금인 $30,000와 같도록 결정된다. 이 예에서 6.75% APR로 매월 복리 계산 되는 것은 1개월 할인율이 0.5625%(=6.75%/12)임을 의미한다. 할인율의 기간과 현금흐름의 발생 주기를 일치시키는 것이 중요하다. 여기서는 할인율의 기간과 분할상환금의 발생 주기가 모두 월이다. 분할상환금의 현금흐름이 연금의 형태를 취하므로 식 4.9를 이용하여 C를 구할 수 있다.

$$C = \frac{P}{\frac{1}{r}\left(1 - \frac{1}{(1+r)^N}\right)} = \frac{30{,}000}{\frac{1}{0.005625}\left(1 - \frac{1}{(1+0.005625)^{60}}\right)} = \$590.50$$

분할상환금을 재무계산기나 스프레드 시트를 이용하여 구할 수도 있다.

	N	I/Y	PV	PMT	FV
입력:	60	0.5625	30,000		0
계산 결과:				−590.50	
엑셀 공식: = PMT(RATE, NPER, PV, FV) = PMT(0.005625, 60, 30,000, 0)					

그런데 대출자가 매월 은행에 지불하는 분할상환금에는 이자와 원금의 일부분이 포함되어 있다. 이에 따라, 대출자의 채무는 시간이 지날수록 줄어들게 된다. 대출잔고가 매월 줄어들기 때문에 대출잔고에 대해 발생하는 이자도 매월 줄어든다. 비록 대출자가 지불하는 금액이 대출기간인 60개월 동안 동일하지만, 매월 분할상환금에서 이자가 차지하는 비중은 갈수록 줄어들고, 원금상환이 차지하지 비중은 갈수록 늘어나게 된다. 그림 5.1의 패널 (a)는 이러한 효과를 예시하고 있다. 이 그림에서 매월 분할상환금에서 이자가 차지하는 부분은 빨간색으로, 원금상환이 차지하는 부분은 녹색으로 표시되고 있다. 처음 지급하는 $590.50에서 $168.75(= $30,000 × 0.005625)가 이자가 차지하는 금액이다. 이후 분할상환금에서 이자가 차지하는 금액은 갈수록 줄어들어서, 마지막 분할상환금에서는 원금상환이 분할상환금의 거의 대부분을 차지하게 된다.

그림 5.1의 패널 (b)는 분할상환금의 지급이 대출잔고에 미치는 영향을 보여주고 있다. 첫 달의 분할상환금 $590.50에서 이자가 차지하는 금액은 $168.75(= $30,000 × 0.005625)이고, 나머지 $421.75는 대출잔고를 $30,000에서 $29,578.25로 줄이는데 사용된다. 두 번째 달에는 대출잔고인 $29,578.25에 대해서만 이자가 발생하는데, $166.38가 발생 이자이고, 발생 이자가 줄어든 만큼 더 많은 금액이 원금상환을 위해 사용된다. 분할상환금 중에서 더 많은 금액이 원금상환을 위해 사용되는 이러한 효과는 계속되며, 이로 인하여 대출잔고는 급격히 줄어들게 된다.

그림 5.1
원리금 균등상환 대출

패널 (a)는 $30,000 자동차 대출의 대출기간 동안 월별 지급액에서 이자(빨간색)와 원금(녹색)이 차지하는 비중이 어떻게 변동하는지를 나타내고 있다. 패널 (b)는 대출의 잔존 원금을 보여주고 있다. 대출의 잔존 원금이 감소함에 따라 원금에 대한 이자 지급액도 줄어듦을 드는데, 이는 월별 지급액 중 더 많은 금액을 원금을 상환하는데 사용될 수 있도록 한다.

패널 (a)

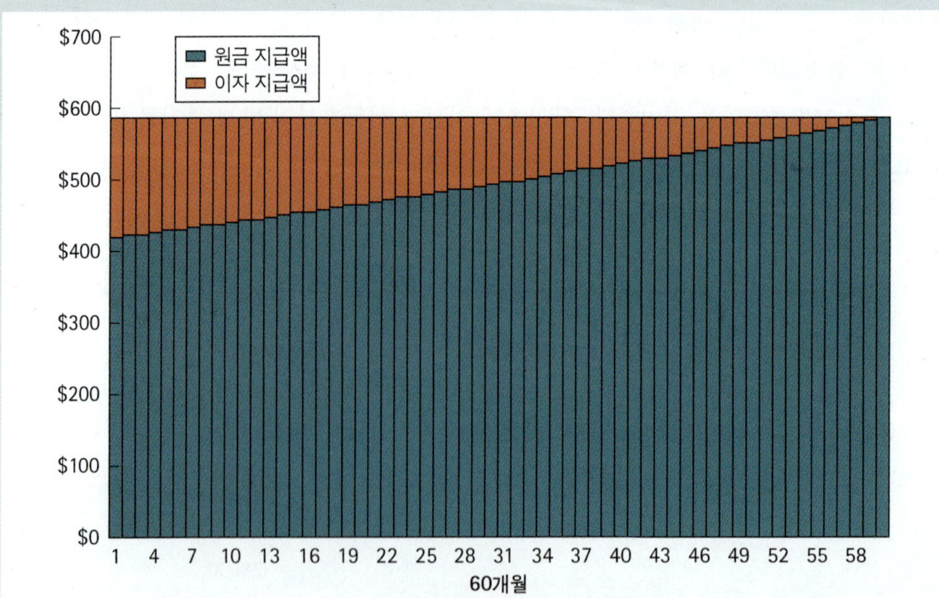

패널 (b)

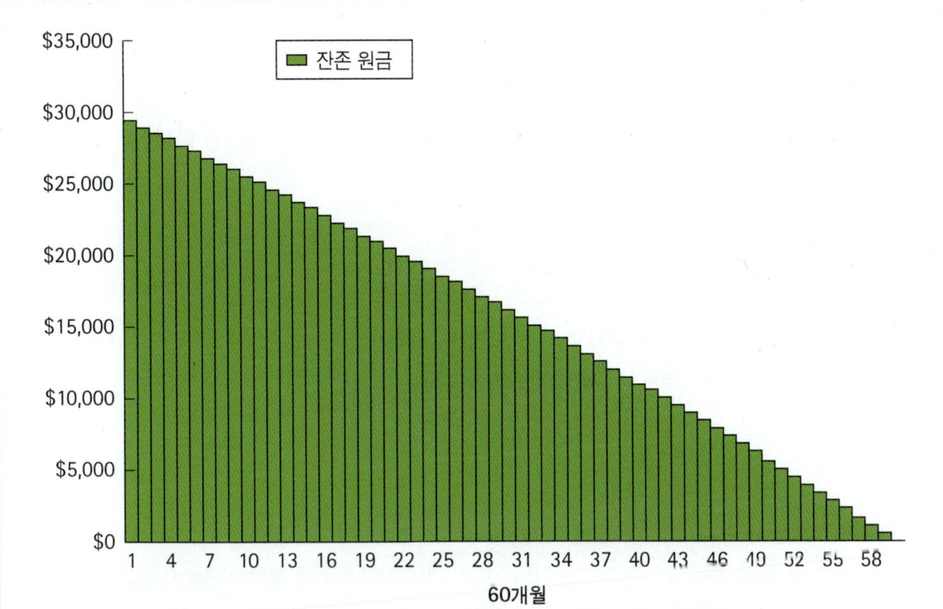

글로벌 금융 위기 티저 금리(Teaser Rates)과 서브프라임 대출(Subprime Loans)

변동 이자율 모기지(adjustable rate mortgages; ARM)와 같은 일부 대출은 대출 기간 동안 이자율이 일정하게 유지되지 않는다. 이러한 대출에 대한 이자율이 변경되면, 대출금의 현재 미상환 잔액, 새로운 이자율 및 잔여 대출 기간을 기준으로 분할상환금이 재계산된다.

변동 이자율 모기지는 낮은 등급의 신용 기록을 가진 주택 구매자를 위해 만들어진 소위 "서브 프라임"대출의 가장 일반적인 유형이었다. 이러한 대출은 종종 낮은 초기 이자율을 특징으로 한다. 서브 프라임 차입자들이 전통적인 고정 이자율 모기지가 아닌 변동 이자율 모기지를 선택하도록 유혹하기 위해 낮은 초기 이자율을 제시한다. 이런 초기 이자율을 적절히 명명하면 티저 금리(teaser rate)라고 한다. 짧은 기간(종종 2–5년) 후에는 이자율이 더 높은 수준으로 급등하는데, 이는 매월 분할상환액 또한 증가하는 것을 의미한다. 예를 들어 예제 5.3에서 30년 대출의 이자율이 티저 금리라고 가정하면, 2년 후에는 이자율이 4.8%에서 7.2%로 상승했다. 2년 후 $484,332의 미상환 잔액과 7.2%/12 = 0.6%로 더 높아진 월별 이자율 하에서 새로운 월별 분할상환액은 $3355.62이며, 이러한 월별 분할상환액은 $2623.33에서 크게 증가한 수준이다.

초기 티저 금리로 대출이 가능할 수도 있었지만, 많은 서브 프라임 차입자들은 대출 이자율이 조정된 후에 더 많은 분할상환금을 지불할 능력이 없었다. 2007년 이전에는 이자율이 낮은 수준을 유지한 가운데 주택 가격이 높고 상승 중이어서 이들이 기존 대출을 더 낮은 초기 티저 금리를 갖는 새로운 대출로 차환(refinancing)하여 부도를 피할 수 있었다. 그들은 이런 식으로 월별 분할상환금을 낮게 유지할 수 있었다. 그러나 2007년에 주택 담보대출 이자율이 상승하고 주택 가격이 하락하기 시작했고, 대출 분할상환액을 낮추기 위한 이러한 전략은 더 이상 가능하지 않게 되었다. 많은 경우에 미상환 대출 잔액이 주택의 시장가치를 초과하여 대출자가 대출을 더 이상 차환하지 않으려고 하였다. 지금은 지불 능력이 없는 높은 이자율의 대출에 사로잡혀 많은 주택 소유자들이 파산했으며 서브 프라임 대출에 대한 차압이 급증했다.

미래의 대출자가 티저 금리를 사용하여 차입자가 최종적으로 감당할 수 없는 대출을 받지 않도록 하기 위해, 도드 프랭크 법(Dodd–Frank Act)법은 티저 금리가 만료된 후에도 차입자가 대출금을 상환할 수 있는 충분한 소득을 가지고 있는지 확인할 것을 대출자에게 요구하고 있다.

대출잔고 계산

그림 5.1은 원금분할상환 대출의 잔고가 매월 달라짐을 보여주고 있다. 어느 특정 시점의 대출잔고는 미래에 대출에 대해 부담하여야 할 금액들의 현재가치로 계산된다. 따라서 대출잔고는 대출 이자율로 평가한 미래 분할상환금의 현재가치와 일치한다. 남아 있는 분할상환금의 현재가치를 대출이자율을 할인율로 사용하여 평가하면 대출잔고를 계산할 수 있다.

개인재무
예제 5.3
대출잔고 계산

문제 *Problem*

당신이 앞서 언급한 자동차 대출(대출금액: $30,000, 대출기간: 60개월, 이자율: 월 복리 6.75% APR)을 받은 지 3년이 지났으며 자동차를 팔기로 결정했다고 가정하자. 자동차를 팔더라도 당신은 자동차 대출의 잔고를 지불해야 한다. 36 개월간의 지급이 이루어진 이후에 당신이 갚아야 하는 자동차 대출의 잔고는 얼마인가?

풀이 *Solution*

● **계획**

이 대출에 대한 월별 지급액이 $590.50임을 이미 알고 있다. 이 대출에 대한 잔고는 2년, 즉 24개월 월별 지급액의 현재가치이다. 따라서 이 대출에 대한 잔고는 연금의 현재가치 공식에 월간 이자율 0.5625%, 월별 지급액 $590.50, 기간의 수 24개월을 대입하여 구할 수 있다.

● **실행**

$$\text{대출기간이 24개월 남았을 때 대출잔고} = \$590.50 \times \frac{1}{0.005625}\left(1 - \frac{1}{1.005625^{24}}\right) = \$13,222.32$$

따라서 3년 경과된 후에 대출잔고는 $13,222.32이다.

다음과 같이 재무계산기나 엑셀을 이용하여 대출잔고를 구할 수 있다.

	N	I/Y	PV	PMT	FV
입력:	24	0.5625		−590.50	0
계산 결과:			13,222.32		
엑셀 공식: = PV(RATE,NPER,PMT,FV) = PV(0.005625,24,−590.50,0)					

한편 대출기간이 24개월 남았을 때 대출잔고는 대출금액에서 36개월간의 월별 지급액의 현재가치를 차감한 금액의 미래가치 계산을 통해서도 구할 수 있다.

	N	I/Y	PV	PMT	FV
입력:	36	0.5625	30,000	−590.50	
계산 결과:					13,222.56
엑셀 공식: = FV(RATE,NPER,PMT,PV)=FV(0.005625,36,−590.50,30000)					

이 경우 월별 지급액의 반올림으로 인해 앞의 계산 결과와 24센트의 차이가 난다.

● **평가**

대출을 방금 받은 시점을 포함하여 어떤 시점이든지 간에 남은 지급액의 현재가치로 대출잔고를 구할 수 있다. 은행이 $30,000를 주었을 때, 이에 대한 대가로 $590.50를 60개월간 받고자 하였음을 상기하길 바란다. 은행이 이렇게 하는 이유는 당신의 월별 지급액의 현재가치와 당신에게 지급하는 금액이 같기 때문이다. 언제든지 당신이 대출을 중단하고자 한다면, 은행은 당신이 계획대로 지급하는 월별 지급액의 현재가치를 일시불로 지급하는 것을 요청할 것이다. 두 번째 계산 방법이 제시하는 것처럼 대출잔고는 대출금액에서 누적 월별 지급액의 현재가치를 차감한 금액의 미래가치로 간주할 수 도 있다.

개념확인

3. 원금분할상환에서 원금은 어떻게 상환되는가?
4. 왜 대출분할상환금에서 이자가 차지하는 부분이 시간이 갈수록 줄어드는가?

5.3 이자율의 결정

지금까지 우리는 이자율이 어떻게 호가되고 대출에서 이자율이 어떻게 사용되는지를 알아보았다. 이제는 "이자율은 어떻게 결정되는가?"라는 좀 더 폭넓은 질문으로 주제를 전환해보자. 기본적으로 이자율은 자금의 상대적인 수요와 공급에 의존하는 시장의 힘에 의해 결정된다. 그리고 이 수요와 공급은 개인, 은행 및 기업의 차입, 저축, 그리고 대출하고자 하는 의지에 의존한다. 이자율의 변동은 자동차 대출 또는 모기지로 얼마의 금액을 차입할 수 있을 지와 같은 소비자의 결정에 영향을 미친다. 그리고 이자율의 변동은 미래 현금흐름의 현재가치를 변동시키므로, 기업 내에서 자본예산 수립에 광범위한 영향을 미친다. 이 절에서는 인플레이션, 현재 경제활동, 미래 성장에 대한 기대 등 이자율에 영향을 미치는 요인들을 살펴볼 것이다.

인플레이션, 실질 대 명목 이자율

인플레이션은 주어진 금액에 대한 실질구매력이 물가상승으로 인하여 얼마나 줄어드는지를 측정한다. 우리는 그 동안 "1달러로 예전에 구매했던 것을 살 수 없다"라는 표현을 수도 없이 들어왔다 또한 우리는 그 동안 물가가 지속적으로 상승하는 것을 보아왔다. 가장 비근한 예로, 여러분들이 아침에 마치는 커피는 5년 전보다 지금이 더 비쌀 것이다. 인플레이션은 은행을 비롯한 금융기관들이 호가하는 이자율에 대한 평가에 영향을 미친다. 금융기관들이 호가하고 이 교재에서 현금흐름을 할인하는데 사용되는 이자율은 모두 **명목 이자율**(nominal interest rate)이다. 명목 이자율은 주어진 투자 기간 동안 화폐의 명목가치가 증가하는 비율을 나타낸다. 인플레이션으로 인해 재화의 가격이 상승하면, 투자로 인해 얻게 되는 명목 이자율이 반드시 실질구매력의 증가를 나타내지 않는다.

명목 이자율: 은행을 비롯한 금융기관들이 호가하는 이자율이며, 주어진 투자 기간 동안 명목가치가 증가하는 비율을 나타내는 이자율이다.

예를 들어 지금 커피 한잔에 $1라고 가정하자. 만약 당신이 $100가 있다면 이 돈으로 커피 100잔을 살 수 있다. 커피를 사는 대신 이 돈을 5.06%의 연간 이자율은 제시하는 은행 계좌에 1년 동안 예금하면 1년 후에 $105.06을 갖게 된다. 은행에 예금을 할 경우 당신의 효용은 얼마나 더 증가하는가? 이는 1년 동안 물가가 얼마나 오르는지에 의존한다. 인플레이션율이 연 3%라면, 커피

한잔의 가격이 3% 상승하여 1년 후에 $1.03가 되며 1년 후에 은행계좌에서 찾는 $105.06로 커피 102(=$105.06/$1.03)잔을 살 수 있다. 지금 당장 커피 100잔을 살 수 있는 돈으로 1년간 은행에 예금하면, 1년 후에 102잔을 살 수 있으므로 1년 동안 실질구매력이 2% 증가한다고 할 수 있다.

실질 이자율: 인플레이션율을 반영하여 주어진 투자 기간 동안 실질 구매력이 증가하는 비율을 나타내는 이자율이다.

여기서 2%는 **실질 이자율(real interest rate)**이다. 실질 이자율은 인플레이션율을 반영하여 주어진 투자 기간 동안 실질 구매력이 증가하는 비율을 나타낸다. 앞의 예에서처럼 실질구매력의 증가율은 다음과 같이 계산한다.

$$\text{실질 구매력의 증가} = 1 + \text{실질 이자율} = \frac{1 + \text{명목 이자율}}{1 + \text{인플레이션율}} = \frac{\text{화폐가치의 증가}}{\text{가격의 증가}} \quad (5.4)$$

식 5.4를 실질 이자율에 대해 정리하면 실질 이자율에 대한 공식을 유도할 수 있다. 이 공식을 이용하면 인플레이션율이 낮을 때 실질 이자율의 근사값을 구하는 공식을 도출할 수 있다.

$$\text{실질 이자율} = \frac{\text{명목 이자율 - 인플레이션율}}{1 + \text{인플레이션율}} \approx \text{명목 이자율 - 인플레이션율} \quad (5.5)$$

즉, 인플레이션율이 낮다면, 실질 이자율은 대략 명목 이자율에서 인플레이션율을 뺀 값과 근사한 값을 갖게 된다.[2]

예제 5.4
실질 이자율의 계산

문제 *Problem*

2008년 초, 1년 만기 미 재무부 단기채의 이자율은 3.3%였고 이 연도의 인플레이션율은 0.1%였다. 2011년 초에 이 채권의 이자율이 0.3%, 이 연도의 인플레이션율은 3.0%였다. 2008년과 2011년의 실질 이자율은 각각 몇 %인가?

풀이 *Solution*

● **실행**

식 5.5를 사용하면, 2008년의 실질 이자율은 (3.3%−0.1%)/(1.001) = 3.2%이다. 2011년의 실질 이자율은 (0.3%−3.0%)/(1.03) = −2.62%이다

● **평가**

20011년 실질 이자율이 음의 값을 갖고 있음에 주목해야 한다. 이는 채권 이자율이 인플레이션을 따라가기에 부족함을 의미한다. 그 결과 미 재무부 채권 투자자들의 이 연도 연말 구매력이 연초 구매력보다 더 작아졌다. 반면에 이 연도 동안 인플레이션은 거의 없었다.

2) 실질 이자율을 미래 현금흐름에 대한 할인율로 사용할 수 없다. 실질 이자율은 기대 현금흐름이 명목 기대 현금흐름이 아니고 실질 기대 현금흐름일 경우에만 할인율로 적용할 수 있다. 실질 기대현금흐름을 구하기 위해서는 명목 기대 현금흐름에서 인플레이션으로 인한 명목 기대 현금흐름 증가분을 제거해주어야 한다. 하지만 이 과정에서 오류를 범하기 쉽다. 따라서 이 교재 전반에서 인플레이션으로 인한 명목 현금흐름 증가분을 포함하여 명목 현금흐름을 예측하고, 명목 이자율을 할인율로 사용하기로 한다..

그림 5.2는 1955년 이후 미국 명목 이자율과 인플레이션율의 역사를 보여주고 있다. 명목 이자율이 인플레이션율과 함께 움직이는 경향이 있음에 주목해야 한다. 직관적으로 개인들이 저축하고자 하는 의지는 그들이 예상하는 실질 구매력의 증가, 즉 실질 이자율에 의존한다. 따라서 인플레이션율이 높으면 개인들의 저축을 유도하기 위해 명목 이자율도 높아져야 한다. 1970년대 말과 1980년대 초에 이러한 현상이 두드러지게 나타났다. 이 시기에 미국의 인플레이션율은 두 자리 수를 기록했고, 이에 대한 반응으로 명목 이자율도 증가하였다.

그림 5.2
미국 이자율과 인플레이션율, 1962–2016

이 그림은 1962–2016 기간 중 미국의 명목 이자율(파란색)과 인플레이션율(빨간색)을 보여주고 있다. 이 그림을 통해 인플레이션율이 높을수록 이자율이 높아지는 경향이 있음을 알 수 있다. 이 그림에서 명목 이자율은 3개월 만기 미 재무부 단기채 이자율의 평균값으로, 인플레이션율은 미 노동통계청이 작성하는 소비자물가지수의 연간 증가율로 각각 측정되었다.

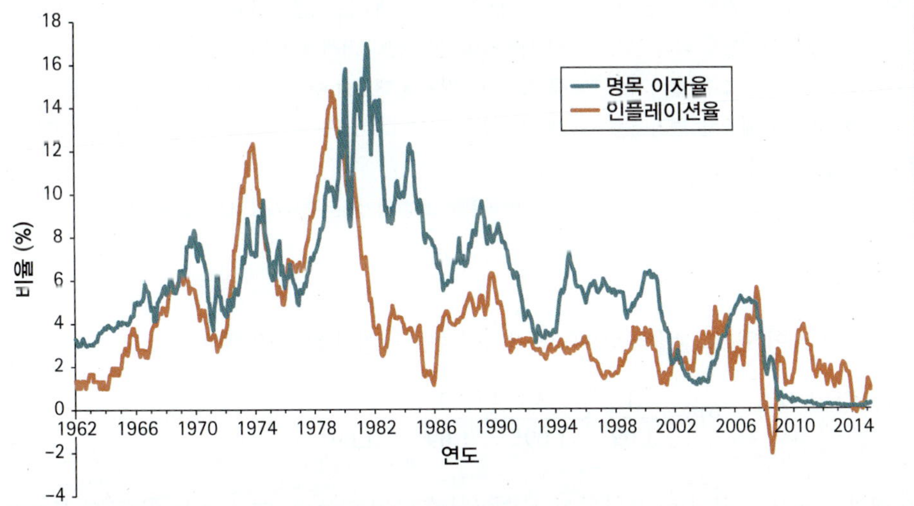

출처: 미 연준 경제 자료(Federal Reserve Economic Data).

투자와 이자율 정책

이자율은 개인들의 저축 성향에 영향을 줄 뿐만 아니라, 기업이 투자를 하고자 하는 동기에도 영향을 미친다. 지금 당장 $10 백만을 투자하면 앞으로 4년 동안 매년 $3 백만의 현금흐름을 창출하는 투자기회를 고려해보자. 연간 이자율이 5%라면, 투자 편익의 현재가치는 $10.638백만이다.

$$PV = \frac{3}{1.05} + \frac{3}{1.05^2} + \frac{3}{1.05^3} + \frac{3}{1.05^4} = \$10.638\text{백만}$$

우리나라에서 인플레이션은 어떻게 측정되는가?

현재 우리나라에서 작성되고 있는 인플레이션지표로는 통계청에서 작성하는 소비자물가지수, 한국은행에서 작성하는 생산자물가지수 등이 있다. 소비자물가지수는 대표적인 인플레이션지표로서 소비자가 일상 소비생활에서 구입하는 상품과 서비스의 가격 변동을 조사함으로써 도시가계의 평균적인 생계비나 화폐의 구매력 변동을 측정하는 물가지수이다. 조사대상지역은 현재(2005년 기준지수) 서울을 비롯한 38개 주요 도시이며 조사대상품목은 가계소비지출 중에서 차지하는 비중이 1/10,000 이상인 489개 품목이며 상품이 329개, 서비스가 160개 품목으로 구성되어 있다.

소비자물가 조사대상품목 중 일부 품목만을 대상으로 작성되는 지수들이 있는데, 이중 대표적인 것이 생활물가지수와 농산물 및 석유류 제외지수다. 생활물가지수는 일반 소비자들이 자주 구입하는 기본 생필품 152개를 선정하여 이들 품목의 평균적인 가격변동을 나타낸다. 이는 소비자가 피부로 느끼는 장바구니 물가에 보다 근접한 물가지수이다. 농산물 및 석유류제외지수는 일시적 외부충격에 의한 물가변동을 제외한 장기적이며 기조적인 물가변동을 나타내는 근원인플레이션(Underlying inflation, core inflation) 지표로 이용되고 있다. 한국은행은 물가안정목표제 도입초기인 1998년과 1999년에는 전체 소비자물가지수를 통화정책 목표대상 물가지수로 하였으나, 2000~2006년 중 근원인플레이션으로 변경한 후, 2007년부터는 전체 소비자물가지수로 다시 변경하였다.

생산자물가지수는 국내에서 생산된 상품과 기업서비스가 국내시장에 출하되어 1차 거래단계에서 기업 상호간에 이루어진 가격의 변동을 측정하는 물가지수이다. 생산자물가지수는 소비자물가지수보다 포괄범위가 넓어 전반적인 상품의 수급동향을 반영하고 있다. 생산자물가지수의 조사기준가격은 생산자출하가격 즉, 부가가치세를 제외한 생산자판매가격 (공장도가격)을 원칙으로 하고 있으며, 조사대상품목은 대표성을 고려하여 선정하는데 현행 2005년 기준지수에서는 거래액이 국내시장에서 거래되는 상품거래 총액의 1/10,000 이상이 되는 품목(서비스의 경우 전체 거래액의 1/2,000 이상인 품목)으로서 소속상품군의 가격변동을 대표할 수 있고 가격시계열의 유지가 가능한 884개(상품 801개, 서비스 83개) 품목을 조사대상으로 하고 있다.

출처: 한국은행(2010), 알기쉬운 경제지표 해설 pp. 86-87 인용.

하지만 이자율이 9%로 상승하면, 투자 편익의 현재가치가 \$9.719 백만으로 감소하고,

$$PV = \frac{3}{1.09} + \frac{3}{1.09^2} + \frac{3}{1.09^3} + \frac{3}{1.09^4} = \$9.719\text{백만}$$

\$10 백만의 비용 하에서 이 투자기회는 수익성이 나지 않는다. 그 이유는 양(+)의 부호를 갖는 현금흐름을 더 높은 할인율로 할인하여 현재가치가 감소하기 때문이다. 하지만 지금 당장 발생하는 비용인 \$10 백만의 비용은 이미 현재 시점의 가치이므로 할인율의 변동과 무관하다.

이러한 논의를 일반화 시키면 다음과 같다. 투자의 비용이 투자의 편익보다 앞서 발생할 경우 이자율의 상승은 투자기회를 덜 매력적으로 만든다고 할 수 있다. 그러므로 다른 모든 조건이 동일하다면, 이자율의 상승은 기업 입장에서 좋은 투자기회의 집합을 줄어들게 만든다고 할 수 있다. 미 연준(Fed)을 비롯한 각 국의 중앙은행은 이자율과 투자기회 간의 이러한 관계를 이용하여 경기조절을 하려고 한다. 경기둔화 시에는 이자율을 인하하여 투자를 촉진하려고 한다. 반대로 경기과열 또는 인플레이션 발생 시에는 이자율을 인상하여 투자를 줄이려고 한다.

통화정책, 디플레이션, 2008년 금융위기.

2008년 금융위기로 경제가 타격을 입었을 때, 미 연준(Fed)은 이 위기가 경제 전반에 미치는 영향 축소를 위해 단기 이자율 목표를 그 해 연말까지 0%로 낮춤으로써 신속하게 대응했다. 이러한 통화정책의 사용은 전반적으로 매우 효과적이었다. 하지만 2008년 말 소비자 물가가 하락했기 때문에 인플레이션율이 마이너스였고 이로 인해 명목 이자율이 0%이더라도 실질 이자율이 플러스였다. 디플레이션과 디플레이션이 계속될 수 있는 위험은 미 연준이 경기 침체와 맞서 싸우는 평소 무기의 탄약이 떨어졌음을 의미했다. 이러한 문제로 인해 미 연준은 더 이상 이자율을 낮출 수 없었다. 이러한 문제로 인해 미국과 다른 국가들이 경제를 자극하기 위해 정부지출 및 투자 증가와 같은 다른 조치들을 고려하기 시작했다. 173쪽 인터뷰 글상자는 전 미 연준 이사(governor)인 케빈 와쉬(Kevin Warsh) 경제위기 대응한 가 미국과 유럽의 통화정책에 대한 추가적인 설명을 제시하고 있다.

미 연준이 더 이상 명목 이자율을 마이너스로 만들 수 없었던 이유는 무엇이었을까? 개인들은 항상(저축 계좌에 돈을 넣고 않고) 현금을 보유할 수 있어 적어도 영(0)의 이자를 얻을 수 있다. 이로 인해 명목 이자율이 크게 마이너스가 될 수는 없다. 그러나 현금 보유에 많은 비용이 소요되고 투자자들이 현금 보유를 안전하지 않은 것으로 여기기 때문에 미 재무부 단기채의 이자율이 이 기간 중 몇 시점에서 사실상 약간 마이너스(-0.05%까지)로 내려 갈 수 있었다! 2016년 경

그림 5.3 미국의 2006, 2007 및 2008년 11월 무위험 이자율 기간구조

이 그림은 서로 다른 만기 동안 무위험 자산인 미 재무부 채권에 투자함으로써 얻을 수 있는 이자율을 예시하고 있다. 이 경우 이자율은 투자기간에 따라 달라진다. 예를 들어 2008년 11월에 10년 만기 이자율(3.41)은 1년 만기 이자율(0.91%)의 세 배가 넘는다.

만기 (년)	날짜		
	Nov-06	Nov-07	Nov-08
0.5	5.23%	3.32%	0.47%
1	4.99%	3.16%	0.91%
2	4.80%	3.16%	0.98%
3	4.72%	3.12%	1.26%
4	4.63%	3.34%	1.69%
5	4.64%	3.48%	2.01%
6	4.65%	3.63%	2.49%
7	4.66%	3.79%	2.90%
8	4.69%	3.96%	3.21%
9	4.70%	4.00%	3.38%
10	4.73%	4.18%	3.41%
15	4.89%	4.44%	3.86%
20	4.87%	4.45%	3.87%

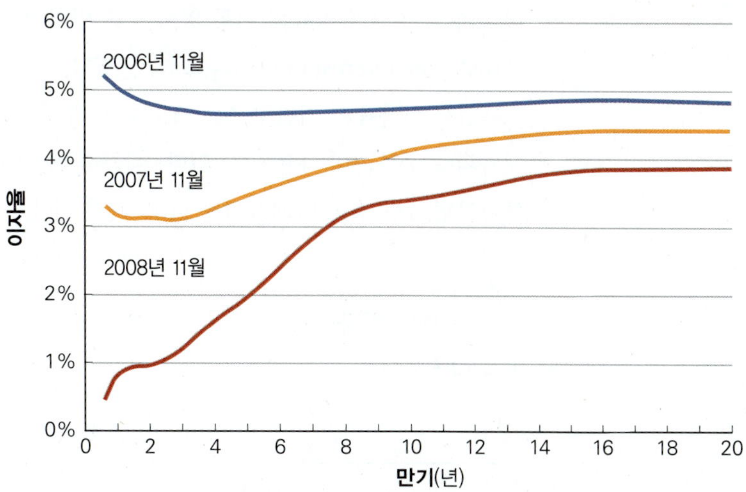

출처 : 미 재무부 채권 데이터

제 성장을 위해 유럽중앙은행과 일본은행을 포함하는 몇몇 중앙은행들이 예금 이자율을 마이너스로 설정하여 상업은행들의 대출 확대를 독려한 사실은 아마도 더욱 주목할 만하다. 앞서 언급한 바와 같이 마이너스 이자율을 유지하는 것은 힘들다. 사실 일본은행의 발표에 대한 반응으로 일본 예금자들에 의한 안전자산으로의 이동이 있었다! 비록 우리가 영(0)이 이자율의 하한이라고 생각하지만(당신은 누군가가 당신의 돈을 사용할 수 있도록 하기 위해 돈을 지불하는 것을 선택하지 않을 것이다.), 마이너스 이자율이라는 특별한 경우에 대한 몇 가지 예가 나타났다. 이는 글로벌 금융위기와 그 여파로 인한 예금자의 위험회피와 값비싼 대체, 그리고 통화당국이 상업은행들에게 이러한 이자율을 부과할 수 있는 능력에 의해 주도되었다. (이에 대한 자세한 내용은 제6장을 참조하길 바란다.)

수익률 곡선과 할인율

은행이 투자(대출)에 대하여 제시하는 이자율은 투자(대출) 기간에 의존한다. 만약 2년 동안 은행이 발행한 양도성예금증서(이하 CD)[3] 에 돈을 투자한다고 가정하자. 이는 벌칙성 수수료의 부과 없이 만기가 이전에 돈을 인출할 수 없음을 의미한다. 은행은 예치한 돈을 언제든지 찾을 수 있는 저축계좌에 돈을 맡겼을 경우보다 더 높은 이자율을 CD에 대해 제시한다. 투자기간과 이자율 사이의 관계를 이자율의 **기간구조(term structure)**라고 하고, 이를 도표로 나타낸 것을 **수익률 곡선(yield curve)**이라고 한다. 그림 5.3은 2006년 11월, 2007년 11월 및 2008년 11월에 투자자들에게 가능한 미국 이자율에 대해 이자율 기간구조와 수익률 곡선을 보여주고 있다. 여기서 사용된 이자율은 미국 정부가 채무 불이행을 하지 않을 것이라는 가정 하에 무위험이라 간주되는 미국 재무부 증권의 이자율이다. 따라서 각 이자율은 주어진 기간 동안 무위험으로, 즉, 미래 수익 또는 수익률의 변동 없이 돈을 빌리거나 빌려주는데 적용되는 이자율인 **무위험 이자율(risk-free interest rate)**이라고 할 수 있다.

기간구조: 채권의 만기와 수익률 간의 관계

수익률 곡선: 채권의 만기와 수익률 간의 관계를 나타내는 곡선

무위험 이자율: 주어진 기간 동안 위험 없이 돈을 빌리거나 빌려주는 데 적용되는 이자율

무위험 이자율의 기간구조는 서로 다른 투자 기간에 대한 무위험 현금흐름의 현재가치나 미래가치를 구하는데 사용될 수 있다. 예를 들어 \$100를 1년 이자율로 2008년 11월부터 1년 동안 투자하면, 1년 후의 미래가치는 \$100.91이 된다.

$$\$100 \times 1.0091 = \$100.91$$

\$100를 10년 이자율로 2008년 11월부터 10년 동안 투자하면, 10년 후의 미래가치는 \$139.84가 된다.[4]

---

3) CD(certificate of deposit)는 은행이 발행하는 단기 또는 중기 금융상품으로, 명시된 기간 동안 은행에 돈을 예치하면 고정된 이자율을 이자를 지급하는 상품이다. CD 이자율은 저축계좌 이자율보다 높은데, 그 이유는 벌칙성 수수료를 지불하지 않고는 만기 이전에 돈을 인출할 수 없기 때문이다.

4) 우리는 10년 동안 연속적으로 1년 이자율로 투자할 수 있다. 이 경우 우리는 미래 이자율을 모르기 때문에, 최종 수익이 무위험이 아니다.

인터뷰 케빈 와쉬 (Kevin M. Warsh)

스탠포드 경영대학원의 강사이자 후버 연구소의 석좌 방문연구원인 케빈 와쉬는 2006년부터 2011년까지 미 연준(Fed) 이사로 재직하면서 금융시장에 대한 수석 연락 담당자의 역할을 수행했다

질문: 중앙은행이 경제를 통제하기 위해 사용하는 주요 정책 수단은 무엇인가?

답변: 미 연준은 물가안정, 지속 가능한 최대 고용 및 금융안정이라는 목표를 달성하기 위해 몇 가지 정책 수단을 사용한 주요 정책 수단은 단기 이자율인 연방기금 금리에 대한 조정이다. 연방기금 금리 인하는 경기를 촉진시킨다. 연방기금 금리 인상은 일반적으로 경기를 둔화시킨다. 공개 시장 조작을 통해 미국 재무부 단기 채권을 매매하는 것은 표준 관행이다. 2007-2009년 금융위기 이전의 미 연준의 재무상태표는 \$700~\$900 십억 달러에 달했다. 그러나 이자율이 이미 0에 근접했기 때문에 Fed가 이자율을 더 낮출 수 없었다. 미 연준은 경기를 촉진시키려는 의도로 금융시스템에서 유동성을 증가시켰으며, 이를 위해 장기간의 대규모 공개시장 조작에 의존했다. 그 결과 미 연준의 재무상태표 규모가 상당히 커졌다. 미 연준이 원하는 미래의 정책 수용(policy accommodation) 정도를 나타내는 공개 구두 조작(open mouth operations)을 통한 자산에 대한 매매 의사 표명은 종종 시장이 즉각적인 이자율 조정으로 반응하도록 유도했다. 최종 대부자(Lender-of-Last-Resort) 권위는 미 연준으로 하여금 특정 조건 하에서 좋은 담보물을 담보로 어려움을 겪는 금융기관에 대출할 수 있도록 한다.

질문: 미 연준 정책의 효과를 제한하는 요소는 무엇인가?

답변: 통화정책은 고립되어 작동하지 않는다. 재정(조세 및 지출), 무역 및 규제 정책은 경제 및 금융 여건의 상태에 지대한 영향을 미친다. 통화정책은 단기적으로 경제가 개선될 시간을 벌 수는 있지만, 경제의 구조적 실패를 단독으로 치유하거나 증가하는 국가 부채를 메울 수 없다.

질문: 미 연준은 2007-2009년 금융위기를 해결하기 위해 어떤 수단을 만들었나?

답변: 가장 암울한 시기에 시장은 효과적으로 운영되지 않았고, 유가증권 가격은 명확하지 않았으며, 은행 및 기타 금융기관은 서로의 재무 여력(financial wherewithal)에 대한 명확성과 신뢰가 부족했다. 효과적이고 혁신적인 도구인 기간입찰대출(Term Auction Facility, TAF)은 경제 일선에 있는 (대규모 및 소규모) 은행에 저렴한 비용으로 쉽게 사용할 수 있는 기금을 제공하고 이를 통해 은행이 기업 및 소비자에게 제공하는 신용을 확대하도록 촉진하여 경기를 자극했다. 미 연준은 경기 회복을 위해 정책 금리를 거의 0의 수준까지 인하한 후에 정부 및 정부 대행기관 유가증권의 특별 매입인 양적 완화(Quantitative Easing; QE) 프로그램을 두 번 시행하여 통화 공급을 늘리고 대출을 촉진하고, (일부 제안자들에 따르면) 위험 자산의 가격을 상승시켰다고 한다. 미 연준은 또한 유럽 중앙은행(European Central Bank) 및 다른 주요국의 중앙은행들과 일시적으로 중앙은행 유동성 스왑 라인을 설정함으로써 세계 금융위기를 해결했다. 중앙은행 유동성 스왑 라인을 이용하면 외국 중앙은행은 유로화를 달러 또는 다른 통화로 스왑함으로써 고객에 제공할 달러 자금을 얻을 수 있으며, 나중에 스왑을 취소하는 것에 동의한다. 미 연준은 환 위험을 감수하지 않지만, 거래 상대방인 다른 나라 중앙은행의 신용 위험에 노출된다.

질문: 유럽 중앙은행(ECB)은 국가 부도 위기(sovereign debt crisis)를 해결하기 위해 어떤 수단을 사용하는가? 유럽 중앙은행의 접근법은 2007-2009년 금융위기에 대한 미 연준의 접근법과 어떻게 비교 되는가?

답변: 경제 연합의 중앙은행인 ECB는 미 연준보다 더 곤란한 위치에 놓여있다. 유로존에서 근원적인 경제와 경쟁력은 독일과 그리스처럼 현저한 차이를 보인다. 2007년부터 2010년 중반까지 많은 유럽 금융 전문가들과 정책 입안자들은 세계 금융위기가 주로 미국에서 발생한 것이라고 믿었다. 그러나 그들은 2010년 중반까지 이 위기가 실제로 세계적인 위기인 것을 인식했다. 광범위한 책무를 부여받은 미 연준과 달리, ECB는 물가안정 보장이라는 단일의 책무만을 공식적으로 부여받고 있다. 그럼에도 불구하고 ECB는 미 연준이 시행한 많은 것들 그대로 시행했다. ECB는 유효 정책 금리를 최저 수준으로 낮추고, 잠재적인 뱅크 런(bank run)을 피하기 위해 유로존의 금융기관에 직접 유동성을 제공하고, 증권시장 구매 프로그램(일부 어려움을 겪는 국가의 국채 매입)을 시행했다.

$$\$100 \times (1.0341)10 = \$139.84$$

이와 동일한 논리를 적용하면, 서로 다른 만기에 대해 현재가치를 구할 수 있다. 2년 후 받게 되는 무위험 현금흐름은 2년 이자율로 할인해야 하고, 10년 후 받게 되는 현금흐름은 10년 이자율로 할인해야 한다. 이를 일반화시키면, N년 후에 받게 되는 현금흐름 C_n의 현재가치는 다음과 같이 표현된다.

$$PV = \frac{C_n}{(1 + r_n)^n} \tag{5.6}$$

여기서 r_n은 n년 동안 적용되는 무위험 이자율이다. 바꾸어 말하면, 현재가치를 계산할 때 현금흐름의 기간과 할인율의 기간이 반드시 일치해야 한다고 할 수 있다. 식 (5.6)을 서로 다른 기간들에 대해 적용한 후 결합하면, 여러 기간 현금흐름의 현재가치를 구하는 다음 공식을 도출할 수 있다.

할인율의 기간구조를 이용한 여러 기간 현금흐름의 현재가치

$$PV = \frac{C_1}{1 + r_1} + \frac{C_2}{(1 + r_2)^2} + \cdots + \frac{C_N}{(1 + r_N)^N} \tag{5.7}$$

식 (5.7)이 식 (4.3)과 다른 점에 주목할 필요가 있다. 식 (5.7)에서는 매 기마다 서로 다른 할인율이 적용된다. 여기에서는 현금흐름의 기간과 동일한 기간의 이자율을 각 기간의 할인율로 사용하였다. 여러 만기에 걸쳐 이자율이 거의 동일하다면, 수익률 곡선이 수평선에 가까운 모양을 가지므로 평평하다고 이야기 한다. 2006년 11월처럼 수익률 곡선이 평평한 모양을 가지면, 각 현금흐름에 대해 서로 다른 이자율을 적용한 경우와 그렇지 않은 경우의 현재가치 차이는 크지 않다. 이 경우 단일의 평균적인 이자율 r을 이용하여 할인함으로써 매 기의 이자율의 차이가 고려되지 않기도 한다. 하지만 2008년 11월처럼 단기 이자율과 장기 이자율의 차이가 매우 큰 경우는 식 (5.7)을 반드시 사용하여야 한다.

주의: 현재가치를 계산하는 모든 간편식(연금, 영구연금, 재무계산기 등)은 모든 현금흐름을 동일한 할인율로 할인하는 것에 근거한다. 따라서 이들 간편식은 매 기의 현금흐름이 서로 다른 할인율로 할인되어야 하는 경우에는 적용할 수 없다.

예제 5.5
여러 기간 현금흐름의 현재가치

문제 *Problem*

그림 5.3의 2008년 11월의 수익률 곡선을 이용하여, 5년 동안 무위험으로 매년 $1000의 현금흐름이 발생하는 연금의 현재가치를 구하시오.

풀이 *Solution*

● **계획**

이 연금의 현금흐름을 다음과 같이 시간선에 나타낼 수 있다.

0	1	2	3	4	5
	$1,000	$1,000	$1,000	$1,000	$1,000

그림 5.3의 수익률 곡선 옆에 있는 표를 이용하여 1년, 2년, 3년, 4년, 및 5년에 해당하는 이자율을 확인할 수 있다. 이제 주어진 현금흐름과 이자율을 이용하여 연금의 현재가치를 계산할 수 있다.

● **실행**

그림 5.3에서 1년, 2년, 3년, 4년, 및 5년에 대한 이자율이 각각 0.91%, 0.98%, 1.26%, 1.69%, 2.01%임을 알 수 있다. 연금의 현재가치를 구하기 위해서 각 현금흐름에 상응하는 이자율을 할인율로 사용히여아 한나.

$$PV = \frac{1,000}{1.0091} + \frac{1,000}{1.0098^2} + \frac{1,000}{1.0126^3} + \frac{1,000}{1.0169^4} + \frac{1,000}{1.0201^5} = \$4,775$$

● **평가**

수익률 곡선은 각 만기에 대해 서로 다른 연긴 시장 이자율이 존재한다는 것을 알려준다. 다섯 개의 서로 다른 만기를 갖는 현금흐름의 현재가치를 보다 정확히 계산하기 위해서는 각 만기에 상응하는 서로 다른 다섯 개의 이자율을 할인율로 사용하여야 한다. 이 경우 각 현금흐름의 할인율이 서로 다르므로 연금의 현재가치 공식을 사용할 수 없음에 유의해야 한다.

수익률 곡선과 경제

그림 5.4에서 보는 바와 같이 수익률 곡선은 시간에 따라 변한다. 단기 이자율이 장기 이자율과 매우 근사한 값을 갖는 경우도 있지만, 때로는 매우 다른 값을 갖기도 한다. 수익률 곡선의 모양이 변하는 것을 어떻게 설명할 것인가?

이자율 결정 미 연준은 연방기금 금리에 영향을 미침으로써 단기 이자율을 결정한다. **연방기금 금리(federal fund rate)**는 은행들이 지불준비금을 하루 동안 빌리는데 적용되는 이자율이다. 연방기금 금리를 제외한 다른 모든 수익률 곡선 상의 이자율은 시장에서 결정되며, 각 대출기간(loan term)에 대해 대출 자금의 공급이 수요와 일치될 때까지 조정된다. 미래 이자율 변동에 대한 기대는 투자자들이 장기간 자금을 빌려주거나 빌리고자 히는 의사에 결정적인 영향을 미친다. 따라서 미래 이자율 변동에 대한 기대가 수익률 곡선의 모양을 결정한다고 할 수 있다.

연방기금 금리: 은행들이 지불준비금을 하루 동안 빌리는데 적용되는 이자율이다.

일반적인 실수 할인율이 변동할 때 연금 공식 사용

연금의 현재가치를 구할 때, 흔히 하는 실수 중의 하나는 시간이 지남에 따라 이자율이 변동함에도 불구하고 한 개의 이자율을 사용하는 것이다. 예를 들어 예제 5.5에서 5년 연금의 현재가치를 5년 만기 이자율(2.01%)과 연금의 현재가치 공식을 이용하여 다음과 같이 계산할 수 없다.

$$PV \neq \$1{,}000 \times \frac{1}{0.0201}\left(1 - \frac{1}{1.0201^5}\right) = \$4{,}712$$

만약 연금의 가치를 평가하는데 사용할 수 있는 한 개의 이자율을 구하고자 한다면 식 5.7을 이용하여 연금의 현재가치를 먼저 계산하여야 한다. 그 다음에는 연금의 현재가치 등식을 만족하는 한 개의 이자율을 구해야 한다. 재무계산기나 엑셀을 사용하여 구하면, 예제 5.5에서 이 이자율이 1.55%로 나온다. 예제 5.5의 경우처럼 연금의 현재가치 등식을 만족하는 이자율은 항상 각 현금흐름의 현재가치를 구하는데 사용되는 할인율 중 가장 높은 것과 가장 낮은 것의 중간에 위치하게 된다.

	N	I/Y	PV	PMT	FV
입력:	5		−4,775	1,000	0
계산 결과:		1.55			
엑셀 공식: = RATE(NPER,PMT,PV,FV) = RATE(5,1000,−4775,0)					

만약 단기 이자율이 장기 이자율과 같다고 가정해보자. 미래에 이자율이 상승할 것으로 예상한다면 투자자들은 장기 투자를 하지 않을 것이다. 대신 투자자들은 단기 투자를 하고 이자율이 오른 후에 재투자를 할 것이다. 따라서 이자율이 상승할 것으로 예상되는 상황에서 투자자들을 끌어 모으기 위해서는 장기 이자율이 단기 이자율보다 높아야 한다.

한편, 장기 이자율이 단기 이자율과 동일한 상황에서 미래에 이자율이 하락할 것으로 예상한다면, 차입자들은 장기 차입을 하지 않을 것이다. 대신 차입자들은 단기 차입을 하고 이자율이 하락한 후에 다시 차입을 할 것이다. 따라서 이자율이 하락할 것으로 예상되는 상황에서 차입자들을 끌어 모으기 위해서는 장기 이자율이 단기 이자율보다 낮아야 한다.

수익률 곡선의 모양 이러한 논의는 수익률 곡선의 모양이 이자율에 대한 기대에 의존함을 시사한다. 장기 이자율이 단기 이자율보다 훨씬 높은 가파른 기울기로 우상향 하는 수익률 곡선은 이자율이 상승할 것으로 기대함을 의미한다. 반대로 장기 이자율이 단기 이자율보다 낮은 우하향 하는 수익률 곡선은 이자율이 하락할 것으로 예상함을 시사한다. 이자율은 경기침체에 반응하여 하락하는 경향이 있기 때문에, 우하향 하는 수익률 곡선은 종종 경제성장률 하락에 대한 예상으로 해석되기도 한다. 사실 그림 5.5가 예시하는 바와 같이 미국에서 발생한 7번의 경기침체 모두 경기침체 이전에 우하향 하는 수익률 곡선을 갖는 기간이 있었다(경기침체를 의미하는 회색 막대 이전에 빨간 음영으로 표시된 영역을 주목하기 바란다). 역으로 경기침체로부터 벗어나는 이자율이 상승할 것으로 예상되는 시기(연두색 음영으로 표시된 시기)에는 수익률 곡선의 기

그림 5.4 수익률 곡선의 모양

이 그림은 서로 다른 모양의 수익률 곡선을 예시하고 있다. 파란색 선은 정규 수익률 곡선을 나타내고 있다. 대부분의 경우 수익률 곡선은 완만한 기울기로 우상향 하는 이러한 모양을 하고 있다. 빨간색은 가파른 수익률 곡선을 예시하고 있다. 단기 이자율(2%)과 장기 이자율(7%) 간의 차이가 훨씬 커서 기울기가 정규 수익률 곡선보다 더 가파르다. 이 가파른 수익률 곡선 예시는 1991년 10월의 수익률 곡선이다. 마지막으로 연두색은 역 수익률 곡선을 나타낸다. 이 수익률 곡선은 우상향 하지 않고 우하향 하여 이러한 이름을 갖게 되었다. 1981년 1월처럼 단기 이자율이 장기 이자율보다 더 높으면, 수익률 곡선이 이러한 모양을 갖게 된다. 이 장의 나머지 부분에서는 수익률 곡선의 모양이 시간에 따라 왜 달라지는지를 고찰한다.

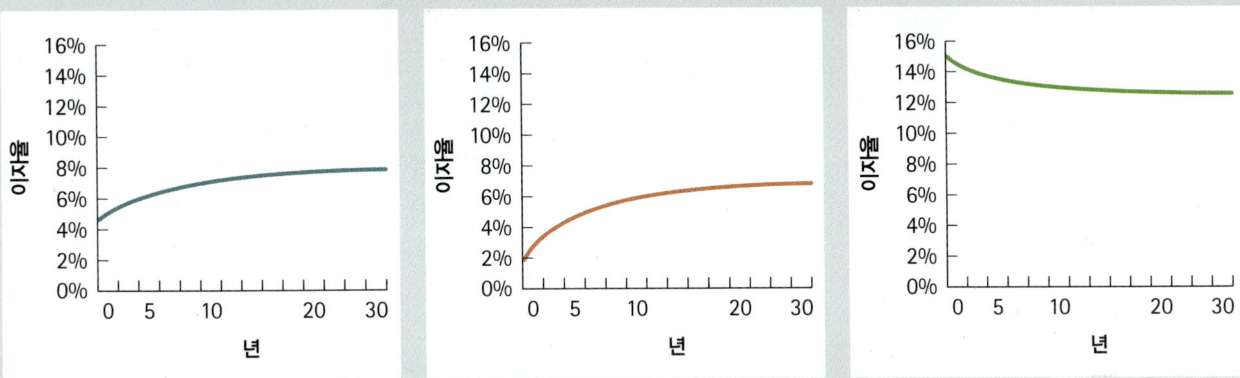

(a) 정상 수익률 곡선 (b) 가파른 수익률 곡선 (c) 역 수익률 곡선

울기가 양(+)의 값을 갖고 증가하는 경향이 있다.

정상적인 수익률 곡선은 약간 우상향하는 모양을 갖는다. 이러한 모양은 투자자들이 항상 미래에 이자율이 상승할 것으로 예상하는 경우에 가능하지만, 실제로 투자자들이 항상 이자율이 상승할 것으로 기대하지 않는다. 따라서 정상적인 수익률 곡선이 우상향하기 위해서, 즉 장기 이자율이 단기 이자율보다 높기 위해서는 또 다른 이유가 있어야 한다. 장기 대출의 위험이 단기 대출보다 높은 것이 장기 이자율이 단기 이자율보다 높은 이유로 가장 많이 거론된다. 만약 오늘 고정금리로 30년 만기 대출을 한다면 이자율이 30년 동안 고정된다. 대출로 인하여 지급받는 금액의 현재가치는 시장 이자율의 조그만 변동에도 민감하게 반응한다. 이처럼 장기 대출이 이자율 변동에 민감하게 반응하는 이유는 이자율 변동에 복리효과가 발생하기 때문이다. 이자율 변동의 복리효과를 살펴보기 위해 예제 5.6을 고려해보자.

수익률 곡선은 서로 다른 기간에 발생하는 무위험 현금흐름에 대한 할인율을 제시하는 한편, 미래 경제성장에 대한 잠재적인 선행지표로서의 역할을 한다. 수익률 곡선의 이러한 특성들로 인해 수익률 곡선은 경영자에게 매우 중요한 정보를 제공한다고 할 수 있다.

그림 5.5 장기 및 단기 이자율 차이와 경기침체

이 그림은 1년 및 10년 미 재무부 채권의 이자율을 나타내고 있다. 장기 이자율과 단기 이자율의 차이는 수익률 곡선이 우상향이면(단기 이자율이 장기 이자율보다 낮으면) 연두색, 수익률 곡선이 우하향이면(단기 이자율이 장기 이자율보다 높으면) 빨간색으로 표시되어 있다. 회색 막대는 전미경제연구소(NBER)에 의해 결정된 미국의 경기침체기를 나타낸다. 여기서 역수익률 곡선이 경기침체기 전에 나타나는 경향이 있음을 주목할 필요가 있다. 경기침체기에는 전반적으로 이자율이 하락하는 가운데 장기이자율보다 단기 이자율이 더 많이 하락하는 경향이 있다. 그 결과 수익률 곡선의 기울기가 경기침체기를 벗어나면 더 커지는 경향이 있다.

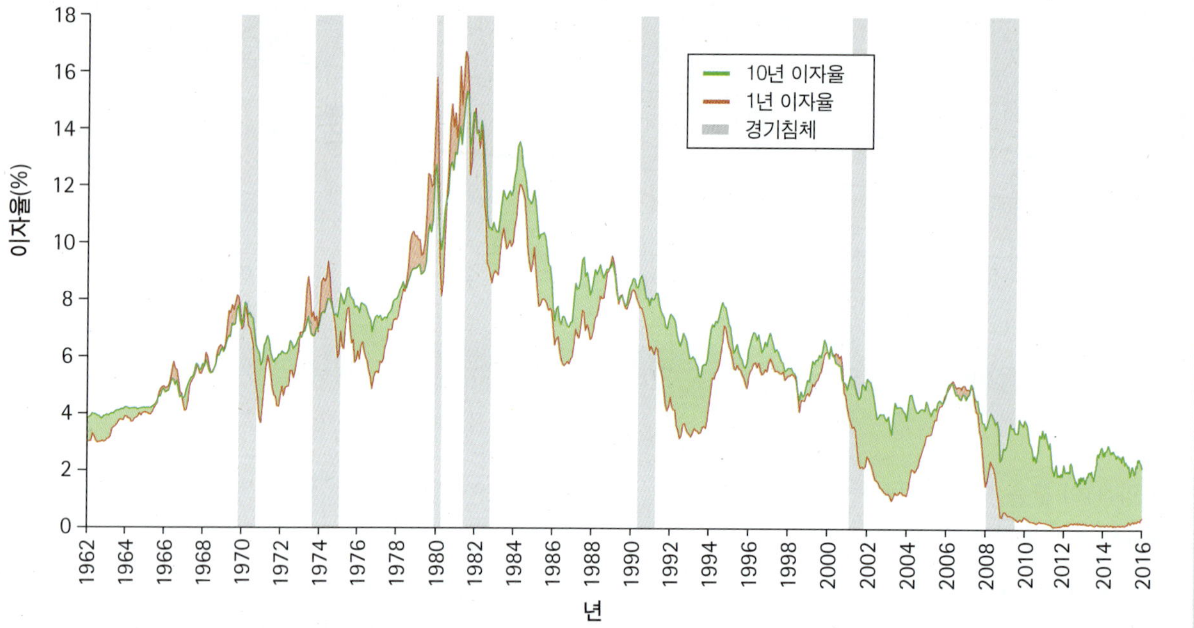

예제 5.6
장기 대출 대 단기 대출

문제 *Problem*

당신은 은행에서 일하고 있으며 방금 두 건의 대출을 하였다. 그 중 하나는 오늘 $909.09를 대출해주고 1년 후에 $1000를 상환 받는다. 다른 하나는 오늘 $909.09를 대출해주고 30년 후에 $15,863.08를 상환 받는다. 대출금액과 상환금액 간의 차이는 10%의 연간 이자율을 적용하여 계산되었다. 대출을 하고 난 직후, 경제성장에 대한 뉴스가 공표되어 기대 인플레이션율이 높아졌다. 이로 인해 대출에 대한 시장 이자율이 11%로 상승하였다. 대출은 은행의 주요한 자산이므로 대출의 가치에 대해 당연히 관심을 갖는다. 1%의 시장 이자율 상승은 두 건 대출의 약정 상환금액 가치에 어떤 영향을 미치는가?

풀이 *Solution*

● **계획**

각 대출은 만기시점에 단 한번의 상환 현금흐름이 발생한다. 두 대출의 유일한 차이는 상환시점 또는 대출기간에 있다.

오늘 대출금	1
−909.09	+1,000

오늘 대출금	1…29	30
−909.09	0	+15,863.08

● **실행**

1년 대출에 대해 상환금액의 현재가치를 11%의 할인율을 사용하여 구하면

$$PV = \frac{\$1,000}{(1.11)^1} = \$900.90$$

30년 대출에 대해 상환금액의 현재가치를 11%의 할인율을 사용하여 구하면

$$PV = \frac{\$15,863.08}{(1.11)^{30}} = \$692.94$$

● **평가**

1년 대출의 상환금액 가치 감소는 $909.09 − $900.90 = $8.19 또는 0.9%에 불과하다. 하지만 30년 대출의 상환금액 가치 감소는 $909.09 − $692.94 = $216.15 또는 24%나 된다. 오랜 기간 동안 복리 계산되면, 작은 시장 이자율 차이라도 대출 상환금의 현재가치에 큰 변동을 가져온다. 이러한 이유 때문에 투자자나 은행이 장기 대출을 단기 대출보다 더 위험하다고 인식한다.

개념확인

5. 명목 이자율과 실질 이자율의 차이는 무엇인가?
6. 이자율과 기업의 투자 수준은 어떠한 관계를 갖는가?

5.4 자본기회비용

이 장에서 살펴본 바와 같이, 시장에서 우리가 관찰할 수 있는 이자율은 표시 방식, 투자기간 및 위험에 따라 달라질 수 있다. 이 장에서 이러한 차이를 설명하는 방법론을 개발하고 이자율이 어떻게 결정되는지에 대한 직관을 얻었다. 이러한 지식은 다음 장에서 채권을 공부하는데 필요한 기초를 제공할 것이다.

제3장에서 가치평가 원칙은 우리에게 시장 이자율을 이용하여 현재가치를 계산하고 투자기회를 평가한다고 하였다. 하지만 수많은 시장 이자율들이 존재하므로 "시장 이자율"이란 용어는 모호한 측면이 없지 않다. 그러므로 앞으로 이 교재에서는 투자자의 **자본기회비용(opportunity cost of capital, 줄여서 자본비용)**을 현금흐름의 평가를 위한 할인율로 사용할 것이다. 자본비용(cost of capital)은 *동일한 위험과 투자기간을 갖는 투자들에 대하여 시장에 제시하는 가장 높은 기대수익률*이다.

자본기회비용 또는 자본비용: 할인하고자 하는 현금흐름과 동일한 위험과 투자 기간을 갖는 투자기회에 대하여 시장이 제시하는 가장 높은 기대수익률. 투자자들이 새로운 투자를 함으로써 동일한 위험과 동일한 투자기간을 갖는 다른 투자로부터 얻을 수 있는 수익을 포기해야 하는 기회비용

이자율, 할인율 및 자본비용

우리는 지금까지 수익률을 표현하는 데 사용된 이자율(interest rate), 할인율(discount rate) 및 자본비용(cost of capital)의 세 가지 용어가 있음을 알게 되었다. 많은 사람들이 이 세 가지 용어들을 혼용하여 사용한다. 이들은 엄연히 구분되며, 이들은 이 교재 전반에서 다음과 같은 의미를 가지고 각각 사용된다. "이자율"이란 용어는 시장에서 결정되고 호가되는 이자율(a quoted rate in the market)을 의미한다. 한편, "할인율"은 주어진 현금흐름을 할인하는데 적절한 이자율(the appropriate rate for discounting a given cash flow)을 의미한다. 마지막으로 자본비용은 동일한 위험을 갖는 투자기회에 대한 수익률을 의미한다.

자본비용의 개념을 이해하기 위하여 당신이 다른 재무관리자들과 투자자들의 자금을 끌어 모으기 위해 경쟁하는 재무관리자라고 생각해보자. 투자자들이 당신의 회사에 투자하도록 하게 위해서는 그들에게 당신의 회사는 적어도 투자자들이 동일한 위험과 투자기간을 갖는 다른 투자기회들이 제시하는 것과 동일한 기대수익률을 제시할 수 있어야 한다. 이제는 자본의 기회비용이란 용어가 어디에서 왔는지 쉽게 알 수 있을 것이다. 당신 회사에 투자하는 투자자들은 자신들의 자금을 다른 곳에 투자할 수 있는 기회를 포기하게 된다. 따라서 다른 투자기회들이 제시하는 기대수익률은 당신이 그보다 더 높은 혹은 동일한 기대수익률을 제시함으로써 뛰어 넘어야 하는 자본의 기회비용인 것이다. 당신 회사가 투자에 필요한 자금을 이미 기업 내부자금으로 가지고 있다고 하여도 이와 동일한 논리가 적용된다. 당신의 회사는 다른 곳에 투자하여 주주들에게 돌려줄 수도 있지만, 이 자금을 신규 프로젝트에 재투자할 수도 있다. 하지만 당신 회사는 주주들이 다른 투자기회를 통해 얻을 수 있는 수익보다 더 높은 수익을 제시할 수 있어야만, 내부자금을 신규 프로젝트에 투자해야 한다.

자본비용은 투자자들이 새로운 투자를 함으로써 동일한 위험과 동일한 투자기간을 갖는 다른 투자로부터 얻을 수 있는 수익을 포기해야 하는 기회비용이다. 무위험 프로젝트의 경우, 동일한 투자기간을 갖는 미 재무부 증권의 이자율이 자본비용에 해당된다. 하지만 자본비용은 위험이 있는 투자에도 적용될 수 있는 더 일반적인 개념이다.

제3장은 가치평가 원칙을 소개하였다. 이어 제4장과 이번 장에서는 재무관리자가 서로 다른 시점에 발생하는 현금흐름의 가치를 평가하기 위해 필요한 방법론을 개발하였다. 이번 장의 마지막 부분에서는 가치평가에서 할인율로 사용되는 자본비용을 결정하기 위해서 시장 정보의 사용이 중요함을 다시 강조하였다. 제6장에서는 지금까지 학습한 내용을 토대로 채권과 채권의 가격 결정에 대해 학습하려고 한다.

예제 5.7
자본기회비용

문제 *Problem*

당신 친구가 오늘 $100를 빌려가서 1년 후에 $110를 갚는다고 가정하자. 시장에서 $100를 투자할 수 있는 다른 옵션을 찾아본 결과, 당신 친구에게 돈을 빌려주는 것과 동일한 위험을 갖는다고 판단되는 투자기회들 중에서 최선의 옵션을 찾았다. 이 옵션의 기대수익률은 8%이다. 당신은 친구에게 돈을 빌려주는 것과 이 옵션 중 어떤 것을 선택을 해야 하는가?

풀이 *Solution*

● **계획**

당신의 의사결정은 당신 친구에게 돈을 빌려주는 것에 대한 기회비용에 의존한다. 당신이 친구에게 돈을 빌려주면, 8%의 기대수익률을 갖는 다른 투자기회에 투자할 수 없다. 돈을 빌려주는 순간 8%의 기대수익률을 얻을 수 있는 투자기회를 포기하게 된다. 당신은 1년 후 $110의 가치를 8%의 자본비용을 이용하여 구함으로써 의사결정을 할 수 있다.

● **실행**

8%의 할인율로 1년 후 $110의 현재가치를 구하면 다음과 같다.

$$PV = \frac{\$110}{(1.08)^1} = \$101.85$$

$100를 1년 동안 대출하는 것은 $101.85의 현재가치를 갖는다. 따라서 이 대출을 해야 한다.

● **평가**

가치평가 원칙에 따르면, 시장가격을 이용하여 투자의 비용과 편익을 평가함으로써 투자의 가치를 평가할 수 있다고 한다. 이 예제에서 보는 바와 같이, 시장가격은 다른 대안들 중에서 최선의 투자기회가 어떤 것인지를 결정한다. 이로 인해 우리는 어떤 투자기회가 비용에 상응하는 가치를 갖는지를 결정할 수 있다.

개념확인

7. 자본비용은 무엇인가?
8. 기업의 내부자금이라면 자본비용을 고려하지 않아도 되는가?

일반적인 실수 잘못된 할인율로 할인하여 주정부가 $3 조의 무덤을 파다

미국의 거의 모든 주정부는 확정 급여형 연금 플랜(defined benefit pension plan)을 근로자들에게 제공한다. 이 연금 플랜은 주정부의 고용 기간과 그들의 최종 연봉을 근거로 은퇴 소득을 보장한다. 이처럼 종업원에게 약속된 지급은 연금 플랜의 부채이며, 지급액이 보장되기 때문에 무위험 채권과 비교될 수 있다. 이러한 부채를 충족시키기 위해, 주정부는 펀드를 적립하고, 이를 주식과 회사채 같은 위험자산에 투자한다.

유감스럽게도 주정부는 펀드 적립 필요액을 결정할 때 중요하고 흔한 실수를 범한다. 즉, 연금 플랜 부채의 위험 부담과 관련이 없는 임의의 할인율(일반적으로 8 %)을 사용하여 부채의 현재가치를 계산한다.

자금이 보장된 특성 때문에 현재 8%를 훨씬 밑도는 무위험 이자율이 연금 플랜 부채에 대한 정확한 할인율이다.[5] 이러한 오류로 인해 주정부는 연금 플랜 부채의 가치를 크게 과소 평가했으며, 부족한 펀드를 적립한 연금 플랜은 납세자들에게 미래의 잠재적 의무를 부과한다. 이 의무는 얼마나 클까? 로버트 노비막스(Robert Novy-Marx) 교수와 조슈아 라우(Joshua Rauh) 교수[6] 는 전체 주 연금의 2008년 펀드 적립 부족액이 최소한 $3 조에 달한다고 주장했다. 또한 그들은 향후 15년 동안 국가가 납세자들에게 의존하지 않고 연금 의무를 이행할 확률이 5% 미만이라고 추정했다. 설상가상으로 주정부가 납세자의 지불 여력이 낮은 시점인 시장 하락기에 그 돈을 필요로 할 가능성이 매우 높다고 한다.

---

5) 주정부들은 종종 투자에 대한 기대수익률로 8%의 이자율을 사용하는 것이 정당화된다. 그러나 투자의 위험과 채무의 위험은 비교될 수 없다(예: 주식에 대한 수익은 보장되지 않음). 따라서 이 주장은 근본적으로 결함이 있다.

6) R. Novy-Marx and J. Rauh, The Liabilities and Risks of State-Sponsored Pension Plans, Journal of Economic Perspectives (Fall 2009) Vol. 23, No. 4.

myfinancelab 핵심요점 및 공식

5.1 이자율의 표시와 조정

- 다른 가격들처럼 이자율도 시장 힘(자금에 대한 수요와 공급)에 의해 결정된다.
- 실효 연이자율(EAR) 또는 연율화 수익률(APY)은 1년 후에 얻게 되는 총 이자(투자금액 및 이자에 대한 이자) 금액을 투자금액 대비 비중으로 나타낸다. EAR은 1년 후의 미래가치를 현재가치로 환산할 때 할인율로도 사용할 수 있다.
- EAR(1-기간 할인율)이 r로 주어졌을 때, 이와 동등한 n-기간 할인율을 다음 식을 이용하여 구할 수 있다. 여기서 n은 1보다 클 수도 작을 수도 있다

$$\text{1-기간 할인율과 동등한 n-기간 할인율} = (1 + r)^n - 1 \tag{5.1}$$

- 연율화 이자율(APR)은 가장 보편적인 이자율 표시 방법이다. 복리 계산 기간 당 실제 이자율은 APR을 연간 복리 계산 기간 횟수(m)로 나누어 준 값으로 계산된다. APR은 할인율로 사용될 수 없다.
- 연간 복리 계산 기간 횟수를 알면, APR을 가지고 EAR을 구할 수 있다.

$$1 + EAR = \left(1 + \frac{APR}{m}\right)^m \tag{5.3}$$

(m = 연간 복리계산 기간 횟수)

- 주어진 APR에 대한 EAR은 복리 계산 기간 횟수(m)가 늘어날수록 증가한다.

5.2 응용: 할인율과 대출

- 일반적으로 대출에 대한 이자율은 APR로 표시된다. 대출잔고는 대출 이자율로 평가한 미래 분할상환금의 현재가치와 일치한다.
- 원리금 균등상환 대출에서 각 분할상환금은 대출에 대한 이자와 대출잔고의 일부분을 합산한 금액으로 구성된다.

5.3 이자율의 결정

- 호가된 이자율은 투자한 금액의 증가율을 나타내는 명목 이자율이다. 실질 이자율은 인플레이션율을 조정하여 실질 구매력이 증가하는 비율을 나타낸다.
- 명목 이자율과 인플레이션율이 주어지면, 실질 이자율은 다음 식을 이용하여 구할 수 있다.

$$\text{실질 이자율} = \frac{\text{명목 이자율} - \text{인플레이션율}}{1 + \text{인플레이션율}} \approx \text{명목 이자율} - \text{인플레이션율} \quad (5.5)$$

- 명목 이자율은 인플레이션율이 높으면 상승하고 인플레이션율이 낮아지면 하락한다.
- 이자율의 상승은 일반적으로 투자 프로젝트의 매력도를 감소시킨다. 각 국의 중앙은행은 이자율을 인상(인하)하여 투자를 줄여(늘려) 인플레이션(경기둔화)에 대처한다.
- 이자율의 기간구조에 따라 이자율과 투자 기간 간의 관계가 달라진다. 이자율과 투자 기간 간의 관계를 도표로 나타낸 것을 수익률 곡선이라고 한다.
- 현금흐름은 투자 기간에 상응하는 적절한 할인율을 이용하여 할인하여야 한다. 여러 기간 현금흐름의 현재가치(PV)는 다음과 같이 계산된다.

$$PV = \frac{C_1}{1 + r_1} + \frac{C_2}{(1 + r_2)^2} + \cdots + \frac{C_N}{(1 + r_N)^N} \quad (5.7)$$

- 연금과 영구연금 공식은 투자 기간에 따라 할인율이 달라지는 경우 적용할 수 없다.
- 수익률 곡선의 모양은 투자자들의 미래 경제성장과 이자율에 대한 기대에 의존한다. 수익률 곡선은 경기침체가 예상되는 시기에는 우하향 하는 모양을 갖고, 경기침체를 벗어나 회복되는 시기에는 우상향 하는 모양을 갖는다. 투자자들이 장기 대출을 단기 대출보다 더 위험하다고 인식하기 때문에, 일반적으로 장기 대출의 이자율이 단기 대출의 이자율보다 더 높다.

5.4 자본기회비용

- 자본비용은 할인하고자 하는 현금흐름과 동일한 위험과 투자 기간을 갖는 투자기회에 대하여 시장이 제시하는 가장 높은 기대수익률이다.

비판적 사고

1. 이자율이 가격인 이유를 설명하시오?
2. 반년 복리 6% APR의 EAR이 6%보다 높은 이유는 무엇인가?
3. 이자율의 주기를 현금흐름의 주기와 일치시키는 것이 중요한 이유는 무엇인가?
4. 30년 만기 주택담보 대출의 지급액이 15년 만기 주택담보 대출의 지급액의 두 배가 아닌 이유는 무엇인가?
5. 실질 현금흐름을 명목 할인율로 할인하면 어떤 실수를 하게 되는가?
6. 물가상승에 대한 기대 변화가 이자율에 어떤 영향을 미치는가?

7. 투자자에게 제시되는 명목 이자율이 음(-)의 값을 갖는 것이 가능한가?(힌트: "메트리스" 밑에 현금을 저축할 때 얻을 수 있는 이자율을 고려하자.) 실질 이자율이 음(-)의 값을 갖는 것이 가능한가?
8. 1980년대 초반에 인플레이션율이 두 자리 수를 기록했고, 수익률 곡선이 우하향 하는 모양을 가졌다. 이러한 수익률 곡선은 투자자들이 가지고 있는 미래 이자율에 대한 기대가 어떻다고 이야기할 수 있는가?
9. 우리가 "자본의 기회비용"을 언급할 때, 이 용어가 갖는 의미는 무엇인가?

연습문제

* 표시는 난이도가 높은 문제임을 나타낸다.

이자율 표시와 조정

1. 당신은 월 복리 6% APR로 이자율이 고시된 자동차 대출을 고려하고 있다. 이 대출의 실효 연 이자율(EAR)은 얼마일까?
2. 은행이 총 2년간의 예금에 대한 이자율로 20%를 지급하는 계좌를 권유하고 있다. 아래 각 기간에 상응하는 할인율을 결정하시오.
   a. 6개월
   b. 1년
   c. 1개월
3. 당신은 자동차를 구입할 계획이며, 월 복리 6% APR의 대출에 대한 제안을 받았다.
   a. 이 대출의 월간 이자율은 얼마일까?
   b. 이 대출의 EAR은 얼마일까?
4. 당신은 봄 방학 여행의 자금을 마련하는 두 가지 옵션을 고려하고 있다. 그 중 하나는 월 복리 15% APR의 이자율을 갖는 신용카드를 사용하는 것이다. 다른 하나는 매 6개월마다 8%의 이자를 지급하고 부모님으로부터 돈을 빌리는 것이다. 둘 중 어떤 옵션의 이자율이 더 낮은가?
5. 어떤 온라인 은행은 예금에 대해 매월 0.25%의 이자율을 제시하고 있다. 당신의 지역 은행은 매분기(3개월) 0.75%의 이자를 지급한다. 어떤 이자율이 더 높을까?
6. 3년 동안 5%(EAR)의 연간 이자율로 이자를 지급하는 은행계좌와 아래 각 옵션 중에서 어떤 것을 더 선호하는가?
   a. 3년 동안 매 6개월마다 2.5%의 이자를 지급하는 계좌
   b. 3년 동안 매 18개월마다 7.5%의 이자를 지급하는 계좌
   c. 3년 동안 매월 0.5%의 이자를 지급하는 계좌

*7. 당신은 어떤 회사로부터 비정상적인 보너스 구조를 갖는 일자리를 제안 받았다. 당신이 이 회사에 근무하는 한, 매 7년마다 $70,000의 추가적인 보너스를 지금부터 7년 후부터 지급받기 시작한다. 만약 당신이 이 회사에 총 42년 근무하고 이자율이 6%(EAR)라면, 당신이 지급받는 보너스의 총 현재가치는 얼마인가?

8. 당신은 1년 예치에 대해 다음과 같은 수익률을 제시하는 세 가지 투자기회를 발견했다: 10% APR로 매월 복리 계산, 10% APR로 매년 복리 계산, 9% APR로 매일 복리 계산. 각 투자기회에 대한 EAR을 계산하시오(1년이 365일이라고 가정).

9. 당신 은행계좌는 5% EAR의 이자를 지급한다. 이 계좌의 이자율을 반년 복리 APR로 표시하면 몇 %인가? 월 복리 APR로 표시하면 몇 %인가?

10. 이자율이 월 복리 8% APR이다. 5년 동안 매 6개월마다 $100를 지급하는 연금의 현재가치는 얼마인가?

11. 월급날 대출(payday loan)은 당신이 지불하는 실제 이자율이 불명확하도록 설계되었다. 예를 들어 워싱턴에서 당신은 2주 $200의 월급날 대출에 대해 $30의 "수수료"를 지급한다(당신은 $230을 지불하고 이 대출을 상환한다.). 이 대출에 대한 실효 연이자율은 얼마일까?

12. 당신은 대학에 갓 입학했다. 대학은 당신이 대학을 다니는 4년 동안 등록금을 인상하지 않기로 보장했다. $10,000의 첫 등록금은 지금부터 6개월 후에 납부해야 한다. 그 다음에는 총 납부횟수가 8회가 될 때가지 매 6개월마다 동일한 금액을 납부해야 한다. 대학은 매 6개월마다 돈이 자동 인출되는 은행계좌를 제안하는데, 앞으로 4년간 이 계좌의 이자율은 반년 복리 4% APR로 고정될 것을 보장한다. 당신은 앞으로 돈을 추가적으로 예치를 하지 않고 등록금을 모두 납부하고 마지막 등록금 납부 후 계좌 잔고가 없도록 하려고 한다. 이렇게 하기 위해서 당신이 이 계좌에 예치해야 하는 금액은 얼마인가?

응용: 할인율과 대출금

13. 당신은 자동차 대출에 대한 분할상환금을 매월 지불한다. 이 대출은 월 복리 5% APR로 이자율을 호가하고 있다. 호가된 이자율을 월별 이자율로 환산하면 몇 %인가?

14. 캐피탈 원(Capital One)이 만기가 60개월이고 이자율이 5.99% APR인 모터사이클 대출을 광고하고 있다. 만약 당신이 원하는 모터사이클인 할리-데이비슨을 사기 위해 $8000을 빌려야 한다면, 당신의 월별 분할상환금은 얼마인가?

15. 당신은 $30,000의 학자금 대출을 가지고 대학을 졸업한다고 가정하자. 당신의 이자율은 월 복리 4.66% APR로 고정되어 있다. 당신이 이 대출을 10년 동안 상환하려고 한다면, 월별 분할상환금은 얼마일까?

16. 아이론우드 뱅크(Oppenheimer Bank)는 월 복리 6.00% APR의 30년 만기 주택담보 대출을 제공하고 있다. 당신이 $160,000를 빌리면, 월별 분할상환금은 얼마가 될까?

17. 당신은 방금 월 복리 6% APR로 $20,000의 자동차 대출을 받았다. 대출기간은 5년이다. 한 달 후에 처음으로 대출 분할상환금을 지급하는데, 이 분할상환금에서 원금과 이자가 차지하는 금액은 각각 얼마인가?

*18. 월 복리 6% APR로 $20,000의 자동차 대출을 받은 17번 문제를 고려하자. 당신이 방금 50번째 지급을 하였으며, 대출잔고가 $3,762.32라고 가정하자. 당신의 다음 분할상환금에서 원금과 이자가 차지하는 금액은 각각 얼마인가? 17번 문제와 비교하면 무엇이 달라졌는가?

*19. 주택을 구입하고자 하는 당신에게 모기지 회사가 $400,000의 대출금을 30년 동안 월별 분할상환하는 주택담보 대출에 대해 다음과 같은 제안을 했다. 총 대출금액의 1%를 지급하면, 대출 이자율을 6.5% APR에서 6.25% APR로 낮추어준다. 당신이 주택을 구입하면, 적어도 5년은 살 계획이다. 당신은 어떻게 해야 하는가?

20. 당신은 기존 주택담보 대출을 상환하고 신규 대출을 받기로 결심했다. 당신은 현재 대출 가능한 주택담보 대출 중에서 대출을 받고자 한다. 기존 대출의 월 분할상환액은 $2356이고 매 분할상환금을 정해진 날짜에 지급했다. 기존 대출은 만기가 30년인데, 대출을 받은 지 4년 8개월이 경과했고, 방금 월 분할상환금액 지급했다. 기존 대출의 이자율은 6.375% APR이다. 오늘 당신이 기존 주택담보 대출의 일시 상환을 위해 지급해야 하는 금액은 얼마인가?

*21. 당신은 방금 현금 $1,000,000를 받고 집을 팔았다. 당신은 집을 사기 위해 월 분할상환금을 지급하는 30년 만기 주택담보 대출을 받았다. 초기의 대출잔고는 $800,000이며, 이 대출을 받은 지 정확히 8.5년이 되었고, 월 분할상환금을 방금 지급하였다. 이자율이 5.25% APR일 때, 당신이 집을 팔아 대출금을 모두 갚고 나면, 얼마의 현금을 갖게 되는가?

22. 당신은 $50,000의 대출을 받아 방금 자동차 한 대를 구입했다. 당신은 대출금을 5년 동안 월별 분할상환해야 하고, 이 대출의 이자율은 6% APR이다.
    a. 당신이 첫 번째 월에, 두 번째 월에, 그리고 첫 번째 해 동안 지불해야 하는 이자와 원금은 각각 얼마인가? (힌트 1개월, 2개월 및 1년이 지난 후에 대출잔고를 계산하시오.)
    b. 당신이 네 번째 해 동안(즉, 세 번째 해 기말과 네 번째 해 기말 사이) 지불해야 하는 이자와 원금은 각각 얼마인가?

23. 당신은 자동차 리스를 고려하고 있다. 자동차의 구입가격은 $30,000이고, 36개월 후 자동차의 잔존가치(리스 기간이 종료된 후에 자동차를 계속 보유하기 위해 지불해야 하는 금액)는 $15,000다. 자동차를 구입한 후 1개월이 된 시점에 첫 리스료를 지급한다. 리스료는 월 복리 6% APR 이자율을 이용하여 산정된다. 리스기간이 36개월일때, 당신의 리스료는 얼마인가?

*24. 당신은 이번 달에 여유 현금흐름을 가지고 있고 이 돈을 자동차 대출의 일부를 상환하는데

쓰려고 한다. 이 대출의 이자율은 7% APR, 월별 분할상환금은 $600, 잔여 대출기간은 36개월이다. 만약 당신이 1개월 후인 다음 지급일에 월별 분할상환금 $600에 $1000를 더해 지불한다면, 대출을 전액 상환에 걸리는 기간이 얼마나 줄어드는가?

*25. 당신에게는 앞으로 4년동안 매월 $500씩 분할상환해야 하는 학자금 대출이 있다. 이 대출의 이자율은 월 복리 9% APR이다. 당신은 오늘 $100의 추가적인 상환을 했다(즉, 지불하지 않아도 되는 $100를 지불했다). 대출금을 다 갚을 때가지 매월 $500를 지불해야 한다면, 마지막 지급액은 얼마가 될까? 실효수익률(월 복리 APR로 표시)은 몇 %인가?

*26. 25번 문제의 상황을 다시 이용한다. 당신은 최상의 투자는 학자금 대출을 갚는 것이라는 것을 깨달았다. 그래서 매월 갚을 수 있는 최대한의 금액을 갚기로 했다. 당신의 예산을 고려하면 매월 $250를 추가적으로 더 갚을 수 있다. 당신이 매월 $750의 분할상환금을 지급하면, 대출금을 다 상환하는데 걸리는 기간은 얼마인가?

*27. 오펜하이머 뱅크(Oppenheimer Bank)은 월 복리 5.25% APR의 30년 모기지를 제공하고 있다. 이 모기지에 대한 월별 분할상환금은 $2,000다. 또한 Oppenheimer Bank는 다음과 같은 딜을 제공한다: 매월 $2,000의 분할상환금을 지불하는 대신, 2주마다 이 금액의 절반을 지불할 수 있다(따라서 연간 52/2 = 26회 지불하게 된다). 이 계획을 통해 대출의 EAR이 변경되지 않는다면, 이 대출을 상환하는 데 얼마나 걸릴까?

*28. 당신 친구는 모기지를 상환하는 데 걸리는 시간을 3분이 1까지 줄이기 위한 아주 간단한 방법을 알려준다: 매년 1월 1일에 휴가 보너스를 사용하여 추가적인 상환을 한다(즉, 이날 두 번의 분할상환금을 지불한다). 이 모기지의 최초 기간은 30년, 이자율은 12% APR을 가정한다.

a. 1월 1일에 모기지 대출을 받아(이에 따라 첫 번째 지불일이 2월 1일) 첫 해의 마지막에 첫 번째 추가 지불을 하면, 당신이 몇 년 후에 모기지 상환을 끝낼 수 있는가?

b. 7월 1일에 모기지 대출을 받아(이에 따라 첫 번째 지불일이 8월 1일) 매년 1월에 추가적인 지불을 하면, 당신이 몇 달 후에 모기지 상환을 끝낼 수 있는가?

c. 이 전략을 사용한다는 전제 하에서 대출 상환에 걸리는 시간은 대출의 이자율에 따라 어떻게 달라지는가?

29. 당신은 주택담보 대출을 받은 지 5년이 경과했다. 이 대출의 월별 상환액은 $1402, 만기는 30년, 이자율은 10% APR라고 한다. 5년이 지난 지금 시장 이자율이 하락하여, 당신은 기존 대출을 전액 상환하고, 상환한 금액에 해당되는 금액을 신규로 대출 받고자 한다. 신규 대출의 조건은 30년 동안 월별 분할상환하고, 이자율이 6 5/8% APR이다.

a. 신규 대출의 월별 분할상환금은 얼마인가?

b. 신규 대출의 대출금을 25년 후까지 다 갚기를 원한다면, 월별 분할상환금은 얼마가 되

겠는가?

c. 신규 대출에서도 월별 분할상환금이 $1402이기를 원한다면, 신규대출의 대출금을 전액 상환하는데 걸리는 기간은 얼마인가?

d. 당신이 월별 분할상환금 $1402으로 25년 후까지 신규 대출의 대출금을 전액 상환하기를 원한다고 가정하자. 이를 위해 당신이 추가적으로 더 빌려야 하는 금액은 얼마인가?

30. 당신의 $25,000의 신용카드 채무를 가지고 있으며, 이 채무의 이자율은 월 복리 15% APR이다. 매월 당신은 매월 최소지불금액만을 내고 있다. 대출잔고에 대해서 이자 지급 의무가 있다. 당신은 최근 12% APR의 이자율을 가지지만, 다른 모든 조건을 동일한 카드의 발급을 제안하는 우편물을 받았다. 당신은 모든 대안들을 검토한 후 카드의 교체 여부, 기존 카드의 대출잔고를 신규 카드로 이전 여부, 추가적인 대출 여부 등에 대한 의사결정을 해야 한다. 당신은 신규 카드에서 최소지불금액을 변동시키지 않고 오늘 빌릴 수 있는 금액은 얼마인가?

31. 당신 회사는 상업용 부동산에 대한 $500,000 대출을 월 복리 9% APR의 이자율로 받았다. 일반적인 상업용 부동산에 대한 대출의 경우처럼, 15년 원리금 균등상환 대출을 기본으로 한 5년 만기 대출이다. 이는 월별 분할상환금을 계산할 때는 대출의 만기가 15년인 것처럼 해서 계산하지만, 실제로 대출금을 전액 상환하는 데에 걸리는 기간은 5년임을 의미한다. 대출금의 상환을 위해 15년 원금상환 스케줄에 의해 계산된 59회의 동일한 월별 분할상환금을 지불하고, 마지막 60번째 지불에서는 대출잔액을 전부 지불한다.

a. 월별 분할상환금은 얼마인가?

b. 마지막(60번째) 지불금액은 얼마인가?

32. 당신은 5년 전에 5/1 조정 가능 모기지(adjustable rate mortgage)를 받았고, 방금 5년의 고정금리 기간이 종료되었다. 이 대출의 원금은 $300,000, 이자율은 월 복리 4.2% APR, 상환 횟수는 360회였다.

a. 당신이 60번째 지급을 했다면, 이 대출에 대한 대출잔고는 얼마인가?

b. 이자율이 월 복리 5.2% APR로 1% 상승하면, 새로운 분할상환금을 얼마가 될까?

이자율의 결정

33. 1975년 미국의 이자율은 7.85%, 인플레이션율은 12.3%였다. 1975년 미국의 실질 이자율은 몇 %였는가? 그 해 당신이 저축한 금액의 구매력은 어떻게 변했는가?

34. 인플레이션율이 5%라면, 투자한 금액에 대해 3%의 실질 이자율을 얻기 위해 필요한 명목 이자율은 몇 %인가?

35. 인플레이션율이 3% APR로 연간 복리 계산된다고 가정하자. 당신은 5% APR 명목 이자율로 반년마다 복리 계산되는 것과 2%의 실질 이자율로 분기마다 복리 계산되는 것 중 어느

것을 더 선호하는가?

36. 인플레이션율이 월 0.2%라고 가정하자. 명목 이자율로 월 0.75%의 수익을 얻는 것이 더 나은가 아니면 실질 이자율로 월 복리 6.5% APR의 수익을 얻는 것이 더 나은가?
37. 당신은 올해 임금이 5% 상승하게 되어 기분이 좋았다. 하지만 당신이 월스트리트 저널을 웹사이트를 본 순간, 과거 연 평균 인플레이션율이 2%임을 알게 되었다. 올해의 임금 상승으로 당신의 실질 구매력은 몇 % 증가하였는가?
38. 다음 이자율 기간구조에 따르면, 수익률 곡선은 어떤 모양을 갖는가? 투자자들은 미래 이자율에 대해 어떤 기대를 갖고 있는가?

만기(년)	1	2	3	5	7	10	20
이자율(EAR, %)	1.99	2.41	2.74	3.32	3.76	4.13	4.93

39. 다음 2013년 6월 미 재무부 증권 수익률곡선을 보자. 이 당시에 미 연준의 경기부양 활동이 인플레이션으로 연결되는 것을 우려하는 사람들이 있었다. 이 수익률곡선에 근거하면, 당시 채권시장이 인플레이션을 우려하고 있었는지에 대해 이야기할 수 있는가?

만기(년)	1	2	3	5	7	10	30
이자율(EAR, %)	0.13	0.32	0.53	1.12	1.62	2.21	3.36

자본 기회비용

40. 당신은 친구의 조경사업에 $5000를 투자하는 것을 고려하고 있다. 비록 당신이 이 투자가 위험이 있는 것을 알고 있고, 이 투자에 대해 확신은 못하지만, 이 투자는 1년 후에 $5750의 가치가 있다고 기대한다. 당신은 1년 미 재무부 단기채의 수익률이 1%임을 방금 알았다. 하지만 당신 친구의 조경사업과 동일한 위험을 갖는 다른 투자기회는 1년 후에 10%의 기대수익률을 제시한다. 당신을 어떤 투자기회를 선택해야 하는가?
41. 당신은 수익성이 있다고 보고되는 사업체에 투자했다. 당신의 $5000 투자에 대해 $300의 이익이 발생했다. 매니저는 당신이 $5000를 맡긴다면, 연 $300의 이익을 영구히 창출할 수 있다고 생각한다. 당신은 다른 투자기회들에 대한 평가를 통해 동일한 위험을 갖는 다른 장기 투자들이 8%의 기대수익을 제공할 수 있음을 알고 있다. 당신은 이 기업에 계속 투자해야 할까?

6 채 권

학습목표

- 채권 용어를 이해한다.
- 무이표채의 가격과 만기수익률을 계산한다.
- 이표채의 가격과 만기수익률을 계산한다.
- 채권가격이 시간에 따라 변동하는 이유를 이해한다.
- 신용 위험이 회사채의 기대수익률에 어떻게 영향을 미치는지를 이해한다.

기호

CPN	채권의 이표	*y*	만기수익률
FV	채권의 액면가치	*YTM*	만기수익률
n	기간의 수	YTM_n	만기가 n기간 후인 무이표채의 만기수익률
P	채권의 가격	*PV*	현재가치

Bonds

이 장에서는 채권을 소개하고 채권에 현금흐름 가치평가 방법론을 적용한다. 채권을 단순하게 이야기 하면 대출이라고 할 수 있다. 투자자가 채권 발행자로부터 채권을 매입하면 투자자는 채권발행자에게 돈을 빌려주는 것이다. 누가 채권을 발행하는가? 정부와 지방정부는 장기 프로젝트의 자금조달을 목적으로, 기업은 타인자본 조달을 목적으로 각각 채권을 발행한다.

채권과 채권의 가격결정을 이해하는 것이 도움이 되는 데에는 여러 가지 이유가 있다. 첫째, 무위험 자산인 국채의 가격을 이용하여 무위험 이자율을 결정할 수 있다. 무위험 이자율은 제5장에서 논의했던 수익률 곡선을 만드는데 사용된다. 제5장에서 살펴본 바와 같이 수익률 곡선은 무위험 현금흐름의 가치평가와 인플레이션에 대한 기대와 경제성장을 평가할 수 있는 중요한 정보를 제공한다. 둘째, 기업들은 가끔 투자를 위한 자금조달을 위해 회사채를 발행한다. 회사채에 대하여 투자자들이 얻는 수익은 기업의 자본비용을 결정하는 요인 중의 하나이다. 마지막으로 채권은 경쟁시장에서 어떻게 증권의 가격이 결정되는지를 학습하기 시작하는 기회를 제공한다. 채권시장은 규모가 매우 크고 유동성이 매우 높은 시장이다. 미국 시장만 놓고 보더라도 채권의 발행규모가 $39 조에 달한다.[1] 아울러 이 장에서 얻게 되는 아이디어는 제7장에서 주식의 가치평가를 학습할 때도 도움이 될 것이다.

채권의 가치평가는 지난 3개의 장에서 학습한 경쟁시장가격을 이용하여 현금흐름의 가치를 평가하는 방법을 적용하는 기회를 제공한다. 제3장에서 설명한 바와 같이 가치평가 원칙에 따르면 경쟁시장에서의 증권의 가격은 그 증권을 보유함으로써 투자자들이 받게 되는 현금흐름의 현재가치와 같아야 한다. 따라서 이 장에서는 다양한 유형의 채권에 대해 지급하기로 약정한 현금흐름의 가치를 평가함으로써 이 장을 시작한다. 만약 어떤 채권이 무위험 채권이라면 약정한 현금흐름이 확실히 지급될 것이므로, 일물일가의 법칙을 적용하여 그 채권의 수익률과 가격을 직접적으로 연관시킬 수 있다. 그 다음에 어떻게 그리고 왜 채권가격이 시간에 따라 변동하는지를 살펴본다. 일단 위험이 없는 상태에서 채권 가격의 결정을 확실하게 이해하면, 그 다음에는 채무불이행 위험을 도입할 수 있게 된다. 채무불이행 위험이 도입되면 투자자들이 투자시점에 미래의 현금흐름을 확실하게 알지 못하게 된다. 채무불이행 위험과 채무불이행 위험이 함의하는 바는 재무관리자에게 매우 중요한 고려사항이다. 제15장에서 타인자본 조달을 위한 회사채 발행에 대한 보다 자세한 내용들을 논의하고 회사채의 추가적인 특징들을 다룰 것이다.

6.1 채권 용어

채권증서: 채권의 지급 금액과 지급 시기를 비롯한 채권의 발행조건을 기술하는 증서

만기일: 채권의 원금이 상환되는 날

잔존만기: 채권의 원금이 상환되는 만기일까지 남아 있는 기간

액면가치 또는 원금: 이자 지급을 계산하는데 사용되는 명목상의 금액이며 일반적으로 만기일에 상환된다.

제1장에서 학습한 바와 같이 채권은 정부나 기업이 자금조달을 위해 미래 지급을 약속하고 판매한 증권이다. 채권의 발행조건은 **채권 증서**(bond certificate)에 기술되어 있다. 채권 증서는 미래에 지급이 이루어지는 금액과 시점을 명시하고 있다. 그림 6.1은 채권 증서 중의 하나를 보여주고 있다. 채권에 대한 지급은 채권의 **만기일**(maturity date)이라는 최종 상환일까지 이루어진다. 채권의 만기일까지 남아 있는 기간을 채권의 **잔존만기**(term to maturity)라고 한다.

채권은 두 가지 유형의 현금흐름을 보유자에게 지급한다. **액면가치**(face value) **또는 원금**(principal amount)은 이자 지급을 계산하는데 사용되는 명목상의 금액이다. 대개 액면가치는 만기일에 상환된다. 미국에서 채권의 액면가치는 $1,000 단위로 증액되는 것이 일반적이다. 액

1) 미국 채권시장 발행잔액, www.sifma.org, 2009년 12월.

면가치가 $1,000인 채권은 가끔 "$1,000 채권"이라고 언급된다.

어떤 채권은 액면가치 이외에 **이표(coupon)**라는 추가적인 지급을 약정한다. 채권 증서는 대개 만기일까지 이표가 정기적으로(예: 매 6개월마다) 지급될 것이라는 사실을 명기한다. 그림 6.1에서 보는 바와 같이 과거에는 채권 보유자가 이자 지급일에 채권에 붙어 있는 이표를 뜯어서 제시하면 이자를 지급하였다. 이로 인해 채권에 대한 이자 지급액을 이표 지급액이라고 부르게 되었다. 오늘날에는 대부분의 채권들이 전자등록 되고 있어 이표가 붙어 있는 채권 증서가 발행되지 않지만, 이표라는 용어는 아직도 남아 있다.

이표: 채권 보유자에게 채권의 만기일까지 정기적으로 지급하기로 약정한 이자 이표율(coupon rate): 매 이자 지급일에 정기적으로 지급되는 이표의 금액을 결정하는 이자율로 APR로 표시된다. 발행자에 의해 결정되고 채권 증서에 명시된다.

매 이표 지급일에 정기적으로 지급되는 이표 지급액(coupon payment, 이하 CPN)은 채권의 이표율 또는 표면 이자율(coupon rate)에 의해 결정된다. 이표율은 채권의 발행자에 의해 결정되며, 채권 증서에 표시된다. 관례적으로 이표율은 APR로 표시된다. 따라서 CPN은 아래와 같이 표시될 수 있다.

이표 지급액

$$CPN = \frac{\text{이표율} \times \text{액면가치}}{\text{연간 이표 지급 횟수}} \tag{6.1}$$

예를 들어 "액면가치가 $1,000이고 이표율 10%로 반년마다 이자가 지급되는 채권"의 CPN은 (10%×1,000)/2=$50가 된다. 즉, 이 채권의 보유자는 매 6개월마다 $50의 이표를 지급받게 된다.

출처 : Courtesy Heritage Auctions, Inc. © 1999–2006.

그림 6.1 엘미라 앤 윌리암스포트(Elmira and Williamsport) 철도회사가 발행한 무기명 채권과 이표

표 6.1은 지금까지 설명한 채권 용어들을 요약하고 있다.

표 6.1
채권용어 요약

채권증서(bond certificate)	채권의 지급 금액과 지급 시기를 비롯한 채권의 발행조건을 기술하는 증서
이표(coupon)	채권 보유자에게 채권의 만기일까지 정기적으로 지급하기로 약정한 이자. 일반적으로 반년마다 지급되며, 지급 주기는 채권증서에 명시된다. 이표 지급액은 채권증서에 명시된 이표율에 따라 결정된다. 이표 지급액을 구하는 공식은 다음과 같다. $\dfrac{\text{이표율} \times \text{액면가치}}{\text{연간 이표 지급 횟수}}$
만기일(maturity date)	채권의 원금이 상환되는 날
원금(principal amount) 또는 액면가치(face value)	이자 지급을 계산하는데 사용되는 명목상의 금액이며 일반적으로 만기일에 상환된다.
잔존만기(term to maturity)	채권의 원금이 상환되는 만기일까지 남아 있는 기간

개념확인

1. 채권의 보유자는 어떤 형태의 현금흐름을 지급 받는가?
2. 채권의 만기일까지 정기적으로 지급받는 이표 지급액(CPN)은 어떻게 결정되는가?

6.2 무이표채

무이표채: 이표를 지급하지 않고 만기일에 액면가치를 상환하는 채권

미 재무부 단기채: 미국 정부가 발행한 만기 1년 이내의 무이표채

이표를 지급하는 채권을 이표채(coupon Bond), 이표를 지급하지 않는 채권을 **무이표채(zero-coupon Bond)**라고 한다. 이표채가 보다 더 간단한 형태의 채권인 무이표채를 먼저 살펴보도록 한다. 무이표채의 보유자가 지급받는 유일한 현금흐름은 만기일에 상환되는 액면가치뿐이다. **미 재무부 단기채(treasury bill)** 는 미국 정부가 발행하는 만기 1년 이내의 채권으로 무이표채이다. 무이표채에 대한 일반적인 명칭은 "스트립(STRIPS)" 인데, STRIPS은 "Separately Tradable Registered Interest and Principal Securities"의 약어이다.

무이표채의 현금흐름

무이표채를 매입하여 보유하면 두 가지 현금흐름만이 발생한다. 첫 현금흐름은 매입시점에 지불하는 시장가격이다. 두 번째로 발생하는 현금흐름은 만기일에 상환되는 액면가치다. 예를 들어 만기가 1년이고 액면가치 $100,000인 무이표채를 $96,618.36의 가격으로 매입하였다고 가정하자. 이 채권의 매입자가 만기일까지 이 채권을 보유한다고 가정하면 다음과 같은 현금흐름이 발생한다.

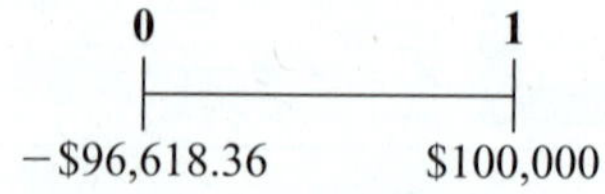

이 채권은 채권 보유자에게 직접적인 이자를 지급하지 않는 점에 유의해야 한다. 이 채권의 보유자는 액면가치보다 할인된 금액으로 채권을 구입함으로써 화폐의 시간가치에 대한 보상을 받는다. 제3장에서 살펴보았듯이 미래 현금흐름의 현재가치는 그 현금흐름 자체보다 더 적은 금액을 갖는다. 그 결과 만기일 이전에는 무이표채의 가격이 항상 액면가치보다 작게 된다. 만기일 이전에는 항상 액면가치보다 할인된 가격을 갖는 무이표채의 이러한 특성 때문에 무이표채를 **순수할인채**(pure discount bond)라고도 부른다.

순수할인채: 무이표채

무이표채의 만기수익률

무이표채와 관련된 현금흐름들을 이해하였으므로, 이제 이 채권을 매입하여 만기일까지 보유할 때 얻게 되는 수익률을 계산할 수 있다. 제4장에서 학습한 바와 같이 투자기회의 수익률은 항상 투자로 인해 발생하는 미래 현금흐름의 현재가치와 투자비용이 일치하는 할인율로 구할 수 있다. 무이표채를 매입하는 가격은 무이표채의 비용이다. 무이표채의 수익률은 미래 현금흐름인 액면가치의 현재가치와 투자비용을 같게 하는 할인율이다. 무이표채의 경우 채권가격이 채권에 대한 비용이다. 무이표채의 수익률은 채권으로부터 발생하는 미래 현금흐름(즉, 채권의 액면금액)과 채권의 비용을 같게 하는 할인율이다. 우리는 이 개념을 이표채에도 확장할 수 있다. 이표채의 수익률은 채권으로부터 발생하는 모든 미래 현금흐름의 현재가치와 채권가격을 같게 하는 할인율이다. 채권 투자로부터 얻게 되는 수익률은 **만기수익률**(yield to maturity, **줄여서** YTM) 또는 줄여서 수익률(yield)이라는 특별한 명칭을 가지고 있다.

만기수익률: 만기일까지 채권을 보유할 때 얻게 되는 수익률. 채권이 지급하기로 약정한 현금흐름의 현재가치와 현재 채권의 시장가격을 같게 하는 할인율

채권의 만기수익률은 채권이 약정하는 지급액의 현재가치를 현재 채권의 시장가격과 같게 하는 할인율이다.

직관적으로 표현하면, 무이표채의 만기수익률은 현재 가격에 무이표채를 구입하여 만기일까지 보유하여 약정한 액면가치를 수취할 때 얻게 되는 수익률이다. 이제 앞서 논의한 1년 만기의 무이표채의 만기수익률을 구해보자. 만기수익률의 개념에 따르면 1년 만기 무이표채의 만기수익률은 다음 등식의 해를 구함으로써 얻을 수 있다.

$$96{,}618.36 = \frac{100{,}000}{1 + YTM_1}$$

이 경우,

$$1 + YTM_1 = \frac{100{,}000}{96{,}618.36} = 1.035$$

즉 이 채권의 만기수익률은 3.5%다. 이 채권은 무위험 채권이므로, 이 채권에 투자하여 만기까

지 보유하면 투자금액에 대해 3.5%의 이자를 얻는다.

n년 만기 무이표채의 만기수익률

$$1 + YTM_n = \left(\frac{\text{액면가치}}{\text{가격}}\right)^{1/n} \tag{6.2}$$

식 6.2에서 만기수익률(YTM_n)은 오늘부터 만기일인 n년 후까지 채권을 보유할 때 얻게 되는 기간당 수익률이다.

글로벌 금융 위기

마이너스 채권 수익률

역사상 최악의 금융위기의 한 가운데 있었던 2008년 12월 9일, 대공황 이후 처음으로 미 재무부 단기채가 마이너스 수익률로 거래되는 생각할 수 없는 일이 일어났다. 이는 무위험 순수 할인 채권이 할증가에 거래되었음(traded at premium)을 의미한다. 블룸버그 닷컴(Bloomberg.com)이 보도한 바에 따르면 "오늘 $1 백만를 100.002556의 가격과 0.01%의 마이너스 할인율로 가진 3개월물 단기 국채에 투자하면, 만기일에 액면가를 받고 $25.56의 손실을 보게 될 것"이라고 밝혔다.

단기 국채에서 마이너스 수익률은 투자자가 차익거래 기회를 가질 수 있음을 암시한다. 이 단기 국채를 매도하고 수익금을 현금으로 보유하면 $25.56의 무위험 이익을 얻게 된다. 왜 투자자들은 이 차익거래 기회를 이용하기 위해 쇄도하여 이 기회를 없애지 않을까?

먼저 마이너스 수익률은 그리 오래가지 않았고, 사실 투자자들이 이 기회를 이용하기 위해 쇄도하였음을 암시한다. 그러나 면밀한 검토를 거쳤을 때, 이 기회가 확실한 무위험 차익거래가 아니었을 수도 있다. 단기 국채를 매각할 때, 투자자는 수익금을 투자할 곳을 선택해야 하며 그렇지 못하면 그냥 보유해야 한다. 정상적인 시기에 투자자들은 수익금을 은행에 예금하고 이 예금을 위험부담이 없다고 생각한다. 그러나 이 때는 정상적인 시기가 아니었다. 많은 투자자들은 은행 및 기타 금융 중개기관의 재무 안정성에 큰 우려를 나타냈다. 아마도 투자자들은 그들이 받는 현금을 다른 곳에 안전하게 보관할 수 없다는 우려 때문에("메트리스 아래에 놓아도" 도난의 위험이 있다!), 이 "차익거래" 기회를 기피했을 것이다. 따라서 다른 투자가 정말로 안전해 보이지 않을 때, 그들의 돈을 안전하게 현금으로 보유하기 위해 투자자가 기꺼이 지불하고자 하는 가격이 $25.56로 볼 수 있다.

이 현상은 2012년 중반부터 유럽에서 다시 나타났다. 이 경우 마이너스 국채 수익률은 통화로서 유로화의 안정성과 유럽 은행들의 안전성에 대한 우려의 결과로 나타났다. 그리스나 다른 국가의 투자가들이 자국의 경제가 유로존(Eurozone)에서 이탈할 것을 걱정하기 시작하면서, 유로존의 해체로부터 스스로를 지키기 위한 방편으로 마이너스 수익률을 갖는 독일과 스위스 국채를 보유하기 시작했다. 2015년 중반까지 유럽 국채의 거의 25%가 마이너스 수익률을 나타냈다. 일부 스위스 국채는 −1%에 가까운 수익률을 보였다!

이처럼 큰 마이너스 수익률이 지속되는 현상은 설명하기가 어렵다. 이 채권을 보유자의 대부분은 매우 안전한 자산을 보유하도록 제한되어 있는 기관투자자 및 연기금이다. 현금을 보유할 수는 있지만, 대량의 현금을 확보, 보관 및 보호하는 데는 많은 비용이 소요된다. (실제로 스위스 은행들은 차익거래 기회를 이용하려고 하는 헤지 펀드에 의한 대규모 통화 인출을 거부한 것으로 알려졌다.) 채권은 거대한 현금 금고보다 거래하기 쉽고, 담보로 사용하기 쉽다. 동시에 이러한 채권의 안전과 편의는 이러한 투자자들이 기꺼이 희생하고자 하는 연 1%에 가까운 가치를 가지고 있어야 한다.

예제 6.1
서로 다른 만기에 대한 수익률

문제 *Problem*

서로 다른 만기를 갖는 무이표채들이 아래 주어진 액면가치 $100당 가격으로 거래된다고 가정하자. 각 채권에 대한 만기수익률을 결정하시오.

만기	1년	2년	3년	4년
가격	$96.62	$92.45	$87.63	$83.06

풀이 *Solution*

● **계획**

식 6.2를 사용하여 채권의 YTM을 구할 수 있다. 위 표는 채권 가격과 잔존만기를 제시하고 있으며, 액면가치는 채권당 $100이다.

● **실행**

식 6.2를 사용하면,

$$YTM_1 = (100/96.62)^{1/1} - 1 = 3.50\%$$
$$YTM_2 = (100/92.45)^{1/2} - 1 = 4.00\%$$
$$YTM_3 = (100/87.63)^{1/3} - 1 = 4.50\%$$
$$YTM_4 = (100/83.06)^{1/4} - 1 = 4.75\%$$

● **평가**

무이표채의 YTM을 구하는 것은 제4장에서 수익률을 구하는데 사용하었넌 과정과 동일하다 사실 YTM은 채권 매입이라는 투자에 대한 수익률이다.

무위험 이자율

앞에서 1년 무위험 채권의 만기수익률을 3.5%로 계산했다. 하지만 가치평가 원칙에서 일물일가의 법칙은 1년 무위험 투자는 이와 동일한 3.5%의 수익률을 얻어야 한다는 것을 의미한다. 즉, 3.5%는 경쟁시장에서 무위험 이자율이 되어야 한다.

제5장에서 오늘부터 n기까지 존재하는 무위험 현금흐름에 대한 경쟁시장 이자율 r_n을 살펴보았다. 이 이자율을 n기에 발생하는 무위험 현금흐름에 대한 자본비용으로 사용하였다. 채무불이행 위험이 없고 만기가 n기인 무이표채는 동일한 기간에 대한 무위험 이자율을 제공한다. 그러므로 일물일가의 법칙은 무위험 이자율이 이러한 채권의 만기수익률과 같아지도록 한다. 이에 따라 우리는 적절한 만기를 갖는 무위험 무이표채의 만기수익률을 무위험 이자율이라고 부른다. 재무 전문가들은 무위험 무이표채의 수익률을 **현물이자율(spot interest rates)**이란 용어를 사용하여 표현하기도 한다. 그 이유는 이러한 이자율이 그 시점에 "현물시장에서(on the spot)" 제시되는 이자율이기 때문이다.

현물이자율: 무위험 무이표채의 수익률

제5장에서 수익률 곡선이 소개되었다. 수익률 곡선은 서로 다른 만기에 대한 무위험 이자율을

무이표채 수익률 곡선: 무위험 무이표 채권의 수익률과 만기 간의 관계를 나타내는 그림

도표로 나타낸 것이다. 여기에서 무위험 이자율은 무위험 무이표채의 수익률이다. 따라서 제5장에서 소개했던 수익률 곡선은 **무이표채의 수익률(zero-coupon yield curve)**을 나타낸다고 할 수 있다. 그림 6.2는 수익률 곡선이 예제 6.1에서 무이표채와 일관됨을 예시하고 있다.

예제 6.1에서 채권가격을 만기수익률을 구하기 위하여 사용하였다. 하지만 만기수익률의 개념에 따르면, 채권의 만기수익률을 사용하여 채권의 가격을 구할 수도 있다. 무이표채의 경우, 채권 가격은 만기수익률을 할인율로 사용하여 구한 액면가치의 현재가치와 동일하다.

그림 6.2
예제 6.1의 가격들을 이용한 무이표채 수익률 곡선

제5장에서 학습한 바에 따르면, 수익률 곡선은 서로 다른 만기의 투자에 대한 만기수익률을 그림으로 나타낸 것이다. 이 그림은 예제 6.1의 가격들에 의해 결정되는 수익률 곡선이다. 이 그림에서처럼 만기가 더 긴 채권일수록 더 높은 수익률을 갖는 것이 일반적이다.

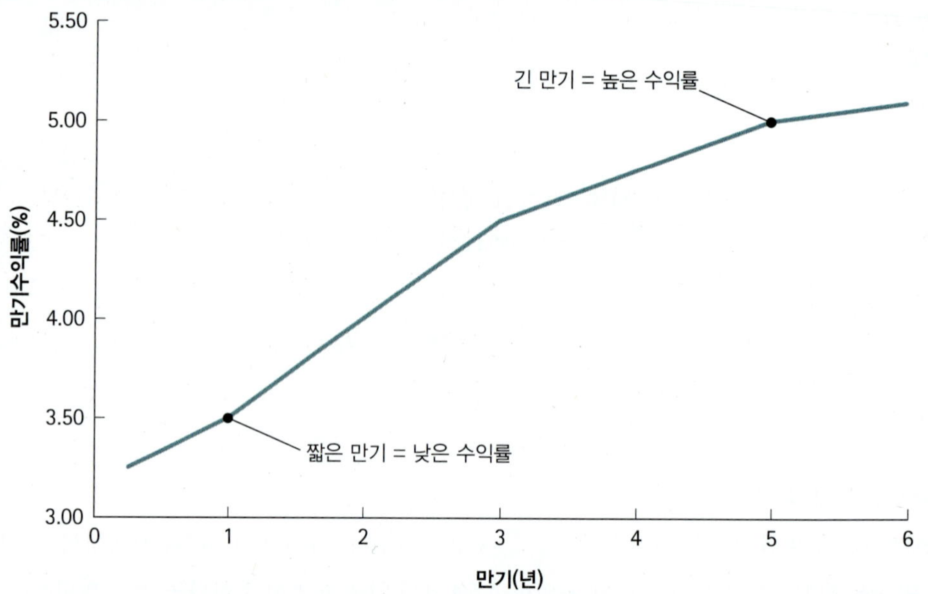

예제 6.2
무이표채의 가격 구하기

문제 *Problem*

만기수익률이 그림 6.2와 같이 주어졌을 때, 5년 만기 무위험 무이표채의 액면가치 $100당 가격은 얼마인가?

풀이 *Solution*

● **계획**

채권의 가격을 액면가치의 현재가치로 구할 수 있다. 이 때 채권의 만기수익률이 할인율이다. 수익률 곡선에 따르면, 5년 만기 무위험 무이표채에 대한 만기수익률이 5.0%이다.

● **실행**

$$P = 100/(1.05)^5 = 78.35$$

● 평가

무이표채의 가격은 단순하게 그 채권의 만기수익률을 할인율로 하여 액면가치의 현재가치를 구함으로써 계산할 수 있다. 5년 만기 무이표채의 가격은 예제 6.1의 다른 채권들의 가격보다 낮음에 주목해야 한다. 그 이유는 액면가치는 다른 채권들과 동일하지만, 이 금액을 받을 때까지 더 오랜 기간을 기다려야 하기 때문이다.

개념확인

3. 왜 채권의 만기수익률을 알 필요가 있는가?
4. 채권의 가격과 만기수익률은 어떤 관계를 갖는가?

6.3 이표채

이표채(couon bond)도 무이표채처럼 만기일에 액면가치를 상환한다. 하지만 이표채는 무이표채와 달리 정기적으로 이표를 지급한다. 표 6.2에서 보는 바와 같이 미 재무부가 발행하는 채권 중 두 가지의 이표채가 거래되고 있다. 하나는 발행시점 만기가 1년~10년인 **미 재무부 중기채(treasury note)**이고, 다른 하나는 발행 만기가 10년을 초과하는 **미 재무부 장기채(treasury bond)**이다. 발행시점 만기는 채권이 발행되는 시점에 그 채권의 잔존만기를 말한다.

이표채: 만기일까지 정기적으로 이표를 지급하고, 만기일에 액면가치를 상환하는 채권

미 재무부 중기채: 미국 정부가 발행한 이표채로 발행시점 만기가 1년부터 10년사이인 채권

미 재무부 장기채: 미국 정부가 발행한 이표채로 발행시점 만기가 10년이상인 채권

표 6.2
현존하는 미 재무부 채권

미 재무부 채권	유형	발행시 만기
단기채(Bills)	할인채	4, 13 및 26주
중기채(Notes)	이표채	2, 3, 5 및 10년
장기채(Bonds)	이표채	20 및 30년

이표채의 현금흐름

무이표채에 투자하는 투자자는 무이표채를 할인된 가격에 매입하여 액면가치를 상환 받음으로써 수익을 얻었다. 투자자가 이표채로부터 얻는 수익은 두 가지 경로를 통해 발생한다. 그 중 하나는 매입가격과 액면가치의 차이이고, 다른 하나는 정기적인 이표 지급이다. 이표채의 만기수익률을 계산하기 위해서는 이표채의 모든 현금흐름을 알아야 한다. 이를 위해서는 이표의 지급액과 지급되는 시기를 파악할 필요가 있다. 다음 예제는 채권에 대한 기술을 채권의 현금흐름으로 전환하는 방식을 예시하고 있다.

예제 6.3
이표채의 현금흐름

문제 *Problem*

지금이 2010년 5월 15일이라고 가정한다. 미 재무부는 방금 새로운 채권을 발행했다. 이 채권의 만기는 2015년 5월, 액면가치 $1000, 이표율 2.2%로 반년마다 이표를 지급한다고 한다. 발행시의 만기가 5년이므로 이 채권은 중기채라고 할 수 있다. 첫 이표 지급은 2010년 11월 15일에 이루어진다. 이 채권의 보유자는 만기까지 어떤 현금흐름을 받게 될 것인가?

풀이 *Solution*

- **계획**

위 채권에 대한 설명은 현금흐름을 결정하기 위해 필요한 충분한 정보를 제공해야 한다. "2015년 5월, 액면가치 $1,000"라는 표현은 이 채권의 액면가치가 $1,000이고 만기가 5년이라는 것을 알려준다. 또한 "이표율 2.2%로 반년마다 이표를 지급"이란 표현은 이 채권이 액면가치의 총 2.2%에 해당하는 금액을 매년 이표로 지급하는데, 반년마다 2회로 나누어서 지급함을 알려준다. 마지막으로 우리는 첫 이표 지급이 2010년 11월 15일에 이루어짐을 알 수 있다.

- **실행**

이 채권의 액면가치는 $1,000이다. 이 채권은 반년마다 이표를 지급하므로 식 6.1을 이용하여 매 6개월마다 지급하는 이표를 계산할 수 있다. CPN=(2.2%X$1000)/2=$11. 여기에서 시간선은 6개월간의 기간에 근거하고 있으므로, 현금흐름은 총 10개가 존재한다.

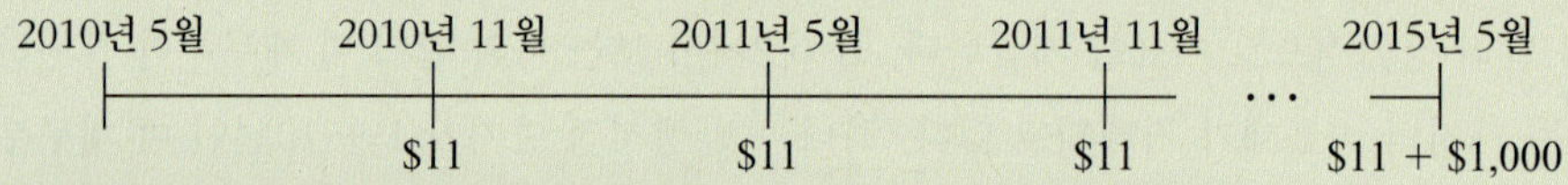

마지막 지급은 지금부터 5년 후(10번째 6개월간의 기간)에 이루어지고, 이 지급은 $11의 이표 지급액과 $1,000의 액면가치로 구성됨을 주목하기 바란다.

- **평가**

채권은 일련의 현금흐름들로 이루어지므로, 채권의 가치평가를 위해서 이러한 현금흐름들을 알아야 한다. 이러한 이유로 인해 채권에 대한 기술은 현금흐름 시간선을 만들기 위해 필요한 모든 정보를 다 포함하고 있어야 한다.

미 재무부 채권 시장

거의 대부분의 회계연도에서 미국 연방정부의 세출은 세입을 초과하여 재정적자가 발생한다. 이러한 미국의 재정적자는 흔히 "트레저리스(Treasuries)"라고 불리는 미 재무부 채권의 발행을 통해 충당된다. 이 채권시장의 규모는 매우 크고, 유동성 또한 매우 높다. 2015년 공공부문 채무 규모는 약 $18.15조이다. 아래 파이 차트가 보여주는 것처럼 미 재무부 채권은 보험회사, 연기금, 채권 뮤추얼펀드 등 기관투자자, 개인투자자, 그리고 미 연방준비은행을 비롯한 기타 정부기관에 의해 보유된다. 이 그림의 표시 단위는 $십억이다(7489 십억은 $7.489조).

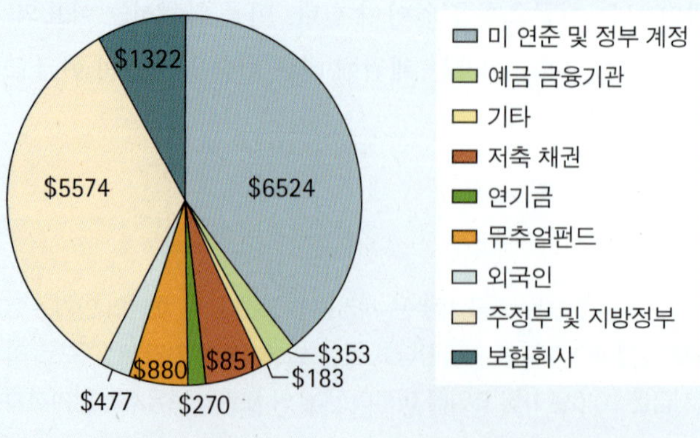

출처: 미 재무부 연방 증권 소유권 게시판, www.fiscal.treasury.gov/fsreports/rpt/treasBulletin/ treasBulletin_home.html, September 2015.

이표채의 만기수익률

이표채의 현금흐름이 결정되면 주어진 시장가격을 이용하여 만기수익률을 구할 수 있다. 어떤 채권의 만기수익률은 그 채권에 투자하여 만기일까지 보유할 때 얻게 되는 수익임을 상기하자. 이러한 투자로부터 발생하는 현금흐름을 시간선에 다음과 같이 나타낼 수 있다.

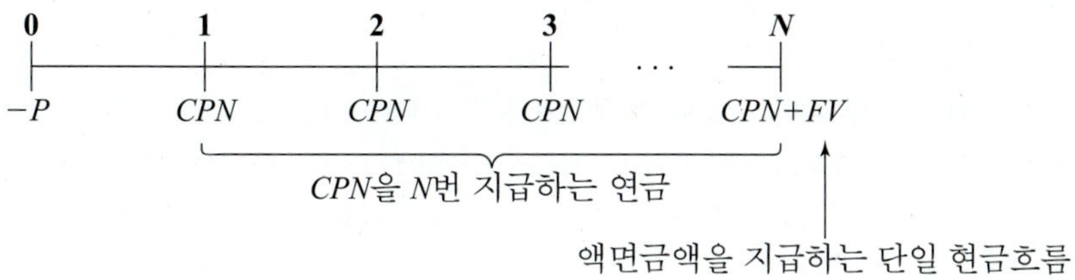

이표채의 만기수익률은 이 채권이 앞으로 지급하게 될 현금흐름과 이 채권의 가격을 같게 하는 단일의 할인율이다. 무이표채는 채권가격과 액면가치라는 두 개의 현금흐름만을 가지고 있다. 하지만 이표채는 이보다 훨씬 더 많은 현금흐름들을 가지고 있다. 따라서 이표채의 만기수익률 계산은 무이표채의 만기수익률 계산보다 훨씬 더 복잡하다. 위 시간선으로부터 이표의 현금흐름이 연금의 형태를 취하는 것을 알 수 있다. 따라서 연간 이표 지급 횟수가 연 1회일 경우 아래 식 6.3의 등식을 성립시키는 y가 이표채의 만기수익률이다.

이표채의 만기수익률

$$P = \underbrace{CPN \times \overbrace{\frac{1}{y}\left(1 - \frac{1}{(1+y)^N}\right)}^{\text{YTM}(y)\text{를 이용한 연금의 현재가치요소}}}_{\text{모든 이표 지급액의 현재가치}} + \underbrace{\frac{FV}{(1+y)^N}}_{\text{YTM}(y)\text{를 이용한 액면금액의 현재가치}} \tag{6.3}$$

무이표채는 식 6.2와 같은 단순한 공식을 이용하여 만기수익률을 계산할 수 있다. 하지만 이표채는 이와 같은 단순한 공식을 이용하여 만기수익률을 직접적으로 구할 수 없다. 이표채의 만기수익률을 구하는 방법 중의 하나는 시행착오를 거쳐 식 6.3의 등식을 성립시키는 y를 구하는 것이다. 이외 재무계산기나 엑셀을 이용하여 방법도 있다(예제 6.4에서 재무계산기나 엑셀을 이용하는 방법을 설명하고 있다).

식 6.3의 등식을 성립시키는 y는 이표 기간 당 수익률(a rate per coupon interval)이다. 하지만 만기수익률을 구하기 위해서는 위 식에서 구한 y에 연간 이표 지급 횟수를 곱해주어야 한다. 그 이유는 만기수익률은 APR로 표시되어야 하기 때문이다. 이는 우리가 APR로 이자율을 표시하기 위해 복리계산 기간 당 이자율에 연간 복리계산 횟수를 곱하는 것과 동일한 원리이다.

예제 6.4
이표채의 만기수익률 구하기

문제 *Problem*

예제 6.3에서 기술된 만기가 5년, 2.2%의 이표율로 반년마다 이표를 지급하는 액면가치 $1000의 채권을 고려해보자. 현재 이 채권이 $963.11에 거래되고 있다. 이 채권의 만기수익률은 얼마인가?

풀이 *Solution*

- **계획**

예제 6.3에서 이 채권의 현금흐름을 구했다. 현금흐름 시간선에 따르면 이 채권이 매 6개월마다 $11를 총 10번 지급하는 연금의 현금흐름과 5년 후(10번째 6개월간의 기간)에 $1000를 지급하는 단일 현금흐름으로 이루어짐을 알 수 있다. 식 6.3을 이용하여 만기수익률을 구할 수 있다. 하지만 이 과정에서 6개월간의 기간을 일관되게 사용해야 한다.

- **실행**

이 채권은 10번의 이표 지급이 남아있으므로 다음 등식을 만족하는 할인율 y를 구해야 한다.

$$963.11 = 11 \times \frac{1}{y}\left(1 - \frac{1}{(1+y)^{10}}\right) + \frac{1{,}000}{(1+y)^{10}}$$

위 등식을 만족하는 수익률 y를 시행착오법, 재무계산기 및 엑셀을 이용하여 구할 수 있다. 재무계산기를 사용하여 구하는 방법은 다음과 같다. PV에 당신이 지급하는 금액(즉, 현금 유출)인 채권가격을 음수 값으로 입력하고 PMT에 이표 지급액을, FV에 액면가치를 각각 입력한다. 마지막으로 N에 남아있는 이표 지급 횟수 10을 입력한다.

	N	I/Y	PV	PMT	FV
입력:	10		−963.11	11	1,000
계산 결과:		1.50			
엑셀 공식: = RATE(NPER, PMT, PV, FV) = RATE(10, 11, −963.11, 1,000)					

재무계산기를 통해 구한 y는 1.5%이다. 매 6개월마다 이표를 지급하므로, 이 수익률은 6개월 수익률이다. 이 값에 연간 이표 지급 횟수를 곱함으로써 APR로 전환할 수 있다. 따라서 이 채권의 만기수익률은 "반년 복리 3% APR"로 표시될 수 있다.

- **평가**

위 등식에서 알 수 있는 바와 같이, 채권의 만기수익률은 채권의 현금흐름을 채권가격과 같도록 하는 할인율이다. YTM이 이표율보다 높으므로, 채권 가격은 액면가치보다 낮다. 그 이유에 대해서는 다음 절에서 논의할 것이다.

우리는 식 6.3을 이용하여 주어진 만기수익률에 근거하여 채권의 가격을 계산할 수 있다. 예제 6.5에서 볼 수 있듯이, 단순히 이표 기간당 수익률(y)을 할인율로 하여 채권의 현금흐름을 할인하면 된다.

예제 6.5
이표채의 만기수익률로부터 채권가격 구하기

문제 *Problem*

예제 6.4에서의 만기가 5년, 2.2%의 이표율로 반년마다 이표를 지급하는 액면가치 $1000의 채권을 다시 고려하자. 이자율 하락으로 채권의 만기수익률이 2%(반년 복리 APR로 표시)로 하락하였다고 가정하자 이 채권의 현재 가격은 얼마인가? 이 채권에 대한 실효 연이자율은 얼마인가?

풀이 *Solution*

● **계획**

식 6.3을 이용하여 주어진 만기수익률에 대한 채권가격을 계산할 수 있다. 우선 APR 2%는 반년 수익률로는 1%임에 유의해야 한다. 또 이 채권의 현금흐름은 매 6개월마다 $11를 총 10번 지급하는 연금의 현금흐름과 5년 후(10번째 6개월간의 기간)에 $1000(액면가치)를 지급하는 단일 현금흐름으로 이루어짐을 기억해야 한다. 제5장에서 식 5.3을 이용하여 APR 을 어떻게 실효 연이자율로 변환하는 지를 배웠다. 우리는 여기서도 동일한 방법을 적용하여 APR로 표시된 채권의 만기수익률로부터 실효 연이자율을 계산한다.

● **실행**

식 6.3과 1%의 6개월 수익률을 이용하여 다음과 같이 채권의 가격을 구할 수 있다.

$$P = 11 \times \frac{1}{0.01}\left(1 - \frac{1}{1.01^{10}}\right) + \frac{1{,}000}{1.01^{10}} = \$1{,}009.47$$

다음과 같이 재무계산기나 엑셀을 이용하여 이 채권의 가격을 구할 수 있다.

	N	I/Y	PV	PMT	FV
입력:	10	1		11	1,000
계산 결과:			−1,009.47		
엑셀 공식: = PV(RATE, NPER, PMT, FV) = PV(.01, 10, 11, 1,000)					

매 6개월 1%에 상응하는 실효 연이자율이 구하면 다음과 같다.

$$(1 + .01)^2 - 1 = .0201 \text{ 또는 } 2.01\%$$

● **평가**

채권가격이 $1009.47으로 상승하여 6개월간 채권 투자로부터 발생하는 수익률이 1.5%에서 1%로 낮아졌다. 이자율이 하락하였는데, 이 채권의 수익률이 경쟁시장에서 동일한 위험과 만기를 갖는 다른 채권들과 같은 수준의 수익률을 유지하기 위해서는 이 채권의 수익률도 하락하여야 한다.

웹 사이트에서 채권가격 찾기

많은 주식들이 거래되는 뉴욕증권거래소와 달리, 채권이 거래되는 특정한 물리적인 장소가 존재하지 않는다. 대신 채권은 전자적으로 거래된다. 미 금융산업규제청(Financial Industry Regulatory Authority; FINRA)은 최근까지 채권가격에 대한 접근성을 확대시키기 위한 노력을 해왔다. 웹사이트 http://finra–markets.moringstar.com/Bond–Cencer/Default.jsp에서 누구든지 채권에 대한 가장 최근의 거래와 호가를 검색할 수 있다. 아래 그림은 이 웹사이트에서 프록터 앤 갬블(Procter and Gamble)의 한 채권에 대한 가격 정보를 나타내고 있는 스크린 샷을 보여주고 있다.

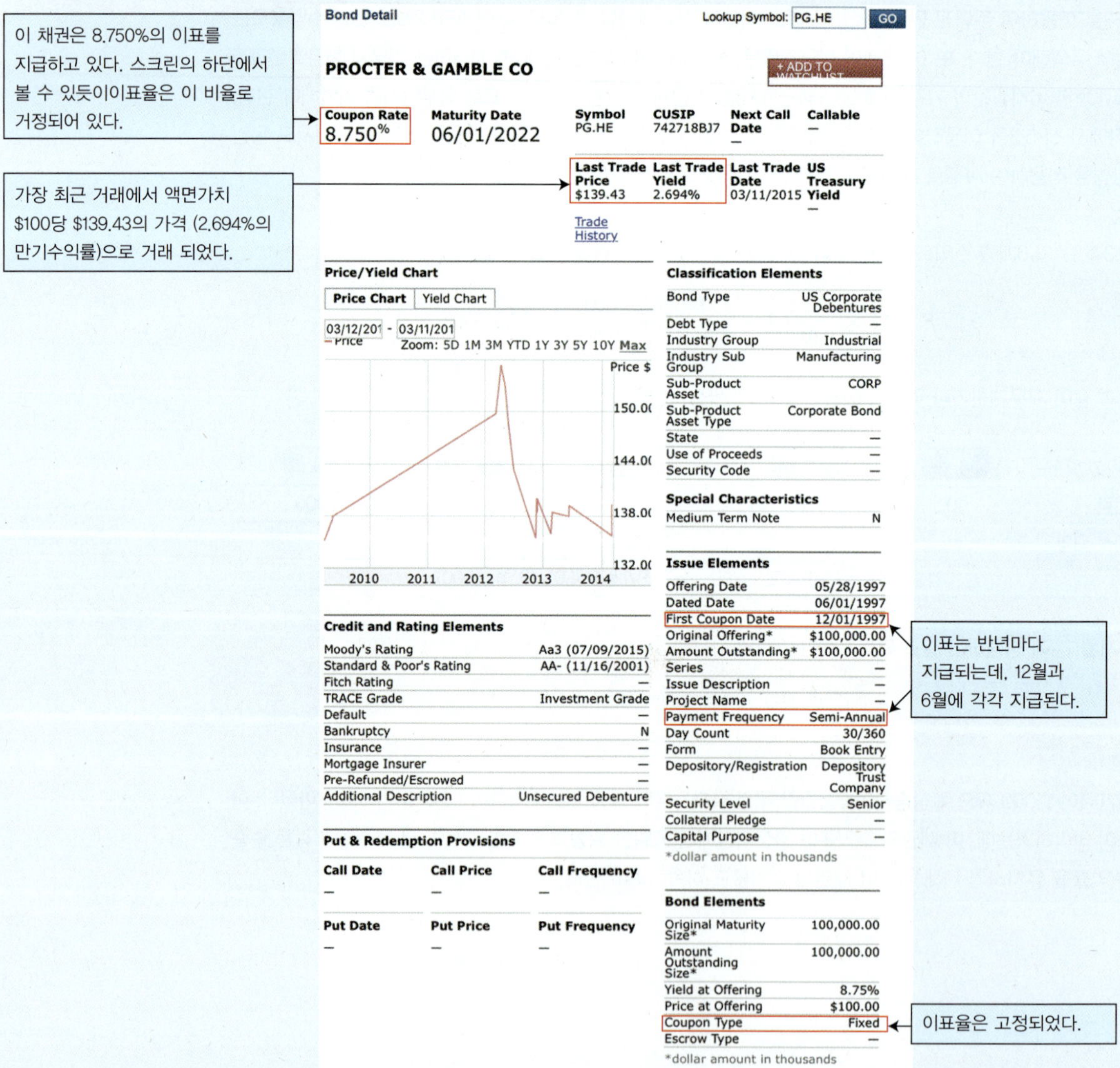

출처: http://finra–markets.morningstar.com/BondCenter/Default.jsp, May 3, 2016.

이표채의 가격 호가

우리는 어떤 채권가격(수익률)도 수익률(채권가격)로 호가할 수 있으므로, 채권가격과 수익률이 종종 호환되어 사용된다. 예를 들어 예제 6.5에서의 채권은 수익률 2%로 표시될 수 있지만, 액면가치 $1000당 $1009.47의 가격이라고도 호가될 수 있다. 사실상 채권 거래자들은 가격보다는 수익률을 이용하는 것이 일반적이다. 수익률로 채권의 가격을 호가하는 방식의 장점은 수익률이 채권 액면가치의 가치와 독립적이라는데 있다.

개념확인

5. 회사는 회사채를 보유한 투자자에게 어떠한 형태의 현금흐름을 지급하는가?
6. 이표채의 가치를 평가하기 위해서는 먼저 무엇을 해야 하는가?

6.4 채권가격의 변동 이유

앞서 언급한 바와 같이 무이표채는 항상 할인되어 거래된다. 즉 무이표채는 만기일 이전까지 가격이 항상 액면가치보다 낮게 형성된다. 하지만 이표채는 예제 6.4 및 예제 6.5에서 보는 바와 같이 할인가(discount)에 거래될 수 있지만, **할증가(premium)**에, 즉 가격이 액면가치보다 더 높게 형성되어 거래될 수도 있다. 이 절에서는 시간의 경과 및 이자율 변동에 따라 채권가격이 어떻게 변동하는지, 언제 채권이 할인 또는 할증되어 거래되는지에 대해 살펴보기로 한다.

할증가: 이표채가 액면가치보 더 높은 가격으로 거래될 때 채권의 가격

대부분의 이표채 발행자들은 발행일에 **액면가(par)** 또는 액면가에 매우 근접한 가격에 채권이 거래될 수 있도록 이표율을 선택한다. 예를 들어 미 재무부도 중기채와 장기채의 이표율을 이런 방식으로 결정한다. 일반적으로 발행일 이후 채권가격은 시간이 지남에 따라 변동하는데 그 이유는 다음 두 가지 효과에 기인한다. 첫째, 시간이 지남에 따라 채권은 만기일에 가까워진다. 채권의 잔존만기가 줄어듦에 따라 남아 있는 현금흐름들의 현재가치, 즉 채권가격도 변동한다. 둘째, 어떤 시점이든지 간에 시장이자율의 변동은 채권의 만기수익률과 채권가격에 영향을 준다. 이 절의 나머지 부분에서 이 두 가지 효과들을 고찰한다.

액면가: 이표채가 액면가치와 동일한 가격으로 거래될 때 채권의 가격

이자율 변동과 채권가격

만약 어떤 채권이 액면가에 팔렸다면, 이 채권에 투자한 투자자가 얻는 수익은 전부 이 채권이 지급하는 이표로 인해 발행한다. 따라서 이 채권의 이표율은 정확하게 만기수익률과 같게 될 것이다. 시장이자율이 변동하면 채권 투자자들의 요구수익률도 변동하게 될 것이다. 당신 회사가 시장 이자율이 8%인데 8%의 이표율로 채권을 발행했다고 가정해보자. 시장이자율이 상승하여 만기수익률이 9%가 되었다고 가정해보자. 새로 발행되는 채권의 이표율이 9%이면 채권은 액면가인 $1000에 팔릴 것이고, 만기일까지 매년 $90의 이표를 지급받게 될 것이다. 시장이자율이 낮을 때 이미 발행되었던 채권은 이표율이 8%로 고정되어 있어 만기일까지 매년 $80의 이표를

그림 6.3
채권가격과 만기수익률

가격 $1,000에 이표율 8%로 반년마다 이표를 지급하는 채권이 발행되었을 때의 만기수익률은 8%였다. 이 채권과 다른 조건이 모두 동일한 채권들이 제시하는 만기수익률이 9%가 되었다. 8%의 이표를 지급하는 이 이표채가 경쟁력 있는 만기수익률을 제공하기 위해서는 만기수익률이 9%가 될 때까지 가격이 하락하여야 한다. 이 예제가 보여주는 바와 같이, 잔존만기가 5년인 채권은 가격이 $960.44로 하락하여야 한다. 그렇게 되면 투자자들이 이 채권을 사는 것과 가격이 $1000인 이표율 9%의 채권을 사는 것을 무차별하게 생각할 것이다. 이 그림은 만기수익률이 6%에서 10% 사이의 값을 가질 때 이 채권의 가격을 나타내고 있다.

지급한다. 채권으로부터 발생하는 현금흐름이 더 적기 때문에, 이표율 8%의 채권 가격은 이표율 9%의 채권 가격보다 낮아야 한다.[2] 이표율 8% 채권의 가격은 투자자들이 두 채권 중 어떤 채권을 사는지에 대해 무차별하게 느낄 때가지 하락할 것이다. 그림 6.3은 채권의 가격과 채권의 만기수익률 사이의 관계를 예시하고 있다.

앞의 예에서 시장이자율이 9%일때, 이표율이 8%인 채권은 액면가 이하의 가격으로 거래(trading below par)된다. 즉, 이 채권은 할인가에 거래(trading at a discount)된다. 할인가에 거래된 채권에 투자한 투자자는 이표와 자본이득(액면가치와 매입가격 간의 차이) 두 가지 경

2) 만약 8% 채권이 동일하거나 더 높은 가격을 갖는다면 차익거래 기회가 발생하게 된다. 8% 채권을 팔고 9% 채권을 사면, 오늘 현금을 받고 미래에도 더 높은 이표를 받을 수 있게 된다.

로를 통해 수익을 얻게 된다. 따라서 할인가에 거래된 채권의 만기수익률은 반드시 이표율을 상회한다고 할 수 있다.

이표채는 할증가에 거래될(trading at a premium) 수도 있다. 앞의 예에서 시장이자율이 9%로 상승하는 대신 7%로 하락한다고 가정해보자. 이표율 8%의 채권을 보유한 투자자는 액면가에 이 채권을 팔려고 하지 않을 것이다. 가격이 올라(만기수익률이 떨어져서) 만기수익률이 7%가 될 때까지 이 채권을 팔지 않을 것이다. 투자자가 할증되어 거래된 채권에 투자하면, 이 투자자가 이표로부터 얻는 수익은 자본손실(매입가격과 액면가치 간의 차이)에 의해 줄어들게 된다. 따라서 할증가에 거래된 채권의 만기수익률은 반드시 이표율을 하회한다고 할 수 있다.[3]

이 예는 채권의 만기수익률과 채권가격 간에 나타나는 일반현상을 예시하고 있다. 높은 만기수익률은 투자자들이 더 높은 투자수익률을 요구함을 의미한다. 채권의 잔존 현금흐름에 대해 더 높은 할인율을 적용하면, 잔존 현금흐름의 현재가치가 줄어들어 채권가격이 하락한다. 시장이자율이 하락할 때는 이와 반대되는 결과가 나타난다. 투자자들이 더 낮은 만기수익률을 요구하면, 채권의 잔존 현금흐름 할인에 더 낮은 할인율이 적용되어 잔존 현금흐름의 현재가치가 상승하여 채권가격이 상승한다. 그러므로 이자율과 채권의 만기수익률이 상승(하락)하면, 채권가격은 하락(상승)하게 된다. 따라서 이자율 및 채권의 만기수익률과 채권가격은 반대 방향으로 움직인다고 할 수 있다.

표 6.3은 이자율과 채권가격 간의 이러한 관계를 요약하고 있다.

예제 6.6
채권의 할인 또는 할증 여부 결정

문제 *Problem*

매년 이표를 지급하는 30년 만기 채권들을 고려해보자. 각 채권의 이표율은 10%, 5% 및 3%이다. 각 채권의 만기수익률은 5%이다. 액면가치 $100당 채권 가격은 얼마인가? 어떤 채권이 액면가에 거래되고, 어떤 채권이 할증 또는 할인되어 거래되는가?.

풀이 *Solution*

● **계획**

채권에 대한 설명으로부터, 채권의 현금흐름을 결정할 수 있다. 각 채권은 30년의 만기를 가지고 있고, 이표를 매년 지급한다. 그러므로 각 채권은 30년 동안 연 이표 지급액이라는 연금의 현금흐름과 30년 후에 지급하는 액면가치라는 현금흐름을 가지고 있다. 모든 현금흐름의 가치는 만기수익률이 5%가 되도록 결정된다. 이는 모든 현금흐름의 가치가 채권 가격과 같도록 하는 할인율이 5%임을 의미한다. 그러므로 각 채권 가격은 식 6.3

3) 할인 또는 할증이라는 용어는 단지 설명을 위한 것이지 당신이 채권을 할인하여 사려고 해야 한다 또는 프리미엄을 받고 채권을 사는 것을 회피하여야 한다는 것을 의미하지 않는다. 경쟁시장에서는 일물일가의 법칙에 의해 모든 동일한 채권은 동일한 수익을 얻도록 가격이 결정된다. 채권을 매입할 때의 가격은 정확히 채권 현금흐름의 현재가치와 같아진다. 이로 인해 누구나 비정상적으로 좋거나 나쁜 수익을 얻지 않고 공정한 수익을 얻게 된다.

을 이용하여 할인율 5%로 각 채권 현금흐름의 현재가치를 구함으로써 계산할 수 있다.

● **실행**

이표율이 10%인 채권의 경우, 연금 현금흐름은 매년 $10(액면가치 $100의 10%)이다. 동일하게 이표율 5% 및 3%인 채권의 연금 현금흐름은 매년 $5, $3이다. 모든 채권에 대해 액면가치 $100를 사용한다.

식 6.3과 이러한 현금흐름들을 이용하면, 채권 가격은 다음과 같이 계산된다.

$$P(10\%\ \text{이표}) = 10 \times \frac{1}{0.05}\left(1 - \frac{1}{1.05^{30}}\right) + \frac{100}{1.05^{30}} = \$176.86\ \text{(할증가에 거래)}$$

$$P(5\%\ \text{이표}) = 5 \times \frac{1}{0.05}\left(1 - \frac{1}{1.05^{30}}\right) + \frac{100}{1.05^{30}} = \$100.00\ \text{(액면가에 거래)}$$

$$P(3\%\ \text{이표}) = 3 \times \frac{1}{0.05}\left(1 - \frac{1}{1.05^{30}}\right) + \frac{100}{1.05^{30}} = \$69.26\ \text{(할인가에 거래)}$$

● **평가**

위 채권 가격들을 통하여 어떤 채권의 이표율이 만기수익률보다 높으면 그 채권은 할증가에 거래됨을 알 수 있다. 그리고 어떤 채권의 이표율이 만기수익률과 같으면 그 채권은 액면가에 거래됨을 알 수 있다. 마지막으로 어떤 채권의 이표율이 만기수익률보다 낮으면 그 채권은 할인가에 거래됨을 알 수 있다.

표 6.3
이표 지급 직후의 채권가격

채권가격이 액면가보다 …	클 때	같을 때	작을 때
이 채권이 … 거래된다고 한다.	액면가보다 높은 가격에	액면가에	액면가보다 낮은 가격에
이는 … 시점에 발생한다.	이표율 > 만기수익률	이표율 = 만기수익률	이표율 < 만기수익률

시간과 채권가격

시간이 채권가격에 미치는 영향을 살펴보자. 다음 이표 지급일이 다가올수록, 그 현금흐름의 현재가치가 증가하여 채권가격은 상승한다. $50의 반기 이표를 지급하는 채권을 대상으로 이표 지급이 이루어진 그 다음 날부터 다음 이표 지급일까지 6개월 동안 이 채권의 가격을 추적해보자. 이 채권의 가격은 $50의 이표를 지급받는 날이 다가올수록 상승할 것이다. 채권가격은 6개월 동안 다음 이표 지급이 이루어지기 바로 직전에 가장 높게 형성될 것이다. 그 이유는 이 시점에 채권을 구입하면 바로 $50를 받을 수 있지만, 이표 지급이 이루어지고 난 다음 채권을 구입하면 $50를 받을 수 있는 권리를 갖지 않기 때문이다. 그러므로 이표 지급이 이루어지기 전과 후의 채권가격의 차이는 $50이다. 채권가격이 이표 지급일 이전에 상승하고 이표 지급일 이후에 하락하는 이런 추이는 채권의 발행일부터 만기일까지 채권의 수명주기 동안 계속된다. 그림 6.4는 이런 현상을 예시하고 있다.

그림 6.4
시간이 채권가격에 미치는 영향

다음 그림은 만기수익률이 일정(이 예에서는 5%)할 때 시간의 경과가 채권가격에 미치는 영향을 예시하고 있다. 무이표채의 가격은 시간이 지남에 따라 완만하게 상승하고 있다. 이표채의 가격은 지그제그의 선을 따라 움직이고 있다. 이표채의 가격이 이표 지급일 사이에는 상승하고 이표 지급일이 되면 이표 지급액에 해당되는 금액만큼 떨어지는 현상을 관찰할 수 있다. 회색선은 이표 지급이 이루어진 직후의 채권가격의 추이를 나타내고 있다.

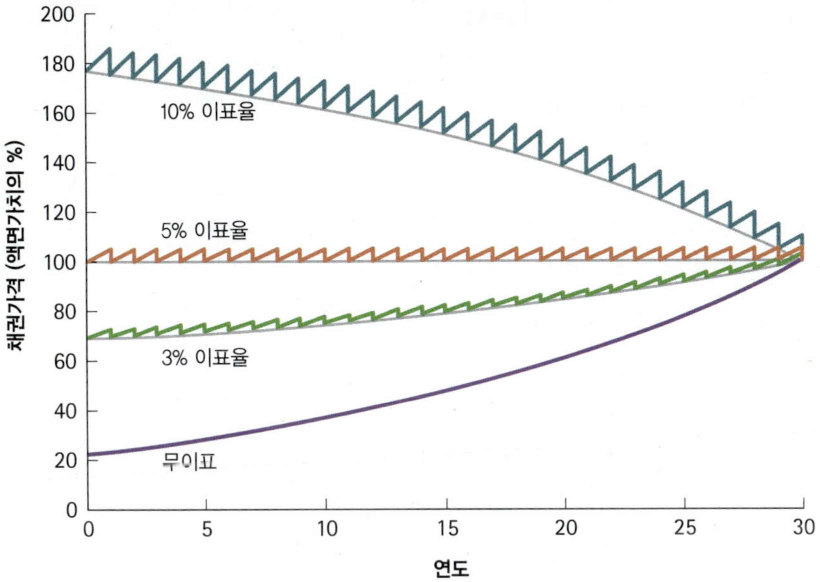

예제 6.7
시간이 채권가격에 미치는 영향

문제 *Problem*

만기 30년, 5%의 만기수익률을 갖는 무이표채를 가정해보자. 이 채권의 액면가치 $100당 가격은 다음과 같다.

$$P(\text{잔존만기 30년}) = \frac{100}{1.05^{30}} = \$23.14$$

5년 후 이 무이표채의 만기수익률이 5%라면, 이 채권의 가격은 얼마가 될까? 이 채권을 $23.14에 구입하고 5년 후에 팔았다면, 이 투자로부터 발생하는 수익률은 얼마가 될까?

풀이 *Solution*

● 계획

이 채권의 발행시의 만기가 30년이고 5년이 경과하였으므로 이 채권의 잔존만기는 25년이 된다. 이 채권의 만기수익률이 변동하지 않았으므로, 잔존만기가 30년인 채권과 동일한 방식으로 잔존만기가 25년인 채권의 가격을 구할 수 있다. 하지만 액면가치를 30번이 아닌 25번 할인하여야 한다.

5년 후 채권 가격을 구하면, 제4장에서의 방법을 이용하여 투자 수익률을 구할 수 있다. FV는 5년 후 채권 가격, PV는 발행시의 채권 가격($23.14), 그리고 기간의 수는 5이다.

● 실행

$$P(\text{잔존만기 25년}) = \frac{100}{1.05^{25}} = \$29.53$$

채권을 $23.14에 매입하여 5년 후에 $29.53에 매도하였다면, 투자 수익률은

$$\left(\frac{29.53}{23.14}\right)^{1/5} - 1 = 5.0\%$$

즉, 투자 수익률이 만기수익률과 동일하다.

● 평가

잔존만기가 감소할 때 채권가격이 상승하여 액면가치로부터의 할인이 축소됨을 주목하길 바란다. 이 채권의 만기수익률이 변동하지 않기 때문에, 액면가치를 받을 때까지의 시간이 감소에 따라 할인이 축소된다. 이 예는 *어떤 채권의 만기수익률이 변동하지 않는다면, 비록 당신이 이 채권을 일찍 팔더라도 이 채권의 투자수익률은 이 채권의 만기수익률과 동일하다*는 일반적인 채권의 속성을 예시한다.

이자율 위험과 채권가격

시간이 채권가격에 미치는 영향은 예측 가능하지만, 예측 가능하지 못한 이자율 변동도 채권가격에 영향을 미친다. 게다가 서로 다른 특성을 갖는 채권들은 이자율 변동에 다른 방식으로 반응한다. 어떤 특성들을 갖는 채권들은 다른 채권들에 비해 더 강하게 반응한다. 제5장에서는 투자자들이 장기대출을 단기대출보다 더 위험하다고 인식하였다. 채권은 단지 대출의 한 형태이므

예제 6.8
채권의 만기와 이자율 민감도

문제 *Problem*

10년 이표채와 30년 이표채를 고려해보자. 두 채권은 이표율 10%로 매년 이표를 지급한다. 만기수익률이 5%에서 6%로 상승하면 각 채권의 가격변동률은 몇 %일까?

풀이 *Solution*

● 계획

각 만기수익률에 대해 각 채권의 가격을 구한 다음 각 채권의 가격변동률을 구해야 한다. 두 채권은 액면가치 $100당 매년 $10의 이표를 지급하고 만기 시에 $100의 액면가치를 지급한다. 두 채권의 차이는 만기가 10년과 30년으로 다른 데 있다. 이러한 채권의 현금흐름과 식 6.3을 이용하여 각 채권의 가격을 계산한다.

● 실행

YTM	만기 10년, 이표율 연 10% 채권	만기 30년, 이표율 연 10% 채권
5%	$10 \times \frac{1}{0.05}\left(1 - \frac{1}{1.05^{10}}\right) + \frac{100}{1.05^{10}} = \$138.61$	$10 \times \frac{1}{0.05}\left(1 - \frac{1}{1.05^{30}}\right) + \frac{100}{1.05^{30}} = \$176.86$
6%	$10 \times \frac{1}{0.06}\left(1 - \frac{1}{1.06^{10}}\right) + \frac{100}{1.06^{10}} = \$129.44$	$10 \times \frac{1}{0.06}\left(1 - \frac{1}{1.06^{30}}\right) + \frac{100}{1.06^{30}} = \$155.06$

만기수익률이 5%에서 6%로 상승하면, 10년 만기 채권의 가격 변동률은 (129.44−138.61)/138.61 = −6.6%.
30년 만기 채권의 가격 변동률은 (155.06−176.86)/176.86 = −12.3%.

● **평가**

1%의 만기수익률 상승으로 인한 30년 만기 채권의 가격 변동률은 10년 만기 채권의 가격변동률의 약 2배이다. 만약 두 채권의 가격과 만기수익률을 그래프로 나타내면, 파란색으로 표시된 30년 만기 채권에 대한 직선은 녹색으로 표시된 10년 만기 채권에 대한 직선보다 기울기가 더 가파르다. 이는 이자율 변동에 대해 30년 채권의 민감도가 더 높음을 반영한 것이다.

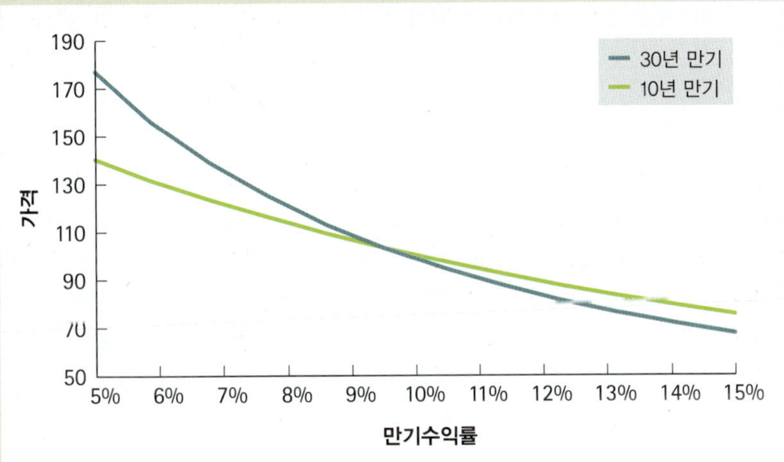

로, 투자자들이 장기채권이 단기채권보다 더 위험하게 인식한다고 할 수 있다.

이 예제는 채권 가격의 이자율 변동에 대한 민감도가 채권의 만기에 따라 어떻게 달라지는지를 예시한다. 하지만 동일한 만기라고 하더라도 이표율이 달라지면 채권가격의 이자율 변동에 대한 민감도가 달라진다. 높은 이표율을 갖는 채권은 다른 모든 조전은 동일하지만 낮은 이표율을 갖는 채권에 비해 전체 현금흐름 중 가까운 미래 시점에 지급하는 현금흐름의 비중이 더 크므로 채권가격이 이자율 변동에 대해 덜 민감하게 반응한다.[4] 표 6.4는 이와 같은 결론을 요약하고 있다.

이 예제는 서로 다른 만기를 갖는 채권이 이자율 변동에 대한 민감도가 어떻게 다른지를 보여주고 있다. 하지만 동일한 만기를 갖는 채권이라도 이표율에 따라 이자율 변동에 대한 민감도가 달라질 수 있다. 이표율이 높은 채권은 이표율만 낮고 다른 모든 조건이 동일한 채권에 비해 가까운 미래에 발생하는 현금흐름의 비중이 더 높으므로 이자율 변동에 덜 민감하게 반응한다. 표 6.4는 이러한 결론을 요약하고 있다.

---

4) 채권의 듀레이션(duration)은 이자율 변동에 대한 채권의 민감도를 측정한다. 듀레이션에 대한 상세한 논의는 이 교재의 범위를 벗어난다.

표 6.4
채권가격과 이자율

채권의 특성	이자율 위험에의 영향
만기가 길어질수록	증가
이표율이 높아질수록	감소

예제 6.9
채권의 이표와 이자율 민감도

문제 *Problem*

반년마다 이표를 지급하고 잔존만기가 5년인 두 채권을 고려하자. 두 채권의 이표율은 각각 5% 및 10%로 다르지만, 만기수익률은 8%로 동일하다. 만기수익률이 8%에서 7%로 하락하면, 각 채권의 가격변동률은 몇 % 일까?

풀이 *Solution*

● **계획**

예제 6.8에서처럼 만기수익률이 8% 및 7%일 때 각 채권의 가격을 계산하여야 한다. 그 다음에는 가격변동률을 계산한다. 각 채권은 10개의 반년 이표 지급액과 만기에 상환되는 액면가치가 있다. 첫 번째 채권의 액면가치 $100당 현금흐름은 매 6개월마다 $2.50, 만기일에 $100가 발생한다. 두 번째 채권의 액면가치 $100당 현금흐름은 매 6개월마다 $5와 만기일에 $100가 발생한다. 현금흐름이 반년마다 발생하므로 만기수익률도 반년마다 복리 계산 되는 APR로 표시되어야 한다. 따라서 만기수익률을 현금흐름의 발생 주기와 일치시켜야 하며, 이를 위해서는 만기수익률을 2로 나누어주어야 한다. 반년 이표율은 각각 4% 및 3.5%이다. 식 6.3을 이용하면 채권 가격을 구할 수 있다.

● **실행**

YTM	만기 5년, 이표율 5% 채권	만기 5년, 이표율 10% 채권
8%	$2.50 \times \frac{1}{0.04}\left(1 - \frac{1}{1.04^{10}}\right) + \frac{100}{1.04^{10}} = \$87.83$	$5 \times \frac{1}{0.04}\left(1 - \frac{1}{1.04^{10}}\right) + \frac{100}{1.04^{10}} = \$108.11$
7%	$2.50 \times \frac{1}{0.035}\left(1 - \frac{1}{1.035^{10}}\right) + \frac{100}{1.035^{10}} = \$91.68$	$5 \times \frac{1}{0.035}\left(1 - \frac{1}{1.035^{10}}\right) + \frac{100}{1.035^{10}} = \$112.47$

5% 이표채의 가격은 $87.83에서 $91.68로 상승하여 가격 변동률이 4.4%가 된다. 한편, 10% 이표채의 가격은 $108.11에서 $112.47로 상승하여 가격 변동률이 4.0%가 된다. 재무계산기나 엑셀을 사용하면 가격변동을 빠르게 계산할 수 있다. 예를 들어 만기수익률이 8%(6개월에 4%)일 경우 이표율 5%의 이표채에 대해 채권 가격을 구하면,

	N	I/Y	PV	PMT	FV
입력:	10	4		2.50	100
계산 결과:			−87.83		
엑셀 공식: = PV(RATE, NPER, PMT, FV) = PV(.04, 10, 2.5, 100)					

만기수익률이 7%(6개월에 3.5%)일 때 이표율 5%의 이표채에 대해 채권 가격을 구하려면, 다른 정보들은 동일하게 입력하되 I/Y에 3.5를 입력하여 I/Y의 값을 변화시킨 다음 I/Y의 키를 눌러 PV를 계산한다. 이렇게 하면

단지 계산기의 키를 몇 번의 누르는 것만으로도 새로운 채권 가격이 $91.68이라는 것을 발견할 수 있을 것이다.

● 평가

더 적은 이표를 갖는 채권의 가격이 이자율 변동에 더 민감하게 반응한다. 이표 지급액은 액면가치에 비해 상대적으로 적기 때문에 더 많은 비중의 현금흐름이 나중에 발생한다. 예제 6.8에서 살펴보았듯이 나중에 발생하는 현금흐름이 동일한 이자율 변동에 대해 더 민감하게 반응한다. 그래서 10%의 이표채와 비교해보면 5%의 이표채를 갖는 채권의 이자율 변동 영향이 더 크다.

총가격: 채권의 실제 현물가격

순가격: 채권의 현물가격에서 경과 이자를 차감한 금액

이표채의 순가격과 총가격

그림 6.4에서 보는 바와 같이 이표채 가격은 매 이표 지급일을 전후로 하여 톱니바퀴와 같은 모양으로 변동한다. 즉, 이표채의 가치는 이표 지급일 이전에는 이표 지급일이 다가올수록 상승하고 이표 지급일 이후에 하락한다. 이표채 가치의 이러한 변동은 만기수익률이 변동하지 않는 경우에도 발생한다.

채권 거래자들은 이표 지급일 전후로 발생하는 예측 가능한 패턴의 채권가격 변동보다는 만기수익률의 변동에 의한 채권가격 변동에 더 관심을 갖는다. 따라서 채권거래자들은 종종 실제 현물가격인 경과 이자(채권가격에 이미 반영된 다음 이표 지급일의 지급 이자금액)가 포함된 **총가격(dirty price)**으로 채권가격을 호가하지 않는다. 대신 채권가격은 종종 현물가격에서 경과 이자를 차감한 금액인 **순가격(clean price)**으로 표시된다.

$$\text{순가격} = \text{현물가격(총가격)} - \text{경과 이자}$$

$$\text{경과 이자} = \text{이표 지급액} \times \left(\frac{\text{이전 이표 지급일 이후 경과 일수}}{\text{현재 이표 기간 중의 일수}} \right)$$

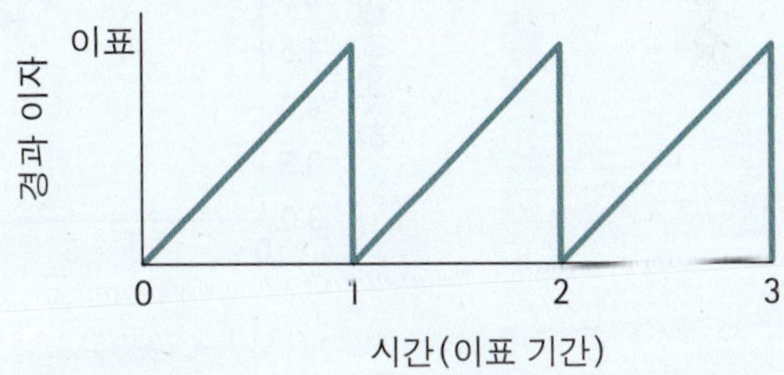

이표 지급이 이루어지기 직전의 경과 이자는 이표 지급액 전액이고, 이표 지급이 이루어진 직후의 경과 이자는 0임을 주목하기 바란다. 따라서 경과 이자는 각 이표 지급이 이루어짐에 따라 톱니바퀴 모양으로 증가하였다가 감소하는 패턴을 보인다. 만약 채권의 현물가격에서 경과 이자를 차감하여 순가격을 계산하면, 이러한 톱니바퀴 모양의 패턴은 제거된다.

그림 6.5
만기수익률과 시간에 따른 채권 가격 변동

이 그림은 30년 만기 무이표채에 대해 발행일부터 만기일까지 가격과 수익률 변동을 예시하고 있다. 패널 (a)는 이 채권의 만기수익률(YTM) 변동을 나타내고 있다. 패널 (b)는 실제 채권가격(녹색 실선)을 보여주고 있다. YTM은 항상 일정한 값을 갖지 않으므로 시간이 지남에 따라 채권가격은 변동하는 가운데 액면가치로 수렴해나간다. 패널 (b)는 실제 채권가격 이외에 YTM이 4%(주황 점선), 5%(연두 실선) 및 6%(보라 점선)로 각각 일정하다고 가정할 때 이에 상응하는 채권가격도 함께 보여주고 있다. 패널 (a)는 대부분의 경우 YTM이 4%와 6%사이의 구간에서 움직이고 있음을 보여주고 있다. 여기서 주목해야 할 점은 모든 경우에서 만기일이 되면 채권가격이 결국 $100로 수렴해야 한다는 점이다.

패널 (a) 시간의 경과에 따른 채권의 만기수익률

패널 (b) 시간의 경과에 따른 채권가격(만기일 가격 = $100)

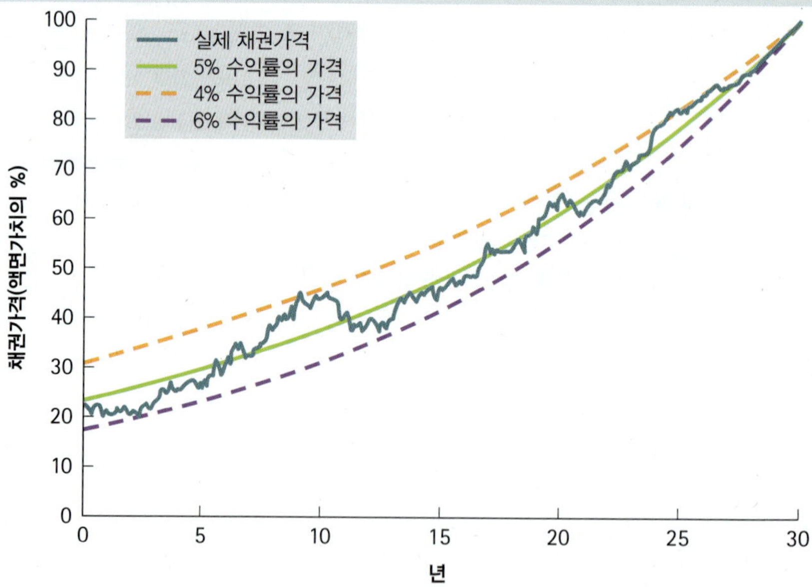

개념확인

7. 왜 이자율과 채권가격은 반대 방향으로 움직이는가?
8. 채권의 만기수익률이 변동하지 않았다면, 어떻게 이표 지급일 사이의 기간 동안에 채권가격이 변동할 수 있는가?

실제의 채권가격

실제로 채권가격은 시간의 경과와 이자율 변동에 따라 변동한다. 채권가격은 시간효과에 따라 액면가치로 수렴한다. 하지만 채권가격은 동시에 만기수익률의 예측하지 못한 변동으로 인하여 상승 또는 하락한다. 그림 6.5는 30년 만기 무이표 채권의 가격이 수명주기 동안 어떻게 변동하는 지를 보여줌으로써 채권가격의 이러한 행태을 예시하고 있다. 채권가격은 만기일이 다가옴에 따라 액면가치로 수렴하는 경향이 있지만, 만기수익률이 하락(상승)함에 따라 채권가격이 상승(하락)하게 됨을 유의해야 한다.

그림 6.5에서 보는 바와 같이 채권가격이 변동함에 따라 만기일 이전에 채권은 이자율 위험에 노출되어 있다. 투자자가 팔기로 결정한 채권의 만기수익률이 이전보다 하락하였다면, 투자자는 이전보다 더 높은 가격을 받고 더 높은 수익을 얻게 될 것이다. 반대로 투자자가 팔기로 결정한 채권의 만기수익률이 이전보다 상승하였다면, 그 채권의 가격은 이전보다 더 낮아지고 투자자는 이전보다 낮은 수익을 얻게 될 것이다.

6.5 회사채

앞의 절에서 채무불이행 위험이 없는 미 재무부 채권을 대상으로 채권 가치평가의 기초를 개발하였다. 이 절에서는 우리는 주식회사가 발행한 채권인 **회사채**(corporate bonds)에 초점을 맞춘다. 우리는 채무불이행 위험이 회사채의 가격과 만기수익률에 미치는 영향을 고찰할 것이다. 이를 통해 우리는 채무불이행 위험이 높은 주식회사가 채권의 매수자들을 끌어 모으기 위해 더 높은 이표를 지급할 필요가 있음을 알게 될 것이다.

회사채: 주식회사가 발행한 채권

신용 위험

표 6.5는 2015년 말 5년 만기 채권에 대해 서로 다른 발행자들이 부담하는 이자율을 열거하고 있다. 왜 이처럼 발행자들 간 이자율의 차이가 클까? 가장 낮은 이자율은 미 재무부 중기채에 대한 1.70%이다. 미 재무부 채권은 무위험 채권으로 널리 인식 되고 있다. 그 이유는 미국 정부가

표 6.5
다양한 차입자에 대한 5년 만기 채권의 이자율, 2015년 12월

차입자	이자율	신용 스프레드
미국 정부	1.70%	
애보트 랩스	1.86%	0.16%
크래프트 푸드	2.84%	1.14%
타임워너	3.16%	1.46%
라디오 샥	4.03%	2.33%
굿이어 타이어	4.85%	3.15%

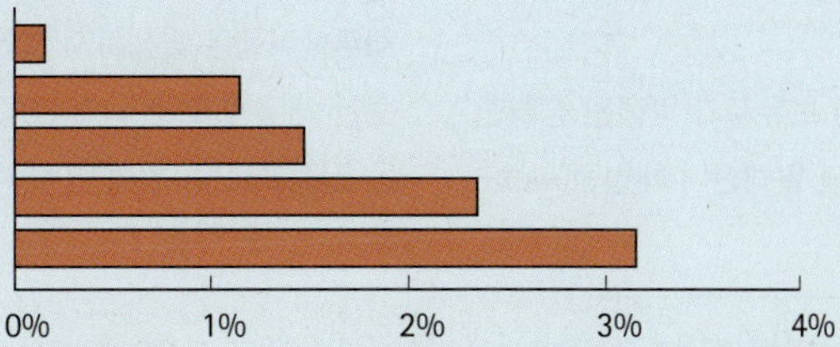

이자를 지급하지 못하고, 미국 정부가 발행한 채권들에 대해 채무불이행을 선언할 가능성이 거의 없기 때문이다. 이에 따라 6.2절에서 밝힌 바와 같이 무위험 이자율을 언급하면 미 재무부 채권을 의미한다.

나머지 채권들은 모두 회사채다. 모든 회사채는 모두 위험 채권으로 간주된다. 회사채의 발행자는 채무불이행 가능성이 있다. 즉, 회사채의 발행자는 약속한 금액의 전액을 다 지급하지 못할 가능성이 있다. 예를 들어 재무 곤경에 처한 회사는 원금의 전부를 지급하지 못할 가능성이 있다. 채권의 **신용 위험(credit risk)**으로 알려진 채무불이행 위험은 투자자가 채권으로부터 발생하는 현금흐름을 투자 시에 확실하게 알지 못하게 하는 효과가 있다. 이 위험에 대한 보상으로 투자자들은 미 재무부 채권보다 더 높은 이자율을 요구한다.[5] 회사채 수익률과 무위험 이자율의 차이인 신용 스프레드(credit spread)는 투자자들이 평가하는 발행자의 채무불이행 가능성에 의존한다. 예를 들어 투자자들이 존슨앤존슨보다 갭에 더 높은 채무불이행 위험을 부여하면, 갭은 더 높은 신용 스프레드를 부담하여야 한다. 이로 인해 갭이 발행하는 회사채의 이표율은 존슨앤존슨보다 더 높게 나타난다.

신용 위험: 채권의 발행자가 채무를 불이행할 위험; 이 위험의 존재는 투자 시에 채권의 현금흐름을 확실하게 알 수 없도록 함

미 재무부 채권은 정말 채무불이행 위험이 없는 채권인가?

대부분의 투자자들은 미 재무부 채권을 무위험으로 취급한다. 이는 이들이 미 재무부 채권의 채무불이행 가능성이 없다고 믿음을 의미한다(이 교재에서 우리가 따르는 관행). 그러나 미 재무부 채권은 정말로 위험이 없을까? 이에 대한 답은 "무위험"이 무엇을 의미하는지에 달려 있다.

미국 정부가 결코 채권을 채무 불이행하지 않을 것이라고 확신할 수 있는 사람은 없지만, 대부분의 사람들은 그런 사건이 발생할 확률이 매우 낮다고 생각한다. 더 중요한 것은, 채무불이행 확률이 다른 채권보다 작다는 것이다. 미 재무부 채권의 수익률이 무위험이라는 사실은 미 재무부 채권이 세계에서 미국 달러로 표시된 가장 위험이 낮은 투자라는 것을 의미한다.

그럼에도 불구하고 과거에 미 재무부 채권 보유자가 약정된 정확한 금액을 받지 못하는 경우가 발생했다: 1790년 알렉산더 해밀턴(Alexander Hamilton) 재무 장관은 미상환 채무에 대한 이자율을 인하했고, 1933년 프랭클린 루스벨트(Franklin Roosevelt) 대통령은 통화 대신 금으로 수취할 수 있는 채권자들의 권리를 일시 중단했다.

일련의 대규모 예산 적자로 인해, 2011년 중반에 미국이 의회가 정부가 부담할 수 있는 채무의 총액을 제한하는 채무 한도 상한(debt ceiling)에 도달하자, 새로운 위험이 대두되었다. 미 재무부가 지급 의무를 이행하고, 채무불이행 하는 것을 막기 위해서 2011년 8월까지 의회의 의결이 필요했다. 스탠더드 앤 푸어스(S&P)는 의회가 한도를 상향 조정할지 여부에 대한 정치적 불확실성에 반응하여 미국 국채 등급을 하향 조정했다. 의회는 궁극적으로 채무 한도를 상향 조정했으며, 채무불이행은 발생하지 않았다. 그러나 지속적인 예산 적자로 인해 비슷한 채무 한도 논의가 2013년과 2015년에 다시 발생했다. 이 사건들은 진정으로 "무위험"인 투자는 없다는 것을 상기시키는 역할을 한다.

5) 회사채 시장은 국채 시장보다 유동성이 덜 풍부하다. 회사채와 미 재무부 채권간의 이자율 차이의 일부는 회사채의 유동성 부족에 대한 투자자들에게 보상을 하기 때문에 발생한다.

인터뷰 리사 블랙(Lisa Black)

리사 블랙은 주요 금융서비스회사 중의 하나인 티아이에이에이(TIAA; Teachers Insurance and Annuity Association)의 임원으로 근무하고 있다. CFA(Chartered Financial Analyst) 자격증을 보유하고 있는 그녀는 단기 자금시장 펀드, 중기채 펀드, 고수익 채권 펀드, 신흥시장 채권 펀드, 물가연동채 펀드 등 여러 가지 고정소득 펀드를 관장하고 있다.

질문: 왜 많은 사람들은 금융시장 하면 주식시장을 먼저 생각하게 될까? 채권시장의 규모와 거래활동을 주식시장과 비교하면 어떻게 되는가?

답변: 채권의 일 거래금액은 주식의 약 10에 달한다. 예를 들어 $15 십억의 10년 만기 미 재무부 중기채를 한 번 발행하면 하루 만에 다 팔릴 것이다. 달러 표시 채권들로 바클리에즈 캐피탈(Barclays Capital)이 산출하는 "U.S. Universal Bond Index" 지수의 시장가치는 2009년 6월 30일 기준으로 $13.8조에 달한다. 투자적격 등급 채권들로 구성된 "U.S. Aggregate Index"의 가치가 전체 달러 표시 채권의 약 90%를 차지한다. 여기에는 미 재무부 채권, 연방기관 채권, 회사채, 주택저당채권 등이 포함된다. "U.S. Universal Bond Index" 지수의 다른 세부 지수로는 고수익 회사채, 유로달러 채권, 신흥시장 채권 및 사모 발행 등이 있다.

질문: 채권시장은 어떻게 운영되는가?

답변: 기업과 정부는 신규 건설 프로젝트, 재무적 인수, 일반적인 기업 목적 등을 위해 자금조달의 필요성이 생기면 채권 시장으로 향한다. 다른 측면에서, 기관투자자, 기금 및 재단 등은 투자해야 하는 자금이 있다. 월 스트리트의 투자은행들은 차입자와 대부자를 만기와 위험에 대한 태도의 관점에서 매칭시켜주는 중개인으로서의 역할을 수행한다. 예를 들어 대학교수들을 위한 연금을 주로 제공하는 우리 회사는 청구되는 보험금 지급을 위해 필요한 자금을 보유해야 하는 보험회사보다 상대적으로 더 긴 기간 동안 투자할 수 있다. 기관들 간의 채권 펀드의 거래는 일반적으로 한번에 $5 백만에서 $50 백만씩의 대량거래가 이루어진다.

질문: 미 재무부 채권의 가치 변동을 가져오는 요인에는 어떤 것들이 있는가?

답변: 간단히 대답하면, 이자율이 상승하면 채권 가격은 떨어진다는 것이다. 따라서 미 재무부 채권 가격 변동의 핵심 요인을 파악하기 위해서 이자율이 상승하고 하락하는 원인을 분석해야 한다. 주요 요인중의 하나는 인플레이션과 경제 성장에 대한 투자자들의 기대이다. 인플레이션이 경제성장 속도를 뒤따라가는 경향이 있으므로, 경제성장의 속도가 빨라진다고 기대될 때 이자율이 상승한다. 2008-2009 경기침체 기간 중 미 연준이 금융시스템에 유동성을 주입하였기 때문에 이자율이 하락했다. 리만 브라더스(Lehman Brothers)의 파산 이후에 안전자산으로의 자금이동 현상도 나타났다. 연방준비기금이 보유한 약 $785 백만에 달하는 리먼 브라더스의 단기 채권이 모두 가치 없게 되자, 이 기금의 가치는 크게 떨어졌다. 이로 인해 불안에 사로잡히게 된 소매 및 기관 투자가들이 단기자금시장 펀드를 매도하고, 원금 보존을 위해 미국 재무부 단기채와 중기채를 매입했다. 수요 증가로 인해 무위험 채권에 대한 이자율은 급격히 떨어졌다. 어느 시점에 미 재무부 단기채는 음(–)의 수익률을 갖게 되었다.

질문: 2008-2009 금융위기는 채권시장에 어떤 영향을 주었는가? 앞으로 채권시장에 어떤 변화를 가져올 것으로 예상하는가?

답변: 금융위기가 주식시장에 끼친 영향에 대한 광범위한 논의가 이루어졌다. 금융위기는 채권시장에도 지대한 영향을 미쳤다. 특히 주목할 것은 망하게 내버려두기에는 규모가 크거나 중요하다고 간주되는 금융기관들의 안정을 위해 정부와 중앙은행이 매우 중요한 역할을 해왔고 앞으로도 할 것으로 기대 된다. 미 연준은 얼어붙은 신용시장을 자극하기 위해 단기자금시장 펀드의 지급보증 등과 같은 전례 없는 여러 가지 프로그램들을 내놓았다. 앞으로의 과제는 다양한 지원 프로그램들과 자금 투입을 언제, 어떻게 끝낼 것인가와 그 효과가 언제 나타날 것인가에 있다. 또한, 신용평가 기관의 역할과 신용평가 방법론은 규제당국과 투자자들의 보다 엄밀한 감시의 대상이 될 것이다.

기업 부문에서 자동차 회사를 비롯한 많은 차입자가 금융위기 동안 타인자본 조달을 할 수 없었다. 투자자들이 AAA와 AA- 등급의 회사채까지도 기피하게 됨에 따라, 신용 스프레드는 매우 크게 확대되었다. 주요 기관투자자들은 몇 달 동안 지켜보기만 했고, 회사채 신규 발행시장은 사실상 존재하지 않았다. 연방 정부가 유동성 증대를 위한 프로그램을 발표한 후 기관투자자들이 처음에는 유틸리티 회사들이 발행한 모기지 채권과 정부가 지급보증을 하는 주택저당채권과 같은 최상위 신용등급의 채권들만을 구입했다. 그 다음에는 투자자들이 경제 침체를 견딜 수 있는 발행자들을 선별하여 낮은 신용등급의 채권들에 투자하기 시작했다.

회사채 수익률

왜 채무불이행 위험은 채권가격과 만기수익률에 영향을 미칠까? 채권이 약정하는 현금흐름은 채권보유자가 받고자 하는 최고의 금액이다. 신용 위험으로 인하여 회사채 매입자가 사실상 기대하는 현금흐름은 그 금액보다 작을 수 있다. 예를 들어 지엠(GM)은 2006년과 2007년에 재무적 곤경을 겪었으며 발행한 회사채에 대해 채무불이행을 할 가능성이 상당히 높았다. 그 결과 지엠은 2009년에 채무불이행을 했다. 이런 위험을 깨달으면, 지엠 회사채 투자자들은 약정한 금액을 지불하지 못할 확률이 증가하였음을 반영하게 되고 회사채 가격은 하락한다. 지엠 회사채의 만기수익률은 가격과 약속한 현금흐름을 비교하여 계산되기 때문에, 약속한 금액을 지불하지 못한 가능성이 높아짐에 따라 만기수익률은 증가한다. 이 예는 다음 일반적인 사실들을 강조한다.

1. 투자자는 다른 모든 조건은 동일하지만 채무불이행이 없는 채권에 비해서 신용 위험이 있는 채권에 대해 더 낮은 가격을 지불한다.
2. 만기수익률은 예상되는 현금흐름이 아니라 약정한 현금흐름을 이용하여 계산되기 때문에, 신용 위험이 있는 채권은 다른 조건은 동일하지만 신용 위험이 없는 채권보다 더 높은 만기수익률을 갖는다.

이 두 가지 사실들은 다음과 같은 중요한 결론에 도달하게 한다. *채무불이행 가능성이 있는 채권의 만기수익률은 그 채권에 대한 기대수익률과 일치하지 않는다.* 만기수익률을 결정하기 위하여 사용하는 채권의 약정 현금흐름은 투자자들이 기대수익률을 계산하기 위해 사용하는 기대 현금흐름보다 높다. 그 결과 채무불이행 가능성이 있는 채권의 만기수익률은 항상 기대수익률보다 높게 된다. *또한 만기수익률이 높다는 것은 기대수익률이 반드시 높다는 것을 의미하지 않는다.*

채권 신용등급

채무불이행 가능성은 회사채에 대해 기꺼이 지불하고자 하는 가격을 결정하는데 중요한 요소이다. 그런데 어떻게 채무불이행 가능성을 평가하는가? 신용평가 회사들은 채권 신용도의 등급을 평가하고 이 정보를 투자자들에게 제공한다. 이 등급을 참고하여 투자자들은 특정 채권의 신용도를 평가한다. 그러므로 회사채에 대한 신용평가는 회사채 시장의 시장 참여자와 유동성을 증가시키는 데 기여한다고 할 수 있다. 가장 잘 알려진 신용평가회사로 스탠다드 앤 푸어스(Standard & Poor's)와 무디스(Moody's)를 들 수 있다. 표 6.6은 각 회사가 사용하는 신용등급을 요약하고 있다. 두 회사의 가장 높은 등급(Aaa 또는 AAA)은 가장 채무불이행 위험이 낮다고 판단한다.

상위 4개의 등급은 채무불이행 위험이 낮으므로 가끔 **투자등급(investment-grade bonds)**이라고 부른다. 하위 5개 등급은 채무불이행 확률이 높아서 높은 수익률을 지급하기로 약정하므로 종종 투기채권(speculative bond), 정크본드(junk bond), 고수익 채권(high-yield bond) 등으로 불린다. 회사채의 신용등급은 주식회사의 파산 위험과 파산 시에 채권자들이 주식회사의 자산에 대한 청구권을 행사할 수 있는 능력에 의존한다. 그러므로 주식회사의 자산에 대한 청구권에서 우선순위가 낮게 발행된 채권(후순위채)은 우선 순위가 높게 발행된 채권(선순위채) 혹은 건물이나 공장 등 특정 자산을 담보로 발행된 채권(자산담보부 채권)보다 더 낮은 신용등급을 갖게 될 것이다.

투자등급 채권: 채무불이행 위험이 낮은 상위 4개 신용등급의 채권 투기등급 채권, 정크본드, 또는 고수익 채권: 채무불이행 위험이 가장 높은 하위 5개 신용등급의 채권

표 6.6
채권의 신용등급과 해당 신용등급에 속하는 기업의 수 (2016년 3월 기준)

무디스	스탠다드 앤 푸어스	상장기업의 수	설명(무디스)
투자 적격 등급 채권			
Aaa	AAA	3*	최상 등급이다. 가장 적은 투자 위험을 보유하고 있어 "가장 안전한(gilt edged)" 채권이다.
Aa	AA	29	모든 기준에서 우수하다고 판단된다. 일반적으로 Aaa 등급과 함께 고등급 채권을 구성한다.
A	A	221	많은 우수한 투자 특성들을 가지고 있어 중상위 등급으로 간주된다. 원리금 상환능력이 현재로서는 충분하다고 판단되지만, 앞으로 지속된다는 보장은 없다.
Baa	BBB	515	중 등급으로 간주된다. 원리금 상환능력이 높지도 않고 낮지도 않다.
투기 등급 채권(정크본드)			
Ba	BB	363	투기적인 요소를 가지고 있다. 미래 원리금 상환 가능성이 확실하지 않다.
B	B	255	일반적으로 바람직한 투자의 특성을 가지고 있지 않다. 장기간 동안 원리금 상환 가능성이 매우 작다.
Caa	CCC	41	채무불이행 상태에 있을 가능성이 있거나 원리금 상환에 있어서 위험 요소를 가지고 있을 수 있다.
Ca	CC	5	높은 투기적 요소를 가지고 있다. 채무불이행 상태에 있거나 다른 단점들을 가지고 있다.
C	C, D	10	최하 등급이다. 실제 투자에서 발생할 수 있는 가장 열악한 전망을 가지고 있다고 간주할 수 있다.

*AAA 등급에 마이크로 소프트, 존슨 앤 존슨, 엑슨 모빌 3개 회사가 있었다. 하지만 엑슨 모빌은 2016년 4월 등급이 하향 조정되었다.
출처: www.moodys.com, S&P Compustat.

회사채 수익률 곡선

무위험 채권에 대해 수익률 곡선을 만들었던 것처럼 회사채에 대해서도 동일한 수익률 곡선을 그릴 수 있다. 그림 6.6은 미국 회사채 이표채의 세 개의 스탠다드 앤 푸어스 신용등급에 대한 평균적인 수익률을 보여주고 있다. 두 개는 투자등급(AAA 및 BBB)에 대한 곡선이고 다른 한 개는 정크 본드(B)에 대한 곡선이다. 그림 6.6은 이표를 지급하는 미 재무부 채권의 수익률도 포함하고 있다. 회사채 수익률과 미 재무부 채권 수익률 간의 차이를 **채무불이행 스프레드(default spread) 또는 신용 스프레드(credit spread)**라고 한다. 신용 스프레드. 그림 6.6에서 신용 스프레드는 미 재무부 채권의 수익률을 나타내는 맨 밑의 노란색 선으로부터 파란색 또는 초록색의 선까지의 거리로 각각 측정된다. 노란색 선으로부터 거리가 멀수록 해당 회사채의 채무불이행 위험이 높다. 신용 스프레드는 투자자들이 인식하는 채무불이행 확률이 변화함에 따라 변동한다. 신용등급이 가장 낮은 채권의 신용 스프레드가 가장 크므로, 이 채권의 채무불이행 위험이 가장 높다는데 주목할 필요가 있다.

신용 스프레드 또는 채무불이행 스프레드: 회사채 수익률과 무위험 이자율 간의 차이를 말하며, 신용 스프레드의 크기는 투자자들이 평가하는 해당 주식회사의 채무불이행 가능성에 의존한다.

그림 6.6
여러 가지 신용등급에 대한 회사채 수익률 곡선, 2016년 5월

이 그림은 미 재무부 채권에 대한 만기수익률(노락색)과 AA (파란색), BBB (초록색) 신용등급 회사채에 대한 수익률 곡선을 보여주고 있다. 채무불이행 확률이 미 재무부 채권보다 높은 회사채의 경우 어떻게 만기수익률이 높아지는 지에 주목할 필요가 있다.

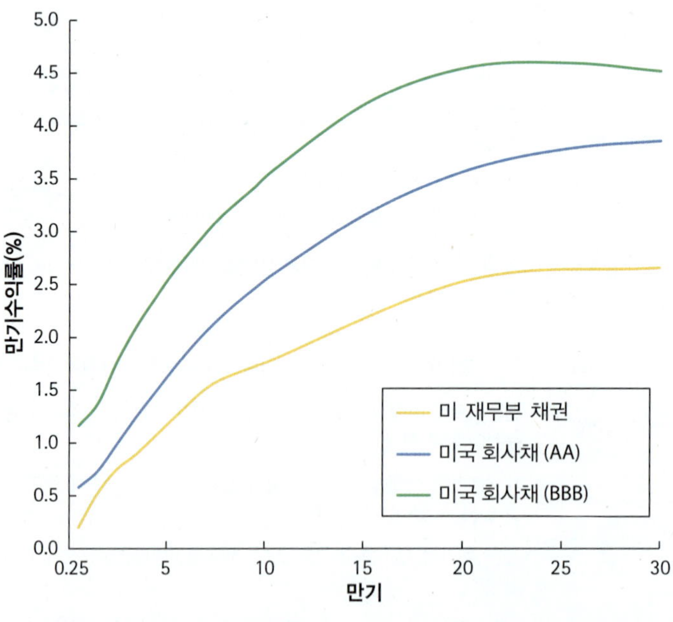

출처: 블룸버그

예제 6.10
신용 스프레드와 채권가격

문제 *Problem*

당신 회사는 AA 신용등급을 가지고 있다. 10년 만기 회사채의 신용 스프레드가 90 bp(0.90%)라는 것을 알았다. 당신 회사의 10년 만기 회사채의 이표율은 5%이다. 10년 만기 이표율 4.5%의 새로운 미 재무부 중기채가 액면가에 발행될 것이라고 한다. 당신 회사가 발행한 10년 만기 회사채의 가격은 얼마가 되어야 하는가?

풀이 *Solution*

● **계획**

신용 스프레드가 90 bp라면, 회사채의 만기수익률은 동일 만기의 미 재무부 채권 수익률에 0.9%를 더한 값이다. 새로운 10년 만기 이표율 4.5%의 미 재무부 채권이 액면가에 발행될 것이라는 것은 4.5%의 이표율을 갖는 미 재무부 중기채의 액면가치 \$100당 가격이 \$100임을 의미한다. 따라서 이 회사채의 만기수익률은 4.5% + 0.9% = 5.4%가 된다. 이 회사채가 지급하는 이표는 매년 \$100당 \$5이므로, 6개월마다 \$2.5의 이표가 지급된다. 5.4%의 만기수익률에 상응하는 6개월 수익률은 5.4%/2=2.7%이다. 이러한 정보를 가지고 있으면 식 6.3을 이용하여 이 회사채의 가격을 구할 수 있다.

● **실행**

$$2.50 \times \frac{1}{0.027}\left(1 - \frac{1}{1.027^{20}}\right) + \frac{100}{1.027^{20}} = \$96.94$$

● **평가**

당신 회사가 발행한 회사채는 동일한 만기를 갖는 미 재무부 중기채보다 높은 이표(5% 대 4.5%)를 지급한다. 하지만 이 회사채의 가격은 미 재무부 중기채보다 더 낮다(\$96.94 대 \$100). 그 이유는 신용 스프레드 때문이다. 당신 회사의 채무불이행 가능성은 투자자들이 당신 회사가 발행한 회사채에 대해 더 높은 만기수익률을 요구하도록 한다. 이 회사채에 대한 매입 가격은 액면가보다 낮아져야 한다. 만약 이 회사채의 이표율이 5.4%라면, 이 회사채의 가격은 미 재무부 중기채의 가격과 동일한 \$100가 될 것이다. 하지만 미 재무부 중기채보다 90bp 더 높은 이표율로 이 회사채의 이표가 지급되어야 신용 스프레드가 완전히 상쇄되어 이 회사채의 가격이 \$100가 될 수 있을 것이다.

신용 위험과 채권 수익률

2008년 세계 경제를 뒤흔들었던 금융위기는 2007년 8월부터 나타나기 시작한 신용위기로부터 출발했다. 그 당시 모기지 시장의 문제로 인하여 규모가 큰 모기지 대출회사들이 파산했다. 이들의 부도와 이들이 발행한 채권의 신용등급 하락은 많은 투자자들로 하여금 그들의 포트폴리오에 있던 모기지 채권이 아닌 다른 채권들에 대해서도 위험을 재평가하는 계기가 되었다. 인식하는 위험이 커지자 투자자들은 회사채에서 보다 더 안전한 채권인 미 재무부 채권으로 이동했다. 회사채 가격은 하락하고 그림 6.7에서 보는 바와 같이 회사채 신용 스프레드는 증가하였다. 장기 회사채의 신용 스프레드를 보여주는 패널 A에 따르면 가장 신용등급이 높은 AAA의 신용 스프레드가 통상 0.5%하였으나, 2008년 가을까지 2%를 상회하게 되었다. 또한 패널 B에서는 은행들이 단기차입 시에 부담하여야 하는 이자율에서 미 재무부 채권 수익률을 차감한 값도 이와 유사한 패턴을 보임을 알 수 있다. 차입비용의 상승은 기업들로 하여금 신규 투자에 필요한 자금조달 비용을 상승하게 하여 결국 경기의 둔화를 가져왔다. 2009년 초 신용 스프레드의 감소는 금융위기가 다른 경제 부분에 미치는 영향이 줄어드는 첫 단계로 인식되었다.

이 장의 앞 부분에서 밝힌 바와 같이, 채권시장은 주식시장처럼 잘 알려지지 않았지만, 규모가 크고 중요하다. 타인자본 조달은 기업의 자금조달에 있어서 상당한 비중을 차지하고 있으므로 재무관리자는 채권과 채권가격이 어떻게 결정되는지를 이해할 필요가 있다. 이 장에서 채권의 주요 유형이 무엇이고, 채권은 어떻게 투자자에게 원금을 상환하고, 어떻게 채권의 가격이 결정되는지 등을 소개했다. 제15장에서는 기업이 채무를 발행하는 과정을 비롯한 채권시장에 대해 더 많은 논의가 있을 것이다.

그림 6.7
수익률 스프레드와 금융위기

패널 A는 30년 만기 장기 회사채와 미 재무부 채권 간의 수익률 스프레드를 나타내고 있다. 패널 B는 LIBOR라고 불리는 주요 국제 은행에 대한 단기 대출과 미 재무부 단기채 간의 수익률 스프레드 보여주고 있다. 이 스프레드는 TED(또는 Treasury-Eurodollar) 스프레드라고 불리기도 한다. 여기에서 주목할 점은 이 스프레드가 2007년 8월, 2008년 9월 두 차례에 걸쳐 극적으로 증가하였고 2008년말과 2009년 초부터 감소하기 시작했다는 것이다. 2011년 중반까지 스프레드는 금융위기 이전 수준을 회복하였지만, 2012년 유럽 채무 위기에 반응하여 스프레드가 다시 증가함을 주목하여야 한다. 2015년에 스프레드가 증가하기 시작하였으며, 이는 기업 차입의 급증, 채권 거래 활동에 대한 더 강화된 규제에 직면한 은행의 수요 감소 등에 일부 기인한 측면이 있다.

출처: 블룸버그

9. 정크본드(junk bond)는 무엇인가?

10. 채권의 만기수익률은 채권의 채무불이행 위험과 어떤 관계를 갖고 변동하는가?

개념확인

myfinancelab 핵심요점 및 공식

6.1 채권 용어

▶ 채권은 투자자에게 이표와 원금(또는 액면가치)을 지급한다. 전통적으로 채권의 이표율은 APR로 표시된다. 각 이표 지급액(CPN)은 아래 식을 이용하여 구할 수 있다.

$$CPN = \frac{\text{이표율} \times \text{액면가치}}{\text{연간 이표 지급 횟수}} \quad (6.1)$$

6.2 무이표채

▶ 무이표채는 이표를 지급하지 않는다. 따라서 무이표채에 투자한 투자자는 액면가치만을 지급받는다.

▶ 채권을 구입하여 만기까지 보유할 때 얻게 되는 수익률을 만기수익률(또는 수익률)이라고 부른다. 채권의 만기수익률은 채권이 지급하기로 약정한 현금흐름의 현재가치와 채권가격을 같게 하는 할인율이다.

▶ 무이표채의 만기수익률은 아래 식을 이용하여 구할 수 있다.

$$1 + YTM_n = \left(\frac{\text{액면가치}}{\text{가격}}\right)^{1/n} \quad (6.2)$$

▶ 날짜 n까지의 투자에 대한 무위험 이자율은 날짜 n이 만기일인 무위험 무이표 채권의 만기수익률과 같다. 만기가 서로 다른 무위험 이자율을 도표로 나타낸 것을 무위험 수익률 곡선이라고 한다.

6.3 이표채

▶ 이표채의 미래 현금흐름과 채권 가격을 같게 하는 할인율 y는 이표 기간당 수익률이다.

$$P = CPN \times \frac{1}{y}\left(1 - \frac{1}{(1+y)^N}\right) + \frac{FV}{(1+y)^N} \quad (6.3)$$

위 식에서 구한 y에 연간 이표 지급 횟수를 곱해주어야 APR로 표시되는 만기수익률이 된다.

6.4 채권가격의 변동 이유

▶ 채권의 이표율이 만기수익률보다 더 높으면, 그 채권은 할증가에 거래된다. 채권의 이표

율이 만기수익률보다 더 낮으면, 그 채권은 할인가에 거래된다. 채권의 이표율과 만기수익률이 같으면, 그 채권은 액면가에 거래된다.

- ▶ 채권의 만기가 가까워지면 채권가격은 액면가치에 수렴한다.
- ▶ 채권가격은 이자율 변동에 따라 변동한다. 이자율이 상승(하락)하면 채권가격은 하락(상승)한다.
- ▶ 다른 모든 조건은 동일하지만 만기가 서로 다른 두 채권을 비교할 때, 장기 무이표채의 가격은 단기 무이표채의 가격보다 이자율 변동에 더 민감하게 반응한다.
- ▶ 다른 모든 조건은 동일하지만 이표율이 서로 다른 두 채권을 비교할 때, 이표율이 낮은 채권의 가격은 이표율이 높은 채권의 가격보다 이자율 변동에 더 민감하게 반응한다.

6.5 회사채

- ▶ 채권 발행자는 지급하기로 약정한 금액의 전액을 다 지급하지 못할 경우, 그 채권 발행자는 채무불이행 하게 된다.
- ▶ 채권 발행자가 채무불이행 하게 될 위험을 신용 위험이라고 한다. 미 재무부 채권은 신용 위험이 없는 채권으로 간주된다.
- ▶ 회사채의 기대수익률은 발행기업의 타인자본 비용이며, 무위험 이자율에 위험프리미엄을 합산한 값과 같다. 회사채의 기대수익률은 만기수익률보다 더 작다. 그 이유는 만기수익률은 그 채권의 약정 현금흐름으로 계산되지만, 그 채권의 기대수익률은 기대 현금흐름으로 산출되기 때문이다.
- ▶ 채권 신용등급은 채권의 신용도에 대한 정보를 투자자에게 제공한다.
- ▶ 회사채 수익률과 무위험 이자율 간의 차이를 신용 스프레드 또는 채무불이행 스프레드라고 부른다. 신용 스프레드는 약정 현금흐름과 기대 현금흐름 간의 차이에 대한 보상과 채무불이행 위험에 대한 보상이다.

비판적 사고

1. 채권이 대출과 동일한 점은 무엇인가?
2. 투자자는 채권에 매입함으로써 어떻게 수익을 얻게 되는가?
3. 만기수익률은 수익률의 개념과 어떤 관련성을 갖는가?
4. 채권의 만기수익률이 채권가격을 결정하는가? 아니면 채권가격이 채권의 만기수익률을 결정하는가?
5. 할인가에 거래되는 채권의 만기수익률이 이표율을 초과하는 이유를 설명하시오.

6. 이자율과 채권가격 간의 관계를 설명하시오.
7. 장기채가 단기채보다 이자율변동에 더 민감하게 반응하는 이유는 무엇인가?
8. 회사채의 기대수익률이 만기수익률과 같지 않는 이유를 설명하시오.

연습문제

채권용어

1. 10년 만기 액면가치 $1,000 이표율 5.5%로 반기마다 이표를 지급하는 채권을 고려해보자.
   a. 이 채권의 이표 지급액(coupon payment)은 얼마인가?
   b. 시간선에 이 채권의 현금흐름을 나타내시오.
2. 아래 시간선에서 보는 바와 같이 어떤 채권이 매 6개월마다 이표를 지급한다고 가정하자.

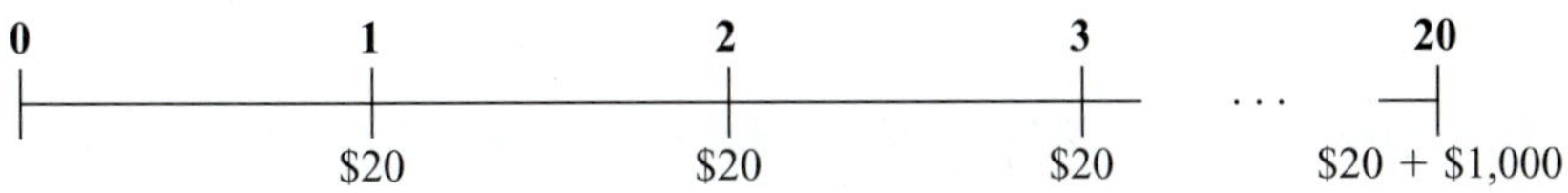

   a. 이 채권의 만기(연 단위로 표시)는 얼마인가?
   b. 이 채권의 이표율(%)은 얼마인가?
   c. 이 채권의 액면가치는 얼마인가?
3. 당신의 회사는 $10 백만의 자금을 20년 만기 무이표 채권을 발행함으로써 조달하고자 한다. 이 채권의 만기수익률이 6%(연 복리 APR)라면 당신 회사가 발행해야 하는 총 액면가치(total principal amount)은 얼마인가?

무이표채

4. 아래 표는 채무불이행 위험이 없는 여러 가지 무이표채의 가격(액면가치의 퍼센트로 표시)을 하고 있다.

만기(년)	1	2	3	4	5
가격(액면가치 $100당)	$95.51	$91.05	$86.38	$81.65	$76.51

   a. 각 채권에 대한 만기수익률을 구하시오.
   b. 처음 5년에 대하여 무이표 수익률을 도표로 나타내시오.
   c. 만기수익률 곡선은 우상향, 우하향 및 수평 중 어떤 유형에 속하는가?

다음 정보를 활용하여 문제 5-7에 답하시오. 무위험 채권에 대한 현재의 무이표 수익률 곡선이 다음과 같다고 한다.

만기(년)	1	2	3	4	5
YTM	5.00%	5.50%	5.75%	5.95%	6.05%

5. 2년 만기, 무이표 및 무위험 채권의 액면가치 $100 당 가격은 얼마인가?
6. 4년 만기, 무이표 및 무위험 채권의 액면가치 $100 당 가격은 얼마인가?
7. 5년 만기 무위험 이자율은 얼마인가?
8. 6.2절의 글로벌 금융위기 글상자에서 Bloomberg.com은 3개월 미 재무부 단기채가 액면가치 $100당 $100.002556에 팔렸다고 보고했다. EAR로 표시된 이 채권의 만기수익률은 얼마인가?

이표채

9. 액면가치가 $1000인 다음 한 쌍의 채권들에 대하여 어떤 채권의 가격이 더 높은지를 판별하시오.
   a. 3년 만기 무이표채와 5년 만기 무이표채
   b. 3년 만기 무이표채와 3년 만기 4% 이표채
   c. 2년 만기 5% 이표채와 2년 6% 이표채
10. 액면가치 $1000, 이표율 7%로 반기마다 이표가 지급되는 잔존만기 2년인 채권이 있다. 이 채권의 만기수익률은 반년 복리 7.6% APR이다. 이 채권의 가격은 얼마가 되어야 하는가?
11. 현재의 미 재무부 채권 수익률 곡선에 의하면 6개월, 1년, 1년 6개월 현물이자율이 각각 1%, 1.1% 및 1.3%라고 가정하자. 모든 현물이자율은 반년 복리 APR로 표시되었다. 액면가치 $1000, 이표율 4%, 잔존만기가 1년 6개월인 채권의 가격은 얼마인가? (다음 이표 지급일은 지금부터 정확히 6개월 후이다.)
12. 10년 만기, 액면가치 $1000, 이표율 8%로 반년마다 이표가 지급되는 채권이 $1034.74의 가격에 거래되고 있다고 가정하자.
    a. 이 채권의 만기수익률은 얼마인가(반년 복리 APR로 표시)?
    b. 이 채권의 만기수익률이 9% APR로, 바뀌면 이 채권의 가격은 얼마가 되는가?
13. 5년 만기, 액면가치 $1000, 매년 이표가 지급되는 채권이 있다. 이 채권의 가격이 $900이고, 만기수익률은 6%이다. 이 채권의 이표율은 몇 %인가?
14. 미 재무부 현물이자율이 6개월 만기는 반년 복리 1.6% APR이고, 1년 만기는 반년 복리 2% APR이라고 가정하자. 1년 만기, 액면가 $1000, 이표율 2%인 채권의 가격은 얼마일까?

채권가격의 변동 이유

15. 액면가치 $1000인 채권들의 가격이 다음과 같이 주어졌다.

채 권	A	B	C	D
가 격	$972.50	$1,040.75	$1,150.00	$1,000.00

각 채권이 액면가에 거래되는지 아니면 할인가 또는 할증가에 거래되고 있는지를 각각 판별하시오.

16. 이표율 10%의 채권을 $1040에 매입하였다. 시장이자율이 상승하면 채권가격은 어떻게 변동하는가?

17. 만기가 7년이고 이표율 8%로 반년마다 이표를 지급하는 액면가치 $1000인 채권이 만기수익률 6.75%에 거래되고 있다고 가정하자.
    a. 이 채권은 현재 액면가에 거래되는가 아니면 할인가 또는 할증가에 거래되는가? 그 이유를 설명하시오.
    b. 만기수익률이 7.00%(반년 복리 APR)라면, 채권의 가격은 얼마가 되는가?

지엠 주식회사는 액면가치 $1000, 이표율 7%(이표 매년 지급)의 10년 만기 채권을 발행하였다. 발행 당시 이 채권의 만기수익률은 6%였다. 이 정보를 이용하여 18-20번을 답하시오.

18. 발행 당시 이 채권의 가격은 얼마인가?

19. 만기수익률이 고정되어 있다고 가정하면, 첫 이표가 지급되기 바로 직전의 채권의 가격은 얼마인가?

20. 만기수익률이 고정되어 있다고 가정하면, 첫 이표가 지급된 바로 직후의 채권의 가격은 얼마인가?

21. 당신 회사는 액면가치 $1000, 이표율 6%, 잔존만기 10년인 채권을 보유하고 있는데 이 채권의 가격은 $1078이다. 당신 회사가 10년 만기의 새로운 채권을 액면가에 발행하고자 한다면, 이표율을 얼마로 결정해야 하는가? 두 채권의 다음 이표 지급일은 지금부터 정확히 6개월 후이다.

22. 매년 6%의 연 이표를 지급하는 10년 만기 채권을 매입하여 4년간 보유한 후, 네 번째 이표를 받자마자 매도하였다고 가정하자. 이 채권의 매입 및 매도 시 만기수익률이 5%라고 가정하자. 이 투자로 인하여 액면가치 $100당 지급하여야 하는 현금흐름과 지급받아야 하는 현금흐름은 각각 얼마인가?

다음 정보를 이용하여 문제 23과 24에 답하시오.

채권	이표율(연 지급)	만기(년)
A	0%	15
B	0%	10
C	4%	15
D	8%	10

23. 만기수익률이 6%에서 5%로 하락하면, 각 채권의 가격변동율은 각각 몇 %인가?
24. 6%에서 5%로의 1% 이자율 하락에 A-D 중 어떤 채권의 가격이 가장 민감하게 반응하는가? 그 이유는? 어떤 채권의 가격이 가장 덜 민감하게 반응하는가? 이러한 결과들이 의미하는 바는 무엇인가?
25. 당신이 30년 만기, 만기수익률 6%의 무이표채를 매입하여 5년 동안 보유한 후 매도하였다고 가정하자.
    a. 이 채권을 매도할 때의 만기수익률이 6%라면, 당신의 투자수익률은 얼마인가?
    b. 이 채권을 매도할 때의 만기수익률이 7%라면, 당신의 투자수익률은 얼마인가?
    c. 이 채권을 매도할 때의 만기수익률이 5%라면, 당신의 투자수익률은 얼마인가?
    d. 이 채권이 채무불이행 위험이 없다고 하더라도, 만기일 이전에 이 채권을 매도할 계획이라면 당신의 투자가 무위험인지를 설명하시오.

회사채

26. 다음 표는 1년 무이표채에 대한 만기수익률을 요약하고 있다.

채 권	수익률(%)
미 재무부 채권	3.1
AAA 등급 회사채	3.2
BBB 등급 회사채	4.2
B 등급 회사채	4.9

    a. AAA 등급 만기 1년 무이표 회사채의 가격(액면가치의 퍼센트로 표현)은 얼마인가?
    b. AAA 등급 회사채의 신용 스프레드는 얼마인가?
    c. B 등급 회사채의 신용 스프레드는 얼마인가?
    d. 신용등급이 변동하면 신용 스프레드는 어떻게 변동하는가? 그 이유는?

27. 앤드루 산업은 만기가 30년, 이표율 7%로 연 이표를 지급하는 액면가치 $1000의 회사채를 발행하는 것을 검토하고 있다. 이 회사는 스탠다스 앤 푸어스로부터 A 등급을 받을 수 있을 것으로 믿고 있다. 하지만 스탠다드 푸어스로부터 최근 재무적 어려움으로 인하여 이 회사의 BBB로 신용등급을 낮출 수 있다는 경고를 받았다. A 등급의 장기 회사채는 만기수익률

6.5%에, BBB 등급 회사채는 6.9%에 각각 거래되고 있다.

a. 이 회사가 A 등급으로 유지할 수 있다면, 발행하는 회사채의 가격은 얼마인가?

b. 이 회사의 신용등급이 하락한다면, 발행하는 회사채의 가격은 얼마인가?

28. 당신 회사는 A등급의 신용등급을 받고 있다. 당신은 5년 만기 A등급 회사채에 대한 신용 스프레드가 85 베이시스 포인트(0.85%)라는 것을 안다. 당신 회사가 발행한 회사채의 이표율은 6%이다. 2.0%의 이표율을 갖는 새로운 미 재무부 중기채가 액면가로 발행될 것이라는 것은 알고 있다. 당신 회사가 이미 발행한 5년 만기 회사채의 액면가 $100당 가격은 얼마인가?

29. HMK 산업은 신규 투자를 위해 $10 백만을 조달하고자 한다. 이 회사는 만기가 5년, 이표율 6.5%로 연 이표를 지급하는 액면가치 $1000의 회사채를 발행하고자 한다. 다음 표는 여러 신용등급의 5년 만기 이표채(연 이표 지급)의 만기수익률을 요약하고 있다.

등급	AAA	AA	A	BBB	BB
YTM	6.20%	6.30%	6.50%	6.90%	7.50%

a. 발행하는 채권의 등급이 AA라면, 채권의 가격은 얼마인가?

b. 발행하는 채권이 AA 등급이고 오늘 $10 백만을 조달하고자 한다면, 이 채권의 총 액면가치는 얼마인가?(이 회사가 채권을 분수로 나누어서 발행할 수 없으므로 모든 분수들은 다음 자연수로 반올림하여 발행한다고 가정한다.)

c. 이 채권을 액면가에 발행하기 위해서는 이 채권의 등급은 어떻게 되어야 하는가?

d. 채권이 발행되었을 때, 이 채권의 가격이 $959.54라고 가정하자. 이 채권의 등급은 어떻게 되어야 할까? 이 채권이 정크본드는 아닌가?

30. BBB 등급 회사채가 8.2%의 만기수익률을 가지고 있다. 미 재무부 채권의 만기수익률은 6.5%이다. 두 채권의 만기수익률은 반년 복리 APR로 표시된다. 두 채권의 이표율은 7%이고 반년마다 이표를 지급하고, 잔존만기가 5년이다.

a. 미 재무부 채권의 가격(액면가치의 퍼센트로 표시)은 얼마인가?

b. BBB 등급 회사채의 가격(액면가치의 퍼센트로 표시)은 얼마인가?

c. BBB 회사채의 신용 스프레드는 얼마인가?

사례연구

당신은 포드 자동차 기업재무 부서의 인턴이다. 이 회사는 $50 백만을 이표율 연 12%의 10년 만기 이표채를 발행하여 조달할 계획이다. 이 회사는 회사채 등급의 상승을 기대하고 있다. 당신의 상사가 신규로 발행하는 회사채의 등급이 상승할 경우 발행 회사채의 매각대금 증가분을 당신이 결정할 것을 원하고 있다. 이 정보를 준비한다면, 당신은 포드의 현재 신용등급과 해당 신용등급에 상응하는 만기수익률을 결정하여야 한다.

1. 현재 미 재무부 채권의 수익률 곡선을 찾는 것부터 시작하자. 미 재무부 웹 사이트(www.treas.gov)에서 "yield curve"라는 용어를 사용하여 검색한 다음 "US Treasury—Daily Treasury Yield Curve."를 선택한다. 동일한 이름의 서로 다른 두개의 링크가 있는 점에 주의해야 한다. 아래 링크에 기술된 내용들을 보고 "Real Yield"라고 표시되지 않은 것을 선택한다. 선택해야 할 것은 명목이자율이다. 나타난 표를 엑셀로 복사하자.
2. 여러 개의 신용등급에 대해 현재의 수익률 스프레드를 찾아라. 불행히도 현재의 수익률 스프레드는 비용을 지불하여야 얻을 수 있으므로 오래된 것을 사용하여야 할 것이다. BondsOnline (www.bondsonline.com)이란 사이트에 가서 "Today's Market.", "US Corporate Bond Spreads."을 차례로 클릭한다. 나타난 표를 미 재무부 채권이 있는 엑셀 파일에 복사한다.
3. 스탠다드 앤 푸어스 웹 사이트(www.standardandpoors.com)에 가서 포드 자동차의 현재 신용등급을 찾아라. 당신의 국가를 선택한 후 "Ratings" 밑의 상자에서 "Find a Rating"을 찾고, Ford Motor Co.를 입력하면 나타나는 목록으로부터 Ford Motor Co.를 선택하시오. 이 시점에 당신은 무료 등록을 하고, 담당 교수에 의해 제공된 사용자 이름과 비밀번호를 입력해야 한다. "local long term."에 대한 발행자의 신용등급을 사용하여야 한다.
4. 엑셀로 돌아가서 현금흐름과 신규 발행 채권의 가치를 평가하는데 필요한 할인율을 가진 시간선을 만들어라.
   a. 포드가 발행한 회사채에 대해 요구되는 현물이자율(required spot rate)을 만들고, 동일한 만기를 갖는 미 재무부 채권에 대한 스프레드를 추가하라.
   b. 당신이 발견한 수익률 곡선과 신용 스프레드는 새로운 채권을 발행할 수 있는 모든 만기를 포괄하지 못한다. 보다 구체적으로 4년, 6년, 8년, 9년 만기인 수익률과 신용 스프레드를 가지고 있지 못하다. 주어진 수익률과 신용 스프레드를 가지고 선형보간(linear interpolating)을 이용하여 가지고 있지 않은 수익률과 신용 스프레드를 구한다. 예를 들어 4년 현물이자율과 신용 스프레드는 3년과 5년의 현물이자율과 신용 스프레드를 평균하여 구한다. 그리고 6년 현물이자율과 신용 스프레드는 5년과 6년의 현물이자율과 신용 스프레드를 평균하여 구한다. 8년과 9년에 대해서는 7년과 10의 차이를 2년간에 걸쳐 분할하여 구할 수 있다
   c. 포드의 현재 신용등급에 대하여 현물이자율을 계산하시오. 각 만기에 대하여 미 재무부 채권 수익률에 대한 수익률 스프레드를 추가하시오. 하지만 수익률 스프레드는 베이시스 포인트, 즉 퍼센트 포인트의 1/100로 나타내야 함에 유념해야 한다.
   d. 매년 채권보유자에게 지급하여야 할 현금흐름을 계산하고 시간선에 나타내시오.
5. 현물이자율을 이용하여 채권보유자에게 지급하는 각 현금흐름의 현재가치를 계산하시오.

6. 채권의 발행가격과 발행시의 만기수익률을 계산하시오.
7. 포드의 신용등급이 한 등급 상승하였다고 가정하고, 위 4-6의 단계를 반복하시오. 한 등급 상승하였다고 가정하고 새로운 만기수익률과 새로운 채권가격을 계산하시오.
8. 신용등급이 상승할 경우 추가적으로 얻게 되는 발행채권의 매각대금을 계산하시오.

부록 A 재무계산기를 이용하여 채권의 만기수익률 구하기

만기가 3년, 액면가치 $1000, 이표율 10%로 매년 이표를 지급하는 채권을 매입하려고 한다. 이표의 지급은 지금부터 1년 후인 2012년 1월부터 시작한다. 채권의 가격은 액면금액 $1000당 $1074.51이다. 이 채권의 만기수익률은 얼마인가? [답: 7.15%]

HP-10BII

[주황색 키] C	오렌지 키와 [C] 키를 눌러 전에 입력했던 모든 값들을 지운다
3 N	기간의 수를 입력한다.
1 0 0 PMT	기간당 지급액을 입력한다.
1 0 0 0 FV	3년 후에 지급 받게 될 액면가치를 입력한다.
1 0 7 4 • 5 1 +/- PV	채권의 현재가치 또는 채권가격을 입력한다.
I/YR	만기수익률을 구한다.

TI BAII Plus Professional

2ND CE/C	[2ND] 키를 누른 다음 [CE/C] 키를 눌러 전에 입력했던 모든 값들을 지운다.
3 N	기간의 수를 입력한다.
1 0 0 PMT	기간당 지급액을 입력한다.
1 0 0 0 FV	3년 후에 지급 받게 될 액면가치를 입력한다.
1 0 7 4 • 5 1 +/- PV	채권의 현재가치 또는 채권가격을 입력한다.
CPT I/Y	만기수익률을 구한다.

부록 B 수익률 곡선과 일물일가의 법칙

지금까지 우리는 개별 채권의 가격과 만기수익률 간의 관계에 초점을 맞추었다. 이 부록에서는 서로 다른 채권의 가격과 만기수익률 간의 관계를 고찰한다. 제3장에서 우리는 서로 다른 가격을 갖는 동일한 두 개의 자산이 어떻게 시장의 힘에 의해 동일한 가격을 갖게 되는지를 살펴보았다. 우리는 이것을 가치평가 원칙의 일물일가 법칙이라고 부른다. 일물일가의 법칙을 이용하여 주어진 현물이자율, 즉 무위험 무이표채의 수익률을 이용하면 어떤 무위험 채권의 가격과 수익률도 결정할 수 있다. 그 결과 수익률 곡선은 모든 무위험 채권의 가치를 평가하기에 충분한 정보를 제공한다.

무이표채 가격으로 이표채 가치평가

우리는 무이표채를 이용하여 이표채의 현금흐름을 복제하는 것이 가능하다는 것으로 논의를 시작한다. 그러므로 우리는 일물일가의 법칙을 사용하여 무이표채 가격으로부터 이표채 가격을 계산한다. 예를 들어 우리는 연 10%의 이표를 지급하는 3년 $1,000 채권을 3년 무이표채를 이용하여 복제할 수 있다.

	0	1	2	3
이표채 :		$100	$100	$1,100
1년 만기 무이표채 :		$100		
2년 만기 무이표채 :			$100	
3년 만기 무이표채 :				$1,100
무이표채 포트폴리오 :		$100	$100	$1,100

이표채의 각 이표 지급액을 $100를 액면가치로 갖는 무이표채로 매칭시킬 수 있다. 그리고 마지막 지급액(마지막 이표지급액과 액면가치의 합계)도 $1100의 액면가치를 갖는 무이표채로 매칭시킬 수 있다. 따라서 이표채의 현금흐름은 무이표채 포트폴리오의 현금흐름과 동일하다고 볼 수 있다. 일물일가의 법칙에 다르면 동일한 현금흐름을 갖는 이표채와 무이표채 포트폴리오의 가격이 같아야 한다.

예를 들어 현재 무이표채의 만기수익률과 가격이 표 6.7과 같이 주어졌다고 가정하자.

3년 만기 이표채의 현금흐름을 복제할 수 있는 3년 만기 무이표채 포트폴리오의 비용은 다음과 같이 계산된다.

무이표채	요구되는 액면가치	비용
1년	100	96.62
2년	100	92.45
3년	1,100	11 × 87.63 = 963.93
		총비용: $1,153.00

표 6.7
무이표채의 수익률과 가격 (액면금액 $100당)

만기	1년	2년	3년	4년
YTM	3.50%	4.00%	4.50%	4.75%
가격	$96.62	$92.45	$87.63	$83.06

일물일가 법칙에 의해 3년 이표채는 $1153의 가격에 거래되어야 한다. 이표채의 가격이 이보다 더 높으면, 이표채를 매도하고 무이표채 포트폴리오를 매입함으로써 무위험 차익을 얻을 수 있다. 이표채의 가격이 이 보다 낮으면, 이표채를 매입하고 무이표채를 매도함으로써 무위험 차익을 얻을 수 있다.

무이표채 수익률로 이표채 가치평가

앞서 우리는 무이표채 가격을 이용하여 이표채 가격을 도출하는 방법에 대해 논의하였다. 무이표채 수익률을 이용하여 이표채 가격을 도출하는 방법도 있다. 무이표채의 만기수익률은 무이표채와 동일한 만기를 갖는 무위험 투자에 대한 경쟁시장 이자율임을 상기하기 바란다. 이표채의 현금흐름은 이표 지급액과 액면가치로 구성되므로, 이표채의 가격은 경쟁시장 이자율을 할인율을 이용하여 구한 이표 지급액과 액면가치의 현재가치와 같아야 한다(제5장의 예제 5.7을 참고).

이표채의 가격

$$P = PV(\text{이표채의 현금흐름}) = \frac{CPN}{1 + YTM_1} + \frac{CPN}{(1 + YTM_2)^2} + \cdots + \frac{CPN + FV}{(1 + YTM_n)^n} \quad (6.4)$$

여기서 CPN은 이표 지급액, YTM_n 은 n번째 이표 지급일이 만기일인 무이표채의 만기수익률, FV는 액면가치다. 만기 3년, 연간 이표율 10%, 액면가치 $1000인 채권에 식 6.4과 표 6.7의 무이표 수익률을 이용하여 다음과 같이 이표채의 가격을 구할 수 있다.

$$P = \frac{100}{1.035} + \frac{100}{1.04^2} + \frac{100 + 1,000}{1.045^3} = \$1,153$$

이 가격은 앞서 계산하였던 이 채권의 가격과 동일하다. 따라서 무이표채의 수익률을 이용하여 현금흐름을 할인함으로써 이표채에 대한 무차익 가격을 결정할 수 있다고 할 수 있다. 다른 말로 표현하면, 무이표 수익률 곡선은 모든 다른 무위험 증권의 가격을 결정하기 위해 필요한 충분한 정보를 제공한다고 할 수 있다.

이표채 수익률

주어진 무이표 채권 수익률에 대해 식 6.4를 이용하여 이표채의 가치를 평가할 수 있다. 제6장 3절에서는 이표채의 가격으로부터 만기수익률을 구하는 방법을 살펴보았다. 이러한 결과들을 결합하면, 무이표채와 이표채 수익률간의 관계를 결정할 수 있다.

만기 3년, 연간 이표율 10%, 액면가치 $1000인 채권을 다시 고려해보자. 표 6.7의 무이표채 수익률이 주어진다면, 이 채권의 가격은 $1153으로 계산된다. 식 6.3에 의하면 이 채권의 만기수익률은 다음 등식을 만족하는 y라고 할 수 있다.

$$P = 1{,}153 = \frac{100}{(1+y)} + \frac{100}{(1+y)^2} + \frac{100 + 1{,}000}{(1+y)^3}$$

재무계산기나 엑셀을 이용하여 y의 값을 다음과 같이 구할 수 있다.

	N	I/Y	PV	PMT	FV
입력:	3		−1,153	100	1,000
계산 결과:		4.44			
엑셀 공식: = RATE(NPER, PMT, PV, FV) = RATE(3, 100, −1,153, 1,000)					

이 채권의 만기수익률은 4.44%로 계산된다. 다음 등식이 성립함을 통해 이 채권의 만기수익률이 4.44%임을 확인할 수 있다.

$$P = \frac{100}{1.0444} + \frac{100}{1.0444^2} + \frac{100 + 1{,}000}{1.0444^3} = \$1{,}153$$

이표채는 서로 다른 시점에 발생하는 현금흐름을 제공하므로 이표채의 만기수익률은 동일 만기 또는 그보다 더 짧은 만기를 갖는 무이표채들의 만기수익률을 가중 평균한 수익률이다. 가중치는 각 기간의 현금흐름에 의해 결정된다. 이 예에서 이표채와 동일하거나 더 짧은 만기를 갖는 무이표채에 대한 수익률은 3.5%, 4.0% 및 4.5%다. 세 번째 현금흐름의 현재가치가 이 이표채의 현재가치의 대부분을 차지하기 때문에, 이 이표채의 만기수익률은 3년 무이표채의 수익률인 4.5%에 가까운 값을 갖는다.

예제 6.11
동일한 만기를 갖는 채권의 만기수익률

문제 *Problem*

주어진 무이표채 수익률을 이용하여, 3년 만기 무이표 채권, 연간 이표율 4%의 3년 만기 이표채, 연간 이표율 10%의 3년 만기 이표채의 만기수익률을 비교하시오. 모든 채권들은 무위험 채권이다.

만기	1년	2년	3년	4년
무이표채 YTM	3.50%	4.00%	4.50%	4.75%

풀이 *Solution*

● **계획**

주어진 정보에 의하면, 3년 만기 무이표 채권의 만기수익률은 4.50%다. 주어진 만기수익률들이 표 6.7의 만기수익률들과 동일하므로, 우리는 연간 이표율 10%의 3년 만기 이표채의 만기수익률이 4.44%라는 것을 이미 알고 있다. 연간 이표율 4%의 3년 만기 이표채 만기수익률을 계산하기 위해서 먼저 식 6.4를 이용하여 이 채권의 가격을 계산하여야 한다. 4%의 이표율로 매년 이표가 지급되므로, 3년동안 매년 $40의 이표가 지급된다. 3년 후에는 $1000의 액면가치가 지급된다. 이 채권에 대한 가격이 계산되면, 그 다음에는 식 6.3을 이용하여 이 채권의 만기수익률을 계산한다.

● **실행**

식 6.4를 이용하면,

$$P = \frac{40}{1.035} + \frac{40}{1.04^2} + \frac{40 + 1{,}000}{1.045^3} = \$986.98$$

이 채권의 가격은 $986.98이다. 식 6.4에 의하면

$$\$986.98 = \frac{40}{(1+y)} + \frac{40}{(1+y)^2} + \frac{40 + 1{,}000}{(1+y)^3}$$

재무계산기나 엑셀을 이용하여 이 채권의 만기수익률을 다음과 같이 구할 수 있다.

	N	I/Y	PV	PMT	FV
입력:	3		−986.98	40	1,000
계산 결과:		4.47			
엑셀 공식: = RATE(NPER, PMT, PV, FV) = RATE(3, 40, −986.98, 1,000)					

비교하고자 하는 3년 만기 채권들의 만기수익률은 다음과 같이 요약될 수 있다.

이표율	0%	4%	10%
YTM	4.50%	4.47%	4.44%

● **평가**

세 채권들은 비록 동일한 만기를 갖지만 서로 다른 만기수익률을 갖는다. 만기일까지 보유할 경우 이표율이 증가할수록 만기수익률은 낮아진다. 여기에 대한 이유는 아래에서 논의된다.

예제 6.11은 동일한 만기를 갖는 세 채권의 만기수익률이 이표율에 따라 달라지는 것을 보여주고 있다. 이표채의 만기수익률은 무이표채들의 만기수익률을 가중 평균한 값이다. 이표율이 증가함에 따라 앞에 발생하는 현금흐름이 뒤에 발생하는 현금흐름보다 현재가치 계산에서 더 높은 가중치를 갖게 된다. 여기에서 수익률 곡선의 모양이 이표율에 따른 만기수익률 추세를 결정하는데 있어서 핵심적인 역할을 한다.

1. 수익률 곡선이 예제 6.11에서처럼 우상향이면, 이표율이 증가함에 따라 만기수익률이 낮아진다.
2. 수익률 곡선이 우하향이면, 이표율이 증가함에 따라 만기수익률이 높아진다.
3. 수익률 곡선이 수평이면, 만기와 이표율에 상관없이 모든 이표채와 무이표채가 동일한 만기수익률을 갖는다.

미 재무부 채권 수익률 곡선

이 부록에서 살펴본 바와 같이, 무이표채의 수익률 곡선을 이용하여 다른 무위험 채권들의 가격과 만기수익률을 결정할 수 있다. 서로 다른 만기를 갖는 이표채 수익률들을 도표로 나타낸 것을 "*이표 지급 수익률 곡선(coupon-paying yield curve)*"라고 한다. 채권 거래자들이 "이표 지급 수익률 곡선"을 그냥 "*수익률 곡선*"으로 부르는 경우가 자주 있다. 예제 6.11에서 볼 수 있듯이 서로 다른 이표율을 갖는 동일 만기의 두 개의 채권이 서로 다른 만기수익률을 갖게 되는 경우도 있다. 관례적으로 실무자들은 항상 *최근월물 채권(on-the-run bonds)*의 수익률을 도표로 나타낸다. 이 부록에서 사용된 것과 유사한 방법론을 적용하여, 무이표채의 만기수익률을 결정할 수 있다. 즉, 이표 지급 수익률 곡선과 일물일가의 법칙을 이용하면, 무이표채 만기수익률을 구할 수 있다. 그러므로 수익률 곡선이나 이표 지급 수익률 곡선 중 어느 하나가 모든 무위험 채권의 가치평가를 위해 필요한 정보를 제공한다고 할 수 있다.

7 주식의 가치평가

학습목표

- 주식의 가치평가에서 배당금과 성장성의 상충관계(tradeoff)를 이해한다.
- 예측된 배당금을 기초로 주식을 가치평가할 때의 한계를 인식한다.
- 주식에서 예측되는 미래 배당금의 현재가치로 주식의 가치를 평가한다.
- 보통주, 우선주, 주식 시세정보에 대한 기초지식을 기술한다.
- 뉴욕증권거래소와 나스닥 시장에서 거래가 어떻게 이루어지는지 비교한다.
- 주식에서 기대되는 미래 배당금의 현재가치로 주식을 가치평가한다.

기호

Div_t	t년에 지급된 배당금	P_t	t년 말의 주식가격
EPS_t	t일의 주당이익	PV	현재가치
g	예측된 배당 성장률	r_E	자기 자본 비용
N	만기일 혹은 추정기간		

Stock Valuation

2013년 3월 21일 오전 5시에 스포츠용품 제조업체인 나이키(Nike, Inc.)는 이번 분기 이익이 기대 이상이며 내년도 이익은 더욱 성장할 것이라고 공시했다. 다음 날 뉴욕증권거래소에서 나이키의 주가는 11% 상승하여 $59.53가 되었고 거래량은 평소 1일 거래량의 거의 4배인 19백만주 이상을 기록했다.

투자자는 나이키와 같은 주식을 어떻게 그 가격에 매도하거나 매입하는 결정을 내리는 것일까? 이러한 뉴스에 이 주식이 갑자기 11% 이상의 가치를 가지는 이유는 무엇일까? 주가를 더 올리기 위해 나이키의 경영자는 어떤 행동을 취해야 할까?

이러한 질문에 답하기 위해서 우리는 "가치평가 원칙(Valuation Principle)"으로 돌아간다. 가치평가 원칙이란 증권의 가격은 증권 투자자가 증권을 보유하면서 받게 될 것이라고 기대되는 미래 현금흐름의 현재가치와 같아야 한다는 것이다. 이 장에서 우리는 이 원칙을 주식에 적용한다. 따라서 주식의 가치를 평가하기 위해서는 투자자가 받을 것으로 기대되는 현금흐름과 그러한 현금흐름을 현재가치로 할인하기 위한 적절한 자본비용을 알아야만 한다. 현금흐름과 자본비용을 추정하는 것은 어려운 작업이기 때문에, 추정을 위해 필요한 상세한 내용을 교재 전반에 걸쳐 설명할 것이다.

여러 형태의 주식을 비교하면서 주식의 가치평가에 대한 학습을 시작하고, 주식의 시세정보를 이해하고, 어떻게 주식 거래가 이루어지는지에 대해 설명할 것이다. 그리고 상이한 기간 동안 주식을 보유한 투자자가 받는 배당금과 자본이득을 고려한, 주식 가치평가를 위한 첫 번째 모형인, 배당할인 모형(dividend-discount model)에 대하여 살펴볼 것이다.

7.1 주식의 기초지식

제1장에서 살펴본 바와 같이 주식회사의 소유권은 주식의 지분으로 분할된다. 상장기업의 주식은 다수의 소유자가 보유하고 있으며 주식시장에서 거래된다. 주식시장은 회사의 주식이 거래될 수 있도록 유동성을 제공하고 가격을 결정한다. 이번 절에서 주식의 시세정보가 무엇인지 설명하고 주식의 두 가지 다른 유형인 보통주(common stock)와 우선주(preferred stock)를 소개한다.

주식 시장의 정보: 주식 시세정보

보통주: 배당금을 받을 권리와 회사의 이사 선출이나 인수합병과 같은 중요 사건에 대해 투표할 수 있는 권리를 부여 받은 회사의 소유지분

그림 7.1은 구글 금융정보 사이트(Google Finance, www.google.com/finance)의 2013년 6월 25일 나이키 주식의 기본 정보를 포함한 주식 시세를 보여준다.[1] 나이키 주식은 **보통주(common stock)**이다. 보통주는 주식회사의 소유지분을 의미하는데, 보통주 소유자는 배당금을 받을 권리와 회사의 이사 선출이나 인수합병과 같은 중요 사건에 대해 투표할 수 있는 권리를 가진다. 나이키는 공개회사(public corporation)인데 이는 회사의 주식이 널리 분산되어 있고 주식시장에서 거래되고 있다는 것을 의미한다. 나이키 주식은 뉴욕증권거래소(NYSE)에서 거래

1) 인터넷에서 무료로 주식 정보를 얻을 수 있는 곳은 많다. Google Finance (http://www.google.com/finance), MSN Money (http://www.msn.com/money), Wall Street Journal 사이트 (www.wsj.com), 그리고 뉴욕증권거래소(www.nyse.com)와 나스닥시장(www.nasdaq.com) 등이 있다.

되고 있고 시세 표식(ticker symbol)은 NKE이다. **시세 표식(ticker symbol)**은 모든 거래 활동을 실시간으로 보여주는 시세판(ticker)에 상장 기업의 거래가 기록되도록 모든 기업에게 특정한 약자로 부여된다. 전통적으로 뉴욕증권거래소의 시세 표식은 3자 이하로, 나스닥은 일반적으로 4자 이상으로 구성된다. 그러나 페이스북(Facebook)은 나스닥에 FB, 트위터(Twitter)는 NYSE에 TWTR로 부여되고 있어서 최근에는 더 이상 관행이 적용되지 않는다.

시세 표식: 모든 상장 기업에 부여된 특정한 약자

2013년 2월중순부터 6월말 사이에 나이키는 두번의 분기 배당금을 2월 28일과 5월 30일에 보통주 주주에게 지불했다. 배당금은 “D”와 금액으로 표시된다. 이 경우 배당금은 주당 21센트이다. 따라서 만일 당신이 NKE 1000주를 가지고 있다면 NKE가 배당금을 지불할 때마다 배당금으로 $0.21 x 1000 = $210을 받게 된다. 차트를 보면 이 장 도입부에 언급했던 2013년 3월에 NKE의 주가가 크게 상승한 것을 명확하게 보여주고 있다.

웹 페이지는 NKE의 성과에 대한 몇 가지 기본적인 정보를 보여준다. NKE가 시장에서 거래된 마지막 가격인 종가($60.39), 시장이 열릴 때 최초로 거래된 가격인 개장가격(Open, $60.42), 거래 당일 하루 중에 가격이 움직인 폭을 보여주는 최저가와 최고가의 범위(Range, $59.95와 $60.99), 그리고 당일의 거래량(Vol, 5.45백만 주) 등이 그것이다. NKE 자기자본의 총가치를

그림 7.1
나이키(NKE)의 주가 시세표

구글(Google Finance)에서 얻은 아래의 화면은 나이키 보통주의 기본적인 주식 가격 정보와 과거의 가격 차트를 보여준다. 가격 차트는 2013년 2월중순부터 6월말까지를 보여주고 있다. 2013년 6월 25일의 주가는 $60.39이다.

출처 : www.google.com/finance?q=nke.

시가총액(market capitalization)이라고 하는데, 주당 가격에 발행주식수를 곱해서 얻게 된다. 2013년 6월 25일의 시가총액은 $60.39 × 893.6백만 주 = $53.97십억이 된다. 지난 52주(1년) 동안 NKE는 최고가 $66.07과 최저가 $42.55를 기록했고 평균 1일 거래량은 3.54백만 주이다. 또한, 회사에 대한 기본 정보인 주가/순이익 비율(price-earnings ratio, P/E)과 주당이익(EPS)에 대해서는 이미 제2장에서 설명했다. 그리고, 웹 페이지는 NKE의 베타(beta)는 0.88임을 알려주고 있다.[2]

앞선 장에서, 우리는 재무 관리자가 기업의 가치에 영향을 주는 의사결정을 할 수 있음을 배웠다. 비록 NKE의 현재 주가가 $60.39이더라도, 주식의 가격은 시간의 흐름에 따라 변동하는데, 그것은 새로운 의사결정이 미칠 영향과 과거 의사결정의 결과를 주가가 반영하기 때문이다.

보통주 (Common Stock)

이제 회사의 운영에 대한 의견을포함해서 보통주 소유 주주의 권리에 대해 살펴보자. 모든 권리는 주주가 소유한 지분 비율에 따른다.

주주의 투표권 주주의 투표 과정을 설명하기 위해서, 10명의 이사를 2명의 주주(도나, 조나단)가 선출하는 회사를 가정해 보자. 도나는 600주를 조나단은 400주를 소유하고 있고, 이 둘은 회사의 경영에 대해 서로 의견이 다르다. 만일 회사가 **단순투표제(straight voting)**를 채택하고 있다면, 모든 주주는 각각의 이사를 선출할 때 보유 지분만큼 투표한다. 따라서 도나는 600표 조나단은 400표를 가지고 있기 때문에 각각의 이사 선출에서 조나단은 모두 패하게 되고 이사진에 조나단의 의사를 대변할 이사는 한 명도 선출되지 않는다. 만일 회사가 **집중투표제(cumulative voting)**를 채택하게 되면, 이사진을 선출하기 위한 주주의 총투표권 수는 선출 대상 이사 공석에 대한 개별 주주의 지분을 곱한 만큼 주어진다. 10명의 이사를 선출하려고 한다면 조나단에게는 10명 × 400주 = 4,000개의 투표권이 도나에게는 10명 × 600주 = 6,000개의 투표권이 주어지며, 각 주주는 10명의 이사를 위해 주어진 모든 투표권을 행사하게 된다. 조나단은 자신의 투표권으로 4명의 이사를 선출하여 이사회에서 자신의 의견을 대변할 4명의 이사를 확보할 수 있다. 도나는 6명의 이사를 통해 자신의 의견을 대변할 수 있다. 집중투표제를 통해서 소수 지분 주주(지분율 50% 미만)라도 이사회에 자신의 대표자를 가지는 기회를 얻게 된다.

단순투표제: 각 주주는 보유 지분만큼 투표권을 가지며 각각의 이사는 분리해서 선출하는 투표제

집중투표제: 선출 대상 이사 공석에 개별 주주의 지분을 곱한 숫자의 투표권을 주주에게 할당하는 이사 선출 투표제

지금까지 투표에 있어서 1주 1투표권의 개념을 보여주었다. 그러나 어떤 경우에는 투표권이 다른 **계급(classes)**의 보통주가 있다. 가족이 경영하거나 창업주가 생존한 회사들이 전형적인 경우이다. 예를 들어, 나이키는 Class A와 Class B 주식이 있는데, 나이키의 창업자인 필 나이트(Phil Knight)가 12명의 이사 중 9명을 선출할 수 있는 권리를 가진 Class A 주식의 대부분을 소

주식의 계급: 다른 투표권을 가지는 같은 회사의 다른 종류의 보통주

2) 베타는 제12장에서 설명할 예정인데 주식의 위험을 측정한다.

유하고 있다. 알파벳(Alphabet은 Google의 모회사)도 Class A, Class B, Class C 주식이 있는데, Class A 주식은 시장에서 유통되고 있는 반면에 구글의 창업자와 경영자는 Class A 주식 10배의 투표권을 가진 Class B 주식을 소유하고 있다. Class C 주식은 2014년 4월에 Class A에서 분할되었는데 투표권이 없는 주식이다.

주주의 권리 매년 회사는 **정기 주주총회(annual meeting)**을 개최하고 경영자와 이사는 주주의 질문에 답하고 주주는 이사 선출이나 기타 안건에 대해 투표권을 행사한다. 모든 주주는 정기 주주총회에 참석하고 직접 투표권을 행사할 수 있다. 그러나, 실제로 대부분의 주주는 이사회나 다른 주주에게 자신을 대신해서 투표하도록 허락하는 **위임장(proxy)**을 통해 투표권을 행사하거나 자신의 의견을 확실하게 알린다. 일반적으로 주주총회에서 의견 대립은 거의 발생하지 않는데, 때때로 기존 경영진의 정책에 반대하거나 이사진을 교제하고자 하는 주주 집단이 나타난다. 이 경우 각 진영은 **위임장 경쟁(proxy contest)**에서 승리하기 위해서 주주의 위임장을 적극적으로 요청하는 노력을 한다.

정기 주주총회: 1년에 한 번 주주가 이사 선출이나 기타 안건에 대해 투표하고, 질문에 대한 경영진의 답변을 듣는 회의가 열림

위임장: 자신의 지분을 대신해서 투표할 수 있도록 다른 사람에게권한을 부여한 문서

위임장 경쟁: 둘 이상의 집단이 이사 선출과 같은 주주의 투표 행위에서 우선하기 위해 위임장을 수집하려고 경쟁하는 경우

소유권이 의미하듯이, 보통주는 회사의 이익을 배당금 지급을 통해 나눌(share) 권리를 가진다. 제1장에서의 내용을 기억해 보면, 배당금은 주로 현금의 형태로 지급되며 기업에 대한 주주의 투자에 대한 부분적인 반환(return)이다. 미국에서 이사회는 배당 금액과 시기를 결정한다. (우리나라의 경우 결산기 배당금은 주주총회 결의 사항이며 배당 기준일은 대부분 결산일 기준이나, 최근 중간배당을 실행하는 기업이 늘어나고 있다.) 주주는 소유한 지분에 비례하여 배당금을 받게 된다. 만일 회사가 파산하여 청산하는 경우 채권자의 청구를 먼저 지불하고 남는 자산에 대해서 주주는 소유 지분에 비례하여 청산배당을 받게 된다.

우선주 (Preferred Stock)

회사에 따라 **우선주(preferred stock)**라는 주식을 추가적으로 발행하는 경우가 있다. 우선주는 배당금이나 청산 시 현금 배분에 있어서 보통주에 비해 우선권을 가진다. 이사회에서 우선주에 대해서 배당금을 지급하지 않는 결정을 할 수도 있지만, 우선주에 약속한 배당금을 먼저 지급하지 않고서 보통주에 배당금을 지급할 수는 없다. 예를 들어, 나이키는 매년 주당 $0.10의 배당금을 우선주에 지급한다. 보통주 주주가 배당금을 받기 전에 나이키는 우선주 배당을 지급해야만 한다.

우선주: 배당금과 청산금 지불에서 보통주에 비해 우선권을 가지는 주식

누적적 우선주와 비누적적 우선주 우선주에는 두 가지 종류가 있는데, 누적적(cumulative)과 비누적적(non-cumulative)이다. **누적적 우선주 (cumulative preferred stock)**에서는 지급되지 않은 배당금이 미래로 이연된다. 예를 들어, 만일 듀퐁(DuPont)이 몇 년간 우선주의 배당금을 지급하지 못했다면 누적적 우선주에 대한 배당 의무가 축적된다. 따라서 지급되지 못한 우선주

누적적 우선주: 어떤 보통주 배당금이라도 지급되기 전에 반드시 생략된 모든 우선주 배당금이 지급되어야만 하는 우선주

비누적적 우선주: 생략된 배당금이 축적되지 않고, 보통주 배당금이 지급되기 전에 오로지 이번 기의 우선주 배당금만 지급하면 되는 우선주

배당금을 모두 지급하기 전에 보통주 배당금을 지급할 수 없다. **비누적적 우선주(non-cumulative preferred stock)**에서는 생략된 배당금은 축적되지 않는다. 회사가 지금 배당금을 지급하려면 우선주 배당금을 지급하고 보통주 배당금을 지급하면 된다. 거의 대부분의 우선주는 누적적 우선주이다. 우선주 중에는 배당금 지급이 상당히 많이 지체될 경우에 한두 명의 이사를 선출할 수 있는 권리가 우선주 주주에게 부여된 경우도 있다.

우선주의 성격: 자기자본인가, 채무인가? 우선주를 자기자본으로 혹은 채무로 간주해야 할 지 혼란스러울 수 있다. 이론적으로 볼 때, 우선주는 우선주 주주에게 약속한 현금흐름을 지급하고 만일 현금흐름이 지급되지 않는 경우라도 대부분 결과적으로는 지급하기 때문에 영구적인 채권(perpetual bond)과 유사하다. 그러나, 채권자와 달리 우선주 주주는 기업을 파산하게 만들 수는 없다. 우선주 주주는 연간 배당금에서 보통주 주주보다 앞서지만 이자 지급이 배당금에 선행하기 때문에 일반 채권자에 비해서는 뒤에 위치한다. 만일 기업이 파산하게 된다면 이러한 우선순위가 청구권을 행사할 때 적용된다. 즉, 채권자, 우선주 주주, 보통주 주주의 순서이다. 그리고 회사가 약속한 우선주 배당금을 지불하는 한, 우선주 주주는 이사 선출이나 중요 안건에 대한 투표권과 같은 소유 지배권을 가지지 못한다. 그러나 채무와 유사점이 많다고 하더라도 우선주는 세금이나 법적 지위에서 자기자본으로 간주된다.

개념확인

1. 주식의 지분이란 무엇이며 배당금은 무엇인가?
2. 우선주와 보통주의 중요한 차이점에는 어떤 것들이 있는가?

7.2 주식거래 제도

당신은 나이키(NKE)에 투자하려고 하고 있으며 100주에 대해 시장가 주문(market order)을 내려고 한다. 시장가 주문(market order)은 매매 가격을 정하지 않는다는 뜻이다. 대신에 가장 유리한 가격에 즉각적으로 채결되는 주문이다. 만일 매입하려는 최대 가격을 지정해서 주문을 하게 되면 그 가격에 주문이 체결될 때까지 기다린다는 의미이며, 이 경우 지정가 주문(limit order)이라고 한다.

나이키 주식을 매입하기 위해 시장가 주문을 내면 실제로 어떤 일이 발생하게 될까? 시장에서 100주를 "거래단위(round lot)"라고 하는데 이는 소량 주문(small order)으로 인식된다. 100주 정도의 소량 주문은 뉴욕증권거래소(NYSE)의 전자거래시스템인 Super Display Book system(2009년에 이전에 사용하던 SuperDOT 시스템을 대체하였음)으로 주문이 전송된다. 거래소로 전송된 소량 주문은 나이키 주식을 담당하는 전문거래인(specialist)의 컴퓨터로 직접 들어간다. 이미 제1장에서 NYSE의 전문거래인은 자격을 가진 시장 조성자로 특정 주식의 거래가 질서 있게 성립되도록 유지하고 필요시 유동성을 공급한다고 소개하였다. 전문거래인의 컴퓨터로

들어간 소량 주문은 전문거래인의 보유 주문에 맞춰 자동적으로 매매가 체결된다.

만일 대량거래나 복잡한 거래를 하게 되면, 거래과정에 사람이 관여한다. 뉴욕증권거래소의 경우 대량 주문은 역시 전자적으로 전송되는데 **장내 브로커(floor broker)**의 무선 단말기로 가게 된다. 장내 브로커(floor broker)는 NYSE의 거래 자격을 가지고 있는데 투자자를 위해 가능한 최선의 체결을 얻기 위해 노력한다. 이 경우 장내 브로커가 전자적으로 거래를 실행하기 위한 최선의 방법을 찾거나 NKE의 전문거래인이 있는 장소로 가는 것을 의미한다. 장내 브로커는 매도와 매입 호가를 살펴보고 가능한 낮은 가격에 15,000주를 매입하기 위해서 매도하려는 장내 브로커와 협상을 한다. 따라서 주문의 규모와 현재 시장 상황에 따라 NYSE의 주문은 전자적 알고리즘을 통해 아주 빠르게 체결되기도 하며 전통적인 장내 브로커의 상호작용에 의해 체결되기도 한다.

장내 브로커: 뉴욕증권거래소에서 거래자격을 가지고 장내 주문을 대표하여 체결 속도와 가격의 균형을 유지하여 최선의 체결(best execution)을 얻으려는 사람

만일 나스닥 시장과 같은 전자 거래소에서 주식을 매입하려고 한다면 거래 과정은 약간 다르다. 이미 제1장에서 나스닥 시장은 컴퓨터 네트워크이며 물리적 공간이 아니라는 것을 소개했다. 나스닥 상장 주식은 여러 명의 딜러가 주식거래를 위한 시장을 조성한다. 각 딜러는 매입과 매도 호가를 알리고 호가에 자신의 계좌와 고객의 계좌에서 거래를 한다. 나스닥 마켓 센터는 모든 시장 참가자들의 지정가 매입과 매도 주문을 통합한다. 만일 당신이 브로커를 통해 혹은 온라인 브로커 계좌를 통해서 페이스북(FB) 주식 100주를 매입하려는 주문을 내면, 주문은 즉시 나스닥 마켓 센터에 전자적으로 전송될 것이다. 거기에서 자동적으로 페이스북 주식의 매도 호가 중에서 최상(최저가)의 호가를 찾아 거래를 체결하게 된다. 만일 대량 주문을 하게 되면 동일한 방법으로 진행할 수 있는데, 주문을 전송하고 지정가 주문 장부에서 체결한다. 지정가 주문 장부의 깊이(최상의 가격에 가까운 매도 주식의 숫자)에 따라서, 당신은 장시간에 걸쳐 주문을 소규모로 분할하는 것을 선호하거나 혹은 다크풀(dark pool, 익명성 보장의 다자간 거래시스템)을 이용할 수 있다.

그러나 무엇보다 당신은 주식을 사거나 파는 행위를 어떻게 결정해야 할까? 주식의 가치를 추정하고 그 가치와 현재 시장에서의 가격을 비교해야만 한다. 남은 이 장에서 전통적인 주식의 가치평가 방법인 배당할인 모형(dividend-discount model)을 논의할 것이다.[3]

개념확인

3. 뉴욕증권거래소(NYSE)의 장내 브로커의 역할은 무엇인가?
4. 나스닥 시장에서 딜러의 역할은 무엇인가?

3) 제10장에서 주식의 가치평가에 대해 다른 접근법을 가지고 다시 논의할 것이다. 주식의 가치를 추정할 때 예측에 대한 확신도를 높이기 위해서는 다양한 방법을 시도하는 것이 최선이다.

7.3 배당할인 모형

가치평가의 원칙은 어느 증권의 가치를 평가하기 위해서는 투자자가 증권의 보유로부터 받게 될 것으로 예측되는 현금흐름을 결정해야만 한다는 것을 의미한다. 주식의 가치평가를 위해서 우선 투자자가 1년의 기간 동안 투자를 한다는 것을 가정하고 주식 가치에 대한 분석을 시작한다. 주식가격과 투자자의 수익률이 어떤 연관성을 가지고 있는지 보여줄 것이다. 다음으로 장기적인 투자 기간을 가진 투자자를 고려할 것이다. 최종적으로 우리의 첫 번째 주식 가치평가 모형인 배당할인 모형(dividend-discount model)에 도달할 것이다.

1년 투자자

투자자가 주식을 보유하면 얻게 될 현금흐름의 가능한 출처는 두 가지가 있다.

1. 기업은 배당금의 형태로 주주에게 현금을 지급할 가능성이 있다.
2. 투자자는 미래의 어느 시점에 주식을 매도하여 현금을 얻을 수 있다.

배당금과 주식의 매도로부터 얻게 되는 총현금은 투자자의 투자 기간에 따라 달라진다. 우선 1년 동안의 투자기간을 가진 투자자를 고려해 보자.

투자자가 주식을 매입하면, 그녀는 주식에 대해 현재의 시장가격인 P_0를 지급할 것이다. 주식을 보유하고 있는 동안 그녀는 주식에 지급되는 배당금을 얻을 자격을 가진다. 1년 동안 투자자에게 지급될 것으로 예상되는 주당 배당금은 Div_1이라고 하자. 연말에 투자자는 새로운 시장가격에 주식을 매도할 것이다. P_1를 연말에 주식의 매도에서 얻게 될 가격이라고 하자. 단순화를 위해서 모든 배당금은 연말에 지급된다고 가정하면, 투자의 시간선(timeline)은 아래 그림과 같다.

$$\begin{array}{ccc} \mathbf{0} & & \mathbf{1} \\ |\!\!\text{———————}\!\!| \\ -P_0 & & Div_1 + P_1 \end{array}$$

물론, 이 시간선 위의 미래 배당 지급액과 미래 주식 매도가격은 확실하지는 않다. 대신에, 이 가치들은 주식을 매입할 당시 투자자의 예측에 기초한다. 이러한 예측이 주어지면, 투자자는 편익(benefit)과 비용(cost)이 일치하는 점까지 오늘의 가격을 지불할 의도를 가지게 된다. 다시 말해서, 현재의 가격(비용)과 기대되는 미래 배당금과 주식 매도 가격의 현재가치(편익)가 같아지는 점까지 투자자는 주식을 매입한다.

미래의 현금흐름은 위험하기 때문에 우리는 무위험 이자율로 할인할 수 없다. 대신에 우리는 기업의 자기자본의 비용으로 할인해야만 한다. 우리는 이전에 어느 투자의 자본비용은 유사한 위험과 만기를 가지는 가장 우수한 대안 투자에서 투자자가 얻을 것으로 예측되는 수익률로 정의하였다. 따라서 우리는 주식을 평가하기 위해서 자기자본의 현금흐름을 **자기자본비용(equity**

cost of capital)인 r_E 로 할인해야만 한다. 그것은 기업의 주식과 동등한 위험을 가진 시장에서 취할 수 있는 다른 투자안의 기대 수익률이다. 자기자본비용을 포함하면 주식의 가격을 위한 다음 수식을 얻게 된다.

자기자본비용: 기업의 주식이 가진 위험과 동일한 위험을 가진, 시장에서 구할 수 있는 다른 투자 대안에 대한 기대수익률

$$P_0 = \frac{Div_1 + P_1}{1 + r_E} \tag{7.1}$$

만일 현재의 주식가격이 이 금액보다 낮으면, 비용이 이익의 현재가치보다 작다는 것이며 투자자는 달려가서 주식을 매입하려고 할 것이고 그 결과 주가는 상승한다. 만일 주식가격이 이 금액을 초과하게 되면, 매도가 선호되고 주가는 빠르게 하락하게 될 것이다.

배당수익률, 자본이득, 총수익률

주가를 결정하는 식 7.1의 가장 중요한 부분은 r_E 인 자기자본비용이다. 앞 절에서 투자자의 수익률은 배당금과 주식을 매도할 때 발생하는 현금에서 온다고 했다. 식 7.1을 이 두 개의 요소로 표현할 수 있다. $(1+r_E)$을 곱하고 P_0로 나눈 후 양변에서 1을 빼면 아래 식을 얻는다.

총수익률

$$r_E = \frac{Div_1 + P_1}{P_0} - 1 = \underbrace{\frac{Div_1}{P_0}}_{\text{배당 수익률}} + \underbrace{\frac{P_1 - P_0}{P_0}}_{\text{자본이득률}} \tag{7.2}$$

식 7.2의 우변의 첫 번째 항은 주식의 **배당 수익률(dividend yield)**인데, 이는 주식의 예상되는 연간 배당금을 현재의 주가로 나눈 값이다. 배당 수익률은 투자자가 주식으로부터 배당금 지급 형태로 얻을 것으로 기대하는 수익률이다. 식 7.2 우변의 두 번째 항은 투자자가 주식으로부터 얻게 될 **자본이득(capital gain)**을 반영한다. 자본이득은 주식의 매입 가격과 기대하는 매도 가격의 차이로 $P_1 - P_0$이다. 자본이득을 현재의 주가로 나누게 되면 **자본이득률(capital gain rate)**이라는 자본이득을 표현하는 수익률을 얻게 된다.

배당 수익률: 주식의 예상되는 연간 배당금을 현재의 주가로 나눈값으로 투자자가 주식으로부터 배당금 지급 형태로 얻을 것으로 기대하는 수익률

자본이득: 자산의 초기 매입가격을 초과하는 매도가격의 금액

자본이득률: 자본이득을 자산의 초기 가격의 비율로 표현한 수익률

총수익률: 주식의 배당 수익률과 자본이득률의 합

배당 수익률과 자본이득률의 합이 주식의 **총수익률(total return)**이다. 총수익률은 투자자가 주식의 1년 투자로 얻을 것으로 예상하는 기대수익률이다. 식 7.2는 주식의 총수익률이 자기자본비용과 같아야만 한다는 것을 보여준다. 다시 말해서, 주식의 기대 총수익률은 시장에서 얻을 수 있는 동일한 위험을 가진 다른 투자에서 기대되는 수익률과 같다.

이러한 결과는 우리의 예상과 일치한다. 기업은 같은 위험을 감수하고 얻을 수 있는 대안적 투자의 수익률에 상응하는 수익률을 투자자에게 지불해야만 한다. 만일 어느 주식이 같은 위험을 가진 다른 증권보다 높은 수익률을 제공하면 투자자는 수익률이 낮은 투자안을 매각하고 높은 수익률의 주식을 사려고 할 것이다. 이러한 행위는 식 7.2가 성립될 때까지 주식의 현재가치

를 상승시키고 배당 수익률과 자본이득률을 낮추게 낮추게 된다. 만일 주식의 기대수익률이 낮다면, 투자자는 주식을 매도하게 되고 이는 주가를 하락시켜서 식 7.2가 만족되는 수준까지 수익률을 올리게 된다.

예제 1.1
주식회사 이익의 과세

문제 *Problem*

당신은 롱즈(Longs Drug Stores)가 연간 주당 \$0.56의 배당금을 지급하고 내년 말에 주가는 \$45.50이 될 것이라고 예상하고 있다. 롱즈 주식과 동일한 위험을 가진 투자안의 기대수익률은 6.80%이다. 롱즈 주식을 위해 최대한 얼마를 지불하겠는가? 배당 수익률과 자본이득률은 얼마가 될 것으로 예상하는가?

풀이 *Solution*

- **계획**

식 7.1을 이용해서 주어진 배당금(Div_1 = \$0.56)과 미래 가격(P_1 = \$45.50)을 가지고 현재 매입가격(P_0)을 구한다. 투자를 통해 얻고자 기대하는 수익률(rE)도 주어졌다. 식 7.2를 통해 배당 수익률과 자본이득률을 구할 수 있다.

- **실행**

식 7.1을 이용하여 주식가격 P_0 를 구한다.

$$P_0 = \frac{Div_1 + P_1}{1 + r_E} = \frac{\$0.56 + \$45.50}{1.0680} = \$43.13$$

식 7.2에 의해서 롱즈의 배당 수익률은 Div_1/P_0 = 0.56/43.13 = 1.30%가 된다. 또한 자본이득은 \$45.50 − \$43.13 = \$2.37이며, 자본이득률은 2.37/43.13 = 5.50%이다.

- **평가**

주가가 \$43.13이면, 롱즈의 기대 총수익률은 1.30% + 5.50% = 6.80%이며, 자기자본비용(롱즈와 동일한 수준의 위험을 가지는 투자안에 투자할 경우의 수익률)과 같다. 주가 \$43.13은 롱즈 주식에 최대한 지불하고자 하는 금액이다. 이보다 많이 지불한다면, 롱즈의 기대수익률은 6.8%보다 낮을 것이며 투자자는 다른 곳에 투자할 것이다.

다기간 투자자

이제 1년 투자자의 수익률에서 얻어진 직관을 다기간 투자자로 확장해 보자. 식 7.1은 1년 뒤 예상 주가인 P_1에 의존한다. 그러나 주식을 1년 더 보유하여 2년간 보유하기로 한다면 투자자는 주식을 매도하기 전에 1년치와 2년치의 배당금을 받게 되고 시간선은 아래와 같이 표현된다.

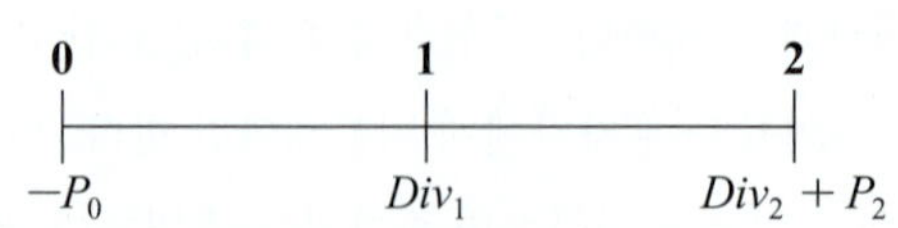

주식 가격을 미래의 현금흐름의 현재가치와 같다고 하면 이 경우는 식 7.3으로 표현된다.[4]

$$P_0 = \frac{Div_1}{1 + r_E} + \frac{Div_2 + P_2}{(1 + r_E)^2} \tag{7.3}$$

식 7.1과 식 7.3은 다르다. 식 7.1에서 나타나지 않았던 2년째 배당금과 2년 말의 주식가격을 7.3은 고려하고 있다. 두 식이 다르다는 것이 1년 투자자의 주식 가치평가와 2년 투자자의 주식 가치평가가 다르다는 것을 의미하는 것일까?

그에 대한 해답은 "아니요"이다. 1년 투자자는 2년째 배당금과 주가에 대하여 직접적으로 고려하지 않는다. 그러나 간접적으로는 고려하고 있는 셈이다. 왜냐하면 2년째 현금흐름은 1년 말에 주식을 매도할 때 가격에 영향을 주기 때문이다. 예를 들어, 투자자가 보유 주식을 새로운 1년 투자자에게 매도한다고 가정해 보자. 새로운 1년 투자자는 2년 말에 배당금과 주식가격을 받을 것으로 기대할 것이며, 1년 말에 주식에 대한 가격으로 아래 P_1을 지불하려 할 것이다.

$$P_1 = \frac{Div_2 + P_2}{1 + r_E}$$

식 7.1의 P_1에 위 식을 대입하면 우리는 식 7.3을 얻을 수 있다.

$$\begin{aligned} P_0 = \frac{Div_1 + P_1}{1 + r_E} &= \frac{Div_1}{1 + r_E} + \frac{1}{1 + r_E}\overbrace{\left(\frac{Div_2 + P_2}{1 + r_E}\right)}^{P_1} \\ &= \frac{Div_1}{1 + r_E} + \frac{Div_2 + P_2}{(1 + r_E)^2} \end{aligned}$$

따라서 2년 투자자의 주가 공식은 2명의 1년 투자자의 연속적인 투자와 같은 결과를 얻게 된다.

배당할인 모형의 수식

매도 주가를 다음 기 주식 보유자가 지불하려는 가치로 대체하면서 앞서 행했던 2년 투자자로의 확장 과정을 다기간으로 연장할 수 있다. 결과적으로 어느 시점 N에 해당하는 기간으로 일반화하여 주가의 **배당할인 모형**(dividend-discount model)을 도출할 수 있다.

배당할인 모형: 기업이 미래에 지급할 배당금의 현재가치에 따라 기업의 주식 가치를 평가하는 모형

배당할인 모형

$$P_0 = \frac{Div_1}{1 + r_E} + \frac{Div_2}{(1 + r_E)^2} + \cdots + \frac{Div_N}{(1 + r_E)^N} + \frac{P_N}{(1 + r_E)^N} \tag{7.4}$$

---

4) 양 기간 동안 동일한 자기자본비용을 사용하였는데, 이는 자기자본비용이 현금흐름과 무관하다는 가정을 하고 있는 것이다. 즉, r_E가 2년째에도(혹은 다른 기간에도) 다르지 않음을 의미한다. 그렇지 않으면 자기자본비용의 기간구조를 조정할 필요가 있다 (제5장에서 무위험 현금흐름의 이자율곡선에서 다루었던 것처럼). 과정은 복잡할 수 있지만 결과에는 영향이 없기 때문에 동일한 자본비용을 사용한다.

식 7.4는 N년 동안의 배당금을 받고 주식을 매도하는 1명의 N년 투자자에게 적용할 수 있으며 또한 짧은 기간 동안 주식을 매도하는 여러 명의 연속적인 투자자들을 가정하여 적용할 수 있다. 식 7.4는 어느 시점 N에도 적용이 가능하다. 따라서 (같은 예상을 하는) 모든 투자자는 본인의 투자 기간에 상관없이 동일 주식에 대해 동일한 가치를 부여할 것이다. 얼마나 오랫동안 주식을 보유할 것인가 혹은 배당이나 자본이득 중 어느 쪽의 수익률로 이득을 취할 것인가는 주식의 가치와 관련이 없다. 만일 합병이 되거나 청산하지 않는 영구한 기업을 가정하면 주식을 영원히 보유하는 것도 가능하다. 그렇다면 어느 시점에서 주식을 매도하는 식 7.4 대신에 배당금이 영구히 미래에 지속되는 것으로 다시 표현할 수 있을 것이다.

$$P_0 = \frac{Div_1}{1 + r_E} + \frac{Div_2}{(1 + r_E)^2} + \frac{Div_3}{(1 + r_E)^3} + \cdots \tag{7.5}$$

이 경우, 주식의 가격은 기업이 지불할 미래의 모든 기대 배당금의 현재가치와 같다.

개념확인

5. 주식의 총수익률은 어떻게 계산하나?
6. 주식의 미래 현금흐름을 할인하기 위해 사용하는 할인율은 무엇인가?

7.4 배당할인 모형: 배당의 추정

식 7.5는 기업이 미래에 지급할 것으로 예상되는 배당금으로 주식의 가치를 표현한다. 물론, 배당금(특히 먼 미래의 배당금)의 예측은 어려운 일이다. 장기 배당금 예측에서 자주 사용되는 가정은 배당금이 일정한 비율로 증가한다는 것이다. 이번 절에서 주식가격을 추정하기 위해 그 가정을 적용해 보고 배당금과 성장의 상충관계(tradeoff)를 알아본다.

일정 배당 성장

기업의 미래 배당금에 대한 가장 단순한 예측은 정해진 비율 g로 영원히 성장한다는 것이다. 이 경우 오늘 주식을 매입하여 보유하는 투자자에게는 아래의 현금흐름 시간선이 주어진다.

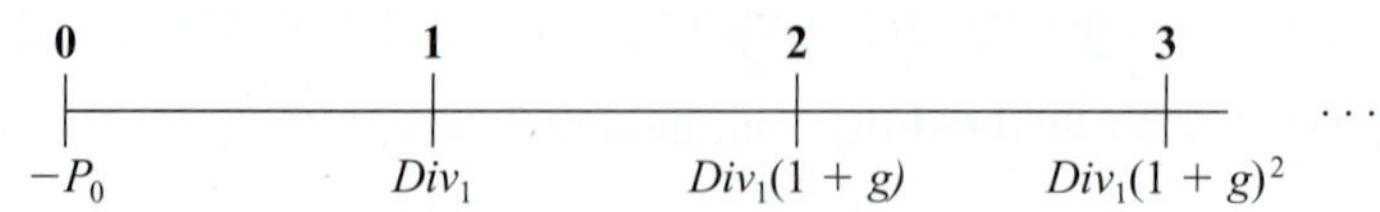

예상 배당금이 일정한 비율로 영구적으로 성장하기 때문에 현재가치 산출을 위해 식 4.7을 사용할 수 있다. 그러면 아래의 단순한 주식가격 수식을 얻을 수 있다.[5]

5) 제4장에서 살펴봤듯이, 이 수식은 $g < r_E$ 를 만족해야 한다. 그렇지 않으면, 성장하는 영구연금의 현재가치는 발산하게 된다. 그것은 주식의 배당성장률이 자본비용보다 영구히 클 수는 없다는 것을 의미한다. 만일 성장률이 r_E를 초과하게 되면, 일시적인 현상일 뿐이며, 일정성장 모형(constant growth model)은 적용할 수 없다.

일정배당성장 모형

$$P_0 = \frac{Div_1}{r_E - g} \tag{7.6}$$

일정배당성장 모형(constant dividend growth model)에 따르면, 기업의 가치는 다음 기의 배당 수준을 성장률로 조정한 자기자본비용으로 나눈 값에 의해 결정된다.

일정배당성장 모형: 배당금이 일정한 성장률로 영구히 성장한다고 보고 주식의 가치를 평가하는 모형

식 7.6에 대한 다른 해석을 위해 아래와 같이 변형할 수 있다.

$$r_E = \frac{Div_1}{P_0} + g \tag{7.7}$$

예제 7.2
일정배당성장을 이용한 기업의 가치평가

문제 Problem

에디슨(Con Ed)은 뉴욕 시 지역의 전력 및 가스공급 서비스 회사이다. 에디슨은 돌아오는 해에 배당금으로 주당 $2.30을 지급하려고 계획 중이다. 자기자본비용이 7%이고 배당금이 미래에 연간 2%씩 성장한다고 하면, 에디슨의 주식은 얼마로 예측할 수 있나?

풀이 Solution

● **계획**

배당금은 일정 비율로 영구히 성장할 것으로 예상되기 때문에 식 7.6을 가지고 에디슨의 가치평가를 할 수 있다. 다음 배당금(Div_1)은 $2.30, 성장률($g$)은 2%, 자기자본비용($r_E$)은 7%이다.

● **실행**

$$P_0 = \frac{Div_1}{r_E - g} = \frac{\$2.30}{0.07 - 0.02} = \$46.00$$

● **평가**

에디슨 주식을 갖기 위해서 올해 말 배당금 $2.30의 20배인 $46.00를 지불할 용의가 있다. 왜냐하면 올해의 배당금뿐만 아니라 그 이후 영구적으로 발생하는 미래 배당금에 대한 청구권을 가지기 때문이다.

식 7.7을 총수익률을 표현한 식 7.2와 비교하면 배당 성장률 g는 예측 자본이득률과 같다. 다시 말해서, 일정하게 성장하는 배당금을 예상하는 기업의 주식가격 성장률은 배당금의 성장률과 같다.

배당, 투자 그리고 성장

식 7.6에서 기업의 주식가격은 배당금 수준(Div_1)과 예상 성장률(g)이 커지면 함께 증가한다. 따라서 주식가격을 극대화하기 위해서라면 기업은 위 두 가지 숫자를 모두 올리려고 할 것이다. 그

러나 기업은 곧 딜레마에 직면하게 된다. 성장률을 올리려면 투자를 늘려야 하는데 투자에 필요한 돈을 배당금을 지급하기 위해 사용할 수는 없는 것이다. 일정배당성장 모형은 이러한 상충관계에 대한 이해를 높이는데 도움을 준다.

배당성향: 기업이 배당금으로 매년 지급하는 순이익의 비율

단순 성장 모형 기업의 배당금 성장률은 무엇이 결정하나? 만일 기업의 **배당성향(dividend payout rate)**을 순이익 중에서 매년 배당금으로 지급하는 일부로 정의한다면 어느 시점 t의 주당 배당금은 아래와 같이 표현된다.

$$Div_t = \underbrace{\frac{\text{순이익}_t}{\text{발행주식수}_t}}_{\text{주당 순이익}} \times \text{배당성향}_t \tag{7.8}$$

어느 해의 배당금은 기업의 주당 순이익(EPS)에 배당성향을 곱한 것과 같다. 따라서 기업은 배당금을 늘리기 위해서는 아래 3가지 중 하나를 증가시켜야 한다.

1. 순이익을 증가시킨다
2. 배당성향을 증가시킨다
3. 발행주식수를 감소시킨다

기업이 신주를 발행하거나 자사주 매입을 하지 않는다고 가정하면 발행주식수는 고정되었다고 볼 수 있다. 따라서 1과 2의 선택 사이에서 고민해야 한다.

기업은 순이익을 투자자에게 지급하거나 유보해서 기업에 재투자하는 두 가지 중 하나를 할 수 있다. 기업은 오늘 현금을 투자하여 미래의 배당금을 증가시킬 수 있다. 쉽게 정리하면 기업이 이익잉여금을 재투자하지 않으면 성장하지 않고, 기업이 산출한 현재 수준의 순이익이 지속된다. 미래의 순이익 증가 여부는 이익잉여금의 신규 투자로부터만 온다고 할 것이다. 따라서 식 7.9를 얻는다.

$$\text{순이익의 변화} = \text{신규투자} \times \text{신규투자의 수익률} \tag{7.9}$$

유보율: 기업이 유보하는 순이익의 비율

신규투자는 기업의 순이익에 **유보율(retention rate)**을 곱한 것과 같다. 유보율은 현재의 순이익에서 기업이 유보하는 부분이다.

$$\text{신규투자} = \text{순이익} \times \text{유보율} \tag{7.10}$$

식 7.9를 식 7.10으로 대체하고 순이익으로 나누면 순이익 성장률의 식으로 표현할 수 있다.

$$\begin{aligned}\text{순이익 성장률} &= \frac{\text{순이익의 변화}}{\text{순이익}} \\ &= \text{유보율} \times \text{신규투자의 수익률}\end{aligned} \tag{7.11}$$

만일 기업이 배당성향을 일정하게 유지한다면 배당성장률(g)은 순이익 성장률과 같아진다.

$$g = \text{유보율} \times \text{신규투자의 수익률} \tag{7.12}$$

수익성 있는 성장 식 7.12는 기업이 순이익을 많이 유보함으로써 성장률을 증가시킬 수 있음을 보여준다. 기업이 좀더 많이 유보하게 되면 배당성향은 줄어들게 되고 식 7.8에 의해 단기에 배당금을 줄여야만 한다. 만일 주가를 올리길 원한다면 배당을 줄이고 투자를 늘려야 할까? 아니면 투자를 줄이고 배당을 늘려야 할까? 당연히 이 질문에 대합 해답은 기업의 투자 수익률에 달

예제 7.3
수익성 있는 성장을 위한 배당삭감

문제 *Problem*

크레인(Crane Sporting Goods)은 올해 주당 $6의 순이익을 예상하고 있다. 순이익을 재투자하여 성장하기 보다는 모든 순이익을 배당금으로 지급할 계획이다. 성장이 없다는 예상하에 크레인의 현재 주가는 $60이다. 만일 크레인이 가까운 미래에 배당성향을 75%로 낮추고 이익잉여금으로 새로운 점포를 여는데 투자한다고 가정하자. 이러한 신규 점포 투자의 수익률은 12%로 예상된다. 신규투자의 위험이 기존의 투자 위험과 동일하며 기업의 자기자본비용은 변화가 없다고 가정한다. 새로운 정책이 크레인의 주가에 어떤 영향을 미칠 것인가?

풀이 *Solution*

● **계획**

주가에 미치는 영향을 알아보기 위해서 몇 가지를 정리한다. 우선, 자기자본비용을 산출해야 한다. 다음으로 새로운 정책하에서 크레인의 배당금과 성장률은 결정해야 한다.

현재 크레인의 성장률은 영(g=0)이고, 배당금은 $6, 주가는 $60임을 알기 때문에 식 7.7을 이용해서 자기자본비용(r_E)를 추정할 수 있다. 그리고, 새로운 배당금은 쉽게 계산해서 이전 배당금인 $6의 75%가 될 것이다. 마지막으로 유보율이 25%이고 신규투자의 수익률이 12%이기 때문에 식 7.12를 이용하여 새로운 성장률(g)을 계산할 수 있다. 새로운 배당금, 자기자본비용, 성장률을 알고 있다면 식 7.6으로 크레인의 주식가격을 구한다.

● **실행**

식 7.7을 통해 r_E 를 추정한다.

$$r_E = \frac{Div_1}{P_0} + g = \frac{\$6}{\$60} + 0\% = 0.10 + 0$$

크레인의 현재 정책과 주가 아래에서 동일한 위험을 가지는 주식의 기대 수익률은 시장에서 10%가 된다.
다음으로 배당성향 75%의 새로운 정책을 따른다는 가정으로 식 7.8을 이용하여 새로운 배당금을 계산하면, 배당금$_1$ = EPS$_1$ x 배당성향$_1$ = $6 x 75% = $4.50이 된다.

동시에, 기업은 순이익의 25%를 유보하여 신규 점포에 투자할 것이며 식 7.12에 따라 성장률은 증가하게 된다. g = 유보율 x 신규투자의 수익률 = 0.25 x 0.12 = 0.03 = 3%.
크레인이 이러한 성장률로 지속적으로 성장한다고 가정하면, 식 7.6인 일정배당성장 모형에 따라 주식가격은 $64.29가 된다.

$$P_0 = \frac{Div_1}{r_E - g} = \frac{\$4.50}{0.10 - 0.03} = \$64.29$$

● 평가

만일 배당을 줄이고 투자를 늘려서 성장한다면 크레인의 주가는 $60에서 $64.29로 증가한다. 순이익의 일부를 자기자본비용(10%)보다 높은 수익률(12%)을 내는 투자안에 투자함으로써 크레인은 주주에게 가치를 창출해 낼 수 있는 것이다.

려있다. 아래 예제 7.3을 살펴보자.

예제 7.3에서 성장을 위해서 기업의 배당금을 줄이는 것이 주가를 올리고 있음을 보여준다. 그러나 모든 경우에 다 그런 것은 아니다. 예제 7.4를 살펴보자.

예제 7.3과 예제 7.4를 비교해 보면, 기업의 배당삭감의 효과는 계획하고 있는 신규투자의 가치에 전적으로 달려있음을 알 수 있다. 예제 7.3에서 신규투자 수익률은 12%로 자기자본비용인 10%를 초과하고 있으며 결과는 좋다. 반면에 예제 7.4는 투자수익률이 8%로 신규투자의 수익률은 자본비용에 비해 낮다. 이 경우, 기업의 신규투자가 순이익의 증가를 가져온다 하더라도 투자할 가치가 없는 것이다. 이 사례에서, 새로운 투자가 자본비용보다 더 큰 수익률을 창출하는 경우에만 기업의 배당금을 줄이는 것이 가치를 창출하고 주가를 올릴 수 있다는 것을 확인할 수 있다. 제8장에서는 가치를 창출하고 주가를 올리는 투자안을 우리가 어떻게 선별할 것인지에 대해 일반화된 논의를 전개할 것이다.

예제 7.4
수익성 없는 성장

문제 *Problem*

크레인(Crane Sporting Goods)이 예제 7.3에서처럼 배당성향을 75%로 줄이고 신규 점포에 투자한다고 가정해 보자. 그러나 신규투자의 수익률이 12%가 아니라 8%라고 추정된다. 주당 순이익은 $6, 자기자본비용은 10%로 예제 7.3과 동일하게 주어질 경우에 크레인의 주가는 어떻게 될까?

풀이 *Solution*

● 계획

예제 7.3과 동일한 계산과정을 거친다. 단지 신규점포 투자의 수익률이 예제 7.3의 12% 대신에 8%이다.

● 실행

예제 7.3과 같이 크레인의 배당금은 $6 x 75% = $4.50이 된다. 새로운 정책에서 성장률은 g = 0.25 x 0.08 = 0.02 = 2%로 낮아진다. 크레인의 새로운 주가는 $56.25가 된다.

$$P_0 = \frac{Div_1}{r_E - g} = \frac{\$4.50}{0.10 - 0.02} = \$56.25$$

● 평가

크레인이 새로운 정책 아래에서 성장한다고 하지만, 신규투자의 수익률이 너무 낮다. 배당금을 줄여서 신규투자한 투자안의 수익률이 8%에 불과하기 때문에 주가는 하락한다. 즉, 자기자본비용(10%)보다 낮은 수익률(8%)을 내는 투자안에 투자함으로써 크레인은 주주의 가치를 낮춘 셈이다.

성장률의 변화

성공적인 신설기업은 때때로 초기에 매우 높은 이익성장률을 보여준다. 이러한 고성장의 시기에 기업은 수익성 있는 투자기회를 이용하기 위해서 순이익의 100%를 유보하기도 한다. 기업이 성숙해 가면서 성장은 늦춰지고 전형적인 기존의 기업에 가까워진다. 어느 시점이 되면, 순이익이 투자에 필요한 자금을 초과하게 되면서 배당금을 지급하기 시작한다.

다음 두 가지 이유에서 어떤 기업의 주식을 평가하기 위한 일정배당성장 모형을 사용할 수 없다.

1. 기업이 설립 초기에는 배당금을 전혀 지급하지 않는 경우가 있다
2. 기업이 성숙해 가면서 시간에 따라 성장률이 지속적으로 변화한다

이런 기업의 가치를 평가하기 위해서, 언젠가 기업이 성숙하고 배당성장률이 안정화되면 미래 주식가격 P_N을 계산하는데 일정배당성장 모형을 적용하고 일반화된 배당할인 모형을 이용할 수 있다.

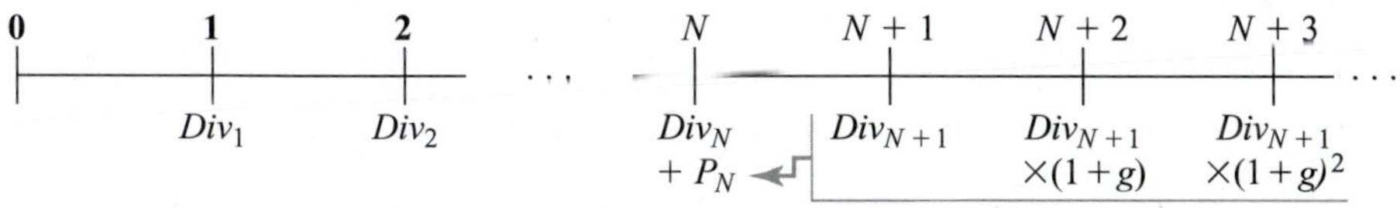

구체적으로 살펴보면, 기업이 N+1년 뒤부터 g의 장기성장률로 성장할 것으로 예상된다면 일정배당성장 모형을 통해 P_N을 구할 수 있다.

$$P_N = \frac{Div_{N+1}}{r_E - g} \tag{7.13}$$

이렇게 추정된 P_N을 배당할인 모형의 최종 현금흐름으로 사용한다. 주식의 가치평가는 우리가 받게 될 배당금의 현재가치와 미래에 주식 매도로 얻을 것으로 예상되는 가격의 현재가치를 합한 것이다. 예를 들어, 어느 기업에 앞으로 3년간 예상되는 배당금이 \$2.00, \$2.50, \$3.00이며, 그 이후에는 배당금이 일정한 비율인 5%로 성장한다고 하자. 만일 자기자본비용이 12%이면, 현재 주식가격을 계산할 수 있다. 우선 식 7.13으로 3년 말의 가격을 구한다.

$$P_N = \frac{Div_{N+1}}{r_E - g} = \left(\frac{\$3.00(1.05)}{0.12 - 0.05}\right) = \$45.00$$

다음으로, 식 7.4를 이용하여 첫 3년간의 배당금의 현재가치와 3년 말 주가의 현재가치를 얻는다.

$$P_0 = \frac{\$2.00}{1.12} + \frac{\$2.50}{(1.12)^2} + \frac{\$3.00}{(1.12)^3} + \frac{\$45.00}{(1.12)^3} = \$37.94$$

일반적인 실수 이번 연도 배당금의 "성장"을 망각함

일정배당성장 모형의 계산에서 가장 흔히 하는 실수는 공식을 사용할 때 이번 기의 배당금을 분자에 사용하는 것이다. 예를 들어 교재의 문제를 다시 보면, 배당금은 3년째 $30이며 그 이후부터 5%로 성장한다. 흔히 행하는 실수는 그 이후 배당흐름을 계산할 때 발생하는데,

$$\frac{3.00}{0.12 - 0.05}$$

로 계산하여 다음 기의 배당금(분자)이 이미 5%로 성장했다는 것을 망각하는 것이다! 올바른 계산은 다음과 같다.

$$\frac{3.00 \times (1.05)}{0.12 - 0.05} = \$45$$

또한, 제4장에서 살펴본 일반적인 실수도 기억해야 한다. 성장하는 영구연금의 공식에서 N년의 가치는 N+1년의 배당금부터 시작해서 계산하는 것이다. 위 예에서, 3년 말의 가치는 4년부터 배당금이 성장하는 것을 고려한 공식이다. 따라서 $45는 3년 말의 가치이기 때문에 현재가치를 구하기 위해서 3년 기간으로 할인하는 것이다.

위의 예는 중요한 사실을 알려준다. 일정배당성장 모형(식 7.13)은 일반적인 배당할인 모형(식 7.4)의 특별한 경우에 불과하다는 것이다. 식 7.4를 이용하여 모든 배당금의 흐름을 계산하면 언제든지 가치평가를 할 수 있다. 그러나, 일정한 성장을 가정할 수 있다면 성장하는 영구연금의 공식을 배당금 흐름의 일부 혹은 전체에 적용할 수 있다. 단지 일정하게 성장하는 시점이 현재인지 혹은 미래의 어느 시점인지에 따라 적용 시점이 달라진다.

표 7.1은 배당할인 모형을 요약하고 있는데, 일정 성장을 이용하여 간단히 계산하는 적용방법도 포함하고 있다.

예제 7.5
두 개의 다른 성장률을 가진 기업의 가치평가

문제 *Problem*

스몰프라이(Small Fry Inc.)는 감자튀김과 같은 모양과 맛을 가진 새로운 감자칩을 발명했다. 시장에서의 폭발적인 반응에 힘입어, 스몰프라이는 모든 순이익을 생산설비 확장을 위해 재투자하고 있다. 지난 해의 주당 순이익(EPS)은 $2였고 앞으로 4년 말까지 연간 20%로 성장할 것으로 기대된다. 그 시점이 되면, 다른 경쟁사도 유사제품을 출시할 가능성이 있다. 애널리스트는 4년 말에 스몰프라이가 투자를 줄이고 순이익의 60%를 배당금으로 지급하기 시작할 것으로 추정하고 있다. 성장세도 둔화되어 장기적으로 4%가 될 것이다. 만일 스몰프라이의 자기자본비용이 8%라면 주식의 현재 가치는 얼마인가?

풀이 *Solution*

● **계획**

스몰프라이의 예상 순이익의 성장률과 배당성향과 배당금을 사용한다. 4년 뒤에, 스몰프라이의 배당금은 4%의 일정한 성장률로 성장할 것이고 식 7.13의 일정배당성장 모형을 사용하여 그 시점 이후의 배당금을 평가할 수 있다. 마지막으로, 식 7.4의 배당할인 모형을 이용하여 모든 것을 현재가치로 합칠 수 있다.

● **실행**

다음 스프레드시트가 스몰프라이의 순이익과 배당금의 예측치를 보여준다.

	연도	0	1	2	3	4	5	6
순이익								
1 EPS 성장률(전년 대비)			20%	20%	20%	20%	4%	4%
2 EPS		\$2.00	\$2.40	\$2.88	\$3.46	\$4.15	\$4.31	\$4.49
배당금								
3 배당성향			0%	0%	0%	60%	60%	60%
4 Div			\$—	\$—	\$—	\$2.49	\$2.59	\$2.69

연도 0에 \$2.00로 시작해서 EPS는 4년 말까지 매년 20%로 성장하고 그 이후 4%로 성장이 둔화된다. 스몰프라이의 배당성향은 4년이 되기 전까지 영(0)이다. 그러나 경쟁이 시작되면 투자기회가 감소하고 배당성향은 60%로 늘어난다. EPS와 배당성향을 곱하면 스몰프라이의 미래배당금을 얻을 수 있는데 4번째 줄에 표현되어 있다.

4년을 지나면서, 스몰프라이의 배당금은 연간 4%로 일정하게 장기적으로 성장할 것으로 예상된다. 따라서 3년 말의 주가를 추정하기 위해서 일정배당성장 모형을 사용할 수 있다. 주어진 자기자본비용이 8%이면, 아래 식에 따라 3년 말의 주가는 \$62.25가 된다.

$$P_3 = \frac{Div_4}{r_E - g} = \frac{\$2.49}{0.08 - 0.04} = \$62.25$$

이제 식 7.4의 배당할인 모형으로 최종 가치를 구할 수 있다.

$$P_0 = \frac{Div_1}{1 + r_E} + \frac{Div_2}{(1 + r_E)^2} + \frac{Div_3}{(1 + r_E)^3} + \frac{P_3}{(1 + r_E)^3} = \frac{\$62.25}{(1.08)^3} = \$49.42$$

● **평가**

배당할인 모형은 어떤 형태의 배당금이 예상되더라도 충분히 사용이 가능하기 때문에 매우 유연성이 높다. 이 예제에서는 몇 년 동안 배당금이 없다가 일정 성장률로 안정화되는 배당금 흐름을 다루고 있다. 일정 성장률로 안정화되는 배당금의 계산에는 일정배당성장 모형을 적용한다.

가치의 동력과 배당할인 모형

지금까지 배당할인 모형에 대해 살펴보았다. 이제는 주식 가치에 영향을 미치는 동력에 대해서 직관적으로 설명하고 평가하려고 한다. 우리가 기업이 얼마나 가치 있는지를 생각할 때, 우리는 기업이 얼마나 수익성이 있는지 그리고 향후 미래에 수익성이 성장 혹은 감소할지에 대해 관심을 가진다. 또한 기업에 투자할 때 발생할 위험에 대해서도 관심을 기울인다. 배당할인 모형에서 이러한 변수들은 어떻게 반영될까? 수익성은 기업의 배당금 지급능력을 결정하고 수익성 창출능력의 추정은 배당금의 흐름으로 암묵적으로 예측이 가능하다. 위험은 추정된 배당금의 할인을 위해 사용되는 자기자본비용에 반영된다. 더 위험한 투자는 더 높은 기대수익률을 요구하고 배당할인 모형에서 높은 자기자본비용으로 적용된다.

일반식	$P_0 = \frac{Div_1}{1+r_E} + \frac{Div_2}{(1+r_E)^2} + \cdots + \frac{Div_N}{(1+r_E)^N} + \frac{P_N}{(1+r_E)^N}$
배당성장이 일정한 경우	$P_0 = \frac{Div_1}{r_E - g}$
초기 성장은 불안정하지만 어느 시점 이후 일정 성장	$P_0 = \frac{Div_1}{1+r_E} + \frac{Div_2}{(1+r_E)^2} + \cdots + \frac{Div_N}{(1+r_E)^N} + \left(\frac{1}{(1+r_E)^N}\right)\left(\frac{Div_N(1+g)}{r_E - g}\right)$

개념확인

7. 기업이 미래의 주당 배당금을 증가시킬 수 있는 세가지 방법은 무엇인가?
8. 어떤 조건에서 배당금을 줄이고 투자를 늘리는 기업 정책이 주가를 올릴 수 있는가?

7.5 배당할인 모형의 한계

배당할인 모형은 두 가지 근본적인 한계점을 가지고 있다. 배당금 추정의 신뢰성과 무배당 주식의 평가이다.

배당금 추정의 불확실성

배당할인 모형은 주주에게 지급하는 미래 배당금의 추정에 기반하여 주식의 가치를 평가한다. 그러나 확실한 현금흐름을 가진 국채(Treasury bond)와는 달리 기업의 미래 배당금은 상당한 불확실성을 가지고 있다.

나이키(NKE)의 예를 다시 살펴보자. 2013년에 NKE는 분기별로 $0.21씩 총연간배당금으로 $0.84를 지급했다. 자기자본비용이 10%이고 배당성장률이 8.5%로 예상된다면 일정배당성장 모형에 따라 NKE의 주가는 $60.76으로 계산된다. 지금 시장에서 주식 가격이 $60.39라면 그런대로 실제 주가에 가깝게 계산되었다고 볼 수 있다.

$$P_0 = \frac{Div_1}{r_E - g} = \frac{\$1.08(1 + 0.085)}{0.10 - 0.085} = \$78.12$$

그러나, 만일 배당성장률이 9%로 추정된다면 계산된 주가는 $91이 된다. 반면에 성장률이 6%로 추정되면 주가는 $23으로 산출된다. 그림 7.2에서 볼 수 있듯이 배당성장률의 작은 변화도 추정 주가에는 큰 변화를 일으킨다.

더구나 합리적으로 배당성장률을 추정하기는 어렵다. NKE는 2005년에서 2010년 사이에 순이익의 변화가 크지 않았는데도 배당금을 두 배로 늘렸다. 결과적으로 그렇게 높은 배당성장률을 지속하기는 어렵고 배당금은 2010년에서 2013년까지 40% 증가하였다. 그러나 계속된 높은 성장으로 나이키는 2013년에서 2015년 말까지 50% 이상 배당금을 증가시킬 수 있었다. 주식가격은 주당 $130 가까이 증가했다. 수식 7.8에서 보듯이 배당금 예측을 위해서는 순이익, 배당성향, 미래의 발행주식수의 예측이 필요하다. 그러나 미래 순이익은 이자비용(결국 기업의 차입규모)에 따라 달라진다. 그리고 기업의 발행주식수와 배당성향은 NKE가 순이익으로 얼마나 자사주매입을 하느냐에 달려있다. 기업의 차입이나 자사주매입 의사결정은 경영자의 자율적 결정이기 때문에 기업의 다른 기본적인 현금흐름에 비해 합리적인 추정이 더욱 어렵다.[6]

무배당 주식

페이스북, 아마존, 구글 등의 회사를 포함해서 배당을 지급하지 않는 기업은 많다. 이러한 기업의 주가는 어떻게 평가할까? 다음 절에서 배당이든 아니든 주주에게 지급하는 모든 현금지급(payout)을 함께 고려하는 수정된 배당할인 모형을 설명한다. 또한 제10장에서는, 현금지급액과 무관한 새로운 가치평가 방법을 논의할 것이다. 투자안을 평가하고 승인하는 결정을 통해 기업의 가치를 창출하려는 재무관리자의 역할을 학습하면, 새로운 가치평가 방법의 의미를 더욱 알게 된다. 따라서 앞으로 제8장과 제9장에 걸쳐, 투자결정 규칙과 투자안 평가에 관해 먼저 학

그림 7.2
추정된 배당성장률의 변화와 나이키의 주식가격

그림은 다른 배당 성장률을 예측할 경우 2013년의 나이키의 주식가격을 보여준다. 주식가격은 일정배당성장 모형을 기초로 계산한다. 2013년의 배당금은 $0.84, 자기자본비용은 10%로 가정한다. 추정된 배당성장률은 0%에서 9%까지 다양하다. 추정된 성장률의 작은 변화가 주가의 큰 변화를 가져온다. 특히 높은 성장률에서 가격변화가 크다.

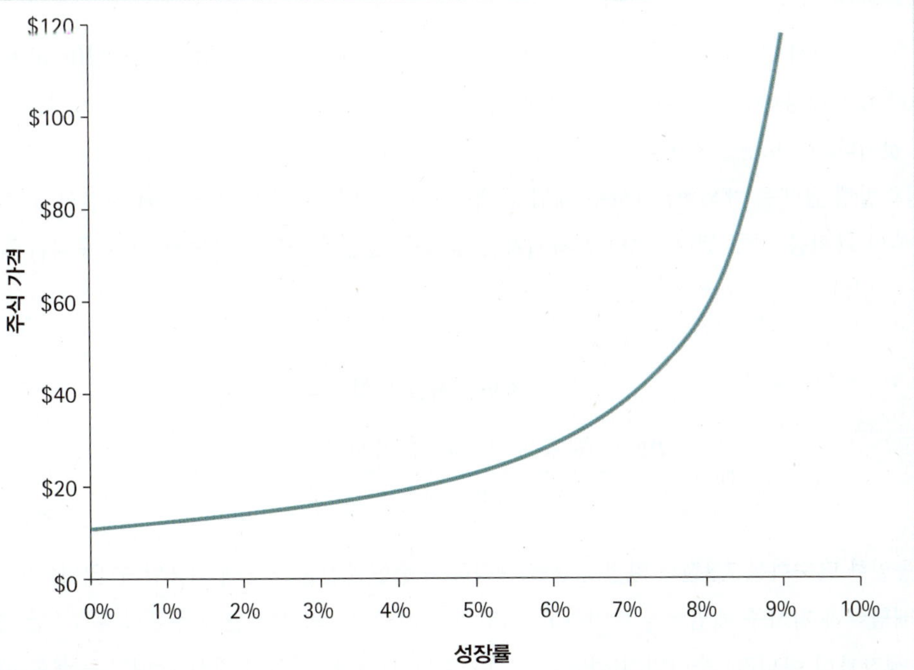

6) 경영자의 차입 결정이나 자사주매입 결정은 교재의 제6부에서 논의한다.

습하도록 한다.

개념확인

9. 배당할인 모형의 중요한 한계점은 무엇인가?
10. 배당금을 추정하기 위해 필요한 정보로는 어떤 것이 있는가?

7.6 자사주 매입과 총현금지급모형

자사주 매입: 기업이 현금으로 자기 주식을 되사는 거래

지금까지 배당할인 모형에서는 기업이 주주에게 지급한 현금은 배당금의 형태로 이루어졌다고 가정하고 있다. 최근 들어서 점차 많은 기업들이 배당금 지급을 자사주 매입으로 대체하고 있다. **자사주 매입(share repurchase)**에서 기업은 잉여 현금(excess cash)으로 자기회사 주식을 되사는 데(buy back) 사용한다. 자사주 매입은 배당할인 모형에 두 가지 점에서 영향을 준다. 첫째, 자사주 매입에 현금을 많이 사용할수록 배당으로 지급할 현금의 양을 줄어든다. 둘째, 자사주 매입을 통해 기업은 발행주식수를 줄일 수 있게 되고 결과적으로 주당 순이익과 주당 배당금은 증가하게 된다.

배당할인 모형에서, 우리는 한 명의 주주의 관점에서 주주가 받게 될 배당금을 할인함으로써 아래와 같이 1개 주식의 가치를 평가하였다.

$$P_0 = PV(\text{미래의 주당 배당금}) \tag{7.14}$$

총현금지급 모형: 주주에게 행하는 기업의 모든 현금지급(배당금과 자사주 매입으로 배분된 모든 현금)을 할인하고 현재의 발행주식수로 나누어서 기업의 주식 가치평가를 하는 방법

기업이 자사주 매입을 할 경우에 좀더 믿을 수 있는 대안은 **총현금지급 모형(total payout model)**을 사용하는 것이다. 그것은 1개의 주식이 아니라 기업 자기자본의 모든 가치를 평가하는 것이다. 이 모형을 사용하기 위해서는 기업이 주주에게 지급하는 총현금지급액인 배당금과 (신주발행 금액을 제외한) 자사주 매입 금액을 모두 할인한다.[7] 할인을 통해 기업의 모든 자기자본의 가치를 얻게 된다. 그리고 자기자본 총액을 발행주식수로 나누게 되면 주식가격을 얻을 수 있다.

총현금지급 모형

$$P_0 = \frac{PV(\text{미래 총배당금과 순자사주 매입})}{\text{발행주식수}} \tag{7.15}$$

동일한 단순화를 7.3절의 일정 성장을 가정하여 총현금지급 모형에 적용할 수 있다. 차이점은 총배당금과 자사주 매입액을 할인하고, 기업의 총현금지급의 성장률을 추정할 때 (주당 순이익의 성장률이 아니라) 순이익의 성장률을 사용하는 것이다. 기업이 자사주 매입을 행할 때에는

7) 총현금지급액은 기업의 지분 100%를 소유하고 있을 때 받게 될 금액으로 생각하면 된다. 즉, 모든 배당금과 함께 기업의 자사주매입 시에 주식을 매도하는 주주에게 지급하는 금액도 받는다.

이 방법이 배당할인 모형에 비해 믿을 만하고 사용하기 쉽다.

예제 7.6
자사주 매입의 가치평가

문제 *Problem*

타이탄(Titan Industries)은 217백만 주의 발행 주식을 가지고 있는데, 연말에 순이익이 $860백만이 될 것으로 예상된다. 타이탄은 순이익의 50%를 현금으로 주주에게 지급하려고 하는데, 30%는 배당금으로 20%는 자사주 매입에 사용하려고 한다. 만일 타이탄의 순이익이 매년 7.5%씩 성장하고 이러한 현금지급 정책이 유지된다고 한다면 자기자본비용이 10%일 때 타이탄의 주가는 얼마인가?

풀이 *Solution*

● **계획**

자기자본비용이 10%이고 순이익 성장률이 7.5% 예측된다면 우리는 타이탄의 미래 현금지급을 일정성장 영구연금을 이용하여 현재가치를 계산할 수 있다. 한 가지 알아야 하는 변수는 타이탄의 총현금지급액인데 그것은 순이익의 50%이다. 타이탄의 모든 현금지급의 현재가치는 총자기자본의 가치이다. 주식가격을 얻기 위해서 기업의 총가치를 발행주식수(217백만 주)로 나눈다.

● **실행**

타이탄의 올해 총현금지급액은 $860백만의 50%인 $430백만이다. 일정성장 영구연금 공식을 이용하여 현재가치를 구하면 $17.2십억이 된다.

$$PV(\text{미래 총배당금과 순자사주 매입}) = \frac{\$430\text{백만}}{0.10 - 0.075} = \$17.2\text{십억}$$

위 현재가치는 타이탄의 자기자본의 총가치(시가총액)를 표현한다. 주가를 계산하기 위해서는 현재의 발행주식수로 나누면 된다.

$$P_0 = \frac{\$17.2\text{십억}}{217\text{백만 주}} = \$79.26/\text{주}$$

● **평가**

총현금지급 방법을 이용하면서, 우리는 배당금과 자사주 매입을 구분할 필요가 없다. 타이탄은 주당 배당금으로 $1.19(= 30% x ($860백만/217백만 주))를 지급하고 배당 수익률은 1.50%(= 1.19/79.26)라는 것을 가지고 배당할인 모형과 비교해 본다. 식 7.7에서 타이탄의 EPS, 배당금, 그리고 주가의 성장률을 구할 수 있는데 그것은 8.5%이다.

$$g = r_E - \frac{Div_1}{P_0} = \; = .10 - \frac{1.19}{79.26} = 0.085 = 8.5\%$$

위 성장률은 순이익 성장률인 7.50%를 초과하는데 그것은 타이탄의 발행주식수가 자사주 매입 때문에 시간이 지나면서 감소할 것이기 때문이다.[8]

---

8) 우리는 타이탄의 자사주 매입 계획을 살펴보면 8.5%의 EPS성장률이 7.5%의 순이익 성장률과 다르지 않다는 것을 확인할 수 있다. 내년 주식가격은 $79.26 × 1.085 = $86.00으로 예측되고, 타이탄은 2백만 주를 내년에 자사주 매입할 것이다(2백만 주 = 20% × $860 백만 ÷ $86.00). 발행주식수는 217백만 주에서 215백만 주로 감소하고 EPS는 8.5% (= 1.075 × 217/215) 증가한다.

개념확인

11. 총현금지급 모형은 배당할인 모형의 한계점에 어떤 의미를 주나?
12. 총현금지급 모형에서 사용되는 성장률은 배당할인 모형의 성장률과 어떻게 다른가?

7.7 종합정리

이제 마지막으로 이 장을 시작하면서 던졌던 질문으로 돌아가려 한다. 첫째, 투자자가 나이키 주식을 매입할 것인가 매도할 것인가 하는 결정을 어떻게 내리는 것일까? 투자자는 자신의 예측을 근거로 주식 가치를 평가할 것이다. 우리는 배당성장률 예측을 바탕으로 가치를 평가하는 모형을 소개했다. 그런데 성장률에 관한 투자자의 예측에 따라 주식가격이 2013년에 $60.39를 기준으로 고평가 혹은 저평가되어 있다는 결론을 투자자는 얻을 수 있다. 이러한 결론에 따라 투자자는 주식을 매도 혹은 매입하는 결정을 하게 되는데, 시간이 흐르면서 투자자의 예측이 시장에 비해 정확했는지 여부가 밝혀지게 된다.

둘째, 나이키 주식이 2013년 3월의 공시(announcement) 이후에 갑자기 11% 이상 가치를 가지는 이유는 무엇일까? 나이키 주식이 가지고 있는 뉴스를 투자자가 이해하고 나면 예측을 수정하는 것이다. 즉, 미래 순이익의 성장에 대한 새로운 정보를 근거로 전일 종가가 너무 낮다는 결정을 할 수 있다. 매입 압력은 매도와 매입가 균형을 찾는 지점까지 주식 가격을 올리게 된다.

셋째, 주가를 더 올리기 위해 나이키의 경영자는 어떤 행동을 취해야 할까? 주식가격을 올릴 수 있는 유일한 방법은 가치를 증가시키는 의사결정을 내리는 것이다. 앞으로 제8장과 제9장에서 소개하듯이, 자본예산분석을 통해서 경영자는 회사에 가치를 덧붙이는 투자안을 찾을 수 있다. 좋은 투자결정을 통해 회사의 가치가 증가하면 나이키의 경영자는 주가를 올릴 수 있다. 제10장에서는 주식의 가치평가 문제를 다시 다루게 되는데, 그 때 지금 학습한 가치평가 방법을 확장하고 투자안 선택에 관한 향후 두 장의 교훈을 함께 되새길 것이다.

myfinancelab 핵심요점 및 공식

7.1 주식의 기초지식

▶ 주식회사의 소유권은 주식의 지분으로 나누어진다. 지분은 미래 배당 지급액을 통해 기업의 이익을 나누어 가질 수 있는 권리를 보유한다.

▶ 주식 지분은 또한 이사를 선출하고 중요 사안을 결정할 수 있는 투표권을 가진다.

▶ 일부 기업은 우선주를 발행한다. 우선주는 배당금의 지급과 청산에 있어서 보통주에 비해 우선권을 가지지만 특히 투표권을 가지지 않는 특징이 있다.

7.2 주식거래 제도

▶ 뉴욕증권거래소(NYSE)는 실제 물리적 거래 장소를 가지고 있지만, 수많은 소량 주문은 전자적 거래로 체결된다.

▶ 나스닥 시장(NASDAQ)은 컴퓨터 네트워크이며 물리적 공간이 아니다. 많은 거래는 자동으로 체결되며, 반면에 대량 주문은 하나 이상 복수의 주식 딜러와의 협상을 통해서 이루어져야 한다.

7.3 배당할인 모형

▶ 가치평가 원칙은 주식의 가치는 투자자가 받을 배당금과 미래의 주식 매도가격의 현재가치와 같다는 것을 의미한다. 이러한 현금흐름은 위험하기 때문에, 기업의 자기자본과 동일한 위험을 가지는 시장에 존재하는 다른 증권의 기대수익률인 자기자본비용으로 할인해야만 한다. 주식의 총수익률은 배당 수익률과 자본이득률의 합과 같다. 주식의 예측된 총수익률은 자기자본비용과 같다.

$$r_E = \frac{Div_1 + P_1}{P_0} - 1 = \underbrace{\frac{Div_1}{P_0}}_{\text{배당 수익률}} + \underbrace{\frac{P_1 - P_0}{P_0}}_{\text{자본이득률}} \tag{7.2}$$

▶ 투자자들이 동일한 믿음을 가지고 있으며 어느 시점 N을 기준으로 할 때, 배당할인 모형은 주식가격이 아래 수식을 만족함을 보여준다.

$$P_0 = \frac{Div_1}{1 + r_E} + \frac{Div_2}{(1 + r_E)^2} + \cdots + \frac{Div_N}{(1 + r_E)^N} + \frac{P_N}{(1 + r_E)^N} \tag{7.4}$$

▶ 주식이 언젠가는 배당금을 지급하고 합병을 당하지 않는다면, 배당할인 모형은 주식가격이 미래의 모든 배당금의 현재가치와 같음을 의미한다.

7.4 배당할인 모형: 배당의 추정

▶ 일정배당성장 모형은 배당금이 일정한 추정 비율인 g로 성장한다는 가정을 한다. 이 경우 g는 또한 예측된 자본이득율이 된다.

$$P_0 = \frac{Div_1}{r_E - g} \tag{7.6}$$

▶ 미래 배당금은 순이익, 발행주식수, 배당성향에 따라 변한다.

$$Div_t = \underbrace{\frac{\text{순이익}_t}{\text{발행주식수}_t}}_{\text{주당 순이익}} \times \text{배당성향}_t \tag{7.8}$$

▶ 미래의 순이익이 이익잉여금의 신규투자로 인해 증가한 것이라면, 순이익의 성장률은 아래와 같다. (유보율 = 1 - 배당성향)

$$\text{순이익 성장률} = \frac{\text{순이익의 변화}}{\text{순이익}} = \text{유보율} \times \text{신규투자의 수익률} \tag{7.11}$$

▶ 배당성향과 발행주식수가 일정하고, 순이익의 변화가 이익잉여금의 신규투자에서 발생한 것이라면 기업의 순이익, 배당금, 주식가격의 성장률은 아래 식으로 계산한다.

$$g = \text{유보율} \times \text{신규투자의 수익률} \tag{7.12}$$

▶ 투자를 늘리기 위한 배당금 삭감이 주가를 상승시키는 경우는 신규투자 수익률이 자본비용을 초과하는 경우뿐이다. 또한 신규투자의 수익률이 자본비용을 초과할 때에만 투자를 위한 배당금 삭감이 주가를 상승시킨다.

▶ 기업이 N+1기 이후에 장기 성장률 g를 가진다면 배당할인 모형을 적용할 수 있다. 그리고 최종 주가인 P_N을 추정하기 위해서는 일정배당성장 공식을 사용한다.

7.5 배당할인 모형의 한계

▶ 배당할인 모형은 배당성장률에 매우 민감하다. 그런데 배당성장률은 정확하게 예측하기가 어렵다.

▶ 배당할인 모형은 배당금을 지급하지 않는 많은 주식의 가치평가를 위해 실용적이지 않다. 제10장에서 대안적인 평가 방법을 논의한다.

7.6 자사주 매입과 총현금지급 모형

▶ 만일 기업이 자사주 매입을 행한다면 기업의 가치평가를 위해서 총현금지급 모형을 사용하는 것이 좀 더 적합하다. 이 모형에서 자기자본의 가치는 미래의 총배당금과 자사주

매입액의 현재가치와 같다. 주식 가격을 평가하려면, 자기자본의 가치를 기업의 발행주식수로 나눈다.

$$P_0 = \frac{PV(\text{미래 총배당금과 순자사주 매입})}{\text{발행주식수}} \tag{7.15}$$

▶ 기업의 총현금지급액의 성장률은 주당 순이익이 아니라 순이익의 성장률에 의해 결정된다.

주요 개념

1. 주식 지분에는 어떠한 권리가 포함되는가?
2. 주식에 투자하는 투자자의 총수익률을 구성하는 두 가지 요소는 무엇인가?
3. 주식의 가치를 평가하는 배당할인 모형이란 무엇인가?
4. 현금흐름의 재투자에서 얻는 수익률과 주식가격의 변화 사이에는 어떤 관계가 있는가?
5. 미래 배당금의 성장률이 변화할 때 배당할인 모형은 어떻게 사용될 수 있는가?
6. 배당할인 모형의 한계점은 무엇인가?
7. 자사주 매입은 무엇이며, 주식의 가치평가에 자사주 매입을 어떻게 반영할 수 있을까?

연습문제

* 표기가 되어 있는 문제는 난이도가 높은 문제임을 나타낸다.

주식의 기초지식

1. 주당 $0.21의 배당금을 지불하는 나이키 주식 15,000주를 보유하고 있다면 총배당금으로 얼마를 받게 되는가?
2. 당신은 이사회 구성원이 10명인 회사의 주식 20%를 소유하고 있다. 회사가 집중투표제(cumulative voting)를 채택하면 당신은 얼마나 많은 이사를 선출할 수 있나? 단순투표제(straight voting)라면 어떻게 되겠는가?
3. 안지오(Anzio)는 두 계급(class)의 주식을 가지고 있다. Class B 주식은 Class A 주식의 두 배가 되는 의결권을 가진다. 당신이 Class A 주식의 10%와 Class B 주식의 20%를 소유하고 있다면, 당신이 보유하고 있는 총 의결권은 얼마인가?

배당할인 모형

4. 에브코(Evco)의 현재 주가는 $50이고 1년 뒤에 $2의 배당금을 지급한다고 가정하자. 자

기자본비용(equity cost of capital)은 15%이다. 현재의 주가가 맞는다면, 1년 뒤 배당금을 지급한 직후에 얼마의 가격에 에브코 주식을 매도해야 하는가?

5. 당신은 SPCC의 주식을 $100에 방금 매입하였다. 1년 뒤에 배당금으로 $5를 받을 것이라고 기대하고 있다. 만일 배당금이 지급된 후에 주식가격이 $110로 예상된다면, 1년 동안 얼마의 총수익률을 얻는 것인가? 배당 수익률은 얼마인가? 자본이득율은?

6. 콜코(Coleco)는 연간 배당금으로 $1.50을 지급하고 주가는 $37.50이다. 회사는 연간 배당금을 $1.75로 증가시킬 것이라고 공시하였다. 배당 수익률이 이전과 같다면 새로운 주식가격은 얼마가 되어야 하는가?

7. 앤르(Anle) 주식회사의 현재(t=0) 주가는 $20이고 1년 뒤에(t=1) $1의 배당금을 지급할 것으로 예상된다. 배당금 지급 직후(t=1) 주가는 $22가 될 것으로 기대되고 있다.
   a. 앤르의 자기자본비용은 얼마인가?
   b. 앤르의 자기자본비용 중 배당 수익률(dividend yield)과 자본이득(capital gain)에서 얻어진 수익률은 얼마인가?

8. 아치(Achi) 주식회사는 연간 $3의 배당금을 지급하는 우선주를 발행했다. 만일 우선주의 요구수익률이 8%라면 가격은 얼마인가? (힌트: 우선주의 경우 배당성장률은 0이다)

9. 연간 $1.50의 배당금을 지급하는 오빗(Ovit)의 우선주 가격이 $20이다. 배당 수익률은 얼마인가?

10. 에이캡(Acap) 주식회사가 연도 1에 $2.80, 그리고 연도 2에 $3의 배당금을 지급할 것으로 가정하자. 에이캡의 주식가격이 연도 2에 $52로 예상된다. 자기자본비용은 10%이다.
   a. 2년 동안 주식을 보유한다고 가정하면, 현재의 주식가격은 얼마로 예상하는가?
   b. 주식을 1년만 보유한다고 가정하면 1년 뒤에 얼마에 주식을 매도할 것으로 기대하는가?
   c. (b)의 해답을 주어진 것으로 하고, 1년간 주식을 보유한다면 현재의 주식가격은 얼마로 예상하는가? 이 가격과 (a)에서의 가격은 어떻게 비교할 수 있나?

11. 크렐(Krell)의 현재 주식가격은 $22.00이다. 만일 $0.88의 배당금을 지급하고 연말에 주식가격이 $23.54로 오를 것으로 예상된다면 배당 수익률과 자기자본비용은 얼마인가?

배당할인 모형: 배당의 추정

12. 노그로스(NoGrowth) 주식회사의 분기별(quarterly) 배당금은 $0.50이다. 그리고 영구적으로 배당금을 지급할 것으로 기대된다. 자기자본비용이 15%이면 노그로스의 주식가격은 얼마인가?

13. 서밋시스템(Summit Systems)은 배당금을 $1.50 지급하고 매년 6%로 성장할 것으로 예상된다. 자기자본비용이 11%일 때 주당 가격은 얼마인가?

14. 도팍(Dorpac) 주식회사의 배당 수익률은 1.5%이다. 자기자본비용이 8%이고 배당금은 일정성장(constantly grow)할 것으로 예상된다.
    a. 도팍 배당금의 기대 성장률은 얼마인가?
    b. 도팍 주식가격의 기대 성장률은 얼마인가?
15. 로렐(Laurel Enterprises)은 내년 주당 순이익으로 $4를 기대하고, 40%의 유보율(retention rate)을 계속 유지할 것으로 예상된다. 자기자본비용은 10%이고 이는 신규투자 수익률과 같다. 순이익이 연간 4%로 영구히 성장한다고 가정한다. 다음 배당금이 1년 뒤에 도래한다면 현재의 주식가격은 얼마로 예상되는가?

*16. DFB는 올해 주당 $5의 이익을 얻고 $3을 배당으로 지급할 것으로 기대된다. 주당 순이익의 $2는 유보하여 연간 15%의 기대수익률을 가지는 새로운 투자안에 재투자한다. DFB가 미래에도 동일한 배당정책, 투자정책, 발행주식수를 유지한다고 가정하자.
    a. DFB 순이익의 성장률은 얼마로 예상되는가?
    b. 만일 DFB의 자기자본비용이 12%이면, DFB의 현재 주식가격은 얼마로 예상되는가?
    c. 배당정책을 바꿔서 배당금을 $4 지급했고 $1를 유보한다고 가정하자. 신규투자를 많이 하는 대신에 배당금을 높이는 것을 선택하는 것이다. 미래에도 이러한 높은 배당성향을 유지한다면 현재의 주식가격은 어떻게 되겠는가? 새로운 배당정책을 따라야 하는가?

17. 쿠퍼톤(Cooperton Mining)은 배당금을 $4에서 $2.50으로 낮추고 대신에 사업 확장을 위한 자금으로 사용하기로 했다. 이러한 공시(announcement) 이전에 쿠퍼톤의 배당금은 3%씩 성장할 것으로 예상되었고 주식가격은 $50였다. 확장정책 후 쿠퍼톤의 성장률은 5%로 예상된다. 공시 이후 주식가격은 어떻게 기대되는가? (새로운 확장정책이 기업의 위험을 증가시키지 않는 것으로 가정한다) 확장정책은 알맞은 투자인가?
18. 질레트(Gillette)는 연간 배당금으로 $0.65를 1년 뒤에 지급할 것이다. 애널리스트는 배당금이 지금부터 5년이 될 때까지 매년 12%씩 성장할 것으로 예상한다. 그 후 성장률은 2%로 안정화될 것이다. 배당할인 모형에 따르면 질레트의 자기자본비용이 8%일 때 주식 가치가 얼마가 되는가?
20. 하이라인(Highline)은 연간 배당금 $0.96를 방금 지급했다. 향후 5년간 순이익이 매년 11%씩 성장할 것으로 예상된다. 그 후에는 산업 평균인 5.2%로 안정적인 성장을 할 것으로 기대한다. 하이라인의 자기자본비용이 8.5%이고 배당성향이 일정하다면, 하이라인의 현재 주식은 얼마에 매도해야 할 것인가?

*21. 핼리포드(Halliford)는 다가오는 해의 주당 순이익을 $3로 예상한다. 핼리포드는 지금부터 2년 동안 모든 순이익을 유보할 계획이다. 그 이후 2년 동안 기업은 순이익의 50%를 유보할 것이고, 그 다음부터는 20%를 유보할 계획이다. 매년 유보이익은 연간 기대수익률이 25%인

신규 사업에 투자될 것이다. 유보되지 않은 순이익은 배당금으로 지급될 것이다. 핼리포드의 주식 숫자가 일정하고 모든 순이익의 성장이 유보이익의 투자에서 발생한다고 가정하자. 만일 핼리포드의 자기자본비용이 10%이면, 주식 가격은 얼마로 예상되는가?

자사주 매입과 총현금지급 모형

22. 사틴 인터내셔널(Shatin Intl.)은 10백만 주를 가지고 있고, 자기자본비용은 13%이며 매년 $20백만의 총배당금을 영구히 지불할 것으로 예상된다. 회사는 주주에게 배분하는 금액을 증가시킬 것이라고 공시했다. 배당금의 증가 대신에, 배당금은 일정하게 유지하고 매년 $10백만의 자사주 매입을 시작할 것이다. 주식가격이 얼마나 증가할 것인가?
23. 줌 엔터프라이즈(Zoom Enterprises)는 지금부터 1년 뒤에 총배당금으로 $5백만을 지급하고 $5백만 가치의 자사주를 매입할 것으로 예상된다. 배당금과 자사주 매입 금액을 균등하게 사용하지는 않을 것이지만, 그 후 영구적으로 배당금과 자사주 매입을 위해 매년 $10백만을 배분할 것이다. 만일 자기자본비용이 13%이고 5백만 주의 주식이 발행되어 있다면, 현재 주당 가격은 얼마인가?
24. 톨로(Tolo Co.)는 다음과 같은 자사주 매입을 계획하고 있다. 1년 뒤 $10백만, 2년 뒤에는 하지 않고, 3년 뒤에는 $20백만의 매입을 실행한다. 그 이후 자사주 매입을 중단하고 4년째는 총배당금으로 $25백만을 지급한다. 배당의 총지급액은 그 이후부터 매년 3%씩 성장할 것으로 예상한다. 만일 톨로가 2백만 주의 발행주식을 가지고 있고 자기자본비용이 11%라면 오늘 주당 가격은 얼마인가?
25. AFW 산업은 200백만 주 주식이 발행되어 있고 연말에 $700백만의 순이익을 기대하고 있다. AFW는 순이익의 60%를 배분할 것인데, 40%는 배당금으로 20%는 자사주 매입에 사용할 계획이다. AFW의 순이익은 매년 8%씩 성장할 것으로 기대하고 있다. 만일 자기자본비용이 12%라면 AFW의 주식가격은 얼마인가?
26. 콤코 시스템즈(Compco Systems)는 지난해 배당금을 지급하기 않고 $5십억을 자사주 매입에 사용했다. 콤코의 자기자본비용이 12%이고 자사주 매입 금액이 매년 8%씩 성장한다고 가정하고 콤코의 시가총액(market capitalization)을 추정하라. 만일 발행주식수가 6십억 주라면 해당 주식가격은 얼마인가?

*27. 메이나드 철강(Maynard Steel)은 연말에 $3의 배당금을 지급할 계획이다. 회사는 순이익이 매년 4%씩 성장하고 자기자본비용은 10%일 것으로 예상하고 있다.
   a. 메이나드의 배당성향과 기대 성장률이 일정하고 신주 발행이나 자사주 매입은 없다고 가정하면 현재의 주식가격은 얼마로 추정할 수 있나?
   b. 메이나드가 연말에 배당금으로 $1을 지급하고 주당 $2의 현금으로 자사주를 매입하기로

했다고 가정하자. 메이나드의 총현금지급액이 이처럼 일정할 때 주식가격은?

c. 만일 메이나드가 배당금과 총현금지급액을 (b)로 유지한다면 메이나드의 배당금과 주당 순이익의 성장률은 어떻게 예상할 수 있는가?

제2부 통합사례

이 사례는 제3장-제7장의 사이의 내용을 바탕으로 한다.

아담 러스트(Adam Rust)는 자동차 정비사를 바라보며 한숨을 쉬었다. 정비사는 낡은 자동차를 살펴본 후 조금 전 폐차 선언을 하였다. 아담은 그동안 이 자동차를 잘 타고 다녔다. $500에 구입한 후 4년의 대학생활 동안에 최소한의 관리를 하면서 버텼다. 이제, 그는 새로운 자동차가 정말 필요하게 된 것이다. 그는 얼마 전에 대학을 졸업하였고 꽤 높은 연봉을 받는 직업을 얻었다. 그는 생애 최초로 신차를 구입하고 싶다. 아담은 역시 그가 처음 겪는 자동차의 할부 구입을 고려 중이며, 자동차 딜러는 아담의 할부금 상환 능력에 대해 매우 긍정적으로 평가하고 있다.

아담은 자동차 가격으로 $35,000을 고려하고 있다. 딜러는 3가지 선택안을 제시하였다.

1. 무이자 대출: 그의 예금계좌에서 $4,000을 초기에 납입하고 나머지 차액을 48개월 동안 0% 연간이자율(APR)로 대출을 받는다. 아담은 졸업 기념 축하금 덕분에 초기 납입금을 지급할 만큼 충분한 현금을 가지고 있다.
2. 예금 감소 없는 리베이트: 예금을 건드리지 않고 $4,000의 초기 납입금을 리베이트로 딜러가 대신 지급한다. 나머지 금액은 8% APR로 48개월 대출을 받는다. 아담은 이 대안을 선호하는데, $4,000을 사용할 다른 곳이 많다고 생각한다.
3. 현금 구매: 딜러의 리베이트로 $4,000을 받고 나머지는 현금으로 지급한다. 아담은 $35,000이 없지만, 이 대안을 평가하고 싶다. 그의 부모는 항상 현금으로 자동차를 구매하기 때문에 이런 방안이 정말 좋은 생각인지 궁금하다.

아담의 대학 동창인 제나 호손(Jenna Hawthorne)은 운이 좋았다. 그녀의 부모가 졸업 기념 선물로 자동차를 사주었다. 물론 그 차는 소형 현대차로 그녀가 바라는 꿈의 자동차는 아니지만 쓸 만하기 때문에 신차 구매를 고민하지 않아도 된다. 사실 제나는 자신의 급여 중 얼마를 저축할 수 있을지 결정하려고 한다. 아담은 만약 자동차 할부금의 부담이 커지면, 자신의 퇴직 저축이 우선 순위에서 내려갈 것이라는 것을 알고 있다. 제나는 $45,000 연봉에서 $3,000을 쉽게 모을 수 있을 것이라 믿고 있다. 그녀는 저축을 주식펀드에 넣는 것을 고려하고 있다. 그녀는 이제 22세이고 65세 은퇴까지는 시간이 많이 남아있기 때문에 어느 정도 위험이 높은 펀드에 투자하는 것은 견딜 만하다. 그녀가 고려하는 펀드는 지난 15년간 평균 9%의 수익률을 얻었고 평균적으로 이러한 수익률이 지속될 것이다. 현재 그녀는 퇴직을 대비한 저축을 가지고 있지 않지만 5년전 제나의 할아버지는 $10,000 액면가를 가진 30년 국채(Treasury bond)를 그녀에게 주었다.

제나는 그녀의 퇴직 이후 수입을 알고 싶다. 대안은 (1) 그녀의 국채를 현재 시장가치로 매도하고 그 대금을 모두 주식 펀드에 투자하는 것과 (2) 지금부터 65세가 될 때까지, 매년 말 $3,000을 추가적으로 주식펀드에 저축하는 것이다. 일단 은퇴하면 제나는 90세가 될 때까지 나머지 25

년 동안 저축으로 생활하고 싶다.

아담과 제나는 모두 최선의 대안을 선택해야 한다.

사례 질문

1. 아담의 세 가지 자동차 구매 옵션에 해당하는 현금흐름은 각각 무엇인가?
2. 아담이 그의 부모와 마찬가지로 자동차 대금으로 지급할 충분한 현금이 있어서 현재나 가까운 미래에 채무를 이용할 필요 없이 현금으로 지급이 가능하다고 가정하자. 만일 은행에 예금했을 때 5.4% APR(월간 이자계산)에 해당되는 이자수입을 얻는다면 자동차 구매의 최적 선택안은 무엇인가?
3. 아담은 채무를 감당할 충분한 현금이 없다. 10% APR이 적용되는 학자금 대출도 있다. 자동차 구매에 들어가는 현금은 대출금 상환에 사용할 수 없다. 아담에게 가장 좋은 선택안은 무엇인가? (힌트: 학자금 대출금을 상환할 수 있기 때문에 오늘 $1을 가지는 것은 대략 내년의 $1.10을 저축하는 것이다. 10%는 아담에게 화폐의 시간가치가 된다)
4. 아담이 18% APR이 적용되는 신용카드 채무가 있다고 가정하자. 자동차 구매 잔금을 다 내기 전에 신용카드 채무를 완전히 갚을 가능성은 희박하다. 아담의 최적 선택안은 무엇인가?
5. 제나의 국채는 6.5%의 액면 이자율(coupon rate)을 가지고 반년마다 이자를 지급한다. 현재 동일한 만기를 가지는 국채의 만기이자율(YTM)은 5.4435%이다(반년마다 이자 계산하는 APR). 만일 10번째 이자를 받았다면 제나는 국채를 얼마에 팔 수 있는가?
6. 제나가 국채를 팔아서 계획대로 주식펀드에 저축을 했다고 가정하자. 제나가 저축에서 연간 9%의 수익률을 얻는다면 퇴직한 후에 연간 얼마의 현금을 찾을 수 있을까? (그녀가 은퇴한 이후 매년 말 동일한 금액을 인출한다고 가정한다.)
7. 제나는 연봉이 일정하게 성장하리라 기대하고 있다. 보장은 없지만 대략 연간 4%씩 성장할 것으로 믿는다. 따라서 첫 해에 $3,000을 저축하고 매년 저축액도 4%씩 증가할 것이다. 불행하게도 인플레이션 때문에 물가도 오를 것이다. 매년 3%의 인플레이션이 있다고 가정하자. 은퇴 시점에 그녀가 인플레이션을 따라잡기 위해 인출금이 커져야 한다. 이 경우 은퇴 첫 해에 그녀가 인출하게 될 현금은 얼마인가? 오늘날 현금으로 계산하면 얼마인가? (힌트: 매년 퇴직 계좌의 금액을 엑셀과 같은 스프레드시트를 이용해서 계산하자.)
8. 제나가 국채를 팔고 그 대금을 주식펀드에 저축해야 하는가? 이 계획에 대한 찬성과 반대 이유를 최소한 한 가지씩 생각해 보자.
9. 마지막으로 제나는 주당 $55.55인 코카콜라(Coca-Cola) 주식에 투자하는 것으로 고려하고 있다. 직전에(t=0) 연간 $1.76의 배당금을 지급했고 배당금은 매년 4%씩 성장할 것으로 기대한다. 내년의 배당금은 1년 뒤에 있을 것이다. 코카콜라 주식의 기대수익률은 얼마인가?

제3부

가치평가와 기업

가치평가 원칙의 연결. 기업의 재무관리자가 직면하는 가장 중요한 의사결정의 하나는 기업이 어떤 투자를 실행해야 하는 것인지를 선택하는 것이다. 이러한 결정은 기본적으로 기업의 가치를 증진시킨다. 제8장에서 우리는 순현재가치(Net Present Value, NPV)의 개념에 가치평가 원칙이 어떻게 적용되는지를 배운다. 순현재가치(NPV)는 공통적인 단위인 소위 현재의 현금(달러)으로 투자안의 비용(cost)과 편익(benefit)을 비교하는 것이다. 편익의 현재 현금가치가 비용의 현재 현금가치를 초과하는가? 라는 질문에 답하는 것으로 결정을 내리게 될 것이다. 추가적으로, 우리는 편익과 비용의 현금 가치의 차이인 순현금액이 의사결정을 통해 기업의 가치를 증가시키고 결국 투자자의 부를 키운다는 것을 확인할 것이다.

투자 의사결정을 위한 NPV 방법의 유용성을 확인한 후에, 우리는 실무에서 사용되는 대안이 되는 평가 방법과 그 한계점을 살펴본다. 투자를 위해서 기업의 자본을 배분하는 과정은 자본예산 수립(capital budgeting)으로 알려져 있다. 제9장에서 NPV 방법을 위해 필요한 투자안의 증분 현금흐름을 추정하는 방법을 공부한다. 또한 제9장에서는 제3장과 제4장에서 소개되었던 할인 방법을 실제 적용할 것이다. 자본예산 수립이 기업의 가치를 결정하는 것을 제10장인 주식의 가치평가: 다시 보기에서 확인한다. 즉 기업의 소유권(ownership claim)인 주식의 가치평가를 다시 살펴본다. 제7장에서 우리는 주식을 미래 배당금 혹은 총현금지급액을 할인하여 가치평가를 하였다. 제10장에서 우리는 가용현금흐름(free cash flows)의 할인이나 유사한 공개기업의 가치와 비교하는 방법을 대안으로 고려해 본다.

8 투자 의사결정 기법

학습목표

- 순현재가치(NPV)를 계산한다.
- 투자 의사결정에 NPV기법을 사용한다
- 대안이 되는 평가방법과 한계점을 이해한다
- 상호 배타적인 대안 중에서 선택한다
- 생존기간이 다른 투자안을 평가한다
- 기업 자원이 제한되어 모든 양(+)의 NPV 투자안을 선택할 수 없을 때, 투자안의 순위를 정한다

기호

r	n일에 도래하는 현금흐름	NPV	순현재가치
g	성장률	PV	현재가치
IRR	내부수익률	r	할인율
$MIRR$	수정된 내부수익률		

Investment Decision Rules

경영자는 끊임없이 주요 투자 결정에 직면한다. 2007년 애플(Apple)은 최초의 모바일 폰을 도입하는 결정을 하였다. 2013년 마이크로소프트(Microsoft)는 노키아(Nokia)의 전화 사업부를 $7십억에 인수하여 전화 사업에 뛰어들려고 하였다. 아마존(Amazon.com)은 2014년에 모바일 폰 사업에 진입했다가 2015년에 퇴출했다. 같은 해에 테슬라(Tesla)는 인기있는 고급 S-시리즈의 절반가격에 중형 승용차를 판매하기 시작했다. 아마존은 독자적으로 화물 수송기를 도입하기로 결정하고 2016년에 20대의 보잉 767기를 리스하였다. 애플, 마이크로소프트, 아마존, 테슬라의 경영자들은 이러한 시도를 위해 막대한 자금을 투자하는 결정을 어떻게 하였을까? 이 장에서, 우리는 경영자들이 투자 결정을 평가하는데 사용하는 의사결정 기법에 초점을 맞춘다. 이러한 의사결정의 예는 신제품, 설비 구매, 마케팅 활동 등을 포함한다.

우리는 이 장을 순현재가치법(net present value rule, NPV rule)으로 시작한다. NPV 투자 기법이 기업의 가치를 극대화한다고 하더라도, 여전히 일부 기업은 다른 기법을 사용하여 투자안을 평가하고 어느 투자안(project)을 추진할 것인가를 선택한다. 따라서 이러한 기법들을 이해하는 것도 중요하기 때문에 소위 회수기간법(payback rule)과 내부수익률법(internal rate of return rule, IRR rule)과 같은 대안이 되는 평가 기법을 설명할 것이다. 우리는 이러한 의사결정 기법들을 정의하고 NPV 기법에 기반한 결정과 비교한다. 또한 어떤 환경에서 각 개별 평가 기법이 나쁜 결정을 내릴 가능성이 커지는지를 보여준다. 그리고 이러한 기법들을 하나의 독립된 투자안(single, stand-alone project)의 맥락에서 적용한 후에, 복수의 투자기회(multiple opportunities)를 평가하여 최선의 하나를 선택하는 평가하는 개념으로 확장한다. 자본제약이나 경영자의 시간적 제약에 직면했을 때 기업의 투자안 선택을 살펴보는 것으로 이 장을 마무리한다.

8.1 NPV 의사결정 기법

앞에서 우리는 오늘의 현금과 미래의 현금을 할인율을 이용하여 서로 전환하는 방법을 배웠다. 비용과 편익을 어느 동일한 시점으로 전환할 수 있다면, 우리는 가치평가 원칙(Valuation Principle)을 이용하여 의사결정을 내릴 수 있다. 실무에서 대부분의 기업은 현재가치(즉, 오늘의 현금)로 기업의 가치를 측정하는 것을 선호한다. 이번 절에서 우리는 순현재가치(net present value) 혹은 NVP의 개념을 끌어내기 위해서 가치평가 원칙을 적용한다. NPV 기법(NPV rule)은 재무 의사결정의 "황금법칙(golden rule)"으로 정의하여 사용할 수 있다.

순현재가치

순현재가치(NPV): 프로젝트나 투자에서 발생하는 편익의 현재가치와 비용의 현재가치의 차이

비용 혹은 편익의 가치가 오늘의 현금으로 계산되면 우리는 그것을 현재가치(present value, PV)라고 한다. 이와 유사하게, 프로젝트나 투자의 **순현재가치(net present value, NPV)**는 편익의 현재가치와 비용의 현재가치의 차이로 정의한다.

순현재가치 (Net Present Value)

$$NPV = PV(\text{편익}) - PV(\text{비용}) \tag{8.1}$$

간단한 예를 살펴보자. 당신의 회사가 다음과 같은 투자 기회를 얻게 되었다. 오늘 $500를 댓가로 1년 뒤에 $550를 받게 될 것이고 연간 이자율은 8%이다. 그러면

PV(편익) = (1년 뒤의 $550) ÷ (1년 뒤 $1.08 / 오늘의 $1)
= 오늘의 $509.26

현재가치 PV는 1년 뒤에 $550를 얻기 위해서 오늘 은행에 넣어야 하는 금액이다 ($509.26 × 1.08 = $550). 다시 말해서, 현재가치는 현금흐름을 재창출하기 위해서 현재의 이자율로 투자해야만 하는 금액이다. 우리는 이것을 현금흐름의 만들어내기 위한 오늘의 현금 비용으로 생각할 수 있다.

비용과 편익이 현재가치로 표현되면, 투자의 NPV를 계산하여 비용과 편익을 비교할 수 있다.

NPV = $509.26 - $500 = $9.26 현재

NPV가 양수(positive)이고 따라서 편익이 비용을 초과한다. 그것은 기업이 이러한 투자기회를 착수해야만 한다는 것을 의미한다.

만일 사업의 초기 비용을 감당하는데 필요한 $500가 없다면 어떻게 될까? 사업은 여전히 같은 가치를 가지고 있는 것일까? 우리는 경쟁적인 시장가격으로 가치를 계산했기 때문에, 개인의 취향이나 은행에 있는 현금 보유량과는 관련이 없다. $500가 없으면, 8% 이자율에 은행에서 $509.26를 빌려서 프로젝트를 실행하면 된다. 그럴 경우 현금흐름은 어떤 모습일까?

현재: $509.26(차입) - $500 (프로젝트에 투자) = $9.26
1년 뒤: $550(프로젝트에서 발생) - $509.26 × 1.08 (대출 상환금) = $0

위 거래를 통해서 정확하게 $9.26을 오늘 당신 주머니에 남길 수 있게 되고 미래에 부담할 의무는 없다. 즉 사업을 추진하게 되면 $9.26의 초과 금액을 현재 현금으로 갖는 것과 유사하게 된다. 따라서 NPV는 오늘 현금으로 받게 되는 투자 결정의 가치를 표현한다. *NPV가 양(+)의 값을 가지는 경우, 의사결정은 기업의 가치를 증가시킨다. 또한 현재 필요한 현금의 양이나 언제 돈을 사용할 것인지 취향과 관련 없이 좋은 결정이다.*

NPV 결정 기법

앞의 사례에서 살펴본 바와 같이, 가치평가 원칙은 양(+)의 NPV를 가지는 사업이 부(wealth)를 증가시키기 때문에 양의 NPV 사업을 추진해야 한다는 것을 뜻한다. 즉 좋은 사업이란 편익의 현재가치가 비용의 현재가치를 초과하는 사업이다. 사업의 결과, 기업의 가치는 증가하고 투자자는 부유해진다. 음(-) NPV 사업은 비용이 편익을 초과하는 것이다. 그런 사업을 채택하는 것은 오늘 돈을 잃는 것과 동일하다.

예제 8.1
NPV는 오늘의 현금과 동일

문제 *Problem*

당신은 $1,500을 저축하여 드디어 50인치 TV를 구입하려고 한다. 상점에서 "현금과 동일한 1년"이라는 구매방식을 제시하였다. $1,500의 구매가격을 갚겠다고 약속하면 지금부터 1년 동안 아무것도 내지 않고 TV를 오늘 집으로 가져갈 수 있다는 것이다. 당신이 은행예금에서 연간 5%의 이자를 얻을 수 있다면, 상점의 이러한 제안의 NPV는 얼마인가? NPV가 당장의 현금 수입을 나타낸다는 것을 보여라.

풀이 *Solution*

● **계획**

당신은 오늘 $1,500 가치의 물건(TV)을 얻고 대가로 1년 뒤에 $1,500를 교환할 것이다. 오늘 TV를 얻으려면 $1,500를 소비해야만 한다는 것을 생각해 보면 $1,500를 받은 것이라고 생각할 수 있다. 이것을 양(+)의 현금흐름으로 취급한다. 현금흐름은 아래와 같다.

현재	1년 뒤
+$1,500	−$1,500

1년 뒤의 지급액의 현재가치를 계산하기 위한 할인율은 당신의 이자율인 5%이다. 비용(1년 뒤의 $1,500)의 현재가치와 오늘의 편익($1,500짜리 TV)을 비교할 필요가 있다.

● **실행**

$$NPV = +1{,}500 - \frac{1{,}500}{(1.05)} = 1{,}500 - 1{,}428.57 = \$71.43$$

TV를 위해 저축했던 $1,500에서 $1,428.57를 인출해서 은행계좌에 저축할 수 있다. 이자가 붙어서 1년 뒤에는 $1,428.57 x (1.05) = $1,500로 성장하게 될 것이고 상점에 구매대금으로 지급할 수 있다. 주머니에 남은 $71.43의 돈은 원하는 대로 (스피커를 사는데) 쓰면 된다.

● **평가**

지체된 대금지급을 이용해서 오늘 $71.43의 순현금흐름을 얻었다. 만일 $1,428.57를 은행에 예금하면 미래의 지급 의무인 $1,500를 상쇄할 만큼 증가할 것이다. 따라서 이러한 상점의 제안은, 미래의 어떠한 추가적인 의무 없이, $71.43을 오늘 받는 것과 동일하다.

NPV 결정 기법: 투자대안을 선택할 때, 가장 높은 NPV를 가지는 대안을 선택한다. 이것은 오늘 현금으로 NPV를 받는 것과 동일하다.

이러한 원리를 **NPV 결정기법**으로 표현할 수 있다.

투자결정을 할 때, 가장 높은 NPV를 가지는 투자대안을 채택한다. 이 투자대안을 선택하는 것은 오늘 현금으로 NPV를 받는 것과 동일하다.

NPV는 오늘의 현금으로 표현되기 때문에, NPV 결정기법을 이용하는 것은 가치평가 원칙을 적용하는 손쉬운 방법이다. 부를 증가시키는 결정은 감소시키는 결정보다 우월하다. 이런 결론에 도달하는 투자자의 선호도에 대해 더 이상 생각할 필요가 없다. 만일 우리가 사업에서 발생하는 모든 현금흐름을 정확하게 잡아내고 적절한 할인율을 적용한다면, 사업이 우리를 부유하게 만드는지 아닌지를 결정할 수 있다. 부유해 진다는 것은 우리의 선호도와 상관없이 우리가 선택할 수 있는 기회를 더 많이 가지게 되고 더 나아진다는 것이다.

일반적으로 기업이 재무 실무에서 NPV 기법을 적용하는 것은 사업을 채택할 것인지 거부할 것인지를 결정할 때이다. 사업을 거부하게 되면 NPV=0 (사업을 실행하는 것에서 비용이나 편익이 발생하지 않음)이기 때문에, NPV 결정 기법은 아래와 같다.

▶ 양의 NPV사업을 채택: 채택하는 것은 오늘 현금으로 NPV를 받는다는 것과 동일하다

▶ 음의 NPV사업을 거부: 채택하는 것은 기업의 가치를 감소시키는 것이고, 거부하는 것은 아무런 비용이 없다 (NPV=0).

만일 NPV가 정확하게 영(zero)이면, 사업을 거부하여 NPV=0으로 만드는 대신에, 채택한다고 해서 이익이나 손실이 발생하는 것은 아니다. 기업의 가치를 추가시키는 것은 아니지만 기업의 가치를 감소시키는 것도 아니기 때문에 나쁜 사업은 아니다.

개념확인

1. NPV 결정 기법은 무엇인가? 가치평가 원칙과 어떤 관련이 있나?
2. NPV 결정 기법이 왜 투자자의 선호도와 관련이 없나?

8.2 NPV 기법의 이용

이제 단일의 독자 사업에 대한 채택 여부(take-it-or-leave-it)를 고려하는 투자 의사결정 기법을 살펴보자. 이 경우 사업을 추진하는 것 때문에 다른 사업을 실행하는 기업의 능력이 제한을 받지 않는다. 즉 독자 사업의 경우, 고려할 수 있는 대안은 사업을 채택하느냐 거부하느냐 두 가지이다. 이 때 NPV 기법은 사업의 NPV와 0(사업 거부의 NPV인 아무 것도 하지 않는 것)을 비교해야 한다는 것을 뜻한다. 따라서, 사업의 NPV가 양(+)이면 우리는 사업을 채택해야 한다.

현금흐름의 조직화와 NPV 계산

프레드릭(Fredrick's F&F)의 연구진은 획기적 발전을 이루어냈다. 즉 현존하는 비료에 비해 상당한 비용을 절감하면서 새롭고 환경친화적인 비료를 생산할 수 있을 것이다. 비료는 새로운 공장을 필요로 하기 때문에 $81.6백만의 비용을 들여서 바로 공장을 지어야 한다. 재무관리자는 새로운 비료의 편익이 연간 $28백만이며 올 연말부터 4년 동안 편익이 창출될 것이라고 아래와 같은 시간선을 추정하고 있다.[1]

1) 일부에서는 NPV가 음(-)이 아니라면 사업을 채택해야 한다는 기법을 선호하기도 한다. 기업은 NPV가 정확하게 0이라면(사업을 거부하는 대신에 채택한다고 해도 이익이나 손실을 얻는 것이 아니다), 어느 쪽이든 상관이 없기 때문이다. 0의 NPV는 기업의 가치를 추가시키는 것은 아니지만 기업의 가치를 감소시키는 것도 아니기 때문에 나쁜 사업은 아니다.

연도:	0	1	2	3	4
현금흐름 (단위: \$백만):	−\$81.60	+28	+28	+28	+28

이에 따라, 현금흐름은 지금 \$81.6백만의 현금 유출 후에 4년 동안 연간 \$28백만의 연금의 현금 유입이 있다. 그러므로 주어진 할인율 r을 가정하면, 이 사업의 NPV는 아래와 같다.

$$NPV = -81.6 + \frac{28}{1+r} + \frac{28}{(1+r)^2} + \frac{28}{(1+r)^3} + \frac{28}{(1+r)^3} \tag{8.2}$$

우리는 제4장에서 학습한 연금의 공식을 사용하여 NPV를 표현할 수 있다.

$$NPV = -81.6 + \frac{28}{r}\left(1 - \frac{1}{(1+r)^4}\right) \tag{8.3}$$

NPV 기법을 적용하기 위해서는 자본비용을 알아야 한다. 재무관리자는 이 사업에 적합한 자본비용을 10%로 추정하고 있다. 식 8.2(혹은 식 8.3)에 사업의 자본비용 10%로 r을 대체하면 NPV로 \$7.2백만을 얻게 되고 그것은 양(+)의 값이다. 순현재가치는 사업의 편익(양의 현금흐름)의 현재가치에서 비용(음의 현금흐름)의 현재가치를 순수하게 제거한 것이다. 모든 것을 현재가치로 만드는 것은 모든 비용과 편익을 비교를 위해 같은 기준을 가지는 것이다. 프레드릭의 경우 현재가치로 편익이 비용을 \$7.2백만 초과한다. 투자를 하게 되면 프레드릭의 현재가치를 \$7.2백만 증가시키는 것이며 따라서 이 사업을 추진해야만 한다는 것을 NPV 투자기법은 알려준다.

NPV 프로파일

NPV 프로파일: 할인율의 범위에 따라 그려진 투자 사업의 해당 NPV 그래프

사업의 NPV는 적용되는 자본비용에 좌우된다. 그런데 사업의 자본비용에 대해서는 종종 불확실성이 존재한다. 그런 경우에, 사업의 NPV를 할인율에 따라 그려주는 **NPV 프로파일(NPV Profile)**을 계산하는 것이 도움이 된다. 엑셀과 같은 스프레드시트로 NPV 프로파일을 준비하는 것이 가장 손쉬운 방법이다. 프레드릭 사례에서 단지 10%의 할인율을 적용하는 대신에 여러 다른 할인율을 적용해서 NPV 계산을 반복하는 것이다. 그림 8.1은 할인율 r의 함수로 해당 NPV를 그린 프레드릭의 해당 사업 NPV 프로파일을 보여준다.[2]

2) 이 장의 온라인 부록에서 어떻게 엑셀을 이용해서 NPV 프로파일을 그리는지 보여준다.

그림 8.1
프레드릭의 신규 사업 NPV

패널 (b)의 그래프는 패널 (a)의 자료를 근거로 하여 할인율의 함수로 NPV를 보여준다. NPV가 양이면 녹색 영역으로 표현되었고 그것은 할인율이 내부수익률(IRR)인 14%보다 작을 때이다. 주어진 자본비용 10%에서 신규 사업은 $7.2백만의 양의 NPV를 가진다. 빨간색 영역은 음의 NPV를 가지며 14%인 IRR보다 할인율이 큰 것을 보여준다.

패널 (a)

할인율	NPV (단위: $백만)
0%	$30.4
2%	$25.0
4%	$20.0
6%	$15.4
8%	$11.1
10%	$7.2
12%	$3.4
14%	$0.0
16%	-$3.3
18%	-$6.3
20%	-$9.1
22%	-$11.8
24%	-$14.3

패널 (b)

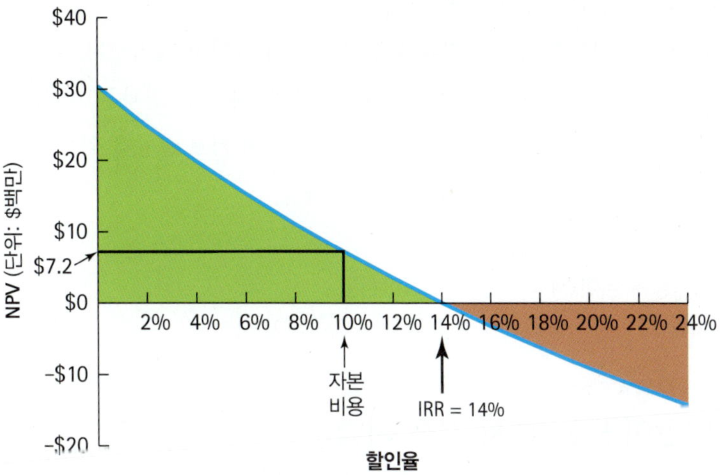

할인율이 14%보다 작은 경우에만 NPV가 양의 값을 가진다(그래프의 녹색 영역). 그래프와 자료 표를 보면 14%에서 NPV가 0다. 현금흐름의 순현재가치를 0으로 만드는 할인율이 투자의 **내부수익률(Internal Rate of Return, IRR)**이다. 따라서 NPV 프로파일을 만들면서 우리는 프레드릭 사업의 IRR이 14%임을 알았다. 물론 NPV 그래프를 그리지 않고, 재무 계산기나 스프레드시트의 함수기능을 사용하여 IRR을 계산할 수 있다. (제4장의 부록에서 할인율을 산출하는 계산기 사용법을 IRR을 풀기 위해 쓸 수 있다).

내부수익률(IRR): 현금흐름의 순현재가치를 0으로 만드는 이자율

	N	I/Y	PV	PMT	FV
입력:	4		−81.6	28	0
계산 결과:		14			

엑셀 공식: = RATE(NPER, PMT, PV, FV) = RATE(4, 28, −81.6, 0)

IRR과 민감도 측정

프레드릭 사례에서, 기업의 경영자는 자본비용을 10%로 산출했다. 만일 자본비용의 추정이 애매하다면, 당신의 분석이 추정의 오류에 얼마나 민감한지를 아는 것이 중요하다. IRR은 이러한 정보를 제공할 수 있다. 프레드릭의 경우에, 자본비용이 IRR인 14%보다 크게 추정되면 NPV는 음(그림 8.1의 빨간색 영역)이 된다. 따라서, 우리가 추정한 10% 자본비용이 진짜 자본비용의

4% 범위 내에 있다면 사업을 채택하는 최초 의사결정은 옳은 결정이다. 일반적으로 자본비용과 IRR의 차이는 최초 의사결정의 변경 없이 자본비용의 예측에서 존재할 수 있는 예측오차의 크기(처음의 결정을 변경하지 않는 자본비용 오류의 범위)를 알려준다.

대안이 되는 결정 기법과 NPV 기법

NPV 기법은 프레드릭이 비료기술에 투자를 해야 한다고 알려준다. 다음 절에서 살펴볼 예정인 NPV 이외의 대안이 되는 투자 결정 기법에서 NPV와 같은 결과를 가져오기도 하지만 경우에 따라서 다른 결론을 얻게 될 것이다. 투자 결정 기법이 서로 갈등을 일으킬 때, 가장 정확하고 믿을 만한 NPV 기법에 항상 기반해서 결정해야 한다.

개념확인

3. 단독 사업에 대한 NPV 기법을 설명하시오.
4. 자본비용과 IRR 사이의 차이를 어떻게 이해하여야 하는가?

8.3 대안이 되는 투자 결정 기법

비록 NPV가 가장 정확하고 믿을만한 기법이라고 하여도, 실무에서는 NPV와 병행하여 다양한 결정 기법이 사용된다. 2001년의 설문조사에서 존 그레이엄(John Graham)과 캠벨 하비(Campbell Harvey)교수는 답변기업의 약 75%가 투자 의사결정을 위해 NPV를 사용한다는 것을 알아냈다.[3] 이 결과는 1977년에 있었던 단지 10%의 기업이 NPV를 사용한다는 기트먼(Gitman)과 포레스터(Forrester)교수의 연구와는[4] 상당히 다른 결과이다. 최근 경영대학 학생들이 재무 교수들의 강의를 들어왔기 때문이다! 그렇다 하더라도, 그레이엄과 하비 교수의 연구는 미국 기업의 약 4분의 1이 아직 NPV 기법을 사용하지 않는다는 것을 보여준다. 자본예산 기법으로 정확하게 어떤 것을 실무에서 사용하는지는 명확하지는 않다. 그림 8.2는 조사에서 얻어진 상위 3개의 기법을 요약하고 있다. 경영 실무에서 이러한 기법들이 사용되고 있기 때문에, 그것이 무엇이고 어떻게 사용되고 NPV와는 어떻게 다른지 알아야 한다. 이 절에서 우리는 기업 내의 단일 독자적 사업에 대한 대안적 결정 기법을 살펴본다. 여기에선 회수기간법(payback rule)과 내부수익률법(IRR rule)에 초점을 맞춘다.

---

3) John Graham and Campbell Harvey, "The Theory and Practice of Corporate Finance: Evidence from the Field," *Journal of Financial Economics* 60 (2001): 187-243.

4) L. J. Gitman and J. R. Forrester, Jr., "A Survey of Capital Budgeting Techniques Used by Major U.S. Firms," *Financial Management* 6 (1977): 66-71.

막대그래프는 그레이엄과 하비 교수의 2001년 조사에 응답한 CFO에게 가장 인기 있는 의사결정 기법을 보여준다. 많은 CFO가 둘 이상의 방법을 사용했고, 이 외의 기법 중 50% 이상 언급된 것은 없다.

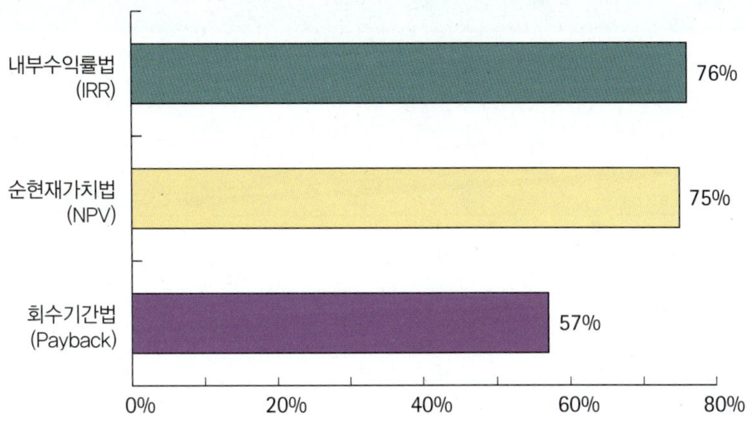

그림 8.2
CFO에게 가장 인기 있는 의사결정 기법

엑셀 사용하기 NPV와 IRR 계산하기

여기에서는 마이크로소프트 엑셀을 이용하여 NPV와 IRR을 푸는 것을 알아본다. 엑셀 사용 시 주의점에 대해서도 살펴본다.

NPV 함수: date 0은 남겨둠

엑셀의 NPV 함수는 NPV(rate, value1, value2, …)의 형식으로, "rate"는 현금흐름을 할인하는 기간별 이자율이다. 그리고 "value1, "value2", 등은 현금흐름이다(혹은 현금흐름의 범위). NPV 함수는 첫 번째 현금흐름이 date 1에 발생하는 것을 가정하여 현금흐름의 현재가치를 계산한다. 따라서, 만일 사업의 첫 번째 현금흐름이 date 0에 발생하면, 우리는 NPV를 계산하기 위해서 NPV 함수를 사용할 수 없다. date 1 이후의 현금흐름의 현재가치를 계산하는 데 NPV 함수를 사용할 수 있으며, 사업의 NPV를 계산하기 위해서는 date 0의 현금흐름을 더해 주어야 한다. 아래의 화면 그림이 이 차이를 보여준다. 파란색으로 표시된 첫 번째 NPV 계산이 옳은 것이다: 우리는 NPV 함수를 1기를 포함하여 그 이후에 발생하는 모든 현금흐름에 사용하고 이미 현재가치인 0기에 발생한 첫 번째 현금흐름을 더해주었다. 녹색으로 표시된 두 번째 계산은 옳지 않다. NPV 함수를 모든 현금흐름에 적용했는데 이는 첫 번째 현금흐름이 즉각 발생하는 대신에 1기에 발생한다는 가정이다.

NPV 함수: 빈칸을 무시

NPV 함수의 또 다른 문제점은 현금흐름이 빈칸으로 남겨진 경우에 0으로 되어 있는 경우와 다르게 취급된다는 것이다. 현금흐름이 빈칸으로 되어 있으면 현금흐름과 시기 모두가 무시된다. 예를 들어, 엑셀 화면의 두 번째 현금흐름의 모습은 첫 번째와 동일하다 - 단지 date 2에서 "0"을 써 넣는 대신에 빈칸으로 두었다. 그러나, NPV 함수는 date 2의 빈칸을 무시할 뿐만 아니라 10은 date 1에 110은 date 2에 발생한 것으로 가정한다. 이것은 우리가 의도한 것과 완전히 다르고 붉은 색으로 표시된 잘못된 답을 계산하게 된다.

이러한 불일치로 인하여 엑셀의 NPV 함수를 피하게 된다. 대신에 현금흐름별로 각각의 현재가치를 구한 다음에 합을 구해서 NPV를 계산하는 것이 믿을만한 방법이다.

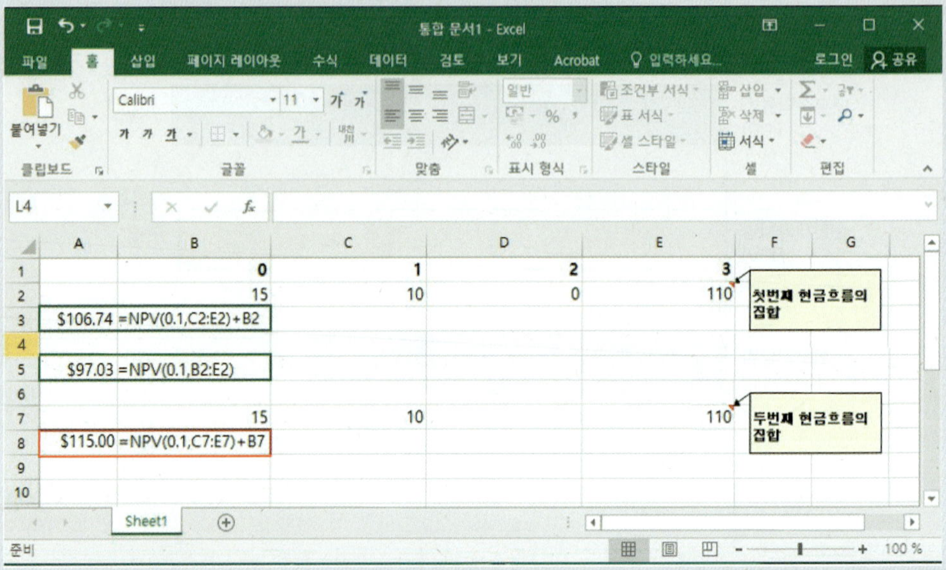

IRR 함수

엑셀의 IRR 함수는 IRR(values, guess)의 형식을 가지고 있는데, "values"는 현금흐름을 포함하고 있는 참조 영역을 "guess"는 최초 추정값으로 엑셀은 이 값을 시작으로 IRR을 찾기 시작한다. IRR 함수에 대해 두 가지 요점이 있다.

1. IRR 함수의 values는 date 0를 포함해서 사업의 현금흐름을 모두 포함해야만 한다. 따라서 엑셀의 IRR 함수와 NPV 함수의 결과가 일치하지 않는다.
2. NPV 함수와 마찬가지로, IRR도 빈칸에 해당하는 시기를 무시한다.

회수기간법

회수기간 투자기법: 회수기간 안에 최초 투자금액이 회수되는 사업만이 실행된다.

회수기간: 사업의 현금흐름이 최초 투자금액을 상쇄하는 데 걸리는 시간. 최초 투자금액을 회수하는 데 걸리는 시간.

가장 단순한 투자 기법은 미리 정해놓은 기간 안에 최초 투자금액을 현금흐름으로 회수한다면 사업을 채택해야만 한다고 말하는 **회수기간 투자기법**(payback investment rule)이다. 이 기법은 최초 투자금액을 빨리 회수하는 기회가 좋다는 생각에 기반한다. 회수기간법을 적용해 보면

1. 최초 투자금액을 회수하는 데 걸리는 시간을 계산하는 데 이것이 **회수기간**(payback period)이다.
2. 회수기간이 미리 설정된 시간(보통 몇 년) 보다 짧다면 사업을 채택한다.
3. 회수기간이 미리 설정된 시간(보통 몇 년) 보다 길다면 사업을 거부한다.

예를 들어, 기업은 2년보다 짧은 회수기간을 가지는 사업을 선택할 수 있다.

예제 8.2
회수기간법의 사용

문제 *Problem*

프레드릭(Fredrick)은 모든 사업이 2년 이하의 회수기간을 가질 것을 요구한다고 가정하자. 이 기법에 따라 프레드릭은 비료 사업을 실행해야 할까?

풀이 *Solution*

● **계획**

회수기간법을 적용하려면 2년 말 이전에 사업에서 발생하는 현금 유입의 합계가 초기 투자금액을 초과하는지를 알아야 한다. 해마다 $28백만의 현금 유입이 있고 초기 투자금액은 $81.6백만이다.

● **실행**

1년과 2년의 현금흐름의 합계액은 $28 x 2 = $56백만이고 이 금액은 초기 투자금액인 $81.6백만을 넘지 않는다. 사실, 초기 투자금액을 넘으려면 3년의 현금흐름이 있어야 한다 ($28 x 3 = $84백만). 이 사업의 회수기간이 2년을 넘기 때문에, 프레드릭은 사업을 거부할 것이다.

● **평가**

계산하기는 쉽지만, 회수기간법은 현금흐름의 합계를 계산할 때 임의적으로 판단 기간을 사용해야만 한다. 또한, 회수기간법은 미래의 현금흐름을 할인하지 않는다. 대신에 현금흐름을 단순히 더해서 현재의 현금유출액과 비교한다. 회수기간법을 사용하면 프레드릭은 기업의 가치를 증가시키는 사업을 거부하는 결정을 내릴 위험이 있다.

예제 8.2에서 회수기간법 분석에 따르면 프레드릭은 사업을 거부할 것이다. 그러나 앞 절에서 보았듯이 자본비용이 10%라면 NPV는 $7.2백만이다. 회수기간법을 따르는 것은 프레드릭으로 하여금 $7.2백만의 가치가 있는 사업을 포기하게 만드는 실수를 하게 만드는 것이다.

회수기간법은 NPV 기법에 비해 신뢰성이 떨어진다. (1) 화폐의 시간가치를 무시한다. (2) 회수기간 이후에 발생하는 현금흐름을 무시한다. (3) 경제학에 근거한 판단 기준이 부족하다(회수기간을 위해 필요한 정확한 시간은 얼마인가?). 첫 번째 문제점을 보완하기 위해 경우에 따라 할인된 현금흐름을 이용해서 회수기간을 계산할 수 있는데 이를 **할인 회수기간법(discounted payback rule)**이라고 한다. 그러나 두 가지의 약점이 남아 있기 때문에 회수기간법의 근본적인 문제를 해결하지 못한다. 이러한 문제점에도 불구하고 그레이엄과 하비 교수의 연구에서 기업의 약 57%에서 의사결정 과정에서 회수기간법을 사용하고 있다고 답변했다.

할인 회수기간법: 회수기간 안에 할인된 현금흐름의 합계가 최초 투자금액보다 크거나 같은 사업만을 채택한다.

왜 기업은 회수기간법을 사용하는 것일까? 해답은 아마도 단순하다는 데 있을 것이다. 회수기간법은 복사기의 구매 여부와 같이 전형적으로 소규모 투자결정에서 사용된다. 소규모 투자의 경우 잘못된 결정으로 발생하는 비용이 NPV를 계산하는 데 소요되는 시간을 정당화할 만큼 충분히 크지 않을 것이다. 또한 회수기간법의 매력은 단기 사업을 선호하게 한다는 것이다. 때때로 기업은 의도하지 않은 장기투자에 자금이 묶이기도 한다. 또한 요구되는 회수기간이 1-2년으로 짧은 경우 회수기간법을 만족하는 대부분의 사업은 양(+)의 NPV를 가진다.

내부수익률법

내부수익률 투자기법: 투자기회의 IRR이 기회 자본비용을 초과하는 모든 투자기회를 채택하고 그렇지 않은 기회는 거부하는 투자결정 기법

NPV와 유사하게, **내부수익률 투자기법(internal rate of return (IRR) investment rule)**은 고려하고 있는 투자 기회의 수익률이 동일한 위험과 만기를 가지는 시장의 다른 투자대안의 수익률(즉 사업의 자본비용)보다 크다면 투자 기회를 선택해야만 한다는 개념에 바탕을 둔다. IRR 기법은 공식적으로 아래와 같다.

IRR 투자 기법: 어느 투자기회의 IRR이 기회 자본비용을 초과하면 그 투자기회를 선택하라. 어느 투자기회의 IRR이 기회 자본비용보다 작으면 그 투자기회를 거부하라.

IRR 투자기법은 많은 경우(모든 경우는 아님) NPV 기법과 동일한 정확한 해답을 줄 것이다. 예를 들어, 프레드릭의 비료 사업 기회에 옳은 답을 준다. 그림 8.1에서 자본비용이 IRR(14%)보다 낮은 녹색 영역에서 사업은 양(+)의 NPV를 가지며 그 사업을 착수해야만 한다. 표 8.1은 프레드릭의 새로운 사업에 대한 분석을 요약하고 있다. NPV와 IRR법은 일치하지만, 2년 이하의 회수기간을 요구하는 회수기간법은 프레드릭의 사업을 거부한다.

표 8.1 프레드릭의 신 사업에 대한 NPV, IRR, 회수기간법의 요약

NPV (자본비용 10%)	$7.2백만	채택 ($7.2백만 > 0)
회수기간법	3년	거부 (3년 > 2년 요구 회수기간)
IRR	14%	채택 (14% > 10% 자본비용)

일반적으로, 내부수익률법(IRR 기법)은 양(+)의 현금흐름 이전에 음(-)의 현금흐름이 발생하는 독자 사업에 잘 적용된다. 그러나 다른 경우에는, IRR 기법은 NPV 기법과 일치하지 않거나 부정확할 수 있다. IRR이 실패하는 몇 가지 상황에 대해 알아보자.

지연된 투자 유명 농구선수인 에반 콜(Evan Cole)은 대학을 졸업하고 프로농구(NBA) 진출을 준비 중이다. 몇 개 기업에서 이미 그에게 사전 계약을 제시하였다. 두 개의 스포츠 음료 회사가 그와 계약을 체결하려고 설득하고 한다. 퀀칫(QuenchIt)은 3년간 자사의 스포츠 음료와 독점 계약에 대하여 사전에 단일의 지불금으로 $1백만을 제안한다. 파워업(PoweUp)은 역시 독점 계약으로 매년 $500,00를 3년에 걸쳐 매년 말 지급하려고 한다. 어떤 제안이 더 유리한가? 퀀칫과의 계약 체결은 파워업의 기회인 매년 $500,000를 버리는 것으로 생각해서 두 제안을 직접 비교할 수 있다. 다른 수입의 원천과 가능한 투자 기회의 위험을 고려하여 에반은 자신의 기회 자본비용을 10%로 추정한다. 에반의 투자 기회의 시간선은 아래와 같다.

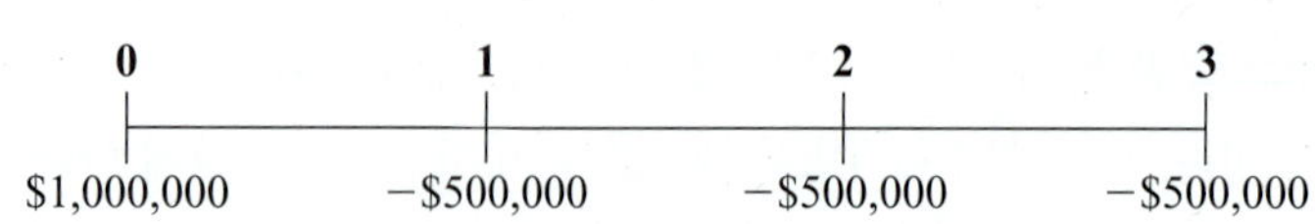

에반의 투자기회의 NPV는 아래 식이 된다.

$$NPV = 1{,}000{,}000 - \frac{500{,}000}{1+r} - \frac{500{,}000}{(1+r)^2} - \frac{500{,}000}{(1+r)^3}$$

NPV를 영으로 만드는 r을 구하면 IRR를 얻을 수 있다. 재무 계산기나 스프레드시트를 이용하여 IRR을 얻는다.

	N	I/Y	PV	PMT	FV
입력:	3		1,00,000	−500,000	0
계산 결과:		23.38			
엑셀 공식: = RATE(NPER, PMT, PV, FV) = RATE(3, − 500,000, 1,000,000, 0)					

23.38%의 IRR는 10%의 기회 자본비용보다 크다. IRR 기법에 따르면, 에반은 계약을 체결해야 한다. NPV 기법의 결과는 어떨까?

$$NPV = 1{,}000{,}000 - \frac{500{,}000}{1.1} - \frac{500{,}000}{1.1^2} - \frac{500{,}000}{1.1^3} = -\$243{,}426$$

10% 할인율에서 NPV는 음의 값을 가지게 되며, 계약의 체결은 에반의 부를 감소시킨다. 그는 퀸칫과의 사전 계약을 체결하지 말고, 파워업과의 계약을 체결해야만 한다.

이러한 문제를 해결하기 위해서, 퀸칫과의 계약에 대한 NPV 프로파일을 준비할 수 있다. 그림 8.3은 할인율의 범위에 따른 투자기회의 NPV를 보여준다. 그림을 보면, 자본비용이 얼마이든 IRR과 NPV 기법은 서로 상반된 결론을 말해준다. 기회 자본비용이 23.38%(IRR)를 넘을 때에만 NPV는 양의 값을 가진다. 에반은 기회 자본비용이 IRR보다 클 때에만 투자를 채택해야만 하는데 이는 일반적인 IRR 기법과는 반대이다.

그림 8.3은 또한 이번 경우에서 IRR 기법을 사용할 때의 문제를 보여준다. 대부분의 투자 기회에서는 비용이 초기에 발생하고 현금은 나중에 받는다. 그러나 이번 경우에서, 에반은 퀸칫으로부터 초기에 선금을 받고 나중에 파워업으로부터 발생하는 현금흐름을 상실하게 된다. 이것은 마치 에반이 돈을 빌리는 것과 유사한데, 돈을 빌리는 경우에는 수익율이 낮을수록 유리하다. 에반의 최적 기법은 자본비용보다 돈을 빌리는 수익율이 낮다면 빌리는 것이다.

IRR 기법이 이번 경우에 정확한 해답을 주지 못하더라도 IRR 그 자체는 NPV 기법과 결합하여 유용한 정보를 제공한다. 앞에서 언급한 바와 같이, IRR은 투자결정이 자본비용 추정에서의 불확실성에 얼마나 민감한 지에 대한 정보를 준다. 이 경우에, 자본비용과 IRR의 차이는 10%와 23.38%의 차이인 13.38%로 크다. 에반이 양(+)의 NPV를 얻기 위해서는 자본비용을 13.38%만큼 과소평가했어야 한다.

그림 8.3
에반의 퀸칫과의 $1백만 계약의 NPV

투자의 모든 이익이 비용 발생 이전인 0(zero) 시점에 발생할 때, NPV는 할인율에 대하여 증가하는 함수이다. 녹색 영역에서 NPV는 양의 값이고 붉은색 영역에서는 음의 값이다. 자본비용이 23.38%를 넘을 때 NPV는 양의 값이고 IRR과 NPV는 서로 결과가 상이하다.

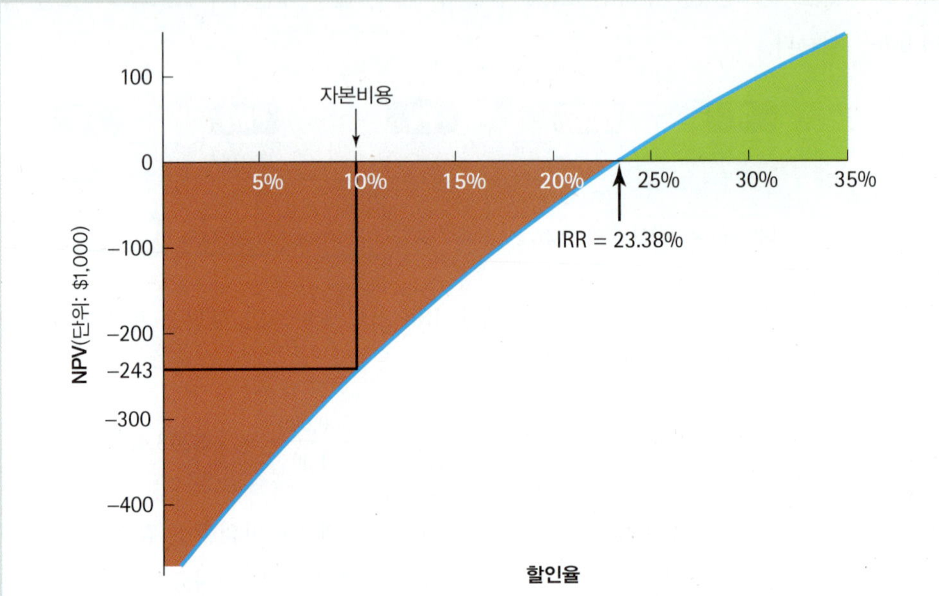

복수의 IRR 에반은 퀸칫의 계약 체결을 위해서는 좀더 조건이 개선되어야 한다고 알렸다. 이에 따라, 회사는 비록 에반과의 단기 계약으로 승인된 것이지만, 장기적인 매출액 증가에 대한 추후 보상으로 10년 뒤에 $600,000를 추가적으로 지급하기로 했다. 에반은 새로운 제안을 채택(거부)해야 하는가?

새로운 시간선을 그려보자.

0	1	2	3	4	···	9	10
+$1,000,000	−$500,000	−$500,000	−$500,000	0		0	+$600,000

에반의 새로운 투자기회의 NPV는 아래와 같다.

$$NPV = 1{,}000{,}000 - \frac{500{,}000}{1+r} - \frac{500{,}000}{(1+r)^2} - \frac{500{,}000}{(1+r)^3} + \frac{600{,}000}{(1+r)^{10}}$$

우리는 NPV 프로파일을 그려서 0을 지나는 점에서 이번 투자기회에 대한 IRR을 발견할 수 있다. 그림 8.4는 각기 다른 할인율에 따른 투자기회의 NPV를 보여준다. 이번 경우에 두 개의 IRR이 있다. 즉, NPV를 0으로 만드는 r이 두 개가 있다. 사실인지 확인하려면 수식에 r 대신에 IRR

인 5.79%와 13.80%를 대입해 보면 된다. 한 개가 넘는 IRR이 있기 때문에 IRR 기법을 적용할 수 없다. 또한 IRR를 산출하기 위해 스프레드시트나 재무계산기를 사용할 때도 주의를 기울어야 한다. 어느 경우든 IRR은 직접 계산할 수 없고 시행착오법(trial and error)을 이용해야 한다. 한 개가 넘는 IRR이 있는 경우에 스프레드시트나 계산기는 다른 값이 있다는 것은 알리지 않고 단순하게 첫 번째 것을 IRR로 찾아낸다! 일부 계산기는 복수의 IRR이 있을 때 '에러' 메시지를 내보내기도 한다. 따라서 NPV 프로파일을 그리는 것은 늘 제 값을 한다.

비교를 위해서 이제 NPV 기법을 알아보자. 자본비용이 5.79% 아래 이거나 13.80%를 넘는다면, 에반은 투자 기회를 실행해야 한다. 그러나 주어진 자본비용이 10%라면 여전히 제안을 거

그림 8.4
스포츠 음료 회사의 추가적인 추후 보상이 있는 에반의 계약에 관한 NPV

패널 (b)의 그래프는 패널 (a)의 자료를 바탕으로 한 추가적인 추후 보상이 있는 에반의 계약에 대한 NPV를 보여준다. 이 경우에 두 개의 IRR이 있어서 IRR 기법은 합당하지 못하다. 만일 기회 자본비용이 5.79% 아래 이거나 13.80%를 넘는다면 NPV는 녹색 영역으로 양의 값을 가지기 때문에 에반은 계약을 체결해야 한다. 이 두 개의 IRR 사이에서는 NPV가 음의 값을 가진다 (붉은색 영역).

패널 (a)

0%	100,000
1%	72,680
2%	50,267
3%	32,151
4%	17,793
5%	6,724
6%	−1,469
7%	−7,148
8%	−10,632
9%	−12,201
10%	−12,100
11%	−10,547
12%	−7,732
13%	−3,823
14%	1,030
15%	6,698
16%	13,065
17%	20,030
18%	27,502
19%	35,403
20%	43,663
21%	52,219
22%	61,019
23%	70,014
24%	79,161

패널 (b)

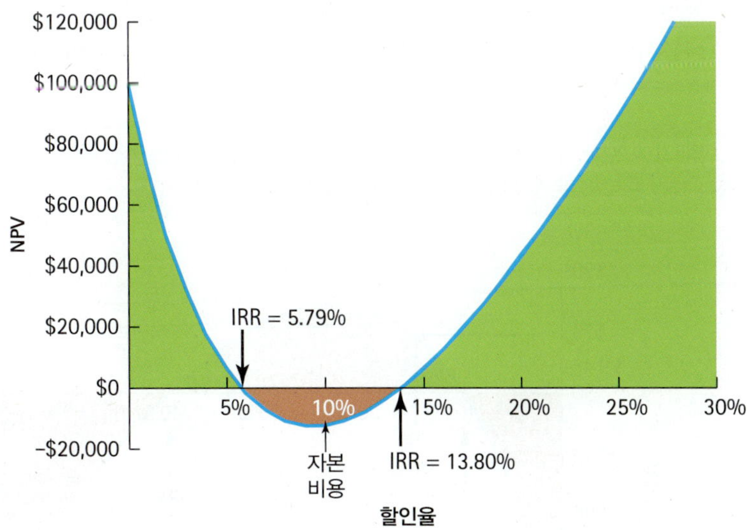

일반적인 실수 IRR 대 IRR 기법

이번 단락에 걸쳐서, 우리는 IRR 자체와 IRR 기법을 구분하려고 한다. 투자 결정에서 IRR 기법을 사용하는 것의 문제점에 대해 이야기 했지만, IRR 그 자체는 매우 유용한 도구로 남아있다. IRR은 투자의 평균 수익률을 측정하고 NPV의 자본비용 추정 오류에 대한 민감도를 알려준다. 따라서 IRR을 아는 것은 매우 유용하지만, IRR에 근거해서 투자 결정을 하는 것은 위험하다.

부해야 한다. 비록 IRR 기법을 사용할 수는 없어도 두 개의 IRR은 자본비용 추정의 경계 값으로서 여전히 유용하다는 사실을 기억하자. 만일 자본비용의 추정이 잘못된 것이어서 자본비용이 실제로는 5.79%보다 작거나 13.80%보다 크다면, NPV는 양의 값을 가질 것이기 때문에 사업을 실행하지 않는다는 결정은 변경되어야 한다.

복수의 IRR이 있을 때 이를 고치는 쉬운 방법은 없다. 이번 사례는 두 개의 IRR 사이에서 NPV가 음의 값을 가졌지만, 뒤집힌 모습도 가능하다(그림 8.5 참고). 그림 8.5에서 프로젝트는 IRR 사이의 할인율을 가질 때 양의 NPV를 가진다. 더구나, 두 개가 넘는 IRR을 가지는 상황도 있다.[5] 그런 상황에서 우리는 NPV 기법에 따르는 선택을 해야만 한다.

수정된 내부수익률

수정된 내부수익률(MIRR): 사업의 수정된 현금흐름의 NPV를 0으로 만드는 할인율. 현금흐름은 한 개의 음의 현금흐름(한 번의 부호 변화)만 있어서 한 개의 IRR만 보장되도록 수정된다.

사업의 현금흐름에 따라서는 복수의 IRR이 있을 수 있다는 사실은 IRR의 명백한 약점이다. 이것을 극복하기 위해서, 일부에서는 IRR을 계산하기 전에 현금흐름을 수정하는 다양한 방법을 제안하고 있다. 모든 수정 행위는 음의 현금흐름이 사업의 시작이나 마지막에만 한 번 발생하도록 현금흐름을 묶는 특성을 가진다. 그렇게 하면 전체적으로 한 번의 부호 변화가 있고 단일 IRR을 얻을 수 있다. 새로운 IRR은 사업의 수정된 현금흐름의 NPV를 0으로 만드는 할인율을 계산한 것이며, 이를 **수정된 내부수익률(modified internal rate of return, MIRR)**이라고 한다.

그림 8.5
복수의 IRR을 가지는 사업의 NPV 프로파일

아래 그림은 0, 1, 2년에 각각 −$1,000, $2,500, −$1,540의 현금흐름을 가지는 사업의 NPV 프로파일과 복수의 IRR을 보여준다. NPV 프로파일은 두 개의 IRR (10%와 40%)을 보여준다.

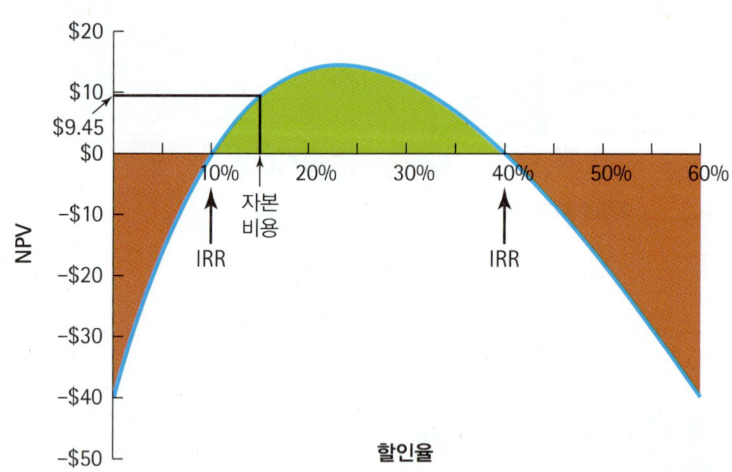

5) 일반적으로, 현금흐름의 부호가 바뀌는 숫자만큼의 IRR 갯수가 있을 수 있다.

MIRR 기법 예를 가지고 명확하게 해 보자. 당신은 아래와 같이 3개의 현금흐름이 있는 사업을 고려 중이다.

0	1	2
−$1,000	$2,500	−$2,500

이 사업의 NPV 프로파일은 그림 8.5에 그려져 있다. 두 개의 IRR은 각각 10%와 40%이다.

이 사업에 대한 할인율이 15%라고 가정하자. 그림 8.5에서 볼 수 있듯이, 15%의 할인율일 때 이 사업의 NPV는 $9.45이다. 우리는 복수의 IRR 문제를 해결하기 위해서 현금흐름을 수정할 수 있다. 모든 음의 현금흐름을 현재로 할인하고 모든 양의 현금흐름은 사업 말기로 이자율 복리계산으로 옮기면 2 개의 현금흐름만 가지게 되며 단일의 IRR을 얻게 된다. 할인율과 이자율로 무엇을 사용할 것인가? 우선 자연스럽게 이 사업의 자본비용인 15%를 사용하는 방법이 있다.

0	1	2
−$1,000	$2,500	−$2,500
$-\$1,000 + \frac{-1,540}{(1.15)^2} = -2,164.46$		$2,500(1.15)^1 = 2,875$

왜 NPV 기법 이외의 다른 결정 기법을 지속하는가?

그레이엄과 하비 교수는 연구에서 상당수 기업(25%)이 NPV 기법을 사용하지 않는다는 것을 발견했다. 또한 약 50%의 기업이 회수기간법을 사용했다. 더군다나 대부분의 기업에서 NPV 기법과 IRR 기법을 동시에 사용하는 것으로 보인다. 왜 기업들은 NPV 이외에 오류가 있는 다른 결정 기법을 쓰는 것일까?

하나의 가능한 설명은 그레이엄과 하비 교수의 연구 결과 해석에 문제가 있을 수 있다. 설문에 응답한 CFO는 NPV 기법과 병행해서 IRR을 민감도 측정을 위해 사용하는 경우에 IRR과 NPV를 동시에 표기했을 지 모른다. 본래 질문은 "당신의 기업은 얼마나 자주 아래 기법을 사업이나 인수 결정을 할 때 사용합니까?"였다. IRR을 계산하여 NPV 기법과 병행해서 분석 결과의 민감도를 계산하면서, 두 기법을 모두 사용했다고 느꼈을 것이다. 그렇다고 하더라도, 설문에 응답한 상당수 경영자는 IRR 기법만을 사용한다고 답변했기 때문에 위 설명은 충분한 이유가 될 수 없다.

경영자가 오직 IRR 기법만을 사용한다고 답변한 흔한 이유는 IRR을 계산하기 위해서 기회자본비용을 알 필요가 없다는 것이다. 표면적으로 이것은 사실이다. IRR을 계산하기 위해서 자본비용을 알 필요는 없지만 IRR 기법을 적용하기 위해서는 반드시 자본비용을 알아야만 한다. 따라서 기회비용은 NPV 기법에서와 마찬가지로 IRR 기법에서도 중요하다.

그럼에도 불구하고, IRR 기법의 장점은 IRR이 자본비용에 대한 가정을 필요로 하지 않고 투자 기회의 매력도를 종합할 수 있다는 것이다. 그러나 할인율의 함수로 NPV를 보여주는 투자안에 대한 NPV 프로파일이 좀더 유용한 요약이 된다. NPV 프로파일도 자본비용을 알 필요가 없으며, 더 많은 정보와 신뢰성을 가지고 있기 때문에 분명한 장점을 가진다.

그림 8.6
그림 8.5의 복수 IRR 사업의 수정된 현금흐름에 대한 NPV 프로파일

아래 그래프는 연도 0에 −2,164.46 그리고 연도 2에 2,875가 발생하는 수정된 사업 현금흐름의 NPV 프로파일을 보여준다. 수정된 현금흐름은 단일의 IRR을 가진다. 주어진 15%의 자본비용 아래에서 IRR 기법은 이 사업을 채택해야 한다는 것을 확인시키고 있다.

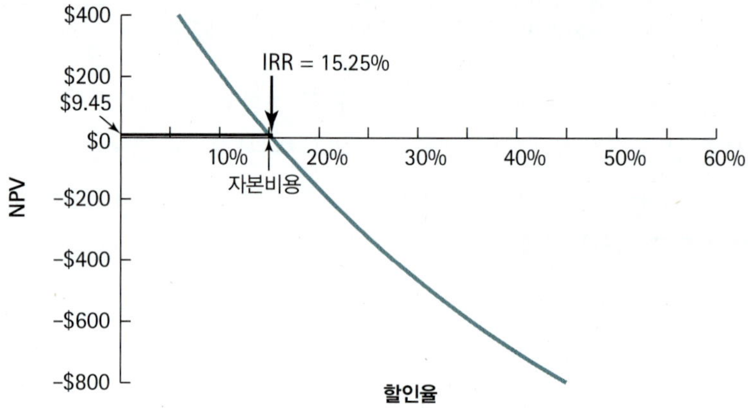

그림 8.6은 수정된 현금흐름의 NPV 프로파일을 보여준다. 그림 8.6에서 보듯이, 이제 15.25%라는 단일 IRR만이 나타난다. 우리의 자본비용이 15%이기 때문에 IRR 기법에 따르면 아마 이 사업을 채택해야 할 것이다. 또한 현금흐름을 수정하기 위해서 15%를 할인율과 이자율로 사용하는 장점은 수정된 현금흐름을 15%의 자본비용으로 계산한 NPV와 15%로 계산한 실제 현금흐름의 NPV가 같다는 점이다. 그림 8.6은 또 다른 중요한 점을 보여주는데, 더 이상 실제 현금흐름을 평가하지 않는다는 것이다. 대신에, 단일한 IRR을 산출하기 위해 수정한 현금흐름을 가지게 된다. 실제 현금흐름을 대상으로 한 NPV 프로파일은 앞서 그림 8.5에서 보았는데 그것은 그림 8.6에서 표현하고 있는 수정된 현금흐름에 의해 만들어진 NPV 프로파일과는 확실히 다르다.

MIRR을 산출하기 위해 사업의 현금흐름을 수정하는 정해진 방법은 없다. 복수의 IRR 문제를 해결하기 위한 두 개의 다른 방법이 있다.

1. 모든 음의 현금흐름은 시간 0으로 할인하고 양의 현금흐름은 내버려 둔다.
2. 최초 현금흐름은 놔두고 모든 남아있은 현금흐름은 사업의 마지막 기간으로 옮기는 계산을 한다. 이 방법에서는, 암묵적으로 사업에서 발생하는 모든 현금흐름을 사업이 끝날 때까지 이자율로 모두 재투자한다는 것이다.

이번에도 역시 어느 경우라도 사업의 자본비용을 할인율과 이자율로 사용하는 한 자본비용을 할인율로 해서 구한 사업의 NPV를 바꾸지 않는다. 또한 수정된 IRR에 근거한 사업의 채택과 거부 결정은 NPV 의사결정 기법에 근거한 결정과 동일할 것이다.

MIRR에 관한 마지막 한마디 MIRR이 IRR보다 정말 좋은 방법인지에 대하여 많은 논쟁이 있다. 논쟁의 핵심은 사업의 현금흐름을 수정하는 것이 바람직하냐는 것이다. IRR은 사업에서 발생하는 모든 현금흐름이 사업 종료시점까지 자본비용으로 재투자되는 것이 아니라 IRR로 재투자된다고 암묵적으로 가정하고 있다. 그러나 높은 IRR을 가진 사업이라면 이것은 비현실적인 가정이다. 그리고 한 개를 초과하는 IRR을 가지게 되면 IRR의 사용이 복잡하다. MIRR은 할인율과 이자율을 선택해서 수정한 현금흐름을 이용하여 이런 문제를 피할 수 있다. 그렇기 때문에 MIRR은 진정한 내부수익률은 아니며 실제 사업의 현금흐름에 근거하고 있지는 않다. 마지막으로, MIRR은 경쟁하는 상호 배타적 사업들 중에서 선택하는 경우에 발생하는 IRR의 문제는 여전히 해결하지 못한다.

개념확인

5. 회수기간법은 어떻게 사용하는가?
6. 어떤 조건 아래에서 IRR 기법이 NPV 기법과 동일한 결정에 도달하는가?

8.4 투자대인 중에서 선택

지금까지 우리는 단일의 독자 사업을 선택할 것인가 거부할 것인가에 대한 선택이 이루어지는 결정을 고려해 왔다. 그러나 때때로 기업은 몇 개의 가능한 사업들 중에서 오직 하나의 사업을 선택해야만 한다. 예를 들어, 경영자는 여러 대안의 신제품의 포장 디자인을 평가할 수 있다. 이 경우 경영자는 오직 하나의 디자인을 선택해야 한다. 하나의 사업을 선택할 때 다른 사업을 추진할 수 없는 경우에 우리는 **상호 배타적 투자안(mutually exclusive projects)**에 직면한 것이다.

상호 배타적 투자안: 서로 다투는 투자안. 하나의 투자안을 선택함으로써 다른 것들은 배척한다.

예제 8.3
NPV와 상호 배타적 투자안

문제 *Problem*

당신은 대학가에 작은 상업용 땅을 가지고 있다. 최근에 $220,00에 매입하겠다는 제안을 받기도 했다. 당신은 이 땅을 이용해 볼 생각으로 작은 바, 커피숍, 그리고 옷 가게의 세 가지 대안을 고려 중이다. 사업을 시작하면 중단하지 않고 자식에게까지 물려줄 생각이다. 당신은 아래와 같은 정보를 수집했는데, 어떻게 하는 것이 좋을까?

	초기 투자금액	1년 뒤 현금흐름(CF_1)	성장률(g)	자본비용(r)
바	$400,000	$60,000	3.5%	12%
커피숍	$200,000	$40,000	3%	10%
옷 가게	$500,000	$75,000	3%	13%

풀이 *Solution*

- 계획

한 가지 사업만 할 수 있기 때문에(땅은 하나이기 때문), 이것은 상호 배타적 투자안이다. 어느 대안이 가장 가치 있는지를 결정하기 위해서는 NPV를 가지고 순위를 매기면 된다. 각 사업(땅 매각을 제외하고)은 제4장에서 배운 성장하는 영구연금의 현금흐름을 가지고 있다. 이러한 현금유입의 현재가치는 $CF_1/(r-g)$ 이다. 따라서 각 사업의 NPV는 아래와 같다.

$$\frac{CF_1}{r-g} - \text{최초 투자금액}$$

● **실행**

각 사업의 NPV는 아래와 같다.

$$\text{바: } \frac{\$60{,}000}{0.12 - 0.035} - \$400{,}000 = \$305{,}882$$

$$\text{커피숍: } \frac{\$40{,}000}{0.10 - 0.03} - \$200{,}000 = \$371{,}429$$

$$\text{옷 가게: } \frac{\$75{,}000}{0.13 - 0.03} - \$500{,}000 = \$250{,}000$$

따라서 사업 대안의 순위는 표와 같기 때문에 커피숍을 선택해야 한다.

사업대안	NPV
커피숍	\$371,429
바	\$305,882
옷 가게	\$250,000
땅 매각	\$220,000

● **평가**

모든 대안들이 양의 NPV를 가지지만 하나만 선택할 수 있기 때문에 가장 가치가 큰 사업을 선택한다. 커피숍의 현금흐름이 가장 작지만 시작할 때 비용이 작고 자본비용이 낮기(덜 위험하기) 때문에 최고의 선택이 되었다.

포장 디자인과 같이 투자안들이 상호 배타적일 때, 어떤 사업이 양(+)의 NPV를 가지고 있는가로 결정하는 것은 충분하지 않다. 상호 배타적인 투자안들이 있을 때, 경영자의 목적은 사업 대안들의 순위를 매기고 최고의 것을 선택하는 것이다. 이 경우, NPV 기법은 직선적인 대답을 제공한다. 가장 높은 NPV를 가지는 사업을 선택하라.

IRR은 사업 투자의 기대 수익률을 측정한 것이기 때문에, 상호 배타적인 투자안의 경우에 IRR 투자 기법을 확장해서 가장 높은 IRR을 가진 사업을 선택하려는 유혹을 느낄 것이다. 불행하게도, 더 큰 IRR을 가졌다는 이유로 사업을 선택하는 것은 잘못된 결과를 낳을 수 있다. 투자 규모가 다른(다른 초기 투자금액을 요구하는) 그리고 현금흐름의 패턴이 다른 상호 배타적 투자에서 문제가 발생한다. 각각의 경우를 하나씩 차례대로 살펴보자.

규모의 차이

당신은 $1에 대한 200% 수익률과 $1백만에 대한 10% 수익률 중에 어느 것을 원하는가? 전자의 수익률은 확실히 인상적이고 떠벌릴 만한 수치이지만 기말에 단지 $2를 가지게 될 뿐이다. 후자의 기회는 있을 법한 수준으로 보이지만 $100,000의 수익을 얻게 된다. 이 비교에서 IRR의 중요한 문제점을 볼 수 있다. IRR은 수익률이기 때문에 수익률에 곱하게 되는 초기 투자금액을 알지 못하면 실제 얼마의 가치가 만들어졌는지를 알 수 없다. 초기 투자금액이 $1백만인 경우와 $100 백만인 경우에 10%의 IRR에서 창출되는 가치의 차이는 매우 크다.

만일 양의 NPV를 가진 사업에 투자규모를 두 배로 늘린다면 NPV는 두 배가 될 것이다. 가치평가 원칙에 따라, 투자 기회의 현금흐름이 두 배가 되면 두 배의 가치를 만들어 낸다. 그러나, IRR 기법은 이러한 특성이 없다. IRR은 평균 투자 수익률을 측정하는 것이라서 투자 기회의 규모에 영향을 받지 않는다. 따라서, IRR 기법은 다른 규모를 가진 사업들을 비교할 때 유용하지 않다. 아래 예를 통해 이 개념을 확인해 보자.

동일한 규모 동일한 규모를 가지는 두 개의 상호 배타적 투자안을 고려하자. 마리아(Maria)는 두 개의 투자기회를 평가하고 있다. 그녀의 남자친구와 사업을 시작한다면 $100,00의 투자를 해야 하고 3년 동안 매년 $6,000의 증분 현금흐름이 발생할 것이다. 대안적으로 그녀는 2대의 고성능 드론을 이용한 배달 사업을 시작할 수 있다. 드론 설비는 총 $10,000이 들고 3년간 매년 $5,000의 현금흐름이 발생할 것이다. 두 사업기회에 대한 자본비용은 모두 12%이고 마리아는 풀 타임으로 일을 해야 하기 때문에 둘 중 하나를 선택해야 한다. 각각의 기회는 어느 정도 가치가 있으며, 마리아는 무엇을 선택해야 할까?

우선 NPV와 IRR를 고려해 보자. 마리아의 남자친구 사업의 시간선은 아래와 같다.

0	1	2	3
−10,000	+6,000	+6,000	+6,000

자본비용 r = 0.12 일 때 투자기회의 NPV는 $4,411이다

$$NPV = -10{,}000 + \frac{6{,}000}{1.12} + \frac{6{,}000}{1.12^2} + \frac{6{,}000}{1.12^3} = \$4{,}411$$

재무 계산기나 스프레드시트를 이용하여 이 투자안의 IRR을 계산할 수 있다.

	N	I/Y	PV	PMT	FV
입력:	3		−10,000	6,000	0
계산 결과:		36.3			
엑셀 공식: = RATE(NPER, PMT, PV, FV) = RATE(3, 6,000, − 10,000, 0)					

따라서, 마리아 남자친구 사업의 투자에 대한 IRR은 36.3%이다.

드론 배달 사업에 투자하는 경우의 시간선은 아래와 같다.

0	1	2	3
−10,000	+5,000	+5,000	+5,000

투자기회의 NPV는 $2,009이다.

$$NPV = -10{,}000 + \frac{5{,}000}{1.12} + \frac{5{,}000}{1.12^2} + \frac{5{,}000}{1.12^3} = \$2{,}009$$

드론 배달 사업의 NPV인 $2,009는 남자친구와의 사업에 대한 NPV $4,411보다 낮다. 따라서 마리아는 남자친구와의 사업에 참여해야 한다. 다행히, 마리아는 실리와 애정 사이에서 선택을 고민할 필요는 없게 된 것 같다.

이제 IRR을 비교해 보자. 드론 배달 사업의 경우에 IRR은 23.4%이다. 드론 사업의 IRR도 남자친구 사업의 IRR보다 낮은 숫자이다. 그림 8.7에서 보듯이, 이 경우에 높은 IRR을 가진 사업이 높은 NPV를 가진다.

그림 8.7
마리아의 2대의 드론 배달 사업의 투자 기회

남자친구 사업의 NPV는 항상 배달 사업의 NPV보다 크다. 이것은 IRR의 경우에도 마찬가지로, 남자친구 사업의 IRR은 36.3%로 배달 서비스의 IRR인 23.4%보다 크다.

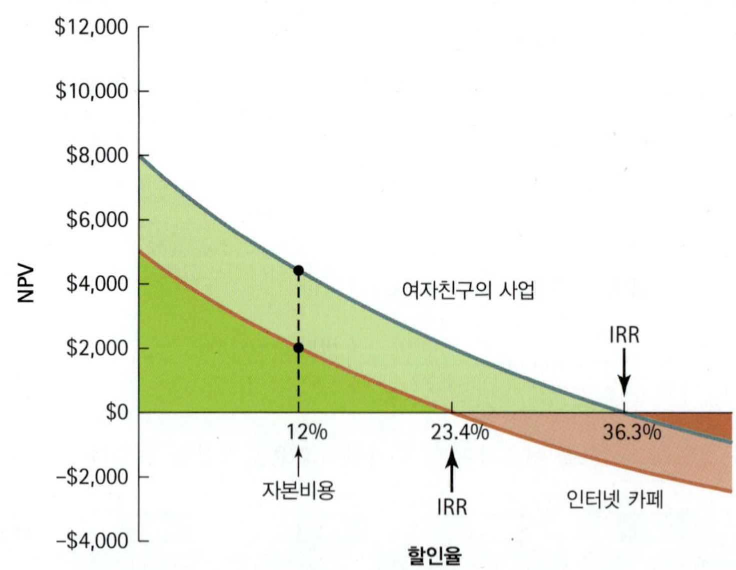

규모의 변화 만일 한 사업의 규모가 변화되면 어떤 일이 일어날까? 마리아의 재무관리 교수는 자동화 기술로 인해서 5배 많은 숫자의 드론을 이용해서 배달 사업을 관리할 수 있을 것이라는 점을 지적했다. 이러한 경우에는 설치비용이 \$50,000이 되고, 연간 현금흐름은 \$25,000이 된다. 마리아는 이제 어떻게 해야 할까?

	N	I/Y	PV	PMT	FV
입력:	3		−50,000	25,000	0
계산 결과:		23.4			
엑셀 공식: = RATE(NPER, PMT, PV, FV) = RATE(3, 25,000, − 50,000, 0)					

IRR은 규모의 변화에 영향을 받지 않는다. 10대의 드론을 이용한 배달 사업은 2대의 드론 사업에서 보다 현금흐름은 정확하게 5배 늘어난 것이기 때문에, 남자친구 사업의 IRR이 배달 사업의 IRR보다 여전히 높다.

그러나, 배달 서비스 사업의 NPV는 규모의 성장만큼 증가하여 5배 커지게 된다.

$$NPV = -50{,}000 + \frac{25{,}000}{1.12} + \frac{25{,}000}{1.12^2} + \frac{25{,}000}{1.12^3} = \$10{,}046$$

이제 마리아는 10대의 드론을 이용한 배달 사업에 투자하는 것이 옳은 결정이다. 그림 8.8에

그림 8.7에서와 마찬가지로 남자친구 사업의 IRR은 36.3%이고 배달 서비스의 IRR은 23.4%이다. 그러나 이 경우 자본비용인 할인율이 20%를 넘는 경우에만 남자친구 사업의 NPV는 10대 드론 배달 서비스의 NPV보다 크다.

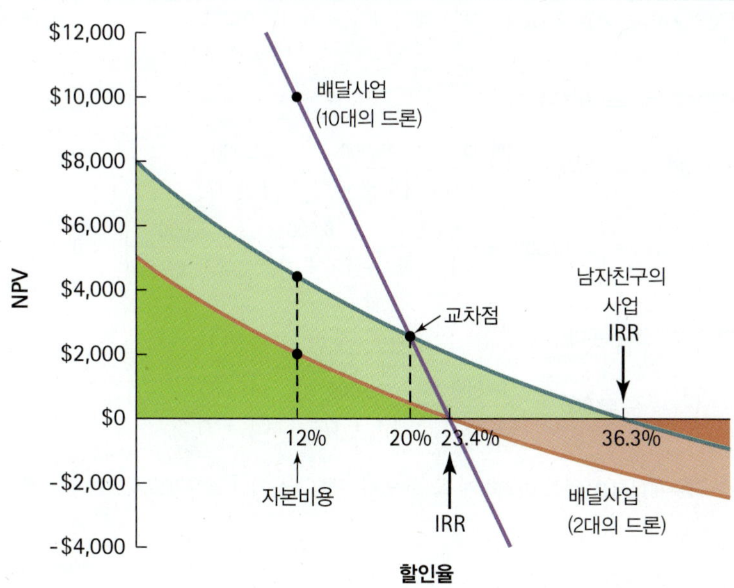

그림 8.8
마리아의 10대의 드론 배달 사업과 투자 기회

서 보듯이, 자본비용이 20% 이하인 경우에 배달 사업의 NPV는 남자친구 사업에 투자하는 NPV를 초과한다. 이 경우 남자친구 사업의 IRR이 배달 사업의 IRR을 초과하더라도 높은 IRR을 가진 투자 기회를 선택하는 것이 높은 NPV를 가진 기회를 택하는 결과를 가져오지 않는다.

수익률 대 가치에 미치는 금전적 영향 이러한 결과는 이해하기 어려운 것으로 마리아는 왜 낮은 수익률을 보여주는 사업을 선택해야 하는지를 남자친구에게 설명하기 곤란할 것이다. 단지 23.4%의 수익률(IRR)을 위해서 36.3%의 수익률(IRR)을 가진 투자 기회를 버려야 한다는 것을 어떻게 설명할까? 이에 대한 답변은 낮은 IRR이라도 배달 서비스가 좀 더 많은 돈을 만들어 낸다는 것이다. 이번 절의 시작에 제시했던 $1에 대한 200% 수익률과 $1백만에 대한 10% 수익률의 비교를 생각해 보자. 수익률의 순위는 창출된 가치의 순위와 같지 않다. IRR은 훌륭한 정보라고 할 수 있는 평균 수익률이다. 그러나, 규모가 다른 상호 배타적 투자안을 비교할 때에는 가치에 미치는 금전적 영향인 NPV를 알아야 한다

예제 8.4
교차점(Crossover Point) 계산하기

문제 *Problem*

그림 8.8에 있는 마리아의 사례에서 교차점을 계산하시오.

풀이 *Solution*

● **계획**

교차점(crossover point)은 두 개의 투자대안의 NPV를 동일하게 만들어 주는 할인율이다. 각 투자안의 NPV 수식을 같도록 놓고 할인율을 구하면 된다. 일반적인 방법으로, 남자친구의 사업 대신에 배달 서비스를 선택하는 영향을 NPV의 차이로 구할 수 있다. 교차점에서 NPV의 차이는 0이다.

● **실행**

두 사업대안의 NPV를 영으로 놓는다.

$$NPV = -50{,}000 + \frac{25{,}000}{1+r} + \frac{25{,}000}{(1+r)^2} + \frac{25{,}000}{(1+r)^3}$$
$$-\left(-10{,}000 + \frac{6{,}000}{(1+r)} + \frac{6{,}000}{(1+r)^2} + \frac{6{,}000}{(1+r)^3}\right) = 0$$

정리하여 하나의 수식으로 만든다.

$$-40{,}000 + \frac{19{,}000}{(1+r)} + \frac{19{,}000}{(1+r)^2} + \frac{19{,}000}{(1+r)^3} = 0$$

이제, 교차점은 IRR을 계산하는 것과 동일하게 풀 수 있다. 재무계산기나 스프레드시트를 이용한다.

	N	I/Y	PV	PMT	FV
입력:	0	10	−10,000	0	20,000
계산 결과:	7.27				
	엑셀 공식: = NPER(RATE, PMT, PV, FV) = NPER(0.10, 0, −10,000, 20,000)				

계산 결과 교차점의 할인율은 20.04%이다.

● **평가**

사업의 NPV가 사업이 가치에 미치는 영향을 말해 주듯이, 두 사업 대안의 NPV 차이는 하나의 사업을 다른 사업 대신에 선택하면서 발생하는 증분의(incremental) 영향을 말한다. 교차점에서는 증분 가치가 0이기 때문에 두 사업 대안 사이에 선호가 없는 무차별적인 할인율을 가진다.

인터뷰 딕 그래니스(DICK GRANNIS)

딕 그래니스 디지털 무선통신기술과 반도체 산업의 선도 기업으로 샌디에고에 본사가 있는 퀄컴(QUALCOMM)의 선임 부사장이며 총괄 재무 담당자이다. 그는 1991년에 입사하였고 회사가 행하는 $10 십억의 현금 투자를 감독하고 있다. 그는 주로 투자은행, 자본구조, 국제 금융 등의 업무를 담당하고 있다.

질문: 퀄컴은 매우 다양한 상품과 사업에 참여하고 있습니다. 신제품을 위한 자본예산 과정은 어떻게 진행됩니까?

답변: 퀄컴은 전통적인 재무기법을 활용하여 신사업(신제품, 설비, 기술, R&D, 전략적 투자 등)을 평가합니다. 예를 들어, DCF 모델, IRR 수준, 최대 소요 자금, 양의 현금흐름에 도달하는데 필요한 누적 시간, 투자가 순이익에 미치는 단기적인 영향 등을 포함합니다. 전략적 투자의 경우에, 우리의 핵심 사업에서 일어나는 재무적, 경쟁적, 기술적 그리고/혹은 시장에서의 가치 향상(숫자로 표현할 수 없더라도)을 고려합니다. 전반적으로 우리는 객관적 분석과 우리 자신의 사업 판단을 종합해서 자본예산을 결정합니다.

우리의 기업 활동에 당장에 그리고 반드시 필요한 투자라면 자본예산과 분석에 착수하지 않습니다. 예를 들면 이미 승인을 받은 사업을 시작하기 위한 새로운 소프트웨어나 생산 설비의 경우입니다.

또한 내부의 기술능력 자원을 분배하는 기회비용에 대해서도 고려합니다. 많은 매력적인 기회가 있지만 그것을 추구할 자원은 제한적이기 때문에, 우리는 이 과정이 시도할 가치가 있는 끊임없는 도전이라고 생각합니다.

질문: 퀄컴은 얼마나 자주 기준수익률(hurdle rate)을 재평가하고 그 때 고려하는 요인을 무엇입니까? 자본을 지역적으로 어떻게 배분하고 미국 이외 지역에 대한 투자 위험을 어떻게 평가합니까?

답변: 퀄컴은 재무 담당자에게 특정 사업의 위험에 따라서 기준수익률(할인율)을 변경해서 활용하도록 하고 있습니다. 우리는 사업의 위험에 따라 수익률이 변경되어야 한다고 봅니다. 우리의 재무 담당자는 광범위한 할인율을 고려하고 그 중에서 고려 대상 사업의 기대 위험 프로파일과 기간에 적합하도록 선택합니다. 할인율의 범위는 국내시장의 비교적 안정적인 투자는 6.0%~ 8.0%이며, 비유동적이고 예측이 어려운 해외시장에 대한 지분 투자의 경우는 50% 이상입니다. 기준율은 최소한 매년 재평가합니다.

우리가 분석하는 주요 요인은 다음과 같습니다. (i) 시장의 선택 위험(우리가 기대하는 가격과 물량의 신제품과 서비스에 대한 소비자의 구매여부), (ii) 기술 개발 위험(기대하는 신제품과 서비스를 개발하고 특허를 낼 수 있는지의 여부), (iii) 실행 위험(적시에 효율적인 비용으로 신제품과 서비스의 출시여부), (iv) 전용 자산 위험(일을 완성하기 위해 소비되어야만 하는 자원의 양)

질문: 어떻게 사업이 분류되고 신사업을 결정하는 기준율은 무엇입니까? 퀄컴 모든 신사업을 단일한 기준율로 평가한다면 어떻게 될까요?

답변: 우리는 기본적으로 사업을 위험 수준에 따라 분류하지만 예상되는 투자 기간으로도 분류합니다. 단기와 장기 프로젝트가 필요에 따라 균형을 맞추고 목적을 달성할 수 있도록 고려합니다. 예를 들어, 당장 실행할 사업과 기회는 상당히 많은 관심을 요구합니다. 반면에 장기적으로 주주에게 가치를 창출해 주는 것은 장기 사업이기 때문에 장기 프로젝트에도 관심을 유지합니다.

동일한 기준율로 신사업을 평가한다면, DCF 모델이나 IRR분석에서 가장 큰 기대수익률을 보여 줄 것이기 때문에 일관되게 높은 위험을 가진 사업을 선택하게 될 것입니다. 결국 장기적으로 볼 때 이 방법은 좋지 않을 것입니다.

현금흐름의 기간

사업의 규모가 동일하다고 해도, 현금흐름의 발생 시기가 다르면 IRR 기법이 잘못된 순위를 매기게 만들 수 있다. 이유는 IRR은 수익률로 표현될 뿐, 수익이 발생하는 기간에 따라 주어진 수익률에 얻어진 금전적 가치(즉 NPV)가 아니기 때문이다. 현금흐름의 회수가 빨리 일어나는 높은 IRR을 가진 사업은 현금흐름의 회수가 오랜 기간에 걸쳐 일어나는 낮은 IRR을 가진 사업에 비해 낮은 NPV를 가질 수 있다. 기간에 대한 민감도는 상호 배타적 투자안의 선택에서 IRR을 사용해서는 안 되는 또 다른 이유이다. 이러한 관점에서 마리아의 배달 서비스의 예를 다시 살펴보자.

마리아는 배달 서비스를 시작한 후에 1년 뒤에 $40,000에 자신의 보유 지분을 매각할 예정이다(매각한 후에 관리자로 계속 일할 것이다). 따라서, 1년 동안의 이익인 $25,000을 포함해서 $65,000을 1년 뒤에 얻게 될 것이며 시간선은 아래와 같다.

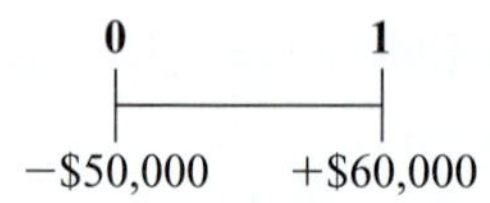

그림 8.9는 배달 서비스의 매각이 있는 경우와 없는 경우의 NPV 프로파일을 보여준다. 매각하는 경우 NPV 프로파일은 x-축을 30%에서 통과하며 그것이 IRR이다. 매각하지 않는 경우의 IRR은 여전히 23.4%이다. 따라서 IRR이 높은 대안을 선택한다면 매각하는 것이 좋다. 그러나, 직선의 높이는 NPV를 가리키며 주어진 12%의 자본비용에서 매각하지 않는 선택의 NPV가 높다 (사실 자본비용이 16.3% 이하인 경우라면 NPV가 크다). 다음과 같은 의미를 던져준다. 매각의 IRR 30%가 높더라도 수익은 오직 첫 해에서만 발생한다. 매각하지 않는 경우의 IRR 23.4%가 높지 않더라도 여전히 자본비용보다는 매력적이며 오랜 시간 수익을 발생시킨다. 다시 언급하자면, 어느 대안이 진정으로 가치가 있는가를 결정하기 위해서는 NPV만을 비교해야 한다.

IRR의 결론 위의 예에서 보여주는 결과는 명확하다. IRR이 큰 투자 기회를 선택하는 것은 잘못된 실수를 범할 수 있다. 일반적으로, 여러 대안 중에서 선택하는 경우에 혹은 하나의 선택이 다른 사업의 선택 여부에 영향을 주는 경우에 IRR을 사용하는 것을 위험하다. 그러한 경우에는 항상 NPV에 의존해야 한다.

그림 8.9
매각이 있고 없는 경우의 NPV

1년 뒤에 매각하는 경우의 IRR(30%)은 매각하지 않는 경우의 IRR(23.4%)보다 크다. 그러나, 매각 후의 NPV가 매각이 없는 NPV를 초과하는 것은 할인율이 16.3%를 넘을 때이다. (노란색 영역과 파란색 영역을 볼 것). 따라서, 12%의 자본비용에서는 IRR과는 상관없이 배달 서비스를 매각하지 않는 것이 낫다.

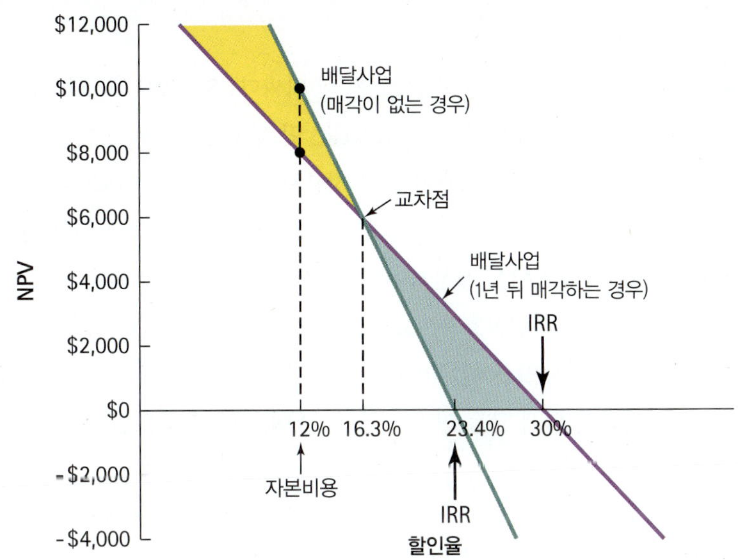

개념확인

7. 상호 배타적 투자안의 선택에서 가장 신뢰할 만한 의사결정 방법은?
8. 상호 배타적 투자안에서 IRR이 더 큰 사업을 선택하는 것이 잘못된 결정일 수 있다면 그 이유를 설명하시오.

8.5 다른 수명을 가진 사업을 평가

가끔 기업은 하나의 문제에 대한 두 개의 해결책 중에서 선택을 하기도 한다. 문제는 두 개의 해결책이 존속하는 시간의 기간이 다를 때 복잡해 진다. 예를 들어, 기업이 사내 네트워크 서비스를 제공하는 두 개의 업체를 고려하고 있다. 두 업체의 서비스 수준은 비슷한데 각기 다른 설비를 사용한다. 업체 A는 좀 더 비싼 서버로 3년간의 사용을 보장하고 매년 발생하는 비용이 낮다. 업체 B는 덜 비싼 서버를 사용하고 2년간 보장에 매년 발생하는 비용은 높다. 표 8.2에 각 대안이 발생시키는 비용의 현재가치를 보여주고 있는데, 자본비용 10%로 할인하였다.

여기에서 모든 현금흐름은 음(-)의 값이고 따라서 현재 가치도 음의 값이다. 사내 서버의 선택은 이익이 회사 전체에 공유되는 반드시 채택해야만 하는 사업이다(사내 네트워크가 없으면 업무가 효율적으로 이루어질 수 없다). 따라서 우리는 서비스를 제공하는 비용을 최소화하려고 한

표 8.2
네트워크 서비스 대안의 현금흐름 (단위 $1,000)

연도	PV at 10%	0	1	2	3
A	−12.49	−10	−1	−1	−1
B	−10.47	−7	−2	−2	

다. 표 8.2를 보면 업체 A가 현재 가치 기준으로 좀 더 비싸다(-$12,487 대 -$10,471). 그러나 비교는 이렇게 간단하지 않다. A는 3년간 존속하고 B는 단지 2년간 존속하는 서비스이기 때문이다. 어찌 보면 이 결정은 업체 A에게 $2,000을 더 지불하고 1년을 더 지내느냐 하는 것이다. 이와 같이 존속기간이 다른 대안을 평가하는 하나의 방법은 각각의 사업에 대해 **균등 연간 연금(equivalent annual annuity, EAA)**을 계산하는 것이다. 그것은 대상이 되는 사업의 현금흐름과 동일한 현재가치를 가지는 연간 현금흐름 수준이다. 서버를 매입하여 운영하면서 발생하는 현금흐름의 총액의 현재가치와 동일한 현재가치를 가지도록 매년 일정한 비용으로 두 대안의 비용을 생각할 수 있다. 시간선 위에 균등 연간 연금(EAA)의 현금흐름을 표현하면 아래와 같다.

균등 연간 연금: 사업에서 발생하는 현금흐름의 현재가치와 동일한 현재가치를 가지는 일정한 연간현금흐름. 다른 존속기간을 가지는 사업 대안을 평가할 때 사용한다.

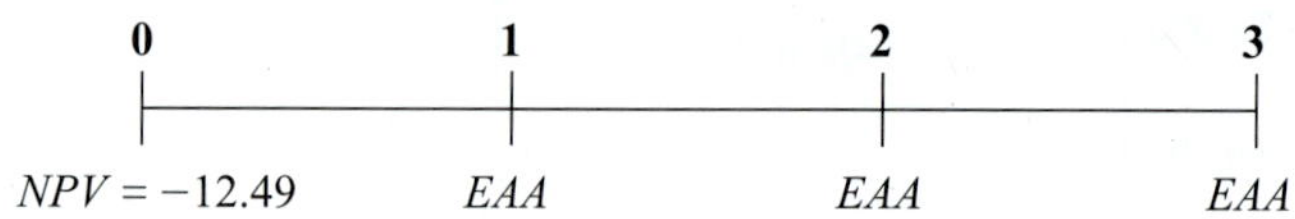

일정한 기간에 균등한 현금흐름을 가진다면 그것은 연금(annuity)를 다루는 것이며 정확하게 이 문제를 해결하는 방법이다. 우리는 현재가치(-$12.49), 연금 존속 기간(3), 할인율(10%)을 알고 있으며, 균등한 연금의 매기 현금흐름을 얻으면 된다. 제4장의 수식(식 4.9)을 기억해 보면 연금의 현금흐름은 아래 식으로 계산한다.

$$\text{현금흐름} = \frac{\text{현재가치}}{\frac{1}{r}\left(1 - \frac{1}{(1+r)^N}\right)} = \frac{-12.49}{\frac{1}{0.10}\left(1 + \frac{1}{(1.10)^3}\right)} = -5.02$$

업체 A의 서버를 구매하여 운영하는 것은 네트워크 서버에 매년 $5,020의 비용을 지불하는 것과 균등하다. 이러한 계산을 업체 B에도 다시 적용하여 2년의 존속기간을 가지는 2년 만기 연금의 현금흐름을 구할 수 있다(승수의 변화가 하이라이트로 표시되었음).

$$\text{현금흐름} = \frac{\text{현재가치}}{\frac{1}{r}\left(1 - \frac{1}{(1+r)^N}\right)} = \frac{-10.47}{\frac{1}{0.10}\left(1 + \frac{1}{(1.10)^2}\right)} = -6.03$$

따라서 우리는 각 대안의 비용을 표 8.3으로 재해석할 수 있다.

이제 우리는 두 서버 제공 업체 중에서 선택할 준비가 되었다. 업체 A는 연간 $5,020을, 업체

B는 연간 $6,030을 네트워크 서버 비용으로 요구하는 것과 같다. 확실히, 업체 A가 덜 비싼 해결책이 된다.

표 8.3 균등 연간연금으로 표현된 서버 대안에 대한 현금흐름 (단위: $1,000)

연도	PV at 10%	0	1	2	3
A	−12.49	0	−5.02	−5.02	−5.02
B	−10.47	0	−6.03	−6.03	

예제 8.5 균등 연간 연금(EAA) 계산하기

문제 *Problem*

표 8.2에 있는 업체 A와 계약을 체결하려는 중에 4년간 존속하는 서버를 제공하겠다는 다른 업체가 나타났다. 업체 C의 현금흐름은 아래와 같다. 새로운 대안과 업체 A 사이에 어디를 선택해야 할까?

	0	1	2	3	4
업체 C (단위: $1,000)	−14	1.2	1.2	−1.2	−1.2

풀이 *Solution*

● **계획**

새로운 대안과 업체 A를 비교하기 위해서 업체 C의 연간 비용을 계산할 필요가 있다.

1. 할인율 10%로 NPV를 계산한다
2. 동일한 현재가치를 가지는 4년 연금을 계산한다.

● **실행**

$$PV = -14 - 1.2\left(\frac{1}{0.10}\right)\left[1 - \frac{1}{(1.10)^4}\right] = -17.80$$

$$\text{현금흐름} = \frac{PV}{\frac{1}{r}\left[1 - \frac{1}{(1+r)^N}\right]} = \frac{-17.80}{\frac{1}{0.10}\left[1 - \frac{1}{(1.10)^4}\right]} = -5.62$$

업체 C의 연간 비용은 $5,620로 업체 A의 연간 비용($5,020)보다 크다. 따라서 여전히 업체 A를 선택해야 한다.

● **평가**

이 경우, 업체 C의 서버를 구매하고 유지하는 추가적인 비용이 새로운 선택의 결과로 발생하는 초과 1년의 비용에 해당하는 것은 아니다. EAA를 산출하면 이러한 모든 비용은 균등한 연금의 비용으로 변환하게 된다.

EAA를 사용할 때 중요 고려사항

업체 A가 낮은 비용의 대안이지만 결정을 내리기 전에 고려해야 할 요인들이 몇 가지 있다.

요구 수명 우리는 업체 A의 서버를 3년간 사용하는 것을 가정하고 균등 연간 비용을 계산하였다. 그러나 서버를 3년째에는 사용할 필요가 없다고 가정해 보자. 그렇다면 우리는 사용할 이유가 없는 것에 비용을 지불하는 것이 된다. 그런 경우 우리가 필요한 기간 동안에 총 비용이 낮은 업체 B의 서버를 구매하는 것이 더 저렴할 것이다.[6]

대체 비용 균등 연간 비용으로 A와 B 서버를 비교할 때, 우리는 서버의 비용이 시간이 지나도 변하지 않는다고 가정하였다. 그러나 급격한 기술의 발전으로 인해서 서버의 비용이 3년이 되면서 연간 비용은 $2,000로 감소될 것이라고 가정하자. 그렇다면 업체 B의 서버는 새로운 기술을 좀 더 빨리 업그레이드하는 장점을 가진다. 양 업체의 3년 째 서비스 비용은 아래와 같이 표현할 수 있다.

연도	PV at 10%	0	1	2	3
A	−12.49	0	−5.02	−5.02	−5.02
B	−11.97	0	−6.03	−6.03	−2.00

따라서, 성능에 따른 비용이 시간이 지나면서 급격하게 변화될 것으로 예측된다면 높은 균등 연간 비용에도 불구하고 업체 B의 서버를 구매하는 것이 유리하다. 왜냐하면 신기술을 채택할 수 있는 선택이 더 빨리 도래하기 때문이다.

개념확인

9. 다른 존속기간을 가지는 대안을 평가할 때, 가장 높은 NPV를 선택하는 하는 것이 왜 항상 옳은 것은 아닌지 설명하시오.
10. 서로 상이한 수명을 가진 사업 대안을 선택할 때 고려해야만 하는 이슈는 무엇인가?

8.6 자원이 제한적일 때 사업 대안 선택

앞 절에서, 우리는 동일한(identical) 자원을 필요로 하는 사업 대안을 비교하였다. 예를 들어, 마리아의 사례에서, 우리는 배달 사업과 남자친구의 사업이 모두 마리아의 일과시간 전부를 필요로 한다고 가정하였다. 이번 절에서는 선택 대안이 다른 자원을 필요로 하는 상황을 알아본다.

필요 자원이 다른 사업 평가하기

어떤 상황에서는, 투자기회가 다르면 특정 자원의 양(amount)을 다르게 요구한다. 자원의 공급이 고정되어 있어서 가능한 기회를 모두 추진할 수 없다고 하면, 가장 높은 NPV를 가진 투자 기회를 선택하는 것이 최선의 결정이 아닐 수 있다.

우리는 대개 양(+)의 NPV를 가진 모든 사업에 자금을 조달할 수 있을 것이라고 가정한다. 현실적으로, 경영자는 주어진 기간 동안 투자할 수 있는 자본이 제한된 예산 제약 아래에서 일한

6) 이 시나리오에서, 우리는 또한 2년 말에 매각하게 될 서버 A의 처분가치(salvage value)를 고려해야 한다.

다. 이러한 제약은 주어진 예산안에서 양의 NPV 사업안 중 NPV를 최대화하는 사업을 선택하도록 만든다. 예를 들어, $200백만의 예산을 가지고 표 8.4에 있는 3개의 사업을 고려하고 있다고 가정하자. 표 8.4는 각 사업의 NPV와 필요한 초기 투자금액을 보여준다. 사업 A는 가장 높은 NPV를 가지지만 예산을 모두 소진한다. 사업 B와 C는 함께 수행할 수 있는데(두 사업을 함께 추진하면 전체 예산을 사용함), 두 사업의 NPV 합은 사업 A의 NPV를 초과하기 때문에 우리는 두 사업을 시작해야 한다. 합쳐서 NPV는 $145백만으로 사업 A만을 추진하는 경우의 $100백만보다 크다.

표 8.4
예산 $200백만으로 추진 가능한 사업들

사업	NPV($백만)	초기 투자금액($백만)	NPV/초기 투자금액
A	100	200	0.500
B	75	120	0.625
C	70	80	0.875

수익성 지수 표 8.4의 마지막 열에 사업의 NPV와 초기 투자금액의 비율을 보여주고 있다. 이 비율을 사업 A에 투자되는 매 $1 금액에 대해 50센트의 가치가(투자 금액을 초과해서) 창출된다고 해석할 수 있다.[7] 사업 B와 C는 모두 사업 A에 비해 높은 "투자금액당 NPV"를 만들어 내는데, 이것은 주어진 $200백만의 예산 아래서 두 사업을 합친 것이 사업 A보다 높은 NPV를 가진다는 사실과 일치한다.

위의 간단한 사례에서 보듯이, 최적화된 투자사업의 조합을 찾는 것은 명확해 보인다. 수많은 사업과 자원이 존재하는 현실에서 최적의 조합을 찾는 것은 어렵다. 그런 상황에서 실무자들은 최적화된 사업의 조합을 찾기 위해서 **수익성 지수(profitability index, PI)**를 자주 사용한다.

수익성 지수: 소비된 자원의 단위당 NPV를 측정

수익성 지수

$$\text{수익성 지수} = \frac{\text{창출된 가치}}{\text{소비된 자원}} = \frac{\text{NPV}}{\text{소비된 자원}} \tag{8.4}$$

수익성 지수는 "부은 돈에 대해 빵 터진 돈(bang for your buck)"을 측정하는데, 그것은 소비된 자원의 단위당 NPV로 창출된 가치이다. 수익성 지수를 계산한 후에 그것을 기반으로 사업의 순위를 매길 수 있다. 높은 지수를 시작으로 순위에 따라 내려가서 모든 자원이 소비될 때까지 사업을 취한다. 표 8.4에서 마지막 열의 비율이 수익성 지수이다. 수익성 지수 기법이 어떻게 사업 B와 C를 선택하는지를 기억하자.

수익성 지수의 문제점 수익성 지수가 계산하기 쉽고 사용이 간단하더라도 어느 상황에서는 정

7) 때로는 실무에서 이 비율에 1을 더해서 $1의 투자에 $1.50의 수익이 돌아온다고 해석하기도 한다. 추가로 1을 더하지 않는 비율은 예제 8.6에서 예산 이외 자원에 적용될 수 있다.

확한 답을 가져오지 않는다. 예를 들어, 위 예제 8.6에서 네팃이 엔지니어 3명을 필요로 하는 NPV $100,000인 추가적인 소형 사업을 가지고 있다고 가정하자. 수익성 지수는 0.1/3=0.03으로 맨 아래 순위에 위치하게 된다. 그러나, 4개의 사업이 선택된 후에 190명 엔지니어 중 3명은 사용되지 않았음을 알 수 있다. 결과적으로, 정확하게 우리의 제약조건을 모두 사용하는 것이기 때문에 비록 순위에서 맨 아래라도 3명의 엔지니어가 필요한 소형 사업을 택하는 것은 합리적이다.

예제 8.6
인적 자원의 제한을 가지는 경우의 수익성 지수

문제 *Problem*

대형 네트워크 회사인 네팃(NetIt)의 사업부에서 새로운 가정용 네트워크 장비(router)를 개발하는 사업 제안을 하고 있다. 사업의 기대 NPV는 $17.7백만이고 사업에는 50명의 소프트웨어 엔지니어가 투입될 것이다. 네팃에는 190명의 엔지니어가 있으며 단기적으로 추가적인 엔지니어를 구할 수는 없다. 따라서 네트워크 장비 사업은 엔지니어를 필요로 하는 회사내의 다른 사업과 경쟁해야만 하는 상황이다.

사업	NPV($백만)	필요한 엔지니어의 수(EHC)
네트워크 장비	17.7	50
사업 A	22.7	47
사업 B	8.1	44
사업 C	14.0	40
사업 D	11.5	61
사업 E	20.6	58
사업 F	12.9	32
합계	**107.5**	**332**

네팃은 사업들에 대해 어떻게 우선순위를 매겨야 할까?

풀이 *Solution*

● **계획**

최대 190명의 엔지니어를 가지고 최대한의 NPV를 만들어 내는 것이 목적이다. 식 8.4를 이용하여 각 사업의 수익성 지수를 계산할 수 있다. 엔지니어는 우리의 제한된 자원이기 때문에 필요한 엔지니어의 수(Engineering Headcount, EHC)를 분모로 한다. 일단 수익성 지수가 계산되면 지수에 따라 순위를 매길 수 있다.

● **실행**

사업	NPV($백만)	필요한 엔지니어의 수(EHC)	수익성 지수(EHC당 NPV)	누적된 EHC 수
사업 A	22.7	47	0.483	47
사업 F	12.9	32	0.403	79 (47 + 32)
사업 E	20.6	58	0.355	137 (79 + 58)
네트워크 장비	17.7	50	0.354	187 (137 + 50)
사업 C	14.0	40	0.350	
사업 D	11.5	61	0.189	
사업 B	8.1	44	0.184	

위 표에서 볼 수 있듯이, 사업에 요구되는 자원(EHC)에 대한 수익성 지수를 감소하는 순서로 배열하였다. 마지막 칸은 각 사업이 채택되면서 이제까지 소비된 자원을 보여주는 누적 자원 소비를 보여준다. 190명의 엔지

니어라는 제약조건에서 NPV를 최대화시키기 위해서, 네팃은 명단에 있는 처음 4개의 사업을 선택해야 한다.

● **평가**

엔지니어당 NPV에 근거해서 사업의 우선순위를 매김으로써, 주어진 190명의 엔지니어를 가지고 가장 큰 가치를 창출하는 방법을 찾았다. 우리가 소유한 엔지니어를 가지고 더 이상의 가치를 창출하는 사업의 조합은 없다. 이 순위는 또한 엔지니어 제약조건이 가지고 있는 비용을 보여준다. 즉, 이러한 자원의 제약조건은 네팃으로 하여금 3개의 다른 사업(C, D, B)이 만들어 내는 총 $33.6백만의 NPV를 포기하도록 하는 것이다.

일반적으로, 수익성 지수는 자본비용을 이미 고려하고 (NPV를 계산하면서) 있기 때문에, 제약조건을 완화하기 위해 추가적인 자본조달을 하는 것이 유리하다. 만일 제약조건이 엔지니어나 물리적인 용량 등과 같은 다른 종류의 것이라면, 사업 대안들 중에서 선택을 해야만 하는 상황을 피하기 위해서 제약조건을 빠르게 완화시킬 방도는 없다. 그럼에도 불구하고, 순위에 있는 모든 사업이 가치를 창출하는 양의 NPV 사업이기 때문에 여전히 제약조건을 완화하기 위해 노력하는 것이 중요하다.

복수의 자원 제약이 존재하는 경우에 좀 더 심각한 문제가 발생한다. 이 경우 수익성 지수는 전혀 사용할 수 없다. 사업의 최적 조합을 찾는 확실한 방법은 모든 조합을 다 확인하는 것이다. 이 과정이 대단히 시간 소모적으로 들리지만 이런 종류의 문제를 푸는 좀 더 개선된 기법이 있나.[8] 컴퓨터를 이용해서 이러한 기법을 적용하면 해답은 거의 순식간에 구할 수 있다.

개념확인

11. 필요한 자원의 양이 다른 사업 대안을 평가할 때, 가장 높은 NPV를 가지는 사업을 선택하는 것이 최적이 아닌 이유를 설명하시오.
12. 수익성 지수는 우리에게 무엇을 말하고 있는가?

8.7 종합정리

표 8.5에 우리가 이번 장에서 배운 의사결정 기법을 요약하였다. 재무관리자로서 당신은 수많은 다양한 투자 결정 기법을 이용할 것이다. 사실, 이번 장의 인터뷰에서 퀄컴의 재무관리자는 투자결정에서 다섯 가지 의사결정 기법을 회사에서 사용하고 있다고 말하였다. 우리는 대안이 되는 결정 기법이 어느 경우에는 (혹은 자주) NPV 기법과 일치하는 것을 보았다. NPV 기법은 유일하게 항상 옳은 결정을 내린다. 그것은 NPV가 금전적 가치로 사업이 주주의 부에 미치는 영향을 측정하기 때문이다. 따라서 주주 부의 극대화라는 목표와 직접적으로 연결된 유일한 결정 기법이다. IRR을 계산하는 것은 NPV의 유용한 보조수단이 될 수 있는데, 그것은 IRR로 할인

8) 구체적으로 이러한 기법을 정수선형계획법(integer and linear programming)이라고 하는데, 복수의 제약조건이 모두 만족되어야 할 때 가장 높은 NPV의 조합을 찾는데 사용될 수 있다. 이러한 방법은 또한 스프레드시트 프로그램에서도 찾을 수 있다.

율 측정의 오류에 의사결정이 얼마나 민감한지를 알 수 있기 때문이다. 그리고 회수기간과 같이 계산하기 쉬운 의사결정 기법도 있다. 그러나 투자 결정을 내릴 때 대안이 되는 기법에 의존해서는 안 된다.

만일 당신이 IRR 기법(혹은 다른 기법)만을 사용하는 기업에서 일하고 있다면, 항상 NPV를 계산하기를 권한다. 두 기법이 동일한 결과를 낸다면, 편안한 마음으로 IRR 기법의 결과를 보고하면 된다. 만일 상이한 결과가 나온다면 이번 장에서 배운 개념을 가지고 왜 IRR이 다른 결과를 가져왔는지 분석해야 한다. 문제를 확인하게 되면, 당신의 상사에게 상황을 알리고 NPV 기법을 채택하도록 설득할 수 있을 것이다.

표 8.5
의사결정 기법의 요약

NPV	
정의	▶ 투자 이익의 현재가치와 비용의 현재가치의 차이
기준	▶ NPV가 양(+)인 투자기회를 선택하고, 음(−)인 기회를 거부
장점	▶ 사업이 기업의 가치에 미치는 직접적인 영향과 관련됨
	▶ 가치평가 원칙의 직접적인 적용
단점	▶ 할인율의 정확한 측정에 좌우됨
	▶ 계산을 위해 시간소모가 있음
IRR	
정의	▶ 현금흐름의 순현재가치를 0으로 만드는 이자율; 투자의 평균 수익률
기준	▶ IRR이 기회 자본비용을 초과하는 투자기회는 선택하고, IRR이 기회 자본비용보다 작은 기회는 거부
장점	▶ NPV 기법과 관련되고 대개 같은 (옳은) 결과를 가져옴
단점	▶ 계산이 어려움
	▶ 복수의 IRR이 혼란을 야기함
	▶ 사업 대안 중 선택에는 사용할 수 없음
	▶ 현금 유입이 유출보다 앞서 발생하는 경우 오해를 일으킴
회수기간법	
정의	▶ 초기 투자금액을 회수하는 데 걸리는 시간
기준	▶ 회수기간이 미리 정해 놓은 기간 (대개 몇 년) 보다 짧으면 사업을 선택하고, 그렇지 않으면 거부
장점	▶ 계산이 간편
	▶ 유동성 선호
단점	▶ 회수기간의 올바른 기준이 없음
	▶ 기준기간 이후의 현금흐름은 완전히 무시
	▶ 주주의 부를 극대화하는 것과는 일치하지 않음
수익성 지수	
정의	▶ NPV/소비된 자원
기준	▶ 제한된 자원을 바탕으로 하는 PI에 따라 순위를 매기고 자원이 고갈될 때까지 가치를 창출하는 사업을 명단을 따라 내려가면서 채택
장점	▶ 이익 측정에 NPV를 사용
장점	▶ 이익 측정에 NPV를 사용
	▶ 소비된 자원 단위당 창출된 가치에 따라 사업의 순위를 매김

단점	▶ 한 개가 넘는 제약조건에서는 사용할 수 없음 ▶ 제한된 자원이 완전히 소비될 수 있도록 주의를 기울여야 함

myfinancelab 핵심요점 및 공식

8.1 NPV 결정 기법

▶ 사업(투자안, 프로젝트)의 순현재가치(NPV)는 아래와 같다

$$PV(\text{편익}) - PV(\text{비용}) \tag{8.1}$$

▶ 좋은 사업이란 양(+)의 순 현재가치를 가진 것이다.

▶ 여러 대안 중에서 선택하는 경우에 NPV 결정 기법은 가장 높은 NPV를 선택한다. 사업의 NPV는 현재의 현금 가치와 같다.

▶ 오늘의 현금이든 미래의 현금이든, 우리는 항상 우선적으로 NPV를 극대화해야 한다. 우리는 차입이나 대여를 통해 시간상 어느 시점으로든 가장 선호하는 형태로 현금흐름을 변경할 수 있다.

8.2 NPV 기법 사용하기

▶ 당신의 목적이 부의 극대화라면 NPV 기법은 항상 옳은 결정을 내린다.

▶ 자본비용과 IRR의 차이는 최초 의사결정을 변경하지 않는 자본비용 예측에서 존재할 수 있는 예측오차의 최대량이다.

8.3 대안이 되는 투자 결정 기법

▶ 회수기간법: 최초 투자금액이 회수되는데 걸리는 시간(회수기간)을 계산한다. 회수기간이 미리 정해놓은 시간보다 짧으면 사업을 선택한다. 그렇지 않으면, 거부한다.

▶ IRR 투자 기법: IRR이 기회 자본비용을 초과하는 투자 기회는 선택한다. IRR이 투자 기회비용보다 작은 투자 기회는 거부한다.

▶ 현금흐름에서 초기 회수(음의 투자금액)가 발생하는 경우에 IRR 기법은 잘못된 결과를 가져올 수 있다. 복수의 IRR이나 IRR이 존재하지 않을 때, IRR 기법을 사용할 수 없다.

▶ 복수의 IRR 문제를 해결하기 위해서 사업의 현금흐름을 수정할 수 있다. 수정된 IRR은 수정된 현금흐름을 기초로 계산된다.

8.4 투자대안 중에서 선택

▶ 상호 배타적 투자기회를 평가할 때, 가장 높은 NPV를 가지는 기회를 선택한다. 상호 배타적 투자기회에서 IRR을 사용하면 안 된다.

8.5 다른 수명을 가진 사업을 평가

▶ 다른 수명을 가지는 사업 대안 중에서 선택하는 경우 비교의 기준을 표준화해야 한다. 우선 각 사업의 NPV와 동일한 현재가치를 가지는 연금을 계산한다. 다음으로 연간 단위로(per year) 산출된 비용이나 가치를 비교할 수 있다.

8.6 자원이 제한적일 때 사업 대안 선택

▶ 같은 자원을 두고 경쟁하는 사업 대안 중에서 선택하는 경우 수익성 지수에 따라 사업의 순위를 매기고 주어진 제한된 자원 아래서 실행될 수 있는 가장 높은 수익성 지수를 가지는 사업의 조합을 선택한다.

$$\text{수익성지수} = \text{창출된가치}/\text{소비된자원} = NPV/\text{소비된자원} \tag{8.4}$$

주요 개념

1. NPV 기법이란 무엇인가?
2. NPV 기업은 주주 부의 극대화 목적과 어떤 관계를 가지는가?
3. 회수기간법이 가지는 의미는 무엇인가? 회수기간법의 단점은 무엇인가?
4. IRR 기법이 주는 의미는 무엇인가? IRR 기법의 단점은 무엇인가?
5. 어떤 상황에서 IRR 기법과 NPV 기법은 동일한 채택/거부 결정을 가져오는가?
6. 복수의 IRR이 가능한 경우는 언제인가?
7. 복수의 IRR 문제를 MIRR은 어떻게 해결하는가?
8. 상호 배타적 투자안의 선택에서 IRR을 사용하는 것은 일반적으로 왜 나쁜 생각인가?
9. 균등 연간 연금은 언제 사용하는가?
10. 수익성 지수의 의미는 무엇인가?

연습문제

* 표기가 되어 있는 문제는 난이도가 높은 문제임을 나타낸다.

NPV 결정 기법

1. 1년 뒤에 $60,000을 받는 대신에 현재 $50,000을 투자하는 기회가 있다. 자본비용이 8%라면 이 투자의 NPV는 얼마인가?
2. 1년 뒤에 $80,000을 2년 뒤에 $30,000을 받는 대신에 현재 $100,000을 투자하는 기회가 있다. 자본비용이 9%라면 이 투자의 NPV는 얼마인가?

3. 물품 보관회사가 1년 동안 물건을 보관하는 대가로 1년 뒤에 $100,000을 받겠다고 제안했다. 지금 지불해야 하는 비용이 $95,000이고 자본비용이 8%라면 이 제안을 받아들여야 하는가?
4. 당신은 판매를 위한 제품을 생산하려고 준비중이다. 1년 뒤에 판매를 할 예정이고 지금 즉시 $80,000의 비용이 발생할 것이다. 자본비용이 7%라면 이 사업이 음의 NPV가 아니려면 최소한 얼마에 판매를 해야 할 것으로 기대하는가?
5. 건설회사를 운영하고 있는 당신은 방금 정부 건물의 건축계약을 따냈다. 건축에 현재 $10백만의 비용이 소요되고 1년 뒤에는 $5백만이 필요할 것이다. 정부는 1년 뒤 건물이 완공된 후에 $20백만을 지불할 것이다. 자본비용은 10%로 가정하자.
   a. 이 사업기회의 NPV는 얼마인가?
   b. 당신 회사는 이 사업의 NPV를 어떻게 현재의 현금으로 바꿀 수 있겠는가?
6. 당신은 색다른 투자기회를 제안 받았다. 오늘 $10,000을 투자하면 1년 뒤에 $500, 2년 뒤에 $1,500, 그리고 10년 뒤에 $10,000을 받게 될 것이다.
   a. 연간 자본비용이 6%이면 이 기회의 NPV는 얼마인가? 당신은 이 기회를 채택해야 하는가?
   b. 연간 자본비용이 2%이면 이 기회의 NPV는 얼마인가? 당신은 이 기회를 채택해야 하는가?
7. 마리안(Marian Plunket)은 자기 사업을 하고 있는데 새로운 투자를 고민하고 있다. 이번 투자를 행하게 되면 앞으로 3년 동안 매년 말 $4,000을 얻을 것이다. 그런데 초기 투자금액으로 $1,000과 2년 말에 $5,000을 투자해야 한다. 자본비용이 연간 2%라면 이 기회의 NPV는 얼마인가? 마리안은 이번 투자를 채택해야 하는가?

NPV 기법 사용하기

8. 당신의 공장은 새로운 프린터의 부품을 생산하는 계약을 제안 받았다. 계약은 3년간 지속되는데 현금흐름은 매년 $5백만이다. 부품 생산을 위한 초기 비용은 $8백만이다. 이 계약의 자본비용은 8%이다.
   a. NPV 기법은 어떻게 하길 바라는가?
   b. 계약을 채택한다면 기업의 가치에 어떤 변화가 일어날 것인가?
9. 새로운 공장을 세우려고 한다. 공장의 초기 비용은 $100백만이고 1년의 건설기간이 필요하다. 그 후에 생산활동을 통해 매년 말에 $30백만의 이익이 발생할 것으로 예상된다. 현금흐름은 영구히 발생할 것으로 기대한다. 자본비용이 8%라면 이 투자 기회의 NPV는 얼마인가? 투자를 행해야 하는가? IRR을 계산하고, 결정을 바꾸지 않을 자본비용 예측의 최대 허용 범위를 결정하는 데 사용하시오.
10. 전직 미국 대통령인 빌 클린턴(Bill Clinton)은 자서전 "나의 인생(My Life)"를 쓰는데 $10백만을 받았다고 알려져 있다. 자서전 집필에 3년이 걸렸다. 자서전을 쓰는 기간 동안 그는 연

설을 통해 수입을 얻을 수 있었을 것이다. 그의 유명세를 고려하면, 집필 대신에 연설을 하면 매년 $8백만을 벌 수 있다고 (매년 말 기준으로) 가정하자. 그의 자본비용은 연간 10%로 가정한다.

a. 책을 집필하는 계약의 NPV는 얼마인가? (다른 인세 수입은 무시하자.)

b. 자서전이 발간되면 첫해 말에 $5백만의 인세 수입이 있고 인세는 영구 수입으로 매년 30%씩 감소할 것으로 예상된다(인세는 연말에 지급된다). 인세 수입을 고려한 자서전의 NPV는 얼마인가?

*11. 패스트랙 바이크(FastTrack Bikes)는 새로운 자전거를 개발하려고 한다. 신제품 개발에는 6년이 걸리고 비용은 매년 $200,000으로 기대한다. 생산이 되면, 자전거는 10년 동안 매년 $300,000을 벌 것으로 예상한다. 현금 유입은 7년 말에 발생한다.

자본비용을 10%로 가정하자.

a. 이 투자기회의 NPV를 계산하시오. 회사는 투자를 해야 하는가?

b. IRR을 계산하고, 결정을 변경하지 않는 자본비용 예측의 최대 허용 범위를 결정하는 데 사용하시오.

c. 결정을 변경하려면 제품 개발에 시간이 얼마나 걸려야 하는가?

자본비용을 14%로 가정하자.

a. 이 투자기회의 NPV를 계산하시오. 회사는 투자를 해야 하는가?

b. IRR을 계산하고, 결정을 변경하지 않는 자본비용 예측의 최대 허용 범위를 결정하는 데 사용하시오.

c. 결정을 변경하려면 제품 개발에 시간이 얼마나 걸려야 하는가?

12. 오픈씨(OpenSeas)는 새로운 유람선의 구매를 평가하고 있다. 선박의 비용은 $500백만이지만 20년간 운항할 수 있을 것이다. 유람선 운항에서 발생하는 오픈씨의 연간 현금흐름은 $70백만이고 자본비용은 12%로 예상된다.

a. 구매를 위한 NPV 프로파일을 준비하시오.

b. 그래프에서 IRR을 찾으시오.

c. 오픈씨는 유람선을 구매해야만 하는가?

d. 구매 결정이 변경되지 않으려면 오픈씨의 자본비용 예측은 얼마나 달라질 수 있는가?

13. 당신은 게임용 컴퓨터의 초고성능 네트워크 카드 제조사인 리벳 네트워크(Rivet Networks)의 CEO로 신제품 출시를 고민하고 있다. 신제품인 Killer X3000은 초기(연도 0) 개발 비용 $900,000이 필요하고 첫해 $800,000의 매출액이 2년차 $1.5백만의 매출액으로 성장한 후, 그 후 3년 동안 연간 40%의 매출 감소가 발생하고 완전히 퇴출될 것으로 예상하고 있다. 연도 1에서 연도 5사이에 매년 고정비용으로 $100,000이 발생하고 변동비용은 매출액의 50%

가 발생할 것이다.

a. 연도 0에서 연도 5까지 투자안의 현금흐름은 무엇인가?

b. 할인율을 0%에서 40%까지 10%씩 변화시키면서 이 투자의 NPV 프로파일을 그리시오.

c. 투자안의 자본비용이 10%라면 투자안의 NPV는 얼마인가?

d. NPV 프로파일을 이용하여 투자안의 이익이 없어지는 자본비용인 투자안의 IRR을 예측하시오.

대안이 되는 투자 결정 기법

14. 당신은 부동산 업자로 마을 버스 정류장에 광고판을 설치하는 것을 생각하고 있다. 광고 비용은 $5,000이고 1년 동안 설치될 것이다. 광고를 설치하면 매달 $500의 추가적인 수입이 발생할 것으로 예상된다. 회수기간은 얼마인가?

15. 문제 8에서 IRR 기법은 NPV 기법과 동일한 결과를 가져오는가?

16. 문제 10의 (a)에서 IRR은 몇 개인가? 이 경우 IRR 기법은 정확한 해결책을 제시하는가?

17. 문제 10의 (b)에서 IRR은 몇 개인가? 이 경우 IRR 기법은 정확한 해결책을 제시하는가?

18. 웬디 스미스(Wendy Smith) 교수는 다음과 같은 제안을 받았다. 로펌은 $50,000을 그녀에게 미리 지급하고, 그 대가로 1년간 매달 8시간씩 그녀의 시간을 할애 받는 것이다. 스미스 교수의 평균적인 임금은 시간당 $550이며 자본비용은 연간 15%이다. 이 기회에 대하여 IRR 기법은 어떤 평가를 하는가? NPV 기법은?

19. 이노베이션(Innovation Company)은 새로운 소프트웨어 제품의 마케팅을 고려하고 있다. 마케팅과 개발 비용은 초기에 $5백만이다. 이 제품은 10년 동안 연간 $1백만의 이익을 발생시킬 것으로 예상된다. 회사는 영구적으로 매년 $100,000을 제품 유지 비용으로 지불해야 할 것으로 예상하고 있다. 모든 이익과 비용은 연말에 발생하는 것으로 가정한다.

    a. 자본비용이 6%라면 이 투자의 NPV는 얼마인가? 회사는 이 사업을 추진해야 하는가? 할인율이 2%와 11%일 때 위와 동일한 분석을 하시오.

    b. 이 투자기회가 가지고 있는 IRR은 몇 개인가?

    c. IRR 기법은 이 투자에 대해 어떤 결정을 알려주는가?

20. 당신은 다음과 같은 현금흐름을 가지는 3개의 투자안을 가지고 있다.

연도	0	1	2	3	4
투자안 1	−$50	25	20	20	15
투자안 2	−825	0	0	7000	−6500
투자안 3	20	40	60	80	−245

a. 이들 투자안 중에서 IRR을 믿을 수 있는 것은 무엇인가?

b. 각 투자안에 대한 IRR을 예측하시오(가장 가까운 1%로)

c. 자본비용이 5%, 20%, 50%일 때 각 투자안의 NPV는 무엇인가?

21. 석탄 광산을 소유하고 있는 당신은 새로운 광산을 개발하려고 한다. 광산의 개발에는 $120백만의 비용이 필요하며 당장 투자가 되어야 한다. 광산은 향후 10년 동안 매년 $20백만을 창출할 것이다. 그 이후 석탄이 고갈되면 광산은 환경 기준에 적합하도록 정리된 후 관리되어야 한다. 정리 및 관리 비용으로 영구히 매년 $2백만의 비용이 예상된다. IRR 기법에 따르면 당신은 이 기회를 채택해야 하는가? 자본비용이 8%라면 NPV 기법의 결과는 무엇인가?

22. 당신의 회사는 초기 비용이 $4.55백만이 들고 3년 동안 매년 $3.5백만의 현금흐름이 발생할 것으로 예상되는 사업을 구상 중이다. 또한 4년 째는 $6백만의 처리 비용이 발생할 것이다.

a. 이 사업은 얼마나 많은 IRR이 있는가?

b. 이 사업의 현금 유출은 할인하고 현금 유입은 바꾸지 않는 수정된 IRR(MIRR)을 계산하시오. 할인율과 이자율은 10%로 가정하자.

c. 자본비용이 10%일 때, MIRR을 이용하면 이 사업을 채택해야 할까?

23. 당신은 매년 $1백만의 가치가 5년 동안 발생하는 계약을 제안 받았다. 그러나 계약을 체결하려면 당신은 새로운 설비를 구매해야만 한다. 이 사업의 할인율은 12%이다. 당신은 설비의 구매 가격을 아직 협상 중이다. 양(+)의 NPV를 가지면서 설비 가격으로 최대한 지불할 수 있는 금액은 얼마인가?

*24. 당신은 사업이 끝나면 정리 비용이 발생하는 새로운 사업을 시작하려고 한다. 초기 투자 비용은 $5.4백만이고 향후 10년 동안 매년 $1.1백만의 현금이 발생할 것이며 11년에는 정리 비용이 발생할 것이다. 이 사업의 자본비용이 15%라면 MIRR을 이용하여 최대 정리 비용은 얼마인지 계산하시오.

*25. 당신은 남아프리카공화국에 새로운 금광에 투자하려고 한다. 남아공의 금맥은 매우 깊이 묻혀 있기 때문에 광산의 초기 투자금액으로 $250백만이 필요하다. 이 투자가 이루어지면 금광은 향후 20년 동안 매년 $30백만의 이익을 발생시킬 것으로 예상된다. 또한 광산의 운영비용으로 매년 $10백만이 발생할 것이다. 20년이 지난 후에 광산은 폐쇄될 것이며 안정화를 위해서 영구적으로 매년 $5백만의 비용이 발생할 것이다. 이 투자의 IRR을 계산하시오. (힌트: 할인율의 함수로 NPV를 그리시오.)

26. 당신은 비용이 $500,000인 투자안을 평가하려고 한다. 그러나 10년 동안 매년 $125,000의 현금흐름을 산출할 것으로 예상된다. 첫번째 현금흐름은 1년 뒤에 발생할 것이다. 자본비용은 11%이고 당신의 회사는 회수기간으로 3년 이하를 선호하고 있다.

a. 이 투자안의 회수기간은 얼마인가?

b. 만일 기업의 가치를 증가시키길 원한다면 이 투자안을 채택해야하는가?

27. 당신은 영화를 만들려고 한다. 영화는 초기 비용으로 \$10백만이 예상되고 완성을 위해 1년이 필요하다. 영화가 출시되면 \$5백만의 수입이 발생하고 그 이후 4년 동안 매년 \$2백만의 수입이 기대된다. 이 투자의 회수기간은 얼마인가? 회수기간으로 2년이 요구된다면, 당신은 이 영화 사업에 투자해야 하겠는가? 자본비용이 10%라면 이 사업은 양의 NPV를 가지는가?

투자대안 중에서 선택

28. 당신은 다음 두 개의 사업 대안 중 하나만을 선택하려고 한다. 사업의 현금흐름은 아래 표와 같이 주어졌다.

	0	1	2	3	4
A	−\$50	25	20	20	15
B	−\$100	20	40	50	60

a. 두 사업의 IRR은 각각 얼마인가?

b. 할인율이 5%이면 두 사업의 NPV는 각각 얼마인가?

c. IRR과 NPV는 왜 두 사업의 순위를 다르게 평가하는가?

29. 두 개의 상호 배타적 투자기회를 평가하고 있다. 두 기회 모두 최초 투자금액은 \$10백만이다. 투자안 A는 연간 \$2백만을 영구적으로 창출할 것이다 (첫 해의 연말부터 시작). 투자안 B는 첫 해 말에 \$1.5백만을 창출하고 수익은 그 이후 2%씩 성장할 것이다.

a. 높은 IRR을 가지는 투자안은 무엇인가?

b. 자본비용이 7%일 때 높은 NPV를 가지는 투자안은 무엇인가?

c. 이 경우, 어느 투자안이 더 좋은 기회인가에 대하여 어느 경우에 높은 IRR이 옳은 답변을 주는가?

30. 당신은 다음 두 개의 사업 대안 중 하나만을 선택하려고 한다. 당신의 자본비용은 11%이다.

	0	1	2	3	4
A	−100	25	30	40	50
B	−100	50	40	30	20

a. 당신의 자본비용 아래서 각 사업의 NPV는 무엇인가?

b. 각 사업의 IRR은 무엇인가?

c. 두 사업 사이에 차이가 없는 자본비용은 얼마인가?

d. 당신은 어떻게 해야 하는가?

31. 당신은 생산 공정에서 특정 설비가 필요하다. 설비 대여 업체는 5년 임대계약을 확정해 주면 매년 $10,000에 설비를 임대해 주겠다고 제안했다. 임대 회사는 설비에 대한 유지 관리를 지원해 주기로 했다. 이에 반하여, 설비를 직접 구매하여 유지 관리하는 대안이 있다. 구매의 경우 현금흐름은 아래와 같이 주어져 있다 (단위는 $1,000, 설비의 수명은 5년). 할인율이 7%라면, 당신은 어떻게 해야 할까?

0	1	2	3	4	5
−40	−2	−2	−2	−2	−2

다른 수명을 가진 사업을 평가

32. 당신은 2개의 모바일 폰 회사 중에서 고민 중이다. 회사 A는 전화에 $200을 지불하고 24개월 동안 매월 $60을 부과하려고 한다. 회사 B는 전화로 $100을 지불하고 12개월 동안 매월 $70을 부과한다. 당신의 계약이 종료된 이후에도 동일 전화를 계속 대체할 것이라고 가정하자. 당신의 자본비용은 4%이다. 비용만을 고려할 때 어느 회사를 선택해야 할까?

33. 게이트웨이 투어(Gateway Tours)는 두 가지 버스 모델 중 선택하려고 한다. 하나(Old Reliable)는 다른 모델(Short and Sweet)에 비해 구매비용과 유지비용이 비싸지만 좀 더 오래 사용 가능하다. 할인율은 11%이다. 두 모델 중 하나를 계속 구매할 계획인데, 어느 모델을 선택해야 할까? 아래 표와 같은 비용을 보여준다면 어느 것을 선택해야 할까?

모델	0	1	2	3	4	5...	7
Old Reliable	−200	−4	−4	−4	−4	−4...	−4
Short and Sweet	−100	−2	−2	−2	−2		

34. 해슬프리 웹(Hassle-Free Web)은 리스본 호텔(Hotel Lisbon)에 웹 호스팅 서비스를 제공하려고 한다. 리스본 호텔은 현재의 웹 호스팅 업체에 연간 $10,000을 지불하고 있다. 해슬프리는 서비스를 3년 동안 제공하기 위해서 초기 설비의 구매로 $15,000, 설비 관리를 위해 연간 $2,000을 지불해야 할 필요가 있다. 만일 해슬프리의 자본비용이 10%이면, 서비스를 제공하기 위해서 연간 $10,000 이하로 입찰할 수 있을까? 그렇게 해서 기업의 가치를 증가시킬 수 있는가?

35. 당신은 새로운 복사기를 구매해야 한다. 복사기의 비용은 $2,000이며, 매년 유지비로 $400이 필요하다. 복사기는 5년 사용이 가능할 것이다. 대안으로 당신은 복사기를 리스하여 사용할 수 있다. 만일 할인율이 6%라면 당신은 복사기 리스를 위해서 매년 얼마를 지불할 용의가 있는가? (첫번째 리스료 지불은 1년 뒤에 한다)

자원이 제한적일 때 사업 대안 선택

36. 패블러스 섬유(Fabulous Fabricators)는 올해 생산 시설에 공간을 할당하기 위해서 결정을 해야 한다. 다음과 같은 3가지 계약을 고려하고 있다.

	NPV	설비 이용률
A	$2 백만	100%
B	$1 백만	60%
C	$1.5 백만	40%

a. 각 사업의 수익성 지수는 얼마인가?

b. 패블러스 섬유는 어떻게 해야만 하는가?

37. 카트만(Kartman Company)은 4개의 부동산 투자 대안을 평가하고 있다. 경영진은 오늘 부동산을 매입하고 3년 뒤에 매도할 계획이다. 이러한 투자에 대한 연간 할인율은 15%이다. 다음 표는 초기 투자와 3년 뒤 부동산의 판매가격을 요약하고 있다.

	현재 비용	3년 뒤 판매가격
Parkside Acres	$650,000	$1,150,000
Real Property Estates	800,000	1,400,000
Lost Lake Properties	650,000	1,050,000
Overlook	150,000	350,000

카트만의 부동산 투자를 위한 총 자본예산은 $800,000이다. 어느 부동산에 투자해야 하는가?

38. 오키드 바이오텍(Orchid Biotech)은 실험약 개발을 위해 몇 가지 사업을 평가하고 있다. 현금흐름을 측정하는 것이 어렵더라도 회사는 다음과 같이 초기 자본요구액과 사업의 NPV를 예측하고 있다. 사업별로 필요한 연구인력의 수는 다르지만, 회사는 각 개발 사업에 요구되는 연구인력의 수를 추정하였다(모든 비용은 $백만 기준임).

사업 번호	초기 자본액	연구인력의 수	NPV
I	10	2	10.1
II	15	3	19.0
III	15	4	22.0
IV	20	3	25.0
V	30	12	60.2

a. 오키드는 총 예산으로 $60백만을 가지고 있다고 하자. 위 사업 대안들의 우선순위는 어떻게 되는가?

b. 오키드는 현재 12명의 연구인력이 있고 가까운 미래에 신규 인력 채용은 없다고 하자. 위

사업 대안들의 우선순위는 어떻게 되는가?

사례연구

당신은 얼마전에 재학중인 대학교에 가까운 곳에 위치한 집을 $500,000에 구매하였다. 당신은 $100,000을 선금으로 납입하고 나머지 $400,000은 대출을 받을 계획이다. 어떤 주택담보대출(모기지)을 받을 것인지 결정해야 한다. 대안들을 찾기 위해서 www.bankrate.com에 가서 적절한 버튼을 눌러서 (재대출이 아닌) 새로 구매한 30년 만기 고정금리 모기지의 시세를 얻는다. 당신의 FICO 점수가 매우 높고 당신은 제로 포인트 모기지를 구하고 있다고 가정하자. 선행 수수료나 포인트의 지불을 요구하지 않는 모기지에 대한 최선의 이표율을 찾는다.[1] 우리는 이러한 모기지를 수수료 없는 (no-fee) 모기지라고 할 수 있고, 이 모기지의 이자율이 당신의 자본비용이다.

당신은 수수료 없는 모기지에서 (이표에 따라 정렬된) 상위 6개의 모기지로 변경하는 NPV를 계산하여 어느 모기지를 선택할 것인지 고민하고 있다. 이 의사결정의 NPV를 계산하기 위해서, 수수료 없는 모기지 지불금액에서 대안 모기지 지불금액을 차감하여 NPV를 계산함으로써 현재와 모기지 수명 기간 동안의 지불금액의 차이를 계산한다. 좋은 측정을 위해서, IRR도 계산한다.[2] 당신은 앞으로 30년 동안 확실하게 그 집에서 살 것이고 조기에 상환하지 않을 것이라고 가정하자. 어느 모기지를 택해야 하는가? NPV와 IRR 규칙이 같은 결론인가?

다음으로, 은행이 어떠한 수수료나 포인트에도 빌릴 수 있도록 한다고 가정하자. 따라서 대출금액은 이 경우에 이러한 부담 때문에 증가하게 될 것이다. 앞의 계산을 반복한다.

마지막으로, 동일한 자본비용을 이용하여 5년 뒤에 모기지 나머지 잔액을 상환할 것이라고 가정하여 계산을 반복한다. 당신이 긴 기간과 짧은 기간을 가지고 있을 때 모기지의 선택에 대해 무엇이라고 말할 것인가?

물론, 자본비용의 선택이 개인에 따라 변동할 것이다. 당신의 자본비용이 위에서 사용한 것과 다를 수 있기 때문에, 양 기간에 해당하는, 가장 큰 NPV를 가지는 대안을 선택하고 NPV 프로파일을 그리시오.

---

1) 모기지 이표는 이자율 영역(rate field, APR이 아님)에 나열되어 있고 월간 APR로 기재된다. 수수료와 "포인트"는 선행으로 지급되어야만 하는 돈을 의미한다. 수수료는 달러로 표시되고 포인트는 빌린 금액의 퍼센트로 표현한다. 즉, $1,000 수수료와 1% 포인트는 (400,000 x 1%) + 1,000 = $5,000의 선금을 지불해야 하는 것을 의미한다. 이것은 대출금액 $400,000은 실제로 $395,000을 빌리게 되는 것을 의미한다 (따라서 당신은 추가적으로 $5,000의 자금을 지불해야할 필요가 있다).

2) 힌트: IRR을 계산하는데 어려움이 있다면, 우선 NPV 프로파일을 그려서 IRR의 존재를 확인한다.

9 자본예산의 기본

학습목표

- 자본예산 과정에서 필요한 현금흐름의 종류를 확인한다.
- 투자안을 위한 추정 손익계산서의 증분 이익을 예측한다.
- 추정 이익을 가용현금흐름(free cash flows)으로 전환하고 투자안의 NPV를 계산한다.
- 투자안의 증분 가용현금흐름을 계산할 때 발생하는 일반적인 문제점을 인식한다.
- 가정의 변화가 투자안의 NPV에 미치는 민감도를 평가한다.
- 경영진이 투자안에서 얻을 수 있는 가장 일반적인 옵션을 확인하고 이러한 옵션이 가치가 있음을 이해한다.

기호

CapEx	자본 지출	*EBIT*	이자법인세차감전이익
FCFt	*t* 년의 가용현금흐름	*IRR*	내부수익률
NPV	순현재가치	*NWCt*	*t* 년의 순운전자본
PV	현재가치	*r*	예상 자본비용

Fundamentals of Capital Budgeting

기업의 재무 담당자의 중요한 책임은 사업이나 투자를 기업이 수행해야 하는가를 결정하는 것이다. 이 장의 중심인, 자본예산 수립(Capital Budgeting)은 투자기회를 분석하고 채택여부를 결정하는 과정이다. 그렇게 함으로써 - 기업의 자본을 예산 수립함 - 기업의 자금을 다양한 사업에 배분한다. 제8장에서는 사업을 평가하는 다양한 방법을 배웠고 NPV가 가장 믿을 만하고 정확한 방법이라는 것을 증명했다. NPV 기법을 실행한다는 것은, 사업의 NPV를 계산하고 양의 NPV를 가지는 사업만을 채택한다는 것이다. 지난 장에서 고화질 DVD 기준을 놓고 경쟁하던 소니와 도시바가 (결국 도시바는 HD-DVD 사업을 포기했다) 투자 결정을 하는 것에 대해 이야기했다. 투자 의사결정 규칙을 실행하기 위해서 도시바의 재무 담당자는 우선 투자와 관련된 증분 현금흐름을 추정하고 그 후에 HD-DVD 사업을 중단하는 결정과 관련된 증분 현금흐름을 추정하였다. 투자 의사결정 과정의 중요한 입력자료인 이러한 현금흐름의 추정 과정은 이번 장에서 우리의 초점이다.

사업의 수익과 비용을 추정함으로써 사업의 기대 현금흐름을 예측하면서 시작한다. 이러한 현금흐름을 이용하여 주주 부에 대한 공헌도인 사업의 NPV를 계산할 수 있다. 그리고 현금흐름의 추정은 거의 대부분 불확실성을 내포하고 있기 때문에, 추정의 불확실성에 대한 NPV의 민감도를 어떻게 계산하는지를 보여준다. 마지막으로, 사업의 유연성과 NPV의 관계에 대하여 검토한다.

9.1 자본예산 수립 과정

자본예산: 기업이 향후 기간 동안 실행할 계획인 모든 사업의 목록

자본예산 수립: 투자기회들을 분석하고 어느 기회를 채택할 것인지를 선택하는 과정

다양한 투자기회를 분석하는 첫 번째 단계는 잠재적인 사업들을 목록을 쌓는 것이다. **자본예산(capital budget)**은 미래의 몇 년 동안 기업이 추진할 계획인 사업과 투자안들을 나열하는 것이다. 이러한 투자 목록을 만들기 위해서 기업은 대안이 되는 사업을 분석하고 소위 **자본예산 수립(capital budgeting)**이라는 과정을 통해 어느 사업을 채택할 것인지를 결정한다. 이 과정은 개별 사업이 기업에 끼치는 미래의 결과를 예측하는 것에서 시작한다. 어떤 결과는 기업의 수익에 영향을 줄 것이며, 어떤 다른 결과는 비용에 영향을 줄 것이다. 우리의 궁극적인 목적은 사업의 채택이나 거부의 선택이 기업의 현금흐름에 미치는 영향을 결정하는 것이고, 기업의 가치에 대한 의사결정의 결과를 평가하기 위해 이러한 현금흐름의 NPV를 평가하는 것이다. 그림 9.1은 전형적인 투자안에서 볼 수 있는 현금흐름의 유형을 보여준다. 자본예산 수립에 대한 논의를 통해 각각의 내용을 검토할 것이다.

물론, 이러한 현금흐름을 추정하는 것은 때론 어려운 일이다. 현금흐름을 예측하기 위해서 기업 내의 다른 전문가에게 의존할 필요도 있다. 예를 들어, 마케팅 부서는 매출액 추정을 해야 하고 생산 관리 부서는 생산비용 정보를 제공하고 기업의 엔지니어는 사업을 시작하기 위한 초기 연구개발 비용을 알려준다. 정보의 또 다른 원천은 기업의 과거 사업이나 동일 산업 내의 다른 기업의 사업을 검토하는 것이다. 특히 실무에서는 종종 기업의 과거 역사적 재무제표나 경쟁사의 재무제표를 통해서 얻어진 수익과 비용 정보를 이용해서 사업의 수익과 비용을 평가하는 기초로 삼는다.

아래 그림은 사업 분석에 있어서의 전형적인 현금흐름과 발생 시기를 보여준다.

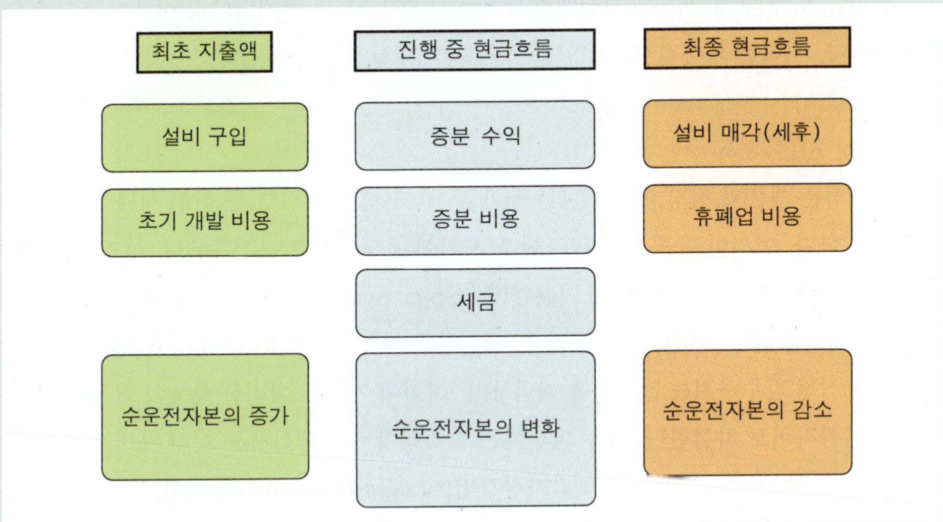

그림 9.1
전형적인 투자안의 현금흐름

이러한 예측치를 얻게 되면 어떻게 우리는 정보를 조합할까? 일반적인 방법은 사업의 결과가 기업의 이익에 미치는 영향을 고려하면서 시작한다. 따라서 우리는 9.2절에서 우리의 분석을 사업의 **증분 이익(incremental earnings)**을 결정하는 것으로 시작할 것이다. 증분 이익은 투자 의사결정의 결과로 인해 예상되는 기업 이익의 변화량이다. 증분 이익의 추정은 회계의 관점에서 기업의 보고 이익에 결정이 어떤 영향을 미치는 지를 알려준다. 그러나 제2장에서 강조했듯이, 이익은 실제적인 현금흐름이 아니다. 사업의 NPV를 결정하고 기업에게 좋은 사업인지 아닌지를 결정하기 위해서는 사업의 현금흐름을 예측할 필요가 있다. 따라서 9.3절에서는 증분 이익을 이용하여 어떻게 사업의 실제적인 현금흐름을 추정할 것인지를 보여줄 것이다. 이익의 결과에 기반을 둔 투자의 현금흐름 결과를 계산하는 것을 이해하는 것은 여러 가지 이유에서 중요하다. 첫째, 실제적으로 재무 담당자는 이익을 예측하는 것으로 시작한다. 둘째, 과거 자료를 살펴보면, 종종 회계 정보만이 즉각적으로 사용 가능한 유일한 정보이다.

증분 이익: 투자 의사결정의 결과로 예상되는 기업 이익의 변화량

개념확인

1. 자본예산 수립은 무엇이며, 자본예산의 목적은 무엇인가?
2. 사업이 기업의 이익에 미치는 영향을 계산하는 것이 자본예산 수립으로 왜 불충분한가?

9.2 증분 이익의 추정

이번 절에 걸쳐서 증분 이익에 대한 논의는 간단한 예로 설명하려고 한다. 당신은 지금 새로운 설비를 구매하여 생산능력을 증대시킬 수 있도록 제조 공장을 개선할 것인가 아닌가를 고려 중

이다. 새 설비의 비용은 $1백만이고 설치를 위해서는 추가적으로 $20,000의 비용이 들 것이다. 또한 증설된 규모에 맞게 공장을 재설계하기 위해서 $50,000의 엔지니어링 비용이 추가적으로 발생할 것이다. 이러한 의사결정으로 인한 초기 이익의 결과는 무엇인가?

운영비용 대 자본지출

대부분의 사업은 제품의 시장조사, 시제품의 개발, 광고 캠페인 실행 등 어떤 형태이든 초기 투자를 필요로 한다. 이러한 유형의 비용은 발생 시기에 운영비용으로 간주된다. 그러나, 많은 사업들은 또한 공장, 재산, 설비 등 소위 자본 지출(capital expenditures)이라고 하는 투자를 포함한다. 제2장에서는 공장, 재산, 설비 등의 투자는 현금 지출로 이익(earnings)을 계산하는 데 있어 비용으로 직접 간주하지는 않았음을 기억하자. 대신에 기업은 이러한 항목의 비용을 일정 부분 매년 감가상각비로 차감한다. 재무 담당자는 감가상각비를 계산하는 여러 가지 종류의 방법을 사용한다. 가장 단순한 방법이 **정액감가상각법(straight-line depreciation)**으로 자산의 비용을 감가상각 기간에 걸쳐 동일하게 나누어 준다(또한 균등감가상각법이라고도 한다. 다른 일반적 방법에 대해 9.4절에서 논의한다).

정액감가상각법: 자산의 비용을 감가상각 기간에 걸쳐 동일하게 나누는 감가상각 방법

우리의 예에서, 생산규모를 늘리는 결정과 관련된 초기 비용은 기업의 이익에 두 가지 뚜렷한 결과를 가져온다. 첫째, 공장의 재설계에 필요한 $50,000는 연도 0에 보고되는 운영비용이다. 기계의 구입 운송 및 설치에 소요된 $1,020,000은 회계원리와 세법에 따라 설비의 감가상각 기간에 걸쳐 감가상각을 해야만 한다. 설비가 5년간의 감가상각 기간을 가지고 정액감가상각법을 사용한다면 5년간 매년 $1,020,000/5 = $204,000을 비용으로 처리한다(이러한 회계 처리의 동기는 기계를 취득하기 위한 비용을 기계가 창출하는 수익과 일치시키기 위한 것이다).

1	연도	0	1	2	3	4	5
2	운영비용(공장 재설계)	−$50,000					
3	감가상각비(신규 설비)		−$204,000	−$204,000	−$204,000	−$204,000	−$204,000

시간선에서 보듯이, 기계 구입과 설치를 위한 초기 현금 유출액 $1,020,000은 연도 0의 비용으로 인식되지 않는다. 대신에, 그 비용은 감가상각비용으로 연도 1부터 연도 5에 걸쳐 나타난다. 감가상각비는 실제 현금 유출액이 아니라는 것을 기억하자. 자본 지출에 대한 회계 처리와 세금 처리가 이익이 현금흐름의 정확한 반영이 아니게 되는 중요한 이유가 된다. 이 이슈에 대해서는 다시 9.3절에서 논의한다.[1]

1) 어떤 학생은 재무보고를 위해서는 자산이 잔존가치를 남기게 감가상각이 되어야 한다고 생각할 것이다. 세금 목적을 위해서, 잔존가치는 항상 0으로 취급하는 것이 관련된 자본예산 수립 방법이다.

증분 수익과 비용의 예측

다음 단계는 사업의 진행 중 수익과 비용을 추정하는 것이다. 미래 수익과 비용을 예측하는 것은 어려운 일이다. 성공적인 실무자는 이 과업을 실행하기 전에 가능한 많은 정보를 수집한다. 매출액 예측치를 추정하기 위해 마케팅과 판매 부서 사람들뿐만 아니라 사내 경제학자들과 면담을 하고 비용 예측치를 다듬기 위해서는 엔지니어링과 생산 부서 사람들을 만난다.

사업의 수익과 비용을 예측할 때 아래 사항을 포함해서 몇 가지 요소를 고려해야 한다.

1. 신제품은 대체적으로 초기에 낮은 매출액을 보이다가, 소비자가 제품에 대해 인식하게 됨에 따라 점차 매출액이 증가하고, 정점에 도달했다가 궁극적으로는 제품이 진부화되거나 경쟁이 치열해지면서 줄어든다.
2. 제품의 평균 판매가격과 생산비용은 시간이 지나면서 일반적으로 변한다. 가격과 비용은 경제 내의 인플레이션 수준에 따라 증가하는 경향이 있다. 그러나 생산 기술의 가격은 신기술, 우수한 기술의 출현으로 종종 떨어지고 생산비용도 감소한다.
3. 대부분의 산업에서 경쟁은 시간이 지나면서 매출액이익률(profit margin)을 낮추는 경향이 있다.

여기서 우리의 관심은 이러한 추정으로부터 증분 이익을 그리고 현금흐름을 어떻게 얻느냐이다. 제18장에서 추정 방법에 대해 좀 더 자세히 논의한다.

수익과 비용의 모든 예측치는 증분(incremental)이어야만 한다. 즉 사업으로 인하여 추가적으로 발생한 매출과 비용만을 고려한다는 것이다. 예를 들어, 신속한 제조 기계를 구매하기 위해 평가를 한다면, 신기계로 인해서 추가적으로 (어느 가격에) 판매할 수 있는 제품의 단위와 추가적인 비용만을 고려한다. 구기계를 사용해서 발생하는 매출이나 비용을 포함하기 때문에 총매출액이나 총비용을 추정하지는 않는다. 우리는 고려하는 사업이 기업의 현금흐름을 어떻게 "변화"시킬 것인지를 평가하고 있음을 기억하라. 그것이 우리가 증분 수익과 비용에 관심을 가지는 이유이다.

다시 공장 재설계의 예를 살펴보자. 기계를 구매하고 설치한 후에 공장을 재설계한다고 가정하면, 우리의 추가적인 생산용량은 5년 동안 매년 $500,000의 증분 수익을 발생시킬 것이다. 이러한 증분 수익은 연간 $150,000의 증분 비용을 필요로 한다. 이 경우에 우리의 수익, 비용 그리고 감가상각비의 예측치는 아래 표와 같다 (단위: $1,000).

1	연도	0	1	2	3	4	5
2	증분 수익		500	500	500	500	500
3	증분 비용	−50	−150	−150	−150	−150	−150
4	감가상각비		−204	−204	−204	−204	−204

이제 예측치를 가지고, 우리 사업의 결과인 기업의 이익을 계산할 수 있게 되었다. 제2장에서 보았듯이, 감가상각비용과 실제 생산비용(즉 제조원가)은 수익에서 차감되어야만 한다.

$$\text{증분 EBIT(이자법인세차감전이익)} = \text{증분 수익} - \text{증분 비용} - \text{감가상각비} \quad (9.1)$$

세금

한계 법인세율: 증분 세전 수입 금액에 대해 기업이 지불하는 세율

우리가 고려해야 할 마지막 비용은 법인세이다. 사용될 적합한 세율은 기업의 **한계 법인세율(marginal corporate tax rate)**이다. 그것은 증분(incremental) 세전 수입 금액에 대해 지불하는 세율이다. 증분 수입의 세금비용은 아래와 같이 계산한다.

$$\text{수입에 대한 세금} = \text{EBIT} \times \text{기업의 한계 법인세율} \quad (9.2)$$

증분 이익의 추정

이제 증분 이익의 추정을 위해서 조각을 맞출 준비가 되었다. 우리의 기업이 40%의 한계 법인세율에 직면해 있고, 연도 0에는 전체적으로 최소 $50,000의 이익을 내서 그 해의 증분 비용을 맞췄다고 하자. 그러면 증분 이익(혹은 순이익)은 아래와 같다 (단위: $1,000).[2]

1	**연도**	0	1	2	3	4	5
2	증분 수익		500	500	500	500	500
3	증분 비용	−50	−150	−150	−150	−150	−150
4	감가상각비		−204	−204	−204	−204	−204
5	**EBIT(이자법인세차감전이익)**	−50	146	146	146	146	146
6	세금(세율 40%)	20	−58.4	−58.4	−58.4	−58.4	−58.4
7	**증분 이익**	**−30**	**87.6**	**87.6**	**87.6**	**87.6**	**87.6**

식 9.1과 식 9.2를 합쳐서 증분 이익을 직접 구할 수 있다. 예를 들어, 연도 1부터 연도 5까지 증분 이익은 아래와 같다.

$$\begin{aligned}\text{증분 이익} &= (\text{증분 수익} - \text{증분 비용} - \text{감가상각비}) \times (1 - \text{세율}) \\ \text{증분 이익} &= (500{,}000 - 150{,}000 - 204{,}000) \times (1 - 0.4) = 87{,}600\end{aligned} \quad (9.3)$$

2) 수익과 비용이 1년에 걸쳐 발생하지만, 여기서 한 것처럼, 표준 기준에서는 수익과 비용을 발생한 해에 기록한다. 따라서, 비록 연말과 연초 사이에는 불과 몇 주의 차이밖에 나지 않더라도 어느 해의 말에 발생하는 현금흐름은 다음 해의 초에 발생하는 현금흐름과는 다른 칸에 기록된다. 추가적인 정확성이 요구되면, 현금흐름을 분기별 혹은 월별로 추정할 수 있다.

예제 9.1
증분 이익

문제 *Problem*

시스코(Cisco Systems)는 무선의 홈 네트워킹 제품인 홈넷(HomeNet)의 개발을 고려하고 있다. 홈넷은 하드웨어와 가정에서 모든 인터넷 접속이 가능하도록 하는 소프트웨어를 제공할 것이다. PC와 스마트폰을 연결할 뿐만 아니라 홈넷은 인터넷이 가능한 TV, 스트리밍 서비스, 난방과 에어컨, 주요 가전제품, 방범 시스템, 사무 설비 등까지 통제할 것이다. 홈넷의 주요 경쟁자는 브랜트-퀴글리(Brandt-Quigley)의 제품이다.

시장조사에 근거해서, 홈넷의 매출은 연간 50,000대로 추정된다. 기술 변화의 속도로 볼 때, 시스코는 제품이 4년의 사업 수명을 가질 것이고 도매가격(시스코가 매장에서 받는 가격)은 $260로 기대하고 있다. 실제 생산은 하청업체에서 담당하고 대당 $110에 구매(포장비용 포함)할 것이다.

새로운 소비자에게 홈넷이 인터넷 가능 제품임을 보여주기 위해서 시스코는 실험 목적의 연구실을 새로 설립해야만 한다. 연구실 부지를 빌리고 새로운 설비 구입에 $7.5백만이 필요할 것이다. 설비 비용은 정액상각법으로 5년에 걸쳐 감가상각할 것이다. 시스코의 한계세율은 40%이다.

실험실은 1년 말까지 운영될 것이다. 그 때가 되면 홈넷은 판매 가능할 것이다. 시스코는 실험실 부지의 임대 비용, 마케팅 및 지원 등으로 연간 $2.8백만를 사용할 것이다. 홈넷 사업의 증분 이익을 추정하시오.

풀이 *Solution*

● **계획**

증분 이익을 추정하기 위해서는 4가지 항목이 필요하다. (1) 증분 수익, (2) 증분 비용, (3) 감가상각비, 그리고 (4) 한계세율이다.

증분 이익: 추가적 매출량 x 가격 = 50,000 x $260 = $13,000,000
증분 비용: 추가적 매출량 x 생산비용 = 50,000 x $110 = $5,500,000
판매 및 일반 관리비용 = $2,800,000 (임대, 마케팅 및 지원 비용)
감가상각비: 감가상각 자산/상각 기간 = $7,500,000/5 = $1,500,000
한계세율: 40%

사업이 4년만 지속되더라도, 설비는 5년의 수명을 가지고 있기 때문에 5년째에 마지막 감가상각비를 비용으로 처리해야만 함을 기억해야 한다.

● **실행**

(단위: $1,000)

1	연도	0	1	2	3	4	5
2	수익		13,000	13,000	13,000	13,000	-
3	제조원가		-5,500	-5,500	-5,500	-5,500	-
4	**매출총이익**		7,500	7,500	7,500	7,500	-
5	판매 및 일반 관리비		-2,800	-2,800	-2,800	-2,800	-
6	감가상각비		-1,500	-1,500	-1,500	-1,500	-1,500
7	**EBIT**		3,200	3,200	3,200	3,200	-1,500
8	세금(세율 40%)		-1,280	-1,280	-1,280	-1,280	600
9	**증분 이익**		**1,920**	**1,920**	**1,920**	**1,920**	**-900**

● **평가**

증분 이익은 홈넷 사업 분석의 기초가 되는 증분 현금흐름을 계산하기 위한 중간 단계이다. 설비의 비용은 구매가 이루어진 해에 이익에 영향을 주지 않지만 감가상각비는 5년에 걸쳐서 영향을 준다. 감가상각 기간은 회계원칙에 기초하고 있기 때문에 자산의 경제적 수명과는 같지 않아서 사업 기간이 지나도 가치를 가진다는 것을 기억해야 한다. 여기에서, 기업은 설비를 4년만 사용하지만 5년에 걸쳐 상각이 이루어질 것이다.

추정 재무제표 공장 증설과 예제 9.1에서 작성했던 증분 이익을 계산한 표를 종종 추정(pro forma) 재무제표라고 한다. 왜냐하면 실제 자료에 근거하지 않고 주어진 가설적인 가정에 따라 기업의 재무상태를 그렸기 때문이다. 홈넷 예제에서, 기업의 수익과 비용에 대한 추정이 가정이며 시스코는 추정 재무제표에서 증분 이익을 그 가정에서 추정한다.

세금과 음의 EBIT 공장 증설 사업의 연도 0과 홈넷 예제의 연도 5에 EBIT가 음수임에 주목하자. 왜 세금이 사례와 관련될까? 홈넷 예제를 보면, 홈넷은 시스코의 5년차 과세이익을 $1.5백만만큼 감소시킬 것이다. 시스코가 다른 사업에서 홈넷의 손실을 상쇄하는 과세이익을 얻는다면, 시스코는 홈넷 사업을 착수하지 않을 때보다 5년차에 세금에서 $1.5백만 × 40% = $600,000

예제 9.2
수익 기업에서 프로젝트의 손실에서 오는 세금효과

문제 *Problem*

켈로그(Kellogg Company)는 섬유질이 풍부하고 글루틴이 없는 아침식사용 패스트리(pastries)로 새로운 제품을 출시할 계획이다. 신제품 출시를 위한 막대한 광고비용은 내년에 $15백만의 영업손실을 발생시킬 것이다. 켈로그는 내년에 새로운 패스트리 제품을 제외한 영업에서 $460백만의 세전 이익을 기대하고 있다. 만일 켈로그가 세전 이익에 대해 40%의 세율로 세금을 납부한다면, 신제품이 없는 경우에 세금은 얼마일까? 신제품을 포함할 경우의 세금은?

풀이 *Solution*

● **계획**

켈로그의 신제품 손실을 포함한 그리고 포함하지 않은 세전 이익과 세율(40%)이 필요하다. 그리고 손실이 없는 경우의 세금과 손실이 있는 경우의 세금을 비교할 수 있다.

● **실행**

신제품이 없는 경우, 켈로그는 $460백만 x 40% = $184백만의 법인세를 내년에 납부해야 할 것이다. 신제품이 있는 경우, 켈로그의 내년도 세전 이익은 $460백만 − $15백만 = $445백만이 되고, 법인세는 $445백만 x 40% = $178백만이 된다.

● **평가**

따라서 신제품 출시는 켈로그의 내년도 세금을 $184백만 − $178백만 = $6백만만큼 줄여준다. 신제품의 손실은 켈로그의 과세이익을 손실 금액만큼 낮추고, 그것은 신제품이 세금고지서에 음(−)의 $6백만을 가지는 것과 같다.

을 덜(less) 내는 효과를 얻을 것이다. 세금 절약은 홈넷 사업의 설비에 적용되는 감가상각비에서 유래한 것이라서 기업은 홈넷 사업 덕분에 세금 절약이 발생했다는 것을 인정해야만 한다.

이자지급 비용의 처리 제2장에서 우리는 기업의 순이익을 계산했는데, EBIT에서 우선 이자비용을 차감해야만 한다. 그러나 자본예산 결정의 평가에서 우리는 일반적으로 이자비용을 포함하지 않는다. 증분 이자비용은 모두 기업의 자본조달을 어떻게 할 것인가의 결정과 관련되며 그것은 별개의 의사결정이다. 여기에서는 자본조달 결정과는 별도로 어떤 사업 자체가 이익에 미치는 공헌을 평가하고자 한다. 그러나 불행히도 경영자는 사업의 여러 자본조달 방법으로 인하여 추가적으로 이익에 미치는 결과를 검토하려고 할 것이다.

따라서, 우리는 (현실적이지 않더라도) 기업이 채무를 통한 자본조달을 하지 않는다고 가정하고 사업을 평가할 것이며 교재의 제5부와 제6부에서 대안적인 자본조달 선택방법을 고려할 것이다. 여기서 무차입(레버리지 없음)를 가정하고 순이익을 계산하기 때문에, 예제 9.1의 추정 재무제표에서 식 9.3을 이용하여 계산한 순이익을 프로젝트의 **무차입 순이익(unlevered net income)**으로 언급할 수 있으며 이는 채무와 관련된 어떠한 이자비용도 포함하지 않았음을 알려준다.

무차입 순이익. 채무와 관련된 이자비용을 포함하지 않는 순이익

개념확인

3. 증분 이익을 계산할 때, 영업 비용과 자본 지출은 어떻게 다르게 취급되는가?
4. 기업의 총이익과 총비용 대신에 증분 수익과 증분 비용에 초점을 맞추는 이유는 무엇인가?

9.3 증분 가용현금흐름의 결정

제2장에서 언급했듯이, 이익(earnings)은 기업 성과의 회계적 측정이다. 회계 이익은 실제 이익(real profits)을 나타내지 않는다. 기업은 물품 구매, 임금 지급, 신규 투자, 배당지급 등에 이익(earnings)을 사용하지 않는다. 그런 일에는 현금이 필요하다. 따라서, 자본예산 결정을 평가하기 위해서는 기업의 사용 가능한 현금의 최종 금액을 결정해야만 한다. 프로젝트가 기업의 사용 가능한 현금에 미치는 증분 효과를 프로젝트의 증분 가용현금흐름(free cash flow)이라고 한다.

이익에서 가용현금흐름으로 전환

제2장에서 살펴 보았듯이, 이익과 현금흐름 사이에는 중요한 차이가 있다. 이익에는 비현금 비용(예를 들어 감가상각비)이 포함되고 자본 투자를 위한 지출이 포함되지 않는다. 프로젝트의 증분 이익에서 가용현금흐름을 결정하기 위해서 이러한 차이에 대하여 조정을 해야만 한다.

자본지출과 감가상각비 이미 언급했듯이, 감가상각비는 기업이 지출하는 현금 비용이 아니다. 대신에 자산의 최초 구매 비용을 사용 연수에 걸쳐서 배분하기 위한 회계와 세금 목적에서 사용

하는 방법이다. 감가상각비가 현금흐름이 아니기 때문에 현금흐름 예측에서 감가상각비를 포함하지 않는다. 그렇다고 감가상각비를 무시해도 된다는 것은 아니다. 감가상각비는 과세 이익을 낮추고 세금을 낮춘다. 세금은 현금흐름이기 때문에 감가상각비는 결국 현금흐름에 영향을 미치기 때문에 중요하다. 감가상각비를 처리하는 증분 이익에 감가상각비를 더하는 우리의 접근법은 감가상각비만큼의 현금을 기업이 여전히 보유하고 있음을 인식하는 것이다.

예를 들어, 어떤 사업의 증분 총이익(수익에서 비용 차감)이 $1백만이고 $200,000의 감가상각비가 있다고 하자. 기업의 세율이 40%이면, 증분 이익은 ($1,000,000 - $200,000) × (1 - 0.40) = $480,000이 될 것이다. 그러나 기업은 여전히 $680,000의 현금을 가지고 있다. 왜냐하면 $200,000의 감가상각비는 실제의 현금 유출이 아니기 때문이다. 표 9.1은 이 경우 증분 가용현금흐름의 계산을 보여준다. 푸른색은 실제 현금흐름으로 "정확함"이라고 표기되어 있다. 가용현금흐름이 정확한지를 알아보는 좋은 방법은 실제 현금흐름의 합인지를 확인하는 것이다. 이 경우, 기업이 총이익으로 $1,000,000을 창출했고(양의 현금흐름), $320,000을 세금으로 지불했기(음의 현금흐름) 때문에 잔액은 $1,000,000 - $320,000 = $680,000로 "정확함"의 칸에 있는 증분 가용현금흐름과 같다. "부정확함"의 마지막 칸은 감가상각비를 무시하고 계산한 경우의 결과를 보여준다. 감가상각비를 무시한 경우 EBIT가 너무 높기 때문에 결과적으로 세금도 너무 커지고 증분 가용현금흐름은 너무 작아진다. (두 경우 사이에 발생한 $80,000의 차이는 완전히 세금 납부액의 차이에서 온 것임을 명심하자.)

표 9.1
감가상각비를 빼고 다시 더함

	정확함(Correct)	부정확함(Incorrect)
증분 총이익	$1,000,000	$1,000,000
감가상각비	−200,000	
EBIT	$800,000	$1,000,000
세금(세율 40%)	−$320,000	−$400,000
증분 이익	$480,000	$600,000
감가상각비 다시 더함	$200,000	
증분 가용현금흐름	$680,000	$600,000

순운전자본 증분 이익과 가용현금흐름이 다를 수 있는 또 다른 이유는 순운전자본의 변화가 있는 경우이다. 우리는 제2장에서 순운전자본을 유동자산과 유동부채의 차이로 정의하였다. 순운전자본의 주요 요소는 현금, 재고자산(inventory), 매출채권(receivables), 매입채무(payables)이다.

$$\begin{aligned} \text{순운전자본} &= \text{유동자산} - \text{유동부채} \\ &= \text{현금} + \text{재고자산} + \text{매출채권} - \text{매입채무} \end{aligned} \tag{9.4}$$

예제 1.1
주식회사 이익의 과세

문제 Problem

홈넷 예제로 돌아가자. 예제 9.1에서 우리는 홈넷의 증분 이익을 계산했지만, 시스코가 이 사업을 추진해야 할지를 결정하기 위해서는 증분 가용현금흐름이 필요하다.

풀이 Solution

● 계획

홈넷 예제에서 증분 이익과 증분 가용현금흐름의 차이는 연구실 설비 구입에서 발생할 것이다. 설비 구매가 있는 연도 0의 구매 관련 $7.5백만의 현금 유출을 인식하고 연도 1부터 연도 5까지 매년 $1.5백만의 감가상각비가 실제 현금유출이 아니기 때문에 다시 더해 주어야 할 것이다.

● 실행

설비 관련 유출액을 11번째 줄에 반영하고 10번째 줄에 감가상각비를 다시 더한다.

1	**연도**	0	1	2	3	4	5
2	수익		13,000	13,000	13,000	13,000	–
3	매출원가		−5,500	−5,500	−5,500	−5,500	–
4	**총이익**		7,500	7,500	7,500	7,500	–
5	판매 및 일반 관리비		−2,800	−2,800	−2,800	−2,800	–
6	감가상각비		−1,500	−1,500	−1,500	−1,500	−1,500
7	**EBIT**		3,200	3,200	3,200	3,200	−1,500
8	세금(세율 40%)		−1,280	−1,280	−1,280	−1,280	600
9	**증분 이익**		1,920	1,920	1,920	1,920	−900
10	감가상각비 다시 더함		1,500	1,500	1,500	1,500	1,500
11	설비 구매	−7,500					
12	**증분 가용현금흐름**	**−7,500**	**3,420**	**3,420**	**3,420**	**3,420**	**600**

● 평가

설비 구매 비용을 연도 0에 유출로 인식함으로써, $7.5백만이 그 시점에 기업을 떠난 사실을 반영한다. 매년 $1.5백만의 감가상각비용을 연도 1–5에 다시 더함으로써, 감가상각비가 현금유출이 아니라는 사실을 반영하여 증분 이익을 조정한다.

제2장에서 살펴 보았듯이, 우리는 단기 자본조달액(미지급금, 단기 채무)은 투자결정과는 분리된 자본조달 결정을 보여주기 때문에 포함시키지 않는다. 대부분의 프로젝트는 기업에게 순운전자본을 투자할 것을 요구한다. 기업은 예상치 못한 지출에 대비하여 최소 현금 잔액[3] 을 유지하고, 생산의 불확실성과 수요 변동에 맞추기 위해 원재료와 완성품의 재고를 유지할 필요가

3) 순운전자본에 포함된 현금은 시장수익률을 얻기 위해 투자된 것이 아니다. 기업의 현금계좌, 기업의 금고나 현금 박스에 있는 현금, (소매점) 계산대의 현금 등을 포함한다.

있다. 또한, 소비자는 구매한 제품의 대금을 즉각 지불하지 않는 경우가 있다. 매출이 즉각 수익으로 계상되지만 기업은 소비자가 실제 지불을 완료할 때까지 현금을 받지 못한다. 그 사이에 기업은 소비자의 외상 금액을 매출채권에 포함한다. 따라서 같은 방식으로 매입채무는 기업이 공급자에게 지불해야 하는 외상 금액을 측정하는 것이다. 매출채권(외상매출금)과 매입채무(외상매입금)의 차이를 **거래신용(trade credit)**이라 하며 신용거래의 결과로 소비된 기업 자본의 순 금액이다.

거래 신용: 매출채권과 매입채무의 차이로 신용거래의 결과로 소비된 기업 자본의 순금액, 기업이 소비자에게 제공한 신용

순운전자본은 다른 곳에 사용될 수 있는 묶여진 현금흐름인 단기 투자를 반영하고 있기 때문에 우리는 순운전자본에 관심을 가진다. 예를 들어, 기업이 팔지 못한 대량의 재고를 보유하거나 대량 매출채권을 가지고 있다면, 현금흐름은 재고자산의 형태나 소비자에게 제공된 신용의 형태로 묶인 것이다. 현금흐름이 묶이는 것은, 재투자나 주주에 대한 배당을 위해 현금흐름이 사용 가능할 때까지 시간이 지체되기 때문에, 기업의 입장에서 비용이 발생하는 것이다. 화폐는 시간가치를 가지기 때문에 프로젝트의 예측에서 발생하는 이러한 지체를 무시할 수 없다. 따라서 추가적인 운전자본의 투자를 반영하는 순운전자본의 증가는 항상 당해 연도 현금흐름의 감소를 의미한다.

순운전자본의 변화만이 현금흐름에 영향을 준다는 것을 명심해야 한다. 예를 들어, 초기 재고자산으로 $20,000을 모으고 재고자산 수준을 연도 1과 연도 2에 그대로 유지하는 3년짜리 사업을 고려하자. 사업이 끝나가면서 재고자산이 소진되고 최종 제품이 매출로 일어난다. 첫 번째 매출 이전에 재고자산의 초기 증가가 필요하여 연도 0의 말이 될 때까지 높은 수준의 재고를 달성해야 하는 경우가 종종 있다. 매년 증분 순운전자본의 수준, 관련된 순운전자본의 변화, 그리고 현금흐름에 주는 효과는 아래와 같다.

1	**연도**	**0**	**1**	**2**	**3**
2	증분 NWC의 수준	20,000	20,000	20,000	0
3	증분 NWC의 변화	+20,000	0	0	−20,000
4	**NWC의 변화로 인한 현금흐름**	**−20,000**	**0**	**0**	**+20,000**

순운전자본의 변화에서 발생하는 현금흐름의 효과는 항상 금액 크기는 같고 부호는 반대임을 명심하자. 예를 들어, 재고자산의 증가는 투자나 현금 유출을 의미한다. 반면에 재고자산의 감소는 자본 투자의 회수 혹은 현금 유입을 의미한다. 따라서 자본예산 수립에서는 순운전자본의 변화를 현금흐름에 반영하려면 순운전자본 변화 금액을 차감한다. 또한 연도 1과 연도 2에 증분 순운전자본 수준이 변하지 않기 때문에 현금흐름의 효과도 없다. 직관적으로, 기업이 재고자산을 사용하고 다시 채워 넣으면, 재고자산에 대한 신규 순투자는 0이고 추가적인 현금 유출도 불필요하다. 마지막으로, 사업의 존속기간 동안 증분 순운전자본은 다시 0으로 돌아가서 (연도 0

에 +20,000이고, 연도 3에 -20,000) 변화의 합은 0이 된다. 회계원칙은 사업의 존속기간에 걸쳐서 운전자본의 회복을 요구하는 원칙에 의해 이것을 보증한다.

좀 더 일반적으로 우리는 순운전자본의 t년 변화를 아래와 같이 정의한다.

$$NWC\text{의 } t\text{년 변화} = NWC_t - NWC_{t-1} \tag{9.5}$$

프로젝트가 NWC의 변화를 일으키면, 증분 가용현금흐름에 도달하려면 그 변화 금액이 증분 이익에서 차감되어야만 한다.

예제 9.4
순운전자본의 변화를 반영하기

문제 *Problem*

홈넷이 증분 현금이나 재고자산 필요성이 없다고 가정하자 (제품이 계약 생산자에게서 소비자에게 직접 운송될 것이다). 그러나 홈넷과 관련된 매출채권은 연간 매출액의 15%가 발생하고 매입채무는 연간 매출원가(COGS)의 15%가 될 것으로 예상된다. $13백만 매출액의 15%는 $1.95백만이고 $5.5백만 매출원가의 15%는 $825,000이다. 홈넷의 순운전자본 필요액은 아래 표와 같다.

1	연도	0	1	2	3	4	5
2	**순운전자본 추정액(단위: $1,000)**						
3	현금 필요액	0	0	0	0	0	0
4	재고자산	0	0	0	0	0	0
5	매출채권(매출의 15%)	0	1,950	1,950	1,950	1,950	0
6	매입채무(COGS의 15%)	0	−825	−825	−825	−825	0
7	**순운전자본**	**0**	**1,125**	**1,125**	**1,125**	**1,125**	**0**

이러한 조건이 사업의 가용현금흐름에 어떤 영향을 미칠까?

풀이 *Solution*

● **계획**

순운전자본의 모든 증가는 투자를 의미하고 기업의 사용 가능한 현금을 감소시키고 따라서 가용현금흐름을 줄인다. 홈넷의 가용현금흐름의 예측을 완료하기 위해서는 순운전자본 필요액의 추정치를 사용할 수 있다. 연도 1에 순운전자본은 $1.125백만만큼 증가한다. 이러한 증가는 기업에게는 비용이다. 연도 1에 $1.950백만의 기업 매출은 외상으로 일어났고 $0.825의 비용은 홈넷이 아직 지불하지 않았다는 사실은 가용현금흐름의 감소 금액과 관련이 있다. 연도 2에서 연도 4까지의 사이에 순운전자본은 변화가 없어서 더 이상 조정은 필요 없다. 연도 5에 사업이 종료될 때 순운전자본은 $1.125백만 만큼 감소한다. 최종 소비자의 외상 금액이 입금되었고 홈넷의 외상도 지불되었다. 연도 5의 가용현금흐름에 $1.125백만을 더한다.

● **실행 (단위: $1,000)**

1	**연도**	0	1	2	3	4	5
2	순운전자본	0	1,125	1,125	1,125	1,125	0
3	NWC의 변화	0	+1,125	0	0	0	−1,125
4	현금흐름 효과	0	−1,125	0	0	0	+1,125

증분 현금흐름은 아래 표와 같다.

1	**연도**	0	1	2	3	4	5
2	수익(매출액)		13,000	13,000	13,000	13,000	0
3	매출원가(COGS)		−5,500	−5,500	−5,500	−5,500	0
4	**총이익**		7,500	7,500	7,500	7,500	0
5	판매 및 일반 관리비		−2,800	−2,800	−2,800	−2,800	0
6	감가상각비		−1,500	−1,500	−1,500	−1,500	−1,500
7	**EBIT**		**3,200**	**3,200**	**3,200**	**3,200**	**−1,500**
8	세금(세율 40%)		−1,280	−1,280	−1,280	−1,280	600
9	**증분 이익**		1,920	1,920	1,920	1,920	−900
10	감가상각비 다시 더함		1,500	1,500	1,500	1,500	1,500
11	설비 구매	−7,500					
12	NWC의 변화 차감		−1,125	0	0	0	1,125
13	**증분 가용현금흐름**	**−7,500**	**2,295**	**3,420**	**3,420**	**3,420**	**1,725**

● **평가**

가용현금흐름은 설비 구매 등 자본 투자, 감가상각비, 순운전자본의 변화가 현금흐름에 미치는 영향을 반영하기 때문에 무차입 순이익과 다르다. 순운전자본에 대한 투자를 반영하는 연도 1의 가용현금흐름은 무차입 순이익보다 작은 값을 가진다. 그 이후 가용현금흐름은 무차입 순이익을 초과하는데 감가상각비가 현금 유출 비용이 아니기 때문이다. 마지막 해에, 기업은 결국 순운전자본에 대한 투자금액을 회복하고 가용현금흐름은 증가한다.

가용현금흐름을 직접 계산하기

이 장의 개요에서 보았듯이, 실무에서는 자본예산 수립 과정을 이익을 예측하는 것에서 시작하기 때문에 우리도 같은 방식을 채택했다. 그러나 사업의 가용현금흐름을 아래의 간편한 수식을 사용해서 직접 계산할 수 있다.

가용현금흐름

$$\text{가용현금흐름} = \overbrace{(\text{매출액} - \text{비용} - \text{감가상각비}) \times (1 - \text{세율})}^{\text{무차입 순이익}} + \text{감가상각비} - \text{자본지출} - NWC\text{의 변화} \quad (9.6)$$

사업의 증분 이익을 구하기 위해서 우선 감가상각비를 차감하고, 가용현금흐름을 계산할 때 (비현금성 비용이기 때문에) 다시 더해 준다. 따라서 감가상각비의 효과는 기업의 과세이익에만 영향을 미친다. 즉 식 9.6을 아래와 같이 다시 쓸 수 있다.

$$\text{가용현금흐름} = (\text{매출액} - \text{비용}) \times (1 - \text{세율}) - \text{자본지출} - NWC\text{의 변화} + \text{세율} \times \text{감가상각비} \quad (9.7)$$

식 9.7의 마지막 항인 세율 × 감가상각비를 **감가상각 세금 절감액(depreciation tax shield)**이라고 하는데 감가상각의 세금감소 능력의 결과로 인한 세금 절약액이다. 따라서 감가상각비용은 가용현금흐름에 긍정적인(positive) 효과를 가진다. 표 9.1의 예로 돌아가서, 기업이 감가상각비를 무시하게 되면 세금은 $320,000 대신에 $400,000이 되고 증분 가용현금흐름은 $680,000 대신에 $600,000이 된다. $80,000의 차액은 정확하게 감가상각비($200,000)에 세율(40%)을 곱한 금액이다. 감가상각 비용 1달러는 세금 40센트를 절약하기 때문에 $200,000의 감가상각비용은 $80,000의 세금 절감액으로 볼 수 있다.

감가상각 세금 절감액: 감가상각의 세금감소 능력의 결과로 인한 세금 절약액

기업은 종종 회계나 세금 목적에서 다른 감가상각비용을 보고한다. 감가상각비가 세금에 미치는 영향만이 가용현금흐름에 관련이 있기 때문에, 기업이 세금 목적에서 사용할 감가상각비용을 현금흐름 추정에 사용해야만 한다. 세금 목적을 위해, 많은 기업은 수정된 가속상각시스템(Modified Accelerated Cost Recovery System)이라 불리는 방법을 사용하는데 다음 절에서 다룬다.

NPV 계산하기

증분 가용현금흐름을 추정하는 목적은 사업의 NPV를 계산하기 위한 필요 자료를 얻기 위해서이다. 사업의 NPV를 계산하기 위해서 우리는 가용현금흐름을 적절한 자본비용으로 할인해야만 한다. 제5장에서 논의했듯이, 사업의 자본비용은 투자자가 해당 사업과 유사한 위험과 만기를 가진 가장 최고의 대안이 되는 투자에서 얻을 수 있을 것으로 기대하는 수익률이다. 제4부에서 위험과 수익률을 공부할 때 자본비용을 추정하는 기법을 살펴볼 것이다. 여기에서는 자본비용이 주어진 것으로 가정한다.

미래의 모든 개별 가용현금흐름의 현재가치를 사업의 자본비용으로 할인하여 계산한다. 제3장에서 설명했듯이, r이 자본비용을 의미하면 t년의 가용현금흐름(FCF_t)의 현재가치는 아래 식

과 같다.

$$PV(FCF_t) = \frac{FCF_t}{(1+r)^t} = FCF_t \times \underbrace{\frac{1}{(1+r)^t}}_{t\text{년의 할인계수}} \tag{9.8}$$

예제 9.5
주식회사 이익의 과세

문제 *Problem*

시스코의 경영진은 홈넷 사업이 기존 사업과 유사한 위험을 가지고 있으며 자본비용은 12%라고 가정한다. 홈넷 사업의 NPV를 계산하시오.

풀이 *Solution*

● **계획**

예제 9.4에서 홈넷 사업의 증분 가용현금흐름은 아래와 같다 (단위: $1,000)

1	연도	0	1	2	3	4	5
2	증분 가용현금흐름	−7,500	2,295	3,420	3,420	3,420	1,725

NPV를 계산하기 위해서 모든 현금흐름의 현재가치를 합산하는데 0년의 현금 유출은 이미 현재가치임을 기억한다.

● **실행**

식 9.8을 이용하면,

$$NPV = -7{,}500 + \frac{2{,}295}{(1.12)^1} + \frac{3{,}420}{(1.12)^2} + \frac{3{,}420}{(1.12)^3} + \frac{3{,}420}{(1.12)^4} + \frac{1{,}725}{(1.12)^5} = 2{,}862$$

● **평가**

추정에 기초하면, 홈넷의 NPV는 $2,862백만이다. 홈넷의 초기 비용은 $7.5백만인데 반해 시스코가 이 사업으로부터 얻게 될 추가적인 현금흐름의 현재가치는 $10.362백만이다. 따라서, 홈넷 사업을 추진하는 것은 시스코가 지금 은행에서 추가적으로 $2,862백만을 얻는 것과 동일하다.

엑셀 사용하기 스프레드시트 프로그램을 이용한 자본예산 수립

자본예산 수립 예측과 분석은 스프레드시트 프로그램으로 쉽게 수행할 수 있다. 여기에서 스스로 자본예산을 만들 때 일부 실행의 사례를 보여준다.

프로젝트의 대시보드(dashboard) 만들기

모든 자본예산 분석은 투자와 관련된 미래 수익 및 비용에 관한 일련의 가정으로 시작한다. 프로젝트 대시보드에서 스프레드시트 내에서 이러한 가정을 중앙집중화하여 위치를 쉽게 찾고, 검토하고, 잠재적으로 수정할 수 있다. 여기에서 홈넷 프로젝트의 예를 보여준다.

	A	B	C	D	E	F	G	H	I	J
1	**홈넷의 자본예산 수립**									
2	***핵심 가정***									
3		수익과 비용		**연도 0**	**연도 1**	**연도 2**	**연도 3**	**연도 4**	**연도 5**	
4		홈넷 판매대수			50	50	50	50		
5		홈넷 평균가격 / 대			$260.00	$260.00	$260.00	$260.00		
6		홈넷 비용 / 대			$110.00	$110.00	$110.00	$110.00		
7										
8		운영비용								
9		마케팅, 지원 및 렌트			(2,800)	(2,800)	(2,800)	(2,800)		
10		자본 지출								
11		설비 구입		(7,500)						
12		기타가정								
13		감가상각 스케줄		0.0%	20.0%	20.0%	20.0%	20.0%	20.0%	
14		법인세율		40.0%	40.0%	40.0%	40.0%	40.0%	40.0%	
15		매출채권(매출의 %)		15.0%	15.0%	15.0%	15.0%	15.0%	15.0%	
16		매입채무(비용의 %)		15.0%	15.0%	15.0%	15.0%	15.0%	15.0%	

명확하게 구분하는 색깔 규칙

스프레드시트 모형에서는 파란색 글꼴을 사용하여 수식과 숫자의 가정을 구분한다. 예를 들어, 홈넷의 수익 및 비용 예측은 연도 1의 수치로 설정되며 그 이후는 연도 1의 예측과 동일하게 설정된다. 그러므로 어떤 셀이 중요한 가정을 포함하고 있고 그 후 변화되었는지 명확하게 한다.

유연성 유지

홈넷 대시보드에서는 계속해서 모든 가정을 유지한다고 하더라도 연간 기준으로 모든 가정을 기재한다. 예를 들어, 홈넷의 연간 판매대수와 평균 판매가격을 매년 지정한다. 그런 다음 연간 가정에 따라 매년 홈넷의 수익을 계산할 수 있다. 이렇게 하면 나중에 홈넷의 채택률이 시간에 따라 달라지거나 가격이 추세를 따를 것으로 예상되는 경우 유연성을 제공한다.

고정값(hardcode) 사용금지

가정을 명확하고 쉽게 수정할 수 있도록 프로젝트 대시보드에서 프로젝트를 개발하는 데 필요한 수치를 참조한다. "고정값(하드코드)"을 사용하거나 숫자를 수식에 직접 입력하지 마시오. 예를 들어, 아래 셀 E24에서 세금 계산시 "=–E23*0.40"이 아닌 "=–E23*E13" 수식을 사용한다. 전자의 수식은 동일한 해답을 계산하지만, 세율이 고정되어 있기 때문에 세율 예측이 변경되면 모형을 업데이트하기가 어려울 수 있다.

	A	B	C	D	E	F	G	H	I	J
22		***증분 순이익 추정***		**연도 0**	**연도 1**	**연도 2**	**연도 3**	**연도 4**	**연도 5**	
23		EBIT			$3,200	$3,200	$3,200	$3,200	($1,500)	
24		세금			=-E23*E13	($1,280)	($1,280)	($1,280)	$600	
25		순이익			$1,920	$1,920	$1,920	$1,920	($900)	

개념확인

5. 만일 감가상각비용이 현금흐름이 아니라면 왜 차감하고 다시 더하는 과정을 행해야만 하는가? 단순히 무시하면 안 되는가?
6. 순운전자본의 증가가 현금 유출을 의미하는 이유는 무엇인가?

9.4 증분 가용현금흐름에의 기타 효과

투자 결정을 위해서 증분 가용현금흐름을 계산할 때, 프로젝트가 있는 경우와 없는 경우와의 사이에 기업의 가용현금흐름의 모든 변화를 포함해야만 한다. 그것은 사업 때문에 놓쳐버린 기회와 기업의 다른 부서에 미치는 영향을 포함한다. 이번 절에서 이러한 효과에 대하여 살펴보고, 증분 가용현금흐름을 추정할 때 발생하는 범하기 쉬운 오류와 실수, 기타 문제점에 대해 공부한다.

기회 비용 (Opportunity Costs)

기회비용: (고려되는 사업을 제외한) 가장 좋은 대안에 사용되었을 경우에 자원의 가치

많은 경우 프로젝트 수행에 기업이 이미 보유하고 있는 자원을 사용한다. 신사업에 필요한 자원을 얻기 위해서 기업이 현금을 지불할 필요가 없기 때문에 그 자원이 공짜로 얻어진 것처럼 가정하기 쉽다. 그러나, 그 자원이 기업의 다른 기회나 사업에 사용된다면 많은 경우에 가치를 가질 것이다. 자원을 사용하는 **기회비용**(opportunity cost)은 가장 좋은 대안에 사용할 경우의 가치이다.[4] 이 가치는 자원이 다른 사업에 사용될 때 사라지기 때문에 우리는 기회비용을 프로젝트의 증분 비용으로 포함시켜야만 한다. 예를 들어, 기업이 보유하고 있는 토지에 소매점포를 건축하는 것을 고려하고 있다고 하자. 기업이 이미 보유한 토지라고 하더라도 해당 소매점포 사업에 토지가 공짜로 주어진 것은 아니다. 점포를 건축하지 않고 회사는 땅을 매각할 수 있을 것이다. 따라서 잃어버린 토지의 시장 가격이 소매점포 사업의 기회비용이 된다.

일반적인 실수 | 유휴 자산의 기회비용

자산이 현재 유휴상태일 때 일반적인 실수는 기회비용을 0으로 결론짓는 것이다. 예를 들어 현재 비어있는 창고나 사용하지 않는 기계를 기업이 가지고 있을 수 있다. 그러나 신사업에 투입되지 않으면 기업이 사용할 것이지만 사업에 투입될 것을 예상하고 자산이 유휴상태인 경우가 자주 있을 수 있다. 또한 기업이 자산을 사용할 대안을 가지지 않았더라도, 팔거나 임대할 수 있다. 자산의 대안적인 사용, 매각, 혹은 임대에서 얻어지는 가치는 증분 현금흐름의 일부에 포함되어야만 하는 기회비용을 의미한다.

프로젝트의 외부효과

프로젝트의 외부효과: 기업의 다른 사업 활동의 이익을 증가시키거나 감소시키는 프로젝트의 간접적인 효과

자기잠식: 기업의 신제품 매출이 기존 제품의 매출을 대체 할 때

프로젝트의 외부효과(project externalities)는 기업의 다른 사업 활동의 이익을 증가시키거나 감소시키는 프로젝트의 간접적인 효과이다. 예를 들어, 애플의 더 큰 아이패드 프로(iPad Pro)의 구매자는 어쩌면 그 대신에 애플의 아이패드 에어(iPad Air)를 구매했을 지도 모른다. 신제품의 매출이 기존 제품의 매출을 대체하는 상황을 종종 **자기잠식**(cannibalization)이라고 부른다. 기

4) 제5장에서 기회 자본비용을 균등한 위험을 가진 대안에 투자하면서 얻을 수 있는 수익률로 정의했다. 그와 유사하게, 보유한 자산의 활용으로 인한 프로젝트의 기회비용을 자산의 (고려되는 사업이 최상이고 그 다음 최상인) 차상(next-best) 대안의 사용에 의해 발생하는 현금흐름으로 정의한다.

존 사업의 매출 손실은 신제품의 출시로 인한 기업의 증분 비용이다.

매몰비용

매몰비용(sunk cost)은 기업이 이미 책임을 져야 할 회복 불가능한 비용이다. 매몰비용은 사업을 진행하거나 진행하지 않거나 하는 의사결정과는 상관없이 지불했거나 지불해야 한다. 따라서 현재의 결정에 관하여 증분적이지 않으며 분석에 포함되어서는 안 된다. 시장조사 기관을 고용하여 새로 도입을 고려하는 신제품에 대하여 시장에 충분한 수요가 있는지를 분석할 수 있다. 시장조사 결과 충분한 수요가 없다고 판단하여 사업을 진행하지 않는 결정을 내렸다. 그렇다고 시장조사 회사에 용역의 대가를 지불하지 않아도 되는가? 당연히 대금을 여전히 지급해야 하며, 이것은 사업을 실행하는 여부와 관계없이 발생했던 매몰된 비용임을 보여준다.

매몰비용: 기업이 이미 책임을 져야 할 회복불가능한 비용

기억해야 할 규칙은 당신의 결정이 어떤 현금흐름에 영향을 미치지 않는다면 그 현금흐름은 당신의 결정에도 영향을 미쳐서는 안 된다는 것이다. 당신의 결정에 상관없이 현금흐름이 동일하다면 그것은 당신의 결정과 무관한 것이다. 아래에 매몰비용으로 볼 수 있는 몇 가지 일반적인 예를 보여준다.

고정 간접비용 **간접비용(overhead expenses)**은 단일한 사업활동에만 직접적으로 관련된 것이 아니라 그 대신에 기업의 다른 여러 분야와 관련되어 있다. 예를 들어 기업의 본부를 유지하는 비용, CEO의 연봉 등을 포함한다. 이러한 비용은 종종 회계 목적에서 여러 사업 활동들에 할당된다. 간접비용은 고정적이고 어느 경우에나 발생하는 것으로 특정 사업에 증분으로 발생하지 않으며 관련 현금흐름에 포함되어서는 안 된다. 증분 비용으로 포함되는 경우는 그 사업을 실행하는 의사결정 때문에 추가적으로 발생한 간접비용이다.

간접비용: 단일한 사업활동에만 직접적으로 관련된 것이 아니라 그 대신에 기업의 다른 여러 분야와 관련된 비용

과거의 연구개발 비용 제약회사는 수천만 달러의 자금을 신약개발을 위해 투입하지만 이러한 시도의 결과가 실패하더라도 계속 진행을 해야 할까? 회사는 개발 비용을 회수할 수 없지만 이러한 비용이 실패한 약품 개발의 지속 여부를 결정하는 데 부담이 되어서는 안 된다.

일반적인 실수 매몰비용의 오류

매몰비용에 의해 영향을 받는 널리 알려진 실수는 매몰비용의 오류(sunk cost fallacy)라는 특별한 명칭을 가지고 있다. 가장 대표적인 문제는 사람들이 "나쁜 결과 이후에 좋은 돈을 버리는 것"이다. 그것은 사람들이 이미 많은 돈을 프로젝트에 투자했기 때문에 그것을 계속하지 않으면 이미 투자한 돈을 낭비하게 된다고 느끼면서 음의 NPV를 가진 프로젝트에 계속 투자하는 것이다. 매몰비용의 오류에 "콩코드 효과"라는 것이 있는데, 이것은 콩코드 항공기의 판매 가능성이 사업을 지속하기에는 어둡다는 사실이 명백했음에도 불구하고 영국과 프랑스 정부가 콩코드 항공기 개발을 위해 자금을 계속 조달했던 결정에서 유래한다. 이 사업은 영국 정부에게 상업적 및 재정적 재난으로 인식되었다. 그러나 이 사업에 투입된 모든 과거 비용이 결국 무의미했다는 것을 공개적으로 인정하고 이 사업을 중단한다는 정치적 파장을 우려했기 때문에 쉽게 사업을 중단할 수 없었던 것이다.

기업이 이미 신제품 개발을 위해 상당한 자원을 투여했다면, 시장 상황이 변하고 상품이 성공적이지 못할 것 같더라도 그 상품에 지속적으로 투자하는 경향이 있다. 그 제품을 포기하게 되면 이미 투자된 돈을 "낭비"하는 것이라는 논리가 있는 것 같다. 반면에, 이미 투자한 돈을 회수할 만큼 사업이 성공적이지 못할 것 같다는 이유로 사업을 포기하는 결정을 내리기도 한다. 사실 두 가지 모두 옳은 이유는 아니다. 이미 사용한 모든 돈은 매몰비용이고 따라서 무관하다. 지속할 것인가 포기할 것인가의 결정은 사업이 앞으로 진행될 때 증분 비용과 편익에만 근거해야 한다.

가용현금흐름의 조정

이제 프로젝트의 가용현금흐름을 추정할 때 발생하는 몇 가지 복잡한 상황을 설명한다.

현금흐름의 기간 단순화를 위해 지금까지 사례에서 현금흐름이 연간 기준으로 발생하는 것으로 취급했다. 그러나 실제 현금흐름은 연중에 걸쳐 발생한다. 연간 기준으로 추정하는 것이 일반적이지만, 좀 더 정확성을 높이려면 현금흐름을 분기별 혹은 월별 기준으로 추정할 수 있다. 실무에서 기업은 위험한 사업일수록 종종 추정기간을 단축하는데 상당한 위험을 내포한 사업의 현금흐름은 월별 기준으로 추정하기도 한다. 예를 들어, 유럽지역에 새로운 설비를 설치하는 현금흐름은 분기별 혹은 연간 기준으로 추정할 수 있지만, 동일한 시설이 정치적으로 불안정한 지역에 위치할 경우에는 월별 기준으로 현금흐름을 추정할 가능성이 크다.

가속 감가상각 감가상각은 세금 절감효과를 통해 기업의 현금흐름에 양(+)의 영향을 미치기 때문에, 기업에게는 세금 목적에서 허용된 감가상각 방법 중에서 가속 감가상각 방법을 사용하는 것이 가장 유리하다. 그 방법으로 기업은 세금 절감을 가속화하고 세금 절감액의 현재가치를 증가시킬 수 있다. 미국에서 국세청(IRS)이 허용한 최고의 가속 상각 방법은 **수정가속 감가상각법(MACRS depreciation, Modified Accelerated Cost Recovery System depreciation)**이다. 수정가속 감가상각법(MACRS depreciation)을 통해 우선 기업은 해당 자산을 상각 기간에 따라 분류한다. 상각 기간에 따라 수정가속 감가상각표는 기업이 매년 감가상각할 수 있는 구매가격의 비율을 제시한다. 자산별 수정가속 감가상각표와 상각 기간은 이번 장의 부록에 첨부되어 있다. 부록에서 설명하고 있지만, 수정가속 감가상각법에서 자산이 구매되어 사용되는 첫 해인 연도 0년에는 일부 감가상각만 이루어진다.

수정가속 감가상각법: 미국 국세청(IRS)이 허용한 가속 감가상각 방법. 상각 기간에 따라, 수정가속 감가상각표는 기업이 매년 감가상각할 수 있는 구매가격의 비율을 제시한다.

청산가치 혹은 잔존가치 더 이상 필요성이 없는 자산은 재판매 가치가 없거나 부품이 고철로 팔리는 경우 잔존가치가 있을 수 있다. 어떤 자산은 청산가치가 마이너스인 경우도 있다. 예를 들어 사용한 설비를 제거하거나 철거하기 위해서 비용이 들어가는 경우가 있다.

가용현금흐름의 계산에는 더 이상 쓸모가 없어서 처분해야 하는 자산의 청산가치를 포함한다. 자산이 청산될 때 자본 이득은 수입으로 과세된다. 자산의 매각가격과 장부가격의 차이를 자본 이득으로 계산한다.

예제 9.6
가속 감가상각 계산하기

문제 *Problem*

홈넷 사업은 5년의 상각 기간에 해당되는 $7.5백만의 연구 설비를 수정가속 감가상각법을 이용해서 어떻게 감가상각해야 할까? 명확하게 하기 위해서 연구 설비를 연도 0의 12월에 구매하여 투입한다고 가정하고, 연도 0에 부분 연도 감가상각을 허용한다. 이것은 연도 0이 부록에 있는 수정가속 감가상각 스케출의 첫번째 해인 연도 1을 의미하는 것이다. (이번 장의 부록에 있는 수정가속 감가상각 스케줄의 정보를 이용하시오.)

풀이 *Solution*

● **계획**

표 9.4(부록)는 매년 감가상각해야 하는 비용의 비율을 제공한다. 수정가속 감가상각에서는 그 해의 감가상각비를 계산하기 위해서 표에 있는 매년의 비율에 설비의 최초 구매가격을 곱한다.

● **실행**

표를 기초로, 연구 설비의 감가상각 비용은 아래와 같다 (단위: $1,000)

1	**연도**	0	1	2	3	4	5
2	**수정가속 감가상각법**						
3	연구 설비 비용	−7,500					
4	수정가속 감가상각 비율	20.00%	32.00%	19.20%	11.52%	11.52%	5.76%
5	감가상각비용	−1,500	−2,400	−1,440	−864	−864	−432

● **평가**

설비가 연도 0의 말에 투입이 되면 세금 원칙에 따라 첫번째 감가상각비용이 같은 해에 발생하도록 할 수 있다. 정액감가상각법에 비해서 수정가속 감가상각법은 자산의 수명에서 초기에 더 많은 감가상각을 할 수 있도록 한다. 그것은 감가상각 세금 절감액의 현재가치를 증가시키는 것이며 결과적으로 프로젝트의 NPV를 올리게 된다. 홈넷의 사례에서 수정가속 감가상각법의 사용은 NPV를 $3.179백만으로 증가시킨다.

이번에는 연도 1(예제에서 수익을 처음 인식한 때와 같은 연도)의 시작부터 기계를 사용한다면 어떻게 되는지와 비교해 보자. 그러면 모든 감가상각비용이 1년씩 옮겨가게 된다. 설비를 연도1에 투입하였기 때문에 감가상각비용은 연도 1에서 처음 발생한다. 이 경우에 표는 아래와 같다.

1	**연도**	0	1	2	3	4	5	6
2	**수정가속 감가상각법**							
3	연구 설비 비용	−7,500						
4	수정가속 감가상각 비율		20.00%	32.00%	19.20%	11.52%	11.52%	5.76%
5	감가상각비용		−1,500	−2,400	−1,440	−864	−864	−432

이 경우 설비를 연도 1 이전에 투입하는 예제에 비해서 모든 감가상각 세금 절감액이 1년씩 지연되기 때문에

NPV는 $2.913백만이 될 것이다. 그럼에도 불구하고, 감가상각의 많은 비중이 더 빨리 발생하기 때문에 정액 감가상각법의 경우보다 NPV는 여전히 크다.

$$\text{자본이득} = \text{매각가격} - \text{장부가격} \tag{9.9}$$

장부가격은 자산의 초기 구매 비용에서 세금 목적으로 이미 감가상각을 한 금액을 뺀 것과 같다.

$$\text{장부가격} = \text{구매가격} - \text{누적된 감가상각비} \tag{9.10}$$

프로젝트의 가용현금흐름을 자산의 매각에서 발생하는 세후 현금흐름을 고려하여 조정해야만 한다.

$$\text{자산 매각으로부터 발생하는 세후 현금흐름} = \text{매각가격} - (\text{세율} \times \text{자본이득}) \tag{9.11}$$

결손금 이월공제와 소급공제: 기업이 이번 연도 동안에 발생한 손실로 가까운 연도의 이익을 상쇄할 수 있도록 하는 미국 세금 코드의 두 가지 특성. 1997년부터 기업은 2년 동안 손실을 "소급공제(carry-back)"할 수 있고 20년간 "이월공제(carry forward)"할 수 있다.

이월공제 기업은 전체 세전이익 수준을 기초로 적합한 세율구간(tax bracket)을 결정하여 한계 세율을 확인한다. 두 가지 추가적인 세금 규정은 **결손금 이월공제와 소급공제(tax loss carryforwards and carrybacks)**로 이번 연도 동안에 발생한 손실로 가까운 연도의 이익을 상쇄할 수 있도록 하는 것이다. 1997년부터 기업은 2년 동안 손실을 "소급공제(carry back)"할 수 있고 20년간 "이월공제(carry forward)"할 수 있다. 세법이 의미하는 것은 기업이 1년 동안의 손실로 과거 2년의 이익을 상쇄하거나, 손실을 저장해서 미래 20년 동안의 이익을 상쇄할 수 있다는 것

예제 9.7
자산 매각으로 인한 세후 현금흐름 계산하기

문제 *Problem*

생산 관리자로서 당신은 단종된 제품의 생산라인 폐쇄를 고려 중이다. 폐쇄될 설비의 일부는 총 $50,000에 매각될 수 있다. 설비는 4년 전에 원래 $500,000에 구매했고 5년 수정가속 감가상각법에 따라 감가상각을 했다. 한계세율이 35%라면 설비의 매각에서 기대할 수 있는 세후 현금흐름은 얼마인가?

풀이 *Solution*

● **계획**

세후 현금흐름을 계산하기 위해서 자본이득을 계산할 필요가 있다. 식 9.9에서 보듯이, 설비의 장부가격을 알아야 한다. 식 9.10에서 장부가격은 원래 구매가격에서 누적된 감가상각비를 차감하여 구한다. 따라서, 아래와 같은 단계를 거쳐 계산한다.

1. 수정가속 감가상각 스케줄을 이용하여 누적된 감가상각비를 결정한다.
2. 구매가격에서 누적된 감가상각비를 차감하여 장부가격을 결정한다.
3. 매각가격에서 장부가격을 차감하여 자본이득을 결정한다.
4. 자본이득에 부과되는 세금을 계산하고 매각가격에서 세금을 차감하면 식 9.11처럼 자산 매각으로부터 발생하는 세후 현금흐름을 얻게 된다.

● **실행**

이번 장의 부록에서 우리는 5년 가속상각 감가상각 스케줄(0년 포함)을 아래와 같이 찾는다.

1	연도	0	1	2	3	4
2	감가상각 비율	20.00%	32.00%	19.20%	11.52%	11.52%
3	감가상각 금액	100,000	160,000	96,000	57,600	57,600

따라서 누적된 감가상각비는 100,000 + 160,000 + 96,000 + 57,600 + 57,600 = 471,200이며, 남아있는 장부가격은 $500,000 − $471,200 = $28,800이다. (이 금액은 감가상각 스케줄에서 남아 있는 연도의 합으로 구할 수도 있다. 연도 6에 5.76%이기 때문에 0.0576 × 500,000 = 28,800).

이제 자본이득은 $50,000 − $28,800 = $21,200이고 세금 부과액은 0.35 × $21,200 = $7,420이다.

자산 매각으로부터 발생하는 세후 현금흐름은 매각가격과 세금 부과액의 차이로 $50,000 − $7,420 = $42,580이다.

● 평가

매각가격에서 자본이득에 대해서만 과세대상이 되기 때문에, 세후 현금흐름은 세율을 매각가격에 단순히 곱해서 계산해서는 안 된다. 대신에 매각가격의 일부만 이득이 되고 그에 해당하는 세금을 계산한다. 동일한 계산과정이 장부가치보다 매각가격이 낮은 매각 손실에도 해당된다. 이 손실은 다른 곳에서 발생하는 기업의 과세이익을 줄여주고 세금을 낮춘다.

이다. 손실을 소급공제하면 세금을 올해 환급받게 된다. 반면에 기업이 미래의 이익을 상쇄하고자 한다면 손실을 이월공제해야만 한다. 현재의 세전이익을 초과하는 결손금 이월공제액이 있다면, 지금 벌어들이는 추가적인 이익은 기업의 이월공제액을 모두 소진한 후에야 세금 부과액을 증가시킨다.

대체 결정

재무관리자는 때때로 기존 설비의 대체 여부를 결정해야만 한다. 새로운 설비는 생산성 증가로 인한 증분 수익(매출)을 올리거나 좀 더 효율적이라 비용을 낮추게 될 것이다. 그러한 결정과 관련된 전형적인 증분 효과는 구형 기계의 잔존가치, 신형 기계의 구매가격, 비용절감과 수익 증가, 감가상각 효과 등에서 나타난다.

예제 9.8
기존 기계의 대체

문제 *Problem*

당신은 생산라인에 있는 기계를 대체할 것인가를 결정하려고 한다. 새로운 기계는 $1백만이지만 좀 더 효율적이라서 매년 $500,000의 비용을 절감할 것이다. 구형 기계는 완전히 감가상각이 되었고 $50,000에 매각할 수 있다. 신형 기계를 5년 수정가속 감가상각법으로 상각할 것이다. 새로운 기계는 필요한 운전자본에 변화를 일으키지 않는다. 세율은 35%이고 자본비용은 9%이다. 기계를 대체해야 하는가?

풀이 Solution

● **계획**

증분 수익: 0

증분 비용: −500,000 (비용절감으로 분석에서는 양의 숫자로 표현된다)

감가상각 스케줄 (부록)

1	연도	1	2	3	4	5	6
2	감가상각 비율	20.00%	32.00%	19.20%	11.52%	11.52%	5.76%
3	감가상각 금액	200,000	320,000	192,000	115,200	115,200	57,600

잔존가치의 자본이득: 50,000 − 0 = 50,000

잔존가치의 현금흐름: +50,000 − (0.35 × 50,000) = 32,500

● **실행 (단위: $1,000)**

1	**연도**	0	1	2	3	4	5	6
2	증분 수익							
3	증분 매출원가		500	500	500	500	500	
4	**증분 총이익**		500	500	500	500	500	
5	감가상각비		−200	−320	−192	−115.2	−115.2	−57.6
6	EBIT		300	180	308	384.8	384.8	−57.6
7	세금(세율 35%)		−105	−63	−107.8	−134.68	−134.68	20.16
8	**증분 이익**		195	117	200.2	250.12	250.12	−37.44
9	감가상각비 다시 더함		200	320	192	115.2	115.2	57.6
10	설비 구매	−1,000						
11	잔존가치 현금흐름	32.5						
12	**증분 가용현금흐름**	**−967.5**	**395**	**437**	**392.2**	**365.32**	**365.32**	**20.16**

$$NPV = -967.5 + \frac{395}{1.09} + \frac{437}{1.09^2} + \frac{392.2}{1.09^3} + \frac{365.32}{1.09^4} + \frac{365.32}{1.09^5} + \frac{20.16}{1.09^6} = 573.81$$

● **평가**

대체 결정이 수익에 영향이 없다고 해도 비용을 절감하기 때문에 현금흐름에 영향을 준다. 또한 구형 기계의 매각과 신형 기계의 구매가 세금측면에서 현금흐름에 영향을 준다. NPV분석은 기계를 대체하면 기업의 가치가 거의 $574,000 증가할 것임을 보여준다.

개념확인

7. 매몰비용을 사업의 현금흐름에 포함해야 하는가? 그 이유는?
8. 기업이 가속 감가상각 스케줄을 사용하는 것이 세금 목적에서 유리한 이유를 설명하시오.

9.5 프로젝트 분석

자본예산 수립을 평가할 때 재무관리자는 NPV를 극대화하기 위한 결정을 해야만 한다. 지금까지 논의한 바와 같이 사업의 NPV를 계산하기 위해서는 증분 가용현금흐름의 추정과 할인율의 선택을 필요로 한다. 입력자료가 있으면 NPV의 계산은 상대적으로 수월하다. 자본예산 수립에서 가장 어려운 부분은 현금흐름과 자본비용을 어떻게 추정할 것인가를 결정하는 것이다. 이번 절에서 우리는 이러한 불확실성의 중요성을 평가하고 프로젝트에 가치를 가져오는 동력을 식별하는 방법을 살펴본다.

민감도 분석

예측에서 불확실성의 효과를 평가하는 중요한 자본예산 수립 방법이 민감도 분석이다. **민감도 분석(sensitivity analysis)**은 NPV 계산을 NPV 구성요소에 대한 가정에 따라 구분하고 기반이 되는 가정이 변할 때 NPV가 어떻게 달라지는지를 보여준다. 민감도 분석에 의해 프로젝트의 NPV 예측 시 발생할 수 있는 오차의 영향을 탐색할 수 있다. 민감도 분석을 통해 어떤 가정이 가장 중요한지 알 수 있다. 또한 이러한 가정을 세밀히 살펴보기 위해 좀 더 자원과 노력을 투입할 수 있다. 민감도 분석은 실제 프로젝트를 운영할 때 프로젝트의 어느 측면이 가장 중요한지를 밝혀준다.

민감도 분석: 기반이 되는 어느 하나의 가정이 변할 때 NPV가 어떻게 달라지는지를 보여주는 중요한 자본예산 수립 방법의 하나

사실 이러한 민감도 분석은 제8장에서 NPV 프로파일을 작성하면서 이미 수행했다. 사업의 NPV를 할인율의 함수로 그리는 것은 할인율로 사용할 정확한 자본비용에 대한 불확실성이 NPV 계산에 어떤 영향을 주는지를 평가하는 것이다. 실무에서 재무관리자는 할인율 하나가 아니라 여러 요소들과 NPV 계산과의 민감도를 탐색한다.

설명을 위해서 예제 9.5의 홈넷의 NPV 계산에 깔려있는 가정을 고려한다. 수익과 비용의 가정을 둘러싸고 있는 불확실성이 상당히 크다. 판매량, 판매가격, 매출원가, 순운전자본, 자본비용에 관한 기본적 경우의 가정에 덧붙여서 시스코의 경영진은 각각의 변수에 대한 최상과 최악의 시나리오를 만든다. 예를 들어 표 9.2에 소개된 것처럼 최악의 경우와 최상의 경우에 해당하는 가정을 세울 수 있다. 표에 나타난 이러한 시나리오는 발생할 수 있는 하나의 최악 시나리오와 하나의 최상 시나리오를 대표한다기보다는 각 개별 변수에 대하여 최악과 최상의 경우를 가정하고 있다.

불확실성의 중요성을 결정하기 위해서 우리는 각 개별 변수에 대한 최상과 최악 상황을 가정하여 홈넷 사업의 NPV를 다시 계산한다. 예를 들어 연간 판매량이 35,000개에 불과하면 사업의 NPV는 -$1.13백만으로 떨어진다. 각 변수에 대하여 계산을 반복한다. 결과는 그림 9.2로 나타낼 수 있는데 NPV에 가장 큰 영향을 주는 가정의 변수는 판매량과 판매가격임을 알 수 있다. 따라서 이러한 변수에 대한 가정은 예측 과정에서 아주 세밀한 관심을 가지고 살펴봐야 한다. 또

한 프로젝트의 가치에 영향을 주는 가장 중요한 동력이기 때문에 이러한 요소들에 대해서는 사업이 시작되고 경영에 들어가면 근접해서 주의를 기울여야 한다.

손익분기점 분석

손익분기점: 투자의 NPV가 0을 가지는 변수의 값

민감도 분석의 자연스런 연장선에는 각 개별 변수의 값이 얼마가 되면 사업의 NPV가 0이 되는지에 대한 질문이 있다. 이러한 각 개별 변수의 값이 **손익분기점(break-even)**에 해당된다. 우리가 이미 살펴본 한가지 예는 내부수익률 (IRR)의 계산이다. 제8장에서 사업의 IRR과 자본비용의 차이가 투자 결정을 변경하게 하는 자본비용의 오차가 얼마인지를 말해준다는 점을 기억하자. NPV 프로파일을 그리거나 엑셀의 IRR 함수를 이용하여 예제 9.5에 있는 홈넷의 증분 현금흐름이 26.6%의 IRR을 의미한다는 것을 찾을 수 있다. 따라서 자본비용은 26.6%까지 높을 수 있고 그러면 프로젝트는 여전히 양의 NPV를 가질 것이다.

손익분기점 분석: 사업의 NPV가 0이 되는 개별 변수 값의 계산

우리는 내부수익률 이외에 다른 변수의 불확실성을 결정할 수 있다. **손익분기점 분석(break-even analysis)**에서 각 개별 변수에 대하여 우리는 사업의 NPV를 0이 되도록 하는 값을 계산한다. 손으로 계산한다면 귀찮은 작업이기 때문에 실무에서는 항상 스프레드시트를 이용한다. 할인율에 대한 NPV 프로파일처럼 각각의 중요한 가정에 대한 함수로 NPV를 그릴 수 있다. 그럴 경우에 다른 변수는 초기 가정한 값으로 고정해 놓고, 관심이 되는 변수만 변화시킨다. 그림 9.3은 홈넷에 대한 손익분기점 분석이다.

그림 9.2
최상과 최악을 가정한 홈넷의 NPV

막대는 개별 변수에 대한 최상의 가정에서 최악의 가정 사이에 NPV의 변화를 보여준다. 예를 들어, 35,000개가 팔렸을 때 프로젝트의 NPV는 −$1.13백만에서 65,000가 팔렸을 때 NPV는 $6.85백만을 보여준다. 초기 가정에서 홈넷의 NPV는 $2.862백만이다.

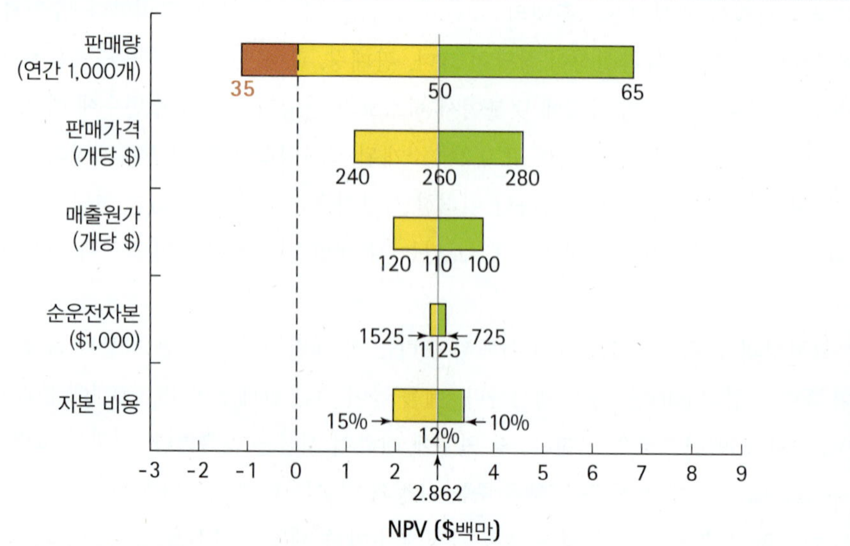

변수	초기 가정	최악 경우	최상 경우
판매량(1,000개)	50	35	65
판매가격(개당 $)	260	240	280
매출원가(개당 $)	110	120	100
NWC($1,000)	1,125	1,525	725
자본비용	12%	15%	10%

표 9.2
홈넷 사업의 개별 변수에 대한 최상과 최악의 경우를 가정

회계적 손익분기점 의사결정의 가장 유용한 관점이라고 할 수 있는 프로젝트의 NPV를 대상으로 손익분기점의 값을 살펴보았다. 손익분기점은 회계적 관점에서 다르게 고려될 수 있다. 예를 들어, 사업의 EBIT를 0으로 하는 매출액 수준인 매출액에 대한 **EBIT 손익분기점(EBIT break-even)**이 있을 수 있다.

EBIT 손익분기점: 사업의 EBIT가 0이 되는 특정 변수의 값

식 9.1에서 배웠듯이 사업의 EBIT는 수익 - 비용 - 감가상각비이다. 비용은 매출원가, 판매 및 일반 관리비를 포함한다. 수익은 판매량 × 판매가격이고 매출원가는 판매량 × 단위당 비용이다. 따라서 EBIT는 아래와 같다. EBIT = (판매량 × 판매가격) - (판매량 × 단위당 비용) - 판매 및 일반관리비 - 감가상각비. 이 식을 0으로 놓고 판매량으로 풀면 아래와 같다.

$$\text{판매량} \times (\text{판매가격} - \text{단위당 비용}) - \text{판매 및 일반 관리비} - \text{감가상각비} = 0$$

$$\text{판매량} = \frac{(\text{판매 및 일반 관리비} + \text{감가상각비})}{(\text{판매가격} - \text{단위당 비용})} = \frac{2{,}800{,}000 + 1{,}500{,}000}{260 - 110} = 28{,}667$$

그림 9.3
손익분기점 분석 그래프

패널 (a)와 (b)의 그래프는 프로젝트 NPV에 중요 변수와 손익분기점의 관계를 보여준다. 예를 들어, 초기 가정에 따르면 홈넷 프로젝트는 연간 39,242개의 판매량에서 손익분기점에 이른다. 마찬가지로, 판매량과 다른 변수를 초기 가정과 동일하다고 가정하면 프로젝트는 매출원가가 단위당 $142일 때 손익분기점에 도달한다.

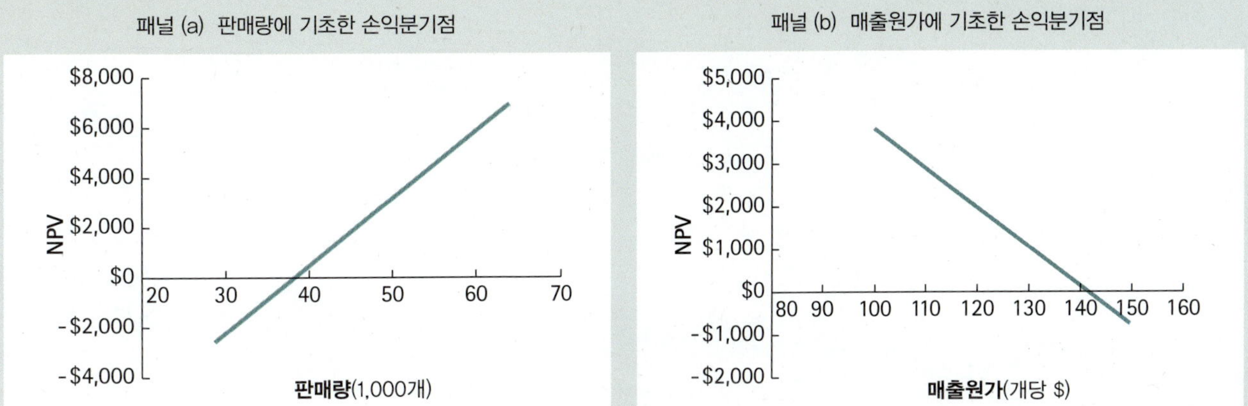

그러나 EBIT 손익분기점을 해석할 때 주의해야 한다. 홈넷의 EBIT 손익분기점 판매량이 연간 28,667개에 불과하지만, 홈넷의 대량 초기 투자를 생각해 보면 NPV는 이 판매량 수준에서 -$2.81백만이나 된다.

시나리오 분석

시나리오 분석: 기반이 되는 여러 가정들이 동시에 변화할 때 NPV가 어떻게 변하는지를 결정하는 중요한 자본예산 수립 방법의 하나

지금까지 분석에서 한 번에 단지 하나의 변수만을 변화시키면서 결과를 고려해 보았다. 실제로는 하나의 변수보다 많은 요인들이 영향을 미친다. **시나리오 분석(scenario analysis)**은 프로젝트의 여러 변수들이 변화할 때 NPV에 미치는 영향을 고려한다. 예를 들어서 홈넷의 판매가격을 낮추면 판매량이 증가할 것이다. 시나리오 분석을 표 9.3에서 홈넷 상품의 대안적인 가격전략을 분석할 때 사용할 수 있다. 표에서 현재 가격을 유지하는 것이 최적임을 알 수 있다. 그림 9.4는 현상유지 전략에서 얻을 수 있는 $2.862백만의 동일한 NPV를 만드는 판매가격과 판매량의 조합을 보여준다. 곡선 위쪽에 위치한 판매가격과 판매량 조합 전략만이 더 높은 NPV를 창출할 것이다.

표 9.3 대안적 가격 전략을 위한 시나리오 분석

전략	판매가격(단위당 $)	추정 판매량(1,000개)	NPV($1,000)
현상유지 전략	260	50	2,862
가격 하락	245	55	2,729
가격 인상	275	45	2,729

인터뷰 DAVID HOLLAND

데이비드 홀랜드는 시스코(Cisco) 솔루션을 시장에 도입하는 책임을 지고 있는 스포츠 엔터테인먼트 솔루션(Sports and Entertainment Solutions) 부서의 선임 부사장이다. 이전에 그는 시스코의 재무 담당자이며 선임 부사장이었고 시스코의 $50십억의 재무상태표와 관련된 자금조달, 위험관리, 자본시장 활동을 책임졌던 경력을 가지고 있다.

질문: 가용현금흐름을 고려할 때 단지 이익만을 고려할 때보다 재무 의사결정에서 중요한 점은 무엇입니까?

답변: "현금흐름은 사실이고 이익은 견해다."라는 오랜 격언이 있습니다. 이익은 회계의 틀에 따른 것이고 여러 가지 규칙에 지배를 받는 반면에 이익이 무엇을 말하는지를 투자자가 이해하기는 쉽지 않습니다. 현금흐름의 원칙은 명확합니다. 현금흐름이 어디에서 왔고 어디로 갔는지 논쟁의 여지가 없습니다. 시스코의 투자결정은 사업 위험을 고려하고 주주에게 가치를 창출하는 사업의 영향을 보여주기 때문에 원칙적으로 현금흐름 모형에 기초하여 이루어집니다.

질문: 투자 결정을 하기 위해 시스코가 활용하는 중요 재무 지표는 무엇입니까?

답변: 시스코는 투자 결정을 위해서 주로 순현재가치(NPV)에 초점을 둡니다. 엄격한 NPV 분석은 단순하게 양의 NPV 사업을 선택하고 음의 NPV 사업을 거부하는 것으로 만족하지 않습니다. 사업의 성공에 영향을 미치는 주요 요인을 찾고 현금흐름에 영향을 주는 변수들 간의 상호작용을 확인합니다. 예를 들어, 낮은 마진율을 이용한 모형을 통해 수익 성장과 운영비용 구조에 미치는 영향을 볼 수 있다. 그것을 높은 마진율 모형과 비교할 수 있습니다. 이를 통해 사업 부서의 경영자는 위험을 완화하고 잠재적 성장을 증가시킬 수 있는 사업 모형을 통제하는 방법을 배우게 됩니다.

우리는 현금흐름의 구조에 따라 복수의 해답이나 투자 성과에 대한 잘못된 신호를 주는 내부수익률법(IRR)보다 NPV를 선호합니다. IRR 분석의 장점은 퍼센트 수익률과 비교하기 쉽다는 것입니다. 그러나 이 방법을 통해서는 사업의 규모를 알 수 없습니다. 25%의 수익률을 가진 사업이 주주에게 $1백만의 가치를 창출하는 반면에 13%의 수익률의 사업이 $1십억의 가치를 창출하는 경우가 있습니다. NPV는 화폐 금액으로 수익의 규모를 포착하고 주가에 미치는 영향을 보여줍니다. NPV는 또한 주식 소유권을 포함하는 보상체계를 가진 종업원에게 소유권의 틀을 제공하기 때문에 의사결정 기준을 주가와 직접 연결하여 줍니다.

질문: 신규 투자를 분석하는 모형을 개발할 때 예측을 둘러싼, 특히 신기술과 관련된 불확실성은 어떻게 처리합니까?

답변: 시스코는 매년 수천 건에 이르는 투자 결정을 위해 재무 모형에 크게 의존합니다. 전 세계 2,500명의 재무 담당자는 상위 경영자가 모형의 가정을 이해하고 대안의 가정에서 나타나는 결과를 확인할 수 있도록 하는 내부 목적을 위해 함께 일하고 있습니다. 기술 프로젝트, 특히 신기술과 관련된 현금흐름을 평가하는 것은 어렵습니다. 정유회사를 구매한다면 처리량과 현금흐름을 볼 수 있습니다. 확장된 선송장치나 제품의 변환 혹은 새로운 분야에 진입하는 전략적 움직임을 위한 부품 기술에 관련된 절감액을 확인하는 것은 훨씬 복잡하고 무형의 것입니다. 시나리오 분석, 민감도 분석, 게임이론을 통해 우리의 전략을 수정하고 위험을 통제합니다. 우리는 또한 정성적인 측면도 분석합니다.

질문: 시스코는 어떻게 위험을 조정합니까?

답변: 기술 분야에서 경쟁력을 유지하기 위해서 우리는 시장 침체기에서도 어느 정도의 위험을 대비해야만 합니다. 우리는 시장위험(시장상황에 대한 민감도)에 따라 모든 사업을 분류하고 같은 분류에 속하면 동일한 할인율을 적용합니다. 우리의 요구수익률이 변하지 않았고 기업의 진정한 가치를 왜곡할 수 있기 때문에 사업별 위험을 고려하여 할인율을 조정하지는 않습니다. 사업 특유 위험을 평가하기 위해서 시나리오 분석과 민감도 분석을 통해 현금흐름의 상향 혹은 하향을 모형화합니다. 매출 성장 그리고 운영 비용이 1% 변할 때 사업 NPV의 민감도를 분석할 수 있을 것입니다. 그리고 초기 상황, 낙관적 경우, 하락의 경우를 개발하여 다른 가정 아래에서 모형을 분석합니다. 이런 모형들을 상위 경영자와 논의하고 의견을 모형에 반영합니다. 이러한 과정을 통해 가능한 결과와 사업의 수익성을 향상시킬 수 있습니다.

그림 9.4
홈넷이 동일한 NPV를 가지는 가격과 판매량의 조합

이 그래프는 $2.862백만의 동일한 NPV를 가지는 대안적인 판매가격과 연간 판매량의 조합을 보여준다. 곡선 위쪽의 조합을 가지는 가격 전략은 높은 NPV를 가지는 우월한 전략이다. 예를 들어, 시스코 경영진이 48,000개를 $275에 판매할 수 있다면 이 전략은 높은 NPV($3.608백만)를 창출한다.

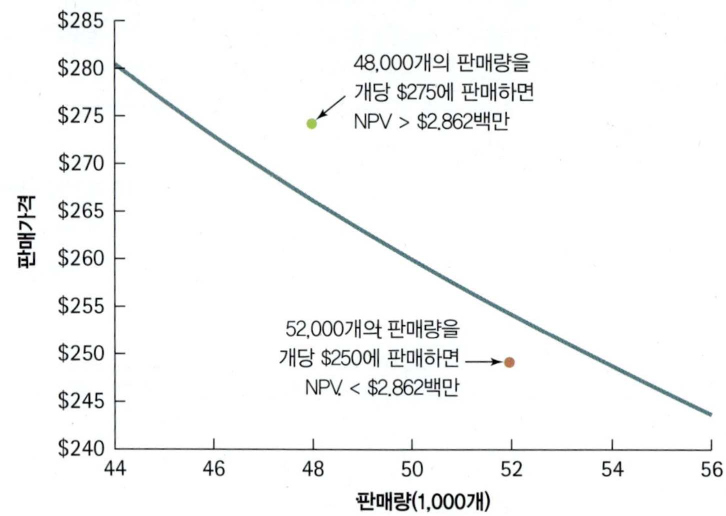

엑셀 사용하기 엑셀을 이용한 프로젝트 분석

여기에서는 프로젝트 분석에 도움을 주는 유용한 엑셀 도구를 설명한다.

손익분기점 분석을 위한 목표값 찾기(goal seek)

엑셀의 목표값 찾기 함수는 모형의 핵심 가정에 적합한 손익분기점을 찾는다. 예를 들어, 연간 판매 대수의 손익분기점 수준을 정하기 위해서 목표값 찾기(GS, goal seek) 윈도우를 이용한다. (데이터 〉 가상 분석(what-if analysis) 혹은 키보드 Alt-A-W-G). '수식 셀'은 NPV를 계산한 셀(D31 셀)이다. '찾는 값'을 0(손익분기의 값)으로 정하고 평균 판매가격(E5 셀)을 '값을 바꿀 셀'로 정한다. 엑셀은 시행착오법으로 프로젝트의 NPV를 0으로 만드는 판매가격(이 경우 $227.73)을 찾을 것이다.

	A	B	C	D	E	F	G	H	I
1	**홈넷의 자본예산 수립**								
2	*핵심 가정*			연도 0	연도 1	연도 2	연도 3	연도 4	연도 5
5		홈넷 평균가격/대			$260.00	$260.00	$260.00	$260.00	
30									
31		NPV		2,862					

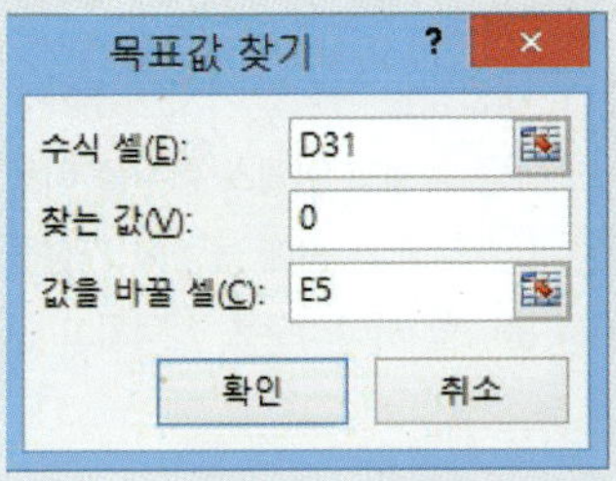

민감도 분석을 위한 데이터 표

제7장의 부록에서 NPV 프로파일을 만들기 위해서 소개한 표를 이용하여 재무 모형의 입력 변수에 대한 NPV의 민감도를 계산할 수 있다. 엑셀은 또한 동시에 두가지 입력 자료에 대한 NPV 민감도를 보여주는 2차원 데이터 표를 계산할 수 있다. 예를 들어, 아래 데이터 표는 설비 비용과 홈넷의 제조 비용의 여러 조합에 대한 NPV를 보여준다.

	C	D	E	F	G	H
38						
39	NPV		홈넷 비용 / 대			
40		2,862	$110	$105	$100	$95
41	설비 비용	-7500	2,862	3,305	3,749	4,192
42		-7750	2,684	3,128	3,571	4,014
43		-8000	2,506	2,950	3,393	3,836
44		-8250	2,328	2,772	3,215	3,659
45		-8500	2,150	2,594	3,037	3,481
46		-8750	1,973	2,416	2,859	3,303
47		-9000	1,795	2,238	2,681	3,125
48		-9250	1,617	2,060	2,504	2,947
49		-9500	1,439	1,882	2,326	2,796
50		-9750	1,261	1,704	2,148	2,591
51		-10000	1,083	1,526	1,970	2,413

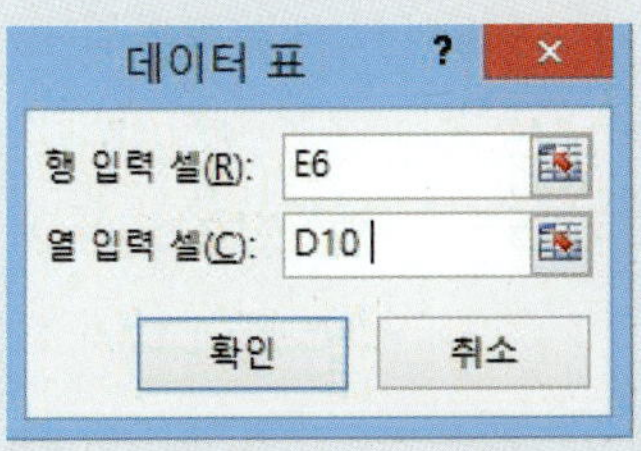

데이터 표를 작성하기 위하여, 표의 양쪽에 각각 정보의 값을 입력(파란색으로 보임)하고 왼쪽 위편 구석(이 경우 셀 D40에 NPV를 계산하는 셀을 연결한다)에 계산을 원하는 값의 공식을 넣는다. 전체 테이블(D40:H51)을 선택하고 '데이터 표' 윈도우를 불러오고(데이터 〉 가상 분석 혹은 키보드 Alt-D-T), 프로젝트 대시보드에 있는 비용 가정(행 입력 셀에 E6)과 하드웨어 예산(열 입력 셀에 D10)을 입력한다. 데이터 표는 대당 $100의 제조 비용일 때 디자인을 테스트하는 설비에 추가적으로 $1백만을 소비하여 NPV가 증가하는 것을 보여준다.

프로젝트 대시보드의 시나리오

앞에 나온 엑셀의 활용의 프로젝트 대시보드는 기본 경우의 가정만 보여준다. 대안적인 가정을 가지는 추가적인 행을 더하여 프로젝트 대시보드에 여러 시나리오를 작성할 수 있으며, 그 다음 엑셀의 인덱스 함수를 이용하여 우리가 분석하려는 시나리오를 선택할 수 있다. 예를 들어, 5행–7행은 홈넷의 연간 판매 물량의 가정을 보여준다. 적절한 숫자(이 경우 1, 2, 또는 3)를 강조 표시된 셀(C4)에 넣어서 분석할 시나리오를 선택하고 인덱스 함수로 적절한 데이터를 4행에 가져온다.

SUM =INDEX(H5:H7,C4)

	A	B	C	D	E	F	G	H	I
2	*핵심 가정*			연도 0	연도 1	연도 2	연도 3	연도 4	연도 5
3		수익과 비용							
4		홈넷 판매대수	1		50	50	50	=INDEX(H5:H7,C4)	
5		기본 경우	1		50	50	50	50	
6		빠른 채택	2		65	80	100	80	
7		느린 채택	3		25	40	50	50	
8									
9		홈넷 평균가격 / 대			$260.00	$260.00	$260.00	$260.00	
10		홈넷 비용 / 대			$110.00	$110.00	$110.00	$110.00	
11		운영비용							
12		마케팅, 지원 및 렌트			(2,800)	(2,800)	(2,800)	(2,800)	
13		자본 지출							
14		설비 구입		(7,500)					
15		기타 가정							
16		감가상각 스케줄		0.0%	20.0%	20.0%	20.0%	20.0%	20.0%
17		법인세율		40.0%	40.0%	40.0%	40.0%	40.0%	40.0%
18		매출채권(매출의 %)		15.0%	15.0%	15.0%	15.0%	15.0%	15.0%
19		매입채무(비용의 %)		15.0%	15.0%	15.0%	15.0%	15.0%	15.0%
20									
21		*증분 이익 예측*		0	0	0	0	0	0
22		수익			13000.0	13000.0	13000.0	13000.0	13000.0
23		비용			(5500.0)	(5500.0)	(5500.0)	(5500.0)	(5500.0)

그런 다음 아래의 C54:D57 위에 있는 1차원 데이터 표와 '열 입력 셀' C4를 사용하여 각 시나리오의 결과를 분석할 수 있다.

	A	B	C	D
53				NPV
54		홈넷 판매 대수		2,862
55		기본 경우	1	2,862
56		빠른 채택	2	11,029
57		느린 채택	3	319

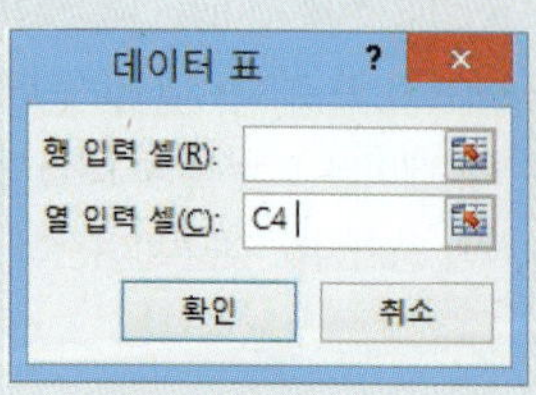

개념확인

9. 민감도 분석이란 무엇인가?
10. 시나리오 분석은 민감도 분석과 어떻게 다른가?

9.6 자본예산수립에서 실물옵션

지금까지 우리는 자본예산 수립에서 프로젝트 수행기간 동안에 필요할 수도 있는 미래의 의사결정은 명시적으로 고려하지 않고 초기 투자 결정에 초점을 맞춰왔다. 대신에 우리는 프로젝트의 미래 기대 현금흐름의 추정에는 미래에 해야 할 의사결정의 효과가 이미 포함하고 있다고 가정하였다. 진실은 대부분의 프로젝트가 실물옵션을 포함한다는 것이다. **실물옵션(real option)**은 의무가 아니라 어떤 특별한 사업 결정을 할 수 있는 권리이다. 그것은 반드시 행해야 하는 의무가 아니기 때문에 프로젝트의 NPV를 증가시키는 경우에만 결정을 행할 것이다. 특히 실물옵션은 새로운 정보를 얻은 이후에 의사결정자가 가장 매력적인 대안을 선택할 수 있도록 허용하기 때문에 실물옵션의 존재는 투자 기회에 가치를 더해 준다. 실물옵션의 실세 가치를 추정하는 방법은 이번 장의 범위를 넘어가는 것이라서 교재의 후반부에서 다룰 것이다. 그러나 여기서 실물옵션의 유형과 개념에 대해 소개하면 당신은 유연성(flexibility, 옵션)이 가치가 있다는 직관을 깨닫게 될 것이다. 시스코의 홈넷 사업을 중심으로 가장 일반적인 실물옵션에 대해 살펴보자.

실물옵션: 자본 투자와 같이 어떤 특별한 사업 결정을 할 수 있는 권리

지연옵션

실행을 지연하는 옵션(option to delay commitment, 투자 시기를 선택하는 옵션)은 거의 모든 경우에 존재한다. 시스코는 홈넷 사업의 실행을 늦출 수 있다. 부품가격이 크게 하락하거나, 곧 시판될 신기술이 기존의 부품을 뒤떨어진 것으로 만들거나, (홈넷의 수요를 늘리는) 웹기반 가전제품의 매출이 증가할 것을 예상한다면 시스코에게 기다리는 것은 가치가 있다. 또한 시스코에게는 홈넷의 잠재시장에 대한 정보를 얻기 위해서도 단순히 시간이 더 필요할 수 있다. 다른 자본예산 수립 결정에서처럼, 시스코는 기다리는 선택이 사업의 NPV를 증가시킨다면 지연하는 선택을 하게 될 것이다.

실행을 지연하는 옵션: 특별한 투자 시기를 선택하는 옵션

확장옵션

민감도 분석을 설명한 절에서 우리는 판매량의 가정이 변할 때를 살펴보았다. 그러나 모든 분석에서 우리는 시스코가 홈넷 상품을 전세계에 걸쳐 모두 출시할 것이라는 가정을 가지고 있었다. 우리는 **확장옵션(option to expand)**를 고려하지 않았는데, 그것은 초기에는 제한된 상품으로 시작해서 상품이 성공적일 경우에만 확장을 하는 옵션이다. 사실 시스코는 전세계에서 모두 판매하기 전에 제한된 시험 시장에 상품을 출시할 수 있다. 그렇게 하면 제한된 출시에서 성공했을 때만 전세계로 확장하는 옵션을 가지는 것이다. 시스코는 초기 실행비용을 줄이고 성공의 경

확장옵션: 초기에는 제한된 상품으로 시작해서 상품이 성공적일 경우에만 확장을 하는 옵션

우에만 확장을 선택하기 때문에 홈넷 사업의 NPV를 증가시키는 것이 가능하다. 그러나, 이 경우에도 시스코가 만 개를 팔던 백만 개를 팔 던 지불해야만 하는 대규모 개발 비용이 있기 때문에 초기 시장을 제한한다고 해서 재무비용을 크게 줄이지는 못한다. 따라서 홈넷의 사례에서 시스코는 확장옵션을 가지는 제한된 출시를 선택하지는 못할 것이다.

포기옵션

포기옵션: 투자자에게 제품 투자를 중지하도록 하는 옵션. 포기옵션은 사업이 성공적이지 못한 것이 판명되면 사업을 버릴 수 있기 때문에 사업에 가치를 더해준다.

포기옵션(abandonment option)은 떠나 버리는 옵션이다. 포기옵션은 사업이 성공적이지 못하다는 것이 판명되면 사업을 버릴 수 있기 때문에 사업에 가치를 더해줄 수 있다. 경쟁자가 $170의 가격에 경쟁제품을 판매할 수 있는 신기술을 개발했다고 생각해 보자. 그 가격에 홈넷은 매년 적자의 현금흐름을 산출하게 된다. 시스코는 손실에도 홈넷을 계속 판매해야만 할까? 아마 아닐 것이다. 시스코는 사업을 포기할 수 있는 옵션을 가지고 있다. 홈넷 생산을 중단하고 설비를 매각할 수 있다. 사업을 중단할 때 시스코가 설비를 얼마에 매각할 수 있는가에 따라, 비록 경쟁 제품의 출현 위험이 매우 크더라도 포기옵션은 홈넷 사업을 매력 있게 만들 수 있다.

위의 이러한 옵션들이 말하고자 하는 것은 동일한 결론이다. 사업의 유연성을 크게 만들 수 있다면, 사업의 NPV를 증가시킬 수 있다. 제21장에서 옵션의 가치평가를 논의할 것이며, 그러면 큰 유연성을 가진 사업이 얼마나 더 가치 있는 지를 추정할 수 있을 것이다. 많은 산업에서 주기적으로 실물옵션을 사용한다. 예를 들어, 영화 산업은 전편이 잘 되었을 때 속편 제작의 옵션을 활용한다. 머크(Merck)와 같은 제약회사는 신약개발 단계에서 약효 시험의 결과가 나쁘면 개발을 포기하도록 허용하고 있다.

개념확인

11. 실물옵션이란 무엇인가?
12. 실물옵션은 왜 사업의 NPV를 증가시키는가?

myfinancelab 핵심요점 및 공식

9.1 자본예산 수립 과정

- 자본예산 수립은 투자기회를 분석하고 채택 여부를 결정하는 과정이다. 자본예산은 미래의 몇 년 동안 기업이 추진할 계획인 사업과 투자안들을 나열하는 것이다.
- NPV 규칙을 사용하여 NPV를 극대화시키는 의사결정인 자본예산 수립 결정을 평가한다. 사업을 채택하거나 거부하는 결정을 할 때 양의 NPV를 가지는 사업은 채택한다.

9.2 증분 이익의 추정

- 사업의 증분 이익은 사업에 의해 기대되는 기업의 이익 변화이다.

▶ 증분 이익은 사업과 관련된 모든 증분 수익과 비용을 포함해야만 한다.

증분 이익 = (증분 수익 - 증분 비용 - 감가상각비) × (1 - 세율) (9.3)

▶ 이자와 기타 자금조달 관련 비용은 사업의 무차입 순이익을 결정할 때 제외된다.

9.3 증분 가용현금흐름의 결정

▶ 모든 비현금 비용을 제거하고 자본 투자를 포함해서 증분 이익으로부터 가용현금흐름을 계산한다.

▶ 감가상각비는 현금 비용이 아니기 때문에 다시 더해준다.

▶ 실현된 자본 지출은 차감한다.

▶ 순운전자본의 증가는 차감하고 감소는 더해 주어야 한다. 순운전자본은 아래와 같다.

현금 + 재고자산 + 매출채권 - 매입채무 (9.4)

▶ 가용현금흐름의 기본 공식은 아래와 같다.

가용현금흐름 = (매출액 - 비용 - 감가상각비) × (1 - 세율)
+ 감가상각비 - 자본지출 - NWC의 변화 (9.6)

9.4 증분 가용현금흐름에의 기타 효과

▶ 기회비용은 이미 보유한 자산의 사용에 대한 비용이다.

▶ 프로젝트의 외부효과는 기업의 다른 사업 활동에 영향을 줄 때 발생하는 현금흐름이다.

▶ 매몰비용은 이미 발생하여 회복 불가능한 비용이다.

▶ 감가상각 비용은 세금 절감효과를 통해 기업의 현금흐름에 양(+)의 영향을 미친다. 기업은 가속 감가상각 방법을 사용하는 것이 가장 유리하다.

▶ 프로젝트의 할인율은 자본비용이다. 즉, 비교 가능한 위험과 기간을 가진 유가증권의 기대 수익률이다.

▶ 어떤 자산을 매각할 때, 장부가치를 초과하는 금액은 과세된다.

자산 매각으로부터 발생하는 세후 현금흐름 = 매각가격 - (세율 × 자본이득) (9.11)

9.5 프로젝트 분석

▶ 민감도 분석은 NPV 계산을 NPV 구성요소에 대한 가정에 따라 구분하고 기반이 되는 가정이 변할 때 NPV가 어떻게 달라지는지를 보여준다.

▶ 손익분기점 분석은 사업의 NPV를 0으로 만드는 변수의 값을 계산한다.

▶ 시나리오 분석은 프로젝트의 여러 변수들이 동시에 변화하는 영향을 고려한다.

9.6 자본예산 수립에서 실물옵션

▶ 실물옵션은 새로운 정보를 얻은 이후에 사업 결정을 할 수 있는 권리이다. 실물옵션의 존재는 사업의 NPV를 증가시킨다.

주요 개념

1. 추정된(pro forma) 증분 이익은 무엇인가?
2. 추정된 증분 이익과 추정된 가용현금흐름의 차이는 무엇인가?
3. 자본예산을 수립할 때 증분 이익에서 가용현금흐름으로 전환하는 이유는 무엇인가?
4. 프로젝트에서 순운전자본의 기능은 무엇인가?
5. 순운전자본은 프로젝트의 현금흐름에 어떤 영향을 미치는가?
6. 사업의 외부효과를 고려해서 판매와 비용을 조정하는 것이 왜 중요한가?
7. 가속 감가상각은 정액 감가상각에 비해 NPV를 증가시키는가 아니면 감소시키는가?

8 민감도 분석은 어떻게 실행하며 그 목적은 무엇인가?

연습문제

* 표기가 되어 있는 문제는 난이도가 높은 문제임을 나타낸다.

증분 이익의 추정

1. 데일리 엔터프라이즈(Daily Enterprises)는 $10백만 가격의 기계를 구입했다. 운송 및 설치 비용은 $50,000으로 예상된다. 이 기계는 5년 상각기간을 가지고 잔존가치는 없다. 만일 데일리가 정액상각법을 사용하면 이 기계와 관련된 감가상각비는 얼마인가?
2. 1번 문제의 기계가 증분 수익으로 매년 $4백만을, 증분 비용으로 매년 $1.2백만을 발생시킬 것이다. 만일 데일리의 한계세율이 35%이면 새로운 기계와 관련된 증분 이익은 얼마인가?
3. 기업의 생산품을 위한 생산설비를 개선하려고 있다. 새로운 설비는 동일한 시간에 더 많은 제품을 생산할 것이다. 따라서 총매출이 현재 100,000개에서 내년도에는 20% 증가할 것으로 예측된다. 만일 판매가격이 개당 $20이면 이러한 설비개선에 따른 내년도 증분 수익은 얼마인가?
4. 냉동피자 판매업자인 피사 피자(Pisa Pizza)는 낮은 콜레스테롤과 트랜스 지방이 없는 새로운 건강 피자를 도입하려고 한다. 새로운 피자는 매년 $20백만의 매출을 올릴 것으로 예상된다. 대부분의 이러한 매출이 새로운 소비자로부터 나오더라도 피사 피자는 약 40%는 기존의 소비자가 기존 피자 대신에 건강 피자로 전환된 것이라고 추정한다.

a. 소비자가 양쪽 피자를 동일한 양만큼 소비한다고 가정하자. 새로운 피자의 도입으로 인한 증분 매출의 수준은 무엇인가?

b. 기존 피자에서 건강 피자로 전환한 소비자의 50%는 피사 피자가 새로운 피자를 도입하지 않으면 다른 브랜드로 전환할 것이라고 가정하자. 이 경우 새로운 피자의 도입으로 인한 증분 매출의 수준은 무엇인가?

5. 코코모찌(Kokomochi)는 최근의 신제품인 미니 모찌 먼치(Mini Mochi Munch)의 광고를 고려하고 있다. 코코모찌는 TV, 라디오, 기타 광고에 올해 $5백만을 사용할 계획이다. 광고는 미니 모찌 먼치의 매출을 올해 $9백만 내년에 $7백만 증가시킬 것으로 기대하고 있다. 더불어서, 미니 모찌 먼치를 시도한 새로운 소비자가 코코모찌의 다른 제품도 사용할 가능성이 크다고 기대한다. 따라서 다른 제품도 매년 $2백만씩 증가할 것으로 기대한다. 코코모찌의 총매출액이익율(gross profit margin)은 미니 모찌 먼치에서 35%이고, 다른 제품의 총매출액이익율은 평균 25%이다. 기업의 올해와 내년의 한계세율은 35%이다. 광고와 관련된 증분 이익은 얼마인가?

6. 하이페리온(Hyperion, Inc.)은 최신형 고속 컬러 프린터인 Hyper 500을 $350에 판매하고 있다. 내년에 판매가격을 $300으로 내릴 계획이다. Hyper 500의 매출원가는 대당 $200이고 올해 판매량은 20,000대가 될 것으로 기대한다.

a. 만일 하이페리온이 가격을 $300로 즉각 내린다면 올해 판매량은 25,000대로 25% 증가할 것이다. 그러한 판매가격 하락이 올해 EBIT에 미치는 증분 영향은 무엇인가?

b. 판매된 프린터마다 내년부터 향후 3년 동안 잉크 카트리지로 매년 $75의 추가적인 매출을 기대한다. 잉크 카트리지의 총매출액이익율은 70%이다. 올해 가격 하락이 향후 3년 동안의 EBIT에 미치는 증분 영향은 무엇인가?

증분 가용현금흐름의 결정

7. 감가상각비용이 $500,000, 세율이 35%이다. 감가상각 세금 절감액(depreciation tax shield)은 얼마인가?

8. 추정 이익으로 $1,000,000을 예상하고 있다. 그것은 감가상각비 $200,000의 영향을 포함한다. 또한 올해 운전자본이 $100,000 감소할 것으로 예상하고 있다. 가용현금흐름은 얼마로 추정하는가?

9. 당신의 추정 손익계산서에 매출액은 $1,000,000으로, 매출원가는 $500,000으로, 감가상각비는 $100,000 그리고 세율 40%로 세금은 $160,000으로 나타났다. 추정 이익은 얼마인가? 추정 가용현금흐름은 얼마인가?

10. 당신은 새로운 제품을 평가하고 있다. 당신 분석의 연도 3에 추정 매출액을 $5백만, 제조원

가 \$3백만으로 추정하고 있다. 당신은 \$1백만 기계를 정액상각법으로 5년간 감가상각할 것이다. 세율은 35%이다. 마지막으로 연도 2에 \$200,000인 운전자본은 연도 3에 \$300,000으로 증가할 것으로 예상하고 있다. 연도 3의 추정 이익은 얼마인가? 연도 3의 추정된 가용현금흐름은 얼마인가?

11. 당신은 데일리의 증분 가용현금흐름을 추정하고 있다. 문제 1번과 2번을 근거로 새로운 기계와 관련된 증분 가용현금흐름은 얼마인가?

12. 캐슬 뷰 게임즈(Castle View Games)는 새로운 비디오 게임 소프트웨어에 투자하려고 한다. 이러한 결정을 판단하기 위해서 기업은 처음으로 이 사업에 필요한 운전자본을 추정하려고 한다. 최고재무관리자는 아래와 같은 예측치(단위: \$백만)를 개발했다.

1	연도	1	2	3	4	5
2	현금	6	12	15	15	15
3	매출채권	21	22	24	24	24
4	재고자산	5	7	10	12	13
5	매입채무	18	22	24	25	30

현재 캐슬 뷰가 이 사업 부서에 투자한 운전자본이 하나도 없다고 가정하자. 이 투자로 인한 초기 5년간의 운전자본 변화와 관련된 현금흐름을 계산하시오.

13. 홈넷 예제에서 매출채권은 매출액의 15%이고 매입채무는 매출원가의 15%이다. 매출액 및 매출원가를 아래와 같이 가정하면 홈넷의 순운전자본에 필요한 투자금액은 얼마인가?

1	연도	0	1	2	3	4
2	매출액		23,500	26,438	23,794	8,566
3	매출원가		9,500	10,688	9,619	3,483

14. 엘름데일(Elmdale Enterprises)은 생산 설비를 확장할 것인지를 결정하려고 한다. 장기 현금흐름을 예측하는 것이 어렵다고 하더라도 경영진은 아래와 같이 첫 2년 동안의 현금흐름(단위 \$1,000)을 추정하였다.

1	연도	1	2
2	수익(매출액)	125	160
3	운영비용(감가상각비 제외)	40	60
4	감가상각비	25	36
5	순운전자본의 증가	2	8
6	자본지출	30	40
7	한계 법인세율	35%	35%

a. 프로젝트의 연도 1과 연도 2의 증분 이익은 각각 얼마인가?

b. 연도 1과 연도 2에 프로젝트의 가용현금흐름은 각각 얼마인가?

15. 셀룰러 엑세스(Cellular Access)는 가장 최근의 회계연도에 $250백만의 순이익을 기록한 휴대폰 서비스 제공회사이다. 감가상각비용으로 $100백만, 자본 지출로 $200백만을 가지고 있으며 이자비용은 없다. 순운전자본은 $10백만 증가했다. 가장 최근 회계연도의 셀룰러 엑세스의 가용현금흐름을 계산하시오.
16. 이 장의 홈넷 사례를 다시 기억해 보자. 홈넷의 연구소가 1-4년도 동안 매년 $200,000으로 임대를 줄 수 있는 창고 공간을 사용할 것이라고 가정하자. 이러한 기회비용이 홈넷의 증분이익에 어떤 영향을 미칠 것인가?
*17. 1년 전 당신의 회사는 생산에 사용할 기계를 $110,000에 구매하였다. 당신은 현재 $150,000에 구매할 수 있는 여러 가지 장점을 가진 새로운 기계가 있다는 것을 알게 되었다. 새로운 기계의 잔존가치는 없으며 10년에 걸쳐 균등하게 정액상각을 하게 될 것이다. 당신은 새로운 기계가 10년 동안 매년 $40,000의 총이익(매출액에서 감가상각비를 제외한 운영비용을 뺀 이익)을 발생시킬 것으로 기대하고 있다. 현재 사용하는 기계는 매년 $20,000의 총이익을 창출하고 있다. 현재의 기계는 11년의 수명으로 역시 정액상각되고 있으며 잔존가치는 없다. 따라서 사용중인 기계의 연간 감가상각비는 $10,000이다. 기존 기계의 시장가치는 $50,000이다. 당신 회사의 세율은 45%이고 이런 종류의 설비를 사용하는 기회 자본비용은 10%이다. 당신 회사는 1년 된 기계를 교체해야만 하는가?
*18. 베릴 아이스 티(Beryl's Iced Tea)는 음료 주입 기계를 모든 유지 비용을 포함해서 연간 $50,000에 빌려서 사용하고 있다. 지금 아래 두 가지 선택안으로 기계를 구매하는 것을 고려 중이다.
    a. 현재 임대하여 사용하고 있는 기계를 $150,000에 구매한다. 이 기계는 연간 $20,000의 유지 비용이 필요하다.
    b. 새롭게 개선된 기계를 $250,000에 구매한다. 이 기계는 유지 비용으로 연간 $15,000이 필요하지만 음료 주입 비용을 연간 $10,000 줄일 수 있다. 그러나 새로운 기계를 작동하기 위해서 $35,000의 교육비용이 초기에 지출될 것이다.

    적절한 할인율이 연간 8%이고 기계는 오늘 구매한다고 가정하자. 유지 비용과 연료 주입 비용은 임대 비용처럼 모두 연말에 발생한다. 또한 모든 기계는 수명이 10년이지만 7년에 걸쳐서 정액으로 감가상각하며 잔존가치는 거의 없다고 가정한다. 한계 법인세율은 35%이다. 베릴 아이스 티는 계속 임대해야 하는가? 아니면 사용중인 기계를 구입해야 하는가? 아니면 개선된 새 기계를 구매할 것인가?

증분 가용현금흐름에의 기타 효과

19. 당신이 소유한 공간에 새로운 커피숍을 여는 것에 대하여 당신은 $20,000의 비용으로 가

능성 검토를 끝냈다. 당신은 2년 전에 그 점포 공간을 $100,000에 구입했으며, 지금 매각한다면 세후 가격으로 $115,000을 받을 것이다. 커피숍으로 전환하려면 초기 자본 지출로 $30,000이 필요하고 재고를 위해 $5,000의 초기 투자가 필요하다. 커피숍 기회에 대한 분석에서 정확한 최초 현금흐름은 얼마인가?

20. $50,000을 소비하고 1년이 지난 후에 당신은 마침내 준비된 신제품의 디자인을 가지게 되었다. 생산을 시작하기 위해서 당신은 원재료로 $30,000이 필요하고, 또한 이미 감가상각이 된 기존 설비를 사용할 필요가 있다. 당신의 동료는 신제품이 기업의 전반적인 매출액의 10%를 차지하여 간접비는 $60,000이 될 수 있다고 했으며 당신의 세율은 40%이다. 제품의 분석을 시작할 때, 최초의 증분 가용현금흐름은 얼마인가?

21. 당신은 3년 전에 기계를 $1백만에 구매했고 7년 수명으로 잔존가치 없이 정액상각을 하고 있다. 세율은 35%이다. 당신이 이 기계를 지금 $700,000에 매각한다면(감각상각을 3년 했음), 기계 판매로 인한 증분 현금흐름은 얼마인가?

22. 존스(Jones Company)는 최초 구매가격 $300,000에 구입한 설비를 5년 수정가속상각(MACRS) 으로 3년을 감가상각하였다.
    a. 이 설비의 장부가치는 얼마인가?
    b. 만일 존스가 이 설비를 $180,000에 오늘 매각하고 세율이 35%라면, 이러한 매각으로 인한 세후 현금흐름은 얼마인가?

23. 22번 문제에서 매각 바로 직전에 존스는 새로운 주문을 받았다. 새로운 주문을 처리하기 위해서는 구형 설비를 사용해야 한다. 주문을 받는 것이 비용을 발생시킨다고 볼 수 있는가? 설명하시오.

24. 홈 빌더 서플라이(Home Builder Supply)는 조지아 주와 사우스 캐롤라이나 주에서 7개의 소매점포를 운영하고 있는 홈 개선 산업의 소매업자이다. 경영진은 가장 성공적인 소매점이 있는 도시의 건너편에 8번째 소매점을 세우는 것을 고민 중이다. 회사는 방치된 창고가 있는 장소에 점포를 세울 계획이기 때문에 이미 토지를 소유하고 있다. 지난 달에 마케팅 부서는 새로운 점포의 고객 수요를 알아보기 위한 시장조사에 $10,000를 지출했다. 이제 홈 빌더 서플라이는 새로운 점포를 짓고 열어야 하는 지를 결정해야만 한다.
    다음 중 새로운 소매점포의 증분 이익의 일부에 포함되는 것은 무엇인가?
    a. 점포가 위치할 토지의 최초 구매가격
    b. 방치된 창고의 철거 비용
    c. 기존 점포까지 운전을 해서 쇼핑하던 고객이 신규 점포로 가기 때문에 발생할 기존 점포의 매출액 손실
    d. 고객 수요를 추정하기 위해 지출한 $10,000의 시장조사 비용

e. 신규 점포의 건축 비용

f. 매각될 경우의 토지 가치

g. 건축비용을 위해 빌려온 채무의 이자비용

25. 니르바나 칩 디자인(Nirvana Chip Designs)은 차세대 칩인 XJ 5000 시리즈의 디자인을 끝냈고 생산에 들어갈 준비가 되었다. 프로젝트의 분석을 위해 당신은 가용현금흐름의 추정치를 준비해야 한다. 당신의 분석과 관련된 것은 다음 중 무엇인가?

a. 칩의 디자인 비용

b. XJ 4000 칩의 잠재적인 매출 손실

c. 회사 제트 항공기 리스 비용의 분담금

d. 원재료의 최초 투자금액

e. 칩의 생산을 위해서 필요한 설비의 업그레이드 비용

f. 새로운 칩의 개발을 알아보기 위해 실시한 시장조사 비용

g. 새로운 칩이 생산될 토지와 빌딩의 시장 가치

26. 데일리(Daily Enterprises)가 정액감가상각법 대신에 수정가속 감가상각법을 채택한다면, 문제 11번의 어느 증분 가용현금흐름이 증가하고 어느 증분 가용현금흐름이 감소할까?

27. 마코프(Markov Manufacturing)는 최근 디스크 드라이브를 생산하는 데 사용되는 기계설비의 구입에 $15백만을 지출했다. 회사는 이 기계설비가 5년간 사용이 가능하다고 예측하고 있으며, 회사의 한계 법인세율은 35%이다. 회사는 정액감가상각법을 사용할 계획이다.

a. 이 기계설비와 관련된 연간 감가상각비는 얼마인가?

b. 감가상각으로 인한 연간 세금 절감액(tax shield)은 얼마인가?

c. 정액감가상각법 대신에 마코프가 5년 수명의 MACRS를 감가상각 방법으로 사용할 것이다. 이러한 가속상각 스케줄에서 이 기계설비의 감가상각으로 인한 매년의 세금 절감액을 계산하시오.

d. 만일 마코프가 정액감가상각법과 MACRS 방법 중에서 선택할 수 있다면, 한계 법인세율이 일정하다고 하면, 어느 방법을 선택해야 할까? 그 이유는?

e. 마코프의 한계 법인세율이 향후 5년에 급격하게 증가할 것이라면 (d)에서의 답변은 어떻게 바뀌게 될까?

28. 당신 회사는 잘 운영되고 왔기 때문에 이익은 $1백만에 도달하였고 이제 새로운 제품의 출시를 검토하고 있다. 신제품의 설계에는 이미 $500,000의 비용을 지불했다. 회사는 대당 $3의 가격으로 연간 800,000대를 판매할 것이며 변동 비용은 대당 $1가 될 것으로 예상하고 있다. 생산은 연도 3에 끝날 것이고, 새로운 설비에는 $1백만이 필요하다. 설비는 7년에 걸쳐 MACRS로 0의 잔존가치로 감가상각할 것이다. 설비는 연도 3에 장부가치로 매각할 계획이

다. 현재 운전자본의 수준은 $300,000이다. 신제품 도입은 운전자본을 $380,000으로 즉각 올리는 것이 필요하고 연도 1에는 $400,000, 연도 2에는 $350,000, 그리고 마지막 연도 3에는 다시 $300,000 수준으로 돌아갈 것으로 예상된다. 세율은 35%이다. 프로젝트의 할인율은 10%이다. 이 프로젝트에 대한 자본예산 분석을 하고 NPV를 계산하시오.

29. 당신은 애플(Apple)을 위해 일하고 있다. $10백만 상당의 시제품으로 고생한 끝에, 마침내 구글 안경(Google Glasses)인 아이글라스(iGlasses)에 대한 해답을 얻었다(이름만으로도 멋지다). 아이글라스는 착용자를 애플이 원하는 세상으로 즉시 이동시켜줄 것이다. 눈을 깜빡여서 아이튠즈(iTunes)로 음악을 듣고 바라보는 것만으로 앱을 작동시킬 수 있다. 다음 번 히트 상품이 나오기 전까지 (혹은 사용자가 현실의 사람들과 접촉할 수 없을 때까지) 5년 동안 팔릴 것이라 생각한다. 매출액은 연간 $450백만으로 추정되고 비용은 $350백만이 될 것이다. 지금 추가적인 설비에 $60백만을 지출해야 할 필요가 있다. 설비는 5년 MACRS 스케줄로 상각될 것이다. 추가적으로 시장가치 $10백만을 가진 완전히 상각된 기존 설비를 사용할 것이다. 아이글라스가 R&D 센터의 산물이기 때문에 애플은 아이글라스 제품에 5년 동안 센터의 연간 비용에서 $5백만을 부과할 계획이다. 마지막으로 애플의 운전자본 수준은 현재 $120백만에서 $140백만으로 즉각 증가할 것이다. 연도 5 이전까지 상승된 수준으로 유지되고 연도 5에 $120백만으로 돌아갈 것이다. 이 프로젝트에 대한 애플의 할인율은 15%이고 세율은 35%이다. 가용현금흐름을 계산하고 이 프로젝트의 NPV를 결정하시오.

30. 고객 개발에 $10,000을 사용한 이후, 당신은 새로운 고객으로부터 대규모 생산 계약을 제안받았다. 계약은 향후 5년 동안 매년 매출액을 $200,000 추가할 것이고 추가 생산을 위한 비용은 매년 $100,000이 될 것이다. 당신은 기존 설비를 일부 사용해야 하고 추가적으로 새로운 설비를 구매해야 할 것이다. 기존 설비는 완전히 상각되었지만 $50,000에 매각이 가능하다. 프로젝트에 기존 설비를 사용하면 프로젝트 종료 시점에는 가치가 없을 것이다. 새로운 설비 가치로 $300,000을 사용해야 하고 5년간 MACRS 스케줄로 감가상각할 것이다. 새로운 설비도 프로젝트 종료 시에 가치가 없을 것이다. 현재 생산 관리자는 연간 $80,000을 받고 있다. 그녀는 기존 프로젝트로 바쁘기 때문에 확장을 위해서 연간 $40,000을 받는 보조인력을 고용할 계획이다. 즉시 재고자산을 $20,000에서 $30,000으로 늘려야만 할 것이고, 프로젝트 종료 시에는 $20,000을 다시 돌려받을 수 있다. 회사의 세율은 35%이고 할인율은 15%이다. 이 계약의 NPV는 얼마인가?

31. 당신은 합성 파이버 생산 공정을 확장하려는 퍼콜레이트 파이버(Percolated Fiber)의 경영자이다. 당신의 상사는 컨설턴트의 보고서를 보여주면서 다음과 같이 불만을 이야기 했다. “우리는 컨설턴트의 보고서에 $1백만을 주기로 했는데, 나는 이 보고서의 분석이 말이 되는지 확신할 수 없어. 이 사업에 필요한 새로운 설비에 $25백만을 지출하기 전에 이 보고서를

살펴보고 자네 의견을 주게." 당신은 보고서를 살펴보았는데 다음과 같은 추정치를 발견하였다. (단위: $1,000)

1	연도	1	2	…	9	10
2	매출 수익(매출액)	30,000	30,000		30,000	30,000
3	매출원가	18,000	18,000		18,000	18,000
4	총이익	12,000	12,000		12,000	12,000
5	판매 및 일반 관리비	2,000	2,000		2,000	2,000
6	감가상각비	2,500	2,500		2,500	2,500
7	EBIT	7,500	7,500		7,500	7,500
8	세금	2,625	2,625		2,625	2,625
9	순이익	4,875	4,875		4,875	4,875

보고서의 모든 추정치는 정확한 것 같다. 당신은 컨설턴트가 오늘(연도 0) 구매할 새로운 설비의 감가상각에 정액감가상각법을 사용했다는 것을 알았다. 그것은 회계 부서에서 권한 것이다. 또한 그 설비의 잔존가치가 없게끔 감가상각을 하였는데 그것은 이번 사업에 대한 회사의 가정이다. 보고서는 프로젝트가 10년 동안 매년 $4.875백만의 이익을 증가시킬 것이며 프로젝트의 가치는 $48.75백만이라고 결론짓고 있다. 당신은 과거 영광스런 재무관리 수업을 회상하면서 거기에 무엇인가 더 할 일이 남아 있다는 것을 깨달았다!

첫째, 당신은 $10백만의 운전자본이 투입되고(연도 0), 연도 10에 완전히 회수된다는 사실을 컨설턴트가 집어내지 못했다는 것을 알았다. 다음으로 이 프로젝트의 $2백만의 판매 및 일반관리비 중 $1백만은 프로젝트가 채택되지 않더라도 발생하는 간접비임을 알았다. 마지막으로, 회계적 이익은 우리가 관심을 가져야 할 것이 아니라는 것을 알았다!

a. 주어진 정보를 바탕으로 해서 이 프로젝트를 평가하기 위해 사용해야 하는 연도 0에서 연도 10까지의 가용현금흐름(free cash flow)은 얼마인가?

b. 이 프로젝트의 자본비용이 14%라면, 당신은 프로젝트의 가치를 얼마로 추정하는가?

프로젝트 분석

32. 바우어(Bauer Industries)는 자동차 제조업을 한다. 현재 경영진은 소형 트럭 생산을 위해 공장을 지으려는 계획을 평가하고 있다. 바우어는 이 프로젝트의 평가에 12%의 자본비용을 사용할 예정이다. 집중적인 연구분석을 통해서, 회사는 이 프로젝트의 증분 가용현금흐름을 아래와 같이 계산하였다. (단위: $백만)

1	**연도**	0	1–9	10
2	수익(매출액)		100.0	100.0
3	제조비용(감가상각비는 제외)		−35.0	−35.0
4	마케팅 비용		−10.0	−10.0
5	감가상각비		−15.0	−15.0
6	**EBIT**		40.0	40.0
7	세금(35%)		−14.0	−14.0
8	**무차입 순이익**		26.0	26.0
9	감가상각비		+15.0	+15.0
10	순운전자본의 추가		−5.0	−5.0
11	자본지출	−150.0		
12	계속 가치			+12.0
13	**가용현금흐름**	**−150.0**	**36.0**	**48.0**

a. 표에서 제시된 기본 시나리오에서 소형 트럭 생산을 위한 공장의 NPV는 얼마인가?

b. 마케팅 부서의 자료를 바탕으로 할 때, 바우어는 매출액 추정에 대해 확신하지 못한다. 특히 경영진은 매출액에 대한 가정이 NPV에 미치는 민감도를 검토하려고 한다. 만일 매출액 추정치 보다 매출액이 10% 높다면 이 프로젝트의 NPV는 얼마인가? 만일 10% 낮다면 NPV는 얼마인가?

c. 이 프로젝트의 현금흐름이 일정하다고 가정하기보다는, 경영진은 매출액과 운영 비용이 성장하는 경우 분석의 민감도를 알고 싶다. 특히, 경영진은 매출액, 제조비용, 마케팅비용이 연도 1에는 표에서 제시된 바와 같고, 연도 2부터는 매년 2%씩 성장한다고 가정하려고 한다. 또한 최초의 자본 투자(그리고 감가상각비), 운전자본의 추가, 계속 가치는 표에서와 같다고 가정한다. 이러한 가정의 변화를 감안한 NPV는 얼마인가? 만일 매출액과 운영비용이 매년 2%가 아니라 매년 5%씩 성장한다면 NPV는 어떻게 달라지나?

d. 이 프로젝트에서 할인율의 민감도를 검토하기 위해서, 경영진은 할인율의 변화에 따른 NPV를 계산하려고 한다. 할인율을 x축에 NPV를 y축으로 하고 할인율을 5%에서 30%로 하는 그래프를 작성하시오. 프로젝트가 양의 NPV를 가지는 할인율의 범위는 무엇인가?

*33. 빌링햄(Billingham Packaging)은 새로운 기계인 XC-750을 구매하여 생산 능력을 확장하는 것을 고려하고 있다. XC-750의 비용은 $2.75백만이다. 불행히도 이 기계를 설치하려면 몇 개월이 걸리고 생산을 일부 중단해야 한다. 회사는 가능성 검토를 위해서 $50,000을 들여서 분석하였고 XC-750을 구매하기로 결정했다. 다음과 같은 예측을 얻었다.

- *마케팅*: XC-750이 내년에 활용되면, 추가 용량은 매년 $10백만의 추가적인 매출액을 발생시키는데 그것은 기계의 수명기간인 10년 동안 계속될 것이라고 예상된다.
- *생산운영*: 기계 설치를 위한 생산중단은 올해 매출액을 $5백만만큼 줄일 것이다. 빌링햄의

기존 제품을 생산하는데, 새로운 XC-750의 생산원가는 매출가격의 70%로 예상된다. 생산량 증가로 인해 연도 0부터 프로젝트 존속기간 동안 보유 재고자산은 $1백만 증가할 것이다.

- *인적자원*: 확장으로 인해 추가적인 판매 및 관리 인원이 필요하고 매년 $2백만의 비용을 초래할 것이다.
- *회계*: XC-750은 10년의 수명 동안 정액감가상각으로 감가상각될 것이다. 회사는 새로운 매출로 인한 15%의 추가적인 매출채권과 10%의 매출원가에 해당하는 매입채무를 예상한다. 빌링햄의 한계 법인세율은 35%이다.

a. XC-750의 구매에서 발생하는 증분 이익을 결정하시오.
b. XC-750의 구매에서 발생하는 가용현금흐름을 결정하시오.
c. 만일 이러한 확장에 대한 적절한 자본비용이 10%라면 이 구매의 NPV는 얼마인가?
d. 확장으로 인해 예상되는 매출액이 매년 $10백만이더라도, 예상 범위는 $8백만에서 $12백만이다. 최악의 경우에 NPV는 얼마인가? 최상의 경우에는 얼마인가?
e. 확장으로 인한 매출액의 손익분기 수준은 얼마인가? 매출원가의 손익분기 수준은 얼마인가?
f. 빌링햄은 대안으로 XC-900을 구매할 수 있다. 그것은 용량이 더 크다. XC-900의 비용은 $4백만이다. 초과 용량은 운영 후 첫 2년간에는 소용이 없지만 3~10년 사이에는 추가적인 매출을 가져올 것이다. 대용량 기계 구입을 정당화하기 위해서는 매년 어느 정도의 추가 매출이 발생해야 할까? (XC-750는 매년 $10백만 이상이 예상된다.)

자본예산 수립에서 실물옵션

34. 왜 실물옵션은 양의 값을 가져야만 하는가?
35. 문제 33번에서 빌링햄에게 XC-900 기계가 제공하는 것은 어떤 종류의 실물옵션인가?
36. 만일 빌링햄이 XC-750을 다른 기업에게 2년뒤에 $2백만에 팔 수 있다는 것을 안다면 그것이 제공하는 것은 어떤 종류의 실물옵션인가?

사례연구

당신은 인텔(Intel)의 재무 부서에 방금 채용되었다. 당신의 첫 번째 과제는 제안된 신세대 모바일 칩의 순현금흐름과 NPV를 결정하는 것이다.

새로운 칩을 생산하기 위한 자본 지출은 초기에 $1.2십억의 투자를 필요로 할 것이다. 칩을 마무리하기 위해 필요한 R&D는 올해 $500백만이다. 업그레이드를 위한 지속적인 R&D는 아래 2a의 마진 계산을 커버할 것이다. 제품군은 5년의 수명을 가질 것으로 예상된다. 새로운 칩의 첫해 매출액은 $2,000백만으로 기대된다. 칩 제품군의 매출액은 2년차에 20% 성장하고 3년에는 10%만큼 감소하고 4년차는 20% 감소하고 5년차인 마지막 해의 매출액은 50% 감소한다. 당신의 업무는 이 프로젝트와 관련된 나머지 현금흐름을 결정하는 것이다. 당신의 상사는 운영비용과 순운전자본 필요액은 회사의 다른 제품과 유사할 것이라고 알려주었다. 당신 상사는 큰 도움이 되는 타입이 아니며, 당신의 분석을 도와줄 몇 가지 팁이 아래에 있다.

1. 인텔의 재무제표를 구한다. 지난 4년 동안의 회계연도에 해당하는 연간 손익계산서, 재무상태표를 구글 금융(Google Finance)인 (finance.google.com)에서 다운로드한다. 인텔의 주식 표식(INTC)을 입력하고 "Financials(재무정보)"로 간다. "Annual(연간)"을 클릭해서 분기가 아니라 연간 자료를 얻는다. 다음으로 손익계산서와 재무상태표를 엑셀로 복사하여 추출한다.
2. 이제 가용현금흐름(free cash flow)을 계산할 준비가 되었다. 이 장의 식 9.6을 이용하여 매년의 가용현금흐름을 계산하시오.

$$\text{가용현금흐름} = \overbrace{(\text{매출액} - \text{비용} - \text{감가상각비}) \times (1 - \text{세율})}^{\text{무차입 순이익}} + \text{감가상각비} - \text{자본지출} - NWC\text{의 변화}$$

시간선을 만들고 프로젝트의 기간 동안 매년 해당되는 가용현금흐름을 별도로 칸에 계산한다. 유출은 음수(-), 유입은 양수(+)임을 잊지 않는다.

a. 프로젝트의 수익성이 인텔의 2015년 기존 사업의 수익성과 유사하다고 가정한다. 2015년 비감가상각 비용 대 수익 비율인 [(수익의 비용 + SG&A + R&D)/총수익]을 이용하여 매년의 비용을 추정한다.
   이 비율이 프로젝트에도 적용된다고 가정해야 한다. 영업비용의 개별 요소들을 추정을 위해 세분할 필요는 없다. 단순히 전체 수익의 비용 + SG&A + R&D를 매년 추정한다.
b. 인텔이 자산을 5년 동안 정액상각법으로 감가상각한다는 가정에 의해 연간 감가상각비를 결정한다.
c. 인텔의 세율을 2015년에 [1 - (세후이익/세전이익)]으로 결정한다. 인텔의 손익계산서는 구글 금융(Google Finance)에서 구한다. 영업이익과 세전이익에 차이가 있다. 차이는 작은 조정 때문이다. 이 이슈는 무시하고 단순히 세전이익(income before tax)에 집중한다.
d. 매년 필요한 순운전자본을 계산한다. NWC의 수준이 프로젝트 매출액의 일정한 비율이라는 가정을 한다. 인텔의 2015년 NWC/매출액을 사용하여 필요한 비율을 계산한다. (매출채권, 매입채무, 재고자산만을 가지고 운전자본을 계산한다. 유동자산과 유동부채의 다른 요소(예를 들어 현금보유액)는 해석하기 어렵고 프로젝트의 NWC을 반드시 반영한다고 하기 어렵다.)
e. 가용현금흐름을 결정하기 위해서, 매년의 추가적인 자본 투자와 순운전자본의 변화를 계

산한다.

3. 프로젝트의 IRR과 자본비용 12%에서의 NPV를 엑셀 함수를 사용하여 결정한다. NPV 계산을 위해서, NPV 함수에서 1에서 5까지의 현금흐름을 포함하고 최초 비용을 차감한다. (즉, = NPV(rate, CF1: CF5) + CF0). IRR은 현금흐름 영역에 현금흐름 0에서 5까지를 포함한다.

부록 수정가속 감가상각법

미국 세금 코드는 대부분 자산의 가속 감가상각을 허용한다. 감가상각법은 자산을 사용하기 시작하면서 사실 모든 자산에 적용할 수 있다. (의회가 감가상각 법규를 여러 차례 바꾸어 와서 많은 기업은 오래된 자산의 경우에 동시에 여러 가지 감가상각 방법을 사용하고 있다.)

1986년 이후 거의 모든 재산에 대해 국세청(IRS)은 수정가속 감가상각법(MACRS, Modified Accelerated Cost Recovery System)을 사용하도록 허용했다. 이 방법에서 자산의 비용을 처리할 수 있는 상각기간을 결정하기 위해 각 개별 자산을 분류(recovery class)에 따라 나눈다. 가장 일반적으로 사용되는 자산을 기준으로 분류하면 아래와 같다.

- 3년 자산: 트랙터, 2년 초과한 경주마, 12년 초과한 말
- 5년 자산: 자동차, 버스, 트럭, 컴퓨터와 주변기기, 사무기계, 연구 실험용 기자재, 번식 및 낙농용 가축
- 7년 자산: 사무용 가구, 다른 분류에 속하지 않는 자산
- 10년 자산: 물 운송 설비, 단일 목적의 농업용 혹은 원예용 구조물, 과일이나 견과류가 열리는 나무 혹은 식물
- 15년 자산: 펜스, 도로, 다리 등 토지를 위한 상각되는 설치물
- 20년 자산: 농업용이나 원예용이 아닌 농장의 구조물
- 27.5년 자산: 거주용 혹은 임대용 재산
- 39년 자산: 가정용 사무실 포함한 비거주용 건축물 (토지의 가치는 상각되지 않음)

일반적으로 거주용과 비거주용 재산은 정액 감가상각법으로 상각되지만, 다른 분류에 속한 자산은 초기에 더 많이 감가상각된다. 표 9.4는 상각기간에 따른 자산별 표준 감가상각 비율을 보여준다. 이 표를 세밀화해서 사용되기 시작한 월부터 적용할 수 있을 것이다(IRS 자료를 참고하시오). 이 표는 매년 감가상각 금액을 자산의 비용에 대한 퍼센트를 보여준다. 0년은 이 자산이 처음 사용되기 시작한 연도이다. 일반적으로 0년은 자산의 취득연도인데 "반년(half-year)" 관례에 따라서 취득 연도에는 감가상각의 절반을 허용한다. 그것이 첫 해의 감가상각 비율이 2년차의 비율보다 작은 이유이다.

표 9.4
상각기간에 따라 매년 상각될 비용의 퍼센트를 보여주는 수정가속 감가상각

	상각 기간에 따른 감가상각 비율					
연도	3년	5년	7년	10년	15년	20년
0	33.33	20.00	14.29	10.00	5.00	3.750
1	44.45	32.00	24.49	18.00	9.50	7.219
2	14.81	19.20	17.49	14.40	8.55	6.677
3	7.41	11.52	12.49	11.52	7.70	6.177
4		11.52	8.93	9.22	6.93	5.713
5		5.76	8.92	7.37	6.23	5.285
6			8.93	6.55	5.90	4.888
7			4.46	6.55	5.90	4.522
8				6.56	5.91	4.462
9				6.55	5.90	4.461
10				3.28	5.91	4.462
11					5.90	4.461
12					5.91	4.462
13					5.90	4.461
14					5.91	4.462
15					2.95	4.461
16						4.462
17						4.461
18						4.462
19						4.461
20						2.231

10 주식의 가치평가: 다시 보기

학습목표

- 기업의 가용현금흐름의 현재가치로 주식을 가치평가한다.
- 비교할 만한 기업의 가치를 바탕으로 일반적인 배수를 적용하여 주식을 가치평가한다.
- 효율적 시장에서의 경쟁을 통해서 정보가 어떻게 주식 가격에 반영되는지를 이해한다.
- 개인 투자자가 거래하는 방식에 영향을 미치는 행태적 오류를 설명한다.

기호

CapEx	t년에 지급된 배당금	N	만기일 혹은 예측기간
EBIT	이자법인세차감전이익	P_t	t년 말의 주식가격
EBITDA	이자법인세감가상각비차감전이익	*PV*	현재가치
EPS_t	t일의 주당 순이익	r_E	자기자본비용
FCF_t	t일의 가용현금흐름	r_{WACC}	가중평균 자본비용
g	기대 배당성장률	V_t	t일의 기업가치
g_{FCF}	기대 가용현금흐름 성장률		

Stock Valuation: A Second Look

2016년 초반에, 미국에서 가장 가치가 높은 4개의 회사는 알파벳(Alphabet, Google), 애플 (Apple), 마이크로소프트(Microsoft), 페이스북(Facebook)이었다. 구글과 페이스북은 배당금을 지불하지 않고 있으며, 2012년까지 애플(그렇지만 2011년에 애플의 가치가 세상에서 가장 높았다) 역시 배당금 지불이 없었다. 제7장에서 우리는 주식의 기초에 대해 토론하였고 배당할인 모형을 사용하여 주식을 가치평가하였다. 우리가 제7장의 끝에서 지적하였듯이 배당할인 모형은 구글과 페이스북 같이 배당을 지불하지 않는 수많은 회사의 주식을 평가하는 데에는 실용적인 접근 방법이 아니다. 따라서 우리는 자사주 매입과 같은 다른 형태의 현금 배분까지 포함하기 위하여 배당할인 모형을 수정하였다.

몇몇 회사, 특히 초기단계 회사는 자사주 매입이나 배당금 지불을 모두 하지 않는다. 이번 장에서는 우리는 심지어 현재 투자자에게 현금 배당을 하지 않는 회사를 평가하는데 사용할 수 있는 좀 더 넓은 범위로 적용할 수 있는 회사 가치의 평가 방법을 개발한다. 가용현금흐름 할인(Discounted Free Cash Flow) 모형이라는 용어는 우리가 학습한 자본예산 수립의 개념과 매우 밀접하게 연결되어 있다. 사실 프로젝트 현금흐름의 할인으로 기업에 대한 프로젝트의 가치를 결정하는 것처럼, 기업 현금흐름의 할인으로 투자자에 대한 기업 가치 전체를 결정한다.

이 장에서 논의할 마지막 가치평가 방법은 비교기업 방법 혹은 "비교법(comps)"으로 모든 유형의 기업에 널리 적용이 가능하다. 이 방법은 유사한 기업은 유사한 평가를 받아야 한다는 직관적인 생각에 바탕을 둔 것으로 회사를 동일한 사업을 영위하는 다른 기업들과 비교한다. 기업에 대한 시장의 평가로 유사한 기업의 가치를 어떻게 추정할 것인지를 배울 것이다.

우리는 시장에서 경쟁의 역할로 마지막 논의를 마친다. 투자자의 경쟁을 통해 어떻게 정보가 주식가격에 반영이 되는지를 설명하고, 투자자와 기업 관리자에게 정보가 어떤 의미를 가지는지를 논의한다. 마지막으로 우리는 개인 투자자가 가지는 일반적인 거래 오류에 대해 설명한다.

10.1 가용현금흐름 할인 모형

가용현금흐름 할인 모형: 회사의 미래 가용현금흐름을 할인하여 회사의 사업가치를 추정하는 방법

제7장에서 우리는 배당을 지급하는 기업의 주식 가치를 평가하기 위해서 배당할인 모형을 개발했다. 이번 절에서 우리는 배당할인 모형의 문제점을 피하기 위해서 기업의 주식을 평가하는 대안적인 접근방법을 소개한다. 구체적으로 우리는 **가용현금흐름 할인 모형(discounted free cash flow model)**을 고려하는데, 그것은 기업의 모든 투자자 즉 채권자와 주주에게 돌아가는 현금흐름에 중점을 둔다. 이 모형을 통해 우리는 기업의 차입 결정이 이익에 미치는 영향을 추정하는 것과 관련된 어려움을 피할 수 있다. 또한 우리가 제9장에서 학습한 자본예산 수립 분석이 기업의 주식가격과 어떤 중요한 연관성을 가지는지 보여준다.

배당할인 모형은 하나의 단일 주식의 가치를 평가한다. 총배분 모형(total payout model)에서 우리는 단일 주식보다는 우선 기업의 전체 주식(자기자본)을 평가한다. 가용현금흐름 할인 모형(discounted free cash flow model)은 한 걸음 더 나가서 주주와 채권자 모두를 포함하는 모든 투자자에게 돌아가는 기업의 총가치를 결정하는 것으로 시작한다. 우리는 회사의 사업가치(enterprise value)를 추정하는 것으로 시작하는데 그것은 제2장에서 다음과 같이 정의

하였다.[1]

$$\text{사업가치} = \text{주식의 시장가치} + \text{채무} - \text{현금} \quad (10.1)$$

회사의 사업가치는, 채무가 없으며 현금 및 유가증권과는 분리된, 회사가 영위하는 사업 자산의 가치이기 때문에, 그것은 또한 모든 투자자에게 돌아가는 회사가 영위하는 사업의 가치이다. 우리는 사업가치를 회사의 주식을 취득하고, 모든 채무를 청산하고, 현금을 인수하는 순비용으로 해석할 수 있다. 요약하면, 그것은 무차입 사업을 소유하는 것과 동일한 가치를 가진다. 가용현금흐름 할인 모형의 장점은 배당금, 자사주 매입, 혹은 채무 사용의 명시적인 추정 없이 기업의 가치평가가 가능하다는 것이다.

기업의 사업가치 평가

우리는 어떻게 기업의 사업가치를 추정할 수 있을까? 회사의 주식을 평가하기 위해서 우리는 기업의 주주에 대한 총배분금액의 현재가치를 계산한다. 마찬가지로 기업의 사업가치를 추정하기 위해서 우리는 채권자와 주주로 구성된 모든 투자자에게 지급이 가능한 가용현금흐름(free cash flow, FCF)의 현재가치를 계산한다. 프로젝트의 가용현금흐름의 계산법은 제9장에서 보았으며, 동일한 계산을 전체 회사를 대상으로 실행한다.

$$\text{가용현금흐름} = EBIT \times (1 - \text{세율}) + \text{감가상각비} - \text{자본지출} - \text{순운전자본의 증가} \quad (10.2)$$

가용현금흐름은 채권자나 주주에게 어떠한 현금 지급도 고려되기 전에 회사가 창출한 현금을 측정한다.

따라서 프로젝트의 가용현금흐름의 NPV를 계산하여 프로젝트의 가치를 결정하는 것처럼, 회사의 가용현금흐름의 현재가치를 계산하여 회사의 현재 사업가치(V_0)를 추정한다.

가용현금흐름 할인 모형

$$V_0 = PV(\text{회사의 미래 가용현금흐름}) \quad (10.3)$$

사업가치를 가지고, 우리는 식 10.1을 이용하여 주식가치를 구하고 총발행주식수로 나누어서 주식의 가격을 추정할 수 있다.

$$P_0 = \frac{(V_0 + \text{현금}_0 - \text{부채}_0)}{\text{발행주식수}_0} \quad (10.4)$$

배당할인 모형에서, 회사의 현금과 채무는 이자수입과 비용으로 이익에 영향을 미침으로 간접

1) 정확하게 말하면, "현금"이라고 할 때 우리는 순운전자본 필요 금액을 초과하는 기업의 현금을 지칭한다. 그것은 경쟁적인 시장 이자율로 투자된 현금의 양이다. (채무에서 현금을 차감하는 것은 보유한 현금은 즉시 채무를 상환할 수 있는 능력이 있기 때문에 실질적인 순채무를 구하는 과정으로 볼 수 있다.)

적으로 계산에 포함되었다. 반면에, 가용현금흐름 할인 모형에서 우리는 EBIT(이자법인세차감전이익)에 근거하여 가용현금흐름을 계산하기 때문에 이자수입과 비용을 무시하고, 대신에 현금과 채무를 직접 조정한다(식 10.4).

모형 적용하기

가용현금흐름 모형과 이전에 고려했던 모형의 핵심적인 차이점은 할인율이다. 이전 계산에서 우리는 주주에게 돌아가는 현금흐름을 할인했기 때문에 주식의 자본비용(r_E)을 사용했다. 여기에서 우리는 채권자와 주주에게 지급하는 가용현금흐름을 할인한다. 따라서 기업의 **가중평균 자본비용(weighted average cost of capital, WACC)**인 r_{wacc} 를 사용해야만 한다. 이것은 회사의 주식과 채무를 모두 합친 위험인 전반적인 사업 위험을 반영한 자본비용이다. 우리는 r_{wacc} 를 기업이 주식과 채무를 함께 보유하는 위험에 대해 보상하기 위해서 투자자에게 지불해야만 하는 기대수익률로 해석한다. 만일 회사에 채무가 없다면 $r_{wacc} = r_E$ 이 된다. 우리는 WACC를 계산하는 방법을 교재의 제4부에서 다룰 것이다.

회사의 가중평균 자본비용을 가지고, 우리는 배당할인 모형에서 한 것과 같은 방법으로 가용현금흐름 할인 모형을 적용한다. 그것은 회사의 가용현금흐름을 어느 시점까지 추정하고 사업의 잔존 가치(계속 가치)를 함께 고려한다.

$$V_0 = \frac{FCF_1}{1 + r_{wacc}} + \frac{FCF_2}{(1 + r_{wacc})^2} + \cdots + \frac{FCF_N}{(1 + r_{wacc})^N} + \frac{V_N}{(1 + r_{wacc})^N} \qquad (10.5)$$

종종 잔존가치를 연도 N을 넘어서 가용현금흐름이 일정한 장기 성장률인 g_{FCF} 로 성장하는 가정으로 추정하는데, 그 결과는 아래와 같다.

$$V_N = \frac{FCF_{N+1}}{r_{wacc} - g_{FCF}} = \left(\frac{1 + g_{FCF}}{r_{wacc} - g_{FCF}}\right) \times FCF_N \qquad (10.6)$$

장기 성장률인 g_{FCF} 는 일반적으로 회사의 수익(매출액)의 장기 기대 성장률을 근거로 한다.

예제 10.1
가용 현금흐름을 이용한 나이키 주식의 가치평가

문제 *Problem*

제7장의 나이키 예제로 돌아가 보자. 나이키는 2012년에 $25.3십억의 매출액을 기록했다. 2013년에 매출액이 10% 증가할 것으로 예상하지만, 매년 1%씩 성장률이 하락하여 2018년에 의류업계의 특성인 5%가 될 것으로 기대한다. 나이키의 과거 수익성과 필요한 투자금액에 근거해서, 당신은 매출액의 10%가 EBIT가 될 것이고 매출액 증가분의 10%가 순운전자본의 필요 증가액이 될 것으로 예상한다. 자본 지출액은 감가상각비와 같다고 가정한다. 만일 나이키가 $3.3십억의 현금, $1.2십억의 채무, 그리고 893.6백만 주의 발행주식을 가지고 있으며, 세율이 24% 가중평균 자본비용이 10%라면 나이키의 2013년 초반 주식 가치를 얼마로 예측할 수 있는가?

풀이 *Solution*

● 계획

나이키의 미래 가용현금흐름을 제9장에서 홈넷 예제에서 했던 추정 재무제표의 작성을 통해 예측할 수 있다. 차이점은 추정 재무제표가 개별 사업이 아니라 전체 기업을 대상으로 한다는 것이다. 또한 우리는 미래 예측 기간이 끝나는 시점에 나이키의 잔존가치(계속 가치)를 계산할 필요가 있다. 나이키의 가용현금흐름이 2018년 이후에 일정하게 성장할 것으로 예상하기 때문에 회사의 잔존가치를 계산하기 위해서 수식 10.6을 사용할 수 있다. 2013년에서 2018년 사이의 가용현금흐름의 현재가치와 잔존가치는 나이키의 사업가치가 될 것이다. 그 가치로부터 우리는 채무를 빼고 현금을 더하고 발행주식수로 나누면 주당 가격을 계산할 수 있다(수식 10.4).

● 실행

아래 스프레드시트가 단순화된 나이키의 추정 재무제표를 보여준다.

1	**연도**	2012	2013	2014	2015	2016	2017	2018
2	**FCF 예측치(단위: $백만)**							
3	매출액	25,300.0	27,830.0	30,334.7	32,761.5	35,054.8	37,158.1	39,016.0
4	*전년 대비 성장률*		*10.0%*	*9.0%*	*8.0%*	*7.0%*	*6.0%*	*5.0%*
5	EBIT(매출액의 10%)		2,783.0	3,033.5	3,276.1	3,505.5	3,715.8	3,901.6
6	차감: 세금(24%)		667.9	728.0	786.3	841.3	891.8	936.4
7	더함: 감가상각비		—	—	—	—	—	—
8	차감: 자본지출액		—	—	—	—	—	—
9	차감: NWC의 증가분(매출액 증가의 10)		253.0	250.5	242.7	229.3	210.3	185.0
10	**가용현금흐름**		1,862.1	2,055.0	2,247.2	2,434.8	2,613.7	2,779.4

자본 지출액이 감가상각비와 같을 것으로 예상하기 때문에 7번과 8번째 줄은 상쇄된다. 둘 모두를 영으로 놓을 수 있다.

2018년 이후에 가용현금흐름이 매년 일정한 5%로 성장한다고 가정하고 가중평균 자본비용이 10%이면 우리는 수식 10.6을 이용하여 회사의 잔존가치를 계산할 수 있다.

$$V_{2018} = \left(\frac{1 + g_{FCF}}{r_{wacc} - g_{FCF}}\right) \times FCF_{2015} = \left(\frac{1.05}{0.10 - 0.05}\right) \times 2,779.4 = \$58,367.9\text{백만}$$

수식 10.5를 이용하면, 나이키의 2013년 사업가치는 가용현금흐름의 현재가치와 기업의 잔존가치의 현재가치를 합한 것이다.

$$V_0 = \frac{1,862.1}{1.10} + \frac{2,055.0}{1.10^2} + \frac{2,247.2}{1.10^3} + \frac{2,434.8}{1.10^4} + \frac{2,613.7}{1.10^5} + \frac{2,779.4}{1.10^6} + \frac{58,367.9}{1.10^6} = \$42,881.5\text{백만}$$

이제 수식 10.4를 이용하여 나이키 주식의 주당 가치를 추정할 수 있다.

$$P_0 = \frac{\$42,881.5 + \$3,300 - \$1,200}{593.6} = \$50.34$$

● 평가

채권과 자기자본을 합한 기업에 대한 모든 청구권의 총 가치는 기업이 보유한 현재의 현금과 더불어 기업이 창출하는 모든 현금흐름의 현재가치와 같아야 한다. 나이키가 창출하는 모든 현금흐름의 총현재가치는 $42,881.5백만이고 현금으로 $3,300백만을 가지고 있다. 채무 청구권($1,200백만)의 가치를 뺀 후의 값인 자기자본 청구권의 총가치를 주식의 숫자로 나누게 되면 주당 가치를 얻을 수 있다.

자본예산과의 관련성

할인 가용현금흐름 모형과 제9장에서 학습한 자본예산을 위한 NPV규칙 사이에는 중요한 관련성이 있다. 기업의 가용현금흐름은 기업의 현재와 미래의 투자에서 발생하는 가용현금흐름의 합계와 같기 때문에, 우리는 기존 사업의 현재가치와 새로운 미래사업의 NPV의 합계로 회사의 사업 가치를 해석할 수 있다. 따라서 어떤 투자 결정의 NPV는 회사의 사업가치에 대한 공헌도를 표현한다. 따라서 기업의 주식가격을 극대화하기 위해서 우리는 양의 NPV를 가지는 사업을 선택해야만 한다.

또한 제9장에서 많은 추정과 예측이 사업의 가용현금흐름을 예측하는 데 필요하다는 것을 배웠다. 이것은 기업을 대상으로도 역시 동일하다. 우리는 미래의 매출액, 운영 비용, 세금, 자본의 필요 금액 등과 가용현금흐름을 얻기 위한 다른 요소들을 예측해야만 한다. 한편으로는 이런 방식으로 가용현금흐름을 예측하면 기업의 미래 전망에 대한 특정한 세부 사항을 계산할 때 우리는 유연성을 가질 수 있다. 반면에 여러 가지 가정에는 피할 수 없는 불확실성이 있다. 이런 상황에서 제9장에서 설명한, 주식의 잠재적 가치의 범위로 이런 불확실성을 해석하는, 민감도 분석을 수행하는 것이 필요하다.

예제 10.2
주식의 가치평가를 위한 민감도 분석

문제 *Problem*

예제 10.1에서 나이키의 EBIT는 매출액의 10%로 가정하였다. 만일 나이키가 운영 비용을 낮추어서 EBIT를 매출액의 11%로 올릴 수 있다면 주식의 가치는 어떻게 변할 것으로 예상되는가?

풀이 *Solution*

● **계획**

이러한 시나리오에서 EBIT는 예제 10.1에 비해서 매출액 대비 1%만큼 증가할 것이다. 매년 가용 현금흐름의 영향을 계산하기 위해 세율(24%)를 사용한다. 새로운 가용 현금흐름을 얻으면 예제 10.1의 절차를 반복해서 새로운 주식 가격을 얻는다.

● **실행**

연도 1에 EBIT는 1% x $27,830백만 = $278.3백만 늘어날 것이다. 세후 계산으로 회사의 가용현금흐름은 (1 − 0.24) x $278.3백만 = $211.5백만 증가하여 $2,073.6백만이 될 것이다. 동일한 계산을 매년 반복하면 아래와 같은 FCF 추정치를 얻게 된다.

연도	2013	2014	2015	2016	2017	2018
FCF	2,073.6	2,285.5	2,496.2	2,701.2	2,896.1	3,075.9

이제 예제 10.1에서와 같이 주식 가격을 다시 예측할 수 있다. 잔존 가치는 $V_{2018} = [1.05/(0.10 - 0.05)] \times 3{,}075.9 = \$65{,}594.8$백만이고, 현재의 가치는 아래와 같다.

$$V_0 = \frac{2{,}073.6}{1.10} + \frac{2{,}285.5}{1.10^2} + \frac{2{,}446.2}{1.10^3} + \frac{2{,}701.2}{1.10^4} + \frac{2{,}896.1}{1.10^5} + \frac{3{,}075.9}{1.10^6} + \frac{65{,}594.8}{1.10^6} = \$47{,}491 \text{ 백만}$$

새로운 주식 가치의 예상치는 $P_0 = (47{,}491 + 3{,}300 - 1{,}200)/893.6 = \$55.50$이다. 예제 10.1에서 얻은 결과와 비교하면 약 10% 차이가 발생한다.

● 평가

나이키의 주식 가격은 수익성에 대한 가정의 변화에 상당히 민감하다. 마진율 1% 변화가 주식가격에 10%의 영향을 준다.

그림 10.1은 지금까지 논의했던 다양한 가치평가 방법을 요약하고 있다. 우리는 주식의 미래 배당금의 현재가치로 기업의 가치를 결정하였다. 우리는 배당금과 자사주 매입을 포함한 기업의 총현금지급액의 현재가치를 통해 회사 자기자본의 총시가총액을 예측할 수 있다. 마지막으로 주주와 채권자에게 지불이 가능한 회사 현금이 양인 기업의 가용현금흐름의 현재가치로 기업의 사업가치를 결정한다.

그림 10.1
주식 가치평가를 위한 현금흐름 할인 모형의 비교

기업의 배당금, 총현금지급액, 혹은 가용현금흐름의 현재가치를 계산함으로써 우리는 주식의 가치, 자기자본의 총가치, 혹은 회사의 사업가치를 추정할 수 있다. 마지막 칸은 주식 가격을 얻기 위해 필요한 조정을 위한 상세 내용이다.

아래의 현재가치로	아래 내용을 결정한다	주식가격을 추정하기 위해서
배당 지급액	주식가격(Stock Price)	조정 필요 없음
총현금지급액 (배당금과 자사주 매입금액)	자기자본 가치(Equity Value)	발행주식수로 나눔
가용현금흐름 (모든 증권 보유자에게 지불 가능한 현금)	사업가치(Enterprise Value)	주주의 몫이 아닌(채권자나 우선주주) 것을 차감하고, 현금과 유가증권을 더한 후에, 발행주식수로 나눔

개념확인

1. 자본예산 수립과 가용현금흐름 할인 모형은 어떤 관련성이 있는가?
2. 가용현금흐름 할인 모형에서 우리는 왜 기업 채무에 대한 이자지급액을 무시하는가?

10.2 비교기업에 근거한 가치평가

지금까지 우리는 자금 제공자에게 제공될 미래의 기대 현금흐름을 고려하여 기업 혹은 주식의 가치를 평가하였다. 가치평가 원칙은 가치가 미래의 현금흐름의 현재가치라는 것을 알려준다. 왜냐하면 그러한 현재가치는 동일한 위험을 가지는 현금흐름을 모방하기 위해서 시장의 다른 투자처에 투자해야만 하는 금액이기 때문이다.

비교기업 방법: 비교기업의 가치 혹은 미래에 아주 유사한 현금흐름을 창출할 것으로 기대되는 투자의 가치와 같은 다른 가치를 근거로 하여 기업 가치를 예측

가치평가 원칙의 또 다른 적용은 **비교기업 방법(method of comparables)**이다. 비교기업 방법(method of comparable, "비교법(comps)")에서 기업의 현금흐름을 직접 평가하기 보다는 다른 가치 즉 비교기업의 가치 혹은 미래에 아주 유사한 현금흐름을 창출할 것으로 기대되는 투자의 가치를 근거로 하여 기업의 가치를 예측한다. 예를 들어, 공개되어 거래되고 있는 기존 기업과 동일한(identical) 신설 기업의 예를 고려해 보자. 경쟁 시장 가격에서 가치평가 원칙은 동일한 현금흐름을 가지는 두 개의 증권은 같은 가격을 가져야만 한다는 것을 기억하자. 따라서, 이러한 기업이 동일한 현금흐름을 창출한다면 우리는 신설 기업의 가치를 결정하기 위해서 기존 기업의 시장 가치를 이용할 수 있다.

물론, 동일한 회사는 현실적으로 존재하지 않는다. 같은 상품을 판매하는 동일 산업에 속한 기업조차도 유사한 점이 많더라도 크기나 규모가 다를 것이다. 예를 들어, 인텔(Intel Corporation)과 AMD(Advanced Micro Devices)는 모두 반도체 칩을 개발 판매한다. 2015년에 인텔의 매출액이 약 $55십억인 반면에 AMD는 불과 $4십억이었다. 이번 절에서 우리는 유사 사업을 하고 있는 비교기업을 이용하여 기업을 가치평가하기 위해서 이러한 규모의 차이를 조정하는 방법을 고려할 것이며 이러한 방법의 장점과 약점에 대해 논의할 것이다.

가치평가 배수 (Valuation Multiples)

가치평가 배수: 기업의 규모 혹은 현금흐름을 측정하는 숫자에 대한 기업 가치의 비율

우리는 기업의 가치를, 기업의 규모를 측정하는 숫자에 대한 가치의 비율인, **가치평가 배수(valuation multiple)**라는 용어로 표현하여 기업 간의 규모 차이를 조정할 수 있다. 같은 맥락에서 오피스 빌딩의 가치평가를 생각해 보자. 자연스런 측정치는 근처 지역에서 최근 거래된 빌딩의 평당 가격이 될 것이다. 평균 평당 가격을 고려하고 있는 오피스 빌딩의 크기에 곱하면 빌딩의 가치에 대한 합리적인 추정치를 얻게 될 것이다. 우리는 동일한 원리를 주식에 적용할 수 있는데, 면적을 나타내는 측정치 대신에 기업의 규모에 대한 적절한 측정치를 사용한다.

주가수익 비율 가장 일반적으로 사용되는 가치평가 배수는 주가수익 비율인데 제2장에서 이미 언급했다. P/E 비율은 보편적이라서 거의 모든 주식관련 기초 통계 자료의 일부분이다(그림 10.2에서 구글 파이낸스에 나타난 나이키의 스크린샷을 볼 수 있다). 기업의 P/E 비율은 주식가격을 주당 순이익으로 나눈 값과 같다. 이 비율의 사용에 담긴 의미는 주식을 매수할 때 기업의

미래 이익에 대한 권리를 산다는 것과 같은 뜻이다. 기업의 이익 규모가 지속적으로 다르다면 아마도 더 높은 현재 이익을 가진 주식에 비례하여 지불하려고 할 것이다. 같은 방식으로 어느 기업의 주식 가격 예측에 다른 기업의 P/E 비율을 이용하여 추정할 수 있다. 예를 들어, 우리는 비교가 될 만한 상장기업의 평균 P/E 비율을 비상장 기업의 현재 주당 순이익(EPS)에 곱하여 비상장 기업의 주식 가격을 추정할 수 있다.

그림 10.2
나이키(NKE)의 주가 시세표

구글(Google Finance)에서 얻은 아래의 그림은 나이키 보통주의 기본적인 가격 정보와 가격 차트를 보여준다. 가격 차트는 2013년 3월부터 6월말까지를 보여주고 있다. 주가수익(P/E)비율이 기본 정보로 제공되고 있다.

출처: www.google.com/finance?q=nke.

예제 10.3
주가수익비율을 이용한 가치평가

문제 *Problem*

가구 제조업체인 허먼 밀러(Herman Miller)는 주당 순이익이 $1.38이다. 만일 비교대상 가구 업체의 평균 P/E가 21.30이라면 가치평가 배수로 그 비율을 사용했을 때 허먼 밀러의 주식가격은 얼마로 예측되는가? 이러한 예측을 위해서는 어떤 가정이 필요한가?

풀이 *Solution*

● **계획**

우리는 허먼 밀러의 주식가격을 EPS에 비교 기업의 P/E를 곱하여 예측할 수 있다.

EPS × P/E = 주당 순이익 × (주식가격 ÷ 주당 순이익) = 주식가격

● **실행**

P_0 = \$1.38 x 21.3 = \$29.39. 이 예측치는 허먼 밀러가 산업내의 비교대상 기업과 유사한 미래 위험, 배당성향, 성장률을 가질 것이라는 가정을 하고 있다.

● **평가**

가치평가 배수가 사용하기 간단하다고 해도 그것은 비교대상 기업과 가치평가 대상 기업간의 유사성에 대한 매우 강한 가정을 하고 있다. 매 경우 이러한 가정이 합리적이라서 적용 가능한 것인지에 대해서 고민해 보는 것이 중요하다.

후행 이익: 과거 12개월에 걸친 기업의 이익

선행 이익: 향후 12개월 동안에 기대되는 기업의 이익

후행 P/E: 후행(과거) 이익을 이용하여 계산한 기업의 주가수익(P/E) 비율

선행 P/E: 선행(기대) 이익을 이용하여 계산한 기업의 주가수익(P/E) 비율

우리는 지난 12개월 동안의 이익인 **후행 이익(trailing earnings)**이나 향후 12개월 동안의 기대 이익인 **선행 이익(forward earnings)**를 이용하여 기업의 P/E 비율을 계산할 수 있는데 그 결과 얻어진 비율은 각각 **후행 P/E(trailing P/E)** 혹은 **선행 P/E(forward P/E)**라고 불린다. 가치평가의 목적에서는 선행 P/E가 선호되는데 그것은 우리가 미래의 이익에 대해서 가장 고민하고 있기 때문이다.

어떻게 P/E 비율이 다른 가치평가 방법과 관련이 있는지 이해하기 위해서 제7장에서[2] 소개한 배당할인 모형을 고려해 보자. 예를 들어서 일정배당성장의 경우에(식 7.6 참고), 우리는 아래 식을 얻었다.

$$P_0 = \frac{Div_1}{r_E - g}$$

양변을 선행 주당 순이익(EPS_1)으로 나누면 식 10.7을 얻는다.

$$\text{선행 P/E} = \frac{P_0}{EPS_1} = \frac{Div_1/EPS_1}{r_E - g} = \frac{\text{배당성향}}{r_E - g} \tag{10.7}$$

제7장에서 우리는 나이키의 현재 가격이 자기자본비용인 10%와 기대 배당 성장률인 8.5%와 일관됨을 보여주었다. 나이키의 시세표에서 우리는 나이키의 주당 순이익(EPS)이 \$2.52이며, 배당금이 분기당 \$0.21 혹은 연간 \$0.84이기 때문에 배당성향이 0.84/2.52 = 0.333임을 볼 수 있다. 이익의 성장과 배당성향이 가까운 미래에 일정할 것이라고 가정하면 우리는 선행 P/E를 아래와 같이 계산할 수 있다.

선행 P/E = (0.84/2.52) / (0.10 - 0.085) = 22.22. 이것은 보고된 P/E인 24.00보다 낮은 숫자이다.

식 10.7은 높은 성장률을 가지고 투자 금액을 초과하는 현금을 창출하는 기업과 산업이 높은

2) 이익과 주가는 전적으로 주식과 관련된 변수이기 때문에 우리는 현금흐름 할인 모형보다는 배당할인 모형을 사용한다.

수준의 배당성향을 유지하면, 높은 P/E 배수를 가져야 한다는 것을 보여준다. 나이키의 예를 가지고 우리는 기대 성장률 8.5%이면 P/E 비율이 22.22가 된다는 것을 보여주었다. 만일 성장률이 낮았다면 P/E는 하락했을 것이다. 현재의 이익, 배당금, 자기자본비용이 일정하다고 가정하고 성장률을 5%로 낮추면 선행 P/E는 6.67이 된다.

$$\text{선행 P/E} = (0.84/2.52) / (0.10 - 0.05) = 6.67$$

이러한 결과는 현행 P/E인 24.00보다 매우 낮은 것이다. 미래 성장 전망을 고려하지 않고 P/E 비율을 단순 비교한다면 완전히 잘못된 결과를 얻을 수 있음을 보여준다.

그림 10.3은 이익의 기대 성장률과 P/E 비율간의 관계를 보여준다.

그림 10.3
P/E 비율과 미래의 기대 성장률의 관계

아래 그래프는 나이키의 두 가지 성장률 시나리오 8.5%와 5%에서 이익의 기대성장을 보여준다. 2013년 주당 순이익은 $2.52이다. 높은 성장률은 이익 흐름의 현재가치를 증가시키고 가격은 상승한다. 결과적으로 높은 가격을 현재의 이익으로 나누면 높은 P/E 비율이 산출된다. 8.5%의 성장률이면 22.22의 P/E 비율인데 반해 5% 성장률이면 6.67의 P/E 비율이다. 그래프는 높은 기대 성장률이 높은 P/E를 가져온다는 것을 보여준다.

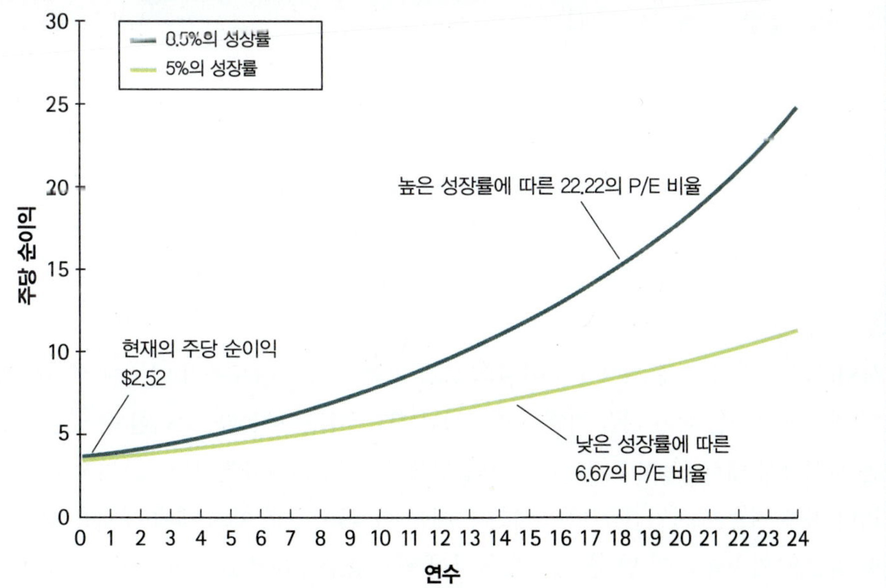

예제 10.4
성장률 전망과 주가수익비율

문제 *Problem*

아마존(Amazon.com)과 메이시(Macy's)는 소매상기업이다. 2016년에 아마존의 주가는 $717.93이고 선행 주당 순이익은 $9.78이었다. 메이시의 주가는 $31.21이고 선행 주당 순이익은 $3.77이었다. 선행 P/E 비율을 계산하고 차이를 설명하시오.

풀이 *Solution*

● **계획**

P/E비율을 각 기업의 주가를 선행 주당 순이익으로 나누어서 계산할 수 있다. 차이는 거의 기대 성장률의 차이 때문에 발생한다.

● **실행**

아마존의 선행 P/E = $717.93/$9.78 = 73.4. 메이시의 선행 P/E = $31.21/$3.77 = 8.28. 아마존의 P/E 비율이 메이시의 비율보다 높은 것은 투자자가 이익이 더 크게 성장할 것으로 기대하기 때문이다.

● **평가**

두 기업이 모두 소매상기업이라고 해도, P/E 비율에서 반영되었듯이 서로 다른 성장 전망을 가진다. 아마존의 투자자는 기대 성장에서 창출될 높은 미래 이익의 현재가치를 구매할 것이기 때문에 올해의 기대 이익에 대해 73.4배를 지불할 의사를 가지고 있다.

사업가치 배수 P/E 비율은 자기자본에 국한하고 채무의 영향을 무시하기 때문에 배당할인 모형과 동일한 한계점을 가진다. 따라서 기업의 사업가치를 바탕으로 하는 가치 배수를 사용하는 방법이 일반적으로 실무에서 활용되고 있다. 단지 자기자본의 가치가 아니라 기업이 실행하고 있고 사업의 총가치를 대표함으로써 사업가치를 이용하여 레버리지가 서로 다른 기업들을 비교할 수 있다.

사업가치는 기업이 채무를 갚기 이전의 전체 기업 가치를 대표하기 때문에 적절한 배수를 만들기 위해서 우리는 이자 지급 이전의 이익이나 현금흐름을 나눈다. 고려할 수 있는 일반적인 배수는 사업가치 대비 EBIT, EBITDA(이자법인세감가상각비차감전이익), 그리고 현금흐름이다. 그러나 자본 지출은 시기별로 매우 다르기 때문에(예를 들어, 어느 해에 새로운 설비나 빌딩을 위해 자금을 지출하고 몇 년 간은 추가 확장이 필요 없음), 대부분의 실무자는 사업가치 계산을 EBITDA (EV/EBITDA) 배수에 의존한다.

사업가치 배수는 전체 기업을 가치 평가하기 때문에 현금흐름 할인 모형과 밀접하다. 기대 가용현금흐름이 일정하면, 우리는 식 10.6을 이용해 사업가치 대비 EBITDA를 아래와 같이 표현할 수 있다.

$$\frac{V_0}{EBITDA_1} = \frac{\dfrac{FCF_1}{r_{wacc} - g_{FCF}}}{EBITDA_1} = \frac{FCF_1/EBITDA_1}{r_{wacc} - g_{FCF}} \tag{10.8}$$

P/E 배수처럼, 이 가치 배수는 높은 성장률을 가지고 낮은 자본 필요액을 가진 기업에서(그것은 EBITDA에 비해 가용현금흐름이 높다는 것을 의미한다) 높게 나타난다.

예제 10.5
사업가치 배수를 이용한 가치평가

문제 *Problem*

페어뷰(Fairview, Inc.)는 $50백만의 EBITDA, $20백만의 현금, $100백만의 채무, 그리고 10백만 주의 발행주식을 가진 해상운송 회사이다. 해상 운송산업은 전반적으로 평균 8.5의 EV/EBITDA를 가진다. 페어뷰의 사업가치(EV)의 추정치는 얼마인가? 이에 해당하는 주식가격 추정치는 얼마인가?

풀이 *Solution*

- **계획**

페어뷰의 사업가치를 추정하기 위해서, 우리는 EBITDA에 산업의 평균 EV/EBITDA를 곱한다. 그리고 페어뷰의 채무를 빼고 현금을 더하면 자기자본 가치를 얻을 수 있다. 마지막으로 이 금액을 발행주식수로 나누면 주식가격을 얻을 수 있다.

- **실행**

페어뷰의 사업가치 추정액은 $50백만 × 8.5 = $425백만이다.
다음으로 사업가치에서 채무를 빼고 현금을 더한나. $425백만 − $100백만 + $20백만= $345백만. 이것은 자기자본 가치의 추정액이다. 주식가격을 예측하기 위해서 자기자본 추정액을 발행주식수로 나눈다. $345백만 ÷ 10백만 = $34.50.

- **평가**

페어뷰가 산업 내 디른 기입과 유사하게 평가 받아야 한다고 가정하면 사업가치 $425백만과 주식가격 $34.50은 합리적인 추정치이다. 그러나 이것은 페어뷰의 기대 가용현금흐름이 산업 평균과 유사하다는 가정에 의존하고 있다. 만일 이 가정이 틀리다면 가치평가도 틀린 것이다.

기타 가치평가 배수 기타 여러 가지 가치평가 배수가 이용된다. 미래에도 유사한 이익률을 유지한다고 가정한다면 사업가치(EV)를 매출액에 대한 배수로 사용할 수 있다. 상당한 무형 자산을 가진 기업은 자기자본의 주가-장부가(price-book value of equity) 비율이 가치평가 배수로 활용될 수 있다. 어떤 배수는 특정 산업에 적합하다. 예를 들어, 케이블 TV산업을 평가할 때 분석가들은 가입자수당 사업가치를 사용하기도 한다.

가치평가 배수의 한계점 (Limitations of Multiples)

비교기업이 평가를 받는 기업과 동일하다면 기업의 배수는 완전히 일치할 것이다. 그러나 당연히 기업은 동일하지 않기 때문에, 가치평가 배수는 기업간 차이의 특성과 차이에 대한 배수의 민감도에 따라 달라질 수 밖에 없다.

표 10.1은 2013년 7월 기준으로 나이키와 신발 산업의 비교대상 기업의 몇 가지 가치평가 배

수를 보여준다. 표에는 각 배수의 평균값과 평균의 범위도 (비율로) 제시되었다. 맨 아랫줄은 신발 업계에서 모든 가치평가 배수가 상당히 넓은 범위로 퍼져 있다는 것을 명확하게 보여준다. (예를 들어, 울버린(Wolberine)의 주가-장부가(P/B)는 4.13인데 록키 브랜즈(Rocky Brands)는 0.89에 불과하다). 그나마 P/E 배수가 가장 작은 차이를 보여주는데, 그것으로도 기업의 가치를 정확하게 예측한다는 것을 기대하기는 어려울 것이다.

표 10.1
신발산업의 주식가격과 배수 (나이키 제외) 2013년 7월

회사명	시가총액 ($백만)	사업가치 ($백만)	P/E	주가/장부가	EV/매출액	EV/EBITDA
나이키	55,970	54,023	23.29	5.07	2.03	15.71
아디다스	23,105	23,317	32.33	3.06	1.20	11.88
푸마	4,330	4,085	70.56	1.96	0.96	9.34
울버린	2,910	3,981	37.6	4.13	1.22	9.28
스티브	2,320	2,140	18.4	3.68	1.74	10.70
데이커스	1,990	1,923	16.74	2.67	1.36	8.73
크로스	1,470	1,240	11.46	2.4	1.10	6.74
스케쳐스	1,340	1,213	67.41	1.54	0.78	18.16
웨이코	301	325	16.53	1.71	1.11	9.69
배리	197	174	14.92	2.31	1.19	6.44
록키	113	132	12.46	0.89	0.58	6.61
		평균	**29.84**	**2.44**	**1.12**	**9.76**
		최고값	+136	+70%	+55%	+86%
		최저값	−62%	−63%	−48%	−34%

이러한 배수의 차이는 대부분 미래 기대 성장률, 위험(따라서 자본비용)의 차이를 그리고 퓨마(Puma)와 아디다스(Adidas)의 경우에는 미국과 독일의 회계 기준의 차이를 반영하다. 시장의 투자자는 이러한 차이가 존재한다는 것을 이해하고 주식을 차이에 맞춰 평가한다. 배수를 사용하여 기업을 평가할 때 비교기업의 집합을 좁히는 방법 말고는 이러한 차이를 어떻게 조정해야 하는지에 대한 명확한 지침은 없다.

비교기업의 또 다른 문제점은 비교집단에 있는 다른 기업에 대한 상대적인 기업의 가치에 대한 정보를 제공할 뿐이라는 것이다. 배수를 이용하는 것은 예를 들어 전체 산업이 고평가되었는지 여부를 결정하는데 도움이 안 된다. 이러한 예는 1990년말의 인터넷 붐 시절에 중요한 이슈가 되었다. 많은 수의 기업이 양의 현금흐름이나 이익을 보여주지 않았기 때문에 가치평가를 위해서 새로운 배수를 만들어 사용하였다(예를 들어, "페이지 뷰"당 주가). 그러나 이러한 배수는 다른 기업에 대한 어느 평가 기업의 가치를 정당화하는데 사용될 수는 있지만 대부분 실

무적으로 현금흐름의 예측이나 가용현금흐름의 할인을 이용하여 주식가격을 정당화하기는 매우 어려웠다.

현금흐름 할인 방법과의 비교

비교기업을 기초로 가치평가 배수를 사용하는 것은 가장 쉬운 방법으로 보인다. 기업의 자본비용과 미래 이익이나 가용현금흐름을 각각 예측하는 것이 아니라 유사한 미래 전망을 가진 다른 기업에 대한 시장의 평가에 의존한다. 단순하다는 장점 외에도 배수 접근법은 현실성이 떨어지는 미래 현금흐름의 예측에 바탕을 두기 보다는 실존하는 기업의 실제 주식가격에 기반을 둔다는 장점이 있다.

비교기업 접근법의 가장 중요한 단점은 기업간의 아주 중대한 차이를 고려하지 않는다는 것이다. 예를 들어, 이 방법은 어느 기업이 아주 유능한 경영자를 보유하고 있다거나 좀더 효율적인 생산과정을 개발하거나 혹은 새로운 기술에 대한 특허를 여전히 보유하고 있다는 사실을 무시한다. 현금흐름 할인 방법은 기업의 자본비용이나 미래 성장에 대한 특별한 정보를 고려하여 반영하는 장점을 가지고 있다. 따라서 어떤 기업의 가치를 만들어내는 진정한 요인이란 기업이 투자자에게 현금흐름을 창출하는 능력이기 때문에 현금흐름 할인 방법은 가치평가 배수를 사용하는 것에 비해 좀 더 정확할 수 있다는 잠재력을 지니고 있다.

개념확인

3. 일반적인 가치평가 주가 배수는 무엇인가?
4. 다른 비교기업의 주가 배수를 이용하여 기업의 가치를 평가하는 것에는 암묵적으로 어떤 가정이 있는 것인가?

10.3 주식 가치평가 방법: 결론

결론적으로 어떠한 방법도 주식의 진정한 가치를 평가하는 최종적인 답을 제공하지 못한다. 사실 모든 평가방법은 가정을 필요로 하고 있으며 기업가치의 확정적인 평가를 예측하기에는 불확실성을 피할 수 없다. 대부분의 실무 전문가들은 이러한 방법을 조합하여 사용하고 다양한 방법을 통한 결론이 일치하게 되면 평가에 대하여 확신을 가지게 된다.

그림 10.4는 이번 장과 제7장에서 논의한 다양한 가치평가 방법을 이용한 나이키 가치평가의 범위를 비교하고 있다. 회사의 주식가격은 2013년 6월 25일에 $60.39였는데 이것은 몇 가지 방법이 제시한 가격 범위 내에 들어있다. 그러나 어떤 배수의 경우에는 제시된 범위를 초과하였다. 따라서 이러한 증거에 기초하여 우리는 주식이 명백하게 저평가 혹은 고평가되었다고 말할 수는 없다. 그러나 그렇지 않다면, 즉 이러한 가치평가 방법이 시장에서 거래되는 주식가격과 다르게 가치를 평가한다면 시장에서의 가격은 무엇인가? 다음 절에서 이러한 질문에 대해 다룬다.

그림 10.4
다양한 가치평가 방법을 이용한 나이키 주식의 가치평가 범위

가치 배수를 이용한 가치평가는 표 10.1의 비교대상 기업의 저가, 고가, 평균 가치를 근거로 하였다(이번 장 끝에 있는 문제 17과 18을 보시오). 일정배당성장 모형은, 7.5절의 시작 부분에서 논의한 바와 같이, 10%의 자기자본비용과 배당 성장률 6%와 9%를 근거했다. 할인 가용현금흐름 모형은 예제 10.1을 근거로 했다(이번 장 끝에 있는 문제 9에서 변수의 범위를 다룬다). 중앙점은 평균 가치 배수나 기본 가정을 바탕으로 한다. 빨간색과 파란색 영역은 최저 배수/최악의 경우 시나리오와 최고 배수/최상의 경우 시나리오 사이의 변화를 보여준다. 나이키의 실제 주가인 $60.39는 회색 줄로 표현했다.

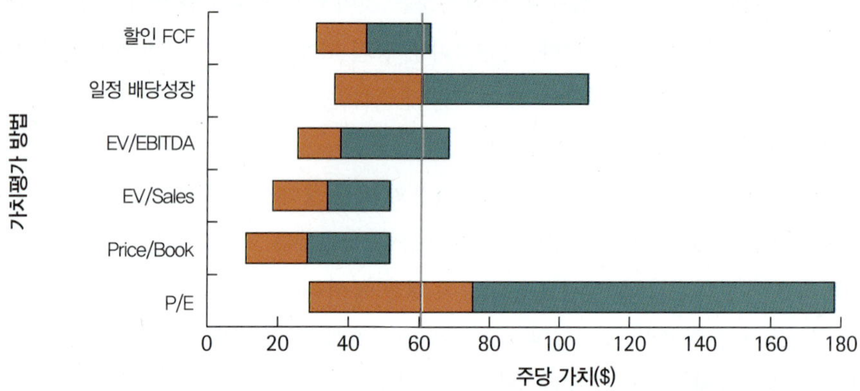

인터뷰 DOUGLAS KEHRING

2005년부터 더글라스 케링(Douglas Kehring)은 오라클(Oracle Corporation)의 기업 개발 및 전략 계획부의 선임 부회장으로 오라클의 인수합병 관련 업무에서 계획, 자문, 실행, 통합 관리를 하고 있다.

질문: 오라클은 어떻게 표적기업을 인수합니까?

답변: 오라클은 잠재적인 인수 표적을 찾기 위하여 지속적인 전략 계획 과정을 실행합니다. 기업 개발부는 CEO의 사무실과 하향식으로 대규모로 판도를 바꾸는 인수를 위해 함께 일합니다. 또한 고객의 니즈와 제품 사이의 격차를 메꾸기 위해서 잠재적인 인수의 필요성을 제기하는 스폰서 엔지니어링 임원들과 함께 상향식으로 일을 합니다. 함께 계획을 검토하고, 표적 기업에 접촉하고, 실사를 수행하고 사업계획을 개발하고 실행 가능한 거래를 진행합니다. 우리는 또한 오라클의 전반적인 니즈와 우선 순위에 근거하여 CEO의 사무실에 인수 스폰서의 제안에 대하여 객관적인 의견을 제공합니다. CEO의 사무실에서 모든 거래를 승인합니다.

우리는 1년에 약 300–400개의 기회를 보고 벤처 캐피탈 및 투자은행 출신을 포함하여 적절한 제품 그룹 임원들에게 모든 것을 보여줍니다. 일반적으로 20~40건 정도가 관심을 얻게 되고 철저한 분석을 진행하기 위해 우리는 기밀유지 계약서에 서명합니다. 그 중 약 12건이 의향서의 단계에 도달하고, 여기에서 우리는 조건 계약을 작성하고 거래를 완료하기 위해 독점 기간을 설정하게 됩니다.

질문: 기업을 인수하기로 결정하면 얼마를 지불할 것인지 어떻게 결정합니까?

답변: 가격결정은 실사 후에 이루어지지만 의향서 발송전에 발생합니다. 실용적인 관점에서 볼 때, 우리는 피인수회사와 인수가격을 협상합니다. 바로 예술이 나오는 곳입니다. DCF 분석은 가치를 정당화하는 데 있어서 가장 중요한 부분입니다. 우리가 선택한 기준 수익률(hurdle rate)에서의 손익분기점의 가치를 결정하기 위해서 손

익계산서 관점에서 사업과 관련하여 우리가 무엇을 할 수 있을지 고려합니다. 우리가 적은 돈을 내면 더 높은 수익률을 올리는 것이 됩니다. 물론 반대의 경우도 성립합니다.

질문: 인수가격을 결정하는 데 있어서 현금흐름 할인 분석과 비교기업 분석의 역할에 대해 알려주십시오.

답변: 우리는 5년 DCF를 사용합니다. 안정적인 상태에 도달하기에는 오랜 시간이 걸리고 그 이상을 예측하는 것은 어렵기 때문입니다. 가장 어려운 부분은 손익계산서에 들어가는 자료를 정하는 것입니다. 5년째 숫자가 가치를 결정합니다. 그 시점에 얼마나 빨리 성장하고 얼마나 많은 수익을 내느냐에 달려있습니다. 가정이 핵심이 됩니다. 우리는 이용 가능한 정보를 활용하는 보수적인 접근을 취합니다. 지나치게 공격적인 스폰서의 가정은 극단적인 평가를 만들고 인수 기업에게는 가장 큰 문제를 야기합니다.

프로젝트의 기준 수익률은 다양합니다. 우리는 자기자본비용이나 WACC를 사용합니다. 그리고 "어떤 것이 이번 거래에 적합한 옳은 위험/수익률 프로파일이지?"라고 자문하고 그에 따라 수익률을 조정합니다. 예를 들어, 소규모의 변동성이 높은 기업에는 더 높은 수익률을 요구합니다.

오라클의 80건에 이르는 성공적인 거래는 현실적인 가정에 근거한 실제 경험을 줍니다. 우리는 거래가 제품 라인의 인수인지, 특수한 특성을 가졌는지, 혹은 독립적 인수인지 변수와 속성을 살펴보고 우리가 모형에 기반하여 잘 평가하였는지 미래 인수를 위해서 우리의 현금흐름 분석을 개선해야 하는지 검토합니다. 그리고 우리는 공개되어 거래되는 비교 기업과 유사한 M&A 거래를 근거로 일반적인 가치평가 배수를 이용하여 벤치마크를 만듭니다.

질문: 당신의 분석이 비상장 기업인 경우 상장기업과 어떻게 다르게 적용됩니까?

답변: 기본적인 DCF 분석에는 차이가 없습니다. 우리는 비상장과 상장 기업에 대해 동일한 실사를 수행하고 동일한 유형의 정보를 받습니다. 일반적으로 상장회사의 경우에 수익이 많고 안정되고 전문성이 강합니다. 우리는 위험 요소와 우리가 받는 정보에 대해 보다 자신감을 느낍니다. 상장회사를 인수할 때, 우리는 통합된 기업의 주당순이익이 증가할 것인지 감소할 것인지 여부를 결정하기 위해 추정 재무제표를 준비합니다.

우리에게 더 큰 관심사는 표적기업의 규모입니다. $2십억 규모의 회사는 상장기업이든 비상장 기업이든 간에 여러 제품 라인과 대규모 시설 기반을 갖추고 있어 위험 프로파일을 줄입니다. $100백만 규모의 회사는 하나의 제품 라인을 보유할 수 있으므로 위험과 변동성이 높습니다. 반면에 작은 회사는 큰 회사보다 빠르게 성장할 수 있습니다.

10.4 정보, 경쟁, 그리고 주식가격

그림 10.5에서 보듯이 이번 장과 제7장에서 설명한 모형은 기업의 미래 기대 현금흐름, 자본비용(위험에 의해 결정됨), 그리고 주식의 가치와 연관되어 있다. 그러나 실제 주식의 시장가격이 예측된 가치와 일치하지 않는 것 같다면 우리는 어떤 결론을 내려야 하는가? 주식이 가격오류를 가지는 것인가 혹은 위험과 미래 현금흐름에 대한 우리의 추정이 틀린 것인가?

주식 가격의 정보

당신을 나이키 주식의 가치를 평가하는 업무를 맡은 분석가라고 가정하자. 당신은 회사의 최근 재무제표를 세밀히 살피고 산업의 경향을 분석하고 회사의 미래 이익, 배당금, 가용 현금흐름을 추정하였다. 이러한 수치를 계산한 후에 당신은 주식의 가치를 주당 $85로 예측하였다. 상사에게 당신의 분석을 설명하러 가는 길에 좀 더 경험이 풍부한 동료를 엘리베이터에서 만났다. 당신의 동료는 같은 나이키 주식을 단지 주당 $65로 분석하였다. 당신은 어떻게 할 것인가?

쉽게 당신 동료가 틀렸다고 가정할 수도 있지만 대부분의 우리는 자신의 분석을 다시 살펴볼

그림 10.5
가치평가의 3요인

가치평가 모형은 기업의 미래 현금흐름, 자본비용, 그리고 주식의 가치 사이의 관계를 결정한다. 우리는 주식의 기대 현금흐름과 자본비용을 이용하여 시장가격(주식 가치)을 평가할 수 있다. 반대로 우리는 시장가격을 이용하여 기업의 미래 현금흐름이나 자본비용을 평가할 수 있다.

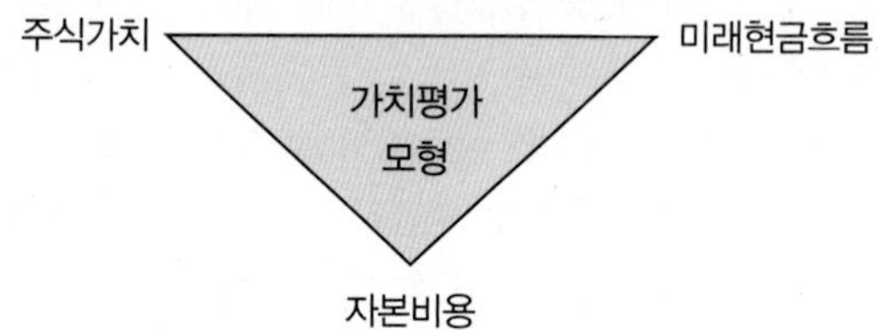

것이다. 세밀하게 같은 주식을 연구한 다른 사람이 매우 다른 결론에 도달했다는 사실은 우리가 잘못했을 수도 있다는 강한 증거가 된다. 동료로부터 얻은 정보에 직면하여 당신은 아마도 당신의 주식 가치의 평가를 낮추는 조정을 할 수도 있다. 물론 당신의 동료는 당신의 평가로 인해 자신의 견해를 상향 조정할 수도 있다. 서로의 분석을 공유한 후에 주당 $65에서 $85 사이의 어느 지점에서 일치되는 예측에 도달할 수도 있다.

이런 형태의 우연한 만남이 주식시장에서 매일 수백만 번 일어난다. 매입자가 주식을 매입하려고 할 때 같은 주식을 팔려고 하는 상대방의 의도는 주식을 다르게 평가한다는 것을 알려준다. 이러한 정보는 양쪽 매입자와 매도자로 하여금 그들의 가치평가를 조정하도록 만든다. 결국, 투자자는 주식 가치(시장가격)에 관한 일치된 견해에 도달할 때 거래를 하게 된다. 이런 방식으로 주식시장은 정보를 통합하고 여러 다양한 투자자의 견해를 모은다.

따라서 만일 시장에서의 주식 가치는 $20인데 당신의 가치평가 모형이 주식의 가치를 주당 $30라고 평가한다면, 이러한 격차를 통해서 당신은 주식에 대하여 얻을 수 있는 최상의 정보에 접근할 수 있는 많은 전문가를 포함하여 수많은 투자자가 당신의 평가에 동의하지 않는다는 것을 알게 되는 것이다. 당신은 이런 반대 견해에 대면하면서도 스스로의 예측을 믿으려면 매우 확고한 이유를 가지고 있어야 할 것이다.

이러한 논의에서 우리는 어떤 결론을 얻을 수 있는가? 그림 10.5를 살펴보면 가치평가 모형은 기업의 미래 현금흐름, 자본비용, 그리고 주식가격을 연결한다. 달리 표현하면 두 개의 변수에 대하여 주어진 정보가 정확하다면 가치평가 모형은 3번째 변수에 대한 추론을 가능하게 만든다. 따라서 가치평가 모형의 사용여부는 우리가 보유한 정보의 질(quality)에 의해 좌우된다. 우리가 가진 사전의 정보 부족으로 인해 가장 얻을 수 없는 그 변수 값에 대하여 모형은 가장 많이 알려줄 것이다.

공개된 상장 기업의 시장가격은 진정한 주식 가치라는 측면에서 다수의 투자자로부터 모인 매우 정확한 정보를 제공한다. 이러한 상황에서 가치평가 모형이 가진 최고의 유용성은 우리가 직

예제 10.6
시장가격에서 정보를 활용하기

문제 *Problem*

텍너(Tecnor Industries)는 내년에 $40백만의 가용현금흐름(FCF)을 가질 것으로 예상된다. 가중평균 자본비용은 11%이고 가용현금흐름은 비록 정확한 것은 아니지만 연간 약 4%의 성장률을 보일 것으로 기대된다. 텍너는 10백만 주의 발행주식을 가지고 있고 채무는 없으며 $20백만의 현금을 보유하고 있다. 만일 텍너의 주식이 현재 주당 $55.33에 거래되고 있다면, 당신은 배당성장률에 대한 추정을 어떻게 조정하겠는가?

풀이 *Solution*

● **계획**

성장영구연금의 공식으로 매년 4%씩 성장하는 FCF를 계산한다면, 우리는 주식가격을 식 10.3과 식 10.4로 추정할 수 있다. 시장가격이 우리 예상보다 높다면 그것은 시장이 4%보다 높은 성장률을 예측하고 있다는 것을 의미한다. 반대로, 시장가격이 우리 예측보다 낮다면 시장은 FCF가 4%보다 낮은 비율로 성장한다고 기대하는 것이다.

● **실행**

성장영구연금 공식을 적용하면, PV(FCF) = 40 ÷ (0.11 − 0.04) = $571.43백만. 식 10.4을 적용하면, 주식가격은 ($571.43백만 − 0 + $20백만) ÷ 10백만 주 = $59.14. 시장가격은 $55.33이기 때문에 대부분의 투자자는 약간 낮은 FCF 성장률을 기대하고 있다.

● **평가**

$55.33의 시장가격에 따라, 우리 예측을 믿을만한 아주 강한 이유가 없다면 FCF의 성장률을 4%에서 낮추어야 한다.

접 관찰할 수 없는 기업의 미래 현금흐름이나 자본비용의 정보를 제공하는 것이다. 상대적으로 매우 드물지만 이 경우에 우리는, 주가에 대한 다음 번 추측에 도움을 줄 수 있는 기업의 현금흐름과 자본비용에 관하여, 다른 투자자에 비해서 우월한 정보를 가진다.

경쟁과 효율적 시장

시장가격이 많은 투자자의 정보를 반영한다는 것은 투자자 경쟁의 자연스런 결과이다. 만일 주식을 매입하는 것이 양의 NPV라는 정보가 가능하다면, 그 정보를 가진 투자자는 주식을 매입하는 선택을 할 것이다. 또한 이러한 매입 시도로 인해 주식가격은 상승할 것이다. 같은 논리로 주식을 매도하는 것이 양의 NPV라는 정보를 가진 투자자는 매도할 것이고 주가는 하락할 것이다.

투자자 사이의 경쟁이 모든 양(+)의 NPV 거래 기회를 소멸시키는 기능을 한다는 생각이 **효율적 시장 가설(efficient markets hypothesis)**이다. 그것은 모든 정보가 투자자에게 주어진다는 가정에서 증권이 미래 현금흐름을 바탕으로 정당하게 가격 책정될 것이라는 것을 의미한다. 주식에 대한 새로운 정보가 도달하면 무슨 일이 벌어지나? 해답은 경쟁의 정도에 달려있다. 즉 이 새로운 정보에 대해 평가하는 투자자의 숫자에 달려있다. 두 가지 중요한 예를 고려해 보자.

효율적 시장 가설: 투자자 사이의 경쟁이 모든 양(+)의 NPV 거래 기회를 소멸시키는 기능을 한다는 생각. 그것은 모든 정보가 투자자에게 주어진다는 가정에서 증권은 미래 현금흐름을 바탕으로 정당하게 가격이 책정될 것임을 의미한다.

시장 효율성의 형태

모든 공개적으로 입수 가능한 정보가 매우 빠르게 주식가격에 반영되는 우리가 여기에서 설명하려는 시장 효율성의 유형은 준강형 시장 효율성(semistrong form market efficiency)이다. "준강형"이라는 용어가 말하는 것은 가격이 모든 정보를 즉각 반영하는 강형 시장 효율성(strong form market efficiency) 만큼은 완벽하지 않음을 지적한다. 모든 정보는 예를 들어 경영자에게만 알려진 사적인 정보를 포함한다. 마지막으로 약형 시장 효율성(weak form market efficiency)의 용어는 과거 가격의 기록만이 주식 가격에 이미 반영되어 있음을 의미한다. 시장 효율성의 여러 형태는 정보의 집합이 커지면서 낮은 형태의 모든 정보를 포함한 정보를 가격에 반영되는 것을 의미한다고 생각하면 된다. 예를 들어, 과거 가격의 기록은 공개된 정보이기 때문에 준강형 효율성은 약형을 포함한다. 그림은 이러한 생각을 보여준다. 약형, 준강형, 강형 효율성의 정보 집합은 파란색, 녹색, 노란색의 원으로 각각 표현되었다.

시장 참가자 모두가 주식 시장이 준강형 효율적이라고 믿는 것은 아니다. 주식 가격의 패턴을 살펴보는 기술적 분석가들은 시장이 심지어 약형 효율적도 아니라고 믿는다. 증권회사에서 일하거나 증권을 추천하는 뮤추얼 펀드 매니저나 기본적 분석가들은 기업의 기본자료(fundamentals)에 대한 세심한 분석에 의해 주가의 오류(mispricing)를 발견할 수 있다고 믿는다. 기업 공시 이전에 내부 정보를 활용한 거래를 하면(그러한 거래는 불법이지만) 비정상 초과 수익률을 얻을 수 있다는 증거가 있으며, 따라서 시장은 명백하게 강형 효율적이 아니다.

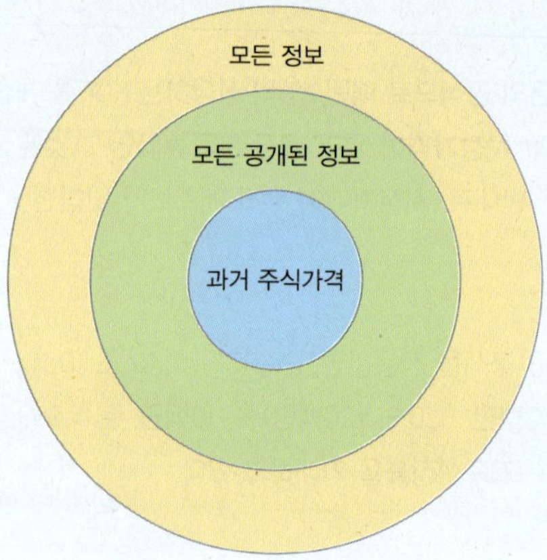

공개된, 쉽게 해석가능한 정보 모든 투자자가 얻을 수 있는 정보는 뉴스 보도, 재무제표, 기업의 언론 발표, 기타 공적 자료의 원천을 포함한다. 만일 투자자가 기업의 미래 현금흐름에 대한 이런 정보의 영향을 쉽게 확인할 수 있다면, 모든 투자자는 이 정보가 기업의 가치를 어떻게 변화시킬 것인지 결정할 수 있을 것이다.

이런 상황에서는, 우리는 투자자 사이에 경쟁이 치열해질 것이며 주식 가격은 그런 뉴스에 거의 즉각적으로 반응할 것을 예상한다. 아주 적은 수의 투자자만이 가격이 완전한 조정을 이루기 전에 약간의 주식을 거래할 수 있을 것이다. 다시 말해서, 효율적 시장 가설은 이런 유형의 정보에 대해서는 매우 잘 작동한다.

예제 10.7
공개 정보에 대한 주식 가격의 반응

문제 *Problem*

마이옥스(Myox Labs)는 시장에서 자사의 선도적인 약품 중 하나를 잠재적인 부작용 때문에 철회할 것이라고 공시하였다. 그 결과, 회사의 기대 가용현금흐름은 내년부터 향후 10년간 매년 \$85백만 하락할 것으로 예상된다. 마이옥스는 50백만 주의 발행주식을 가지고 있으며, 채무는 없고 자기자본비용은 8%이다. 이 뉴스가 완전히 새로운 소식으로 투자자에게 알려진 것이라면, 마이옥스 주식의 가격은 이 공시에 대해 어떻게 반응할까?

풀이 *Solution*

● **계획**

이 경우에 우리는 가용현금흐름 할인 모형을 사용할 수 있다. 채무가 없기 때문에 $r_{wacc} = r_E = 8\%$이다. 마이옥스의 사업가치에 대한 영향은 $85백만의 10년 연금의 손실이 될 것이다. 우리는 이 연금의 현재가치를 계산할 수 있다.

● **실행**

연금의 공식을 이용하여, 기대 가용현금흐름의 하락이 마이옥스의 사업가치를 낮추는 것을 계산할 수 있다.

$$\$85\text{백만} \times \frac{1}{0.08}\left(1-\frac{1}{1.08^{10}}\right) = \$570.36\text{백만}$$

따라서, 주식가격은 $570.36백만 주당 $11.41(= 570.36/50)이 하락해야 한다.

● **평가**

이 뉴스는 공개적인 것이고 기업의 기대 현금흐름에 대한 영향이 명확하기 때문에, 우리는 주가가 거의 순간적으로 주당 $11.41 하락할 것이라고 예측한다.

사적인 혹은 해석이 어려운 정보 물론 어떤 정보는 공개적으로 얻을 수 없다. 예를 들어, 증권 분석가는 기업의 미래 현금흐름에 관련된 정보를 회사의 종업원, 경쟁자, 관계회사, 혹은 고객으로부터 얻기 위해 노력하고 상당한 시간을 소비한다. 이런 정보를 얻기 위해 유사한 노력을 기울이지 못하는 다른 투자자는 얻을 수 없는 정보이다.

심지어 정보가 공개되더라도 해석이 어려울 수 있다. 예를 들어, 어느 분야에 대한 비전문가가 신기술에 대한 연구 보고서를 평가하는 것은 어려운 일이다. 매우 복잡한 사업 거래의 결과에 대한 완전한 이해를 위해서는 수많은 법률 전문가 혹은 회계 전문가를 필요로 한다. 경우에 따라 컨설팅 전문가는 고객의 취향과 상품의 성공 가능성에 대한 직관을 가지고 있을 수 있다. 이러한 경우에 기본적 정보는 공개된 것이라도 이 정보가 기업의 미래 현금흐름에 어떻게 영향을 미칠 것인지에 대한 해석(interpretation)은 사적인 정보이다.

하나의 사례로, 피닉스 제약(Phenyx Pharmaceuticals)이 신약을 개발했고 미국 식품의약품안전청(FDA)에 승인을 요청했다고 방금 공시했다고 하자. 약품이 승인되면 이어서 미국 시장에 출시되고 신약으로부터 발생하는 미래의 이익은 피닉스의 시장가치를 $750백만 혹은 50백만 주의 발행주식수에 따라 주당 $15만큼 증가시킬 것이다. 신약의 개발은 투자자에게 놀라움이 되고 FDA의 승인가능성이 10%라고 가정하자. 이 경우 많은 투자자가 FDA의 승인 가능성이 10%라는 것을 알기 때문에 경쟁은 피닉스 주가를 10% × $15 = $1.50(주당)만큼 즉각 상승시킬 것이다. 그러나 시간이 지나면 증권 분석가와 이 분야 전문가가 신약의 효능에 대하여 자체적인 평가를 하게 될 것이다. 만일 신약이 평균보다 좀 더 긍정적이라고 결론을 내리면, 이런 사적인 정보를 근거로 주식을 매입하고 회사 주가는 시간이 지나면서 상승하는 흐름을 보일 것이다. 그

그림 10.6
피닉스 (Phenyx Pharmaceuticals)
의 가능한 주식가격의 궤적

피닉스의 주식가격은 FDA의 승인 가능성의 평균값을 근거로 공시일에 상승한다. 주식 가격은 정보 투자자(informed investors)가 약품의 승인 가능성과 미국 시장 출시에 대한 보다 정확한 평가에 따라 거래함으로써 상승(초록색 궤적)하거나 하락(오랜지색 궤적)하는 흐름을 보인다. 공시시점에 정보부재 투자자(uninformed investors)는 주식이 어느 방향으로 갈 것인지 알 수 없다.

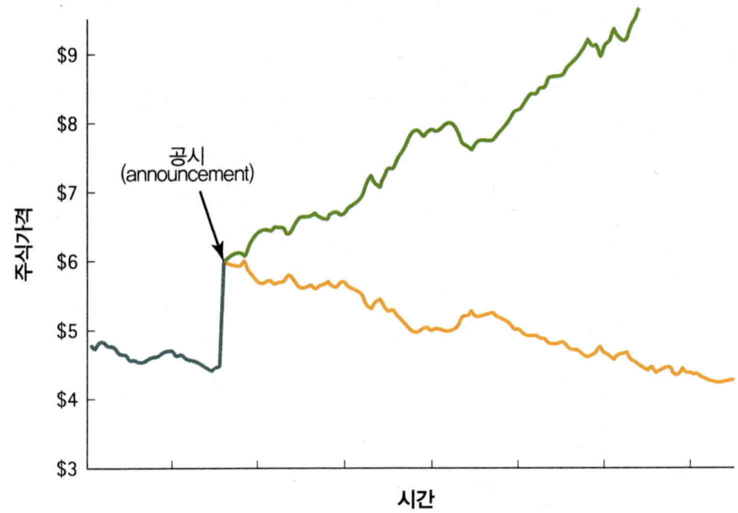

러나 만일 전문가들이 새로운 약품이 평균보다 부정적이라고 결론을 내리게 되면, 주식을 매도하는 경향이 나타날 것이고 회사의 주가는 시간이 지나면서 하락하는 흐름을 보일 것이다. 물론 공시 시점에는 정보부재(uninformed) 투자자는 어느 방향으로 갈 것인지 알지 못한다. 가능한 주식가격의 궤적은 그림 10.6에서 보여준다.

사적인 정보가 단지 상대적으로 적은 수의 투자자의 손에만 있다면 이러한 투자자는 그들의 정보를 활용한 거래를 통해 이익을 얻을 수 있을 것이다.[3] 이 경우 효율적 시장 가설은 엄밀한 의미에서 성립되지 못할 것이다. 그러나 이러한 정보(informed) 투자자가 거래를 시작함으로써 그들의 거래 행동이 가격을 변동시킬 것이고 시간이 지나면서 그들의 정보가 또한 가격에 반영될 것이다.

만일 이런 유형의 정보를 가짐으로써 이익을 취할 기회가 크다면, 다른 개인들도 전문성을 얻거나 그것을 얻기 위해 필요한 자원을 투입하려고 할 것이다. 점점 더 많은 개인들이 우수한 정보 보유자가 되면, 이 정보를 얻으려는 경쟁은 더욱 증가할 것이다. 따라서 장기적으로 우리는 시장의 "비효율성(inefficiency)"의 정도는 필요한 정보를 얻는 비용에 의해서 제한될 것이라고

3) 사적인 정보라고 하더라도, 정보 투자자가 정보를 통해 이익을 얻는 것은 어려울 수 있다. 왜냐하면 그들은 거래의 상대방을 찾아야만 하기 때문이다. 그것은 주식 시장이 충분한 유동성 (liquidity)를 가지고 있어야만 한다는 것이다. 유동적인 시장은 다른 거래 동기 (예를 들어, 주택 구입을 위해 주식을 매도)를 가지고 있으며 더 우수한 정보를 보유한 투자자와 거래하는 위험에 직면해서도 거래를 할 의향을 가지고 있는 시장의 다른 투자자의 존재를 필요조건으로 한다.

예상할 수 있다.

투자자와 기업 경영자에게 주는 교훈

주식가격에 대한 정보에 근거한 경쟁 효과는 투자자와 기업 경영자 모두에게 중요한 결론을 알려준다.

투자자를 위한 결론 다른 시장에서처럼 투자자는 자유 경쟁에 대한 장벽이나 제한이 있는 경우에만 증권시장에서 양의 NPV 거래 기회를 찾아야만 한다. 투자자의 경쟁적 우위는 여러 형태를 가진다. 예를 들어, 투자자는 전문지식을 가지거나 일부에게만 알려진 정보에 접근할 수 있을 수 있다. 혹은 투자자는 다른 시장 참가자보다 거래비용이 낮아서 다른 사람에게는 이익이 나지 않는 기회를 활용할 수도 있다. 모든 경우에서 양의 NPV 거래 기회의 원천은 모방하기 어려운 어떤 것이어야 한다. 그렇지 않다면 어떠한 이득도 단기간에 경쟁으로 사라지게 될 것이다. 양의 NPV 거래 기회를 얻기 어렵다는 사실이 실망스럽긴 하지만 그래도 기쁜 소식은 있다. 우리가 아는 가치평가 모형에 따라 주식이 공정하게 평가를 받는다면, 주식을 매입한 투자자는 투자 위험을 정당하게 보상하는 미래 현금흐름을 받는 것을 기대할 수 있다는 것이다. 이 경우라면, 비록 완벽하게 정보를 가지지 못하는 평균 투자자라도 확신을 가지고 투자할 수 있을 것이다.

기업 경영자를 위한 조언 주식이 이번 장과 제7장에서 논의한 모형에 따라서 공정하게 평가를 받는다면 기업의 가치는 투자자에게 지불할 수 있는 현금흐름에 의해 결정된다. 이 결과는 기업 경영자에게 몇 가지 중요한 의미를 준다.

- NPV와 가용현금흐름에 집중하라: 기업의 주식가격을 올리는 방안을 찾고 있는 경영자는 기업의 가용현금흐름의 현재가치를 증가시키는 투자를 해야만 한다. 따라서 제9장에서 배운 자본예산 수립 방법은 회사의 주식가격을 극대화하는 목적과 완전히 일치된다.
- 회계의 환상을 회피하라: 많은 경영자가 가용현금흐름이 아니라 회계이익에 집중하는 실수를 저지른다. 효율적 시장 가설에 따르면, 회계적 결정의 결과는 기업의 가치에 직접적인 영향을 주지 않으며 그것이 의사결정에 영향을 주어서도 안 된다.
- 투자를 지원하기 위해서 재무 거래를 이용하라: 효율적 시장에서 기업은 새로운 투자자에게 주식을 공정한 가격에 팔 수 있다. 따라서 결과적으로 기업은 양의 NPV 투자 기회에 대한 자금을 제공하기 위한 자금조달에 제약을 가져서는 안 된다.

효율적 시장 가설과 무차익 기회

효율적 시장 가설과 제3장에서 소개한 무차익의 개념 사이에는 중요한 차이점이 있다. 차익거래 기회라는 것은 동일한(identical) 현금흐름을 가지는 두 개의 증권(혹은 포트폴리오)이 다른

노벨상: 2013년의 노벨상: 수수께끼인가?

2013년 노벨 경제학상이 3명의 금융 경제학자에게 주어졌을 때 대부분의 사람들은 깜짝 놀랐다. 유진 파마(Eugene Fama), 로버트 실러(Robert Shiller), 라스 피터 한센(Lars Peter Hansen)이 수상자라서가 아니라(이들의 공헌으로 보아 노벨상을 받을만하다고 대부분의 경제학자들은 동의한다), 그들이 공동 수상을 했다는 것에 놀란 것이다. 무엇보다 파마는 시장이 매우 경쟁적이어서 주가의 움직임을 예측하려는 시도를 통해서 돈을 버는 것이 불가능하다고 주장하는 효율적 시장 가설(efficient market hypothesis)을 만들었다는 것으로 가장 잘 알려져 있다. 반면에 실러는 시장의 과도한 변동성은 비이성적 행동의 결과이며 이득을 취할 수 있다는 정반대의 주장을 하였다. 한센은 이러한 상반된 견해를 구분하는데 도움이 될 수 있는 통계학적 도구를 개발한 업적을 인정받는다. 노벨위원회는 다음과 같이 이번 결정을 정당화하고 있다.

"1960년대부터 시작해서 파마는 공동연구자들과 함께 주가가 단기에 예측하기 매우 어렵고 새로운 정보는 가격에 매우 빠르게 반영된다는 것을 보여주었다. 만일 가격이 며칠 혹은 몇 주에 걸쳐 예측하는 것이 거의 불가능하다면 몇 년에 걸쳐 예측하는 것은 더욱 어려워야 하지 않을까? 이 질문에 대한 해답은 실러가 1980년대 초반에 발견을 하였듯이 어렵지 않다는 것이다. 그는 주가가 기업의 배당금보다 더 많이 변동하는 것과 배당금에 대한 가격의 비율이 높을 때 가격이 하락하는 경향이 있고 이 비율이 낮을 때 상승하는 경향이 있다는 것을 발견했다. 이런 패턴은 주식뿐만 아니라 채권이나 다른 자산에서도 발견된다. 한센은 자산가격평가의 합리적 이론을 검증하는데 매우 적합한 통계적 방법을 개발하였다. 이 방법을 이용하여 한센과 연구자들은 자산가격을 설명하기 위해 먼 길을 가는 이러한 이론들을 수정하여 개선해 왔다."

출처: "The Prize in Economic Science 2013 – Press Release." Nobelprize.org

가격을 가지는 상황이다. 이런 상황에서 누구라도 낮은 가격의 증권을 사고 높은 가격의 증권을 팔아서 확실한 이익을 얻을 수 있기 때문에, 우리는 투자자가 즉각적으로 이 기회를 활용하고 기회는 사라질 것을 예상한다. 따라서 차익거래 기회는 발견할 수 없을 것이다.

효율적 시장 가설은 주식의 가치에 대한 최상의 예측이 시장가격이라는 것을 말한다. 그것은 투자자 자신의 가치에 대한 예측이 시장가격만큼 정확하지 않다는 것이다. 그러나 시장가격이 항상 주식의 가치를 정확하게 예측한다는 것을 의미하지는 않는다. 최상의 예측과 정확하다는 것은 차이가 있다. 따라서 시장가격이 가치를 항상 정확하게 평가하고 있다고 기대할 이유는 없다. 대신에 가격이 근사값으로는 최상의 것으로 보아야 한다. 그러나 가격은 최상의 예측이기 때문에, 효율적 시장 가설은 어떤 가격이 주식의 진정한 가치를 고평가하는지 저평가하는지를 구분할 수 없다는 것을 의미한다.

개념확인

5. 효율적 시장 가설을 설명하시오.
6. 효율적 시장 가설이 기업 경영자에게 주는 조언은 무엇인가?

10.5 개인적인 오류와 거래

주식가격에 대한 예측을 위해서는 특별한 지식이나 특별한 기술이 필요하다는 생각에 모든 투자자들이 동의하지는 않는다. 그 대신 투자자들은 거래에서 돈을 벌려고 노력하고 대부분은 돈을 잃고 만다. 이번 절에서 우리는 대표적인 심리적 오류와 그것이 개인의 거래 행위에 어떻게 영향을 주는지를 간략하게 요약할 것이다. 효율적 시장에서 이러한 오류는 비용을 일으키며 그 결과 낮은 수익률을 실현하고 부를 감소시키게 된다.

과도한 거래와 과잉확신

거래에는 비용이 든다. 우선 매입가격과 매도가격의 차이인 스프레드(spread)를 지불해야만 한다. 고평가된 혹은 저평가된 주식을 찾는 것이 얼마나 어려운 것인지를 안다면 개인 투자자는 거래에서 보수적인 접근을 할 것이다. 그러나 증권계좌를 가지고 있는 개인 투자자의 거래 행동에 대한 연구에서 바버와 오딘(Brad Barber and Terrance Odean)은 그들의 연구 기간 동안에 기관 투자자를 포함한 전체 투자자에 비해 개인 투자자의 평균 회전율이 50% 높아서 개인 투자자가 매우 활발하게 거래를 한다는 것을 발견하였다.[4]

이러한 거래 행동은 무엇을 설명하는가? 심리학자들은 1960년대에 이미 정보부재 개인이 자신이 가진 지식의 정확성을 과도하게 평가하는 경향이 있다는 것을 알고 있었다. 예를 들어, 관중석에 앉아 있는 많은 스포츠 팬들은 경기 중인 감독에 대해 평가하면서 실제로 자신들이 더 잘할 수 있다고 믿고 있다. 재무금융에서는 과도하게 거래함으로써 자신의 능력으로 시장을 이길 수 있다는 투자자들의 주제넘음을 **과잉확신 가설(overconfidence hypothesis)**이라고 한다. 바버와 오딘은 이런 종류의 행동을 개인의 투자 의사결정의 특징으로 가정하였다. 스포츠 팬처럼 개인 투자자는 실제 그럴 수 없는데도 승자와 패자 주식을 선택할 수 있다고 믿는다. 이러한 과잉확신은 그들을 과도하게 거래하도록 만든다.

과잉확신 가설: 투자 전문가보다 승자와 패자 주식을 더 잘 선택할 수 있다는 잘못된 믿음을 근거로 너무 많이 거래하는 개인 투자자의 경향

이런 과잉확신 가설은, 투자자가 진짜 능력은 없다고 가정할 때, 자주 거래할수록 높은 수익률을 얻을 수 없을 것이라는 의미를 준다. 대신에 투자자의 성과는 거래비용(수수료와 매입-매도 스프레드로 인한)을 고려해 보면 더욱 나빠진다. 그림 10.7은 이런 결과를 나타내는데, 투자자의 대부분 거래가 성과에 대한 합리적 평가에 근거하여 이루어지는 것 같지는 않다.

손실에 집착하기와 디스포지션 효과

투자자들은 구매시점에 비해서 가치를 손실한 주식을 보유하고 가치가 상승한 주식은 매도하려는 경향이 있다. 패자를 보유하고 승자를 매도하려는 이러한 경향을 **디스포지션 효과(disposition effect)**라고 한다. 세프린과 스태트만(Hersh Shefrin and Meir Statmen)은 심리학자인 캐너만과 트버스키(Daniel Kahneman and Amos Tversky)의 연구를 기초로 하여 이러한 효과가 손실이 발생할 가능성에 직면했을 때 위험을 취하려는 투자자의 의지가 증가하기 때문에 발

---

4) B. Barber and T. Odean, "Trading Is Hazardous to Your Wealth: The Common Stock Investment Performance of Individual Investors," *Journal of Finance* 55 (2000): 773-806.

생한다는 것을 제안했다.[5] 이것은 또한 손실을 실현함으로써 실수를 인정하지 않으려는 성향을 반영하는 것이다.

연구자들은 디스포지션 효과를 여러 연구에서 확인했다. 예를 들어, 1995-1999년 동안 타이완 증권시장의 모든 거래자에 대한 연구에서 전체적으로 투자자들은 손실을 실현하는 것보다 2배 많이 이익을 실현하는 것으로 나타났다. 또한 개인 투자자의 거의 85%가 이러한 오류를 저지르고 있었다. 반면에, 뮤추얼 펀드와 외국인 투자자는 같은 경향을 보이지 않았다.[6] 또 다른 연구에서는 좀 더 정교한(sophisticated) 투자자가 디스포지션 효과에 덜 반응하는 것으로 나타났다.[7]

승자를 팔고 패자에 매달리는 행동 경향은 세금 관점에서 비용이 많이 발생한다. 자본이득은 주식이 매도될 때만 과세되기 때문에 이득이 있는 투자를 지속적으로 보유하여 과세 이득을 연기하는 것이 세금목적에서는 최선이다. 세금 지급액을 늦추면 세금의 현재가치는 줄어든다. 반면에 손실이 난 투자는 빨리 처분하여 손실을 실현해야 한다. 특히 연말에서는 세금 환급을 증

그림 10.7
개인 투자자의 수익률과 포트폴리오 회전율

그림은 1991–1997년 사이 대형 증권회사에 계좌를 개설한 개인 투자자의 평균 연간 수익률(수수료와 거래비용을 제외한 순수익률)을 보여준다. 투자자들은 평균 연간 회전율에 따라서 다섯 개 그룹으로 분류되었다. 가장 덜 활동적인 투자자가 S&P 500보다 약간 높은 성과를(통계적으로 유의적이지는 않음) 보여준 반면에, 투자 성과는 회전율이 증가할수록 떨어진다.

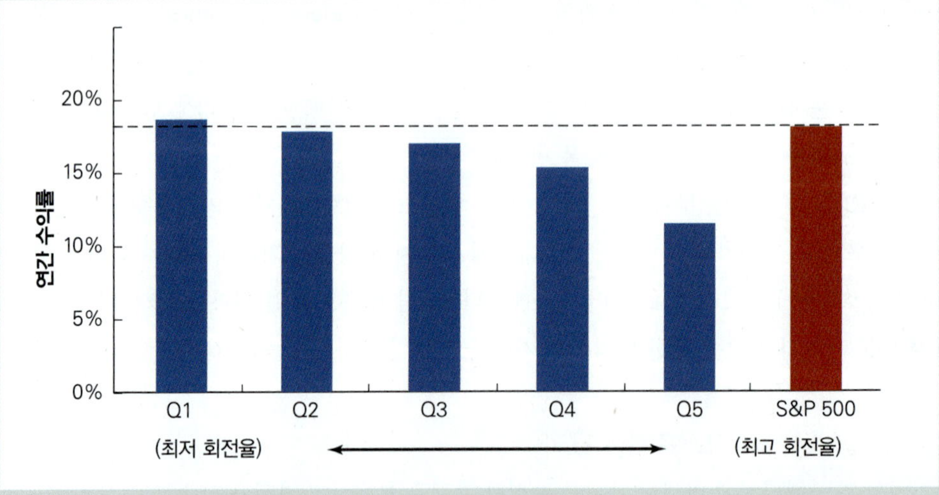

출처: B. Barber and T. Odean, "Trading Is Hazardous to Your Wealth: The Common Stock Investment Performance of Individual Investors," *Journal of Finance* 55 (2000): 773–806.

---

5) H. Shefrin and M. Statman, "The Disposition to Sell Winners Too Early and Ride Losers Too Long: Theory and Evidence," *Journal of Finance* 40 (1985): 777-790, and D. Kahneman and A. Tversky, "Prospect Theory: An Analysis of Decision under Risk," *Econometrica* 47 (1979): 263-291.

6) B. Barber, Y. T. Lee, Y. J. Liu, and T. Odean, "Is the Aggregate Investor Reluctant to Realize Losses? Evidence from Taiwan," *European Financial Management*, 13 (2007): 423-447.

7) R. Dhar and N. Zhu, "Up Close and Personal: Investor Sophistication and the Disposition Effect," *Management Science*, 52 (2006): 726-740.

가시키기 위해서 더욱 그렇다.

물론 패자를 보유하고 승자를 매도하는 것은 결국 패자 주식이 "반등(bounce back)"해서 미래에는 승자를 압도한다는 것을 예측할 수 있다면 그럴 듯할 수도 있다. 그러나 투자자가 사실 그런 믿음을 가지고 있더라도, 이것은 정당화되지 못하는 것 같다. 투자자가 지속해서 보유한 패자 주식은 매도한 승자 주식에 못 미치는(underperform) 경향이 있다. 연구에 따르면, 패자는 승자에 비해서 승자를 매도한 이후 1년 동안 약 3.4% 수익률이 떨어지는 것으로 나타났다.[8]

투자자의 관심, 무드, 경험

개인 투자자는 일반적으로 전업 거래자가 아니다. 결과적으로 그들은 투자 결정에 쏟는 시간이나 관심에 한계가 있고 관심을 끄는 뉴스나 사건에 영향을 받게 된다. 연구에 따르면 개인은 최근에 뉴스에 나오거나, 광고를 하거나, 비정상적으로 높은 거래량을 보이거나, 극단적인 수익률(상승 혹은 하락)을 보인 주식을 매입하는 경향이 있다.[9]

투자 행동은 또한 투자자의 무드(기분)에 의해 영향을 받는 것 같다. 예를 들어, 햇볕은 일반적으로 무드에 긍정적인 영향을 주는데, 연구에 따르면 거래소가 위치한 지역이 맑은 날일 때 주식 수익률이 높은 경향이 있음을 밝혀냈다. 뉴욕 시의 경우 완벽하게 맑은 날의 연간 시장 수익률은 약 24.8%로 완벽하게 구름 낀 날의 수익률인 8.7%와 차이가 났다.[10] 투자자 무드와 주가 수익률의 관련성의 증거는 주요 스포츠 경기에서 발견할 수 있다. 최근 연구에서는 월드컵 탈락 이후 다음 날 해당 국가의 주식 수익률 하락은 약 0.50%로, 아마도 투자자의 나쁜 무드에 기인한 것으로 보인다.[11]

마지막으로 투자자는 과거의 모든 증거를 고려하기보다는 자기 자신의 경험에 무게를 더욱 많이 두는 것으로 보인다. 결과적으로 높은 주가 수익률 시절에 자라고 살았던 사람들은 낮은 주가 수익률 시절에 성장하고 살았던 사람들 보다 주식에 좀 더 많이 투자하는 것 같다.[12]

투자자들이 지속적으로 이런 실수를 하는 이유는 무엇인가? 비록 잘못된 인식에서 출발했다고 하더라도 시간이 지나면서 이러한 실수로 인한 비용 지불을 통해 배울 수는 없는 것일까? 주가 수익률이 극단적으로 변동성이 높기 때문에 다른 전략으로 인한 수익률의 작은 차이를 덮어 버리기 때문이다. 제11장에서는 주가 수익률과 변동성에 대한 역사적 증거를 살펴볼 것이

---

8) T. Odean, "Are Investors Reluctant to Realize Their Lossers," *Journal of Finance* 53 (1998): 1775-1798.

9) 논문 참조. G. Grullon, G. Kanatas, and J. Weston, "Advertising, Breadth of Ownership, and Liquidity," *Review of Financial Studies*, 17 (2004): 439-461; M. Seasholes and G. Wu, "Predictable Behavior, Profits, and and Attention," *Journal of Empirical Finance*, 14 (2007): 590–610; B. Barber and T. Odean, "All That Glitters: The Effect of Attention and News on the Buying Behavior of Individual and Institutional Investors," *Review of Financial Studies*, 21 (2008): 785–818.

10) 1982-1997년 자료에 근거한 논문 참조. D. Hirshleifer and T. Shumway, "Good Day Sunshine: Stock Returns and the Weather," *Journal of Finance*, 58 (2003): 1009-1032.

11) A. Edman, D. Garcia, and O. Norli, "Sports Sentiment and Stock Returns," *Journal of Finance*, 62 (2007): 1967-1998.

12) U. Malmendier and S. Nagel, "Depression Babies: Do Macroeconomic Experience Affect Risk-Taking?" NBER working paper no. 14813.

다. 수익률이 얼마나 변동이 심하며, 1990년대와 같은 어떤 시기에는 오랜 기간 동안 연속적으로 높은 수익률을 내고, 또 2000년대와 같은 시기에는 오랫동안 음의 수익률을 내는 것을 목격하게 될 것이다.

개념확인

7. 개인 투자자가 빠지기 쉬운 함정이 되는 체계적인 몇 가지 행태적 오류들은 무엇인가?
8. 어떻게 과도한 거래가 낮은 실현 수익률을 유발하는가?

myfinancelab 핵심요점 및 공식

10.1 가용 현금흐름 할인 모형

▶ 회사가 채무를 사용하면 가용현금흐름 할인 모형을 사용하는 것이 보다 믿을 만하다. 이 모형에서 회사의 사업가치는 회사의 미래 가용현금흐름의 현재가치와 같다.

$$V_0 = PV\text{(회사의 미래 가용현금흐름)} \tag{10.3}$$

▶ 가중평균 자본비용을 이용하여 현금흐름을 할인하는데, 그것은 회사가 회사의 채무와 자기자본을 보유하는 투자자에게 위험에 대한 보상으로 지불해야만 하는 기대 수익률이다.

▶ 가용현금흐름이 일정한 비율(장기적인 수익의 성장률과 같음)로 증가한다는 가정으로 최종 사업가치를 추정할 수 있다.

▶ 사업가치에 채무를 빼고 현금을 더한 후에 회사의 발행주식수로 나누어서 주식 가격을 결정한다.

10.2 비교기업에 근거한 가치평가

▶ 비교기업에 기반을 둔 가치평가 배수를 이용하여 주식을 가치평가할 수 있다. 이러한 목적으로 사용되는 배수는 일반적으로 P/E 비율, EV/EBITDA 비율을 포함한다. 배수를 사용할 때, 비교기업이 평가 대상이 되는 회사와 동일한 위험과 미래 성장을 가지고 있다고 가정한다.

▶ 어떤 가치평가 방법도 주식에 대한 확정적인 가치를 제공하지 못한다. 가치의 합리적인 범위를 알아보기 위해서 몇 가지 방법을 사용하는 것이 최상이다.

10.3 주식 가치평가 방법: 결론

▶ 모든 가치평가 방법은 가정을 필요로 하고 있으며 기업가치의 확정적인 평가를 예측하기에는 불확실성을 피할 수 없다.

▶ 다양한 방법을 통한 가치평가 결론이 일치하게 되면 평가에 대하여 좀 더 확신을 가질

수 있다.

10.4 정보, 경쟁, 그리고 주식가격

- ▶ 주식가격은 많은 투자자의 정보를 총합한다. 따라서 우리의 평가가 주식의 시장가격과 어긋나면, 그것은 기업의 현금흐름에 대한 우리의 가정이 틀린 것을 알려줄 가능성이 크다.
- ▶ 투자자 사이의 경쟁이 양의 NPV 거래 기회를 소멸시키는 경향이 있다. 정보가 공개된 것이고 해석하기 쉬울 때 경쟁이 가장 강하다. 사적으로 정보를 가진 거래자는 정보를 통해 이익을 얻을 수 있다. 그 정보는 오직 점진적으로 가격에 반영된다.
- ▶ 효율적 시장 가설은 경쟁이 모든 양(+)의 NPV 거래를 소멸시킨다고 말한다. 그것은 동일한 위험을 가진 증권이 같은 기대 수익률을 가진다는 것과 같은 것이다.
- ▶ 효율적 시장에서 투자자는 어떤 경쟁 우위의 원천이 없이 양의 NPV 투자기회를 발견할 수 없을 것이다. 반면에, 평균 투자자는 자신의 투자에서 공정한 수익률을 얻을 것이다.
- ▶ 효율적 시장에서 주식가격을 올리기 위해 기업 경영자는 회계 처리 결과나 재무 정책이 아니라 회사의 투자에서 나오는 가용현금흐름의 현재가치를 극대화하는데 관심을 기울여야만 한다.

10.5 개인적인 오류와 거래

- ▶ 개인 투자자는 많은 오류를 보여주는데, 그것은 과잉확신, 디스포지션 효과, 제한된 관심 그리고 무드의 영향 등이다.
- ▶ 효율적 시장에서 이러한 오류는 과도한 거래나 가치평가에서 오류를 통해 거래 손실을 이끌 수 있다.

주요 개념

1. 가용현금흐름 할인 모형을 이용하여 주식을 가치평가하는 장점은 무엇인가?
2. FCF 가치평가 모형과 자본예산 수립의 연관성을 설명하시오.
3. 배수를 이용한 가치평가의 배경에는 무슨 내용이 있는가? 주요 가정들은 무엇인가?
4. 배수를 이용한 가치평가의 한계는 무엇인가?
5. 효율적 시장은 무엇인가?
6. 시장의 상호작용은 어떻게 정보가 주식 가격에 반영되도록 이끌어 가는가?
7. 시장 효율성은 왜 경영자로 하여금 NPV와 가용현금흐름에 집중하도록 만드는가?
8. 투자자는 왜 항상 합리적으로 거래하지를 않는가?
9. 주요 행동적 거래 오류는 무엇이 있는가?

연습문제

* 표기가 되어 있는 문제는 난이도가 높은 문제임을 나타낸다.

가용 현금흐름 할인 모형

1. 올해 FCF, Inc.는 EBIT $10백만, 감가상각비 $1백만, 자본지출 $1.5백만을 기록했고 순운전자본은 $500,000 증가했다. 세율이 35%이면 가용현금흐름은 얼마인가?
2. 빅토리아(Victoria Enterprises)의 내년 EBIT는 $1백만이 예상된다. 감가상각비와 자본지출은 모두 $300,000이 될 것이고, 자본지출액과 감가상각비는 매년 같을 것으로 예상된다. 운전자본은 내년에 $50,000만큼 증가할 것이고 세율은 40%이다. 만일 WACC가 10%이고 FCF가 영구히 매년 4%씩 증가한다면 사업가치는 얼마인가?
3. 젝크(JECK)의 예상되는 가용현금흐름의 현재가치는 $100백만이다. 만일 젝크가 $30백만의 채무와 $6백만의 현금을 가지고 발행주식수는 2백만 주라면, 주당가격은 얼마인가?
4. 포티지 베이(Portage Bay Enterprises)는 $1백만의 초과 현금을 가지고 있고, 채무는 없다. 가용현금흐름은 내년에 $10백만이 될 것으로 예상된다. 그리고 FCF는 영구히 매년 3%로 성장할 것이다. 포티지 베이의 자기자본비용이 11%이고 5백만 주의 발행주식을 가지고 있다면, 포티지 베이의 주가는 얼마여야 하는가?
5. 리버(River Enterprises)는 $500백만의 채무와 20백만 주의 발행주식을 가지고 있다. 초과 현금보유액은 $15백만이다. 내년에 가용현금흐름으로 $200백만을 예측하고 있고 영구히 매년 2%의 성장률을 예상한다. 리버의 자기자본비용은 12%이다. 회사를 분석한 후에 당신은 성장률이 2%가 아니라 3%가 되어야 할 것이라고 믿게 되었다. 당신이 정확하다면 주당 가격은 얼마나 더 (달러 가치로) 커져야 할까?
6. 헤비메탈(Heavy Metal)은 아래와 같이 가용현금흐름을 향후 5년간 창출할 것으로 예상된다. 그 이후에 가용현금흐름은 산업 평균인 연간 4%로 성장할 것이다. 가용현금흐름 할인 모형을 이용하시오. 가중평균 자본비용은 14%이다.

연도	1	2	3	4	5
FCF (단위: $백만)	53	68	78	75	82

   a. 헤비메탈의 사업가치를 추정하시오.
   b. 헤비메탈의 초과 현금은 없고, 채무는 $300백만, 발행주식수는 40백만 주라면, 주식가격을 추정하시오.

*7. 코밴(Covan)은 다음과 같은 가용현금흐름을 가질 것으로 예상된다.

연도	1	2	3	4	…
FCF	10	12	13	14	연간 4%로 성장

a. 코밴은 8백만 주의 발행주식, $3백만의 초과 현금을 가지고 채무는 없다. 자본비용이 12%이면 주식가격은 얼마인가?

b. 코밴은 모든 FCF를 재투자하고 채무를 늘리거나 현금 보유를 바꿀 계획은 없다. 만일 코밴을 연도 2의 시작 시점에 매각할 계획이라면, 가격을 얼마로 예상하는가?

c. 코밴 주식을 연도 1의 시작 시점에 매입했다고 가정하자. 코밴 주식을 연도 2까지 보유하는 것으로 기대되는 수익률은 얼마인가?

8. 소라(Sora Industries)는 60백만 주의 발행주식, $120백만의 채무, $40백만의 현금, 그리고 4년 동안의 가용현금흐름을 아래와 같이 가지고 있다.

1	연도	0	1	2	3	4
2	**이익과 FCF 추정치($백만)**					
3	매출액	433.0	468.0	516.0	547.0	574.3
4	전년 대비 성장률		8.1%	10.3%	6.0%	5.0%
5	매출원가		−313.6	−345.7	−366.5	−384.8
6	**총이익**		154.4	170.3	180.5	189.5
7	판매 및 일반 관리비		−93.6	−103.2	−109.4	−114.9
8	감가상각비		−7.0	−7.5	−9.0	−9.5
9	**EBIT**		53.8	59.6	62.1	65.2
10	차감 : 세금 40%		−21.5	−23.8	−24.8	−26.1
11	더함 : 감가상각비		7.0	7.5	9.0	9.5
12	차감 : 자본지출액		−7.7	−10.0	−9.9	−10.4
13	차감 : NWC의 증가		−6.3	−8.6	−5.6	−4.9
14	**가용현금흐름**		**25.3**	**24.6**	**30.8**	**33.3**

a. 소라의 매출액과 가용현금흐름이 4년이 지나고 난 후에 매년 5%씩 성장한다고 가정하자. 만일 소라의 가중평균 자본비용이 10%이면 주어진 정보 아래서 소라 주식의 가치는 얼마인가?

b. 소라의 매출원가를 매출액의 67%로 가정하자. 만일 매출원가가 실제 매출액의 70%라면 주식의 예상 가치는 어떻게 변화하는가?

c. 위 (a)의 가정으로 돌아가서 소라가 매출원가를 매출액의 67%로 유지할 수 있다고 하자. 그러나 기업이 판매 및 일반 관리비를 매출액의 20%에서 매출액의 16%로 낮췄다. 주식가격은 이제 얼마로 예상되는가? (다른 비용, 세금은 영향이 없다고 가정)

*d. 소라의 순운전자본 필요액이 매출액의 18%로 추정되었다(연도 0에 현재 수준). 만일 소

라가 이 필요액을 연도 1이 시작되면서 매출액의 12%로 변경하고 모든 다른 가정은 (a)에서와 같다면 당신은 소라의 주식가격을 얼마로 예상하는가? (힌트: 이런 변화는 소라의 연도 1의 가용현금흐름에 가장 큰 영향을 미칠 것이다.)

9. 예제 10.1의 나이키의 가치평가를 고려해 보자.
   a. 나이키의 초기 매출액 성장률이 7%에서 11% 사이가 될 것으로 가정하자(성장률은 선형으로 줄어 들어서 2018년에 5% 수준이 됨). 이러한 추정에 맞으려면 나이키 주식의 가격 범위가 얼마나 되겠는가?
   b. 나이키의 초기 매출액-EBIT 수익률이 매출액의 9%에서 11% 사이가 될 것으로 가정하자. 이러한 추정에 맞으려면 나이키 주식의 가격 범위는 얼마나 되겠는가?
   c. 나이키의 가중평균 자본비용이 9.5%에서 12% 사이가 될 것으로 가정하자. 이러한 추정에 맞으려면 나이키 주식의 가격 범위는 얼마나 되겠는가?
   d. 위 (a), (b), (c)의 예측을 동시에 변경했을 때 이에 일치하는 주식가격의 범위는 얼마인가?

비교기업에 근거한 가치평가

10. 당신은 식료품 체인 크로거(Kroger)의 주식을 평가하고 있다. 선행 순이익은 주당 $3이다. 경쟁 회사인 세이프 웨이(Safeway)의 P/E 비율은 13이다. 크로거의 주식가격의 추정치는 얼마인가?
11. 코카콜라(Coca-Cola)의 주식가격은 $41.09이고 EPS는 $1.89이다. 경쟁회사인 펩시코(PesiCo)는 $3.90의 EPS를 가지고 있다. 시애틀에 있는 음료수 제조회사인 존스 소다(Jones Soda)의 P/E 비율은 35이다. 이러한 정보를 바탕으로, 펩시코 주식의 주식 가치는 얼마로 예상되는가?
12. CSH는 $5백만의 EBITDA를 가진다. 당신은 CSH의 적정한 EV/EBITDA 비율이 9라고 추정한다. CGS는 $10백만의 채무, $2백만의 현금, 그리고 800,000주의 발행주식수를 가지고 있다. 당신은 CSH의 주식 가격을 얼마로 추정하는가?
13. 내년에 BHH는 주당 순이익 $5에서 배당금으로 주당 $3를 지급할 것으로 예상된다. BHH의 자기자본비용이 12%이다. 추정가능한 미래에 4% 배당 성장률이 예상된다면 BHH의 선행 P/E 비율은 얼마가 되어야 하는가?
14. GHL의 배당성향은 50%이다. 자기자본비용은 11%이고 배당 성장률은 5%이다. 만일 선행 EPS가 $6라면 주식 가격의 예측은 얼마인가?
15. SLYMN은 P/E 비율로 12를 배당성향은 40%을 가지고 있다. 만일 자기자본비용이 13%라면, P/E 비율에 일치하는 성장률은 얼마인가?
16. EJH 의 경쟁자를 조사한 후에 당신은 가장 적합한 비교기업으로부터 아래와 같은 가치평

가 비율을 얻었다

	비교기업 1	비교기업 2	비교기업 3	비교기업 4
EV/EBITDA	12	11	12.5	10
P/E	19	18	20	17

EJH는 $2의 EPS, $300백만의 EV/EBITDA, $30백만의 현금, $40백만의 채무, 그리고 100백만 주의 발행주식을 가지고 있다. 위와 같은 배수의 집합에 일치하는 가격 범위는 얼마인가?

17. 2013년 7월에, 나이키(NIKE)는 $2.52의 EPS, 주당 $12.48의 자기자본 장부가치를 가지고 있다고 가정하자.
    a. 표 10.1의 평균 P/E 배수를 이용하여 나이키의 주식가격을 추정하시오.
    b. 표 10.1의 최고와 최저 P/E 배수를 근거로 주식가격의 범위는 얼마로 예측되는가?
    c. 표 10.1의 평균 주가-장부가치 배수를 이용하여 나이키의 주식가격을 추정하시오.
    d. 표 10.1의 최고와 최저 주가-장부가치 배수를 근거로 주식가격의 범위는 얼마로 예측되는가?
18. 2013년 7월에, 나이키는 $25,313백만의 매출액, $3,254백만의 EBITDA, $3,337백만의 초과 현금, $1,390백만의 채무, 그리고 893.6백만 주의 발행주식을 가지고 있다고 가정하자.
    a. 표 10.1의 평균 사업가치-매출액 배수를 이용하여 나이키의 주식가격을 추정하시오.
    b. 표 10.1의 최고와 최저 사업가치-매출액 배수를 근거로 주식가격의 범위는 얼마로 예측되는가?
    c. 표 10.1의 평균 사업가치-EBITDA 배수를 이용하여 나이키의 주식가격을 추정하시오.
    d. 표 10.1의 최고와 최저 사업가치-EBITDA 배수를 근거로 주식가격의 범위는 얼마로 예측되는가?

*19. 록키 브랜즈(Rocky Brands)가 $2.30의 EPS와 $30.7백만의 EBITDA를 가지고 있다고 가정하자. 회사는 또한 5.4백만 주의 발행주식과 $125백만의 채무를 가지고 있다. 덱커(Deckers Outdoor)는 사업의 유사성으로 인해 록키의 비교기업이지만 덱커는 채무가 없다. 덱커의 P/E는 13.3이고 EV/EBITDA 배수는 7.4이다. 두 가지 배수를 이용하여 록키의 주식가격을 추정하시오. 어느 추정이 좀 더 정확할 것인가?

20. 다음의 자료는 2015년 12월의 항공 산업 자료이다(EV = 사업가치, 장부가 = 자기자본 장부가치). 항공사의 가치평가에 배수를 사용하는 잠재적인 문제점은 무엇인지 논의하시오.

회사명	시가총액	사업가치 (EV)	EV /매출액	EV /EBITDA	EV/EBIT	P/E	P/장부가
델타 에어라인(DAL)	40,857	45,846	1.1x	6.0x	7.6x	15.0x	4.0x
아메리칸 에어라인(AAL)	27,249	38,937	0.9x	4.5x	5.5x	6.2x	7.5x
유나이티드 컨티넨털(UAL)	22,000	28,522	0.7x	4.2x	5.6x	3.4x	2.6x
사우스웨스트 에어라인(LUV)	28,499	28,125	1.5x	6.0x	7.4x	16.1x	4.1x
알래스카 에어(ALK)	10,396	9,870	1.8x	6.3x	7.9x	13.4x	4.4x
젯블루 에어웨이(JBLU)	7,338	8,189	1.3x	6.1x	7.9x	13.8x	2.4x
스카이웨스트(SKYW)	1,039	2,590	0.8x	5.2x	11.1x	21.2x	0.7x
하와이언(HA)	1,974	2,281	1.0x	5.3x	6.9x	15.1x	5.3x

21. 하와이언 에어라인(HA)이 53백만 주의 발행주식을 가지고 있다고 가정하자. 문제 20번에 있는 5개의 가치평가 배수를 각각 사용해서 하와이언의 주식가치를 추정하시오. 7개 항공사의 가치평가 배수의 중간값을 이용하시오.

정보, 경쟁, 그리고 주식가격

22. 서밋 시스템(Summit Systems)은 자기자본비용이 11%이고, 1년 후에 배당금을 주당 $1.50 지급할 것이다. 그리고 그 배당금은 매년 6%의 성장률을 기대하고 있다. 당신은 신문에서 서밋은 성장전망을 수정하고 배당금을 매년 3% 영구적으로 성장한다는 기사를 읽었다.
    a. 이러한 정보를 바탕으로 서밋 시스템 주식의 주당 가치를 떨어지게 하는 것은 무엇인가?
    b. 만약 당신이 신문기사를 읽고 난 후, 서밋 시스템 주식을 팔려고 한다면, 당신이 얻을 수 있을 것 같은 가격은 얼마일까? 그 이유는 무엇인가?
23. 콜라(Cola Co.)의 주식가격이 주당 $43이라고 가정하자. 그 회사는 1년 후에 배당금을 $1.24 지급할 것이다. 그리고 당신은 콜라가 매년 대략 7%로 영구적으로 배당금을 증가시킬 것이라고 예상한다.
    a. 만약 콜라의 자기자본비용이 8%라면, 당신이 기대한 배당성장률의 측정치를 이용하여 주식가격은 얼마로 기대할 수 있는가?
    b. 콜라의 주식가격을 고려해 볼 때, 콜라의 미래 배당성장률의 당신의 평가는 어떻게 평가할 수 있겠는가?
24. 로이버스(Roybus, Inc)는 플래시 메모리(flash memory)의 제조회사이며, 타이완에 있는 주된 생산시설이 화재로 인해 손해를 보았다고 보도되었다. 생산설비공장이 모두 보험에 들었음에도 불구하고, 생산 손해로 올해 말 로이버스의 FCF가 $180백만으로 줄어들 것이고, 내년 말에는 $60백만으로 줄어들 것이다.
    a. 만약 로이버스가 60백만의 주식을 발행하고 가중평균 자본비용이 13%라면, 위의 기사

로 인해 로이버스의 주식가격은 어떻게 변화할 것이라고 기대하는가? (로이버스의 채무는 이 사건에 영향을 끼치지 않음을 가정한다.)

b. 위의 기사를 듣고 로이버스의 주식을 팔고 이익을 얻을 수 있을 것이라고 기대하는가? 설명하라.

*25. 아프넥스(Apnex, Inc.)는 생명공학회사이며 잠재적인 새로운 암 치료제의 임상시험 결과를 곧 발표하려고 한다. 만약 임상시험이 성공적이라면, 아프넥스의 주가는 주당 $70일 것이다. 만약 임상시험이 실패라면, 아프넥스의 주가는 주당 $18일 것이다. 발표되기 전 오전에 아프넥스의 주식은 주당 $55로 거래되었다고 가정하자.

a. 현재 주식가격을 기본으로, 투자자들은 임상시험의 성공을 어떻게 기대한 것으로 보이는가?

b. 헤지펀드 매니저인 폴 클라이너(Paul Kliner)는 몇 명의 유명한 연구 과학자를 약에 대한 보증과 공공자료을 시험하기 위해 고용했다. 클라이너의 펀드는 정보가 발표되기 이전에 주식을 거래함으로써 이익을 얻을 것인가?

c. 어떠한 요소들이 약에 대한 정보로부터 이익을 얻는 클라이너 펀드의 능력을 제한시키는가?

개인적인 오류와 거래

26. 당신은 15가지 주식으로 구성된 $100,000의 포트폴리오를 가지고 있다. 당신은 올해 한 주식당 5번의 거래를 하고, 한 건의 거래 당 $30의 수수료와 스프래드를 지불한다. 당신은 특별한 지식이 없어서, 당신이 투자한 것에 대한 단지 12%의 평균시장수익을 얻는다. 당신의 거래로 당신의 총수익은 얼마만큼 낮아질 것인가?

27. 가장 낮은 회전율의 포트폴리오에 대한 매년 수익률은 18%라고 가정하고 가장 높은 회전율의 포트폴리오에 대한 매년 수익률은 12%라고 하자. 만약 당신이 $100,000을 투자하고 가장 높은 회전율을 가지고 있다면, 당신이 가장 낮은 회전율을 가지고 있는 것보다 10년 후에는 당신의 포트폴리오 가치는 얼마만큼 낮아질 것인가?

사례연구

대형 종합증권회사에서 새로운 신입 애널리스트로서, 당신은 대학에서 배운 당신의 기술을 증명하고 당신의 매력적인 봉급에 대한 가치를 증명하려고 한다. 당신의 첫 번째 업무는 존슨 앤 존슨(Johnson & Johnson)의 주식을 분석하는 것이다. 당신의 상사는 할인된 가용현금흐름 가치평가방법(discounted free cash flow)과 비교가능한 P/E 비율 방법을 모두 이용하여 가격을 책정하라고 추천한다. 당신은 당신의 상사가 추천한 방법을 약간 우려하고 있다. 왜냐하면 대학

시절 재무 교수님이 당신에게 이르길 두 가지 가치평가 방법들은 실제 데이터로 적용했을 때에는 크게 다르게 측정된다고 말하였기 때문이다. 당신은 두 가지 방법들이 비슷한 가격이 되기를 진심으로 희망한다. 행운을 빈다!

1. Reuters(http://www.reuters.com)로 가서 찾기(Search) 박스에 존슨 앤 존슨(JNJ)의 시세 표식을 입력한다. JNJ의 메인 페이지로부터 아래 정보를 모으고 스프레드시트로 옮기자.
   a. 현재 주식 가격 (페이지의 왼쪽 편)
   b. EPS (TTM, trailing 12 month 후행)
   c. 발행 주식수
   d. 산업의 P/E (TTM) 비율
2. "분석가(Analysts)"를 클릭하라. 분석가 페이지에, 장기 성장률(LT Growth Rate)을 찾아서 주요 수치를 스프레드 시트에 입력한다.
3. 모닝스타(http://www.morningstar.com)로 가서 "시세(Quote)" 박스에 JNJ를 입력한다.
4. "재무정보(Financials)"에서 손익계산서(Income Statement)를 클릭한다. 가장 최근 3년간의 손익계산서를 기존 엑셀 파일의 새로운 워크시트에 복사하여 붙여 넣는다. 이 과정을 존슨 앤 존슨의 재무상태표(balance sheet)와 현금흐름표(cash flow statement)에도 반복한다. 동일한 엑셀 워크시트에 모든 재무제표를 보관한다. 노트: 분기나 중간 자료가 아니라 연간 자료를 수집해야 한다.
5. 할인된 가용현금흐름 가치평가방법(discounted free cash method)
   a) 가용현금흐름(free cash flow)을 추정하시오. 모닝스타로부터 다운로드한 재무제표의 과거자료(historic data)를 이용하여 3년간 아래 평균 비율을 계산하시오.
      i. EBIT/매출액
      ii. 세율(소득세 비용/세금공제 전 이익)
      iii. 유형자산(PPE)/매출액
      iv. 감가상각비/유형자산
      v. 순운전자본/매출액
   b) 향후 5년간의 빈 시간선(timeline)을 그리시오.
   c) Reuters로부터 5년간의 성장률을 최근 년도의 총 매출성장을 기본으로 미래 매출액을 예측하시오!
   d) (a)에서 계산된 평균 비율을 이용하여 향후 5년간의 EBIT, 유형자산(PPE), 감가상각비, 순운전자본을 예측하시오.
   e) 식 10.2을 이용하여 향후 5년간의 가용현금흐름(free cash flow)을 예측하시오.
   f) 장기 성장률 4%와 JNJ의 자본비용 11%, 그리고 수식 10.6을 이용하여 5년 동안 사업가치

를 계산하시오.

g) 가용현금흐름의 현재가치처럼 회사의 사업가치를 계산하시오.

h) 식 10.4를 이용하여 주식가격을 책정하시오. 당신의 기업가치 단위는 $1,000이고 발행주식수의 단위는 10억주이다.

6. 비교가능한 P/E ratio을 기본으로 JNJ의 주식가격을 계산하기 위해서는, 산업평균 P/E와 JNJ의 EPS를 곱하시오.
7. 두 가지 방법으로 측정된 주식가격과 실제 주식 가격을 비교하시오. 당신은 당신의 가격 측정 방법을 이용하여 손님에게 JNJ의 주식을 살 것인지 팔 것인지 추천할 것인가?
8. 당신의 상사에게 두 가지 가치평가 방법의 측정치가 왜 다른지 설명하여라. 특히 당신의 분석을 위한 가정들과 모델 자체에 내포된 가정들을 설명하시오. 왜 JNJ의 실제 주식 가격과 측정치들이 다른가?

제3부 통합사례

이 사례는 이 장과 이전의 장의 내용을 바탕으로 한다.

나노보(Nanovo, Inc.)는 아이들 장난감, 무선 전송기, 그리고 센서와 같은 소형 가전제품에 널리 다양하게 사용되는 저가의 소형 건전지를 제조하는 회사이다. 이러한 도구를 사용하는 성장은 꾸준히 증가하고 있어서, 나노보 제품의 수요도 증가하게 되었다. 나노보는 지난 10년 동안 회사의 규모를 2배 이상 키우면서 생산능력을 확장하여 수요 증가에 대응해 왔다. 그러나, 이러한 성장에도 불구하고 나노보는 수명이 길고, 낮은 전압의 건전지에 대한 현재 수요를 만족시킬 충분한 생산능력을 가지지 못하고 있다. 당신은 나노보의 현존하는 공장 중 하나를 확장하는 두 가지 제안을 평가하게 되었다.

제안 1

현재의 공장은 매달 25,000개의 상자를 생산하는 능력을 가지고 있다. 첫 번째 제안은 현재의 공장 생산능력을 2배로 확장하여 매달 50,000개의 상자를 생산하는 대대적인 확장을 하는 것이다. 회사의 설계 엔지니어, 판매 관리자, 공장 운영자들과 상담한 후, 당신은 다음의 평가들을 준비했다.

- 공장 확장은 새로운 설비를 구입하는 데 $3.6백만이 필요할 것이고 최신의 설계와 기술 비용으로 $3.9백만이 수반된다. 이러한 비용은 확장공사가 시작되자마자 즉시 지불되어야 할 것이다.
- 새로운 설비를 설치하고 더 높은 생산능력을 확보하기 위해 공장을 재설계하기 위해서 9개월 동안 공장 문을 닫아야 한다. 공사기간 동안 공장의 생산은 멈출 것이다. 확장이 끝나고 난 후, 공장은 원래의 생산능력보다 2배가 될 것이다.
- 추가적인 물량의 마케팅과 판매를 위해 매년 추가적인 판매 및 일반 관리비로 $1백만이 필요할 것이다. 이러한 비용은 첫 번째 연도부터 시작될 것이다(심지어 공장이 공사 중이거나 문을 닫았을 동안에도).

제안 2

엔지니어는 두 번째 제안은 소규모 확장으로 회사의 생산능력을 단지 50% 확장하여 매달 37,500개의 상자를 생산하도록 하는 것이다. 생산능력은 작지만, 이러한 소규모 확장은 비용이 덜 들고 생산활동에 지장을 덜 줄 수 있다.

- 소규모 확장은 새로운 설비를 구입하기 위해 단지 $2.4백만이 필요하고, 설계와 기술 비용

은 $1.5백만이 들 것이다.

- 현재 공장은 단지 4개월 동안 문을 닫는다.
- 판매 및 일반 관리비는 단지 $500,000만큼 늘어날 것이다.

나노보는 확장을 하던 안하던 간에, 공장에 사용되는 기술이 6년 후에는 구식이 될 것이며 잔존가치는 없고, 공장 자체도 그 당시 철저한 점검이 필요할 것이다. 당신은 또한 다음의 추가적인 일반 정보를 알고 있다.

- 제안된 확장안을 실행하던 안 하던 간에, 나노보는 개당 평균 $80의 도매가격에 생산한 모든 제품을 팔 수 있다. 이 가격은 향후 6년 동안 변화지 않을 것이라 기대된다.
- 나노보는 건전지에 있어서 매출 총이익률(gross profit margin)이 55%이다.
- 나노보의 매년 말 평균 순운전자본은 나노보 연간 매출액의 15%와 같다.
- 나노보는 법인세율 40%를 지불한다.
- 모든 설계와 기술 비용은 운영비용으로 즉시 세금공제가 되는 반면에, 모든 자본지출은 이후 6년 동안 세금 목적에서 정액간가상가법으로 상각할 것이다.

경영관리팀는 확장에 대한 위험과 나노보의 현재 프로젝트의 위험이 동일하다고 생각한다. 나노보는 모두 자기자본으로 자금을 조달하기 때문에 확장에 대한 위험은 또한 나노보 주식의 위험과 동일하다. 당신은 나음의 추가석인 수식정보를 알고 있다:

- 나노보는 채무가 없고 2백만 주의 발행주식을 가지고 있다. 회사의 현재 주가는 주당 $75이다.
- 애널리스트는 나노보가 매년 $3의 배당금을 지불할 것을 기대하고, 미래에는 배당금이 매년 평균 8%로 증가할 것으로 예상한다.

이한 정보를 바탕으로, 당신은 나노보에 대한 확장안을 평가하여 추천하도록 요청받았다 (엑셀의 사용은 선택적이지만 추천하지는 않는다).

사례질문

1. 현재를 유지는 것(확장하지 않는 것)과 비교하여 각각의 확장계획과 관련된 연간 증분 가용현금흐름을 계산하시오.
2. 각각의 확장계획의 내부수익률(IRR)과 회수기간법을 계산하시오. 어떤 계획이 더 높은 IRR을 가지는가? 어떠한 계획의 회수기간이 더 짧은가?
3. 나노보의 자기자본비용을 측정하라. 각 확장계획의 NPV를 계산하여 사용하시오. 어떤 계획의 NPV가 더 높은가?

4. 나노보는 공장을 확장해야 하는가? 만약 그렇다면, 나노보는 어떤 계획을 채택하여야 하는가? 설명하시오.
5. 나노보가 대대적인 확장(제안1)을 공시했다고 가정하자. 만약 투자자가 이러한 확장을 기대하지 않았다면, 그리고 투자자가 위의 예측에 동의한다면, 확장이 공시될 때 주가는 어떻게 될 것인가?
6. 나노보는 대대적인 확장을 실행하고 주가는 문제 5번과 같이 반응한다고 가정하자. 그런 다음 나노보는 확장공사를 시작하기 위해서 필요한 가용현금흐름을 미리 조달하기 위해 새로운 주식을 그 주가에 발행하고, 그리고 나서 확장 이전에 지불할 것으로 기대되는 총금액과 확장과 관련된 추가적인 가용현금흐름을 배당금으로 지불한다. 추후 8년 동안 나노보는 주당 배당금을 얼마만큼 지불해야 하는가? 이러한 배당금 아래에서 나노보 주식에 대한 오늘의 정당한 주가는 얼마인가?

제4부

위험과 수익률

가치평가 원칙의 연계. 가치평가 원칙을 적용하기 위해서, 우리는 의사결정에 의한 비용과 혜택을 할인할 수 있어야 한다. 그러기 위해서는 비용과 혜택에 관계된 위험 또는 불확실성을 고려하는 할인율을 필요로 한다. 제4부에서 우리의 목적은 투자 기회에 대해 위험을 측정하고 비교해서 그것을 할인율 결정에 사용하는 것이다. 제11장은 투자자들이 아무런 비용 없이 포트폴리오를 분산하여도 제거할 수 없는 위험에 대해 위험 프리미엄을 요구한다는 중요한 개념을 소개한다. 따라서 투자 기회를 비교할 때, 분산 불가능한 위험 만이 중요하게 된다. 제12장은 이 아이디어를 계량화하여 자본자산가격결정 모형(Capital Asset Pricing Model, CAPM)을 이끌어낸다. CAPM은 체계적 위험을 계량화하는 재무 경제학의 핵심적 이론으로, 위험과 수익률의 관계를 모형에 의해 설명한다. 제13장에서는 지금까지 공부한 내용을 기업의 전체 자본비용 추정에 응용할 것이다.

11 자본시장의 위험과 수익률

학습목표

- 과거에 어떤 유가증권이 수익률이 가장 높았고, 변동성이 가장 높았는가를 파악한다.
- 과거 가격 정보로부터 평균 수익률과 변동성을 계산한다.
- 대형 포트폴리오와 개별 주식들의 위험과 수익률 관계를 이해한다.
- 공통 및 개별 위험의 차이를 기술한다.
- 분산된 포트폴리오가 어떻게 개별 위험을 제거하고, 공통 위험만을 위험 프리미엄으로 요구하는 위험으로 인정하는가를 설명한다.

기호

DIV_t	t일에 지불된 배당금
P_t	t일의 가격
R_t	t-1일부터 t일까지 유가증권의 실현 또는 전체 수익률
$\overline{R}$	평균 수익률
$SD(R)$	수익률 R의 표준편차
$Var(R)$	수익률 R의 분산

Risk and Return in Capital Markets

2006년부터 2015년까지 지난 10년 동안, 전기 공급업자인 콘솔리데이티드 에디슨(Consolidated Edison, Inc.)의 투자자는 연평균 9%의 수익률을 얻었다. 이 기간 중에 연수익률이, 2008년에는 −16%, 20011년에는 31%를 기록하여 상당한 변동성이 있었다. 같은 기간에 마이크로소프트도 거의 연 평균 13%의 수익률을 기록하였다. 그러나 투자자는 더 엄청난 수익률 변동을 겪어서, 2009년에는 60%의 이익을 보았지만 2008년에는 48%의 손실을 보았다. 같은 기간 중에 3개월짜리 미국 단기국채 투자자는 1%의 평균 수익률을 얻었는데, 2006년에는 거의 5%로 높은 수익률을, 20014년에는 0.02%로 낮은 수익률을 얻었다. 이러한 세 투자 방법은 평균 수준과 변동성의 측면에서 매우 다른 수익률을 제공하였다. 마이크로소프트 주식은 가장 높은 평균 수익률을 주었지만, 변동성에 있어서도 가장 높은 수준을 보였다.

이 장의 목적은 투자 위험과 수익률의 관계를 이해하는 것이다. 이전의 세 장에서는 기업 프로젝트의 가치가 가용현금흐름의 현재가치로 결정된다는 것을 공부하였다. 지금까지는 현금흐름의 예측과 할인에 중점을 두었지만, 이번 장과 다음 두 장에서는 관심의 초점을 할인율에 두고자 한다. 이미 강조하였듯이 할인율은 자본비용이 되고, 자본비용은 프로젝트의 위험에 의해 결정된다. 그렇다면 위험을 어떻게 정확하게 측정하고, 위험 수준을 어떻게 자본비용과 연결시킬 것인가?

많은 자산을 함께 보유하는 것이 투자의 위험 노출에 영향을 미친다는 것을 알게 될 것이다. 다음 장에서는 이에 기초하여 투자 대안의 자본비용 결정을 설명하는 이론을 공부한다. 제13장에서는 위험과 수익률의 관계를 기업의 자본비용에 적용하는 방법을 살펴볼 것이다.

여기서는 공개적으로 거래되는 증권의 과거 수익률을 통해 위험과 수익률의 관계를 알아보고자 한다. 예를 들어, 주식이 채권보다 투자 위험이 더 높지만, 평균 연수익률도 더 높았다는 것을 알게 될 것이다. 채권에 비해 더 높은 수익률은 투자자가 투자 위험을 더 많이 감수하는 것에 대한 보상으로 해석하고자 한다. 그러나 모든 위험이 보상 받지는 못한다. 투자자는 다양한 투자 대상으로 구성된 포트폴리오를 보유하여 개별 증권에 고유한 위험을 제거할 수 있다. 대형 포트폴리오를 보유하여 제거할 수 없는 위험만이 투자자가 요구하는 위험 프리미엄을 결정하게 된다.

11.1 투자 위험과 수익률 기초

당신의 훌륭한 조부모들이 1925년에 소규모 기업의 포트폴리오에 $100을 투자하였다면, 그 투자는 현재 $3백만의 가치가 있을 것이다. 그러한 투자 의사결정은 상당한 수준의 투자 위험을 동반했겠지만, 되돌아 볼 때 수익성 좋은 투자이었음이 분명하다.

이제 위험 프리미엄이 투자자의 의사결정과 수익률에 어떻게 영향을 미치는가를 시작으로 하여 투자 위험과 수익률에 대해서 알아보자. 당신의 조부모들이 당신을 위하여 1925년 말에 $100을 투자하였다고 하자. 그들은 브로커에게 2015년 시작 시점까지 투자에 의한 배당과 이자 등을 모두 동일 계정에 재투자하라고 했다. 그 $100이 다음 투자 대안 중의 하나에 투자되었다면 지금 어떻게 되었을까?

1. S&P 500: 스탠다드 앤 푸어스(Standard & Poor's)에 의해 구성된 포트폴리오로 1957년까지는 90개의 미국 주식으로, 그 이후에는 500개의 미국 주식으로 구성되었다. 구성 종목들은 모두 해당 산업의 대표적 주식들이고, 시가총액으로 평가할 때 가장 대규모 주식

들이다.

2. 소규모 주식: NYSE에서 거래되는 주식 중 하위 20%의 시가총액을 가지는 주식의 포트폴리오로 분기마다 재구성된다.
3. 전세계 포트폴리오: 북미, 유럽, 아시아의 주요 주식시장에서 거래되는 국제적 주식들로 구성된 포트폴리오.
4. 회사채: 20년 정도의 만기와 AAA 신용등급을 가진 미국의 장기 회사채.[1]
5. 미국 단기국채: 3개월짜리 미국 단기국채 투자(만기가 되면 재투자함).

그림 11.1은 위의 다섯 개 포트폴리오에 대해서 1925년에 $100을 투자하였을 때 2015년 말의 결과를 보여주고 있다. 마지막 결과는 놀랍게도, 당신의 조부모들이 소규모 주식들로 구성된 포트폴리오에 $100을 투자했다면, 그것이 2015년 말에는 $3.5백만으로 가치가 성장하였다는 것이다! 한편, 그들이 미국 재무부 단기채에 투자했다면, 투자의 결과는 겨우 $2,043이 되었을 것

그림 11.1 1925년 말에 미국 대규모주식(S&P 500), 소규모 주식, 전세계 주식, 회사채, 미국 단기국채에 투자된 $100의 가치

장기적으로 가장 좋은 성과를 보였던 투자들은 연도별로 가장 극심한 등락을 보이기도 하였다. 참고로 소비자물가지수(CPI)의 변화도 함께 보여주고 있다. Y-축의 표시는 로그 스케일을 적용하여, 각 값 사이의 거리는 동일하다. (즉, $10에서 $100까지의 거리는 $10,000에서 $100,000까지 거리와 같다.)

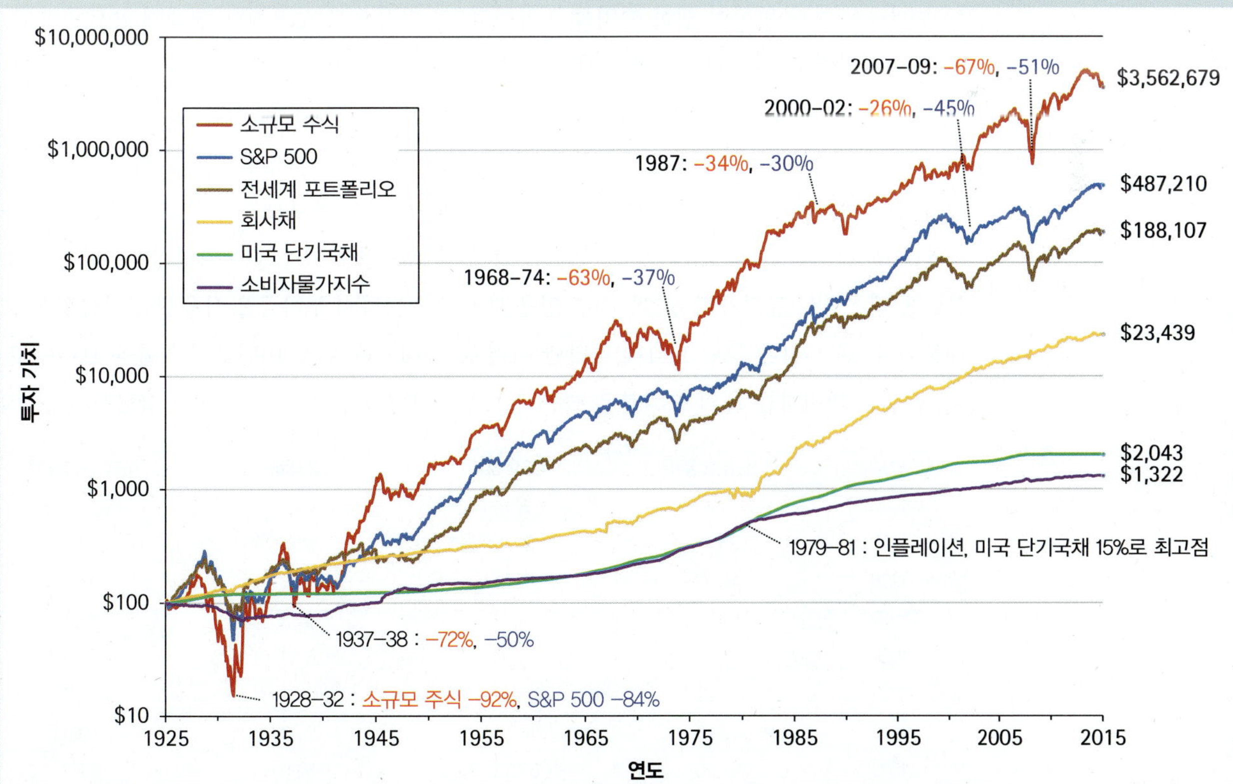

출처: Global Financial data

1) 무디의 AAA 회사채 지수에 근거함

이다. 비교를 위해서 같은 기간에 그림 11.1의 맨 밑부분에 나타나 있는 소비자물가지수에 따른 가격 변화를 고려해 보자. 1925년부터 2015년까지 가장 높은 수익률을 보인 것은 소규모 주식들이고, S&P 500, 전세계 포트폴리오, 회사채, 미국 단기국채 순으로 수익률 순서가 나타났다. 모든 투자 대안들이 인플레이션(CPI로 측정됨)보다는 더 빠르게 성장하였다.

그림 11.1에 나타난 두 번째 수익 형태는 수익률 변동성이다. 장기적으로 소규모 주식들의 성과가 가장 뛰어났지만, 그 가치의 변동성이 가장 큰 것도 사실이다. 예를 들어, 1930년대의 대공황 시기에 소규모 투자자들의 손실이 가장 컸다. 이를 알아보기 위하여 1925년에 당신의 조부모들이 15년 뒤인 1940년 하반기의 은퇴 준비를 위해 소규모 주식에 $100을 투자했다고 가정해 보자. 그들이 은퇴하였을 때, 회사채에 투자했다면 $217의 수입이 있었겠지만, 소규모 주식에 투자하였기 때문에 $144의 수입에 불과하였다. 더구나 그 15년 동안에 소규모 주식 포트폴리오의 가치는 $15까지 떨어진 적도 있었다. 만약 그들이 미국 단기국채에 투자했다면 대공황 시기에도 손실을 경험하지 않았을 것이며, 매년 작지만 꾸준한 이익을 가졌을 것이다. 투자 가치의 증가와 감소의 크기에 따라 순위를 정하여도 수익률에 의한 순위와 같은 결과를 얻게 된다. 소규모 주식들이 가장 변동이 심한 수익률을 가졌고, 그 다음으로 S&P 500, 전세계 포트폴리오, 회사채, 마지막으로 미국 단기국채 순서가 된다.

투자자들은 투자 가치가 변동되는 것을 좋아하지 않기 때문에, 그들은 투자 위험이 더 커지면 기대 수익률도 더 클 것을 요구한다. 더욱 중요한 것은 투자 손실을 겪으면서 그들은 문제를 악화시키기를 원하지 않았을 것이라는 점이다. 사실 당신의 조부모들이 1925년에 소규모 주식에 $100을 투자하였다고 할지라도, 당신이 그 수익금을 받을 가능성은 거의 없다. 당신의 조부모들은 대공황이 깊어가면서 그들의 수입을 보전하기 위하여 투자금을 사용했을 가능성이 크기 때문이다. 표 11.1은 그림 11.1에 나타난 여러 투자 대안들의 첫 10년간 수익률을 보여주고 있다. 손실을 의미하는 음의 수익률은 빨간색으로 표시되었다. 음의 수익률이 상당히 컸던 1929

표 11.1
1925년부터 1935년까지 소규모 주식, S&P 500, 회사채, 미국 단기국채의 실현 수익률(%)

연도	소규모 주식	S&P 500	회사채	미국 단기국채
1926	−7.20	11.14	6.29	3.19
1927	25.75	37.13	6.55	3.12
1928	46.87	43.31	3.38	3.82
1929	−50.47	−8.91	4.32	4.74
1930	−45.58	−25.26	6.34	2.35
1931	−50.22	−43.86	−2.38	1.02
1932	8.70	−8.86	12.20	0.81
1933	187.20	52.88	5.26	0.29
1934	25.21	−2.34	9.73	0.15
1935	64.74	47.21	6.86	0.17

출처: Global Financial Data

년부터 1931년까지의 소규모 주식 수익률을 살펴볼 필요가 있다. 불행하게도 당신 조부모들의 소규모 주식 포트폴리오는 대공황 시기에 거의 도움이 되지 못해서, 그들의 최초 투자 금액인 $100은 1932년에 $15에 불과하게 되었다. 85년이 지나서 보면, 소규모 주식 포트폴리오는 훌륭한 투자였지만, 1932년에는 큰 실수처럼 보였을 것이다. 아마도 이런 이유 때문에 당신의 조부모들은 당신을 위해 실제로 투자하지 않았을 것이다. 자신들의 소중한 손녀가 어느날 백만장자가 될 수 있다는 기쁨도, 실제로 돈이 필요할 때 투자금이 모두 날아가 버릴 수 있다는 괴로움을 보상하기는 어렵다.

투자자들은 위험을 싫어하기 때문에 위험을 감수하기 위해서는 위험 프리미엄을 요구한다는 일반적 원칙을 이제까지 확인해 왔다. 이 장에서 우리의 목적은 투자자가 대형 주식 포트폴리오를 보유함으로써 어느 정도의 위험은 제거할 수 있기 때문에, 모든 위험이 위험 프리미엄의 요구 대상은 아니라는 것을 이해하는 것이다. 이를 위하여 투자 위험과 수익률을 측정하는 방법들을 먼저 살펴보아야 한다.

개념확인

1. 역사적으로 볼 때, 어떤 투자 대안의 평균 수익률이 가장 좋았고, 어떤 투자 대안의 수익률 변동성이 가장 컸는가?
2. 투자자들이 위험 증권에 투자할 때, 왜 더 높은 수익률을 요구하는가?

11.2 주식의 과거 투자 위험과 수익률

이번 절에서는 과거의 주식 수익률 자료를 이용하여 평균 수익률과 투자 위험인 변동성을 계산하는 방법을 설명하고자 한다. 과거 수익률의 분포는 투자자들이 미래 수익률을 예측하기 위해 유용할 수 있다. 먼저, 과거 수익률 계산법부터 알아보자.

과거 수익률의 계산

개별 종목과 포트폴리오의 실현 수익률부터 알아보자. **실현 수익률(realized returns)**은 주어진 기간 동안 발생한 전체 수익률이다.

실현 수익률: 주어진 기간 동안 발생한 전체 수익률

개별 종목 투자의 실현 수익률 한 달 전에 어떤 주식에 $10을 투자하였다고 하자. 오늘 배당으로 $0.50을 받았고, 이 주식을 $11에 매도하였다. 이 경우 수익률은 얼마인가? 수익은 배당과 가격 변화의 두 원천으로부터 발생하였다. $0.50의 배당을 받았으므로 배당 수익률은 5%(= $0.50/$10)가 되고, 가격 변화인 $1로부터 수익률은 10%(= $1/$10)가 된다. 따라서 전체 수익률은 15%가 되었다.

$$수익률 = \frac{\$0.50}{\$10} + \frac{(\$11 - \$10)}{\$10} = 5\% + 10\% = 15\%$$

일반적으로, t일에 P_t의 가격으로 매입하였다고 가정하자. 이 주식이 $t+1$일에 Div_t+1의 배당을 주 고, $t+1$일에 이 주식을 P_{t+1}로 매도하였다면, 이 주식에 대한 현금흐름의 시간선은 다음과 같다.

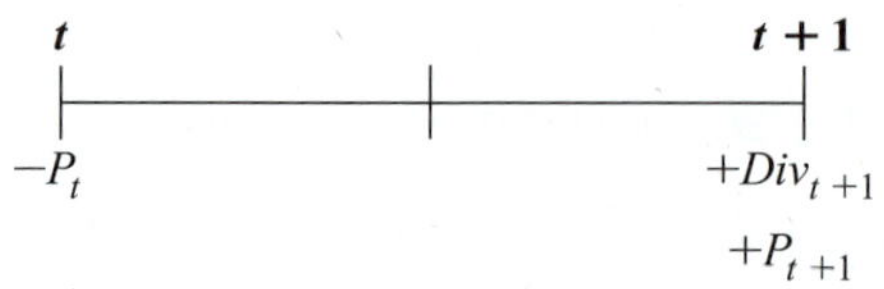

t 시점부터 $t+1$ 시점까지 당신의 주식 투자로부터 발생한 실현 수익률은 다음과 같이 계산된다.

$$R_{t+1} = \frac{Div_{t+1} + P_{t+1} - P_t}{P_t} = \frac{Div_{t+1}}{P_t} + \frac{P_{t+1} - P_t}{P_t}$$
$$= 배당\ 수익률 + 자본이득률 \quad (11.1)$$

t 시점부터 $t+1$ 시점까지의 실현 수익률은 배당 수익률과 자본 이익률을 반영하고 있다. 제7장 에서 언급하였듯이 이를 총수익률이라고도 한다. t일에 투자한 \$1에 대해서 $t+1$일에 $1+R_{t+1}$의 수익을 얻게 될 것이다. 어떤 증권에 대한 총수익률도 같은 방법으로 계산할 수 있는데, 배당을 당해 증권으로부터 발생하는 현금흐름으로 바꾸기만 하면 된다. 예를 들어, 채권의 경우에는

예제 11.1
실현 수익률

문제 *Problem*

마이크로소프트는 2004년 11월 15일에 \$3.08의 일회성 특별 배당을 지급하였다. 당신은 2004년 11월 1일에 마이크로소프트 주식을 \$28.08에 매입하여, 배당이 지급된 뒤 즉시 \$27.39에 주식을 매도하였다. 이 주식의 보유에 의한 실현 수익률은 얼마인가?

풀이 *Solution*

● **계획**

실현 수익률을 계산하기 위하여 식 11.1을 사용할 수 있다. 이를 위하여 매입가격인 \$28.08, 매도가격 \$27.39, 배당 \$3.08을 필요로 한다. 이제 계산할 준비가 됐다.

● **실행**

식 11.1을 이용하여 2004년 11월 1일부터 2004년 11월 15일까지의 수익률을 계산하면 다음과 같다.

$$R_{t+1} = \frac{Div_{t+1} + P_{t+1} - P_t}{P_t} = \frac{3.08 + (27.39 - 28.08)}{28.08} = 0.0851 \text{ 또는 } 8.51\%$$

8.51%는 배당 수익률과 자본 이익률로 나뉘어질 수 있다.

$$\text{배당 수익률} = \frac{Div_{t+1}}{P_t} = \frac{3.08}{28.08} = .1097 \text{ 또는 } 10.97\%$$

$$\text{자본 이익률} = \frac{P_{t+1} - P_t}{P_t} = \frac{27.39 - 28.08}{28.08} = -0.0246 \text{ 또는 } -2.46\%$$

- **평가**

이 수익률은 자본이익(여기서는 자본 손실)과 배당소득을 포함한다. 배당 및 자본이익 모두 전체 실현 수익률에 기여하게 된다.

배당 대신에 이표(coupon)를 사용하면 된다.

만약 첫 배당일을 넘어서 주식을 보유한다면, 수익률 계산을 위해서 배당이 어떻게 투자되는지를 정해야 한다. 개별 유가증권의 수익률에 초점을 맞추면, 모든 배당이 즉시 동일 주식이나 증권의 추가적인 매입을 위해 사용된다고 가정하면 된다. 이 경우에는 식 11.1을 사용하여 배당일 사이의 수익률을 계산하고, 다시 전체 기간에 대하여 복리로 계산하면 된다. 각 분기 말에 배당이 지급되고, 각 분기의 수익률이 R_1, R_2, R_3, R_4라고 할 때, 이 수식에 대한 각 분기의 수익률들은 다음과 같이 표시된다.

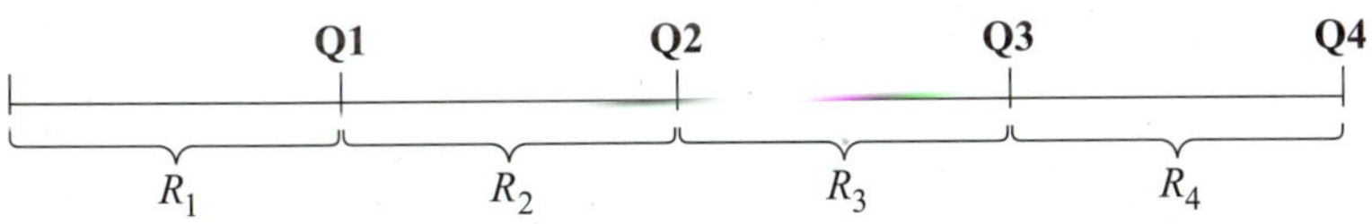

이 주식의 연 환산 실현 수익률 $R_{연}$은 다음과 같이 계산된다.

$$1 + R_{연} = (1 + R_1)(1 + R_2)(1 + R_3)(1 + R_4) \tag{11.2}$$

2004년 11월 1일에 마이크로소프트에 투자한 어떤 사람이 예 11.2에서 계산된 실현 수익률을 정확히 받을 것이라고 예측할 수는 없다. 관찰할 수 있는 어떤 해의 수익률은 그 해에 발생할 수 있는 가능한 모든 수익률 중의 하나에 불과하지만, 우리는 여러 해에 걸쳐서 실현된 수익률을 관

예제 11.2
실현 수익률의 복리화

문제 *Problem*

당신은 2004년 11월 1일에 마이크로소프트(MSFT) 주식을 매입하여 1년 동안 가지고 있다가 2005년 10월 31일에 매도하였다. 당신의 연 실현 수익률은 얼마인가?

풀이 *Solution*

- **계획**

마이크로소프트 주식을 가지고 있을 때 분기별 현금흐름을 분석해 보자. 현금흐름을 얻기 위해서 배당일뿐만 아니라 매입 및 매도일의 마이크로소프트 주가를 알아보아야 한다. (주가와 배당의 온라인 자료를 위해 제7장

과 이 책의 웹 사이트를 보시오.) 주가 자료로부터 다음과 같은 일자별 현금흐름을 만들 수 있다.

날짜	주가	배당
2004년 11월 01일	28.08	
2004년 11월 15일	27.39	3.08
2005년 02월 15일	25.93	0.08
2005년 05월 16일	25.49	0.08
2005년 08월 15일	27.13	0.08
2005년 10월 31일	25.70	

식 11.1을 이용하여 각 날짜 사이의 실현 수익률을 계산한다. 각 기간의 수익률을 계산하여 식 11.2에 의해 연 실현 수익률을 계산한다.

● 실행

예제 11.1에서 2004년 11월 1일부터 2004년 11월 15일까지의 실현 수익률을 이미 8.51%로 계산하였다. 그 예제에서와 마찬가지로 식 11.1을 사용하여 각 기간별 실현 수익률을 계산할 수 있다. 예를 들어, 2004년 11월 15일부터 2005년 2월 15일까지 실현 수익률은 다음과 같다.

$$R_{t+1} = \frac{Div_{t+1} + P_{t+1} - P_t}{P_t} = \frac{0.08 + (25.93 - 27.39)}{27.39} = -0.0504, \text{ 또는 } -5.04\%$$

다음의 표는 각 기간의 실현 수익률을 보여준다.

날짜	주가	배당	수익률
2004년 11월 01일	28.08		
2004년 11월 15일	27.39	3.08	8.51%
2005년 02월 15일	25.93	0.08	-5.04%
2005년 05월 16일	25.49	0.08	-1.39%
2005년 08월 15일	27.13	0.08	6.75%
2005년 10월 31일	25.70		-5.27%

위의 기간별 수익률들을 복리화하여 1년 수익률을 계산한다.

$1의 투자가 최종적으로 어떻게 변하는가를 보는 것이므로, 식 11.2의 방법을 사용하기 위하여 각 수익률에 1을 더해 주어야 한다. 첫 번째 수익률의 경우, 8.51%의 수익률은 1 + 0.0851 = 1.0851이 된다. 음(-)의 수익률인 경우에도 같은 방법에 의해 -5.04%는 1 + (-0.0504) = 0.9496이 된다. 연 실현 수익률을 계산하기 위해서는 이렇게 계산된 값들의 곱한 값에서 최초의 투자액인 $1을 차감하면 된다.

$$1 + R_{연} = (1 + R_1)(1 + R_2)(1 + R_3)(1 + R_4)(1 + R_5)$$

$$1 + R_{연} = (1.0851)(0.9496)(0.9861)(1.0675)(0.9473) = 1.0275$$

$$R_{연} = 1.0275 - 1 = 0.0275 \text{ 또는 } 2.75\%$$

● **평가**

이런 과정을 되풀이하여 마이크로소프트 주식의 1년 실현 수익률을 성공적으로 계산하였다. 이 연습으로부터 수익률들이 위험성이 있다는 것을 알 수 있다. 위험성이 있다는 말은 시간에 따라 예측하기 어렵게 변한다는 의미다. 마이크로소프트의 각 기간별 수익률들은 등락을 하다가, 결국 1년 실현 수익률은 2.75%로 마감하였다.

찰할 수 있다. 이 실현된 수익률들을 여러 개로 나누어진 구간별로 배치하면 수익률 분포를 그릴 수 있다. 표 11.1의 자료를 가지고 이 과정을 설명해 보기로 하자.

표 11.1에 나타난 각 투자 대안들의 연수익률을 가지고 그림 11.2에 히스토그램을 그려 보았다. 이 히스토그램에서 각 막대의 높이는 연수익률들이 x축에 나타난 각 구간에 포함된 연도들의 횟수다. 단기국채에 비해 주식 수익률들이 매우 변동이 심하다는 것을 알 수 있다.

그림 11.2 미국의 대규모 주식(S&P 500), 소규모 주식, 회사채, 미국 단기 국채의 연별 수익률 분포(1926~2015년)

각 막대의 높이는 연별 수익률이 각 범위에 속한 개수를 의미한다. 예를 들어, 미국 단기국채 도표에서 가장 긴 막대는 3개월 단기국채 연별 수익률이 0에서 5% 사이에 있는 연수가 50%를 넘어서고 있다는 것을 보여준다. 회사채나 단기국채 수익률과 비교할 때, 주가 수익률(특히 소규모 주식의 경우)은 변동성이 크게 나타나고 있다.

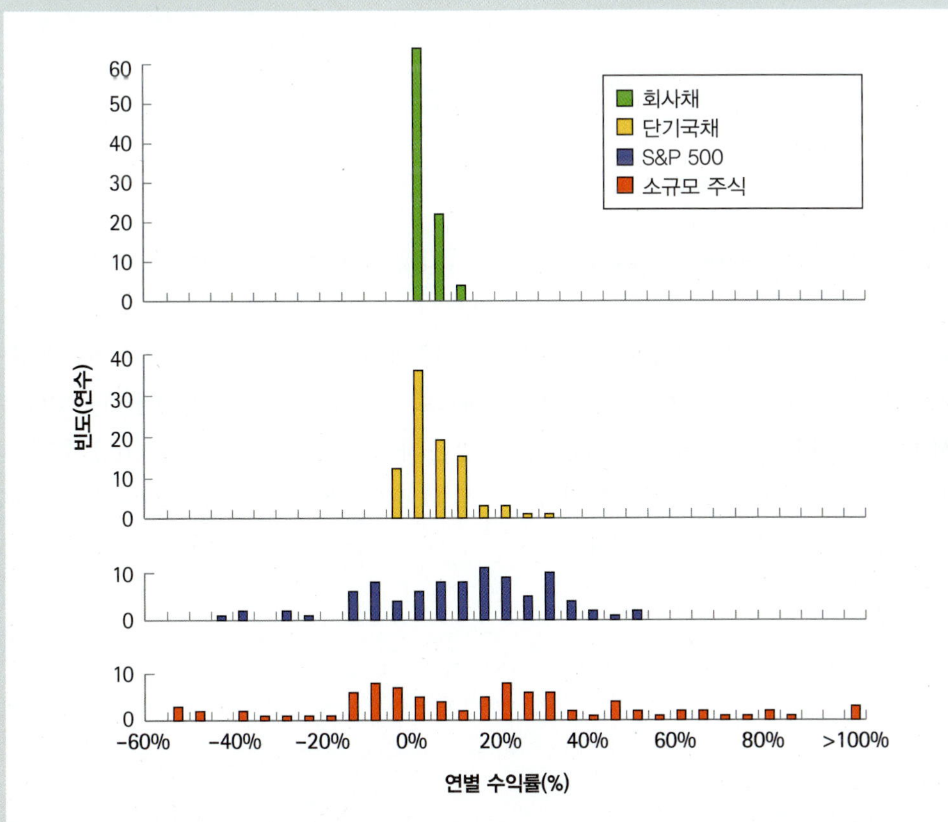

연평균 수익률

그림 11.2에 나타난 각 증권들의 가능한 수익률 분포로부터 평균적으로 가장 잘 발생할 것 같은 수익률을 알고 싶을 수 있다. 어떤 과거의 기간 동안 투자의 **연평균 수익률(average annual return)**은 매년 실현 수익률들의 평균값이다. R_t가 t 연도 당해 증권의 실현 수익률이라고 할 때, 1년부터 T년까지의 연평균 수익률은 다음과 같이 계산된다.

연평균 수익률: 각 기간별 투자 수익률들의 산술평균

증권의 연평균 수익률

$$\overline{R} = \frac{1}{T}(R_1 + R_2 + \cdots + R_T) \tag{11.3}$$

가능한 수익률의 분포가 시간에 관계없이 동일하다면 평균 수익률은 어떤 해 기대 수익률의 추 정치로 사용할 수 있을 것이다. 이러한 아이디어는 수익률에 국한된 것은 아니다. 예를 들어, 스 타벅스의 매니저가 오늘 방문할 고객의 수를 정확히 알 수는 없지만, 과거의 평균 방문 고객 수 를 살펴보면 필요한 직원의 수와 재고의 양을 추정할 수 있다.

식 11.3을 사용하여 2005년부터 2009년까지의 S&P 500 평균 수익률을 계산해 보자. 연수익률들은 다음과 같다.

2005	2006	2007	2008	2009
4.9%	15.8%	5.5%	−37.0%	26.5%

이때, 평균 수익률은 다음과 같이 계산된다.

$$\frac{1}{5}(4.9\% + 15.8\% + 5.5\% - 37.0\% + 26.5\%) = 3.1\%$$

같은 기간 동안 단기국채의 평균 수익률은 2.0%이었다. 따라서 투자자들은 같은 기간 동안에 단기국채가 아닌 S&P 500을 보유함으로써 평균적으로 연 1.1%(= 3.1% - 2.0%)를 더 벌었다. 여기서 평균은 5년의 기간에 걸쳐 계산되었다. 더 많은 자료를 사용하여 분포의 평균을 추정한다면 당연히 추정의 정확성은 더 증가할 것이다. 그림 11.3은 1926년부터 2012년까지의 투자 대안별 평균 수익률을 제시하여 주고 있다.

산술평균 수익률 대 연평균 복리 수익률

그림 11.1에서 1925년 말에 S&P 500에 투자되었던 $100이 20015년 말에 $487,210으로 증가하였음을 알았다. 그 투자에 대한 연평균 복리 수익률을 알고 싶다면? 그 질문은 $100이 90년 동안 얼마의 수익률로 성장하여야 $487,210가 되는가와 같다. 미래 가치에 대한 공식은 다음과 같다.

$$FV = PV\,(1 + R)^n$$

따라서 $\$487{,}210 = \$100(1 + R)^{90}$ 가 된다.

이 식을 R에 대해서 풀면 R은 9.894%가 된다.

하지만 그림 11.3이 보여주는 바와 같이, 이 기간 중에 S&P 500의 연평균 수익률은 11.84%이었다. 두 답이 어떻게 다를 수 있는가?

그 차이는 수익률이 변동적이기 때문이다. 변동성의 효과를 알기 위하여, 어떤 투자가 올해에 20%의 수익률을, 다음 해에는 −20%를 가진다고 하자. 이 경우 평균 수익률은 다음과 같다.

$$\frac{20\% + (-20\%)}{2} = 0\%$$

하지만 투자된 $1의 2년 후 가치는 $0.96이 된다.

$$\$1 \times (1 + 0.20) \times (1 - 0.20) = \$0.96$$

즉 투자자가 손실을 본다는 것을 의미한다. 왜 그런가? $1 투자에 대한 20%의 수익은 ¢20이지만, $1.20의 투자에 대한 20%의 손실은 더 크기 때문이다. $1.20의 20% 손실은 ¢24이다.

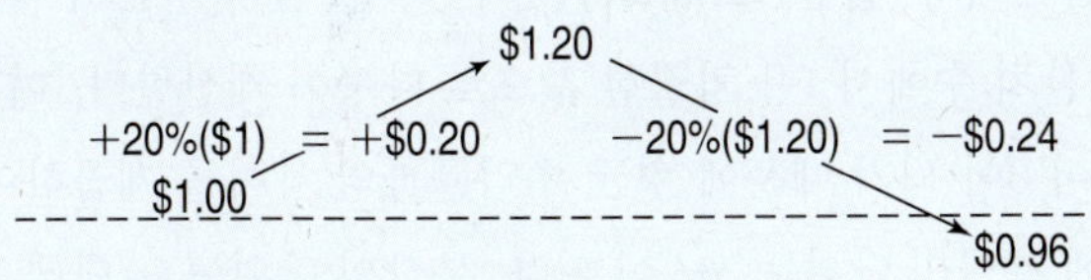

이 경우에, 연평균 복리 수익률은

$$\$0.96 = \$1(1 + R)^2$$

이를 R에 대해 풀면

$$R = (0.96)^{1/2} - 1 = -2\%$$

S&P 500의 $100 투자에 있어서 실제 수익에 해당하는 연평균 복리 수익률은 9.9%이지만, 산술평균 수익률은 11.84%가 된다.

어떤 것이 투자 수익률로서 더 좋을까? 연평균 복리 수익률이 투자의 장기 과거 성과에 대해 더 좋은 척도다. 이것은 정해진 과거 수익률에 대한 연평균 복리 수익률이다. 서로 다른 투자의 장기 성과는 연평균 복리 수익률의 순위와 일치한다. 따라서 연평균 복리 수익률은 비교 목적상 가장 흔하게 쓰이고 있다. 예를 들어, 뮤추얼 펀드는 일반적으로 지난 5년 또는 10년에 대해 연평균 복리 수익률을 보고하고 있다.

한편, 과거 성과에 기초하여 미래의 투자 기대 수익률을 추정하려고 할 때에는 산술평균 수익률이 사용되어야 한다. 과거의 연별 수익률을 같은 모집단에서 추출된 독립된 실제 수익률의 실현값이라고 본다면, 통계학적으로 산술평균 수익률이 가장 훌륭한 추정치가 된다. 위의 투자로부터 미래에 +20%와 −20%의 연별 수익률이 동일한 확률로 나타난다면, $1 투자에 대한 2년 뒤의 보상은 다음과 같다.

25%의 경우 : $1 × (1.20) × (1.20) = $1.44

50%의 경우 : $1 × (1.20) × (0.80)

= (0.80) × (1.20) = $0.96

25%의 경우 : $1 × (0.80) × (0.80) = $0.64

따라서 기대 보상은

$$25\%(1.44) + 50\%(0.96) + 25\%(0.64) = \$1$$

이 되는데, 이는 산술평균 수익률 0%와 정합성이 있다.

그림 11.3
미국의 소규모 주식, 대규모 주식(S&P 500), 회사채 및 단기국채의 산술평균 수익률(1926~2015년)

각 막대는 투자의 평균 수익률을 나타낸다.

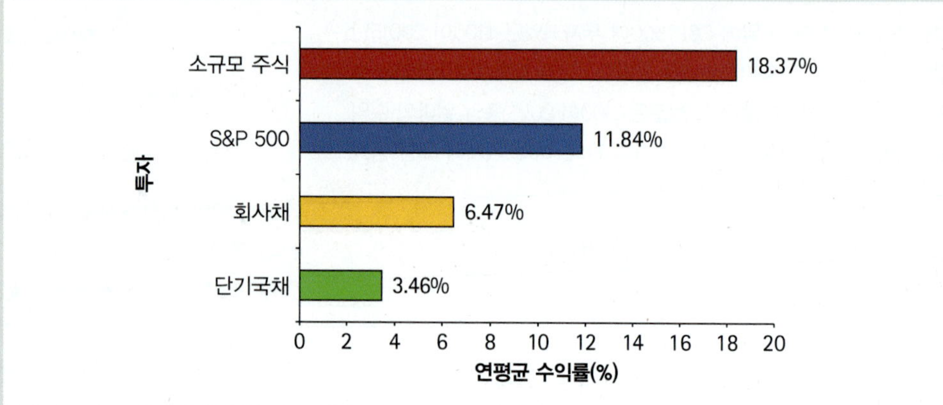

분산과 수익률의 변동성

그림 11.2를 보면 수익률의 변동성이 각 투자 대안마다 매우 다르다는 것을 알 수 있다. 소규모 주식들의 수익률 분포는 가장 넓게 퍼져 있다. 만약 이 주식들에 투자했다면 어떤 해에는 50%의 손실을 보고, 어떤 해에는 100% 이상의 이익을 얻었을 수도 있다. S&P 500 대규모 주식들의 수익률은 소규모 주식들보다 변화의 폭이 작지만, 회사채나 단기국채보다는 변화의 폭이 더 크다. 이와 같이 그림으로 각 투자 대안들의 수익률 변화 정도를 알 수도 있지만, 이를 수치화해서 나타낸다면 더 쉽고 간단한 표현 방법이 될 것이다. 수익률의 변화 정도를 알기 위하여 흔히 사용하는 방법은 실현 수익률 분포의 표준편차를 계산하는 것이다. **표준편차(standard deviation)**란 실현 수익률 분포 분산의 (양의) 제곱근이다. **분산(variance)**은 각 수익률들과 평균 수익률의 차이를 제곱하여 모두 더하고, 이를 관찰치 수에서 1을 차감한 값으로 나누어 계산한다. 여기서 제곱을 하지 않으면 모든 차이들의 합이 0이 되기 때문에 평균 수익률과의 차이를 제곱하여 사용한다. 수익률 차이를 제곱하기 때문에 분산의 단위는 "$\%^2$"이 된다. 분산의 단위는 $\%^2$인데 $\%^2$이라는 단위는 일반적인 유용성이 떨어지므로, 단위가 %인 표준편차를 사용하는 것이 편리하다.

표준편차: 확률 분포의 위험을 측정하기 위해 사용되는 일반적인 방법으로, 분산의 (양의) 제곱근 값이다.

분산: 수익률의 변동성을 측정하는 방법으로, 수익률과 평균 차이 제곱의 기대치이다.

조금 추상적일 수 있지만, 표준편차는 과거의 수익률들이 그들의 평균과 얼마나 다른가와 얼마나 멀리 떨어져 있는가를 보여준다. 따라서 표준편차는 직관적인 의미에서 투자 위험을 나타낸다고 할 수 있다. 분산을 계산하는 방법은 다음과 같다.[2]

2) 여기서 T 대신에 왜 T -1로 나누는지에 대해 의문을 제기할 수 있다. 그 이유는 편차를 계산할 때 모집단의 실제 평균으로부터 계산하는 것이 아니기 때문이다. 즉 추정된 평균인 R 로부터 편차를 계산한다. 평균 수익률이 자료로부터 추정되기 때문에 자료로부터 이미 한 개의 정보를 사용한 것이고, 이는 통계학적 의미에서 자유도를 한 개 잃어버린 것이다. 따라서 분산을 계산하기 위하여 사용 가능한 관찰치는 T -1이 된다. 더 이상의 설명은 수리통계학의 영역이므로 생략하기로 한다.

실현 수익률을 이용한 분산의 추정

$$Var(R) = \frac{1}{T-1}[(R_1 - \bar{R})^2 + (R_2 - \bar{R})^2 + \cdots + (R_T - \bar{R})^2] \quad (11.4)$$

예제 11.3
과거 변동성의 계산

문제 *Problem*

아래의 자료를 이용하여 2005~2009년 기간의 S&P 500 수익률 표준편차를 구하시오.

2005	2006	2007	2008	2009
4.9%	15.8%	5.5%	−37.0%	26.5%

풀이 *Solution*

● **계획**

다섯 개의 수익률을 식 11.3에 대입하여 표준편차 계산의 입력 요소인 평균 수익률을 계산한다. 식 11.4를 이용하여 분산을 구하고, 식 11.5와 같이 표준편차를 구하기 위하여 제곱근을 취한다.

● **실행**

앞 절에서 이미 S&P 500의 연평균 수익률을 3.1%로 계산하였기 때문에 분산 계산을 위해 필요한 요소는 충분하다. 식 11.4를 다음과 같이 적용한다.

$$\begin{aligned} Var(R) &= \frac{1}{T-1}[(R_1 - \bar{R})^2 + (R_2 - \bar{R})^2 + \cdots + (R_T - \bar{R})^2] \\ &= \frac{1}{5-1}[(.049 - .031)^2 + (.158 - .031)^2 + (.055 - .031)^2 \\ &\quad + (-.370 - .031)^2 + (.265 - .031)^2] \\ &= .058 \end{aligned}$$

다른 방법으로는, 이 식의 계산을 다음과 같이 분해하는 것이 있다.

	2005	2006	2007	2008	2009
수익률	0.049	0.158	0.055	−0.37	0.265
평균	0.031	0.031	0.031	0.031	0.031
차이	0.018	0.127	0.024	−0.401	0.234
제곱	0.000	0.016	0.001	0.161	0.055

마지막 행에 있는 차이 제곱 값들을 모두 더하면 0.233이 된다.

마지막으로, 이 값을 5 − 1 = 4로 나누면 0.233/4 = 0.058이 된다. 따라서 표준편차는 다음 계산에 의해 0.241(24.1%)이 된다.

$$SD(R) = \sqrt{Var(R)} = \sqrt{.058} = 0.241 \text{ 또는 } 24.1\%$$

● **평가**

S&P 500의 기대 수익률에 대한 최선의 추정치는 평균 수익률인 3.1%이지만, 표준편차가 24.1%이기 때문에 위험성이 있다.

일반적인 실수 **표준편차를 계산할 때의 실수들**

예제 11.3으로부터 표준편차를 계산할 때 종종 발생하는 두 개의 오류를 지적할 수 있다.

1. 분모에서 수익률의 개수로 나누는 것이 아니라, 수익률의 개수에서 1을 차감한 (T–1)을 사용해야 한다.
2. 표준편차를 얻기 위해서 분산에 제곱근을 취하는 것을 잊지 말아야 한다. 분산을 구하는 것으로 끝나는 것이 아니라 제곱근을 취하는 과정을 더 진행해야 한다.

우리가 변동성이라고 부르는 표준편차는 분산의 (양의) 제곱근이다.[3]

$$SD(R) = \sqrt{Var(R)} \tag{11.5}$$

여기서 통계적 검토의 목적은 그림 11.2에서 분포의 퍼짐 차이를 계량화하는 것이다. 표 11.1의 각 투자 대안별로 수익률 표준편차를 계산하면 이 목적을 달성할 수 있는데, 그 결과가 그림 11.4에 나타나 있다.

그림 11.4의 표준편차를 비교해 보면, 예상하였듯이 소규모 기업들의 과거 수익률이 가장 큰 변동성을 가지고 있고, 그 다음이 대규모 기업들이다. 회사채와 단기국채의 수익률들은 주식들에 비해 훨씬 작은 변동성 값들을 가지고, 그중에서도 단기국채가 가장 변동성이 작은 투자 대안임을 알 수 있다.

정규분표

정규분포: 평균과 표준편차에 의해 특성이 완전히 설명되는 좌우 대칭 확률분포. 모든 가능한 결과의 95%가 평균을 중심으로 2 표준편차 범위([평균–2SD,평균+2SD]) 에 들어 온다.

그림 11.4에서 계산한 표준편차는 투자 대안별로 위험의 순위를 정하는 것보다 훨씬 유용성이 크다. 표준편차는 그림 11.5의 **정규분포(normal distribution)**를 설명하는 데 있어서 매우 중요한 역할을 하는데, 정규분포는 평균과 표준편차에 의해 특성이 완전히 설명되는 좌우 대칭 확률분포다. 중요한 것은 평균을 중심으로 아래 위의 1 표준편차 범위 안에 2/3의 수익률 값들이 포함되고, 2 표준편차 범위 안에는 95%의 수익률 값들이 포함된다는 것이다. 그림 11.5는 소규 모 주식들에 대한 수익률 값들의 결과를 보여주고 있다.

엑셀 사용하기 **과거 수익률의 표준편차 계산**

1. 과거 수익률을 엑셀에 입력하거나 옮겨 오시오.
2. 표준편차를 표시하고 싶은 셀을 클릭하여 강조하고, "삽입(Insert)" 메뉴에서 "Function(함수)"을 선택하시오.
3. "STDEV(표준편차)"를 선택한다. 그리고 표준편차 계산의 대상이 되는 수익률들을 강조하여 표시하고 "OK(확인)"를 클릭한다.

---

3) 식 11.4에서 사용한 수익률이 연수익률이 아닐 경우에는 1년에 존재하는 수익률의 수를 곱하여 분산을 연율화 하여야 한다. 월별 수익률을 사용했다면 12를 곱해 주면 되고, 표준편차일 경우에는 $\sqrt{12}$를 곱하면 된다.

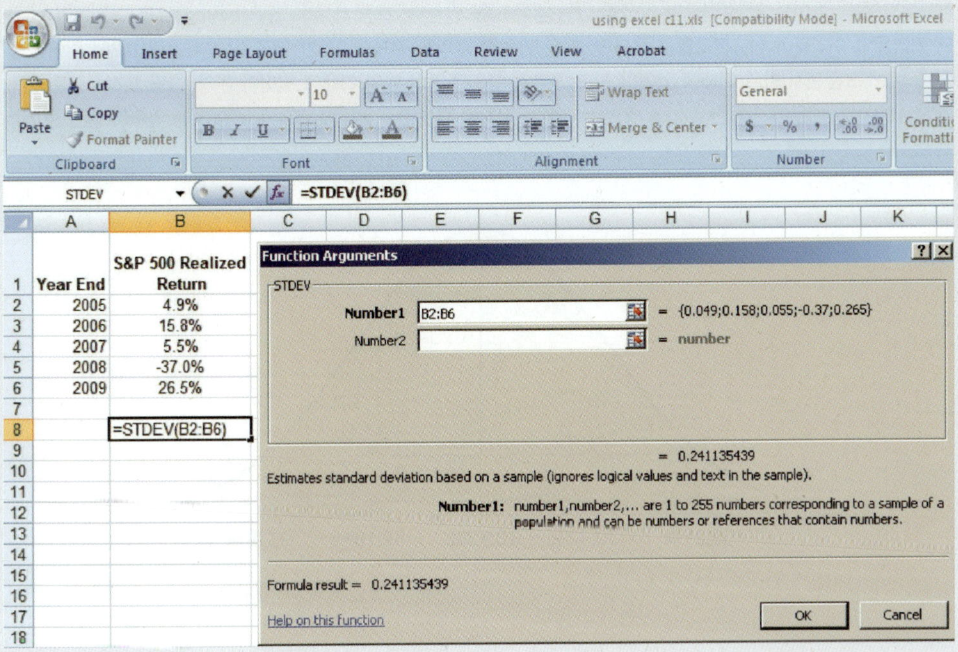

4. 당신이 STDEVP 함수가 아닌 STDEV를 사용했는가를 확인하시오. STDEV는 식 11.4와 식 11.5처럼 T−1로 나누어서 표본 표준편차를 계산한다. STDEVP는 당신이 확실한 모수인 평균 값을 알고 있다고 가정하여 T로 나눠 표준편차를 계산하는데, 이를 모표준편차라고 한다. 이 확인 절차는 매우 중요한데, 이에 대한 자세한 설명은 각주 2를 보시오.

각 막대는 투자 수익률의 표준편차를 나타낸다.

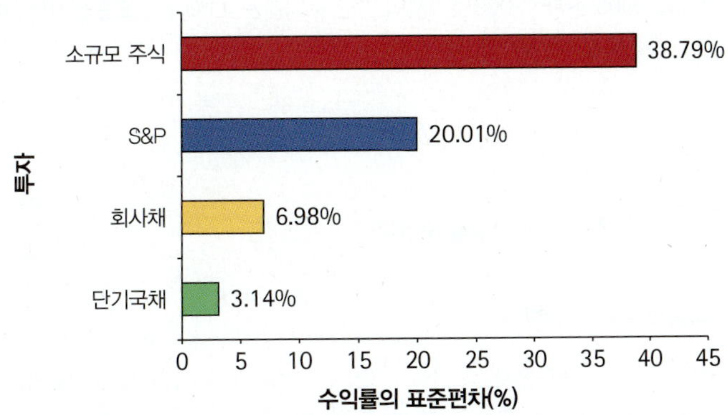

그림 11.4 미국의 소규모 주식, 대규모 주식(S&P 500), 회사채, 단기국채의 변동성(표준편차)(1926~2015년)

그림 11.5
정규분포

정규분포 선의 높이는 각 수익률이 발생할 가능성(우도)을 말한다. 그림 11.3과 그림 11.4의 자료를 이용하여, 소규모 기업들의 수익률이 정규분포를 따른다면, 모든 가능한 수익률 결과의 2/3가 평균 18.37%(그림 11.3에 주어짐)를 중심으로 1 표준편차 범위 이내에 있어야 하고, 95%는 2 표준편차 범위 이내에 있어야 한다. 그림 11.4는 표준 편차가 38.79%이기 때문에 가능한 수익률 결과의 95%가 색칠된 부분인 − 59.21%에서 +95.95%에 있어야 함을 보여주고 있다.

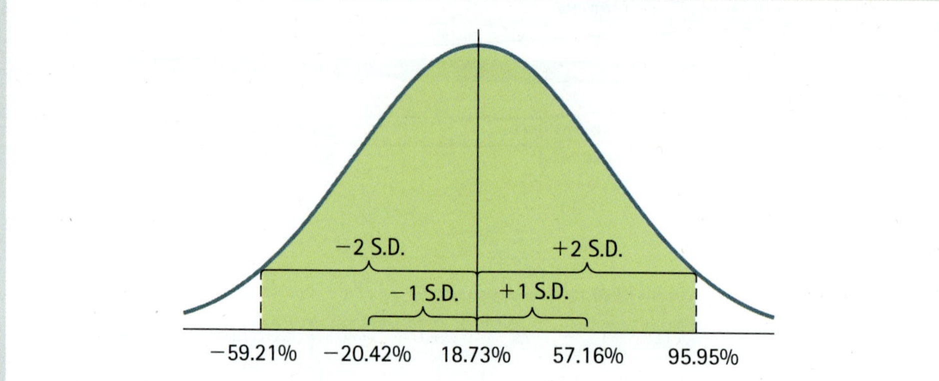

내년 수익률이 평균을 중심으로 2 표준편차 이내의 범위에 95%의 확률로 포함될 것이기 때문에, 95%의 예측 구간(prediction interval)을 [평균 - 2 × 표준편차]에서 [평균 + 2 × 표준편차]라고 얘기한다.

$$\text{평균} \pm (2 \times \text{표준편차})$$
$$\overline{R} \pm (2 \times SD(R)) \tag{11.6}$$

예제 11.4
예측 구간

문제 *Problem*

예제 11.3에서 S&P 500의 2005년부터 2009년까지의 평균 수익률은 3.1%이고, 표준편차는 24.1%임을 알았다. 2010년 수익률에 대한 95% 예측 구간은 얼마인가?

풀이 *Solution*

- **계획**

예측 구간을 계산하기 위하여 식 11.6을 사용할 수 있다.

- **실행**

식 11.6을 이용하여 다음과 같이 계산한다.

$$\text{평균} \pm (2 \times \text{표준편차}) = 3.1\% - (2 \times 24.1\%) \sim 3.1\% + (2 \times 24.1\%)$$
$$= -45.1\% \sim 51.3\%$$

- **평가**

2005년부터 2009년까지의 평균 수익률이 3.1%이지만, S&P 500은 변동성이 있다. 따라서 2010년 수익률에 대한 95%의 신뢰성을 원한다면, 우리가 말할 수 있는 최선의 답은 − 45.1%에서 +51.3에 있을 것이라고 하는 것이다.

표 11.2는 이 절에서 제시한 주요 개념과 수식들을 요약하여 보여주고 있다. 과거의 평균과 변동성을 계산하는 것은 과거의 성과를 보고 미래의 성과를 추론하는 과정이다. 물론, 과거로부터 미래를 예측하는 것은 불확실성을 내포하게 된다. 다음 절에서는 불확실성에 대해 공부해 보기로 하자.

표 11.2
과거 수익률 분석 방법의 정리

개념	정의	공식
실현 수익률	특정 기간의 총(전체)수익률	$R_{t+1} = \dfrac{Div_{t+1} + P_{t+1} - P_t}{P_t}$
연평균 수익률	매년 실현 수익률의 평균	$\bar{R} = \dfrac{1}{T}(R_1 + R_2 + \cdots + R_T)$
수익률 분산	수익률 변동성의 지표	$Var(R) = \dfrac{1}{T-1}[(R_1 - \bar{R})^2 + (R_2 - \bar{R})^2 + \cdots + (R_T - \bar{R})^2]$
수익률의 표준편차 또는 변동성	분산의 (양의) 제곱근 (평균과 같은 단위인 "%"로 표현됨)	$SD(R) = \sqrt{Var(R)}$
95% 예측 구간	95% 신뢰할 수 있는 다음 기 수익률의 범위	$\bar{R} \pm 2 \times SD(R)$

개념확인

3. 과거 주가수익률 평균과 표준편차를 사용하는 목적이 무엇인가?
4. 과거 주가수익률 표준편차가 다음 기 수익률 예측의 신뢰성에 어떻게 영향을 미치는가?

11.3 투자 위험과 수익률의 역사적 관계

당신은 추가적인 보상 없이 추가적인 위험을 감수할 의도가 있는가? 다시 말하면, 더 높은 수익의 가능성이 없는데도 더 위험한 투자 대안을 추구할 것인가? 대부분의 경우 이 질문에 대한 대답은 "아니요"이다. 이 절에서는 역사적으로 투자자들이 위험과 보상의 역사적 관계를 "아니요"라는 답변처럼 행동하였는가를 알아보기 위하여, 위험(가격 또는 수익률의 변동성)과 보상(수익률)의 관계를 살펴보고자 한다.

대형 포트폴리오의 수익률

그림 11.3과 그림 11.4는 여러 투자 대안들에 대한 과거의 평균 수익률과 변동성을 보여주었다. 그림 11.6은 앞의 네 가지의 미국 투자 대안들과 전세계 포트폴리오 및 개별 주식들에 대해 과거 평균 수익률과 변동성의 관계를 보여주고 있다. 표준편차로 계산된 변동성이 더 높은 투자 대안들은 더 높은 평균 수익률을 제공한다. 그림 11.6은 투자자들이 위험 회피적이라는 견해와 일치하는 모습을 보여주고 있다. 위험이 더 높은 투자는 감수해야 하는 위험을 보상하기 위하여 더 높은 평균 수익률을 제공해야 한다.

개별 주식들의 수익률

그림 11.6은 위험 프리미엄의 간단한 모형을 제시하고 있다. 높은 변동성을 가지는 투자 대안들은 높은 위험 프리미엄을 가지므로 높은 수익률을 가져야 한다. 그림 11.6을 보면 포트폴리오들을 연결하는 직선을 그려서 그 선 또는 근처에 모든 투자 대안들이 위치해 있음을 알 수 있다. 말하자면 기대 수익률이 변동성에 비례하여 상승해야 한다는 것이다. 이 결론은 우리가 살펴보았던 대형 포트폴리오에 대해서는 거의 옳은 것처럼 보인다. 그렇다면 정말로 그 결론이 옳을까? 개별 주식들에도 그런 결론이 적용될 수 있을까?

사실, 두 질문에 대한 대답은 '아니요'이다. 개별 주식 수익률과 변동성의 관계에 대해서는 명확하게 밝혀진 바가 없다. 개별 주식의 변동성과 수익률을 보면, 명백한 관계가 없다는 것을 그림 11.7이 보여주고 있다. 각 점은 미국에서 N번째 큰 주식에 투자할 경우의 변동성과 평균 수익률을 나타내고 있다.(N은 1에서 500까지이며, 순서는 매년 변경됨.) 개별 주식 수익률과 위험의 관계를 밝히기 위해서는 더 많은 연구가 이루어져야 하겠지만, 다음의 관계들은 성립한다.

1. 기업 규모와 위험 간에는 상호 관계가 존재하는데, 평균적으로 대규모 주식들이 소규모 주식들에 비하여 낮은 변동성을 가진다.
2. 대규모 개별 주식도 대개 S&P 500과 같은 대규모 주식 포트폴리오보다는 변동성이 더 크다.
3. 그림 11.6의 모든 개별 주식들은 포트폴리오들보다 수익률이 더 작거나 위험이 더 높다. 그림 11.6에서 개별 주식들은 모두 포트폴리오를 연결하는 직선보다 아래 부분에 위치하고 있다.

변동성(또는 표준편차)은 대형 포트폴리오를 평가함에 있어서 합리적인 위험 척도지만, 개별 증권들의 변동성은 평균 수익률의 크기를 설명하지 못한다. 개별 주식의 경우 왜 투자자들은 더 높은 변동성에 대해 더 높은 수익률을 요구하지 않는 것일까? 500개의 대형 주식 포트폴리오인 S&P 500은 거의 모든 500개 종목 각각보다 위험이 더 작을까? 이 질문들에 답변하기 위해서는 위험 측정에 대해 좀 더 신중하게 생각할 필요가 있다.

그림 11.6
대형 포트폴리오의 위험과 수익률의 과거 상충관계(1926–2014)

대형 포트롤리오에 대해서 역사적 변동성과 평균 수익률 사이에 일반적인 증가 관계가 있음을 상기하자. 그림 11.1에 추가적으로 포함된 것은 모두 미국 주식의 규모 중간값을 초과하는 것부터 10%의 주식으로 구성된 중형 포트폴리오이다. (1926–2014년 자료)

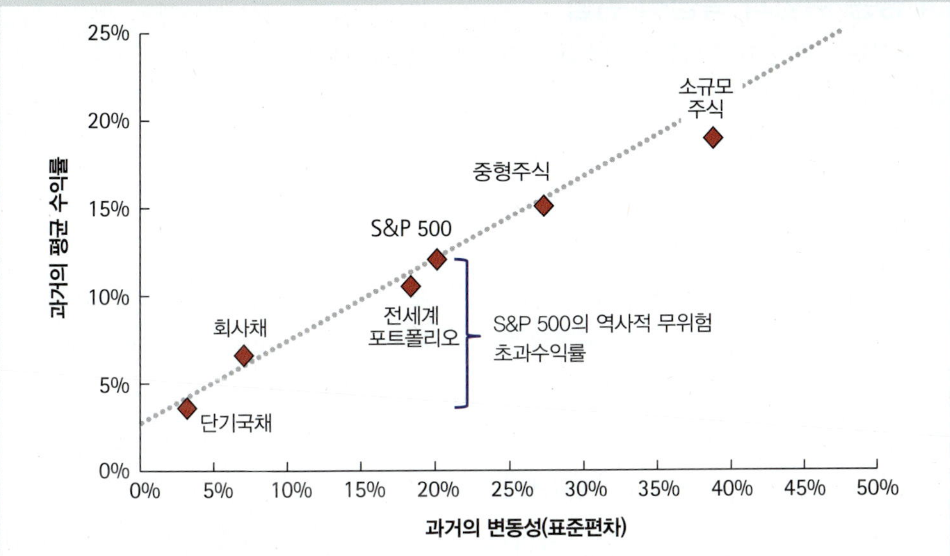

출처: CRSP, Morgan Stanley Capital International

그림 11.7
연별로 규모에 의해 배열된 500개 개별 주식의 역사적 변동성과 수익률

대규모 포트폴리오의 경우와는 달리, 개별 주식의 경우에는 변동성과 평균 수익률 사이에 정확한 관계가 존재하지는 않는다. 개별 주식은 대규모 포트포리오보다 높은 변동성과 낮은 평균 수익률을 가진다

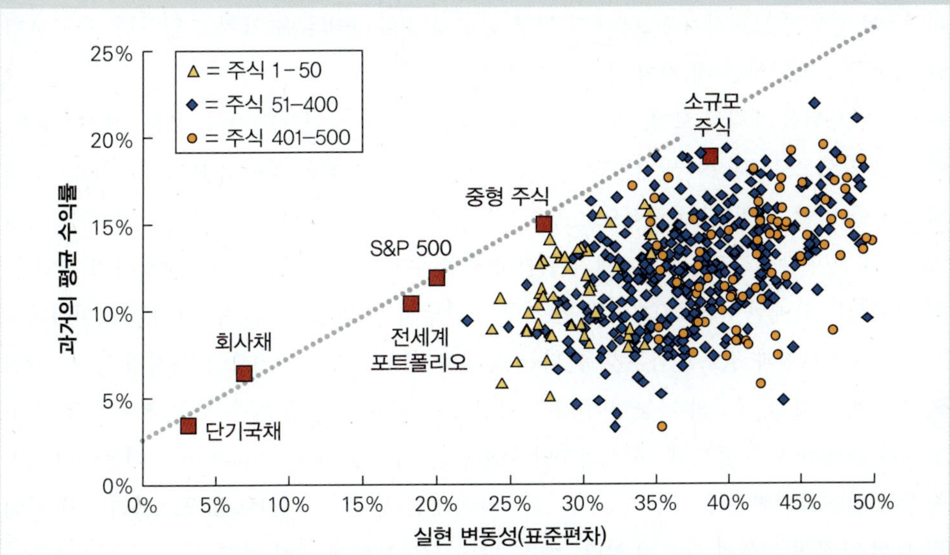

출처: CRSP

개념확인
5. 대형 포트폴리오의 경우 투자 위험과 수익률의 관계는 무엇인가? 개별 주식들의 경우는 어떻게 다른가?
6. 포트폴리오와 포트폴리오에 포함된 주식들 중 어떤 것이 더 작은 변동성을 가지는가?

11.4 공통 위험과 독립적 위험

이 절에서는 개별 증권의 위험이 비슷한 증권들로 구성된 포트폴리오의 위험과 다른 이유를 설명하고자 한다. 보험 상품의 포트폴리오가 그것들을 제공하는 보험사를 위해 어떻게 작용하는지를 이해하기 위하여 보험 산업의 예를 들어 설명하고자 한다.

절도보험과 지진보험: 예

보험사가 제공할 수 있는 두 개의 가정 보험을 생각해 보자. 절도보험과 지진보험의 예를 들어 보자. 설명의 목적상 샌프란시스코 지역의 가정에 대해서 이 두 사고의 위험은 비슷할 것이다. 즉 매년 가정이 절도를 당할 가능성은 1% 정도고, 지진 피해를 입을 가능성도 1%다. 이 경우에 보험사가 어떤 가정에 대해 보험금을 지급할 확률은 두 사고에 대해서 같다고 할 수 있다. 어떤 보험사가 샌프란시스코의 주택 소유자들에게 각각의 보험을 100,000개씩 판매하였다고 가정하자. 각 보험의 위험이 비슷하다는 것은 알지만, 100,000개 보험으로 구성된 포트폴리오의 위험도 비슷할 것인가?

먼저, 절도보험을 생각해 보자. 어떤 가정의 절도 가능성이 1%이므로, 100,000 가정의 1%가 절도를 당할 것이라고 기대할 수 있다. 따라서 절도보험금의 청구는 1년에 1,000개 정도가 될 것이다. 매년 실제 보험금 청구 건수는 약간 많거나 적을 수 있겠지만 그렇게 많이 다르지는 않을 것이다. 이 경우에 보험사가 1,200개의 청구 건수에 대한 준비금을 가지고 있다면, 절도보험에 대한 보험금을 지급하는 데 거의 확실히 충분할 것이다.

이제 지진보험을 생각해 보자. 지진이 발생하지 않을 가능성이 99%이다. 모든 가정이 같은 도시에 살고 있으므로, 지진이 발생한다면 모든 가정이 영향을 받을 것이고 보험사는 100,000개의 보험 청구를 당할 수 있다. 결과적으로 보험사는 0개의 청구나 100,000개의 청구 건수를 기대할 수 있다. 지진이 발생하면 100,000개의 보험 청구 건수가 있을 수 있으므로, 보험사가 책임을 다하기 위해서는 판매한 100,000개의 보험 청구를 감당할 수 있는 준비금을 가지고 있어야 한다.

따라서 지진보험과 절도보험은 아주 다른 특성을 가지는 포트폴리오를 가지게 된다. 지진보험의 경우에는 보험 청구의 가능성이 매우 위험하다. 즉 대부분의 경우 보험 청구가 없겠지만, 보험사가 판매한 모든 보험에 대해 엄청난 보험금을 지급할 가능성이 1%이기 때문이다. 1%의 가능성이 현실화되면 보험사가 입는 손실은 막대해진다. 결국 지진보험 포트폴리오의 위험은 개별 보험 각각의 위험과 다르지 않다. 한편, 매년 절도보험에 대한 보험 청구 건수는 예측하기 아주 쉽다. 연도에 관계없이 절도보험의 청구 가능성은 1%에 가까울 것이므로 1,000개의 보험 청구 건수가 있을 것이다. 따라서 절도보험 포트폴리오는 거의 위험이 없다! 말하자면, 보험사의 보험금 지급은 거의 안정적이고 예측 가능하다는 것이다.

위험의 유형

개별 보험의 위험이 비슷할 때 보험 포트폴리오의 위험이 왜 다른가? 직관적으로 생각하면, 그 차이의 원인은 지진이 모든 가정에 동시적으로 영향을 미친다는 것이다. 즉 지진에 의한 위험 이 모든 가정에 연계되어 있기 때문이다. 이는 모든 가정이 피해를 보거나 아니면 어떤 가정도 피해를 입지 않는다는 것을 의미한다. 이렇게 연계되어 있는 위험을 **공통 위험**(common risk) 이라고 부른다. 이에 비하여, 각 가정의 절도 발생은 다른 가정과 연계되어 있지 않다. 즉 어떤 가정이 절도 피해를 입는다고 해서 다른 가정이 절도 피해를 입는 것에 영향을 미치지 않는다는 것이다. 절도의 위험과 같이 각 가정끼리 연계되지 않을 경우를 **독립적 위험**(independent risk) 이라고 부른다. 위험이 독립적인 경우에는 어떤 가정은 운이 안 좋고 어떤 가정은 운이 좋지만, 전체적인 보험 청구 건수는 비슷하게 된다. 이렇게 대형 포트폴리오에 의해 위험을 평준화시키는 것을 **분산**(diversification)이라고 한다.[4] 표 11.3은 공통 위험과 독립적 위험에 대한 논의를 정리하고 있다.

공통 위험: 모든 결과들에 연계되어 있는 위험

독립적 위험: 다른 것들과 아무런 관련성을 가지지 않는 위험. 위험이 독립적이면 어떤 것의 결과를 아는 것이 다른 것에 대해 아무런 정보를 주지 못한다.

분산: 대형 포트폴리오를 구성하여 독립적 위험들을 평준화시켜 제거하는 것

분산의 원칙은 보험 산업에서 일상적으로 사용되고 있다. 절도보험 이외에도 생명보험, 건강보험, 자동차보험과 같은 다른 여러 보험들이 대형 포트폴리오에서 청구 건수가 상대적으로 예측 가능하다는 사실에 입각해서 설계되고 있다. 지진보험의 경우에도, 서로 다른 지역에서 보험을 판매하거나 다른 형태의 보험을 조합하여 분산의 효과를 달성할 수 있다. 다른 경우에도 분산을 이용하여 위험을 줄일 수 있다. 즉 많은 시스템들이 붕괴의 위험을 줄이기 위해 중복적으로 설계된다. 예를 들어, 기업들은 생산 과정의 중요한 부분에 중복 점검을 한다. NASA는 우주 탐사침의 안테나를 한 개 이상 배치하고, 자동차들은 여분의 타이어를 가지는 것 등이다. 많은 경우에 있어서 위험은 공통 위험과 독립적 위험 사이의 어딘가에 존재한다. 예를 들어, 당신이 한 개 이상의 대학에 지원한다고 하자. 당신이 어떤 학교에 합격하거나 불합격할 가능성은 학교들 간에 관련성이 크지 않을 것이다. 왜냐하면 학교마다 서로 다른 입학 사정 기준이 있고, 서로 다른 유형의 학생들을 찾기 때문이다. 그러나 불합격할 위험이 완전히 독립적인 것도 아니다. 모든 학교들이 당신의 학교 성적과 SAT/ACT 점수를 보기 때문에, 그들의 의사결정이 관련이 있을 수밖에 없다.

표 11.3 위험의 유형 정리

위험의 유형	정의	예	대형 포트폴리오로 분산되는 위험?
공통 위험	모든 결과에 연계됨	지진의 위험	아니요
독립적 위험	다른 것들과 관계를 가지지 않는 위험	절도의 위험	예

4) 마르코위츠는 분산의 혜택을 처음으로 공식화하였다. Markowitz, H. M., "Portfolio Selection," Journal of Finance 7(1)(1952): 77-91.

예제 11.5
분산

문제 *Problem*

당신은 친구와 아주 간단한 도박 게임을 한다. 동전 던지기에 기초한 $1 내기를 고려하자. 즉 $1을 걸고 동전을 던져서 앞면이 나오면 당신이 이기고, 뒷면이 나오면 당신의 친구가 이긴다. 이긴 사람은 상대방의 $1을 가지게 된다. 이런 게임을 100회 연속으로 하는 것과, 단 한 번의 동전 던지기에 $100을 거는 게임을 한다면 당신의 위험은 어떻게 달라지는가?

풀이 *Solution*

- **계획**

동전을 한 번 던져서 $1을 잃을 위험은 다음 동전 던지기와 독립적이다. 매번 당신은 50%의 손실 확률을 가지지만, 그것이 다음 시행에 영향을 미치지 않는다. 50%의 확률로 이기는 것과 50% 확률로 질 것을 가중평균하여 동전 던지기의 기대치를 계산할 수 있다. 그러고 나서 다른 시나리오인 동전 던지기의 $100 게임에 대한 손실 확률을 계산할 수 있다.

- **실행**

당신이 $1 게임을 100번 되풀이하면, 확률적으로 50회는 지고 50회는 이겨야 하므로, 당신의 기대치는 50 × (+$1) + 50 × (−$1) = $0이다. 결국 당신은 확률적 기대치 개념에서 본전이 된다. 그러나 정확히 50회를 이기지 못해도 100회의 동전 던지기에서 모두 질 확률은 매우 작다. (사실 그 확률은 0.5^{100}인데, 이것은 0.0001%보다도 작다.) 만약 그런 일이 발생한다면, 당신은 동전 자체를 의심해 보아야 할 것이다. 왜냐하면 동전에 이상이 있을 가능성이 높기 때문이다.

동전 던지기 한 번에 $100이 걸린 경우에도, $100을 얻을 확률이 50%이고, $100을 잃을 확률도 50%이어서 당신의 기대치는 $0으로 변함이 없다. 하지만, $100을 잃을 확률이 50%이어서 $1 게임을 100회 하는 것보다 훨씬 위험이 커진다.

- **평가**

각 게임에서 당신의 $100이 위험 상황에 있지만, 1회에 $100을 거는 것보다는 $1 게임을 100회 하는 것이 당신의 위험을 분산시키는 것이다.

개념확인

7. 공통 위험과 독립적 위험의 차이는 무엇인가?
8. 독립적 위험이 있을 때 분산이 어떤 도움을 주는가?

11.5 주식 포트폴리오의 분산투자

보험의 예가 보여주듯이, 포트폴리오의 위험은 그 속의 개별 위험이 공통적인가 아니면 독립적인가에 달려 있다. 공통 위험은 대형 포트폴리오에서 분산될 수 없지만, 독립적 위험은 분산될 수 있다. 우리의 목적은 자본시장에서 투자 위험과 수익률의 관계를 이해하는 것이므로, 주식 포트폴리오 위험에 대해서 차별적 시사점을 생각해 보자.

비체계적 위험과 체계적 위험

주어진 기간에 어떤 주식을 보유하는 위험은 배당과 마지막 주가가 예상했던 것보다 높거나 낮은 것으로, 실현 수익률을 확률적으로 움직이게 만든다. 배당과 주가로 표현될 수 있는 수익률이 기대한 것보다 높거나 낮게 움직이는 요인은 무엇인가? 대개 주가와 배당은 두 가지 뉴스에 의해 움직인다.

1. *기업 또는 산업에 고유한 뉴스.* 이것은 기업이나 산업에 좋을 수도 있고 나쁠 수도 있다. 예를 들어, 어떤 기업이 산업 내에서 시장 점유율을 얻는 데 성공하였다고 발표할 수 있다. 또는 주택 개발 산업이 부동산 침체에 의해 타격을 입을 수 있다.
2. *시장 전체의 뉴스.* 경제 전반에 영향을 미치는 뉴스로 모든 주식에 영향을 미친다. 예를 들어, Fed(Federel Reserve)가 경제 활성화를 위해 이자율을 낮추는 경우다.

기업이나 산업에 고유한 뉴스에 의해 주가가 움직인다면, 이는 독립적 위험이다. 가정 절도와 같이 이러한 뉴스들은 주식들 사이에 연계성이 없다. 이런 형태의 위험을 **비체계적 위험(unsystematic risk)**이라고 한다.

비체계적 위험: 기업이나 산업에 고유한 뉴스에 의한 주가 움직임은 모든 주식에 관련되시는 않은 독립적 위험이다.

한편, 시장 전체의 뉴스에 의해 주가가 움직인다면, 이는 공통 위험을 나타낸다. 지진처럼 모든 주식에 동시에 영향을 주게 된다. 이런 형태의 위험을 **체계적 위험(systematic risk)**이라고 한다.

체계적 위험: 공통 위험을 나타내는 시장 전체의 뉴스에 의한 주가 움직임.

대형 포트폴리오에 많은 주식을 편입하면, 각 주식에 대한 비체계적 위험들은 분산에 의한 상호 작용에 의해 제거된다. 좋은 뉴스가 어떤 주식들에 좋은 영향을 줄 것이고, 나쁜 뉴스는 다른 주식들에 나쁜 영향을 줄 것이며, 좋은 뉴스와 나쁜 뉴스의 전체적인 양은 상대적으로 일정할 것이다. 하지만, 체계적 위험은 모든 기업들 또는 전체 포트폴리오에 영향을 주어서 분산에 의해 제거되지 않을 것이다.

가상의 예를 한 번 생각해 보자. S 유형의 기업들은 경제 전반의 체계적 위험에만 영향을 받는데, 경제가 좋거나 안 좋을 가능성이 50 대 50이라고 하자. 경제가 좋으면 S 유형의 주식들은 40%의 수익을 얻을 것이고, 안 좋으면 -20%를 얻을 것이다. 이 기업들이 직면하는 위험은 체계적 위험이기 때문에 S 유형 주식들로 구성된 대형 포트폴리오는 위험을 분산할 수 없다. 경제가 좋을 때, 이 포트폴리오는 S 유형의 개별 주식과 같이 40%의 수익을 얻지만, 반대로 경제가 안 좋으면 -20%의 수익을 얻을 것이다.

U 유형의 기업들은 비체계적 위험에 의해서만 영향을 받는다고 하자. 이들의 수익률은 각 기업의 고유한 요인에 의해서만 영향을 받는데, 같은 확률로 35%와 -25%를 얻는다고 하자. 이런 위험들은 기업 각각에 고유한 위험이기 때문에 많은 U 유형 주식들로 구성된 포트폴리오를 만들면 위험이 분산된다. 기업들의 반은 수익률이 35%이고, 나머지 반은 -25%일 것이다. 따라서 포트폴리오 수익률은 경제가 좋건 안 좋건 상관없이 확률적으로 5%(= 50%(0.35) + 50%(-0.25))가 될 것이다.

그림 11.8
S 및 U 유형 주식과 일반적인 주식들의 포트폴리오 변동성

S 유형은 체계적 위험만을 가지고 있기 때문에, 포트폴리오의 변동성은 주식 수 증가에 따라 변하지 않는다. 이에 비해, U 유형의 기업들은 비체계적 위험을 가지고 있기 때문에, 포트폴리오를 구성하는 주식 수가 증가함에 따라 비체계적 위험이 분산되어 궁극적으로 완전히 제거되어 버린다. 일반적인 주식들은 두 가지 위험을 모두 가지고 있기 때문에, 구성 주식 수가 증가하면서 비체계적 위험은 줄어들고 체계적 위험은 그대로 유지된다.

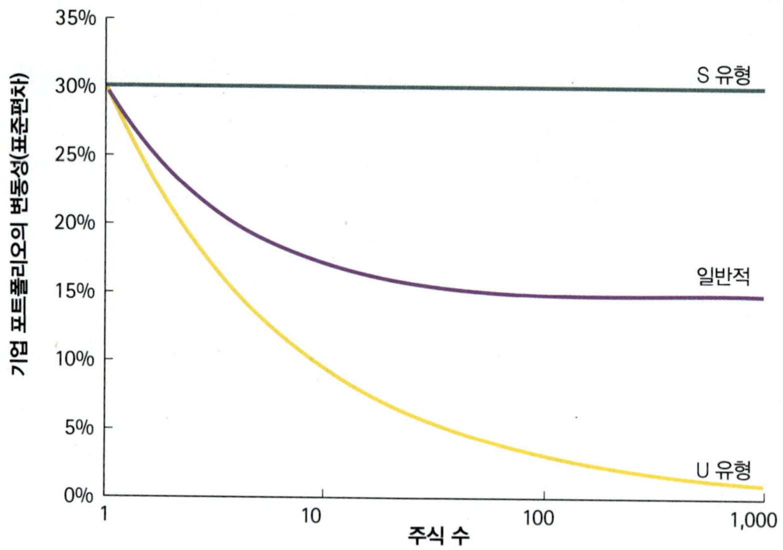

그림 11.8은 S 및 U 유형 기업들로 구성된 포트폴리오 크기가 커지면 (또는 주식 수가 많아지면) 표준편차에 의해 측정된 변동성이 감소하는 것을 보여주고 있다. S 유형 기업들은 체계적 위험만을 가지고 있다. 지진보험과 비슷하게, 포트폴리오의 변동성은 기업의 수가 증가해도 변하지 않는다. 이에 비해 U 유형의 기업들은 비체계적 위험만을 가진다. 절도보험과 마찬가지로, 기업의 수가 증가하면 위험이 분산되어서 변동성이 줄어든다. 그림 11.8에서 보듯이 기업의 수가 많아지면 U 유형 기업들의 위험은 완전히 제거된다.

물론, 실제 기업들이 S 유형이나 U 유형은 아니다. 대부분의 기업들은 체계적인 시장 전체의 위험과 비체계적 위험 모두의 영향을 받는다. 그림 11.8은 주식 수가 증가하면서 일반적인 기업 포트폴리오의 변동성이 감소하는 모습을 보여주고 있다. 기업들이 두 가지 위험을 모두 가지고 있다면 많은 기업을 포트폴리오에 포함할 경우 분산에 의해 비체계적 위험만이 제거될 것이다. 변동성은 모든 기업들에 영향을 미치는 체계적 위험만 남을 때까지 감소할 것이다.

이 예는 11.3절에서의 수수께끼 중 하나를 설명하고 있다. 즉 S&P 500이 개별 주식들보다 아주 작은 변동성을 가지는 이유를 설명했다는 것이다. 이제 우리는 개별 주식들 각각이 대형 포트폴리오로 구성되면 비체계적 위험이 제거된다는 사실을 알게 되었다. 따라서 포트폴리오는 그 속에 있는 개별 주식들 각각보다 낮은 변동성을 가질 수 있다. 그림 11.9는 이 사실을 그림으로

그림 11.9
포트폴리오 변동성에 대한 분산의 효과

포드와 인텔은 매우 변동이 심하지만 그들의 움직임은 서로 상쇄된다. 만약 그들이 어떤 포트폴리오에 함께 포함된다면, 녹색 막대에 의해서 나타난 것처럼 포트폴리오의 움직임은 개별 주식들의 움직임에 비해 상대적으로 작아진다. 점선은 그 포트폴리오의 최대 수익률과 최저 수익률을 보여주고 있다. 포트폴리오의 최저 수익률이 각 주식의 최저 수익률보다 더 좋다는 것을 주목하시오.

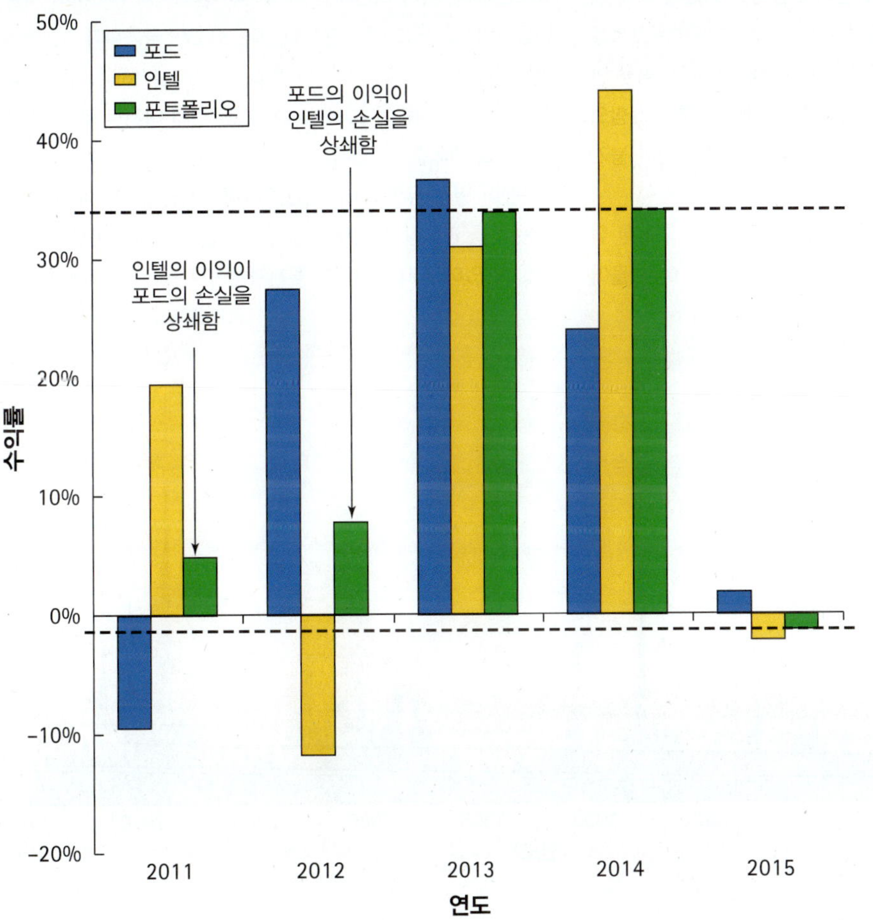

보여주고 있다. 두 점선은 나이키와 스타벅스로 구성된 포트폴리오 수익률의 두 극단치를 보여준다. 두 주식 각각의 수익률은 적어도 이 극단치들 중 하나를 넘어선다. 따라서 포트폴리오의 변동성은 포트폴리오 속의 구성 주식들 각각의 변동성보다 작아진다.

분산 가능한 위험과 위험 프리미엄

하나 또는 두 개의 주식을 보유하고 있다면 비체계적 위험에 노출되는데, 이것에 대해 위험 프리미엄을 요구하겠는가? 만약 시장이 분산 가능한 위험을 감수하는 것에 대해 추가적인 위험 프

글로벌 금융 위기 시장 붕괴 기간의 분산 혜택

아래의 그림은 최근 40년 동안 분산의 혜택을 보여주고 있다. 파란색 그래프는 S&P 500 포트폴리오의 (각 반기의 일별 수익률에 의해 계산하여 연율화된) 역사적 변동성을 보여준다. 주황색 그래프는 포트폴리오에 속한 개별 주식들의 (각 주식의 규모에 의해 가중된) 평균 변동성이다. 따라서 주황색으로 표시된 영역은 포트폴리오를 보유함으로써 제거되는 기업의 고유한 위험이다. 파란색 영역은 분산이 불가능한 시장 위험이다.

시장 변동성은 금융위기 기간에 엄청나게 상승한다. 분산 가능한 위험 부분도 변하지만 위기 기간에 감소하는 경향이 있다. 예를 들어 1970년 이후 평균적으로 개별 주식 변동성의 50% 정도가 분산 가능하였다. (주황색 영역은 전체의 50% 정도가 된다는 의미이다.) 그러나 그림에서 보듯이 1987년의 주식시장 붕괴, 2008년 금융위기, 최근의 유로존 채무 위기 기간에는 이 부분이 엄청나게 감소하여 개별 주식 변동성의 20% 정도만이 분산되었다. 2008년 금융위기 기간에 증강된 변동성과 감소된 분산의 결합 효과는 매우 심각하여, 투자자의 관심이 되는 시장 위험이 2006년에서 2008년의 마지막 분기까지 10%에서 70%로 7배 증가하였다.

분산이 항상 유익하지만 분산의 혜택이 경제 상황에 따라 달라진다는 것을 명심할 필요가 있다. 극단적인 위기에는 분산의 혜택이 감소할 수 있어서 시장 하락이 투자자들에게 특히 고통스러울 수 있다.

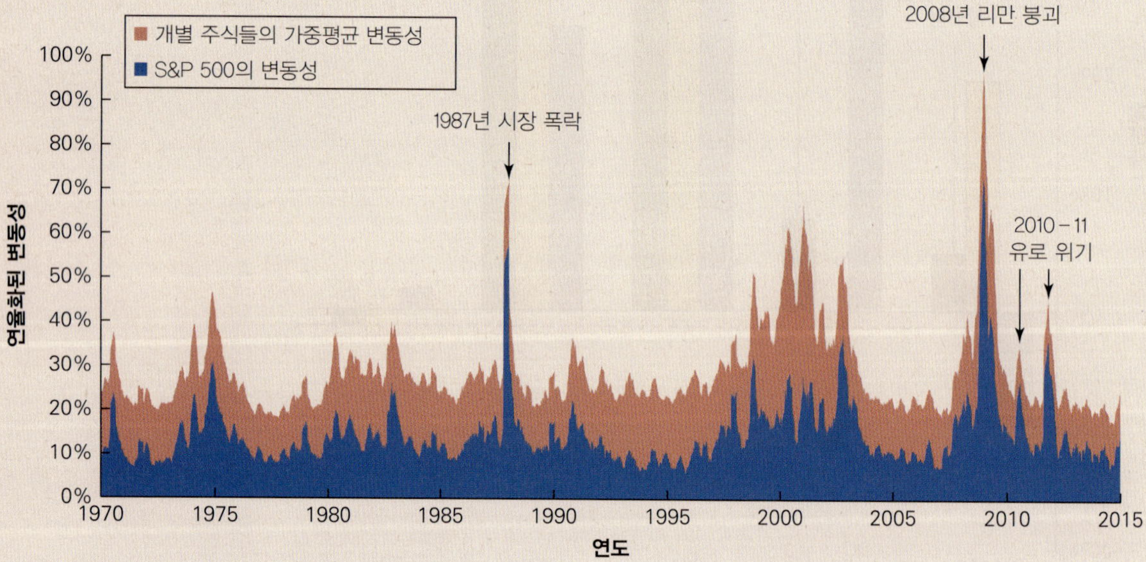

리미엄을 보상한다면, 투자자들은 그 주식을 매입하여 포트폴리오에 포함시켜 비체계적 위험을 제거하면서도 추가적인 프리미엄을 얻을 것이다. 그렇다면 추가적인 위험을 감수하지 않으면서 추가적인 프리미엄을 얻을 수 있다는 것이다.

제3장에서 언급하였듯이 공짜로 무언가를 얻을 기회를 차익거래 기회라고 하는데, 이것은 투자자에게 매우 매력적인 것이다. 많은 투자자들이 이런 기회를 이용하려고 분산 가능한 비체계적 위험에 대해 위험 프리미엄을 제공하는 주식을 매입하면, 그 기업의 주가는 상승하여 기대 수익률은 감소할 것이다. 주식 수익률을 계산하는 식 11.1에서 현재의 주가는 분모에 들어가기 때문이다. 이런 거래는 분산 가능한 위험 프리미엄이 0으로 떨어질 때 멈출 것이다. 투자자들 사이의 경쟁은 분산 가능한 위험에 대해 추가적인 수익을 얻을 수 없도록 보장할 것이다.

주식의 위험 프리미엄은 분산 가능한 비체계적 위험에 의해 영향을 받지 않는다.

이러한 주장은 가치평가의 일물일가 법칙을 응용한 예에 해당한다. 체계적 위험이 전혀 없는 U 유형의 기업들로 구성된 대형 포트폴리오를 생각해 보자. 그림 11.9에 보인 바와 같이, U 유형 기업들의 대형 포트폴리오는 비체계적 위험을 완전히 제거하여 추가적인 위험이 남아있지 않다. 그 포트폴리오는 위험이 없기 때문에 위험 프리미엄을 얻을 수 없고, 대신에 무위험 이자율만을 얻어야 한다. 이러한 추론은 다음과 같이 더욱 일반적인 원칙을 제시한다.

분산 가능한 위험에 대한 위험 프리미엄은 없다. 따라서, 투자자는 비체계적 위험을 감수해도 보상받지 못한다.

체계적 위험의 중요성

투자자는 그들의 포트폴리오를 분산하여서 비체계적 위험을 아무런 비용 없이 제거할 수 있기 때문에, 비체계적 위험을 감수하는 것에 대하여 아무런 보상을 요구하지 못한다. 한편, 분산이 체계적 위험을 감소시키지도 못한다. 대형 포트폴리오를 보유하더라도 투자자는 경제 전반에 영향을 주어서 모든 증권에 영향을 미치는 위험에 노출된다. 따라서 체계적 위험을 줄이기 위해서는 주식을 매도하고 무위험 자산에 투자하면 되지만, 이것은 높은 기대 수익률을 포기하는 비용을 지불하게 된다. 체계적 위험은 기대 수익률을 희생하여야만 제거할 수 있음에 비해 비체계적 위험은 분산에 의해 아무런 비용 없이 제거할 수 있기 때문에, 투자자가 보상을 받기 위하여 감수하여야 하는 것은 증권의 체계적 위험이다. 이러한 내용이 표 11.4에 요약되어 있는데, 이는 다음과 같은 두 번째 원칙을 의미한다.

증권의 위험 프리미엄은 체계적 위험에 의해 결정되고 분산 가능한 위험과는 아무런 관계가 없다.

이 원칙은 전체 위험(말하자면, 체계적 위험과 비체계적 위험의 합계)의 척도인 주식의 변동

표 11.4
체계적 위험 대 비체계적 위험

	분산 가능?	위험 프리미엄 요구?
체계적 위험	아니요	예
비체계적 위험	예	아니요

표 11.5
S 및 U 유형 기업의 기대 수익률
(무위험 이자율은 5%로 가정함)

	S 유형	U 유형
변동성(표준편차)	30%	30%
무위험 이자율	5%	5%
위험 프리미엄	5%	0%
기대 수익률	10%	5%

일반적인 실수 장기 분산의 오류

투자자가 투자금을 많은 투자에 분산하면 분산 가능한 위험을 제거하기 때문에 위험을 크게 줄일 수 있다는 것을 알았다. 그런데 종종 동일한 논리가 시간에 대해서도 적용된다는 주장이 있다. 여러 해에 걸쳐 투자하면 어떤 특정한 해에 당면하는 위험을 분산시킬 수 있다는 것이다. 이것을 시간 분산(time diversification)이라고 한다. 따라서 젊은이들은 손실을 만회할 수 있는 충분한 시간이 있기 때문에 좀 더 위험한 포트폴리오에 투자하여야 한다. 이런 논리가 옳은가? 장기적으로 아직도 위험이 중요하다는 것인가?

매년 수익률이 독립적이라면, 연평균 수익률의 변동성이 투자하는 연수가 많아짐에 따라 감소하게 되는 것은 사실이다. 하지만 장기 투자자라면 평균 수익률의 변동성에는 큰 관심이 없다. 대신 전체 기간에 대한 누적 수익률의 변동성에 관심을 가지게 된다. 다음의 예에서 볼 수 있듯이 누적 수익률의 변동성은 투자 기간이 길어질수록 커진다.

1925년에 미국 대규모 주식들의 가격은 약 30% 상승하였다. 따라서 1925년 초에 $77을 투자했다면 그 해 말에는 $77 × 1.30 = $100이 되었다. 그림 11.1에서 보듯이, $100이 S&P 500에 투자됐다면 2016년 초에는 $487,210으로 성장하였을 것이다. 하지만 $77이 1925년에 대규모 주식이 아니라 광산 및 운송 주식에 투자되었다고 생각해 보자. 1925년에 광산 및 운송 주식은 파업으로 인하여 가격이 35% 하락하였다. 결국 1926년 초에 이 투자금액은 $77×(1 − 0.35)=$50이 되었을 것이다. 그 이후로부터 S&P 500에 투자되었다면, 1926년 가치의 반 정도인 $243,605가 되었을 것이다.

미래의 수익률이 현재의 수익률에 의해서 영향을 받지 않는다면, 현재의 포트폴리오 가치 증감은 미래 포트폴리오의 가치에 같은 비율로 옮겨질 것이므로 시간에 의한 분산의 효과는 전혀 없다. 시간의 길이가 위험을 감소시킬 수 있는 유일한 방법은 올해에 평균 미만(초과) 수익률이 발생하면 미래에는 수익률이 평균 초과(미만)가 될 가능성이 높게 되는 경우다. 그렇다면 과거의 낮은 수익률은 미래 주식시장의 높은 수익률을 예측하는 지표로 쓰일 수 있다.

몇 년 동안의 짧은 표본 기간에 대해서 이러한 주식시장의 예측력에 대한 실증적 증거는 없었다. 장기간에 대해서는 역사적으로 시장 예측에 대한 실증적 증거가 있기도 하지만 어느 정도 신뢰성이 있는가와 그런 현상이 지속되는가의 여부는 분명하지 않다. 주가 수익률의 장기 역전 현상에도 불구하고, 매입–보유 분산 전략이 아직도 최적이라고 할 수는 없다. 과거의 수익률이 미래 수익률 예측을 위해 사용될 수 있다면, 높은 수익률이 예측되는 경우에는 주식 투자를 늘리고, 그렇지 않은 경우에는 줄이는 것이 최적일 것이다. 긍정적이거나 부정적인 비체계적 충격이 어떤 주식에 있을지 모르는 상황에서, 이런 시간 분산은 많은 주식을 보유하여 얻게 되는 분산투자와는 전혀 다른 것이다.

성이 투자자들이 얻게 되는 위험 프리미엄 결정에 유용하지 못하다는 것을 의미한다. 예를 들어, S와 U 유형 기업들을 다시 한 번 생각해 보자. 그림 11.8에서 보는 바와 같이, S와 U 유형 기업 각각의 변동성(표준편차)은 30%다. 그러나 표 11.5가 보여주듯이, 그들은 같은 변동성을 가지지만, S 유형의 기업들이 10%의 기대 수익률을 가지고, U 유형의 기업들은 5%의 기대 수익률을 가진다.

기대 수익률들의 차이는 각 기업이 감수하는 위험의 종류 차이에 의해서 발생한다. U 유형의 기업들은 위험 프리미엄으로 보상되지 않는 비체계적 위험만을 가지기 때문에, 이 기업들의 기대 수익률은 무위험 이자율과 같다. S 유형의 기업들은 체계적 위험만을 가진다. 투자자들은 이 위험에 대해서만 보상을 요구하기 때문에, S 유형 기업들의 기대 수익률 10%는 무위험 이자율에 위험 프리미엄 5%를 더한 값이 된다.

이제 11.3절의 두 번째 수수께끼에 대해서 설명할 차례가 되었다. 변동성이나 표준편차가 대형 포트폴리오에 대해서는 합리적인 위험 척도가 될 수 있겠지만, 개별 증권에 대해서는 적절한 위험 척도가 아니다.

따라서, 개별 증권들의 변동성과 평균 수익률 사이에는 아무런 관계가 없다.

결과적으로, 어떤 증권의 기대 수익률을 측정하기 위해서는 당해 증권의 체계적 위험 척도를 알 필요가 있다.

이번 장은 그림 11.1을 보면서, 당신의 훌륭한 조부모들이 소규모 주식들에 투자했다면 대공황 시기에 많은 손실을 보아서 그들을 비참한 곤경에 빠뜨렸을 가능성이 있었을 것이라는 얘기로 시작하였다. 따라서 위험 회피형 투자자들은 경제가 안 좋을 때 수익이 저조한 증권에 투자하기 위해서는 프리미엄을 요구할 것이다. 이 아이디어가 이번 장에서 정의한 체계적 위험의 개념이다. 경기 활황 또는 침체라는 경제 전반의 위험이 분산 불가능한 체계적 위험이다. 따라서 경제와 함께 움직이는 자산은 체계적 위험을 포함하고 있으면서 위험 프리미엄을 요구한다. 12장에서는 투자의 체계적 위험을 어떻게 측정하고 기대 수익률을 계산하기 위해서 그것을 어떻게 사용하는가에 대해서 논의하도록 하자. 그러면 투자자가 기대하는 수익률을 자본비용에 적용할 수 있을 것이다.

개념확인

9. 포트폴리오의 위험이 포트폴리오에 속한 개별 주식들의 평균 위험보다 작은 이유는 무엇인가?
10. 체계적 위험 또는 비체계적 위험이 위험 프리미엄을 요구하는가? 왜 그런가?

myfinancelab

11.1 투자 위험과 수익률 기초

▶ 사후적으로 보면, 어떤 투자는 아주 높은 수익률을 가지지만, 시간이 지남에 따라 가장 높은 변동성을 가지기도 했다.

11.2 주식의 과거 투자 위험과 수익률

▶ t 시점부터 $t+1$ 시점까지 어떤 주식에 투자하는 실현 수익률은 다음과 같다.

$$R_{t+1} = \frac{Div_{t+1} + P_{t+1} - P_t}{P_t} = \frac{Div_{t+1}}{P_t} + \frac{P_{t+1} - P_t}{P_t}$$
$$= \text{배당 수익률} + \text{자본이익률} \quad (11.1)$$

▶ 연평균 수익률과 실현 수익률 분산을 다음과 같이 계산할 수 있다.

$$\overline{R} = \frac{1}{T}(R_1 + R_2 + \cdots + R_T) \quad (11.3)$$

▶ 추정된 분산의 (양의) 제곱근은 표준편차로, 수익률 변동성의 추정치다.

▶ 과거 자료로 보면, 소규모 주식은 대규모 주식보다 변동성과 평균 수익률이 더 크며, 대

규모 주식은 채권보다 변동성과 평균 수익률이 더 크다.

▶ 가능한 수익률 결과의 95%는 평균 수익률의 아래 위 2 표준편차 범위에 들어온다.

11.3 투자 위험과 수익률의 역사적 관계

▶ 개별 주식에 있어서 변동성(표준편차)과 수익률의 명확한 관계는 없다.

▶ 대규모 개별 주식은 전체적인 변동성이 더 작지만, 대규모 개별 주식들도 대규모 주식 포트폴리오보다는 더 큰 위험을 가진다.

▶ 모든 개별 주식들은 대형 포트폴리오의 자료 외삽법에 의한 예측보다 더 높은 위험과 더 낮은 수익률을 가진다.

11.4 공통 위험과 독립적 위험

▶ 공통 위험은 모든 투자에 완전하게 연계되어 있는 위험이다.

▶ 독립적 위험은 여러 투자에 연계되어 있지 않다.

▶ 분산은 대형 포트폴리오에서 비체계적 위험을 평준화시켜 제거하는 것이다.

11.5 주식 포트폴리오의 분산투자

▶ 증권의 총위험은 비체계적 위험과 체계적 위험으로 구성된다.

▶ 산업이나 기업에 고유한 뉴스 때문에 수익률이 변동하는 것을 비체계적 위험이라고 한다.

▶ 체계적 위험은 모든 주식에 동시에 영향을 주는 시장 전체의 뉴스에 의한 위험이다.

▶ 분산은 비체계적 위험을 제거하지만 체계적 위험을 제거하지는 못한다.

▶ 투자자들은 비체계적 위험을 제거할 수 있기 때문에 그것에 대해 위험 프리미엄을 요구하지 않는다.

▶ 투자자들은 체계적 위험을 제거할 수 없기 때문에 그것에 대해 위험 프리미엄으로 보상받아야 한다. 따라서 주식의 위험 프리미엄은 주식의 전체 위험이 아닌 체계적 위험의 정도에 의존한다.

비판적 사고

1. 변동성과 수익률의 역사적 관계가 위험에 대한 투자자의 태도에 대해서 무엇을 말해 주는가?
2. 주식의 실현 수익률 구성 요소는 무엇인가?
3. 연평균 수익률을 기대 수익률의 척도로 사용하는 직관적 이유는 무엇인가?
4. 표준편차가 위험의 일반적인 개념에 어떻게 관계되는가?
5. 개별 주식들의 평균 수익률과 역사적 변동성의 관계가 분산이 잘 된 대형 포트폴리오의 경우와 어떻게 다른가?

6. 두 개의 지역 은행을 생각해 보자. A은행은 $1백만짜리 대출을 100개 가지고 있는데, 오늘 상환될 것이다. 각각의 대출은 이 은행이 아무것도 받지 못할 부도 확률 5%를 가지고 있다. 부도의 가능성은 모든 대출에 대해서 독립적이다. B은행은 $100백만짜리 대출 한 개를 가지고 있는데, 오늘 상환될 예정이다. 상환이 되지 못할 확률이 5%이다. 각 은행이 당면한 위험의 유형 차이에 대해서 설명하시오. 당신이 위험 회피형이라고 가정하면, 어떤 은행을 소유하고 싶은가?
7. 분산투자가 무엇이며, 분산투자가 공통 위험 및 독립 위험과 어떤 관계를 가지는가?
8. 다음 주식의 위험 중 어떤 것이 분산 가능한 비체계적 위험이고, 어떤 것이 체계적 위험인가? 어떤 위험이 투자자가 요구하는 위험 프리미엄에 영향을 주는가?
   a. 설립자와 CEO가 은퇴할 위험
   b. 유가가 상승하여 생산 원가가 증가할 위험
   c. 제품 설계에 하자가 있어서 반품되어야 하는 위험
   d. 경제가 침체되어서 기업 제품의 수요가 감소할 위험
   e. 가장 우수한 근로자 직원이 다른 곳으로 고용되어 가버릴 위험
   f. R&D 부서가 개발할 것으로 기대되었던 신제품이 성공하지 못할 위험
9. 체계적 위험과 비체계적 위험의 차이는 무엇인가?
10. 고객 추적 소프트웨어를 위한 새로운 접근이 세 기업에 의해 이루어지고 있다. 당신은 이것이 기존의 소프트웨어 라인에 훌륭한 확장이 될 수 있다고 생각하는 소프트웨어 기업에서 근무하고 있다. 당신이 그들 중의 하나 또는 모두에 투자한다면,
    a. 당신의 체계적 위험은 아주 달라질 것인가?
    b. 당신의 비체계적 위험은 아주 달라질 것인가?
11. 두 포트폴리오를 위하여 10개와 20개의 주식을 임의로 선택하였다면, 어떤 포트폴리오가 더 작은 표준편차를 가지는가? 왜 그런가?
12. 어떤 주식의 위험 프리미엄이 분산 가능한 위험에 의존하지 않는 이유는 무엇인가?
13. 당신의 배우자가 사우스웨스트 항공에서 일하고, 당신은 식품점에서 일한다. 당신의 기업 또는 당신 배우자의 기업 중 체계적 위험에 더 노출되어 있는 것은 어디인가?

연습문제

* 표시는 난이도가 높은 문제임을 나타낸다.

주식의 과거 투자 위험과 수익률

1. 어떤 주식을 1년 전에 주당 $50에 매입하여 오늘 주당 $55에 매도하였다. 오늘 주당 $1의 배당을 받았다. 당신의 실현 수익률은 얼마인가?

2. 1번에서 배당 수익률은 얼마이고, 자본이익률은 얼마인가?
3. 1번에서 주가가 $5 하락하여 $45가 됐다고 가정하고 1번과 2번을 반복한다.
   a. 당신의 자본이익률은 달라지는가? 이유를 설명하시오.
   b. 당신의 배당 수익률은 달라지는가? 이유를 설명하시오.
4. 당신의 포트폴리오는 CSH 100주와 EJH 50주로 구성되었는데, 각각 $20과 $30에 매입하였다.
   a. 포트폴리오에서 CSH와 EJH에 투자된 비중은 각각 얼마인가?
   b. CSH가 $23으로 상승하고, EJH는 $29로 하락하였다면, 포트폴리오의 수익률은 얼마인가?
5. 방금 $20에 주식 하나를 매입하였다. 그 기업은 정확히 1년 뒤에 주당 $0.50의 배당을 지급할 것으로 기대된다. 당신이 10%의 수익률을 원하는데, 1년 뒤에 배당을 받자마자 주식을 매도한다면 얼마에 매도하여야 하는가?
6. KStreet 주식회사가 1년 후에 $2의 배당을 지급하고 곧 $100에 거래될 것으로 기대한다. 적어도 15%의 수익률을 얻고 싶다면 지금 그 주식을 매입하기 위하여 가장 많이 지불할 수 있는 금액은 얼마인가?
7. 다음의 표는 주가와 배당을 보여주고 있다. 모든 주가는 배당이 지급된 바로 뒤의 가격이다. 1월 1일에 주식을 매입하여 12월 31일에 매도한다면 당신의 실현 수익률은 얼마인가?

	주가	배당
1월 1일	10.00	
3월 31일	11.00	0.20
6월 30일	10.50	0.20
9월 30일	11.10	0.20
12월 31일	11.00	0.20

8. 다음 표의 자료를 이용하여, 배당은 즉시 당해 주식에 재투자된다고 가정할 때, 2008년 1월 2일에서 2009년 1월 2일까지, 2011년 1월 3일에서 2012년 1월 3일까지, 보잉(BA) 주식의 투자 수익률을 계산하라.

보잉의 주식 및 배당의 과거 자료

날짜	가격	배당	날짜	가격	배당
1/2/2008	86.62		1/3/2011	66.40	
2/6/2008	79.91	0.40	2/9/2011	72.63	0.42
5/7/2008	84.55	0.40	5/11/2011	79.08	0.42
8/6/2008	65.40	0.40	8/10/2011	57.41	0.42
11/5/2008	49.55	0.40	11/8/2011	66.65	0.42
1/2/2009	45.25		1/3/2012	74.22	

9. 어떤 주식에 대한 지난 4년 간의 수익률은 다음과 같다.

1	2	3	4
−4%	+28%	+12%	+4%

a. 연평균 수익률은 얼마인가?

b. 주식 수익률의 분산은 얼마인가?

c. 주식 수익률의 표준편차는 얼마인가?

10. 다음 질문에 답하기 위하여 MFL에서 SBUX_GOOG.xlsx의 자료를 사용하시오.

a. 배당을 포함하지 않고 그 기간 동안 SBUX의 수익률은 얼마인가?

b. 그 기간 동안 GOOG의 수익률은 얼마인가?

c. SBUX에 30%, GOOG에 70%를 투자한 포트폴리오의 수익률은 얼마인가?

11. 그림 11.1의 자료를 포함하고 있는 이 책의 웹 사이트로부터 스프레드시트를 다운로드하시오.

a. 1929년부터 1940년(대공황)까지 각 자산의 평균 수익률을 계산하시오.

b. 1929년부터 1940년까지 각 자산의 분산과 표준편차를 계산하시오.

c. 대공황 시기에 어떤 자산이 가장 위험하였는가? 그것이 당신의 직관과 일치하는가?

12. 10개의 연수익률이 다음 표에 제시되어 있다.

−19.9%	16.6%	18.0%	−50.0%	43.3%	1.2%	−16.5%	45.6%	45.2%	−3.0%

a. 10년간의 산술평균 수익률은 얼마인가?

*b. 10년간의 기하평균 수익률은 얼마인가?

c. 처음에 $100을 투자했다면, 10년 뒤에 얼마를 얻게 되는가?

13. 아래 표의 자료를 이용하여 1월 1일부터 12월 31일까지 이 주식에 투자한 수익률을 계산하시오. 주가는 배당이 지급된 바로 뒤의 가격이다

주가와 배당

날짜	주가	배당
1월 1일	33.88	
2월 5일	30.67	0.17
5월 14일	29.49	0.17
8월 13일	32.38	0.17
11월 12일	39.07	0.17
12월 31일	41.99	

14. 8번에서 주식 투자로부터 얻은 배당 수익률은 얼마인가? 자본이익률은 얼마인가?

15. 다음의 표는 주가와 배당을 보여주고 있다. 모든 주가는 배당이 지급된 바로 뒤의 가격이다. 1월 1일에 주식을 매입하여 12월 31일에 매도한다면 당신의 실현 수익률은 얼마인가?

	주가	배당
1월 1일	$50.00	
3월 31일	$51.00	$0.55
6월 30일	$49.47	$0.55
9월 30일	$51.94	$0.75
12월 31일	$52.46	$0.75

16. 5개월 수익률이 다음과 같이 주어졌다.

0.05	−0.02	0.04	0.08	−0.01

a. 이 기간 중의 산술평균 수익률은 얼마인가?

*b. 이 기간 중의 기하평균 수익률은 얼마인가?

c. 이 기간 중의 월별 분산은 얼마인가?

d. 이 기간 중의 월별 표준편차는 얼마인가?

17. 16번의 (a)에서 계산한 산술평균 수익률과 16번의 (b)에서 계산한 기하평균 수익률의 차이를 설명하시오. 두 수치가 유용하다고 생각하는가? 그렇다면 이유를 설명하시오.

18. 어떤 주식에 대한 지난 4년간의 수익률은 다음과 같다.

1	2	3	4
−4%	+28%	+12%	+4%

a. 연평균 수익률은 얼마인가?

b. 주식 수익률의 분산은 얼마인가?

c. 주식 수익률의 표준편차는 얼마인가?

19. 그림 11.3과 그림 11.4에 포함된 네 개의 서로 다른 투자에 대한 95% 예측 구간을 계산하시오.

20. 18번에서 예측 구간을 계산한 네 개의 투자 중에서 하나를 선택하여, 95%의 신뢰성을 가지고 8%를 초과하는 손실을 얻고 싶지 않다고 하자. 어떤 투자 대안을 선택하여야 하는가?

21. S&P 500의 수익률이 정규분포를 따른다면, 95%의 신뢰구간에 해당하는 수익률 범위는 무엇인가? 그림 11.3과 그림 11.4에 의거하여 답하시오.

22. 5년 동안 어떤 포트폴리오를 관찰하였더니, 연평균 수익률은 12%이고 수익률 표준편차는 20%이었다. 이 포트폴리오가 내년에 30%를 초과하는 손실을 얻지 않을 것이라고 95% 신뢰할 수 있는가?

공통 위험과 독립적 위험

*23. 비판적 사고 6번의 자료를 이용하여 다음을 계산하시오.

a. 각 은행의 기대 상환액

b. 각 은행의 상환액 표준편차

주식 포트폴리오의 분산투자

24. 당신은 두 개의 경제 지역 중 하나에 투자할 것을 고려하고 있는 위험 회피형 투자자다. 두 경제 지역에 있어서 모든 주식의 기대 수익률과 변동성은 동일하다. 첫 번째 경제 지역에서는 모든 주식이 함께 움직여서, 상승기에는 모든 주가가 함께 상승하고, 침체기에는 모든 주가가 함께 하락한다. 이에 반하여 두 번째 경제 지역에서는 주식 수익률이 독립적으로 움직여서 어떤 주가의 움직임이 다른 주가의 움직임에 영향을 미치지 못한다. 당신은 어떤 경제 지역에 투자할 것인가? 설명하시오.

25. 두 개의 주식과 그들로 구성된 포트폴리오의 다음 6개월 동안의 수익률을 생각하시오.

	1월	2월	3월	4월	5월	6월
주식 A	2%	5%	−6%	3%	−2%	4%
주식 B	0%	−3%	8%	−1%	4%	−2%
포트폴리오	1%	1%	1%	1%	1%	1%

a. 각 주식의 기대 수익률과 표준편차는 얼마인가?

b. 포트폴리오의 기대 수익률과 표준편차는 얼마인가?

c. 포트폴리오가 두 개의 주식보다 위험이 더 큰가, 아니면 작은가? 왜 그럴까?

사례연구

2016년 4월 30일 오늘, 당신은 재무설계 회사에서 새로운 일을 시작하였다. 당신의 모든 자격증 시험 공부에 추가적으로, 고객의 주식 포트폴리오 검토를 위해 포트폴리오에 속하는 12개 주식의 위험과 수익률 분석을 요구 받았다. 불행하게도 당신이 근무하는 작은 회사는 간단한 키 조작에 의해 모든 정보를 제공하는 값비싼 데이터 베이스를 제공할 수 없다. 이를 해결하기 위해서 당신을 고용한 것이다. 지난 5년간 12개 주식에 대해 월평균 수익률과 표준편차를 추정해야 한다. 다음 장에서 동일한 주식들에 대해 더 포괄적인 분석을 요구 받을 것이다.

다음의 주식들(괄호 안은 각 주식의 표식)이 있다.

Archer Daniels Midland (ADM)

Boeing (BA)

Caterpillar (CAT)

Deere & Co. (DE)

General Mills, Inc. (GIS)

eBay (EBAY) Hershey (HSY)

International Business Machines Corporation (IBM)

JPMorgan Chase & Co. (JPM)

Microsoft (MSFT)

Procter and Gamble (PG)

Walmart (WMT)

1. Yahoo! Finance(finance.yahoo.com)에서 각 주식의 가격 정보를 다음과 같이 얻자.
   a. 주식의 표식을 입력하라. 그 주식에 대한 페이지에서 왼쪽의 "Historical Prices"(과거 주가)를 클릭하라.
   b. 5년의 기간을 위하여, "start date"에 April 30, 2011, "end date"에 April 30, 2016를 입력하라. 날짜 다음에 "monthly"(월별) 클릭을 잊지 마라. 야후는 각 월의 마지막 날의 종가들을 보여줄 것이다.
   c. "Get Prices"를 누르고, 첫 페이지의 바닥으로 스크롤해서 "Download to Spreadsheet"를 클릭하라. 파일의 열기 또는 저장을 요구 받으면, 열기를 클릭하라.
   d. 전체 스프레드시트를 복사하여, 엑셀을 열고, 웹 데이터를 스프레드시트에 붙여 넣어라. 날짜와 조정된 종가(첫째 및 마지막 열)를 제외하고 나머지 열들은 모두 삭제한다.
   e. 엑셀 파일의 열기 상태를 유지하고 Yahoo! Finance의 웹페이지로 돌아가서 되돌리기 단추를 누른다. 파일의 열기 또는 저장을 요구 받으면, 아니오를 클릭하라.
   f. 가격 페이지로 돌아가서 다음 주식의 표식을 입력하여 다시 "Get Prices"를 누른다. 날짜와 빈도를 바꾸지 말고, 다운로드 받을 모든 주식에 대해 동일한 날짜인가를 확인하라. 다시 "Download to Spreadsheet"을 클릭하고 파일 열기를 하라. 마지막 열인 "Adj.Close"를 복사하여 엑셀 파일에 붙여 넣고 "Adj. Close"를 주식 표식으로 변경하라. 처음과 마지막 가격들이 첫 주식과 같은 행에 있는가를 확인하라.
   g. 나머지 10개 주식에 대해서도 같은 작업을 하여, 다른 주식의 오른쪽 옆에 종가들을 붙여 넣되, 올바른 가격들이 같은 행의 올바른 날짜에 기입되었는가를 확인한다.

2. 이 가격들의 월별 수익률을 월별 가격의 퍼센트 변화로 계산하라. (힌트: 엑셀 파일에 별개의 스프레드시트로 만들어라.) 각 월의 수익률을 계산하기 위해서 시작과 마지막 가격이 필요하기 때문에 첫 월에 대해서는 수익률을 계산할 수 없다.
3. 각 주식의 월별 수익률로 월평균 수익률과 표준편차를 계산하라.[5] 손쉬운 해석을 위하여 월별 통계를 연별 통계로 변환할 필요가 있다. (월평균 수익률에 12를 곱하고, 월별 표준편차에 $\sqrt{12}$를 곱하면 된다.
4. 당신의 엑셀 워크시트에 각 월의 주식 평균 수익률을 새로운 열로 더하라. 이것이 12개 주식으로 구성된 동일가중 포트폴리오의 월별 수익률이다. 동일가중 포트폴리오 월별 수익률의 평균과 표준편차를 계산하라. 동일가중 포트폴리오의 평균 수익률이 모든 개별 주식의 평균 수익률과 같다는 것을 확인하라. 해석을 위해 3번째 단계처럼 월별 통계를 연별 통계로 변환하라.
5. 연별 통계를 이용하여 가로축에 표준편차를 세로축에 평균 수익률을 표시하여 엑셀 그래프를 만들어라.
   a. 개별 주식 각각과 동일가중 포트폴리오를 위해 3번과 4번 문항에서 만든 통계 스프레드시트에 3개의 열을 만들어라. 첫 번째 열은 표식을, 두 번째 열은 연평균 표준편차, 세 번째 열은 연평균 수익률을 가질 것이다.
   b. 마지막 두 열(표준편차와 평균)의 자료에 그림자 표시를 하여, >삽입>차트>XY 분산형 플롯을 선택하라. 플롯을 마치기 위하여 차트 마법사를 완성하라.
6. 동일가중 포트폴리오의 변동성에 비해 개별 주식들의 변동성 평균에 대해 무엇을 알 수 있나?

5) 식 (11.1)에서 주가와 배당 자료를 이용한 수익률 계산법을 소개하였다. Yahoo! Finance의 "adusted close"는 이미 배당과 주식 분할에 대해서 조정된 것이어서 월별 조정된 가격의 퍼센트 변화율로 수익률을 계산할 수 있다.

12 체계적 위험과 주식의 위험 프리미엄

학습목표

- 포트폴리오의 기대 수익률과 변동성(표준편차)을 계산한다.
- 체계적 위험과 시장 포트폴리오의 관계를 이해한다.
- 체계적 위험을 측정한다.
- 주식에 대한 자기자본비용을 계산하기 위해 자본자산가격결정 모형을 사용한다.

기호

β_i	시장 포트폴리오와 관계된 i 증권의 베타		
$Corr(R_i,R_j)$	i 증권과 j 증권 수익률의 상관계수		
$E[R_i]$	i 증권의 기대 수익률	$E[R_{MKT}]$	시장 포트폴리오의 기대 수익률
$E[R_p]$	포트폴리오 P의 기대 수익률	r_f	무위험 이자율
R_i	i 증권의 수익률	R_p	포트폴리오 P의 수익률
$SD(Ri)$	i 증권 수익률의 표준편차(변동성)	$VAR(Ri)$	i 증권의 수익률 분산
w_i	포트폴리오에 투자된 i 증권의 비중(포트폴리오에서의 상대적		

Systematic Risk and the Equity Risk Premium

제11장에서는 투자 위험과 수익률의 상쇄 관계를 알아보았다. 대형 포트폴리오의 경우 투자자들은 위험이 더 높아지면 수익률도 더 높아질 것을 기대하지만, 개별 주식에 대해서는 이러한 논리가 성립하지 않는다는 것을 알았다. 주식들은 분산 가능한 비체계적 위험과 분산이 불가능한 체계적 위험을 가지고 있다. 이 중에서 체계적 위험만이 기대 수익률로 보상 받는다. 비체계적 위험을 감수하는 것이 아무런 보상을 주지 못한다는 것은 투자자들이 분산투자해야 한다는 논리를 제공하여 준다.

당신이 애플과 같은 기업의 재무관리자 역할을 수행한다고 생각해 보자. 당신 업무 중 하나는 애플의 자본비용을 계산하여 애플 주주들이 요구하는 수익률이 무엇인지를 경영진에 제공하는 것이다. 제5장에서 자본비용은 비교 가능한 위험과 조건을 가진 투자에 대해 시장에서 제공하는 가장 보편적인 기대 수익률로 정의하였다. 체계적 위험만이 기대 수익률에 공헌하기 때문에, 애플의 체계적 위험을 측정해서 애플의 기대 수익률과 연계시켜야 한다. 그러기 위해서는 투자자들이 포트폴리오의 한 부분으로 애플 주식을 생각하는 것과 같이 우리도 애플 주식을 생각할 필요가 있다. 그렇게 하기 위해 11장에서 다루던 포트폴리오 개념부터 출발하고자 한다. 포트폴리오의 위험과 기대 수익률 계산법을 익히고 나서 그중에서 가장 대형인 포트폴리오에 초점을 맞출 것이다. 이 포트폴리오는 분산 가능한 위험이 없기 때문에 체계적 위험 측정을 위한 기준으로 사용될 수 있다. 이제부터 투자의 체계적 위험을 기대 수익률로 연계시키는 간단하면서도 강력한 모형에 대해서 살펴볼 것이다. 이 모형은 어떤 투자 대안에 대해 우리가 기대하는 수익률이 무위험 이자율과 체계적 위험에 비례하는 위험 프리미엄의 합과 같음을 알려준다.

12.1 포트폴리오의 기대 수익률

11장에서 포트폴리오가 비체계적 위험을 감소시키는 데 중요한 역할을 한다고 배웠다. 우리는 재무관리자로서, 투자자들이 대형 포트폴리오의 구성 종목으로 우리 기업의 주식을 보유한다고 생각해야 한다. 따라서 포트폴리오가 어떤 의미를 가지며, 기업 주식에 대해 투자자가 기대하는 수익률과 수행하려고 하는 프로젝트의 의미를 이해하는 것이 중요하다.

포트폴리오 비중

포트폴리오 비중: 포트폴리오에 투자된 개별 자산의 포트폴리오 전체 가치에서 차지하는 비중

수익률과 포트폴리오의 기대 수익률을 계산하는 방법부터 알아보자. 예를 들어, 주당 \$200인 애플 주식 200주(총 \$40,000), 주당 \$60인 코카콜라 1,000주(총 \$60,000)로 구성된 포트폴리오의 총가치는 \$100,000이고, 애플과 코카콜라가 각각 포트폴리오의 40%, 60%를 구성하고 있다. 일반적으로, 포트폴리오에 포함된 각 투자의 **포트폴리오 비중(portfolio weights)**으로 포트폴리오를 표현할 수 있다.

$$w_i = \frac{i \text{ 투자의 가치}}{\text{포트폴리오의 총가치}} \tag{12.1}$$

이러한 포트폴리오 비중은 합계가 100%이어야 한다. 다시 말해서, 포트폴리오 비중은 포트

폴리오에 포함된 각 투자 대상 금액이 포트폴리오 총가치에서 차지하는 비중으로 다음 조건을 만족하여야 한다: $w_1 + w_2 + \cdots + w_n = 100\%$. 애플과 코카콜라의 포트폴리오 비중을 구체적으로 계산하면 다음과 같다.

$$w_{애플} = \frac{200 \times \$200}{\$100,000} = 40\%, \ w_{코카콜라} = \frac{1,000 \times \$60}{\$100,000} = 60\%$$

포트폴리오 수익률

일단 포트폴리오 비중을 알면 포트폴리오 수익률을 계산할 수 있다. 예를 들어, 애플과 코카콜라로 이루어진 포트폴리오를 생각하자. 애플의 수익률이 10%, 코카콜라의 수익률이 15%라고 하면, 포트폴리오의 40%는 10%의 수익을, 60%는 15%의 수익을 올려서, 포트폴리오 전체의 수익률은 13%(0.40 × 10% + 0.60 × 15%)가 된다.

***포트폴리오 수익률(return on portfolio)**은 포트폴리오에 포함된 각 투자 수익률의 가중평균이며, 각 구성 종목의 가치 비중에 따라 가중된다.*

포트폴리오 수익률: 포트폴리오에 포함된 각 투자 수익률의 가중평균이며, 각 구성 종목의 가치 비중에 따라 가중된다.

어떤 포트폴리오에 투자된 n 종목의 포트폴리오 비중이 $w_1, \cdots, w_n$이고, 이 종목들의 수익률 이 $R_1, \cdots, R_n$이라고 하면, 이 포트폴리오의 수익률 공식은 다음과 같다.

$$R_p = w_1R_1 + w_2R_2 + \cdots + w_nR_n \tag{12.2}$$

예제 12.1
포트폴리오 수익률의 계산

문제 Problem

당신이 $100,000을 투자하여, 주당 $200의 애플 주식을 200주($40,000), 주당 $60의 코카콜라 주식을 1,000주($60,000) 매입하였다. 애플이 주당 $240으로 상승하였고, 코카콜라는 주당 $57로 하락하였으며, 두 주식 모두 배당을 지급하지 않았다면, 새로운 포트폴리오의 가치는 얼마인가? 포트폴리오의 수익률은 얼마인가? 개별 주식의 수익률을 구하고 포트폴리오 비중에 의해 가중하여 식 12.2가 성립함을 보이시오. 가격 변화 이후에 어떤 주식도 매입하거나 매도하지 않았다면, 새로운 포트폴리오 비중은 어떻게 되는가?

풀이 Solution

● **계획**

포트폴리오:	애플 200주:	$200 → $240 (주당 $40의 자본이익)
	코카콜라 1,000주:	$60 → $57 (주당 $3의 자본손실)

A. 포트폴리오의 수익률을 계산하기 위하여, 새로운 주식 가격을 사용하여 포트폴리오 가치를 계산하고, 그것을 $100,000의 최초 투자와 비교하라.

B. 식 12.2가 성립함을 보이기 위하여, 제11장의 식 11.1을 이용하여 개별 주식의 수익률을 계산하고, 여기에 최초 포트폴리오 비중을 각각 곱하여 포트폴리오 수익률을 계산하라. 이것을 전체 포트폴리오 가치에 의해 계산된 수익률과 비교하라.

● **실행**

애플 주식의 새로운 가치는 200 × \$240 = \$48,000이고, 코카콜라 주식의 새로운 가치는 1,000 × \$57 = \$57,000이다. 따라서 포트폴리오의 새로운 가치는 \$48,000 + \$57,000 = \$105,000이 되어, \$5,000의 자본 이익이 발생하였다. 최초의 포트폴리오 투자 가치인 \$100,000의 5%에 해당하는 수익률이다.

어떤 주식도 배당을 지급하지 않았으므로, 각 주식의 수익률은 자본이익이나 손실을 매입 가격으로 나누어 계산할 수 있다. 애플 주식의 수익률은 \$40/\$200 = 20%이고, 코카콜라의 수익률은 −\$3/\$60 = −5%이다.

최초 포트폴리오에서 애플의 비중은 \$40,000/\$100,000 = 40%이고, 코카콜라의 비중은 \$60,000/\$100,000 = 60%이었으므로, 식 12.2에 의해서 포트폴리오 수익률은 다음과 같이 계산된다.

$$R_p = w_{애플} R_{애플} + w_{코카콜라} R_{코카콜라} = 0.40(20\%) + 0.60(-5\%) = 5\%$$

가격 변화 이후에 새로운 포트폴리오의 비중은 각 주식의 투자 가치를 새로운 포트폴리오의 가치로 나눈 값이다.

$$w_{애플} = \frac{200 \times \$240}{105{,}000} = 45.71\%, \quad w_{코카콜라} = \frac{1{,}000 \times \$57}{105{,}000} = 54.29\%$$

마지막으로 항상 포트폴리오 비중의 합이 100%가 되는가를 확인하시오.

● **평가**

코카콜라 투자의 손실 \$3,000이 애플 투자의 이익 \$8,000에 의해 상쇄되어, 결국 \$5,000(5%)의 이익이 발생하였다. 애플의 20% 수익률에 40%의 비중을 곱하고, 코카콜라의 −5% 손실에 60%의 비중을 곱한 후에, 이들 값들을 더하여 계산한 총수익률은 5%가 되어 같은 결과를 얻게 된다.

주가 변화 이후에 애플의 포트폴리오 비중은 증가하였고, 코카콜라의 비중은 감소하였다. 포트폴리오가 거래를 하지 않았어도 포트폴리오 수익률보다 큰(작은) 주식의 포트폴리오 비중은 증가(감소)할 것이다. 아래의 도표는 애플과 코카콜라의 최초 및 마지막 포트폴리오 비중을 보여주고 있다.

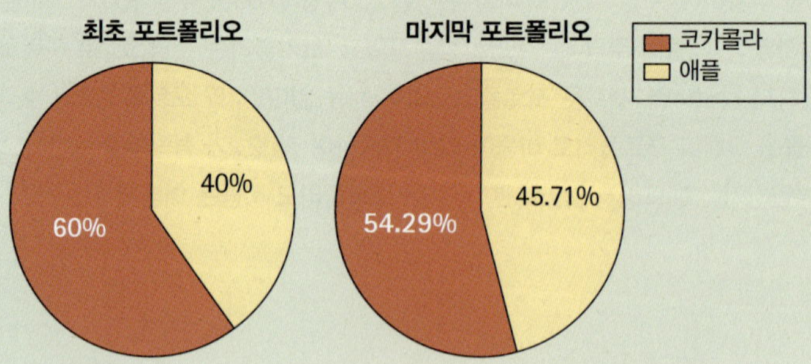

포트폴리오 기대 수익률

포트폴리오 기대 수익률: 포트폴리오에 투자된 각 증권의 기대 수익률 가중평균으로, 가중치는 포트폴리오 비중이다.

제11장에서 보여준 바와 같이, 어떤 증권의 과거 평균 수익률을 그 종목의 기대 수익률로 사용할 수 있다. 이런 각 종목의 기대 수익률들과 포트폴리오 비중을 이용하여 각 종목 기대 수익률의 가중평균에 해당하는 포트폴리오의 기대 수익률을 계산할 수 있다.

$$E[R_P] = w_1E[R_1] + w_2E[R_2] + \cdots + w_nE[R_n] \quad (12.3)$$

이런 계산 방식으로 볼 때, 포트폴리오를 포트폴리오 비중이라고 할 수 있다는 것을 알 수 있다. 포트폴리오 비중이 포트폴리오의 수익률과 기대 수익률을 계산하기 위하여 사용되기 때문이다. 재무 및 투자론에서는 일반적으로 포트폴리오를 포트폴리오 비중으로 표시한다. 표 12.1은 이러한 개념들을 정리하고 있다.

표 12.1 포트폴리오 개념들의 정리

용어	개념	공식
포트폴리오 비중	포트폴리오 개별 자산의 상대적 투자 금액	$w_i = \dfrac{i\text{번째 투자의 가치}}{\text{포트폴리오의 총가치}}$
포트폴리오 수익률	포트폴리오 각 증권의 수익률과 비중을 이용하여 계산된 포트폴리오의 총 수익률	$R_P = w_1R_1 + w_2R_2 + \cdots + w_nR_n$
포트폴리오 기대 수익률	포트폴리오 각 증권의 기대 수익률과 각각의 투자 비중을 사용하여 계산된 포트폴리오의 기대 수익률	$E[R_P] = w_1E[R_1] + w_2E[R_2] + \cdots + w_nE[R_n]$

예제 12.2 포트폴리오 기대 수익률

문제 *Problem*

당신은 보잉(BA) 주식에 $10,000을, 머크(MRK) 주식에 $30,000을 투자하였다. 보잉에서는 10%, 머크에서는 16%의 수익률을 기대한다. 당신 포트폴리오의 기대 수익률은 얼마인가?

풀이 *Solution*

● **계획**

총 $40,000이 투자되었다.

보잉: $10,000/$40,000 = 25%, E [R보잉] = 10%

머크: $30,000/$40,000 = 75%, E [R머크] = 16%

식 12.3을 이용하여 개별 주식의 기대 수익률에 각각의 포트폴리오 비중을 곱하여 포트폴리오 전체의 기대 수익률을 계산한다.

● **실행**

포트폴리오의 기대 수익률은 다음과 같다.

$$E[R_P] = w_{\text{보잉}}E[R_{\text{보잉}}] + w_{\text{머크}}E[R_{\text{머크}}]$$

$$E[R_P] = 0.25 \times 10\% + 0.75 \times 16\% = 14.5\%$$

● **평가**

포트폴리오 전체에 있어서 각 주식의 중요성은 투자한 금액의 상대적 크기에 의해서 결정된다. 대부분의 금액(75%)이 머크에 투자되었으므로, 포트폴리오의 전체 기대 수익률은 보잉보다는 머크의 기대 수익률에 더욱 가까워진다.

개념확인

1. 포트폴리오 비중이 의미하는 바는 무엇인가?
2. 포트폴리오의 기대 수익률이 포트폴리오 내의 주식 기대수익률들과 어떤 관계가 있는가?

12.2 포트폴리오의 변동성

애플과 같은 기업의 투자자들은 포트폴리오의 수익률뿐만 아니라 위험에도 관심이 많다. 애플 투자자들이 위험에 대해서 어떻게 인식하는가를 알기 위해서는 포트폴리오의 위험 계산법을 이해하여야 한다. 제11장에서 설명하였듯이, 포트폴리오에 많은 주식들을 포함하여 분산을 통해 제거될 수 있는 위험이 있다. 하지만 주식들은 분산에 의해 사라지지 않고 남아있는 공통 위험을 공유하게 된다. **포트폴리오의 변동성(volatility of a portfolio)**은 표준편차로 추정된 포트폴리오의 전체 위험이다. 이 절에서는 두 개의 주식이 공유하는 위험의 정도를 계량화하는 방법과 포트폴리오의 변동성을 알아보고자 한다.

포트폴리오의 변동성: 표준편차로 추정된 포트폴리오의 전체 위험

위험의 분산

주식들이 포트폴리오로 묶여 있을 때, 위험이 어떻게 변하는가를 간단한 예를 통해서 알아보자. 표 12.2는 가상의 세 주식들에 대해 연별 수익률과 평균 수익률 및 변동성을 보여주고 있다. 세 주식들은 평균 수익률과 변동성은 같지만 수익률의 행태는 다르다. 항공사 주식이 오를 때(2011~2012년) 정유 주식은 성과가 저조하고, 항공사 주식의 성과가 저조할 때(2014~2015년)

표 12.2 세 개의 개별 주식과, 두 개의 주식으로 구성된 두 포트폴리오의 수익률

	주식 수익률			포트폴리오 수익률	
연도	노스 항공	웨스트 항공	텍사스 정유	(1) 노스와 웨스트 50%씩	(2) 웨스트와 텍사스 50%씩
2011	21%	9%	−2%	15.0%	3.5%
2012	30%	21%	−5%	25.5%	8.0%
2013	7%	7%	9%	7.0%	8.0%
2014	−5%	−2%	21%	−3.5%	9.5%
2015	−2%	−5%	30%	−3.5%	12.5%
2016	9%	30%	7%	19.5%	18.5%
평균 수익률	10.00%	10.00%	10.00%	10.0%	10.0%
변동성	13.40%	13.40%	13.40%	12.1%	5.1%

그림 12.1
항공사와 정유사 포트폴리오의 변동성

이 그림은 표 12.2의 포트폴리오 수익률을 막대 그래프로 나타내고 있다. 패널 (a)는 항공사 주식들이 같은 방향으로 움직이기 때문에, 두 항공사로 구성된 포트폴리오는 분산투자의 효과를 제대로 달성하지 못한다는 것을 보여준다. 이에 비해 패널 (b)에서는 항공사와 정유사의 주식이 서로 다른 방향으로 움직이는 경우가 많기 때문에, 웨스트 항공과 텍스 정유의 포트폴리오가 상당한 분산투자 효과를 얻어서 포트폴리오 변동성이 낮아진다. 양 주식 모두 10%의 평균 수익률을 가져서 포트폴리오도 역시 10%의 평균 수익률을 가지지만, 포트폴리오의 변동성은 각 주식의 변동성보다 훨씬 작아진다.

패널 (a): 노스 항공과 웨스트 항공에 같은 비중을 가지는 포트폴리오

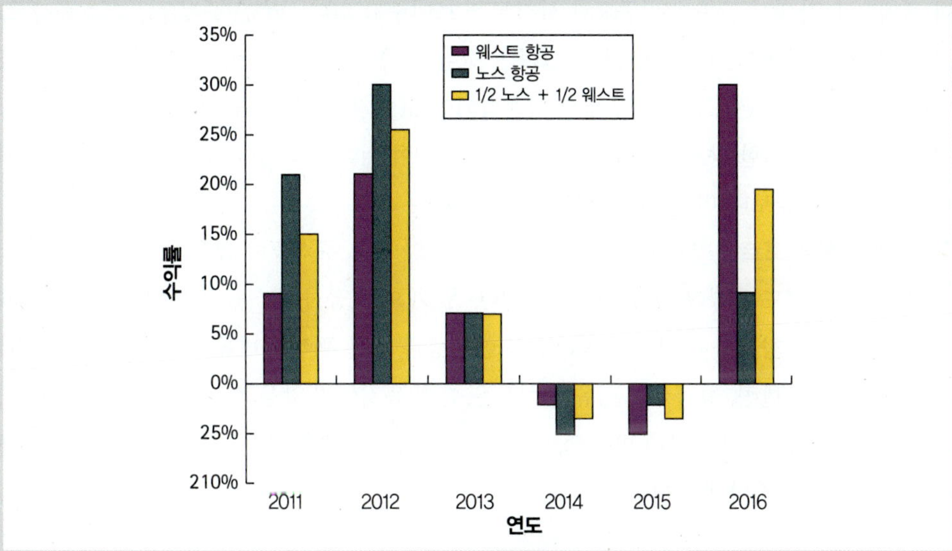

패널 (b): 웨스트 항공과 텍스 정유에 같은 비중을 가지는 포트폴리오

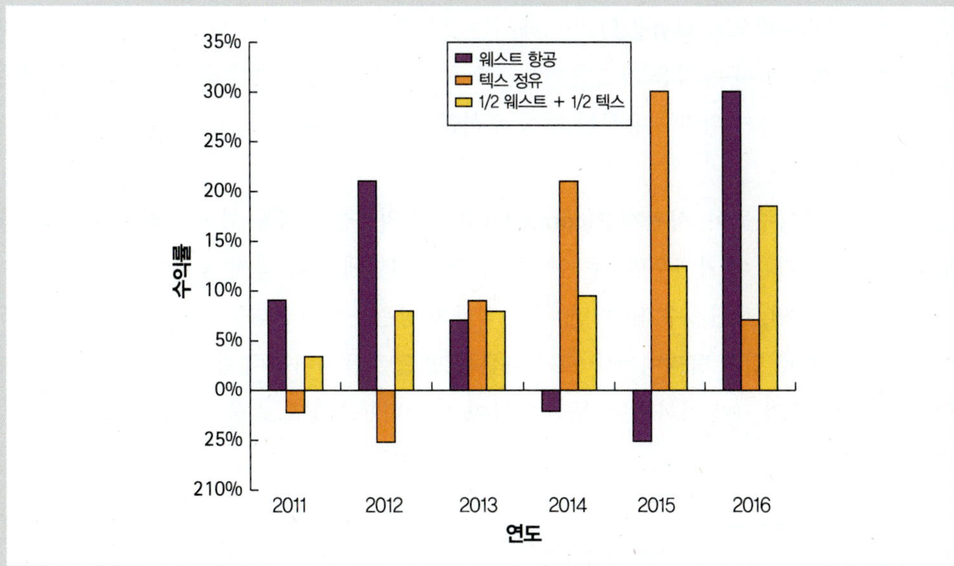

정유 주식의 성과는 좋았다.

표 12.2는 두 개 주식의 포트폴리오 수익률을 보여주고 있다. 첫 번째 포트폴리오는 노스 항공과 웨스트 항공의 두 항공사 주식에 동일하게 투자한 것이다. 두 번째 포트폴리오는 웨스트 항공과 텍사스 정유 주식에 동일하게 투자한 것이다. 양 포트폴리오의 평균 수익률 10%는 주식들의 평균 수익률 10%와 같은데, 이는 식 12.3과 일치한다. 그러나, 그림 12.1이 보여주듯이 그들의 변동성(표준편차)은 각각 12.1%와 5.1%로 각 개별 주식의 변동성 13.4%와는 매우 다르다.

이 예제는 11장에서 공부했던 중요한 사실들을 보여주고 있다. *먼저, 주식들을 포트폴리오로 모으면, 분산을 통해서 위험을 줄일 수 있다는 것이다.* 주식 수익률들이 동일하게 움직이지 않기 때문에, 어떤 위험은 포트폴리오에서 평준화되어 없어지게 된다. 즉 어떤 주식 수익률은 오르고, 어떤 것은 동일한 양으로 내리면, 이 둘의 합은 0이 된다는 의미다. 결과적으로, 두 포트폴리오는 개별 주식들보다 더 낮은 위험을 가지게 된다.

두 번째 사실은 포트폴리오에 의해 제거되는 위험의 양은 주식들이 공통적으로 직면하게 되는 위험의 공유 정도에 따라 달라진다는 것이다. 두 개의 항공사 주식들이 동시에 성과가 좋거나 또는 나쁘다면, 항공사 주식 포트폴리오의 변동성은 개별 주식의 변동성보다 그렇게 호전되지는 않을 것이다. 한편, 항공사와 정유 주식들은 함께 움직이지 않을 것이다. 표 12.2에서 보듯이 그들의 수익률들은 서로 반대 방향으로 움직이기 때문에, 많은 위험들이 사라지게 되어 포트폴리오의 위험이 감소하게 된다.

주식들의 공동 움직임 측정: 상관계수

그림 12.1은 포트폴리오의 위험을 알기 위해서는 포트폴리오 구성 주식의 위험 자체보다 더 많은 것을 알 필요가 있다는 것을 가르쳐 준다. 즉 주식 수익률들이 함께 움직이는 정도를 알아야 한다. 이를 측정하기 위해 사용하는 것이 주식들 간의 상관관계로, -1부터 1까지의 값을 가질 수 있다.[1]

상관계수: 두 수익률이 공통 위험을 공유하는 정도의 척도. 이는 공분산을 각각의 표준편차 곱으로 나누어 계산한다.

그림 12.2가 보여주듯이, **상관계수(correlation)**는 수익률들이 공통 위험을 공유하는 정도의 척도다. 상관계수가 1에 가까우면, 두 수익률이 공통 위험에 따라 함께 움직이는 정도가 매우 높다는 것이다. 반면, 상관계수가 0이면, 두 수익률의 상관관계가 없다는 것을 말한다. 즉, 수익률이 같은 방향으로 함께 움직이거나 또는 다른 방향으로 움직이는 경향이 없다는 것이다. 마지막으로 상관계수가 -1에 가까우면, 두 수익률이 서로 다른 방향으로 움직이는 정도가 매우 높음을 의미한다.

---

1) 상관계수는 크기가 조정된 공분산으로 다음과 같이 정의된다.

$$Corr(R_i, R_j) = \frac{Covariance(R_i, R_j)}{SD(R_i)SD(R_j)}$$

언제 주식 수익률이 다른 수익률들과 높은 상관관계를 가질까? 만약 주식들이 경제적 사건들에 의해 비슷하게 영향을 받는다면 주식 수익률들은 함께 움직일 것이다. 따라서 같은 산업에 속하는 주식들은 다른 산업에 속한 주식보다 더 높은 상관관계를 가질 것이다. 이런 경향을 표 12.3에 제시된 각 주식들의 표준편차와 상관계수에 의해 알 수 있다. 파란색으로 표시된 대각선상의 값들은 자기 자신과의 상관계수이므로 당연히 1이 된다. 이 표는 왼쪽 하단의 값들과 오른쪽 상단의 값들이 같은 값들이다. 예를 들어, 코카콜라의 행에서 코카콜라와 맥도널드의 상관계수(빨간색)는 0.59인데, 이 값은 맥도널드의 행에서 코카콜라와 맥도널드의 상관계수와 같다.

맥도널드와 코카콜라는 0.59의 가장 높은 상관관계를 가지는데, 이는 사람들이 더 많은 즉석식품을 구입할 때 두 기업 모두 좋아지기 때문이다. (맥도널드는 코카콜라 제품을 제공한다.) 그

그림 12.2
상관계수

상관계수는 수익률이 다른 수익률과 어떤 관계를 가지면서 움직이는가를 측정한다. 상관계수는 반드시 +1(수익률들이 같은 방향과 같은 크기로 움직임)에서 −1(수익률들이 정반대 방향이지만 같은 크기로 움직임) 사이에 존재한다. 독립적 위험 요인들은 함께 움직이지도 않으며, 상관계수의 값은 0이 된다. 마이크로소프트와 보잉 및 시스코와의 상관계수가 아래에 표시되어 있다. 소프트웨어 기업인 마이크로소프트는 항공기 제조업체보다는 컴퓨터 네트워크 시설업체와 상관관계가 더 높다는 것을 주목하자. 상관계수에 대해 더 많은 예를 보려면 표 12.3을 보시오.

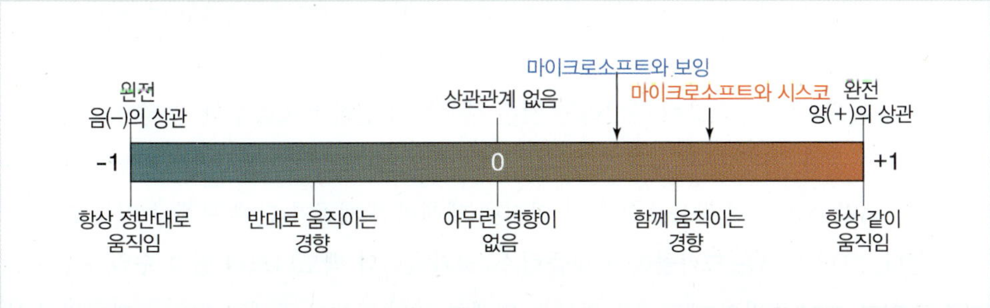

출처: CRSP의 자료를 이용한 저자들의 계산

표 12.3
선택된 주식들의 연별 변동성과 상관계수 추정치(2006년 1월~2015년 12월의 월별 수익률을 이용함

표준편차	마이크로소프트 25%	스타벅스 29%	넷플릭스 61%	코카콜라 16%	맥도널드 14%	시스코 28%	보잉 26%
마이크로소프트	1.00	0.35	0.18	0.40	0.43	0.52	0.28
스타벅스	0.35	1.00	0.19	0.23	0.17	0.52	0.48
넷플릭스	0.18	0.19	1.00	0.00	0.13	0.10	0.10
코카콜라	0.40	0.23	0.00	1.00	0.59	0.27	0.34
맥도널드	0.43	0.17	0.13	0.59	1.00	0.28	0.37
시스코	0.52	0.52	0.10	0.27	0.28	1.00	0.46
보잉	0.28	0.48	0.10	0.34	0.37	0.46	1.00

출처: CRSP의 자료를 이용한 저자들의 계산

그림 12.3
수익률 산포도

코카콜라와 넷플릭스, 코카콜라와 맥도널드의 월별 수익률 산포도가 아래에 있다. 코카콜라와 맥도널드는 아래 위로 비슷하게 움직이기 때문에 명백한 양(+)의 관계를 가지지만, 코카콜라와 넷플릭스는 관련성이 잘 나타나지 않고 있다.

패널 (a): 코카콜라와 넷플릭스의 월별 수익률　　패널 (b): 코카콜라와 넷플릭스의 월별 수익률

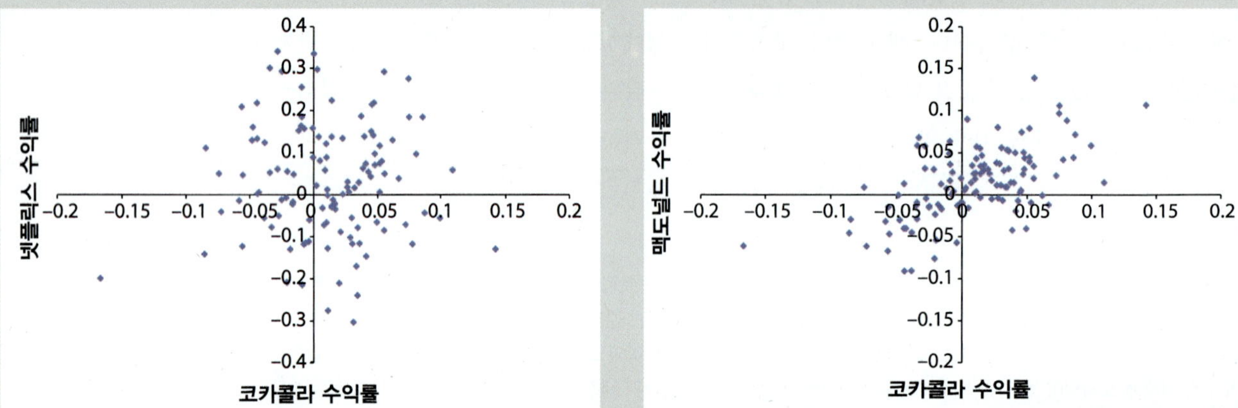

출처: CRSP의 자료를 이용한 저자들의 계산

러나 어떤 상관계수도 음의 값이 아니라는 것은 주식들이 일반적으로 함께 움직이는 경향이 있다는 것을 보여준다. 가장 낮은 상관계수(0.01보다 작은, 실제로는 0.004)가 나타난 코카콜라와 넷플릭스의 녹색 상자는 청량음료 기업과 인터넷 텔레비전 제공자 간에 관계가 거의 없다는 것을 보여준다. 그림 12.3은 코카콜라와 넷플릭스, 코카콜라와 맥도널드의 월별 수익률 산포도를 보여주고 있다. 코카콜라와 맥도널드 간에는 명백한 양의 관계가 존재하지만, 코카콜라와 넷플릭스의 산포도는 아무런 관계가 없는 수익률 구름과 같은 모양이다.

포트폴리오의 분산과 표준편차 계산하기

이제 포트폴리오 분산 계산 방법을 살펴보자. 두 주식으로 구성된 포트폴리오의 분산을 계산하는 방법은 다음과 같다.

$$Var(R_P) = \overbrace{w_1^2 SD(R_1)^2}^{\text{주식 1의 위험 설명}} + \overbrace{w_2^2 SD(R_2)^2}^{\text{주식 2의 위험 설명}} + \overbrace{2w_1 w_2 Corr(R_1, R_2) SD(R_1) SD(R_2)}^{\text{두 주식이 함께 움직이는 정도를 조정해 줌}} \quad (12.4)$$

식 12.4의 세 부분 각각은 포트폴리오 전체 분산의 중요한 결정 요인으로, 주식 1의 위험, 주식 2의 위험, 두 주식이 함께 움직이는 정도의 조정(그들 간의 상관계수는 Corr(R_1, R_2))으로 구

엑셀 사용하기 두 수익률 시계열로부터 상관계수 계산하기

표 12.3에 제시된 상관계수는 두 개 주식의 수익률 사이에 계산된 것들이다. 이제 엑셀을 이용하여 상관계수의 계산 방법을 보여주고자 한다.

1. 두 개 주식 수익률의 과거 시계열을 엑셀에 입력하거나 옮겨 오시오.
2. Data Group으로부터 Data Analysis를 선택하고, Correlation을 선택하시오.
3. 입력 범위 필드에 대해서 화면 갈무리처럼 강조하시오.
4. OK를 클릭하시오.
5. 해답이 새로운 워크시트에 첫 번째 열과 두 번째 열의 상관계수로 나타날 것이다.

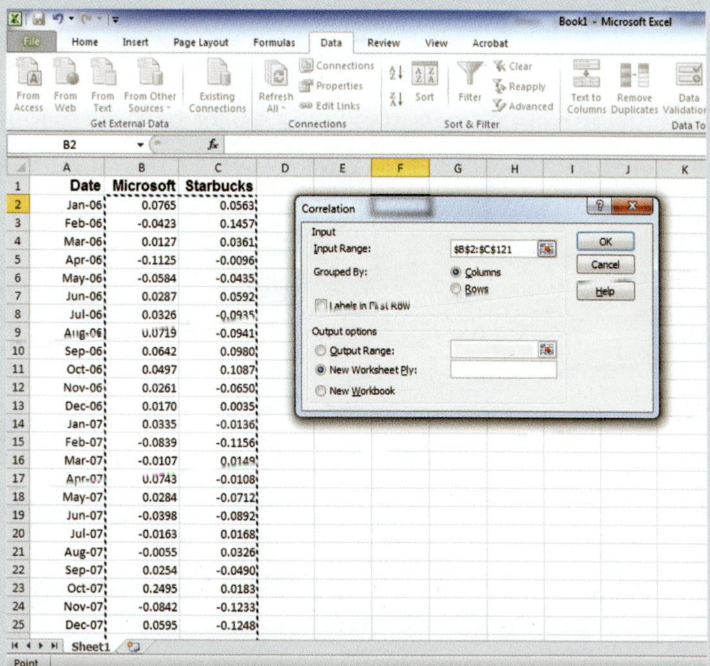

Analysis Toolpak이 설치되지 않았으면 CORREL 함수를 이용할 수 있다. 이 경우에는 빈 셀에 =CORREL(B2:B145,C2:C145)를 입력하면 된다. 이 함수는 상관계수를 계산해 준다. 셀의 영역인 B2:B145와 C2:C145는 각각 마이크로소프트와 스타벅스의 수익률이다.

성 된다.[2] 각 주식에 투자된 금액이 양수인 경우, 이 등식은 더 많은 주식들이 함께 움직여서 상관 계수가 높아지면 포트폴리오의 변동성이 더 커진다는 것을 보여주고 있다. 주식들이 완전한

---

2) 세 개 주식인 경우의 공식은 다음과 같다.

$$Var(R_P) = w_1^2 SD(R_1)^2 + w_2^2 SD(R_2)^2 + w_3^2 SD(R_3)^2 + 2w_1w_2 Corr(R_1,R_2)\, SD(R_1)SD(R_2) + 2w_2w_3 Corr(R_2,R_3)\, SD(R_2)SD(R_3) + 2w_1w_3 Corr(R_1,R_3)\, SD(R_1)SD(R_3)$$

n개 주식의 경우에는 다음과 같다.

$$\sum_{i=1}^{n}\sum_{j=1}^{n} w_i w_j\, Corr(R_i,R_j) SD(R_i) SD(R_j)$$

양의 상관관계인 1의 상관계수를 가지는 경우에는 포트폴리오의 분산이 가장 커질 것이다. 사실, 주식들을 포트폴리오로 묶을 때, 각각의 상관관계가 완전 상관관계를 가지지 않으면 포트폴리 오의 위험은 개별 주식들의 가중평균 변동성보다 작게 된다. 그림 12.1을 보면 이러한 주장을 쉽게 이해할 수 있다. 이러한 현상을 포트폴리오의 기대 수익률과 비교할 수 있다. *포트폴리오의 기대 수익률은 각 주식 기대 수익률의 가중평균과 같지만, 포트폴리오의 변동성은 각 주식 변동성의 가중평균보다 작다. 결과적으로 분산에 의해 어느 정도의 변동성을 제거한 것이 틀림없다.* 식 12.4는 11장에서 소개한 분산의 개념을 구체적으로 보여준 것이다. 이제 여기서 제시된 방법에 의해 포트폴리오의 변동성을 계산해 보자.

문제 *Problem*

표 12.3의 자료를 이용할 때, 마이크로소프트와 시스코 주식에 동일하게 투자된 포트폴리오의 변동성(표준편차)은 얼마인가? 마이크로소프트와 스타벅스 주식에 동일하게 투자된 포트폴리오의 표준편차는 얼마인가?

풀이 *Solution*

● **계획**

	비중	변동성	델과의 상관계수
마이크로소프트	0.5	0.25	1
시스코	0.5	0.28	0.52
마이크로소프트	0.5	0.25	1
스타벅스	0.5	0.29	0.35

A. 포트폴리오 비중, 변동성, 두 포트폴리오 주식들 간의 상관계수가 주어지면, 각 포트폴리오의 분산을 계산하기 위해 식 12.4를 적용할 수 있는 정보들 모두를 가지게 된다.

B. 포트폴리오의 분산을 계산한 뒤에, 포트폴리오의 표준편차를 얻기 위하여 제곱근을 씌우면 된다.

● **실행**

마이크로소프트와 시스코에 대하여 식 12.4를 적용하여 분산을 구하면 다음과 같다.

$$\begin{aligned} Var(R_P) &= w^2_{마이크로} SD(R_{마이크로})^2 + w^2_{시스코} SD(R_{시스코})^2 \\ &\quad + 2w_{마이크로} w_{시스코} Corr(R_{마이크로}, R_{시스코})\, SD(R_{마이크로})\, SD(R_{시스코}) \\ &= (.50)^2(.25)^2 + (.50)^2(.28)^2 + 2(.50)(.50)(.52)(.25)(.28) \\ &= 0.05343 \end{aligned}$$

따라서 표준편차는 다음과 같다.

$$SD(R_P) = \sqrt{Var(R_P)} = \sqrt{0.05343} = 0.231,\ \text{또는 } 23.1\%$$

마이크로소프트와 스타벅스에 대해서도 같은 절차가 적용된다.

$$\begin{aligned} Var(R_P) &= w^2_{마이크로} SD(R_{마이크로})^2 + w^2_{스타벅스} SD(R_{스타벅스})^2 \\ &\quad + 2w_{마이크로} w_{스타벅스} Corr(R_{마이크로}, R_{스타벅스})\, SD(R_{마이크로})\, SD(R_{스타벅스}) \\ &= (.50)^2(.25)^2 + (.50)^2(.29)^2 + 2(.50)(.50)(.35)(.25)(.29) \\ &= 0.04934 \end{aligned}$$

이 경우에 표준편차는 다음과 같다.

$$SD(R_P) = \sqrt{Var(R_P)} = \sqrt{0.04934} = 0.222, \quad \text{또는 } 22.2\%$$

● 평가

비중, 표준편차, 두 개 주식의 상관계수는 포트폴리오의 분산과 표준편차 계산을 위해 필요하다. 여기서 마이크로소프트와 시스코 포트폴리오의 표준편차는 23.1%이고, 마이크로소프트와 스타벅스의 포트폴리오는 22.2%이다. 마이크로소프트와 스타벅스의 포트폴리오는 개별 주식보다 변동성이 더 작으며, 또한 마이크로소프트와 시스코의 포트폴리오보다도 변동성이 더 작다. 스타벅스는 시스코보다 변동성이 더 크지만, 마이크로소프트와의 낮은 상관계수 때문에 포트폴리오 분산의 효과가 더 커진 것이다.

다음 예제에서는 그리 많은 기대 수익률을 포기하지 않고 포트폴리오의 위험을 줄일 수 있는 방법을 보여줄 것이다.

예제 1.2.4
수익률 희생이 없는 위험 감소

문제 *Problem*

과거 자료를 보면, 보잉의 기대 수익률은 13%, 고가콜라는 12%이다. 보잉만을 보유한다면 당신 포트폴리오의 기대 수익률과 위험(표준편차)은 얼마인가? 모든 자금을 보잉과 코카콜라에 동일하게 투자한다면, 당신 포트폴리오의 기대 수익률과 위험은 얼마인가?

풀이 *Solution*

● 계획

A. 표 12.3에서, 보잉과 코카콜라 주식의 표준편차와 상관계수를 얻을 수 있다.

$$SD(R_{\text{보잉}}) = 0.26, \quad SD(R_{\text{코카}}) = 0.16 \quad Corr(R_{\text{보잉}}, R_{\text{코카}}) = 0.34$$

B. 이것과 문제에서 주어진 정보를 이용하여, 식 12.3에 의한 포트폴리오의 기대 수익률과 식 12.4에 의한 포트폴리오의 분산을 계산할 수 있다.

● 실행

보잉만을 보유한 포트폴리오는 보잉에 모든 자금을 투자한 것이므로, 보잉 주식의 기대 수익률 및 표준편차와 같다. 따라서 표준편차는 다음과같다.

$$E[R_{\text{보잉}}] = .13, \quad SD(R_{\text{보잉}}) = 0.26$$

코카콜라와 보잉에 50%씩 투자한 포트폴리오의 기대 수익률은 다음과 같다.

$$E[R_P] = w_{\text{코카}} E[R_{\text{코카}}] + w_{\text{보잉}} E[R_{\text{보잉}}] = 0.5(.12) + 0.5(.13) = 0.125$$

이 포트폴리오의 분산도 식 (12.4)를 이용하여 계산할 수 있다.

$$\begin{aligned} Var(R_P) &= w_{\text{코카}}^2 SD(R_{\text{코카}})^2 + w_{\text{보잉}}^2 SD(R_{\text{보잉}})^2 \\ &\quad + 2w_{\text{코카}} w_{\text{보잉}} Corr(R_{\text{코카}}, R_{\text{보잉}}) SD(R_{\text{코카}}) SD(R_{\text{보잉}}) \\ &= (.50)^2(.16)^2 + (.50)^2(.26)^2 + 2(.50)(.50)(.34)(.16)(.26) \\ &= 0.0304 \end{aligned}$$

따라서 표준편차는 다음과 같다.

$$SD(R_P) = \sqrt{Var(R_P)} = \sqrt{0.0304} = 0.174$$

● **평가**

기대 수익률은 약간 줄어들지만, 위험이 상당히 감소하는 효과를 보게 된다. 이것이 바로 포트폴리오의 장점이다. 즉 비슷한 수익률을 가지지만 낮은 상관계수를 보이는 주식들을 선택하여, 가능한 가장 낮은 위험을 가지면서도 바람직한 기대 수익률을 가지는 포트폴리오를 얻을 수 있다는 것이다.

대형 포트폴리오의 변동성

이제까지는 두 개의 주식으로 구성된 포트폴리오를 살펴보았지만, 이제부터는 세 개 이상의 주식으로 구성된 포트폴리오에서 얻게 되는 분산의 효과에 대해 알아보도록 하자. 포트폴리오에 더 많은 주식들을 포함시킬수록 분산 가능한 기업 고유의 위험들이 점점 덜 중요하게 되고, 포트폴리오의 모든 주식들에 공통인 위험만이 남게 된다.

그림 12.4는 구성 주식 수가 점점 증가할 때, 동일가중 포트폴리오의 변동성을 보여주고 있

그림 12.4
동일 가중 포트폴리오와 구성 주식 수

패널 (b)의 그래프는 패널 (a)의 자료를 이용한 것이다. 포트폴리오의 구성 주식 수가 증가하면서 변동성이 감소하는 것을 주목하라. 매우 대형인 포트폴리오라 할지라도 당연히 체계적(시장) 위험은 존재한다. 또한 변동성의 감소 속도가 줄어드는 것도 주목할 만하다. 한 개 주식에서 두 개로 갈 때의 8%P 변동성 감소 효과는 네 개에서 다섯 개로 갈 때의 1.1%P 변동성 감소 효과보다 더 크다. 이 그래프는 각 주식의 변동성이 40%이고, 다른 주식과의 상관 계수가 0.28임을 가정하여 작성되었다. 이 두 수치는 미국 대형 주식들에 대한 평균 변동성 및 평균 상관계수다.

패널 (a)

주식 수	포트폴리오 변동성
1	40.0%
2	32.0%
3	28.8%
4	27.1%
5	26.0%
10	23.7%
15	22.9%
20	22.5%
25	22.2%
30	22.1%
50	21.7%
100	21.5%
1,000	21.2%

패널 (b)

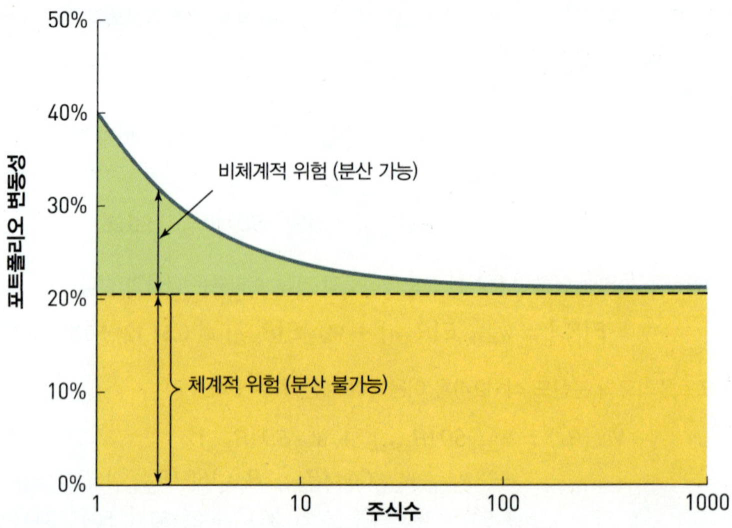

노벨상: 해리 마코위츠

주어진 표준편차에서 가장 높은 기대 수익률을 가지는 포트폴리오를 찾아내는 기법은, 1952년 Journal of Finance에 게재된 해리 마르코위츠(Harry Markowitz)의 "Portfolio Selection"이라는 논문에서 개발되었다. 마코위츠의 접근 방법은 월 스트리트에서 사용되는 포트폴리오 최적화의 주요 방법 중 하나가 되었다. 그의 공헌이 인정되어 마르코위츠는 1990년에 노벨 경제학상을 수상하였다.

다. **동일가중 포트폴리오(equally weighted portfolio)**에서는 동일한 금액이 각 주식에 투자된다. 포트폴리오 내의 주식 수가 증가하면서 변동성은 줄어들기 시작한다는 것을 주목하라. 사실, 분산을 하면 개별 주식 변동성의 거의 반 정도가 제거된다. 처음에 분산의 효과는 가장 크다가 점점 줄어들게 되는데, 1개 주식에서 2개 주식으로 갈 때의 변동성 감소는 100개에서 101개로 갈 때의 변동성 감소보다 훨씬 크다. 그러나 대형 포트폴리오라 할지라도 모든 위험을 완전히 제거할 수는 없지만, 결국 마지막에는 체계적 위험만이 남게 된다.

동일 가중 포트폴리오: 각 주식에 동일한 금액이 투자되는 포트폴리오

개념확인

3. 주식들을 포트폴리오로 구성하여 어느 정도의 위험이 제거될 수 있는가를 결정하는 요인은 무엇인가?
4. 주식들은 언제 상관관계가 증가하거나 감소하는가?

12.3 체계적 위험의 측정

우리의 목적은 위험이 기업의 투자자들에게 미치는 영향을 이해하는 것이다. 투자자들의 위험 인식을 이해함으로써, 위험과 요구 수익률의 관계를 계량화하면 현재가치 계산에 필요한 할인율을 결정할 수 있다. 제11장에서 수익률에 관계 있는 유일한 위험은 체계적 위험이지만, 표준편차는 비체계적 위험을 포함한 전체 위험임을 알았다. 이제 우리는 투자 기회의 체계적 위험을 측정하는 방법을 배워야 한다. 전 절의 내용은 개별 주식의 위험에 대한 민감도를 결정하기 위한 두 가지 중요한 시사점을 제공해 주었다.

1. *분산에 의해서 제거될 수 있는 어떤 주식의 위험은 포트폴리오 내에서 다른 주식들과의 상관관계에 달려있다.* 예를 들어, 예제 12.3에서 델의 위험은 타겟과의 포트폴리오에서보다 마이크로소프트와의 포트폴리오에서 덜 줄어든다.
2. *충분히 대형 포트폴리오를 구성하면, 분산에 의해 비체계적 위험을 모두 제거할 수 있지만, 체계적 위험은 끝까지 남아있을 것이다.* 그림 12.4는 포트폴리오의 구성 주식 수가 증가할수록 주식에 영향을 주는 비체계적인 양과 음의 사건들이 서로 상쇄되어, 포트폴리오 위험의 유일한 원천인 체계적 위험만이 남는 것을 보여준다.

시장 포트폴리오의 역할

전 장에서 설명하였듯이 투자자들은 위험을 줄이기 위하여 포트폴리오를 분산시켜야 한다. 만약 투자자들이 포트폴리오를 최적화하고 싶다면, 체계적 위험만이 남을 때까지 포트폴리오를 분산시켜야 한다. 모든 투자자들이 이렇게 행동한다고 하자. 말하자면,

투자자들은 체계적 위험만이 존재하는 포트폴리오를 보유한다고 생각하자.

이런 경우에 모든 투자자들의 포트폴리오를 혼합하여 얻은 포트폴리오를 생각해 보자. 각 포트폴리오들이 체계적 위험만을 가지고 있기 때문에 이 "총합" 포트폴리오도 역시 그렇게 된다. 이렇게 구성된 총합 포트폴리오는 완전 분산된 최적 포트폴리오다. (역자 주: 사실 모든 위험 자산들을 알 수 없기 때문에 총합 포트폴리오를 아는 것은 불가능하지만, 위험 자산의 범위를 정해 놓으면 쉽게 알 수 있다.) 누군가에 의해 보유되고 있는 모든 증권들로 구성되었기 때문에, 총합 포 트폴리오는 발행된 모든 위험 증권을 포함하고 있다. 이러한 포트폴리오를 **시장 포트폴리오(market portfolio)**라고 부른다.

시장 포트폴리오: 모든 위험 자산(투자)들의 가치 비중에 따라 구성된 포트폴리오다.

설명을 위해서 세상에 오직 두 개의 기업만이 존재하고, 각각 1,000주의 주식을 발행하였다고 하자.

	발행주식수	주당 가격	시가총액
기업 A	1,000	$40	$40,000
기업 B	1,000	$10	$10,000

이 예에서, 시장 포트폴리오는 각 주식 1,000주로 구성되었기 때문에 전체 가치는 $50,000이다. 따라서 주식 A의 포트폴리오 비중은 80%(=$40,000/$50,000)이고, B는 20%(=$10,000/$50,000)이다. A와 B의 모든 주식이 누군가에 의해 보유되고 있으므로, 모든 투자자 포트폴리오들의 합은 시장 포트폴리오와 같아야 한다. 여기서 각 주식의 포트폴리오 비중은 각 주식의 전체 시장가치에 비례하는데, 이를 **시가총액(market capitalization)**이라고 한다.

시가총액: 주식의 전체 시장가치로 주당 시장 가격에 총주식 수를 곱한 것이다.

$$\text{시가총액} = (\text{발행주식수}) \times (\text{주당 가격}) \tag{12.5}$$

시장 포트폴리오는 시장의 모든 위험 증권으로 각각의 시가총액에 따라 구성된다. 따라서 마이크로소프트의 시가총액이 전체 증권 시가총액의 3%라고 하면, 시장 포트폴리오에서 마이크로소프트의 비중은 3%가 될 것이다. 주식이 시가총액에 비례하여 보유된다면, 시장 포트폴리오는 **가치 가중평균(value-weighted)**이라고 말할 수 있다.

가치 가중평균 포트폴리오: 각 유가증권이 자신의 시가총액 비중으로 보유되는 포트폴리오다.

시장 포트폴리오는 체계적 위험만을 포함하기 때문에, 시장에서 다른 증권의 체계적 위험의 크기를 측정하기 위하여 사용될 수 있다. 특히, 시장 포트폴리오와 상관관계를 가지는 어떤 위험도 체계적 위험이어야 한다. 따라서 어떤 주식의 시장 전체에 대한 민감도를 보고 그 주식의

체계적 위험의 크기를 계산할 수 있다.

시장 포트폴리오로서의 주식시장 지수들

시장 포트폴리오라는 개념은 이해하기 쉽지만, 실제로 그것을 구성하는 것은 또 다른 문제다. 시장 포트폴리오는 모든 위험 증권들을 포함하여야 하기 때문에, 미국뿐만 아니라 세상에 있는 모든 주식, 채권, 부동산, 상품들을 포함하여야 한다. 이 세상 모든 곳에 있는 위험 증권들의 수익률을 수집하여 갱신하는 것이 불가능하지는 않을지라도 비현실적이라는 것은 분명하다. 그렇기 때문에 실무적으로는 관찰 불가능한 시장 포트폴리오를 쫓아가는 **시장 대용치(market proxy)**를 사용한다. 가장 흔하게 사용하는 대용 포트폴리오들은 **시장 지수(market index)**들로, 이들은 주식시장의 성과를 나타내기 위하여 널리 사용된다. 시장 지수는 증권들로 구성된 특정 포트폴리오의 가치를 대변한다. 아래에 가장 일반적인 지수들을 소개하지만, 여러 가지 시장 지수를 비교하는 1장 1.5절의 내용을 읽어보면 더 많은 것을 이해할 수 있을 것이다.

시장 대용치: 수익률이 진정한 시장 포트폴리오를 거의 추종한다고 믿어지는 포트폴리오

시장 지수: 광범위한 유가증권 포트폴리오의 시장가치로 보통 기준 시점을 100으로 하여 계산된다.

다우존스 산업평균 미국에서 가장 친근한 주가지수는 다우존스 산업평균(DJIA)이다. 이 주가지수는 30개의 대규모 산업 주식들로 구성되어 있다. 이 주식들은 경제의 서로 다른 여러 부문을 대표하도록 선정되었지만, 이들이 전체 시장을 대변하지 못하는 것은 분명하다. 전체 시장의 비대표성에도 불구하고, DJIA는 가장 오래된(1884년에 처음 발표되었음) 주가지수 중의 하나이기 때문에 널리 인용되고 있다.

그림 12.5
S&P 500

패널 (a)의 파이 차트는 7,000개 정도에 달하는 미국 공개 주식에서 S&P 500 지수 구성 기업들인 500개 기업이 차지하는 비중을 보여주고 있다. 패널 (b)는 시가총액으로 볼 때, S&P 500 지수 구성 기업들의 시가총액 비중을 보여준다. S&P 500 구성 주식들의 시가총액은 전체 7,000개 공개 주식 시가총액의 70% 정도를 차지하고 있다.

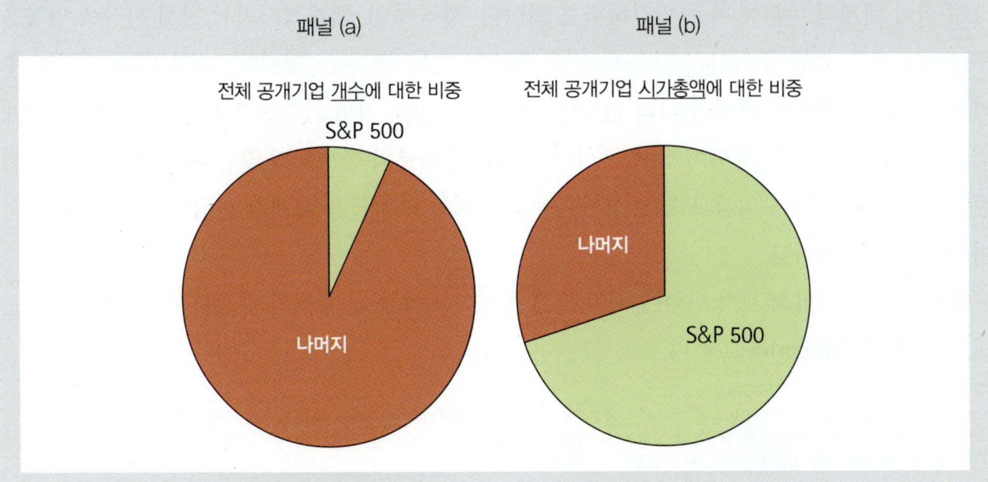

인덱스 펀드

투자자가 시장 포트폴리오(와 비슷한 포트폴리오)를 매입하는 가장 쉬운 방법은 인덱스 펀드에 투자하는 것이다. 인덱스 펀드는 특정 시장 지수의 성과를 추종하기 위하여, 당해 시장 지수와 완전히 동일한 포트폴리오 또는 그중 일부에 투자하는 펀드다. 2013년 기준으로 뱅가드 그룹(Vanguard Group)이 가장 큰 뮤추얼 펀드 기업인데, 이 기업은 인덱스 펀드에 특화되어 있다. 뱅가드는 1974년 존 보글(John Bogle)에 의해 설립되었는데, 그는 개인 투자자를 위한 인덱스 펀드의 장점을 옹호하는 인물이다. 인덱스 펀드를 적극적 주식 선택 전략과 비교하면서, 보글은 "건초 더미에서 바늘을 찾는 이유는 무엇인가? 그냥 건초 더미 전체를 보유하는 것이 어떤가?"라고 말한다.

1976년 8월에 뱅가드는 그 유명한 S&P 500 인덱스 펀드를 만들었는데, 이것은 S&P 500 지수의 성과를 거의 그대로 추종하고 있다. 2016년 4월에 이 펀드의 규모는 $230십억에 약간 밑도는 정도다. 뱅가드의 Total Stock Market Index Fund는 MSCI US Broad Market 지수의 성과를 추종하도록 만들어졌는데, 이 지수는 이용 가능한 주가를 가진 미국 모든 주식들의 성과를 반영한다.

S&P 500 미국 전체 주식시장의 대표적 주가지수는 미국의 대규모 500개 주식으로 구성된 가치 가중평균 포트폴리오인 S&P 500이다.[3] S&P 500은 최초로 널리 알려진(1923년부터 발표 됨) 시가총액식 주가지수로 전문적인 투자자들의 표준 벤치마크다. 이 주가지수는 미국 주식시장의 전체적인 성과를 평가할 때 가장 일반적으로 인용되며, 실무적으로는 "시장"을 대표하기 위해 사용되는 표준 포트폴리오다. 그림 12.5에서 보듯이, S&P 500은 대규모 주식들로 구성되기 때문에 미국의 7,000개 개별 주식들 중에서 대규모 주식 500개를 포함하는데, 시가총액으로 미국 주식시장의 70% 이상을 대표하고 있다.

시장 위험과 베타

시장 포트폴리오가 체계적 위험을 측정하는 좋은 기준이 되고, 어떤 주식의 체계적 위험을 측정하기 위해서는 개별 주식과 시장 포트폴리오 수익률의 관계를 사용할 수 있다는 것을 공부하였다. 그에 대한 직관적 의미는 어떤 주식 수익률이 시장 포트폴리오 수익률에 크게 민감하다면, 그 주식이 체계적 위험에 아주 민감하다는 것이다. 말하자면, 체계적이면서 전체 시장에 영향을 주는 사건들은 개별 주식의 수익률에 이미 충분히 반영되었다는 것이다. 만약 어떤 주식의 수익률이 시장 수익률과 관계가 거의 없다면, 체계적 위험이 거의 없다는 것을 의미한다. 즉 체계적 사건이 발생하면 그 영향이 당해 주식의 수익률에 충분히 반영되지 않는다는 것이다. 따라서 변동성이 크고 시장 수익률과 높은 상관관계를 가지는 주식들은 체계적 위험이 가장 크다는 의미에서 가장 위험하다.

어떤 개별 주식의 체계적 위험은 시장 포트폴리오에 대한 그 주식의 민감도로 추정할 수 있는데, 그것을 **베타(beta)**라고 한다.

베타: 시장(또는 다른 벤치마크) 포트폴리오의 무위험 이자율 초과 수익률이 1% 변할 때, 각 유가증권 초과 수익률의 기대 변화 백분율. (1% 변하면 베타는 1이 된다.)

3) 어떤 주식이 S&P 500에 포함될 것인가를 결정하는 정확한 공식은 없다. 스탠다드 앤 푸어스(Standard & Poor's)는 주기적으로(평균적으로 1년에 7~8개 주식) 지수에 포함된 주식들을 교체한다. 기업 규모가 하나의 기준이지만, 스탠다드 앤 푸어스는 경제 내 각 부문의 적절한 대표성을 유지하면서 당해 산업들을 선도하는 기업들을 선정하려고 노력한다.

어떤 주식의 베타는 시장 수익률의 1% 변화에 대한 기대 수익률 변화다.

과거 자료에 근거하여 베타의 추정치를 제공하는 많은 자료 공급원이 있다. 전형적으로, 이러한 자료들은 2년 내지 5년의 기간 동안 주별 또는 월별 수익률과 S&P 500을 시장 대용치로 사용하여 베타를 추정한다. 표 12.4는 많은 대규모 주식들과 산업들의 베타 추정치를 보여주고 있다. http://finance.google.com 또는 http://finance.yahoo.com에서 다른 기업들의 베타를 찾아볼 수 있다. 베타를 추정하기 위해서 웹사이트마다 서로 다른 기간을 사용하기 때문에, 서로의 베타는 다를 수 있고 당신이 계산한 베타와도 다를 수 있다.

아래에 설명하듯이, 시장 포트폴리오의 베타는 1이므로 베타가 1이라는 것은 평균적인 체계적 위험 노출을 의미한다고 할 수 있다. 그러나 표 12.4가 보여주듯이, 많은 산업들과 기업들은 1보다 훨씬 크거나 작은 베타 값을 가지고 있다. 베타의 산업별 차이는 전체 경제의 일반적인 건전성에 대한 산업별 이익의 민감도와 연관된다. 예를 들어, 애플, 스타벅스, 할리 데이비슨과 같은 기업들은 그들 제품에 대한 수요가 경기 순환에 따라 변하는 경기 순환주이기 때문에 높은 베타(1.3 근처)를 가진다. 경기가 좋을 때는 소형 전자제품이나 비싼 커피, 고가의 오토바이를 좋아하지만, 경기가 나쁠 때는 이러한 제품들의 구매를 줄인다. 따라서 체계적 사건들이 이

표 12.4 산업별 주식의 평균 베타와 각 산업 대표 기업의 베타

산업	평균 베타	표식	기업	베타
전기 설비	0.8	EIX	에디슨 인터내셔널	0.2
개인 및 가정용품	0.5	PG	프록터 앤 갬블	0.5
식품	0.9	CPB	캠벨 숩	0.4
요식	0.5	SBUX	스타벅스	0.8
음료(비알콜)	0.2	KO	코카콜라	0.5
소매(식료품)	0.6	KR	크로거	0.8
주요 제약	0.7	PFE	화이자	0.9
음료(알코올)	0.6	SAM	보스턴 맥주	0.7
의복/액세서리	1.2	ANF	애버크롬비 앤 피치	1.2
소매(주택 개량)	0.7	HD	홈디포	0.9
소프트웨어 및 프로그래밍	0.9	MSFT	마이크로소프트	1.0
레크리에이션 제품	0.5	TRIP	트립어드바이저	2.3
자동차 및 트럭 제조	1.2	F	포드 자동차	1.4
통신 장비	1.1	CSCO	시스코	1.3
삼림 및 목재 제품	0.6	WY	와이어하우저	1.4
컴퓨터 서비스	1.0	GOOGL	알파벳(구글)	0.9
컴퓨터 하드웨어	0.8	HPQ	휴렛 팩커드	1.7
반도체	1.3	INTC	인텔	1.0

출처: Reuters, 2016년 6월

그림 12.6
보스턴 맥주와 마이크로소프트의 체계적 위험과 기업 고유 위험

체계적 위험을 의미하는 베타와 전체 위험을 의미하는 표준편차는 측정의 단위가 다르다. 마이크로소프트는 전체 위험(표준편차)이 0.25(25%)이지만, 체계적 위험(베타)은 1.0이다. 1.0의 베타는 그림과 같이 전체 위험의 일부분에 해당한다. 마이크로소프트의 전체 위험 중에서 시장과 공유하는 부분은 마이크로소프트와 시장의 상관계수에 마이크로소프트의 표준편차(전체 위험)를 곱하여 계산한다. 보스턴 맥주의 위험도 비슷한 방법으로 계산할 수 있다. 보스턴 맥주는 마이크로소프트보다 전체 위험은 크지만, 체계적 위험은 작다.

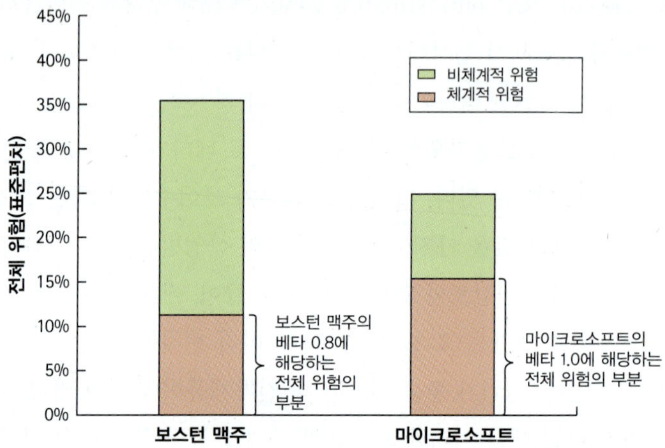

일반적인 실수 표준편차와 베타의 혼동

변동성(표준편차)과 베타는 서로 다른 단위로 측정된다. 표준편차는 % 단위로 측정되고, 베타는 단위가 없다. 전체 위험(변동성)은 체계적 위험(베타로 추정)과 기업 고유 위험의 합이지만, 변동성 척도가 베타 보다 크지는 않다. 이를 살펴보기 위하여 마이크로소프트를 생각해보자. 마이크로소프트는 표 12.3에서 표준편차로 추정된 전체 위험(변동성)이 25%(또는 0.25)이지만, 표 12.4에서 베타로 추정된 체계적 위험은 1.0이기 때문에 0.25보다 크다. 변동성(표준편차)은 % 단위로 측정되고, 베타는 그렇지 않기 때문에 변동성 0.25와 체계적 위험 1.0을 직접 비교할 수는 없다. 한편, 전체 위험은 체계적 위험과 기업 고유 위험으로 구성되기 때문에, 변동성이 크다고 체계적 위험이 더 클 필요는 없다. 예를 들어, 보스턴 맥주의 변동성은 35%로 마이크로소프트보다 크지만, 체계적 위험은 0.7로 마이크로소프트보다 작다. 그림 12.6은 마이크로소프트와 보스턴 맥주의 전체 위험을 비교 가능한 체계적 위험과 비체계적 위험으로 나누어서 보여주고 있다.

들 기업에 대해서는 평균 이상의 영향을 미치기 때문에 체계적 위험에 대한 노출도 평균보다 커지기 마련이다. 한편, 샴푸와 같은 개인적 또는 가정 소모품에 대한 수요는 경제 상황과 거의 관계가 없다. 이러한 유형의 제품들을 제공하는 기업 주식을 방어주라고 한다. 이런 기업에는 프록터 앤 갬블이 포함되는데, 이들은 0.5 수준의 낮은 베타 수준을 가진다. 한 산업 내에서도 각 기업의 특별한 전략과 집중 방향에 따라 체계적 위험에 대한 노출이 다를 수 있어서 베타의 차이가 나타난다. 예를 들어, 애버크롬비 앤 피치의 베타는 의복 산업의 평균 베타보다 훨씬 높다.

예제 12.5
전체 위험과 체계적 위험

문제 *Problem*

내년에 시스코 주식은 30%의 표준편차와 1.2의 베타를 가지고, 유니코 주식은 41%의 표준편차와 0.6의 베타를 가진다고 하자. 어떤 주식의 전체 위험이 더 큰가? 어떤 주식의 체계적 위험이 더 큰가?

풀이 *Solution*

● 계획

	표준편차(전체 위험)	베타(β)(체계적 위험)
시스코	30%	1.2
유니코	41%	0.6

● 실행

전체 위험은 표준편차로 추정되기 때문에 유니코가 더 큰 전체 위험을 가진다. 체계적 위험은 베타로 추정된다. 시스코가 더 높은 베타를 가지기 때문에 체계적 위험도 더 높다.

● 평가

위의 일반적인 실수에서 언급하였듯이, 주식이 높은 총위험을 가질 수 있지만, 총위험의 많은 부뷴을 분산할 수 있다면 낮은 체계적 위험을 가질 수 있다.

과거 수익률을 이용한 베타의 추정

증권의 베다는 시상 포트폴리오 수익률 1%의 변화에 대한 그 증권의 기대 수익률 변화를 말한다. 말하자면, 베타는 전체 시장에 영향을 미치는 위험이 당해 주식 또는 투자에 있어서 어느 정도 증가하거나 또는 줄어드는가를 나타낸다. 표 12.4에서 보인 바와 같이, 시장 또는 평균과 같은 정도인 1 대 1로 움직이는 증권들은 베타가 1이 된다. 시장보다 작게 움직이는 증권은 더 낮은 베타를 가지지만, 시장보다 크게 움직이는 증권은 더 높은 베타를 가진다.

시스코 주식을 예로 들어보자. 그림 12.7은 2011년 11월부터 2015년 12월까지 시스코와 S&P 500의 월별 수익률을 보여주고 있다. 시스코의 전체적인 움직임은 시장이 상승할 때 높은 수익률을 가지고, 시장이 하락할 때 낮은 수익률을 가진다. 시스코는 시장과 같은 방향으로 움직이는 경향이 있지만, 움직임의 크기는 더 크다. 이러한 행태는 시스코의 베타가 1보다 크다는 것을 의미한다.

시장에 대한 시스코의 민감도는 그림 12.8과 같이 시스코와 S&P 500 수익률을 좌표에 그려면 더 명확하게 알 수 있다. 그림 12.8의 각 점은 그림12.7의 시스코와 S&P 500의 각 월별 수익률을 대응시킨 것이다. 예를 들어, 2015년 10월에 시스코의 수익률은 10.7%, S&P 500의 수익률은 8.5% 이었다.

그림 12.8의 산포도가 분명히 보여주듯이, 시스코의 수익률은 시장과 양의 상관관계를 가진

그림 12.7 시스코 주식과 S&P 500의 월별 초과 수익률(2011년 1월~2015년 12월)

시스코의 수익률이 S&P 500과 같은 방향으로 움직이지만, 더 크게 움직인다.

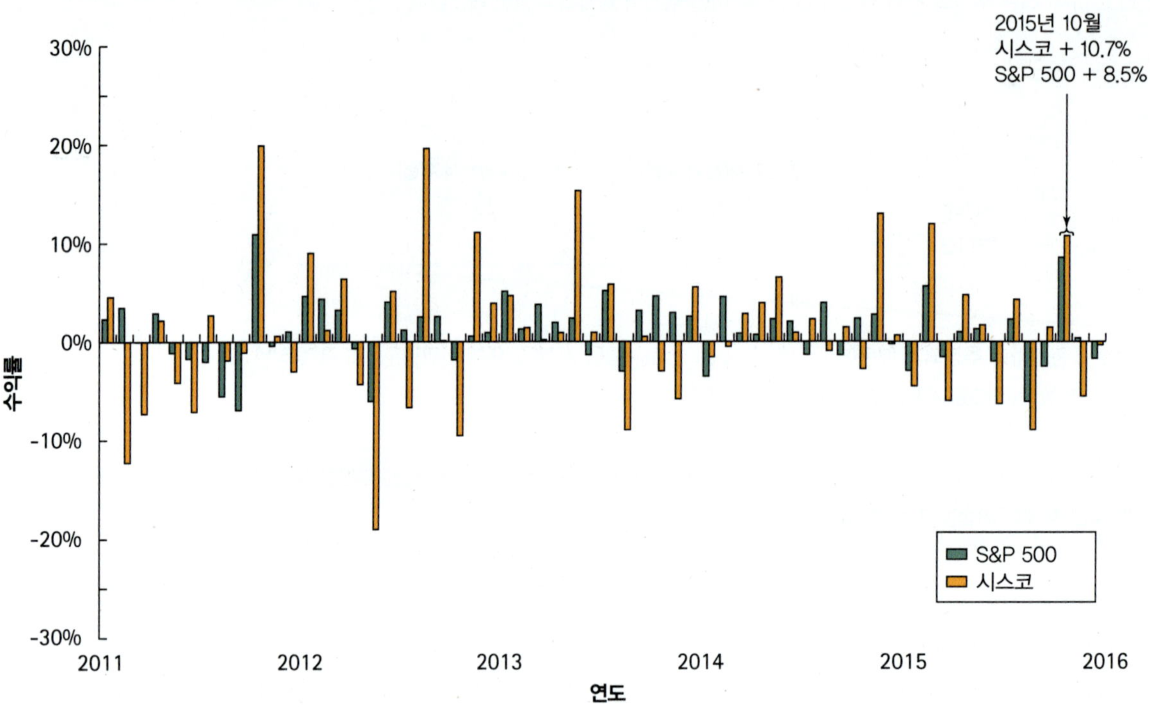

다. 시장이 상승할 때 시스코도 상승하고, 시장이 하락할 때 시스코도 하락하는 경향이 있다는 것이다. 실무적으로는 시스코와 시장 수익률의 관계를 추정하기 위하여 선형회귀 모형을 사용한다. 선형 회귀 분석의 결과는 개별 주식과 시장의 과거 관계를 가장 잘 설명하는 회귀선이다. 이 회귀선의 기울기는 베타가 된다. 이 기울기는 평균적으로 시장 수익률 1% 변화에 대한 개별 주식 수익률의 변화를 말한다.[4]

예를 들어, 그림 12.8에서 회귀선은 시장 수익률 1% 변화는 시스코 수익률 1.3%에 해당된다는 것을 보여준다. 즉 시스코의 수익률이 시장에 비해 전체적으로 1.3배 움직인다는 것이므로, 시스코의 베타는 1.3이 된다.

이 결과를 완전히 이해하기 위해서, 베타는 당해 증권의 체계적 시장 위험이라는 것을 되새기자. 그림 12.8의 회귀선은 시장 위험 요인에 의해 설명될 수 있는 당해 증권의 수익률 부분을 알

4) 공식적으로 투자 대안의 베타는 다음과 같이 정의된다.

$$\beta_i = \frac{\overbrace{SD(R_i) \times Corr(R_i, R_{Mkt})}^{\text{시장과 공유하는 i 투자의 변동성,}}}{SD(R_{Mkt})} = \frac{Covariance(R_i, R_{Mkt})}{Var(R_{Mkt})}$$

그림 12.8
시스코와 S&P 500의 월별 수익률 산포도 (2011년 6월~2015년 10월)

베타는 자료에 가장 적합한 직선의 기울기를 말한다. 따라서 베타는 시장 수익률이 1% 변할 때 애플의 수익률 변화 기대치를 측정한다. 2011년 6월 같이 자료에 가장 적합한 직선에서 벗어난 편차는 분산 가능한 비체계적 위험에 해당한다.

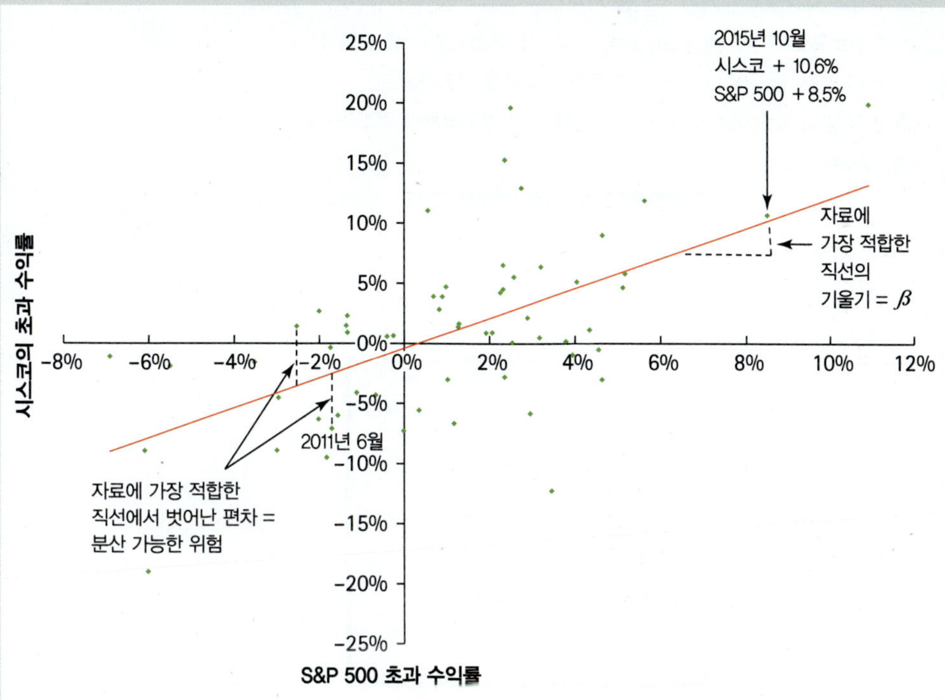

려준다. 어떤 달에는 수익률 대응점이 회귀선보다 위에 있을 수도 있고, 아래에 있을 수도 있다. 회귀선으로부터의 그런 편차는 시장 전체와 관계되지 않은 위험 때문에 발생한다. 이러한 위험들은 대형 포트폴리오에서 평준화에 의해 분산이 가능하다.

그렇다면 시장 포트폴리오의 베타는 얼마인가? S&P 500 수익률을 자기 자신의 수익률에 대응시켜 산포도를 그렸다고 하자. 그 결과는 기울기 1인 회귀선이 되며, 회귀선과 대응점의 편차는 전혀 없을 것이다. 당연히 시장 포트폴리오의 베타는 1이 된다. 무위험 투자의 경우는 어떨까? 무위험 이자율은 미 재무부 장기채로부터 얻는 수익률이고 미리 알려져 있다고 가정되므로 변동성도 없고 시장과의 상관 관계도 존재하지 않는다. 따라서 무위험 이자율의 베타는 0이다. [**역자주:** 미 재무부 장기채가 실제로는 위험이 전혀 없는 것은 아니다. 다만 시장과 관련된 체계적 위험은 없다고 가정할 수 있다.]

엑셀 사용하기 주식의 베타 계산

1. 당해 주식과 S&P 500의 과거 수익률 시계열을 엑셀에 입력하거나 옮겨 오시오.
2. Data Group으로부터 Data Analysis를 선택하고, Regression을 선택하시오.
3. "Y축 입력 범위 필드"에 대해서 당해 주식 수익률을 강조하시오.
4. "X축 입력 범위 필드"에 S&P 500 수익률을 화면 갈무리처럼 강조하시오.
5. OK를 클릭하시오.

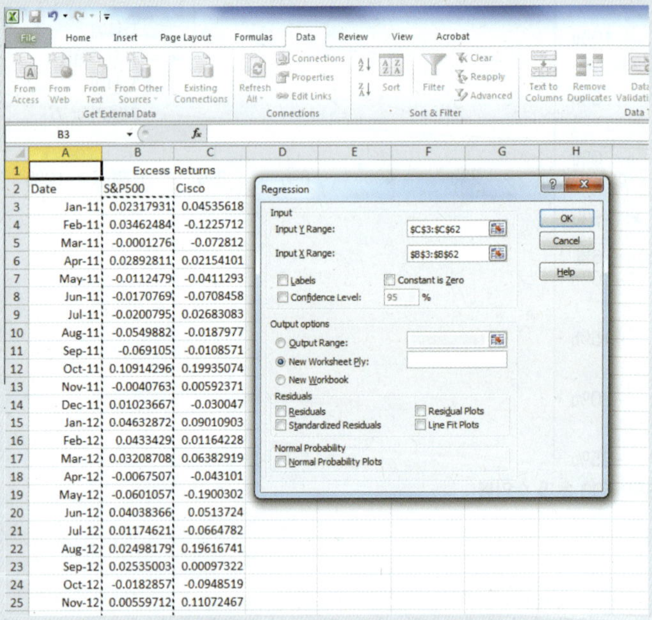

	A	B	C
1		Excess Returns	
2	Date	S&P500	Cisco
3	Jan-11	0.02317931	0.04535618
4	Feb-11	0.03462484	-0.1225712
5	Mar-11	-0.0001276	-0.072812
6	Apr-11	0.02892811	0.02154101
7	May-11	-0.0112479	-0.0411293
8	Jun-11	-0.0170769	-0.0708458
9	Jul-11	-0.0200795	0.02683083
10	Aug-11	-0.0549882	-0.0187977
11	Sep-11	-0.069105	-0.0108571
12	Oct-11	0.10914296	0.19935074
13	Nov-11	-0.0040763	0.00592371
14	Dec-11	0.01023667	-0.030047
15	Jan-12	0.04632872	0.09010903
16	Feb-12	0.0433429	0.01164228
17	Mar-12	0.03208708	0.06382919
18	Apr-12	-0.0067507	-0.043101
19	May-12	-0.0601057	-0.1900302
20	Jun-12	0.04038366	0.0513724
21	Jul-12	0.01174621	-0.0664782
22	Aug-12	0.02498179	0.19616741
23	Sep-12	0.02535003	0.00097322
24	Oct-12	-0.0182857	-0.0948519
25	Nov-12	0.00559712	0.11072467

6. 결과가 별개의 시트에 나타날 것이다. 당해 주식의 베타는 "X Variable 1" 계수다. 화면에 타원으로 표시된 바와 같이, 이 경우의 베타는 1.247이다.

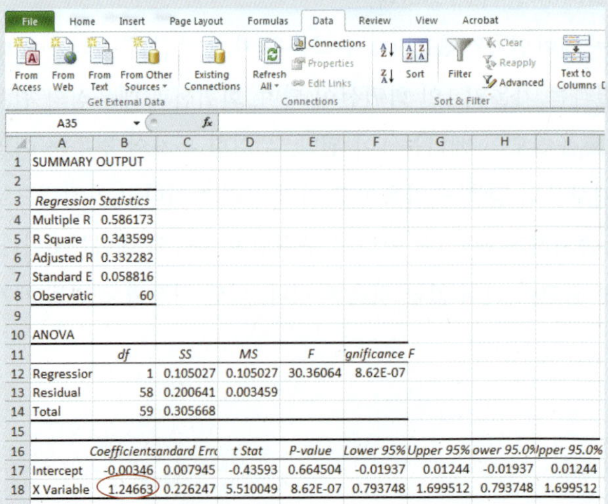

	A	B	C	D	E	F	G	H	I
1	SUMMARY OUTPUT								
2									
3	*Regression Statistics*								
4	Multiple R	0.586173							
5	R Square	0.343599							
6	Adjusted R	0.332282							
7	Standard E	0.058816							
8	Observatic	60							
9									
10	ANOVA								
11		*df*	*SS*	*MS*	*F*	*gnificance F*			
12	Regressior	1	0.105027	0.105027	30.36064	8.62E-07			
13	Residual	58	0.200641	0.003459					
14	Total	59	0.305668						
15									
16		*Coefficients*	*tandard Errc*	*t Stat*	*P-value*	*Lower 95%*	*Upper 95%*	*ower 95.0%*	*pper 95.0%*
17	Intercept	-0.00346	0.007945	-0.43593	0.664504	-0.01937	0.01244	-0.01937	0.01244
18	X Variable	1.24663	0.226247	5.510049	8.62E-07	0.793748	1.699512	0.793748	1.699512

개념확인

5. 시장 포트폴리오란 무엇인가?
6. 베타가 의미하는 바는 무엇인가?

12.4 통합적 이해: 자본자산가격결정 모형(CAPM)

이 장의 목적 중의 하나는 시스코의 주식 자본비용을 계산하는 것이다. 시스코의 자본비용은 비교 가능한 위험과 조건을 가지는 투자에 대해서 시장이 제공하는 기대 수익률이다. 자본비용을 계 산하기 위해서는 시스코의 위험과 기대 수익률의 관계를 알아야 한다. 앞의 세 절에서 이 관계를 측정하기 위한 실무적인 기초를 살펴보았다. 이번 절에서는 투자 대안의 기대 수익률 결정을 위한 모형을 만들기 위하여 모든 것을 통합할 것이다.

위험과 기대 수익률을 연계시키는 CAPM

지금까지 공부한 바와 같이, 공통적인 체계적 위험만이 기대 수익률을 결정하며, 기업 고유 위험은 분산되어 제거되기 때문에 추가적인 수익률을 보장하지 않는다. 이 장의 소개 부분에서 언급했듯이, 어떤 투자 대안에 대한 기대 수익률은 두 가지 요소로부터 나온다.

1. 인플레이션과 화폐의 시간가치를 보상하기 위하여 요구하는 기본적인 무위험 이자율. 이러한 보상은 투자 손실을 볼 위험에 대한 것은 아니다.
2. 투자의 체계적 위험의 양에 따라 변하는 위험 프리미엄.

기대 수익률 = 무위험 이자율 + 체계적 위험에 대한 위험 프리미엄

체계적 위험을 측정하기 위해 많은 노력을 한 결과, 베타가 투자의 체계적 위험 양을 측정하는 도구임을 알았다.

i 투자의 기대 수익률 =

무위험 이자율 + $\beta_i \times$ 체계적 위험의 단위당(β 단위당) 위험 프리미엄

그렇다면, 체계적 위험 단위당 위험 프리미엄이 무엇인가? 시장 포트폴리오의 정의에 의하면, 시장 포트폴리오는 정확히 한 단위의 체계적 위험을 가진다. 즉 베타가 1이라는 의미다. 따라서 체계적 위험한 단위당 위험 프리미엄의 자연스러운 추정치는 시장 포트폴리오의 과거 평균 초과 수익률이 되는데, 이를 **시장** 또는 **주식의 위험 프리미엄(market or equity risk premium)**이라고 한다. 역사적으로 미국의 무위험 자산인 미 재무부 장기채 수익률에 대한 S&P 500의 초과 수익률 평균은 측정 기간에 따라 5% 내지 7%로 분포하고 있다. (다음 장에서 위험 프리미엄과 무위험 이자율에 대해서 논의하고자 한다.) 이런 마지막 수수께끼를 해결하기 위해서, 투자의 기대 수익률에 대한 다음 수식이 만들어졌다.

시장 위험 프리미엄(주식의 위험 프리미엄): 시장 포트폴리오의 과거 무위험 이자율 초과 수익률 평균

왜 기대 수익률을 직접 추정하지 않는가?

베타를 추정하고 유가증권의 기대 수익률(투자의 자본비용)을 결정하기 위하여 과거 자료를 사용해야 한다면, 왜 기대 수익률의 추정치로 당해 유가증권의 과거 수익률 평균을 사용하지 않는가? 과거 수익률 평균이 확실히 더 간단하고 더 직접적일 것이다.

이에 대한 대답은 과거 자료로 개별 주식들의 수익률 평균을 추론하 는 것이 매우 어렵기 때문이다. 주식의 수익률은 아주 변동적이어서 100년의 자료를 가지고 있어도 진정한 평균 수익률 추정에 신뢰성을 가질 수 없다. (다양한 숫자로 가득 차 있는 수영장에서 100개의 숫자 를 뽑아, 수영장에 있는 모든 숫자의 평균값을 추측하도록 요구 받은 경우를 생각해 보자.) 안타깝게도 100년 동안 존재하는 주식도 드물고, 아마도 오늘날의 주식과 100년 전의 주식은 거의 유사성이 없을 것이다. 만약 10년보다 짧은 기간의 자료를 사용한다면, 평균 추정치 에 거의 신뢰성을 가지기 어려울 것이다. 사실 주식의 변동성이 20% 라면, 진정한 수익률 평균의 추정치가 95%의 신뢰성을 가지면서 +/−1% 범위가 되려면 1,600년의 자료가 필요하다.

이에 비해, 선형 회귀분석 기법은 과거 몇 년 정도의 자료만으로도 합리적으로 정확성을 가지는 베타를 추론할 수 있게 해 준다. 따라서, 적어도 이론적으로, 베타와 CAPM을 사용하는 것은 과거 수익률 평균을 사용하여 얻는 기대 수익률보다 훨씬 정확한 수익률의 평균 추정치를 제공해 줄 수 있다.

자본자산가격결정 모형

$$E[R_i] = r_f + \underbrace{\beta_i(E[R_{Mkt}] - r_f)}_{i\text{ 증권의 위험 프리미엄}} \quad (12.6)$$

자본자산가격결정 모형: 시장 포트폴리오에 대한 베타를 근거로 하여 유가증권의 기대 수익률을 결정하는 위험과 수익률의 균형 모형

요구 수익률: 투자 위험을 보상하기 위해 필요한 투자의 기대 수익률

투자의 기대 수익률을 계산하기 위한 공식이 **자본자산가격결정 모형(Capital Asset Pricing Model, CAPM)**이다. 즉 CAPM은 투자의 기대 수익률이 무위험 이자율과 시장의 위험 프리미엄에 체계적 위험을 곱한 값의 합이 된다는 것을 말한다. 어떤 투자의 위험 프리미엄은 그 투자의 체계적 위험인 베타에 시장의 위험 프리미엄을 곱한 값이다. 결국, 식 12.6에 의한 수익률을 기대할 수 없다면 투자자들이 그 증권에 투자하지 않을 것이기 때문에, 이 수익률을 **요구 수익률(required return)**이라고 부른다.

예제 12.6
주식의 기대 수익률 계산하기

문제 *Problem*

무위험 이자율이 3%이고 시장 위험 프리미엄이 6%라고 하자. 시스코의 베타는 1.30이다. CAPM에 의하면 기대 수익률은 얼마인가?

풀이 *Solution*

● **계획**

CAPM에 의한 기대 수익률을 계산하기 위해서 식 12.6을 사용할 수 있다. 이를 위해 시장의 위험 프리미엄, 무위험 이자율, 주식의 베타가 필요하다. 이제 모든 입력 요소가 제시되어 있으므로, 기대 수익률을 쉽게 계산할 수 있다.

● **실행**

식 12.6을 이용하여 기대 수익률을 계산하면 다음과 같다.

$$E[R_{시스코}] = r_f + \beta_{시스코}(E[R_{Mkt}] - r_f) = 3\% + 1.3(6\%) = 10.8\%$$

● **평가**

시스코의 베타가 1.3이기 때문에, 시스코의 체계적 위험을 보상하기 위하여 위험 프리미엄 7.8%를 필요로 한다. 따라서 시스코의 기대 수익률은 10.8%가 된다.

노벨상 윌리엄 샤프

CAPM은 위험과 수익률에 대한 모형으로 1964년에 윌리엄 샤프의 논문에서 제안되었고, 잭 트레너(1961), 존 린트너(1965), 잰 모신(1966)의 연관된 논문에서도 제안되었다.*

아래 내용은 위리엄 샤프와의 1998년 인터뷰로부터의 인용이다.

포트폴리오 이론은 최적 포트폴리오를 가진 투자자의 행동에 초점을 맞추었다. "모든 투자자가 최적화를 한다면 어떻게 될까?"라고 말했다. 그들 모두는 마코위츠와 같은 주식을 가실 것이고, 그가 말한 대로 행동할 것이다. 어떤 사람들이 IBM을 더 가지고 싶어 하지만 그 수요를 만족할 만한 충분한 주식이 없다. 따라서 그들이 IBM에 매매 압박을 주면 가격이 상승할 것이고, 그들은 IBM에 대해 더 많이 지불해야 하기 때문에 그들의 위험과 수익률 추정은 변할 것이다. 가격에 대한 상승과 하락 압박 과정은 가격이 균형 상태에 도달하여 모든 사람이 가능한 주식들을 총체적으로 보유하고 싶을 때까지 계속될 것이다. 그 점에서 위험과 수익률의 관계는 어떨까? 그 대답은 기대 수익률이 시장 포트폴리오에 대한 베타에 비례한다는 것이다.

CAPM은 균형 이론이었고 지금도 그렇다. 왜 다른 증권이 아닌 어떤 증권에 투자하여 더 많이 벌 것을 기대해야 하는가? 시장이 안 좋을 때 증권의 성과가 안 좋은 것에 대한 보상을 받을 필요가 있다. 시장이 안 좋을 때, 자금을 필요로 할 때 성과가 안 좋은 증권을 사람들은 싫어할 것이고, 그에 대한 보상이 없다면 누가 그런 증권을 보유할 것인가? 그 보상은 정상적인 시기에 더 좋은 수익률이어야 한다. CAPM의 주요 개념은 시장이 안 좋을 때 성과가 안 좋게 되는 큰 위험에 대해서 높은 기대 수익률이 함께 주어진다는 것이다. 베타는 그 척도가 된다. 높은 베타를 가지는 증권이나 자산 클래스들은 시장이 안 좋을 때 낮은 베타를 가지는 것보다 수익률이 안 좋다.

출처: Jonathan Burton, "Revisiting the Capital Asset Pricing Model," Dow Jones Asset Manager (May/June 1998): 20–28.

* W. F. Sharpe: "Capital Asset Prices: A Theory of Market Equilibrium Under Conditions of Risk." Journal of Finance, 19 (September 1964): 425 – 442.
Jack Treynor, "Toward a Theory of the Market Value of Risky Assets." Unpublished manuscript (1961).
J. Lintner: "The Valuation of Risk Assets and the Selection of Risky Investments in Stock Portfolios and Capital Budgets." Review of Economics and Statistics, 47 (February 1965): 13 – 37.
J. Mossin "Equilibrium in a Capital Asset Market." Econometrica, 34 (4) (1966): 768 – 783.

CAPM은 대부분의 주식회사에서 주식의 자본비용을 결정하기 위해 사용하는 주요 방법이다. CFO들의 설문조사에서, 그레이엄과 하비는 70%의 주식회사가 CAPM을 사용한다고 하였고, 브루너, 이즈, 해리스, 히긴스는 대규모 기업 표본의 85%가 CAPM을 사용한다고 하였다.[5] CAPM은 이제 위험과 수익률 관계의 가장 중요한 모형이 되었고, 이 모형을 개발한 공로로 윌리엄 샤프는 1990년에 노벨 경제학상을 수상하였다.

5) J. Graham and C. Harvey, "The Theory and Practice of Corporate Finance: Evidence from the Field." Journal of Financial Economics 60 (2001): 187-243; and R. Bruner, K. Eades, R. Harris, and R. Higgins, "Best Practices in Estimating the Cost of Capital: Survey and Synthesis." Financial Practice and Education 8 (1998): 13-28.

증권시장선

그림 12.9는 표 12.4의 주식들에 대해서 기대 수익률과 전체 위험 및 체계적 위험 간의 관계를 그래프로 보여주고 있다. 패널 (a)의 관계를 보면 주식의 표준편차(전체 위험)와 기대 수익률 간에는 아무런 관계가 존재하지 않는다는 제11장의 내용을 확인할 수 있다. 그러나 식 12.6의 CAPM은 주식의 베타와 기대 수익률 간에 선형 관계가 성립한다는 것을 말한다. 패널 (b)는 무위험 이자율과 시장 수익률을 통과하는 CAPM 선을 보여주고 있는데, 이를 **증권시장선(security market line, SML)**이라고 한다. 개별 증권들의 위험과 수익률 관계는 패널 (a)의 전체 위험보다는 패널 (b)에서와 같이 시장 위험으로 측정될 때 명확하게 나타난다는 것을 알 수있다.

증권시장선: CAPM의 가격결정 공식으로, 주식의 위험 프리미엄과 시장 포트폴리오에 대한 베타와의 선형 관계를 명시한다.

그림 12.9의 증권시장선은 베타가 음수일 경우의 문제를 제기할 수 있다. 대부분의 주식들은 베타가 양수지만, 시장과 반대로 움직이는 주식 수익률이 있을 경우 베타가 음수일 수 있다. 경기 상승기보다 침체기에 수요가 커지는 제품을 취급하는 기업이 이 경우에 해당할 수 있다.

그림 12.9
기대 수익률, 변동성 및 베타

패널 (a) 기대 수익률과 전체 위험(표준편차) 이 그래프는 표 12.4에 주어진 주식들의 표준편차와 기대 수익률을 비교한다. 전체 위험과 기대 수익률 간에는 아무런 관계가 없다. (표준편차와 기대 수익률 간에 양의 상관관계가 있어 보이지만, 패널 (b)에서와 같은 완전 상관관계가 없다는 의미임.) 몇 개의 주식들이 기업명이 표시되어 있다. 전체 위험(표준편차)을 이용하여 보스턴 맥주의 기대 수익률을 예측할 수는 없는 것이 확실하다.

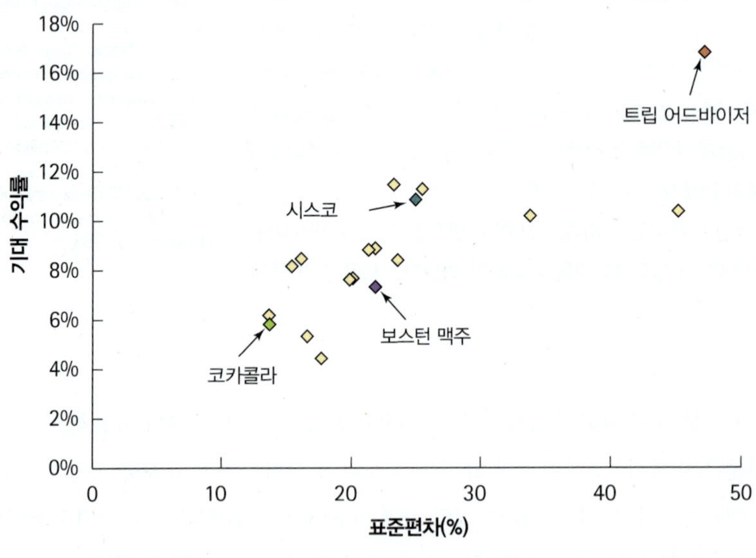

패널 (b) 기대 수익률과 베타 증권시장선은 표 12.4에 주어진 각 주식들의 기대 수익률을 시장에 대한 베타와의 함수로 보여주고 있다. CAPM에 의하면, 모든 주식과 포트폴리오(시장 포트폴리오를 포함함)는 증권시장선 위에 존재해야 한다. 따라서 보스턴 맥주의 기대 수익률도 체계적 위험을 나타내는 베타에 의해 결정될 수 있다.

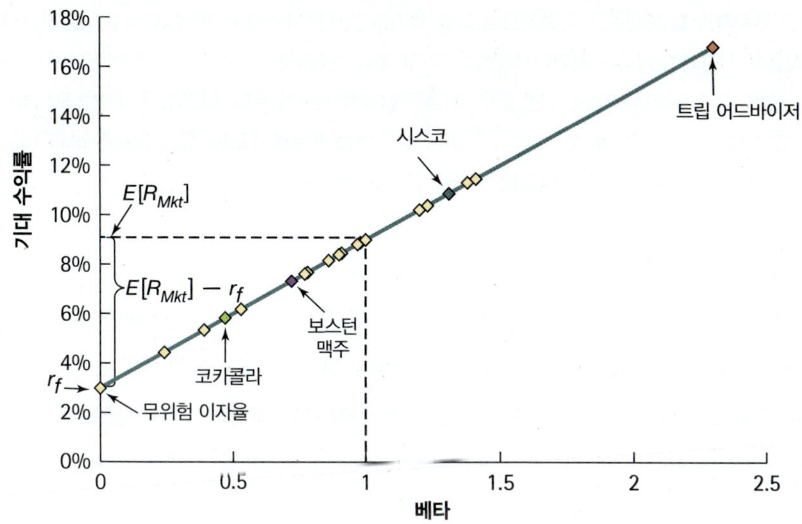

예제 12.7
음(−)의 베타를 가지는 주식

문제 *Problem*

파산 옥션 서비스(Bankruptcy Auction Services Inc., BAS)는 −0.30이라는 음(−)의 베타를 가지고 있다. CAPM에 의하여 이 주식의 기대 수익률을 무위험 이자율에 비교하면 어떻게 되나? 비교 결과가 의미가 있나?

풀이 *Solution*

● **계획**

양(+)의 베타를 가지는 주식과 마찬가지로, 음(−)의 베타를 가지는 주식의 기대 수익률도 식 12.6의 CAPM에 의해서 계산할 수 있다. 무위험 이자율과 시장 위험 프리미엄이 없지만, 이 문제는 정확한 기대 수익률을 요구하는 것이 아니라 기대 수익률이 무위험 이자율과 비교할 때 어떤가를 물어보고 있다. 식 12.6을 사용하여 이 질문에 대답할 수 있다.

● **실행**

시장의 기대 수익률은 무위험 이자율보다 높기 때문에, 식 12.6은 BAS의 기대 수익률은 무위험 이자율보다 작게 될 것이다. 시장의 위험 프리미엄이 양수이기 때문에(투자자들이 시장에 투자하는 것에 대해 무위험 투자보다 더 높은 수익률을 요구하기 때문임), 베타가 음수라면 식 12.6의 두 번째 항은 음수가 된다. 예를 들어, 무위험 이자율이 4%이고 시장 위험 프리미엄이 6%라면 BAS의 기대 수익률은 다음과 같다.

$$E[R_{BAS}] = 4\% - 0.30(6\%) = 2.2\%$$

(증권시장선에서 베타가 음수이면 기대 수익률은 r_f 미만이 되는 것을 그림 12.9에서 확인하시오.)

● **평가**

이 결과는 좀 이상하다. 위험이 없는 안전한 투자가 4%의 수익률을 줄 때, 투자자들이 이 주식에 대해 왜 2.2%의 기대 수익률을 기꺼이 받아들일까? 대답은 간단하다. 똑똑한 투자자는 BAS 하나만을 보유하지는 않을 것이다. 그런 투자자는 잘 분산된 포트폴리오에 다른 유가증권 또는 주식들과 함께 BAS 주식을 보유할 것이다. 다른 주식들은 시장과 같이 상승하거나 하락할 것이다. 하지만 BAS는 시장과의 상관계수와 베타가 음수이기 때문에, 시장의 다른 주식들의 성과가 안 좋을 때 좋은 성과를 거두게 된다. 따라서 투자자는 포트폴리오의 전체적인 시장 위험을 감소시킬 수 있다. 어떤 의미에서, BAS는 포트폴리오에 대한 "침체기 보험"이고, 투자자들은 이 보험을 위해서 낮은 기대 수익률을 받아들이게 된다는 것이다.

CAPM과 포트폴리오

증권시장선은 모든 증권에 적용되기 때문에, 그것을 포트폴리오에도 적용할 수 있다. 예를 들어, 시장 포트폴리오는 SML상에 있고, CAPM에 따르면 다른 포트폴리오들도 역시 SML상에 존재한다. 따라서 포트폴리오의 기대수익률은 포트폴리오의 베타와 비례하도록 정해져야 한다. 포트폴리오 비중을 w_i라고 할 때, 포트폴리오의 베타는 다음과 같이 계산된다.

$$\beta_P = w_1\beta_1 + w_2\beta_2 + \cdots + w_n\beta_n \tag{12.7}$$

즉 포트폴리오의 베타는 포트폴리오 각 구성 증권의 가중평균 베타이다.

예제 12.8
포트폴리오의 기대 수익률

문제 *Problem*

제약회사 화이자는 0.9의 베타를, 애버크롬비는 1.2의 베타를 가진다고 하자. 무위험 이자율이 3%, 시장 위험 프리미엄이 6%라고 하면, CAPM에 의한 화이자와 애버크롬비의 동일 비중 포트폴리오 기대 수익률은 얼마인가?

풀이 *Solution*

● **계획**

다음 정보가 주어졌다.

$$r_f = 3\%, \qquad E[R_{Mkt}] - r_f = 6\%$$

화이자 : $\beta_{화이자} = 0.9, \qquad W_{화이자} = 0.50$

구글 : $\beta_{애버} = 1.2, \qquad W_{애버} = 0.50$

포트폴리오의 기대 수익률을 두 가지 방법으로 계산할 수 있다. 먼저, 식 12.6의 CAPM에 의해서 각 주식의 기대 수익률을 계산하고, 식 12.3을 이용하여 포트폴리오의 기대 수익률을 계산할 수 있다.

또는, 식 12.7을 이용하여 포트폴리오의 베타를 계산하고, 식 12.6의 CAPM을 이용하여 포트폴리오의 기대 수익률을 얻을 수 있다.

● **실행**

첫 번째 방법에 의해 화이자와 구글의 기대 수익률을 계산하면 다음과 같다.

$$E[R_{화이자}] = r_f + \beta_{화이자}(E[R_{Mkt}] - r_f) \qquad E[R_{애버}] = r_f + \beta_{애버}(E[R_{Mkt}] - r_f)$$
$$E[R_{화이자}] = 3\% + 0.9(6\%) = 8.4\% \qquad E[R_{애버}] = 3\% + 1.2(6\%) = 10.2\%$$

동일 가중 포트폴리오 P의 기대 수익률은 다음과 같다.

$$E[R_P] = 0.5(8.4\%) + 0.5(10.2\%) = 9.3\%$$

다른 방법은 식 12.7에 의해 포트폴리오 베타를 이용하는 것이다.

$$\beta_P = w_{화이자}\beta_{화이자} + w_{애버}\ \beta_{애버}$$
$$\beta_P = (0.5)(0.9) + (0.5)(1.2) = 1.05$$

이제 CAPM으로부터 포트폴리오의 기대 수익률을 계산할 수 있다.

$$E[R_P] = r_f + \beta_P(E[R_{Mkt}] - r_f)$$
$$E[R_P] = 3\% + 1.05(6\%) = 9.3\%$$

● **평가**

CAPM은 주식과 주식 포트폴리오를 분석하는 효과적인 방법이다. 각 주식의 베타를 이용하여 기대 수익률을 계산하고, 이들의 가중평균에 의해 포트폴리오의 기대 수익률을 계산할 수 있다. 다른 방법으로는 각 주식 베타를 가중 평균하여 포트폴리오의 베타를 얻이시, CAPM을 이용하여 포트폴리오의 기대 수익률을 계산할 수 있다. 어떤 방법을 써도 같은 답을 얻게 된다.

CAPM의 요약

CAPM은 주식과 투자의 기대 수익률을 추정하기 위해 널리 사용되는 강력한 도구다. 이 모형을 정리하면 다음과 같다.

- ▶ 투자자들은 그들이 감수하는 체계적 위험의 양에 비례하여 위험 프리미엄을 요구한다.
- ▶ 투자의 체계적 위험은 베타(β)에 의해 측정하는데, 베타는 시장 수익률에 대한 개별 투자 수익률의 민감도이다. 1%의 시장 수익률 변화에 대해, 시장의 공통 위험에 근거한 개별 증권의 투자 수익률은 β%만큼 변한다.
- ▶ 주식의 베타를 추정하는 가장 일반적인 방법은 과거의 수익률을 시장의 과거 수익률에 회귀시키는 것이다. 주식의 베타는 시장 수익률과 주식 수익률의 관계를 가장 잘 설명하는 기울기라고 할 수 있다.
- ▶ CAPM은 다음 공식을 이용하여 기대 또는 요구 수익률을 계산할 수 있다고 말하는데, 이를 증권시장선이라고 한다.

$$E[R_i] = r_f + \beta_i(E[R_{Mkt}] - r_f)$$

더 크게 보기

CAPM은 자본시장에서 투자자들이 위험과 수익률의 상반관계를 어떻게 인식하는가에 대한 핵심 이론이다. 그것은 체계적 위험의 양에 따르는 수익률을 계량화하는 강력한 도구로 널리 사용되고 있다. 우리는 이미 예제 12.6에서 시스코 주식의 자본비용을 추정하여 체계적 위험에 따르는 기대 수익률 측정의 목적을 달성하였다. 시스코의 투자자들이 합리적 차원에서 12.6%의 투자 수익률을 기대한다는 것이 시스코의 경영진에게 중요한 정보지만, 이것이 모든 것은 아니다. 몇몇 기업들은 주식 투자자만 있음에 비하여, 대부분의 다른 기업들은 채권 투자자도 있다. 13장에서는 6, 7, 10장과 여기서 배운 것들을 채권과 주식의 자본비용 계산에 응용하고자 한다. 가치평가 원칙에 의하면 기업 가치를 계산하기 위해 미래 기대 현금흐름을 할인하는데, 이 때의 할인율로 자본비용을 사용하여야 한다. 따라서, 자본비용은 재무관리자의 투자 기회 분석 업무의 필수적인 입력 요소가 되고, 전체적인 자본비용을 아는 것은 투자자를 위한 가치 창출에 있어서 기업의 성공에 매우 중요하다.

개념확인

7. CAPM이 증권의 요구 수익률에 대해서 무엇을 말하는가?
8. 증권시장선(SML)이란 무엇인가?

myfinancelab 핵심요점 및 공식

12.1 포트폴리오의 기대 수익률

- 포트폴리오 비중은 전체 투자 가치에서 각 자산이 차지하는 최초의 비중 w_i이다. 포트폴리오 비중은 모두 더하면 1이 된다.(역자주: 이를 포트폴리오 제약이라고 한다.)

$$w_i = \frac{i\text{ 투자의 가치}}{\text{포트폴리오의 총가치}} \tag{12.1}$$

- 포트폴리오의 기대 수익률은 포트폴리오 비중을 이용한 각 구성 자산 기대 수익률의 가중평균이다.

$$E[R_P] = w_1E[R_1] + w_2E[R_2] + \cdots + w_nE[R_n] \tag{12.3}$$

12.2 포트폴리오의 변동성

- 포트폴리오의 위험을 알기 위하여 주식 수익률들이 함께 움직이는 정도를 알 필요가 있다. 상관계수는 수익률들이 함께 움직이는 정도를 측정한다. 상관계수는 -1과 1 사이에 존재한다. 이것은 모든 유가증권들에 공통적으로 존재하는 위험의 변동성 부분을 나타낸다.
- 포트폴리오의 분산은 주식들 간의 상관계수에 달려 있다. 두 주식으로 구성된 포트폴리오의 분산은 다음과 같다.

$$Var(R_P) = \overbrace{w_1^2SD(R_1)^2} + \overbrace{w_2^2SD(R_2)^2} + \overbrace{2w_1w_2Corr(R_1, R_2)SD(R_1)SD(R_2)} \tag{12.4}$$

▶ 포트폴리오에서 두 주식의 상관계수가 낮아지면, 포트폴리오 분산도 낮아진다.

▶ 분산투자는 독립적인 기업 고유의 위험을 감소시키고, 대형 포트폴리오의 변동성은 포트폴리오 구성 주식들 간의 공통적인 체계적 위험으로부터 발생한다.

12.3 체계적 위험의 측정

▶ 이론상 시장 포트폴리오는 모든 위험 투자의 가중평균 지수이다. 하지만, 실무적으로는 시장을 대표하는 S&P 500과 같은 주식시장 지수를 사용한다.

▶ 주식의 베타는 시장 수익률 1% 변화에 대한 당해 주식의 기대 수익률 변화의 백분율이다.

▶ 베타를 추정하기 위하여 종종 과거 수익률들을 사용한다. 베타를 추정하기 위한 대부분의 자료 원천은 5년치 월별 수익률을 사용한다.

▶ 베타는 당해 주식 초과 수익률과 시장 초과 수익률의 관계를 가장 잘 설명하는 직선의 기울기다. 이 직선을 발견하기 위하여 선형 회귀분석을 사용한다.

▶ 포트폴리오의 베타는 포트폴리오 구성 주식들의 가중평균 베타이다.

12.4 통합적 이해: 자본자산가격결정 모형(CAPM)

▶ CAPM에 따르면, 어떤 증권의 위험 프리미엄은 시장 위험 프리미엄에 당해 증권의 베타를 곱한 값이다. 이 관계를 증권시장선(SML)이라고 부르는데, 이것은 투자의 기대 또는 요구 수익률을 결정한다.

$$E[R_i] = r_f + \underbrace{\beta_i(E[R_{Mkt}] - r_f)}_{i\text{ 증권의 위험 프리미엄}} \tag{12.6}$$

비판적 사고

1. 포트폴리오의 기대 수익률을 계산하기 위하여 필요한 정보는 무엇인가?
2. 상관관계는 무엇을 말하는가?
3. 포트폴리오의 전체 위험이 포트폴리오 내 증권들의 가중평균 위험과 다른 이유는 무엇인가?
4. 베타는 무엇을 측정하는가? 어떻게 베타를 사용하는가?
5. CAPM에 의하면 직관적으로 기대 수익률을 결정하는 것은 무엇인가?
6. 증권시장선은 어떤 관계를 말하는가?

연습문제

* 표시는 난이도가 높은 문제임을 나타낸다.

포트폴리오의 기대 수익률

1. 당신은 주당 $40에 타이드풀(Tidepool Co.) 주식 100주와, 주당 $15에 매드피쉬(Madfish) 주식 200주를 매입하였다. 포트폴리오의 비중은 어떻게 되는가?
2. 프레몬트 기업(Fremont Enterprises)의 기대 수익률은 15%이고, 로렐허스트 뉴스(Laurelhurst News)의 기대 수익률은 20%이다. 포트폴리오의 70%를 로렐허스트에 투자하고 30%를 프레몬트에 투자한다면, 포트폴리오의 기대 수익률은 얼마인가?
3. HNL과 KOA는 각각 18%, 22%의 기대 수익률을 가진다. HNL 60%, KOA 40%의 포트폴리오를 구성하면, 그 포트폴리오의 기대 수익률은 얼마인가?
4. 당신은 퇴직저축 투자의 일부인 $200,000을 세 개 주식에 투자하려고 결정하였다: 골드핑거(GoldFinger, 현재 주당 $25)에 50%, 무스헤드(Moosehead, 현재 주당 $80)에 25%, 벤처 어소시에이트(Venture Associates, 현재 주당 $2)에 나머지를 할당한다. 골드핑거 주식이 주당 $30으로 상승하고, 무스헤드 주식은 $60으로 하락하며, 벤처 어소시에이트 주식은 $3으로 상승하였다.
   a. 포트폴리오의 새로운 가치는 얼마인가?
   b. 포트폴리오의 수익률은 얼마인가?
   c. 주가 변화 이후에 주식을 매입하지도 매도하지도 않았다면, 당신의 새 포트폴리오 비중은 어떻게 되겠는가?
5. 당신은 지금 $70,000을 가지고, 20%를 12%의 기대 수익률을 가진 주식에, $30,000을 15%의 기대 수익률을 가진 주식에, 나머지를 20%의 기대 수익률을 가진 주식에 투자하고자 한다. 포트폴리오의 기대 수익률은 얼마인가?
6. 포트폴리오의 기대 수익률을 계산하는 방법은 두 가지가 있다. 포트폴리오 전체의 가치 변화와 배당에 의한 기대 수익률을 계산하거나, 아니면 포트폴리오를 구성하는 개별 주식 기대 수익률의 가중평균을 계산하는 것이다. 어떤 수익률이 더 높겠는가?

포트폴리오의 변동성

7. 두 주식의 수익률 상관계수가 1이라면, 이 주가들의 상대적인 움직임이 어떻다는 것인가?
8. 주식 A와 B가 다음과 같은 수익률을 가진다.

	주식 A	주식 B
1	0.10	0.06
2	0.07	0.02
3	0.15	0.05
4	−0.05	0.01
5	0.08	−0.02

a. 두 주식의 기대 수익률은 얼마인가?

b. 두 주식 수익률의 표준편차는 얼마인가?

c. 두 주식의 상관계수가 0.46이라면, A에 70%, B에 30% 투자된 포트폴리오의 기대 수익률과 표준편차는 얼마인가?

9. 다음의 자료를 이용하여 각 주식의 평균 수익률과 변동성을 추정하시오.

	실현 수익률	
연도	주식 A	주식 B
2005	−10%	21%
2006	20%	30%
2007	5%	7%
2008	−5%	−3%
2009	2%	−8%
2010	9%	25%

10. 9번에서의 추정치 및 A와 B의 상관계수 0.48을 이용하여, A에 70%, B에 30% 투자된 포트폴리오의 변동성(표준편차)을 계산하시오.

11. 다음의 스프레드시트는 2013년 콜라와 가스 주식회사의 월별 수익률을 포함하고 있다. 이 자료들을 이용하여 각 주식의 월별 수익률 평균과 변동성을 추정하시오.

월	콜라	가스	월	콜라	가스
1	−10.84%	−6.00%	7	2.25%	8.36%
2	2.36%	1.28%	8	−6.89%	−2.46%
3	6.60%	−1.86%	9	−6.04%	−2.00%
4	2.01%	−1.90%	10	13.61%	0.00%
5	18.36%	7.40%	11	3.51%	4.68%
6	−1.22%	−0.26%	12	0.54%	2.22%

12. 10번의 스프레드시트의 콜라와 가스의 상관계수가 0.6083이란 사실을 이용하여, 콜라에 55%, 가스에 45% 투자된 포트폴리오의 변동성(표준편차)을 다음 지시에 따라 계산하시오.

a. 식 12.4를 이용하시오.

b. 포트폴리오의 월별 수익률을 계산하고, 이를 이용하여 변동성을 직접 계산하시오.

c. 위의 두 방법에 의한 결과를 비교하시오.

13. 표 12.2의 자료를 사용하자.

a. 노스 항공에 25%, 웨스트 항공에 25%, 텍사스 정유에 50% 투자된 포트폴리오의 연별 수

익률들을 계산하시오.

b. a에서의 포트폴리오에서 가장 낮은 수익률은 얼마인가? 이를 표 12.2의 개별 주식 또는 포트폴리오의 가장 낮은 연별 수익률과 비교하시오.

14. 표 12.3의 자료를 이용할 때, 마이크로소프트와 코카콜라의 동일가중 포트폴리오의 변동성은 얼마인가?

15. 존슨 앤 존슨(Johnson & Johnson)과 월그린 기업(Walgreen Company)은 아래와 같은 기대 수익률과 변동성을 가지며, 그들의 상관계수는 22%이다.

	E(R)	*SD(R)*
존슨 앤 존슨	7%	16%
월그린 기업	10%	20%

존슨 앤 존슨과 월그린 기업에 동일하게 투자된 포트폴리오에 대해서 다음을 계산하시오.

a. 기대 수익률

b. 변동성(표준편차)

16. 아보 시스템과 젠코어 주식이 모두 40%의 변동성을 갖는다. 양 주식의 상관계수가 (a) +1, (b) 0.50, (c) 0, (d) 20.50, (e) -1.0일 때 각 주식에 50%씩 투자된 포트폴리오의 변동성을 계산하라. 어떤 경우에 변동성이 원래 주식보다 작아지는가?

17. 애디슨 인쇄소 주식이 30%의 변동성을 갖는데 비해, 웨슬리 출판사 주식은 60%의 변동성을 갖는다. 두 주식의 상관계수가 25%라면, 애디슨과 웨슬리의 비중이 다음과 같을 때 포트폴리오의 변동성은 얼마인가? (a) 100% 애디슨, (b) 75% 애디슨, 25% 웨슬리, (c) 50% 애디슨, 50% 웨슬리.

18. 당신은 표준편차 30%, 기대 수익률 18%의 포트폴리오를 보유하고 있다. 이때 아래의 두 주식 중 하나를 포트폴리오에 추가하고 싶다. 그 주식을 추가한 이후에 새로운 주식의 비중은 20%, 현재 포트폴리오의 비중은 80%가 될 것이다. 어떤 주식을 추가해야 좋겠는가?

	기대 수익률	표준편차	현재 포트폴리오와의 상관계수
주식 A	15%	25%	0.2
주식 B	15%	20%	0.6

19. 당신의 고객이 주식 A에 $100,000을 투자하였다. 그녀는 주식 B나 주식 C 중의 하나에 $100,000을 더 투자하여 두 개의 주식으로 구성된 포트폴리오를 만들려고 한다. 그녀는 적어도 14% 이상의 기대 수익률과 가능한 작은 위험을 가지면서 표준편차가 40%를 초과하지 않는 포트폴리오를 원한다. 당신은 그녀에게 어떤 조언을 해 줄 것이고, 그럴 경우 포트폴

리오의 기대 수익률과 표준편차는 얼마인가?

	기대 수익률	표준편차	A와의 상관계수
A	15%	50%	1
B	13%	40%	0.2
C	13%	40%	0.3

체계적 위험의 측정

20. 세상의 모든 투자 가능 기회가 아래 표에 제시된 다섯 가지로 제한되었다. 시장 포트폴리오의 비중은 어떻게 되는가?

주식	주당 가격($)	발행 주식 수(백만)
A	10	10
B	20	12
C	8	3
D	50	1
E	45	20

21. 투자할 자금이 $500,000이 있을 때, 아래의 정보를 이용하여 네 주식의 가치가중 포트폴리오를 구성하시오. 즉, $500,00이 각 주식에 얼마씩 투자되는가?

주식	시가총액
OGG	$50백만
HNL	$75백만
KOA	$20백만
LIH	$10백만

22. $100,000이 주어졌을 때, 아래 제시된 네 개의 주식으로 가치 가중평균 포트폴리오를 구성하시오.

주식	주당 가격($)	발행주식수(백만)
골든 시즈	13	1.00
야콥스 앤 야콥스	22	1.25
맥	43	30
피디제이비	5	10

23. 가치 가중평균 포트폴리오의 주식 하나가 가격이 상승하였고 모든 다른 주식들의 가격은 불변이라면, 포트폴리오의 가치 비중을 유지하기 위해서는 어떤 거래가 필요한가?

24. 뉴스에 의하면 오늘 S&P 500이 무위험 이자율에 비하여 2% 더 하락했다(시장의 초과 수익률이 -2%이었음)고 한다. 당신은 징가와 프록터 앤 갬블의 투자를 생각하고 있다.
    a. 징가의 베타가 1.4라면, 오늘 징가의 초과 수익률은 얼마일 것이라고 추측할 수 있는가?
    b. 프록터 앤 갬블의 베타가 0.5라면, 오늘 프록터 앤 갬블의 초과 수익률은 얼마일 것이라고 추측할 수 있는가?

25. 무위험 이자율은 3%이고, 당신은 내년에 S&P 500의 초과 수익률이 10%일 것이라고 믿는다. 베타가 1.2인 (30%의 표준편차를 가지는) 주식에 투자할 경우, 내년 기대 수익률이 어떨 것이라고 추측하는가?

26. MyFinanceLab의 Chapter Resources로 가서 스프레드시트의 나이키 주식 자료를 이용하여 선형 회귀분석으로 나이키의 베타를 추정하시오. (이 사이트는 유료로 이용 가능함)

27. MyFinanceLab의 Chapter Resources는 1986년부터 2006년까지 마이크로소프트와 S&P 500 자료를 가지고 있다. (이 사이트는 유료로 이용 가능함)
    a. 1987~1991년, 1992~1996년, 1997~2001년, 2002~2006년 기간에 대해서 선형 회귀분석을 사용하여 마이크로소프트의 베타를 추정하시오.
    b. 위에서 계산된 네 개의 베타를 비교하시오. 마이크로소프트의 체계적 위험이 20년 동안 어떻게 변화했는가에 대해서 어떤 결론을 내릴 수 있는가? 그 변화를 어떻게 설명하겠는가?

통합적 이해: 자본자산가격결정 모형(CAPM)

28. 무위험 이자율이 4%이고, 시장 포트폴리오는 10%의 기대 수익률과 16%의 표준편차를 가지고 있다. 존슨 앤 존슨 주식의 베타는 0.32이다. 이 주식의 기대 수익률은 얼마인가?

29. 음(-)의 베타를 가지는 주식의 위험 프리미엄의 부호는 무엇인가? 왜 그런가를 설명하시오. (시장 포트폴리오의 위험 프리미엄은 양수임을 가정한다.)

30. EJH, CSH, KMS는 각각 1.2, 0.6, 1.0의 베타를 가진다. 당신이 자금의 25%를 EJH에, 25%를 CSH에, 나머지 50%를 KMS에 투자한다면, 포트폴리오의 베타는 얼마인가?

31. 오토데스크 주식이 2.16의 베타를, 코스트코 주식이 0.69의 베타를 가진다. 무위험 이자율이 4%이고 시장 포트폴리오의 기대 수익률은 10%일 경우, CAPM에 의한 오토데스크 60%, 와 코스트코 40%로 구성된 포트폴리오의 기대 수익률을 얼마인가?

32. 인텔 주식이 1.6의 베타를, 보잉 주식이 1의 베타를 가진다. 무위험 이자율이 4%이고 시장 포트폴리오의 기대 수익률이 10%일 때, CAPM에 의하면,

a. 인텔 주식의 기대 수익률은 얼마인가?

b. 보잉 주식의 기대 수익률은 얼마인가?

c. 인텔 주식 60%, 보잉 주식 40%로 구성된 포트폴리오의 베타는 얼마인가?

d. 인텔 주식 60%, 보잉 주식 40%로 구성된 포트폴리오의 기대 수익률은 얼마인가? 두 가지 방법에 의해서 보이시오.

*33. 주당 $100인 주식을 매입하려고 한다. 무위험 이자율은 4.5%이고, 시장 위험 프리미엄은 6%이다. 연말에 주가가 $117로 오르고 $1의 배당을 지급할 것으로 생각한다면, 이러한 기대가 CAPM과 일관성이 있기 위해서 베타는 얼마가 되어야 하는가?

*34. 베타 1.2인 주식을 분석하고 있다. 내년에 무위험 이자율은 5%이고, 시장 위험 프리미엄은 6%로 추정된다. 이 주식이 내년에 11%의 수익률을 가질 것으로 기대한다면 이 주식을 매입해야 하는가? 그 이유를 설명하시오.

35. 당신은 커피 기업의 서열을 통해 녹색 앞치마의 낮은 등급 바리스타에서 선망의 검은색 앞치마로 승진하였고, 마침내 CFO가 되었다. 빠른 인터넷 검색을 통해 당신 기업의 베타가 0.6인 것을 알았다. 무위험 이자율이 5%이고, 당신은 시장 위험 프리미엄이 5.5%라고 믿는다. 당신 기업 주식에 대한 투자자들의 기대 수익률 추정치(주식에 대한 자본비용)는 얼마인가?

36. 2007년 초에 애플의 베타는 1.4이었고, 무위험 이자율은 4.5%이었으며, 애플의 주가는 $84.84이었다. 2007년 말에 애플의 주가는 $198.08이었다. 시장의 위험 프리미엄 추정치가 6%이었다면, 애플의 경영진이 CAPM에 의한 투자자들의 요구 수익률을 초과 달성하였는가?

*37. 당신은 $50,000을 베타가 1.4를 초과하지 않고 기대 수익률이 12.4%인 포트폴리오에 투자하고 싶다. 베이 주식회사(Bay Corp.)는 1.2의 베타와 11.2%의 기대 수익률을 가지고, 씨티 주식회사(City Inc.)는 1.8의 베타와 14.8%의 기대 수익률을 가진다. 무위험 이자율은 4%라고 하자. 당신은 베이 주식회사와 씨티 주식회사에 투자할 수 있다. 각각에 얼마씩 투자할 것인가?

부록 체계적 위험의 대안적 모형

CAPM이 실무적으로 자본비용을 추정하기 위해 가장 일반적으로 사용되는 모형이지만, 최근에 실무자들은 CAPM의 단점을 개선하기 위하여 많은 노력을 하고 있다.

실무적으로 CAPM과 관계된 문제들

많은 연구들이 진정한 시장 포트폴리오로 S&P 500이나 다른 간단한 대용치를 이용하는 것이 CAPM과의 상당한 가격결정 오류를 불러일으킨다는 것을 발견하였다. 즉 어떤 주식이나 주식 포트폴리오가 CAPM이 예측하는 수익률보다 더 높거나 낮은 수익률을 가진다는 것이다. 예를 들어, 소규모 주식, B/M 비율이 높은 주식, 최근에 성과가 좋아서 모멘텀이 있는 주식들이, 시장 포트폴리오로 간단한 주식시장 대용치를 사용한 CAPM의 예측보다 더 높은 수익률을 가진다는 것이다.

다요인 모형

이러한 발견들은 진정한 시장 포트폴리오의 더 좋은 대용치를 구성하기 위하여 CAPM의 가격결정식에 새로운 포트폴리오들을 추가하도록 하였다. 이것의 목적은 S&P 500만을 사용하기 때문에 놓치는 체계적 위험의 구성 요소들을 제대로 측정하는 것이다. 진정한 시장 포트폴리오의 완벽한 대용치를 찾아낼 수 없더라도, 시장 포트폴리오가 다른 포트폴리오들에 의해 구성될 수 있다. 이러한 논리는 시장 포트폴리오가 다른 포트폴리오로의 조합으로 구성될 수도 있다면, 이 조합 자체가 위험을 측정하기 위하여 사용될 수 있다. 따라서 시장 포트폴리오 자체를 실제로 찾아낼 필요가 없다는 것이다. 필요한 것은 어떤 포트폴리오의 조합이 시장 포트폴리오를 구성하는가를 알아내는 것이다.

따라서 **위험 요인(risk factors)**이라고 하는 체계적 위험의 구성 요소를 알아내기 위하여 포트폴리오의 조합을 사용할 수 있다. 위험을 제대로 잡아내기 위하여 두 개 이상의 포트폴리오를 가지는 것을 **다요인 모형(multifactor model)**이라고 한다. 각각의 포트폴리오는 위험 요인 자체거나 관찰할 수 없는 위험 요인과 상관관계를 가지는 주식의 포트폴리오로 생각될 수 있다. 이런 특별한 형태의 위험 요인 모형이 스티븐 로스(Stephen Ross) 교수에 의해 최초로 개발되었지만, 다요인 모형의 대안적 형태는 로버트 머튼(Robert Merton) 교수에 의해 먼저 개발되었다.[6] 로스 교수가 개발한 다요인 모형을 **차익거래 가격결정 이론(Arbitrage Pricing Theory, APT)**이라고 한다.

위험 요인: (다요인 모형에서 사용되는) 체계적 위험의 여러 가지 구성 요소

다요인 모형: 체계적 위험을 잡아내기 위하여 두 개 이상의 포트폴리오를 사용하는 모형. 각각의 포트폴리오는 위험 요인 자체거나 관찰할 수 없는 위험 요인과 상관관계를 가지는 주식의 포트폴리오로 생각될 수 있다.

차익거래 가격결정 이론(APT): 초창기 다요인 모형들 중 하나로, 유가증권 또는 주식의 가격을 결정하기 위하여 차익거래가 없다고 가정한다.

---

6) Stephen A. Ross, "The Arbitrage Theory of Capital Asset Pricing." Journal of Economic Theory 3(December 1976): 343-362, and Robert C. Merton "An Intertemporal Capital Asset Pricing Model." Econometrica 41(1973): 867-887.

파마-프렌치-카하트의 4요인 모형

실무자들은 CAPM의 가격 오류를 설명하기 위하여 포트폴리오들을 추가하였다. 그런 포트폴리오 중의 하나가 소규모 주식들을 매입하고 대규모 주식들을 매도하여 만들어지는데, 이것이 널리 알려진 SMB(small-minus-big) 포트폴리오다. 두 번째 것은 B/M 비율이 높은 주식들을 매입하고 낮은 주식들을 매도하는 HML(high-minus-low) 포트폴리오다. 세 번째는 최근에 극히 성과가 좋았던 주식들을 매입하고 성과가 극히 안 좋았던 주식들을 매도하는 포트폴리오다. 이것은 극히 성과가 좋았던 것과 나빴던 것들이 단기적으로 성과가 계속되는 문제점을 설명하기 때문에, 직전 1년(PR1YR) 모멘텀 포트폴리오(prior 1-year momentum portfolio)라고 한다. 시장 위험 프리미엄과 위에서 제시한 세 개의 포트폴리오는 CAPM의 대안적 모형으로 사용되는 가장 일반적인 포트폴리오 조합으로, 다요인 모형의 한 예에 해당한다. 이 조합들을 이용하여 i 증권의 기대 수익률은 다음과 같이 주어진다.

$$E[R_i] = r_f + \beta_i^{Mkt}(E[R_{Mkt}] - r_f) + \beta_i^{SMB}E[R_{SMB}] + \beta_i^{HML}E[R_{HML}] + \beta_i^{PR1YR}E[R_{PR1YR}] \tag{12.8}$$

β_i^{Mkt} β_i^{SMB} β_i^{HML} β_i^{PR1YR}은 i 주식의 요인 베타들로 각 포트폴리오에 대한 i 주식의 민감도이다. 식 12.8의 포트폴리오 조합이 유진 파마(Eugene Fama), 케네스 프렌치(Kenneth French), 마크 카하트(Mark Carhart) 교수에 의해 선정되었기 때문에, 이 포트폴리오 조합을 **파마-프렌치-카하트(FFC) 요인 명세**라고 한다.

파마-프렌치-카하트(FFC) 요인 명세: 위험과 수익률의 다요인 모형으로, 요인 포트폴리오는 파마, 프렌치, 카하트에 의해 선정된 시장, SMB, HML, PR1YR momentum 포트폴리오다.

FFC 요인 명세의 각 포트폴리오 월별 평균 수익률이 표 12.5에 주어져 있다.

표 12.5 FFC 포트폴리오의 월별 평균 수익률(1926~2008년)

	월별 평균 수익률(%)
Mkt − r_f	0.61
SMB	0.25
HML	0.38
PR1YR	0.70

출처: Kenneth French: http://mba.tuck.dartmouth.edu/pages/faculty/ken.french/data_library.html

예제 12.9 자본비용을 계산하기 위하여 FFC 요인 명세를 이용하기

문제 *Problem*

당신은 패스트푸드 산업의 투자를 고려하고 있다. 이 프로젝트는 맥도날드 주식에 투자하는 것과 같은 수준의 분산 불가능한 위험을 가지고 있다고 하자. 맥도날드 주식(표식: MCD)의 요인 베타를 추정하기 위하여 지난 9년의 자료를 사용한다. 이를 위하여 맥도날드 주식의 월별 초과 수익률(각 월의 실현 수익률에서 무위험 이자율을 차감한 값)을 네 개의 요인 포트폴리오 수익률에 회귀시킨다. 이렇게 추정한 MCD의 베타는 다음과 같다.

$$\beta^{Mkt}_{MCD} = 0.687 \qquad \beta^{HML}_{MCD} = -0.299$$

$$\beta^{SMB}_{MCD} = -0.156 \qquad \beta^{PR1YR}_{MCD} = 0.123$$

현재 무위험 이자율은 15%/12 = 0.125%이다. FFC 요인 명세를 사용하여 자본비용을 결정하시오.

풀이 *Solution*

● 계획

먼저, 당신이 가지고 있는 정보를 모으시오. 표 12.5에 있는 자료와 문제의 정보를 결합하면 다음과 같다.

	월별 평균 수익률 (%)	MCD의 요인별 β
Mkt − r_f	0.61	0.687
SMB	0.25	−0.299
HML	0.38	−0.156
PR1YR	0.70	0.123

무위험 이자율 0.125%와 당신이 모은 정보를 이용하여, 맥도날드 투자의 월별 기대 수익률을 계산하기 위하여 식 12.8을 이용할 수 있다. 계산된 수치에 12를 곱하여 APR로 표현된 연별 기대 수익률을 얻게 된다.

● 실행

식 12.8을 이용하여 맥도날드의 월별 기대 수익률이 다음과 같이 계산된다.

$$\begin{aligned} E[R_{MCD}] &= r_f + \beta^{Mkt}_{MCD}(E[R_{Mkt}] - r_f) + \beta^{SMB}_{MCD} E[R_{SMB}] + \beta^{HML}_{MCD} E[R_{HML}] + \beta^{PR1YR}_{MCD} E[R_{PR1YR}] \\ &= 0.125\% + 0.687 \times 0.61\% - 0.299 \times 0.25\% - 0.156 \times 0.38\% + 0.123 \times 0.70\% \\ &= 0.496\% \end{aligned}$$

연별 기대 수익률은 0.496% × 12 = 5.95%가 된다.

● 평가

모든 입력 요소를 얻어서 CAPM의 적용법과 같이 FFC 요인 명세를 적용하면, 맥도날드 주식 자본비용의 대안적 추정치를 계산할 수 있다. 이 접근법에 의하여, 투자 기회의 연별 자본비용은 약 5.95%라는 결론을 얻을 것이다.

비교를 위해서 같은 기간 동안 CAPM을 적용하면, 맥도널드의 베타 추정치는 0.54이다. 맥도널드의 시장 베타는 단일 요인 회귀분석을 이용하므로 위에서 추정한 0.687과 다르다. 시장의 역사적 초과 수익률을 이용하면, 기대 수익률은 월 0.125% + 0.54 x 0.61% = 0.454%이고, 이는 5.5%의 연수익률과 같다.

13 자본비용

학습목표

- 회사의 전체 자본비용 결정 요인을 이해한다.
- 채무, 우선주 및 보통주의 비용을 측정한다.
- 회사의 가중평균 자본비용을 계산한다.
- 프로젝트의 가치를 평가하기 위해 가중평균 자본비용을 응용한다.
- 프로젝트와 관련된 위험에 따른 자본비용을 조정한다.
- 외부 자본조달의 직접 비용을 계산한다.

기호

$D\%$	기업 채무의 비중	P_{pfd}	우선주 가격
Div_1	1년 후의 배당	r_D	채무의 요구 수익률(자본비용)
Div_{pfd}	우선주 배당	r_E	차입 자기자본의 요구 수익률(자본비용)
$E\%$	기업 주식의 비중	r_{pfd}	우선주의 요구 수익률(자본비용)
FCF_t	t년의 증분 가용현금흐름	r_{WACC}	가중평균 자본비용
g	배당 기대 성장률	T_c	한계 법인세율
$P\%$	기업 우선주의 비중	V_O^L	최초의 차입 가치
P_E	보통주 가격		

The Cost of Capital

제12장에서는 기업의 자기자본비용 계산 방법을 공부했다. 실제로 대부분의 기업들은 주식, 채무 및 우선주와 같은 증권들을 이용하여 자본을 조달한다. 결과적으로, 재무관리자는 자본조달의 원천에 근거하여 기업의 전체 자본비용을 결정하여야 한다. 기업의 전체 자본비용은 자본예산 편성 과정의 결정적인 요소다. 가치평가 원칙은 프로젝트 편익의 현재가치에서 비용의 현재가치를 차감하여 프로젝트의 가치를 구하도록 한다. 자본예산 편성에 있어서 이 중요한 개념을 NPV에 적용한다. 어떤 프로젝트의 NPV를 계산하기 위해서 자본비용을 할인율로 사용하기 때문이다.

이 장에서는 가중평균 자본비용(weighted average cost of capital, WACC)이라고 알려진 기업 전체의 자본비용을 계산하여 사용하는 방법을 공부할 것이다. WACC는 여러 원천의 자본비용을 금액에 따라 가중평균한 값이다. WACC를 어떻게 추정하는가를 공부한 뒤에 이를 자본예산 수립에 적용할 것이다. 그러한 논의의 한 부분으로, 기업 전체의 자본비용을 할인율로 사용할 수 있는 조건과, 어떤 프로젝트나 한 부서에 특별한 자본비용을 적용하여야 하는 경우에 대해서도 알아볼 것이다.

13.1 가중평균 자본비용 처음 보기

대부분의 기업들은 투자를 위해서 필요한 자금을 조달하기 위하여 주식, 채무, 기타 증권들을 혼합하여 사용한다. 이 절에서는 기업 전체의 자본비용 결정을 위한 자금조달 원천의 역할을 검토한다. 기업 재무상태표의 관점에서 자금조달 원천의 평가부터 시작하고자 한다.

기업의 자본구조

자본: 기업이 발행하는 채무, 주식 및 기타 유가증권으로 구성되는 자금조달의 원천을 말함

보통 채무와 주식으로 구성되는 기업 자금조달의 원천을 **자본(capital)**이라고 한다. 전형적인 기업들은 주주들에게 지분(주식)을 매도하거나 채권자로부터 차입(채무)을 하여 투자할 자금을 조달한다. 재무상태표의 기본적인 형태는 그림 3.1과 같다. 재무상태표의 왼쪽은 기업의 자산을, 오른쪽은 기업의 자본을 나열하고 있다.

그림 13.1
기본적인 재무상태표

이것은 참고로 제시되는 기본적인 재무상태표다. 제2장에서 언급한 바와 같이, 재무상태표의 양쪽은 금액이 서로 일치해야 한다. 즉 자산 = 채무 + 자기자본(주식). 오른쪽은 자금조달의 방법을 의미한다. 이 장에서는 재무상태표 오른쪽에서 서로 다른 자금조달 방법에 따른 요구 수익률을 집중적으로 분석하고자 한다.

자산	부채와 자기자본
유동자산	채무
장기자산	우선주
	자기자본(주식)

회사의 **자본구조**(capital structure)는 채무, 주식, 기타 증권의 구성 비중에 의해 결정된다. 주식회사들이 외부 투자자들로부터 자금을 조달할 때, 그들은 어떤 유형의 증권을 발행할 것인가를 결정하여야 한다. 가장 일반적인 선택은 주식으로만 조달하거나, 주식과 채무를 혼합하여 조달하는 것이다. 그림 13.2는 애플과 사우스웨스트 항공의 자본구조를 보여주고 있다. 제16장에서는 기업이 자본구조를 결정하는 방법에 대해 논의하기로 한다.

자본구조: 회사가 발행한 채무, 주식 및 기타 유가증권의 상대적인 비중

그림 13.2
주식회사 내의 재무적 기능

실제 세 기업의 자본구조가 아래에 제시되어 있다. 유나이티드 컨티넨탈 홀딩스는 55%의 주식과 44%의 채무(베이지색 표시)로 자본을 조달하였지만, 페이스북은 100% 주식(파란색 표시)으로 애플은 89% 주식으로 자본을 조달하였다.

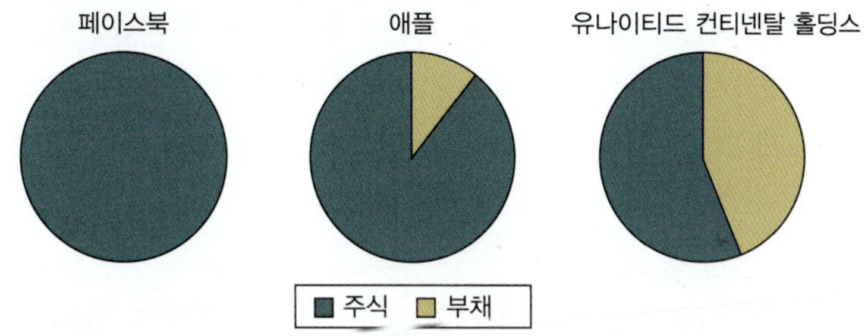

출처: 2016년에 공개적으로 입수 가능한 자료를 근거로 한 저자들의 계산, 비중은 주식의 시장가치로 계산함.

기회비용과 전체 자본비용

재무관리자들은 기업 전체의 자본비용을 결정할 때 기업의 자본구조 요소들을 고려한다. 이제부터의 내용을 통해, "자본비용"이라는 용어의 직관적 의미를 명심하여야 한다. 투자자가 기업의 주식이나 채권을 매입할 때, 그들은 자금을 다른 곳에 투자할 기회를 포기하는 것이다. 다른 대안적 투자의 기대 수익률이 당해 주식 및 채권의 기회비용이 된다. 그들의 투자를 기업의 자본으로 끌어들이기 위해서는, 그들이 같은 위험으로 다른 곳에 투자해서 얻을 수 있다고 기대하는 수익률을 제공하여야만 한다. 이런 수익률을 제공하는 것이 투자자로부터 자본을 끌어들이기 위해 기업이 감수해야 하는 비용이다.

가중평균과 전체 자본비용

직관적으로 기업의 전체 자본비용은 서로 다른 자본 원천들의 비용들로 구성되어야 한다. 실제로 기업의 전체 자본비용은 주식과 채무의 자본비용 가중평균으로 계산하는데, 이를 **가중평균 자본비용**(weighted average cost of capital, WACC)이라고 한다.

가중평균 자본비용: 주식과 채무 각각의 기업 가치 비중에 따라 가중된 주식과 채무의 자본비용 가중평균

주식, 채무, 기타 증권의 비중은 어떻게 결정되는가? 당신이 기업의 모든 주식과 채무를 가지고 있다고 하자. 그것이 당신 포트폴리오의 전부라면, 그 포트폴리오의 수익률은 기업의 전체

수익률이 될 것이다. 제12장에서 보았듯이, 어떤 포트폴리오의 수익률은 포트폴리오 내 증권 수익률들의 가중평균이다. 이 경우에 포트폴리오의 수익률(회사의 전체 수익률)은 당신이 보유한 기업의 주식과 채무 수익률의 가중평균이다. 당신이 주식과 채권 모두를 보유하고 있기 때문에, 포트폴리오의 비중은 기업이 발행한 주식과 채권의 상대적 규모다. WACC에서 사용하는 비중은 기업 자본구조에서 사용되는 주식과 채권의 비율이다. 예를 들어, 기업이 30%의 채무와 70%의 주식으로 자본을 조달했다면, WACC를 계산할 때 채무 자본비용에는 30%를, 주식 자본비용에는 70%를 비중으로 사용하면 된다.

이 예제는 재무상태표의 오른쪽을 보고 비중을 결정할 수 있다는 것을 의미한다. 이러한 가정이 옳지만, 한 가지 중요한 수정이 필요하다. 채무와 주식의 비중을 계산할 때, 회계학적인 장부가치가 아니라 시장가치를 사용하여야 한다는 것이다. 제2장에서 살펴본 바와 같이, 장부가치는 역사적 원가를 반영하고 있으며, 시장가치는 자산의 생산성 기대치에 기초한 미래적 시각이다. 기업의 재무적 권리를 나타내는 주식과 채무의 보유자는 장부가치가 아닌 시장가치에 의해 기업을 평가한다.

시장가치 재무상태표: 회계적 재무상태표와 비슷하지만 모든 가치가 역사적 원가보다는 현재의 시장가치를 따른다는 것이 다름

사실 장부가치가 아닌 시장가치로 표시된 자산, 채무, 주식이 나열되는 **시장가치 재무상태표(market-value balance sheet)**를 생각하는 것이 유용할 것이다. 물론, 시장가치 재무상태표도 좌우는 동일해야 한다.

$$\text{시장가치 주식} + \text{시장가치 채무} = \text{시장가치 자산} \tag{13.1}$$

식 13.1은 기업에 의해 발행된 주식과 채무라는 기업에 대한 권리의 시장가치가 모든 자산의 전체 시장가치와 동일해야 한다는 의미다. 이러한 항등식은 기업에 의해 발행된 주식과 채무의 가치는, 주식과 채무가 권리를 주장할 수 있는 기초자산으로부터 나온다는 것을 의미한다. 기업 채무와 주식의 위험과 요구 수익률도 당연히 기업 자산의 위험에 의해 결정된다. 이러한 점은 기업의 WACC를 유도할 때 유용하게 쓰일 수 있다.

가중평균 자본비용의 계산

이번 절에서는 자산 위험과 채무 및 주식 위험의 연계뿐만 아니라, 시장가치 비중 사용에 대한 직관적인 지식에 대해서도 알아보기로 하자.

무차입: 채무를 발행하지 않은 기업

차입: 채무를 발행한 기업

먼저, 채무를 발행하지 않는 아주 단순한 기업의 경우부터 시작하자. 이는 자산에 의해 창출되는 모든 가용현금흐름을 주주에게 지불하는 **무차입(unlevered)** 기업을 말한다. 기업 자금조달의 일부를 채무에 의존하는 경우, 그런 기업을 **차입(levered)**이라고 한다. 상대적으로 작은 힘을 써서 무거운 물건을 들어올리게 하는 레버리지와 같이, 채무를 통한 자금 차입은 주주들이 상대적으로 부족한 자기들의 자금 투자로 더 높은 규모의 자산을 통제할 수 있도록 해 준다. 재무

상태표에서 채무의 상대적 규모를 기업의 **레버리지(leverage)**라고 한다.

레버리지: 기업의 재무상태표에서 채무의 상대적인 크기

가중평균 자본비용: 무차입 기업. 기업이 무차입이면 채무가 하나도 없고, 자산에 의해 생성되는 모든 현금흐름이 궁극적으로 주주에게 지불된다. 주주들에게 가는 가용현금흐름은 자산에 의한 가용현금흐름과 같으므로, 가치평가 원칙에 따라서 기업 주식의 시장가치와 위험 및 자본비용은 당해 기업 자산의 시장가치와 위험 및 자본비용과 동일하다. 이런 관계로부터 기업의 자본비용을 CAPM으로 계산할 수 있다. 추정된 결과는 기업 전체의 자본비용이 된다. 예를 들어, 징가(Zynga)는 채무를 발행하지 않아서, 징가 자산의 자본비용은 징가 주식의 자본비용과 같다.

가중평균 자본비용: 차입 기업. 기업이 채무를 가지고 있으면 어떻게 되나? 기업 전체의 자본비용을 결정하기 위하여 채무의 자본비용을 어떻게 이용할 것인가? 시장가치 재무상태표가 그 해답을 준다. 포트폴리오와 관련하여 식 13.1을 해석할 수 있다. 즉, 주식과 채무의 포트폴 리오를 보유하여 기업 자산을 직접 보유한 것과 같은 현금흐름을 얻을 수 있다. 포트폴리오의 수익률이 구성 증권 수이률들의 가중평균이므로, 식 13.1은 주식, 채무, 그리고 자산의 요구 수 익률 사이의 다음 관계를 의미한다.

가중평균 자본비용(세전)

$$r_{wacc} = \left(\begin{array}{c}\text{주식에 의해 조달된}\\ \text{기업 가치의 비중}\end{array}\right)\left(\begin{array}{c}\text{주식}\\ \text{자본비용}\end{array}\right) + \left(\begin{array}{c}\text{채무에 의해 조달된}\\ \text{기업 가치 비중}\end{array}\right)\left(\begin{array}{c}\text{채무}\\ \text{자본비용}\end{array}\right)$$

$$= \left(\begin{array}{c}\text{기업 자산의}\\ \text{자본비용}\end{array}\right) \quad (13.2)$$

이로부터 기업 전체의 자본비용이 주식과 채무 자본비용의 가중평균이어야 한다는 것을 알 수 있다. 식 13.2는 기업 자산의 자본비용이 기업 주식과 채무 자본비용의 가중평균임을 보여주 고 있다. 다음 절에서는 주식과 채무의 자본비용을 어떻게 추정하는지를 알아보자.

예제 13.1
WACC에서 비중 계산하기

문제 *Problem*

케나이 주식회사는 액면가의 95%에 거래되는 장부가치 $10백만의 채무를 가지고 있다. 또한 장부가치 $10백만의 자기자본을 가지고 있는데, 이는 주당 $30에 거래되는 보통주 1백만 주로 구성되어 있다. WACC를 계산하기 위해서 케나이가 사용하는 비중은 얼마인가?

풀이 *Solution*

- **계획**

식 13.2에 의하면 비중은 케나이가 조달한 채무와 자기자본의 비중이다. 그 비중은 회계적 장부가치가 아닌 기업가치에 대한 투자자의 평가에 의존하기 때문에 시장가치를 이용하여 계산해야 한다. 결과적으로, 채무와 자기자본의 장부가치를 무시할 수 있다.

● 실행

액면가의 95%에 거래되는 $10백만 채무의 시장가치는 $9.5백만이다. 주당 $30에 거래되는 1백만 보통주의 시장가치는 $30백만이다. 기업의 시장가치는 이 둘을 더한 $39.5백만이므로 비중은 다음과 같이 계산된다. 채무 비중은 9.5 ÷ 39.5 = 24.1%이고, 자기자본(주식) 비중은 30 ÷ 39.5 = 75.9%이다.

● 평가

전체적인 자본비용을 계산할 때, 케나이는 채무와 자기자본의 자본비용을 가중평균하여 사용할 것이다. 즉 부채에 24.1%의 비중을, 자기자본에 75.9%의 비중을 사용할 것이다.

개념확인

1. 기업의 자본이 비용을 가져야 하는 이유는 무엇인가?
2. 가중평균 자본비용에서 시장가치 비중을 사용하는 이유는 무엇인가?

13.2 기업의 채무 및 주식 자본비용

13.1절은 기업 전체의 자본비용을 측정하기 위하여 기업이 사용하는 각 자본 유형의 비용을 결정하는 것부터 시작하여야 하다는 것을 명확하게 하였다. 이제 기업이 채무, 우선주, 보통주의 자본비용을 어떻게 측정하는가를 살펴보고자 한다. 이에 대한 예로 제너럴 일렉트릭(GE)을 살펴보자.

채무 자본비용

채무 자본비용을 알기 위하여 재무상태표의 오른쪽 상단 부분부터 보자. 기업 채무 자본비용은 현재의 채무 상환을 위해 새로운 채권을 발행할 경우에 필요한 이자율이다. 이 이자율은 현재의 채무가 발행될 당시에 기업이 지불하기로 했던 이표율과는 다르다.

만기수익률과 채무 자본비용 현재의 채무는 시장에서 거래가 가능하기 때문에 전체적인 신용환경과 기업의 위험 변화를 반영하여 수시로 변화한다. 제6장에서 알아본 바와 같이, 현재 기업 채무의 시장 가격은 만기수익률로 결정되는데, 이는 지금 채무를 매입하여 만기까지 약속된 모든 지급액을 받을 경우의 수익률이다. 따라서 기업의 현재 채무 자본비용을 추정하기 위해서는 만기수익률을 사용할 수 있다. 이것이 투자자들이 기업의(새로운 또는 현재) 채무를 보유하기 위해서 요구하는 수익률이다.[1]

1) 사실, 기업이 채무를 상환할 수 없는 위험이 있기 때문에 만기수익률은 기업이 지불할 최대 수익률 개념이다. 기업이 재무적 어려움에 처할 수 있는 때에는 채권에 대한 기대 수익률이 약속된 만기수익률보다 훨씬 작을 수 있다. 하지만 그렇지 않을 경우에는 듀퐁과 같이 A급 채권의 만기수익률은 기대 수익률의 합리적인 추정치이다.

GE가 2021년에 만기가 되는 액면가 \$1,000, 이표율 5.3%, 가격 \$1,147.93인 채무를 가지고 있다. 채무의 시장가치가 액면가를 초과하기 때문에 이 채무에 투자한 투자자들은 이표율보다 낮은 수익을 얻게 된다. 남아있는 현금 지급을 고려한 만기수익률 1.98%가 GE의 채무 자본비용의 현재 추정치이다. 이런 만기수익률은 가격과 함께 채권시장에서 항상 호가되기 때문에 투자자들이 스스로 계산할 필요는 없다.[2]

세금과 채무의 비용 채무의 경우에는 채무 보유자에게 지급되는 수익률과 기업의 비용이 동일하지 않다. 어떻게 이런 일이 가능할까? 채무에 대해 지급되는 이자가 손비로 공제되는 비용이기 때문에 이런 현상이 생긴다. 기업이 채무로 자본을 조달하면, 지급해야 하는 이자가 손비로 인정되어 세금을 절약할 수 있다는 것이다.

예를 들어, 기업이 \$100,000을 연 10%의 이자율로 차입하였고, 법인세율은 35%이다. 이 경우 연말의 이자 지급에 대한 순비용은 다음과 같이 계산된다.

		연말
이자비용	r_D × \$100,000 =	\$10,000
세금 절감	− 법인세율 × r_D × \$100,000 =	−\$3,500
세후 실효 이자비용	r_D × × (1 − 법인세율) × \$100,000 =	\$6,500

일반적인 실수 채무 자본비용으로 이표율을 사용하는 것

기업의 전체 자본비용을 추정할 때 흔히 하는 실수는 채무 자본비용으로 현존하는 채무의 이표율을 사용하는 것이다. 기업의 자본 비용은 현재의 조건을 기반으로 미래를 예측하는 것이다. 하지만 현존하는 채무의 이표 이자율은 아주 다른 조건에서 결정된 과거의 것이다. 기업 채무 자본비용의 더 좋은 추정치는 현존하는 채무의 만기수익률을 사용하는 것인데, 이는 대출자가 수요로 하는 약속된 수익률이다. 이 책에서 언급하였듯이, 투자자의 실제 기대 수익률의 추정치를 얻기 위해, 약속된 만기수익률에 기대 손실을 조정해 주는 것이 더 좋을 것이다.

케이비 홈즈(KB Homes)를 예로 생각해 보자. 케이비는 2004년에 채권을 발행하였는데 2014년에 만기가 도래하며, 이 채권은 5.75%의 이표율을 가진다. 미국의 부동산 시장 붕괴와 더불어 케이비 홈즈의 성과는 좋지 않았고, 채무를 모두 감당하지 못할 수 있는 위험이 증가하였다. 2010년 중반까지 5.75%의 이표채는 BB(투자 적격 미만) 등급의 신용을 가졌고, 8.6%의 만기수익률로 거래가 되었다. 파산 확률과 파산시 기대 손실을 고려하여 BB 등급의 채권은 평균적으로 1.3%의 기대 손실을 가진다. 따라서 진정한 기대수익률은 7.3%에 가까웠다. (8.6%의 만기수익률에서 1.3%의 기대 손실을 차감함.)

2010년 케이비 채무 자본비용 추정치로 어떤 것이 좋은가? 5.75%의 이표율인가, 아니면 8.6%의 만기이자율에 근거한 것이 좋은가? 케이비가 5.75%를 채무 자본비용으로 사용하는 것은 실수다. 지금과는 다른 환경에서 정해진 5.75%는 2010년에 케이비 채무 보유자들의 요구 수익률로는 부적절하기 때문에, WACC 계산에 사용해서도 안 된다. 파산의 위험 때문에, 만기수익률에 근거한 7.3%가 케이비의 채무 자본비용으로 더 좋은 추정치가 된다.

---

2) 제6장은 웹 사이트 http://www.finra.org/marketdata를 이용하여 온라인으로 회사채 현재 가격과 만기수익률을 찾는 방법을 보여주었다.

예제 13.2
실효 채무비용

문제 *Problem*

GE 채무의 만기수익률을 사용하여 세전 채무비용이 1.98%임을 알았다. 만약 GE의 법인세율이 35%라면, 실효 채무비용은 얼마인가?

풀이 *Solution*

- **계획**

GE 실효 채무비용을 계산하기 위하여 식 13.3을 사용할 수 있다.

$r_D = 0.0198$ (세전 채무 비용)
$T_C = 0.35$(법인세율)

- **실행**

GE의 실효 채무비용은 0.0198(1 − 0.35) = 0.01287 = 1.287%이다.

- **평가**

새로 $1,000을 차입할 때마다, GE는 채권 보유자들에게 매년 0.0198($1,000) = $19.80을 이자로 지불하여야 한다. GE는 수입에서 이자비용 $19.80을 차감하므로 이자비용 $1당 법인세에서 ¢35를 절약하기 때문에, 세금 절약 효과는 정부에 지불하는 법인세의 0.35($19.80) = $6.93을 감소시킨다. 따라서, GE의 $1,000 채무의 순비용은 $19.80에서 세금 절감 효과 $6.93을 차감하여 $1,000당 $12.87 또는 1.287%가 된다.

실효 채무비용: 이자의 세금 절약 효과를 고려한 채무의 이자비용

실효 채무비용(**effective cost of the debt**, 채무의 세후 순이자비용)은 이자율 10%가 아닌 차입금의 6.50%(=$6,500/$100,000)에 불과하다. 따라서, 이자의 손비 공제는 채무로 기업의 자본비용을 낮추어 준다. 좀 더 일반적으로 말하면, 손비 공제용 이자가 있고 법인세율 이 T_c인 경우, 세후 실효 차입 이자율은 다음과 같다.

$$r_D(1 - T_C) \tag{13.3}$$

우리는 채무의 비용을 추정하기 위하여 회사채 예를 사용하였다. 하지만 많은 소규모 기업들이 채권시장에서 채권을 발행할 수 없기 때문에 대신 은행 차입을 이용한다. 이런 경우에도 앞에서 언급하였던 채무의 비용에 관한 내용은 새로운 차입에 대해 은행이 이자율을 결정할 때도 자주 사용된다.

우선주 자본비용

회사는 우선주를 발행하여 자본을 조달할 수도 있다. 우선주 보유자들은 대개 보통주 배당에 우선하여 지급되는 고정액 배당을 받는다.

만약 우선주 배당이 고정액으로 알려져 있으면, 제7장의 식 7.7을 이용하여 우선주 자본비용을 추정할 수 있다. 아래의 식 7.7에서 성장율 g가 0이 되면 된다.

$$r_E = \frac{Div_1}{P_0} + g$$

따라서, 우선주 자본비용은 다음과 같이 계산된다.

$$\text{우선주 자본비용} = \frac{\text{우선주 배당}}{\text{우선주 가격}} = \frac{Div_{pfd}}{P_{pfd}} \tag{13.4}$$

예를 들어, GE의 시리즈 D 우선주 가격이 $85.83이고, 연 배당이 $3.50이라고 하자. 이 경우 우선주 자본비용은 4.08%(= 3.50 ÷ 85.83)가 된다.[3]

보통주 자본비용

제12장에서 공부하였듯이 기업은 보통주 자본비용을 직접 관찰할 수 없고 추정하여야 한다. 이제 보통주 자본비용을 추정하는 두 가지 방법을 제시하여 비교해 보고자 한다.

자본자산가격결정 모형 가장 일반적인 추정 방법은 제12장에서 제시된 CAPM을 이용하는 것이다. 이 방법을 정리하면 다음과 같다.

1. 60개의 월별 기업 수익률을 S&P 500과 같은 시장 수익률 대용치 60개월 수익률에 회귀분석하여 주식의 베타를 추정한다.
2. 무위험 이자율을 결정하는데, 일반적으로 미 재무부 단기채나 채권 수익률이 사용된다.
3. 시장 수익률 대용치의 과거 수익률에서 과거 무위험 이자율을 차감하여 시장 위험 프리미엄을 추정한다.
4. CAPM을 적용한다: 주식의 자본비용 = 무위험 이자율 + 주식의 베타 × 시장 위험 프리미엄

예를 들어, GE의 주식 베타가 1.30, 10년 미 재무부 단기채의 수익률이 3%, 시장 위험 프리미엄이 6%라고 하자. 이때, GE의 주식 자본비용은 10.8%(= 3% + 1.30 × 6%)가 된다.

일정배당 성장 모형 다른 방법은 제7장에서 소개된 일정배당 성장 모형(constant dividend growth model, CDGM)으로부터 주식의 자본비용을 추정하는 것이다. 제7장의 식 7.7로부터 다음을 알 수 있다.

$$\text{주식의 자본비용} = \frac{\text{1년 뒤의 배당}}{\text{현재 주가}} + \text{배당성장률} = \frac{Div_1}{P_E} + g \tag{13.5}$$

주식의 자본비용을 추정하기 위하여 현재 주가, 1년 뒤 예상 배당, 그리고 배당성장률이 필요

---

3) GE는 전에 세 종류의 우선주를 발행하였지만, 2016년 초에 이들을 시리즈 D로 교환하였다.

하다. 현재 주가는 온라인으로 쉽게 얻을 수 있다. 1년 뒤의 합리적인 배당 추정치까지 알 수도 있다. 그러나 제7장에서 언급하였듯이 미래의 배당성장률을 추정하는 것은 매우 어렵다. 예를 들어, GE의 최근 연 배당은 $0.58(2011), $0.68(2012), $0.76(2013), $0.88(2014), $0.92(2015) 였다. 아마 2016년의 배당은 $0.92라고 가정하는 것이 합리적이지만, 장기 배당 성장률은 얼마일까? 과거 배당 성장의 크기가 동일하지 않기 때문에 배당성장률을 정하기는 매우 어렵다.

과거 성장률을 돌아보기보다, 한 가지 일반적인 방법은 주식 분석가들의 추정치를 이용하는 것이다. 이들의 추정치는 미래를 내다보는 것이기 때문에 더 효과적일 수 있다. 제7장에서 언급하였듯이, GE가 배당성향을 일정하게 유지한다면 배당의 장기 성장률은 순이익 장기 성장률이 될 것이다. 2016년 초반에 GE의 순이익 장기 성장률 추정치 평균은 12.7%이었다. 따라서, 1년 뒤의 기대 배당은 $0.92이고, 현재 주가는 $30.05이며, 배당의 장기 성장률은 12.7%이므로, CDGM은 식 13.5를 이용하여 GE의 주식 자본비용을 다음과 같이 추정한다.

$$\text{주식의 자본비용} = \frac{Div_1}{P_E} + g = \frac{\$0.92}{\$30.05} + 0.127 = 0.158, \text{ 또는 } 15.8\%$$

GE 주식의 자본비용이 10.8%와 15.8%로 서로 다르기 때문에 놀랄 필요는 없다. 왜냐하면 각각 서로 다른 가정으로부터 추정되었기 때문이다. 식 13.5의 미래 배당성장률 추정치조차도 미래의 배당이 일정한 비율로 성장할 것이라는 가정을 하고 있다. 이러한 가정은 대부분 기업의 경우 비현실적이다. GE의 예를 다시 보면, 배당이 5년간 안정적 성장을 했지만 2009년에는 금융위기로 인해 상당한 배당 축소를 할 수밖에 없었다. 또한 많은 신설 성장 기업들은 배당을 지급하지 않고, 가까운 미래에 배당을 지급할 계획도 가지고 있지 않다.

주식의 자본비용을 추정하기 위해서는 미래 현금흐름에 기업의 주가를 연계시키는 어떤 모형도 사용할 수 있다. CDGM은 가능한 모형 중의 하나에 불과하다. 예를 들어, 기업의 주식 자본비용을 알기 위하여 제10장의 가용현금흐름 할인 모형을 사용할 수도 있다.

CAPM과 CDGM의 비교 CDGM의 적용이 실무적으로 어렵기 때문에, CAPM이 주식의 자본비용을 추정하기 위하여 가장 널리 이용되는 방법이다. 표 13.1은 두 방법을 비교하고 있다.

표 13.1
주식의 자본비용 추정하기

	CAPM	일정배당 성장 모형
입력	주식의 베타	현재의 주가
	무위험 이자율	내년의 기대 배당
	시장 위험 프리미엄	미래 배당 성장률
주요 가정	추정된 베타는 옳다.	배당 추정치는 옳다.
	시장 위험 프리미엄은 정확하다.	성장률은 시장 기대와 같다.
	CAPM은 올바른 모형이다.	미래 배당 성장률은 상수다.

예제 13.3
주식의 자본비용 추정하기

문제 *Problem*

존슨 앤 존슨(Johnson & Johnson, 표식: JNJ)의 주식 베타는 0.55이다. 10년 국채의 만기수익률은 3%이고, 시장 위험 프리미엄을 6%로 추정하였다. 존슨 앤 존슨은 1년에 $2.81의 배당도 지급한다. 현재의 주가는 $92.00이고, 배당성장률은 연 4%로 기대된다. 존슨 앤 존슨 주식의 자본비용을 두 가지 방법으로 추정하시오.

풀이 *Solution*

● **계획**

두 가지 방법은 CAPM과 CDGM이다.

1. CAPM은 무위험 이자율, 주식의 베타, 시장 위험 프리미엄을 필요로 한다. 여기서는 무위험 이자율로 10년 국채 만기수익률을 이용할 수 있다.
2. CDGM은 현재 주가, 내년 기대 배당, 미래 배당의 고정 성장률 추정치를 필요로 한다.

무위험 이자율: 3%　　현재 주가: $92.00
주식의 베타: 0.55　　기대 배당: $2.81
시장 위험 프리미엄: 6%　　미래 배당성장률 추정치: 4%

CAPM으로 주식의 자본비용을 추정하기 위해 제12장에서 공부한 CAPM을, CDGM 방법으로 추정하기 위해 식 13.5를 사용할 수 있다.

● **실행**

1. CAPM에 의해 주식의 자본비용을 계산할 수 있다.

주식의 자본비용 = 무위험 이자율 + 주식의 베타 × 시장 위험 프리미엄

따라서 존슨 앤 존슨 주식의 자본비용은 3% + 0.55 × 6% = 6.3%이다.

2. CDGM에 의해서도 주식의 자본비용을 계산할 수 있다.

$$\text{주식의 자본비용} = \frac{\text{배당(1년 후)}}{\text{현재 주가}} + \text{배당성장률} = \frac{\$2.81}{\$92.00} + 4\% = 7.1\%$$

● **평가**

CAPM에 의하면 주식의 자본비용은 6.3%이고, CDGM에 의하면 7.1%이다. 각 방법을 사용할 때 서로 다른 가정 때문에, 두 방법이 동일한 답을 주지는 않는다. 사실, 거의 그렇게 되기는 어렵다. 두 방법이 서로 다른 답을 줄 경우에는, 각 방법의 가정을 생각해 보고 어떤 가정이 더 현실적인가를 결정해야 한다. 두 답을 같게 하기 위해서 미래의 배당 성장률에 대한 가정을 바꿀 수도 있다. CAPM으로부터 추정한 주식의 자기자본 비용과 CDGM의 식을 이용하면, 다음과 같이 두 방법의 답을 같게 하는 성장률을 얻을 수 있다.

$$\text{배당 성장률} = \text{주식의 자본비용} - \frac{\text{배당(1년 후)}}{\text{현재 주가}} = 6.3\% - 3.1\% = 3.2\%$$

따라서 존슨 앤 존슨의 배당이 1년에 3.2%씩 성장한다고 믿으면, 두 방법은 주식의 자본비용에 대해서 같은 답을 제공할 것이다.

개념확인

3. 기업의 채무 자본비용을 어떻게 측정할 수 있는가?
4. 주식의 자본비용을 추정하기 위해 사용하는 CAPM과 CDGM의 장단점은 무엇인가?

13.3 가중평균 자본비용 다시 보기

이제 GE의 각 자본 원천별 자본비용을 추정하였으므로 기업 전체의 WACC를 계산할 준비가 되었다. 비중은 주식, 우선주, 채무에 의해 조달된 기업 가치의 백분율이다. 이를 각각 $E\%$, $P\%$, $D\%$라고 하면, 이들의 합은 100%가 되어야 한다.

WACC 등식

주식, 우선주, 채무의 자본비용을 각각 r_E, r_{pfd}, r_D라 하고, 법인세율을 T_c라 하면, WACC는 다음과 같이 계산된다.

가중평균 자본비용

$$r_{wacc} = r_E E\% + r_{pfd} P\% + r_D(1 - T_C) D\% \quad (13.6)$$

우선주를 발행하지 않은 기업의 WACC는 다음과 같이 우선주 부분이 없어진다.

$$r_{wacc} = r_E E\% + r_D(1 - T_C) D\% \quad (13.7)$$

예를 들어, 2016년에 GE의 보통주, 우선주, 채무가 각각 \$276,880백만, \$6,000백만, \$198,270백만이었다고 하자. 이것들의 총가치는 \$481,150백만(= \$276,880백만 + \$6,000백만 + \$198,270백만)이다. 주식, 우선주, 채무의 자본비용이 주어졌을 때, 2016년 하반기 GE의 WACC는 다음과 같다.

$$r_{wacc} = r_E E\% + r_{pfd} P\% + r_D(1 - T_C) D\%$$

$$r_{wacc} = 10.8\%\left(\frac{276,880}{481,150}\right) + 4.08\%\left(\frac{6,000}{481,150}\right) + 1.98\%\ (1 - 0.35)\left(\frac{198,270}{481,150}\right)$$

$$r_{wacc} = 6.8\%$$

가중평균 자본비용 실무

WACC는 이자의 세금 효과와 같은 레버리지 효과와 기업의 사업 유형별 위험에 의해 영향을 받는다. 결과적으로 WACC는 산업마다 기업마다 아주 다르게 나타난다. 자본비용이 매우 다르게 나타날 수 있다는 것을 보여주기 위하여, 그림 13.3은 실제 기업들의 WACC를 나타내고 있다. 어떤 사업의 영역은 다른 사업보다 명백히 더 위험하다. 예를 들어, 허쉬의 영업과 같은 초콜릿 판매는 위험이 매우 작은 사업이지만, 온라인 소매업(아마존)이나 반도체 기업(AMD)은 매우 위험하다.

실무적 방법들

재무관리자들이 WACC를 실무적으로 추정할 때 부딪히는 몇 가지 문제점들에 대해 생각해 보자.

예제 13.4
WACC 계산하기

문제 *Problem*

타겟 주식의 기대수익률이 11.5%이고, 발행 채무에 대한 만기수익률은 6%라고 가정하자. 타겟의 기업 가치에서 채무는 18%, 주식은 82%를 차지한다. 만약 법인세율이 35%라면, WACC의 추정치는 얼마인가?

풀이 *Solution*

● **계획**

식 13.7을 이용해서 WACC를 계산할 수 있다. 계산을 위해서 주식과 채무의 자본비용과 타겟의 자본구조 및 법인세율도 알아야 한다. 이제 모든 정보가 주어졌으므로 다음과 같이 계산할 수 있다.

● **실행**

$$r_{WACC} = r_E E\% + r_D\ (1 - T_C)\ D\% = (0.115)\ (0.82) + (0.06)\ (1 - 0.35)\ (0.18)$$
$$= 0.101 \text{ 또는 } 10.1\%$$

● **평가**

타겟 투자의 기대수익률을 직접 관찰할 수는 없지만, 주식과 채무의 기대수익률과 채무의 세금 절감 효과를 이용하여 WACC를 추정할 수 있다. 타겟은 채무와 주식 보유자들을 만족시키기 위하여 새로운 투자에 적어도 10.1%의 수익률을 필요로 한다.

그림 13.3 실제 기업들의 WACC

실제 기업 주식의 비용을 주식의 베타, 무위험 이자율 3%, 시장 위험 프리미엄 6%를 이용하여 계산한다. 채무의 비용은 채무에 대한 시장의 만기수익률을 이용한다. 주식과 채무의 비중은 당해 기업의 시장가치와 재무상태표에 의해 결정된다. 35%의 법인세율과 식 13.7을 이용하여 계산한 WACC가 막대 그래프에 나타나 있다. "N/A"는 당해 기업의 채무가 없어서 채무 비용의 적용이 불가능하다는 것을 의미한다.

	베타	주식의 비용	채무의 비용	% 주식	% 채무	WACC
허쉬 기업	0.37	5.2%	1.5%	89.1%	10.9%	4.8%
타겟	0.54	6.2%	2.5%	75.9%	24.1%	5.1%
나이키	0.51	6.1%	3.2%	98.6%	1.4%	6.0%
노드스트롬	0.9	8.4%	3.4%	70.8%	29.2%	6.6%
존슨 앤 존슨	0.79	7.7%	2.1%	94.1%	5.9%	7.4%
가르만	0.73	7.4%	N/A	100.0%	0.0%	7.4%
스타벅스	0.77	7.6%	2.0%	97.1%	2.9%	7.4%
엑슨 모바일	0.9	8.4%	2.1%	89.3%	10.7%	7.6%
애플	0.98	8.9%	2.3%	89.3%	10.7%	8.1%
마이크로소프트	1.05	9.3%	2.4%	91.0%	9.0%	8.6%
보잉	1.27	10.6%	2.8%	89.0%	11.0%	9.7%
와이어하우저	1.41	11.5%	3.6%	82.7%	17.3%	9.9%
아마존	1.64	12.8%	2.5%	97.7%	2.3%	12.6%
AMD	2.32	16.9%	10.9%	59.8%	40.2%	13.0%

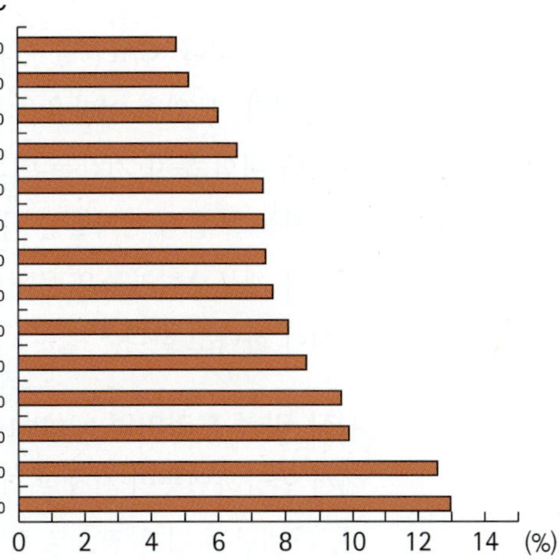

출처: 2016년 공개 정보를 이용한 저자들의 계산

순채무: 전체 발행 채무에서 현금 등가물을 차감한 금액

순채무 WACC 추정을 위해 각 자본 원천의 비중을 계산할 때, 채무에 약간의 조정을 하는 것이 점차 일반적인 실무가 되고 있다. 많은 실무자들은 다음과 같이 발행 총채무에서 현금 잔액을 차감한 **순채무(net debt)**를 많이 사용한다.

$$\text{순채무} = \text{채무} - \text{현금과 무위험 증권} \qquad (13.8)$$

왜 채무에서 기업의 현금 부분을 차감해야 하는가? 기업 재무상태표의 자산은 현금과 무위험 증권의 보유를 포함한다. 만약 기업이 $1의 현금과 $1의 무위험 채무를 보유하고 있다면, 현금에 대한 이자 수입은 채무에 대한 이자 지급과 같을 것이다. 각 원천으로부터의 현금흐름은 서로 상쇄되어 없어져서, 기업이 현금도 채무도 없는 것과 같게 될 것이다. 사실 현금은 음(-)의 채무로 볼 수 있다. 재무상태표에서 초과 현금이 상당하다는 것은, 기업이 실제로 영업에서 사용하고 있는 자산의 위험 및 자본비용 평가를 복잡하게 만든다. 기업의 영업 자산을 현금 부분과 별개로 평가할 때, 실무자들은 순채무로 기업의 레버리지를 측정하고, 사업가치를 이용하여 기업 영업 자산의 시장가치를 측정한다. 사업가치는 제2장에서 자기자본과 순채무의 시장가치로 정의하였다.

이런 접근법을 사용하면 WACC에서의 비중은 다음과 같이 될 것이다.

$$\left(\frac{\text{주식의 시장가치}}{\text{사업가치}}\right), \left(\frac{\text{순채무}}{\text{사업가치}}\right)$$

상당한 초과 현금 준비금을 가지고 있는 기업들에 대해서는 이러한 조정이 중요할 수 있다. 현금 수준이 상대적으로 적은 경우에는 이러한 조정이 전체적인 WACC의 추정에 큰 영향을 주지 못할 것이다.

무위험 이자율 CAPM을 이용하여 주식의 자본비용을 추정하기 위해서는 무위험 이자율을 필요로 한다. 무위험 이자율은 일반적으로 파산 위험이 없는 미국 국채 수익률을 사용한다. 그렇다면 무위험 투자 기간은 어느 정도로 정해야 하는가? CAPM은 기업 투자자들의 투자 기간에 상응하는 무위험 이자율을 사용하여야 한다고 말한다. 설문조사에 의하면, 대부분의 대규모 기업들과 재무분석가들은 무위험 이자율을 구하기 위하여 장기채(10년에서 30년) 수익률을 사용하여야 한다고 한다.[4]

시장 위험 프리미엄 CAPM을 사용하는 것은 시장 위험 프리미엄의 추정도 요구한다. 제11장에서 언급하였듯이 시장 위험 프리미엄을 추정하는 한 가지 방법은 과거 자료를 이용하는 것이다. 하지만 우리가 필요로 하는 것은 미래의 시장 위험 프리미엄이기 때문에 과거의 자료를 사

4) Robert Bruner, et al., "Best Practices in Estimating the Cost of Capital: Survey and Synthesis," Financial Practice and Education 8 (1998):13-28.

용하는 것에 약간의 문제가 있을 수 있다. 제11장에서 지적된 바와 같이 정확한 기대 수익률 추정치를 얻기 위해서는 몇 년간의 자료가 필요한데, 그런 자료들은 이미 너무 오래된 것들이어서 투자자들의 시장 위험 프리미엄 기대치와는 큰 관계가 없을 수 있다는 것이다.

표 13.2는 1년 및 10년 미국 국채 수익률 대비 S&P 500의 초과 수익률을 보여주고 있다. 1926년부터 S&P 500은 1년 만기 미국 국채 수익률 대비 7.7%의 초과 수익률 평균을 가졌다. 하지만, 시장 위험 프리미엄이 시간이 지나면서 감소하였다는 몇몇 증거도 있다. 1965년 이후에는 초과 수익률 평균이 5.0%로 줄어들었다. 이런 경향은 10년 만기 국채 대비 S&P 500 초과 수익률에도 나타나서, S&P 500의 평균 초과 수익률은 3.9%에 불과하였다. 1년 만기 국채 대비 초과 수익률이 10년 만기에 비해서 더 큰 것은 10년 만기 국채의 수익률이 더 크기 때문이다.

이러한 시장 위험 프리미엄의 감소를 어떻게 설명할 수 있나? 한 가지 설명은 투자자 포트폴리오의 위험 감소와 관계가 있다. 시간이 흐름에 따라 더 많은 투자자들이 주식시장에 참여하기 시작하였고 분산 포트폴리오를 구성하는 비용이 감소하여서 투자자들의 포트폴리오 위험이 감소하였기 때문이다. 또한 시장의 전체적인 변동성도 시간이 흐름에 따라 감소하였다. 어떤 연구자들은 미래의 시장 기대수익률은 이러한 시장의 과거 수익률보다 더 작아져서, 미 재무부 단기채 대비 3~5%가 될 것이라고 믿는다.[5] 결과적으로, 많은 재무관리자들이 현재 7%보다는 5%에 가까운 시장 위험 프리미엄을 사용하고 있다.

표 13.2
미국의 1년 및 10년 국채 대비 S&P 500의 과거 초과 수익률

항목별 자산 대비 S&P 500 초과 수익률	기간	
	1926~2015년	1965~2015년
1년 국채	7.7%	5.0%
10년 국채 *	5.9%	3.9%

* 위의 자료는 10년 보유 기간에 대한 복리 수익률 비교에 근거함

개념확인

5. 기업마다 WACC가 다른 이유는 무엇인가?
6. 시장 위험 프리미엄을 추정할 때 장단점은 무엇인가?

13.4 프로젝트의 가치평가를 위한 WACC 사용

프로젝트의 자본비용은 프로젝트의 위험에 달려있다. 프로젝트의 시장 위험이 기업 투자들의 평균 시장 위험과 비슷하면, 프로젝트의 자본비용은 기업 전체 발행 증권 포트폴리오의 자본비용과 같아야 한다. 다시 말하면, 프로젝트의 자본비용은 기업의 WACC와 같다. 식 13.6에서 본

5) I. Welch, "Views of Financial Economists on the Equity Premium and Other Issues," Journal of Business 73 (2000): 501-537 (with 2009 update), and J. Graham and C. Harvey, "The Equity Risk Premium in 2008: Evidence from the Global CFO Outlook Survey," SSRN 2008. "The Equity Risk Premium in 2008: Evidence from the Global CFO Outlook Survey," SSRN 2008, and Ivo Welch and Amit Goyal, "A Comprehensive Look at The Empirical Performance of Equity Premium Prediction," Review of Financial Studies 21 (2008): 1455–1508.

바와 같이 WACC는 기업의 세후 채무 자본비용을 이용하여 이자 손비 공제 혜택을 반영한다.

WACC가 채무로부터의 세금 절감을 반영하기 때문에, 기업의 레버리지 정책에 의한 이자 손비 공제 혜택을 고려하여 투자의 가치를 계산할 수 있는데, 이를 투자의 **차입 가치**라고 한다. 이를 위하여 기업의 미래 가용현금흐름의 증분을 WACC를 사용하여 할인하 는데, 이러한 과정을 **WACC 방법**이라고 한다. 특별히, FCF_t를 투자에 의한 t 연도 말의 증분 가용현금흐름 기대치라고 하면, 가치평가 원칙에 의해 투자의 차입 가치인 V_0^L은 다음과 같이 계산된다.

차입 가치: 기업의 레버리지 정책이 정해졌을 때, 이자의 세금 절감효과를 포함하는 투자의 가치

WACC 방법: 프로젝트의 차입 가치를 산출하는 방법으로, 기업의 미래 증분 가용현금흐름을 WACC로 할인하는 것

$$V_0^L = FCF_0 + \frac{FCF_1}{1 + r_{wacc}} + \frac{FCF_2}{(1 + r_{wacc})^2} + \frac{FCF_3}{(1 + r_{wacc})^3} + \cdots \quad (13.9)$$

WACC 방법의 직관적 의미는 기업의 WACC가 세후 기준으로 기업이 투자자들(채무 및 주식 보유자)에게 지불하여야 하는 평균 수익률을 의미하다. 따라서, 기업의 다른 프로젝트들과 같은 평균 위험을 가진 프로젝트가 양(+)의 NPV를 가지기 위해서는 적어도 기업의 WACC 정도의 기대수익률을 주어야 한다.

예제 13.5
WACC 방법

문제 *Problem*

안호이저-부시 인베브(Anheuser-Busch InBev)는 버드제로(BudZero)라고 불리는 새로운 제로 칼로리 맥주의 도입을 고려하고 있다. 이 기업은 맥주의 맛과 칼로리에 민감한 음주자들의 선호도가 성공을 좌우할 것으로 믿는다. 이 맥주를 시장에 출시하는 비용은 $200백만이지만, 첫해에 버드제로의 증분 가용현금흐름은 $100백만이고 그 이후로 매년 3%의 성장을 할 것으로 기대한다. 안호이저-부시 인베브의 WACC가 5.7%라면, 이 프로젝트를 진행해야 하는가?

풀이 *Solution*

● **계획**

버드제로의 가치를 평가하기 위해 식 13.9의 WACC 방법을 사용하여 미래 증분 가용현금흐름의 현재가치 를 계산하고, 여기서 $200백만의 초기 비용을 차감한다. 이때, 안호이저-부시 인베브의 WACC 5.7%를 사용 해야 한다.

● **실행**

버드제로의 현금흐름은 성장영구연금(growing perpetuity)과 같다. 성장영구연금에 WACC를 적용하면 다음과 같다.

$$V_0^L = FCF_0 + \frac{FCF_1}{r_{wacc} - g} = -\$200\text{백만} + \frac{\$100\text{백만}}{0.057 - 0.03} = \$3{,}503.7\text{백만}(\$3.5\text{십억})$$

● **평가**

버드제로 프로젝트는 초기 투자 비용 $200백만에 대해 5.7%의 안호이저-부시 인베브 WACC보다 훨씬 큰 수

익률을 제공하기 때문에 양(+)의 NPV 프로젝트다. 제3장에서 언급한 바와 같이, 양(+)의 NPV 프로젝트를 수행하면 기업의 가치를 증가시킨다. 즉 기업 투자자의 요구수익률을 초과하는 프로젝트의 수행이 새로운 가 치 창출에 기여한다는 것을 알 수 있다.

주요 가정들

자본예산을 편성함에 있어서 WACC를 할인율로 사용하는 것은 일반적인 실무 관행이지만, 그에 대한 가정들을 이해하는 것이 중요하다. 여기서는 결정적인 가정들을 검토하고 응용의 관점에서 이 가정들에 대하여 더 살펴보고자 한다.

가정 1: 평균 위험 프로젝트의 시장 위험이 기업 투자의 평균 시장 위험과 같다고 가정한다. 이 경우에는 기업 위험에 근거하여 프로젝트의 자본비용을 평가한다.

가정 2: 일정한 채무비율 기업은 시장가치 **부채비율(debt-equity ratio,** 채무/자기자본 비율로 알려짐)을 일정하게 유지하기 위하여 끊임없이 레비리지를 조정한다고 가정한다. 이 정책에 의하면 새로운 프로젝트를 수행하기로 하였을 때, 채무의 양을 정해야 한다. 이 가정은 레버리지 조정으로 인하여 기업 주식과 채무의 위험과 WACC가 움직이지 않을 것임을 의미한다.

부채비율: 채무의 시장가치를 주식의 시장가치로 나눈 비율

가정 3: 제한된 레버리지 효과 레버리지가 가치평가에 미치는 주요 영향은 이자 손비 공제로부터 발생한다고 가정한다. 발생 가능한 재무적 어려움 같은 다른 요인들은 선택된 채무의 수준에 큰 영향이 없다고 가정하는 것이다. 다른 요인들에 대해서는 제16장에서 언급하기로 한다.

실무상 가정 많은 프로젝트와 기업들의 경우 이러한 가정들은 합리적이라고 할 수 있다. 첫 번째 가정은 기업의 전형적인 투자 프로젝트가 한 산업에 집중된 경우에 더 잘 맞는다. 그런 경우에 프로젝트와 기업의 시장 위험은 주로 당해 산업의 전체 경제에 대한 민감도에 따라 결정된다. 두 번째 가정은 정확히 성립한다고 하기는 어렵지만, 기업들이 성장함에 따라 그들의 채무 수준을 높여가는 경향이 있다는 사실을 반영한다. 어떤 기업들은 확실한 부채비율 목표치를 가질 수도 있다.[6] 기업의 채무 수준이 매우 높은 경우가 아니라면, 이자 손비 공제가 자본예산의 사결정에 영향을 미치는 가장 중요한 요인이 될 수 있다. (기업의 채무 수준이 매우 높으면 파산 위험에 따른 비용이 너무 커져서 이자 손비 공제 혜택의 의미가 없어진다.) 따라서, 세 번째 가정은 매우 합리적인 분석의 출발점이 된다.

물론, 이 세 가지 가정들이 많은 상황에서 합리적일 수 있지만, 이것들이 적용될 수 없는 프로젝트와 기업들이 분명히 있을 수 있다. 다음 절에서는 이 세 가지 가정하에 WACC 방법을 적용

6) 제16장에서 채무와 주식의 상호 관계 및 목표 부채비율에 대해서 언급할 것이다.

할 것이다. 그다음에는 프로젝트가 평균 위험을 가진다는 첫 번째 가정을 완화할 것이다. (다음 장들에서는 나머지 두 개의 가정들도 완화할 것이다.)

WACC 방법 응용: 듀퐁 설비의 수명 연장

WACC 방법을 프로젝트의 가치를 평가하는 데 응용해 보자. GE가 설비자산 중 하나의 수명을 4년 더 연장하려는 투자 계획을 고려하고 있다고 하자. 이 프로젝트는 선불 비용 $6.67백만과 장비 투자 $24백만을 요구한다. 장비는 4년 뒤에 쓸모가 없게 되기 때문에 4년 동안 정액 감가상각법에 의해 감가상각될 것이다. 하지만 GE는 이 설비로부터 앞으로 4년간 매년 $60백만의 매출을 기대하고 있다. 재료비와 영업비용은 매년 각각 $25백만과 $9백만이 될 것으로 예상한다. 마지막으로 GE는 이 프로젝트에 순운전자본이 더 요구되지는 않을 것으로 기대하며, 법인세율은 35%다.

이러한 정보에 의해 표 13.3의 스프레드시트는 이 프로젝트의 기대 가용현금흐름을 예측하고 있다. 설비의 수명 연장 프로젝트의 시장 위험은 GE 전체의 영업 위험과 같다고 가정하자. 결과적으로 우리는 이 프로젝트의 NPV를 계산하기 위하여 GE의 WACC를 사용할 수 있다.

WACC 방법과 13.3절에서 계산한 GE의 WACC 6.8%로 미래 가용현금흐름의 현재가치를 계산하여, 이자 손비 공제 혜택의 현재가치를 포함한 프로젝트의 가치를 결정할 수 있다.

$$V_0^L = \frac{19}{1.068} + \frac{19}{1.068^2} + \frac{19}{1.068^3} + \frac{19}{1.068^4} = \$64.65\text{백만}$$

표 13.3
GE 설비 프로젝트의 기대 가용현금흐름

1	연도	0	1	2	3	4
2	**예측 증분 순이익($백만)**					
3	매출액	—	60.00	60.00	60.00	60.00
4	매출원가	—	−25.00	−25.00	−25.00	−25.00
5	**총이익**	—	35.00	35.00	35.00	35.00
6	영업비용	−6.67	−9.00	−9.00	−9.00	−9.00
7	감가상각	—	−6.00	−6.00	−6.00	−6.00
8	**EBIT**	−6.67	20.00	20.00	20.00	20.00
9	35%의 법인세	2.33	−7.00	−7.00	−7.00	−7.00
10	**무차입 순이익**	−4.34	13.00	13.00	13.00	13.00
11	**증분 가용현금흐름($백만)**					
12	더함: 감가상각	—	6.00	6.00	6.00	6.00
13	차감: 자본지출	−24.00	—	—	—	—
14	차감: 순운전자본(NWC) 증가	—	—	—	—	—
15	**가용현금흐름 증분**	−28.34	19.00	19.00	19.00	19.00

설비 수명 연장의 세후 선불 비용이 $28.34백만이므로, 이 프로젝트는 훌륭한 아이디어라고 할 수 있다. 이 프로젝트를 수행하면 기업은 $36.31백만(= $64.65백만 - $28.34백만)의 NPV를 얻게 된다.

WACC 방법의 요약

WACC 가치평가 방법의 주요 단계를 요약하면 다음과 같다.

1. 투자의 증분 가용현금흐름을 결정한다.
2. 식 13.6을 사용하여 WACC(가중평균 자본비용)를 계산한다.
3. WACC로 투자의 증분 가용현금흐름을 할인하여 레버리지의 세금 효과를 포함한 투자의 가치를 계산한다.

많은 기업들에서 기업 회계 담당자가 WACC를 계산하는 2번째 단계를 수행한다. 이 WACC는 기업의 다른 부문과 동등한 위험을 가지면서 기업의 채무비율을 변경시키지 않는 새로운 투자를 위한 전사적인 자본비용으로 사용될 수 있다. 이렇게 WACC 방법을 사용하는 것은 아주 간단하고 직접적이기 때문에, 이 방법은 자본예산 수립의 목적상 실무에서 가장 일반적으로 사 용된다.

개념확인

7. WACC 방법을 사용할 때 주요 가정들은 무엇인가?
8. WACC 방법을 적용하기 위하여 준비가 필요한 투입 요소는 무엇인가?

13.5 프로젝트 기반 자본비용

지금까지는 고려 중인 프로젝트의 위험과 레버리지가 기업 전체의 특성과 일치한다고 가정하였다. 이러한 가정으로부터 프로젝트의 자본비용이 기업의 자본비용과 일치한다고 가정할 수 있었다.

실제로는 특정한 프로젝트들이 기업의 평균적 투자와 다른 경우가 있을 수 있다. 완전히 다른 여러 가지 영업 부문을 가지고 있는 GE를 생각해 보자. GE의 건강관리 부문 프로젝트들은 GE의 항공 운송 부문이나 가전제품 부문의 프로젝트와는 상이한 시장 위험을 가질 수 있다. 프로젝트들은 그들이 고수하는 레버리지의 규모에 있어서도 변할 수 있다. 예를 들어, 지적 재산 투자는 레버리지가 낮지만, 부동산이나 자본적 장비의 인수는 대개 레버리지가 높다. 제16장에서 레버리지 의사결정을 검토할 때, 레버리지의 자본비용에 대한 효과를 공부할 것이다. 이번 절에서는 프로젝트의 위험이 기업 전체의 위험과 다를 때, 프로젝트 현금흐름의 자본비용 계산법을 보여줄 것이다.

새로운 인수에 대한 자본비용

여기서는 위험이 본 사업과 다른 기업 부문과, 다른 시장 위험을 가지는 프로젝트의 자본비용 계산법에 대하여 설명하고자 한다. GE가 삼림 제품 영업에 들어간다고 하자. 그러기 위해서, GE는 목재, 종이, 기타 삼림 제품에 집중하고 있는 기업인 나이키를 인수할 예정이다. 나이키는 GE가 화학 사업에서 당면하고 있는 위험과는 다른 시장 위험을 가지고 있다. 나이키의 인수가치를 평가하기 위하여 GE가 사용해야 하는 자본비용은 얼마인가?

위험이 서로 다르기 때문에, GE의 WACC는 나이키의 가치평가를 위해서는 부적절하다. 대신 GE는 인수 가치를 평가하기 위하여 나이키의 WACC를 계산하여 사용해야 한다. 그림 13.3에서 나이키의 다음 정보들을 알 수 있는데, WACC는 35%의 법인세율을 가정한 것이다.

	베타	주식 자본비용	채무의 자본비용	% 주식	% 채무	WACC
나이키	0.51	6.1%	3.2%	99%	1%	6.0%

나이키를 매입한 이후에도 현재의 채무와 주식 비중을 가지고 나이키의 자본을 조달하는 것이 적절하다면,[7] 나이키의 WACC를 인수 자본비용으로 사용할 수 있다. 따라서, GE는 나이키의 인수를 위한 가치평가에 6.0%의 자본비용을 사용하여야 한다.

부문별 자본비용

GE가 다른 의사결정을 한다고 가정하자. GE는 나이키를 인수하는 것보다 내부적으로 삼림 제품 부문을 만들고자 한다. 새로운 부문에 대한 자본비용은 얼마이어야 할까? 만약 GE가 나이키와 같은 수준의 부채비율로 이 부문의 자본을 조달한다면, GE는 나이키의 자본비용을 새로운 사업 부문의 자본비용으로 사용할 수 있다. 운동화의 위험과 1%의 채무 비중을 가정할 때 나이키의 WACC가 올바른 자본비용이라면, 내부적으로 만들어지는 새로운 사업 부문도 채무 1%를 유지하면서 나이키의 WACC를 사용하는 것이 옳아야 한다.

대부부의 경우에 있어서, 다부문 기업들은 프로젝트의 가치평가를 위해서 전사적인 하나의 WACC를 사용해서는 곤란하다. 그런 기업들은 나이키에 대해서 GE와 비슷하게 분석하여야 한다. 여러 개의 영업 부문을 가지는 기업들은 자기들과 경쟁하는 다른 기업의 해당 영업 부문을 참고로 하고, 그 하나의 영업 부문에 집중하여 WACC를 고려한다. 즉 다부문 기업들은 관심 부문의 자본비용을 추정하기 위하여 그림 13.3과 같은 분석에 의해 해당 부문 경쟁자의 WACC를 추정할 수 있다. 필요하다면 자본조달 방식의 차이에 의한 조정이 필요할 수도 있다.

---

7) 제16장에서 GE가 나이키의 자본조달 방식 변경을 원한다면 무엇을 해야 하는가를 고려할 것이다.

예제 13.6
새로운 사업 라인의 프로젝트

문제 *Problem*

당신은 디지털 비디오 녹화기(DVR)를 판매할 가능성을 평가하는 마이크로소프트를 위해서 일하고 있다. 마이크로소프트의 WACC는 8.6%이다. DVR은 마이크로소프트의 새로운 사업 라인이 될 수 있지만, 이 사업의 체계적 위험이 마이크로소프트의 현재 사업과 다를 것이다. 결과적으로 새로운 사업의 자산들은 다른 자본비용을 가져야 한다. 당신은 DVR 사업의 자본비용을 알아내야 한다. 무위험 이자율이 3%이고 시장 위험 프리미엄이 6%일 때 이 투자에 적합한 자본비용을 추정하시오.

풀이 *Solution*

● **계획**

첫 번째 단계는 마이크로소프트의 목표 사업 라인에서 영업하는 기업을 찾아내는 것이다. 티보(TiVo, Inc.)는 잘 알려진 DVR 판매자다. 이 영역은 티보의 모든 사업 영역이기도 하다. 따라서 티보의 자본비용은 제안된 마이크로소프트 DVR 사업의 자본비용 추정에 좋은 예가 될 것이다. http://finance.yahoo.com을 비롯하여 많은 웹 사이트가 공개적으로 거래되는 주식의 베타를 제공하고 있다. 그중 한 사이트를 방문하면 티보 주식의 베타가 1.45이라는 것을 알 수 있다. 이 베타와 무위험 이자율 및 시장 위험 프리미엄을 가지고, 티보 주식의 자본비용을 추정하기 위하여 CAPM을 사용할 수 있다. 운이 좋게도 티보는 채무가 없기 때문에, 주식의 자본비용이 전체 자산의 자본비용(WACC)과 같다.

● **실행**

CAPM을 이용하여 자본비용을 계산하면 다음과 같다.

$$\text{티보의 자본비용} = \text{무위험 이자율} + \text{티보의 주식 베타} \times \text{시장 위험 프리미엄}$$
$$= 3\% + 1.45 \times 6\% = 11.7\%$$

티보는 채무가 없기 때문에 WACC는 주식의 자본비용과 같다.

● **평가**

DVR 투자 기회를 평가하기 위한 올바른 자본비용은 11.7%이다. 마이크로소프트가 현재 사업의 자본비용인 8.6%를 사용한다면, 실수로 너무 낮은 자본비용을 사용하는 것이다. 그랬다면 음(–)의 NPV를 가지는 사업을 진행하는 실수를 범할 수도 있다.

인터뷰 쉘라그 글레이저(Shelagh Glaser)

쉘라그 글레이저는 인텔의 금융부분 부사장이자 고객 컴퓨팅 그룹의 관리자이다. 그녀의 임무는 손익의 예측, 보고 및 통제를 포함한다.

질문: 인텔이 기업 또는 프로젝트 차원의 할인율을 정합니까?

답변: 대개 기업 차원에서의 할인율을 정합니다. 기업으로서 인텔은 비슷한 시장들에 판매하는 다양한 제품을 생산하기 때문에, 중점 사업에 적절한 하나의 최소 할인율이 의미가 있습니다. 투자가 주주들에게 정당성을 가지기 위해서 모든 사업이 정해진 할인율 이상을 벌어야 합니다.

인수합병의 경우에는 다른 할인율을 사용할 수도 있습니다. 예를 들어, 최근에 소프트웨어 기업인수를 더 많이 했습니다. 그 산업은 반도체와는 매우 다르고 위험 요인들도 달라서, 최소 할인율을 정하기 위해 여러 가지를 고려해야 했습니다.

질문: 인텔은 새로운 투자 기회에 대한 자본비용을 계산하기 위하여 어떻게 하겠습니까?

답변: 우리가 올바른 입력 요소를 사용했는가와 어떤 것이 변했는가를 알기 위하여 매년 다음과 같은 질문을 던지면서 WACC를 점검합니다. 현재의 시장 위험 프리미엄은 얼마인가? 올바른 무위험 이자율을 사용하고 있는가? 과거의 자료를 어떻게 가중하여 사용하는가? 베타를 결정하기 위하여 CAPM을 사용하지만 5년 주별 베타를 계속 사용할지, 아니면 일별 또는 월별 베타로 변경할지를 고려하여야 합니다. 어떤 입력 요소를 사용할지 알기 위하여 최근의 학술 연구들을 살펴보기도 합니다.

WACC를 한 번 추정하면, 우리의 환경에서 최소 할인율에 대해 생각합니다. WACC는 변해 왔지만, 최근에 최소 할인율을 변경하지 않아서 최소 할인율은 WACC보다 높은 수준을 계속 유지하고 있습니다. 이렇게 높은 최소 할인율은 우리 투자의 적시성을 반영하고, 기대 수익률을 극대화하는 프로젝트를 선택하도록 합니다. 인텔은 최소 할인율보다 더 높은 수익률을 주는 많은 프로젝트를 가지고 있기 때문에, 기회비용의 평가도 의사결정의 중요한 측면입니다. 어떤 프로젝트가 전략적 중요성을 가진다면, 최소 할인율에 의해 계산된 NPV보다 작더라도 투자할 수 있습니다.

질문: 프로젝트별 고려 사항이 인텔의 자본비용 계산에 영향을 줍니까?

답변: 웨이퍼 제작 공장의 수십억 투자를 결정할 때, 인텔은 물리적인 설비와 제품 라인을 고려합니다. 제품으로부터 요구되는 수익률을 계산하여 대규모 자본 투자를 정당화할 수 있는 포괄적인 지표들을 개발합니다. 대개 표준적인 최소 할인율을 사용하고, 위험 요인과 제품 출시의 시점을 점검합니다. 인텔의 사업은 무어의 법칙(Moore's Law) 경제학에 따르는데, 이것은 마이크로칩의 용량이 2년에 두 배로 증가 한다는 것입니다. 새로운 기술의 각 세대는 최소 할인율을 갈아치우기 위해 새로운 제조 공장을 만들도록 비용 절감을 해야 합니다. 이런 공장은 첨단 제품을 생산하여 최고의 수익률이 발생하도록 합니다. 우리의 고객들은 자신들의 제품에 프리미엄 가격을 얻기 위하여 최근 기술의 성과와 성능 효율성의 장점을 가지는 제품을 요구합니다.

질문: 2008년의 금융 위기가 당신의 투자 기회 평가에 영향을 미쳤습니까?

답변: 2008년에 시장은 매우 침체되었습니다. 우리는 R&D 투자를 계속하였고, 마케팅과 단기 홍보와 같은 분야의 비용을 삭감하였습니다. 제품 개발 사이클은 대개 4년 동안 이루어지기 때문에, R&D 비용을 삭감하는 것은 몇 년 동안 생산라인을 뒤처지게 만들 수 있습니다. 이 산업에서는 단기 이익을 증진하기 위하여 R&D 활동을 지속하지 않는 것은 기업의 장기 생존에 엄청난 해를 끼칠 수 있습니다. R&D는 우리의 기본적인 사업 모형에 매우 중요하여, 단기적인 결과에 부정적인 영향을 주는 장기 의사결정을 요구할 수도 있습니다.

인텔은 경기 하강기에 성과 리더십을 유지하기 위한 투자로 오랫동안 명성을 가져왔다. 인텔은 거의 채무가 없습니다. 우리의 자본 정책은 제조 공장을 위한 충분한 현금과 수년간의 R&D 비용을 유지하는 것인데, 이는 지속적인 영업 자본조달에 있어서 자본시장 의존도를 회피하기 위한 것입니다. 인텔의 자본시장 접근이 봉쇄되었던 1980년대의 뼈저린 경험이 이런 보수적 자본 정책의 중요성을 깨닫도록 하였습니다. 채무 없이 위기에 대처하고 극단적으로 현금 비중을 높이는 것이 기업의 안전을 도모한다는 것을 알게 된 계기였습니다.

개념확인

9. 새로운 영업 부문의 프로젝트를 평가할 때, WACC 방법의 어떤 가정이 가장 침해되기 쉬운가?
10. 새로운 영업 부문에서 사용될 WACC를 어떻게 추정하는가?

13.6 값비싼 외부 자금조달의 경우

지금까지 자본을 조달하고자 할 때 세금 이외에는 다른 중요한 고려 요인이 없었다. 이것은 자본조달 거래에 관계된 추가적인 비용 없이 외부 자본을 조달할 수 있다는 것을 의미한다. 결과적으로 내부의 이익잉여금으로 자본이 조달된 프로젝트와 새로운 외부 자금으로 조달된 프로젝트를 다르게 취급할 이유가 없다는 것이다.

실제에 있어서는 새로운 주식과 채권을 발행하는 것은 여러 가지 비용을 초래한다. 이러한 비용에는 SEC 보고 및 등록 비용과 증권을 인수하여 판매할 투자은행에 지급하는 수수료가 있다. 14장과 15장에서 주식과 채권을 발행하는 절차에 대해 자세히 논의할 것이지만, 여기서도 자본비용의 관점에서 간단하게 언급할 것이다.

이런 발행비용들 때문에 내부 자금으로 자본이 조달되는 프로젝트가 외부 자금으로 자본이

예제 13.7
갑비싼 외부 자금조달을 이용한 인수의 평가

문제 *Problem*

당신은 GE가 나이키를 인수할 가능성을 분석하고 있다. GE는 나이키의 매입 비용으로 $100십억을 제공할 계획이고, 그런 대규모 인수의 자금을 조달하기 위하여 추가적인 채무와 주식을 발행할 필요가 있다. 발행비용은 $800백만이 될 것으로 추정되고, 거래가 끝나면 바로 지급할 것이다. 인수로부터 증가되는 가용현금흐름은 첫해에 $3.3십억이 될 것으로 추정되고, 그 이후로는 1년에 3%씩 성장할 것이다. 이 인수 제안의 NPV는 얼마인가?

풀이 *Solution*

● **계획**

13.5절에서 인수에 대한 올바른 자본비용은 나이키의 WACC라는 것을 알고 있다. 증분 가용현금흐름을 성장영구연금으로 생각하여 가치를 평가할 수 있다.

$$PV = \frac{FCF_1}{r - g}$$

단,

$$FCF_1 = \$3.3\text{십억}$$
$$r = \text{나이키의 } WACC = 0.06$$
$$g = 0.03$$

값비싼 외부 자금조달을 포함하여 이 거래의 NPV는 매입 비용과 외부 자금조달에 필요한 거래비용을 차감한 성장영구연금의 현재가치와 같다.

● **실행**

$800백만은 $0.8십억이므로 다음과 같이 계산이 이루어진다.

$$NPV = -\$100 - \$0.8 + \frac{\$3.3}{0.06 - 0.03} = \$9.2\text{십억}$$

● **평가**

나이키의 WACC에서 채무와 주식의 발행비용을 조정할 필요는 없다. WACC 조정 대신, 외부에서 자금이 조달되어도 인수가 양(+)의 NPV를 가진다는 것을 확인하기 위하여 인수 시의 NPV에서 발행비용을 차감할 수 있다.

조달되는 프로젝트보다 전체적으로 더 저렴하다. 발행비용을 고려하는 한 가지 방법은 WACC에서 주식 및 채무 자본의 비용을 조정해 주는 것이다. 더 바람직하고 직접적인 방법은 발행비용을 프로젝트에 필요한 현금 유출 자체로 취급하는 것으로, 이 추가적인 비용을 NPV 분석에서 음(-)의 현금흐름으로 반영하는 것이다.

이 장에서는 기업의 자본비용이 무엇이고, 어디로부터 발생하며, 그것이 자본예산 수립에 어떻게 사용되는가를 공부하였다. 자본예산의 역할은 기업이 여러 형태의 자본비용을 감당하도록 양(+)의 NPV 프로젝트를 찾아내는 일이다. 이제는 자본조달의 다른 측면인 자본의 원천에 대해서 살펴보아야 한다. 14장에서 18장까지는기업이 주식과 채무 자본을 어떻게 조달하며, 기업의 자본구조 차원에서 각각의 비중을 어떻게 가져갈 것인가를 알아볼 것이다.

개념확인

11. 외부 자본을 조달할 때, 기업이 부담하는 추가적 비용에는 어떤 것들이 있는가?
12. 이러한 추가적 비용들을 자본예산에 반영하는 가장 좋은 방법은 무엇인가?

myfinancelab 핵심요점 및 공식

13.1 가중평균 자본비용 처음 보기

- 기업의 채무와 주식은 자본을 의미한다. 기업이 발행한 채무, 주식, 기타 증권의 상대적 비중은 당해 기업의 자본구조를 구성한다.
- 각 자본 유형의 투자자는 요구수익률을 가진다. 이 수익률을 제공하는 것은 투자자들로부터 자본을 얻기 위해 기업이 감수해야 하는 비용이다.
- 기업의 전체 자본비용은 주식과 채무 자본비용의 가중평균으로 계산한다.
- WACC에서 각 자본의 비중은 당해 기업 채무와 주식의 장부가치가 아니라 시장가치에 의해 결정된다.

13.2 기업의 채무 및 주식 자본비용

- 기업 전체 자본비용을 추정하기 위해서는, 보통 각 자금 원천의 자본비용을 추정하는 것에서 시작한다.
- 채무의 비용은 새로운 채무에 대해 기업이 지불할 필요가 있는 이자율이다. 이것은 현재 채무의 이표율과는 다르지만, 현재 채무의 만기수익률로부터 추정될 수 있다.
- 우선주 비용은 정해진 배당금 때문에 직접 추정할 수 있다.

$$\text{우선주의 자본비용} = \frac{Div_{pfd}}{P_{pfd}} \tag{13.4}$$

▶ 자본자산가격결정 모형(CAPM)은 주식의 자본비용을 추정하는 가장 일반적인 방법이다. CAPM을 적용하기 위해서, 당해 기업 주식의 베타 추정치와 시장 위험 프리미엄 및 무위험 이자율이 필요하다.

$$\text{주식의 비용} = \text{무위험 이자율} + \text{주식의 베타} \times \text{시장 위험 프리미엄}$$

▶ 주식의 비용을 추정하는 다른 방법은 일정배당성장 모형(CDGM)을 사용하는 것이다. 이 모형을 적용하기 위해서, 현재의 주가, 미래의 기대 배당, 배당의 고정 성장률 추정치가 필요하다.

$$\text{주식의 비용} = \frac{Div_1}{P_E} + g \qquad (13.5)$$

13.3 가중평균 자본비용 다시 보기

▶ WACC 공식은 다음과 같다.

$$r_{wacc} = r_E E\% + r_{pfd} P\% + r_D(1 - T_C) D\% \qquad (13.6)$$

▶ 우선주가 없는 기업의 경우 WACC는 다음과 같이 간단하게 표현된다.

$$r_{wacc} = r_E E\% + r_D(1 - T_C) D\% \qquad (13.7)$$

▶ WACC는 기업 영업 라인의 위험과 이자의 세금 효과를 결정하는 레버리지에 의해 정해진다. 결과적으로, WACC는 산업과 기업에 따라 크게 변한다.

13.4 프로젝트의 가치평가를 위한 WACC 사용

▶ 어떤 프로젝트가 기업의 평균 위험을 가지고, 기업이 현재의 레버리지를 유지하며, 기업의 레버리지가 법인세를 통해서만 기업 가치에 영향을 준다고 가정하면, WACC 는 새로운 프로젝트의 현금흐름 가치평가에 사용될 수 있다.

13.5 프로젝트 기반 자본비용

▶ 어떤 프로젝트의 위험이 기업의 평균 위험과 다르면, WACC는 당해 프로젝트의 적절한 할인율과 다를 것이다. 그것보다는 새로운 프로젝트와 같은 영업 라인을 가지고 있는 다른 기업의 WACC로부터 새로운 WACC를 추정해야 한다.

13.6 값비싼 외부 자금조달의 경우

▶ WACC는 외부 자금조달의 직접비용을 고려하지 않고 계산된다. 이 경우에 WACC 를 조정하는 것보다, 외부 자금조달의 직접비용을 고려하는 올바른 방법은 프로젝트의 NPV에서 이것을 차감하는 것이다.

비판적 사고

1. WACC 척도란 무엇인가?
2. 시장가치 기반의 비중이 왜 중요한가?
3. 현존하는 채무의 이표율이 채무 자본비용을 찾는 것과 무관한 이유는 무엇인가?
4. 주식의 자본비용보다 우선주와 채무의 자본비용을 결정하는 것이 더 쉬운 이유는 무엇인가?
5. 주식의 자본비용을 추정하기 위한 CAPM 방법에 관련된 과정들을 서술하시오.
6. CDGM과 CAPM이 주식 자본비용의 추정치를 다르게 산출하는 이유는 무엇인가?
7. WACC가 프로젝트의 가치평가를 위해서 사용될 때 어떤 가정들이 필요한가?
8. WACC 방법을 적용하기 위하여 사용되는 가정들과 관련될 수 있는 몇 가지 문제점들은 무엇인가?
9. 당신 기업 프로젝트들의 평균 위험과 다른 위험을 가지는 새로운 영업 부문의 프로젝트를 어떻게 평가해야 하는가?
10. 외부 자본조달의 비용을 조정하는 올바른 방법은 무엇인가?

연습문제

1. MV 주식회사는 시장가치 $100백만의 채무, 장부가치 $100백만의 보통주, $20백만의 가치를 가지는 우선주를 가지고 있다. 이 기업의 보통주의 주당 가격은 $50이고, 총발행 주식 수는 6백만이다. MV 주식회사가 WACC 계산을 위해서 사용해야 하는 각 자본 원천의 비중은 어떻게 되는가?
2. 앤디코(Andyco, Inc.)는 다음의 재무상태표와 주식의 시장가치/장부가치 비율 1.5를 가지고 있다. 채무의 시장가치가 장부가치와 같다고 할 때, WACC 계산을 위해 채무와 주식의 비중을 얼마로 해야 하는가?

자산	부채와 자기자본	
1,000	채무	400
	주식	600

3. 어떤 출판사가 장부가치 $1의 보통주 1백만 주, 이익잉여금 $30백만을 가지고 있고, 주당 가격은 $50이다. 또한 $20백만의 액면가를 가지는 채무가 있는데, 액면가의 101%로 거래되고 있다.
   a. 주식의 시장가치는 얼마인가?
   b. 채무의 시장가치는 얼마인가?
   c. WACC를 계산하기 위한 주식과 채무의 비중은 얼마인가?

4. 다음의 시장가치 재무상태표를 가지는 간단한 기업을 생각해 보자.

자산	부채와 자기자본	
1,000	채무	400
	주식	600

다음 해에, 자산의 가치가 $1,200과 $960이 될 가능성은 같다. 채무는 5%의 이자율을 가진다. 자산으로부터의 모든 현금흐름이 채무나 주식으로 가기 때문에, 당신의 포트폴리오 비중을 기업의 자본구조와 동일하도록 채무와 주식의 포트폴리오를 가져간다면, 당신의 포트폴리오는 기업 자산으로부터의 기대수익률과 정확히 동일한 수익률을 얻을 것이다. 채무에 40%, 주식에 60%가 투자된 포트폴리오가 기업 자산으로부터의 기대수익률과 동일한 수익률을 갖게 될 것임을 보여라. 즉 기업의 세전 WACC가 자산으로부터의 기대수익률과 같다는 것을 보여라.

5. 펩시코 주식은 0.57의 베타를 가진다. 무위험 이자율이 3%이고, 시장 포트폴리오의 기대 수익률이 8%라면, 펩시고 주식의 자본비용은 얼마인가?

기업의 채무 및 주식 자본비용

6. 애비코프(Avicorp)는 6%의 이표율을 가지는 $10백만의 채무를 발행하였다. 이 채무는 반기마다 이표를 지급하는데, 다음 이표는 6개월 후에 지급되고 5년 후에 만기가 도래한다. 이 채무는 현재 액면가의 95%로 시장가치가 형성되어 있다.
   a. 애비코프 채무의 세전 자본비용은 얼마인가?
   b. 애비코프가 40%의 법인세율을 가진다면, 채무의 세후 자본비용은 얼마인가?
7. 로렐(Laurel, Inc.)은 6%의 이표율을 가지며 만기수익률이 7%인 채무를 발행하였다. 법인세율이 35%인 경우, 로렐 채무의 세후 실효 자본비용은 얼마인가?
8. 듀이코(Dewyco)의 우선주는 주당 $50에 거래되고 있다. 1년 뒤 우선주의 다음 배당이 $4 라고 할, 듀이코의 우선주 자본비용은 얼마인가?
9. 스테디(Steady) 기업의 주식은 베타가 0.2이다. 무위험 이자율이 6%이고, 시장 위험 프리미엄이 7%일 때, 스테디 기업의 주식 자본비용은 얼마인가?
10. 와일드 스윙즈(Wild Swings Inc.)의 주식 베타는 2.5이다. 8번에서의 정보가 주어졌을 때, 와일드 스윙즈의 주식 자본비용은 얼마인가?
11. 하이그로스의 주가는 $20이다. 이 기업은 내년에 주당 $1의 배당을 지급할 것이며, 배당의 성장률은 4%이다. 하이그로스의 주식 자본비용 추정치는 얼마인가?
12. 슬로우 앤 스테디(Slow 'n Steady, Inc.)는 주당 가격이 $30이고, 내년 주당 $3의 배당을 지

급할 것이며, 기대 배당 성장률은 연 1%이다. 슬로우 앤 스테디의 주식 자본비용 추정치는 얼마인가?

13. 매켄지(Mackenzie) 기업은 주당 가격이 $36이고, 내년에 주당 $2의 배당을 지급할 것이다. 이 주식의 베타는 1.2이고, 무위험 이자율은 5.5%이며, 시장 위험 프리미엄은 5%일 것으로 추정된다.
    a. 매켄지의 주식 자본비용을 추정하시오.
    b. CGDM을 이용할 경우, (a)에서 추정된 값과 같은 자본비용을 갖기 위해서 매켄지의 배당 성장률은 얼마이어야 하는가?

가중평균 자본비용 다시 보기

14. 15%의 주식 자본비용을 가지는 커피카츠(CoffeeCarts)는 4%의 실효 채무 자본비용을 가지고 있고, 70%의 주식과 30%의 채무로 자본이 조달되었다. 이 기업의 WACC는 얼마인가?
15. 올시티(ALLCity, Inc.)는 채무 40%와 우선주 10%, 보통주 50%로 자본을 조달하였다. 채무의 세전 비용은 6%, 우선주는 연 $2.50의 배당을 지급하는데 그 가치는 $30이다. 올시티의 자기자본 베타는 1.1이다. 무위험 이자율이 2%이고, 시장의 위험 프리미엄이 7%이며, 올시티의 법인세율은 35%이다. 세후 WACC는 얼마인가?
16. 피에프디(Pfd) 기업은 7%의 만기수익률을 가지는 채무를 지고 있고, 13%의 주식 자본비용과 9%의 우선주 자본비용을 가지고 있다. 채무, 우선주, 주식의 시장가치는 각각 $10백만, $3백만, $15백만이고, 법인세율은 40%이다. 기업의 WACC는 얼마인가?
17. 성장기업의 주당 가격은 $20이고, 내년에 주당 $1의 배당을 지급할 것이다. 그 이후에 기업의 배당은 연 4%로 성장할 것이 기대된다.
    a. 성장기업의 주식 자본비용의 추정치는 얼마인가?
    b. 성장기업은 이미 주당 $2의 고정 배당을 지급하는 우선주를 발행하였다. 이 주식의 가격이 $28이면, 성장기업의 우선주 자본비용은 얼마인가?
    c. 성장기업은 6%의 이표율을 가지는 채무를 3년 전에 발행하였다. 그리고 6.5%의 이표율을 가지는 새로운 채무를 지금 액면가로 발행하였다. 성장기업 채무의 세전 자본비용은 얼마인가?
    d. 성장기업은 보통주 5백만 주, 우선주 1백만 주를 가지고 있고, 보통주의 장부가치는 $50백만이고, 채무의 시장가치는 $20백만이다. 성장기업의 보통주와 우선주가 (a)와 (b)에서와 같이 가격이 결정된다면, 성장기업 자산의 시장가치는 얼마인가?
    e. 성장기업은 35%의 법인세율을 가진다. (a)~(d)에서의 주어진 정보와 해답을 이용하여 성장기업의 WACC를 계산하시오.

프로젝트의 가치평가를 위한 WACC 사용

18. 어떤 소매 커피 기업이 100개의 새로운 커피점을 열기로 계획하고 있다. 각 커피점들은 1년에 총 $15백만의 가용현금흐름을 창출하고, 연 3%의 성장률로 영원히 성장할 것이다. 이 커피 기업의 WACC가 10%이라면, 이 확장의 NPV는 얼마인가?

19. 리버락(RiverRocks, Inc.)이 다음의 예상 가용현금흐름을 가지는 프로젝트를 고려하고 있다. 리버락의 WACC가 12%이라면 이 프로젝트를 채택해야하는가? 이에 대해 설명하시오.

0	1	2	3	4
−50	10	20	20	15

프로젝트 기반 자본비용

20. WACC가 12%인 리버락이 WACC가 15%인 래프트 어드벤처(Raft Adventures)를 인수하려고 한다. 이 인수를 평가하기 위해서 리버락이 사용하여야 하는 적절한 할인율은 얼마인가?

21. 18번에서 리버락의 래프드 어드벤처 인수는 $100백만을 필요로 할 것이고, 이 인수 프로젝트는 1년 후에 $15백만의 가용현금흐름 창출을 시작으로 매년 4%씩 영원히 성장할 것이다. 이 인수의 NPV는 얼마인가?

22. 당신 회사는 자동화 포장 공장에 투자하려고 한다. 하버턴 산업은 이 사업에 특화된 무차입 기업이다. 하버턴의 자기자본 베타는 0.85이고, 무위험 이자율은 4%이며, 시장 위험 프리미엄은 5%이다. 당신 회사의 프로젝트가 모두 자기자본으로 조달될 경우의 자본비용을 추정하시오.

23. 커피스탑(CoffeeStop)은 주로 커피를 판매하는데, 최근에 프리미엄급 커피향 주류를 개발하였다. 이 기업은 35%의 법인세율과 다음의 정보를 가진다. 새로운 주류에 집중된 사업부를 위한 자본조달의 11%를 채무로 하고 나머지를 주식으로 할 계획이라면, 이 주류 사업부를 위하여 사용할 WACC는 얼마인가? 채무의 자본비용은 4.8%, 무위험 이자율 3%, 위험 프리미엄 6%를 가정한다.

	베타	주식 비중(%)	채무 비중(%)
커피스탑	0.61	96%	4%
비에프주류	0.26	89%	11%

24. 당신의 기업은 두 개의 사업 부문을 가지고 있다. 한 부문은 소프트웨어를 판매하고, 다른 부문은 주로 인터넷을 통한 주문으로 컴퓨터를 직접 판매하고 있다. 당신은 델 컴퓨터(Dell Computer)가 위험과 자본조달에 있어서 당신의 기업과 매우 비슷하다고 생각한다. 그래서 온라인으로 다음 정보를 찾았다. 델 컴퓨터의 베타는 1.21, 무위험 이자율 4.5%, 주식의

시장가치 $67십억, 채무 가치 $700백만이고, 만기수익률은 6%이다. 법인세율이 35%이고, WACC 추정을 위한 시장 위험 프리미엄은 5%이다.

a. 당신의 컴퓨터 판매 부문의 WACC 추정치는 얼마인가?

b. 당신 기업 전체의 WACC는 12%이고 컴퓨터 판매 부문이 기업 가치의 40%를 차지한다면 소프트웨어 부문의 WACC 추정치는 얼마인가?

값비싼 외부 자금조달의 경우

25. 리버락이 (19번에서 언급된) 래프트 어드벤처의 인수를 위해 새로운 채무와 주식을 발행하고자 한다. 이 기업의 직접 발행비용은 $7백만이라고 추정했다. 프로젝트를 평가할 때 이 비용을 어떻게 고려할 것인가? 리버락이 이 프로젝트를 진행해야 하는가?
26. 새로운 프로젝트의 자금조달을 위해서 채무를 발행하고자 한다. 이 프로젝트는 $20백만의 자금을 필요로 하고, 이 프로젝트의 NPV는 $15백만이다. 채무의 발행비용은 액면가의 3%이다. 외부 자금조달 비용을 고려할 때, 이 프로젝트의 NPV는 얼마인가?

사례연구

당신은 월트 디즈니사의 기업재무 및 회계 부서에서 근무하고 있고, 얼마 전에 디즈니의 WACC를 추정하는 팀에 배정되었다. 당신은 오늘 팀 회의의 준비를 위해 WACC를 추정해야 한다. 필요로 하는 모든 정보가 온라인으로 이용 가능하다는 것을 알게 되었다.

1. http://finance.yahoo.com을 방문한다. "Market Summary"에서 "10 Yr Bond(%)"라고 표시된 10년 만기 미 재무부 장기채의 만기수익률을 찾는다. 이것을 무위험 이자율로 사용한다.
2. "Look Up" 단추의 다음에 있는 상자에서, 월트 디즈니의 시세 표식인 DIS를 입력하고, "Search"를 클릭하시오. 디즈니의 기본 정보가 나타나면, 화면의 왼쪽에 있는 "Key Statistics"를 클릭하시오. 주요 통계로부터 디즈니의 시가총액(주식의 시장가치), 사업가치(주식의 시장가치 + 순채무), 현금, 베타를 찾으시오.
3. 디즈니의 채무 비용과 장기채무의 시장가치를 얻기 위하여, 현존하는 장기채무의 가격과 만기수익률이 필요하다. http://finra-markets.morningstar.com/BondCenter/Default.jsp?로 가서 "Search"를 클릭하고 "Corporate"를 클릭한 뒤에, 디즈니의 시세 표식인 DIS를 입력하고 "Show Results"를 클릭한다. 디즈니의 발행 채권 리스트가 나타 날 것이다. 디즈니의 정책에 따라 비상환부 10년 채무의 만기수익률을 채무의 자본비용이라고 가정 하자. 만기까지 10년 정도가 남은 비상환부 채권을 찾아보자. (힌트: "Callable"이라는 제목 의 열을 볼 것이다. 이 열에서 당신이 선택한 발행물에는 "No"라고 표시되어 있어야 한다.) ABC와 같은 디즈니 자회사의 발행물을 선택할 수도 있다. 당신이 선택한 채권의 만기수익률 ("Yield"제목의 열에서

찾음)을 찾아서, 그것을 세전 채무비용으로 스프레드시트에 입력한 다. 전체 표에 있는 자료를 복사하여 엑셀로 붙여넣기를 한다.

4. 각 채권 발행물에 대한 가격은 얻었지만, 각 발행물의 규모도 알아야 한다. 웹 페이지로 다시 돌아가서, 당신이 선택한 채권의 행에서 첫 번째 열에 있는 Issuer Name을 클릭하시오. 이것은 월트 디즈니, ABC 또는 다른 자회사일 것이다. 이렇게 하면 채권 발행과 관계된 모든 정보가 웹 페이지에 나타날 것이다. 오른쪽에서 "Amount Outstanding"이 나올 때까지 화면을 내리시오. 채권의 발행 규모는 천 단위로 게시된다. 예를 들어, $60,000은 $60백만=$60,000,000이다. 그 규모를 스프레드시트의 적당한 열에 넣으시오. 모든 채권 발행물에 대해서 이 과정을 반복하시오.
5. 스프레드시트에서 각 채권 발행물의 가격은 채권 액면가의 백분율로 기록된다. 예를 들어,104.50은 이 채권이 액면가의 104.50%로 거래된다는 것이다. 발행 규모에 (가격 ÷ 100)을 곱하여 각 채권의 시장가치를 계산할 수 있다. 각 채권의 시장가치를 계산하여, 이들을 모두 더하면 모든 채권의 전체 가치를 알 수 있다. 이것이 디즈니 채무의 시장가치가 된다.
6. 5단계에서 계산된 디즈니 수식과 채무의 시장가치에 따라 디즈니 수식과 채무의 비중을 계산한다.
7. 1단계에서 얻어진 무위험 이자율, 5%의 시장 위험 프리미엄을 CAPM에 대입하여 디즈니 주식의 자본비용을 계산하시오.
8. 디즈니의 법인세율이 35%라고 가정하여, 실효 채무 자본비용을 계산하시오.
9. 디즈니의 WACC를 계산하시오.
10. 디즈니의 채무에서 현금(2단계에서 얻음)을 차감하여 순채무를 계산하시오. 주식의 시장가치, 순채무, 사업가치를 이용하여 WACC를 위한 비중을 재계산하시오. WACC가 얼마나 변하는가?
11. 당신이 추정한 값을 얼마나 확신할 수 있는가? 당신의 자료 획득 과정에서 어떤 암묵적 가정들을 하였는가?

제4부 통합사례

이 사례는 제11장에서 제13장 사이의 내용을 바탕으로 한다.

당신은 산업용 고압 물 펌프의 대규모 생산자인 하이드로테크(HydroTech)에서 일하고 있다. 이 기업은 호수, 연못, 가뭄에 시달리는 지역의 시냇물로부터 물을 퍼올리는 펌프에서부터 홍 수 지역의 엄청난 물을 제거하는 펌프에 이르기까지 다양한 자연재해 서비스에 특화되어 있다. 당신은 CFO에게 직접 보고하는 위치에 있다. 당신의 상관은 아이다호 선 밸리에서 있을 임원 휴양을 준비하면서 하이드로테크의 WACC를 계산하라고 요구하였다. 안타깝게도 당신이 초대 되지는 않았지만, 아이다호 선 밸리 회의의 주제는 물 펌프와 스키이다. 당신은 다음의 필수 정보들을 수집할 분석가를 이용할 수 있다.

1. 무위험 이자율. 이 경우에는 10년 국채의 만기수익률로 3%이다.
2. 다음과 같은 하이드로테크의 정보
   a. 시가총액(주식의 시장가치): $100백만
   b. CAPM의 베타: 1.2
   c. 채무의 전체 장부가치: $50백만
   d. 현금: $10백만
3. 채무비용(하이드로테크 발행 채권의 만기수익률 호가 이용): 5%

이 정보들을 가지고 WACC 분석을 위한 준비가 완료되었다.

사례 질문

1. 하이드로테크의 순채무를 계산하시오.
2. 하이드로테크의 주식과 (순)채무 비중을 주식의 시장가치와 순채무의 장부가치를 이용하여 계산하시오.
3. 시장 위험 프리미엄이 5%라고 가정하여, CAPM을 이용하여 주식의 채무비용을 계산하시오.
4. 35%의 법인세율을 이용하여 하이드로테크의 실효 채무 자본비용을 계산하시오.
5. 하이드로테크의 WACC를 계산하시오.
6. 새로운 프로젝트를 평가하기 위하여 언제 이 WACC를 사용하는 것이 적당한가?

제5부

장기 자금조달

가치평가 원칙의 연계. 투자를 수행하는데 필요한 자금을 조달하기 위해 기업은 어떻게 해야만 하는가? 제5부에서 우리는 주식을 통한 자금조달과 채무를 통한 자금조달의 구조를 설명한다. 제14장은 기업이 주식발행을 통해 자금을 조달할 때 행하는 절차를 설명한다. 제15장에서는 기업이 자금조달을 위해서 채무 시장을 활용하는 것을 살펴본다. 추후 이 교재의 자본구조 부분에서, 우리는 자금조달의 두 가지 주요 대안 사이에서 재무관리자의 선택에 대해 논의할 것이다. 자본을 조달하는 기업의 능력은 발행하고자 하는 증권의 시장 가치에 달려있다. 가치평가 원칙은 기업이 발행하고자 하는 어떤 증권의 가격이 증권에서 발생하는 현금흐름의 현재가치임을 말해준다. 따라서 앞으로 두 장에서 자본조달의 절차를 논의하는 동안에 우리는 투자자가 기업의 증권에 기꺼이 지불하려는 가격은 기업의 가치를 극대화하는 투자결정을 행하는 재무관리자에 달려 있음을 기억해야 할 것이다.

14 자기자본 조달

학습목표

- 비공개 기업의 다양한 자기자본 조달 방법에 대해 비교한다.
- 기업의 공개 절차에 대해 이해한다.
- 기업공개(IPO)와 관련된 퍼즐에 대한 통찰력을 얻는다.
- 공개기업이 어떻게 추가적으로 자기자본을 조달하는지를 설명한다.

Raising Equity Capital

제1장에서 언급했듯이 대부분의 미국 기업은 소형 개인기업이나 파트너십이다. 그리고 이러한 기업이 전체적으로 미국 총매출액의 15% 미만을 담당한다. 개인기업은 외부로부터 주식을 통한 자본조달이 불가능하기 때문에 상대적으로 성장의 역량이 작다. 또한 개인기업가들은 자신의 순자산 대부분을 기업이라는 단일 자산으로 보유하고 있기 때문에 자신의 순자산을 분산하지 않은 상태이다. 주식회사가 되어야만 기업은 자본에 접근할 수 있고 설립자는 자신의 보유 자본을 일부 매도하고 분산함으로써 위험을 줄일 수 있다. 따라서 주식회사가 미국 기업의 20%에 불과하지만 전체 미국 경제 매출액의 85%를 차지하고 있다.

이 장에서 우리는 어떻게 기업이 자기자본을 조달하는지를 논의한다. 설명을 위해서 실제 기업인 페이스북(Facebook, FB)의 사례를 따라가 본다. 페이스북은 인스타그램(Instagram), 왓츠앱 (WhatsApp), 오큘러스(Oculus)를 상품으로 포함하는 소셜 네트워크 회사이다. 페이스북은 2004년에 설립되었다. 페이스북의 사례를 이용하여 우리는 먼저 새로운 회사가 자본을 조달하는 대안적인 방법에 대해 논의하고 이러한 자금조달 대안이 현재와 미래의 투자자에게 어떤 영향을 미치는지 검토한다.

14.1 비공개기업의 자기자본 조달

사업을 시작하기 위해 필요한 최초의 자본은 일반적으로 창업자 자신이나 가족에게서 제공된다. 그러나 사업 성장에 필요한 자금의 원천을 가진 가족은 거의 없으며 결국 성장은 거의 대부분 외부 자본을 필요로 한다. 이번 절에서, 우리는 비공개기업(private company)에게 제공될 수 있는 자본의 원천과 외부 자본의 유입이 기업의 통제권에 미치는 영향을 살펴본다.

자본조달의 원천

비공개 기업이 외부로부터 주식을 통한 자본을 조달하기로 결정할 때 몇 가지 잠재적인 자본의 원천을 찾게 된다: *엔젤투자자, 벤처캐피털 회사, 기관 투자자, 그리고 기업 투자자이다.*

엔젤투자자: 소형 비공개기업의 주식을 매입하는 개인 투자자

엔젤투자자 소형 비공개기업의 주식을 매입하는 개인 투자자는 **엔젤투자자(angel investors)**로 불린다. 대부분 창업기업(start-ups)의 경우, 회사 외부에서의 주식 자본조달은 종종 엔젤투자자로부터 이루어진다. 용어는 100여년 전 뉴욕의 부유한 투자자들이 브로드웨이(Broadway)의 신설 프로덕션을 구해줄 위기 자금을 제공했던 것에서 유래한다. 이러한 엔젤투자자는 창업자의 친구나 지인인 경우가 많다. 이들의 자본 투자는 이미 투자된 자본에 비해 상대적으로 크기 때문에, 엔젤투자자는 투자한 자금에 대한 대가로 사업에 있어 상당히 큰 지분을 받는 것이 일반적이다. 따라서 이들은 회사의 의사결정에 중대한 영향을 미칠 수 있다. 엔젤투자자는 또한 창업자가 가지고 있지 않은 전문성을 제공하기도 한다.

대부분의 경우 회사는 일부의 엔젤투자자가 제공할 수 있는 자본보다 더 많은 자본이 필요하다. 엔젤투자자를 찾는 것은 어려우며 창업자가 얼마나 인맥을 형성하고 있는가와 관련이 있다. 대부분의 창업자, 특히 처음 창업기업을 설립하는 창업자가 투자에 필요한 충분한 자본을 제공할

수 있는 투자자와 관계를 가지고 있는 경우는 드물다. 어느 시점이 되면 성장을 위해 자기자본이 필요한 회사는 벤처캐피털(venture capital) 업계에 관심을 돌려야만 한다.

벤처캐피털 회사 **벤처캐피털 회사(venture capital firm)**는 신생기업의 사모 지분에 투자하는 자금을 조달하는데 전문화된 합자회사(limited partnership)이다. 그림 14.1은 미국에서 활동 중인 2015년 계약 성립 건수 12개 벤처캐피털 회사와 2016년 성사된 자금조달 단계별 계약의 분포를 보여준다.

벤처캐피털 회사: 신생기업의 사모 지분에 투자하는 자금을 조달하는 데 전문화된 합자회사

전형적으로 연기금과 같은 기관투자자들도 벤처캐피털 회사가 된다. 회사의 무한책임 파트너(general partner)는 **벤처캐피털리스트(venture capitalists)**로 알려지며 벤처캐피털 회사를 위해 일하고 경영한다. 엔젤투자자로 창업기업에 직접 투자하는 것보다 벤처캐피털 회사를 통해 간접적으로 파트너로 투자하는 것은 여러 장점을 준다. 벤처캐피털 회사는 여러 창업기업에 투자하기 때문에 파트너는 직접 투자하는 것보다 분산하여 투자할 수 있다. 회사는 또한 파트너의 전문성이라는 혜택을 볼 수 있다. 그러나 장점은 비용을 수반한다. 무한책임 파트너는 일반적으로 상당한 수수료를 청구하며, 그들이 창출한 수입의 상당 부분을 취한다. 대부분의 벤처회사는 그들이 창출한 수입의 20%를 수수료로 청구하는데 상위 벤처회사는 30% 이상을 수수료로 챙기기도 한다. 또한 투자한 자본의 약 2%를 연간 관리비용으로 청구한다.

벤처캐피털리스트: 벤처캐피털 회사를 위해 일하고 경영하는 무한책임사원(general partner)

벤처캐피털 회사는 신생기업에게 상당한 자본을 제공할 수 있다. 예를 들어, 2009년의 전세계

그림 14.1 미국에서 2015년에 가장 활동적인 벤처회사 (계약성사 건수 기준)

벤처캐피탈 회사	계약 건수	평균 계약 규모 (단위: $백만)
Sequoia Capital	265	36.3
500 Startups	164	2.1
New Enterprise Associates	163	25.7
Accel Partners	158	31.1
Matrix Partners	143	19.8
Y Combinator	113	3.5
Intel Capital	111	16.1
Tiger Global Management	96	73.4
Kleiner Perkins Caufield & Byers	96	53.4
Silicon Valley Bank	94	29.0
Andreessen Horowitz	93	39.3
Bessemer Venture Partners	92	42.0

국제적 단계별 계약 분포 (2016년 1분기)

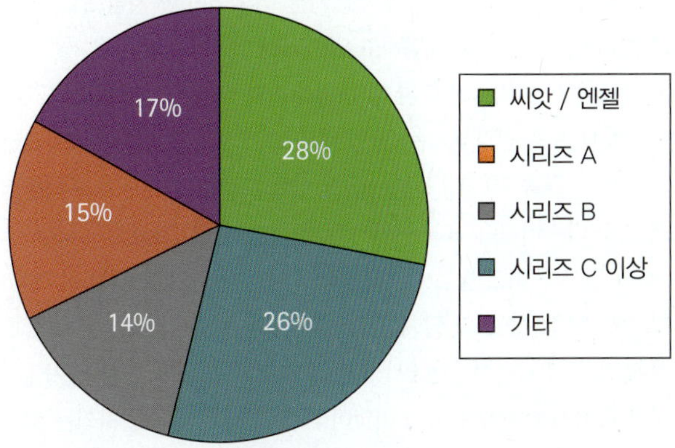

출처: Venture Pulse, Global Analysis of Venture Funding, KPMG International and CB Insights, 2016.4.13.

인터뷰 케빈 로스(KEVIN LAWS)

케빈 로스는 현역 엔젤투자자로 메이든 레인 벤처(Maiden Lane Ventures)의 파트너이며, 창업 기업이 투자자를 찾거나 능력 있는 사람을 채용하는데 활용할 수 있는 온라인 플랫폼인 엔젤리스트(AngelList)의 최고운영관리자(Chief Operating Officer)이다.

질문: 엔젤투자는 지난 수십 년간 어떻게 변화되었습니까?

답변: 역사적으로 엔젤투자자는 전형적으로 벤처캐피털(VC)이 잘 커버하지 못하는 지역이나 시장을 함께 묶거나 소수의 기술 기업의 초기 단계에서 조언과 함께 현금을 제공했습니다. 종종 투자자들은 창업기업에 자금조달을 해주는 것을 전업이라기 보다는 부업으로 간주했습니다.

오늘날 기술 기업을 창업하는 비용은 상당히 하락했습니다. 클라우드 서비스, 소셜 마케팅, 서치 엔진 최적화, 그리고 플랫폼과 도구들이 창업자에게 $5백만이 아니라 $500,000으로 창업이 가능하도록 만들었습니다. 벤처투자자는 수백만 달러를 투자하는 것을 선호하기 때문에 엔젤이 지금은 초기(씨앗 단계) 현금 조달의 지배적인 형태가 되었습니다.

질문: 엔젤투자는 벤처캐피털 업계에 어떤 영향을 미쳤습니까?

답변: 엔젤투자와 벤처캐피털 사이의 구분이 흐려지고 있습니다. 오늘날의 엔젤은 일종의 취미였던 시절에는 원하지 않았던 조건을 요구하고 있습니다. 예를 들어, 추정 투자권(차후의 자금조달 라운드에서 소유권 비율의 수준을 유지할 수 있는)과 정보 권한입니다. 벤처업계는 신규 플레이어에게 맞춰져 있으며, 초기 단계의 시장을 엔젤투자자에게 넘겨주고 시리즈 A(씨앗 자본 이후 첫번째 자금조달) 이상에 참여함으로써 주로 대응하고 있습니다.

질문: 엔젤투자 수익률은 다른 투자 클래스와 어떻게 비교됩니까?

답변: 역사적으로 엔젤투자는 (망할 운명의 조카가 운영하는 세탁업부터 초기 구글 투자까지) 광범위한 투자를 포괄하기 때문에 수익률을 정의하기는 어렵습니다. 엔젤캐피털협회(Angel Capital Association)의 연구에 따르면, 보다 "전문적인" 엔젤투자가가 벤처캐피털 투자자의 수익률을 초과 달성한 것으로 나타났습니다. 대부분의 투자가 결실을 맺기까지 7년에서 10년이 걸리기 때문에 엔젤의 기술 투자가 급격히 증가함에 따라 이것이 계속 될지 여부를 말하기는 시기상조입니다. 초기의 지표는 초기 단계 벤처 수익률로 수렴할 가능성이 높습니다.

질문: 엔젤투자는 해당 분야 전문성을 갖춘 부유한 투자자를 위한 것입니까? 혹은 소규모 투자자도 접근가능하거나 매력적일 수 있습니까?

답변: 현재 대규모로 자금을 투자하는 적극적인 엔젤은 여전히 해당 분야의 전문성을 갖춘 부유한 투자자를 위한 것입니다. 일반적인 엔젤의 투자금이 $25,000이지만, 각 개인 투자의 위험 프로필은 대략 좋은 포트폴리오에 30~50건의 투자를 원합니다. 또한 좋은 거래임을 구분할 수 있고 신속하게 움직이기 위해서는 경영진과 시장에 친숙한 투자 분야의 전문 지식이 필요합니다.

엔젤투자는 여전히 숙련된 투자자를 위한 자산 클래스이지만, 더 이상 부자나 창업 경험이 필요하지는 않습니다. 엔젤리스트(AngelList)와 같은 서비스를 통해 투자자는 부유하고 경험이 풍부한 투자자의 뒷편에서 수백 개의 회사에 $1,000씩 투자할 수 있습니다. 이것은 (적절한 투자 규모를 만들기 위해 여러 친구들이 서로의 돈을 결합할 수 있기 때문에) 부의 기준이 떨어졌음을 의미합니다. 또한 경험이 풍부한 투자자의 뒷편에서 투자하기 때문에 동일한 전문지식 없이도 접근할 수 있습니다. 이로 인해 투자자 기반이 크게 확대되었습니다.

질문: 엔젤투자자는 어떤 근거로 투자 결정을 내릴 수 있습니까?

답변: 경제학자들과 공동 저술한 최근의 연구에 기초하여, 팀, 견인력, 사회적 인정을 근거로 순서대로 사용합니다. 설립 팀의 특성이 가장 중요한 요인이었고, 회사가 얼마나 많은 진전을 (산업 특성에 따라 다양한데 다운로드, 유료 고객, 선주문 등) 보였는지는 두번째 요인입니다. 세 번째 요소인 사회적 인정은 투자자 또는 회사 고문으로 어떤 사람들이 참여하였는지 입니다. 실패의 가장 큰 원인이 "곧 현금이 고갈되려고 합니다"라고 할 가능성이 큰 회사에 작은 투자라도 하려면, 많은 수의 다른 투자자가 함께 투자하고 있는지 확인하려고 할 것입니다. 무명의 투자자보다 성공적인 투자자는 워렌 버핏이 투자한 후에 다른 투자자가 주식을 사들이는 것과 마찬가지로 다른 투자자가 뒤따를 가능성이 훨씬 큽니다. 당신의 $25,000만을 조달한 회사에 투자하면 제품이나 시장에 대해 당신이 "옳다"하더라도 확실하게 돈을 잃게 됩니다.

패널 (a)는 벤처캐피털 투자금액을 보여준다. 패널 (b)는 연도별 벤처캐피털 계약건수를 보여준다.

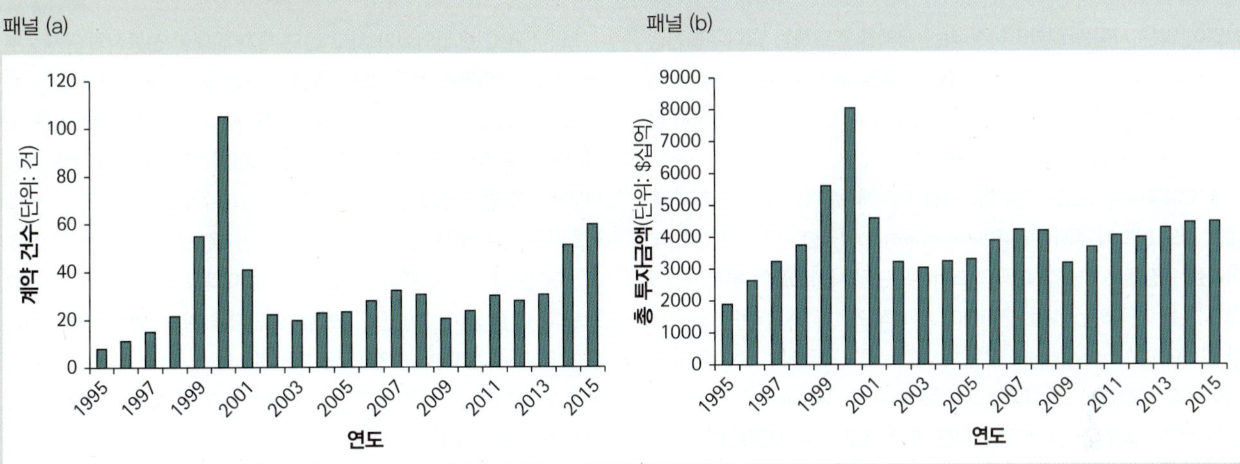

출처: PwC/NVCA Money Tree Report, 자료: Thomson Reuters, 2016.

그림 14.2
미국 벤처캐피털의 사금조달

금융위기 시절에도 벤처캐피털 회사는 2,868건의 계약에 $17.8십억을 투자했다. 이것은 계약 건당 약 $6.2백만을 투자한 것이나.[1] 두사의 대가로, 벤치게피털리스트는 강력한 경영권을 요구하기도 한다. 폴 곰퍼즈(Paul Gompers)와 조쉬 러너(Josh Lerner)의 연구(1999)[2] 벤처캐피털리스트가 신생기업 이사회의 1/3 의석을 지배하거나 이사회의 단일 최대 의결집단을 대표한다고 보고하고 있다. 창업자는 일반적으로 이러한 경영 통제를 벤처캐피털을 얻기 위해 필요한 비용으로 간주하고 있지만, 사실은 벤처캐피털을 끌어들이는 중요한 이익이 될 수 있다. 벤처캐피털리스트는 자신의 투자 자금을 보호하기 위해 경영권을 사용하기 때문에 회사를 위해 필요한 핵심적인 발전과 감시를 위한 역할을 수행하게 된다.

벤처캐피털 분야의 중요성은 지난 50년간 눈부시게 성장해왔다. 그림 14.2에서 보듯이, 이 분야의 성장은 1990년대와 인터넷 열기가 일던 시점에서 정점을 보인다. 전체 산업의 규모는 하락했지만 여전히 1996년보다는 높은 수준을 유지하고 있으며 2001년 이후 최고 수준이다.

기관 투자자 연기금, 보험회사, 기부기금, 재단과 같은 기관 투자자(institutional investors)는 많은 자금을 운영한다. 그들은 매우 다양한 자산의 주요 투자자이며 비공개 회사에도 활발하게 투자한다. 기관 투자자는 비공개 회사에 직접 투자하기도 하며 벤처캐피털 회사의 유한책임 사원이 되어 간접적으로 투자하기도 한다. 비공개 회사 주식에 대한 기관 투자자의 관심은 2000

1) "MoneyTree Report," PricewaterhouseCoopers. Thomson Financial 자료 제공.

2) Paul A. Gompers and Josh Lerner, *The Venture Capital Cycle* (Cambridge, MA: MIT Press, 1999).

크라우드펀딩: 미래의 물결인가?

기업이 많은 사람들로부터 아주 작은 금액을 조달하는 크라우드펀딩(crowdfunding)이라고 알려진 신생기업들을 위한 완전히 새로운 종류의 자금조달이 지난 10년동안 성장하였다. 투자 수준은 미미해서 경우에 따라 $100도 채 되지 않을 수 있다.

과거 미국에서, SEC는 "자격을 갖춘 투자자"(순자산이 큰 투자자)에게만 사모 펀드에 투자할 수 있도록 허용하는 엄격한 규칙을 시행했다. 이러한 규정들은 사실상 미국의 크라우드펀딩 사이트들이 투자자들에게 지분을 제공하는 것을 금지했다. 결과적으로, 킥스타터(Kicjstarter)나 인디에고고(Indegogo)와 같은 회사들은 투자자들에게 그 기업이 궁극적으로 생산하게 될 상품들과 같은 다른 대가(payoff)를 제공했다. 많은 경우 이러한 "자금 조달" 계약은 고급 구매 주문서처럼 보였다.

그러나 2012년에 의회가 사모 펀드 투자에 대한 전통적인 규제로부터 크라우드펀딩을 제외하는 JOBS 법안을 통과시키면서 지형은 극적으로 바뀌었다. 이 법은 크라우드펀딩 사이트가 거래 수수료를 부과하지 않는 한, 자격을 갖추지 않은 개인에 의한 지분 투자를 허용하였다. 이 법의 결과로 투자 실적에 따라 수수료를 부과하는 엔젤리스트(AngeList)와 같은 여러 주식 기반 플랫폼이 등장하였다. 최근 SEC는 크라우드펀딩을 통한 주식 투자의 규모를 제한한다고 발표했다. 예를 들어, 기업들은 크라우드펀딩을 통해 매년 $1백만 이하를 모금할 수 있으며, 연간 소득 또는 순자산이 $100,000 미만인 개인은 $2,000 이하로 혹은 연간 소득 또는 순자산 중 작은 금액의 5%까지 투자할 수 있다.

년대 초반에 급격하게 증가했다. 예를 들어, 2016년에 캘리포니아 공무원연금(CalPERS)은 전체 $294십억의 포트폴리오 중에 $27십억을 비공개 지분에 투자했고, 추가 $12십억도 그 분야에 관련된 자금이라고 보고하였다.

기업 투자자, 기업 파트너, 전략적 파트너, 전략적 투자자: 비공개기업에 투자하는 회사

기업 투자자 이미 설립된 많은 기업이 신생, 비공개 기업의 주식을 매입한다. 비공개 기업에 투자하는 회사는 여러 가지 이름으로 불리는데, **기업 투자자(corporate investor), 기업 파트너(corporate partner), 전략적 파트너(strategic partner)** 혹은 **전략적 투자자(strategic investor)** 등으로 불린다. 지금까지 살펴보았던 비공개 기업에 대한 다른 유형의 투자자는 대부분 투자로부터 얻게 될 재무적 수익에 우선적인 관심을 가진다. 반면에, 기업 투자자는 투자 수익을 얻으려는 이유에 덧붙여서 기업의 전략적 목표를 위해 투자하곤 한다. 예를 들어, 2007년 마이크로소프트는 전략적 파트너십의 일환으로 페이스북(Facebook)에 $240백만을 투자하였다. 이러한 계약은 페이스북 지분의 1.6%를 마이크로소프트에게 주는 것이며 미국 이외의 국가에서 배너 광고 선정에 대한 통제권을 주는 것이었다.

증권과 가치평가

우선주: 은행과 같은 성숙형 기업에 의해 발행되는 우선주는 일반적으로 배당에서 우선권이 있고 청산 시에 선순위를 가지며 때로는 특별 의결권을 가진다. 신생기업이 발행하는 우선주는 청산 시 선순위를 가지지만 일반적으로 정규적인 현금배당을 지급하지 않으며 보통주식으로 전환하는 권리를 가진다.

기업의 설립자가 주식을 처음으로 외부에 매도하려고 할 때 비공개 회사의 일반적인 관행은 보통주가 아니라 우선주를 발행하여 자본을 조달하는 것이다. 은행과 같은 성숙형 기업에 의해 발행되는 **우선주(preferred stock)**는 일반적으로 배당에서 우선권이 있고 청산시에 선순위를 가지며 때로는 특별 의결권을 가진다. 반면에, 신생기업이 발행하는 우선주는 선순위를 가지지만 일반적으로 정규적인 현금배당을 지급하지 않는다. 그러나 이런 우선주는 일반적으로 주주에

게 미래의 어느 시점에 보통주로 전환할 수 있는 선택권을 주기 때문에 **전환우선주(convertible preferred stock)**라고 불린다. 요약하면, 잘 된다면 보통주가 가지는 미래의 모든 권리와 이익을 가지게 될 것이다. 반면에 회사가 재무적 곤경에 빠지게 되면, 우선주 주주는 기업의 자산에 대하여 (종종 회사의 종업원인) 다른 보통주 주주에 비해 선순위 청구권을 가진다.

전환우선주: 미래의 어느 시점에 소유자에게 보통주로 전환할 수 있는 선택권을 주는 우선주

2004년 마크 주커버그(Mark Zuckerberg), 더스틴 모스코비츠(Dustin Moskovitz), 크리스 휴스(Chris Hughes), 에드와도 새버린(Eduardo Saverin)에 의해 설립된 페이스북(Facebook)을 고려해 보자. 페이스북의 초기 자금조달은 $15,000(새버린)과 $85,000(주커버그와 그의 아버지)이다. 2004년 7월에 페이스북은 엔젤 투자자들인 페이팔(Paypal)의 공동창업자 피터 틸(Peter Thiel), 징가(Zynga)의 공동창업자 마크 핑커스(Mark Pincus), 링크드인(LinkedIn)의 공동창업자 리드 호프만(Reid Hoffman)의 관심을 받았다. 그들은 신규 자금으로 $500,000을 신생 기업에 투자하여 10%의 소유권을 대가로 받았다.

페이스북은 빠르게 (2004년말에 1백만의 사용자에 도달) 성장했고, 추가적인 자금이 필요했다. 최초의 벤처캐피털 자금조달은 2005년 5월 엑셀 파트너즈(Accel Partners)에게 (페이스북의 엔젤 투자자들도 이 시점에 자금을 투자했다) 시리즈 A 우선주 $12.7백만을 매도한 것이다. 그후 2006년 4월 페이스북은 5개의 벤처캐피털 회사에게 총 $27.5백만을 조달하여 시리즈 B 자본조달 라운드를 마감했다.[3] 이러한 주식의 발행 이후에도 페이스북이 비공개 회사로 유지되었다는 것을 이해하는 것이 중요하다. 단순히 외부에 주식을 파는 것만으로 기업이 공개되는 것이 아니다. 회사는 여전히 비공개된 상태인데, 이것은 주식이 거래소에 상장되지 않았으며 SEC에 재무제표를 보고할 의무가 없으며 주주의 수가 여전히 작다는 것을 의미한다. 이 장에서 나중에 우리는 일반 대중에게 주식을 모집하고 공개기업으로 전환하는 과정에 대해 논의할 것이다. 자금조달 라운드는 다음과 같은 소유권 분포를 가져왔다.

자금조달 라운드	시기	자본조달액	투자자에게 매도한 소유권	창업자 소유권	페이스북의 내재가치
엔젤투자	2004년 중순	$500,000	10%	90%	$5,000,000
시리즈 A	2005년 5월	$12,700,000	12.7%	77.3%	$100,000,000
시리즈 B	2004년 중순	$27,500,000	5%	72.3%	$550,000,000

Series B 우선주는 페이스북이 판매한 새로운 주식이다. 매도한 신주의 가격으로 창업자들의 주식을 평가하면 $397.65백만이며 이는 회사 가치 $550백만의 72.3%를 차지한다. 회사를 설립할 때 주커버그와 다른 창업자의 주식의 가치는 매우 불확실했으나 크게 증가했다는 것을 주목하는 것이 중요하다. 자금조달 라운드의 가격에 이전에 발행한 주식의 가치(예에서 $397.65백만)

3) 페이스북의 추가적인 자금조달에 대한 정보는 EDGAR(www.sec.gov/edgar/searchedgar/webusers.htm)의 IPO 사업설명서(prospectus)에서 근거했다.

예제 14.1
자금조달과 소유권

문제 *Problem*

당신은 2년전에 회사를 설립했다. 최초 투자금으로 $100,000을 투자하고 1.5백만주의 주식을 대가로 받았다. 그 이후 당신은 추가로 500,000주를 발행해서 엔젤 투자자에게 팔았다. 이제 당신은 벤처 캐피털리스트(VC)에게서 자금을 조달하는 것을 고민하고 있다. VC는 $6백만을 투자하고 신주 3백만 주를 받을 것이다. 투자후 가치는 얼마인가? 이번이 당신 회사에 대한 VC의 최초투자라고 가정하면 VC의 회사 지분율은 얼마인가? 당신의 지분율은 얼마인가? 당신 지분의 가치는 얼마인가?

풀이 *Solution*

● **계획**

자금조달이 끝난 뒤에는 총 5백만주가 발행되어 있을 것이다.

당신의 지분	1,500,000
엔젤투자자의 지분	500,000
신주 발행주식	3,000,000
총발행주식수	5,000,000

VC는 $6,000,000/3,000,000=$2로 주당 $2를 지불했을 것이다. 투자후 가치는 총 발행주식수에 VC에게 해당되는 주가를 곱한 것이다. VC의 지분율은 총 발행주식수에서 VC가 가진 주식수이다. 당신의 지분율은 총 발행주식수에서 당신이 가진 주식수이며 당신 지분의 가치는 당신의 주식수에 VC이 지불한 주가를 곱하면 된다.

● **실행**

5백만주가 발행되어 있고 VC는 주당 $2를 지불했다. 따라서 투자후 가치는 5,000,000 x $2 = $10 백만이다. VC는 3백만주를 샀고 전체 발행주식수는 5백만주이기 때문에 3,000,000/5,000,000=60%의 지분율이다. 당신은 1,500,000/5,000,000=30%의 지분을 가지고 있고 당신 주식의 투자후 가치는 1,500,000 x $2 = $3,000,000이다.

● **평가**

당신이 회사의 자금을 신주 발행으로 조달하면 엔젤이든 벤처든 장단점이 있다. 성장에 필요한 자금을 받는 대가로 당신이 보유한 회사 소유권의 일부를 포기해야만 한다. 주당 발행가격을 높게 협상할 수 있으면 자금에 대한 대가로 포기하는 소유권도 작아질 수 있다.

투자전 가치: 자금조달 이전의 주가로 평가한 투자이전 발행주식의 가치

투자후 가치: 자금조달 시점의 주가로 평가한 전체(신주와 구주 합계) 기업의 가치

를 **투자전 가치(pre-money valuation)**라고 한다. 자금조달 라운드의 가격에 전체 (신주와 구주 합계) 기업의 가치($550백만)를 **투자후 가치(post-money valuation)**이라고 한다. 투자전 가치와 투자후 가치의 차이는 투자된 금액이다. 다시 말해서 아래 식과 같다

$$투자후 가치 = 투자전 가치 + 투자된 금액 \tag{14.1}$$

몇 년에 걸쳐서, 페이스북은 시리즈 B 자금조달 라운드 이외에 외부에서 추가로 주식발행으로 자금을 조달하였다.[4]

4) 자금조달 조건은 비공개되었다. 자세한 사항은 언론 공개에 근거한 저자들의 추정이다.

자금조달 라운드	일자	자본조달 금액	투자자에게 매도한 소유권	창업자/종업원 소유권	페이스북의 내재가치
시리즈 C	2007.10 - 2008. 4.	$375,000,000	2.5%	69.8%	$15,000,000,000
시리즈 D	2009. 5-11.	$290,000,000	2.9%	66.9%	$10,000,000,000
시리즈 E	2010. 6.	$120,000,000	0.6%	66.1%	$20,000,000,000
보통주	2011. 1.	$1,500,000,000	3.0%	63.1%	$50,000,000,000

매번 투자자는 비공개기업의 우선주를 매입하였다. 투자자들은 앞서 설명한 비공개 회사에 투자하는 투자자의 전형적인 모습과 매우 유사하다. 엔젤 투자자는 초기에 투자하였고 이후 라운드에도 투자를 계속하였다. 다른 투자자들은 주로 벤처캐피털 자본 및 리카싱(Li Ka-Shing)과 보노(Bono)와 같은 부유한 개인이었다. 마이크로소프트는 기업 투자자로 대부분의 시리즈 C 주식에 투자하였다.

비공개 회사에 투자한 자금의 회수 (Exiting an Investment in a Private Company)

모든 관계에서처럼 회사와 투자자의 관계는 자금의 필요성과 원천이 발전하면서 변하기 마련이다. 비공개 회사에 대한 투자자의 중요한 관심은 **출구전략(exit strategy)**이다. 그것은 투자에 대한 수익을 궁극적으로 어떻게 실현할 것인가를 말하는 것이다. 투자자는 두 가지 주된 방법으로 출구를 찾을 수 있는데 인수(acquisition)와 공모(public offering)이다. 때때로 대기업은 성공적인 신생기업을 인수한다. 이 경우 인수회사는 비공개 회사의 발행주식을 매입하여 모든 투자자가 현금을 챙겨서 출구로 나갈 수 있도록 한다. 2011년에서 2015년 사이에 약 86%의 벤처캐피털이 인수합병을 통해 투자자금을 회수했으며 계약 규모는 $100백만에서 $150백만 사이이다.[5] 투자자가 투자 자금을 회수하도록 해주는 또 다른 대안은 회사가 공개기업이 되는 것이다.

출구전략: 비공개 회사에 대한 투자자의 중요한 관심으로, 그것은 그들의 투자에 대한 수익을 궁극 적으로 어떻게 실현할 것인가를 상세히 하는 것이다.

시간이 지나면서 페이스북 주식의 가치와 자금조달 라운드의 규모는 증가했다. 골드만 삭스(Goldman Sachs)와 투자자들은 2011년 1월에 회사의 3%에 불과한 주식에 $1.5십억을 지불하였다. 기존 주식의 가치는 크게 올라서 초기 투자자는 상당한 자본이득을 과시하게 되었다. 그러나 페이스북은 비공개 기업이었기 때문에 투자자들은 주식을 공개 시장에서 매도하여 이득을 실현할 수 없었다. 다음 절에서 우리는 기업이 대중에게 주식을 매각하고 공개 시장에서 주식이 거래되는 과정에 대해서 논의한다.

개념확인

1. 비공개 회사가 외부에서 자기자본을 조달하는 주요한 원천은 무엇인가?
2. 벤처캐피털 회사는 무엇인가?

5) National Venture Capital Association 출처

14.2 회사를 대중에게 공개함: 기업공개

기업공개: 처음으로 주식을 대중(public)에게 매도하는 절차

처음으로 주식을 대중에게 매도하는 절차를 **기업공개(initial public offering, IPO)**라고 한다.[6] 최근 신문의 헤드라인을 장식한 페이스북, 알리바바(Alibaba), 트위터(Twitter)의 IPO는 기업성장의 단계임을 강조하였다. 이번 절에서 우리는 IPO의 두 가지 사례(전통적인 절차와 최근의 개혁)를 살펴본다.

기업공개의 장단점

기업공개는 회사에 이전보다 높은 유동성을 제공하고 자본에 접근하기 용이하게 해준다. 공개를 통해 회사는 사모 투자자에게 분산 투자할 수 있는 가능성을 제공한다. 또한 공개기업은 일반적으로 기업공개와 후속적인 공모를 통해 공개시장에서 더 많은 자본을 조달할 수 있는 기회를 가지게 된다. 예를 들어, 표 14.1에서 보듯이 전세계적으로 29개의 대형 기업공개를 통해 $7십억 이상의 자금이 조달되었다. 페이스북의 사례에서 회사의 마지막 주식 발행 자금조달은 2011년 1월의 $1.5십억이었다. 회사는 2012년 5월 IPO를 통해 $16십억을 매도하였는데, 그중 $6.8십억은 새로운 자금조달이었고 $9십억은 기존 주주의 매도였다. 따라서 공개기업으로 페이스북은 많은 자금을 조달할 수 있었다.

IPO를 실행하는 주된 장점은 또한 IPO의 주된 단점이다. 투자자가 주식을 매도하여 보유지분을 분산하게 되면 회사의 주주는 널리 퍼지게 된다. 이것은 투자자가 회사 경영진을 감시하는 능력을 약화시키고 통제권을 상실하게 만든다. 더구나 일단 회사가 공개되면 공개기업의 요구조건을 모두 만족시켜야 한다. 21세기 초반에 있었던 일류기업의 스캔들로 인해 기업의 부당행위를 방지하기 위한 규제 강화가 촉진되었다. 증권관리위원회(SEC), 증권거래소(NYSE, Nasdaq), 의회(사베인스-옥슬리 법, Sarbanes-Oxley Act)와 같은 조직은 좀 더 철저한 재무 공시, 보다 강화된 책임, 이사회의 구성과 책임에 있어서 더 엄격한 요건과 같은 새로운 기준을 채택하였다. 일반적으로 이러한 기준은 투자자에 대한 보호를 위해 고안되었다. 그러나 새로운 기준을 따르기 위해서 공개기업은 비용이나 시간을 소모해야만 한다.

신규발행과 구주매출 IPO

인수회사: 증권발행을 관리하고 증권의 구조를 설계하는 투자은행

기업을 공개하기로 결정하고 나면 회사의 경영진은 **인수회사(underwriter)**와 함께 일하게 된다.[7] 인수회사는 투자은행으로 증권발행을 관리하고 증권의 구조를 설계한다. 인수회사는 기업의 증권 공모를 관리한다. 공모의 구조를 선택한다는 것은 어떤 종류의 주식을 판매할 것이며 인수회사가 어떤 매각절차를 선택할 것인지를 포함한다.

---

6) 신규 주식공모 혹은 최초공모라는 용어를 사용하기도 한다.

7) 인수회사는 간사회사, 주간사 혹은 주관사로 불린다.

표 14.1 국제적 대형 기업공개(IPO)

발행회사	일자	거래소	산업	인수회사	금액 (단위: $백만)
Alibaba Group Holding	09/18/2014	NYSE	기술	Credit Suisse	$21,767
ABC Bank	07/07/2010	Hong Kong / Shanghai	금융	Goldman Sachs (Asia)	$19,228
ICBC Bank	10/20/2006	Hong Kong / Shanghai	금융	Merrill Lynch	$19,092
NTT Mobile	10/22/1998	Tokyo Stock Exchange	통신	Goldman Sachs (Asia)	$18,099
Visa	03/18/2008	NYSE	금융	J.P. Morgan	$17,864
AIA	10/21/2010	Hong Kong	금융	Citi	$17,816
ENEL SpA	11/01/1999	NYSE	유틸리티	Merrill Lynch	$16,452
Facebook	05/17/2012	NASDAQ	기술	Morgan Stanley	$16,007
General Motors	11/17/2010	NYSE	자본재 및 서비스	Morgan Stanley	$15,774
Nippon Tel	02/09/1987	Tokyo Stock Exchange	통신	Nomura Securities	$15,301
Deutsche Telekom	11/17/1996	NYSE	통신	Goldman, Sachs & Co	$13,034
Bank of China	05/24/2006	Hong Kong/Shanghai	금융	Goldman, Sachs & Co.	$11,186
Dai-ichi Mutual Life Insurance	03/23/2010	Tokyo Stock Exchange	금융	BofA Merrill Lynch	$10,986
AT&T Wireless Group	04/26/2000	NYSE	통신	Goldman, Sachs & Co.	$10,620
Rosneft Oil Company	07/13/2006	Russian Trading System	에너지	ABN AMRO	$10,421
Glencore International	05/19/2011	LSE Main/Hong Kong	자원	Citi	$10,316
Japan Tobacco Inc. (JT)	10/27/1994	Tokyo Stock Exchange	소비재	Nomura Securities	$9,576
China Construction Bank	10/20/2005	Hong Kong/Shanghai	금융	Morgan Stanley	$9,227
Kraft Foods	06/12/2001	NYSE	소비재	Credit Suisse	$8,680
Electricite De France	11/18/2005	Euronext/Paris	유틸리티	ABN AMRO	$8,328
Water Holding Co	11/22/1989	LSE Main	유틸리티	Credit Suisse	$8,199
VTB Bank	05/10/2007	LSE Main	금융	Citi	$7,988
Banader Hotels Co	11/20/2005	Bahrain Stock Exchange	소비재	KPMG Corporate	$7,958
Telia AB	06/13/2000	OMX Nordic Exchange	통신	Morgan Stanley	$7,728
British Gas PLC	12/08/1986	LSE Main	에너지	Goldman, Sachs & Co.	$7,610
DDI Corp	09/03/1993	Tokyo Stock Exchange	통신	Daiwa Securities	$7,592
China Engineering	07/23/2009	Shanghai	자본재 및 서비스	China International Capital	$7,343
France Telecom	10/17/1997	NYSE	통신	Merrill Lynch	$7,289
Banco Santander Brasil	10/06/2009	NYSE/Bovespa	금융	Santander Investment	$7,026

출처: www.renaissancecapital.com, 2016년 6월

신규 발행: 새로 자금을 조달하면서 신주를 발행하는 공모

구주 매출: 기존의 주주가(출구전략의 일환으로) 보유 주식을 파는 공모

IPO를 통해 기업은 처음으로 대중에게 대규모로 주식을 매각하는 공개모집을 하게 된다. IPO에서 팔리는 주식은 새로 자금을 조달하기 위해 신주를 발행하는 **신규발행(primary offering)**이거나 현재의 주주가 (출구전략의 일환으로) 보유 주식을 파는 **구주매출(secondary offering)**이 될 수 있다.

전통적인 IPO 과정은 표준화된 형태를 따른다. 우리는 IPO 진행과정에 인수회사가 밟아가는 절차에 대해 알아볼 것이다.

대표 주관사: 증권발행을 관리하는 책임을 가진 발행 은행회사

신디케이트: 증권발행을 함께 인수하고 분배하는 인수회사 집단

인수회사와 신디케이트 많은 IPO는 특히 대형 공모는 주관사가 집단으로 관리한다. **대표 주관사(lead underwriter)**는 증권발행을 관리하는 책임을 가진 주된 투자은행이다. 대표 주관사는 판매에 대한 대부분의 조언을 하고, 발행증권의 시장 판매를 돕는 **신디케이트(syndicate)**라고 불리는 인수회사 집단을 조정한다. 표 14.2는 2015년에 국제적으로 있었던 대형 IPO를 책임졌던 대표 주관사 및 그들의 2012-2015년 사이의 순위를 보여준다. 표가 보여주듯이 미국과 유럽의 투자은행과 상업은행이 인수업무를 지배하고 있다.

인수회사는 IPO를 마케팅하고 발행회사의 모든 필요한 서류작업을 돕는다. 무엇보다도, 아래에서 설명하듯이 공모가격을 결정하는데 적극적으로 참여하게 된다. 많은 경우에 인수회사는 발행 이후에 매도자와 매수자를 연결시켜줌으로써 시장을 조성하는 역할을 하며, 주식이 유동성을 유지하도록 보장한다.

표 14.2
2015년 국제적 IPO의 인수회사 순위

		발행금액 (단위: 백만)	발행 횟수	시장점유율 (발행금액)	순위			
					2015	2014	2013	2012
모건스탠리	Morgan Stanley	14,360.6	92	7.6	1	1	3	1
골드만 삭스	Goldman, Sachs & Co	11,026.2	87	5.9	2	2	1	7
JP 모건	JP Morgan	10,114.1	72	5.4	3	3	2	2
UBS	UBS	8,991.7	55	4.8	4	7	8	8
BOA 메릴린치	Bank of America Merrill Lynch	8,610.2	69	4.6	5	8	4	4
씨티	Citi	8,134.0	75	4.3	6	6	7	5
크레딧 스위스	Deutsche Bank	7,408.2	61	3.9	7	4	5	3
도이치 뱅크	Credit Suisse	5,670.3	61	3.0	8	5	6	6
바클레이즈	Barclays	5,094.6	43	2.7	9	9	9	9
HSBC	HSBC Holdings PLC	4,659.5	27	2.5	10	10	14	18
노무라	Nomura	3,516.9	45	1.9	11	11	10	15
씨틱	CITIC	3,428.6	23	1.8	12	16	–	–
제퍼리즈	Jefferies LLC	3,043.8	43	1.6	13	14	13	–
스미토모 미쯔이	Sumitomo Mitsui Finl Grp Inc	2,158.6	30	1.2	14	–	19	14
에버브라이트 증권	Everbright Securities Co Ltd	2,075.3	7	1.1	15	–	–	–
다이와 증권	Daiwa Securities Group Inc	2,061.5	18	1.1	16	–	–	–
핑앙 증권	Ping An Securities Ltd	2,028.0	20	1.1	17	–	–	–
차이나 인터내셔널 캐피털	China International Capital Co	2,001.3	18	1.1	18	–	–	–
미즈호 금융	Mizuho Financial Group	1,924.1	18	1.0	19	–	–	18
차이나 머천트 증권	China Merchants Securities Co	1,924.1	22	1.0	20	15	–	–

출처: ThomsonReuters.

SEC 서류제출 SEC는 발행회사가 **유가증권 발행신고서(registration statement)**를 준비하도록 요구한다. 유가증권 발행신고서는 증권발행에 앞서서 투자자에게 회사에 대한 재무정보와 기타 정보를 제공하는 법적인 서류이다. 회사의 경영진은 유가증권 발행신고서를 준비하고 SEC에 제출하기 위해서 인수회사와 밀접하게 협력한다. 유가증권 발행신고서의 일부는 **예비 투자설명서 (preliminary prospectus, red herring)**라고 불리는데 이 서류는 주식을 공모하기 전에 투자자에게 배포된다. "붉은 청어(red herring)"라는 용어는 투자설명서의 겉장에 붉은 잉크로 이 서류가 예비적인 것이고 주식을 공모하는 것은 아니라는 경고가 물고기 모양으로 찍혀 있는 것에서 유래한다. (흥미롭게도, "붉은 청어"는 여우사냥에서 유래했는데, 전통적으로 붉은(훈제) 청어가 사냥개들의 주의를 산만하게 하고, 먹이 냄새에서 개들을 쫓아내기 위해 사용되었다.)

유가증권 발행신고서: 증권발행에 앞서서 투자자에게 회사에 대한 재무정보와 기타 정보를 제공하는 법적인 서류

예비 투자설명서: 주식을 모집하기 전에 투자자에게 배포되는 회사가 IPO 이전에 준비하는 유가증권 발행신고의 일부

SEC는 유가증권 발행신고서를 검토하여 주식의 매입을 결정하는데 필요한 모든 중요 정보를 회사가 투자자에게 공개하고 있는지를 확인한다. 회사가 SEC의 정보공개 기준을 만족시키면 SEC는 대중에게 주식을 판매하도록 승인한다. IPO 이전에 회사는 최종 유가증권 발행신고서를 준비하는데 거기에는 발행주식수와 공모가격을 포함한 IPO의 모든 상세정보를 담은 **최종 투자설명서(final prospectus)**가 포함된다.[8]

최종 투자설명서: IPO 이전에 발행주식수와 공모가격을 포함한 IPO의 모든 상세정보가 담긴 회사가 준비하는 최종 유가증권 발행신고서의 일부

이 과정을 설명하기 위해서 페이스북으로 돌아가자. 그림 14.3은 페이스북의 IPO를 위한 최종 투자설명서의 겉장을 보여준다. 표지는 회사의 이름, 인수회사의 명단(대표 공동주관사가 처음 등장), 공모가격의 요약 정보를 포함한다. 이 건은 180백만 주의 신규발행과 241백만 주의 구주매출이었다.

가치평가 공모가격을 결정하기 전에, 인수회사는 제7장과 제10장에서 학습한 기법을 이용하여 발행회사의 합리적인 가치를 반영한다고 믿어지는 가격 범위를 가지고 발행회사와 밀접하게 협의한다. 앞서 학습했듯이, 회사의 가치를 평가는 방법은 두 가지가 있다. 미래 현금흐름을 추정하여 현재가치를 계산하는 것과 비교대상 회사를 검토하여 가치를 평가하는 방법이다. 대부분의 인수회사는 두 가지 방법을 모두 사용한다. 그러나 이러한 기법이 상이한 결과를 가져올 때면 인수회사는 최근의 IPO 회사를 비교대상으로 하는 평가 방법에 의존하는 경우가 많다.

처음의 가격 범위가 설정되면 인수회사는 시장에서 생각하는 가치를 결정하려고 노력한다. 인수회사는 **순회설명회(road show)**를 개최하는데 설명회에서 고위 경영자와 대표 주관사는 전국을 (때로는 세계를) 여행하며 회사를 알리고 공모가격의 근거를 주로 뮤추얼 펀드나 연기금과 같은 기관 투자자인 대형 고객에게 설명한다.

순회설명회: IPO 동안에 기업의 고위 경영자와 대표 주관사는 뮤추얼 펀드나 연기금과 같은 기관 투자자에게 회사를 알리고 공모가격의 근거를 설명하기 위해 여행하는 것

순회설명회의 마지막에 고객은 인수회사에게 얼마만큼의 주식을 매입하려 하는지 의사를 표명함으로써 자신의 관심을 전달한다. 비록 이러한 약정이 확정적인 것은 아니지만 인수회사의

8) 등록 서류는 EDGAR에서 찾을 수 있다. SEC의 웹 사이트는 등록 서류를 투자자에게 제공한다. www.sec.gov/edgar/searchedgar/webusers.htm

그림 14.3
페이스북의 IPO 투자설명서의 표지
표지는 회사의 이름, 인수회사들의 명단, 공모가격에 관한 요약 정보를 포함하고 있다.

PROSPECTUS

421,233,615 Shares

facebook

CLASS A COMMON STOCK

Facebook, Inc. is offering 180,000,000 shares of its Class A common stock and the selling stockholders are offering 241,233,615 shares of Class A common stock. We will not receive any proceeds from the sale of shares by the selling stockholders. This is our initial public offering and no public market currently exists for our shares of Class A common stock.

We have two classes of common stock, Class A common stock and Class B common stock. The rights of the holders of Class A common stock and Class B common stock are identical, except voting and conversion rights. Each share of Class A common stock is entitled to one vote. Each share of Class B common stock is entitled to ten votes and is convertible at any time into one share of Class A common stock. The holders of our outstanding shares of Class B common stock will hold approximately 96.0% of the voting power of our outstanding capital stock following this offering, and our founder, Chairman, and CEO, Mark Zuckerberg, will hold or have the ability to control approximately 55.9% of the voting power of our outstanding capital stock following this offering.

Our Class A common stock has been approved for listing on the NASDAQ Global Select Market under the symbol "FB."

We are a "controlled company" under the corporate governance rules for NASDAQ-listed companies, and our board of directors has determined not to have an independent nominating function and instead to have the full board of directors be directly responsible for nominating members of our board.

Investing in our Class A common stock involves risks. See "Risk Factors" beginning on page 12.

PRICE $38.00 A SHARE

	Price to Public	Underwriting Discounts and Commissions	Proceeds to Facebook	Proceeds to Selling Stockholders
Per share	$38.00	$0.418	$37.582	$37.582
Total	$16,006,877,370	$176,075,651	$6,764,760,000	$9,066,041,719

We and the selling stockholders have granted the underwriters the right to purchase up to an additional 63,185,042 shares of Class A common stock to cover over-allotments.

The Securities and Exchange Commission and state regulators have not approved or disapproved of these securities, or determined if this prospectus is truthful or complete. Any representation to the contrary is a criminal offense.

The underwriters expect to deliver the shares of Class A common stock to purchasers on May 22, 2012.

MORGAN STANLEY J.P. MORGAN GOLDMAN, SACHS & CO.

BofA MERRILL LYNCH BARCLAYS ALLEN & COMPANY LLC

CITIGROUP CREDIT SUISSE DEUTSCHE BANK SECURITIES

RBC CAPITAL MARKETS WELLS FARGO SECURITIES

출처: SEC filings

고객은 인수회사와의 장기적인 관계를 중요시하기 때문에 약속을 파기하는 경우는 드물다. 인수회사는 수요를 합산하여 총 수요를 계산하고 발행이 실패하지 않을 정도의 가격으로 조정한다. 고객의 관심 표명에 근거하여 공모가격을 얻어내는 이러한 과정을 **수요예측(book building)**이라고 한다.

수요예측: 고객의 관심 표명에 근거하여 인수회사가 공모가격을 얻어내는 과정

가격결정과 관리위험 대부분의 일반적인 계약에서 인수회사와 발행회사는 인수회사가 공모가격에 모든 주식을 매각하는 것을 보장하는 **총액인수(firm commitment)**로 체결하는 것에 동의한다. 인수회사는 전체 발행주식을 (공모가격보다 약간 낮은 가격에) 모두 매입하고 공모가격에 재판매한다. 만일 전체 발행주식이 모두 매각되지 않으면 인수회사는 곤경에 빠진다. 남아 있는 주식을 낮은 가격에라도 팔아야 하고 인수회사는 손실을 입게 된다. 가장 최악의 사례로 알려진 것은 영국정부가 영국석유회사(British Petroleum)를 사기업화할 때 발생했다. 매우 특이한 경우로 회사는 점진적으로 대중에게 매각되었다. 영국정부가 영국석유회사의 최종 지분을 매각한 시점은 1987년 10월로 주가폭락이 일어났다. 공모가격은 대폭락이전에 결정되었지만 기업공개는 폭락 이후에 일어났다.[9] 첫 날 거래가 끝났을 때 인수회사는 $1.29십억의 손실을 겪었다. 그 이후 쿠웨이트 투자청(Kuwaiti Investment Office)이 관여하여 주식을 매입하기 시작할 때까지 주가는 더 떨어졌다.

총액인수: 인수회사가 공모가격에 모든 주식을 매각하는 것을 보장 하는 인수회사와 발행회사 사이의 계약

페이스북의 IPO에서 최종 공모가격은 주당 $38.50이었다. 회사는 인수회사에 수수료인 **스프레드(spread)**를 지불하기로 했다. 스프레드는 주식 발행가격의 퍼센트로 표현하는데 이 경우 주당 $0.418로 발행가격의 1.1%였다. 총액인수 계약이기 때문에 인수회사는 페이스북의 주식을 주당 $37.582(= $38.00 - $0.418)에 매입하고 고객에게 주당 $38.00에 재판매하였다.

스프레드: 발행회사가 인수회사에게 지불하는 주식발행가격의 퍼센트로 표현하는 수수료

인수회사가 총액인수를 제공할 때, 인수회사는 공모주식을 공모가격보다 낮은 가격에 팔아야만 하고 그로 인해 손실을 입게 되는 잠재적인 위험에 처할 수 있다. 그러나 팀 루그런(Tim Lougran)과 제이 리터(Jay Ritter)의 연구에 따르면, 1990년에서 1998년 사이에 미국 IPO의 9%만이 첫날 공모가격 아래로 떨어졌다.[10] 약 16%는 첫날의 가격이 공모가격과 같았다. 따라서 대부분의 IPO는 거래 첫날에 주가 상승을 경험하는데, 이것은 최초 공모가격이 일반적으로 주식시장에서 투자자가 지불하려는 가격보다 낮았다는 것을 의미한다.

인수회사는 수요예측 단계에서 얻은 정보를 사용하여 의도적으로 IPO를 저가발행하고 손실에 노출되는 것을 줄이는 것 같다. 더구나 발행가격(공모가격)이 결정되면 인수회사는 성공적인 공모에서는 추가적으로 주식을 더 매각할 수 있는 기회인 **초과배정(overallotment allocation)**

초과배정: IPO에서, 인수회사가 일반적으로 원래 공모규모의 15%에 해당하는 더 많은 주식을 IPO 공모가격에 판매할 수 있도록 허락하는 옵션

9) 이것은 공모가격이 발행일보다 몇 주전에 결정되었던 예외적 사건이다. 미국에서 인수회사는 일반적으로 최종 공모가격을 IPO 전날 이내로 결정한다.

10) "Why Don't Issuers Get Upset About Leaving Money on the Table in IPOs?" *Review of Financial Studies* 15 (2) (2002): 413-443.

예제 14.2
비교대상을 이용한 IPO의 가치 평가

문제 *Problem*

와그너(Wagner, Inc.)는 비공개 회사로 브랜드 상품을 디자인, 생산, 유통하는 회사이다. 최근의 회계연도에 와 그너는 $325백만의 수익(매출액)과 $15백만의 이익을 기록했다. 와그너는 IPO를 위해서 유가증권 발행신고서를 SEC에 제출했다. 주식을 공모하기 전에, 와그너의 투자은행은 비교대상 회사를 이용하여 가치를 추정하려고 한다. 투자은행은 최근 공개한 동종 산업에 속한 회사의 자료를 근거로 아래와 같은 정보를 수집했다. 각각의 경우 비율은 모두 IPO 공모가격을 바탕으로 계산하였다.

회사명	P/E 비율	PSR(가격/매출액 비율)
Ray Products Corp.	18.8×	1.2×
Byce–Frasier Inc.	19.5×	0.9×
Fashion Industries Group	24.1×	0.8×
Recreation International	22.4×	0.7×
평균	21.2×	0.9×

풀이 *Solution*

● **계획**

P/E 비율을 근거로 한 와그너의 IPO 가격이 최근에 IPO를 한 기업과 유사하려면, 이 비율이 최근 공개한 기업의 평균과 같을 것이다. 따라서 P/E 비율에 근거해서 IPO 가격을 계산하려면, 우리는 우선 비교 그룹의 평균 P/E 비율을 택하고 와그너의 총이익을 곱해야 한다. 이 계산은 와그너의 총자기자본 가치를 얻게 해 준다. IPO의 주당 가격을 원한다면 총자기자본 가치를 IPO 발행주식수(20백만 주)로 나눈다. 동일한 방법을 PSR 에도 적용할 수 있다.

● **실행**

최근 IPO 기업의 평균 P/E 비율은 21.2이다. 와그너의 이익이 $15백만이므로 주식의 총시장가치는 $15백만 × 21.2 = $318백만이 된다. 20백만 주가 발행된다면 주당 가격은 $318백만/20백만 = $15.90이다.
유사한 방법으로, 만일 와그너의 가격을 PSR이 평균 0.9와 같다고 가정하여 계산하면, 매출액 $325백만 을 곱하여 총시장가격은 $325백만 × 0.9 = $292.5백만이 되고 주당 가격은($292.5/20) = $14.63이 된다.

● **평가**

제10장에서 우리는 시장배수를 이용하여 가치평가를 하면 다른 비율에서 동일한 가치를 기대할 수 없기 때문에 예측 범위를 얻게 된다는 것을 알았다. 이러한 예측을 통해서 인수회사는 와그너의 초기 가격 범위를 순회설명회에서 주당 $13에서 $17로 제시할 수 있을 것이다.

혹은 **그린슈 조항(greenshoe provision)**을 채택할 수 있다.[11] 이 옵션은 인수회사에게 원래 공모규모의 15%에 해당하는 더 많은 주식을 IPO 공모가격에 판매할 수 있도록 허락한다. 페이스북의 사례에서, 인수회사는 63백만 주의 초과배정을 커버하기 위한 추가적인 주식을 매입할 수 있는 옵션을 가지고 있다. 인수회사는 주식이 거래된 후 30일 이후에 할인가격인 $37.582에 매입할 수 있다.

11) 이 용어는 Green Shoe Company에서 유래한다. IPO에서 초과배정 옵션을 처음으로 가졌던 발행회사 이름이다.

IPO 과정이 끝나면 회사의 주식은 증권거래소에 상장되어 거래된다. 대표 주관사는 주식의 원활한 거래를 위해서 매도자와 매수자를 연결시키는 시장조성을 하고 담당 애널리스트를 배정한다. 이런 행위를 통해 인수회사는 유통시장에서 주식의 유동성을 향상시킨다. 이런 서비스는 발행회사와 인수회사의 고객 모두에게 도움이 된다. 유동성 있는 시장에서 투자자는 IPO를 통해 매입한 주식을 쉽게 거래할 수 있다. 만일 주식이 활발하게 거래된다면, 발행회사는 신주를 발행하여 자금을 조달하려고 할 때 계속하여 주식시장을 활용할 수 있을 것이다. 대부분의 경우 기존의 주주는 **락업(lockup)**에 해당된다. 락업은 기존 주주가 보유주식을 IPO 이후 일정 기간 (일반적으로 180일) 동안 매각할 수 없도록 하는 것이다. 락업이 종료되면 주식을 자유롭게 매도할 수 있다.

락업: 기존 주주가 보유주식을 IPO 이후 일정 기간(일반적으로 180일) 동안 매각할 수 없도록 제한함

다른 형태의 IPO

지금까지 전통적인 IPO 방법에 대해 알아보았다. 이제는 IPO에서 주식을 매도하는 다른 방법에 대해 논의할 것이다.

위탁모집 방식 소규모 IPO에서 인수회사는 일반적으로 **위탁모집(best-efforts)** 방식의 계약을 받아들인다. 이 방식에서는, 인수회사가 주식의 판매를 보장하는 것이 아니라 대신에 가능한 한 최선의 가격에 매도하려고 노력을 한다. 때로는 IPO에서 모든 주식이 팔리던지 혹은 계약이 취소되는 전부-혹은-전무 조항(all-or-none clause)이 있을 수 있다.

위탁모집 방식: 소규모 IPO에서 인수회사가 주식의 판매를 보장하는 것이 아니라 대신에 가능한 한 최선의 가격에 매도하려고 노력을 하는 상황

경매 IPO 최근에 투자은행인 햄브레이트(WR Hambrecht + Company)는 온라인을 이용하여 직접 대중에게 신주를 판매하는 **경매 IPO(auction IPO)** 방식인 OpenIPO를 이용하여 IPO 과정을 변경하려고 했다. 전통적인 방식으로 가격을 결정하기 보다는 햄브레치는 경매를 통해 시장이 주식 가격을 결정하도록 했다.[12] 투자자는 일정기간 동안 경매가격을 주문한다. 경매 IPO는 높은 주문가격부터 주식 물량을 합하여 공모주식수와 일치하는 물량의 주식에 해당되면 그 가격을 최고가로 결정한다. 성공적인 경매참여자는 자신의 주문가격이 최고가보다 높더라도 최고가를 지불하면 된다. 최초의 OpenIPO는 1999년에 있었던 레이븐스우드(Ravenswood Winery)의 $11.55백만의 IPO이다.

경매 IPO: 잠재적인 투자자의 경매 주문을 통해 시장이 가격을 결정하도록 하는 직접 대중에게 신주를 판매하는 온라인 방법

어떻게 경매 IPO가 이루어지는가는 예를 통해 이해하기 쉽다. 당신의 회사가 경매 IPO를 통해 3백만 주를 판매하려고 한다. 잠재적인 매입자는 다양한 가격에 주문하고 있으며 가격대별로 합산하였다. 표 14.3은 이러한 경매 주문을 보여준다. "주문된 가격의 수요물량"은 가격대별 투자자의 매입의사를 보여주는 총주식수이다. 마지막 열은 가격대별 주문가격 이상의 총매입

12) 햄브레이트의 경매 IPO 과정의 상세한 내용은 http://www.wrhambrecht.com/ind/auctions/openipo에서 찾을 수 있다.

의사 물량이다. 투자자는 그 가격 혹은 아래 가격에서 매입할 의도가 있기 때문에 총수요물량은 그 가격에서 팔릴 수 있는 총주식수를 말한다. 예를 들어, 투자자가 $19.50에서 75,000주를 매입할 의도가 있는 반면에, $19.00에서는 225,000(150,000 + 75,000)주가 팔릴 수 있는 것이다.

당신은 총 3백만 주를 되도록 높은 가격에 매도하는 것에 관심이 있다. 표 14.3를 보면 최소 3백만 주에 해당하는 총수요의 최고가는 $18이다. 그림 14.4는 이것을 그래프로 보여준다.

표 14.3
가상의 경매 IPO에서의 매입 제안

가격	주문가격의 수요물량(1,000주)	주문가격 이상의 총수요물량(1,000주)
$16.50	3,200	11,800
$17.00	2,900	8,600
$17.50	2,700	5,700
$18.00	1,925	3,000
$18.50	850	1,075
$19.00	150	225
$19.50	75	75

그림 14.4
가상의 경매 IPO에서의 총 수요물량

그림은 표 14.3의 마지막 열인 가격대별로 팔릴 수 있는 총주식수를 보여준다. 이 경우에 투자자는 $18이상에서 총 3백만 주를 매입할 의사를 가지고 있다. 따라서 IPO 가격을 $18로 책정하면 3백만 주를 판매할 수 있는 최고가가 된다.

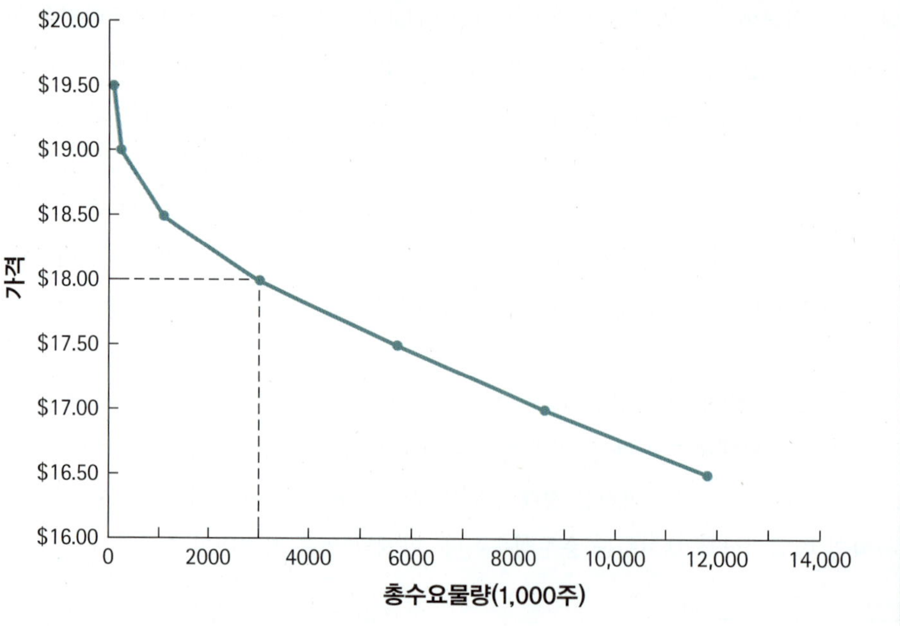

예제 14.3
경매 IPO의 가격결정

문제 *Problem*

플레밍(Fleming Education Software, Inc.)은 500,000주를 경매 IPO를 통해 매각하고 있다. 경매 기간이 끝 나고 플레밍의 투자은행은 다음과 같은 가격대별 주문을 받았다.

가격($)	수요물량
8.00	25,000
7.75	100,000
7.50	75,000
7.25	150,000
7.00	150,000
6.75	275,000
6.50	125,000

이 주식의 발행가격은 얼마가 될 것인가?

풀이 *Solution*

● **계획**

우선 가격대별 총수요물량을 계산해야 한다. 그리고 총발행주식수(500,000주)에 해당하는 누적 수요를 나타내는 최고가를 선택한다.

● **실행**

가격대별 수요물량을 나타내는 표를 누적수요를 보여주는 표로 전환한다.

가격($)	총 수요물량
8.00	25,000
7.75	125,000
7.50	200,000
7.25	350,000
7.00	500,000
6.75	775,000
6.50	900,000

예를 들어, 회사는 주당 $7.75에서 총 125,000(25,000 + 100,000)주의 수요 의사를 받았다.

플레밍은 총 500,000주를 공모하고 있다. 경매낙찰가격은 주당 $7이다. 왜냐하면 투자자는 $7 이상에서 총 500,000주를 주문했기 때문이다. 이 가격 이상으로 주문한 모든 투자자는 주식을 $7에 매입할 수 있다.

이 예에서 낙찰가격에서의 누적 수요는 정확하게 공급수량과 같다. 만일 총수요가 공급보다 많다면 낙찰가격보다 높은 가격에 주문한 모든 경매 참가자는 원하는 물량을 모두 받게 된다. 낙찰가격에 주문한 투자자는 자신의 주문량에 비례하여(pro rata basis) 주식을 받게 된다.

● **평가**

공모가격을 결정하는 장점이 있다. 또한 인수회사의 역할을 줄이기 때문에 수수료도 줄일 수 있다.

구글의 IPO (Google's IPO)

2004년 4월 29일 구글(Google, Inc.)은 IPO 계획을 공시했다. 전통적인 방식을 깨뜨리고 구글은 주식 공모에 경매 IPO 방식에 주로 따르겠다는 의사를 발표하였다. 구글은 2001년 이후 이익을 내왔고 구글의 경영진에 따르면 자본조달만이 IPO의 주된 동기는 아니었다. 회사는 종업원과 사모 투자자에게 유동성을 제공하고자 했다.

경매 방식의 주된 매력은 주식을 더 많은 개인 투자자에게 배분할 수 있다는 것이었다. 구글은 또한 시장이 IPO 가격을 정하도록 하여 더 정확하게 공모가격을 결정하고자 하였다. 인터넷 주식 시장의 열기 이후에 많은 인수회사가 주식배분에 관한 소송에 연관되었다. 구글은 경매로 주식을 배분하여 주식배분의 스캔들을 피하고자 하였다.

경매에 참여하고자 하는 투자자는 담당 인수회사에 계좌를 개설하고 경매 주문을 냈다. 구글과 인수회사는 모든 발행주식을 판매할 수 있는 최고가를 확인하였다. 그리고 그들은 그보다 낮은 가격에 주식을 판매할 수 있는 유연성도 가지고 있었다.

2004년 8월 18일에 구글은 주당 $85에 19.6백만 주를 매도하였다. 당시 $1.67십억은 경매 IPO 사상 쉽게 최대 규모의 자금조달이 되었다. 구글의 주식(ticker: GOOG)은 나스닥 시장에서 다음날 주당 $100에 거래가 시작되었다. 비록 구글의 IPO가 진행 과정에서 일부 어려움은 있었지만, 전통적인 IPO 방식의 대안으로 경매 방식을 사용한 가장 성공적인 사례가 되었다.

출처: Kevin Delaney and Robin Sidel, "Google IPO Aims to Change the Rules," *Wall Street Journal*, April 30, 2004, p. C1; Ruth Simon and Elizabeth Weinstein, "Investors Eagerly Anticipate Google's IPO," *Wall Street Journal*, April 30, 2004, p. C1; and Gregory Zuckerman, "Google Shares Prove Big Winners – for a Day," *Wall Street Journal*, August 20, 2004, p. C1.

2004년 구글(Google)은 경매 방식을 통해 공개기업이 되었고 (박스의 '구글의 IPO'를 참조), 새로운 대안으로 다시 관심을 끌었다. 2007년 5월에 인터렉티브 브로커스(Interactive Brokers Groups)는 햄브레이트의 OpenIPO를 통해 $1.2십억을 IPO로 모집하였다. 비록 경매 IPO가 전통적인 IPO절차의 매력적인 대안이 될 것처럼 보이지만 미국이나 해외에서 널리 채택되지 않고 있다. 1999년에서 2008년 사이에 햄브레이트는 단지 30건 이내의 경매 IPO를 성사시킨 후 완료한 IPO가 없다.

경매 IPO에서 발행가격이 설정되지 않기 때문에 수요예측은 전통방식만큼 중요하지 않다. 최근의 연구에서 라비 자가나단(Ravi Jagannathan)과 앤 셔먼(Ann Sherman) 교수는 경매가 인기 있는 IPO 방식이 되지 못하는 이유와 공모가격이 부정확하고 공모 이후 주가가 하락하는 이유를 설명한다. 그들은 경매가 대규모로 투자자의 주식에 대한 가치평가를 수집하는데 도움을 주는 수요예측 과정을 생략하고 있고, 투자자는 경매에 참가하는 것을 꺼리기 때문이라고 제안한다.[13] 표 14.4는 주식의 IPO에서 기업이 사용할 수 있는 방법을 요약하고 있다.

표 14.4
IPO 방법의 요약

총액인수	위탁모집 방식	경매 IPO
인수회사는 전체 발행주식을 합의된 가격에 매입하고 좀더 높은 가격에 투자자에게 판매한다.	인수회사는 합의된 가격에 투자자에게 발행주식을 판매하기 위해서 "최선의 노력"을 한다.	발행회사와 인수회사는 주문(가격과 물량)을 투자자에게 청하고 전체 발행주식을 판매할 수 있는 충분한 수요가 되는 최고가를 선택한다.

13) 경매와 전통적인 IPO의 비교를 위해서 아래 논문을 참고하시오. A. Sherman, "Global Trends in IPO Methods: Book Building versus Auctions with Endogenous Entry," *Journal of Financial Economics*, 78(3) (2005): 615-649.

개념확인

3. 인수회사가 전통적인 IPO에서 제공하는 서비스는 무엇인가?
4. 경매 IPO의 운영방식에 대하여 설명하시오.

14.3 IPO 퍼즐

IPO의 네 가지 특징이 재무 경제학자에게는 퍼즐이며, 모두 재무 관리자에게 중요한 의미를 가진다.

1. 평균적으로 IPO는 저가발행되는 듯하다. IPO 가격에 비해서 거래 첫날 종가는 종종 상당히 높다.
2. IPO 건수는 뚜렷한 순환주기를 가진다. 시기가 좋을 때 시장에는 IPO로 넘쳐나고, 시기가 나쁠 때는 IPO가 마른다.
3. IPO의 거래비용은 상당히 높고, 왜 기업이 그렇게 높은 비용을 지불하는지 명확하지 않다.
4. 새롭게 기업을 공개한 회사의 장기 성과(공모 이후 3-5년)는 나쁘다. 즉, 평균적으로 3-5년의 매입보유(buy-and-hold) 전략은 나쁜 투자인 것 같다.

우리는 이제 재무 경제학자가 이해하고자 하는 이러한 퍼즐에 대하여 설명하려고 한다.

IPO의 저가발행 현상

페이스북에 있어서 인수회사는 IPO 가격을 주당 $38.00로 2012년 5월 18일에 제안했다. 페이스북 주식의 나스닥 거래 시작가격은 주당 $42.05였고, 고가는 $45로 거래된 후에 첫날 종가는 $38.23으로 마감하였다. 이렇게 저가발행 현상이 보이지 않는 경우는 비전형적인 것이다. 예를 들어, 트위터(Twitter)는 첫날 거래가격이 공모가격에서 72% 상승해서 마감되었다. 평균적으로 1960년에서 2016년 사이에 공모 이후 미국에서 거래 첫날 종가는 IPO 가격에 비해 17% 높았다.[14] 그림 14.5에서 보듯이 전세계적으로 IPO의 1일 평균 수익률이 매우 높다는 것은 명확하다. 저가발행이 지속적이고 전세계적인 현상이긴 하지만 좀 더 발전된 자본시장에서는 일반적으로 작은 것으로 나타난다.

거래 첫날의 시장 종가보다 낮은 공모가격이 나타나는 저가발행에서 이익을 얻는 사람은 누구인가? 우리는 인수회사가 공모가격을 낮게 책정하면 발행주식을 판매하는 것이 훨씬 쉬워져서 자신의 인수위험을 통제할 수 있기 때문에 이익을 얻는다는 것을 이미 알고 있다. 물론 인수회사로부터 주식을 IPO 가격으로 살 수 있는 투자자도 첫날의 저가발행 현상에서 이익을 얻는다. 누가 비용을 지불하는가? 발행회사의 IPO 이전 주주이다. 사실 기존의 주주들은 회사의 주식을 공모 이후 받을 수 있는 가격보다 낮은 가격에 매도하는 것이다.

14) https://site.warrington.ufl.edu/ritter/ipo-data/ 참조.

그림 14.5
첫날 IPO 수익률의 국제비교

막대는 공모가격을 기준으로 첫날 시장 종가로 계산한 평균 수익률이다. 중국의 경우 막대는 중국 국민만이 투자할 수 있는 A Share 주식 IPO의 수익률을 보여준다. 괄호안의 자료는 각국의 표본기간을 의미한다.

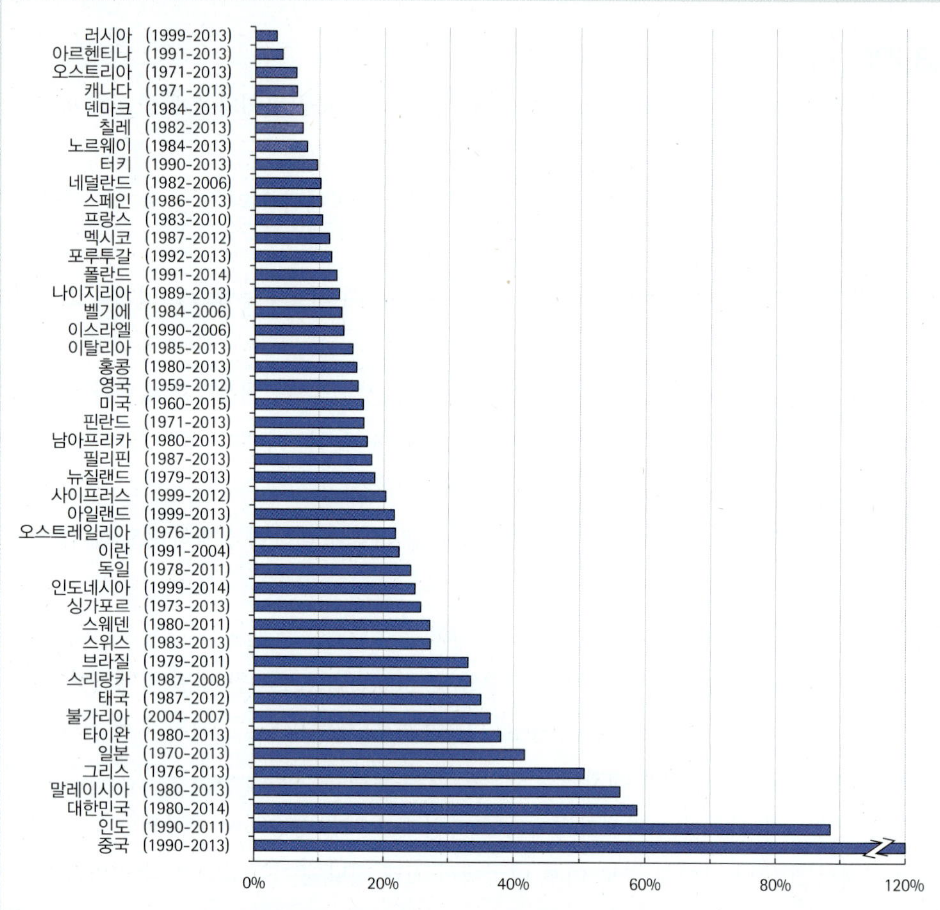

출처: Jay Ritter 교수의 자료를 채택 (https://site.warrington.ufl.edu/ritter/ipo-data/).

IPO 시장의 과열(hot)과 침체(cold) 현상

그림 14.6은 1980년에서 2015년 사이에 있었던 매년의 IPO 건수를 보여준다. 그림에서 보듯이 IPO를 통한 발행금액은 1990년대 초반에 급격히 증가해서 1999년-2000년에 최고조에 이르렀다. 자료에서 발견되는 좀더 중요한 특징은 발행 건수에 순환주기가 있다는 것이다. 1996년에 IPO 건수는 역사적으로 최고에 이르렀으나 불과 1-2년 사이에 급격하게 줄어들었다. 이러한 순환주기는 놀라운 것이 아니다. 성장기회가 적은 시기보다는 성장의 기회가 더 많이 있는 시기에 자금의 필요성이 커지는 것을 예상할 수 있다. 놀라운 것은 증감의 정도이다. 예를 들어, 1990년대 초반에서 중반 사이에 IPO 건수가 거의 7배나 증가하고 2000년에서 2001년 사이에

는 거의 75%가 감소하고 2014년에서 2015년에 45% 감소하는 것을 설명하는 것은 어렵다. IPO 건수가 자금의 필요성에 의해서만 일어나는 것은 아닌 것 같다. 시기에 따라서 발행회사나 투자자가 IPO를 선호하는 것 같다. 그리고 또 다른 시기에 회사는 자본의 출처로 대안을 선택하는 것 같다.

IPO 발행의 고비용

미국에서 발행가격과 발행회사로부터 인수회사가 구매하는 가격의 차이인 전형적인 스프레드는 발행가격의 7%이다. 발행규모가 $50백만이면 이 금액은 $3.5백만이 된다. 이 수수료는 인수회사가 신디케이트를 관리하는 비용, 발행회사의 IPO 준비 비용, 그리고 인수회사의 주식 구매에 들어가는 자본비용과 발행주식의 판매비용을 포함한다. 그러나 저가발행과 관련되어 발행회사가 지불하는 비용까지 고려하면, 대부분의 경우 이 발행비용은 규모가 큰 것이다. 그림 14.7에서 보듯이 다른 증권발행과 비교했을 때 기업공개의 총비용은 다른 증권발행 비용보다 상당히 크다.

더욱 이해하기 어려운 것은 수수료가 발행규모와는 관련이 거의 없다는 것이다. 대규모 발행

그림 14.6
미국에서의 IPO 순환주기의 모습 (1975–2015)

그래프는 연도별 IPO의 건수를 보여준다. IPO 건수는 1996년에 최고에 이르렀고, 발행건수의 추세는 순환주기를 가지고 있음을 보여준다.

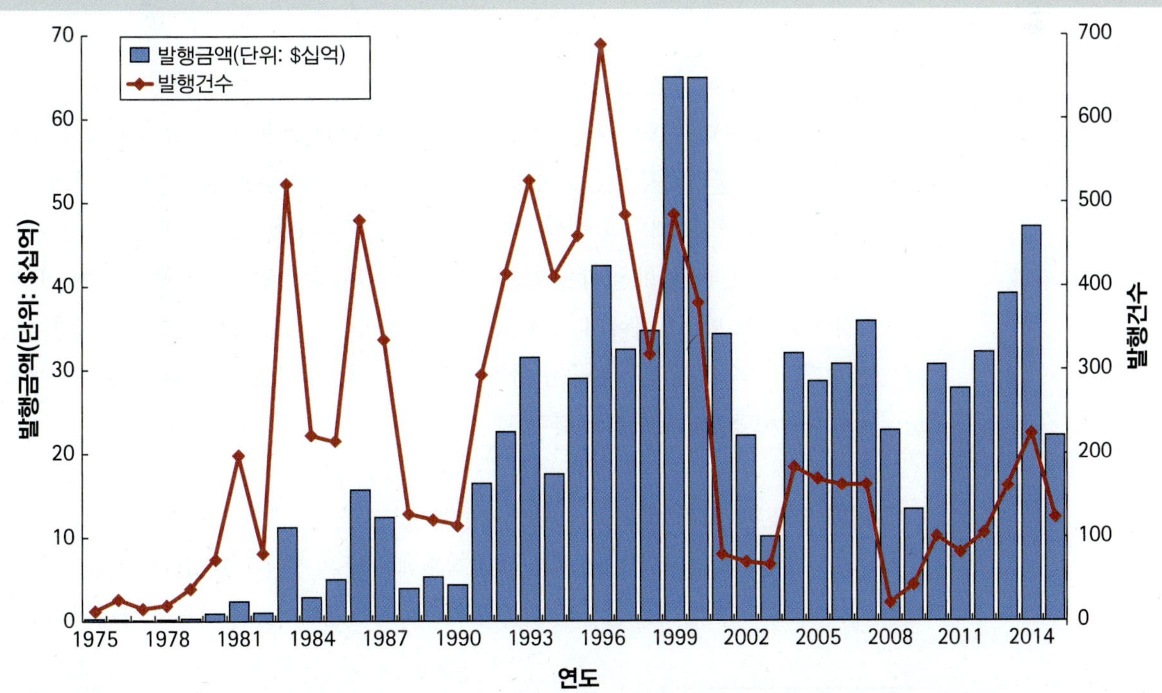

출처: Adapted courtesy of Jay R. Ritter (https://site.warrington.ufl.edu/ritter/ipo-data/).

글로벌 금융 위기

2008년-2009년: IPO 시장의 침체시기

2008년의 금융위기 동안에 IPO 발행의 하락은 전세계적이고 극적이었다. 아래 그림은 2006년 4/4분기에서 2009년 1/4분기까지 전세계 IPO 발행금액(파란색 막대)을 십억 달러 단위로 IPO 발행건수(빨간선)와 함께 보여준다. IPO 발행건수의 최고치를 보여준 2007년 4/4분기와 2008년 4/4분기를 비교해 보면, IPO 달러 금액은 $102십억에서 $3십억으로 97%나 급락했다. 2009년 1/4분기는 더욱 악화되어 $1.4십억의 IPO만이 일어났다. IPO시장은 본질적으로 모두 말라버렸다. 이러한 극적인 하락의 원인은 무엇이었나?

2008년 금융위기 시기에 IPO 시장만이 붕괴된 주식발행시장은 아니다. 유상증자와 LBO를 통한 주식발행시장도 붕괴되었다. 이 시기에 존재하던 극단적인 시장의 불확실성이 "양질 추구현상 (flight to quality)"을 만들어냈다. 투자자는 위험을 회피하기 위해 자본을 미국 국채와 같은 무위험 투자로 옮겼다. 결과적으로 기존의 주식가격은 폭락하고 위험자산에 대한 새로운 자본의 공급이 급격하게 줄어들었다.

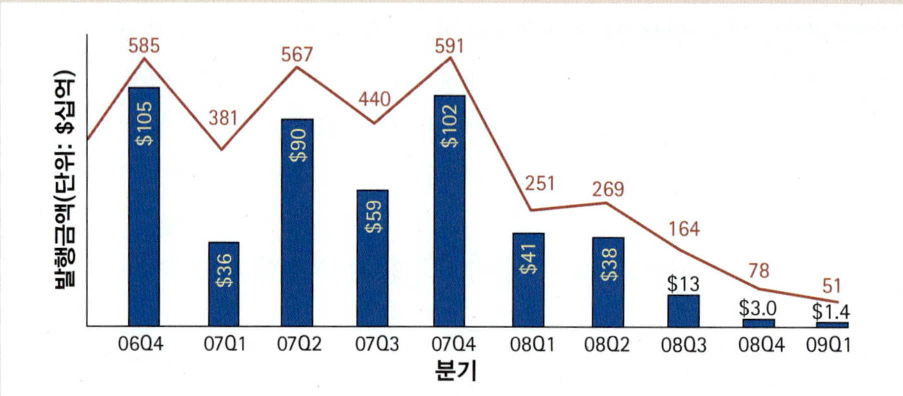

출처: Shifting Landscape–Are You Ready? Global IPO Trends report 2009, Ernst & Young.v

에는 추가적인 노력이 필요할 텐데 이러한 노력에 대한 보상을 기대하지 않는다. 예를 들어, 수안치 첸(Hsuan-Chi Chen)과 제이 리터(Jay Ritter)는 $20백만에서 $80백만 사이의 발행규모를 가지는 거의 모든 발행에서 인수회사에 지불하는 수수료는 (다른 직접비용을 제외하고) 거의 7%임을 발견했다.[15] $80백만의 발행규모에서 수수료는 $5.6백만인 반면에, $20백만의 발행규모에서는 "단지" $1.4백만의 이익을 얻는다는 것을 이해하기 어렵다. 일부에서 7%의 수수료를 인수회사가 대규모 발행업무에서 직면하는 위험을 반영한 "보험료"로 보기도 하지만, 다른 일부에서는 이러한 수수료가 업무를 종종 함께 수행하는 미국의 소수 "정상급" 인수회사에 의해 의도적으로 유지된다고 주장하기도 한다.

IPO 이후 저조한 장기 성과

우리는 IPO의 주식이 일반적으로 공모 바로 직후에는 좋은 성과를 보인다는 것을 알고 있다. 그런데 제이 리터 교수가 새로 상장된 회사가 IPO 이후 3년에서 5년 이후에 상대적으로 나쁜 성

15) Hsuan-Chi Chen and Jay R. Ritter, "The Seven Percent Solution," *Journal of Finance* 55 (3) (2000): 1105-1131.

그림 14.7
증권발행 비용의 상대적 비교

아래 그림은 증권발행의 총직접비용(모든 인수비용, 법률비용, 그리고 회계감사 비용)을 자금조달 금액의 비율로써 보여준다. 그림은 IPO, 유상증자(SEO), 전환사채, 일반 채권의 결과를 1990–1994년 사이의 발행규모에 따라 보여준다.

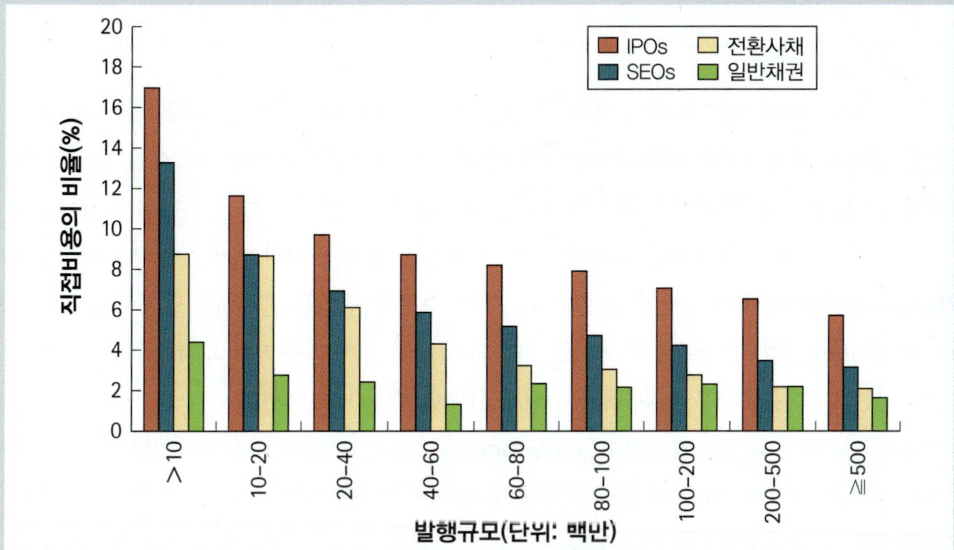

출처: Adapted from I. Lee, S. Lochhead, J. Ritter, and Q. Zhao, "The Costs of Raising Capital," *Journal of Financial Research*, 19 (1) (1996): 59–74.

과를 나타낸다는 것을 찾았다는 것은 아마도 놀랄만한 발견일 것이다.[16] 이것은 IPO 직후 거래가 시작될 때 투자자가 왜 주식에 높은 가격을 기꺼이 지불하려는 지에 대해 의문을 갖게 한다. 다음 절에서 살펴보겠지만 저조한 성과는 주식의 최초 공모발행인 IPO에만 해당되는 것이 아니다. 유상증자에서도 관련되어 있다. 최근에 연구자는 저조한 성과가 주식발행 자체에서 비롯된 것이지 기업공개에서 발생한 것은 아닐 것이라는 가능성에 대해 연구를 시작하고 있다. 우리는 다음 절에서 공개기업의 추가적인 주식발행이 어떻게 일어나는지에 대해 설명하고 이러한 저조한 성과의 가능성에 대해 자세히 살펴볼 것이다.

개념확인

5. 퍼즐인 IPO에 대한 네 가지 특성을 기술하고 이에 대해 설명하시오.
6. 각각의 특징이 재무관리자에게 어떤 관련이 있는지 설명하시오.

14.4 추가적 자본조달: 유상증자

기업의 외부 자본 필요성은 IPO로 끝나지 않는다. 일반적으로 수익성이 있는 성장기회는 기업이 존재하는 한 발생하며 어떤 경우 이러한 기회를 위한 자금조달이 이익잉여금만으로는 불가

16) Jay R. Ritter, "The Long-Run Performance of Initial Public Offerings," *Journal of Finance* 46 (1) (1991): 3-27.

능하다. 따라서 공개기업은 대개 주식시장으로 돌아가서 공모의 형태로 새로운 주식을 판매하게 되는데 이를 **유상증자**(**seasoned equity offering, SEO**)라고 한다.

유상증자: 공개기업이 주식시장 으로 돌아가서 공모의 형태로 신주를 판매하는 것

유상증자 절차

기업이 유상증자(SEO)를 통해 주식을 발행할 때, 대개 IPO와 동일한 절차를 밟는다. 주된 차이점은 주식의 시장가격이 이미 존재하기 때문에 공모가격 결정과정이 불필요하다는 것이다.

페이스북은 2016년 중반에도 유상증자를 실행하였다. 그 이전인 2013년 12월 19일에는 주당 $55.05의 가격으로 70백만 주를 증자했다. 이 중에 27백만 주는 회사가 새로 발행한 **신규발행 주식**(**primary shares**)이고 나머지 43백만 주는 기존주주의 주식을 판매하는 **구주매출 주식**(**secondary shares**)이었다. 기존주주 중에는 회사의 설립자인 마크 주커버그(Mark Zuckerberg)가 포함되었는데 그는 보유주식 485백만 주에서 41백만 주를 매도하였다.

신규 발행주식: 회사가 공모에서 발행하는 신주

구주 매출 주식: 기존 주주의 주식으로 공모에서 판매되는 주식

역사적으로 인수회사는 **묘석광고**(**tombstone**)라는 신문 광고를 이용하여 (IPO와 SEO 모두) 주식의 판매를 광고해 왔다. 이 광고를 통해 투자자는 주식을 매입하기 위해서 누구에게 연락을 취해야 하는지 알게 된다. 오늘날 투자자는 뉴스 미디어, 순회설명회, 수요예측 과정을 통해 임박한 주식 판매에 대하여 정보를 얻을 수 있기 때문에 묘석광고는 단순한 관례가 되었다. 그림 14.8은 페이스북 유상증자에 관한 투자설명서를 보여준다.

묘석광고: 인수회사가 증권발행을 광고하는 신문광고

유상증자는 두 가지 형태로 이루어지는데 **일반공모**(**cash offer**)와 **주주배정**(**rights offer**) 방식이다. 일반공모(cash offer)에서 기업은 신주를 전체적으로 투자자에게 공모를 행한다. 주주배정(rights offer)에서는 기존주주에게 한정하여 신주를 발행한다. 미국에서 대부분의 공모는 일반공모인 반면에 국제적으로는 다르다. 예를 들어, 영국에서는 대부분의 유상증자에서 신주는 주주배정으로 이루어진다.[17]

일반공모: 회사가 신주를 전체적으로 투자자에게 공모하는 유상 증자의 형태

주주배정: 회사가 신주를 기존 주주에게만 모집하는 유상증자의 형태

주주배정 SEO는 기존 주주를 저가발행으로부터 보호한다. 예를 들어, 어느 회사가 $100의 현금과 50주의 발행주식이 있다고 가정하자. 주당 가치는 $2이다. 회사는 주당 $1에 50주를 일반공모하기로 공시하였다. 공모가 완료되면 회사는 $150의 현금과 100주의 발행주식을 가지게 된다. 주당가격은 이제 $1.50이 되어서 할인되어 발행된 신주의 영향을 반영한다. 신 주주는 구 주주의 비용으로 주당 $0.50의 횡재를 하게 된 것이다.

구 주주는 일반공모 대신에 주주배정을 통해 보호를 받을 수 있다. 이번 예에서 일반공모 대신에 모든 주주가 주당 $1에 신주를 매입할 수 있는 신주인수의 권리를 가진다고 가정하자. 모든 구 주주가 신주인수권을 행사한다면 회사의 가치는 일반공모와 동일할 것이다. $150의 현금과 100주의 발행주식으로 주당 $1.50이 된다. 그러나 $0.50의 횡재는 구 주주에게 돌아가서 주

---

17) 한국의 유상증자에서도 주주배정 방식이 우세하다. 주주배정 방식에서 회사는 신주인수권(rights)을 기존 주주에게 제공한다. 기존주주는 신주를 인수하거나 포기할 수 있는데, 이 때 기존 주주가 인수를 포기한 발행물량을 취소하거나 공모를 통해 발행할 수 있다.

그림 14.8
페이스북 유상증자 투자설명서

PROSPECTUS

70,000,000 Shares

facebook

Class A Common Stock

Facebook, Inc. is offering 27,004,761 shares of its Class A common stock and the selling stockholders are offering 42,995,239 shares of Class A common stock. We will not receive any proceeds from the sale of shares by the selling stockholders.

We have two classes of common stock, Class A common stock and Class B common stock. The rights of the holders of Class A common stock and Class B common stock are identical, except voting and conversion rights. Each share of Class A common stock is entitled to one vote. Each share of Class B common stock is entitled to ten votes and is convertible at any time into one share of Class A common stock. The holders of our outstanding shares of Class B common stock will hold approximately 75.4% of the voting power of our outstanding capital stock following this offering, and our Chairman and CEO, Mark Zuckerberg, will hold or have the ability to control approximately 62.8% of the voting power of our outstanding capital stock following this offering.

Our Class A common stock is listed on the NASDAQ Global Select Market under the symbol "FB." On December 20, 2013, the reported closing sale price of our Class A common stock on the NASDAQ Global Select Market was $55.10 per share.

Investing in our Class A common stock involves risks. See "Risk Factors" beginning on page 4.

PRICE $55.05 A SHARE

	Price to Public	Underwriting Discounts and Commissions (1)	Proceeds to Facebook	Proceeds to Selling Stockholders
Per share	$55.05	$0.2752	$54.7748	$54.7748
Total	$3,853,500,000	$19,264,000	$1,479,180,383	$2,355,055,617

(1) See "Underwriting."

The Securities and Exchange Commission and state regulators have not approved or disapproved of these securities, or determined if this prospectus is truthful or complete. Any representation to the contrary is a criminal offense.

The underwriters expect to deliver the shares of Class A common stock to purchasers on December 26, 2013.

J.P. MORGAN BofA MERRILL LYNCH MORGAN STANLEY BARCLAYS

BNP PARIBAS CITIGROUP RBC CAPITAL MARKETS

CREDIT SUISSE HSBC

RBS STANDARD CHARTERED PIPER JAFFRAY

ALLEN & COMPANY LLC

출처: SEC Filings

가하락을 정확하게 만회한다. 따라서 만일 회사의 경영진이 주가가 시장에서 저평가되었다고 우려하면, 주주배정 발행을 통하여 기존 주주에게 손실을 입히지 않고 주식을 발행할 수 있다.

유상증자에 대한 주가 반응

학자들의 연구에서 시장이 유상증자에 대해 평균적으로 가격 하락으로 반응한다는 것이 발견

예제 14.4
주주배정 발행을 통한 자본조달

문제 *Problem*

당신은 시가총액 $1십억인 회사의 재무담당이사(CFO)이다. 회사는 100백만 주의 주식을 발행해서 주당 가격은 $10이다. 당신은 $200백만의 자금이 필요하여 주주배정 유상증자(rights offer)를 공시하였다. 기존의 주주에게는 주당 하나의 신주인수권이 배정될 것이다. 당신은 신주인수권당 몇 주의 신주를 매입할 수 있는 권리를 줄 것인지를 결정하지 않았다. 당신은 주당 $8의 주식 1주를 4권의 신주인수권으로 매입할 수 있도록 하던지, 주당 $5의 신주 2주를 5권의 신주인수권으로 매입할 수 있도록 할 것이다. 어느 방법이 더 많은 자금을 조달할 것인가?

풀이 *Solution*

● **계획**

얼마나 많은 자금을 조달할 것인가를 알기 위해서, 우리는 기존 주주 모두가 신주인수권을 행사하는 경우 매각될 주식의 수를 계산할 필요가 있다. 그리고 주식수에 주당 가격을 곱하면 전체 자본조달 금액을 구하게 된다.

● **실행**

100백만 주의 주식이 있고, 각 주식에는 1권의 신주인수권이 주어진다. 첫 번째 경우 1주의 주식을 매입하기 위해서는 4권의 신주인수권이 필요하기 때문에 100백만/4 = 25백만의 신주가 매각될 것이다. 주당 가격이 $8이기 때문에 총 $8 x 25백만 = $200백만의 자금이 조달된다.

두 번째 경우, 5권의 신주인수권으로 2주의 신주를 매입할 수 있기 때문에 2 x (100백만/5) = 40백만 주의 신주가 발행된다. 주당 가격이 $5이기 때문에 역시 $200백만의 자금이 조달된다. 모든 주주가 신주인수권을 행사하게 되면 두 방법 사이에 차이가 없이 동일한 금액의 자금이 조달된다.

● **평가**

두 방법에서, 신주발행 이후 기업의 가치는 $1.2십억이 된다. 첫 번째 경우에 125백만 주의 발행주식이 있게 되고 신주발행 이후 주당 가격은 $1.2십억/125백만 = $9.60이 된다. 이 가격은 발행가격을 초과하기 때문에 주주는 신주인수권을 행사할 것이다. 신주인수권을 행사하면 권리당 $0.40인 ($9.60 − $8.00)/4 = $0.40 이익을 얻기 때문에, 개별 주주의 주당 가치는 $9.60 + $0.40 = $10.00가 된다. 두 번째 경우에 총 발행주식수는 140백만으로 늘어나고 신주발행 이후 주당 가격은 $1.2십억/140백만 = $8.57이 된다(역시 발행가격 보다 높다). 역시, 주주는 신주인수권을 행사할 것이고 주당 총가치로 $8.57 + (2 x ($8.57 − $5.00)/5) = $10.00을 얻게 된다. 따라서, 두 방법 사이에 차이 없이 동일한 금액이 조달되고 주주 역시 동일하게 이익을 얻게 된다.

되었다.[18] 주가 하락에 의한 가치 손실은 때로는 새로운 자금 조달에 비해 상당히 큰 부분을 차지한다. 그림 14.9는 유상증자가 공시되었을 때 전형적인 주식가격의 반응을 보여준다. 유상증자가 공시되었을 때 시장 가격이 하락하는 이유를 알아보기 위해 다음과 같은 상황을 고려해 보자. 중고차 딜러가 멋진 외관의 스포츠카를 일반적인 가격보다 낮은 $5,000에 팔려고 한다. 당신은 운이 좋다는 생각이 먼저 들기보다는 뭔가 차에 이상이 있는 "고물차(lemon)"가 아닐까 생각할 것이다. 자동차의 품질에 대해서 사적인 정보를 가지고 있다고 생각되는 판매자의 판매

18) 한국의 경우 유상증자에 대한 시장의 반응은 복합적이다. 주가상승의 연구결과를 발견할 수 있다. 이것은 주주배정(rights offer) 발행이 한국에서는 일반적인 유상증자 방식이기 때문이라고 추정된다. 따라서 이 절에 설명하는 미국의 유상증자 사례를 보편적 현상이라고 결론 짓기에는 한계가 있다.

동기에 대해 구매자는 의구심을 가지게 될 것이다. 따라서 판매자의 매도 열망(desire to sell)은 낮은 품질을 폭로하는 것이다. 따라서 구매자는 대폭적인 가격 인하를 해주지 않으면 마지못해 구매를 하게 된다. '판매자가 낮은 가격에 고물차를 팔려고 한다'고 구매자가 생각한다는 것을 알기 때문에, 높은 품질의 자동차 소유자는 낮은 가격에 차를 판매하지 않을 것이다. 결과적으로 중고차 시장에서 판매되는 자동차의 품질과 가격은 모두 낮다. 품질을 판단하기 힘든 경우 판매를 위해 제시되는 상품의 평균 품질은 낮다는 이러한 고물차의 원리를 **역선택(adverse selection)**이라고 부른다.

역선택: 고물차 원리 혹은 품질을 판단하기 힘든 경우 판매를 위해 제시되는 상품의 평균 품질은 낮을 것이라는 생각을 반영함

고물차의 문제는 신주를 판매하려고 하는 재무관리자에게 매우 현실적이다. 경영자는 기존 주주를 보호해야 하기 때문에 가격이 기업의 가치를 정확하게 반영하거나 고평가되었을 경우에만 주식을 발행할 것이고, 투자자는 신주발행 결정으로부터 회사가 고평가되었을 가능성이 있다는 것을 추론하게 된다. 따라서 유상증자의 공시에 대하여 가격은 하락을 한다.

IPO와 마찬가지로 SEO를 둘러싼 퍼즐이 있다. 첫째, 주주배정 발행을 통해 회사는 주가 하락의 문제를 줄일 수 있다. 주가 하락은 주식이 고평가되었다는 가능성으로 인해 발생한다. 그러나 주주배정 발행은 기존 주주에게 직접 주식을 발행한다. 따라서 기업이 고평가된 주식을 주주에게 발행하여 이익을 얻지 못하기 때문에 고평가 발행 동기가 없다. 그러나 왜 기업이 더 많은 주주배정 발행을 선택하지 않는지에 대해서는, 최소한 미국에서는, 명확하지 않다. 둘째, IPO와 마찬가지로 연구결과는 유상증자 이후에 주식의 장기성과가 저조하다는 것을 보여준다. 이러한

그림 14.9
유상증자 공시에 대한 주가 반응

그림은 유상증자 공시에 대한 전형적인 주가 반응을 보여준다. 날짜는 공시일에 대하여 상대적인 일자이다. 따라서 0일은 공시일이다. 주식가격이 공시 직전까지 일반적으로 상승하는 것에 주목하자. 경영진은 주가가 하락하였다면 주식을 발행하지 않았을 것이다. 유상증자가 공시되었을 때 약 1.5%의 주가 하락이 있고 그 이후에는 비교적 평평한 모습을 보인다. 유상증자는 2004년에서 2007년 사이의 자료이다.

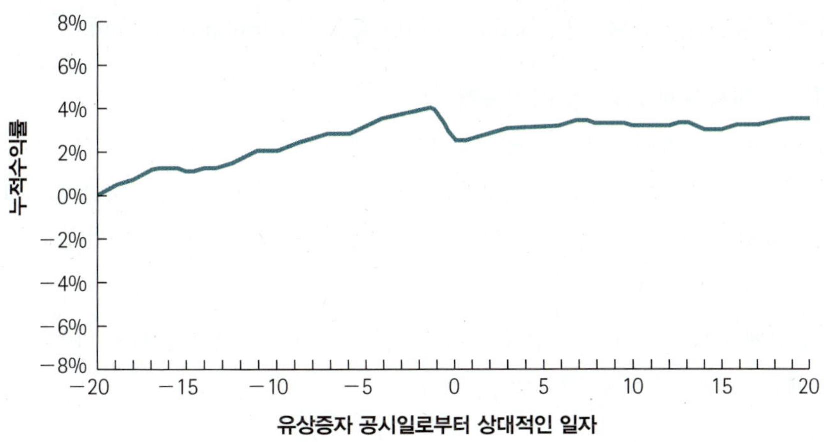

출처: CRSP와 저자의 계산

장기적으로 저조한 성과는 주식발행 이후 주가가 여전히 높았다는 것을 의미하기 때문에 발행 시점에 주식가격의 하락이 충분히 크지 않다는 것을 뜻한다.

유상증자 비용

IPO 만큼의 비용이 들지는 않지만 그림 14.7에서 보듯이 유상증자 역시 비용이 발생한다. 유상증자 공시에 따른 주가 하락뿐만 아니라 회사는 직접비용을 지불해야만 한다. 인수 수수료는 발행금액의 5%인데, IPO와 마찬가지로 발행규모에 따른 비용의 차이가 크지 않다. 주주배정은 일반공모에 비해 비용이 낫다.[19] 이렇듯 주주배정이 비용상 유리한 점에도 불구하고 대부분의 미국에서의 공모가 일반공모인 이유는 퍼즐이다. 일반공모의 한가지 장점은 인수회사가 공모에서 큰 역할을 담당하기 때문에 발행회사의 질에 대해 신뢰성을 더해 준다는 것이다.

개념확인

7. 유상증자에서 현금공모(cash offer)와 주주배정(rights offer)의 차이는 무엇인가?
8. 유상증자에 대한 전형적인 주가 반응은 무엇인가?

myfinancelab 핵심요점 및 공식

14.1 비공개기업의 자기자본 조달

- 비공개 기업은 엔젤투자자, 벤처캐피털 회사, 기관 투자자, 혹은 기업 투자자로부터 외부의 자기자본을 조달할 수 있다.
- 회사의 설립자가 자본조달을 위해 외부에 주식을 매각하면 설립자의 지분율과 회사 경영권은 줄어든다.
- 비공개 회사에 대한 주식 투자자는 한두 가지의 출구전략을 통해 주식을 궁극적으로 매도할 계획을 한다. 그것은 인수(acquisition)나 혹은 공모(public offering)이다.

14.2 회사를 대중에게 공개함: 기업공개

- 기업공개(IPO)는 회사가 처음으로 주식을 대중에게 매도하는 것이다.
- 기업을 공개하는 주된 장점은 더 높은 유동성을 가지며 자본조달이 용이하다는 것이다. 단점은 규제와 재무보고 요건의 강화를 포함하고 회사의 경영진을 감시하는 투자자의 능력을 감소시키는 것이다.
- IPO 동안에 판매되는 주식은 신규발행(주식이 새로운 자금조달을 위해 사용됨)이거나 구주 매출(주식이 구 주주로부터 매각됨)이다.

---

19) 영국의 경우, 평균적인 일반공모 비용은 6.1%인데 주주배정은 4.6%로 나타났다. Myron Slovin, Marie Sushka, and Kam Wah Lai (*Journal of Financial Economics* 57 (2), 2000).

- 인수회사는 IPO 과정을 관리하고 발행회사가 주식을 매도하도록 도와주는 투자은행이다.
- 대표 주관사는 IPO를 관리하는 책임이 있다.
- 대표 주관사는 주식 매각을 돕기 위해 신디케이트라고 불리는 인수회사 집단을 구성한다.
- SEC는 IPO 이전에 유가증권 발행신고서를 제출하도록 요구한다. 예비 투자설명서는 유가증권 발행신고서의 일부로 주식이 공모되기 이전에 투자자에게 배포된다. 발행조건이 완료되면 회사는 최종 투자설명서를 제출한다.
- 인수회사는 IPO 이전에 가치평가 기법과 수요예측을 통해 발행회사의 가치를 평가한다.
- IPO 동안에 주식은 위탁모집(best-efforts), 총액인수(firm commitment), 경매 IPO로 매각된다. 총액인수 과정이 미국에서 가장 일반적인 관행이다.

14.3 IPO 퍼즐

- IPO와 관련된 몇 가지 퍼즐이 있다.
  1. 평균적으로 IPO는 저가발행된다.
  2. IPO 건수는 뚜렷한 순환주기를 가진다.
  3. IPO의 거래비용은 상당히 높다.
  4. IPO 이후(공모 이후 3-5년) 장기 성과는 평균적으로 나쁘다.

14.4 추가적 자본조달: 유상증자

- 유상증자(SEO)는 이미 공개되어 거래되는 회사가 주식을 판매하는 것이다.
- 두 종류의 SEO가 있다. 일반공모(신주가 투자자에게 대대적으로 매각됨)와 주주배정(신주가 기존 주주에게만 매각됨)이다.
- 유상증자(SEO)에 대한 주식가격의 반응은 평균적으로 부정적(negative)이다.

비판적 사고

1. 비공개 회사가 자기자본을 조달할 수 있는 대안에는 어떤 것이 있는가?
2. 비공개 회사가 기업 투자자(corporate investor)로부터 자금을 조달하는 장단점은 무엇인가?
3. 기업을 공개하는 주된 장점과 단점은 무엇인가?
4. 총액인수 IPO와 경매 IPO의 가장 큰 차이점은 무엇인가?
5. 인수회사가 위탁모집, 총액인수, 경매 IPO 중에서 가장 큰 위험에 직면하는 경우는 언제인가?
6. 경매 IPO에서 공모가격은 어떻게 결정되는가?
7. 재무관리자는 왜 저가발행에 대하여 고민하여야 하는가?
8. IPO는 뚜렷한 순환주기를 가진다. 어떤 해에는 대량으로 IPO가 발행되고 다른 해에는 IPO가

거의 없다. 이러한 순환주기가 왜 퍼즐이 되는가?

9. 주주배정(rights offer)의 장점은 무엇인가?
10. 일반공모를 이용하여 유상증자를 하는 경우의 장점은 무엇인가?
11. 기업이 유상증자를 공시하는 경우 왜 주식가격은 일반적으로 하락하는가?

연습문제

* 표시는 난이도가 높은 문제임을 나타낸다.

비공개기업의 자기자본 조달

1. 당신은 새로 회사를 설립하였는데 운이 좋게도 벤처 캐피털리스트(VC)가 투자하기로 했다. 당신은 5백만 주의 100% 지분을 가지고 있다. VC는 800,000주의 신주를 발행하면 $1백만을 투자하겠다고 한다.
   a. 주식의 주당 가격은 얼마로 추정되는가?
   b. 투자후 가치(post-money valuation)는 얼마인가?
   c. 투자 이후에 당신의 지분율은 얼마가 되는가?
2. 스타웨어(Starware Software)는 작년에 설립되어 게임 어플리케이션 소프트웨어를 개발하고 있다. 설립자는 최초 $800,000을 투자하여 8백만 주를 받았다. 스타웨어는 현재 2차 자본조달이 필요한 시점으로 투자에 관심을 가지는 벤처 캐피털리스트(VC)와 협의 중이다. 이 VC는 $1백만을 투자하고 투자 완료 후에 회사 지분의 20%를 원하고 있다.
   a. 회사 지분의 20%를 받으려면 VC가 얼마의 주식을 받아야만 하는가? 이번 자금조달의 주당 가격은 얼마로 추정되는가?
   b. 이번 투자 이후 전체 기업의 가치(투자후 가치)는 얼마가 되겠는가?
3. 당신의 신설회사는 자금이 필요하다. 현재 당신은 10백만 주의 100% 지분을 가지고 있다. 당신은 벤처캐피털리스트로부터 두 가지 제안을 받았다. 첫 번째 제안은 $3백만의 투자에 1백만의 신주를 받겠다는 것이고 두 번째 제안은 $2백만의 투자에 500,000주를 받겠다는 것이다.
   a. 첫 번째 제안의 경우 회사의 투자후 가치는 얼마인가?
   b. 두 번째 제안의 경우 회사의 투자후 가치는 얼마인가?
   c. 각각의 제안으로 인하여 희석되는 당신 지분율의 차이는 얼마인가?
   d. 각각의 제안에서 투자되는 금액당 희석되는 지분율은 얼마인가?
4. 당신은 3년 전에 회사를 설립하였다. $100,000를 투자하고 시리즈 A 우선주 5백만 주를 받았다. 당신의 회사는 그 이후에 3차에 걸쳐 자금을 조달하였다.

자금조달 라운드	가격($)	발행주식수
시리즈 B	0.50	1,000,000
시리즈 C	2.00	500,000
시리즈 D	4.00	500,000

a. 시리즈 D 자금조달 라운드 이전 투자전 가치(pre-money valuation)는 얼마인가?

b. 시리즈 D 자금조달 라운드 이후 투자후 가치(post-money valuation)는 얼마인가?

5. 문제 4의 자료를 근거로 (각 시리즈의 우선주는 1주의 보통주로 전환할 수 있다), 시리즈 B, C, D 투자자는 당신 회사에 대하여 각각 얼마의 소유권을 가지는가?

6. 문제 4에서 당신은 오직 시리즈 A 우선주만을 보유하고 있다고 가정하였다 (각 시리즈의 우선주는 1주의 보통주로 전환할 수 있다). 마지막 자금조달이 끝난 후 당신이 보유한 지분율은 얼마인가?

회사를 대중에게 공개함: 기업공개

7. 라운드트리(Roundtree Software)는 경매 IPO를 이용하여 기업공개를 할 예정이다. 회사는 다음과 같은 수요물량을 받았다.

가격($)	수요물량
14.00	100,000
13.80	200,000
13.60	500,000
13.40	1,000,000
13.20	1,200,000
13.00	800,000
12.80	400,000

라운드트리가 이번 IPO에서 1.8백만 주를 매각할 것이라고 가정하면 경매낙찰 공모가격은 얼마인가?

8. 문제 7의 라운드트리가 추가적으로 500,000주(총 2.3백만 주)를 발행하기로 결정했다면, 총 자금조달액은 얼마인가?

9. 당신은 3년 전에 캠핑, 스키, 하이킹과 같은 활동에 필요한 장비와 의류를 판매하는 전문 소매점인 아웃도어 레크리에이션(Outdoor Recreation, Inc.)을 설립하였다. 지금까지 회사는

3차에 걸친 자금조달을 실행하였다.

자금조달 라운드	일자	투자자	발행주식수	주당 가격($)
시리즈 A	2013년 2월	당신	500,000	1.00
시리즈 B	2014년 8월	엔젤투자자	1,000,000	2.00
시리즈 C	2015년 9월	벤처캐피털	2,000,000	3.50

지금 현재(2016년) 당신은 사업확장을 위해 추가적으로 자금조달이 필요하다. 당신은 IPO를 통해 기업을 공개하기로 결정하였다. 당신은 추가적으로 IPO를 통해 6.5백만 주의 신주를 발행하려고 한다. 회사가 성공적으로 공모에 성공하면, 2016년 순이익은 $7.5백만이 될 것으로 예상하고 있다.

a. 당신의 투자은행은 최근의 다른 IPO의 P/E 비율인 20.0에 맞춰 2016년 예상 순이익을 바탕으로 하여 공모가격을 설정하라고 조언한다. 당신의 IPO가 유사 주가배수(multiple)를 가진다고 하면 주당 가격은 얼마가 되겠는가?

b. IPO 이후에 당신이 보유한 지분율은 얼마가 되겠는가?

10. 당신의 투자은행은 10백만 주의 IPO를 주당 $15로 책정하였다. 만일 거래 첫날의 종가가 주당 $17로 끝났다면,

    a. 저가발행 비율은 얼마인가?

    b. 회사는 이러한 저가발행으로 인해 얼마를 손해보았는가?

11. 마골즈(Margoles Publishing)는 최근에 IPO를 하였다. 주식은 주당 $14에 공모되었다. 거래 첫 날에 주식은 주당 $19에 마감하였다.

    a. 마골즈의 첫날 수익률은 얼마인가?

    b. 저가발행에서 누가 이익을 얻는가? 누가 손해를 보는가? 그 이유는 무엇인가?

12. 문제 11의 마골즈가 10백만 주의 IPO 발행금액의 7%를 인수회사에 스프레드로 지불한다면, IPO의 총비용(저가발행 비용을 제외함)은 얼마인가?

13. 첸브라더스(Chen Brothers, Inc.)는 IPO로 주당 $18.50에 4백만 주를 매각했다. 경영진은 수수료(인수 스프레드)로 7%를 협의하였다. 이 수수료는 금액으로 얼마인가?

14. 당신은 인수회사와 총액인수로 10백만 주의 신주를 발행하려고 협의 중이다. 두 가지 옵션이 있다. IPO 가격을 주당 $20으로 하고 스프레드(인수회사 수입)를 7%로 하는 것과 가격을 주당 $19.50으로 스프레드를 4%로 하는 것이다. 당신 회사는 어느 옵션에서 더 많은 자금을 조달하겠는가?

15. 당신의 회사는 IPO에서 3백만 주를 매각하였다. 당신은 주당 $17.25를 공모가격으로 생각하고 있다. 인수회사는 7%를 스프레드로 제안했고 당신은 5%로 깎았다. 그러나 만일 당신

이 수수료를 깎으면 인수회사가 공모가격을 낮추지 않을까 걱정하고 있다. 스프레드를 7%로 지불하기 보다는 5%로 낮추어 얻게 되는 잠재적 이익을 고려할 때, 공모가격을 $17.25에서 얼마나 낮추면 스프레드 7%를 더 선호하겠는가?

문제 16번에서 18번은 아래 정보를 이용하시오. 회사는 현재 12백만 주의 주식으로 설립되었고 그 중 7백만 주는 당신이 소유하고 있다. 당신은 2백만 주를 주당 $20에 매도하는 IPO를 고려 중이다.

16. 모든 IPO 주식이 신규발행 주식(primary shares)이라면 회사는 얼마의 자금을 조달하게 되는가? IPO 이후에 당신의 지분율은 얼마가 되는가?
17. 모든 IPO 주식이 당신 소유분의 주식을 매각하는 것이라면 회사는 얼마의 자금을 조달하게 되는가? IPO 이후에 당신의 지분율은 얼마가 되는가?
18. 당신이 50% 이상의 소유권을 유지하기 위해서, 당신이 매각할 수 있는 최대 구주매출 주식(secondary shares)은 얼마인가? 이 경우 회사는 얼마의 자금을 조달할 수 있는가?

추가적 자본조달: 유상증자

19. YVR, Inc. 는 주당 $50에 10백만 주의 유상증자를 공시하였다. 만일 모든 주식이 신주 발행이고 인수 수수료로 총발행금액의 7%를 부과한다면 YVR이 조달하는 신규 자본은 얼마가 되는가?
20. 메트로폴리탄(Metropolitan, Inc.)은 1월 20일에 유상증자를 통해 8백만 주를 팔았다. 당시 메트로폴리탄의 시장에서의 주가는 주당 $42.50이었다. 8백만 주 중에서 5백만 주는 회사의 신규발행이었고, 나머지 3백만 주는 벤처캐피털 투자자의 구주매출이었다. 인수회사가 총조달금액의 5%를 수수료로 요구했다고 가정하자.
    a. 메트로폴리탄은 얼마의 자금을 조달했는가?
    b. 벤처캐피털은 얼마의 현금을 회수했는가?
    c. 주식가격이 유상증자 공시일에 3% 하락하고 신주가 그 가격에 팔렸다면, 메트로폴리탄은 얼마의 자금을 조달했는가?

*21. 포스터(Foster Enterprise)의 주식은 주당 $50에 거래되고 있고 현재 10백만 주의 주식이 발행되었다. 회사는 $100백만의 자금을 조달하려고 한다. 인수회사는 총조달금액의 5%를 수수료로 요구하고 있다.
    a. 얼마만큼의 주식을 발행해야 하는가?
    b. 만일 주식가격이 유상증자 공시일에 2% 하락하였다면, 매각해야 할 주식의 수는 어떻게 되는가?

c. 만일 모든 주식이 신규발행이라 새로운 투자자에게 매각된다면, 기존 주주가 겪게 되는 소유지분의 감소분은 얼마인가?

22. 맥켄지(MacKenzie Corporation)는 현재 10백만 주의 주식을 주당 $40에 가지고 있다. 회사는 주주배정(rights offer)으로 자금을 조달하려고 한다. 모든 주주는 1권의 신주인수권을 가지게 될 것이다. 회사는 주당 $40에 1주당 10권의 신주인수권을 요구할 계획이다. 모든 신주인수권이 행사된다면 회사는 얼마의 자금을 조달하게 되는가?

사례연구

2012년 5월 18일에 있었던 소셜 미디어의 거인인 페이스북(Facebook)의 공모만큼 관심을 끈 IPO는 없을 것이다. 이것은 8년전 구글(Google)의 IPO를 쉽게 뛰어 넘는 인터넷 역사에서 가장 큰 IPO였다. 페이스북의 초기 투자자들의 수익뿐만 아니라 IPO 자체를 자세히 살펴보자.

1. 기업의 등록서류에 접근할 수 있는 SEC의 에드가(EDGAR) 웹사이트 www.sec.gov/edgar.shtml 에 들어가 보자. "회사 등록 정보 검색(Search for Company Filings)"을 선택하고 회사 등록(company filings)에서 이름을 선택한다. "페이스북(Facebook)"을 입력하고 IPO 투자설명서(prospectus)를 검색한다. 서류는 IPO 일자에 "424B4"로 등록되어 있는데, 이것은 규정 424(b)(4)에 따라 투자설명서를 등록하기 때문에 규정을 따서 붙인 것이다. 투자설명서에서 다음 정보를 계산하자.
   a. 비율 기준으로 인수 수수료(underwriting spread)는 얼마인가? 이 수수료는 전형적인 IPO와 비교했을 때 어떤 수준인가?
   b. 신규발행 주식(primary shares)과 구주매도 주식(secondary shares)이 공모에서 차지하는 비중은 얼마인가?
   c. 그린슈 조항의 규모와 주식의 수는 얼마인가? 전체 거래에서 그린슈 조항에 해당되는 비율은 얼마나 되는가?
2. 이제는 구글 금융(Google Finance)으로 들어가서 "Facebook"을 검색하자. IPO 당일의 종가를 알아보자("과거 주가(Historical prices)"를 이용함). 첫날의 수익률은 얼마인가? 전형적인 IPO와 비교해서 이 수익률 수준은 어떠한가?
3. 구글 금융에서 제공하는 자료를 이용하여, 페이스북의 IPO 이후 3개월 성과를 계산해 보자. 즉, IPO 당일에 종가로 페이스북 주식에 투자해서 나중에 3개월 뒤에 매도한 투자자가 얻을 것으로 생각되는 연간 수익률을 계산한다. 만일 1년 보유할 경우라면 수익률은 얼마인가?
4. 공모 이전에 페이스북은 이 장에서 언급한 모든 자금원에서 자금을 조달할 수 있었다. 한가지 특정 자금원인 마이크로소프트(Microsoft Corporation)에 집중해보자.
   a. 마이크로소프트는 2007년 10월에 페이스북에 투자를 했다. 페이스북의 기업 뉴스 사이트

(newsroom.fb.com)에 가서 이 투자를 공시한 언론보도문을 찾아보자. 언론보도의 정보와 IPO 투자설명서에 언급된 마이크로소프트의 소유 지분을 이용해서, 마이크로소프트가 지불한 주당 가격을 계산하자.

b. IPO를 통해서(IPO 가격을 이용) 마이크로소프트가 투자로 얻은 수익률(연간 기준으로 표현)을 계산하자.

c. IPO를 통해서 마이크로소프트는 어느 정도의 돈을 받게 되는가?

5. 페이스북은 페이팔(PayPal) 설립자인 피터 티엘(Peter Thiel)을 엔젤 투자자로 영입했다. 티엘은 페이스북에 엔젤로 한번만 투자한 것이 아니라 나중 라운드에서도 자신의 벤처캐피탈 회사인 파운더 펀드(Founder Fund)의 투자자를 위해서 투자했다. 엔젤로서 티엘은 2004년 9월에 $500,000을 투자했다. 엔젤 라운드에서 투자한 모든 주식이 리븐델 원(Rivendell One LLC)의 이름으로 등록되었다고 가정하고,[20] 투자설명서의 정보를 이용하여 아래 사항을 계산하자.

a. 엔젤로 투자한 주식의 주당 가격은 얼마인가?

b. 이 투자로 얻은 (IPO 가격을 이용) 연간 수익률은 얼마인가?

c. IPO 조달금액에서 티엘 씨가 받은 (리븐델 투자 하나로 가정) 엔젤 자금은 얼마인가?

20) 티엘 씨(Mr. Thiel)가 페이스북에 투자한 것은 개인적인 정보이기 때문에, 이러한 추정의 실질적인 근거는 없다. 다만, 티엘 씨는 반지의 제왕(The Lord of Rings) 의 팬인 것으로 알려져 있다. 리븐델(Rivendell)은 반지의 제왕 촬영지이다.

15 타인자본 조달

학습목표

- 타인자본 조달의 유형을 파악한다.
- 채권자의 이해를 보호하기 위한 채권 계약상 제한을 이해한다.
- 기업에게 주어지는 채무를 조기에 상환할 수 있는 다양한 옵션들을 기술한다.

기호

PV	현재가치
YTC	수의상환수익률
YTM	만기수익률

Debt Financing

제14장에서는 신생 비공개기업을 위한 엔젤 투자자에서부터 자리가 잡힌 공개기업을 위한 유상증자까지 기업이 자기자본을 조달하는 과정에 대해 논의했다. 우리는 주식 발행을 통한 자기자본 조달이 기업 설립자의 기업 소유권을 희석시킨다는 데 주목했다. 주식 발행을 대체할 수 있는 자본조달 방법은 자금을 차입하는 것, 즉 타인자본 조달이다. 사실 채무(debt)는 매우 중요한 자본조달 수단이다. 미국 기업들은 2015년 말 기준으로 약 $8.7 조의 채무 잔고를 가졌다. 2013년 버라이즌은 이 회사가 소유하지 않았던 버라이즌 와이어리스의 45% 지분을 보다폰으로부터 매입하기 위한 자금의 일부를 조달하기 위해 기록적인 $49조의 채권을 발행했다. 채무는 소유자의 기업 지분을 희석 시키지 않지만, 반드시 상환하여야 하다는 단점이 있다. 즉, 기업은 채무에 대한 이자와 원금을 반드시 지급하여야 하는 법적인 의무가 있다. 만약 이 의무를 이행하지 못하면, 기업이 부도 처리되어 파산하게 될 수도 있다. 다음 장에서는 자기자본 조달과 타인자본 조달의 상대적인 강점과 약점, 즉 "자본구조(capital structure)"에 대해 논의할 것이다. 이 장에서는 기업의 타인자본 조달 과정과 기업 채무의 특성에 대해 초점을 맞춘다.

2005년 중반 포드 자동차(Ford Motor Company)는 자회사 중의 하나인 허츠 주식회사(Hertz Corporation)를 매각하기 위해 이 회사를 경쟁입찰에 올렸다. 2005년 9월 13일 월 스트리트 저널은 사모펀드인 클레이튼 듀빌리어 앤 라이스(Clayton, Dubilier & Rice; CDR)의 주도로 사모투자자 그룹이 포드로부터 허츠의 발행 주식을 $5.6조에 매수하는 계약이 체결되었다고 보도했다. 또한 허츠는 $9.1 십억의 기존 채무를 가지고 있었는데, 이 채무를 차환(refinancing)하는 것이 계약 사항 중의 하나이다. CDR은 이 거래를 위해 $11 십억의 신규 채무 발행을 통해 추가적인 자금조달을 할 계획이었다. 대부분의 매수 자금이 채무(레버리지)를 통해 조달되므로, 이러한 거래를 차입매수(leveraged buyout; LBO)라고 한다. 타인자본 조달에 대한 예시를 위해 이 장의 전반에서 이 거래에 대한 자세한 사항들을 살펴보게 될 것이다.

기업이 채무를 통해 자본을 조달할 때, 자본을 조달하는 몇 가지 원천이 있다. CDR이 주도하는 그룹은 허츠의 매수 입찰에 응하기 위하여 국내 및 외국 통화 표시 고수익 채권, 은행 대출, 자산담보 채권(asset-backed securities) 등 적어도 네 종류 이상의 채무에 의존해야 한다. 게다가 각 채무는 발행시점에 결정되는 각각의 고유한 조건들을 가지고 있다. 제6장에서 채권의 가치평가에 대한 논의에 바탕을 두고, 타인자본 조달에 대한 고찰을 채무의 발행과정과 기업들이 이용 가능한 채무의 종류에 대한 설명에서부터 시작한다. 이어서 채무 계약에서 기업 행동의 제약에 대해 논의한다. 마지막으로 수의상환 조항과 같은 고도화된 채권의 특성에 대해 논의한다.

15.1 기업 채무

기업의 채무는 *사모 채무*(private debt) 또는 *공모 채무*(public debt)일 수 있다. 사모 채무는 기업이 은행 또는 소수의 투자자들과 직접적인 교섭을 통해 거래가 이루어지는 채무이다. 반면 공모 채무는 공개된 시장에서 거래가 이루어진다. 앞으로 살펴보겠지만, 앞서 소개한 허츠의 사례는 두 가지 방식을 모두 사용한 경우이다.

사모 채무

많은 신생 기업들이 채무를 통해 자금을 조달하는 처음 방식은 은행대출(bank loans)이다. 하지만 규모가 매우 크고 자리가 잡힌 기업들도 은행대출을 타인자본 조달의 방식으로 활용한다. 은행대출은 채무가 공개적으로 거래되지 않는 **사모 채무(private debt)**의 한 가지 예이다. 사모 채무 시장의 규모는 공모 채무 시장의 규모보다 훨씬 크다. 증권의 공모발행 시 발행자는 금융감독 당국에 발행 등록을 해야 한다. 사모 채무는 공모 채무와 달리 금융감독 당국[1]에 발행 등록을 하지 않아도 된다. 이로 인해 사모 채무는 발행 등록으로 발생하는 비용과 시간 지연을 피할 수 있다는 장점이 있다. 하지만 사모 채무는 공개적으로 거래되지 않기 때문에 유동성이 낮고 이로 인해 보유자가 제때에 팔 수 없는 단점을 가지고 있다.

사모 채무: 공개적으로 거래되지 않는 채무

사모 채무 시장에는 은행대출(만기대출과 신용한도), 사모발행(private placements) 등 몇 가지 세부 시장이 있다.

은행대출 **만기대출(term loan)**은 특정 만기까지 유지되는 은행대출이다. 한 개 대출의 자금이 여러 은행들로 구성되는 그룹에 의해 조달될 때, 이를 **신디케이트 은행대출(syndicated bank loan)**이라고 한다. 대개 신디케이트의 한 구성원(리드 뱅크)이 은행대출의 조건을 협상한다. 많은 기업들은 **회전 신용한도(revolving line of credit)**를 설정한다. 회전 신용한도는 특정 기간(대개 2~3년) 동안 기업이 필요 시 사용할 수 있는 신용한도를 제공하기로 한 신용약정이다. 기업은 자산을 담보로 제공하면 더 많은 금액의 신용한도를 더 낮은 이자율로 설정할 수 있다. 이와 같은 신용한도를 **자산담보 신용한도(asset-backed line of credit)**라고 한다.

만기대출: 특정 만기까지 유지되는 은행대출

신디케이트 은행대출: 한 개의 은행이 아닌 여러 은행들의 자금으로 이루어진 한 건의 대출

회전 신용한도: 특정 기간(대개 2~3년) 동안 기업이 필요 시 사용할 수 있는 신용한도를 제공하기로 한 신용 약정

자산담보 신용한도: 자산을 담보로 차입자가 신용한도를 확보하는 신용약정

사모발행 제6장에서 학습한 내용에 따르면 회사채는 주식회사가 발행한 채권이나. 회사채는 기업의 투자 자본의 상당부분을 차지한다. 2013년 초 기준으로 미국 회사채 발행잔액은 약 $9.2조 원에 달한다. 채권은 공모발행 또는 사모발행을 통해 발행될 수 있다. **사모발행(private placement)**은 공개된 시장에서 거래되지 않고 소수의 투자자들에게 매도함으로써 이루어지는 채권 발행이다. 사모발행은 금융감독 당국에 등록할 필요가 없어 발행비용이 적게 든다. 사모발행은 단순히 약속어음(promissory note)만으로도 충분한 경우가 있다. 사모발행 채무는 공모발행 채무와 동일한 기준을 따를 필요가 없다. 따라서 사모발행 채무는 특정한 상황에 맞게 맞춤 설계 될 수 있다.

사모발행: 공개된 시장에서 거래되지 않고 소수의 투자자들에게 매도함으로써 이루어지는 채무 발행

허츠의 타인자본 조달: 은행대출

CDR과의 거래의 일환으로 허츠는 $2 십억이 넘는 은행대출을 받았다. 허츠는 7년 만기로 $1.7 십억을 신디케이트 만기대출(syndicated term loan) 형태로 대출받고자 협상했다. 도이치뱅크는 이 협상에 응한 다음, 이 대출을 분할하여 다른 은행들(대부분 잉여 현금은 보유하지만 이렇게 큰 규모의 대출을 개별적으로 협상할 자원을 보유하지 못한 소규모의 지역은행들)에게 매각하였다. 허츠는 만기대출(term loan) 외에 5년 동안 $1.6 십억의 신용한도를 설정 해놓고 필요 시 필요한 만큼 사용할 수 있는 자산담보 신용한도(asset-backed revolving line of credit)에 대한 협상을 하였다. 허츠는 이 자산담보 신용한도에서 처음에 $400백만을 빌렸다.

1) 증권의 공모발행을 하려면 발행자가 미국에서는 증권거래위원회(U.S. Securities and Exchange Commission)에, 한국에서는 금융감독위원회(Financial Supervisory Service)에 발행 등록을 해야 한다.

허츠의 타인자본 조달: 사모발행

허츠는 추가적으로 $4.2 십억의 미국 자산유동화 증권과 $2.1 십억의 국제 자산유동화 증권을 발행했다. 이 경우 채무에 대한 담보자산은 이 회사가 소유한 렌터카 무리(fleet)였다. 따라서 이 채무는 "무리 채무(fleet debt)"라는 이름이 붙었다. 또한 허츠는 룰144A에 따라 $2.7 십억의 채권을 발행했다. 채권 발행을 위해 허츠는 390일 이내에 채권을 공모발행 등록을 하기로 약속했다. 공모발행 채무가 될 것이라는 인식 하에서 모집되고 매출되기 때문에, 이 채권은 공모발행 채무로 분류된다. 만약, 허츠가 이 약속을 이행하지 못하면, 발행된 모든 채권에 대한 이자율이 0.5%씩 상승하게 된다.

그림 15.1
허츠의 정크본드 발행에 대한 채권안내서의 표지

OFFERING MEMORANDUM CONFIDENTIAL

Hertz

CCMG Acquisition Corporation
to be merged with and into The Hertz Corporation
$1,800,000,000 8.875% Senior Notes due 2014
$600,000,000 10.5% Senior Subordinated Notes due 2016
€225,000,000 7.875% Senior Notes due 2014

The Company is offering $1,800,000,000 aggregate principal amount of its 8.875% Senior Notes due 2014 (the "Senior Dollar Notes"), $600,000,000 aggregate principal amount of its 10.5% Senior Subordinated Notes due 2016 (the "Senior Subordinated Notes" and, together with the Senior Dollar Notes, the "Dollar Notes"), and €225,000,000 aggregate principal amount of its 7.875% Senior Notes due 2014 (the "Senior Euro Notes"). The Senior Dollar Notes and the Senior Euro Notes are collectively referred to as the "Senior Notes," and the Dollar Notes and the Senior Euro Notes are collectively referred to as the "Notes."

The Senior Notes will mature on January 1, 2014 and the Senior Subordinated Notes will mature on January 1, 2016. Interest on the Notes will accrue from December 21, 2005. We will pay interest on the Notes on January 1 and July 1 of each year, commencing July 1, 2006.

We have the option to redeem all or a portion of the Senior Notes and the Senior Subordinated Notes at any time (1) before January 1, 2010 and January 1, 2011, respectively, at a redemption price equal to 100% of their principal amount plus the applicable make-whole premium set forth in this offering memorandum and (2) on or after January 1, 2010 and January 1, 2011, respectively, at the redemption prices set forth in this offering memorandum. In addition, on or before January 1, 2009, we may, on one or more occasions, apply funds equal to the proceeds from one or more equity offerings to redeem up to 35% of each series of Notes at the redemption prices set forth in this offering memorandum. If we undergo a change of control or sell certain of our assets, we may be required to offer to purchase Notes from holders.

The Senior Notes will be senior unsecured obligations and will rank equally with all of our senior unsecured indebtedness. The Senior Subordinated Notes will be unsecured obligations and subordinated in right of payment to all of our existing and future senior indebtedness. Each of our domestic subsidiaries that guarantees specified bank indebtedness will guarantee the Senior Notes with guarantees that will rank equally with all of the senior unsecured indebtedness of such subsidiaries and the Senior Subordinated Notes with guarantees that will be unsecured and subordinated in right of payment to all existing and future senior indebtedness of such subsidiaries.

We have agreed to make an offer to exchange the Notes for registered, publicly tradable notes that have substantially identical terms as the Notes. The Dollar Notes are expected to be eligible for trading in the Private Offering, Resale and Trading Automated Linkages (PORTAL℠) market. This offering memorandum includes additional information on the terms of the Notes, including redemption and repurchase prices, covenants and transfer restrictions.

Investing in the Notes involves a high degree of risk. See "Risk Factors" beginning on page 23.

We have not registered the Notes under the federal securities laws of the United States or the securities laws of any other jurisdiction. The Initial Purchasers named below are offering the Notes only to qualified institutional buyers under Rule 144A and to persons outside the United States under Regulation S. See "Notice to Investors" for additional information about eligible offerees and transfer restrictions.

Price for each series of Notes: 100%

We expect that (i) delivery of the Dollar Notes will be made to investors in book-entry form through the facilities of The Depository Trust Company on or about December 21, 2005 and (ii) delivery of the Senior Euro Notes will be made to investors in book-entry form through the facilities of the Euroclear System and Clearstream Banking, S.A. on or about December 21, 2005.

Joint Book-Running Managers

Deutsche Bank Securities **Lehman Brothers**

Merrill Lynch & Co. **Goldman, Sachs & Co.** **JPMorgan**

Co-Lead Managers

BNP PARIBAS **RBS Greenwich Capital** **Calyon**

The date of this offering memorandum is December 15, 2005.

출처: 허츠

1990년 미국 증권거래위원회(SEC)는 특정 사모발행 채무의 유동성을 크게 확대한 룰144A를 제정했다. 이 룰에 의해 발행된 사모발행 채무는 대규모 금융기관들 간에 거래가 가능하다. 이 룰은 미국의 채권시장에 대한 외국 기업들의 접근성을 높이려는 목적으로 제정되었다. 이 룰 하에 발행되는 채무는 대개 사모 채무다. 하지만 금융기관들 간에 거래가 이루어지기 때문에, 사모 채무의 유동성이 공모 채무의 유동성보다 약간 낮은 수준이다. 미국에서 많은 기업들이 룰144A에 따라 주어진 시간 이내에 채무에 대한 공모발행 등록을 하기로 한 명시적인 약속을 하고 채무를 발행한다. 이러한 타인자본 조달 방식은 기업들이 신속하게 자본을 조달한 다음, 모든 공모발행 등록 요건(filing requirements)을 이행할 수 있다는 장점이 있다.

공모 채무

제6장에서 공모 회사채 시장의 여러 가지 국면에 대해 살펴보았다. 보다 구체적으로 채무불이행 위험, 채권 신용등급, 그리고 신용평가기관의 역할에 대해 논의하였다. 여기에서는 논의를 공모 회사채의 서로 다른 유형과 이러한 회사채들이 거래되는 시장으로 논의를 확대한다.

채권안내서 채권의 공모발행은 주식의 공모발행과 유사하다. 채권안내서(prospectus 또는 offering memorandum)는 공모발행되는 채권에 대한 세부사항들을 기술하도록 작성되어야 한다. 그림 15.1은 허츠 채권 안내서의 표지를 보여주고 있다. 공모발행에 대한 채권안내서는 **발행계약서(indenture)**를 포함하여야 한다. 발행계약서는 채권 발행자의 채권 보유자에 대한 의무를 규정하는 공식적인 계약이다. 이 계약은 채권 발행자와 채권 보유자의 이해를 대변하고 발행계약서의 조건의 이행을 보증하는 신탁회사 간에 이루어지는 계약이다. 채무불이행 시 신탁회사는 채권 보유자의 이해를 대변한다.

발행계약서: 채권 안내서의 일부분으로 발행자와 채권 보유자의 이해를 대변하는 신탁회사 간의 공식적인 계약

회사채는 거의 대부분 이표를 반년마다 지급하지만, 소수의 기업(예를 들면, 코카콜라)들은 무이표채를 발행하기도 한다. 역사적으로 볼 때, 회사채는 여러 가지 만기를 갖고 발행되었다. 과거에는 회사채의 발행 시 만기가 999년인 적도 있었지만, 대부분의 회사채는 30년 또는 그 이

허츠의 타인자본 조달: 공모발행

CDR과의 거래를 위한 자금조달의 일환으로 허츠는 $2.7 십억의 무담보 채무의 발행을 계획했다. 허츠가 발행하려는 고수익 중기 무담보 채무(high-yield notes)는 정크본드라고 불린다. 제6장에서 학습한 바에 따르면, 투자적격 등급 미만의 신용등급을 갖는 채권을 정크본드라고 부른다. 또한 스탠다드 앤 푸어스와 무디스 같은 신용평가 회사들은 채권의 신용도를 평가하고 이 정보를 투자자들에게 알린다(구체적인 신용등급에 대해서는 표 6.6 참조). 허츠의 거래를 위한 고수익 채권 발행은 세 가지 유형의 트란쉐(tranche)로 분류된다. 트란쉐는 한 번의 증권 발행을 구성하고 동일한 한 번의 현금흐름 원천(표 15.2 참조)으로부터 지급되는 서로 다른 증권의 계층을 의미한다. 허츠가 발행한 고수익 채무는 반년마다 이표를 지급하고 액면가에(at par) 발행되었다. 가장 규모가 큰 트란쉐는 $1.8 십억의 액면가치를 갖고 만기가 8년인 중기 무담보 채무다. 이 채무의 이표율은 8.875%로 미 재무부 채권 대비 4.45%의 스프레드를 갖고 발행되었다.

표 15.1
기업 채무의 유형

담보 채무	무담보 채무
모기지 채권(부동산을 담보)	중기 무담보 채무(만기가 10년 미만)
자산담보 채권(자산을 담보)	장기 무담보 채무

표 15.2
허츠의 2005년 12월 정크본드 발행

	트란쉐 1: 선순위 달러표시 중기 무담보 채무	트란쉐 2: 선순위 유로표시 중기 무담보 채무	트란쉐 3: 후순위 달러표시 중기 무담보 채무
액면가	$1.8십억	€ 225백만	$600백만
만기	2014년 12월 1일	2014년 12월 1일	2016년 12월 1일
이표	8.875%	7.875%	10.5%
발행가격	액면가	액면가	액면가
만기수익률	8.875%	7.875%	10.5%
신용등급:			
스탠다드 앤 푸어스	B	B	B
무디스	B1	B1	B3
피치	BB−	BB−	BB+

하의 만기를 갖는다. 예를 들어 1993년 7월 월트 디즈니는 $150 백만의 채권을 100년 만기로 발행했는데, 발행 후 이 채권은 "잠자는 미녀(Sleeping Beauty) 채권"이라는 이름을 갖게 되었다.

채권의 액면가치 또는 원금은 표준적인 증가액(대개 $1,000)으로 표시된다. 발행비용이 존재하고 채권이 발행 시에 할인되어 발행될 가능성이 있기 때문에 채권의 액면가치는 실제 자금조달 금액과 항상 일치하지 않는다. 만약 이표채가 할인되어 발행된다면, 이 이표채를 **할인발행(original issue discount; OID) 채권**이라고 부른다.

할인발행 채권: 채권 발행 시에 할인되어 발행되는 이표채

담보 채무와 무담보 채무 기업 채무에는 *중기 무담보 채무, 장기 무담보 채무, 모기지 채권, 자산담보 채권* 등 네 가지 유형이 있다(표 5.1 참조). 이 네 가지 유형의 기업 채무는 무담보 채무와 담보 채무로 분류할 수 있다. **무담보 채무(unsecured debt)**는 보유자들에게 기업의 파산 시에 다른 채무에 담보로 제공된 기업 자산을 제외한 기업 자산에 대한 요구권을 부여하는 채무다. 일반적으로 **중기 무담보 채무(notes)**는 만기가 10년 미만인 무담보 채무이며, **장기 무담보 채무(debentures)**는 만기가 10년 또는 그 이상인 무담보 채무다. **담보 채무(secured debt)**는 특정 자산을 담보로 제공하며, 채무불이행 시에 채권 보유자가 담보로 제공된 자산에 대해 직접적인 청구권을 행사할 수 있다. **모기지 채권(mortgage bonds)**은 부동산을 담보로 제공한다. 한편 **자산담보 채권(asset-backed bonds)**은 어떤 유형의 자산이든 지에 상관없이 자산을 담보로 제공할 수 있다. 흔히 "채권"이란 용어가 모든 유형의 채무 증권을 의미하는데 사용되지만, 기술적으로 회사채는 담보가 제공된 채무여야 한다.

무담보 채무: 기업 채무의 한 가지 유형. 보유자들에게 기업의 파산 시에 다른 채무에 담보로 제공된 기업 자산을 제외한 기업 자산에 대한 요구권을 부여하는 채무

중기 무담보 채무: 만기가 10년 미만인 기업의 무담보 채무

장기 무담보 채무: 만기가 10년 또는 그 이상인 기업의 무담보 채무

담보 채무: 특정한 자산을 담보로 제공하는 기업의 대출이나 채권

모기지 채권: 담보 채무의 한 가지 유형. 부당산을 담보로 발행한 채권

자산담보 채권: 담보 채무의 한 가지 유형. 자산을 담보로 발행한 채권

우선순위 무담보 채무에는 장기 무담보 채무와 중기 무담보 채무가 있다. 기업이 발행한 여러 개의 무담보 채무가 있을 수 있으므로, 회사의 채무불이행 시에 회사 자산 청구권에 있어서 채권들 간의 우선권인 **우선순위(seniority)**라고 하는 것이 중요하다. 이에 따라 대부분의 무담보 채무들은 회사가 기존 채무와 우선순위가 동일하거나 혹은 더 높은 새로운 채무를 발행하는 것을 제한하는 조항을 포함하고 있다. 기업이 기존 채무보다 우선순위가 낮은 장기 무담보 채무를 발행하는 경우, 이 신규 채무를 **후순위 장기 무담보 채무(subordinated debenture)**라고 한다. 채무불이행 시에는 다른 선순위 채무들을 상환하기 전까지는 발행 채권들의 담보로 제공되지 않은 자산들이 후순위 장기 무담보 채무를 상환하는 데 사용될 수 없다. 허츠의 정크본드 중 한 가지 **트란쉐(tranche)**가 다른 두 트란쉐보다 후순위인 중기 무담보 채무이다. 이 중기 무담보 채무는 회사의 파산 시에 회사 자산에 대한 청구권에서 더 낮은 우선권을 갖는다. 이 중기 무담보 채무의 보유자들은 허츠의 파산 시에 더 적은 금액을 받을 가능성이 있으므로, 이 채무에 대한 수익률은 다른 트란쉐의 수익률보다 더 높다. 즉 첫 번째 트란쉐의 수익률이 8.875%인 반면, 이 트란쉐의 수익률은 10.5%이다.

우선순위: 기업의 채무불이행 시 다른 채무에 의해 확보되지 않은 자산을 우선적으로 요구할 수 있는 순위

후순위 장기 무담보 채무: 다른 채무보다 우선 순위가 낮은 무담보 채무

트란쉐: 한 번의 증권 발행을 구성하는 서로 다른 증권의 계층

국제 채권시장 허츠 정크본드의 두 번째 트란쉐는 미 달러가 아닌 유로로 표시된 중기 무담보 채무로 국제 채권이다. 국제 채권은 크게 다음과 같은 네 가지 유형의 분류된다.

1. **국내 채권(domestic bond)**은 현지 주체에 의해 발행되고 현지 시장에서 거래되지만, 외국인이 매입할 수 있는 채권이다. 국내 채권은 발행된 국가의 현지 통화로 표시된다.
2. **외국 채권(foreign bond)**은 외국 기업들이 현지 투자자들을 대상으로 현지 시장에서 발행하는 채권이다. 외국 채권 역시 현지 통화로 표시된다. 미국에서 발행되는 외국 채권은 양키본드(Yankee bond)라고 불린다. 다른 나라들에서도 외국 채권은 특별한 이름들을 가지고 있다. 예를 들어 일본에서 발행되는 외국 채권은 사무라이본드(Samurai bond), 영국에서 발행되는 외국채권은 불독(Bulldog)이라는 이름을 각각 가지고 있다.
3. **유로본드(Eurobond)**는 발행되는 국가의 현지 통화로 표시되지 않는 국제 채권이다. 따라서 유로본드는 채권이 거래되는 시장의 물리적인 장소와 발행주체의 위치 간에 아무런 상관관계가 없다고 할 수 있다. 유로본드는 발행자의 위치와 연관되거나 연관되지 않는 임의의 수의 통화들로 표시될 수 있다. 유로본드의 거래는 어느 특정 국가의 규제를 받지 않는다. 제6장에서 유로본드를 언급한 적이 있는데, 이 때의 유로본드는 미 달러 표시 유로본드였다.
4. **글로벌 채권(global bond)**은 국내 채권, 외국 채권 및 유로본드의 특성을 결합한 채권으로 서로 다른 여러 국가들에서 동시에 모집 및 매출 되는 채권이다. 유로본드와 달리, 글로벌 채권은 발행국가의 통화와 동일한 통화로 발행할 수 있다. 허츠가 발행한 정크본드는 미국과 유럽에서 동시에 모집 및 매출되었으므로 글로벌 채권이라고 할 수 있다.

국내 채권: 현지 발행주체에 의해 발행되는 현지 통화 표시 채권. 현지 채권시장에서 거래되지만 외국인이 매입할 수 있는 채권

외국 채권: 외국 기업이 현재 투자자들을 대상으로 현지 채권시장에서 발행하는 현지 통화 표시 채권.

유로본: 채권이 발행되는 국가의 현지 통화로 표시되지 않은 국제 채권

글로벌 채권: 여러 국가들에서 동시에 발행되는 채권

외국 통화로 지급하는 채권은 해당 통화의 보유 위험에 노출된다. 이로 인해 외국 통화로 지급하는 채권의 수익률은 다른 모든 조건은 동일하지만 국내 통화로 지급하는 채권의 수익률과 괴리되어 결정된다. 비록 허츠의 정크본드 중 유로 표시 중기 무담보 채무와 달러 표시 중기 무담보 채무는 동일한 우선순위와 만기를 가졌지만, 두 채권의 수익률(달러 표시: 8.875%, 유로 표시: 7.875%)은 서로 다르다. 비록 두 채권은 동일한 채무불이행 위험을 가졌지만, 현지 통화에 비해 외국 통화의 가치가 상대적으로 더 절하될 수 있기 때문에 두 채권의 환율 위험은 다르다(환율 위험에 대한 더 자세한 내용은 제23장 참조).

표 15.3은 차입매수(LBO) 거래 이후 허츠의 채무를 요약하고 있다. $11.1 십억의 채무 중에서 $2.7 십억은 공모발행 채무였으며, 나머지는 만기대출, 회전 신용한도, 무리 채무 등으로 구성되는 사모 채무였다. 무리 채무와 신용한도는 기업의 특정한 자산이 담보로 제공되었다.

표 15.3 허츠의 정크본드 발행

채무의 유형	금액($백만)
공모 채무	
선순위 달러표시	1,800.0
선순위 유로표시(€225백만)	268.9
후순위 달러표시	600.0
사모 채무	
만기대출	1,707.0
자산담보 회전 신용한도	400.0
자산담보 "무리 채무"*	6,348.0
합계	**$11,123.9**

* 이 채무의 담보는 허츠의 렌터카 무리였다.

개념확인

1. 기업의 공모 채무 중 일반적으로 거래되는 네 가지 유형을 열거하시오.
2. 국제 채권의 네 가지 유형은 무엇인가?

15.2 다른 유형의 채무

기업은 채무를 자금조달 수단으로 사용하는 유일한 주체는 아니다. 우리는 채무 규모가 가장 큰 부문인 정부에 대한 대출부터 다른 유형의 채무에 대한 논의를 시작한다.

국채

국채: 한 나라의 정부가 발행한 채권

국채(sovereign debt)는 한 나라의 정부가 발행한 채권이고, 미국 정부가 발행한 채권은 미 재무부 채권으로 불린다는 제6장의 내용을 상기하자. 미 재무부 채권은 미국 채권시장의 단일 부문 중에서 가장 큰 부문이다. 2015년 6월 30일, 미 재무부 채권의 시장가치는 $12.70 조이었다. 이 채권은 미국 정부가 돈을 빌려 적자 지출(즉, 세수입보다 많은 지출)이 가능하도록 해준다.

미 재무부는 4가지 종류의 증권을 발행한다(표 15.4 참조). 미 재무부 단기채는 만기가 수일에서 1년에 이르는 순수할인채다. 현재, 미 재무부는 4, 13, 26, 52주 만기의 단기채를 발행한다. 미 재무부 중기채는 만기가 1년에서 10년 사이인 반년 이표채다. 미 재무부는 현재 2, 3, 5, 7 및 10년 만기의 채권을 발행한다. 미 재무부 장기채는 만기가 10년 이상인 반년 이표채다. 미 재무부는 현재 만기가 30년인 채권(종종 **장기채권(long bond)**이라고 부름)을 발행한다. 이 모든 미 재무부 채권은 채권시장에서 거래된다.

장기채권: 미 재무부에 의해 발행된 최장 만기(30년)의 채권

표 15.4
현존하는 미 재무부 채권

미 재무부 채권	유형	발행시 만기
단기채(Bills)	할인채	4, 13, 26 및 52주
중기채(Notes)	이표채	2, 3, 5, 7 및 10년
장기채(Bonds)	이표채	30년
물가연동국채	이표채	5, 10 및 30년

미 재무부가 현재 발행하고 있는 채권의 마지막 유형은 만기가 5, 10, 30년인 **물가연동국채(Treasury Inflation-Protected Securities; TIPS)**다. 이 채권은 표준적인 이표채와 한 가지 차이가 있다. 이 채권의 원금 잔액이 인플레이션에 따라 조정된다. 따라서, 이표율은 고정되어 있지만 반년 달러 이표 지급액은 인플레이션 조정 원금의 일정한 비율이기 때문에 달러 이표가 다르다. 또한 만기의 (이자 지급이 아닌) 원금의 최종 상환은 디플레이션(deflation)으로부터도 보호된다. 즉, 최종 인플레이션 조정 원금이 원래의 원금보다 작으면 원래의 원금이 상환된다.

물가연동국채: 미 재무부에 의해 발행된 만기 5, 10, 30년인 물가연동국채로 이 채권은 표준적인 이표채와 원금 잔액이 인플레이션에 따라 조정된다는 한 가지 차이가 있음

미 재무부 채권은 경매를 통해 일반에게 최초 판매된다. 경쟁 입찰 및 비경쟁 입찰의 두 가지

예제 15.1
물가연동국채에 대한 이표 지급

문제 *Problem*

2008년 1월 15일, 미 재무부는 만기 10년 이표율 1 5/8%의 물가연동 중기채를 발행했다. 발행일에 소비자물가지수(CPI)는 209.49645이었다. 2015년 1월 15일, CPI가 236.85403으로 상승했다. 2015년 1월 15일에 지급되는 이표 지급액은 얼마인가?

풀이 *Solution*

● **계획**

CPI는 발행일과 2015년 1월 15일 사이에 226.33474/184.77419=1.13059배 증가했다. 이에 따라 이 채권의 원금은 이 금액만큼 증가했다. 즉, $1000의 액면가치가 $1130.59가 되었다. 이 채권은 반년 이표를 지급하므로 이표 지급액은 $1130.59 × 0.01625/2 = $9.19이다.

형태의 입찰이 가능하다. 비경쟁 입찰자(보통 개인)는 매입하고자 하는 채권의 금액을 제출하고 경매에서 주문이 이행되는 것이 보장된다. 모든 경쟁 입찰자는 매입 의사가 있는 채권의 수익률 및 금액에 대한 봉인된 입찰서를 제출한다. 미 재무부는 해당 입찰의 자금조달 필요액을 충족하는 최저 수익률(최고 가격)까지의 경쟁 입찰을 수락한다. 수락되는 최고 수익률은 **스톱 아웃 수익률(stop-out yield)**이라고 부른다. 스톱아웃 수익률은 입찰에 성공한 모든 입찰자(비경쟁 입찰자 포함)에게는 적용된다. 미 재무부 단기채의 경우, 스톱아웃 수익률은 채권 가격을 결정하는데 사용되고 모든 입찰자는 이 가격을 지불한다. 미 재무부 중기채 및 장기채의 경우, 이 수익률은 채권의 이표를 결정하고, 모든 입찰자는 채권의 액면가치를 지불한다.[2] 미 재무부 채권에서 발생하는 모든 소득은 연방정부 차원에서 과세된다. 그러나 이 소득은 주정부 또는 지방정부 수준에서는 과세되지 않는다.[3]

스톱 아웃 수익률: 미 재무부 채권의 경쟁 입찰에서 최고의 수익률로 입찰에 성공한 모든 입찰자(비경쟁 입찰자 포함)에게는 적용되는 수익률

만기가 1 년 이상인 무이표 미 재무부 채권도 채권시장에서 거래된다. 이 채권은 **스트립스(Separate Trading of Registered Interest and Principal Securities; STRIPS)**라고 부른다. 재무부는 스트립스를 발행하지 않는다. 대신 투자자(또는 더 일반적으로 투자은행)는 재무부 중기채와 장기채를 매입한 다음, 이표와 원금을 분리하여 무이표채로 만들어서 판매한다.

스트립스: 채권시장에서 거래되는 만기가 1 년 이상인 무이표 미 재무부 채권

지방채

지방채(municipal bond, 줄여서 "muni")는 주정부 및 지방정부가 발행한 채권이다. 이 채권의 차별화된 특징은 이 채권에서 발생하는 소득이 연방정부 차원에서 과세되지 않는다는 점이다. 결과적으로 지방채는 때로는 면세 채권이라고 한다. 일부 지방채는 주세 및 지방세가 면제되기도 한다.

지방채: 주정부 및 지방정부가 발행한 채권으로 연방정부 차원에서(그리고 종종 주정부 및 지방정부 차원에서도) 과세되지 않아 면세증권이라고 불리는 채권

대부분의 지방채는 반년 이표를 지급한다. 종종 복수의 서로 다른 만기의 지방채가 단일의 발행물(a single issue)에 포함된다. 이러한 발행물은 수년에 걸쳐 순차적으로 만기가 도래하기 때문에 종종 **연속상환채권(serial bond)**이라고 부른다. 지방채에 대한 이표는 고정적이거나 유동적일 수 있다. 고정 이표 지방채는 채권의 수명 기간 동안 동일한 이표를 갖는다. 변동 이표 지방채는 채권의 이표가 주기적으로 조정된다. 이때 재설정 공식은 채권이 처음 발행되었을 때 설정된 기준 이자율(예: 미 재무부 채권 이자율)에 일정한 스프레드를 더하는 것이다. 또한 지방채가 무이표채로 발행되는 소수의 경우도 존재한다.

연속상환채권: 수년에 걸쳐 순차적으로 만기가 도래하는 지방채의 단일 발행물

지방채는 지급을 보증하는 자금의 출처가 상이할 수 있다. **수익채권(revenue bond)**은 채권 발행으로 자금이 조달된 프로젝트가 창출하는 특정 수익으로 지급을 약속한다. 예를 들어 네바다주는 라스베이거스 모노레일의 자금조달을 위해 모노레일의 운임 수입으로 상환하는 수익채

수익채권: 지방정부가 특정 프로젝트에 의해 창출되는 수익으로 상환을 약속하는 지방채

2) 이표는 1/8 단위로 지정된다. 낙찰된 수익률이 8로 나누어 떨어질 수 없다면, 이표율은 이 채권의 가격이 액면가에 가장 근접하지만 액면가를 넘지 않는 수준으로 설정된다.

3) 더 자세한 내용은 미 재무부 웹 사이트를 참고하길 바란다: www.treasurydirect.gov/.

위험에 노출된 디트로이트 아트 박물관

2013년 7월, 디트로이트 시는 챕터 9 파산 보호 신청을 발표하였으며, 이는 역사상 최대의 도시 채무불이행으로 기록되었다. 이 도시는 15개월 후 파산했고, 이 도시의 채무 중 $7십억가 채무불이행 되었고 연금 지급액이 4.5%나 감소했다. 그러나 이 도시가 미술관을 효과적으로 "팔지"는 않았더라면 상황이가 더 나빠졌을 수 있다.

이 도시의 미술관 문제는 파산 신청이 시작되기 전에 케빈 오르(Kevyn Orr)가 이 도시의 비상 관리인으로 임명되고 미술관이 도시 채무의 상환을 돕기 위해 $500 백만의 예술 작품을 판매할 것을 요구했을 때 시작되었다. 미술관은 기부자들로부터 $800 백만를 모으고 이 돈을 사용하여 이 도시로부터 독립을 하는데 사용하겠다고 응답했다. 이 도시의 파산 이후, 미술관의 소유권은 도시에서 독립적인 신탁으로 이전되었다.

기업 파산 시에는 채권자가 기업의 모든 자산을 요구할 수 있다. 반면 지방정부 파산 시에는 채권자가 지방정부의 자산을 요구할 수 있는 능력이 매우 제한적이다. 박물관이 궁극적으로 파산 해결에 기여했지만, 기부 금액은 예술 분야에서 평가한 $4.6 십억보다 훨씬 적었다. 마찬가지로, 연금 수급자가 연금 지급액의 삭감을 받아들였지만, 연금의 지급을 보증하는 자산은 연금 플렌에 그대로 남겨두고 채무를 상환하는데 사용되지 않았다. 결국, 채무 보유자는 청산하면 모든 손실의 전부는 아니더라도 일부를 충당할 수 있는 이 도시의 자산이 존재했음에도 불구하고 손실을 입었다.

출처: Slate 11/7/2014 "Detroit Exits Bankruptcy, Thanks to Its Art Museum" and New York Times, 11/7/2014, "'Grand Bargain' Saves the Detroit Institute of Arts."

권을 발행했다. 지방정부에 대한 전폭적인 신뢰와 신용을 바탕으로 발행되는 채권은 **일반공채**(**general obligation bond**)로 알려져 있다. 때로는 지방정부가 일반적인 약속에 특별 요금과 같은 특정 수입원의 지급 약속을 더해 지급 약속을 더욱 강화할 수 있다. 지방 정부는 항상 일반공채를 상환하기 위해 일반 세입을 사용할 수 있다. 이에 따라 특정 수입원의 지급 약속이 보상된 채권은 일반공채보다 더 상위의 채권이며, 이러한 채권을 **2연발식**(**double-barreled**)이라고 한다. 이러한 보호장치에도 불구하고 지방채는 연방정부의 보증을 받는 채권만큼 안전하지 못하다. 1970년 이후, 약 4%의 지방채가 채무불이행을 했고, 2008년 금융위기의 여파로 (앞서 언급된 라스베이거스 모노레일 채권을 포함하여) 채무불이행의 빈도와 규모가 증가했다.[4] 미국 역사상 가장 큰 규모의 지방채 채무 불이행은 2013년 $7 십억 이상의 디트로이트 채무 불이행이었는데, 곧 2016년 $72 십억의 푸에르토리코의 채무불이행이 이를 넘어섰다.

일반공채: 지방정부에 대한 전폭적인 신뢰와 신용을 바탕으로 발행되는 채권

2연발식: 지방정부가 일반적인 약속에 특정 수입원의 지급 약속을 보강하여 지방채를 발행하는 것을 지칭함

자산유동화증권

자산유동화증권(**asset-backed security; ABS**)은 서로 다른 금융 유가증권들로 구성된 증권이다. 즉, 이 유가증권의 현금흐름은 이 유가증권이 담보로 하는 다른 금융 유가증권 포트폴리오의 현금흐름에서 나온다. 우리는 자산유동화증권을 만드는 과정, 즉 금융 유가증권의 포트폴리오 구축과 이 포트폴리오를 기초자산으로 하는 자산유동화증권의 발행 과정을 **자산 증권화**(**asset securitization**)라고 부른다.

자산유동화증권 시장에서 지금까지 가장 큰 부문을 차지하고 있는 부문은 **모기지담보증권**

자산유동화증권: 담보로 하는 다른 금융 유가증권 포트폴리오의 현금흐름에서 현금흐름이 나오는 유가증권

자산 증권화: 금융 유가증권의 포트폴리오 구축하고 이 포트폴리오를 담보로 하는 자산유동화증권을 발행함으로써 자산유동화증권을 만드는 과정

4) M. Walsh, "Muni Bonds Not as Safe as Thought," The New York Times, August 15, 2012.

글로벌 금융 위기 부채담보부증권(CDO), 서브프리임 모기지, 그리고 금융위기

지니매(GNMA)와 모기지담보 증권을 발행하는 기타 정부 대행기관은 증권화 하는 모기지의 유형을 제한한다. 예를 들어 이들은 일정 액면 가치 이하, 그리고 (보다 중요하게) 일정한 신용 기준을 충족하는 모기지를 증권화 할 것이다. 이 조건들을 충족시키지 못하고, 채무불이행 위험이 높은 모기지는 **서브프라임 모기지(subprime mortgages)** 라고 알려져 있다. 2000년대 중반 주택 붐은 부분적으로 서브프라임 모기지의 가용성 증가에 기인한 것일 수 있다. 서브프라임 모기지의 수가 폭발적으로 증가함에 따라 증권화에 대한 유인도 커졌다. 은행과 같은 민간 기관들은 서브프라임 모기지를 바탕으로 많은 양의 모기지 담보증권을 발행했다.

금융위기의 기원을 이해하려면 서브프라임 대출이 증권화 되는 방법을 이해하는 것이 도움이 된다. 이 대출을 창출한 은행들은 먼저 이들을 결합하여 대규모 **자산 풀(asset pool)**을 만들었다. 이 모기지담보증권 풀의 현금흐름은 **모기지담보부증권(collateralized mortgage obligations; CMO)**라고 불리는 우선순위로 구분되는 서로 다른 트란

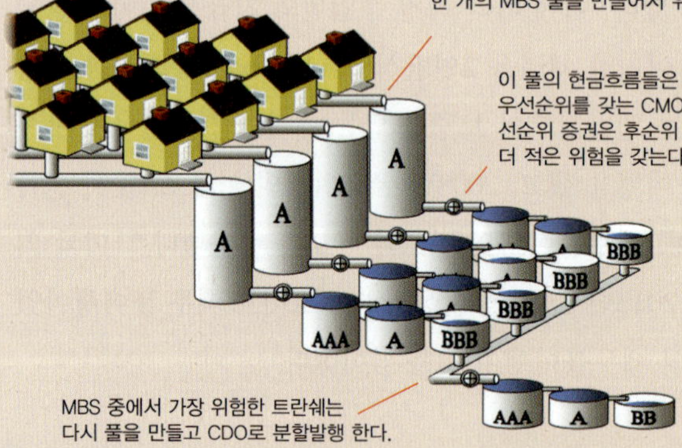

쉐의 증권에 대한 지급 보증하는데 사용되었다. 먼저 모기지들을 모아 위험을 분산시킨 후 이들을 선순위 증권 및 후순위 증권으로 분할발행 함으로써 기초자산인 모기지보다 훨씬 낮은 위험도를 가진 선순위 증권을 창출할 수 있다. 예를 들어 모든 원금 상환액의 절반까지의 원금 상환에 대한 선순위 청구권을 가진 증권을 고려하자. 이 증권은 풀에 있는 모기지의 50% 이상이 채무불이행 되는 경우에만 손실을 입을 것이다.

위 그림은 모기지 현금흐름의 흐름도를 보여줌으로써 이 아이디어를 그림으로 보여준다. 이 그림은 모기지 현금흐름들이 MBS 풀로 유입된 다음 CMO 증권 트란쉐를 나타내는 양동이로 유입되는 흐름을 보여준다. 첫 번째 라인에 있는 양동이는 채워질 가능성이 크다. 이 선순위들은 AAA 등급을 받았고, 투자자들에게 매력적인 것으로 나타났다. 물론, 여기서 더 아래로 내려가면, 나중 양동이들은 완전히 채워지지 않을 위험이 훨씬 높다. 대부분의 후순위 트란쉐는 낮은 등급(또는 등급이 매겨지지 않았음)이었으며, 원래의 풀보다 훨씬 위험했다(풀 전체에서 하나의 모기지가 채무불이행을 한 경우 이러한 유가증권이 영향을 받는다). 결과적으로 이러한 후순위 트란쉐는 자신의 위험에 대한 선호와 평가 능력을 갖춘 매우 수준 높은 투자자에게만 매력적이었다.

서브프라임 시장이 성장함에 따라 후순위 트란쉐를 보유하려는 투자자를 찾는 것이 더욱 어려워졌다. 이 문제를 해결하기 위해 투자은행은 이러한 후순위 증권들의 풀을 생성한 후 새로운 일련의 선순위 및 후순위 증권들(CDO)로 분할발행 했다. 이전과 동일한 추론에 따라 이러한 새로운 CDO의 선순위 트란쉐는 매우 낮은 위험으로 인식되어 AAA 등급을 받음으로써 다양한 투자자에게 쉽게 판매할 수 있게 되었다. (분산투자로 인해 CDO 유가증권은 기초자신으로 하는 개별 자산보다 더 높은 평균 등급을 받을 수 있다.)

무엇이 잘못되었을까? 2002년부터 2005년까지 서브프라임 모기지의 부도율은 상당히 낮아 6% 미만으로 떨어졌다. 그 결과 신용평가 기관은 요구 사항들을 완화하고 AAA 등급을 받은 트란쉐의 규모를 증가시켰다. 그러나 이러한 낮은 부도율은 주택 가격이 상승했기 때문에 발생했으며, 이는 서브프라임 대출자가 대출을 차환하고 채무불이행을 피하기 쉽게 했다. 2006-2007년 주택시장이 둔화되고 주택 가격이

하락하기 시작하자, (은행이 주택 가치 이상을 빌려주지 않으려고 하자) 차환이 더 이상 가능하지 않았으며, 채무불이행 비율은 40% 이상으로 급등했다. 증가된 부도율로 인한 두 가지 중요한 결과가 있었다. 첫째, 원래의 모기지담보증권은 예상했던 것보다 위험한 것으로 나타났다. 2005년에 안전한 것으로 보였던 20% 초과 부도율에 대해 보호된 유가증권에서도 손실이 발생하기 시작했다. 그러나 이러한 손실은 후순위 모기지담보증권에서 창출된 CDO 증권에서 훨씬 더 극적이었다. 이러한 CDO 중에서 선순위 트란쉐의 안전성은 위험분산에 달려있었다. 만약 20% 이하의 후순위 모기지담보증권이 채무불이행 되지 않으면 이러한 유가증권들은 완전 상환된다. 그러나 주택 위기의 예기치 못하게 만연되는 속성은 이러한 CDO의 기초자산이 되는 거의 모든 유가증권들이 고갈되고 있다는 것을 의미했다. 결과적으로 선순위 AAA 등급의 CDO 트란쉐 중에서 상당수는 사실상 가치가 파괴되어 그 가치가 센트 단위로 떨어졌다. 이 결과는 이들이 안전한 투자라고 믿고 이들을 보유한 많은 투자자에게 극단적인 충격이었다.

서브프라임 모기지 채무불이행 비율

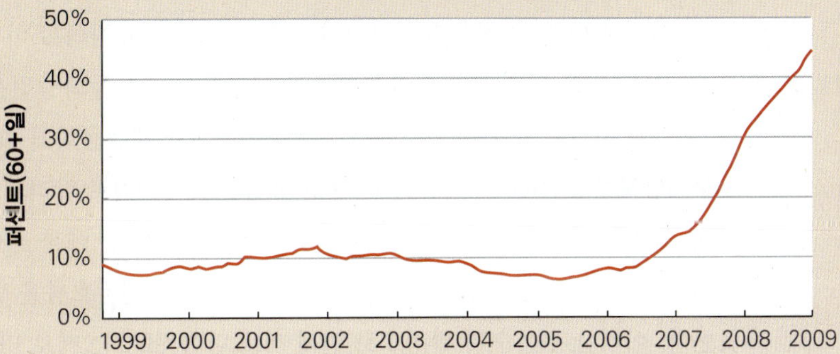

(mortgage-backed security; MBS) 시장이다. 모기지담보증권은 주택 모기지를 담보로 하는 자산유동화증권이다. 지니매(Government National Mortgage Association; GNMA 또는 "Ginnie Mae")을 비롯한 미국 정부기관 및 정부지원 기업이 이 부문에서 가장 큰 비중을 차지하는 발행기관이다. 기초자산인 모기지에서 주택 소유자가 모기지 지급액을 지불하면, 이 현금흐름은 서비스 수수료를 제외하고 모기지담보증권 보유자에게 전달된다. 따라서 모기지담보증권의 현금흐름은 모기지의 현금흐름을 반영한다고 할 수 있다.

모기지담보증권: 주택 모기지를 담보로 하는 자산유동화증권이다.

지니매가 발행한 모기지담보증권의 경우, 미국 정부는 채무불이행 위험에 대한 명시적인 보증을 투자자에게 제공한다. 이 보증은 이러한 유가증권이 위험 부담이 없다는 것을 의미하지는 않는다. 모기지 차입자는 항상 모기지 대출의 일부 또는 전부를 조기에 (종종 차입자가 모기지를 이전 또는 차환하기 때문에) 상환할 수 있는 옵션을 가지고 있다. 그리고 이러한 조기 상환은 모기지담보 증권의 보유자에게 전달된다. 따라서 모기지담보증권 보유자는 채권이 예상보다 일찍 부분적(또는 전체적)으로 상환될 위험, 즉 **조기상환 위험**(prepayment risk)에 직면한다.

조기상환 위험: 조기상환 채권 또는 대출에서 투자자가 직면하는 위험으로 원금이 만기일 이전에 부분적(또는 전체적)으로 상환될 위험

패니매(Federal National Mortgage Association; FNMA 또는 "Fannie Mae")과 프레디맥(Federal Home Loan Mortgage Corporation; FHLMC 또는 "Freddie Mac")은 모기지담보증권을 발행하는 정부 지원 기업이다. 셀리매(Student Loan Marketing Association; "Sallie Mae")는 학

생 대출을 담보로 하는 자산유동화증권을 발행한다. 지니매와는 달리 이 기업들은 미국 정부의 완전한 신뢰와 신용에 의해 명백하게 보증되지 않는다. 하지만 대부분의 투자자들은 미국 정부가 이들의 채무불이행을 허용하지 않을 것이며, 이들이 발행하는 증권이 미국 정부의 암묵적인 보증을 포함한다고 믿는다. 2008년 9월, 실패의 위기에 처한 패니매(Fannie Mae)와 프레디맥(Freddie Mac)이 모두 연방주택금융청(Federal Housing Finance Agency)의 관리 하에 놓이게 되면서 효과적으로 구제되었다. 2010년 6월 16일 패니매와 프레디맥의 주식은 NYSE에서 상장 폐지되었다.

은행과 같은 민간 기관도 자산유동화증권을 발행한다. 민간의 자산유동화증권은 주택 모기지(일반적으로 정부기관이 발행한 자산유동화증권에 포함될 수 있는 기준을 충족시키지 못하는 대출) 또는 자동차 대출 및 신용카드 매출채권과 같은 다른 유형의 소비자 대출을 기초자산으로 발행될 수 있다. 또한 민간의 자산유동화증권은 다른 자산유동화증권을 기초자산으로 발행될 수 있다. 은행이 자산유동화증권 및 기타 고정소득증권을 재유동화를 할 때, 새로운 자산유동화증권은 **부채담보부증권(collateralized debt obligation; CDO)**로 알려져 있다. CDO의 현금흐름은 일반적으로 다른 우선 순위가 지정된 여러 트란쉐로 나뉜다. 예를 들어 자산유동화증권의 후순위 트란쉐 투자자는 선순위 트란쉐 투자자가 받기로 한 현금흐름을 받을 때까지 현금흐름을 받지 못한다. 이러한 우선순위 결정으로 인해 서로 다른 CDO는 서로 다른 위험 특성을 가질 수 있으며, 기초자산 자체와 매우 다른 위험 특성을 가질 수 있다(?? 및 ?? 페이지의 글상자 참조).

부채담보부증권: 은행이 발행하고 다른 자산담보증권에 의해 보증되는 자산담보증권

개념확인

3. 미 재무부가 발행한 네 가지 종류의 채권을 열거하시오.
4. 지방채의 차별화된 특징은 무엇인가?
5. 자산유동화증권은 무엇인가?

15.3 채권 대출조항

앞 절에서 채무 주요 유형에 대해 학습하였으므로, 이제 채권의 계약조항에 대해 자세히 살펴볼 준비가 되었다. **대출조항(covenants)**은 채권 계약에서 발행자가 채권 원리금에 대한 상환능력을 감소시키는 행동을 취하는 것을 제한하는 조항이다. 왜 대출조항이 필요한가? 궁극적으로 왜 경영자는 자발적으로 기업의 채무불이행 위험을 증가시키는 행동을 취하려고 하는가? 경영자는 주주를 위해 일하고 때때로 채권 보유자의 이익을 희생시켜 주주를 이롭게 하는 행동을 취할 수 있다는 것을 상기하기 바란다. 대출조항은 이러한 경우에 대비하여 채권 보유자를 보호하기 위해 존재한다.

대출조항: 채권 계약에서 발행자가 채권 원리금에 대한 상환능력을 감소시키는 행동을 취하는 것을 제한하는 조항

대출조항의 유형

채권이 발행되면, 주식 보유자는 채권 보유자의 손해를 가져오면서 배당을 증가시킬 유인을 가지고 있다. 기업이 채권 발행 직후 자산을 처분하여 조달한 금액(채권 발행을 통해 조달한 금액 포함)을 배당으로 주주에게 지급하고 파산을 선언하는 극단적인 경우를 생각해보자. 이 경우 주주는 기업 자산의 가치뿐만 아니라 채권으로부터 조달한 금액을 지급받지만, 채권자에게 남겨진 것은 아무 것도 없다. 이로 인해 채권 계약에는 종종 발행계약서를 경영자가 배당금을 지급하는 능력을 제한하는 대출조항을 포함한다. 기업이 얼마나 더 많은 금액의 채무를 발행할 수 있는지 또는 기업이 최소 금액의 운전자본을 유지해야 하는지 등에 대한 제한을 대출조항에 포함하기도 한다. 만약 기업이 어떤 대출조항을 지키지 못하면, 발행한 채권은 기술적으로 채무불이행이 되고 채권 보유자는 즉시 상환을 요구할 수 있고, 채권의 조건을 재협상 하도록 기업에 강제할 수 있다. 표 15.5는 전형적인 대출조항을 요약하고 있다. 모든 대출조항은 기업이 채권의 위험을 증가시키는 능력을 제한하도록 설계된다. 예를 들어 신규 채무를 발행하지 못하도록 하는 제한이 없다면 기업이 기존 채권과 동등하거나 보다 우선순위에 있는 신규 채무를 발행할 수 있고, 이로 인해 기존 채무를 상환하지 못하는 위험이 증가할 수 있다.

대출조항의 장점

주식 보유자가 채권계약에 최소한의 대출조항을 포함시키려고 할 것으로 예상할 수 있다. 하지만 실제로는 그렇지 않다. 채권계약에서 대출조항이 강하면 강할수록 채권에 대해 채무불이행이 발생할 가능성이 낮아진다. 이로 인해 채권에 대해 투자자들이 요구하는 이자율도 더 낮아지게 된다. 즉, 더 많은 대출조항을 추가함으로써 기업은 차입비용을 낮출 수 있다. 기업의 차입비용의 감소는 대출조항과 관련하여 더 많은 재량권을 잃는 비용을 상쇄하고도 남을 수 있다.

표 15.5
대표적인 채권 대출조항

제한 대상:	전형적인 제한
신규 채무 발행	신규 채무는 기존 채무보다 후순위여야 함
	특정한 부채비율 또는 이자보상배율을 유지하지 못하면 신규 채무를 발행할
배당과 자사주 매입	배당은 채권이 발행된 이후에 발생한 순이익으로 지급되어야 함
	배당은 순이익이 정해진 기준을 초과할 때에만 지급할 수 있음
인수합병	합병은 합병된 기업의 순유형자산/부채비율이 최소 수준을 넘어야만 허용됨
자산처분	처분 가능한 최대 자산 금액 및(또는) 유지해야 하는 최소 자산 금액
유지 요구사항 :	
회계지표	최소 유보이익, 운전자본 및(또는) 순자산

출처: 미국 변호사 협회의 장기 무담보 채무에 대한 해설을 수정 인용

응용: 허츠의 대출조항

허츠 정크본드의 대출조항은 이 회사가 추가적인 채무의 발행, 배당 지급, 자사주 매입, 투자, 자산의 이전 또는 매각, 인수합병 등을 할수 있는 능력을 제한하였다. 또한 대출조항은 허츠의 기업 지배권에 변동이 생기면, 이 회사가 채권을 액면가치의 101%에 재매입할 것을 요구하는 조항도 포함하고 있다.

개념확인

6. 발행자가 채권 대출조항을 지키지 못하면 어떻게 되는가?
7. 대출조항이 발행자의 차입비용을 줄여주는 이유는 무엇인가?

15.4 상환조항

기업은 채권 계약에서 명시한대로 이표와 원금을 지급함으로써 채권을 상환할 수 있다. 하지만 이러한 방식은 채권을 상환하는 유일한 방식은 아니다. 예를 들어 기업은 시장에서 미상환 채권(outstanding bonds)의 일부를 재매입하거나, 허츠가 기존 채권에 대해 했던 것처럼 미상환 채권의 전부를 공개매수(tender offer) 함으로써 채권을 상환할 수 있다. 이 절에서는 채권의 상환에 영향을 미치는 주요한 특성인 수의상환조항(call provisions), 감채기금(sinking funds), 전환조항(convertible provisions)에 대해 설명한다.

수의상환조항

수의상환채: 발행자가 수의상환조항을 갖는 채권. 수의상환조항은 발행자가 만기일 이전에 미리 정한 가격에 채권을 재매입할 수 있는 조항

수의상환일: 발행자가 이 날 또는 그 이후에 채권을 재매입 할 수 있도록 수의상환조항에서 정하는 날짜

수의상환가격: 채권 발행 시에 정해지고 수의상환조항에 따라 발행자가 채권을 재매입할 때 적용되는 가격

기업은 수의상환조항을 행사하여 채권을 상환할 수 있다. **수의상환채(callable bonds)**는 발행자가 채권을 미리 정한 가격에 재매입하는 것을 허용한다. 수의상환채는 **수의상환일(call date)**이라고 불리는 특정일 또는 그 이후에 채권의 발행 시 명시된 **수의상환가격(call price)**으로 발행된 모든 채권을 상환할 수 있는 권리(의무가 아님)를 발행자에게 부여한다. 수의상환가격은 액면가치의 퍼센트로 표시되고 일반적으로 액면가치 또는 그보다 높게 책정된다. 수의상환가격과 액면가치와의 차이를 수의상환 프리미엄(call premium)이라고 한다. 예를 들어 어떤 채권의 수의상환가격이 105%라고 하면 액면가치 $100당 수의상환 프리미엄이 $5임을 의미한다.

허츠의 수의상환채 허츠의 정크본드는 수의상환채에 대한 예시를 제공한다. 표 15.6는 각 트란쉐의 수의상환 특성을 나열하고 있다. 허츠의 경우, 두 개의 선순위 채무에 대한 수의상환일은 발행일로부터 4년 후인 2010년도 말이다. 트란쉐 1(선순위 달러 표시 중기 채무)의 2010년도 수의상환가격은 액면가치 104.438%이다. 그 다음 년도부터는 트란쉐 1의 수의상환가격이 점차 줄어들어 2012년도부터는 수의상환가격이 액면가치의 100%가 된다. 트란쉐 2(선순위 유로 표시 중기 채무)은 수의상환가격이 트란쉐 1과 유사하지만 약간 다른 조건을 가지고 있다. 후순위 채무인 트란쉐 3의 수의상환일은 선순위 채무보다 1년 더 늦은 2011년도 말이고 수의상환가격

표 15.6
허츠 채권의 수의상환 특성

	트란쉐 1: 선순위 달러 표시 중기 채무	트란쉐 2: 선순위 유로 표시 중기 채무	트란쉐 3: 후순위 달러 표시 중기 채무
수의상환 특성	처음 3년 동안 미상환 채권 원금의 35%까지 $108.875%에 상환가능 4년 후부터 다음 수의상환가격으로 전액 수의상환 가능 · 2010년 104.438% · 2011년 102.219% · 이후 액면가치	처음 3년 동안 미상환 채권 원금의 35%까지 $107.875%에 상환가능 4년 후부터 다음 수의상환가격으로 전액 수의상환 가능 · 2010년 103.938% · 2011년 101.969% · 이후 액면가치	처음 3년 동안 미상환 채권 원금의 35%까지 $110.5%에 상환가능 5년 후부터 다음 수의상환가격으로 전액 수의상환 가능 · 2011년 105.25% · 2012년 103.50% · 2013년 101.75%

구조도 선순위 채무들과 다르다.

한편, 허츠의 채권은 처음 3년 동안 부분적인 수의상환이 가능하다. 허츠는 채권을 매입하는데 필요한 자금을 주식 발행을 통해 조달한다면, 미상환 채권 액면가치의 35%까지 표 15.6에 열거된 수의상환가격으로 수의상환할 수 있는 옵션이 있다.

수의상환조항과 채권가격 재무관리자는 언제 기업의 조기상환 권리를 행사하기로 결정할까? 기업은 항상 공개시장(open market)에서 채권을 재매입함으로써 조기에 채권을 상환할 수 있다. 하지만 수의상환조항을 이용하면 더 적은 비용으로 채권을 상환할 수 있다면, 기업은 공개시장에서 채권을 매입하는 옵션을 대신 수의상환 권리를 행사할 것이다. 따라서 채권의 시장가격이 채권의 수의상환가격을 초과하면, 기업은 채권을 수의상환 하고자 할 것이다.

제6장에서 채권가격은 시장이자율이 하락할 때 상승한다는 것을 알았다. 채권이 발행된 이후에 시장이자율이 하락하여 지금 채권의 이표율보다 낮다면, 이 채권은 시장에서 할증되어(at premium) 거래될 것이다. 만약, 기업이 이 채권을 시장에서 지불해야 하는 할증가격(premium)보다 더 적은 금액을 지불할 수 있는 수의상환 옵션을 가지고 있다면, 기업은 수의상환을 통해 전보다 더 낮아진 시장이자율로 채무를 차환(refinance)할 수 있을 것이다.

수의상환조항이 재무관리자에게 재량권을 부여한다면, 모든 채권들이 수의상환조항을 갖게 될 것으로 예상할 수 있다. 하지만 실제로 그렇지 않으며, 왜 그런지를 알기 위해서는 투자자들이 수의상환조항을 어떻게 생각하는지를 고려해야 한다. 재무관리자는 투자자들이 지급받는 이표율이 시장이자율을 초과할 때 수의상환을 선택할 것이다. 채권의 수의상환을 통해 기업은 투자자들에게 미상환 상태로 남아있을 때의 가치 이하의 가격으로 채권을 팔도록 강요하는 것이다. 투자자들은 당연히 이러한 가능성을 부정적으로 생각하여 수의사항 조항이 없는 것을 제외하면 다른 모든 조건이 동일한 채권보다 수의상환채에 더 적은 가격을 지불하려고 할 것이다. 이는 수의상환채를 발행하는 기업은 수의상환채가 아닌 채권을 발행할 때보다 더 적은 금액의 자본을 조달하거나, 수의상환채보다 더 높은 이표율을 제시하여야 함을 의미한다. 기업은 가까운 장래에 채무를 차환하는 옵션이 더 특별한 가치를 갖는다고 판단되면, 높은 수익률에도 불구하고 수의상환채를 발행하는 것을 선택할 것이다.

수의상환수익률: 수의상환채가 가장 빠른 수의상환일에 수의상환 된다는 가정 하에 계산된 수익률

수의상환수익률 재무관리자는 투자자들이 자기 회사의 수의상환채를 어떻게 평가하고 있는지를 이해할 필요가 있다. 수의상환채에 대해서는 **수의상환수익률**(the yield to call; YTC)이 가장 많이 호가된다. 수의상환수익률은 수의상환채가 가장 빠른 수의상환일에 수의상환 된다는 가정 하에 계산된 수익률이다. 제6장에서 투자자들이 채권의 만기수익률 계산을 통해 기업이 발행한 채권을 어떻게 평가하는지를 학습했다. 만기수익률은 항상 만기일까지 채권이 상환되지 않고 지급하기로 약속한 금액에 대한 모든 지급이 이루어진다는 가정 하에 계산된다. 수의상환채의 경우, 이 가정이 비현실적이다. 따라서 수의상환채의 만기수익률은 채권이 수의상환되지 않고 지급하기로 약속한 금액에 대한 지급이 모두 이루어질 경우 채권 보유자가 얻게 되는 수익률이다. 채권의 이표율이 유사한 채권의 수익률보다 높다면, 수의상환수익률은 만기수익률보다 더 낮게 형성될 것이다. 하지만 채권의 이표율이 유사한 채권의 수익률보다 낮다면, 해당 채권은 수의상환될 가능성이 없다. 그 이유는 기업이 시장이자율보다 낮은 이표율을 갖은 채권을 수의상환할 가능성이 없기 때문이다. 이 경우 수의상환은 채권 보유자에게 유리하며 수의상환수익률은 만기수익률보다 높게 형성될 것이다. 이 모든 것을 명확하게 하기 위해, 대부분의 채권 거래자들은 **최악상황수익률**(yield to worst)이라는 것을 호가한다. 최악상황수익률은 수의상환채의 수의상환수익률과 만기수익률 중 더 낮은 값으로 채권 거래자들에 의해 호가되는 수익률이다. 표 15.7은 수의상환수익률과 최악상황수익률을 정리하고 있다.

최악상황수익률: 수의상환채의 수의상환수익률과 만기수익률 중 더 낮은 값으로 채권거래자들에 의해 호가되는 수익률

표 15.7
채권 수의상환과 수익률

채권 이표율이 시장 이자율보다	채권가격은 액면가치 대비	수의상환의 가능성	최악상황수익률
높다	할증	높음	수의상환수익률
낮다	할인	낮음	만기수익률

글로벌 금융 위기

뉴욕시가 지방채를 수의상환 하다.

2004년 11월, 뉴욕시는 뉴욕시가 발행한 지방채 $430 백만를 수의상환 하는 계획을 발표했다. 뉴욕시는 AAA 등급의 차입자였고, 이 채권은 6% ~ 8%의 상대적으로 높은 이자율을 지급했다. 뉴욕시는 3%에서 5% 사이의 이자율을 지급하는 새로운 채권으로 채권을 차환 발행할 것이다. 전체적으로 뉴욕시는 원래의 만기가 2012년에서 2019년 사이에 있는 총 63개의 개별 채권 발행물을 수의상환 했다.

투자자들은 더 높은 수익률을 가진 오래된 지방채들에 더 매력을 느낀다. 이러한 수익률에도 불구하고, 투자자들은 뉴욕시가 이 채권들을 수의상환 할 것을 기대하지 않았다. 이로 인해 이 채권들의 시장가격은 이 연도 초반에 액면가보다 10% ~ 20% 더 높았다.

뉴욕시가 액면가보다 약간 높은 가격으로 이 채권들을 수의상환 하겠다는 계획을 발표했을 때, 투자자들은 허를 찔렸고 이 채권들의 시장가치가 하락했다. 투자자들은 AAA 등급 투자로 15% 이상의 손실을 입었다.

투자자들은 뉴욕시가 이미 1990년 초 채무를 차환 발행했기 때문에, 뉴욕시가 이 채권들을 수의상환 할 것을 기대하지 않았다. 국세청(Internal Revenue Service) 규정에 따르면, 뉴욕시는 이 채권들을 또 다른 면세 발행물로 다시 차환 발행하는 것이 불가능했다. 그러나 뉴

욕시는 과세 대상 채권을 발행함으로써 이 채권들을 차환 발행 하기로 결정했으며, 이 결정은 시장을 놀라게 했다. 비록 드물게 발생하지만, 이 예는 투자가들이 발행자의 수의상 전략에 때로는 놀란다는 것을 예시한다.

예제 15.2
수의상환수익률의 계산

문제 *Problem*

IBM은 방금 만기 5년, 이표율 8%로 매년 이표를 지급하는 수의상환채를 발행했다. 이 채권의 수의상환가격은 액면가치와 동일하며, 수의상환일은 지금부터 1년 후이다. 따라서 IBM은 지금부터 1년 후 또는 그 이후에 언제든지 액면가치에 수의상환이 가능하다. 이 채권은 액면가치 $100당 $103의 가격을 가지고 있는데, 이는 만기수익률이 7.26%임을 의미한다. 이 채권의 수의상환수익률은 얼마인가?

풀이 *Solution*

● **계획**

수의상환되지 않을 경우, 이 채권이 약정하는 지급액을 시간선에 나타내면 다음과 같다.

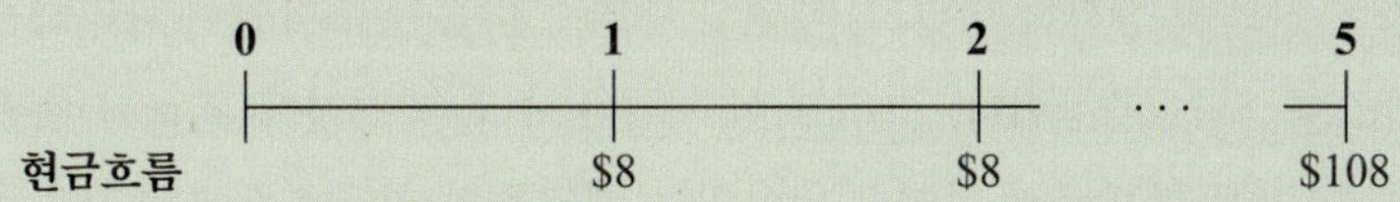

만약 IBM이 가능한 첫 기회에 채권을 수의상환 한다면, IBM은 지금부터 1년 후인 수의상환일에 이 채권을 수의상환할 것이다. 이 때, 첫 해 이표(액면가치 $100당 $8)와 액면가치($100)를 지급하게 될 것이다. 이 채권이 수의상환일(시간선에서 기간 1)에 수의상환될 경우, 지급액을 시간선에 나타내면 다음과 같다.

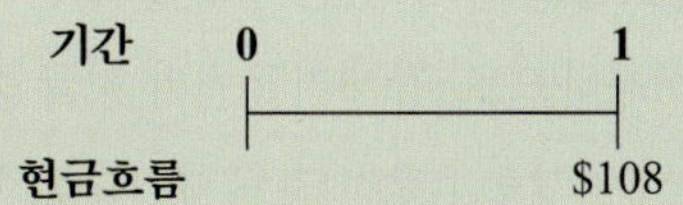

이 현금흐름을 이용하고 제6장에서와 동일한 방식으로 채권가격과 할인된 현금흐름을 같게 하는 할인율을 계산함으로써 수의상환수익률을 구한다.

● **실행**

수의상환수익률은 1년 후의 지급액과 현재의 채권가격을 같게 하는 할인율이다.

$$103 = \frac{108}{(1 + YTC)}$$

수의상환수익률을 구하면 다음가 같다.

$$YTC = \frac{108}{103} - 1 = 4.85\%$$

재무계산기나 엑셀을 이용하여도 동일한 결과를 얻게 된다.

	N	I/Y	PV	PMT	FV
입력:	1		−103	8	100
계산 결과:		**4.85**			
엑셀 공식: = RATE(NPER, PMT, PV, FV) = RATE(1, 8, −103, 100)					

● **평가**

만기수익률이 수의상환수익률보다 더 높다. 만기수익률을 계산할 때는 이자율이 8% 이하로 떨어진다고 하더라도 5년 동안 연 8%의 이표를 지속적으로 지급받는다고 가정했다. 하지만 수의상환수익률을 계산할 때는 액면가치가 곧 상환된다는 가정하에 수의상환일 이후의 이표 지급액을 제거하고 수익률을 구한다. 따라서 수의상환수익률을 구할 때가 만기수익률을 구할 때보다 더 낮은 수익률이 산출된다.

감채기금

감채기금: 채권 발행자가 수탁인이 관리하는 기금에 채권의 수명주기 동안 정기적인 지급을 하여 채권을 상환하는 방법

어떤 채권은 **감채기금(sinking fund)**을 통해 상환 된다. 감채기금조항은 채권 발행자가 만기일에 전체 액면가치 잔액을 상환하지 않고, 채권의 수명주기 동안 수탁인이 관리하는 기금에 정기적인 지급을 하도록 하는 조항이다. 그리고 이 기금은 주로 액면가에(at par) 채권을 재매입 하는데 사용된다. 이렇게 함으로써 기업은 남아있는 채권들의 현금흐름에 영향을 주지 않으면서 미상환 채무액을 줄일 수가 있다.

감채기금조항은 대개 발행자가 감채기금에 지급해야 하는 최소 비율을 명시한다. 어떤 경우, 발행자는 감채기금에의 지급 속도를 높일 수 있는 옵션을 갖는다. 감채기금은 발행자에게 채권을 액면가에 재매입하는 것을 허용하므로, 감채기금에의 지급 속도를 높이는 것을 다른 형태의 수의상환조항으로 볼 수 있다. 수의상환조항처럼 감채기금도 발행시의 가격이 낮아지는 것을 비롯하여 비용이 발생한다.

미상환 잔액이 감채기금을 통해 줄어드는 방식은 각 발행에 의존한다. 어떤 발행은 채권의 수명주기 동안 동일한 금액의 지급을 하여 만기일에 채권 발행액이 모두 상환되는 것을 명시한다. 하지만 다른 경우에는 감채기금 지급액이 전체 채권 발행액을 상환하는데 충분하지 않아 기업이 만기일에 대규모의 지급을 하여야 하는데, 이 대규모 지급을 **만기일괄지불(balloon payment)**이라고 한다. 감채기금은 종종 채권 발행 후 몇 년이 경과한 다음부터 시작되는 경우도 있다. 채권은 감채기금조항과 수의상환조항을 모두 갖고 발행될 수도 있다.

만기일괄지불: 전체 채권 발행액보다 감채기금이 부족하여 채권 만기일에 부족액에 대하여 일괄적으로 이루어지는 대규모의 지급

전환조항

전환사채: 보유자에게 각 채권을 정해진 비율의 보통주로 전환할 수 있는 권리를 부여하는 회사채

채권을 상환하는 또 다른 방법 중의 하나는 채권을 주식으로 전환하는 것이다. **전환사채(convertible bonds)**는 채권 보유자에게 전환조항(conversion provisions)을 부여하는 회사채이다.

전환조항이란 채권보유자가 소유한 각 채권을 **전환비율(conversion ratio)**이라는 비율에 따라 고정된 수의 보통주로 전환할 수 있는 옵션을 부여하는 조항이다. 대부분의 경우 전환사채는 채권 보유자에게 채권의 만기일 이전 언제든지 채권을 주식으로 전환할 수 있는 권리를 부여한다.[5] 전환비율은 대개 액면가치 $1000당 주식의 수로 표현된다.

전환비율: 전환사채를 보통주로 전환할 때 받을 수 있는 주식의 수. 대개 액면가치 $1000당 받을 수 있는 주식의 수로 표시

전환사채 가격결정 액면가치가 $1000, 전환비율이 20인 전환사채를 고려해보자. 만약 만기일에 이 채권을 주식으로 전환한다면, 20주의 주식을 받을 수 있다. 만약 전환하지 않으면, 액면가치인 $1000를 받을 수 있다. 따라서 채권을 주식으로 전환함으로써 $1000를 지불하고 20주의 주식을 받는다. 이는 주식 한 주당 가격이 $50(=$1000/20)임을 의미한다. 이 주식 한 주당 가격은 채권의 액면가치를 전환사채를 전환할 경우 받게 되는 주식의 수인 전환비율로 나눈 값으로 **전환가격(conversion price)**이라고 불린다. 만약 주식의 가격이 전환가격인 $50를 넘으면, 전환사채의 전환을 선택하고, 넘지 않으면 전환사채의 전환을 선택하지 않는다. 따라서 만기일의 채권 가치는 그림 15.2에서처럼 액면가치($1000)와 주식 20주의 가치 중 더 큰 값으로 결정된다고 할 수 있다.

전환가격: 전환사채의 액면가치를 보통주로 전환할 때 받을 수 있는 주식의 수로 나눈 값

기업들은 종종 수의상환 가능한 전환사채를 발행한다. 이러한 채권에 대하여 발행자가 수의

그림 15.2
전환사채의 가치

만기일에 전환사채의 가치는 $1000의 일반 채권(전환사채나 수의상환채가 아닌 채권) 가치와 20주의 주식 가치 중 큰 값으로 결정되고, 주식의 가격이 전환가격보다 크면 전환사채가 주식으로 전환된다. 만기일 이전에는 전환사채의 가치가 전환의 가능성에 의존하며, 일반 채권 또는 20주의 주식 가치보다 더 높다.

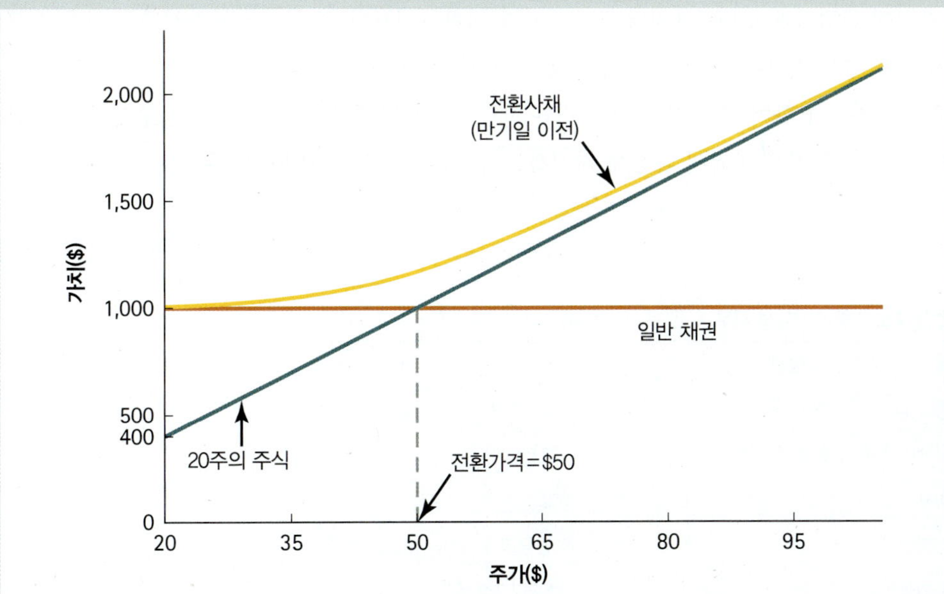

5) 어떤 전환사채는 발행일 이후 지정된 기간 동안 전환을 허용하지 않는다.

상환을 하면 보유자는 채권이 수의상환 되지 않도록 하기 위해 전환을 선택할 수 있다. 채권이 수의상환 되면 보유자는 채권의 만기일에 직면하였던 것과 동일한 의사결정에 직면하게 된다. 즉, 보유자는 주가가 전환가격을 초과하면 채권이 주식으로 전환되는 것을 선택하고, 그렇지 않으면 채권이 수의상환 되도록 한다. 따라서 기업은 수의상환을 통해 채권 보유자가 원래 선호하고 있었던 시점 이전에 전환에 대한 의사결정을 하도록 강요할 수 있다.

일반 채권: 수의상환채나 전환사채가 아닌 채권으로 플레인 바닐라 채권이라고도 불린다.

채권을 주식으로 전환할 수 있는 권리(의무가 아님)는 채권 보유자에게 가치 있는 것으로 평가된다. 따라서 전환사채는 다른 모든 조건이 동일한 수의상환채나 전환사채가 아닌 **일반 채권**(straight bond, 플레인 바닐라라고 불린다)보다 더 가치가 있다. 따라서 일반 채권과 전환사채가 액면가에 발행되었다면, 일반 채권은 전환사채보다 더 높은 이자율을 제시해야 한다. 또한 채권의 액면가치를 받을 수 있는 옵션은 전환사채가 주식 20주의 가치 이상의 가치를 갖고 있음을 의미한다. 이 관계는 그림 15.2에 잘 나타나 있다. 만기일 이전에 전환사채의 가격(노란색 곡선)은 일반 채권의 가치(빨간 색과 파란색 직선)를 능가한다. 기업(여기서는 기존 주주를 의미)은 전환사채를 발행함으로써 이자비용을 낮추는 편익과 채권 보유자에게 새로 발행되는 주식을 고정된 가격에 살 수 있도록 하는 옵션을 주는 비용을 비교하여야 한다.

전환사채와 주가 전환사채가 전환될 가능성은 현재 주가에 의존한다. 주가가 전환가격보다 낮으면, 전환사채가 전환되지 않고 전환사채의 가치가 일반 채권의 가치에 근접하게 된다. 주가가 전환가격보다 아주 높으면, 전환사채가 전환될 가능성이 높고 전환사채의 가격은 전환된 주식의 가격에 근접하게 된다. 마지막으로 주가가 전환가격보다 높지만 전환가격과의 차이가 그리 크지 않는 경우 전환과 미전환 중 어느 것이 더 최적인가에 대한 불확실성이 가장 높다. 이 경우 채권 보유자는 전환이 가장 가치 있는 지와 전환사채의 가격과 일반 채권 또는 주식의 가치 간의 차이가 가장 큰 지에 대해서 나중에 결정하는 수 있는 옵션을 가지고 있다.

표 15.8 리얼네트워크의 2003년 전환사채 발행

전환 후순위 중기 무담보 채무	
룰 144A에 따라 발행됨	
총 원금	$100 백만
발행비용 차감 후 조달금액	$97.0 백만
이표	0%
전환비율	액면금액 $1000당 107.5650 주
수의상환일	2008년 7월 1일
수의상환가격	100%
만기일	2010년 7월 1일

결합 특성 기업들은 발행한 채권의 특성을 설정할 재량을 가지고 있다. 앞서 언급했던 것처럼, 기업들이 수의상환조항을 전환조항 또는 감채기금조항을 갖고 있는 채권에 추가할 수 있다. 기업들이 갖는 재량의 또 다른 예로 후순위채에 전환조항을 추가하는 것을 들 수 있다. 선순위채에 비해 위험이 더 높은 후순위채는 일반적으로 선순위채보다 수익률이 더 높다. 만약 후순위채가 전환조항을 가지고 있다면, 후순위채의 수익률은 선순위채의 수익률보다 낮아질 수 있다.

제14장에서 리얼네트워크의 주식 발행을 학습했다. 2003년에 리얼네트워크는 표 15.8에 기술된 것처럼 $100 백만의 후순위 전환사채를 발행했다. 이 채무는 2008년 7월 1일 이후에 언제든지 수의상환할 수 있는 수의상환조항을 포함하고 있다. 리얼네트워크는 2008년에 수의상환 옵션을 행사하여 채권 보유자들에게 $100 백만을 지불하고 채무를 재매입하였다.

차입매수 제14장에서 어떻게 비공개기업이 공개기업이 되는지에 대한 논의를 기억하자. CDR이 허츠를 인수하는 딜은 공개기업이 비공개기업이 되는 반대의 전환이며, 이를 위한 방식으로 **차입매수(leveraged buyout; LBO)**를 선택했다. 차입매수에서는 개인투자자 그룹이 공개기업의 모든 주식을 매입하고 매입 자금을 주로 채무를 통해 조달한다.[6] $15.2 십억의 총가치[7]를 갖는 허츠의 차입매수는 발표 시점에 역사상 두 번째로 규모가 큰 차입매수였다. 이 차입매수로 인해 허츠는 재무상태표 상에 막대한 채무를 기록하게 되었다. 대부분의 차입매수가 그렇듯이 허츠의 장기계획은 수익성을 유지하여 채무를 줄이는 것이었다. 2006년 11월 허츠는 기업공개를 통해 신주를 발행하고 다시 공개기업이 되었다. 이 거래를 통해 2010년 기준으로 허츠는 채무 의무를 이행할 수 있었으며, 채무 부담을 줄이기 시작할 수 있었다. 제16장에서는 기업이 얼마만큼의 채무를 조달하고 얼마만큼의 자기자본을 조달할지를 결정할 때, 재무관리자가 직면하게 되는 상충관계(tradeoffs)에 대해 살펴볼 것이다.

차입매수: 사모 투자자 그룹이 공개기업의 모든 주식을 주로 채무를 통해 조달된 자금으로 매수하는 행위

개념확인

8. 수의상환채는 수의상환조항을 제외한 다른 모든 조건이 동일한 채권보다 수익률이 더 높아야 하는가 아니면 더 낮아야 하는가? 왜 그런가?
9. 감채기금은 무엇인가?

---

6) 딜이 이루어지는 시점에는 허츠가 공개 기업인 포드자동차의 자회사 형태로 포드자동차에 의해 전적으로 소유되었다. 포드가 2001년에 허츠의 발행주식을 인수하기 이전에는 허츠의 주식이 주식시장에서 거래되었다.

7) 총가치는 허츠가 조달한 $14.7 십억과 $0.5 십억의 거래비용을 포함한다. 이 거래를 위한 자금은 $11.1 십억의 신규 채무, $1.8 십억의 허츠가 보유한 현금과 유가증권을 통해 조달되었다. 남은 $2.3 십억은 클레이튼 듀빌리어 앤 라이스, 칼라일 그룹, 메릴린치 글로벌 사모주식 등 사모펀드들로부터 조달되었다.

myfinancelab 핵심요점 및 공식

15.1 기업 채무

▶기업들은 서로 다른 원천들을 이용하여 채무를 조달할 수 있다. 채무의 전형적인 유형에는 시장에서 거래되는 공모 채무, 은행 소규모의 투자자들과 직접적인 교섭을 통해 조달하는 사모 채무가 있다. 기업이 채무를 조달할 때 발행하는 증권을 회사채라고 한다.

▶만기대출은 특정 기간 동안 지속되는 은행대출이다. 사모발행은 채무가 소규모의 투자자들에게 매각되는 채무 발행이다.

▶공모발행에서 채권계약은 발행계약서라는 형태를 취한다. 발행계약서는 채권 발행자와 신탁회사 간의 공식적인 계약으로 채권의 발행조건을 기술한다.

▶중기 무담보 채무, 장기 무담보 채무, 모기지 채권, 자산담보 채권 등 네 가지 유형의 채권이 발행된다. 중기 무담보 채무와 장기 무담보 채무는 무담보 채무다. 모기지 채권과 자산담보 채권은 담보 채무다.

▶회사채는 우선순위에 따라 구분된다. 파산 시에 선순위 채무는 후순위 채권의 상환에 앞서서 전액 상환된다.

▶국제적으로 채권은 크게 네 가지 유형으로 구분된다. 국내 채권은 현지 발행주체에 의해 현지 통화로 표시 발행되어 현지 채권시장에서 거래된다. 해외 채권은 외국 발행주체에 의해 현지 시장에서 발행된다. 유로본드는 채권이 발행되는 국가의 현지 통화로 표시되지 않는다. 글로벌 채권은 여러 채권시장에서 동시에 거래된다.

15.2 다른 유형의 채무

▶정부, 주정부 및 기타 주정부 지원 기업도 채권을 발행한다.

▶미 재무부는 재무부 단기채, 재무부 중기채, 재무부 장기채 및 물가연동국채(TIPS)의 네 가지 종류의 채권을 발행해오고 있다.

▶지방채는 주정부 및 지방정부에서 발행된다. 지방채의 차별화된 특징은 지방채로부터 발생하는 소득이 연방정부 차원에서 과세되지 않는다는 점이다.

▶자산유동화증권(ABS)은 다른 금융증권으로 구성된 증권이다. 즉, 자산유동화증권의 현금 흐름은 이 증권을 "보증"하는 기초자산의 현금흐름에서 발생한다.

▶모기지담보증권(MBS)은 주택 모기지로 보증되는 자산담보부 증권이다. 지니매(GNMA 또는 "Ginnie Mae")와 같은 미국 정부기관은 이 분야에서 가장 발행규모가 큰 발행자이다.

▶정부 대행기관이 발행하는 모기지담보증권 보유자는 조기상환 위험에 노출되는데, 이는 채권이 예상보다 일찍 부분적(또는 전체적)으로 상환될 위험이 있음을 의미한다. 사모 발

행 모기지담보증권 보유자도 채무불이행 위험에 노출된다.

▶부채담보부증권(CDO)은 다른 자산담보증권에 의해 보증되는 자산담보증권이다.

15.3 채권 대출조항

▶대출조항은 채권 계약에서 발행자가 채권 원리금에 대한 상환능력을 감소시키는 행동을 취하는 것을 제한함으로써 투자자에게 도움이 되는 조항이다.

15.4 상환조항

▶수의상환조항은 채권 발행자에게 특정일 이후(하지만 만기일 이전)에 채권을 상환할 수 있는 권리(의무가 아님)를 부여한다.

▶수의상환채는 일반적으로 다른 모든 조건이 동일하지만 수의상환조항을 갖지 않은 채권보다 더 낮은 가격에 거래된다.

▶수의상환수익률은 채권이 가능한 가장 빠른 기회에 수의상환 된다는 가정 하에 계산한 수의상환채의 수익률이다.

▶만기일 이전에 채권을 상환하는 또 다른 방식은 감채기금을 통해 채무의 일부를 정기적으로 재매입하는 것이다.

▶전환사채라고 불리는 회사채는 채권 보유자가 채권을 주식으로 전환하는 것을 허용하는 조항을 가지고 있다.

▶전환사채는 다른 모든 조건은 동일하지만 전환조항을 갖지 않는 채권보다 더 낮은 이자율을 제시한다.

비판적 사고

1. 기업 채무에는 어떤 유형들이 있으며, 각 유형은 어떻게 다른가?
2. 공모 채무 발행과 사모 채무 발행의 차이가 무엇인지를 설명하시오.
3. 보증 회사채와 무보증 회사채 간의 차이를 설명하시오.
4. 왜 선순위채와 다른 모든 조건은 동일한 후순위채가 더 높은 수익률을 가져야 하는가?
5. 외국채권과 유로본드 간의 차이는 무엇인가?
6. 왜 기업들은 신규 채권 발행에 대출 보호조항을 자발적으로 삽입하는가?
7. 수의상환조항은 채권을 발행하는 기업에게 왜 가치가 있는가?
8. 수의상환조항을 포함하는 것은 채권가격에 어떤 영향을 미치는가?
9. 언제 수의상환채의 만기수익률이 수의상환수익률보다 더 높아지는가?
10. 감채기금조항은 기업의 입장에서 채권 발행과 관련된 현금흐름에 어떤 영향을 주는가? 개별

채권 보유자의 입장에서는 현금흐름에 어떤 영향을 주는가?

11. 왜 전환사채의 수익률은 다른 모든 조건은 동일하지만 전환조항이 없는 채권의 수익률보다 더 낮은가?

연습문제

기업 채무

1. 당신의 소규모 회사를 위한 $200,000의 은행대출이 성사되고 있다. 대출금액의 2%를 융자비용(closing fees)으로 은행에 지급한다면, 수수료 차감했을 때 당신 회사가 대출을 통해 조달한 금액은 얼마인가?
2. 당신 회사는 $500,000의 1년 대출 옵션을 고려하고 있다. 첫 옵션은 대출 금액 2%의 수수료와 대출 금액의 4%의 이자를 부과한다. 다른 옵션은 대출 금액 1%의 수수료와 대출 금액의 4.5%의 이자를 부과한다.
   a. 각 대출로부터 실제 조달할 수 있는 금액은 얼마인가?
   b. 실제 조달할 수 있는 금액에 근거하여, 각 대출의 실제 이자율을 구하면 얼마인가?
3. 당신 회사는 $100 백만의 일반 채권을 액면가에 발행 중이다. 이 채권의 이표율은 6%이고, 3%의 총 발행비용을 지급한다. 채권 발행을 통해 당신 회사가 순수하게 조달하는 금액은 얼마인가?

다른 유형의 채무

4. 미국 정부가 연방 채무를 조달하기 위하여 사용하는 채권의 종류를 기술하시오.
5. 미 재무부가 2013년 1월 15일에 이표율 3%, 만기 5년의 물가연동국채를 발행했다고 가정하자. 발행일에 소비자 물가지수(CPI)가 250이었다. 2018년 1월 15일까지 CPI는 300으로 상승했다. 2018년 1월 15일에 원금 및 이표 지급액은 얼마였을까?
6. 2020년 1월 15일 미 재무부는 이표율 6%, 만기 10년의 물가연동국채를 발행했다. 발행일에 CPI는 400이었다. 2030년 1월 15일까지 CPI는 300으로 떨어졌다. 2030년 1월 15일에 원금 및 이표 지급액은 얼마였을까?
7. 지니매(GNMA)의 조기상환 위험을 설명하시오.
8. 과세 방식과 관련하여 지방채의 차별화된 특징은 무엇인가?

채권 대출조항

9. 당신 회사는 작년에 신규 채무를 성공적으로 발행했다. 하지만 이 채무는 대출조항을 가지고 있다. 이 대출조항에 의하면 당신 회사는 채무 발행 이후에 발생한 순이익을 가지고만 배당

금을 지급할 수 있으며 1:1의 최소 당좌비율((유동자산-재고자산)/유동부채)을 유지해야 한다. 당신 회사의 올해 순이익은 $70 백만이다. 현금은 $10 백만, 매출채권은 $8 백만, 재고자산은 $5 백만이며, 유동부채는 $19 백만이다. 당신 회사가 대출조항을 따르면서 올해 지급할 수 있는 최대 배당액은 얼마인가?

10. 당신 회사는 $100 백만의 무형자산을 보유하고 있다. 당신은 당신 회사 규모의 절반 규모를 가진 기업을 취득할 계획이다. 당신 회사는 순무형자산과 채무의 비율이 1.5:1인 인수합병 대출조항을 가진 채권을 발행하였다. 당신 회사는 2:1의 비율을, 피인수 기업은 1.2:1의 비율을 가지고 있다. 당신은 대출조항을 위반하지 않으면서 이 기업을 인수할 수(그리고 채무를 더 보유할 수) 있는가?

상환조항

11. 제너럴 일렉트릭은 방금 6%의 이표율로 매년 이표를 지급하는 10년 만기 전환사채를 액면가에 발행했다. 이 채권은 1년 후 또는 그 이후에는 매 이표 지급일에 액면가에 수의상환할 수 있다. 이 채권의 가격은 $102이다.
    a. 이 채권의 만기수익률은 얼마인가?
    b. 이 채권의 수의상환수익률은 얼마인가?
    c. 이 채권의 최악상황수익률은 얼마인가?
12. 보잉 주식회사는 방금 5%의 이표율로 반년마다 이표를 지급하는 3년 만기 전환사채를 액면가에 발행했다. 이 채권은 2년 후 또는 그 이후에는 매 이표 지급일에 액면가에 수의상환할 수 있다. 이 채권의 가격은 $99이다.
    a. 이 채권의 만기수익률은 얼마인가?
    b. 이 채권의 수의상환수익률은 얼마인가?
    c. 이 채권의 최악상황수익률은 얼마인가?
13. 당신은 액면가치 $10,000, 전환비율 450의 채권을 보유하고 있다. 이 채권의 전환가격은 얼마인가?
14. 액면가치 $1000를 갖는 채권의 전환비율이 40이다. 전환의 거래비용을 채권 액면금액의 3%로 추정하고 있다. 당신이 이 채권을 주식으로 전환하기 위해서는 주가가 얼마에 도달해야 하는가?
15. 당신은 도비아 주식회사의 전환사채를 구입하려고 한다. 당신은 올해 말에 이 전환사채를 주식으로 전환하려고 하고, 이 당시에 도비아 보통주가 주당 $35에 형성될 것으로 생각한다. 당신이 올해 말에 전환할 수 있을 것으로 기대한다면, 도비아 전환사채의 전환비율이 얼마가 되어야 하는가?

16. 당신은 2008년 7월 1일에 리얼네트워크의 CFO이다. 이 회사의 주가는 $6.74이고, 표 15.8에 기술되고 있는 전환사채가 지금 수의상환 가능하다.
    a. 만약 이 채권이 주식으로 전환된다면, 액면금액 $1000당 채권 보유자가 받게 되는 주식의 가치는 얼마인가?
    b. 만약 이 채권이 수의상환된다면, 액면금액 $1000당 채권 보유자가 받게 되는 가치는 얼마인가?
    c. 만약 이 채권이 수의상환된다면, 채권보유자는 주식으로 전환할까 아니면 수의상환을 받아들일까?

사례연구

당신은 여전히 홈 디포(Home Depot)에 근무하고 있습니다. 제15장의 레버리지를 높이기 위한 계획을 이사회에서 발표한 것을 상기하자. 홈 디포의 자본구조를 변화시키는 아이디어는 최고 경영자들 사이의 토의를 유발했다. 재무 부서의 CFO 및 기타 최고 경영자는 채무 부담을 늘리면 신용시장에 파급 효과가 있음을 모두 알고 있다. 특히 그들은 이 회사의 채무 등급이 변경될 수 있다는 것을 알고 있다. 이는 차입 비용을 높이고 기존 채무의 가치를 낮출 것이다. 어느 누구도 그 영향이 정확히 무엇인지 확신할 수는 없지만, 그들은 모두 이에 대한 조사를 할 가치가 있다는 데 동의한다.

당신이 스프레드시트 데이터를 준비했으므로, 당신은 임원 회의를 소집했고 이 회사의 채무 증가에 따른 영향을 예측할 것을 요구했다. 제15장의 데이터 사례의 스프레드시트를 출발점으로 사용하시오. $1 십억, $10 십억, $20 십억 및 $30 십억의 새로운 채무 발행이라는 네 가지 시나리오를 고려해야 한다. 각각의 경우 채무로부터 얻은 수익금은 자사주를 매입하는데 사용될 것이다. CFO는 $1 십억 수준의 채무는 이 회사의 신용 등급에 영향을 주지 않을 것이라고 생각한다. 그러나 채무의 수준이 이보다 더 증가하면, $10 십억의 채무 증가액 당 한 글자 등급이 하향 조정된다(예: Baa에서 Ba로). 예를 들어 $10 십억의 시나리오는 현재 신용 등급을 한 글자 등급 낮추고, $20 십억의 시나리오는 현재 신용 등급을 두 글자 등급 낮출 것이다. 당신의 임무는 각 채무 수준에서 추가적인 채무가 차입 비용에 미치는 영향을 결정하는 것이다. 10년 만기 채권을 발행함으로써 새로운 채무가 조달될 것이라고 가정한다.

1. 홈 디포 채무의 현재 등급을 결정하라.

- FINRA(finra-markets.morningstar.com/BondCenter/)에서 현재 채권 등급을 조사하라. "Corporate" 토글 키를 선택하고 홈 디포의 기호(HD)를 입력한 다음 "Show Results"를 클릭하라.
- 무디스 평가한 오늘부터 10년 후 또는 이와 근사한 시점에 만기가 되는 홈 디포 채권의 채권

등급은 무엇인가? 이 채권의 수익률은 얼마인가?

2. 채권 등급이 낮을수록 이자 비용이 높아지므로 이러한 비용을 결정해야 한다. Bonds Online (www.bondsonline.com)으로 가서 "Today's Market"을 클릭하시오. 다음으로 "US Corporate Bond Spreads"를 클릭하라. 당신은 로이터가 준비한 채권 스프레드 표와 바로 밑에 그 표가 작성된 날짜를 발견할 것이다. 각 스프레드는 어떤 채권이 동일한 만기의 미 재무부 채권 대비 초과 수익률을 나타낸다. 홈 디포의 현재 등급에 대한 10년 스프레드와 그 아래에 있는 3 가지 등급을 선택하시오. 스프레드의 단위는 베이시스 포인트다. 베이시스 포인트는 1 퍼센트 포인트의 1/100이다(따라서 50 베이시스 포인트는 0.5%이다). 우리는 현재 스프레드를 추정하기 위해 이러한 기존 스프레드를 조정할 것이다.

- 이러한 스프레드들은 날짜가 있기 때문에 다양한 등급에 대해 새로운 수익률 스프레드를 만들어야 한다. 홈 디포 채권의 수익률과 10년 미 재무부 채권의 현재 차이를 신용 등급의 실제 스프레드로 사용하라. 엑셀을 사용하여 다른 등급에 대한 스프레드를 계산한다. 이는 홈 디포의 등급에 대한 새로운 실제 스프레드에 이 표에서의 스프레드 차이를 추가함으로써 가능하다. 마지막으로 10년 재무부 채권 수익률에 새로운 스프레드를 주가하여 각 능급의 수익률을 결정한다.
- 요청된 새로운 채무 수준마다 10년 채권의 요구수익률을 계산하시오.

3. 홈 디포의 채무가 증가함에 따라 채권 등급이 하락하고 채권 수익률이 증가하는 요인은 무엇일까?

주: 이 데이터 사례에 대한 업데이트는 www.berkdemarzo.com에서 찾을 수 있다.

부록 수의상환수익률(YTC) 계산을 위한 재무계산기 사용법

예제 15.2의 수의상환수익률을 계산한다. 이 예제에서 채권이 1년 후에 수의상환된다. 하지만 이 예제는 수의상환이 1년보다 더 늦게 이루어져도 수의상환수익률을 구할 수 있도록 일반화 시킬 수 있다.

HP-10BII

[오렌지] [C]	오렌지 키와 [C] 키를 눌러 전에 입력했던 모든 값들을 지운다.
[1] [N]	기간의 수를 입력한다.
[8] [PMT]	기간당 지급액을 입력한다.
[1] [0] [0] [FV]	수의상환 시 받게 되는 가격을 입력한다.
[1] [0] [3] [+/-] [PV]	채권의 현재가치 또는 채권가격을 입력한다.
[I/YR]	수의상환수익률을 구한다.

TI-BAII Plus Professional

[2ND] [CE/C]	[2ND] 키를 누른 다음 [CE/C] 키를 눌러 전에 입력했던 모든 값들을 지운다.
[1] [N]	기간의 수를 입력한다.
[8] [PMT]	기간당 지급액을 입력한다.
[1] [0] [0] [FV]	수의상환 시 받게 되는 가격을 입력한다.
[1] [0] [3] [+/-] [PV]	채권의 현재가치 또는 채권가격을 입력한다.
[CPT] [I/Y]	수의상환수익률을 구한다.

만약 채권이 2년 후에 수의상환 된다면, 기간의 수에 1대신 2를 입력하면 된다.

제5부 통합사례

이 사례는 제14장과 제15장의 내용을 바탕으로 작성되었다.

1984년 5월 8일 하나 아이젠스텟(Hannah Eisenstat)은 루이지애나 주립 대학교(Louisiana State University)를 졸업했다. 그녀는 루이지애나 주도인 배턴 루지(Baton Rouge)시에 하나 에이치(HannaH)라는 커피숍을 개업하는 일에 착수했으며 새로운 개발지역에 완벽한 위치를 찾았다. $50,000의 상속 재산으로 사업 자금을 마련하고 자산의 노동력을 제공하여 1984년 8월 1일부터 개인회사(sole proprietorship)로 사업을 시작하였다. 첫 해에는 커피숍의 수익성이 좋았다. 하지만 그녀는 커피의 질이 자신이 원했던 것만큼 높지 않음을 발견했다. 그녀는 이 문제를 단골 고객 중의 한명인 나타샤 스미스(Natasha Smith)와 논의했다. 나타샤는 그 자리에서 원두 볶는 기계의 구입 자금을 제공하기로 제안했다. 원두를 자산이 직접 볶음으로써 양질의 커피를 생산할 수 있을 것이며, 볶은 원두를 판매하는 사업까지 사업을 확장할 수 있다.

사업 확장 재무 자료를 꼼꼼히 살펴본 결과, 하나는 사업 확장을 위해 $75,000의 투자가 필요하고, 투자에 필요한 자금을 나타샤가 부담하기로 결정했다. 하나는 투자에 대한 대가로 나타샤에게 40%의 커피숍 지분을 제공하기로 제안했다. 나타샤는 이 제안을 받아들였고, 커피숍은 이제 두 명의 소유주를 가진 주식회사가 되었다. 자기자본은 1,000,000주의 주식으로 이루어지는데, 나타샤가 400,000주, 하나가 600,000주를 소유한다.

두 번째 해 말까지 사업이 굉장히 잘 되었다. 원두 판매로부터 발생하는 수입이 음료 판매로부터 발생하는 수입과 같게 되었다. 이러한 성공에 대한 반응으로 하나와 나타샤는 앞으로 2년간 커피숍을 5개로 확장하기로 결정했다. 자기자본 조달 대신에 이번에는 은행대출을 자금을 조달하기로 결정했다. 각 커피숍 당 $100,000의 투자를 필요로 한다. 새로운 가게들의 개업은 예상보다 지연되었으나, 1999년 말까지 배턴 루지에 5개의 하나에이치 커피숍과 30명의 종업원을 고용하게 되었다. 계획했던 바와 같이 확장에 필요한 자금이 전적으로 채무로 조달되었는데, 채무는 2004년을 만기로 하는 $500,000의 만기대출의 형식을 취했다.

벤처캐피탈 2000년 초에 두 소유주는 주말 모임을 갖고 당초 사업계획을 재검토하기로 결정했다. 아마도 가장 크게 놀라운 것은 원두의 인기였다. 수입의 약 80%가 원두 매출로부터 발생했다. 게다가 지역 슈퍼마켓 체인의 바이어가 하나에이치에 원두 납품을 제안했다. 하지만 하나에이치는 현재 원두 생산 능력의 제한을 가지고 있어, 겨우 5개의 커피숍에 필요한 만큼의 원두를 생산할 수 있다. 더욱 중요한 것은 커피의 질을 더 향상시키는 것이며, 이를 위해 하나는 원두의 질을 세밀하게 모니터링할 수 있는 코스타리카의 커피 농부로부터 직접 원두를 구매할 것을 제안했다. 하지만 슈퍼마켓 체인의 제안은 볶은 원두 생산의 현저한 증가를 필요로 한다. 모임의 끝에 하나와 나타샤는 사업의 초점을 음료 및 원두 판매 소매업에서 원두 판매 도매업으로 변경하기로 결정했다. 그들은 새로운 가게를 만드는 대신 최신식의 원두 볶는 시설에 투자하기로 결정했다.

하나는 몇 주가 지나고 나서 지역 벤처캐피탈 회사인 딕시 파트너스(Dixie Partners)에 찾아갔다. 딕시는 슈퍼마켓 체인으로부터 커피 납품 확약이라는 강점 때문에 $3 백만을 하나에이치에 투자하기로 약속했다. 딕시는 대용량의 원두 볶는 시설의 건설에 소요되는 자금을 제공한 대가로 이 회사에 대한 50%의 지분을 요구했다. 하나에이치는 이를 위해 1,000,000주의 신주를 발행하여 딕시에게 전달하였다.

추가적인 확장 하나의 직관은 정확했다. 커피의 질이 엄청나게 향상되었다. 8년 후에 이 회사는 종업원 200명을 고용하는 회사로 성장했으며, 강한 평판으로 인해 다른 브랜드보다 50%의 프리미엄을 받고 커피를 판매할 수 있었다. 딕시는 하나에이치의 추가적인 확장을 위해 두 번의 추가적인 주식투자를 했다. 2003년에 1,200,000주를 받고 $4 백만을 투자하고, 2006년에 1,500,000주를 받고 $8 백만을 투자했다. 게다가 2004년 만기가 도래한 은행의 만기대출은 5년간 더 연장되었다. 2007년에는 종업원에 대한 보상의 일환으로 400,000주의 추가적인 주식이 발행되었다.

IPO 2008년 초에 이 회사의 이사회는 커피 판매를 미국 전역으로 확대하고 이를 위해 필요한 자금을 IPO를 통해 조달하기로 결정했다. 당초 계획은 IPO를 통해 $20 백만의 신규 자본을 조달하고 그리고 1~2년 이내에 SEO를 통해 추가적인 $20 백만을 조달하는 것이었다. 딕시는 10%의 하나에이치 지분을 IPO에서 매각하고 나머지 지분도 2009년 말까지 모두 매각하는 것을 계획했다. IPO는 2008년 8월에 성공적으로 완료되었다. 이 회사는 IPO를 통해 딕시의 10% 지분을 포함한 2,000,000주의 지분을 $12에 매각했다(다른 기존 주주들은 IPO에서 주식을 팔지 않았다).

SEO 1년 후인 2009년 8월 이 회사는 4,000,000주를 $20에 매각하는 일반공모 유상증자(cash offer SEO)를 실시했다. SEO에서 매각되는 주식의 수량은 원래 소유주인 하나와 나타샤가 각각 매도하는 400,000주와 딕시의 2,000,000주를 포함하는 수량이다. 따라서 SEO에서 매각되는 주식 중 2,800,000주는 구주이고, 나머지는 신주였다. SEO를 통해 조달한 자금의 일부는 SEO와 동일한 시점에 만기가 도래한 만기대출을 상환하는데 사용되었다. 나머지 조달 금액은 커피 판매를 미국 전역으로 확대하는데 사용되었다. 딕시는 보유하고 있던 나머지 주식들을 작년에 유통시장에서 매도했다. 따라서 딕시가 이번 SEO를 통해 주식을 매각하면 딕시는 더 이상 하나에이치의 주식을 보유하지 않게 된다. 이번 기회에 종업원들에 대한 보상차원에서 50,000주의 주식이 추가적으로 발행되었다.

LBO 2010년까지 이 회사의 운명은 바뀌고 있었다. 하나에이치 커피는 여전히 강력한 브랜드 파워를 보유하고 매출이 지속적으로 증가하였지만, 이 회사는 현저하게 커지고 있는 고통을 경험하고 있었다. 하나 자신이 더 이상 경영에 직접적으로 관여할 수 없었다. SEO 직후에 루크 이그니온(Luke Ignion)이라는 CEO를 고용하여 이 회사의 일상적인 경영을 맡도록 했다. 하지만 그는 이러한 책무를 맡을 적임자가 아님을 입증했다. 2010년 말에 이 회사의 주가는 $5로 급락하였다. 하나는 그녀의 나머지 지분의 가치가 이 수준으로 급락한 것을 보고 고통을 받았다. 그래서 그녀는 그녀가 매수 기회라고 판단한 기회를 이용하기로 결심했다. 그녀는 하나에이치의 LBO를 추진했다. 핵심 종업원들에게 주기 위해 추가적으로 20,000주를 발행했었기 때문에, LBO 시점에 이 회사의 발행주식 수는 8,000,000주였다. 하나와 핵심 종업원들은 이미 주식을 사기 시작했으며, LBO의 발표 시점에 하나는 500,000주, 다른 핵심 종업원들은 합산하여 100,000주를 보유하고 있었다. 하나와 핵심 종업원들은 공개매수를 통해 나머지 7,400,000주를 $7.5에 매입하는 자사주 매입을 추진했다. 그들은 $7,000,000의 추가적인 주식투자, 은행 채무, 및 액면가치가 $30 백만이고 반년마다 이표를 지급하는 10년 만기 이표채의 (룰144A에 의한)사모발행을 통해 자사주 매입의 자금을 조달했다. 사모발행 채무를 1년 이내에 공모발행 등록할 계획이었다. 이 채무는 전환가능하고 5년 후에 액면가에 수의상환 가능한 채무였다. 이 채무의 전환비율은 50, 액면가치 $1000, 이표율 5%였다.

사례 질문

1. 나타샤는 어떤 유형의 투자자에 대한 예인가?
2. IPO 이전 각 자금조달 단계(즉, 1985, 2000, 2003, 2006)에서 이 회사 주식에 대한 투자 전 가치(pre-money valuation)와 투자 후 가치(post-money valuation)를 계산하시오.
3. IPO의 어떤 부분은 신규발행(primary offering)이고 어떤 부분은 구주매출(secondary offering)인가?
4. IPO 직후에 이 회사의 주식이 $14.50에 거래되었다.
   a. 이 가격에서 이 회사 전체의 기업가치는 얼마였는가? IPO가 저평가된 정도를 퍼센트로 표시하면?
   b. 저가발행이 기존 주주들에게 초래한 비용은 달러 금액으로 얼마인가?
   c. IPO에서 소유주 중 누구도 추가적인 주식을 매입하지 않았다고 가정하면 하나가 보유하는 자기자본의 비중과 IPO 직후의 가치는 얼마인가?
   d. IPO 직후 이 회사의 부채비율(즉, 채무의 장부가치와 자기자본의 시장가치의 비율)은 얼마인가?

5. SEO에 대한 다음 질문에 답하시오.
   a. SEO 중 어떤 부분은 신규발행(primary offering)이고 어떤 부분은 구주매출(secondary offering)인가?
   b. 주간사가 5%의 수수료를 청구했다고 가정하면, 하나가 그녀의 주식을 매출하여 조달한 금액은 얼마인가? 이 회사는 미래 투자와 만기대출의 상환에 사용할 금액으로 얼마를 조달할 수 있었는가?
6. SEO 직후 이 회사의 주가가 주당 $20를 유지했다.
   a. 만기 채무가 상환되면 이 회사의 기업가치는 얼마인가?
   b. 하나는 자기자본 중 얼마의 비중을 소유하고 있는가?
7. LBO가 성공적이었다고 가정하자.
   a. 은행 채무는 얼마만큼 필요한가?
   b. LBO 직후 부채비율은 얼마인가?
8. LBO 이후 1년이 지나고 두 번째 이표 지급이 이루어진 직후 전환사채는 $950에 거래되었다.
   a. 만기수익률은 얼마인가?
   b. 수의상환수익률은 얼마인가?
9. LBO 후 5년 후에 하나가 이 회사를 회생시킬 수 있었다고 가정하자. 5년 동안 모든 은행 채무는 상환되고 이 회사는 다시 공개기업이 되었다. 주가는 지금 주당 $60이다. 전환사채 보유자들이 어떻게 할지를 예측하시오. 전환사채 보유자들의 투자는 가치가 있겠는가?

제6부

자본구조와 배당정책

가치평가 원칙의 연계. 기업재무의 기본적 질문 중 하나는 기업의 자본구조 선택으로, 이는 기업이 발행하는 채무, 주식, 기타 증권의 규모를 결정하는 것이다. 자본구조의 선택이 기업가치에 영향을 미치는가? 제16장에서는 완전자본시장에 가치평가 원칙을 적용하여 기업 자산에 의해 창출되는 현금흐름이 변하지 않는다면, 발행 증권의 전체 가치에 해당하는 기업의 가치가 자본구조의 영향을 받지 않는다는 것을 보인다. 따라서 기업가치를 결정함에 있어서 자본구조가 어떤 역할을 한다면, 그것은 시장의 불완전성 때문이어야 한다. 제16장의 나머지 부분은 이러한 불완전성에 대해 탐구할 것이다. 이 장의 결론으로, 당신은 재무 의사결정에서 발생하는 상쇄 관계의 고려를 위한 중요한 기반을 얻게 될 것이다.

제17장에서는 배당정책으로 눈을 돌린다. 배당정책은 자본이 주주에게 환원되는 규모와 시기 및 방법에 관한 것이다. 다시 완전 시장의 기준에서 가치평가 원칙을 적용하게 된다. 이러한 의사결정들이 기업에 의해 창출되는 미래의 현금흐름을 바꾸지 않는다면, 배당정책이 주주가 받는 전체 가치에 영향을 주지 못한다는 것을 보인다. 이 장을 통하여 세금과 같은 시장의 불완전성을 검토하고, 그것들이 기업의 배당정책에 미치는 영향을 알아보고자 한다.

16 자본구조

학습목표

- 자본구조가 산업 및 기업에 따라 어떻게 변하는가를 검토한다.
- 자본조달 의사결정보다 투자 의사결정이 기본적으로 기업의 가치와 자본비용을 결정하는 이유를 이해한다.
- 레버리지가 기업의 자기자본 위험을 어떻게 증가시키는가를 서술한다.
- 채무가 세금과 파산 비용을 통해서 어떻게 기업의 가치에 영향을 줄 수 있는가를 보여준다.
- 채무와 주식의 최적 혼합이 채무의 비용과 혜택 관계에 어떻게 영향을 주는가를 보여준다.
- 채무가 경영진의 프로젝트 선택 동기를 어떻게 바꿀 수 있고, 투자자에 대한 신호로 사용될 수 있는가를 분석한다.
- 경영진이 기업 투자를 위한 자본조달 방법을 결정할 때 균형을 유지해야 하는 채무의 비용과 혜택을 비교한다.

기호

기호	의미	기호	의미
D	채무의 시장가치	r_E	차입 주식의 기대수익률(자본비용)
E	차입 주식의 시장가치	r_U	무차입 주식의 기대수익률(자본비용)
EPS	주당 순이익	r_{wacc}	가중평균 자본비용
NPV	순현재가치	T_C	한계 법인세율
PV	현재가치	V^L	차입 기업의 가치
r_D	채무의 기대수익률(자본비용)	V^U	무차입 기업의 가치

Capital Structure

기업이 투자를 위해 새로운 자금을 조달할 때, 어떤 종류의 증권을 투자자에게 발행할 것인가를 결정해야 한다. 무엇을 고려하여 이런 결정을 하며, 이 결정이 기업의 가치에는 어떤 영향을 줄 것인가?

제14장에서 사업 확장을 위해 유상 신주를 발행하는 페이스북 제15장에서 차입매수(leveraged buyout)를 통해 레버리지를 상당히 올리는 허츠(Hertz)의 경우를 살펴보자. 2007년 여름에, 홈디포(Home Depot)는 자기자본을 $22십억 줄이고, 채무를 $12십억 증가시켜 자본구조를 극적으로 변경하였다. 무엇 때문에 페이스북 경영진은 사업 확장을 자기자본에 의존하고, 허츠와 홈디포는 자기자본 대신에 채무를 증가시켰는가? 그러한 자본구조 의사결정이 이 기업들의 가치에 어떤 영향을 미칠 수 있는 것일까?

이번 장에서는, 먼저 모든 증권들이 공정하게 가격이 결정되고, 세금과 거래비용이 없으며, 기업 프로젝트의 전체 현금흐름이 자본조달의 방법에 의해 영향을 받지 않는다는 완전자본시장의 가정 아래 이 문제들을 다루고자 한다. 실제로는 자본시장이 완전하지 않지만, 이러한 가정들은 중요한 기준을 제공해 준다.

이 장의 나머지 부분에서는 완전자본시장의 가정 위배가 우리의 결론에 미치는 영향을 알아보고자 한다. 제13장에서 잠시 언급했던 채무의 세금 효과가 채무를 잠재적인 매력이 있는 수단으로 만드는 이유를 살펴본다. 그리고 채무를 가진 기업이 당면하는 재무적 고통과 파산 비용에 대해서 언급한다. 이러한 논의는 경영진이 채무의 고통비용과 세금의 장점 사이에서 적절한 조화를 추구해야 하는 이유를 알려준다. 채무가 자본구조에 미치는 영향을 논의한 뒤에, 경영진과 투자자 사이의 정보 차이와 대리인 문제를 포함하여 재무관리자의 자본구조 의사결정에 대한 조언을 하면서 이 장을 맺고자 한다.

16.1 자본구조 선택

기업이 발행한 채무, 주식, 기타 증권들의 상대적인 비율이 자본구조다. 주식회사가 외부로부터 자금을 조달할 때, 그들은 어떤 종류의 증권을 발행할 것인가와 어떤 자본구조를 가져갈 것인가를 결정해야 한다. 가장 일반적인 방법은 자기자본으로만 조달하든지, 아니면 채무와 자기자본을 조합하여 조달하는 것이다. 기업들이 자본구조를 결정하는 방법과, 재무관리자가 자본조달 방법을 선택할 때 고려하는 요인들은 매우 중요한 의사결정 요소가 된다.

먼저 가장 중요한 것은 여러 가지 자본조달 선택이 오늘 조달하는 현금의 대가로 미래 각 증권 보유자의 보유 비중을 바꾼다는 것이다. 그러나 그것을 넘어서 여러 가지 요인들을 더 생각할 필요가 있다: 발행 증권들에 대해 시장에서 공정한 가격을 받을 수 있는가? 세금 관계는 어떻게 되는가? 거래비용을 수반하는가? 또는 미래의 투자 기회를 변경시킬 수 있는가? 기업의 자본구조는 그 외에도 현금 적립, 채무 상환이나 배당 지급, 자사주 매입 등에 의해 영향을 받는다. 이러한 분석들의 토대가 되는 이론을 알아보기 전에, 실제 기업 실무의 관점에서 자본조달 의사결정을 살펴보자.

산업별 자본구조 선택

채무/자산 비율: 기업 전체의 자산 가치에 대한 채무의 비율

그림 16.1은 미국 기업들에 대한 산업별 평균 **채무/자산 비율**(debt-to-value ratio)을 보여주고

있다. 기업의 채무/자산 비율(D/(D+E))은 기업 전체의 자산가치에 대한 채무의 비율이다. 주지한 바와 같이 재무관리자가 선택하는 채무의 수준은 산업마다 다르다. 예를 들어, 마이크로소프트와 같은 소프트웨어 기업들은 자기자본에 비해 채무가 적지만, 캐터필라와 같은 건설장비 생산업체들은 채무를 많이 쓴다.

산업 내 자본구조의 선택

산업별로 자본구조 차이는 대단히 크다. 그러나 산업 내에서도 두 개의 경쟁 기업이 채무/자산 비율의 다른 선택을 할 수 있다. 예를 들어, 반도체 산업에 속하는 인텔과 ARM 홀딩스는 그림 16.2의 패널 (a)와 패널 (b)에서 보는 바와 같이 아주 다른 자본구조를 가진다. 패널 (a)의 인텔은 15%의 채무와 85%의 자기자본을 가지지만, 패널 (b)의 ARM은 실질적으로 채무를 가지지 않고 있다. 인텔과 ARM은 직접적인 경쟁자지만, 그들은 자산 구조가 아주 다르다. 태블렛에 사용하는 반도체 칩 때문에 최근 강한 성장을 보였던 ARM은 반도체 제조 시설이 없다. 인텔과 달리, ARM은 반도체 설계 방법의 라이선스를 통해 다른 기업들이 생산하도록 한다. 따라서 물리적인 자산이 거의 없다. 이 장에서는 이러한 자산과 영업의 차이가 서로 상이한 자본구조를 갖게 하는 이유를 공부하고자 한다.

다음 절에서는 모든 자본구조 분석의 중요한 이론적 기반과 자본구조 의사결정에 필요한 중요 요인들을 살펴보고자 한다.

개념확인

1. 기업의 자본구조를 형성하는 것은 무엇인가?
2. 자본조달 의사결정을 할 때, 경영진이 고려하여야 하는 요인들은 무엇인가?

16.2 완전자본시장의 자본구조

기업이 새로운 투자의 자본조달을 위하여 채무, 주식, 기타 증권들을 발행할 때, 의사결정의 방향에 따라 수많은 잠재적 결과들이 있을 수 있다. 재무관리자에게 가장 중요한 것은 의사결정의 선택이 기업가치와 자본조달의 규모에 주는 영향이다. 이를 고려하기 위하여 가장 간단한 환경인 **완전자본시장(perfect capital market)**을 가정하여 분석을 시작하고자 한다. 완전자본시장은 다음과 같은 시장이다.

완전자본시장: 투자자와 기업이 경쟁적인 시장가격으로 유가증권들을 거래할 수 있는 조건을 가지는 시장이다. 여기에는 시장 마찰이 없으며, 기업의 자금조달 의사결정은 투자에 의해 창출되는 현금흐름을 변화시키지 못한다.

1. *유가증권이 공정하게 평가된다.* 투자자와 기업이 미래 현금흐름의 현재가치와 같은 경쟁적 시장가격으로 당해 증권들을 거래할 수 있다.
2. *세금이나 거래비용이 존재하지 않는다.* 세금이나 거래비용 또는 자본조달이나 증권거래와 관련된 비용이 전혀 발생하지 않는다.
3. *투자의 현금흐름이 자본조달 의사결정과 무관하다.* 기업의 자본조달 의사결정은 기업의

그림 16.1
산업별 채무/자산 비율

막대 그래프는 다양한 산업들의 채무/자산 비율을 나타내고 있다. 채무 수준은 장부가치이고, 주식은 시장가치로 계산하였다. 모든 미국 주식의 채무 자본조달 평균은 22% 정도지만, 산업에 따라서 큰 차이를 나타낸다.

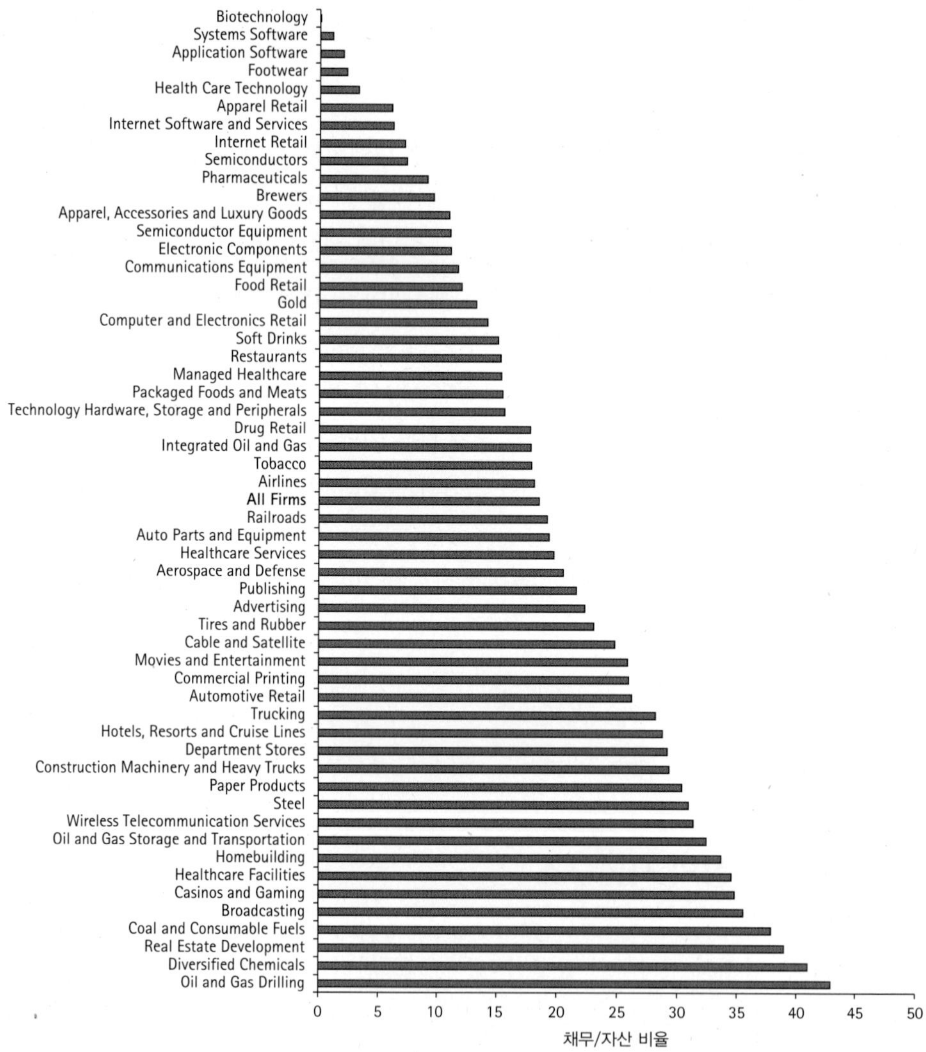

출처: Capital IQ, 2015.

그림 16.2
인텔과 ARM 홀딩스의 자본구조

패널 (a)와 (b)의 파이 차트는 두 경쟁 기업인 인텔과 ARM 홀딩스, PLC의 채무와 주식 분포를 나타내고 있다. 양 기업은 반도체 산업에 속한다. 동일 산업 내에서도 두 기업이 서로 다른 채무와 주식의 구조를 선택할 수 있음을 보여준다.

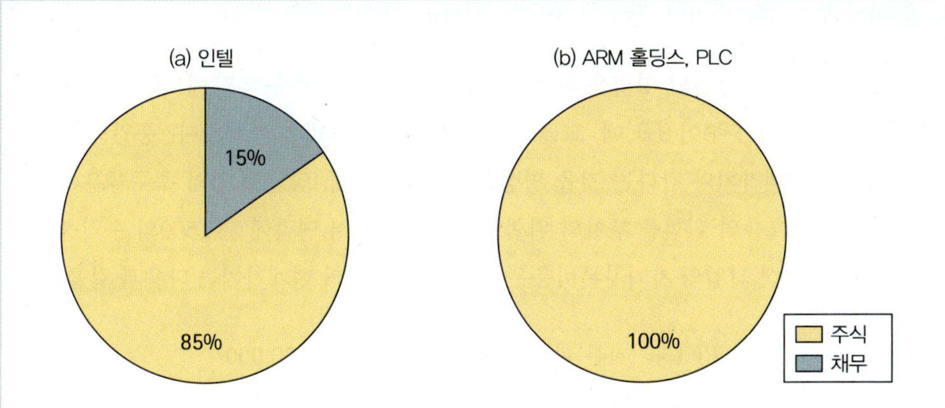

출처: http://finance.google.com(April 2016)을 이용한 저자들의 계산

투자로부터 얻는 현금흐름을 변화시키지 않고, 현금흐름에 관한 어떤 새로운 정보도 제공하지 못한다.

완전자본시장의 가정은 너무 편협하고 비현실적으로 보일 수 있다. 그러나 그런 가정으로부터 출발하는 것이 레버리지의 진정한 득과 실에 대해 중요한 통찰력을 갖게 해 줄 것이다.

응용: 새로운 사업의 자본조달

이제 완전자본시장에서 가능한 자본조달 의사결정의 예로부터 시작해 보자. 당신은 대학 생활이 1년 남았고, 졸업하기 전에 약간의 여윳돈을 벌고 싶은 상황이다. 이때 당신은 가까운 사무용 건물의 로비에서 커피숍을 운영할 수 있는 기회를 제공 받았다. 건물주는 건물의 완전 수리까지 남은 1년 동안 이런 권리를 당신에게 주고자 한다.

당신이 조사해 보니까, 이 영업을 시작하기 위해서는 선불로 \$24,000을 투자해야 한다. 당신 자신의 급여를 포함한 운영비용을 감당한 이후에, 1년 뒤에 \$34,500의 현금흐름을 창출할 것으로 기대된다. 현재의 무위험 이자율은 5%이다. 하지만 이 사업은 어느 정도 위험성을 가지고 있어서 전체 시장 상황(건물의 활동성 수준과 영업의 수요에 영향을 미칠 것임)에 민감할 것이기 때문에, 당신은 전체 할인율이 15%(= 5% + 10%)가 되기 위하여 10%의 위험 프리미엄이 적절하다고 믿고 있다. 이 커피숍 투자의 NPV는 다음과 같이 계산될 수 있다.

$$NPV = -\$24{,}000 + \frac{\$34{,}500}{1.15} = -\$24{,}000 + \$30{,}000 = \$6{,}000$$

따라서 이 투자는 양(+)의 NPV를 가지게 된다.

이 투자가 매력적으로 보일지라도 당신은 선불 투자금을 위해 자금을 조달할 필요가 있다. 자금을 어떻게 조달할 것이며, 당신이 조달할 수 있는 금액은 얼마인가?

자기자본 조달 먼저 당신의 영업을 위해서 친구나 가족들에게 주식을 매도한다고 생각해 보자. 현금흐름 추정치가 주어졌을 때, 그들이 주식에 대해서 얼마를 지불할까? 증권의 가치는 미래 현금흐름의 현재가치와 같다는 것을 명심하자. 이 경우에, 당신 기업의 주주들은 커피숍에서 발생하는 현금흐름의 위험을 투자의 위험으로 가정하면서 연말에 \$34,500의 수익을 기대할 것이다. 따라서 당신 기업의 자기자본비용은 15%이고, 주식의 현재가치는 다음과 같을 것이다.

$$PV(\text{자기자본 현금흐름}) = \frac{\$34,500}{1.15} = \$30,000$$

무차입 주식: 채무가 없는 기업의 주식

채무가 없다는 것은 재무 레버리지가 없다는 것이다. 채무가 없는 기업의 주식을 **무차입 주식(unlevered equity)**이라고 한다. 자기자본 현금흐름의 현재가치가 \$30,000이기 때문에, 당신 기업의 무차입 주식을 매도하여 \$30,000을 조달할 수 있다. 이것은 \$24,000의 선불 투자금을 지불하고, 이익으로 \$6,000의 NPV를 가질 수 있게 하는 거래다. 다시 말해서, 이 프로젝트의 NPV는 당해 프로젝트에 의해 창출될 최초 기업 보유자의 가치를 의미한다는 것이다.

타인자본 조달 하나의 대안으로, 투자 자금의 일부를 차입에 의해 조달한다고 생각해 보자. 확실한 영업 현금흐름은 적어도 \$16,000이라고 하자. 그렇다면, 5%의 무위험 이자율로 \$15,000을 조달할 수 있다. 파산의 위험 없이 당신은 연말에 \$15,750(= \$15,000 × 1.05)의 채무를 상환할 수 있다.

차입 주식: 채무가 있는 기업의주식

이제 당신의 영업에서 주식을 얼마나 매도할 수 있나? 채무가 발행된 경우의 기업 주식을 **차입 주식(levered equity)**이라고 한다. 채무가 상환된 이후에, 주식 보유자는 \$18,750(= \$34,500 - \$15,750)을 받을 것으로 기대할 수 있다. 차입 주식을 평가하기 위하여 어떤 할인율을 사용해야 할까? 투자자들이 원하는 기대수익률은 얼마인가?

이전과 같이 15%의 자기자본비용을 사용할 것 같기도 하다. 이 경우에는 차입 주식을 매도하면 당신은 \$16,304(= \$18,750/1.15)를 조달할 수 있다. 만약 이것이 옳다면 당신은 채무를 포함하여 총 \$31,304(= \$15,000 + \$16,304)의 자금을 조달할 수 있는데, 이는 레버리지가 없을 때보다 \$1,304가 더 많은 금액이다.

따라서 레버리지를 가지고 자금을 단순하게 조달하면 이 프로젝트의 가치가 더욱 커지는 것처럼 보인다. 그러나 레버리지가 생긴다고 해서 프로젝트의 가치가 더 커질 수는 없다. 그런 오해가 생긴 이유는 레버리지를 사용한 이후에도 기업의 자기자본비용이 15%로 유지된다고 가정했기 때문이다. 하지만 곧 알 수 있듯이 자기자본비용이 15%로 유지될 수가 없다. 레버리지는 기업의 자기자본 위험을 증가시켜서 자기자본의 비용도 증가시키게 된다. 왜 그렇게 되는가를 이해하기 위하여 위대한 연구자 프랑코 모딜리아니(Franco Modigliani)와 머튼 밀러(Merton Miller)의 연구를 살펴보자.

레버리지와 기업의 가치

모딜리아니와 밀러(간단하게 MM으로 호칭함)는 그들의 기념비적인 논문에서 레버리지가 기업의 가치를 높이는가를 알아보았다. 이 질문에 대한 그들의 답은 연구자들과 실무자들을 모두 놀라게 하였다.[1] 그들은 완전자본시장에서 기업의 총가치는 당해 기업의 자본구조와 무관해야 한다고 주장하였다. 그들의 추론은 다음과 같다. 채무와 주식 보유자에 지불되는 기업 전체의 현금흐름은 그림 16.3에서 보는 바와 같이 $34,500의 동일한 기대 가치와 위험을 가지는 커피숍의 현금흐름이다. 채무와 자본을 위한 전체 현금흐름이 무차입 기업의 현금흐름과 같기 때문에, 가치평가 원칙에 의하면 레버리지와 상관없이 시장가치가 동일해야 한다. 무차입 기업의 가치(V^U)는 앞에서 계산하였듯이 다음과 같다.

$$V^U = \frac{\$34,500}{1.15} = \$30,000$$

채무 D와 차입 주식 E의 합계인 차입 기업의 총가치는 V^L이 된다.

$$V^L = D + E = \$30,000$$

최초의 채무 시장가치가 $15,000(차입액)이라면, 차입 주식의 최초 시장가치 E는 $15,000(= $30,000 - $15,000)이어야 한다.

따라서 모딜리아니와 밀러는 완전자본시장에서 레버리지가 기업 전체의 현금흐름을 변화시키지는 않고, 단지 채무와 주식의 현금흐름 할당만을 바꾼다고 주장하였다. 따라서 그들은 다음과 같은 결론을 내렸다.

MM 명제 I: *완전자본시장에서 기업 전체의 시장가치는 그 자산에 의해 발생하는 가용현금흐름의 시장가치와 같고, 자본구조의 선택에 의해서 영향을 받지 않는다.*

이를 다음과 같은 식으로 표시할 수 있다.

$$V^L = E + D = V^U \tag{16.1}$$

이 식은 기업의 총가치가 레버리지의 존재와는 무관하다는 것을 말한다.

---

1) F. Modigliani and M. Miller, "The Cost of Capital, Corporation Finance and the Theory of Investment," American Economic Review, 48 (3) (1958): 261 - 297.

그림 1.6.3
완전자본시장에서 무차입 현금흐름과 차입 현금흐름

패널 (a)와 같이 기업의 채무가 없는 경우 주주에게 지불되는 현금흐름은 기업 자산에 의해 창출되는 가용현금흐름이다. 패널 (b)와 같이 채무가 있는 기업의 경우에는 현금흐름이 채무 보유자와 주식 보유자로 나뉘어진다. 하지만 완전자본시장에서는 모든 투자자에게 지불되는 전체 금액은 기업 자산에 의해 창출되는 가용현금흐름과 같다. 따라서, 무차입 기업의 가치(V^U)는 채무(D)와 차입 주식(E)의 합인 차입 기업의 가치(V^L)와 같다.

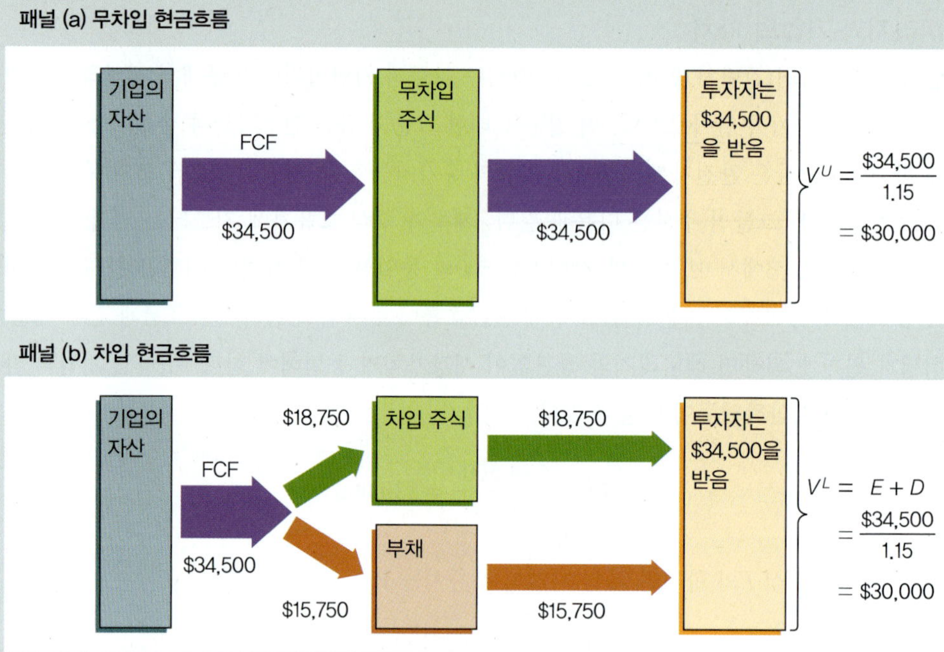

이 예에서 차입 주식의 현금흐름은 무차입 주식의 현금흐름보다 작기 때문에, 차입 주식이 무차입 주식보다 더 작은 가격에 매도될 것이라는 것에 주목하라($15,000 대 $30,000). 레버리지를 가진 주식이 가치가 작다고 하여 당신이 손실을 본다는 것은 아니다. 당신은 무차입 주식만으로 자금을 조달한 것과 같이 채무와 주식을 동시에 발행하여 $30,000의 자금을 조달할 것이며, $30,000의 조달 자금과 선불 투자 비용 $24,000의 차이인 $6,000의 이익을 동일하게 얻을 것이다. 결과적으로, 당신은 이 기업의 자본구조에 대한 두 가지 선택을 모두 동일하게 생각할 것이다.

위험과 수익률에 대한 레버리지의 효과

모딜리아니와 밀러의 결론은 완전자본시장일지라도 레버리지가 기업의 가치에 영향을 줄 것이라는 일반적인 견해와 달랐다. 특히 15%로 할인한 기대 현금흐름의 현재가치가 $16,304(= $18,750/1.15)이기 때문에 차입 주식의 가치는 $15,000을 초과해야 한다는 생각은 옳지 않다. 왜냐하면 레버리지가 주식의 위험을 증가시켜 할인율을 15%를 초과하도록 만들기 때문이다.

커피숍		증권 현금흐름			증권 수익률		
수요	가용현금흐름	무차입 주식	채무	차입 주식	무차입 주식	채무	차입 주식
약세	$27,000	$27,000	$15,750	$ 11,250	−10%	5%	−25%
기대 상황	**$34,500**	**$34,500**	**$15,750**	**$18,750**	**15%**	**5%**	**25%**
강세	$42,000	$42,000	$15,750	$26,250	40%	5%	75%

표 2.1
IFRS에 따라 작성된 노키아의 결합 재무상태표
(재배열됨, 단위: €백만)

따라서 차입 주식의 현금흐름을 무차입 주식에 적용하였던 15%의 동일한 할인율로 할인하는 것은 적절하지 않다.

이제 레버리지가 기업의 주식 자본비용에 미치는 영향에 대해 좀 더 자세히 살펴보자. 만약 주식의 보유자가 차입 주식에 대해 $15,000만을 지불한다면, 기대수익이 $18,750으로 주어졌을 때 기대수익률은 다음과 같이 25%가 될 것이다.

$$\text{차입 주식의 기대수익률} = \$18{,}750/\$15{,}000 - 1 = 25\%$$

이 수익률이 투자자에게 좋게 보일 수도 있지만, 커피숍의 현금흐름이 불확실하다는 것을 명심하라. 표 16.1은 커피숍이 고려해야 하는 가용현금흐름과 함께 무차입 주식과 차입 주식을 사용하는 경우의 현금흐름과 수익률을 비교하고 있다. 레버리지가 있는 경우와 없는 경우의 수익률이 아주 다르게 나타나고 있다. 채무가 없다면 무차입 주식의 수익률은 -10%에서 40%까지 나타날 수 있으며, 기대수익률은 15%가 된다. 레버리지가 있으면 차입 주식의 수익률은 -25%부터 75%까지로 변동성이 더 크지만, 채무 보유자는 5%의 무위험 이자율만을 얻게 된다. 이런 높은 위험을 보상하기 위해서 차입 주식의 보유자는 25%라는 더 높은 기대수익률을 받게 된다.

그림 16.4에서 수익률에 대한 레버리지 효과를 좀 더 살펴보자. 레버리지를 고려할 경우, 무차입 기업의 수익률은 채무의 요구수익률과 차입 기업 주식의 수익률 사이를 효과적으로 분리하고 있다. 커피숍의 현금흐름이 감소할수록 차입 주식의 수익률은 무차입 주식의 수익률보다 2배의 속도로 감소한다. 위험이 2배라는 것은 위험 프리미엄이 2배가 된다는 것을 의미하는 것으로, 무차입 주식은 위험 프리미엄이 10%(= 15% - 5%)지만 차입 주식은 20%(= 25% - 5%)가 된다. 이 예제가 보여주듯이, 기업의 파산 위험이 전혀 없을 때라도 레버리지는 주식의 위험을 증가시킨다.

홈메이드 레버리지

MM은 기업의 가치가 자본구조의 선택에 의해 영향을 받지 않는다는 것을 보였다. 그러나 투자자들은 기업이 선택한 것과 다른 자본구조를 선호할 수도 있다. 이 경우에 MM은 투자자가 스스로 자금을 차입하거나 대출하여 그들이 원하는 자본구조를 얻을 수 있다고 하였다. 예를 들어,

그림 16.4
완전자본시장에서 무차입 주식과 차입 주식의 수익률

레버리지 때문에 무차입 기업의 수익률은 낮은 위험의 채무와 높은 위험의 차입 기업의 수익률 사이에 존재한다. 이 예에서, 차입 주식의 수익률은 무차입 주식의 수익률에 비해 기업 현금흐름에 대한 민감도가 2배다. 위험이 2배가 된다는 것은 위험 프리미엄이 10%에서 20%로 2배가 된다는 것이다.

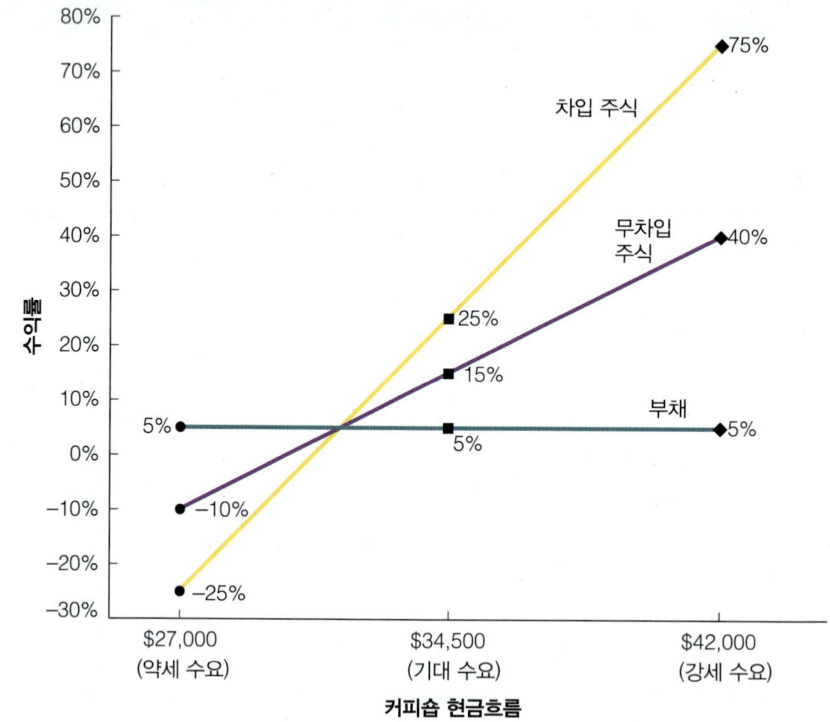

예제 16.1
차입 주식의 위험과 수익률

문제 *Problem*

커피숍 영업의 자금조달을 위해 $6,000을 빌린다고 하자. 모딜리아니와 밀러에 따르면 주식의 가치는 얼마가 되어야 하는가? 기대수익률은 얼마인가?

풀이 *Solution*

● **계획**

기업 전체 현금흐름의 가치는 자금조달의 방법에 따라 변하지 않는다. 즉 $30,000의 현금흐름은 변하지 않는다. 따라서 $6,000을 빌리면, 기업 주식의 가치는 $24,000이 될 것이다. 주식의 기대수익률을 계산하기 위하여 두 개의 시나리오에서 주식으로의 현금흐름을 계산하면 된다. 주식으로의 현금흐름은 채무로의 현금 흐름(원금의 상환과 이자)을 제외한 기업의 현금흐름이다.

● **실행**

이 기업은 1년 뒤에 채무 보유자에게 $6,000 ×1.05 = $6,300을 상환하여야 한다. 주식 보유자에 대한 기대 보상이 $34,500 − $6,300 = $28,200이므로, 수익률은 $28,000/$24,000 − 1 = 17.5%가 된다.

- **평가**

기업의 전체 가치는 변하지 않지만, 이 경우에 기업 주식은 채무가 없는 경우보다 더 위험해지고, $15,000 을 빌린 경우보다는 덜 위험하게 된다. 이를 설명하기 위하여 약세 수요의 경우 주식 보유자 수입을 보면, $27,000 − $6,300 = $20,700으로 수익률은 $20,700/$24,000 − 1 = −13.75%가 된다. 이 수익률을 레버리지가 없는 경우의 −10%와 $15,000을 빌린 경우의 −25%와 비교해 보자. 결과적으로 차입 주식의 기대 수익률은 무차입 주식의 경우보다 더 높지만(17.5% 대 15%), 레버리지가 더 높았던 이전 예제에서보다는 높지 않다(17.5% 대 25%).

기업보다 레버리지를 높이고 싶은 투자자는 자금을 차입해서 자신의 포트폴리오 레버리지를 높게 만들면 된다. 이렇게 레버리지를 높이면 증권 매입에 필요한 투자자의 직접 비용은 낮추면서 포트폴리오의 위험을 증가시킬 수 있다. 투자자가 기업에 의해 만들어진 레버리지를 조정하기 위하여 자기 포트폴리오에서 레버리지를 조정할 때, **홈메이드 레버리지(homemade leverage)**를 사용한다고 말한다. 완전자본시장에서처럼 투자자가 기업과 같은 이자율로 차입하거나 대출할 수 있다면, 홈메이드 레버리지는 기업의 레버리지 결정에 대한 완벽한 대체제가 된다. 결국 완전자본시장에서 기업의 자본구조 선택이 투자자에게 아무런 혜택을 주지 못하기 때문에, 그런 선택은 기업의 가치에 아무런 영향을 주지 못하게 된다.

홈메이드 레버리지: 투자자가 기업이 선택한 레버리지를 조정하기 위하여 자기 포트폴리오에서 레버리지를 사용하는 것

레버리지와 자본비용

레버리지가 기업의 자본비용에 미치는 영향을 이해하기 위해서 모딜리아니와 밀러의 개념을 사용할 수 있다. 차입 기업의 주식과 채무 포트폴리오를 보면, 그 포트폴리오는 무차입 기업과 같은 가치와 현금흐름을 가진다는 것을 그림 16.3과 식 16.1로부터 다시 생각해 보자. 따라서 그 포트폴리오의 기대수익률은 무차입 기업의 기대수익률과 같아야 한다. 제12장에서 주식과 부채 포트폴리오의 기대수익률은 각 구성 증권의 기대수익률 가중평균이 된다는 것을 공부했다. r_E를 차입 주식의 기대수익률, r_D를 채무의 기대수익률, r_U를 무차입 기업의 기대수익률이라고 하면 다음의 등식을 얻을 수 있다.

(세전) 가중평균 자본비율(WACC)

$$\underbrace{r_E \frac{E}{E+D} + r_D \frac{D}{E+D}}_{\text{세전 } WACC} = r_U \tag{16.2}$$

$\frac{E}{E+D}$와 $\frac{D}{E+D}$는 각각 주식과 채무로 조달된 기업 가치의 비율을 나타낸다. 따라서 식 16.2의 왼쪽은 제13장에서 정의한 기업의 가중평균 자본비용이다. 완전자본시장을 가정하여 세금을 무시하였기 때문에, 채무의 자본비용을 조정할 필요는 없다. 세금의 효과 없이 가중평균 자본비용을 구하면 **세전 WACC(pretax WACC)**가 된다. 식 16.2는 어떤 자본구조를 선택해도 기업의 세

세전 WACC: 세전 부채비용을 사용하여 계산된 WACC

전 WACC는 변함이 없고 항상 무차입 기업의 자본비용과 같다는 것을 보여준다.

커피숍 예제에 대한 결과를 확인해 보자. 레버리지가 있는 기업의 채무 자본비용인 r_D는 5%이었고, 주식의 자본비용인 r_E는 25%로 상승했다. 포트폴리오 비중은 어떤가? 이 경우에 기업이 $15,000을 차입하고 $15,000의 주식을 발행하면, 차입 기업의 총가치인 $V^L(= E + D)$은 $30,000이 된다. 따라서 세전 WACC는 다음과 같다.

$$r_E \frac{E}{E + D} + r_D \frac{D}{E + D} = 25\% \left(\frac{15,000}{30,000}\right) + 5\% \left(\frac{15,000}{30,000}\right) = 15\%$$

따라서 세전 WACC는 무차입 기업의 자본비용인 r_U = 15%와 같다.

레버리지를 사용한 이후에도 어떻게 기업의 가중평균 자본비용이 동일하게 유지될 수 있을

일반적인 실수 자본구조의 오류

이제 종종 레버리지를 선호하여 발생하는 두 개의 그릇된 주장을 살펴보자.

레버리지와 주당 순이익

오류 1: 레버리지는 기업의 주당 기대 순이익을 증가시킬 수 있다. 그렇다면 레버리지가 기업의 주가도 증가시켜야 한다.

커피숍 예를 생각해 보자. 무차입인 경우 1,000주의 주식을 발행했다면, 주가가 $30이고 주당 순이익(EPS) 기대치는 $34,500/1,00 = $34.50이다. 주당 순이익은 시장이 약세와 강세일 때 각각 $27과 $42이다. 표 16.1에서 보는 바와 같이 차입이 있는 경우, $15,000만 을 조달하면 되므로 주당 $30인 주식 500주를 발행하면 된다. 이 경 우에 EPS는 $22.50에서 $52.50이고, 기대 EPS는 $18,750/500 = $37.50이다. 기대 EPS가 레버리지의 증가에 따라 커지지만, 그림의 파란색 및 노란색 막대에서 보는 것처럼 EPS의 변화폭도 커진다. 레버리지가 있는 경우 현금흐름이 낮을 때 EPS는 $22.50으로 떨어지는데, 이는 레버리지가 없을 때의 최저치인 $27보다 훨씬 작다. 평균적으로 EPS는 증가하지만, 이 증가는 필연적으로 주주의 추가적인 위험 감수를 요구한다. 결과적으로 기업의 주가는 채무의 발행으로 증가하지 않는다.

주식의 발행과 희석화

오류 2: 주식의 발행은 현재 주주들의 소유권을 희석화하므로 채무로 자본을 조달하여야 한다. 희석화는 기업이 신주를 발행하면 창출되는 기업의 현금흐름이 더 많은 발행주식으로 나뉘어지기 때문에 각 주식의 가치가 감소한다는 것이다.

이러한 논리는 신주 발행에 의한 현금이 기업의 자산을 증가시킨다 는 것을 무시하는 것이다. 2005년 9월에 구글(Google)이 클래스 A 신주 14,159,265주를 주당 $295에 발행한 일을 생각해 보자. 구글은 신주 발행 시점에 나스닥에서 거래되는 클래스 A 주식에 상응하도록 신주의 가격을 정했다. 조달된 자본은 $4,176,983,175이므로 구글의 총가치는 $60,560,157,355로 증가하였으며, 새로운 총발행주식 수 205,288,669로 나누면 여전히 주당 $295이다.

일반적으로 기업이 신주를 공정한 가격에 매도한다면, 신주 발행 자체 때문에 주주에게 손실이나 이익이 발생하지는 않는다. 신주 발행의 결과로 기업이 취하게 되는 새로운 자금은 주식의 희석화를 정확하게 상쇄시킨다. 주식의 거래와 관계된 이익이나 손실은 기업이 조달한 자금으로 시행하는 투자의 NPV에 의해 결정될 것이다.

까? 레버리지의 두 가지 상쇄 효과가 존재하기 때문이다. 기업 자본의 상당 부분을 채무로 조달하면 자본비용을 낮추지만, 동시에 레버리지를 사용하였기 때문에 주식 자본비용이 높아지게 된다. 기업의 전체 위험은 변함이 없으므로, 이 두 효과는 정확히 상쇄되어 없어지게 되고 WACC는 변하지 않게 된다. 레버리지가 기업의 주식 자본비용에 미치는 영향을 결정하기 위하여 식 16.2를 사용할 수 있다. 식 16.2를 r_E에 대해서 풀면 다음을 얻을 수 있다.

MM 명제 II: 차입 주식의 자본비용

$$r_E = r_U + \frac{D}{E}(r_U - r_D) \tag{16.3}$$

MM 명제 II: *차입 주식의 자본비용은 무차입 주식의 자본비용에 부채비율(시장가치로 측정함)에 비례하는 프리미엄을 더하여 얻어진다.*

커피숍 예제에 대해서 MM 명제 II를 적용해 보자.

$$r_E = r_U + \frac{D}{E}(r_U - r_D) = 15\% + \frac{15{,}000}{15{,}000}(15\% - 5\%) = 25\%$$

이 결과는 표 16.1에서 계산된 차입 주식의 기대수익률과 일치한다.

그림 16.5는 레버리지가 증가할수록 주식의 자본비용, 채무의 자본비용, WACC에 미치는 효과를 그래프로 보여주고 있다. 그림에서 채무/기업가치 비율인 D/(E + D)에 따라 기업의 레버

그림 16.5
완전자본시장에서의 WACC와 레버리지

패널 (a)는 커피숍 예제를 위한 패널 (b) 자료를 그래프로 보여주고 있다. 기업 가치 중에서 채무 증가로 조달된 부분이 커질수록 주식과 채무는 점점 더 위험해지고 자본비용은 증가하게 된다. 하지만 자본비용이 낮은 채무의 비중이 커지기 때문에 WACC인 r_{WACC}는 일정하게 유지된다.

패널 (a) 레버리지의 규모에 따른 주식과 채무의 비용 및 WACC

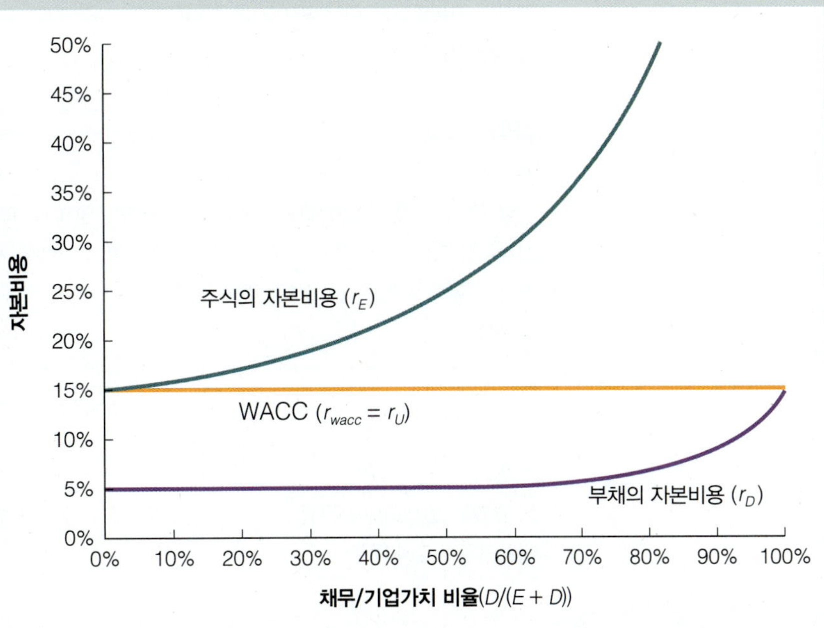

패널 (b) 대안적 자본구조에 대한 WACC 자료

E	D	r_E	r_D	$r_E\frac{E}{E+D}+r_D\frac{D}{E+D}$	$= r_{wacc}$
30,000	0	15.0%	5.0%	15.0% × 1.0 + 5.0% × 0.0	= 15%
24,000	6,000	17.5%	5.0%	17.5% × 0.8 + 5.0% × 0.2	= 15%
15,000	15,000	25.0%	5.0%	25.0% × 0.5 + 5.0% × 0.5	= 15%
3,000	27,000	75.0%	8.3%	75.0% × 0.1 + 8.3% × 0.9	= 15%

리지를 쉽게 확인할 수 있다. 채무가 없으면 WACC는 무차입 주식의 자본비용과 같다. 식 16.3에 따라 적은 비용으로 기업이 채무를 차입할수록 주식의 자본비용은 증가한다. 채무의 사용에 의한 자본비용 감소 효과와 주식 자본비용 증가 효과가 서로 정확히 상쇄되어 WACC가 변하지 않는 순효과가 생기게 된다. 물론, 채무의 규모가 증가할수록 기업이 파산할 가능성이 있기 때문에 채무의 위험도 증가한다. 결과적으로 채무의 자본비용도 증가한다. 채무가 100%에 가까워질수록 채무는 자산 자체의 위험(무차입 주식의 위험)과 거의 같아질 것이다. 레버리지가 증가할수록 채무와 주식의 자본비용이 모두 증가한다고 할지라도 채무에 의한 조달이 점점 커지기 때문에 WACC는 일정하게 유지된다.

예제 16.2
주식의 자본비용 계산하기

문제 *Problem*

커피숍 자본조달을 위해 $6,000을 차입한다고 하자. MM 명제 II에 따르면, 기업의 주식 자본비용은 얼마가 될 것인가?

풀이 *Solution*

● **계획**

기업 자산의 시장가치가 $30,000이기 때문에 MM 명제 I에 따라 주식은 $24,000(= $30,000 − $6,000)의 시장가치를 가진다. 주식의 비용을 계산하기 위하여 식 16.3을 사용할 수 있다. 무차입 주식의 비용이 $r_U = 15\%$이고, 채무의 비용은 $r_D = 5\%$인 것을 이용하면 된다.

● **실행**

$$r_E = 15\% + \frac{6{,}000}{24{,}000}(15\% - 5\%) = 17.5\%$$

● **평가**

이 결과는 $6,000의 채무를 가정하여 예제 16.1에서 계산한 기대수익률과 같다. 주식의 자본비용은 주주의 기대수익률과 같아야 한다.

글로벌 금융 위기 은행 자본 규제와 ROE 오류

은행업 용어로 "자본 요구액"은 부채/자기자본 비율을 정해진 수준 이하로 맞추기 위해 자기자본으로 조달해야 하는 최소 금액을 정하는 것이다. 레버리지 허용 수준은 매우 높아서, 국제 표준은 보통주가 은행 전체 자금의 3%가 되는 것까지를 허용하고 있다.[2] 이 숫자를 의미 있게 하기 위해서 전형적인 비금융 기업의 자기자본은 기업가치의 50%를 넘어선다는 것을 기억하자. 그런 지나친 레버리지는 은행의 자기자본을 매우 위험하게 만든다.

지나친 은행의 레버리지는 2008년의 금융 붕괴와 이에 따른 침체에 중요한 기여 요인이었다. 그런 작은 자기자본 완충으로는 자산가치의 사소한 하락에도 지급 불가능의 가능성을 야기할 수 있다. 위기 이후의 좀 더 엄격한 국제 규정들이 은행의 레버리지 감소를 요구한 반면, 많은 정책 입안자들은 금융 부문의 위험과 더 광범위한 경제로 넘어가는 것을 감소시키기 위하여 자본 요구액이 증가돼야 한다고 믿고 있다.

은행가들은 감소된 레버리지가 그들의 자기자본이익률을 낮추어서 효과적으로 경쟁하는 그들의 능력을 제한할 것이라고 반대한다. 도이치뱅크의 CEO였던 조세프 애커만에 따르면, 새로운 자본 요구액이 "ROE를 억눌러서 은행 부문의 투자가 다른 비즈니스 부문에 비해 상대적으로 매력이 없게" 만들 것이라고 하였다.[3] 자기자본이익률은 기업 레버리지의 함수이기는 하다. 레버리지를 더 낮추는 것이 침체기에 ROE를 높일 수 있다 할지라도, 평균적으로 EPS와 함께 기업의 ROE를 낮출 것이다. 그러나 레버리지 감소는 평균적으로 주식의 위험과 요구되는 위험 프리미엄을 낮추는 것으로 보상받는다. 따라서 투자자의 관점에서 레버리지 감소로부터 나타나는 ROE 감소는 기업에 대한 투자를 더 매력 없게 만들지는 않는다. 프랑코 모딜리아니와 머튼 밀러는 완전자본시장에서 은행의 자본구조가 경쟁력에 영향을 미칠 수 없다는 것을 지적하여 노벨상을 수상하였다.

레버리지 변화가 주식 또는 자기자본의 "매력"(과 은행의 경쟁력)에 영향을 미칠 수 있는 경우는 시장 불완전성이 존재하는 경우다. 다음 두 장에서 불완전성에 대해서 토의하고, 왜 불완전성이 은행이 레버리지를 최대화할 강한 인센티브를 주는가를 설명할 것이다. 불행하게도 가장 중요한 불완전성은 정부의 보조금이기 때문에 레버리지에 의한 은행의 수익은 대부분 납세자들의 비용에서 발생한다.

노벨상: 프랑코 모딜리아니와 머튼 밀러

MM 명제의 저자인 프랑코 모딜리아니(Franco Modigliani)와 머튼 밀러(Merton Miller)는 자본구조 명제를 포함하는 재무경제학 업적으로 각각 노벨 경제학상을 수상하였다. 모딜리아니는 1985년에 개인 저축 연구와 자본구조 이론(밀러와 함께 연구)으로 노벨상을 받았다. 밀러는 포트폴리오 이론과 자본구조 분석으로 1990년에 노벨상을 받았다.

밀러는 인터뷰에서 MM 명제를 다음과 같이 설명하였다.

사람들은 종종 "당신의 이론을 짧게 요약해 주실 수 있습니까?"라고 질문한다. 그러면 나는 '당신이 다음의 대화가 왜 농담인가를 안다면 당신은 MM 이론을 이해한 것이다'라고 말한다. 피자 배달원이 요기 베라에게 와서 말하기를 "요기, 이 피자를 어떻게 잘라 드릴까요? 4등분이요 아니면 8등분이요?" 그러면 요기는 "8등분 해 주세요. 저녁에 배가 너무 고프거든요."라고 말한다.

*누구나 피자 조각의 개수와 모양이 피자의 크기에 영향을 주지 않는다는 것을 명백하게 알고 있기 때문에 이것이 농담이라는 것을 안다. 비슷한 의미에서, 주식, 채권, 워런트 등의 발행이 기업의 총가치에 영향을 미치지 않는다. 그것들은 분배의 대상인 이익을 다른 방법으로 자를 뿐이기 때문이다.**

모딜리아니와 밀러는 각각 완전자본시장에서 기업의 가치가 자본구조의 영향을 받지 않는다는 것을 연구하여 노벨상을 수상하였다. MM 명제의 기저가 되는 직관은 피자 자르기처럼 간단하지만, 기업재무에 대한 시사점은 대단하다. 그들 명제는 기업 재무정책의 진정한 역할이 세금이나 거래비용과 같은 금융시장의 불완전성을 다루는(잠재적으로 활용하는) 것임을 말한다. 모딜리아니와 밀러의 업적은 많은 연구들이 시장의 불완전성을 살펴보도록 하였는데, 이 장의 남은 부분에서는 시장의 불완전성을 검토할 것이다.

* Peter J. Tanous, Investment Gurus(New York: Institute of Finance, 1997).

---

2) 은행 자본의 글로벌 규제 표준인 바젤 II 협약의 1단계 보통주 요구는 2%이다. 2013년부터는 새로운 바젤 III 협약에 의해 자기자본 요구액이 2015년까지 4.5%로 증가할 것이다.

3) J. Ackermann, "The new architecture of financial regulation: Will it prevent another crisis?" Special Paper 194, FMG Deutsche Bank Conference, London School of Economics, October 2010.

MM과 실제 세상

지금까지의 결론이 처음에는 파격적이라고 생각될 수도 있다. 완전자본시장에서 레버리지가 자본비용이나 기업의 가치에 아무런 영향도 주지 못하고, 그래서 기업의 자본구조 선택이 아무런 관련이 없다는 것이다! 그러나 실제로는 자본시장은 완전하지 못하다. 그렇다면 모딜리아니와 밀러의 결과로 무엇을 할 것인가?

비슷한 예로, 낙하 물체의 갈릴레오 법칙을 생각해 보자. 갈릴레오는 마찰이 없다면 낙하물체가 질량과 관계없이 동일한 속도로 떨어진다는 것을 보여주어서 관습적인 지식을 뒤집었다. 당신이 이 법칙을 검증하면, 이 법칙이 정확하게 성립하지 않는다고 할 가능성이 높다. 그 이유는 진공 상태에 있지 않는 한, 다른 것보다도 공기의 마찰이 물체의 속도를 낮출 것이기 때문이다.

MM의 결과도 비슷하다. 실무적으로는 자본구조의 선택이 기업의 가치에 영향을 줄 수 있다는 것을 발견할 것이다. 갈릴레오의 낙하 물체 법칙은 낙하하는 물체의 속도 차이를 설명하기 위해서는 기저가 되는 중력의 성질보다 공기의 마찰을 주의 깊게 살펴야 한다는 것을 의미한다. MM의 명제들도 비슷하게 자본구조의 효과가 자본시장에 존재하는 마찰적 요소 때문에 발생한다는 것을 의미한다. 이 장의 나머지 부분에서는 이러한 마찰적 요소의 중요한 원천들과 그 결과들에 대해서 알아보도록 하자.

개념확인

3. 레버리지가 기업의 위험과 자본비용에 어떻게 영향을 미치는가?
4. 완전자본시장에서 채무 자본을 더 많이 사용하면 기업의 가치와 WACC를 변화시킬 수 있는가?

16.3 채무와 세금

지금까지 우리는 완전자본시장의 가정 아래, 기업의 프로젝트와 투자 선택이 기업 가치와 위험 및 전체 자본비용의 주요 결정 요인이라는 기본적 관점에 집중하였다. 그러나 실제 시장은 불완전하고, 이러한 불완전성이 기업 자본구조의 역할을 만들어낼 수 있다. 이 절에서는 중요한 시장 마찰 요소의 하나인 법인세에 집중하여, 기업의 자본구조 선택이 세금과 기업의 가치에 영향을 미칠 수 있다는 것을 보여줄 것이다.

이자의 손비 처리와 기업 가치

제13장에서 언급하였듯이, 주식회사는 법인세차감전이익을 계산하기 위하여 과세 대상 소득에서 이자비용을 차감하는데, 이를 이자의 손비 처리(또는 공제)라고 한다. 이러한 차감은 주식회사가 지불해야 하는 세금을 감소시키고 투자자에게 지급 가능한 금액을 증가시킨다. 따라서 이자의 세금 절약(손비 처리)은 주식회사의 가치를 증가시킨다.

이를 설명하기 위하여, 이자비용이 식료품 소매 체인인 크로거(Kroger Co.)의 세금에 미친 영향을 생각해 보자. 2015년에 크로거는 $3.58십억의 EBIT를 가졌고, 이자비용은 $480백만이었다. 35%의 법인세율을 가정할 때, 표 16.2에서 보는 바와 같이 채무가 있는 경우와 없는 경우의 크로거 실제 순이익을 비교할 수 있다.

표 16.2
2015년 레버리지가 있는 경우와 없는 경우, 크로거의 이익($백만)

	레버리지가 있는 경우	레버리지가 없는 경우
EBIT	$3,580	$3,580
이자비용	−480	0
세전 이익	3,100	3,580
법인세(35%)	−1,085	−1,253
순이익	$2,015	$2,327

표 16.2에서 볼 수 있듯이, 크로거의 2015년 순이익은 레버리지가 없을 때보다 있을 때가 더 낮다. 따라서 크로거의 채무 발행은 주식의 가치를 감소시켰다. 그러나 더 중요한 것은 모든 투자자에게 이용 가능한 금액은 레버리지가 있을 때 더 높다는 것이다.

	레버리지가 있는 경우	레버리지가 없는 경우
채무 보유자에게 지급되는 이자	480	0
주식 보유자의 순이익	2,015	2,327
모든 투자자에게 이용 가능한 금액	**$2,495**	**$2,327**

레버리지가 없는 경우 크로거는 투자자에게 $2,327백만을 지불할 수 있지만, 레버리지가 있는 경우에는 $2,495백만을 지불할 수 있으므로, $168백만의 증가가 있다.

레버리지가 있으면 순이익은 줄어드는데 기업은 더 좋아진다고 하는 것이 좀 이상하게 생각될 수 있다. 그러나 16.1절에서 배웠듯이 기업의 가치는 순이익을 받는 주식 보유자만이 아니라 모든 투자자로부터 조달한 전체 금액이다. 따라서 레버리지를 가져서 더 많은 금액을 모든 투자자에게 제공할 수 있다면 처음부터 더 많은 자본을 조달할 수 있을 것이다.

추가적인 $168백만은 어디서 오는 것일까? 표 16.2를 보면, 이 수익은 레버리지가 있는 경우의 세금 절감액이다($168백만 = $1,253백만 - $1,085백만). 크로거는 이자 지급을 위해 사용하는 $480백만의 세전 이익에 대해서 세금을 지불할 필요가 없기 때문에, $480백만은 법인세로 부터 보호되어 세금 절약액은 $168백만(= 35% × $480백만)이 된다.

이자의 세금 절약: 이자 지급에 대한 손비 인정으로 법인세가 절감되는 효과

일반적으로 이자 지급의 손비 처리로부터 투자자들이 얻는 수익을 **이자의 세금 절약(interest tax shield)**이라고 한다. 이자의 세금 절약은 레버리지가 없었다면 지불했어야 하는 세금을 절약하여 투자자에게 지급할 수 있는 추가적인 금액이다. 이자의 세금 절약 금액을 다음과 같이 계산할 수 있다.

예제 16.3
이자의 세금 절약 계산하기

문제 *Problem*

아래의 표는 빌더스(E. C. Builders, ECB)의 손익계산서이다. 한계 법인세율이 35%인 경우, 2010년에서 2013년까지의 이자의 세금 절약 금액은 얼마인가?

1	**ECB 손익계산서($백만)**	**2010**	**2011**	**2012**	**2013**
2	전체 자산	$3,369	$3,706	$4,077	$4,432
3	매출원가	−2,359	−2,584	−2,867	−3,116
4	판매 및 일반 관리비	−226	−248	−276	−299
5	감가상각	−22	−25	−27	−29
6	**영업이익**	762	849	907	988
7	기타 이익	7	8	10	12
8	**EBIT**	769	857	917	1,000
9	이자비용	−50	−80	−100	−100
10	**세전 이익**	719	777	817	900
11	**세금(35%)**	**−252**	**−272**	**−286**	**−315**
12	**순이익**	**$467**	**$505**	**$531**	**$585**

풀이 *Solution*

● **계획**

식 16.4로부터 이자의 세금 절약 금액은 법인세율 35%에 매년 이자 지급액을 곱한 값이다.

● **실행**

1	**($백만)**	**2010**	**2011**	**2012**	**2013**
2	이자비용	50	80	100	100
3	**이자의 세금 절약 (35%×이자비용)**	**17.5**	**28**	**35**	**35**

● **평가**

채무를 사용할 경우, ECB는 과표 이익을 감소시켜 4년에 걸쳐 전체 세금 지급을 $115.5백만만큼 줄일 수 있다. 따라서 투자자(채무 및 주식 보유자)에게 이용 가능한 전체 현금흐름은 4년 동안 $115.5백만 커지는 것이다.

$$\text{이자의 세금 절약} = \text{법인세율} \times \text{이자 지급액} \tag{16.4}$$

이자의 세금 절약 가치

기업이 채무를 사용할 때, 이자의 세금 효과는 기업에게 매년 법인세 절감 혜택을 준다. 이러한 레버리지 효과가 기업 가치에 주는 혜택을 알아보기 위하여, 기업이 받게 될 미래 이자의 세금 절약 가치들을 모두 현재가치로 전환하여야 한다.

크로거의 경우와 예제 16.3에서 보듯이, 기업이 매년 이자를 지급하면 투자자에게 지불 하는 현금흐름이 레버리지가 없을 때보다 이자의 세금 절약만큼 커지게 된다.

$$\begin{pmatrix} \text{레버리지가 있는 경우} \\ \text{투자자에게로의 현금흐름} \end{pmatrix} = \begin{pmatrix} \text{레버리지가 없는 경우} \\ \text{투자자에게로의 현금흐름} \end{pmatrix} + (\text{이자의 세금 절약})$$

그림 16.6은 이러한 관계를 보여주고 있다. 세전 현금흐름이 어떻게 나뉘어지는가를 주목하라. 기업은 세전 현금흐름의 일부로 세금을 내고, 나머지를 투자자들에게 지급한다. 이자를 통해서 채무 보유자들에게 가는 금액이 증가하면 세금으로 지불되어야 하는 세전 현금흐름의 양이 감소한다. 전체 현금흐름에서 투자자에게 귀속되는 수익은 이자의 세금 절약이 된다.[4]

차입 기업의 현금흐름이 무차입 기업의 현금흐름과 이자의 세금 절약의 합계이기 때문에, 가치평가 원칙에 따라 이 현금흐름의 현재가치에 대해서도 같은 결론이 성립하여야 한다. 따라서, V^L과 V^U를 각각 차입 기업과 무차입 기업의 가치라고 하면, 세금을 고려할 경우 MM 명제 I은 다음과 같이 변한다.

차입 기업의 가치는 채무로 인한 세금 절약 금액의 현재가치 때문에 무차입 기업의 가치를 초과한다.

$$V^L = V^U + PV\,(\text{이자의 세금 절약}) \tag{16.5}$$

그림 16.6
무차입 및 차입 기업의 현금흐름

이자 지급을 통해 채무 보유자의 현금흐름을 증가시키면 기업은 법인세 지급을 줄이게 된다. 투자자에게 지급되는 전체 현금흐름의 증가는 이자의 세금 절약이다. (이 그림은 40%의 법인세율을 가정한다.)

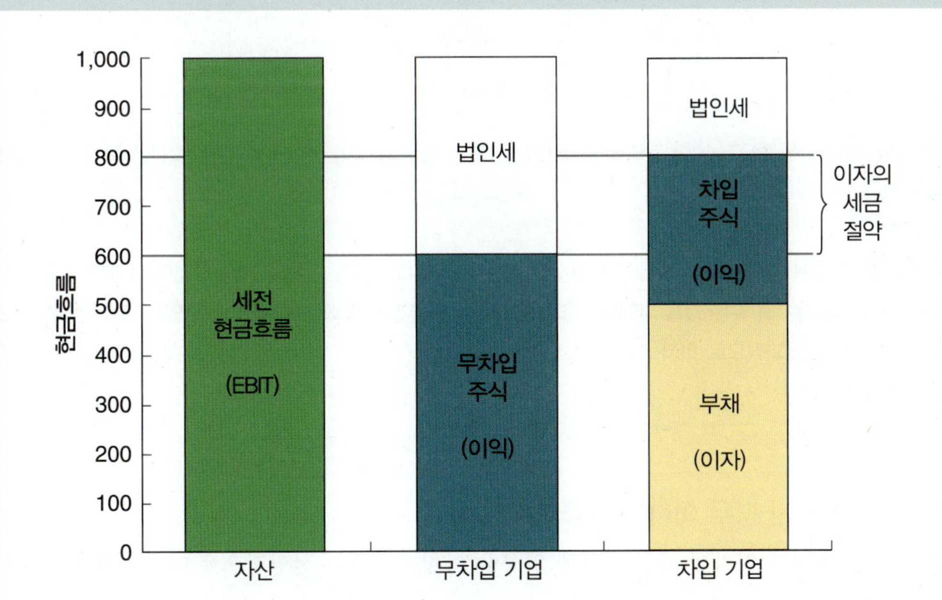

4) 만약 투자자들에게 이자 소득의 세율이 자본이익의 세율보다 더 높다면, 채무의 개인소득세 단점이 채무의 법인세 장점을 부분적으로 상쇄할 것이다.

채무에 의해 자금을 조달하면 세금 절약의 장점이 분명히 있다. 그러나 그러한 세금 효과가 얼마나 클 것인가? 이자의 세금 절약과 관계된 기업 전체 가치의 증가를 계산하기 위하여 기업의 채무(결국 이자 지급액이 관건임)가 시간에 따라 얼마나 변하는가를 예측할 필요가 있다. 미래의 예상 이자 지급액이 주어졌을 때 이자의 세금 절약 금액을 결정할 수 있고, 채무의 위험에 따른 할인율로 할인을 하면 현재가치도 계산할 수 있다.

예제 16.4
이자 세금 절약의 가치

문제 *Problem*

예제 16.3의 ECB가 10년 만기 채권을 발행하여 $2십억을 차입하였다고 하자. ECB의 채무비용이 6%이므로 향후 10년 동안 매년 $120백만을 이자로 지급하여야 하고, 10년 뒤에는 $2십억의 원금을 상환하여야 한다. 이 기간 동안 ECB의 한계 법인세율은 35%로 유지될 것이다. 이자의 세금 절약에 의해 ECB의 가치는 얼마나 증가할 것인가?

풀이 *Solution*

● **계획**

이 경우에 이자의 세금 절약 효과는 10년 동안 지속될 것이므로, 10년 연금으로 취급하여 이 가치를 평가할 수 있다. 세금 절약은 당해 채무와 위험이 같으므로 ECB의 채무 비용인 6%로 절약 금액을 할인할 수 있다.

● **실행**

매년 이자의 세금 절약은 35% × $120백만 = $42백만이다. 0.06의 할인율로 10년 연금의 가치를 계산하면 다음과 같다.

$$PV(\text{이자의 세금 절약}) = \$42\text{백만} \times \frac{1}{0.06}\left(1 - \frac{1}{1.06^{10}}\right)$$
$$= \$309\text{백만}$$

이자만이 손비로 인정되고 10년 뒤의 원금 상환액은 세금 절약 대상이 아니므로, 원금은 세금 절약에 기여하지 못한다.

● **평가**

완전자본시장에서 금융 거래는 0의 NPV를 가진다는 것을 알고 있다. 이자와 원금 상환액은 채권의 현재가치인 $2십억과 정확히 같은 값을 가진다. 그러나 이자의 세금 절약 효과는 기업에 대해 양(+)의 NPV를 갖도록 한다. 정부가 효과적으로 이자 지급에 보조금을 지급하는 것이므로 이 채권의 발행이 $309백만의 NPV를 가지게 한다.

영구 채무를 가진 경우 이자의 세금 절약

많은 요인들이 미래 이자의 세금 절약에 영향을 미칠 수 있다. 전형적으로 미래의 이자 지급 수준은 다음과 같은 원인에 의해 변한다.

기업 발행 채무의 규모 변화,
채무의 이자율 변화,

기업의 한계세율 변화,

기업이 파산하거나 이자 지급에 실패할 수 있는 위험.

여기서 모든 가능성을 설명하기보다는 기업이 채무를 발행하고 채무의 규모를 영원히 일정하게 유지하는 계획을 가진 특별한 경우를 고려해 보자.

예를 들어, 기업이 일정한 이자를 지급하는 영구 채권을 발행하여 이자만 지불하고 원금은 상환하지 않는다고 하자. 더욱 현실적인 예를 들자면, 기업이 5년 이표채를 발행하고, 원금 지급의 만기가 돌아오면 새로운 채무를 발행하여 필요한 자금을 조달한다고 하자. 이렇게 하면 기업은 원금을 상환하지 않고 만기가 돌아오면 새로 자금을 조달하게 된다. 이런 경우에 이 채무는 실제적으로는 영구채가 된다.

많은 대규모 기업들이 그들의 재무상태표에 어느 정도의 채무를 유지하는 정책을 사용하고 있다. 오래된 차입이나 채무의 만기가 돌아오면, 기업은 새로운 차입을 하거나 채무를 발행한다. 여기서 우리는 기업의 규모 변화에 따라 채무의 규모가 변하는 경우보다는, 발행된 채무 규모가 고정된 경우에 이자의 세금 절약 가치를 고려하고자 한다.

제6장에서 공부한 바와 같이, 채무가 공정하게 평가되면 가치평가 원칙에 의해 현재 채무의 시장가치가 미래 이자 지급액들의 현재가치와 같아야 한다.[5]

$$\text{채무의 시장가치} = D = PV(\text{미래의 모든 이자 지급액}) \tag{16.6}$$

기업의 한계세율(TC)이 일정하다면 다음의 일반적 공식을 얻는다.

영구채 이자 세금 절약의 가치

$$\begin{aligned} PV(\text{이자의 세금 절약}) &= PV(T_C \times \text{미래의 모든 이자 지급액}) \\ &= T_C \times PV(\text{미래의 모든 이자 지급액}) \\ &= T_C \times D \end{aligned} \tag{16.7}$$

이 공식은 이자의 세금 절약 가치를 보여 준다. 35%의 법인세율이 주어졌을 때, 기업이 발행하는 새로운 영구채 $1에 대해서 기업의 가치가 $0.35 증가한다는 것을 의미한다.

레버리지와 세금이 있는 경우의 WACC

기업의 미래 세금 절약 효과를 고려하는 다른 방법도 있다. 제13장에서 우선주가 없는 기업에 대해서 세금이 있는 경우의 WACC를 다음과 같이 정의하였다.

5) 식 16.6은 이자율이 변하고 채무가 위험이 있어도 새로운 채무가 공정하게 평가된다면 타당하다. 이것은 기업이 원금을 결코 상환하지 않는 다(새로운 자금으로 조달하거나 원금 지급 불이행)는 가정을 필요로 한다.

세금이 있는 경우의 가중평균 자본비용

$$r_{wacc} = r_E \frac{E}{E + D} + r_D(1 - T_C)\frac{D}{E + D} \tag{16.8}$$

식 16.8은 기업 채무의 자본비용을 조정하여 이자의 세금 절약 효과를 반영하였다. 만약 기업이 채무의 이자율인 r_D를 지불한다면 세금 절약 효과인 $T_C \times r_D$를 받기 때문에 채무의 세후 실효 자본비용은 $r_D(1 - T_C)$로 줄어든다. 식 16.8을 세전 WACC인 식 16.2와 비교하면 법인세가 부채의 실효 자본비용을 감소시켜서 결국 WACC를 감소시킨다는 것을 알 수 있다. 식 16.8을 다음과 같이 분해하면 감소 이유를 더 쉽게 알 수 있다.

$$r_{wacc} = \underbrace{r_E \frac{E}{E + D} + r_D \frac{D}{E + D}}_{\text{세전 WACC}} - \underbrace{r_D T_C \frac{D}{E + D}}_{\text{이자의 세금 절약 감소액}} \tag{16.9}$$

따라서 WACC의 감소는 채무에 의한 자본조달이 증가할수록 증가한다. 기업의 레버리지가 증가할수록 채무의 세금상 장점을 더 많이 활용할 수 있고 WACC는 더 감소한다는 것이다. 그림 16.7은 레버리지와 함께 WACC가 감소하는 모습과 함께 그림 16.5에서 보인 바와 같이 세전 WACC도 보여주고 있다.

그림 16.7
법인세가 있는 경우와 없는 경우의 WACC

식 16.9를 이용하여 레버리지의 함수로 WACC를 계산한다. 세전 WACC가 일정한 경우, 기업이 채무 자금조달을 증가시켜서 이자의 세금 절약 효과가 커지면, 세후 WACC는 감소하게 된다. 이 그림은 35%의 한계 법인세율을 가정한다.

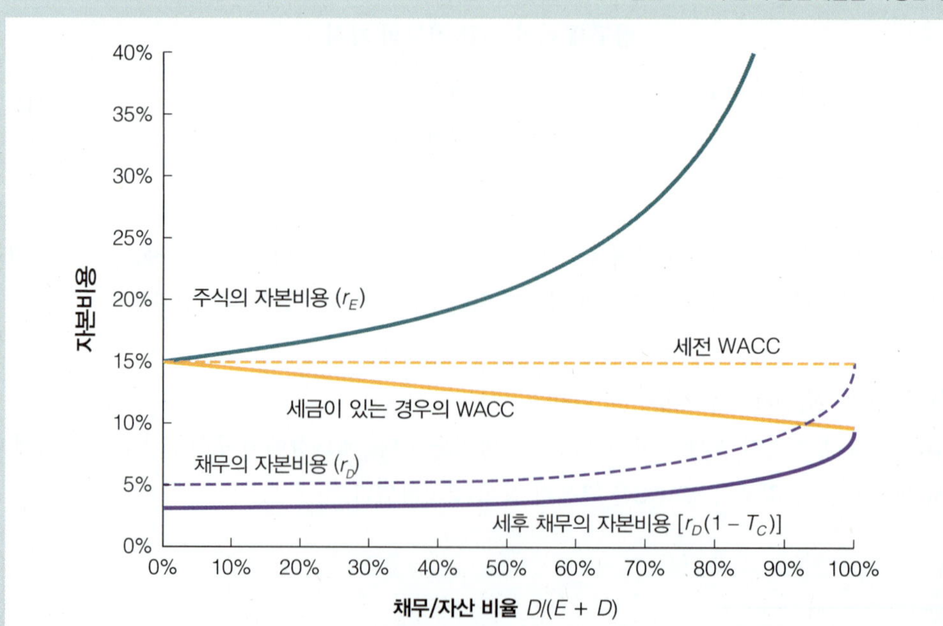

채무와 세금: 요약

이번 절에서는 이자비용의 법인세 절감 효과 때문에 채무에 의한 자본조달의 장점이 발생한다는 것을 알았다. 이 효과의 가치를 두 가지 관점에서 계산할 수 있다. 첫 번째는 기업의 미래 이자 세금 절약을 예측해서 현재가치를 결정하는 것이다. 이 접근법은 채무의 규모가 영원히 일정하게 유지된다면 아주 간단하여, 세금 절약 가치가 TC × D가 됨을 쉽게 알 수 있다.

이자의 세금 절약 효과를 계산하는 두 번째 방법은 기업의 자본비용인 WACC를 계산할때 반영하는 방법이다. 세전 WACC와는 달리, 세금이 존재하는 경우의 WACC는 레버리지가 증가하면 이자의 세금 절약 때문에 감소하게 된다. 이렇게 낮아진 할인율을 사용하여 기업이나 투자의 현금흐름 현재가치를 계산하면, 그 가치는 미래 이자의 세금 절약의 모든 효과를 반영하는 양만큼 증가하게 된다. 이 접근법은 기업이 채무에 의한 자본조달의 비중(채무/자산 비율)을 일정하게 가져갈 때 적용하기 가장 쉬운 방법이다.

기업이나 투자의 가치를 평가할 때, 이자의 세금 절약 효과를 반영하는 방법은 다음과 같이 요약할 수 있다.

1. 세전 WACC를 사용하여 가용현금흐름을 할인하고, 미래 이자의 세금 절약 금액들의 기대 현재가치를 더하거나,
2. 세금이 존재하는 경우의 WACC를 사용하여 가용현금흐름을 할인한다.

이러한 방법 중의 하나를 사용하면 기업의 가치가 레버리지와 함께 증가한다는 것을 알 수 있으므로, 완전자본시장을 가정할 때보다는 자본구조가 중요해지게 된다. 하지만 새로운 궁금증이 생길 수 있다: 세금의 효과가 존재한다면 기업들은 자본조달을 왜 채무로만 하지 않는가?

개념확인

5. 이자의 세금 절약이 기업의 가치에 어떻게 영향을 미치는가?
6. 기업의 WACC가 레버리지의 정도에 따라 어떻게 변하는가?

16.4 파산 비용과 재무적 곤경

이제 재미있는 질문이 생겼다. 채무의 증가가 기업의 가치를 증가시킨다면, 기업들은 왜 100%

파산은 비용이 될 수 있다

곤경에 처한 기업을 도와주는 특별한 외부 전문가의 고용은 비용이 많이 든다. 엔론이 파산에 처했을 때 법률 및 회계적 수수료로 매월 $30백만을 지불했고, 전체 비용은 궁극적으로 $750백만을 초과하였다고 보고되었다. 월드콤은 MCI로 전환되는 회생을 위해 $657백만을 자문료로 지불하였다. 2003년부터 2005년까지, 유나이티드 항공은 30개 자문회사 팀에게 파산 회생에 관계된 법률 및 전문적 서비스를 위하여 매월 평균 $8.6백만을 지불하였다. 기업에 의해서 지불되었건 아니면 채권자에 의해서 지불되었건, 파산의 직접 비용은 기업의 투자자가 궁극적으로 얻는 자산 가치를 감소시킨다. 엔론의 경우, 회생 비용이 자산 가치의 10%에 근접한다고 예측되었다.

출처: Julie Johnsson, "UAL a Ch. 11 Fee Machine," Crain's Chicago Business, June 27, 2005.

재무적 곤경: 기업이 채무에 대한 의무를 만족하기 어려운 경우

에 가까운 채무를 사용하지 않을까? 이에 대한 하나의 대답은 파산 비용(bankruptcy costs)이다. 채무가 증가할수록 요구되는 이자 지급과 채무 상환이 어려워질 가능성이 커지기 때문이다. 이렇게 기업이 채무에 대한 의무를 만족하기 어려운 경우에 **재무적 곤경(financial distress)**에 처했다고 한다. 파산은 기업과 투자자에게 직접 및 간접적인 비용을 부과하는 길고도 복잡한 과정으로, 이러한 비용은 완전자본시장에서는 고려되지 않았던 것이다.

파산의 직접 비용

나라마다 채무 상환이 불가능한 기업을 처리하는 과정에 대한 파산법이 있다. (이 장의 부록을 보시오.) 파산법은 기업의 채무를 해결하는 공정한 과정을 제공하도록 설계된다. 그러나 그 과정은 매우 복잡하고, 시간이 소요되며, 비용을 요구한다. 주식회사가 재무적 곤경에 처하면, 일반적으로 법률 및 회계 전문가, 컨설턴트, 평가인, 경매인, 곤경 자산의 매각인 등 외부의 전문가들이 고용된다.

이 경우에 기업은 상당한 비용을 지출하지만, 채권자들도 파산 과정 중에 비용 손실을 입을 수 있다. 회생(reorganization)의 경우에, 회생 계획이 승인되어 상환을 받기 위해서는 대개 몇 년을 기다려야만 한다. 그들의 권리와 이해가 존중되고 제안된 회생 과정에서 그들의 청구 가치를 평가하기 위해서, 채권자들은 따로 법률 대리인과 전문적인 조언자들을 찾게 된다.

몇몇 연구들은 파산의 직접 비용 평균이 파산 전 기업자산 시장가치의 3~4%에 이른다고 한다. 좀 더 복잡한 영업이나 채권자가 많은 경우에는, 기업자산의 마지막 처리에 관한 동의를 얻기가 쉽지 않아서 이 비용이 더 커질 수 있다. 파산 과정의 많은 측면들이 기업 규모와는 독립적이기 때문에, 소규모 기업의 경우에는 일반적으로 파산 비용이 기업 규모에 따른 비율보다 더 높아지는 경우가 많다.

재무적 곤경의 간접 비용

직접적인 파산의 법률 및 관리 비용을 제외하더라도, 다른 여러 가지 간접 비용이 재무적 곤경과 관계가 있다. (기업이 공식적으로 파산 신청을 제출하는가의 여부와는 관계없음.) 이러한 비용들은 정확하게 측정하기 어렵지만, 대개 파산의 직접 비용보다 훨씬 크다.

간접적인 파산 비용은 기업이 재무적 곤경 상황에서 암시적 또는 명시적으로 공약이나 계약을 위반할 수 있기 때문에 발생하기도 한다. 예를 들어, 파산한 소프트웨어 업자는 어떤 제품에 대한 지원 의무를 만족할 필요가 없다. 이 규정을 알게 되면, 제품 지원을 원하는 고객은 파산의 가능성이 낮은 기업으로부터 소프트웨어를 구매하려고 할 것이다. 즉 낮은 레버리지를 가지는 기업의 소프트웨어를 구매할 것이다. 중요한 것은 기업이 실제로 재무적 곤경에 처하지 않고 단순히 미래에 파산할 가능성이 어느 정도 있다는 것만으로도 많은 간접 비용들이 발생할 수 있다

는 것이다. 다음의 예들을 살펴보자.

고객의 손실. 파산은 기업에 의한 미래의 고객 지원을 불가능하게 할 수 있기 때문에, 고객들은 미래 제품 지원이나 서비스에 제품 가치가 의존하는 제품을 구매하지 않으려고 할 수 있다.

공급자 손실. 공급자가 납품 비용을 받지 못할 것을 염려한다면, 그 기업에게 재고자산을 제공하지 않으려고 할 수 있다. 예를 들어, 스위스 에어(Swiss Air)의 경우에는, 재무적 문제로 인하여 납품업자들이 비행기 연료 공급을 중단하게 되어서 2001년에 결국 폐업하였다.

근로자들에게 소요되는 비용. 매스컴에서 자주 나오는 중요한 비용은 근로자들에게 발생하는 재무적 곤경비용이다. 대부분의 기업들은 근로자들에게 명백한 장기 근로 계약이나 직업 안정성에 관한 암묵적 약속을 제공한다. 그러나, 기업이 파산하게 되면 이런 계약들과 약속들은 대개 무시되고 수많은 근로자들이 직장을 잃을 수 있다. 이런 것들을 예상하여 근로자들은 상당한 파산 위험이 있는 기업에 근무하려고 하지 않을 것이며, 그럴 경우에 근무를 위해서는 높은 보상을 요구할 것이다. 따라서, 높은 레버리지를 가지는 기업들은 주요 근로자들을 고용하고 유지하기 위해서 비용이 많이 들 수 있다: 퍼시픽 가스(Pacific Gas)와 일렉트릭 주식회사(Electric Corporation)는 2003년에 파산 상태에 있는 동안 $80백만이 소요되는 근로 유지 프로그램을 실시하여 17명의 주요 근로자들의 이직을 방지하였다.

자산의 염가 매도. 곤경 상태에 있는 기업은 자금을 조달하기 위하여 실제로 기업의 가치 있는 자산을 낮은 가격에 긴급하게 매각하는 경우가 발생할 수 있다. 기업의 자산 가치에 대해서 경영진보다 채권자들이 더욱 회의적일 때 이 비용은 더 커지게 되고, 채권자들은 낮은 가격일지라도 자산을 정리하려고 할 것이다.

전체적으로 재무적 곤경의 간접 비용은 상당히 클 수 있다. 레버리지가 높은 기업에 대한 안드레이드와 카플란의 연구는 기업 가치의 10~20%를 재무적 곤경에 의한 잠재적 손실이라고 추정하였다.[6] 중요한 것은 기업이 아직 재무적 곤경에 처하지 않았지만 미래에 그럴 수도 있다는 상당한 가능성만 있다면 간접 비용이 발생할 수 있다는 것이다.

개념확인

7. 파산의 직접 비용은 무엇인가?
8. 재무적 곤경의 간접 비용이 파산의 직접 비용보다 더 중요할 수 있는 이유는 무엇인가?

16.5 최적 자본구조: 상쇄이론

이제는 기업 가치를 극대화하는 채무 발행 규모를 결정하기 위하여, 이자 세금 절약에 의한 레

6) Andrade, G. and S. Kaplan, 1998, "How Costly Is Financial (Not Economic) Distress? Evidence from Highly Leveraged Transactions that Became Distressed," Journal of Finance 53: 1443-1493.

버리지 효과와 재무적 곤경비용을 결합할 필요가 있다. 이 절에서 제시된 분석은 세금이 절약된 현금흐름으로부터 발생하는 채무의 효과와 레버리지와 관계된 재무적 곤경비용을 비교하는 것이기 때문에 *상쇄이론(tradeoff theory)*이라고 한다. 이 이론은 때때로 *정태적 상쇄이론*이라고도 한다.

상쇄이론: 차입 기업의 전체 가치는 레버리지가 없는 기업의 가치에, 채무의 세금 절약 현재가치를 더하고, 재무적 곤경비용의 현재가치를 차감한 것이다.

상쇄이론에 의하면, 차입 기업의 전체 가치는 레버리지가 없는 기업의 가치에 채무의 세금 절약 현재가치를 더하고 재무적 곤경비용의 현재가치를 차감한 것이다.

$$V^L = V^U + PV(\text{이자의 세금 절약}) - PV(\text{재무적 곤경비용}) \tag{16.10}$$

식 16.10은 기업의 가치는 레버리지 효과와 함께 비용도 가지게 된다는 것을 보여 준다. 기업은 채무의 세금 효과를 활용하기 위해서 레버리지를 증가시킬 유인이 있다. 그러나 채무가 너무 많아지면 채무불이행 상태가 되어 재무적 곤경비용이 발생할 수 있다.

기업별 차이

16.3절에서 이자의 세금 절약 효과 계산 방법을 보았지만, 재무적 곤경비용의 정확한 현재가치를 계산하는 것이 불가능하지는 않다 하더라도 매우 어렵다. 재무적 곤경비용의 현재가치를 결정하는 두 가지 질적 요인은 다음과 같다: (1) 재무적 곤경의 확률, (2) 기업이 발생시킬 수 있는 재무적 곤경에 관련된 직접 및 간접 비용의 크기.

이 각각의 요인들을 어떻게 결정할 것인가? 재무적 곤경비용의 크기는 이 비용 원천들의 상대적인 중요성에 달려 있으며 산업별로 달라진다. 예를 들어, 기술 기업들은 쉽게 처분될 수 있는 유형자산의 부족뿐만 아니라 고객과 주요 근로자들의 잠재적 상실 때문에 재무적 곤경과 관련하여 높은 비용이 발생할 수 있다. 이와는 대조적으로 삼림 제품 기업들은 그들 재산의 많은 부분이 필요하다면 쉽게 처분될 수 있는 유형자산(삼림지와 제재소)이므로 재무적 곤경비용이 낮을 수 있다. 그림 16.1을 보면 이 두 산업이 아주 다른 레버리지 정책을 가질 수 있다는 것이 놀라운 일은 아니라는 것을 알 수 있다. 삼림 제품 기업들은 상대적으로 차입이 많은 반면, 기술 기업들은 채무 수준이 매우 낮다. 그림 16.2에서 아마존은 채무가 거의 없지만, 반즈 앤 노블은 상당한 채무를 가지고 있다는 것도 비슷한 맥락에서 이해할 수 있다. 반즈 앤 노블은 채권자의 요구에 대비하여 쉽게 매도될 수 있는 서점과 토지를 가지고 있다. 이에 비해 아마존은 도서 배달 설비를 가지고 있지만, 채권자의 요구에 대비하여 매도될 수 있는 도서들 이외에는 별다른 자산이 없다.

재무적 곤경의 확률은 기업이 채무의 상환 요구를 만족할 수 없어서 채무불이행 상태가 될 가능성에 달려 있다. 이 확률은 기업의 (자산 대비) 채무 규모가 커질수록 증가한다. 또한 기업 현금흐름과 자산 가치의 변동성이 커질수록 증가한다. 따라서 공공 전기 및 가스 서비스 기업과 같이 안정되고 믿을만한 현금흐름을 가진 기업들은 높은 수준의 채무를 사용해도 채무불이행 확률은 매우 낮아진다. 기업의 가치와 현금흐름의 변동성이 심한 경우에는 상당한 채무불이행 위험을 회피하기 위하여 채무의 수준이 매우 낮아야 한다.

최적 레버리지

그림 16.8은 식 16.10에 의한 차입 기업의 가치인 V^L이 영구채무의 수준인 D 에 따라 어떻게 변하는가를 보여주고 있다. 채무가 없으면 기업의 가치는 V^U 가 된다. 채무 수준이 낮을 때는 채무불이행 위험이 낮게 유지되기 때문에 레버리지 증가의 주요 효과는 이자의 세금 절약 효과가 증가하는 것인데, 세금 절약 효과는 식 16.7의 현재가치인 $T_C D$를 의미한다. 재무적 곤경비용

그림 16.8
세금과 재무적 곤경비용이 있는 경우의 최적 레버리지

채무의 수준이 증가할수록 채무의 세금 효과는 이자비용이 기업의 EBIT를 초과할 때까지 증가한다. 그러나 파산 확률과 재무적 곤경비용의 현재가치 또한 증가하게 된다. 채무의 최적 수준 D*는 이러한 효과들이 균형을 이루어 차입 기업의 가치가 극대화될 때 발생한다. D*는 재무적 곤경비용이 높은 기업일수록 낮아진다.

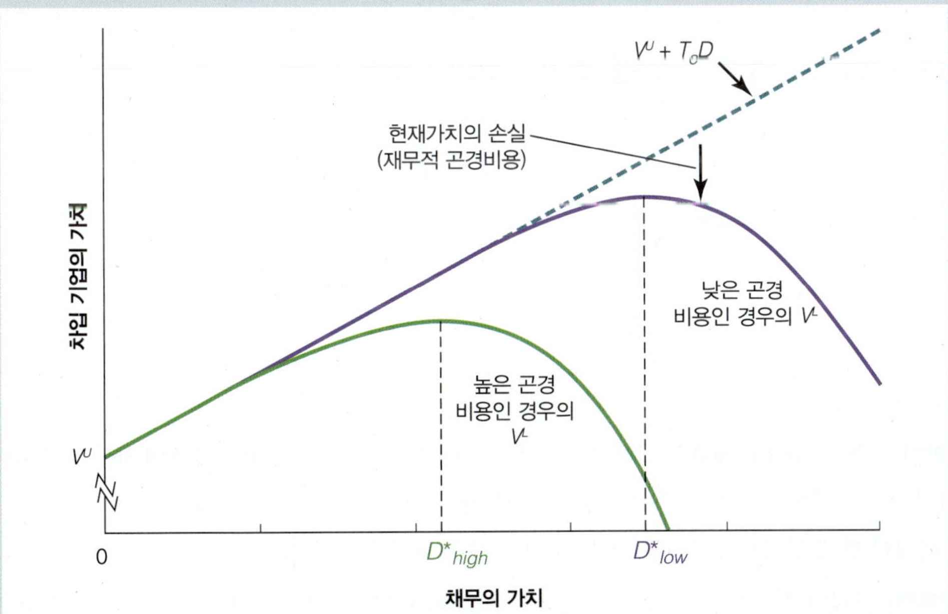

이 없다면 채무의 이자가 EBIT를 초과하여 세금 절약 효과가 소진될 때까지 기업의 가치는 부채 규모에 따라 증가할 것이다.

재무적 곤경비용은 차입 기업의 가치인 V^L을 감소시킬 것이다. 감소량은 채무불이행 확률이 커질수록 증가하는데, 채무불이행 확률은 채무 수준 D가 커질수록 증가한다. 상쇄이론은 V^L이 극대화되는 채무 수준인 D^*에 이를 때까지 기업의 레버리지를 증가시켜야 한다는 것이다. 이 시점에서 레버리지를 증가시키는 것으로부터 발생하는 세금 절약 효과는 재무적 곤경비용의 발생

확률 증가에 의해 완전히 상쇄된다.

그림 16.8은 두 가지 형태의 기업에 대한 최적 채무 선택을 설명하고 있다. 재무적 곤경비용 이 작은 기업의 최적 채무 선택은 D^*_{low}로, 높은 기업의 최적 채무 선택은 D^*_{high}로 표시하였다. 재무적 곤경비용이 높은 기업이 낮은 최적 채무 수준을 선택한다는 것은 놀라운 일이 아니다.

상쇄이론은 레버리지에 관한 두 개의 중요한 사실을 해결하는 데 도움이 된다.

1. 재무적 곤경비용의 존재는 기업들이 매우 낮은 채무 수준을 선택하여 이자의 세금 절약 효과를 충분히 활용하지 않는가를 설명할 수 있다.
2. 재무적 곤경비용의 크기와 현금흐름의 변동성 차이는 산업별 레버리지 사용의 정도 차이를 설명할 수 있다.

개념확인

9. 상쇄이론에 따를 때, 재무관리자는 기업의 올바른 자본구조를 어떻게 선택하여야 하는가?
10. 산업마다 자본구조가 다르게 나타나는 이유는 무엇인가?

16.6 레버리지의 추가적인 결과: 대리인 비용과 정보

세금과 재무적 곤경비용은 실무에서 발생하는 자본시장 불완전성의 유일한 요인이 아니다. 이 절에서는 자본구조가 기업 가치에 미치는 영향을 다른 측면에서 보기 위하여 완전자본시장의 가정을 더 완화하고자 한다. 레버리지가 경영자의 유인과 그들의 투자 의사결정을 어떻게 변화시키는가를 논의해 보자. 기업에서 서로 다른 정보를 가지는 이해관계자들의 복잡한 관계도 살펴보고자 한다.

대리인 비용

대리인 비용: 이해관계자들 사이에 이해 갈등이 생겼을 때 발생하는 비용

대리인 비용(agency costs)은 이해관계자들 사이에 이해 갈등이 생겼을 때 발생하는 비용이다. 제1장에서 경영진이 주주들의 이해보다 자기들의 이해를 먼저 내세울 때 발생하는 대리인 문제에 대해서 짧게 언급하였다. 여기서는 채무가 그 문제를 완화시킬 수 있는 가능성에 대해 얘기해 보자. 그러나 채무가 기업에 의해 추구되는 프로젝트의 형태에 대한 주주들의 선호도를 왜곡시킬 수도 있다.

경영자 참호 경영자들이 기업의 주식을 보유하고 있지만, 대개 주식회사에서는 발행 주식의 극히 일부만을 보유하는 경우가 대부분이다. 주주들은 이사회를 통해서 경영자들을 해고시킬 권한이 있다. 하지만 실무적으로는 기업의 성과가 극히 안 좋은 경우를 제외하고는 그렇게 하는 경우는 거의 없다.

경영자 참호: 소유와 통제의 분리에 의해 생기는 상황으로, 경영자가 투자자의 비용으로 자신들에게 혜택이 되는 의사결정을 하는 것을 말함

이러한 소유와 통제의 분리가 **경영자 참호**(management entrenchment)의 가능성을 만든다. 해고되어 교체될 위험에 당면한 경영자는 그들의 이익을 위하여 기업을 마음대로 경영하게 된

항공사들이 재무적 곤경을 자신들의 이익으로 이용하는 것

이자비용을 감당하기에 충분할 정도의 현금흐름을 창출할 필요성이 경영자의 불필요한 재량권을 제한하게 되어, 재무적 곤경이 없을 때보다 그들로 하여금 더 강하고 안정된 영업 정책을 수행하도록 만든다. 예를 들어, 아메리칸 항공이 2003년 4월에 노동조합과 협상을 할 때, 비용이 더 커지면 기업이 파산으로 갈 수 있다고 설명하여 급여의 양보를 받아내었다. (2004년 11월의 비슷한 상황에서 델타 항공도 비행사들을 설득하여 33%의 급여 삭감을 받아들이도록 하였다.) 재무적 곤경의 위협이 없었다면, 아메리칸 항공의 경영진은 그렇게 빨리 노동조합과 합의하여 급여의 양보를 받아내지 못했을 것이다. 레버리지가 높은 기업은 파산 가능성의 위험을 감당할 수 없기 때문에 그들 시장을 보호하기 위하여 격심한 경쟁과 적극적 행동을 할 수 있다. 이러한 적극적 행동의 책임이 잠재적 경쟁자들을 위협할 수 있 다. (그러나 이런 주장은 역으로 작용할 수도 있다. 즉 너무 지나친 레버리지에 의해 약화된 기업은 재무적으로 허약하여 경쟁에서 쉽게 무너져버리고 자신들의 시장을 다른 기업에 잠식당할 수 있다.)

다. 결과적으로 경영자들이 투자자의 비용으로 그들 스스로에게 이익이 되는 의사결정을 할 수 있다는 것이다. 경영자들은 그들의 노력을 줄이고, 기업 제트기와 같은 특전에 엄청난 돈을 쓰며, 주주의 비용으로 기업의 규모를 확대하는 낭비적인 프로젝트를 수행할 것이다. 이러한 의사결정이 기업에 음(-)의 NPV를 준다면, 이것이 대리인 비용이 된다.

주식의 소유권이 높은 수준으로 희석되어 있고(어떤 개별 주주가 경영에 대해 면밀하게 감시할 유인이 없는 경우) 경영자들이 낭비적인 프로젝트를 위하여 사용할 많은 자금이 기업에 있을 때, 이러한 대리인 비용이 많이 발생한다. 이 경우에 채무는 두 가지 측면에서 도움이 된다. 첫째, 신주를 발행하여 자본을 조달하기보다는 채무를 얻어서 기업의 소유권이 더 집중되게 할 수 있고, 경영에 대한 감시를 개선할 수 있다. 둘째, 이자와 원금의 상환을 위하여 기업이 현금을 지불하도록 하게 하여, 채무는 경영진이 자유롭게 사용할 수 있는 자금의 규모를 줄일 수 있다. 낭비적인 투자에 관련이 있는 경영자들은 투자를 위한 현금이 있어야 한다. 이런 경영자들은 현금 사정이 좋지 않을 때에만 기업 경영을 가장 효율적으로 할 유인이 생길 것이다. 이러한 효과는 주식보다는 채무에 의한 자본조달을 사용할 추가적인 유인을 제공한다.

주식과 채무 보유자의 갈등 기업이 레버리지가 있을 때, 어떤 의사결정이 주식과 채무의 가치에 다른 결과를 가진다면 이해 상충이 존재하게 된다. 그런 갈등은 재무적 곤경 위험이 높을 때 가장 잘 발생한다. 어떤 경우에는 경영진이 주주에게 도움이 되지만 채권자들에게는 손해가 되는 행동을 하여 기업의 전체 가치를 감소시킬 수 있다.

설명을 위해서 당신이 채무불이행 상태가 되기 쉬운 재무적 곤경 상태 기업의 주주라고 생각하자. 정상적인 상태가 지속된다면, 당신의 주식 가치와 기업의 통제권을 채권자에게 잃게 될 가능성이 아주 높다. 대안으로 당신은 다음과 같은 행동을 할 수 있다.

1. 주사위를 던져서 기업을 구할 수도 있는 위험 프로젝트를 수행하는데, 이 프로젝트는 결과

에 대한 기대가 너무 안 좋아서 정상적이라면 선택하지 않을 것이다.

2. 새롭고 유망한 프로젝트에 투자하기보다는 자금을 보존한다.
3. 채권자가 인수하기 전에 기업의 자본을 가능한 많이 주주들에게 현금으로 배분한다.

글로벌 금융 위기

도덕적 해이와 정부의 기업 구제

도덕적 해이라는 용어는 개인이 그 결과에 완전히 노출되지 않을 경우 자신의 행동을 변화시킬 것이라는 개념이다. 2008년 금융위기에서 도덕적 해이의 역할에 대한 논의는 경영 성과가 좋을 때 큰 보너스를 받지만, 일이 잘 안 되었을 때 받았던 보너스를 환불할 필요가 없었던 모기지 중개인, 투자은행가 및 기업 경영자에 집중되었다. 이 장에서 설명된 대리인 비용은 부정적인 결과에 대해 채권자들이 책임을 진다면 주주들은 과도한 위험을 감수하고 과도한 배당을 지급할 수 있기 때문에, 또 다른 형태의 도덕적 해이를 보여주고 있다.

주주의 그러한 남용이 보통 어떻게 확인될까? 채권자는 채무 비용을 증가시켜 이 남용의 위험에 대해 주주에게 비용을 부과하거나, 아주 강력한 채권 계약과 기타 감시에 주주가 동의하도록 하여 그들이 지나친 위험을 감수하지 않도록 한다.

역설적이게도 2008년 금융위기에 대응한 잠재적이며 즉각적인 연방정부의 구제 금융에도 불구하고, 많은 대기업의 채권자들을 보호하였기 때문에, 정부는 이런 규율 메커니즘을 약화시켰고 동시에 미래 위기의 가능성을 증가시켰다. 이러한 선례가 자리 잡으면, "대마불사"로 간주된 기업들에 대한 모든 채권자들은 그들이 암묵적인 정부 보증을 가지고 있기 때문에 강력한 계약을 주장하거나 계약 조건들의 만족 여부를 감시할 인센티브가 낮아지게 된다.[7] 이러한 감시가 없으면 정부의 책임이 있기 때문에, 주주 및 경영자의 향후 남용 가능성이 커질 것이다.

과도한 위험 감수: 기업이 재무적 곤경 상태이고 주주들이 채무 보유자나 기업 가치를 해칠 위험한 음(−)의 NPV 프로젝트에 투자할 유인을 갖게 되는 상황

당신은 왜 주사위를 던지겠는가? 프로젝트가 실패하더라도 채무불이행 상태가 될 것이기 때문에 더 이상 잃는 것이 없다. 만약 프로젝트가 성공한다면 채무불이행을 피할 수 있고 기업의 소유권을 유지할 수 있다. 이와 같은 유인은 경영진을 **과도한 위험 감수(excessive risk-taking)**로 유도할 수 있다. 이러한 상황은 기업이 거의 재무적 곤경 상태에 있을 때에 벌어지는데, 이 때 주주들은 채권자와 전체 기업의 가치를 소멸시킬 수도 있는 음(-)의 NPV를 가지는 위험한 프로젝트에 투자할 유인이 생긴다. 이런 행동을 예상한다면 투자자들은 처음부터 이 기업에게는 지불을 덜 하게 된다. 이 비용은 투자의 위험을 쉽게 증가시킬 수 있는 기업의 경우에 가장 크게 되는 경향이 있다.

한편, 채무불이행의 가능성이 커지면 기업은 채무불이행 이전에 양호한 프로젝트를 포기할 것

재무적 곤경과 주사위 던지기

페덱스(FedEx)를 설립한 직후, 설립자인 프레드릭 스미스(Frederick Smith)는 자금이 부족하여 영업을 중단할 위기에 직면하였다. 문제는 고정 비용(비행기, 우편 분류 설비, 배달원 등)이 엄청나게 컸고 초창기 매출이 작았기 때문이었다. "1973년까지 스미스는 자금에 대해 결사적이어서 라스베이거스로 날아가 블랙잭을 할 정도였다. 그는 도박으로 얻은 $27,000을 FedEx로 송금하였다." 이 기업은 그가 도박으로 얻은 돈을 비행기 연료비로 사용하였으며, 그것은 FedEx의 역사가 되었다.

* "Frederick W. Smith: No Overnight Success," Business Week, September 20, 2004.

7) 일례로 많은 대형 은행들은 구제 자금을 받은 후에 금융위기 동안 배당 지급을 계속하였다. 이 자금이 정부의 보증이 없는 외부 투자자들로부터 조달됐다면, 새 투자자들은 그런 배당 지급을 제한하였을 것이다.

이다. 왜냐하면 (채무불이행의 위험이나 정도를 줄여주는) 일부 혹은 대부분의 혜택이 채권자에게 갈 것이기 때문이다. 예를 들어, 어떤 기업이 \$100을 투자하여 채무의 가치를 \$30, 주식의 가치를 \$90 증가시키는 프로젝트가 있다면, 이 프로젝트의 NPV는 \$20(= \$30 + \$90 - \$100)이 된다. 주주들은 자신들에게 돌아오는 프로젝트의 수익 \$90이 투자 비용 \$100보다 작기 때문에 이 프로젝트를 포기할 것이다. 이 경우에 **과소투자 문제(under-investment problem)**가 발생한다. 즉 주주들은 양(+)의 NPV를 가지는 프로젝트라 할지라도 투자하지 않을 수 있다는 것이다. 왜냐하면 기업은 재무적 곤경에 있고 투자기회 수행의 가치는 주주들 자신보다는 채권자에게 돌아갈 것이기 때문이다. 투자기회 포기는 양(+)의 NPV를 상실한 것이기 때문에 채무 보유자와 기업 전체의 가치에는 비용으로 작용한다. 대규모 투자를 하여 미래에 수익성 있는 성장 기회를 가지기 쉬운 기업들에게는 이러한 비용이 더 높다고 할 수 있다.

과소투자 문제: 기업이 재무적 곤경 상태에 있고 투자기회를 취하는 가치가 주주보다는 채권자에게 도움이 되기 때문에, 주주들이 양(+)의 NPV를 가지는 프로젝트에 투자하지 않으려는 상황

과소투자의 궁극적인 결과는 현금 방출(cashingout)이다. 기업을 채권자들에게 잃게 될 것을 알게 되면, 주주들은 기업이 파산되어 채권자에게 넘겨주기 전에 가능한 많은 자본을 기업으로부터 인출하려는 유인을 가지게 된다. 극단적인 예로는 기업의 모든 자산을 팔아서 수익금을 주주들에게 특별 배당금으로 분배하는 것이다. 제15장에서 언급하였듯이, 채권자들은 이런 문제를 예상하고 종종 배당 규모와 배당 자금의 원천에 제한을 요구하기도 한다.

여기서의 논의는 이자의 세금 절약 효과와 재무적 곤경비용 이외에, 발생 가능한 대리인 비용과 채무의 효과를 고려하여 자본구조의 더욱 완전한 상쇄 모형을 만들 수 있다는 것을 제안하고 있다. 최적 레버리지를 나타내는 상쇄 모형이 그림 16.9에 설명되어 있다. 채무 규모가 아주 작을 때 레버리지를 추가하면 세금 효과와 경영진의 효율적인 경영(낭비적인 투자의 회피) 촉진으로 기업 가치가 증가한다. 그러나 채무가 너무 많아지면 기업은 재무적 곤경비용을 야기할 것이고 지나친 위험 감수와 과소투자를 하게 될 것이다. 최적 채무 수준 D^*는 레버리지의 이러한 양(+)과 음(-)의 결과를 잘 조화하여 기업의 가치를 극대화하는 점이다.

채무와 정보

시장 불완전성의 마지막 요소는 정보의 역할이다. 이 장을 통해서 경영진, 주주, 채권자들이 모두 같은 정보를 가진다고 가정하였다. 또한 증권들이 공정하게 평가된다고 가정하였다: 기업의 주식과 채무는 그들의 진정한 기저 가치에 따라 가격이 정해진다는 것이다. 하지만 이러한 가정들이 실제로 항상 정확할 수는 없다. **비대칭 정보(asymmetric information)** 때문에 기업과 미래의 현금흐름에 대한 경영진의 정보가 외부 투자자들의 정보보다 우월하게 된다. 이러한 비대칭 정보는 경영진으로 하여금 기업의 자본구조를 바꾸는 유인을 제공할 수 있다.

비대칭 정보: 참여자들이 서로 다른 정보 수준을 가지는 상황. 예를 들어, 기업의 향후 현금흐름에 대해 경영진이 외부 투자자보다 우월적 정보를 가지는 경우에 발생할 수 있다.

신뢰성 있는 신호로서의 레버리지 훌륭한 프로젝트들을 가지고 있다는 것을 주식시장에 확신시키기 위해, 기업은 미래의 대규모 채무 상환을 약속할 수 있다. 프로젝트들이 훌륭하다면 기

그림 16.9
법인세, 재무적 곤경 및 대리인 비용이 있는 경우의 최적 레버리지

채무의 수준이 증가할수록 기업의 가치는 경영상의 동기 제고뿐만 아니라 이자의 세금 절약 효과 때문에 증가하게 된다. 그러나 레버리지가 너무 높으면 채무 보유자와 주주들의 갈등에 의한 대리인 비용과 재무적 곤경비용 때문에 기업가치가 감소하게 한다. 최적 채무 수준 D^*는 레버리지의 효과와 비용의 균형을 맞추는 점이다.

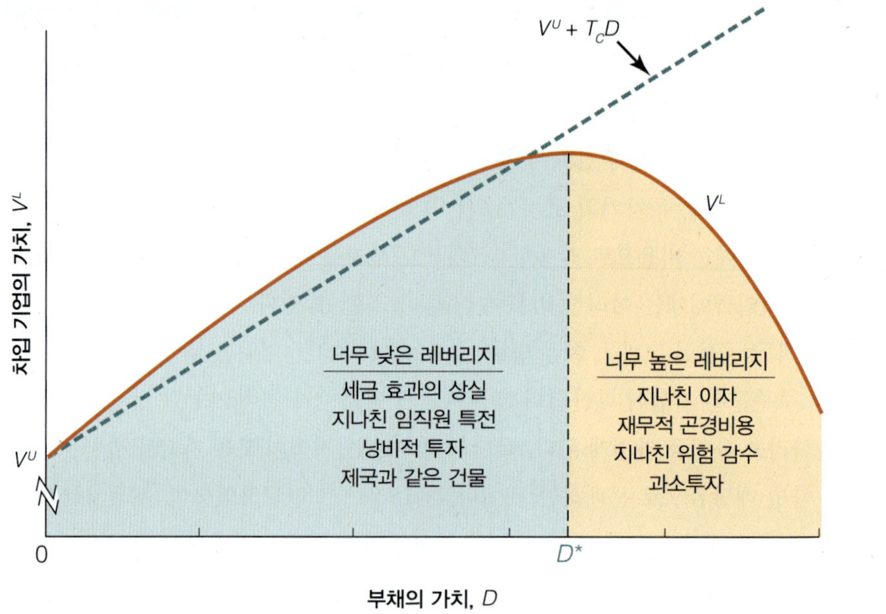

업은 채무의 상환에 아무런 어려움이 없을 것이다. 그러나 기업이 그릇된 의사결정을 해서 성장하지 못하면 채권자들에게 채무를 상환하기 어려울 것이고 재무적 곤경에 빠질 것이다. 이러한 어려움은 기업에게 비용을 지불하게 하고 경영진은 직장을 잃게 될 가능성이 있게 된다. 따라서 경영진은 기업 성장의 원천을 증명할 만한 자세한 증거를 제시하지는 못해도 레버리지를 투자자들에게 성장에 대한 정보로 인식시키기 위하여 사용한다. 투자자들은 추가적인 레버리지를 경영진의 확신에 대한 믿을 만한 신호로 해석할 것이다. 투자자에게 좋은 정보를 알리기 위하여 레버리지를 사용하는 것을 **채무의 신호이론(signaling theory of debt)**이라고 한다.

채무의 신호이론: 투자자에게 좋은 정보를 알리기 위하여 레버리지를 사용하는 것을 말함

시장의 매매시점 포착 경영진이 기업의 가치에 대하여 외부 투자자들보다 더 많은 정보를 가지고 있다면, 그들은 주식이 과대 평가되었다고 믿을 때를 신주의 매도 시점으로, 주식이 과소 평가되었다고 믿을 때를 채무와 이익잉여금에 의존(자사주 매입도 가능함)할 시점이라고 생각할 수 있다. 이를 **시장의 매매시점 포착(market timing)**이라고 한다. 이렇게 시장에서의 매매시점을 성공적으로 파악하는 경영진은 기업 주식이 과도 또는 과소 평가된 것을 이용하여 주주들에게 혜택을 주게 된다. 경영진이 시장의 매매시점을 이용하기 위하여 새로운 주식(레버리지의 감소)이나 채무(레버리지의 증가)를 발행하면 기업의 자본구조는 변하게 된다. 결과적으로 주

시장의 매매시점 포착: 주식이 과대 평가되었다고 믿을 때 신주를 매도하고, 주식이 과소 평가되었다고 믿을 때에 채무와 이익잉여금에 의존(자사주 매입도 가능함)하는 전략

예제 16.5
자금조달 대안의 페킹오더

문제 *Problem*

액슨 산업(Axon Industries)은 새로운 투자 프로젝트를 위해 $9.5백만을 조달할 필요가 있다. 액슨이 1년 만기 채무를 발행한다면, 액슨은 주어진 위험 수준에서 6%가 공정하다고 생각하지만 8%의 이자비용을 지불할 수도 있다. 그러나 이 기업이 주식을 발행한다면, 경영진은 주식이 5% 과소 평가될 수도 있다고 생각한다. 현재의 주주에게 이익잉여금, 채무, 주식으로 자금을 조달하는 비용은 얼마인가?

풀이 *Solution*

● **계획**

자금조달 대안을 평가하기 위해서는 이 기업이 자금조달에 지불해야 하는 비용과, 시장이 경영진과 같은 정보를 가지고 있는 경우에 이 기업이 지불해야 한다고 경영진이 생각하는 비용을 비교해야 한다.

● **실행**

이 기업이 주주에 대한 배당 지급 대신에 이익잉여금에서 $9.5백만을 사용하면, 이 프로젝트의 자금조달 비용은 $9.5백만이 된다.

1년 만기 채무를 사용하면 1년 뒤에 이 기업은 $9.5백만 × (1.08) = $10.26백만의 비용이 소요된다. 경영진의 입장에서 기업의 위험을 고려할 때, 이는 $10.26 ÷ (1.06) = $9.68백만의 현재가치를 가진다.

주식이 5% 과소 평가된다면, $9.5백만을 조달하기 위하여 이 기업은 실제로 $10백만의 주식을 발행해야 할 것이다. (예를 들어, 이 기업의 주식이 주당 $50의 가치가 있다면 주당 0.95 × $50 = $47.50으로 매도될 것이므로, $9.5백만 ÷ $47.50/주 = 200,000주를 발행하여야 한다. 이 주식들은 200,000주×$50/주 = $10백만의 신성한 가치를 가질 것이다.) 따라서 주식으로 이 프로젝트의 자금을 조달하는 비용은 $10백만이다.

● **평가**

세 가지 자금조달 옵션을 비교하면 이익잉여금이 가장 저렴한 자금조달 대안이고, 그 다음이 채무이며, 마지막이 주식이다. 이런 순위는 경영진과 투자자들 사이의 정보 차이 효과를 반영하는데, 이는 새로운 유가증권(특히, 주식)을 발행할 때 레몬 문제를 발생하게 한다. 레몬 문제란 정보 불균형에 의한 시장 실패를 의미한다.

식가격에 대한 경영진의 판단에 따라 기업의 자본구조가 변하게 되면 상쇄이론에 의한 최적 수준과 다르게 될 수 있다.

역선택과 페킹오더 가설 경영진은 주가가 과대 평가되었을 때 신주를 발행한다고 가정하자. 이것을 투자자들이 안다면 어떻게 반응할까? 제14장에서 신주를 발행할 때에 역선택이나 레몬 효과가 존재한다는 것을 상기하라. 경영진이 "레몬"을 판매한다는 두려움으로, 투자자들은 주식에 대해 지불하고자 하는 가격을 할인하려고 할 것이다.

역선택 문제는 자본구조에 대해 시사점을 가진다. 경영진들은 주식 신주 매입자를 찾기 위하여 할인을 해야 한다면 주식을 매도하려고 하지 않을 것이다. 따라서 그들은 다른 자본조달 방법을 찾을 수 있다. 채무의 발행도 역선택 문제로부터 자유로울 수 없다. 저위험 채무의 가치는 기업에 대한 경영진의 사적인 정보에 민감하지 않기(대신 주로 이자율에 의해 결정됨) 때문에 매입자를 찾기 위한 할인이 주식보다는 작을 수 있다. 물론, 기업은 이익잉여금에 의한 현금을 사용하여 자금을 함께 조달하면 신주나 채무의 과소 평가를 피할 수 있다. 따라서 **페킹오더 가설(pecking order hypothesis)**은 이러한 "레몬 비용(lemons cost)"을 피하기 위하여 다음과 같이 얘기하고 있다.

페킹오더 가설: 경영진이 투자 자금을 조달하기 위해서 이익잉여금을 먼저, 채무를 차선책으로 사용하려는 선호도를 가지고, 마지막 수단으로 주식의 발행을 선택한다는 가설이다.

> *경영진은 투자 자금을 조달하기 위해서 이익잉여금을 먼저, 채무를 차선책으로 사용하려는 선호도를 가지고, 마지막 수단으로 주식의 발행을 선택할 것이다.*

이 가설은 기업의 자본구조에 대한 시사점을 가진다. 기업의 수익성이 좋고 투자 자금을 조달하기 위하여 충분한 현금을 창출할 때, 기업은 채무나 주식을 발행하지 않고 이익잉여금에 의존할 것이다. 따라서 높은 수익성이 있는 기업들은 자본구조에 있어서 채무가 거의 없을 것이다. 외부 자본을 조달할 필요가 있는 기업들만이 상당한 채무를 발행할 것이다. 페킹오더 가설에 의하면, 기업들은 주식을 거의 발행하면 안 된다. 실제로는 여러 가지 요인에 의해 기업의 자본구조가 결정될 것이고, 기업들은 대리인 비용이나 채무의 재무적 곤경비용이 너무 클 때 주식을 발행할 것이다.

개념확인

11. 채무가 너무 많으면 어떻게 지나친 위험 감수로 이어지는가?
12. 페킹오더 가설이란 무엇인가?

16.7 자본구조: 종합 정리

이번 장에서는 기업의 자본구조 선택에 영향을 미치는 다양한 요인들을 검토하였다. 기업의 최적 자본구조를 고려하는 재무관리자의 최종 결론은 무엇인가? 최적 자본구조는 세금, 재무적 곤경비용, 대리인 비용, 비대칭 정보와 같은 시장의 불완전성 요인에 달려 있다.

1. *당신의 기업이 지속적인 과세 대상 소득을 가진다면, 이자의 세금 절약 효과를 이용하라.* 기업은 법인세를 절약하여 이자의 세금 절약 금액을 투자자에게 돌려줄 수 있다.
2. *레버리지가 있는 경우 기업 소득의 어느 정도를 세금으로 절약해야 하는가를 결정할 때, 재무적 곤경비용과 채무의 세금 효과를 조화시켜라.* 채무불이행 위험 그 자체가 문제가 아닌 경우에도, 재무적 곤경이 기업의 가치를 감소시키는 다른 결과를 초래할 수도 있다.
3. *대리인 비용이 클 때에는 외부 자본조달의 경우 단기 채무를 고려하라. 채무*가 너무 많으면 경영진과 주주들이 기업 내에서 지나친 위험을 감수하거나 과소 투자하게 될 수 있다. 가용 현금흐름이 많을 때, 레버리지가 거의 없으면 낭비적 행동이 발생할 수 있다.
4. *기업이 채무 상환 의무를 만족시킬 수 있다는 경영진의 확신을 알리기 위해서 레버리지를 증가시켜라.* 투자자들은 파산이 경영진에게 매우 많은 대가를 요구한다는 것을 알고 있다.

5. *투자자들은 당신이 과대 평가된 증권을 발행할 유인이 있다는 것을 알고 있음을 명심하라.* 따라서 발행이 발표되면 투자자들은 그 증권의 가치를 낮게 평가할 것이다. 주식의 가치가 경영진의 사적 정보에 가장 민감하기 때문에 이 효과는 주식 발행인 경우에 가장 크다.
6. *먼저 이익잉여금에, 그리고 채무에, 마지막으로 주식을 이용하라.* 이러한 자본조달 대안의 페킹오더는 경영진이 기업 가치에 대한 사적 정보를 많이 가지고 있을 것 같을 때에 가장 중요하다.
7. *자본구조가 최적 수준에서 상당히 차이가 있지 않으면, 기업의 자본구조를 변경하지 말라.* 적극적으로 기업의 자본구조를 바꾸는 것(주식이나 채권을 매도하거나 매입하는 것)은 거래비용을 수반한다. 대부분 기업의 부채비율 변경은 주가 변동으로 기업의 시가총액이 변함에 따라 수동적으로 발생하는 경우가 많다.

myfinancelab 핵심요점 및 공식

16.1 자본구조 선택

- 기업이 투자자로부터 자본을 조달하기 위하여 발행하는 유가증권의 구성을 기업의 자본구조라고 한다. 주식과 채무는 기업에 의해 가장 일반적으로 사용되는 유가증권이다.
- 다양한 자금조달 방법 선택에 따라, 각 유가증권 보유자에게 현재 조달되는 현금에 대한 대가로 서로 다른 미래의 현금흐름을 약속한다.
- 경영진은 기업이 발행하는 유가증권이 시장에서 공정한 가격을 받고, 법인세 효과는 어떻게 되며, 거래비용은 얼마인가 또는 기업의 미래 투자 기회를 바꾸게 하는가 등을 고려할 필요가 있다.

16.2 완전자본시장의 자본구조

- 채무 없이 주식만 사용하는 경우 그 기업은 무차입이 된다. 채무를 사용할 경우 채무의 규모가 기업의 레버리지를 정한다.
- 기업의 소유자는 발행된 유가증권의 전체 가치를 극대화하기 위한 자본구조를 선택해야 한다.
- MM 명제 II에 따라, 차입 주식의 자본비용은 다음과 같다.

$$r_E = r_U + \frac{D}{E}(r_U - r_D) \tag{16.3}$$

- 채무의 위험이 주식보다 작기 때문에 더 낮은 자본비용을 가진다. 레버리지는 주식의 위험을 증가시키지만, 동시에 주식의 자본비용을 증가시킨다. 채무의 낮은 자본비용 혜택

은 주식의 높은 자본비용에 의해 상쇄되어 완전자본시장에서 기업의 WACC를 변하지 않게 한다.

▶ MM 명제 I에 의하면, 완전자본시장에서 기업의 가치는 자본구조와 무관하다. 완전자본시장에서 홈메이드 레버리지는 기업의 레버리지에 대한 완전한 대체재이다.

16.3 채무와 세금

▶ 이자비용은 손비로 인정되어 과세 대상이 아니기 때문에, 레버리지가 전체 투자자에게 귀속되는 수익을 증가시킨다. 이자 지급의 세금 절약 효과로부터 투자자들이 얻는 이익을 이자의 세금 절약이라고 한다.

$$\text{이자의 세금 절약} = \text{법인세율} \times \text{이자 지급액} \tag{16.4}$$

▶ 법인세를 고려할 경우 차입 기업의 전체 가치는 무차입 기업의 가치와 이자의 세금 절약 금액의 현재가치를 더한 것과 같다.

$$V^L = V^U + PV(\text{이자의 세금 절약}) \tag{16.5}$$

▶ 유가증권의 가격이 공정하게 형성되면 기업의 주주들은 레버리지 증가로 인한 이자의 세금 절약 효과를 모두 얻게 된다.

▶ 법인세를 고려할 경우 WACC는 다음과 같다.

$$r_{wacc} = r_E \frac{E}{E+D} + r_D(1 - T_C)\frac{D}{E+D} \tag{16.8}$$

▶ 법인세 이외의 시장 불완전성이 없는 경우 이자비용이 손비로 인정되기 때문에 WACC는 기업의 레버리지 증가에 따라 감소한다.

▶ 기업가치에 대한 이자의 세금 절약 효과를 알기 위하여 미래 세금 절약의 현재가치를 계산하거나 기업의 가용현금흐름을 세금이 고려된 WACC로 할인하면 된다. 두 방법을 모두 동시에 사용할 수는 없다!

16.4 파산 비용과 재무적 곤경

▶ 파산은 기업과 투자자에게 직접 및 간접 비용을 부과하는 값비싼 과정이다.

▶ 직접 비용에는 변호사와 파산 전문가에게 지급되는 수수료가 포함된다.

▶ 간접 비용에는 고객, 공급자 및 종업원에 대한 손실, 또는 자금조달을 위해 자산을 과도하게 할인하여 매도하는 것이 포함된다.

16.5 최적 자본구조: 상쇄이론

▶ 상쇄이론에 의하면 차입 기업의 전체 가치는 무차입 기업의 가치에 채무의 세금 절약 현

재가치를 더하고 재무적 곤경비용의 현재가치를 차감한 값이다.

$$V^L = V^U + PV(\text{이자의 세금 절약}) - PV(\text{재무적 곤경비용}) \quad (16.10)$$

▶ 최적 레버리지는 V^L을 극대화하는 채무의 수준이다.

16.6 레버리지의 추가적인 결과: 대리인 비용과 정보

▶ 레버리지는 대리인 문제에 도움이 되는 효과가 있어서 경영자가 기업을 효율적, 효과적으로 운영할 유인을 증가시킨다. 그러나 기업이 재무적 곤경에 들어가면 레버리지는 양호한 프로젝트를 포기하거나 지나친 위험을 감수할 유인을 제공할 수 있다.

▶ 경영진이 투자자보다 정보의 우위에 있는 경우 정보의 비대칭성이 존재한다고 말한다. 정보의 비대칭성이 주어진 경우 경영진은 레버리지를 기업의 미래 가용현금흐름 창출 능력에 대한 믿을만한 신호로 사용한다.

▶ 기업의 주식이 과소 평가되었다고 인식하는 경영진은 주식보다는 이익잉여금이나 채무를 사용하여 투자 자금을 조달하려고 할 것이다. 이런 결과를 페킹오더 가설이라고 한다.

비판적 사고

1. 세금 효과가 없을 때, 주식 자본을 줄이고 채무 자본을 증가시켜 기업의 자본비용을 변경시킬 수 없는 이유는 무엇인가?
2. 다음 주장의 잘못이 무엇인가를 설명하시오: "채무불이행의 가능성이 없기 때문에 무위험 채무를 발행하면, 기업 주식의 위험은 변하지 않는다. 따라서 무위험 채무를 발행하면 주식의 자본비용을 증가시키지 않고 채무의 낮은 자본비용 혜택을 볼 수 있다."
3. 자본조달의 선택이 기업 가치에 영향을 주는 경로는 무엇인가?
4. 세금이 채무와 주식의 선택에 어떤 영향을 미치는가?
5. 재무적 곤경의 간접적 비용은 무엇을 말하는가?
6. 재무적 곤경의 경우에 어떤 유형의 기업이 고객 손실을 경험하기 쉬운가?
   a. 캠벨 수프 기업(Campbell Soup Company) 또는 인투이트(Intuit, Inc.: 회계 소프트웨어 제조업자)?
   b. 올스테이트 주식회사(Allstate Corporation, 보험회사) 또는 리복(Reebok International, 신발 및 의류 기업)?
7. 상쇄이론에 의하면 자본구조는 어떻게 결정되는가?
8. 다음 각 쌍의 경우 재무적 곤경이 있을 때 어떤 유형의 자산이 완전한 시장가치에 가깝게 청산될 수 있는가?

a. 사무용 건물 또는 브랜드 이름?

b. 제품 재고자산 또는 원자재?

c. 특허권 또는 엔지니어링 노하우?

9. 상쇄이론에 의하면 다음의 어떤 산업들이 낮은 최적 채무 수준을 가지겠는가? 어떤 것이 높은 최적 채무 수준을 가지는가?

a. 담배 기업　　b. 회계 법인

c. 잘 알려진 음식점 체인　　d. 벌목 기업

e. 휴대전화 제조업자

10. 레버리지가 어떻게 경영진의 유인을 바꾸는가?

연습문제

* 표시는 난이도가 높은 문제임을 나타낸다.

완전자본시장의 자본구조

이 절의 문제들에 대해서는 세금과 곤경비용이 없다는 것을 가정한다.

1. 어떤 프로젝트가 있는데, 1년 뒤의 가용현금흐름이 $130,000 또는 $180,000이 될 확률이 같다. 이 프로젝트의 최초 투자는 $100,000이고, 자본비용은 20%이다. 무위험 이자율은 10%이다.

   a. 이 프로젝트의 NPV는 얼마인가?

   b. 최초 투자 자금을 조달하기 위해 이 프로젝트가 무차입 기업에 매도되었다고 하자. 주식 보유자는 1년 뒤에 이 프로젝트의 현금흐름을 받게 될 것이다. 이렇게 하여 얼마나 많은 자금이 조달될 수 있는가? 즉, 무차입 주식의 최초 시장가치는 얼마인가?

   c. 최초의 $100,000이 무위험 이자율로 차입하여 조달되었다고 하자. 차입 주식의 현금흐름은 얼마이고, MM에 따르면 최초 가치는 얼마인가?

2. 당신은 바이오 기술 기업을 시작하려는 기업가이다. 당신의 연구가 성공한다면 그 기술은 $30백만에 매도될 수 있다. 그러나 실패한다면 전혀 가치가 없을 것이다. 당신 연구의 자금을 위하여 $2백만을 조달하여야 한다. 투자자들은 당신에게 $2백만을 최초 자본으로 제공하되 기업 무차입 주식의 50%를 요구한다.

   a. 레버리지가 없는 기업의 전체 시장가치는 얼마인가?

   b. 당신이 $1백만을 차입한다고 하자. MM에 따르면 필요한 $1백만을 조달하기 위하여 기업 주식의 얼마만큼을 매도하여야 하는가?

   c. (a)와 (b)의 경우 당신 지분의 기업 주식 가치는 얼마인가?

3. 아코트 산업(Acort Industries)은 1년 뒤에 $50백만의 시장가치를 가질 확률이 80%인 자산을

보유하고 있다. 자산가치가 $20백만이 될 확률은 20%이다. 현재의 무위험 이자율은 5%이고, 아코트의 자산은 10%의 자본비용을 가진다.

a. 아코트가 무차입이면 주식의 현재 시장가치는 얼마인가?

b. 아코트가 1년 뒤에 만기가 도래하는 $20백만 액면가의 채무가 있다고 하자. MM에 따르면 이 경우에 아코트 주식의 가치는 얼마인가?

c. 레버리지가 없는 경우에 아코트 주식의 기대수익률은 얼마인가? 레버리지가 있는 경우에 아코트 주식의 기대수익률은 얼마인가?

d. 레버리지가 있는 경우와 없는 경우 아코트 주식의 가장 낮은 실현 수익률은 얼마인가?

*4. 세금이 없는 경우를 가정하자. ABC 기업은 채무가 없고, XYZ 기업은 매년 10%의 이자를 지급하는 $5,000의 채무가 있다. 두 기업은 1년에 $800 또는 $1,000의 가용현금흐름을 창출하는 동일한 프로젝트를 가지고 있다. 채무에 대한 이자를 지급한 이후에, 두 기업은 매년 배당을 지급하기 위해 잔여 가용현금흐름을 모두 사용한다.

	ABC		XYZ	
가용현금흐름	채무에 지급	주식에 배당	채무에 지급	주식에 배당
$800				
$1,000				

a. 각 기업의 채권 및 주식 보유자가 두 가지 가용현금흐름에 따라 받게 될 금액을 위 표에 채워 넣으시오.

b. 당신은 ABC 기업의 주식 10%를 보유하고 있다. 동일한 현금흐름을 주는 다른 포트폴리오는 어떤 것인가?

c. 당신은 XYZ 기업의 주식 10%를 보유하고 있다. 당신이 10%로 차입을 할 수 있다면 동일한 현금흐름을 주는 대안적 전략은 무엇인가?

5. 하드몬 기업(Hardmon Enterprises)은 현재 12%의 기대수익률을 가지는 무차입 기업이다. 이제 차입을 하여 현재 주식의 일부를 매입하고 레버리지를 증가시키려고 한다.

a. 하드몬이 부채비율이 0.50이 될 때까지 차입한다고 가정하자. 이 채무 수준에서 채무의 자본비용은 6%이다. 이러한 거래 이후 주식의 기대수익률은 얼마인가?

b. 하드몬이 부채비율이 1.50이 될 때까지 차입한다고 가정하자. 이 채무 수준에서 하드몬의 채무는 더 위험해질 것이기 때문에 채무의 자본비용이 8%가 될 것이다. 이 경우에 주식의 기대수익률은 얼마인가?

c. 주식의 기대수익률을 가장 높이는 자본구조를 선택하는 것이 주주의 이익을 가장 높이는 것이라고 어떤 고위 경영자가 주장한다. 여기에 대해 당신은 어떻게 생각하는가?

6. 마이크로소프트는 채무가 없으며 9.2%의 WACC를 가진다고 하자. 소프트웨어 산업의 평균 채무/자산 비율은 5%이다. 마이크로소프트가 6%의 채무 자본비용으로 이 산업평균의 채무 수준을 가진다면 주식의 자본비용은 얼마나 될 것인가?
7. 당신 기업은 100% 자기자본 기업으로 12%의 자기자본비용을 가진다. 이제 채무로 자본을 조달하려고 하는데, 이는 기업의 자본구조를 30% 채무, 70% 자기자본으로 만들 것이다. 채무의 비용이 7%라면 새로운 자기자본비용은 얼마인가?
8. 새 종업원 중 한 명이 채무의 자본비용이 주식의 자본비용보다 낮다고 한다. 그래서 그는 자본구조를 바꾸어 30%의 채무를 70%로, 70%의 주식을 30%로 바꾸자고 한다. 그런 스왑 이후에 주식의 자본비용은 20%가 될 것이라고 추정하였다.
   a. 채무의 새로운 자본비용은 얼마인가?
   b. 전체적인 자본비용을 낮추었는가?

채무와 세금

9. 펠라메드 제약사(Pelamed Pharmaceuticals)는 2010년에 $325백만의 EBIT를 가졌다. 펠라메드는 $125백만의 이자비용과 40%의 법인세율을 가지고 있다.
   a. 펠라메드의 2010년 당기 순이익은 얼마였는가?
   b. 펠라메드의 2010년 당기 순이익과 이자 지급액 합계는 얼마였는가?
   c. 펠라메드가 이자비용이 없었다면 2010년의 당기 순이익은 얼마였어야 하는가? (b)의 답과 비교하시오.
   d. 펠라메드의 2010년 이자 세금 절약은 얼마였는가?
10. 그로밋 엔지니어링(Grommit Engineering)은 내년도에 $20.75백만의 당기 순이익과 $22.15백만의 가용현금흐름을 기대하고 있다. 그로밋의 한계 법인세율은 35%이다.
    a. 그로밋이 레버리지를 증가시켜서 이자비용이 $1백만이 되면 당기 순이익은 어떻게 변할 것인가?
    b. 이자비용의 동일하게 증가할 경우 가용현금흐름은 어떻게 변하는가?
11. 브랙스톤(Braxton) 기업은 8%의 이자율을 가지는 $35백만의 발행 채무를 가지고 있다. 브랙스톤은 향후 5년간 매년 말에 $7백만을 상환하여 채무를 줄이고자 한다. 브랙스톤의 한계 법인세율이 40%라면, 향후 5년 동안 매년 말에 브랙스톤 채무 이자의 세금 절약은 얼마인가?
12. 마이크로소프트는 $300십억의 전체 시장가치와 35%의 한계 법인세율을 가졌다. 레버리지를 변경하여 무차입에서 현재 시장가치의 13% 수준으로 새로운 채무를 영원히 가지게 되면 창출하게 되는 세금 절약의 현재가치는 얼마인가?
13. 법인세율은 40%이다. 어떤 기업이 아무런 위험 없이 매년 $1,000의 EBIT를 얻는다고 하자.

이 기업의 자본지출은 매년 감가상각비와 같고 순운전자금의 변화는 없다. 무위험 이자율은 5%이다.

a. 이 기업은 채무가 없고 매년 당기순이익을 배당으로 지급한다. 이 기업의 주식 가치는 얼마인가?

b. 이 기업이 매년 $500의 이자비용을 지불한다고 하자. 주식의 가치는 얼마인가? 채무의 가치는 얼마인가?

c. 레버리지가 있을 때와 없을 때의 기업 총가치의 차이는 얼마인가?

d. (c)의 차이가 채무 가치의 어느 정도와 같은가?

14. 당신의 기업은 10%의 이자를 지불하는 $100백만의 채무를 가지고 있다. 이 대출의 조건은 매년 잔액에서 $25백만을 상환할 것을 요구하고 있다. 한계 법인세율이 40%이고, 이자의 세금 절약이 대출과 같은 위험을 가진다고 하자. 이 채무로부터 이자 세금 절약의 현재가치는 얼마인가?

15. 아르넬 산업(Arnell Industries)은 $10백만의 영구 채권을 가지고 있다. 이 기업은 이 채무에 대해서만 이자를 지불한다. 예측 가능한 미래에 아르넬의 한계 법인세율은 35%로 기대된다.

a. 아르넬이 이 채무에 대해서 매년 6%의 이자를 지불한다고 하자. 연별 이자의 세금 절약은 얼마인가?

b. 이자 세금 절약의 위험이 대출과 같다고 할 때, 현재가치는 얼마인가?

c. 채무에 대한 이자율이 5%라고 하자. 이 경우에 이자 세금 절약의 현재가치는 얼마인가?

16. 로곳 인스트루먼트(Rogot Instruments)는 고품질의 바이올린, 비올라, 첼로를 제조한다. 이 기업의 채무는 $1백만이고, 주식의 가치는 $2백만이며, 35%의 법인세율을 가지고 있다. 이 기업의 주식 자본비용은 12%이고, 채무의 자본비용은 7%이다.

a. 로곳의 세전 WACC는 얼마인가?

b. 로곳의 세후 실효 WACC는 얼마인가?

17. 루몰트 자동차(Rumolt Motors)는 주당 $15의 주식 30백만 주를 가지고 있다. 또한 $150백만의 현재 시장가치를 가지는 채권도 발행하였다. 루몰트의 주식 자본비용은 10%이고, 채무 자본비용은 5%이다.

a. 루몰트의 세전 WACC는 얼마인가?

b. 루몰트의 법인세율이 35%라면, 세후 WACC는 얼마인가?

18. 서밋 빌더스(Summit Builders)는 0.65의 부채비율과 40%의 법인세율을 가지고 있으며, 채무에 대해서 7%의 이자를 지불한다. 채무로부터 이자의 세금 절약이 서밋의 WACC를 어느 정도 감소시키는가?

19. 밀튼 산업(Milton Industries)은 매년 $5백만의 가용현금흐름을 기대하고 있다. 밀튼의 법인세율은 35%이고, 무차입 자본비용은 15%이다. 현재 $19.05백만의 채무를 가지고 있는데, 채무의 수준이 영원히 이렇게 유지될 것으로 기대하고 있다.
   a. 레버리지가 없는 경우 밀튼 산업의 가치는 얼마인가?
   b. 레버리지가 있는 경우 밀튼 산업의 가치는 얼마인가?
20. 보청기 제조업자인 낫나(NatNah)는 채무가 없고, 주식의 자본비용이 15%이다. 낫나는 시장가치 채무/자산 비율을 0.5로 유지하기 위하여 레버리지를 증가시키기로 결정하였다. 채무의 자본비용이 9%이고, 법인세율은 35%이다. 낫나의 세전 WACC가 정해져 있다면 레버리지 증가에 따라 세후 실효 WACC는 얼마가 될 것인가?
21. 쿠르츠 제조(Kurz Manufacturing)는 현재 주당 $7.50인 주식 20백만 주를 가진 무차입 기업이다. 투자자들은 쿠르츠가 무차입 상태로 남아 있기를 기대하지만, 쿠르츠는 $50백만을 차입하여 자사주 매입을 발표하려고 계획 중이다. 쿠르츠는 이 채무에 대해서만 이자를 지불할 것이고, 채무의 양을 증가시키거나 감소시킬 계획이 없다. 쿠르츠는 40%의 법인세율을 가진다.
   a. 발표 이전에 현재 쿠르츠 자산의 시장가치는 얼마인가?
   b. 채무가 발행되었지만 자사주 매입 이전인 경우에 쿠르츠 자산(세금 절약을 포함)의 시장가치는 얼마인가?
   c. 자사주 매입 이전에 쿠르츠의 주가(주당 가격)는 얼마인가? 쿠르츠는 몇 주의 자사주를 매입할 것인가?
   d. 자사주 매입 이후에 쿠르츠의 재무상태표 시장가치와 주가는 얼마인가?
22. 코웨 주식회사(Kohwe Corporation)는 새로운 투자를 위한 $50백만을 조달하기 위하여 주식을 발행할 계획이다. 투자 이후에 코웨는 매년 $10백만의 가용현금흐름을 기대하고 있다. 코웨는 현재 5백만 주를 발행하였고, 다른 자산이나 투자기회는 없다. 코웨의 미래 가용현금흐름의 적절한 할인율은 8%이며, 유일한 자본시장 불완전성은 법인세와 재무적 곤경비용이다.
   a. 코웨 투자의 NPV는 얼마인가?
   b. 코웨의 현재 주가는 얼마인가?
23. 코웨가 주식발행 대신에 $50백만을 차입하기로 하였다. 이 기업은 매년 대출에 대한 이자를 지불할 것이고, 채무 잔고를 $50백만으로 유지하고자 한다. 코웨의 법인세율이 40%이고, 매년 기대 가용현금흐름이 $10백만이라고 가정하자. 투자가 채무로 조달된다면 코웨의 주가는 얼마인가?
24. 매출 감소와 재무적 곤경비용 때문에 레버리지를 가지는 코웨의 기대 가용현금흐름이 매년

$9백만으로 감소할 것이다. 코웨의 미래 가용현금흐름의 적절한 할인율이 8%라고 가정하자. 주어진 레버리지의 재무적 곤경비용을 가정할 때, 코웨의 주가는 얼마인가?

*25. 랠리는 $25백만의 자산과 10십억 주를 발행한 무차입 기업이다. 랠리는 $10백만을 차입하여 이 자금을 자사주 매입에 사용할 것이다. 이 기업의 법인세율은 35%이고 랠리는 영원히 $10백만의 채무를 유지할 것이다.

a. 레버리지가 증가하지 않으면 랠리의 주가는 어떻게 될 것인가?

b. 랠리가 자사주를 매입하기 위해 주당 $2.75를 제안하였다. 주주들이 이 가격으로 매도하겠는가?

c. 랠리가 주당 $3.00를 제안하면 주주들은 이 가격으로 그들의 주식을 입찰할 것인가? 자사주 매입 후 랠리의 주가는 어떻게 될까?

d. 랠리가 제공하여 주주들이 입찰에 응할 수 있는 최저 가격은 얼마인가? 이 경우 자사주 매입 이후 주가는 얼마가 될 것인가?

최석 자본구조: 상쇄이론

26. 현재의 레버리지로 Impi 주식회사는 내년에 $4.5백만의 순이익을 얻을 것이다. Impi의 법인세율은 35%이고 채무에 8%의 이자를 지불한다면, 금년에 얼마의 추가적인 채무를 발행하여야 내년에도 이자의 세금 절감 혜택을 받을까?

27. 당신의 회사가 이제 성숙하여서 처음으로 자본구조에 채무 추가를 고려하고 있다. 당신의 100% 자기자본 기업은 $20백만의 시장가치를 가지고 있으며, 7%의 이자율로 $2백만의 채무를 발행하여 자사주를 매입하려고 한다. 법인세율은 40%이다. 세금이 유일한 불완전성 요인이고 채무는 영원히 존재한다고 가정하자.

a. 자본구조 변경 후 기업의 총가치는 어떻게 될까?

b. 자본구조 변경 후 남은 주식의 가치는 얼마인가?

28. 운송 기업인 하와르 인터내셔널(Hawar International)은 현재 주가 $5.50의 주식을 10백만 주 발행한 상태다. 하와르가 $20백만을 차입하고 자사주를 매입하여 법인세를 감소시키는 계획을 발표한다고 하자. 하와르의 법인세율은 30%이고, 주주들은 이번 채무의 변화는 영원히 지속될 것이라고 기대한다.

a. 유일한 불완전성이 법인세라면, 이 발표 이후에 주가는 얼마가 될 것인가?

b. 유일한 불완전성이 법인세와 재무적 곤경비용이라고 하자. 이 발표 직후에 주가가 $5.75로 상승한다면, 새로운 채무의 결과로 하와르가 지불하게 되는 재무적 곤경비용의 현재가치는 얼마인가?

29. 마르포르 산업(Marpor Industries)은 채무가 없고, 매년 $16백만의 가용현금흐름이 발생할

것으로 기대한다. 마르포르는 채무의 수준을 $40백만으로 영원히 증가시킨다면 재무적 곤경의 위험 때문에 일부 고객을 잃어버리고 납품업자로부터의 조건이 안 좋아질 수 있다고 믿는다. 결과적으로 채무가 있는 경우 마르포르의 기대 가용현금흐름은 매년 $15백만이 될 것이다. 마르포르의 법인세율은 35%, 무위험 이자율은 5%, 시장의 기대수익률은 15%이며, 마르포르의 가용현금흐름 베타는 레버리지의 존재와는 무관하게 1.10이다.

a. 레버리지가 없는 경우 마르포르의 가치는 얼마인가?

b. 새로운 레버리지가 있는 경우 마르포르의 가치는 얼마인가?

*30. 콜트 시스템즈는 내년에 $15백만의 EBIT를 가질 것이다. 또한 총자본지출 및 순운전자본 증가에 $6백만을, 감가상각비로 $3백만을 지출할 것이다. 콜트는 현재 법인세율 35%, 자본비용 10%의 무차입 기업이다.

a. 콜트의 가용현금흐름이 매년 8.5% 증가할 것으로 예상되면 현재 주식의 시장가치는 얼마인가?

b. 채무 이자율이 8%라면, 콜트는 지금 얼마를 차입하여 내년에 음이 아닌 순이익을 가지는가?

c. 콜트가 50%를 초과하는 부채비율을 선택하기 위한 현재의 세금 인센티브가 있는가? 설명하라.

레버리지의 추가적인 결과: 대리인 비용과 정보

31. 딘론 주식회사(Dynron Corporation)의 주요 사업은 거대한 가스 파이프라인 네트워크를 이용한 천연가스 운반이다. 현재 딘론의 자산은 시장가치로 $150백만이다. 이 기업은 파이프라인의 일부를 매도하여 $50백만의 자금을 조달하고, 이를 고속 네트워크 대역폭을 판매하여 수입을 창출하는 섬유 광학 네트워크에 투자하려고 고려 중이다. 새로운 투자가 이익을 증가시킬 것으로 기대되지만 딘론의 위험도 실질적으로 증가시킬 것이다. 딘론이 차입 기업이라면 이 투자가 주식 보유자에게 딘론이 채무가 없을 때보다 더 매력적인가?

32. 유일한 자산이 유휴 토지 구획이고 유일한 채무는 1년 뒤에 만기가 도래하는 $15백만인 기업을 생각해 보자. 계속 유휴 상태로 남아 있으면 그 토지는 1년 뒤에 $10백만이 될 것이다. 하지만 $20백만의 선불을 지불하고 토지를 개발하면 개발된 토지는 1년 뒤에 $35백만의 가치가 있을 것이다. 무위험 이자율은 10%이고, 모든 현금흐름은 무위험이며, 세금은 없다고 가정하자.

a. 기업이 토지의 개발을 선택하지 않는다면 기업 주식의 현재가치는 얼마인가? 채무의 현재가치는 얼마인가?

b. 토지 개발의 NPV는 얼마인가?

c. 그 토지를 개발하기 위하여 주식 보유자들로부터 $20백만을 조달한다고 생각해 보자. 기업이 토지를 개발하면 기업 주식의 현재가치는 얼마인가? 기업 채무의 현재가치는 얼마인가?

d. (c)에서의 답에 근거하여 토지 개발에 필요한 $20백만을 기꺼이 제공하겠는가?

*33. 지마세(Zymase)는 생명공학 분야의 신설 기업이다. 지마세의 연구자들은 다음 세 가지 연구 전략 중 하나를 선택하여야 한다. 세후 이익과 각 전략의 확률이 아래와 같이 주어졌다. 각 프로젝트의 위험은 분산 가능하다.

전략	확률	이익($백만)
A	100%	75
B	50%	140
	50%	0
C	10%	300
	90%	40

a. 어떤 프로젝트가 가장 높은 기대 이익을 주는가?

b. 지마세는 프로젝트 이익의 발생 시점에 만기가 도래하는 $40백만의 채무를 가지고 있다. 어떤 전략이 주식 보유자에세 가장 높은 기대수익률을 줄 것인가?

c. 지마세는 전략의 이익 발생 시점에 만기가 도래하는 $110백만의 채무를 가지고 있다. 어떤 전략이 주식 보유자에게 가장 높은 기대수익률을 줄 것인가?

d. 경영진이 주식 보유자에게 가장 큰 이익이 되는 전략을 선택한다면, 만기가 도래하는 $40백만의 채무에 의한 기업의 기대 대리인 비용은 얼마인가? 만기가 도래하는 $110백만의 채무에 의한 기업의 기대 대리인 비용은 얼마인가?

*34. 당신은 기업을 소유하고 있는데, 확장을 위하여 $30백만을 조달하려고 한다. 현재, 당신은 기업 주식의 100%를 보유하고 있으며, 기업의 채무는 없다. $30백만을 주식으로만 조달하기 위하여 기업 주식의 2/3를 매도하여야 한다. 그러나, 기업에 대한 통제권을 유지하기 위하여 적어도 50%의 주식 지분을 유지하고 싶다.

a. $20백만을 차입하면, 나머지 $10백만을 조달하기 위해서 매도하여야 하는 주식의 지분은 어느 정도인가? (완전자본시장을 가정한다.)

b. 기업에 대한 통제권을 포기하지 않고 $30백만 조달을 위해 당신이 차입을 할 수 있는 최소한의 금액은 얼마인가? (완전자본시장을 가정한다.)

*35. 엠파이어 산업(Empire Industries)은 아래와 같이 다음 해의 당기순이익을 예측하고 있다 (단위: $1,000).

EBIT	$1,000
이자비용	0
세전 순이익	1,000
법인세	−350
당기순이익	$650

엠파이어 순이익의 $200,000 정도가 양(+)의 NPV를 가지는 새로운 투자에 필요할 것이다. 불행하게도 엠파이어의 경영진은 당기순이익의 10%를 기업에 도움이 되지 않는 불필요한 수당, 작은 프로젝트, 기타 지출 등으로 낭비할 것으로 예상된다. 나머지 이익은 주주들에게 분배될 것이다.

a. 엠파이어를 위한 채무 자본조달의 두 가지 혜택은 무엇인가?

b. 이자비용 $1당 엠파이어 주주들에 대한 분배를 어느 정도씩 감소시키는가?

c. 이자비용 $1당 엠파이어가 투자자들에게 지불하려는 전체 자금의 증가분은 얼마인가?

*36. 인포 시스템즈 테크놀로지(Info Systems Technology, IST)는 가전제품 등에 사용할 마이크로프로세서 칩을 생산한다. IST는 채무가 없으며 주식 100백만 주를 발행하였다. 이 주식들에 대한 정확한 가격은 주당 $14.50이나 $12.50이다. 투자자들은 두 가지 가능성을 동일하게 보고 있으며, 현재 이 주식은 $13.50에 거래되고 있다.

IST는 새로운 생산 설비를 만들기 위해 $500백만을 조달하여야 한다. 이 기업이 재무적 곤경에 빠질 경우 고객과 엔지니어들로 인해서 상당한 손실을 겪을 것이기 때문에, 경영진은 IST가 $500백만을 차입한다면 재무적 곤경비용의 가치가 세금 절약을 $20백만 초과 할 것이라고 믿고 있다. 동시에 투자자들은 경영진만이 이 주식의 정확한 가격을 알고 있다고 믿기 때문에, IST가 주식을 발행하여 $500백만을 조달하려고 한다면 레몬 문제에 직면할 것이다.

a. IST가 주식을 발행하면 주가가 $13.50에 머물러 있을 것이라고 생각하자. 경영진이 정확한 기업의 주가를 알고 있다면 기업의 장기 주가를 극대화하기 위하여 다음 상황에서 주식을 발행하여야 하는가, 아니면 $500백만을 차입하여야 하는가?

i. 정확한 주가가 $12.50이라는 것을 경영진이 알고 있다.

ii. 정확한 주가가 $14.50이라는 것을 경영진이 알고 있다.

b. (a)에서의 답변에 근거하여, IST가 주식을 발행한다면 투자자들은 어떤 결론을 내리겠는가? 주가는 어떻게 되겠는가?

c. (a)에서의 답변에 근거하여, IST가 채무를 발행한다면 투자자들은 어떤 결론을 내리겠는가? 이 경우에 주가는 어떻게 되겠는가?

d. 재무적 곤경비용이 없고 레버리지에 의한 세금 절약 효과만 있다면, 당신의 답변들이 어떻게 바뀌겠는가?

부록 파산 규정

기업이 채권자에게 필요한 지불을 하지 못할 때, 채무불이행 상태에 있다고 말한다. 채권자는 채권을 보호하기 위하여 기업 자산의 압류에 의한 법률적 행동을 기업에 취할 수 있 다. 대부분의 기업들은 다수의 채권자를 가지고 있기 때문에, 각 채권자들이 공정한 대우를 받기 위하여 상호간 협조가 요구된다. 또한 기업 자산이 함께 관리될 때 가치가 더 커지므로, 채권자들이 부분적으로 자산을 압류하는 것이 오히려 남아있는 기업 자산의 가치를 떨어뜨릴 수 있다.

미국의 파산 규정은 이러한 과정을 조직화하여 채권자들이 공정하게 취급되고 자산의 가치가 불필요하게 손상을 입지 않도록 규정하고 있다. 1978년의 파산개혁법(1978 Bankruptcy Reform Act)의 규정에 따라 미국 기업들은 다음 두 가지 유형의 파산 보호를 신청할 수 있다: Chapter 7 또는 Chapter 11.

Chapter 7의 청산(liquidation)에서는 경매를 통한 기업 자산의 청산을 감시하기 위하여 수탁자가 선정된다. 청산으로부터의 수입은 기업 채권자들에게 지급되고 당해 기업은 소멸하게 된다.

대기업을 위해 좀 더 일반적인 파산의 형태는 Chapter 11의 회생(reorganization)을 따르는데, 모든 채권이 자동적으로 회수가 유예되고 기업의 현재 경영진은 회생 계획을 제출할 기회가 주어진다. 이 계획을 작성하기 위해 경영진은 영업을 계속 진행하게 된다. 회생 계획은 각 채권자를 어떻게 취급할 것인가를 명시한다. 채권자들은 현금 지급뿐만 아니라 당해 기업의 새로운 채무나 주식을 받게 될 수도 있다. 현금과 유가증권의 가치는 일반적으로 채권자의 권리보다는 작지만, 기업이 곧 영업을 중지하고 청산될 때 받는 금액보다는 많다. 채권자들은 이 계획을 받아들이기 위해 투표를 하고 파산 법원의 승인을 받아야 한다.[8] 승인할 수 있는 계획이 나오지 않으면 법원은 마지막으로 Chapter 7의 기업 청산을 강제할 수 있다.

---

8) 특별히 경영진은 첫 120일 동안 회생 계획을 제안할 배타적 권리를 가지는데, 이 기간은 파산 법원에 의해 무한정 연장될 수 있다. 그 이후에 어떤 이해관계자도 계획을 제안할 수 있다. 완전한 보상을 받거나 권리가 회생 계획에 의해 완전히 복원될 채권자들은 손실이 없는 것으로 여겨지기 때문에, 회생 계획의 투표에 참여하지 않는다. 손실이 있는 모든 채권자들은 그들 권리의 특징에 따라 그룹으로 분류된다. 각 그룹 권리 금액의 2/3를 보유하고 있는 채권자와 각 그룹의 권리 수로 다수에 의해 회생 계획이 승인되면, 파산 법원은 그 계획을 확정한다. 모든 그룹이 이 계획을 승인하지 않더라도 이 계획이 반대하는 그룹에게도 공정하고 공평하다고 법원이 판단하면, 법원은 이 계획을 (일반적으로 “cram down”이라고 불리는 과정을 통하여) 강제할 수 있다.

17 배당정책

학습목표

- 회사가 주주에게 현금을 배분할 수 있는 방법들을 확인한다.
- 시장 불완전성이 없을 때, 현금배분 방법이 기업가치에 영향을 주지 않는 이유 를 이해한다.
- 세금이 배당보다 자사주 매입을 유리하게 만드는 이유를 보여준다.
- 배당의 증가가 잠재적으로 재무 유연성을 줄이더라도 어떻게 대리인 문제를 줄 일 수 있는지 설명한다.
- 시장에 대한 정보신호로 배당정책의 역할을 이해한다.
- 비현금배당방법에 대해 설명한다.

기호

P_{cum} 배당부 주가

P_{ex} 배당락 주가

P_{rep} 자사주 매입후 주가

PV 현재가치

Payout Policy

기업의 투자가 현금흐름을 창출하면, 기업은 그 현금을 어떻게 사용할 것인지를 결정해야만 한다. 기업이 새로운 양(+)의 NPV 투자 기회를 가지고 있으면 기업가치를 높이기 위해 현금을 재투자할 수 있다. 급속히 성장하는 신생기업은 현금흐름의 100%를 이런 방식으로 재투자한다. 그러나 수익성이 높은 성숙기업은 종종 매력적인 투자 기회에 투자할 자금보다 많은 현금을 창출한다. 과잉 현금을 가지게 되면 자금을 현금 보관하거나 주주에게 배분할 수 있다. 만일 기업이 주주에게 배분한다면 두 가지 선택이 있다. 배당으로 지불할 수 있고 현재의 주주로부터 주식을 매입할 수 있다. 이러한 결정을 기업의 배당정책이라고 한다.

수년 동안 마이크로소프트는 투자자에게 현금을 배분하는 데 주로 자사주 매입을 선택하였다. 2004년 6월 말까지 5년 동안 마이크로소프트는 연간 평균 $5.4십억을 자사주 매입에 사용했다. 마이크로소프트가 투자자에게 배당을 지급하기 시작한 것은 2003년이다. 회사의 CFO인 존 코너스(John Connors)는 주당 $0.08을 "출발 배당금(starter dividend)"이라 하였다. 그리고 2004년 7월 20일 마이크로소프트는 2004년 11월 17일에 주주명부에 기재된 모든 주주에게 주당 $3의 총 $32십억의 일회성 배당금을 역사상 가장 큰 현금배당으로 지불하겠다고 공시하여 금융시장을 놀라게 하였다. 배당금과 더불어 마이크로소프트는 향후 4년 동안 $30십억을 자사주 매입에 사용할 것이고 주당 $0.32의 분기별 정기 배당금을 지불하겠다고 공시하였다. 마이크로소프트의 재무관리자는 어떻게 이러한 배당을 결정하게 되었을까? 이러한 행동이 주주와 기업의 가치에 미치는 의미는 무엇인가?

이번 장에서 우리는 자본구조에서처럼 기업의 배당정책이 세금, 대리인 문제, 거래비용, 경영진과 투자자사이의 정보 비대칭과 같은 시장 불완전성에 의해 달라지는 것을 살펴본다. 우리는 왜 어떤 기업은 배당금을 지불하지않고 전적으로 자사주 매입에 의존하는 반면에 일부 기업은 배당금을 선호하는지 알아본다. 또한 어떤 기업은 과잉 현금을 모두 배분하는 반면에 일부 기업은 현금을 유보하여 대규모 잉여금을 적립하는 이유를 살펴볼 것이다.

17.1 주주에게 현금배분

그림 17.1은 가용현금흐름의 대안적인 사용을 보여주고 있다.[1] 현금흐름을 유보할 것인지 자금제공자에게 투자에 대한 수익의 대가로 배분할 것인지가 첫 번째 결정이다. 이 결정의 기본적인 방향은 회사가 현금흐름을 사용하는 것이 투자자가 사용하는 것보다 나은지 여부에 달려 있다. 즉 회사가 가용현금흐름을 사용할 만큼 충분한 양(+)의 NPV 프로젝트를 보유하고 있는지를 묻는 것과 같다. 왜냐하면 양의 NPV 프로젝트는 투자자가 다른 투자처인 자본시장에서 얻을 수 있는 것에 비해 상대적으로 높은 가치를 창출할 것으로 예상되기 때문이다. 따라서 현금배분과 투자 결정은 서로 연결되어 있다. 기업이 현금흐름을 유보하기로 하면 기업은 당장 신사업에 투자를 하거나 미래 투자를 위해 자금을 보유할 것이다. 만일 기업이 현금흐름을 배분하기로 하면 기업은 자사주를 매입하거나 배당금을 지불할 수 있다. 이러한 대안들 사이에서 기업이 결정하는 것을 **배당정책(payout policy)**이라고 한다. 우리는 기업의 배당정책을 배당금 지불과 자사주 매입 사이의 선택을 고려하는 것에서 시작하려 한다. 이번 절에서 우리는 현금을 주주에게 지불

배당정책: 주주에게 현금을 지불하는 다양한 대안 중 기업의 선택 방법

1) 엄밀히 말하면 그림 17.1은 무차입기업을 대상으로 한다. 차입 기업의 경우, 주주에게 돌아가는 가용현금흐름은 세후 채권자에게 돌아가는 가용현금흐름을 제외한 것으로 시작해야 할 것이다.

그림 17.1
가용현금흐름의 사용

기업은 가용현금흐름을 투자나 누적을 통해 유보하거나 배당금이나 자사주 매입을 통해 배분할 수 있다. 이러한 선택은 기업의 배당정책에 의해 결정된다.

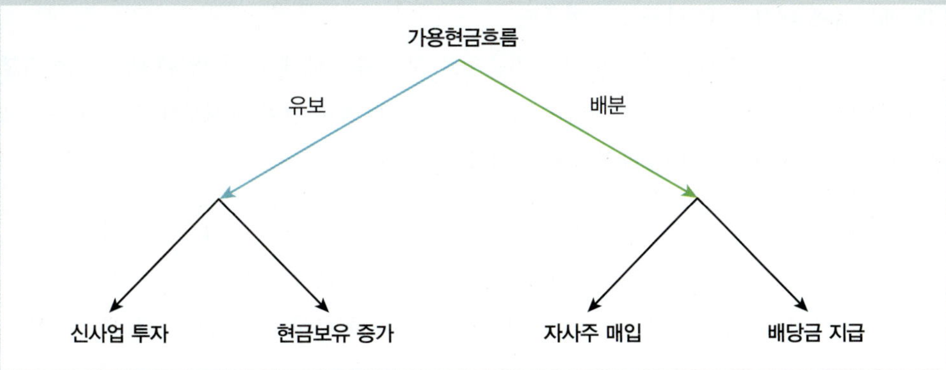

하는 방법에 대해 상세히 알아본다.

배당금

상장회사의 이사회는 기업의 배당금을 결정한다.[2] 이사회는 지불할 주당 배당금액과 언제 배당을 할 것인지를 정한다. 이사회가 배당을 승인한 날을 **배당공시일(declaration date)**이라고 한다. 이사회가 배당을 공시한 후에 회사는 법적으로 배당금을 지불해야만 하는 의무를 가지게 된다. 회사는 어떤 특정한 날에 주주로 기록된 모든 주주에게 배당을 지불하게 되는데, 그 특정한 날을 **배당 기준일(record date)**이라고 한다. 주식이 결제되려면 3일의 영업일이 걸리기 때문에 배당기준일보다 최소한 3일 전(영업일 기준)에 주식을 매입한 주주만이 배당금을 받는다. 따라서 배당기준일보다 2일 영업일 전의 날이 **배당락일(ex-dividend date)**로 알려져 있다. 배당락일 혹은 그 이후에 주식을 매입한 사람은 배당금을 받을 수 없다. 마지막으로 **배당 지급일** 혹은

배당공시일: 상장회사의 이사회가 배당금 지급을 승인한 날

배당 기준일: 어떤 날에 주주로 기록된 모든 주주에게 배당을 지불할 것으로 상장회사의 이사회가 정한 날

배당락일: 당일 혹은 그 이후에 주식을 매입한 사람은 배당금을 받을 수 없는 배당 기준일보다 2일 영업일 전의 날

그림 17.2
마이크로소프트 특별 배당금의 주요 일자

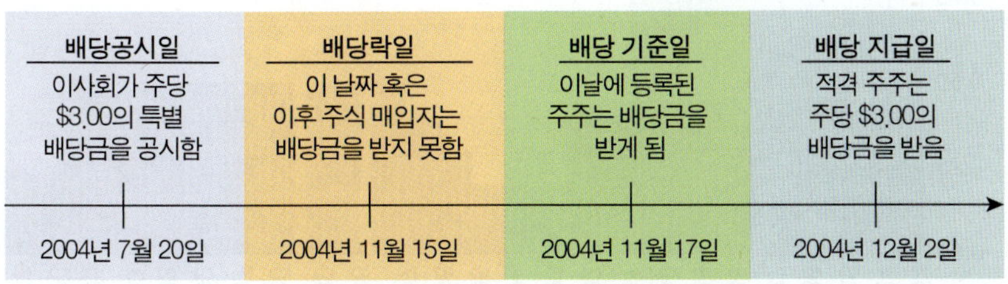

2) 한국의 배당은 미국과 달리 주주총회에서 결정하며 중간배당이 있기는 하지만 1년에 1회 지급하는 경우가 많다. 따라서 배당과 관련된 일자도 다르다. 배당기준일은 회계연도말이 되며 한국의 결제는 2일의 영업일이 걸리기 때문에 배당락일은 배당기준일의 1일 영업일 전이 된다.

배당 지급일, 배분일: 배당 기준일이 지난 후 일반적으로 한 달 이내로 회사가 배당금수표를 등록된 주주에게 발송하는 날

배분일(payable date or distribution date)이 있는데, 이날은 배당 기준일이 지난 후 일반적으로 한달 이내로 회사가 배당금 수표를 등록된 주주에게 발송한다. 그림 17.2는 마이크로소프트의 \$3.00 배당금에 대한 주요 일자를 보여준다.

마이크로소프트는 2004년 11월 17일을 기준일로 모든 주주에게 12월 2일에 배당금을 지불하겠다고 2004년 7월 20일에 공시하였다. 배당 기준일이 11월 17일이기 때문에 영업일 기준으로 이틀 전인 2004년 11월 15일이 배당락일이 되었다.

특별 배당금: 정기배당금보다 일반적으로 큰 액수로 회사의 일회성 배당금

특별 배당금 대부분의 회사는 정기적으로 분기별 배당금을 지불한다. 회사들은 일반적으로 배당금을 조정하지 않는데 그것은 분기마다 배당금을 거의 변화시키지 않는다는 것이다. 경우에 따라 회사는 마이크로소프트가 2004년에 \$3을 지급한 것과 같이 정기 배당금보다는 큰 액수로 일회성 **특별 배당금(special dividend)**을 지급한다. 그림 17.3은 1983년부터 2008년 사이에 GM이 지급한 배당금을 보여준다. 정기 배당금 이외에 GM은 1997년 12월과 1999년 5월에 (17.6절에서 논의하게 될 자회사의 매각과 관련해서) 특별 배당금을 지급했다.

GM이 1980년대에 걸쳐서 배당금을 증가시켰지만 1990년대 초반의 침체기에 배당금을 줄였다. GM은 1990년대 후반에 다시 배당을 확대했지만, 2006년 초에 다시 배당을 낮췄고 금융위기에 대한 대응으로 2008년 7월에 배당을 일시 중단했다. 1년 후 GM은 챕터 11(Chapter 11)[3] 파

그림 17.3
GM 주식의 배당 역사 (1983~2008년)

1983년부터 재무적 위기로 배당금을 정지했던 2008년 7월까지 GM은 정기배당금을 분기마다 지급하였다. GM은 1997년 12월과 1999년 5월에 특별 배당금을 지불했다.

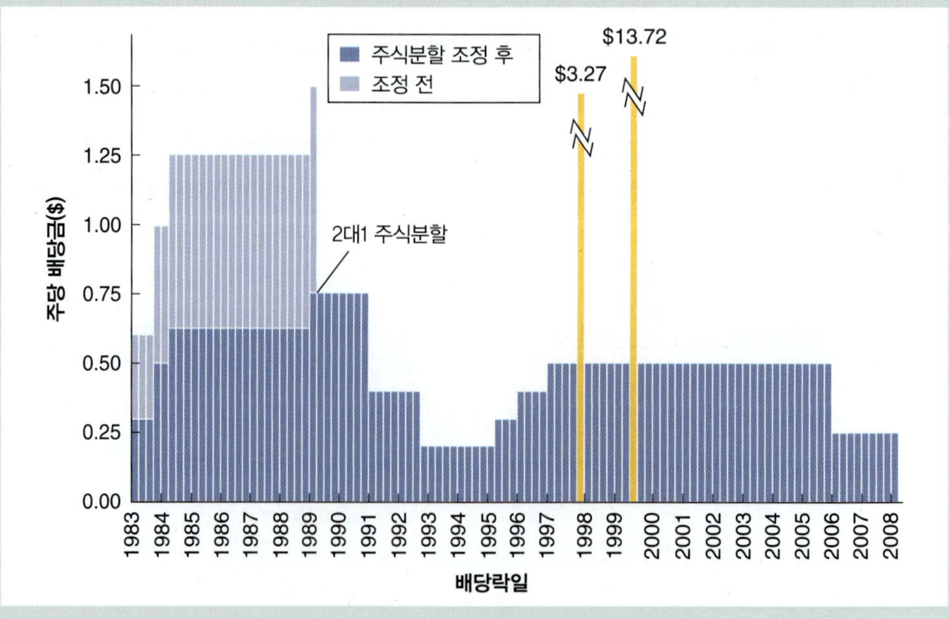

3) 미국의 파산제로와 관련된 조항 중 하나로 챕터7(Chapter 7)과 챕터 11(Chapter 11)이 있다.

산을 신청했고 기존 주주들은 사라졌다. GM은 이후 (2009년) 파산에서 회생하였고 새로운 주식을 발행했지만 2014년까지 배당금을 재도입하지 않았다.

회계적 의미 배당금은 회사의 입장에서는 현금유출이다. 회계적 관점에서 배당금은 회사의 현재의 (혹은 누적된) 이익잉여금을 줄인다. 어떤 경우에 배당금은 납입자본금(paid-in capital)이나 자산의 청산과 같은 다른 회계 원천에서 오기도 한다. 그런 경우에 배당금은 **투자금의 지급(return of capital)** 혹은 **청산 배당금(liquidating dividend)**이라고 한다. 자금의 원천이 다르다고 해도 회사나 투자자에게 직접적으로 차이는 없다. 세금처리에서 차이가 있다. 투자금의 지급은 투자자에 대한 배당금이 아니라 자본이득으로 과세된다.

투자금의 지급: 현재의 순이익(혹은 누적된 이익잉여금)에서 배당금을 지급하는 대신에 납입자본금이나 자산의 청산과 같은 다른 출처에서 배당금을 지급할 때를 말함

청산 배당금: 종료되는 사업 영업으로부터 주주에게로 투자금의 지급

자사주 매입

투자자에게 현금을 지불하는 또 다른 대안은 자사주 매입(share repurchase or buyback)이다. 자사주 매입에서 회사는 현금으로 자사의 발행 주식을 매입한다. 이렇게 매입된 주식은 일반적으로 회사의 금고주(treasury stock)로 보관되고 회사가 미래에 현금이 필요하게 되면 다시 매도될 수 있다. 세 가지 가능한 형태의 자사주 매입 거래를 살펴보자.

공개시장 매입 공개시장에서 다른 투자자와 마찬가지로 자사의 주식을 매입하겠다는 의도를 공시하고 시간을 두고 매입하는 **공개시장 자사주 매입(open market repurchase)**이 회사가 행하는 자사주 매입의 가장 일반적인 방법이다. 회사가 자사주 매입을 행하는데 1년 이상의 시간이 걸리고 최초에 공시한 물량을 모두 매입해야 하는 의무를 가지는 것은 아니다. 또한 회사는 가격에 영향을 줄 것 같은 방법으로 주식을 매입해서는 안 된다. 예를 들어, SEC의 가이드라인은 회사가 하루에 일간 평균 거래량의 25% 이상을 매입하지 않도록 그리고 개장시 혹은 마감 30분 이전에 매입하지 못하도록 권고하고 있다.[4]

공개시장 자사주 매입: 공개시장에서 시간을 두고 회사가 자사주를 매입하는 경우

공개시장 자사주 매입이 전체 자사주 매입의 95%를 차지하지만 회사가 자사주를 매입하고자 한다면 다른 방법도 있다.[5] 이러한 방법은 종종 자본재조정(recapitalization)의 일환으로 대량의 자사주 매입을 하려고 할 때 사용된다.

공개매수 회사는 미리 정한 가격에 단기간 (일반적으로 20일 이내) 동안 주식을 매입하기로 제의하는 **공개매수(tender offer)**를 통해서 자사주 매입을 할 수 있다. 일반적으로 가격은 현재의 시장가격의 (10%-20%가 일반적) 프리미엄으로 정해진다. 공개매수는 충분한 수의 주식을 매도하려는 주주의 의사에 달려있다. 만일 주주가 충분한 의사를 표하지 않으면 회사는 공개매수를

공개매수: 기존의 주주로부터 정해진 물량의 주식을 미리 정한 가격에 단기간(일반적으로 20일) 동안 매입하겠다고 제안하는 공시

4) 1983년에 도입된 SEC Rule 10b-18는 공개시장 자사주 매입의 가이드라인을 정하고 있다.

5) G. Grullon and D. Ikenberry, "What Do We Know About Stock Repurchases?" *Journal of Applied Corporate Finance* 13 (1) (2000): 31-51.

취소하고 자사주 매입을 하지 않을 수 있다.

네덜란드식 경매: 주주가 각 가격에 매도할 의향이 있는 주식의 수를 표시하는 자사주 매입 방법. 그러면 회사는 매입하고자 하는 물량을 살 수 있는 가장 낮은 가격을 지불함

공개매수와 연관된 방법은 **네덜란드식 경매**(Dutch auction)로 회사는 매수할 가격을 다양하게 제시하고 주식을 매도하려는 주주는 각 가격에 매도할 의향이 있는 주식의 수를 표시한다. 회사는 매입하고자 원하는 물량을 살 수 있는 가장 낮은 가격을 지불하게 된다.

자사주 직접 매입: 회사가 주식을 직접 주요 주주로부터 매입. 매입 가격은 매도자와 직접 협상하게 된다.

그린메일: 회사가 경영권 탈취와 경영진 교체의 위협에 대항하기 위해 종종 현재 시장가격보다 높은 프리미엄을 주고 주요 주주가 주식을 매입하는 경우

자사주 직접 매입 회사는 직접 주요 주주로부터 매입하는 **자사주 직접 매입**(targeted repurchase)을 하기도 한다. 이 경우 매입가격은 매도자와 직접 협상을 통해 정한다. 자사주 직접 매입은 주요 주주가 시장에서 유동성이 충분하지 않은 주식을 매도하는 경우에 주식 가격에 심각한 영향을 주지 않고 대량의 주식 매도를 원할 때 발생한다. 이런 상황에서는 주주가 현재 시장가격보다 낮은 가격에 할인해서 매도하기도 한다. 대안적으로, 직접 매입은 회사의 경영권 탈취와 경영진 교체의 위협에 대항하기 위해 주요 주주가 사용하기도 한다. **그린메일**(greenmail)을 통해 회사는 주주의 지분을 종종 현재 시장가격보다 높은 프리미엄을 주고 매입하여 위협을 제거하기도 한다.

개념확인

1. 주식의 배당락일은 어떻게 결정되는가? 그날은 왜 중요한가?
2. 공개시장을 통한 자사주 매입은 무엇인가?

17.2 완전자본시장에서의 배당과 자사주 매입

회사가 주주에게 현금을 지급하기로 결정하면, 그것을 배당금 지급이나 자사주 매입을 통해 실행할 수 있다. 그렇다면 회사는 두 대안 중에서 어떻게 선택을 할까? 이번 절에서 우리는 모딜리아니(Modigliani)와 밀러(Miller)가 제안한 완전자본시장에서 지급방법이 중요하지 않다는 것을 보여줄 것이다.

가상의 회사인 젠론(Genron Corporateion)을 고려해 보자. 젠론은 $20백만의 초과 현금이 있고 채무는 없다. 회사는 추가적으로 매년 $48백만의 가용현금흐름을 창출할 것으로 예상된다. 젠론의 무차입 자본비용이 12%이면 사업가치(EV)는 아래와 같다.

$$\text{사업가치} = PV(\text{미래 FCF}) = \$48\text{백만}/12\% = \$400\text{백만}$$

현금을 포함하면 젠론의 총시장가치는 $420백만이 된다.

젠론의 이사회는 $20백만의 초과 현금을 주주에게 어떻게 배분할 것인지를 결정하려고 한다. 이사회는 다음 세가지 대안을 고려하고 있다.

1. $20백만을 젠론의 10백만의 발행주식에 주당 $2의 현금배당을 지급하는데 사용한다.
2. 배당을 지급하는 대신에 자사주 매입을 한다.
3. 추가적으로 현금을 조달해서 현재 혹은 미래에 더 많은 배당금을 지급한다.

현재의 배당금은 젠론의 주가에 영향을 미칠까? 어떤 정책을 주주는 선호할까?

배당정책을 논의하기 위한 기반을 제공하기 위해서, 위 세 가지 대안이 되는 정책의 결과를 완전자본시장의 가정하에 설명하고 비교한다. 우리는 또한 세금과 거래비용과 같은 시장의 불완전성이 배당 정책에 어떻게 영향을 주는지도 살펴볼 것이다.

대안 1: 초과 현금으로 배당금 지급

이사회가 첫째 대안으로 모든 초과 현금을 배당금으로 지급하기로 했다고 가정하다. 10백만 주의 발행주식수를 가진 젠론은 당장 주당 \$2의 배당금을 지급할 수 있다. 회사는 미래 현금흐름으로 매년 \$48백만을 창출할 것으로 예상되기 때문에 이후 매년 주당 \$4.80의 배당금을 지급할 수 있을 것이다. 이사회는 배당금을 공시하면서 배당기준일을 12월 14일로 정했기 때문에 배당락일은 12월 12일이 된다. 이 결정의 영향을 알아보기 위해 배당락일 전후의 젠론 주가를 계산해 보자.

주식의 공정한 가격은 젠론의 자기자본 비용으로 계산한 기대되는 배당금의 현재가치라는 제7장의 가치평가 원칙을 기억해보자. 젠론은 채무가 없기 때문에 자기자본비용은 무차입 자본비용인 12%이다. 배당락일 전에 주식은 **배당부(cum-dividend,** "배당금이 포함된")라고 하는데 그 이유는 주식을 매입하는 투자자는 모두 배당금을 받을 자격이 있기 때문이다. 이 사례에서

배당부: 배당락일 전에 주식이 거래될 경우, 주식을 매입하는 투자자는 모두 배당금을 받을 자격이 있음

$$\text{배당부 주가}(P_{cum}) = \text{현재 배당금} + PV(\text{미래 배당금들}) = 2 + 4.80/0.12 = 2 + 40 = \$42$$

배당락일이 되면 새로운 매입자는 현재의 배당금을 받을 수 없다. 이 시점에 주식가격은 차후 배당금만을 반영하게 될 것이다.

$$\text{배당락 주가}(P_{ex}) = PV(\text{미래 배당금들}) = 4.80/0.12 = \$40$$

주식가격은 12월 12일인 배당락일에 \$42에서 \$40로 떨어질 것이다. 주가하락의 정도는 현재의 배당금인 \$2와 같다. 우리는 또한 주가의 변화를 시장가치 재무상태표를 이용하여 구할 수 있다. (단위는 백만 달러).

	12월 11일 (배당부)	12월 12일 (배당락)
현금	20	0
기타 자산	400	400
총시장가치	420	400
발행주식수(백만 주)	10	10
주가	**\$42**	**\$40**

시장가치 재무상태표에서 보듯이, 배당금이 지급되면 회사의 현금이 감소하여 자산의 시장가

치가 하락하기 때문에 주가는 하락한다. 주가가 하락하더라도 젠론 주식의 보유자는 손실을 입지 않는다. 배당금 지급되기 전 주가는 $42의 가치가 있다. 배당금이 지급되고 나면 주가는 $40의 가치를 가지고 투자자는 $2의 배당금을 가지게 된다. 주가와 시장가치 재무상태표를 통한 분석의 결과는 아래와 같다.

완전자본시장에서 배당금이 지급될 때, 주식이 배당락일에 거래되기 시작할 때 주가는 배당금액만큼 하락한다.

대안 2: 배당금 없이 자사주 매입

젠론이 올해 배당금을 지급하지 않고 대신에 $20백만으로 공개시장에서 자사주를 매입한다고 가정하자. 자사주 매입은 주가에 어떤 영향을 미칠까?

최초 주가가 $42이므로, 젠론은 0.476백만 주($20백만 / $42 = 0.476백만)의 자사주를 매입하게 될 것이고 발행주식수는 9.524백만 주(10 - 0.476 = 9.524)가 된다. 다시 젠론의 시장가치 재무상태표를 가지고 이 거래를 분석하면 아래와 같다.

	12월 11일 (자사주 매입 이전)	이전) 12월 12일 (자사주 매입 이후)
현금	20	0
기타 자산	400	400
총시장가치	420	400
발행주식수(백만 주)	10	9.524
주가	$42	$42

이 경우에 젠론 자산의 시장가치는 회사가 현금을 지불하면서 하락하지만 발행주식수도 또한 10백만 주에서 9.524백만 주로 떨어진다. 이 두 가지 변화는 서로 상쇄되고 주가는 이전과 같이 $42를 유지한다.

젠론의 미래 배당금 자사주 매입 이후 주가가 하락하지 않는 이유를 젠론의 미래 배당금에 미치는 영향을 통해 살펴볼 수 있다. 미래에 젠론은 $48백만의 가용현금흐름을 예상하고 있으며, 주당 $5.04($48백만 / 9.524백만주 = $5.04)의 배당금을 지급하는데 사용할 수 있다. 따라서 자사주 매입을 실행하면 젠론의 현재 주가는 아래와 같다.

$$\text{자사주 매입 후 주가}(P_{rep}) = 5.04/0.12 = \$42$$

다시 말해서 오늘의 배당금을 지급하지 않는 대신에 자사주 매입을 실행해서 젠론은 미래에 주당 배당금을 올릴 수 있다. 미래 배당금의 증가는 오늘의 배당금을 포기한 주주에게 보상이 된다. 이 예는 자사주 매입에 관한 다음과 같은 일반적인 결론으로 설명된다.

완전자본시장에서 공개시장 자사주 매입은 주가에 아무런 영향이 없다. 그리고 주가는 배당이 지급되는 경우의 배당부 주가와 같다.

투자자 선호도 투자자는 젠론의 배당금과 자사주 매입 중 어느 쪽을 선호할까? 두 정책은 모두 동일한 처음의 주식가격인 $42를 가지게 된다. 그러나 실행 이후의 주주 가치에 차이가 있는가? 투자자가 젠론 주식 2,000주를 보유하고 있다고 하자. 투자자는 주식을 거래하지 않고 배당이후 혹은 자사주 매입 이후 계속 주식을 보유한다고 가정한다.

배당금 지급	자사주 매입
$40 × 2,000 = $80,000 주식	$42 × 2,000 = $84,000 주식
$2 × 2,000 = $4,000 현금	

어느 경우든 투자자 포트폴리오의 가치는 배당정책 실행 직후 $84,000이다. 유일한 차이점은 현금과 주식보유의 배분이다. 따라서 투자자는 현금의 필요성에 따라서 두 가지 대안 중에서 하나를 선호할 것이다.

그러나 만일 젠론이 자사주 매입을 하는데 투자자가 현금을 원한다면, 투자자는 주식을 매도하여 현금을 취할 수 있다. 예를 들어, 투자자는 95주를 주당 $42에 매도하여 $3,990(95 × $42 = $3,990)를 현금으로 가질 수 있다.[6] 그리고 주식으로 1,905주를 보유하여 1,905 × $42 = $80,010 가치의 주식을 가지게 된다. 따라서 자사주 매입의 경우 투자자는 주식을 매도하여 홈메이드 배당(homemade dividend)을 만들 수 있다.

마찬가지로, 만일 젠론이 배당금을 지급하는데 투자자가 현금을 원하지 않는다면, 투자자는 배당금으로 받은 $4,000으로 배당락 주가인 $40에 100주의 주식을 매입하는 데 사용할 수 있다. 그 결과 투자자는 2,100주를 보유하게 되고 가치는 2,100 × $40 = $84,000이 된다. 사실 많은 회

일반적인 실수 자사주 매입과 주식의 공급

회사가 자사의 주식을 매입하는 경우 대표적인 오해는 발행주식수(주식의 공급) 감소로 인해 주가가 오른다는 것이다. 이러한 직관은 경제학에서 배운 일반적인 수요와 공급 분석에서 볼 때 자연스러운 것이다. 그러나 이러한 분석은 틀린 것이다. 왜 그럴까?

회사가 자사주를 매입하게 되면 두 가지 일이 발생한다. 우선, 주식의 공급이 줄어든다. 그러나 동시에 회사가 현금으로 주식을 매입하기 때문에 기업의 자산가치가 줄어든다. 만일 회사가 주식을 시장가격에 매입한다면 이러한 두 가지 효과는 서로 상쇄되며 주식가격은 변화하지 않는다.

이런 결과는 제16장에서 살펴본 희석효과의 오류와 유사하다. 회사가 시장가격으로 주식을 발행하더라도 공급의 증가로 인해 주식 가격은 떨어지지 않는다. 주식발행을 통해 얻은 현금으로 인한 회사 자산의 증가가 주식의 공급 증가를 상쇄한다.

6) 정확하게 $4,000가 되지 않은 것은 주식을 쪼개서 거래할 수 없기 때문이지만, 이론적으로 정확하게 일치하게 만들 수 있음.

사가 투자자에게 배당금 재투자 프로그램(DRIP, dividend re-investment program)에 가입하도록 허용하여 자동적으로 배당금을 신주에 투자하도록 하고 있다.

두 경우를 요약하면 아래와 같다.

배당금 + 100주 매입	자사주 매입 + 95주 매도
\$40 × 2,100 = \$84,000 주식	\$42 × 1,905 = \$80,010 주식 \$42 × 95 = \$3,990 현금

주식을 매도하거나 배당금을 재투자하여 투자자는 자신이 원하는 어떠한 현금과 주식의 조합도 만들 수 있다. 결국 투자자는 회사가 취할 수 있는 다양한 배당 방법에 있어서 무차별한 것이다.

완전자본시장에서, 투자자는 회사가 자금을 배당금이나 자사주 매입으로 배분하는 것에 대해 무차별하다. 배당금을 재투자하거나 주식을 매도함으로써, 투자자는 스스로 현금배분 방법을 복제할 수 있다.

대안 3: 신주 발행으로 높은 배당금 지급

젠론의 세 번째 배당정책 대안을 살펴보자. 이사회가 현재의 배당금인 \$2보다는 더 많은 배당을 주기를 원한다고 가정하자. 그렇다면 높아진 배당금이 주주의 부를 증가시킬 수 있을까?

젠론은 내년부터 \$48백만을 배당금으로 계획하고 있다. 그런데 회사가 올해부터 \$48백만을 배당금으로 지급하기를 원한다고 가정하자. 현재 회사는 \$20백만의 현금만을 가지고 있기 때문

예제 17.1
홈메이드 배당

문제 *Problem*

젠론이 세 번째 대안을 선택하지 않고 대신에 주당 \$2의 배당금을 오늘 지급한다고 가정하자. 2,000주의 주식을 보유하고 있는 투자자가 \$4.50 x 2,000주 = \$9,000의 홈메이드 배당을 스스로 만들 수 있음을 보이시오.

풀이 *Solution*

● **계획**

젠론이 \$2의 배당금을 지급한다면, 투자자는 \$4,000의 현금을 받게 되고 주식을 보유하게 된다. 배당금이 지급된 후에 바로 125주를 주당 \$40에 매도하면 \$5,000을 현금으로 받을 수 있다.

● **실행**

투자자는 \$4,000을 배당금으로 그리고 주당 \$40에 125주를 매도하여 총 \$9,000을 만들 수 있다. 미래에 젠론은 주당 \$4.80의 배당금을 지급할 것이다. 이제 투자자는 2,000 − 125 = 1,875주를 보유하게 되고 투자자는 향후 매년 \$9,000(1,875주 x \$4.80 = \$9,000)을 받게 될 것이다.

● **평가**

역시 회사의 배당정책은 무관련하다. 투자자는 자신의 선호도에 따라 시장에서 거래를 통해 재택 배당정책을 만들 수 있다.

에 현재의 배당금을 증가시키려면 젠론은 추가적으로 $28백만의 현금이 필요하다. 투자에 투입될 돈을 모아서 현금을 조달할 수는 있지만, 양(+)의 NPV투자를 가진 상태에서 그렇게 한다면 기업의 가치를 낮추게 된다. 대안으로 자금을 빌리던지 신주를 발행할 수 있다. 신주발행을 고려하자. 현재 주가가 $42이기 때문에 젠론은 $28백만을 조달하기 위해서 0.67백만 주($28백만 / $42 = 0.67백만)를 발행해야 한다. 신주 발행은 젠론의 발행주식수를 10.67백만으로 증가시키기 때문에 매년 지급할 주당 배당금액은 $4.50이 된다.

$$\$48\text{백만} / 10.67\text{백만주} = \$4.50$$

새로운 정책 아래서, 젠론의 배당부 주가는 $42이다.

$$\text{배당부 주가}(P_{cum}) = 4.50 + 4.50/0.12 = 4.50 + 37.50 = \$42$$

이전의 정책에서처럼, 처음 주식의 가치인 배당부 주가는 변함이 없으며 배당금의 증가는 주주에게 아무런 혜택을 가져다 주지 못한다.

모딜리아니–밀러와 배당정책 무관련성

우리는 분석에서 회사가 취할 수 있는 세가지 가능한 배당정책을 고려했다. (1) 배당금으로 모든 현금을 지급, (2) 배당을 지급하지 않고 현금으로 자사주 매입을 실행, (3) 주식 발행으로 자금을 조달해서 배당금을 더 많이 지급하는 것이다. 이러한 배당 정책은 표 17.1에 정리하고 있다.

표 17.1은 중요한 상쇄관계(tradeoff)를 보여준다. 젠론이 현재 배당금을 높일수록 미래 배당금은 낮아진다는 것이다. 예를 들어, 만일 회사가 주식발행을 통해 현재 배당금을 높이면, 좀 더 많은 주식을 가지게 되고 결국 미래에서는 배당을 지급하기 위해서 주당 가용현금흐름이 낮아진다. 만일 회사가 현재 배당금을 낮추고 자사주 매입을 실행하면, 미래에는 발행된 주식수가 작아질 것이고 주당 배당금을 더 높게 지급할 수 있게 될 것이다. 이러한 상쇄관계의 순효과는 모든 미래 배당금의 현재가치로 반영되며, 현재의 주가는 변함없이 $42를 유지한다.

이번 절의 논리는 제16장의 자본구조의 논의와 일치한다. 우리는 이미 완전자본시장에서 주식과 채권의 매매가 기업가치에 영향을 주지 않는 0의 NPV 거래임을 설명했다. 또한 회사의 어떠한 채무구조도 투자자의 홈메이드 레버리지에 의해 재연될 수 있다. 결과적으로 회사의 자본구조 선택은 무관련하다. 여기에서 우리는 회사의 배당 선택에 있어서 동일한 원리를 설정하였다. 회사가 가진 현금에 상관없이, 회사는 (남은 현금은 자사주 매입을 하고) 작은 배당금을 지급할 수도 있고 (주식발행으로 자금을 조달하여) 많은 배당금을 지급할 수도 있다. 주식의 매입과 매도는 0의 NPV거래이기 때문에 회사의 초기 주가에 영향을 주지 않는다. 또한, 주주는 주식을 스스로 매입하거나 매도하여 홈메이드 배당을 만들 수 있다.

모딜리아니와 밀러는 1961년에 또 다른 영향력 있는 논문에서 이러한 생각을 발표했다.[7] 자본구조의 결과에서처럼, 시장의 불완전성이 없는 경우라도 배당정책이 회사의 가치를 변화시키고 주주의 부를 증진시킬 수 있다는 전통적인 생각과는 다른 것이었다. 그들의 명제는 다음과 같다.

MM 배당 무관련: 완전자본시장에서 회사의 투자정책이 일정할 때, 회사의 배당정책 선택은 무관하고 처음 주식가격에 영향을 주지 않는다.

MM 배당 무관련성(MM Dividend Irrelevance): 완전자본시장에서 회사의 투자정책이 일정할 때, 회사의 배당정책 선택은 무관련하고 처음 주식 가격에 영향을 주지 않는다.

표 17.1
세 가지 대안에 따른 젠론의 매년 주당 배당금

	주당 배당금(주당 $)				
	처음 주가	연도 0	연도 1	연도 2	…
대안 1:	$42.00	2.00	4.80	4.80	…
대안 2:	$42.00	0	5.04	5.04	…
대안 3:	$42.00	4.50	4.50	4.50	…

완전자본시장의 배당정책

이번 절에서 살펴본 예는 기업이 자사주 매입이나 주식발행을 이용해서 쉽게 배당 지급을 변경할 수 있음을 보여준다. 이러한 거래는 기업의 가치를 변경하지 않기 때문에 어떤 배당정책도 무관련하다.

이런 결과는 주가가 미래 배당금의 현재가치와 같다는 생각과는 모순인 것처럼 보인다. 그러나 기업의 현재의 배당 선택은 정확하게 상쇄되는 방향으로 미래에 지불할 수 있는 배당금에 영향을 미친다. 따라서 배당금이 주가를 확실히 결정한다고 하더라도, 기업의 배당정책은 그렇지 않다.

모딜리아니와 밀러가 명확하게 했듯이, 기업의 가치는 궁극적으로 기업의 가용현금흐름으로부터 나온다. 기업의 가용현금흐름이 주주에게 지급할 현금배분 수준을 결정한다. 완전자본시장에서 이러한 배분은 배당금이든 자사주 매입으로 실행되든 중요하지 않다. 물론 현실에서 자본시장은 완전하지 않다. 자본구조에서 그랬듯이 자본시장의 불완전성이 기업의 배당정책을 결

일반적인 실수 손 안의 새 오류

"손안의 한 마리 새는 숲 속의 두 마리보다 낫다"

손안의 새 가설은 주주는 (현재가치로 같은 금액이라도) 미래 배당금보다는 현재 배당금을 선호하기 때문에 회사가 현재 배당금을 더 많이 지급하는 선택을 하면 높은 주가를 가져다 준다는 것이다. 이런 관점에서 보면, 젠론의 경우 대안 3이 가장 높은 주가를 가져다 주어야 한다.

그러나 이 관점은 오해이다. 모딜리아니와 밀러는 완전자본시장에서 주주는 언제든지 주식을 매도하여 동일한 홈메이드 배당을 만들 수 있음을 보여주었다. 따라서 회사의 배당 선택은 관련이 없다.

---

7) F. Modigliani and M. Miller, "Dividend Policy, Growth, and the Valuation of Shares," *Journal of Business 34* (4) (1961): 411-433. 참조. 또한 J. B. Williams, *The Theory of Investment Value* (Cambridge, MA: Harvard University Press, 1938). 참조.

정한다. 여기에서 논의할 주된 불완전성은 세금이다. 자사주 매입과 배당금은 세금에서 다른 의미를 가지며 투자자도 둘 사이에 다른 세율을 가진다. 또한 경영진이 투자자가 보유하지 않은 정보를 가지고 있을 때 배당정책의 결정은 정보를 알리는 신호가 될 수 있다. 이제 세금부터 살펴본다.

개념확인

3. 회사가 자사주를 매입할 때 발행주식수의 공급 감소로 인하여 주가가 상승한다는 설명이 잘못된 논리임을 설명하시오.
4. 완전자본시장에서, 회사의 배당 지급과 자사주 매입 사이의 선택은 얼마나 중요한가?

17.3 배당의 세금 불이익

자본구조에서처럼, 세금은 회사가 배당을 지급하느냐 자사주를 매입하느냐를 결정하는 데 영향을 주는 중요한 시장 불완전성이다.

배당금과 자본이득에 대한 세금

주주는 일반적으로 자신이 받은 배당금에 대해 세금을 납부해야만 한다. 또한 주식을 매도할때 얻게 되는 자본이득(capital gains)에 대해서 세금을 내야만 한다. 표 17.2는 1971년에서 2016년 사이에 배당금과 투자자의 장기 자본이득에 부과된 최고세율 구간에 해당하는 미국 세율의 역사를 보여준다.

표 17.2
장기 자본이득과 배당금에 대한 미국의 세율(1971~2016년)

연도	자본이득	배당금
1971~1978년	35%	70%
1979~1981년	28%	70%
1982~1986년	20%	50%
1987년	28%	39%
1988~1990년	28%	28%
1991~1992년	28%	31%
1993~1996년	28%	40%
1997~2000년	20%	40%
2001~2002년	20%	39%
2003~2012년	15%	15%
2013~2016년*	20%	20%

세율은 1년 이상 보유하는 금융자산에 해당한다. 1년 이하의 자산에 대한 자본이득에는 일반적인 소득세율(현재 최고세율 39.6%)이 적용된다. 배당의 경우에는 61일 이하 보유한 자산에만 적용된다. 자본이득세는 자산이 매각되기 전에는 납부하지 않기 때문에 1년 이상 보유하는 자산에 대한 실효 자본이득세율은 표에 나타난 세율을 자산을 보유한 추가 기간 동안 세후 무위험 이자율로 할인한 현재가치와 같다.

* 세율은 교재가 인쇄되는 현재 시점인 2016년말까지 유효하다.

세금이 투자자의 배당 혹은 자사주 매입의 선호도에 영향을 줄까? 회사가 배당금을 지급하면 주주는 배당세율에 의해 과세된다. 만일 회사가 배당 대신에 자사주 매입을 실행하면 주식을 매도한 주주는 홈메이드 배당을 만든 것이고 홈메이드 배당은 자본이득세율에 따라 과세된다. 2003년의 세율 변화 이전까지 그랬듯이, 만일 배당금이 자본이득보다 높은 세율로 세금이 부과된다면 주주는 배당보다는 자사주 매입을 선호할 것이다. 최근의 세율변화는 배당금과 자본이득에 대한 세율을 같게 만들었다. 이런 변화 이후에 마이크로소프트가 배당금을 지급하기 시작했다는 것은 아마 우연이 아닐 것이다. 더군다나, 많은 미국 회사들이 2013년 배당세율이 인상되기 바로 전인 2012년 12월에 특별 배당금을 지불하고 정기 배당을 가속화했다. 그럼에도 불구하고 장기 투자자는 매도할 때까지는 자본이득 세금을 미룰 수 있기 때문에, 배당보다 자사주 매입에 대한 세금혜택이 있다.

모든 나라가 배당금을 자본이득보다 높게 과세하는 것은 아니다. 그림 17.4는 국가별로 배당금과 자본이득에 대한 세율을 보여준다. 예를 들어, 핀란드에서 배당세율은 29%인데 비해 자본이득은 33%로 과세된다. 이처럼 배당금에 유리한 세제는 에스토니아(Estonia)와 슬로바키아 공

그림 17.4
국가별 배당세율과 자본이득세율

국가별 자본이득세율(빨간색)과 배당세율(파란색)을 보여준다. 빠진 부분은 면세인 나라를 의미한다. 대부분 국가에서 배당세율이 자본이득세율보다 높거나 같기 때문에 자사주 매입 세금 선호현상을 보여준다. 그러나 핀란드와 같은 일부 국가는 자본이득세율이 높다. 그리고 싱가폴과 홍콩(그림에는 없음)은 양쪽 모두 세금이 없다.

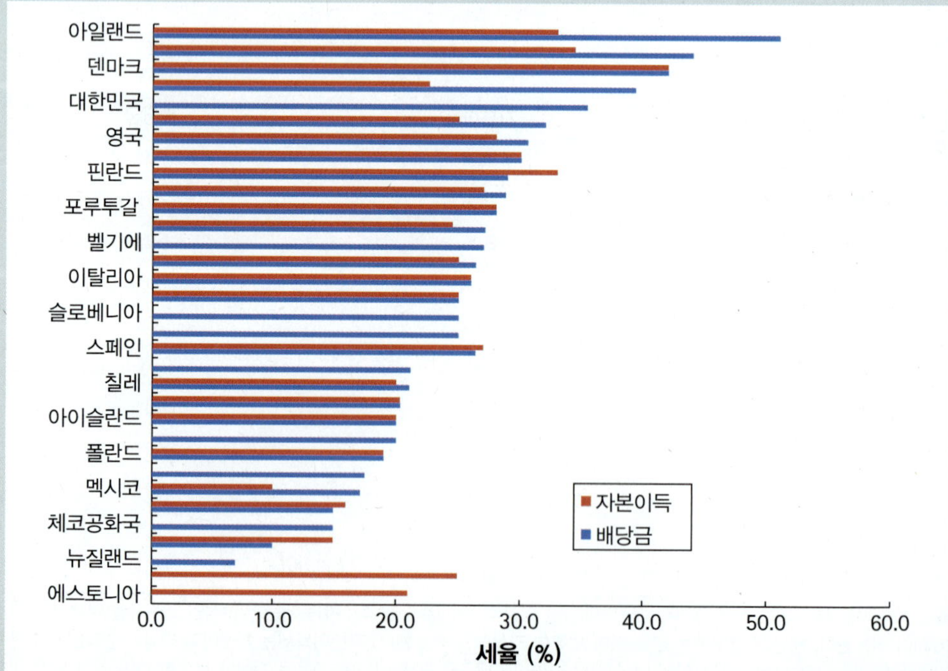

출처: OECD 2015, www.oecd.org; 자본이득세율은 투자자 소득이 $100,000인 경우의 한계세율을 근거함.

화국(Slovak Republik)에서 관찰할 수 있다.

세금이 있는 경우 최적 배당정책

배당금에 대한 세율이 자본이득세율을 초과하면, 주주는 회사가 배당금 대신에 자사주 매입을 선택할 때 낮은 세금을 내게 된다. 이러한 세금절약은 배당금 대신에 자사주 매입을 사용하는 기업의 가치를 증가시킬 것이다. 우리는 또한 세금절약을 기업의 자기자본비용으로 표현할 수 있다. 배당금을 사용하는 기업은 자사주 매입을 사용하는 기업과 동일한 세후 수익률을 투자자에게 돌려주기 위해서는 더 높은 세전 수익률을 투자자에게 제공해야만(따라서 더 높은 자기자본비용을 지불해야만) 할 것이다. 결과적으로 배당세율이 자본이득세율을 초과하는 경우 최적의 배당정책(optimal dividend policy)은 배당을 지급하지 않는 것이다.

배당의 현실 아직 많은 회사들이 배당금을 지급하고는 있지만, 실증 결과는 많은 기업이 세금의 불이익을 인식하고 있음을 보여준다. 예를 들어, 1980년 이전에 대부분의 기업은 주주에 대

그림 17.5
자사주 매입의 유행

그림은 미국 기업이 현금을 주주에게 배분한 것을 비율로 보여준다. 배당금만 지급한 기업(파란색), 자사주 매입만 실행한 기업(녹색), 그리고 두 가지 방법을 병행한 기업(빨간색)이다. 회사가 자사주 매입을 매년 실행하지 않기 때문에 해당 연도 혹은 전년도에 자사주 매입을 실행한 기업을 자사주 매입으로 분류했다. 지난 20년간 꾸준히 감소하던 배당금 기업이 2000년 이후 증가하고 있다. 그러나 그림 17.6은 자사주 매입이 배분의 총가치에서 큰 부분을 차지하고 있음을 보여준다.

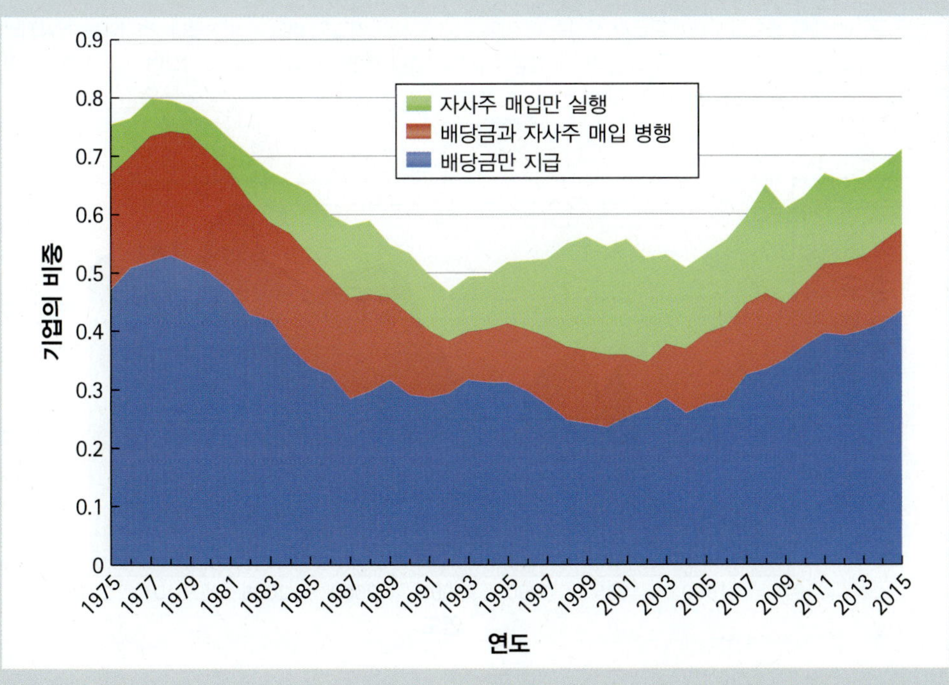

출처: Compustat.

한 현금배분방법으로 배당만을 사용했다(그림 17.5 참고). 그러나 2000년에서는 단지 20%의 기업만이 배당금에만 의존하고 있다. 2000년대 초반부터 이런 추세는 역전되었다. 2015년에 배당금에만 의존하는 기업의 비중이 약 40%로 늘었는데, 대부분은 2003년 부시(Bush) 행정부의 극적인 배당세율 감소로 인한 것으로 보인다(표 17.2 참고). 비교적 안정적으로 전체 기업의 30%(현금배분을 실행하는 기업의 절반 이상)는 자사주 매입만을 실행하거나 두 가지 방법을 병행하는 것으로 나타났다.

현금배분의 방법인 배당금과 자사주 매입의 상대적 규모를 고려하면 좀 더 극적인 추세를 볼 수 있다. 그림 17.6은 주주에 대한 총현금배분에 대한 자사주 매입의 상대적인 중요성을 보여준다. 배당금이 1980년대 초반까지 총현금배분의 80% 이상을 차지했지만 1980년대 중반을 거치면서 자사주 매입의 중요성이 극적으로 증가하였다. 자사주 매입 활동은 경기 침체기 동안에 주춤했다(1990-1991, 2001-2002, 그리고 2009년). 자사주 매입이 감소한 것은 이익이 변동하는 것에 맞춰 자사주 매입을 조정하는 기업의 유연성을 보여준다. 동시에, 기업이 정말 위기에 빠지는 경우가 아니라면 배당금을 유지할 것이라는 강력한 예측이 있기 때문이다. 모든 이유는 아니지만 이러한 유연성과 세금의 이점 때문에, 1990년대 말에 자사주 매입을 통한 현금배분은 배당금을 초과하였다.

실증 결과는 기업의 현금배분 정책의 하나로서 자사주 매입의 중요성이 증가하고 있음을 보

그림 17.6
주주에 대한 기업의 현금배분 구성의 변화

그림은 주주에 대한 총현금배분(배당금과 자사주 매입)에 대한 자사주 매입의 비율을 보여준다. 초기에는 작았지만 금액기준으로 자사주 매입은 배당금보다 빠르게 성장해서 1990년대 후반에는 배당금을 초월하여 미국 제조기업의 현금배분에서 가장 큰 부분을 차지하게 되었다.

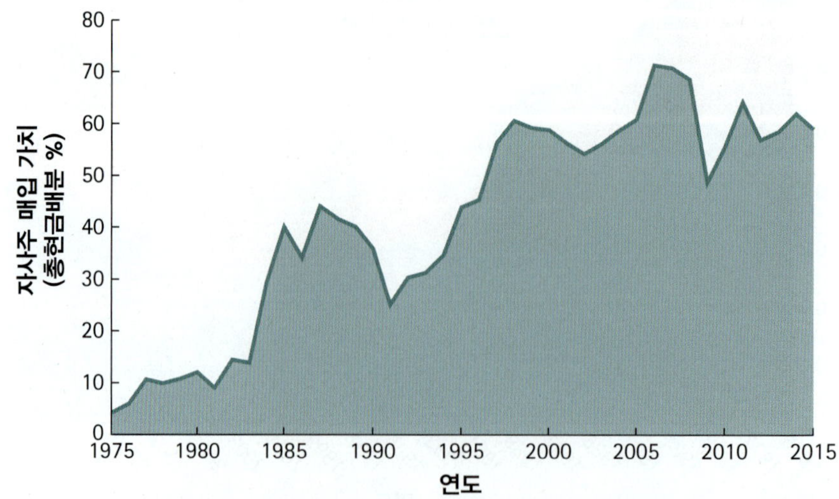

출처: Compustat/CRSP (금융업과 유틸리티 제외)

표 17.3
배당금과 자사주 매입의 요약

	배당금	자사주 매입
주주에 대한 현금배분방법	현금 지급은 모든 주주에게 주당 기준으로 이루어짐	주식은 일부 주주에게서 매입됨
참여자	비자발적 (주식을 가진 모든 주주는 배당금을 받음)	자발적 (주주는 보유한 자신의 주식을 매도하는 것을 선택함)
일반 투자자에 대한 과세	일반적으로 소득수입으로 과세되며, 세율은 2016년에 20%임	자본이득으로 과세되며, 2016년에 20%임
주가에 미치는 영향	주가는 배당금액만큼 하락함	주식이 공정(시장)가격으로 매입되는 한 주가는 변함이 없음

여주고 있지만, 배당금이 여전히 주주에 대한 현금배분의 핵심적인 형태임을 보여준다. 세금의 불이익에도 불구하고 기업이 계속 배당금을 지급한다는 사실을 **배당 퍼즐**(dividend puzzle)이라고 한다.[8] 표 17.3은 주주에게 현금을 배분하는 두 가지 방법의 차이를 설명하면서 배당금과 자사주 매입을 비교 요약하고 있다. 다음 절에서 우리는 세금 불이익을 줄이는 몇 가지 요인을 고려한다. 17.5절에서 우리는 경영진과 투자자 사이 존재하는 정보의 차이를 근거로 기업이 배당을 사용하는 또 다른 동기를 살펴본다.

배당 퍼즐: 세금의 불이익에도 불구하고 기업이 계속 배당금을 지급하는 것

투자자 간 세금의 차이

많은 투자자가 세금으로 인해 배당보다는 자사주 매입을 선호하더라도, 선호의 강도는 투자자가 직면한 두 세율 간의 차이에 달려 있다. 세율은 소득, 과세 관할 지역에 따라 다르고 주식을 퇴직연금 계좌로 보유하고 있는가에 따라서도 다르다. 이러한 차이로 인해 배당정책에 따라 다른 집단의 투자자가 선호를 할 수 있다. 이번 절에서, 투자자별 배당에 대한 세금처리가 다르다는 것과 이러한 차이로 인해 투자자 집단별로 다른 배당정책을 선호하게 될 수 있음을 논의한다.

배당세율에 영향을 주는 요인 배당금과 자본이득에 대한 세율은 여러 이유로 인해 투자자에 따라 다르다.

소득 수준(Income Level). 투자자는 소득수준에 따라 다른 세금 구간에 속하고 다른 세율을 적용 받는다.

투자 기간(Investment Horizon). 1년 미만으로 보유한 주식에 대한 자본이득과 61일 이내로 보유한 주식의 배당금은 높은 세율로 과세된다. 장기 투자자는 자본이득세의 납부를 연기할 수 있다(실효 자본이득세율을 더 낮출 수 있음). 상속인에게 주식을 증여할 계획을 가진 투자자는 자본이득세를 모두 회피할 수 있다.

과세 관할권(Tax Jurisdiction). 미국 투자자는 주마다 다르게 주의 세금을 납부해야 한다. 예를 들어, 뉴햄프셔는 이자와 배당소득에 대해 5%의 세금을 부과하지만 자본이득세는 없다. 미

8) F. Black, "The Dividend Puzzle," *Journal of Portfolio Management* 2 (1976): 5-8.

국 주식에 투자한 외국인 투자자는 (모국과 세금협정이 체결되어 감세되지 않는 한) 배당금에 30%의 원천징수를 받는다. 자본이득에 대해서는 원천징수가 없다.

투자자 유형이나 투자 계정(Type of Investor or Investment Account). 퇴직연금 계좌로 주식을 보유한 개인 투자자는 배당금이나 자본이득에 대한 세금이 없다. 마찬가지로, 연기금이나 비영리 기금에서 보유한 주식도 배당금이나 자본이득에 대해 과세하지 않는다. 주식을 보유한 기업은 받은 배당금의 70%까지 법인세가 면제되지만, 자본이득의 면제는 없다.[9]

세율의 차이로 인해서 투자자는 배당금에 대하여 다양한 선호도를 가지게 된다.

1. 장기 투자자는 배당금에 더 높은 세금이 부과되기 때문에 배당지급보다는 자사주 매입을 선호할 것이다.
2. 1년 투자자, 연기금, 그리고 비과세 투자자는 배당금에 비해 자사주 매입에 대한 세금 선호가 없다. 따라서 현금 수요에 가장 알맞은 배당정책을 선호할 것이다. 예를 들어, 현재 소득을 원하는 비과세 투자자는 주식 매도에 따르는 매매 수수료와 기타 거래비용을 피하기 위해서 높은 배당금을 선호할 것이다.
3. 기업 투자자는 70%의 면세 규정 때문에 배당금과 관련된 세금의 이점을 즐길 것이다. 이런 이유로, 기업 투자자는 현금으로 높은 배당수익률을 가진 주식을 보유하는 투자를 선호할 것이다.

고객효과: 배당정책이 투자 고객의 세금 선호도를 반영하는 것

고객효과 표 17.4는 투자자 집단 사이의 배당 선호도를 요약한다. 세금선호에 따른 이러한 차이가 회사의 배당정책이 투자 고객의 세금 선호도에 맞춰서 최적화된다는 **고객효과(clientele effects)**를 만들어 낸다. 높은 세율의 개인 투자자는 무배당이나 낮은 배당금을 선포한다. 반면에 면세 투자자나 회사는 고배당 주식을 선호한다. 이 경우 기업의 배당정책은 투자 고객의 세금 선호에 맞게끔 최적화된다.

실증증거는 고객효과를 지지한다. 예를 들어, 프랭클린 앨런(Franklin Allen)과 로니 마이클리(Roni Michaely)는 1996년에 개인 투자자가 시장가치로 모든 주식의 54%를 보유하고 모든 배당금의 35%만 받음을 보고하고 있으며 그것은 개인투자자가 낮은 배당률을 가진 주식을 보

표 17.4 투자자 집단별 배당정책에 대한 선호도 차이

투자자 집단	배당정책 선호도	투자자 비율
개인 투자자	배당금의 세금 불이익. 자사주 매입 선호	~52%
기관, 연기금, 퇴직연금 투자자	세금선호 없음. 소득 수요에 맞추는 배당정책 선호	~47%
기업 투자자	배당에 대한 세금이익	~1%

출처: 비율은 Federal Reserve Flow of Funds Accounts, 2015에 근거.

9) 기업이 주식의 20% 이상을 보유한 경우, 회사가 배당금을 지급한 경우는 80%까지 면제될 수 있다.

유하는 경향이 있음을 보여준다.[10] 물론 높은 세율의 투자자가 배당금을 전혀 받지 않는다 해도, 그것이 배당에 대한 세금만이 투자자의 포트폴리오를 결정하고 고객효과가 완벽하다는 것을 의미하지는 않는다.

개념확인

5. 어떤 조건에서 투자자는 배당금에 비해 자사주 매입에 대하여 세금에서 선호를 하는가?
6. 배당 퍼즐이란 무엇인가?

17.4 현금의 배분과 유보

그림 17.1을 되돌아 보면, 이제까지 우리는 기업의 배당정책 중 오직 한 측면인 배당과 자사주 매입 사이의 선택만을 고려해 왔다. 그러나 그 이전에 기업은 주주에게 얼마를 배분(payout)하고 얼마를 유보(retention)하겠는가를 어떻게 결정하겠는가?

이 질문에 답하기 위해서는, 유보한 현금으로 기업은 무엇을 할 것인지를 먼저 고려해야만 한다. 현금으로 새로운 사업에 투자하거나 금융 상품에 투자할 수 있다. 이번 절에서 우리는 이러한 대안들을 완전자본시장의 개념 아래서 살펴볼 것이다.

완전자본시장에서의 현금유보

기업이 모든 양(+)의 NPV 투자안을 택하고 나면 남은 현금을 유보할 것인가 혹은 주주에게 배분할 것인가의 질문이 남는다. 만일 기업이 현금을 유보하면 현금을 은행에 예금하거나 금융자산에 투자할 수 있다. 그러면 기업은 미래에 주주에게 현금을 지급할 수 있거나 양의 NPV 투자기회가 생기면 투자할 수 있다.

현금을 유보하고 금융 증권에 투자하는 장단점은 무엇인가? 완전자본시장에서 증권을 사고 파는 것은 0의 NPV 거래이기 때문에 기업의 가치에 영향을 주지 않는다. 기업이 주주에게 현금을 배분하면 주주는 스스로 기업이 투자하는 것과 동일한 금융 투자를 할 수 있다. 따라서 완전자본시장에서, 유보와 배분 결정은 배당과 자사주 매입 결정과 마찬가지라는 것은 놀랍지도 않으며 역시 무관련하다.

예제에서 설명하듯이, 기업이 현금을 즉각 지급하는 것과 현금을 유보하고 미래에 지급하는 것은 주주에게 차이가 없다. 이 예제는 완전자본시장에서 재무정책 무관련성과 관련된 모딜리아니와 밀러의 근본적인 통찰력에 관한 또 하나의 설명을 제공해 준다.

MM 현금배분 무관련성: 완전자본시장에서, 기업이 가용현금흐름을 금융 증권에 투자하면 기업의 현금배분과 현금유보의 선택은 무관련하고 기업의 처음 가치에 영향을 주지 않는다.

MM 현금배분 무관련성: 완전자본시장에서, 기업이 가용현금흐름을 금융 증권에 투자하면 기업의 현금배분과 현금유보의 선택은 무관련하고 기업의 처음 가치에 영향을 주지 않는다.

10) F. Allen and R. Michaely, "Payout Policy," in *Handbook of the Economics of Finance: Corporate Finance*, G. M. Constantinides, M. Harris, and R. M. Stulz, eds., vol. 1A (Amsterdam, The Netherlands: Elsevier, 2003), Chap. 7.

예제 17.2
완전자본시장에서의 배당정책

문제 *Problem*

바스톤 마이닝(Barston Mining)은 $100,000의 초과 현금을 보유하고 있다. 바스톤은 현금을 이자율 2%인 1년 미국 재무부 단기채(T-bill)에 투자하고 내년에 배당금으로 배분하는 것을 고려하고 있다. 다른 대안으로 기업은 배당금을 지금 지급하고 주주가 스스로 투자를 할 수 있다. 완전자본시장에서 어떤 주주는 선택을 선호할까?

풀이 *Solution*

● **계획**

주주가 현재 배당금($100,000)으로 받을 것과 바스톤이 현금을 투자한다면 1년 뒤에 받게 될 것의 현재가치를 비교해야 한다.

● **실행**

바스톤이 현금을 유보하면 1년 뒤 회사는 100,000 x (1.02) = $102,000을 배당금으로 지급할 수 있다. 이 금액은 주주가 스스로 $100,000을 T-bill에 투자한 것과 동일하다. 다시 말해서, 미래 배당금의 현재가치는 정확하게 $100,000(=102,000 / 1.02)이며 이것은 현재 배당금으로 주주가 받게 될 $100,000과 동일하다. 따라서 주주는 기업이 배당금을 지금 지급하는 것과 현금을 유보하는 것에 대해서 무차별적이다.

● **평가**

바스톤이 할 수 있는 것은 투자자가 스스로 할 수 있기 때문에, 바스톤이 주주를 위해 현금을 유보하여 투자를 하거나 혹은 즉각 현금을 단순히 배분해서는 가치를 창출할 수 없다. 예제 17.1 젠론의 예에서 보았듯이, 바스톤이 현금을 유보하는데 투자자가 현재 소득을 선호한다면 투자자는 주식을 $100,000에 매도할 수 있다.

불완전자본시장에서의 현금유보

MM의 배당 무관련성에 따르면, 현금을 유보하느냐의 결정은 시장 불완전성에 달려있으며 이제 그것에 대해 알아본다.

세금과 현금유보 바스톤의 예는 완전자본시장을 가정하고 있고 세금의 효과를 무시하였다. 세금이 있으면 결과는 어떻게 변할까?

예제 17.3에서 보여주듯이, 법인세는 기업이 초과 현금을 유보하는 것을 불리하게 만든다. 이 효과는 제16장에서 레버리지와 관련해서 확인했던 것과 매우 같은 것이다. 기업이 이자를 지급하면 이자에 대한 세금 감면을 얻는 반면에, 이자를 받으면 이자에 대한 세금을 납부하게 된다. 현금은 반대(negative) 레버리지와 동일하게 생각할 수 있다. 따라서 레버리지의 세금 이익은 현금 보유의 세금 불이익을 의미한다.

투자자 세금조정 현금을 배분할 것인가 유보할 것인가의 결정은 주주가 납부하는 세금에도 영향을 준다. 연기금이나 퇴직연금 투자자가 면세라고 하지만, 대부분의 개인 투자자는 이자소득, 배당금, 자본이득에 대하여 세금을 내야만 한다. 투자자의 세금이 현금 유보에 대한 세금 불이익에 어떻게 영향을 줄까?

예제 17.3
법인세가 있는 경우 현금의 유보

문제 *Problem*

바스톤의 예제 17.2를 다시 고려해 보자. 바스톤은 2% 이자율의 T-bill에 대한 1년 투자에서 얻게 될 이자소득에 대하여 35%의 법인세를 납부해야만 한다고 가정하자. 연기금 투자자(투자소득에 대해 면세 투자자임)는 바스톤이 초과 현금 $100,000을 당장 배당으로 지급하는 것과 1년 동안 유보하는 것 중 어느 것을 선호할까?

풀이 *Solution*

● **계획**

원래 예제에서, 주주가 스스로 투자하는 것과 바스톤이 유보하여 투자하는 것을 비교하였다. 핵심 질문은 $100,000을 바스톤이 유보해서 투자한 후 주주에게 배분하는 것의 세후 수익률과 연기금 투자의 면세 수익률의 차이는 무엇이냐는 것이다.

● **실행**

연기금 투자자는 투자 소득에 대해서 세금을 납부하지 않기 때문에 수익은 이전 예제와 동일하다. 투자자는 $100,000을 얻고 투자로 인해 2%의 이자를 받아서 1년 뒤에 총 $102,000을 받게 될 것이다.
만일 바스톤이 현금을 1년 동안 유보한다면, T-bill에 투자한 후의 세후 수익율은 달라진다.

$$2\% \times (1 - 0.35) = 1.30\%$$

따라서, 1년 뒤 바스톤은 배당금으로 100,000 x (1.013) = $101,300을 지급하게 될 것이다.

● **평가**

바스톤이 투자한 뒤 지급하게 될 금액은 투자자가 $100,000을 스스로 T-bill에 투자해서 얻게 될 $102,000보다 작다. 바스톤은 이자수입에 대해서 법인세를 납부해야만 하기 때문에 현금 유보에는 세금 불이익이 있다. 연기금 투자자는 따라서 바스톤이 배당금을 지금 지급하는 것을 선호할 것이다.

기업이 당장 현금을 배당으로 지급하든 혹은 기업이 현금을 유보한 후 이자를 시간에 걸쳐 배당으로 지급하든 배당소득세는 납부되기 때문에, 배당세율은 현금유보 비용에 영향을 주지 않는다. 그러나 기업이 현금을 유보할 때 발생한 이자에 대해 법인세를 납부해야만 한다. 또한, 투자자는 기업의 투자로 인한 기업가치 증가분에 대하여 자본이득세를 납부해야 할 것이다. 간단히 말해서, 유보된 현금의 이자수입은 이중과세된다. 대신에 기업이 현금을 주주에게 지급하면, 주주는 현금을 투자하여 얻은 이자에 대해서만 세금을 납부한다. 따라서 이자소득에 대한 단일 세금과 비교해 보면, 현금유보 비용은 법인세와 자본이득세의 통합된 효과에 달려있다. 투자자의 세금을 조정한 이후더라도, 대부분의 국가에서 현금을 유보하는 것은 기업에게 상당한 세금 불이익으로 남게 된다.

발행비용과 곤경비용 현금을 유보하는 것에 세금 불이익이 있다면 왜 일부 기업은 대규모로 현금 계정을 쌓는 것일까? 일반적으로 그러한 기업은 현금계정으로 잠재적인 미래의 현금 부족을 감당하려고 보유하는 것이다. 예를 들어, 만일 미래에 있을 양의 NPV 투자기회를 위한 자금으로 미래의 이익이 불충분할 가능성이 있다면, 회사는 이러한 격차를 메우기 위해서 현금을 축적하기 시작할 것이다. 이러한 동기는 대규모 연구개발 사업이나 대형 인수합병을 위해 자금이 필요하게 될 기업에게 특히 유용하다.

잠재적인 미래의 현금 수요를 감당하기 위해 현금을 보유하는 장점은 (신규 채무나 주식발행으로) 새로 자금을 조달하는 데 들어가는 거래비용을 피할 수 있다는 것이다. 그림 14.7에서 보았듯이 대규모 신규 자금 발행의 직접 비용은 채무의 경우 1%에서 3%이고 주식의 경우 3.5%에서 7%에 이른다. 또한 자금조달에는 제16장에서 논의한 대리인 비용과 역선택 (레몬 중고차) 비용과 같은 상당한 간접비용이 발생할 수 있다. 따라서 기업은 현금보유로 인한 세금 비용과 미래에 외부 자금을 조달하지 않는 잠재적인 이점 사이에서 균형을 찾아야만 한다. 매우 변동이 심한 이익을 가진 기업은 운영 손실의 일시적 기간에 견딜 수 있는 현금보유고를 쌓아야 할 것이다. 충분한 현금을 보유함으로써 기업은 재무적 곤경(distress)과 이와 관련된 비용을 피할 수 있다.

현금유보의 대리인 비용 기업이 미래 투자나 유동성의 필요성보다 더 많은 현금을 보유하는 것은 주주에게 이익이 되지 않는다. 사실, 세금 비용뿐만 아니라 기업이 너무 많은 현금을 보유하는 것과 관련된 대리인 비용(agency cost)이 있을 수 있다. 제16장에서 논의했듯이, 기업이 과도하게 현금을 가질 때 경영진은 돈을 잃으면서도 좋아하는 사업을 계속 추진하거나 과도한 경영자 특권을 지원하거나 인수합병에 과도하게 돈을 지불하는 등 비효율적으로 자금을 사용할 가능성이 있다. 레버리지는 기업의 초과 현금을 줄이는 하나의 방법이다. 또한 배당과 자사주 매입은 기업의 현금을 없애는 유사한 역할을 수행한다.

따라서 초과 현금을 배당금이나 자사주 매입을 통해 배분하는 것은 경영진이 자원을 낭비할

예제 17.4
음의 NPV 제거하기

문제 *Problem*

렉스톤(Rexton Oil)은 무차입기업으로 100백만 주의 발행주식을 가지고 있다. 렉스톤은 현금으로 $150백만을 보유하고 있으며 미래 가용현금흐름으로 매년 $65백만을 예상하고 있다. 경영진은 현금으로 기업의 영업을 확장하려고 계획 중인데, 영업 확장으로 미래 가용현금흐름이 매년 $72.8백만으로 증가할 것이다. 렉스톤의 투자에 대한 자본비용이 10%라면 현금을 영업 확장 대신에 자사주 매입으로 사용하는 결정은 주가를 어떻게 변화시킬까?

풀이 *Solution*

- 계획

영구연금(perpetuity) 공식을 이용하여 렉스톤의 가치를 두 가지 시나리오에 따라 평가할 수 있다. 자사주 매입은 시장가격으로 실행할 것이기 때문에 자사주 매입은 렉스톤의 주가에 영향을 주지 않을 것이다. 핵심 질문은 매년 $7.8백만의 양의 NPV 사업에 의한 현금흐름 증가를 위해 $150백만의 현금을 지금 (자사주 매입 대신에) 사용할 것인가 여부이다.

● **실행**

투자 결정: 영구연금 공식을 이용해서, 만일 렉스톤이 $150백만으로 영업 확장에 투자하면 시장가치는 $728백만(= $72.8백만 / 10%)이 되고 100백만 주의 발행주식수를 고려하면 주당 $7.28이 될 것이다.

자사주 매입: 만일 렉스톤이 확장을 하지 않으면 미래 가용현금흐름의 가치는 $650백만(=$65백만 / 10%)이 될 것이다. 현재 보유하고 있는 $150백만의 현금을 합치면, 렉스톤의 시장가치는 $800백만 혹은 주당 $8.00이다.

만일 렉스톤이 자사주 매입을 실행하면 주가의 변화는 없을 것이다. 회사는 18.75백만 주(=$150백만 / $8)의 자사주를 매입할 것이며, 자산은 $650백만이 되고 발행주식수는 81.25백만 주(=100백만주 – 18.75백만주 자사주 매입)가 된다. 따라서 주가는 $8.00(= $650백만 / 81.25백만주)이다.

이 예제의 경우, 투자를 줄이고 자사주 매입에 자금을 늘리는 것이 주가를 주당 $0.72(=$8.00 – $7.28) 올리게 된다.

● **평가**

영업 확장 대안이 음의 NPV를 가지기 때문에 자사주 매입을 실행할 때 주가는 더 높아진다. 즉, $150백만의 비용이 들고 미래 가용현금흐름의 증가는 매년 $7.8백만에 불과하기 때문에 NPV는 음의 값이다.

$$-\$150\text{백만} + \$7.8\text{백만}/10\% = -\$72\text{백만 혹은 주당 } -\$0.72$$

따라서 확장을 피하고 자사주 매입을 실행함으로써 $0.72의 손실로부터 주식을 보호할 수 있다.

수 있는 능력과 유혹을 줄임으로써 주식가격을 높일 수 있다. 예를 들어, 2004년 4월 23일에 밸류 라인(Value Line)은 주당 $17.50의 특별 배당금을 지급하기 위해 누적된 현금을 사용하겠다고 공시하였다. 밸류 라인의 주식은 특별 배당금 공시일에 약 $10 상승했는데, 이것은 배당금 지급의 결과로 인한 세금의 이점과 대리인 문제의 감소에 기인했을 가능성이 매우 크다.

궁극적으로 미래 성장기회를 위해서 그리고 재무적 곤경 비용을 회피하기 위한 재무적 여유를 남기기 위해서 낮은 레버리지를 사용해야 하는 것과 동일한 이유에서 기업은 현금의 유보를 선택해야 한다. 이러한 유보의 필요성은 현금의 보유로 인한 세금 불이익과 낭비적 투자의 대리인 비용을 방지하도록 균형을 맞추어야 한다. 첨단과 생명공학 기업에서 전형적으로 낮은 채무를 선택하고 대량의 현금을 유보하여 축적하려는 것은 놀라운 것이 아니다. 표 17.5는 대규모의 현금계정을 가진 기업명단을 보여주고 있다.

그러나 자본구조 결정에서처럼 회사의 이사회가 배당정책을 결정한다고 하더라도, 배당정책은 주주의 동기와는 다를 수 있는 경영진에 의해 일반적으로 아주 큰 영향을 받는다. 경영자는 현금을 배분하기 보다는 유보하여 이에 대한 통제를 유지하고자 할 것이다. 유보된 현금은 주주에게는 비용이 되는 투자를 위한 자금으로 사용될 수 있지만 경영자에게는 (예를 들어, 선호하는 사업 추진과 높은 보상과 같은) 혜택이 될 수 있다. 혹은 경영자의 직무 안전을 공고히 하기 위해서 레버리지와 재무적 곤경의 위험을 줄이는 수단으로써 단순히 현금을 보유할 수 있다. 배당정책의 경영자 참호이론(entrenchment theory)에 따르면, 경영자는 투자자에 의한 배당 지급의 압력이 있는 경우에만 현금을 배분한다.

표 17.5
대규모 현금계정을 가진 기업

시세표식	회사명	현금과 유가증권 (단위: $십억)	시가총액에 대한 비중	시가총액
AAPL	애플	215.7	37	586.8
GE	제너럴 일렉트릭	113.8	39	294
MSFT	마이크로소프트	102.3	23	443.2
GOOGL	알파벳(구글)	73.1	14	528.4
CSCO	시스코 시스템	59.1	43	137.8
ORCL	오라클	52.3	34	153.5
AM	암젠	31.4	26	122.5
GM	제너럴 모터스	20.3	38	52.9

출처: Google Finance, 2016년 1월

개념확인

7. 완전자본시장에서 회사가 현금을 배당으로 주주에게 지급하는 대신 유보하는 것이 장점이 되는가?
8. 법인세가 회사의 초과 현금의 유보 결정에 어떻게 영향을 주는가?

17.5 배당정책과 정보신호

아직 고려하지 않은 시장 불완전성의 하나는 비대칭 정보이다. 경영진이 투자자보다 회사의 미래 전망에 대하여 더 나은 정보를 가지고 있을 때, 그들의 배당정책은 이 정보를 신호하는 것이 된다. 이번 절에서 우리는 회사의 배당정책을 설정할 때의 경영진의 동기를 살펴보고, 이러한 결정이 투자자에게 어떻게 전달되는지를 평가할 것이다.

배당 평탄화

기업은 배당을 언제든지 바꿀 수 있지만 실제로는 상대적으로 드물게 배당규모를 변경한다. 예를 들어, 제너럴 모터스(GM)는 20년 동안 정기 배당금을 8번만 바꾸었다. 같은 기간 동안 GM의 순이익은 그림 17.7에서 보듯이 매우 크게 변화하였다.

GM의 이러한 행태는 대부분 배당지급 회사의 전형이다. 회사는 상대적으로 드물게 배당금을 조정하고 배당금은 순이익보다 훨씬 적은 변동성을 보인다. 상대적으로 일정한 배당금을 유지하려는 이러한 관행을 **배당 평탄화(dividend smoothing)**라고 한다. 회사는 배당금을 감소시킬 때 보다는 좀 더 자주 증가시킨다. 예를 들어, 1971년에서 2001년 사이에, 배당변화의 5.4%만이 감소였다.[11] 기업 경영자에 대한 오래된 설문조사에서 존 린트너(John Lintner)는 이러한 관찰이 (1) 투자자가 지속적인 성장을 가지는 안정적인 배당을 선호할 것이라는 경영자의 믿음과 (2) 순이익의 일부를 장기적인 목표 배당수준으로 유지하고자 하는 경영자의 욕구에서 비롯된

배당 평탄화: 상대적으로 일정한 배당금을 유지하려는 관행

11) F. Allen and R. Michaely, "Payout Policy," " in G. M. Constantinides, M. Harris, and R. M. Stulz, eds., *Handbook of the Economics of Finance: Corporate Finance* (2003).

다고 주장하였다.[12] 따라서, 회사는 예상하는 미래의 순이익 수준이 지속적으로 장기간 증가할 것으로 인식되는 경우에만 배당금을 올리고 어쩔 수 없는 최후의 순간에만 마지못해 줄인다. 이것은 기업이 배당금을 어떻게 정하는가(do)를 잘 설명하고는 있지만, 이번 장에서 보았던 기업이 왜 배당금을 평탄화 해야만 하는가(should)에 대한 명확한 이유는 아니다. 하나의 설명은 다음에 설명할 배당금의 정보신호이다.

기업은 순이익이 변동하는데 어떻게 배당금을 평탄하게 유지할까? 이미 논의했듯이 기업은 자사주 매입을 통해 발행주식수를 조정하거나 신주 발행을 통해 현금을 확보하여 단기간에는 어떤 수준으로라도 배당금을 유지할 수 있다. 그러나 세금과 배당금 조달을 위한 신주 발행의 거래비용으로 인하여, 경영자는 정기적인 순이익으로 배분하는 것을 감당할 수 없는 수준의 배당금을 원하지 않는다. 이러한 이유에서 기업은 일반적으로 순이익 전망에 근거해서 유지할 수 있다고 예상되는 수준으로 배당금을 정한다.

배당 정보신호

기업이 배당을 평탄화한다면, 배당 선택은 미래 순이익에 대한 경영자의 예상과 관련된 정보를

그림 17.7
GM의 순이익과 주당 배당금 (1985–2008년)

GM의 순이익과 비교해 보면 배당금 지급액은 파산선고 1년 전인 2008년에 중단되기 전까지는 상대적으로 안정적이다(자료는 주식분할을 조정했고, 순이익은 특별항목을 제외하였음).

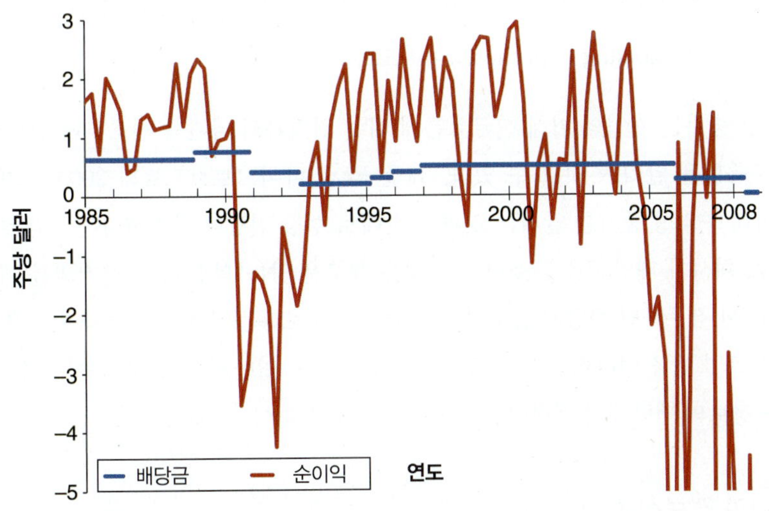

출처: Compustat과 Capital IQ

12) J. Lintner, "Distribution of Income of Corporation Among Dividends, Retained Earnings and Taxes," *American Economic Review* 46 (1956): 97-113.

로열 앤 선얼라이언스의 배당금 축소

몇 분기 동안 줄리안 핸스(Julian Hance)는 이단자처럼 느껴졌다. 2001년 11월 8일, 영국의 보험회사로 연간 수익 £12.6십억($20.2 십억)을 올리는 로열 앤 선얼라이언스(Royal & SunAlliance)의 재무 이사는 상상할 수 없는 일을 실행했다. 즉 회사의 배당금을 축소하겠다고 공시하였다.

많은 사람들이 그 결정에 깜짝 놀랐다. 배당금 축소는 확실한 약점의 신호라고 들썩였다. 회사는 이익이 떨어질 때만 배당금을 줄이는 것 아니었던가?

오히려 그 반대로 핸스는 반박을 했다. 미국 월드 트레이드 센터의 9 · 11 비극 이후로 전 세계적으로 보험료의 상승이 있었고, 로열 앤선얼라이언스는 보험업계에 뛰어난 성장기회가 있다고 믿었다.

"2002년 이후의 사업기회 전망을 보면 주주에게 자금을 돌려주기보다는 사업에 재투자하는 것이 필요하다고 봅니다."라고 핸스는 설명하였다.

주식시장은 회사의 배당 소식 이후에 주가를 5% 올리면서 그의 주장에 동의했다. "배당금의 축소가 긍정적으로 움직였다. 미래 수익성이 좋을 것이라는 것을 회사가 기대하고 있음을 보여준다."고 크레딧리요네(Credit Lyonnais)의 보험분야 분석가인 매튜 라이트(Matthew Wright)는 말한다.

출처: Justin Wood, http://CFOEurope.com, 2001년 12월.

포함하고 있을 것이다.

1. 기업이 배당금을 증가시키면, 가까운 미래에 더 높은 배당금을 감당할 수 있을 것이라는 경영자의 예상을 투자자에게 긍정적인 신호로 보내는 것이다.
2. 경영자가 배당금을 낮춘다면, 순이익이 가까운 시기 내에 반등할 것이라는 기대를 포기한 것이고 현금을 절약하기 위해 배당금을 낮추는 것이 필요하다는 신호가 될 것이다.

배당신호가설: 배당금의 변화가 회사의 미래 순이익 전망에 대한 경영자의 관점을 반영한다는 생각

배당금의 변화가 회사의 미래 순이익 전망에 대한 경영자의 관점을 반영한다는 생각을 **배당신호가설(dividend signaling hypothesis)**이라고 한다.

회사의 배당 증가는 기업의 미래 현금흐름에 대한 경영자의 낙관을 신호하는 반면에 또한 투자 기회가 부족함을 알리는 것일 수 있다. 예를 들어, 마이크로소프트의 2003년 최초 배당금의 실행은 미래 수익성 증가를 알리는 것과는 반대로 성장 전망이 감소했다는 결과로 인식되었다.[13] 반대로, 회사가 배당금을 감소시키는 것은 새로운 양(+)의 NPV 성장기회를 취하기 위한 것일 수 있다. 이 경우라면 배당의 감소는 부정적이라기 보다는 긍정적인 주가 반응을 가져올 것이다(박스의 '로열 앤 선얼라이언스의 배당금 축소' 참고). 일반적으로, 우리는 경영자가 가지고 있을 새로운 정보의 맥락에서 배당금을 정보신호로 해석해야만 한다.

자사주 매입과 정보신호

자사주 매입은 배당과 마찬가지로 경영자의 정보를 시장에 신호를 보낸다고 할 수 있다. 그러나 자사주 매입은 배당과는 구별되는 몇 가지 중요한 차이점이 있다.

13) "An End to Growth?" *The Economist* (July 22, 2004): 61.

1. 경영자는 배당금 지급에 비해 자사주 매입에 대한 이행 의지가 약하다. 앞서 정리했듯이 기업이 공개시장 자사주 매입의 승인을 공시할 때 일반적으로 자사주 매입에 투자할 계획인 최대 금액을 공시한다. 그러나 실제 실행하는 금액은 훨씬 적을 수 있다. 또한 자사주 매입을 완전히 실행하는 데 몇 년이 걸리기도 한다.
2. 기업은 자사주 매입을 매년 평탄화하지 않지만 배당금은 평탄화한다. 따라서 현재의 자사주 매입 공시는 장기적으로도 자사주 매입을 하겠다는 약속을 나타내지는 않는다. 이런 점에서 자사주 매입은 배당금보다는 기업의 미래 순이익에 대하여 약한 신호라고 할 수 있다.
3. 자사주 매입의 비용은 주식의 시장가격에 달려있다. 만일 경영자가 현재 주식이 고평가되었다고 믿는다면 자사주 매입은 기업에게 높은 비용이 될 것이다. 즉, 현재 (고평가된) 가격에 주식을 매입하는 것이 음의 NPV 투자이다. 반면에 주식이 저평가된 것으로 경영자가 인식할 때의 자사주 매입은 양의 NPV 투자이다. 확실히 경영자는 주식이 저평가되었다고 믿는 경우에 자사주 매입을 실행할 가능성이 클 것이다.

따라서 자사주 매입은 경영자가 회사가 저평가되었다고 (최소한 심하게 고평가되지 않았다고) 믿는 신호가 될 것이다. 고평가된 자사주 매입은 기존 주주에게 비용이 되기 때문에, 자사주 매입은 주식이 저평가되었다는 믿을 만한 신호이다. 경영자가 회사의 전망에 관해 더 나은 정보를 가지고 있고 기존 주주를 위해 행동한다고 믿는다면, 투자자는 자사주 매입 공시에 대해 긍정적으로 반응할 것이다.

2004년의 설문조사에서 87%의 재무 담당 이사(CFO)는 주식가격이 진정한 가치에 비해 상대적으로 낮은 가치를 가진다면 기업이 자사주 매입을 해야만 한다는 데 동의했다.[14] 투자자는 또한 자사주 매입을 긍정적인 신호로 해석하는 것 같다. 공개시장 자사주 매입 프로그램의 공시에 대한 평균적인 시장가격의 반응은 약 3%이다(반응의 정도는 계획 중인 자사주 매입 주식의 비중이 커질수록 증가함).[15]

개념확인

9. 배당금을 줄인다면 회사가 주는 정보신호는 무엇인가?
10. 주식이 저평가되었을 때 혹은 고평가되었을 때 어느 경우에 경영자가 자사주 매입을 실행하는 경우가 많은가?

17.6 주식배당, 주식분할, 자회사 매각

이번 장에서 우리는 기업이 현금을 주주에게 지급하는 결정에 관심을 가져왔다. 그러나 기업은

---

14) A. Brav, J. Graham, C. Harvey, and R. Michaely, "Payout Policy in the 21st Century," *Journal of Financial Economics* 77 (3) (2005): 483-527.

15) D. Ikenberry, J. Lakonishok, and T. Vermaelen, "Market Underreaction to Open Market Share Repurchases," *Journal of Financial Economics* 39 (2) (1995): 181-208.

인터뷰 JOHN CONNORS

존 코너스(John Connors)는 마이크로소프트의 부사장이며 재무 담당 이사(CFO)였다. 그는 2005년에 은퇴하여 현재 시애틀의 벤처회사인 이그니션 파트너 (Ignition Partners)에서 근무 중이다.

질문: 마이크로소프트는 2003년에 처음으로 배당금을 선언했습니다. 회사가 배당을 시작하기로 결정한 이유는 무엇입니까?

답변: 마이크로소프트는 독특한 상황에 있었습니다. 회사는 이전까지 배당금을 지급하지 않았고, $60십억의 현금을 가지고 무엇이든 해야 한다는 주주의 압력에 직면했습니다. 회사는 현금배분 전략을 수립하면서 5가지 핵심적인 질문을 고민하고 있었습니다.

1. 회사는 현금 배당을 영구히 유지할 수 있고 시간이 흐르면서 증가시킬 수 있는가? 마이크로소프트는 약속을 이행할 수 있으며 미래에 배당을 증가시킬 수 있을 것이라고 확신하였습니다.
2. 현금배당이 자사주 매입 프로그램보다 주주에게 더 나은 수익을 돌려주는가? 이것은 자본구조와 관련된 결정이었습니다. 우리는 발행주식수를 줄이기를 원하는가? 우리 주식이 자사주 매입을 하기에 매력적으로 가격이 형성되었는가 아니면 배당금으로 현금을 배분하기를 원하는가? 마이크로소프트는 배당을 지불하고 또한 자사주 매입을 지속할 수 있는 충분한 여력이 있었습니다.
3. 현금 배당과 자사주 매입이 회사와 주주에게 주는 세금효과는 무엇인가? 주주에 대한 세금의 관점에서, 마이크로소프트의 경우는 대체로 중립적이었습니다.
4. 투자자에게 주는 심리적 충격은 무엇이었고, 투자자에게 전달하고자 하는 이야기와 어떻게 맞아 들어가는가? 이것은 질적인 요인입니다. 정기적이고 지속적인 배당금은 마이크로소프트가 배당 및 이자소득 투자자(income investors)에게 매력적인 투자처로 자리잡는다는 것이었습니다.
5. 배당 프로그램이 주는 공적 관계의 의미는 무엇인가? 투자자는 마이크로소프트를 현금을 보유했다는 점에서 중요하게 생각하지 않으며 대신에 소프트웨어 개발의 선두주자이며 성장을 제공한다는 점에 유의합니다. 따라서 투자자는 배당 프로그램을 긍정적으로 보았습니다.

질문: 회사는 투자자에게 자금을 돌려주기 위해서 배당금을 증가시킬 것인지, 특별 배당금을 지급할 것인지 혹은 자사주 매입을 할 것인지를 어떻게 결정하였습니까?

답변: 배당금 증가 결정은 현금흐름 전망에서 얻었습니다. 배당금을 유지하고 미래의 증가를 위해 적절한 현금흐름을 가지고 있다고 확신할 수 있을까? 일단 배당금을 증가시키면 투자자는 또한 미래의 증가를 예상합니다. 어떤 회사는 배당 증가를 위한 명백한 기준을 설정하기도 합니다. CFO로서 제 경험에 따르면, 분석적 기법은 상대적인 비교기업 집단과 관련이 있습니다. 일반적인 시장과 비교집단의 배당성향과 배당 수익률은 어떠하고 우리는 그들에 비해서 상대적으로 어디에 위치하고 있을까? 우리는 주요 투자자와 의견을 나누고 주주의 장기적인 가치를 높이기 위해 무엇이 최선인지를 고려합니다.

특별 배당금은 사업 부서의 매각이나 법적인 이유에서 얻은 현금 보상과 같이 일반적으로는 재발하지 않는 상황에서 현금을 배분하는 매우 효율적인 수단입니다. 또한 포괄적인 배당 전략이 없는 회사는 대규모 현금 축적을 낮추기 위해서 특별 배당금을 사용합니다. 마이크로소프트의 경우, 2004년의 특별 배당금과 주식배당과 자사주 매입 프로그램의 공시는 그 많은 현금으로 무엇을 할 것인가의 이슈를 해결하고 미래의 나갈 방향을 명확하게 했습니다.

질문: 배당 결정을 실행하는 다른 요인으로 무엇이 있습니까?

답변: 강력한 재무와 회계 도구들이 더 나은 그리고 폭 넓은 사업 결정을 도와줍니다. 그러나 이러한 결정은 수학만큼이나 심리학과 시장에 대한 고민과 관련되어 있습니다. 투자자의 심리와 같은 비계량적인 요인을 고려해야만 합니다. 얼마 전까지 사람들은 성장주식을 원했습니다. 아무도 배당을 지급하는 주식을 원하지 않았습니다. 지금은 배당지급 주식이 유행입니다. 또한 산업과 경쟁자의 행동도 고려해야만 합니다. 많은 기술 기업에서 옵션 프로그램의 형태인 종업원 소유권은 완전히 희석된다면 상당히 높은 비중을 차지합니다. 배당금 지급은 옵션의 가치를 낮춥니다.*

마지막으로, 투자자에게 전반적인 회사의 이야기를 전달하는데 현금배분 전략이 도움을 줄 수 있다는 점을 확신하기를 원합니다.

* 제21장에서 옵션에 대해 논의한다. 요점은 종업원 스톡옵션이 주가가 상승하면 가치가 증가하지만, 이번 장에서 배웠듯이 배당금은 배당락일에 주가를 떨어뜨린다.

현금이 연관되지 않은 다른 형태의 배당을 지급할 수 있는데, 그것은 주식배당이다. 이 경우, 배당락일 이전에 주식을 소유한 개별 주주는 기업 자체의 주식 지분을 추가적으로 받거나(주식분할과 유사함), 자회사의 주식 지분을 추가적으로 받는다(자회사 매각, spin-off). 따라서 이러한 두 가지 형태의 거래를 살펴볼 것이다.

주식배당과 주식분할

주식배당(stock dividend) 혹은 **주식분할(stock split)**에서 회사는 현금을 주주에게 지급하기보다는 추가적으로 주식을 발행한다. 만일 회사가 10%의 주식배당을 선언하면 개별 주주는 보유한 주식 10주당 1주의 신주를 받게 될 것이다. 50% 이상의 주식배당은 일반적으로 주식분할로 알려져 있다.[16] 예를 들어, 50%의 주식배당에서 개별 주주는 2주를 보유한 경우 1주의 주식을 추가로 받게 될 것이다. 이 경우 2주를 소유한 주주가 최종적으로 3주의 신주를 가지게 되기 때문에, 이 거래는 3대2 (3-for-2) 주식분할이 된다. 마찬가지로 100% 주식배당은 2대1 주식분할과 동일한 효과를 가져온다.

주식배당: 회사가 현금을 주주에게 지급하기보다는 주식을 배당하는 경우

주식배당으로 기업은 주주에게 아무런 현금도 지급하지 않는다. 결과적으로 기업의 자산과 부채, 자기자본의 총시장가치는 변하지 않는다. 오로지 달라지는 것은 발행주식수이다. 따라서 동일한 총자기자본의 가치를 늘어난 발행주식수로 나누기 때문에 주식가격은 떨어질 것이다.

현금배당과는 달리 주식배당은 과세되지 않는다. 따라서 기업과 주주의 입장에서 주식배당은 실질적인 변화를 결과로 가져오지 않는다. 발행주식수는 지분에 비례하여 증가하고 주당 가격도 비례하여 하락하기 때문에, 아무런 가치의 변화가 없다.

주식분할과 주가 가치의 변화가 없다면 왜 기업은 주식배당이나 주식분할을 하는 것일까? 주식분할의 전형적인 동기는 소규모 투자자가 매력적이라고 생각하는 가격대로 주식가격을 유지하려는 것이다. 주식은 일반적으로 100주를 단위로 (한국에서는 1주 단위 거래도 가능함) 거래가 되며 어떤 경우라도 1주보다 작은 단위로 거래가 일어날 수는 없다. 결과적으로 주가가 너무 높으면 소규모 투자자로서 100주는 말할 것도 없고 1주도 감당하기 어려워질 수 있다. 주식을 소규모 투자자에게 좀더 매력적으로 만들면 주식의 수요가 늘어나고 유동성이 증가하기 때문에 결국 주가를 상승시킬 수 있다. 평균적으로, 주식분할 공시는 주가를 2% 증가시키는 것으로 알려져 있다.[17]

대부분의 기업은 주가가 $100를 넘지 않도록 유지하는데 주식분할을 활용한다. 1990년에서 2000년 사이에, 시스코(Cisco Systems)는 9번의 주식분할을 실행했는데 IPO 시기에 주식을 매

16) 주식배당은 배당이기 때문에 재무상태표의 이익잉여금이 자본금으로 이전하는 것으로 나타나지만, 주식분할의 경우에는 이러한 변화가 없이 발행주식수만 바뀐다. 그러나 둘 모두 자기자본 전체 금액의 변화는 발생하지 않는다.

17) S. Nayak and N. Prabhala, "Disentangling the Dividend Information in Splits: A Decomposition Using Conditional Event-Study Methods," *Review of Financial Studies* 14 (4) (2001): 1083-1116.

버크셔 해서웨이의 A주식과 B주식

많은 경영자는 소규모 투자자가 쉽게 매매할 수 있도록 가격을 감당할 수 있게 하기 위해 주식을 분할한다. 버크셔 해서웨이(Berkshire Hathaway)의 회장이며 최고경영자인 워런 버핏(Warren Buffett)은 이에 반대한다. 버크셔의 1983년 연차보고서에서 "우리는 왜 버크셔가 주식분할을 안 하는지 질문을 받곤 한다 … 우리는 스스로를 사업의 소유자라고 생각하는 장기적으로 투자할 의도를 가진 사람(주주)을 원한다. 그리고 우리는 시장가격이 아니라 사업 결과에 관심을 유지하는 사람을 원한다"고 말했다. 40년 동안 버크셔는 결코 주식분할을 하지 않았다.

버크셔 해서웨이의 높은 성과와 주식분할이 없었기 때문에 주가는 상승했다. 1996년에 주당 주가가 $30,000을 넘었다. 이 가격은 소규모 투자자에게는 너무 비싸기 때문에 몇몇 금융회사가 버크셔 주식에만 투자하는 특정금전신탁(unit investment trust, 뮤추얼 펀드와 유사하지만 투자포트폴리오는 확정되어 있음)을 만들었다. 투자자는 이러한 신탁상품에 소규모 투자를 통해 버크셔 주식을 실질적으로 소유할 수 있었다.

이에 따라 버핏은 1996년 2월에 버크셔 주식의 두 번째 종류로 B주식(Class B share)을 만들었다. 원래 주식(이제 A주식으로 불림)의 소유자는 A주식을 30개의 B주식으로 바꿀 수 있는 기회를 가졌다. "우리는 주주에게 원한다면 스스로(do-it-yourself) 분할의 기회를 주었다."고 버핏은 말했다. B주식을 통해 투자자는 버크셔 주식을 소규모 투자로 소유할 수 있으며, 신탁상품을 통해 주식을 사기 위해 필요했던 추가적인 거래비용을 지불할 필요가 없어졌다.

2016년 6월에 버크셔 해서웨이 A주식 1주의 가격은 $208,000을 넘었다.*

* 주식분할을 하지 않는 버핏의 논리는 다소 퍼즐과 같다. 주가를 아주 높은 수준까지 오르게 내버려두는 것이 버핏이 원하는 종류의 투자자에게 매력적인지는 불확실하다. 사실 이것이 버핏의 정책을 위한 동기라면, 그가 원하는 결과는 단순히 주식병합(reverse stock split)을 통해 훨씬 쉽게 얻을 수 있기 때문이다. 예를 들어, 10주의 구주마다 1주의 신주를 발행하면 된다.

입한 경우라면 288주가 되었다. 만일 주식분할을 하지 않았다면, 시스코의 주식가격은 2000년 3월의 마지막 분할 시점에는 288 × $72.19인 $20,7909.72가 되었을 것이다.

자회사 매각

자회사 매각: 비현금 특별 배당으로 자회사의 주식을 매각하는 데 사용하는 경우

현금으로 배당을 지급하거나 자사주를 매입하는 대신에, 비현금 특별 배당으로 자산 매각이나 별개의 회사로 자회사를 매각하는 데 사용하는 **자회사 매각(spin-off)**이라고 불리는 거래를 통해 기업은 자회사의 주식을 배분할 수도 있다. 예를 들어, 2000년 10월에 IPO를 통해 몬산토(Monsanto Corporation)의 15%를 매각한 후에, 파마시아(Pharmacia Corporation)는 2002년 7월 남아 있는 몬산토의 85% 지분을 매각하겠다고 공시하였다. 이러한 자회사 매각은 파마시아의 모든 주주가 1주당 몬산토 주식 0.170593주를 받는 특별 배당을 통해 이루어졌다. 몬산토의 주식을 받은 후에는, 파마시아 주주는 모회사의 주식으로부터 몬산토 주식을 분리해서 거래할 수 있었다.

다른 대안으로 파마시아는 몬산토의 주식을 매도하고 현금을 주주에게 현금배당으로 배분할 수 있다. 파마시아가 선택한 자회사 매각 거래는 현금배당 전략보다 두 가지 점에서 이점이 있다. (1) 주식 매도에 따르는 거래비용을 피할 수 있다. (2) 특별배당은 현금배분으로 과세되지 않는다. 대신에 몬산토의 주식을 받은 파마시아 주주는 몬산토 주식을 매도하는 경우에만 자본이득세를 납부할 책임이 있다.

개념확인

11. 주식배당과 주식분할의 차이점은 무엇인가?
12. 사업부 매각이나 현금배분과는 반대로 자회사 매각의 장점은 무엇인가?

17.7 재무경영자에게 주는 조언

배당정책 결정은 제16장에서 논의했던 자본구조 결정과 관련된다. 회사가 보유한 채무의 양은 이자 지급액으로 채권자에게 얼마의 현금흐름이 미리 약속되어 있는지 그리고 주주에게 배분 가능하거나 기업에 재투자할 수 있는 금액은 얼마나 남았는지를 결정한다. 그리고 자금을 주주에게 배분하는 것은 기업에 남아있는 자기자본을 줄이고 레버리지를 증가시킨다. 주주에 대한 배분 금액을 정할 때 재무관리자는 주의 깊게 회사의 미래 투자계획을 저울질할 필요가 있다. 만일 경영자가 가까운 미래에 대량의 투자 비용을 예상한다면, 주주에게 대규모의 현금배분을 실행하기 위해서, 즉 (제14장과 제15장에서 고려한 채권이나 주식을 통한) 신규 자본조달을 위해 시장으로 돌아온다는 것은 말이 안 된다. 전반적으로, 재무관리자로서 당신은 배당정책 결정을 할 때 다음 사항을 고려해야만 한다.

1. 주어진 배분 금액 아래서, 주주에게 돌아가는 세후 배분금액을 극대화하려고 노력한다. 자사주 매입과 배당금은 종종 다르게 과세되고 하나가 다른 것에 비해 장점을 가질 수 있다.
2. 자사주 매입과 특별 배당금은 주주에게 드물게 실행하는 대량의 배분으로 유용하다. 둘 다 반복적인 현금배분에 대한 기대를 의미하지 않는다.
3. 정기배당금을 시작하고 증가시키는 것은 주주에게 암묵적으로 이 수준의 정기배당금을 영구히 유지하겠다는 것으로 인식된다. 정기배당금은 회사가 유지할 수 있다고 확신할 수 있는 수준으로 정해야 한다.
4. 정기배당금은 암묵적인 약속으로 인식되기 때문에, 자사주 매입과 같은 비정기적인 배분보다 주주에게 재무적 강점에 대한 더욱 강력한 신호를 보낸다. 그러나 정기배당금은 기업의 재무 유연성을 줄이기 때문에, 이 신호는 비용을 수반한다.
5. 미래 투자계획에 유의하자. 현금배분과 신규 자본조달에는 거래비용이 있기 때문에 대규모 배분을 하고 사업에 필요한 자금을 조달하는 것은 매우 비싸다. 현금배분을 적게 하고 사업에 필요한 자금은 내부적으로 조달하는 것이 낫다.

표 17.6은 현금배분을 할 것인지 아닌지 그리고 어떤 형식으로 배분할 것인지를 결정할 때 스스로 고민해 봐야 할 질문을 고려사항으로 간략하게 요약하고 있다.

표 17.6
배당정책을 위한 지침

배당 혹은 무배당	배당 혹은 자사주 매입
자금조달이 안 된 양의 NPV사업이 있는가? 우리의 미래 투자 계획은 무엇인가? 불황기에도 곤경 없는 충분한 현금 보유를 하고 있는가? 시장에 재무적 강점을 알리는 이점이 있는가?	기반이 되는 주주의 세금관련 상황은 어떤가? 자사주 매입이 주는 유연성의 가치가 있는가? 배당금이 전달하는 것보다 강력한 정보신호를 보낼 필요가 있는가?

myfinancelab 핵심요점 및 공식

17.1 주주에게 현금배분

- 만일 기업이 현금을 주주에게 배분하기를 원한다면 기업은 현금배당금을 지불하거나 자사주를 매입할 수 있다.
- 대부분의 회사는 정기적으로 분기별 배당금을 지불한다. 경우에 따라 회사는 일회성 특별 배당금을 지급한다.
- 회사는 공개시장 매입, 공개매수, 네덜란드식 경매, 혹은 직접 매입을 이용하여 자사주를 매입한다.
- 배당공시일에, 회사는 배당 기준일에 주주로 기록된 모든 주주에게 배당금을 지급할 것이라고 공시한다. 배당락일은 예정된 배당금을 받을 권리가 사라진 주식을 거래한 첫 날이다. 일반적으로 배당 기준일 보다 2일 영업일 전의 날이다. 배당금 수표는 배당 지급일에 발송된다.

17.2 완전자본시장에서의 배당과 자사주 매입

- 완전자본시장에서 배당금이 지급될 때 주식가격은 배당 금액만큼 하락한다. 공개시장 자사주 매입은 주식가격에 아무런 영향을 주지 않으며, 주식가격은 배당이 지급되었을 경우 배당부 가격과 같다.
- 모딜리아니-밀러 배당 무관련 명제는 완전자본시장에서 회사의 투자정책이 일정할 때, 회사의 배당정책 선택은 무관련하고 처음 주식가격에 영향을 주지 않는다고 한다.
- 현실에서 자본시장은 완전하지 않으며 시장 불완전성은 회사의 배당정책에 영향을 준다.

17.3 배당의 세금 불이익

세금은 배당정책에 영향을 주는 중요한 시장 마찰(market friction, 불완전성)이다.

- 세금을 유일한 시장 불완전성으로 고려해 보면, 배당세율이 자본이득세율을 초과할 때, 최적 배당정책은 배당을 지급하지 않는 것이다. 회사는 모든 현금배분으로 자사주 매입을 이용해야만 한다.
- 배당에 대한 세금의 영향은 소득 수준, 투자 기간, 세금 관할지역, 투자 계정의 유형 등을 포함한 여러 가지 이유로 투자자에 따라 다르다.
- 투자자에 따라 다른 세금은 회사의 배당정책이 투자자 고객의 세금 선호도에 적합하다는 고객효과를 만든다.

17.4 현금의 배분과 유보

- ▶ 모딜리아니-밀러의 배당정책 무관련성은 완전자본시장에서 기업이 가용현금흐름을 금융 증권에 투자하면 기업의 현금배분과 현금유보의 선택은 무관련하고 처음 주식가격에 영향을 주지 않는다고 말한다.
- ▶ 법인세는 기업이 초과 현금을 유보하는 것을 불리하게 만든다. 투자자의 세금을 조정한 이후더라도 초과 현금을 유보하는 것은 기업에게 상당한 세금 불이익으로 남는다.
- ▶ 현금유보의 세금 불이익이 있더라도 일부 기업은 현금 계정을 쌓는다. 현금계정은 잠재적인 미래의 현금 수요가 있어서 새로 자금을 조달하는 데 들어가는 거래비용을 최소화하는 데 도움을 준다. 그러나 미래 투자 필요성을 초과하여 현금을 보유하게 되면 주주에게 이익이 되지 않는다.
- ▶ 경영자는 비효율적인 투자와 경영자 특권에 초과 현금을 소비하려는 할 수 있기 때문에 현금유보의 세금 불이익에 덧붙여서 대리인 문제가 발생할 수 있다. 주주에 의한 압력이 없다면 경영자는 현금을 이런 방식으로 사용하거나 회사의 레버리지는 줄이고 직무 안전을 공고히 하기 위해 현금을 쌓는 선택을 할 것이다.
- ▶ 배당금과 자사주 매입은 회사가 초과 현금을 가질 때 낭비적인 지출의 대리인 문제를 최소화하는데 도움이 된다.

17.5 배당정책과 정보신호

- ▶ 회사는 상대적으로 일정한 배당금을 유지하려고 한다. 이러한 관행을 배당 평탄화라고 한다.
- ▶ 배당금의 변화가 회사의 미래 순이익 전망에 대한 경영자의 관점을 반영한다는 생각을 배당신호가설이라고 한다.
- ▶ 경영자는 일반적으로 회사가 가까운 미래에 더 높은 배당금을 감당할 수 있다는 확신이 있을 때만 배당금을 증가시킨다.
- ▶ 경영자가 배당을 축소할 때는 순이익이 개선될 희망을 잃었다는 신호가 될 수 있다.
- ▶ 현재 가격에서 주식이 저평가되었다고 경영자가 믿을 때에 자사주 매입이 좀 더 매력적일 것이라는 긍정적인 신호로 자사주 매입이 사용될 수 있다.

17.6 주식배당, 주식분할, 자회사 매각

- ▶ 주식배당이나 주식분할에서 회사는 주주에게 현금을 배분하는 것이 아니라 추가적인 주식을 배분한다.
- ▶ 주식배당을 통해 주주는 기업 자체의 주식 지분을 추가적으로 받거나(주식분할과 유사함), 자회사의 주식 지분을 추가적으로 받는다(자회사 매각, spin-off).

비판적 사고

1. 회사가 주주에게 현금을 배분할 수 있는 방법으로는 무엇이 있는가?
2. 기업이 취할 수 있는 자사주 매입의 방법을 설명하시오.
3. 세금이나 다른 불완전성이 없다면 회사가 현금을 배분하는 것이 무관한 이유는 무엇인가?
4. 세금이 발생시키는 현금배분의 선호도는 무엇인가?
5. 초과 현금을 유보하는 장단점은 무엇인가?
6. 배당금과 자사주 매입이 회사의 전망에 대한 경영자의 정보를 어떻게 신호하는가?
7. 배당금 지급의 증가가 어떤 상황에서 좋은 소식(혹은 나쁜 소식)으로 해석될 수 있는지 설명하시오.
8. 자사주 매입 공시가 왜 긍정적인 신호로 간주되는가?
9. 경영자는 왜 회사의 주식을 분할하는가?

연습문제

* 표시는 난이도가 높은 문제임을 나타낸다.

주주에게 현금배분

1. ABC 주식회사는 2010년 4월 5일을 배당 기준일로 모든 주주에게 배당금을 지불하겠다고 공시하였다. 새로 주식을 매입한 후 등록되는 데 3일의 영업일이 소요된다.
   a. 배당락일은 언제인가?
   b. ABC주식을 매입해서 배당금을 받을 수 있는 마지막 날은 언제인가?
2. RFC는 $1의 배당금을 공시했다. 만일 RFC의 배당부 종가가 $50이었다면 배당락 시초가는 얼마가 되겠는가(완전자본시장을 가정함)?
3. ECB는 주당 $20에 1백만 주의 발행주식수를 가지고 있다. 회사는 시장가격으로 100,000주의 자사주 매입을 할 계획이다. 자사주 매입 이후 시가총액과 주가는 얼마가 되겠는가?
4. KMS는 $500백만의 자산을 가지고 있는데 $50백만은 현금이다. 채무는 $200백만이다. KMS는 $20백만으로 자사주 매입을 한다.
   a. 계정에 어떤 변화가 있을까?
   b. 새로운 레버리지 비율은 무엇인가?
5. 문제 4번의 KMS가 자사주 매입 대신에 배당금을 지급하기로 했는데, 회사는 배당의 현재가치를 $20백만과 같게 하고자 한다. 자기자본 비용이 10%이면, 영구연금으로 매년 얼마를 배당해야만 하는가(완전자본시장을 가정함)?

완전자본시장에서의 배당과 자사주 매입

6. EJH는 20백만 주의 발행주식수에 시가총액 $1십억이다. 공개시장 자사주 매입으로 $100백만을 배분할 계획을 가지고 있다. 완전자본시장을 가정한다.
   a. 자사주 매입 직전 EJH의 주당 가격은 얼마가 되겠는가?
   b. 자사주 매입 주식수는 얼마인가?
   c. 자사주 매입 직후 EJH의 주당 가격은 얼마가 되겠는가?
7. 낫삼(Natsam Corporation)은 $250백만의 초과 현금을 보유하고 있다. 회사는 채무가 없고 500백만 주의 발행주식수를 가지고 있는데 주가는 시장가격으로 $15이다. 낫삼의 이사회가 이 현금을 일회성 배당금으로 지급하려고 결정하였다.
   a. 완전자본시장에서 배당락일의 주가는 얼마인가?
   b. 만일 이사회가 배당 대신에 일회성 자사주 매입을 결정하였다면, 완전자본시장에서 자사주 매입이 완료된 이후 주가는 얼마인가?
   c. 완전자본시장에서 (a)와 (b)의 어느 정책이 주주에게 더 이로운가?
8. 낫삼의 이사회가 문제 7번 (b)의 자사주 매입을 결정했는데, 당신은 배당금을 선호하는 투자자라고 가정하자. 이사회가 배당금 지급을 결정한 것과 동일한 상황에 당신 스스로 처한 것으로 만들려면 어떻게 해야 할까?

배당의 세금 불이익

9. HNH는 일정한 배당금으로 매년 주당 $2를 영구히 지급할 것이다. 모든 투자자가 배당금에 대한 세금으로 20%를 납부해야만 하고 자본이득세는 없다고 가정하자. HNH 주식에 투자하는 자본비용은 12%이다.
   a. HNH의 주식가격은 주당 얼마인가?
   b. 경영자가 HNH가 더 이상 배당금을 지급하지 않고 대신에 같은 현금으로 자사주 매입을 하겠다고 갑작스런 공시를 했다. HNH 주식의 현재 가격은 얼마인가?
10. 당신은 $40에 매입했던 CSH주식을 현재에는 $50에 매도할 수 있다. 회사는 $10의 특별 배당금을 계획하고 있다고 공시하였다.
    a. 2016년의 미국 세율을 가정한다면, 주식을 매도하는 경우와 기다렸다가 배당금을 받는 경우에 당신의 세후 소득은 어떻게 다른가?
    b. 자본이득세율이 20%이고 배당세율이 40%라고 한다면 (a)에서의 두 선택 사이에 차이는 무엇인가?
11. 표 17.2를 사용하여 다음 연도에 대하여 1년의 투자 기간을 가진 개인 투자자에게 배당금이 세금에서 불리한지 불리하지 않은지 설명하시오.

a. 1985

b. 1989

c. 1995

d. 1999

e. 2005

현금의 배분과 유보

12. 클로빅스(Clovix Corporation)는 현금 $5백만을 가지고 있으며, 발행주식수는 10백만 주이고 현재 주가는 $30이다. 클로빅스는 주당 $5의 즉각적인 특별 배당금을 지불하기 위해 $50백만을 사용할 것인지 아니면 유보 후에 10%의 무위험 이자율로 투자해서 얻는 이자 $5백만으로 연간 정규 배당금을 주당 $0.50 증가시킬 것인지 고려하고 있다. 완전자본시장을 가정하시오.
    a. 클로빅스가 특별 배당금을 지불한다고 가정하자. 정기 배당금의 증가를 선호하는 주주는 어떻게 스스로 자체적으로 그것을 만들 수 있을까?
    b. 클로빅스가 정규 배당금을 증가시킨다고 가정하자. 특별 배당금을 선호하는 주주는 어떻게 스스로 자체적으로 그것을 만들 수 있을까?
13. 당신은 KOA에 투자한 (면세) 연기금의 관리자이다. KOA의 경영진은 방금 기대하지 않았던 추가적인 현금흐름이 올해 발생했다고 공시하였다. 그들은 그 현금흐름을 특별 배당금으로 배분하거나 혹은 내년까지 1%의 이자를 얻는 1년 미 재무부 단기채(T-bill)에 투자하는 것을 고려하고 있다. 그리고 $50백만과 벌게 될 이자를 함께 특별 배당금으로 지불할 것이다. 만일 KOA가 35%의 법인세율을 납부한다면 당신은 $50백만의 배당금 지불이 오늘 이루어지는 것과 내년까지 기다리는 것 중에 어느 것을 선호하는가?
14. 완전자본시장을 가정하자. 케이(Kay Industries)는 이자율 7%를 지급하는 미 재무부 단기채(T-bill)에 $100백만을 투자하고, 이자수입은 배당금으로 지급할 것이다. 이사회는 T-bill을 매각하고 일회성 배당금으로 매각대금을 지급하는 것을 고려 중이다.
    a. 원래 계획을 추진하려던 이사회가 정책 변경을 공시하면 케이의 주식 가치는 어떻게 되겠는가?
    b. 일회성 배당금의 배당락일에 케이 주식의 가치는 어떻게 되겠는가?
    c. 위와 같은 주가 반응을 고려할 때, 정책 변경은 투자자에게 이익이 되겠는가?
15. 케이가 35%의 법인세를 납부해야만 하고 개인 투자자의 세금은 없다고 가정하고 문제 14번에 대하여 다시 답하시오.
16. 케이의 법인세는 없고, 개인투자자는 배당세율로 15%를 납부하고 자본이득세는 없다고 가

정하고 문제 14번에 대하여 다시 답하시오.

17. AMS에는 기대하지 않았던 일회성 $5백만의 현금흐름이 올해 발생하였다. 특별 현금흐름을 공시한 후에, AMS의 주식가격은 주당 $55가 되었다(1백만 주의 발행주식이 있다). 경영진은 1년 안에 $5.5백만의 현금흐름을 발생시킬 사업에 $5백만을 투자하는 것을 고려 중이다. 사업에서 발생한 현금흐름은 자사주 매입에 사용할 것이다. 사업투자안의 자본비용은 12%로 가정한다.
    a. 투자를 결정한다면 주당 가격은 어떻게 되겠는가?
    b. 투자 대신에 즉각 $5백만의 자사주 매입을 한다면 주당 가격은 어떻게 되겠는가?
    c. 어느 결정이 유리하며 그 이유는 무엇인가?

배당정책과 정보신호

18번에서 22번에 답하기 위해서는 아래 정보를 이용하시오.

AMC는 현재 사업가치(EV) $400백만과 $100백만의 초과 현금을 가지고 있다. 회사는 10백만 주의 발행주식수를 가지고 있으며 채무는 없다. AMC가 보유한 초과 현금으로 자사주를 매입한다고 하자. 자사주 매입 이후, AMC의 사업가치는 $600백만이 되거나 $200백만으로 변할 것이라는 뉴스가 나올 것이다.

18. 자사주 매입 이전의 AMC 주가는 얼마인가?

19. 만일 사업가치가 올라간다면 자사주 매입 이후 AMC의 주가는 얼마가 되겠는가? 사업가치가 떨어진다면 주가는 얼마가 되겠는가?

*20. 뉴스가 나올 때까지 AMC가 기다린 후에 자사주 매입을 실행하였다고 가정하자. 만일 사업가치가 올라간다면 자사주 매입 이후 AMC의 주가는 얼마가 되겠는가? 사업가치가 떨어진다면 주가는 얼마가 되겠는가?

21. AMC의 경영진이 희소식이 나올 것으로 기대하고 있다고 가정하자. 문제 19번과 20번의 답변에 근거해서, 만일 경영진이 AMC의 최종 주가를 극대화하기를 원한다면 자사주 매입을 뉴스 이전에 실행해야 하는가 뉴스 이후에 실행해야 하는가? 만일 나쁜 소식이 나올 것으로 경영진이 예상한다면 언제 자사주 매입을 실행해야 하는가?

*22. 문제 21번의 답변을 근거로, 당신은 자사주 매입 공시가 주가에 어떤 영향을 줄 것이라고 기대하는가? 그 이유는 무엇인가?

주식배당, 주식분할, 자회사 매각

23. FCF는 20,000주의 발행주식수와 총시장가치 $1백만을 가지고 있다. 시장가치 중에 $300,000은 채무이며 $700,000은 자기자본이다. 10%의 주식배당을 계획 중이다.

a. 주식배당 이전과 이후의 주식가격은 얼마인가?

b. 주식배당 이전에 투자자가 1,000주를 가지고 있었다면, FCF에 투자한 투자자의 가치는 주식배당 이전과 이후에 얼마가 되겠는가?

24. 호스트(Host Hotel & Resorts)의 주식이 현재 주당 $20에 거래되고 있다고 하자.

a. 만일 호스트가 20%의 주식배당을 한다면, 새로운 주식가격은 얼마가 되겠는가?

b. 만일 호스트가 3대2의 주식분할을 한다면, 새로운 주식가격은 얼마가 되겠는가?

25. 버크셔 해서웨이의 A주식이 $120,000에 거래되고 있다면, 주식가격을 $50로 낮추기 위해서는 주식분할을 어떤 비율로 행해야 하는가?

26. 어댑텍(Adaptec, Inc.)은 2001년 5월 11일 시장이 끝난 후에 소프트웨어 부서인 록시오(Roxio)의 주식을 배당으로 지급하였다. 모든 어댑텍 주주는 주당 0.1646주의 록시오 주식을 받았다. 당시 어댑텍 주식은 주당 (배당부) $10.55에 거래되었고 록시오의 주식가격은 주당 $14.23이었다. 완전자본시장에서, 록시오 주식의 배분이 끝난 후 어댑텍의 배당락 주가는 어떻게 되겠는가?

사례연구

자산운용회사의 컨설턴트인 당신은 2003년 2월 28일에 시스코(Cisco Systems, Inc.) 주식 백만 주를 매입한 매우 영향력이 있는 고객을 맡게 되었다. 시스코를 연구하면서 당신은 시스코가 대량의 현금을 보유하고 있다는 것을 알게 되었다. 추가적으로 고객은 시스코 주가가 최근 정체되었다고 불만을 가지고 있다. 고객은 이사회에 축적한 현금의 절반을 배분하는 것을 요청하려고 하고 있으나 자사주 매입과 특별 배당금 중 어느 것이 유리한지는 결정하지 못하고 있다. 당신은 자사주 매입에서 고객이 동일한 지분율을 유지한다고 가정할 때, 어떤 쪽이 세후 금액이 더 많은 나은 방법인지 알려 달라는 요청을 받았다. 배당금과 자본이득에 동일한 세율(20%)이 적용되기 때문에, 고객은 배당금과 자사주 매입에 차이가 없다는 생각을 하고 있다. 고객에게 확신을 주기 위해, 각 시나리오별 "숫자로 보여주기"가 필요한 시점이다.

1. 야후 금융(finance.yahoo.com)에 가서 시스코(Cisco)의 주가 표식(CSCO)를 입력한다. 그리고 "주요 통계(Key Statistics)"를 클릭한다.

a. 현재 주가와 발행주식수를 기록한다.

b. "재무정보(Financials)" 아래의 "재무상태표(Balance Sheets)"를 클릭한다. 엑셀에 정보를 복사하여 붙인다.

2. 재무상태표에 보고된 가장 최근의 "현금 및 유가증권(Cash and Cash Equivalents)"의 절반을 이용하여(단위: $1,000) 다음을 계산한다.

a. 현재 시장가격을 기준으로 자사주 매입할 수 있는 주식의 수

b. 총발행주식수를 기준으로 지급할 수 있는 주당 배당금

3. 야후 금융(finance.yahoo.com)에 가서 고객이 2003년 2월 28일에 주식을 매입했을 때의 가격을 구한다.
   a. 시스코의 심볼을 "호가 구하기(Get Quotes)"에 입력한다.
   b. "과거 주가(Historical Prices)"를 클릭하고, 고객이 주식을 매입한 날짜는 시작일과 종료일로 입력하고 "입력(Enter)"을 클릭한다. 조정 종가를 기록한다.
4. 세전과 세후에 당신 고객이 자사주 매입과 배당금으로 받게 될 총현금을 계산한다.
5. 위 4 단계의 계산은 고객의 즉각적인 현금 흐름과 세금을 반영하지만, 자사주 매입에서 매도되지 않은 주식이 청산된 이후에 고객에게 돌아가는 최종적인 금액을 고려하지는 않는다. 이것을 고려하기 위해서는 우선 고객이 배당금과 자사주 매입 직후에 남아있는 모든 주식을 매도했을 때 어떻게 되는지를 결정해야 한다. 배당금이 지급되면 주가는 배당금만큼 하락한다고 가정한다. 배당금과 자사주 매입에서 (배당과 자본이득을 고려하여) 고객의 세후 총현금흐름은 무엇인가?
6. 세전 기준으로 고객에게 이로운 프로그램은 어느 것인가? 세후 기준으로 고객에게 이로운 프로그램은 어느 것인가? 남은 주식을 배당이 지급된 이후에 모두 매도한다고 가정한다.
7. 당신의 고객이 오늘 1백만 주를 매도하지 않을 것이기 때문에 배당/자사주 매입 시점에 당신은 2개의 장기 보유기간 고려를 설정해야 한다. 양쪽 계획 모두에서 고객은 모든 남은 주식을 5년뒤에 매도하거나 혹은 10년 뒤에 모두 매도한다. 주식이 연간 10%의 수익률을 얻을 것이라고 가정한다. 또한 시스코가 향후 10년간 배당금을 지급하지 않을 것이라고 가정한다.
   a. 배당금이 지금 지급된다면, 5년 후 혹은 10년 후의 주가는 얼마가 될 것인가?
   b. 만일 시스코가 지금 자사주 매입을 한다면, 5년 후 혹은 10년 후의 주가는 얼마가 될 것인가?
   c. 두 가지 현금지급방법 모두에서 남은 모든 주식이 5년 후에 매도된다면 두 시점(배당금 지급 혹은 자사주 매입이 이루어지는 시점과 나머지 주식이 매도되는 시점)에서 세후 총현금흐름을 계산한다. 각 시점에서 두 가지 현금지급방법 아래의 현금흐름간의 차이를 계산한다. 주식이 10년 후에 매도된다는 가정을 가지고 반복한다.
8. 주식이 연간 20%의 수익률을 얻을 것이라는 가정에서 질문 7번을 반복한다. 수익률이 20%와 10%일 때 두 현금지급방법 아래의 현금흐름의 차이에 대해 무엇을 알게 되었나?

제6부 통합사례

이 사례는 제16장과 제17장의 내용을 바탕으로 한다.

마리아 수아레즈(Maria Suarez)는 오후에 있었던 투자은행과의 회의를 마치고 사무실로 돌아왔다. 수아레즈는 중형 제조회사인 미드코(Midco Industries)의 CFO로 자본구조와 배당정책을 집중적으로 다루고 있다. 수아레즈는 미드코가 저평가되었으며 채무의 잠재적인 세금 이익을 완전히 누리지 못하고 있다고 생각하였다. 또 하나의 골칫거리로 미드코의 기관 투자자는 자사주 매입을 하거나 특별 배당금을 지급하라고 압력을 해왔다.

투자은행은 하나의 가능성으로 미드코에게 채권을 발행하고 그 금액으로 자사주 매입을 하 는 "차입 자본 재조정(leveraged recap)"을 제안하였다. 미드코는 20백만 주의 발행주식을 가 지고 있고 주식의 시장가격은 $15이며 채무는 없다. 회사는 지속적으로 안정적인 순이익을 유 지하고 있으며 법인세율은 35%이다. 미드코의 투자은행은 차입 자본 재조정을 위해서 $100백 만을 차입하여 발행주식의 자사주 매입 자금으로 사용하는 것을 제안하였다.

수아레즈는 의자에 기대어 앉아 노트북를 바라보고 있었다. 그녀는 의사결정을 하기 전에 해답이 필요한 몇 가지 의문점을 적어나갔다.

사례질문

1. 이러한 자본 재조정의 결과 세금의 중요성은 무엇인가?
2. 세금효과와 가치평가의 원칙에만 근거하여, 자본 재조정 이후 기업의 총가치는 어떻게 되 겠는가?
   a. 새로운 총가치 중에서 얼마가 자기자본이 되겠는가?
   b. 얼마가 채무가 되겠는가?
3. 미드코는 주식을 어떤 가격에 자사주 매입할 수 있겠는가?
4. 이러한 자본 재조정에서 누가 이익을 보는가? 누가 손실을 보는가?
5. 미드코의 경영자로서 고려해야만 하는 추가 채무의 비용과 이익은 무엇인가?
6. 만일 미드코의 경영진이 채권을 발행하고 세금 절감액을 자사주 매입 대신에 특별 배당금으로 지급하기로 결정한다면 주당 배당금은 얼마가 되겠는가?

제7부

재무계획과 예측

가치평가 원칙의 연계. 제7부에서 예측 및 단기 재무관리에 초점을 맞추어 기업 재무관리의 세부적인 측면을 다룬다. 제18장에서는 먼저 기업의 현금흐름과 장기 자금조달의 필요성을 예측하는 방법론을 개발하고, 이어 기업의 단기 자금조달과 투자(short-term financing and investment)에 대한 재무관리자의 중요한 의사결정에 대해 살펴본다. 제19장에서는 기업이 매출채권, 매입채무 및 재고자산을 포함하는 운전자본의 필요액(working capital requirements)을 어떻게 관리하는지를 고찰한다. 제20장에서는 기업이 단기적인 현금 필요액(cash needs)을 어떻게 조달하는지를 설명한다.

완전자본시장에서 가치평가원칙(특히, 일물일가의 법칙)과 모딜리아니-밀러 정리(Modigliani-Miller propositions)는 기업이 단기적인 재무 수요를 어떻게 충족시키는지는 기업가치에 영향을 미치지 못함을 의미한다. 현실에서는 시장 마찰요인이 존재하기 때문에 단기 재무정책은 기업가치에 영향을 미친다. 제7부에서는 이러한 시장 마찰요인을 파악하고, 기업이 어떻게 단기 재무정책을 수립하는지를 설명한다.

18 재무모형과 추정 재무제표 분석

학습목표

- 장기 재무계획의 목적을 이해한다.
- 매출액 백분율법을 이용하여 추정 손익계산서와 추정 재무상태표를 작성한다.
- 자본지출, 운전자본 필요액 및 재무 사건들의 직접적인 예측을 통해 기업의 재무모형을 개발한다.
- 유지가능 성장과 가치증가 성장 간의 개념상 차이를 이해한다.
- 추정 분석(pro-forma analysis)을 이용하여 확장과 같은 서로 다른 시나리오하에서 기업 가치를 모형화한다.

기호

FCF	가용현금흐름
PV	현재가치
ROA	총자산이익률
ROE	자기자본이익률
SGR	유지가능 성장률

Financial Modeling and Pro Forma Analysis

재무관리자가 결정하는 대부분의 의사결정은 장기적인 결과를 낳는다. 예를 들어 1990년 말 에어버스 경영자는 555석의 A380기의 개발을 승인함으로써 이 회사의 미래를 메가제트 시장에 베팅하는 의사결정을 했다. 곧 이어 보잉의 경영자는 연료의 효율성을 향상시키는 비행기에 베팅을 하기로 하고 기술적으로 앞선 전기체 복합재의 787기의 개발을 승인했다. 이러한 결정들의 결과는 오늘날에도 여전히 발생하고 있다. 이 장에서는 재무의사결정의 미래 결과를 분석하는 재무모형을 만드는 방법에 대해 배울 것이다. 보다 구체적으로, 기업이 언제 추가적인 외부 자금을 확보할 필요가 있는지, 그 결정이 기업가치에 어떤 영향을 미칠 것인지 등을 예측하기 위해 이 모형을 활용할 것이다.

먼저 재무모형과 추정 재무제표를 이용한 예측의 목적을 설명하고, 이 분석이 기업가치의 극대화 목적과 어떤 연관이 있는지를 설명하고자 한다. 이어 기업의 미래 매출액 추정을 기반으로 한 기초적인 예측 기법을 다룬다. 그 다음에는 보다 현실적인 기업의 재무모형을 만드는 향상된 예측 기법을 개발할 것이다. 마지막으로, 가치증가 대 가치감소 성장에 대한 논의를 할 것이다 이 장의 내용들을 종합하면, 예측, NPV 분석, 그리고 모든 재무의 기본이 되는 가치평가 원칙간의 연계성을 알게 될 것이다.

18.1 장기 재무계획의 목표

재무관리자의 목표는 기업에서 주주 몫의 가치를 극대화하는 것이다. 이 목표 달성을 돕는 수단 중의 하나가 장기 재무계획이다. 다음 절에서는 재무제표와 기업 전체의 현금흐름을 예측하는 구체적인 방법을 개발할 것이다. 이 절에서는 이러한 맥락에서 장기 재무계획의 목적에 대해 논의할 것이다.

중요한 연계성의 파악

제18장 2절과 제18장 3절에서 살펴보겠지만, 기업의 미래 상황에 대한 모형을 만들 때 매출액, 비용, 자본투자, 자금조달 사이의 중요한 연계성을 발견하게 될 것이다. 잘 만들어진 스프레드 모형은 비용구조의 변화가 미래 가용 현금흐름, 자금조달 필요성, 기업 예산에 있어서 다른 항목들에 미치는 영향 등을 고찰할 수 있도록 한다. 몇 가지의 연계성들은 쉽게 파악할 수 있다. 하지만 연계성들 중에는 미래의 기업 전체 재무제표가 없다면 파악하기 어려운 것들도 있다. 예를 들어 비용절감을 가져오는 기술향상은 기업으로 하여금 가격 인하와 더 많은 제품의 판매를 가능하게 한다. 하지만 생산이 증가함에 따라 더욱 더 많은 생산시설과 설비를 필요로 하고, 이로 인한 자본지출은 자금조달을 필요로 하고 추가적인 감가상각비 감세효과(depreciation tax shields)를 가져온다. 이러한 연계성의 어떤 것도 예측모형을 주의 깊게 살펴보지 않고는 쉽게 파악할 수 없다. 이러한 연계성의 파악은 장기 재무계획을 통해 얻을 수 있는 중요한 결과물이다. 장기 재무계획은 재무관리자가 사업을 이해하도록 하며, 이러한 이해를 바탕으로 기업가치를 증가시킬 수 있도록 한다.

잠재적인 사업계획의 효과 분석

당신 회사는 대규모의 확장이나 재고관리 방식의 변화를 고려하고 있을 수도 있다. 당신 회사의 장기 재무모형을 작성함으로써 사업계획이 기업의 가용 현금흐름과 기업가치에 어떤 영향을 미칠지를 정확하게 살펴볼 수 있다. 제9장에서는 새로운 프로젝트에의 투자 여부 결정을 목적으로 하는 자본예산 방법론을 개발했다. 기업의 사업계획에서 기초적인 변화를 고려하기 위해 재무관리자는 단일의 프로젝트가 아닌 기업 전체를 대상으로 모형화한다. 제18장 3절에서 자본투자와 채무 조달 등을 포함하여 기업 전반의 확장의 효과를 분석할 것이다. 제18장 5절에서 가용현금흐름과 기업가치의 변동을 예측함으로써 기업의 확장이 좋은 아이디어인가를 결정할 것이다.

미래 자금조달 필요에 대한 계획

장기 예측을 위한 모형 작성을 통해 기업이 추가적인 외부 자금조달이 필요한 미래의 시점(예를 들어 이익잉여금이 계획된 자본투자를 위해 필요한 금액보다 부족할 때)을 알 수 있다. 기업의 자금조달 필요성을 사전에 파악하는 것은 재무관리자가 계획을 세우고 기업에게 가장 유리한 자금조달의 원천을 확보하기에 충분한 시간을 제공한다. 완전자본시장에서는 이러한 것이 불필요하다. 즉, 완전자본시장에서는 프로젝트의 NPV가 0보다 크기만 하면 즉시 자금을 조달할 수 있으며, 자금조달의 원천은 기업가치에 아무런 영향을 미치지 못한다. 하지만 현실에서는 시장 마찰요인이 존재하여 채무나 신주를 발행하는데 시간이 걸리고, 제16장에서 배운 바와 같이 재무의사결정이 기업가치에 영향을 미친다. 따라서 현실에서는 이러한 재무의사결정을 사전에 파악하고 계획하는 것이 가치 있는 작업이라고 할 수 있다.

개념확인

1. 장기 재무계획은 재무관리자의 목적 달성을 어떻게 돕는가?
2. 기업의 장기 재무모형을 작성을 통해 재무관리자가 얻을 수 있는 결과 중 중요한 세 가지는 무엇인가?

18.2 재무제표 예측: 매출액 백분율법

재무제표 예측에 대한 구체적인 예시 제공을 위해 케엠에스 디자인(KMS Designs, 이하 KMS)이라는 가상의 기업에 대한 예를 들고자 한다. KMS는 자체 생산시설을 갖추고 가격이 적정하고 현재의 유행보다 한 발 앞선 상하의 분리 옷을 특화 생산하는 여성패션 의류회사이다. KMS는 성장기업이며, 이 회사의 재무관리자는 성장을 위해서 외부 자금조달이 필요하다고 예상하고 있다. KMS가 외부 자금조달이 필요한 시점과 재무관리자가 확보해야 하는 자본조달 금액을 예측하기 위해서는 KMS의 재무모형을 엑셀로 만들어야 한다. KMS의 재무모형은 이 회사의 추정 손익계산서와 추정 재무상태표를 만들 수 있도록 한다. 이하에서는 예측을 위한 기법을 개발한 다음에 추정 손익계산서와 추정 재무상태표를 준비하는데 필요한 절차에 대해 설명하고자 한다.

매출액 백분율법

매출액 백분율법: 매출액이 증가함에 따라 손익계산서 및 재무상태표의 많은 항목들이 매출액에서 차지하는 비율이 일정하게 유지되도록 증가한다고 가정하는 예측 방법

예측을 위한 흔하고 단순한 방법은 **매출액 백분율법(percent of sales method)**이다. 매출액 백분율법은 매출액이 증가함에 따라 손익계산서 및 재무상태표의 많은 항목들이 매출액에서 차지하는 비율이 일정하게 유지되도록 증가한다고 가정한다. 예를 들어 표 18.1은 KMS의 감가상각비 제외 비용은 2016년에 매출액의 78%임을 보여주고 있다. KMS의 2016년 매출액이 $74,889 (단위: $1000)이었는데, 2017년에 18% 증가한다면,

- ▶ 2017년 매출액은 $74,889 × 1.18 = $88,369
- ▶ 감가상각비 제외 비용이 매출액의 78%를 유지한다면, 2017년 감가상각비 제외 비용은 $88,369 × 0.78 = $68,928[1]

KMS가 매출 수익이 증가함에 따라 이익률을 일정하게 유지할 것이라는 기본 가정을 한다. 현금, 매출채권, 재고자산, 매입채무 등 재무상태표의 운전자본 항목에 대해서도 동일한 가정이 적용된다. 표 18.1의 가장 오른 쪽 열은 2016년에 각 항목이 매출액에서 차지하는 백분율을 보여주고 있다. 이 백분율은 2017년 재무상태표의 일부를 예측하는데 사용될 수 있다. 예를 들어 매출액이 앞의 예측처럼 $88,369로 증가한다면, 재고자산은 이와 같은 매출 증가를 뒷받침하기 위해 증가할 필요가 있다.

어떤 항목들은 "NM"이라는 표기가 되어있는데, 이는 매출액 백분율이 "의미가 없음"을 나타낸다. 예를 들어 자산과 매입채무는 매출액과 보조를 맞추어 증가할 것을 합리적으로 기대할 수 있다. 하지만 장기채무와 자기자본은 매출액과 함께 증가하지 않을 것이다. 자기자본과 장기채무의 변동은 배당과 순신규자금조달(net new financing)의 선택을 반영하여 이루어질 것이다.

표 18.1
KMS의 2016년 손익계산서와 재무상태표

1	연도	2016	매출액 백분율
2	**손익계산서($1,000)**		
3	**매출액**	74,889	100%
4	감가상각 제외 비용	−58,413	78%
5	**EBITDA**	16,476	22%
6	감가상각	−5,492	7.333%
7	**EBIT**	10,984	15%
8	순이자비용	−306	NM*
9	**세전 이익**	10,678	14%
10	세금(세율 35%)	−3,737	NM
12	**순이익**	6,941	9%

*NM은 매출액 백분율로 해당항목을 나타내는 것이 무의미함을 의미한다.

1) 각 예시에서의 예측은 2016년 한 해의 매출액에서 차지하는 백분율을 기반으로 하고 있다. 기업들은 종종 평균 또는 몇 년간의 추세에 기반 을 두고 미래를 예측하기도 한다.

1	연도	2016	매출액 백분율
2	**재무상태표($1,000)**		
3	**자산**		
4	현금과 현금등가물	11,982	16%
5	매출채권	14,229	19%
6	재고자산	14,978	20%
7	**유동자산 총계**	41,189	55%
8	유형자산	49,427	66%
9	**자산 총계**	**90,616**	121%
10	**부채와 자기자본**		
11	매입채무	11,982	16%
12	채무	4,500	NM
13	**부채 총계**	16,482	NM
14	**자기자본 총계**	74,134	NM
15	**부채와 자기자본 총계**	90,616	121%

추정 손익계산서

표 18.2는 KMS의 2017년의 추정 손익계산서(pro forma income statement)와 함께 각 행이 어떻게 결정되는지를 보여주고 있다. KMS는 2017년 매출액이 2016년 대비 18% 증가할 것으로 예측하고 있다. 예상 매출액과 함께, 추정 손익계산서를 작성하기 위해서는 2016년 세 가지 다른 세부사항, 즉 감가상각비 제외 비용의 매출액 백분율, 감가상각비의 매출액 백분율 및 세율이 필요하다. 표 18.1에서 KMS의 정보는 다음과 같다.

- 감가상각비 제외 비용은 매출액의 78%이다.
- 2016년 감가상각비는 매출액의 7.333%이다.
- KMS의 세율은 35%이다.

표 18.2
KMS의 2017년 추정 손익계산서

1	연도	2016	2017	계산
2	**손익계산서($1,000)**			
3	**매출액**	74,889	88,369	74,889 × 1.18
4	감가상각비 제외 비용	−58,413	−68,928	매출액의 78%
5	**EBITDA**	16,476	19,441	3행 + 4행
6	감가상각	−5,492	−6,480	매출액의 7.333%
7	**EBIT**	10,984	12,961	5행 + 6행
8	순이자비용	−306	−306	동일
9	**세전이익**	10,678	12,655	7행 + 8행
10	세금(세율 35%)	−3,737	−4,429	9행의 35%
11	**순이익**	**6,941**	**8,226**	9행 + 10행

마지막으로 필요한 한 가지 가정은 이자비용에 관한 것이다.[2] 일부 예측 과정에서 채무 필요액이 변동할 것이므로 당분간은 이자비용이 2016년과 같다고 가정한다.

추정 재무상태표에 의하면, 순이익의 증가는 $8226 - $6941 = $1285로 추정된다. 이는 2016년 순이익 대비 18.5%에 해당된다.[3] 이제는 신규 자금조달이 2017년에 필요한 지를 결정하기 위해 재무상태표를 예측해보자. 표 18.2에서 추정한 순이익은 추정 재무상태표를 만들기 위해 필요한 한 가지 투입요소이다. 재무상태표의 자기자본에는 순이익 중 배당금으로 지급되지 않는 부분이 더해진다.

예제 18.1
매출액 백분율

문제 *Problem*

KMS는 방금 예상 매출액을 하향 조정했다. 만약, KMS가 내년도 예상 매출액이 10%밖에 증가하지 않는다고 예측하면, 감가상각비 제외 비용은 얼마로 예상되는가?

풀이 *Solution*

- **계획**

2017년 예상 매출액은 $74,889 × (1.10) = $82,378이다. 주어진 수치와 표 18.1의 정보와 함께 매출액 백분율법을 이용하면 KMS의 예상 비용을 계산할 수 있다.

- **실행**

표 18.1으로부터 이 비용이 매출액의 78%임을 알 수 있다. 예상 매출액이 $82,378이므로 감가상각비 제외 비용은 $82,378 × (0.78) = $64,255이다.

- **평가**

비용이 매출액의 78%로 유지되면, 감가상각비 제외 비용에 대한 최상의 예측치는 $64,255가 될 것이다.

추정 재무상태표

매출액 백분율법을 이용하여 재무상태표를 추정하기 위해서는 몇 번의 반복적인 단계를 거쳐야 한다. 어떤 재무상태표 분석에서도 차변의 자산 총계과 대변의 부채와 자기자본 총계가 일치해야 한다. 하지만 추정 재무상태표의 경우, 매출액 증가에 따라 부채와 자기자본이 어떻게 증가하는지에 대한 가정을 하기 전까지 차변의 자산 총계가 대변의 부채와 자기자본 총계와 일치하지 않는다. 이 점을 첫 단계의 추정 재무상태표인 표 18.3에서 확인할 수 있다(계산에 대한 구체적인 사항은 아래에서 설명한다). 자산 총계가 부채와 자기자본 총계보다 $8396가 더 많은 것으로 나타난다. 이러한 불일치는 성장을 뒷받침하기 위해 $8396에 해당되는 순신규자금조달을 필요로 함을 의미한다. **순신규자금조달(net new financing)**은 계획된 자산 증가에 필요한 자금

순신규자금조달: 기업이 계획된 자산 증가에 필요한 자금조달을 위해 추가적으로 조달해야 하는 외부 자금조달의 금액

2) 이자비용은 채무에 대한 지급 이자에서 투자한 현금자산에 대한 발생 이자를 차감한 금액으로 계산되어야 한다. 지급 이자는 세금공제 대상 이며, 발생 이자는 세금부과 대상이다. 따라서 KMS의 세금감면효과는 순이자비용으로부터 발생한다. 예측에 초점을 맞추기 위해, KMS가 보유하는 모든 현금자산이 거래를 위해 필요한 운전자본이라고 가정한다. 따라서 KMS는 모든 현금자산을 이자가 발생하지 않는 계좌에 보 유하고 있다고 가정한다. 제19장에서는 현금자산을 투자하는 다른 방식에 대해서 논의하게 될 것이다.

3) 이 증가율은 앞서 가정한 18%의 증가율보다 더 높은데, 그 이유는 이자비용이 증가하지 않을 것으로 가정했기 때문이다.

조달을 위해 추가적으로 조달해야 하는 외부 자금조달 금액이다. 순신규자금조달은 다음과 같이 계산된다.

순신규자금조달 = 추정 자산 총계 - 추정 부채와 자기자본 총계

이제는 \$8396의 값이 어떻게 나왔는지에 대해 좀 더 자세히 살펴보기로 하자. 매출액 백분율법을 사용하기 때문에 자산이 매출액과 함께 증가한다고 가정한다. 따라서 자산 총계는 매출액과 동일하게 18% 증가했다. 추정 재무상태표의 부채와 자기자본은 훨씬 더 복잡하다. 기업이 지불하는 배당금은 성장에 대한 자금조달에 필요한 이익잉여금에 영향을 미친다. 게다가 부채 또는 자기자본의 증가는 자본구조 결정을 반영하고, 제14장과 제15장에서 논의했던 것처럼 경영자에게 활발하게 자본을 조달할 것을 요구한다. 결론은 채무와 자기자본은 매출액과 같은 비율로 증가한다고 가정할 수 없다는 것이다.

KMS의 경우 순이익의 30%를 배당하는 배당정책을 가지고 있다. 따라서 예상 순이익인 \$8226 중 \$2468가 주주에게 배당금으로 지급된다.

2017 순이익:	\$8,226
−2017 배당금(순이익의 30%)	−\$2,468
= 2017 이익잉여금	= \$5,758

그 결과 \$5758의 이익잉여금(배당금이 지급된 후 남은 순이익의 70%)이 재무상태표의 자기자본 항목에 더해진다. 이로 인해 표 18.3에서 자기자본이 \$74,134에서 \$79,892로 증가할 것으로 예상된다.

표 18.3
첫 번째 단계의 2017년 추정 재무상태표

1	연도	2016	2017	계산
2	**재무상태표(\$1,000)**			
3	**자산**			
4	현금과 현금등가물	11,982	14,139	매출액의 16%
5	매출채권	14,229	16,790	매출액의 19%
6	재고자산	14,978	17,674	매출액의 20%
7	**유동자산 총계**	41,189	48,603	4행 + 5행 + 6행
8	유형자산	49,427	58,324	매출액의 66%
9	**자산 총계**	90,616	106,927	7행 + 8행
10	**부채와 자기자본**			
11	매입채무	**11,982**	**14,139**	매출액의 16%
12	채무	4,500	4,500	동일
13	**부채 총계**	16,482	18,639	11행 + 12행
14	**자기자본 총계**	74,134	79,892	74,134 + 8,226의 70%
15	**부채와 자기자본 총계**	90,616	98,531	13행 + 14행
16	**순신규자금조달**		8,396	9행 − 15행

일반적인 실수 자기자본과 이익잉여금의 혼동

신규 이익잉여금(new retained earnings), 총이익잉여금(total retained earnings), 그리고 자기자본(stockholders' equity)을 혼동하기 쉽다. 앞의 예에서처럼 신규 이익잉여금은 배당금을 지급하고 남은 순이익이다. 신규 이익잉여금은 기업의 수명 주기 동안 기업이 누적적으로 적립해 온 총이익잉여금에 더해진다. 총이익잉여금은 주식의 액면가치와 모든 납입자본금(paid-in capital)을 포함하는 자기자본의 일부분이다.

2016 자기자본:	$74,134
+2017 이익잉여금	+ $5,758
= 2017 자기자본	= $79,892

매입채무가 매출액과 동일한 비율로 증가하여 2016년 매입채무의 매출액 대비 비중인 16%가 유지될 것이라고 가정한다. 따라서 매입채무는 $14,139가 될 것으로 예상된다. 하지만 채무가 일정한 값을 유지한다는 초기 가정으로 인해 채무와 자기자본 증가액이 예상 자산 증가액보다 $8396만큼 부족하게 된다.

재무상태표 균형 맞추기: 순신규자금조달

차변의 자산 총계와 대변의 부채와 자기자본 총계의 차이인 $8396를 어떻게 해야 하는가? KMS의 추정된 자산 총계와 부채와 자기자본 총계의 차이는 KMS가 투자자들로부터 신규 자금조달을 해야 할 필요가 있다는 것을 시사한다. 이 경우 $8396의 순신규자금조달이 균형을 맞추기 위해 재무상태표에서 대변(부채와 자기자본)에 더해져야 하는 금액이다.

KMS가 분명히 $8396의 신규 자금조달을 해야 하지만 신규 자금조달은 신규 채무 또는 신주 발행을 통해서 할 수 있다. 제16장에서 자기자본과 채무와 관련된 이슈에 대해 논의했다. 이 이슈는 여러가지 요소들을 고려하여야 하는 복잡한 문제이다. 여기에서는 이 이슈에 대한 논의가 복합해지지 않도록 하기 위해, 재무관리자가 이 요소들을 평가한 후에 성장을 위한 최상의 자금조달 방안이 추가적인 채무 발행이라고 결정했다고 가정하자. 표 18.4는 재무상태표를 균형시키기 위해 $8396의 추가적인 타인자본 조달을 반영하는 두 번째 단계의 추정 재무상태표를 보여주고 있다.

2017년에 추가적인 채무를 발행한다는 의사결정은 이자비용이 2017년에 일정하다는 초기 가정을 부정확하게 만든다. KMS가 2017년 말 전까지 채무를 발행하면, 채무로부터의 한 해의 일부에 해당되는 기간 동안에 이자비용이 발생하게 된다. 추정 재무상태표를 조정할 필요가 있으며, 추정 재무상태표를 반복적으로 작성하여 신규 채무 발행이 필요한 정확한 금액을 구하여야 한다. 하지만 지금까지의 작업을 통해 미래의 자금조달 필요성과 대략 얼마의 자금을 어떤 방식

표 18.4
두 번째 단계의 KMS 추정 재무상태표

1	연도	2016	2017	계산
2	**재무상태표**($1,000)			
3	**자산**			
4	현금과 현금등가물	11,982	14,139	매출액의 16%
5	매출채권	14,229	16,790	매출액의 19%
6	재고자산	14,978	17,674	매출액의 20%
7	**유동자산 총계**	41,189	48,603	4행 + 5행 + 6행
8	유형자산	49,427	58,324	매출액의 66%
9	**자산 총계**	90,616	106,927	7행 + 8행
10	**부채와 자기자본**			
11	매입채무	11,982	14,139	매출액의 16%
12	채무	4,500	**12,896**	4,500 + 8,396
13	**부채 총계**	16,482	27,035	11행 + 12행
14	**자기자본 총계**	74,134	79,892	74,134 + 8,226의 70%
15	**부채와 자기자본 총계**	90,616	106,927	13행 + 14행

으로 조달해야 할 지를 결정하는 초기의 목적을 달성했다. 이는 KMS의 재무관리자에게 은행과 함께 채무 발행 프로세스를 시작하기에 충분한 시간을 제공한다. 또한 채무가 전년도의 두 배 이상이 되었음을 주목해야 한다. 이는 채무가 매출액과 비례한다고 가정하지 않은 원래의 의사결정을 정당화한다.

예제 18.2
주식회사 이익의 과세

문제 *Problem*

KMS가 순이익의 30%를 배당으로 지급하는 대신 배당을 전혀 지급하지 않고 순이익의 전부를 이익잉여금으로 적립하기로 결정했다면, 순신규자금조달은 어떻게 변하는가?

풀이 *Solution*

● **계획**

KMS는 현재 순이익의 30%를 배당한다. 단지 $5,758만을 유보하지 않고 순이익의 전부인 $8,226을 유보하게 되면, 자기자본이 증가하게 되어 자기자본이 증가한 만큼 순신규자금조달이 줄어들 것이다.

● **실행**

이익잉여금의 증가액은 $8,226 − $5,758 = $2,468이다. 증가한 이익잉여금은 표 18.3과 비교하여 자기자 본 총계와 부채와 자기자본 총계를 각각 $2,468씩 증가시킬 것이다. 자기자본 총계는 $79,892 + $2,468 = $82,360이 되고, 부채와 자기자본 총계는 $100,999가 된다. 순신규자본조달, 즉 KMS의 자산 총계와 부채와 자기자본 총계 간의 차이는 $8,396 − $2,468 = $5,928로 줄어들 것이다.

1	연도	2016	2017
2	**재무상태표**($1,000)		
3	**부채와 자기자본**		
4	매입채무	11,982	14,139
5	채무	4,500	4,500
6	**부채 총계**	16,482	18,639
7	**자기자본 총계**	74,134	82,360
8	**부채와 자기자본 총계**	90,616	100,999
9	**순신규자금조달**		5,928

● **평가**

기업이 내부 자금을 이용하여 성장할 수 있는 것보다 더 빠른 속도로 성장할 때, 주주에 대한 배당은 추가적인 자금조달의 필요를 초래한다. 성장을 위한 외부 자금조달 필요성과 기업 실적 부진으로 인한 외부 자금조달 필요성을 혼동하지 않아야 한다. 대부분의 성장기업들은 성장을 위한 지출이 성장으로 인한 수입을 앞서므로, 성장을 뒷받침하기 위해서 추가적인 자금조달을 필요로 한다. 성장과 가업가치에 대한 이슈에 대해서는 18.4절에서 다시 다루게 될 것이다.

예측 목표의 선정

매출액 대비 일정한 비율을 가정하고 예측하는 방법인 매출액 백분율법은 매우 빈번히 사용된다. 또 다른 방법은 기업이 유지하고자 하거나 유지할 필요가 있는 특정 비율을 목표비율로 설정하고 예측하는 방법이다. 예를 들어 제15장에서 논의했던 것과 같은 채무 대출조항은 종종 기업이 일정한 수준의 유동성 또는 최소 이자보상배율을 유지할 것을 요구한다. 대출자는 이를 위해 가령 1.5의 최소 유동비율(유동자산/유동부채) 또는 1.2의 최소 현금흐름/이자 비율을 명시한다. 기업은 이러한 목표 비율들을 예측에 반영함으로써 기업이 대출 조항에 따르는 것을 보장한다.

다른 목표 비율들의 고려 필요성은 예측에 있어서 중요한 이슈, 즉 기업의 투자, 배당 및 자금조달 결정이 상호 연계되어 있어 이들을 분리해서 취급할 수 없다는 것에 대한 예시이다. 표 18.4에서 볼 수 있듯이 재무상태표는 균형을 이루어야 한다. 따라서 재무관리자는 기업이 투자예산, 자금조달 계획을 수립할 수 있고, 이것들이 기업이 배당 가능한 금액을 결정할 것이라는 것을 이해해야 한다. 그렇지 않으면 기업이 결정하는 투자예산과 배당정책이 의도하지 않은 방식으로 기업의 자금조달 포지션을 결정하게 될지도 모른다. 결론적으로 재무관리자가 모든 상호 연계된 결정들의 균형을 맞추어야 하고, 신중한 예측은 재무관리자로 하여금 의사결정의 결과를 알 수 있도록 한다는 것이다.

개념확인

3. 예측을 하는 데 있어서 매출액 백분율법의 기본적인 아이디어는 무엇인가?
4. 추정 재무상태표는 재무관리자가 순신규자금조달을 예측하는 데 어떻게 도움을 주는가?

18.3 계획된 확장의 예측

매출액 백분율법은 유용한 출발점이고 상대적으로 안정적이고 느린 성장 속도를 갖는 성숙한 기업에게는 적합할 수 있다. 전형적인 기업들은 예상되는 매출액 증가에 비례하여 생산시설을 늘릴 수 없다. 전형적인 기업들은 종종 수 년간 충분할 것으로 기대되는 새로운 설비에 대한 대규모 투자를 하여야 한다. 이런 유형의 생산시설 확장은 새로운 자금조달이 매출 증가에 비례해서 소규모로 증가하는 패턴으로 이루어지기 보다는 대규모의 불규칙적인 패턴으로 발생하는 것을 의미한다. 하지만 이러한 현실들을 생산시설의 필요성과 자본지출을 직접적으로 모형화함으로써 장기 예측에 반영할 수 있다. 이 절에서는 KMS에 의한 계획된 확장을 고려하여 확장이 KMS의 기업가치를 증가시키는지를 결정하는데 필요한 추정 재무상태표를 만든다. 첫째, 생산시설의 필요성과 그 생산시설을 위한 자금조달을 어떻게 할 지를 파악한다. 그 다음에는 추정 손익계산서를 작성하고, 미래의 가용 현금흐름을 예측한다. 마지막으로 추정된 가용현금흐름을 사용하여 확장이 기업가치에 미치는 영향을 평가한다.

KMS의 경영자는 시장의 규모와 그 시장에서의 KMS 시장 점유율을 예상하여 세부적인 매출 예측치를 만든다. 시장의 규모는 일반적으로 인구학적인 요소와 전체 경제에 의존하지만 KMS의 시장 점유율은 이 회사 제품의 경쟁력과 KMS가 예측치로 가지고 있는 가격에 의존한다. KMS는 최대 1.1 백만 단위(즉, 1100 천 단위)를 생산할 수 있는 생산시설을 보유하고 있다. 하지만 표 18.5에 기술된 것처럼 KMS는 현재 보유하고 있는 생산시설이 부족할 정도로 시장의 규모와 시장에서의 점유율이 다같이 신속하게 증가할 것으로 예상한다. 이로 인해 KMS는 생산시설을 2021년까지 예상 생산시설 요건을 충족하기에 충분한 규모인 2 백만 단위로 증가하는 확장을 고려하고 있다.

KMS의 확장: 자금조달 필요성

분석에서 첫 번째 단계는 확장에 요구되는 자본지출에 근거하여 KMS의 자금조달 필요성을 추

1	연도	2016	2017	2018	2019	2020	2021
2	**생산량**($1,000)						
3	시장 규모	10,000	10,500	11,025	11,576	12,155	12,763
4	시장 점유율	10.0%	11.0%	12.0%	13.0%	14.0%	15.0%
5	생산량(3행 × 4행)	1,000	1,155	1,323	1,505	1,702	1,914
6	**추가적인 시장 정보**						
7	평균 판매 가격	$74.89	$76.51	$78.04	$79.60	$81.19	$82.82

표 18.5 KMS의 예상 생산시설 요건

표 18.6
KMS의 예상 자본지출

1	연도	2016	2017	2018	2019	2020	2021
2	**비유동자산 및 자본 투자**($1,000)						
3	기초 장부가치	49,919	49,427	66,984	67,486	67,937	68,344
4	자본 투자	5,000	25,000	8,000	8,000	8,000	8,000
5	감가상각	−5,492	−7,443	−7,498	−7,549	−7,594	−7,634
6	기말 장부가치	49,427	66,984	67,486	67,937	68,344	68,709

정하는 것이다.

확장을 위한 자본지출 생산시설을 증가시키기 위한 새로운 설비는 $20 백만의 비용이 소요되고 이 회사의 생산 수요를 충족시키기 위해 2017년에 구입하여야 한다. 표 18.6은 향후 5년동안 KMS의 예상 자본지출과 감가상각을 기술하고 있다. 이 스프레드시트는 자본지출과 감가상각 추정치에 근거하여 2016년 기초의 장부가치로부터 각 비유동자산의 기말 장부가치를 추적한다.[4] 표 18.6의 감가상각비 수치는 각 유형자산에 해당되는 감가상각 스케줄에 근거하고 있다. 감가상각은 각 유형자산의 유형에 따라 다르게 계산된다. 감가상각비 계산에 대한 구체적인 사항은 여기에서 설명되지 않지만 제9장의 부록에서 설명한 관행에 따른다. 감가상각 수치들은 세금 목적으로 사용될 것이다.[5] KMS는 기존 설비를 대체하기 위해 필요한 자본 투자가 현재 진행 중에 있는데, 신규투자가 없다면 이 자본투자에는 매년 약 $5 백만이 소요될 것으로 기대된다. 추가적인 $20 백만이 2017년에 반영되어 2017년 총액이 $25 백만이 되고, 반복 발생 투자가 2018-2021 기간 중 매년 $8백만으로 증가할 것으로 예측된다.

재무확장에 대한 자금조달 KMS는 반복 발생 투자에 필요한 자금을 표 18.7에서 보는 바와 같이 영업 현금흐름으로 충당 가능하다고 믿고 있지만, 신규 투자에 필요한 $20 백만을 마련하기 위해서는 외부 자금조달을 해야 할 것이다. KMS는 10년 만기 이표율 6.8%의 이표채를 발행하여 신규 투자를 위한 자금조달을 한다. 이에 따라 KMS는 10년 후에 원금을 상환하고, 그 전까지는 발행한 이표채에 대한 이자만을 지급할 것이다. $4500의 미상환 채무에 대한 원금 또한 2021년 전까지는 지불하지 않아도 된다.

주어진 KMS의 미상환 채무 하에서 매년 이자비용은 다음과 같이 계산된다.[6]

$$t\text{년의 이자} = \text{이자율} \times (t-1)\text{년의 기말 잔액} \tag{18.1}$$

4) 이 표와 이 장의 다른 표는 반올림된 숫자를 보고하고 있다. 결산 장부가치(Closing book value)의 계산은 모든 유효한 자리 수를 갖는 스프레드시트의 실제 숫자에 기반을 두고 있다. 그 결과 종종 엑셀에서 계산된 값과 반올림된 숫자를 이용하여 수작업으로 계산된 값 간에 근소한 차이가 발생할 수도 있다.

5) 기업은 종종 회계 목적과 세금 목적으로 각각의 장부를 유지한다. 기업은 각각의 장부에 대해 서로 다른 감가상각의 가정을 사용한다. 감가상각은 세금에 대한 결과를 통해 현금흐름에 영향을 미치기 때문에, 세금 목적의 장부에서의 감가상각(tax depreciation)이 가치평가와 더 연관되어 있다고 할 수 있다.

6) 식 18.1은 채무의 변동이 해당 년도의 기말에 발생한다고 가정한다. 만약 채무 변동이 연중에 발생한다면, 해당년도 채무의 평균수준에 기반을 두고 이자비용을 계산하는 것이 더 정확하다.

1	연도		2016	2017	2018	2019	2020	2021
2	**채무와 이자**($1,000)							
3	미상환 채무		4,500	24,500	24,500	24,500	24,500	24,500
4	순신규 차입		—	**20,000**	—	—	—	—
5	채무에 대한 이자	6.80%	306	306	1,666	1,666	1,666	1,666

표 18.7
KMS의 계획된 부채와 이자 지급

제16장에서 살펴본 것처럼 채무에 대한 지급 이자는 KMS의 과세소득을 상쇄시키는 세금감소 효과를 제공할 것이다.

KMS 확장: 추정 손익계산서

어떤 투자기회의 가치도 그 투자기회가 창출하는 미래 현금흐름으로부터 발생한다. 확장으로부터 발생하는 현금흐름을 추정하기 위하여 KMS의 미래 순이익을 추정하는 것부터 시작한다. 그 다음에는 KMS의 운전자본 및 투자 필요액을 고려하고 가용 현금흐름을 추정한다. 마지막으로 추정된 가용현금흐름과 이자감세효과를 이용하여, 확장이 있을 때와 없을 때의 KMS의 가치를 계산할 수 있다. 이러한 계산을 통해 신규 투자의 편익이 비용이 능가하는지를 결정할 수 있다.

순이익 예측 추정 손익계산서를 만들기 위하여 KMS의 매출부터 시작한다. 표 18.5의 추정치로부터 매년 매출액을 다음과 같이 계산한다.

$$\text{매출액} = \text{시장 규모} \times \text{시장 점유율} \times \text{평균 판매가격} \tag{18.2}$$

예를 들어 2017년에 KMS의 예상 매출액(단위: $1000)은 10,500 단위 × 11% 시장 점유율 × $76.51 평균 판매가격 = $88,369. 감가상각비 제외 비용이 매출액의 78%가 될 것이라고 가정할 것이다. 따라서 추정되는 2017년 감가상각비 제외 비용은 78% × $88,369 = $68,928이다. 추정 순이익에 도달하기 위해서 다음 단계를 취해야 한다.

- 표 18.8에서 보는 바와 같이 KMS의 매출액에서 감가상각비 제외 비용을 차감함으로써 향후 5년 동안 EBITDA를 추정한다.
- EBITDA에서 표 18.6에서 추정된 감가상각비를 차감함으로써 EBIT를 구한다.
- EBIT에서 표 18.7에 주어진 스케줄에 따라 계산된 이자비용을 차감한다.
- 마지막 비용은 세금이다. KMS는 35%의 세율이 적용되고 세금은 다음과 같이 계산 된다.

$$\text{세금} = \text{세전이익} \times \text{세율} \tag{18.3}$$

세전이익으로부터 세금을 차감한 후 표 18.8 맨 밑의 예상 순이익에 도달하게 된다.

운전자본 필요액 KMS의 가용 현금흐름을 추정하기 위해서 한가지 단계가 더 남아있다. 운전

표 18.8
KMS 확장에 대한 추정 손익계산서

1	연도	2016	2017	2018	2019	2020	2021
2	**손익계산서**($1,000)						
3	**매출액**	74,889	88,369	103,247	119,793	138,167	158,546
4	감가상각비 제외 비용	−58,413	−68,928	−80,533	−93,438	−107,770	−123,666
5	**EBITDA**	16,476	19,441	22,714	26,354	30,397	34,880
6	감가상각	−5,492	−7,443	−7,498	−7,549	−7,594	−7,634
7	**EBIT**	10,984	11,998	15,216	18,806	22,803	27,246
8	순이자비용	−306	−306	−1,666	−1,666	−1,666	−1,666
9	세전이익	10,678	11,692	13,550	17,140	21,137	25,580
10	세금(세율 35%)	−3,737	−4,092	−4,742	−5,999	−7,398	−8,953
11	**순이익**	**6,941**	**7,600**	**8,807**	**11,141**	**13,739**	**16,627**

자본의 증가는 가용 현금흐름을 감소시킨다. 따라서 KMS의 운전자본 필요액을 추정할 필요가 있다. 표 18.9의 스프레드시트는 KMS의 현재 운전자본 필요액과 예상되는 미래 운전자본 필요액을 나타내고 있다(운전자본 요구와 결정요인에 대한 더 자세한 논의는 제19장 참조). 2016년의 비율대로 최소 요구 현금은 매출액의 16%, 매출채권은 매출액의 19%, 재고자산은 매출액의 20%, 매입채무는 매출액의 16%로 각각 추정했다.

최소 요구 현금은 소득과 지출에 있어서 일상의 변동을 허용하면서 영업이 원만하게 이루어지기 위해서 필요한 최소의 현금 수준을 나타낸다. 기업은 일반적으로 현금, 당좌계좌 또는 단기 저축계좌에 보유하고 있는 잔고에 대하여 거의 또는 전혀 이자를 받지 못한다. 그 결과 현금잔고를 기업 운전자본의 일부로 포함함으로써 이 기회비용을 고려할 수 있다. KMS가 최소 요구 현금을 초과하는 모든 현금을 배당금으로 지급한다고 가정한다. 만약 KMS의 현금흐름이 최소 요구 현금을 충족시키기에 부족할 것이라고 추정되면, 이러한 현금 부족액에 대한 자금조달이 필요하다. 이처럼 미래 자금조달 필요액을 파악할 수 있는 것은 예측의 한 가지 장점 중의 하나이다.

만약 KMS가 거래에 필요한 금액을 초과하는 현금을 보유하고 있다면, 이 기업은 초과 현금을 이자가 발생하는 단기 증권에 투자할 수 있을 것이다. 대부분의 기업들은 미래 투자를 위한 자금조달을 위해 초과 현금을 단기 증권에 투자하는 것을 선택한다. 이렇게 하는 것은 기업이 추후에 많은 자본을 외부에서 조달하지 않도록 하고 있다. 이 경우 초과 현금 보유액은 운전자본에 포함되지 않는다. 제19장에서 현금 관리에 대해 논의한다.

재무상태표 예측

지금 우리는 계획된 확장에 대한 재무상태표를 예측하기에 충분한 자료를 가지고 있다. 재무상태표는 균형을 이루어야 하므로, 재무상태표를 예측하는 것이 미래 자금조달 필요성을 파악하

표 18.9
KMS의 추정 운전자본 필요액

1	연도	2016	2017	2018	2019	2020	2021
2	**운전자본**($1,000)						
3	**자산**						
4	현금	11,982	14,139	16,520	19,167	22,107	25,367
5	매출채권	14,229	16,790	19,617	22,761	26,252	30,124
6	재고자산	14,978	17,674	20,649	23,959	27,633	31,709
7	**유동자산 총계**	41,189	48,603	56,786	65,886	75,992	87,201
8	**부채와 자기자본**						
9	매입채무	11,982	14,139	16,520	19,167	22,107	25,367
10	**부채 총계**	11,982	14,139	16,520	19,167	22,107	25,367
11	**순운전자본**						
12	순신규자금조달(7–10)	29,207	34,464	40,266	46,719	53,885	61,833
13	증분 순운전자본		5,257	5,802	6,453	7,166	7,948

는데 도움이 된다는 매출액 백분율법을 포함하고 있는 제18장 2절의 내용을 상기하자. 여기에서 2017년 확장에 대한 자금조달을 명시적으로 계획했었다. 그럼에도 불구하고 채무 발행액이 충분한 지와 예측치가 확장을 초과하는지를 점검함으로써 미래의 자금조달 필요성을 파악할 수 있다. 표 18.10은 지금까지의 정보를 포함하고 있는 2016년과 2017년의 재무생태표를 보여주고 있다. 여기에 빠진 정보는 배당금이다. 그래서 한동안 2017년에 배당금을 지급하지 않을 것이라고 가정했다.

추정 재무상태표에서 2017년의 열에서 볼 수 있듯이, KMS의 재무상태표는 원래 균형을 이루지 못했다. 대변의 부채와 자기자본 총계가 차변의 자산 총계보다 더 크다. 이제 KMS는 차변의 자산 총계가 대변의 부채와 자기자본 총계보다 더 커서 KMS의 재무관리자가 추가적인 외부 자금조달을 필요로 했던 제18장 2절의 상황과 반대되는 상황에 직면했다. 대변의 부채와 자기자본 총계가 차변의 자산 총계보다 클 때, 기업이 창출하는 현금흐름이 지출하고자 하는 현금흐름보다 더 많다고, 즉 초과 현금이 발생한다고 할 수 있다. 기업은 이 초과 현금으로 무엇을 해야 할 지를 결정해야 한다. KMS가 갖는 옵션은 다음과 같다.

- ▶ 현금 보유 잔고를 최소 필요 현금 수준 이상으로 늘린다(이는 부채와 자기자본이 증가한 만큼 현금 계정 증가를 통해 자산 항목을 증가시킨다).
- ▶ 채무의 일부를 상환한다.
- ▶ 초과 현금을 배당금으로 지급한다.
- ▶ 자사주를 매입한다.

KMS의 재무관리자가 초과 현금흐름을 배당금으로 지급하기로 결정했다고 가정하자. 이 초과 현금은 대변의 부채와 자기자본 총계가 차변의 자산 총계를 초과하는 금액, $120,373 - $115,587 = $4786이다. "2017(수정)"으로 표기된 표 18.10의 마지막 열은 KMS의 계획된 배당을 포함하

일반적인 실수 예상을 사실로 취급하기

대부분의 재무에서 그렇듯이, 예측은 우리가 정확한 금액으로 대답할 수 있다는 정확성에 대한 환상을 준다. 이로 인해 우리는 우리의 대답이 옳지 못하다고 쉽게 판명될 수 있는 많은 수의 가정들에 의존한다는 사실을 잊기 쉽다. 비록 예측하고 분석하는 것이 재무관리자의 과업이지만, 예측을 위한 투입물을 위해 다른 기능 영역들에 많은 의존을 해야 한다. 훌륭한 재무관리자는 운영, 마케팅 및 영업 부서의 사람들과의 대화를 통해 각 제품에 대한 미래의 생산비용과 잠재 수익에 대한 신뢰할만한 예측치를 개발할 것이다. 하지만 최상의 예측치라고 하더라도 틀릴 수 있다. 이러한 이유 때문에 제9장에서처럼 민감도 분석과 시나리오 분석을 수행하는 것이 매우 긴요하다.

는 신규 추정 재무상태표를 보여주고 있다. 이제 재무상태표가 균형을 이루고 있다. 이와 같은 작업을 전체 예측 시계(2017-2021)에 대해서도 할 수 있다. 완성된 추정 재무상태표는 이 장의 부록에 보고하고 있다.

제18장 2절 및 3절의 예제에서 얻는 일반적인 교훈은 표 18.11에 요약되어 있다.

표 18.10 KMS의 2017년 추정 재무상태표

1	연도	2016	2017	2017 데이터 출처	2017(수정)
2	**재무상태표($1,000)**				
3	**자산**				
4	현금과 현금등가물	11,982	14,139	표 18.9	14,139
5	**매출채권**	14,229	16,790	표 18.9	16,790
6	재고자산	14,978	17,674	표 18.9	17,674
7	**유동자산 총계**	41,189	48,603	4행 + 5행 + 6행	48,603
8	유형자산	49,427	66,984	표 18.6	66,984
9	**자산 총계**	90,616	115,587	7행 + 8행	115,587
10	**부채와 자기자본**				
11	매입채무	11,982	14,139	표 18.9	14,139
12	부채	4,500	24,500	표 18.7	24,500
13	부채 총계	16,482	38,639	11행+12행	38,639
14	자기자본				
15	기초 자기자본	69,275	74,134	2010 18행	74,134
16	순이익	6,941	7,600	표 18.8	7,600
17	배당금	−2,082	0	**가정**	**−4,786**
18	**자기자본 총계**	74,134	81,734	15행+16행+17행	76,948
19	**부채와 자기자본 총계**	90,616	120,373	13행+18행	115,587

표 18.11 추정 재무상태표와 자금조달

부채와 자기자본 총계가	자산 총계보다 작다	자산 총계보다 크다
	신규자금조달이 필요하다. 기업은 배당을 줄이거나, 차입을 하거나, 신주를 발행하여 부족한 자금을 조달해야 한다.	초과 현금이 발생한다. 즉 기업은 초과 현금을 현금 잔고로 보유하거나(이 경우 자산증가), 배당을 지급하거나, 채무 상환 또는 자사주 매입 등을 통해 외부 자금조달을 줄일 수 있다.

개념확인

5. 자본지출, 운전자본 및 자금조달 사건을 예측할 때 장점은 무엇인가?
6. 최소 필요 현금이 운전자본에서 하는 역할은 무엇인가?

18.4 성장과 기업가치

방금 많은 비용이 소요되는 자본투자와 관련된 KMS의 확장을 분석했다. 이 예측은 KMS에게 확장이 양(+)의 NPV를 갖는지를 결정하기 위해 필요한 자본예산 분석을 위한 출발점이 될 것이다. 모든 성장이 지불한 비용만큼의 가치가 있지 않다는 점을 기억할 필요가 있다. 즉, 성장으로 기업가치가 증가하는 것보다 더 많은 금액을 비용으로 지불하는 것이 가능하다. 비록 성장의 비용이 문제가 되지 않더라도, 다른 관점에서 성장은 기업가치를 줄어들게 만들 수 있다.

예를 들어 확장이 경영자가 기업의 운영을 모니터링하고 다루는 능력을 제한할 수 있다. 확장은 기업이 감당할 수 있는 배분 능력과 품질 관리를 초과하게 하거나, 고객의 기업과 브랜드에 대한 인식을 바꿀 수 있다. 예를 들어 이사회 의장인 하워드 슐츠(Chairman Howard Schultz)와 CEO인 짐 도날드(Jim Donald)는 2005년 스타벅스(Starbucks)의 연차 보고서를 통해 주주들에게 새로운 점포(2006년에만 1800개)를 지속적으로 열 계획이고, 향후 5년 동안 계획된 수입 증가율은 약 20%가 될 것이라고 밝혔다. 스타벅스 주주들이 이 보고서를 읽고 있었을 즈음(2006년 초반) 이 회사의 주가는 약 $36였는데, 2007년 말에는 $21까지 떨어졌다. 짐 도날드는 CEO에서 해고되었다. 이 회사의 설립자이자 이사회 의장인 하워드 슐츠는 종업원들에게 최근 스타벅스의 확장이 회사의 정신을 잃도록 했다, 즉 스타벅스의 성공과 고객 충성도의 핵심 요인인 스타벅스의 경험을 희석시켰다는 메모를 작성했다. 기업가치를 증가시키는 성장과 감소시키는 성장을 구분하기 위하여, 자금조달 필요성의 원인이 되는 두 가지 유형의 성장에 대해 논의하고, 최우선 순위의 의사결정 규칙인 NPV 분석을 다시 고찰할 것이다.

유지가능 성장률과 외부 자금조달

스타벅스는 기업의 모든 성장이 항상 가치 있지 않다는 시사점을 제시하는 예라고 할 수 있다. 가치 증가 성장(value-enhancing)과 가치 파괴 성장(value-destroying growth) 간에 구분은 다음 절에서 다루게 될 NPV 분석을 주의 깊게 수행함으로써 가능하다. 하지만 이 구분은 기업의 내부 성장률과 종종 혼동된다. **내부 성장률(internal growth rate)**은 기업이 외부 자금조달 없이 달성할 수 있는 최대한의 성장률로 직관적으로 이익잉여금의 재투자 통해 유지할 수 있는 성장률이다. 이와 밀접하게 관련되어 있으며 더 보편적으로 사용되는 지표가 기업의 **유지가능 성장률(sustainable growth rate)**이다. 유지가능 성장률은 기업이 신주 발행이나 부채비율 증가 없이 달성할 수 있는 최대한의 성장률이다. 차례대로 이 두 성장률에 대해 살펴보기로 하자.

내부성장률: 기업이 외부 자금조달 없이 달성할 수 있는 최대한의 성장률

유지가능 성장률: 기업이 신주 발행이나 부채비율 증가 없이 달성할 수 있는 최대한의 성장률

내부성장률 공식 이 두 벤치마크 성장률은 존재하는 순이익을 기초로 기업이 유지할 수 있는 성

장률을 파악하는 것을 목적으로 한다. 기업이 배당금을 전혀 지급하지 않는다면, 내부 성장률은 순이익을 기초 자산(beginning assets)으로 나눈 총자산이익률(ROA)이다. 그 이유는 ROA는 순이익만을 사용하여 자산이 얼마만큼 빠르게 성장할 수 있는지를 알려주기 때문이다. 만약 기업이 순이익의 일부를 배당금으로 지급한다면, 내부 성장률은 이익잉여금에 의해 유지될 수 있는 수익률로 줄어들게 된다. 이 논리는 다음과 같은 보다 일반화된 내부 성장률 공식을 제공한다.

$$\begin{aligned}\text{내부성장률} &= \left(\frac{\text{순이익}}{\text{기초 자산}}\right) \times (1 - \text{배당성향}) \\ &= \text{ROA} \times \text{유보율}\end{aligned} \tag{18.4}$$

재투자비율: 1에서 기업의 배당성향을 차감한 값으로 유보율이라고도 불림

제7장에서 순이익 중 재투자를 위해 기업 내부에 유보되는 비율을 유보율(retention ratio)이라고 했다. 내부 성장률과 지속가능성장률의 맥락에서, 유보율은 종종 **재투자비율(plowback ratio)**이라고도 불린다. 내부 성장률은 ROA에 유보율(또는 재투자비율)을 곱한 값으로 계산된다[7]

유지가능 성장률 공식 유지가능 성장률은 약간의 외부 자금조달을 허용한다. 유지가능 성장률은 기업이 신주를 발행하지 않고 부채비율을 일정하게 유지한다는 것을 가정한다. 따라서 이 성장률은 기업이 이익잉여금을 재투자하고 이익잉여금이 증가한 만큼의 신규 채무만을 발행할 때 기업이 얼마나 빠른 속도를 성장할 수 있는 지를 알려준다. 유지가능 성장률에 대한 공식은 다음과 같다.[8]

$$\begin{aligned}\text{유지가능성장률} &= \left(\frac{\text{순이익}}{\text{기초 자기자본}}\right) \times (1 - \text{배당성향}) \\ &= \text{ROE} \times \text{유보율}\end{aligned} \tag{18.5}$$

유지가능 성장률 대 내부성장률 채무를 갖고 있는 기업의 경우, 순이익을 기초 자기자본(beginning equity)으로 나눈 ROE가 순이익을 기초 자산으로 나눈 ROA보다 항상 커서 유지가능 성장률이 내부 성장률보다 더 크다. 내부 성장률은 외부 자금조달이 전혀 없다고 가정하지만 유지가능 성장률은 자기자본이 재투자되는 순이익을 통해 증가할 때 신규 채무를 통한 외부 자금조달이 부채비율이 일정하게 유지할 수 있을 정도까지 가능하다고 가정한다.

당신 회사가 내부성장률보다 더 높은 성장률로의 성장이 예상된다면, 당신 회사는 배당성향을 줄이거나(유보율을 높이거나), 추가적인 외부 자금조달을 계획하거나, 혹은 이 두 가지를 동시에 해야 할 것이다. 당신 회사가 유지가능 성장률보다 더 높은 성장률로 성장할 것으로 예상

7) ROA를 순이익/기말 자산(end-of-period assets)으로 정의하는 것이 더 보편적이다. 만약 ROA를 이렇게 정의한다면, 내부성장률 공식이 (ROA × 유보율)/(1 - ROA × 유보율)로 더 복잡해지지만, 직관은 동일하다.

8) 내부성장률에서처럼 ROE를 기말 자기자본을 사용하여 정의하면, 유지가능 성장률 공식이 (ROE × 유보율)/(1 - ROE × 유보율)로 변하지만, 직관은 동일하다.

된다면, 유보율을 높이거나, 추가적인 자기자본을 조달하거나, 혹은 레버리지를 높여야(부채비율이 일정하게 유지되도록 하는 것보다 채무를 더 빨리 증가시켜야) 한다. 표 18.12는 내부 성장률과 유지가능 성장률을 비교하고 있다.

예제 18.3
내부성장률, 유지가능 성장률 및 배당정책

문제 *Problem*

당신 회사는 $70 백만의 자기자본과 $30 백만의 채무를 가지고 있으며, 올해의 순이익이 $14백만으로 예상되고 있다. 현재 순이익의 20%를 배당금으로 지급하고 있다. 순이익의 30%를 배당하는 배당정책 변화를 분석하고 있다. 이러한 배당정책의 변화는 당신 회사의 유지가능 성장률에 어떤 영향을 미치겠는가?

풀이 *Solution*

● **계획**

식 18.4와 식 18.5를 이용하여 구 배당정책과 신 배당정책에 대한 내부 성장률과 유지가능 성장률을 계산할 수 있다. 이렇게 하기 위해서는 ROA, ROE, 유보율(재투자비율)을 계산하여야 한다. 이 회사는 $100 백만의 총자산(자기자본 $70 백만, 채무 $30 백만)을 보유하고 있다.

$$\text{ROA} = \frac{\text{순이익}}{\text{기초 자산}} = \frac{14}{100} = 14\% \quad \text{ROE} = \frac{\text{순이익}}{\text{기초 자기자본}} = \frac{14}{70} = 20\%$$

$$\text{구 유보율} = (1 - \text{배당성향}) = (1 - 0.20) = 0.80$$

$$\text{신 유보율} = (1 - 0.30) = 0.70$$

● **실행**

식 18.4를 이용하여 변화 이전과 이후의 내부성장률을 구하면 다음과 같다.

$$\text{구 내부성장률} = \text{ROA} \times \text{유보율} = 14\% \times 0.80 = 11.2\%$$

$$\text{신 내부성장률} = 14\% \times 0.70 = 9.8\%$$

또 식 18.5를 이용하여 변화 이전과 이후의 유지가능 성장률을 구하면 다음과 같다.

$$\text{구 유지가능 성장률} = \text{ROE} \times \text{유보율} = 20\% \times 0.80 = 16\%$$

$$\text{신 유지가능 성장률} = 20\% \times 0.70 = 14\%$$

● **평가**

성장에 필요한 자금을 조달할 수 있는 이익잉여금을 줄이기 때문에 배당성향의 증가는 필연적으로 당신 회사의 내부 성장률 및 유지가능 성장률을 낮춘다.

표 18.12
내부성장률 대 유지가능 성장률 요약

	내부성장률	유지가능 성장률
공식	ROA × 유보율	ROE × 유보율
자금조달을 _____ 만으로 했을 때 최대 성장률	이익잉여금	이익잉여금과 부채비율을 일정하게 유지하는 신규 부채
기업이 더 빨리 성장하기 위해 해야 하는 것	배당을 줄이거나 외부 자금조달	배당을 줄이거나, 추가적인 자기자본을 조달하거나, 레버리지를 높임

내부 성장률과 유지가능 성장률은 외부 자금조달 계획의 필요성을 알려주는데 있어서 유용하지

만 계획된 성장이 기업가치를 증가시킬지 아니면 감소시킬지에 대한 정보를 제공하지 않는다. 성장률은 미래의 비용을 평가하지 않는다. 가치평가 원칙은 성장이 기업가치에 미치는 영향에 대한 분석은 가치평가에 의해서만 가능하다는 점을 알려준다.

성장이 기업가치를 증가시키는 한, 유지가능 성장률보다 더 높은 성장률로 성장하는 것이 반드시 나쁘다고 할 수 없으며, 유지 가능하지 않다고도 할 수 없다. 당신 회사도 성장을 위한 자금조달을 위해 추가적인 자본을 조달할 필요가 있을 수도 있을 것이다.

예를 들어 1990년대에 스타벅스의 평균 ROE는 20%였지만 평균 성장률은 60%를 넘었다. 2010년까지 스타벅스는 배당을 전혀 지급하지 않아 유보율이 1이었므며, 이로 인해 유지가능 성장률(SGR)이 20%였다.

$$\text{SGR} = \text{ROE} \times \text{유보율} = 20\% \times 1 = 20\%$$

스타벅스는 유지가능 성장률의 세 배의 성장률로 성장하였음에도 불구하고 이 회사의 기업가치는 1990년대 동안 10배(1000%) 증가하였다.

그림 18.1
SGR 성장률, SGR을 상회 또는 하회하는 성장률로 성장하는 기간의 스타벅스 주가

이 그림은 2000년 이후 스타벅스의 주가를 나타내고 있다. 대부분의 초기 기간 동안 스타벅스는 유지가능성장률(SGR)을 상회하는 성장률로 성장했고, 이 회사의 기업가치가 빠르게 증가했다. 이 회사는 2006년에 SGR로 성장할 것을 계획했으나 기업가치 감소를 경험하였다. 느리게 성장하기로 전략을 바꾼 다음에 이 회사는 SGR을 하회하는 성장률로 성장하였으며 이 회사의 주가는 다시 상승하게 되었다. 이 그림은 기업의 SGR 대비 성장률과 성장의 가치 유무 사이에 연관성이 반드시 존재하지 않음을 시사한다.

출처: http://moneycentral.msn.com과 원저자들의 계산

이와 반대로 그림 18.1이 제시하는 스타벅스의 최근 경험은 유지가능 성장이 반드시 기업가치 증가를 가져오는 성장이 아님을 예시하고 있다. 이 절 앞 부분에서 주목했듯이, 스타벅스는 2006년을 출발점으로 하여 20%의 연간 성장을 목표로 했다. 이러한 성장은 그 당시의 유지가능 성장률과 어떻게 비교될 수 있는가? 슐츠와 도날드가 주주들에게 편지를 쓸 당시 스타벅스의 ROE는 20%였다(2005년 연차보고서 기준). 2010년까지 스타벅스는 전혀 배당금을 지급하지 않아 유보율이 1이었으며, 이로 인해 유지가능 성장률이 20%였다. 그러므로 20%의 성장률은 유지가능 성장률이지만 가치증가 성장률은 아니다.[9]

제14장과 제15장에서 논의하였듯이 외부자금조달에는 비용이 든다. 즉, 신주나 신규 채무를 발행하는데 발행비용(flotation and issuance costs)이 든다. 따라서 내부 성장률은 기업이 발행비용을 부담하지 않고 최대한 빨리 성장할 수 있는 성장률을 나타낸다. 유지가능 성장률은 약간의 신규 채무의 발행을 가정한다. 그래서 기업이 유지가능 성장률로 성장할 때 외부자금조달에 소요되는 비용을 줄일 수는 있지만 완전히 제거하지는 못한다. 그러므로 발행비용을 걱정하는 경영자, 특히 규모가 작은 기업의 경영자는 성장률을 추적해야 한다. 하지만 가치를 증가시키는 대부분의 투자의사결정에서는 발행비용이 NPV에 비해 상대적으로 작은 것으로 기대된다.

발행비용은 대개 사업 확장의 NPV보다 작지만, 이를 완전히 무시하는 것은 잘못된 선택일 수 있다. 이 비용을 분석에 반영시키는 적절한 방법은 이 비용과 관련된 현금유출을 계산하여 확장의 NPV에서 차감하는 것이다. 내부 성장률 또는 유지가능 성장률을 상회하는 성장률로 성장하는 것이 반드시 나쁘지 않고, 이러한 성장은 외부 자금조달을 요구하고, 외부 자금조달과 관련된 비용이 발생한다는 점은 여전히 유지된다.

개념확인

7. 내부성장률과 유지가능 성장률의 차이는 무엇인가?
8. 만약 기업이 유지가능 성장률보다 더 빠른 속도로 성장한다면, 이 성장은 기업 가치를 감소시키는가?

18.5 확장의 가치평가

앞 절에서 명확히 제시한 바와 같이 성장은 기업가치를 증가시킬 수도 감소시킬 수도 있다. 성장의 계획과 예측은 성장이 주주들에게 의미 있는 것인가를 분석하는 첫 번째 단계이다. 제18장 3절의 예측 예제는 계획된 확장이 KMS의 채무, 순이익, 운전자본에 대해 갖는 함의를 제시한다. 우리는 이제 확장이 좋은 생각인가를 결정할 준비가 되어있다. 가치평가 원칙을 적용하여 확장으로 인한 현금흐름을 예측하고 예측된 현금흐름의 현재가치를 계산하면 된다.

---

9) 이 책의 웹 사이트(www.myfinancelab.com)는 KMS의 계획된 확장에 대한 스프레드시트를 포함하고 있다(이 사이트는 유료로 이용가능함). 이 스프레드시트는 유지가능 성장률, 내부성장률, 가치증가 성장률 간의 가치를 탐색할 수 있도록 한다.

가용현금흐름의 추정

우리는 이제 향후 5년 동안 KMS의 가용 현금흐름을 추정하기 위해 필요한 데이터를 가지고 있다. KMS의 순이익, 감가상각비, 이자비용은 표 18.8의 손익계산서에서 얻을 수 있다. 자본지출은 표 18.6에서, 순운전자본의 변동은 표 18.9에서 각각 입수 가능하다. 이 항목들을 결합하면 표 18.13에서와 같은 가용 현금흐름을 추정할 수 있다.

레버리지와 관련된 현금흐름을 제외하는 KMS의 가용 현금흐름을 계산하기 위하여 우선 순이익에 자본구조에서 순채무와 관련된 세후 이자비용을 더해주는 조정한다. 순이자비용은 채무에 대한 지급 이자에서 초과 현금잔고에 대한 발생 이자를 차감한 값으로 계산된다. 지급 이자는 세금공제 대상이지만 발생 이자는 세금부과 대상임을 상기하면, 세후 이자비용을 다음과 같이 조정할 수 있다.[10]

$$\text{세후 이자비용} = (1 - \text{세율}) \times (\text{채무에 대한 지급 이자}) - (1 - \text{세율}) \times (\text{초과 현금에 대한 발생 이자}) \quad (18.6)$$

KMS는 초과 현금을 보유하지 않기 때문에 2011년 세후 이자비용은 (1 - 35%) × \$306 = \$199(단위: 천)이고, 무차입 순이익은 \$7600 + 199 = \$7799(단위: 천)이다. 또 표 18.13에서처럼 EBIT에서 시작하여 세금을 차감함으로써 무차입 순이익을 계산할 수 있다. 예를 들어 2011년 EBIT는 \$11.998 백만(표 18.8)으로 추정되는데, 이 값에서 세금을 차감하면 무차입 순이익은 \$11.998 × (1 - 35%) =\$7.799 백만이 된다.

KMS의 무차입 순이익으로부터 가용 현금흐름을 계산하기 위하여 현금유출이 발생하는 비용이 아닌 감가상각비를 더해주고, 순운전자본의 증가와 자본지출을 차감하여야 한다. 표 18.13의 9행의 가용 현금흐름은 이 회사가 투자자들(채무 및 주식 보유자)을 위해 창출하는 현금을 보여주고 있다.[11] KMS가 막대한 가용 현금흐름을 향후 5년동안 창출할 것으로 기대되지만, 가

표 18.13
KMS의 예상 가용현금흐름

1	연도	2017	2018	2019	2020	2021
2	**가용현금흐름(\$1,000)**					
3	**순이익**	7,600	8,807	11,141	13,739	16,627
4	더함: 세후 이자비용	199	1,083	1,083	1,083	1,083
5	**무차입 순이익**	7,799	9,890	12,224	14,822	17,710
6	더함: 감가상각비	7,443	7,498	7,549	7,594	7,634
7	차감: NWC 증가	−5,257	−5,802	−6,453	−7,166	−7,948
8	차감: 자본지출	−25,000	−8,000	−8,000	−8,000	−8,000
9	**기업의 가용현금흐름**	−15,015	3,586	5,320	7,250	9,396

10) 만약 KMS가 순운전자본에서 발생하는 이자 소득 또는 비용을 가지고 있다면, 이 이자를 여기에 포함하지 않아야 한다. 기업의 자금조달과 관련된 이자, 즉, 채무와 초과 현금(운전자본의 일부로 포함되지 않는 현금)과 관련된 이자만을 조정한다.

11) 채무에 대한 이자를 지급한 이후에 KMS가 초과 현금을 주주에게 배당금으로 지급한다는 가정을 유지하지만, 이러한 배당결정은 기업이 첫 번째로(in the first place) 창출하는 현금흐름의 금액에 영향을 주지 않는다. 따라서 이러한 배당결정은 KMS의 기업가치에 영향을 주지 않는다.

일반적인 실수 **전체 순운전자본과 증분 순운전자본의 혼동**

순이익으로부터 가용현금흐름을 계산할 때, 학생들은 종종 매년 기업의 증분 순운전자본이 아닌 전체 순운전자본을 빼는 실수를 저지른다. 순운전자본의 변동이 새로운 현금 유입 또는 유출을 가져옴을 기억하기 바란다. 전체 순운전자본을 빼는 것은 가용현금흐름을 줄어들게 하여 가용현금흐름이 음(−)의 값을 갖도록 하여 학생들이 투자 의사결정의 NPV를 과소평가하도록 한다.

용 현금흐름의 수준은 매년 상당한 변동을 보인다. 확장이 발생하는 2011년에는 심지어 음(-)의 현금흐름이 예상된다.

앞에서 지적한 바와 같이 가용 현금흐름은 모든 투자자들(채무 및 주식 보유자)이 사용 가능한 총 현금흐름을 계산한다. 주식 보유자에게 지불 가능한 금액을 계산하기 위하여 채무 보유자에게 지불되는 모든 (세후)지급액을 고려하여 가용 현금흐름을 조정해주어야 한다. 예를 들어 2017년 KMS는 신규 채무를 발행함으로써 2017년 $199,000의 세후 이자비용을 지급하고 $20 백만을 받을 것이다.

	2017
가용현금흐름	−15,015
차감: 세후 이자비용	−199
더함: 부채의 증가	+20,000
무차입 순이익	= 4,786

2017년 가용 현금흐름 중 주식 보유자가 사용 가능한 가용 현금흐름은 $4.786 백만인데, 이는 제18장 3절의 끝부분에서 배당금으로 예측했던 금액과 정확히 일치한다. 이는 결코 우연이 아니다. 이 절에서 모든 초과 현금흐름을 배당한다고 가정했다. 이는 주주 가용 현금흐름(free cash flows to equity)이 주주에게 배당금 또는 자사주 매입을 통해 지급할 수 있는 초과 현금흐름의 총액을 나타낸다고 할 수 있다(2021년까지 주주에 대한 가용 현금흐름과 배당금에 대한 예측은 이 장의 부록을 참고).

KMS의 확장: 기업가치에 미치는 영향

계획된 확장이 순이익, 자본지출, 운전자본 수요에 미치는 영향을 주의 깊게 예측함으로써 많은 것을 성취했다. 먼저, 미래 자금조달 수요를 파악함으로써 필요한 자금의 확보를 계획하는데 충분한 시간을 갖도록 한다. 또한 추정 재무상태표 작성을 위해 매출액 성장, 비용, 자본지출, 운전자본 필요액 간의 상호작용을 나타내는 엑셀 모형을 작성한다. 이 모형은 이 요인들 중에서 어떤 한 요인의 변화가 다른 요인들과 확장계획에 어떤 영향을 미칠지를 고찰할 수 있도록 한다.[12]

12) 이 책의 웹 사이트에서 엑셀 예측 모형을 다운 받아 이 요소들의 값을 변동하는 실험을 해볼 수 있을 것이다.

제9장에서 민감도 분석과 시니리오 분석에서의 교훈을 상기하면, 이 숫자들은 단지 예측치들이다. 따라서 타당한 변동이 확장의 기업가치에 어떤 영향을 미치는지를 보여주어야 한다. 그럼에도 불구하고 출발선에서는 이러한 예측치들을 사용하여 확장이 좋은 생각인지, 즉 기업가치의 증가시키는 지에 대한 최상의 예측치임을 제시하여야 한다. 이렇게 하기 위해서는 두 가지 방법이 존재한다. (1) 확장이 있을 때와 없을 때의 전체 기업에 대한 가치를 각각 평가한 후, 두 기업가치를 비교한다. (2) 제9장의 자본예산 예제에서처럼 확장으로 인한 증분 기업가치를 평가한다. 여기서는 첫 번째 방식대로 전체 기업에 대한 가치평가 예를 제시할 것이다. 하지만 두번째 방식인 증분 접근법을 사용하여도 이와 동일한 결과를 얻게 될 것이다.

제16장에서 학습한 바와 같이, 재무곤경 비용이 없으면 채무가 있는 기업의 가치는 채무가 없는 기업의 가치에 이자감세효과를 더한 값과 같다. KMS 확장을 위한 자금조달 예측에 사용된 것과 동일한 접근법을 확장의 가치평가에 적용할 수 있다. 즉, 무차입 가용 현금흐름(unlevered free cash flow)의 현재가치를 계산하고 여기에 계획된 이자 지급액에 대한 이자감세효과의 현재가치를 더한다.[13] 하지만 현금흐름 추정치가 2021년까지만 갖고 있으므로, 이 시점 이후 KMS의 잔존가치를 반영할 필요가 있다. 이를 위해 제10장에서 개발한 보통주의 가치평가 방법론을 적용한다.

지속가치에 대한 배수 접근법 실무자들은 일반적으로 예측시계의 마지막 시점에 가치평가 배수(valuation multiple)를 사용하여 기업의 지속가치(continuation value) 혹은 최종가치(terminal value)를 추정한다.

명시적으로 예측한 현금흐름은 단기적으로 경쟁자들과 구분되는 기업의 특정 국면을 포착하는데 유용하다. 하지만 기업들간의 경쟁 때문에 동일 산업 내 기업들에 대하여 장기적으로 기대되는 성장률, 수익성 및 위험은 함께 움직이는 경향이 있다. 그 결과 배수에 대한 장기적인 기대는 기업들간에 상대적으로 동질적일 가능성이 높다. 따라서 기업의 가치평가 배수가 산업 평균으로 수렴한다는 가정은 현실적인 것이다. 현금흐름을 정확하게 예측하기 어렵기 때문에, 기업의 지속가치 또는 최종가치를 예측하는 것이 매우 흔한(그리고 일반적이고 믿을만한) 접근법이다.

사용 가능한 가치평가 배수들 중에서 EBITDA 배수가 실무에서 가장 빈번하게 사용된다. 대부분의 경우, EBITDA 배수는 매출액 또는 순이익 배수보다 더 신뢰할만하다. 그 이유는 EBITDA가 기업의 운영 효율성을 반영하고 기업들간 레버리지 차이의 영향을 받지 않기 때문이다. 제10장에서 배수 가치평가의 사용법에 대해 논의하였다. 이러한 맥락에서 EBITDA 배수를 사용하여 다음가 같이 지속가치를 추정한다.

---

13) 이 접근법은 조정 현재가치(adjusted present value)라고 불린다. 그 이유는 무차입 가용현금흐름의 현재가치를 이자감세효과로 조정하기 때문이다.

$$\text{예측 시계에서 지속가치} = \text{예측 시계에서 EBITDA} \times \text{예측 시계에서 EBITDA 배수} \quad (18.7)$$

표 18.8의 추정 손익계산서로부터 2021년 KMS의 EBITDA는 $34.880 백만으로 예측된다. KMS와 동일한 산업에 속한 기업들은 평균 EBITDA의 9배의 가치를 갖는다고 평가된다. 만약 적합한 EBITDA 배수가 현재의 9배에서 변하지 않는다고 가정하면, 2021년 KMS의 지속가치는 $34.880 × 9 = $313.920 백만이다. 예측 시계에 있어서 EBITDA 배수는 가치 계산에 있어서 큰 영향을 주기 때문에 이 가정은 중요하다. 예측 시계에서 높은 값의 배수를 가져오는 산업의 성장에 대해서는 주의 깊은 전망이 필요하다. 여기에서는 디자인 및 의류 산업이 성숙하여 상대적으로 안정적일 것이라고 가정한다. 하지만 이 가정은 민감도 분석을 통해 검증 가능하다.

확장이 있을 때 KMS의 가치 KMS의 재무관리자가 이 회사의 무차입 자본비용이 10%(보다 구체적으로 10%는 세전 WACC임; 자본비용 추정에 대한 구체적인 내용은 제13장 참조)로 추정하였다고 가정하자. 이제 확장이 있을 때 KMS의 가치를 평가하는데 필요한 모든 투입물을 가지고 있다. 첫째, 향후 5년 동안 이 회사의 가용 현금흐름 예측치의 현재가치를 계산한다. 이 것은 채권 보유자와 주식 보유자에게 사용 가능한 가용 현금흐름이므로 레버리지 효과로부터 자유롭다. 이것은 채권 보유자와 주식 보유자에 대한 현금흐름을 나타내고 이자감세효과의 편익을 별도로 반영하기 때문에, KMS의 가용 현금흐름은 이 회사의 세전 WACC 10%를 이용하여 할인한다. 표 18.13에 있는 2017-2021 기간 중 예측된 가용 현금흐름을 이용하여, $4096의 현재가치를 얻는다.

$$PV(FCF) = \frac{-15{,}015}{(1.10)^1} + \frac{3{,}586}{(1.10)^2} + \frac{5{,}320}{(1.10)^3} + \frac{7{,}250}{(1.10)^4} + \frac{9{,}396}{(1.10)^5} = 4{,}096 \quad (18.8)$$

향후 5년 동안 현금흐름의 가치는 작지만, 확장이 2021년 이후부터 많은 가용 현금흐름을 제공하므로 장기적으로 성과를 거둘 수 있다고 할 수 있다. 이 성장으로 인해 2021년 EBITDA는 성장이 없을 때 가능한 것보다 더 높은 값을 갖게 되며, 이로 인해 지속가치는 EBITDA에 9의 지속배수를 곱한 것보다 더 높은 값을 갖게 된다. 2021년 $313,920의 지속가치가 표 18.14에 보고되고 있다. 이 값은 2021년의 가치이기 때문에 현재가치로 할인하여야 한다. .

$$\text{지속가치의 PV} = \frac{313{,}920}{(1.10)^5} = 194{,}920 \quad (18.9)$$

마지막으로 이 확장은 채무를 통해 자금조달 하므로 추가적인 이자감세효과를 갖게 될 것이다. 순이자비용이 이 표에 포함되어 있고, 이 표에 있는 이자감세효과는 제16장에서처럼 순이자비

표 18.14
확장이 있을 때 KMS 기업 가치 계산

1	연도		2017	2018	2019	2020	2021
2	가용현금흐름($1,000)		−15,015	3,586	5,320	7,250	9,396
3	**가용현금흐름 PV**(할인율: 10%)	4,096					
4	지속가치						313,920
5	**지속가치의 PV**(할인율: 10%)	194,920					
6	순이자비용		−306	−1,666	−1,666	−1,666	−1,666
7	이자감세효과		107	583	583	583	583
8	이자감세효과의 PV(할인율: 6.8%)	1,958					
9	**기업 가치**(3항 + 5항 + 8항)	200,974					

용에 세율(KMS는 35%)을 곱함으로써 계산되었다.

$$\text{이자감세효과} = \text{순이자비용} \times \text{세율} \tag{18.10}$$

제16장에서처럼 이자감세효과의 현재가치는 WACC가 아닌 채무에 대한 이자율을 할인율로 사용하여 계산한다. 이렇게 하는 이유는 이자감세효과가 채무가 만드는 위험만큼만 위험하기 때문이다. 따라서 이자감세효과에 대한 할인율은 채무에 대한 이자율인 6.8%이다.[14]

$$\begin{aligned}\text{이자감세효과 PV} &= \frac{107}{(1.068)^1} + \frac{583}{(1.068)^2} + \frac{583}{(1.068)^3} + \frac{583}{(1.068)^4} \\ &+ \frac{583}{(1.068)^5} = 1{,}958\end{aligned} \tag{18.11}$$

KMS 확장의 총 가치는 예측된 무차입 가용 현금흐름의 현재가치, 이 회사의 지속가치, 그리고 이자감세효과를 합산한 값으로 계산된다. 표 18.14에서 보는 바와 같이 총 기업가치는 $200,974 백만이다.

KMS의 확장이 없을 때 기업가치 그러나 확장이 좋은 생각인지는 어떻게 알 수 있는가? 이는 확장이 있을 때 KMS 가치와 확장이 없을 때 KMS 가치를 비교함으로써 알 수 있다. 만약, KMS가 신규 설비에 투자하지 않았다면, 최대 생산능력은 1100 단위에 머물렀을 것이다. 판매가격이 가격 상승에 기안하여 증가하는 동안 성장의 주 원천은 차단될 것이다. 표 18.15는 확장이 없을 때 매출 수익을 보여주고 있다. 2017년까지 KMS는 최대 생산능력에 도달하고 더 이상 확장할 수 없다. 표 18.15에서의 매출 수익과 표 18.8의 확장이 있을 때 매출 수익을 비교해보면, 확장으로 인해 얼마나 많은 매출 증가가 예측되는지를 알 수 있다.

이와 동일한 과정을 거쳐 확장이 없을 때 이 회사의 가용 현금흐름을 예측할 수 있다. 이 경우

14) 선규 채무로부터의 나머지 이자감세효과를 무시하지 않는다. 이러한 이자감세효과의 가치는 기업의 지속가치에 포함된다. 우리가 기업이 EBITDA의 9배의 가치를 갖게 될 것이라고 할 때, 우리는 사용되지 않은 모든 이자감세효과를 포함한 그 시점의 총가치가 EBITDA의 9배가 될 것이라는 것이다.

표 18.15
확장이 없을 때 매출액 예측치

1	연도	2016	2017	2018	2019	2020	2021
2	생산량	**1,000**	1,100	1,100	1,100	1,100	1,100
3	판매가격	**$ 74.89**	$ 76.51	$ 78.04	$ 79.60	$ 81.19	$ 82.82
4	판매수익	**$74,889**	$84,161	$85,844	$87,561	$89,312	$91,099

2021년 EBITDA가 $20,042 밖에 되지 않음을 발견할 수 있다. 이로 인해 지속가치도 $20,042 × 9 = $180,378로 감소한다. 또한 KMS는 추가적인 채무를 발행하지 않으므로 이자비용은 연 $306로 일정하게 유지될 것이다. 가치평가에 대한 최종 결과는 표 18.16에 보고되고 있다.

표 18.16
확장이 없을 때 KMS 기업 가치

1	연도		2017	2018	2019	2020	2021
2	가용현금흐름($1,000)		5,324	8,509	8,727	8,952	9,182
3	**가용현금흐름 PV**(할인율: 10%)	**30,244**					
4	지속가치						180,378
5	**지속가치의 PV**(할인율: 10%)	**112,001**					
6	순이자비용		−306	−306	−306	−306	−306
7	이자감세효과		107	107	107	107	107
8	**이자감세효과의 PV**(할인율: 6.8%)	**441**					
9	**기업가치**(3항 + 5항 + 8항)	**142,686**					

신규 설비를 위해 $20 백만을 쓰지 않아 향후 5년 동안 가용 현금흐름의 PV가 높지만, 낮은 성장률은 지속가치를 상당히 감소시킨다. 또한 신규 설비를 위해 채무를 빌릴 필요가 없어짐에 따라 채무는 줄어들고 이로 인해 이자감세효과의 현재가치도 상당히 줄어든다. 그 결과 확장이 없을 때 기업가치는 확장이 있을 때보다 $60 백만만큼 줄어든다. 따라서 확장은 KMS에게 확실하게 좋은 생각이라고 할 수 있다.

최적 시점과 지연옵션

대안이 확장을 전혀 하지 않는 것이라면 KMS는 분명히 2017년에 확장을 선택할 것이라는 것을 방금 보였다. 하지만 확장을 전혀 하지 않는 대신에, 확장을 2018년 혹은 그 이후로 미루는 옵션을 가지고 있다면 어떻게 될까? 2017년부터 2021년까지 매년 확장에 대한 가치평가 분석을 반복해서 실시하면, 다음과 같은 2016년의 기업가치를 얻게 된다.[15]

확장 연도	2017	2018	2019	2020	2021
2016년 KMS의 기업 가치:	200,974	203,553	204,728	204,604	203,277

KMS의 기업가치는 확장을 2019년으로 연기함으로써 극대화된다. 그 이유는 확장의 연기는 KMS가 수요를 충족시키기에 충분한 생산을 하지 못함을 의미하는데, 2019년까지 생산설비의

15) 관심 있는 학생들은 이 책의 웹 사이트에서 이 장에 수반된 스프레드시트를 이용하여 이 분석을 스스로 해 보길 바란다.

부족이 그다지 크지 않기 때문이다. 많은 자금을 투입함으로써 얻는 가치가 매출 손실로부터 잃게 되는 가치보다 크다.

시점분석은 경영자가 종종 자본예산 의사결정에 내재된 실물옵션을 갖게 된다는 제9장에서의 중요한 관점을 상기시킨다. 이 경우 KMS의 경영자는 대안이 확장이냐 아니냐가 아님을 인식할 필요가 있다. 대신 확장이냐 아니면 1년 혹은 그 이상을 연기 하느냐가 대안이다. 여기에서 볼 수 있듯이 KMS의 경영자는 확장의 연기를 통해 거의 $4 백만의 추가적인 기업가치를 증가시킬 수 있어 이 지연옵션(option to delay)이 가치 있는 것으로 판단된다.

개념확인

9. 지속가치에 대한 배수 접근법은 무엇인가?
10. 예측은 재무관리자에게 새로운 사업계획을 이행할지를 결정하는 데 어떻게 도움을 주는가?

myfinancelab 핵심요점 및 공식

18.1 장기 재무계획의 목표

기업의 재무상태표와 가용현금흐름을 예측하기 위한 재무모형의 작성은 재무관리자에게 다음 사항들을 가능하게 한다.

- ▶중요한 연계성 파악
- ▶잠재적인 사업계획의 효과 분석
- ▶미래 자금조달 필요에 대한 계획

18.2 재무제표 예측: 매출액 백분율법

- ▶재무제표를 예측하는 흔한 방법 중의 하나가 매출액 백분율법이다. 이 방법은 비용, 운전자본, 총자산이 매출액에서 차지하는 비율이 일정하게 유지되도록 증가한다고 가정한다.
- ▶추정 손익계산서는 기업의 순이익을 주어진 가정들하에서 예측한다.
- ▶추정 재무상태표는 기업의 자산, 부채 및 자기자본을 추정 손익계산서를 작성할 때와 동일한 가정들하에서 예측한다.
- ▶매출액 백분율법을 이용하여 추정 재무상태표를 작성할 때, 다음 두 단계를 거쳐야 한다.
- ▶첫 번째 단계에서는 자기자본과 부채가 계획된 자산 증가를 위해 필요한 자금조달 금액에 비해 얼마나 부족한지를 파악한다.
- ▶두 번째 단계에서는 추정 재무상태표가 계획된 원천으로부터 조달이 필요한 금액(즉 순신규자금조달)을 보여주고, 추정 재무상태표가 균형을 이룬다.

18.3 계획된 확장의 예측

▶매출액 백분율법보다 향상된 방법은 해당 투자에 대해 계획된 자금조달과 함께 기업의 운전자본, 자본 투자를 직접 예측하는 방법이다.

▶이와 같은 재무모형은 외부 자금조달과 자본 투자의 정확한 시점을 제시하여 기업의 미래 가용현금흐름을 추정할 수 있도록 한다.

18.4 성장과 기업가치

▶흔히 사용되는 두 가지 벤치마크 성장률은 내부성장률과 유지가능 성장률이다.

▶내부성장률은 기업이 외부 자금조달 없이 달성할 수 있는 최대한의 성장률이다.

$$\text{내부성장률} = ROA \times \text{유보율} \tag{18.4}$$

▶유지가능 성장률은 기업이 신주 발행이나 부채비율 증가 없이 달성할 수 있는 최대한의 성장률이다.

$$\text{유지가능 성장률} = ROE \times \text{유보율} \tag{18.5}$$

▶내부성장률과 유지가능 성장률 모두 계획된 성장이 좋은지 나쁜지에 대한 정보를 제공하지 않는다. NPV 분석만이 계획된 성장이 기업가치를 증가시키는지 혹은 감소시키는지를 알려준다.

18.5 확장의 가치평가

▶수년간의 현금흐름에 대한 예측과 함께, 예측 시계의 마지막 시점에 기업의 지속가치를 예측해야 한다.

▶지속가치를 추정하는 방법 중의 하나는 비교할 만한 기업들의 가치 배수를 이용하는 방법이다.

▶마지막 단계는 예측된 현금흐름과 자본비용 추정치를 결합하여 새로운 사업계획을 수행할 때의 기업가치를 추정한다. 그리고 이 기업가치를 새로운 사업계획을 수행하지 않을 때의 기업가치와 비교하여 해당 사업의 수행 여부를 결정한다.

비판적 사고

1. 장기 예측의 목적은 무엇인가?
2. 매출액 백분율법의 장점과 단점은 무엇인가?
3. 자본지출과 외부 자금조달을 구체적으로 예측함으로써 얻게 되는 것은 무엇인가?
4. 유지가능 성장률이 재무관리자에게 알려줄 수 있는 것은 무엇이며, 알려줄 수 없는 것은 무엇인가?
5. 재무관리자가 어떻게 장기 예측을 사용하여 새로운 사업계획을 채택할지를 결정하는가?

연습문제

재무제표 예측: 매출액 백분율법

1. 당신 회사의 올해 매출액은 $100,000, 판매비용은 $72,000이다. 당신은 내년도 매출이 $110,000로 증가할 것으로 예측하고 있다. 매출액 백분율법을 이용하여 내년도의 판매비용을 예측하면?
2. 당신 회사는 다음 회계연도에 $50,000의 순이익과 $500,000의 기말자산을 예상하고 있다. 당신 회사의 배당성향은 10%이다. 당신 회사의 기초 자기자본은 $300,000, 기초 부채 총계는 $120,000이다. 매입채무처럼 채무(debt)가 아닌 부채(liability)는 $10,000가 증가할 것으로 예상된다. 다음 회계연도의 순신규자금조달 금액은 얼마인가?
3. 문제 2에서 기초 채무가 $100,000라고 가정하자. 부채 비율을 일정하게 유지하려면 순신규자금조달(net new financing)을 할 때, 얼마의 주식과 얼마의 채무를 각각 발행해야 하는가?

문제 4-7에 대해서는 짐스 에스프레소(Jim's Espresso)에 대한 다음 손익계산서와 재무상태표를 이용하시오.

손익계산서	
매출액	200,000
감가상각비 제외 비용	(100,000)
EBITDA	100,000
감가상각	(6,000)
EBIT	94,000
순이자비용	(400)
세전이익	93,600
세금	(32,760)
순이익	60,840

재무상태표	
자산	
현금과 현금등가물	15,000
매출채권	2,000
재고자산	4,000
유동자산 총계	21,000
유형자산	10,000
자산 총계	31,000
부채와 자기자본	
매입채무	1,500
채무	4,000
부채 총계	5,500
자기자본	25,500
부채와 자기자본 총계	31,000

4. 짐스는 내년도에 매출이 10% 증가할 것으로 예상된다. 매출액 백분율법을 이용하여 다음 항목들을 예측하시오(엑셀 형식의 데이터는 MyFinanceLab 참조).
   a. 비용(Costs)
   b. 감가상각(Depreciation)
   c. 순이익(Net income)
   d. 현금(Cash)
   e. 매출채권(Accounts receivable)
   f. 재고자산(Inventory)
   g. 유형자산(Property, plant, and equipment)
5. 짐스는 순이익의 90%를 배당한다고 가정하자. 매출액 백분율법을 이용하여 다음 항목들을 예측하시오(엑셀 형식의 데이터는 MyFinanceLab 참조).
   a. 자기자본(Stockholders' equity)
   b. 매입채무(Accounts payable)
6. 짐스에게 필요한 순신규자금조달의 금액은 얼마인가(엑셀 형식의 데이터는 MyFinanceLab 참조)?
7. 짐스는 배당정책을 조정하여 순이익의 70%를 배당한다. 순신규자금조달의 금액은 어떻게 변동할 것인가?

문제 8-11에 대해서는 글로벌 주식회사(Global Corp)에 대한 다음 손익계산서와 재무상태표를 이용하시오.

단위: $백만

매출액	186.7	자산	
감가상각비 제외 비용	–175.1	현금	23.2
EBITDA	11.6	매출채권	18.5
감가상각	–1.2	재고자산	15.3
EBIT	10.4	유동자산 총계	57
이자비용	–7.7		
세전이익	2.7	유형자산	113.1
세금	–0.7	자산 총계	170.1
순이익	2.0		
		부채와 자기자본	
		매입채무	34.7
		장기채무	113.2
		부채 총계	147.9
		자기자본 총계	22.2
		부채와 자기자본 총계	170.1

8. 글로벌은 내년도에 매출이 8% 증가할 것으로 예상된다. 매출액 백분율법을 이용하여 다음 항목들을 예측하시오(엑셀 형식의 데이터는 MyFinanceLab 참조).
   a. 감가상각비 제외 비용(Costs except depreciation)
   b. 감가상각비(Depreciation)
   c. 순이익(Net income)
   d. 현금(Cash)
   e. 매출채권(Accounts receivable)
   f. 재고자산(Inventory)
   g. 유형자산(Property, plant, and equipment)
   h. 매입채무(Accounts payable)
9. 글로벌이 순이익의 50%를 배당한다고 가정하자. 매출액 백분율법을 이용하여 자기자본을 예측하시오(엑셀 형식의 데이터는 MyFinanceLab 참조).
10. 글로벌에게 필요한 순신규자금조달의 금액은 얼마인가(엑셀 형식의 데이터는 MyFinanceLab 참조)?
11. 만약 글로벌이 순신규자금조달의 한도가 $9 백만을 넘지 않도록 제한 하기로 결정했다면, 이러한 결정은 배당정책에 어떤 영향을 미칠 것인가(엑셀 형식의 데이터는 MyFinanceLab 참조)?

계획된 확장의 예측

이 절의 문제에 대해서는 이 책의 웹 사이트에서 KMS의 스프레드시트를 다운 받아야 한다.

12. KMS의 시장 점유율이 이 장에서처럼 매년 1%(표 18.5 참조)가 아닌 0.25% 증가할 것이라고 가정하고 가격은 이 장에서와 동일하다고 가정하자. KMS는 매년 얼마의 생산능력이 요구되는가? 언제 확장이 필요하게 되는가(즉, 언제 생산량이 1100을 초과하게 될 것인가)?
13. KMS의 시장 점유율이 매년 0.25% 증가할 것이라고 가정 하에 2018년에 생산 설비의 확장이 필요하다고 결정했다. 확장의 비용으로 $20 백만이 소요될 것이다. 확장의 자금조달이 지연될 것으로 가정하고, 2021년까지 예상되는 이자 지급액과 이자감세효과(KMS는 여전히 10년 만기 채권을 사용하고 이자율이 이 장에서와 동일하다고 가정)를 계산하시오.
14. KMS의 시장 점유율이 매년 0.25% 증가할 것이라고 가정(그리고 투자와 자금조달이 문제 13번에 기술된 것처럼 조정될 것이라는 가정) 하에, 감가상각비를 다음과 같이 예측하였다.

연도	2016	2017	2018	2019	2020	2021
감가상각비	5,492	5,443	7,398	7,459	7,513	7,561

이 정보를 이용하여 2021년까지 순이익을 예측하시오(즉 표 18.8을 새로운 가정하에서 다시 만드시오).

15. KMS의 시장 점유율이 매년 0.25% 증가할 것이라고 가정(그리고 투자, 자금조달, 및 감가상각이 문제 13번 및 14번에 기술된 것처럼 조정될 것이라는 가정)과 이 장에서 사용된 운전자본에 대한 가정이 여전히 유효하다고 가정 하에, 2021년까지 KMS의 운전자본 필요액(working capital requirements)을 계산하시오(즉, 새로운 가정하에 표 18.9를 다시 만드시오).

성장과 기업가치

16. 아래 표에 있는 정보를 사용하여 이 회사의 다음 항목들을 계산하시오.

순이익	50,000
기초 자산 총계	400,000
기초 자기자본	250,000
배당성향	0%

a. 내부성장률(Internal growth rate)

b. 유지가능 성장률(Sustainable growth rate)

c. 순이익의 40%를 배당금으로 지급할 때의 유지가능 성장률

17. KMS의 확장 계획은 이 회사로 하여금 유지가능 성장률보다 더 느리게 성장하도록 요구하는가 아니면 더 빠르게 성장하도록 요구하는가?

18. 당신 회사의 ROE는 12%, 배당성향은 25%, 자기자본은 $600,000, 채무는 $400,000이다. 올해 당신 회사가 유지가능 성장률로 성장한다면, 얼마나 많은 채무를 추가로 발행해야 하는가?

19. 아이젝스 주식회사(IZAX, Co.)는 올해 기초에 재무상태표 상에 다음 항목들을 포함하고 있었다

자산		**부채와 자기자본**	
현금	50,000	채무	100,000
PPE	350,000	자기자본	300,000

올해 순이익이 $20,000, 배당금이 $5,000이다. 자산이 내부 성장률로 성장한다면, 새로운 부채비율(D/E ratio)은 얼마인가?

확장의 가치평가

20. KMS의 시장 점유율이 매년 0.25% 증가할 것이고, 투자, 자금조달 및 감가상각이 이에 따라

적절하게 조정될 것이고, 운전자본이 문제 15번에서 예측된 것과 같다고 가정하고, KMS의 가용현금흐름을 예측하시오(표 18.13을 다시 만드시오).

21. 문제 14번에서 다시 작성된 표 18.8을 이용하고, EBITDA 배수가 8.5임을 가정하여 KMS의 지속가치를 계산하시오.
22. 자본비용이 10%임을 가정하고 0.25% 성장 시나리오 하에서 KMS의 기업가치를 계산하시오.

부록 재무상태표와 현금흐름표

지금까지 계산한 정보를 이용하여 2021년까지 KMS의 재무상태표와 현금흐름표를 추정할 수 있다. 이 재무제표들은 확장의 가치평가에 있어서 절대적으로 중요하지 않지만, 가끔 예측 기간 동안 기업이 어떻게 성장하는지에 대해서 더 완전한 정보를 얻는데 도움이 된다. KMS의 추정 재무상태표와 추정 현금흐름표는 각각 표 18.7과 표 18.8에 보고되고 있다.

재무상태표(표 18.17)는 표 18.10에서 시작했던 작업을 계속한다. 유동자산과 유동부채 수치는 순운전자본 스프레드시트(표 18.9)에서 왔다. 재무상태표의 재고자산 수치는 원재료와 완제품을 포함한다. 유형자산은 예상 자본지출 스프레드시트(표 18.6)로부터, 채무는 표 18.7로부터 각각 왔다.

KMS의 자기자본 장부가치는 확장으로 꾸준히 증가할 것이고, 수익성이 유지되는 가운데 매년 순이익의 일부만 배당될 것이다. KMS의 채무는 확장을 위한 자금조달이 이루어지는 2017년에 $4500에서 $24,500으로 점프할 것이다. KMS의 다른 부채(liabilities)인 매입채무는 매출 증가에 따라 점차 증가할 것이다. KMS의 2016년 대비 2017년의 부채비율은 점프할 것이나, 이후 2021년까지 점차 감소할 것이다.

표 18.18의 현금흐름표는 순이익에서 출발한다. 영업 현금흐름은 표 18.9에서 (현금이 아닌) 운전자본 변동뿐 아니라 감가상각도 포함한다. 투자활동 현금흐름은 표 18.6에서 자본지출을 포함한다. 재무활동 현금흐름은 표 18.7에서 순차입을 포함하고, KMS는 모든 초과 현금을 배당하므로 배당금은 주주 가용 현금흐름과 일치한다. 표 18.13의 가용 현금흐름(FCF)은 다음 등식을 이용하여 계산한다.

$$\text{주주 가용현금흐름} = \text{기업 가용현금흐름} + \text{순차입} - \text{세후 이자비용} \tag{18.12}$$

KMS는 추가적인 자기자본 조달을 계획하고 있지 않다. 그래서 현금흐름표 상에서 자본출자(capital contributions)가 존재하지 않는다. 계산에 대한 마지막 점검 차원에서, 재무상태표(표 18.17)에서 보고하는 있는 최소 현금 잔고의 변동을 주목하기 바란다. 예를 들어 2017년에 현금과 현금 등가물 변동은 2157인데, 이 금액은 재무상태표에서 2017년 현금이 2016년 현금을 초과하는 금액이다.

표 18.17
KMS의 추정 재무상태표, 2016–2021

1	연도	2016	2017	2018	2019	2020	2021
2	**재무상태표**($1,000)						
3	**자산**						
4	현금과 현금등가물	11,982	14,139	16,520	19,167	22,107	25,367
5	매출채권	14,229	16,790	19,617	22,761	26,252	30,124
6	재고자산	14,978	17,674	20,649	23,959	27,633	31,709
7	**유동자산 총계**	41,189	48,603	56,786	65,886	75,992	87,201
8	유형자산	49,427	66,984	67,486	67,937	68,344	68,709
9	**자산 총계**	90,616	115,587	124,272	133,823	144,335	155,910
10							
11	**부채와 자기자본**						
12	매입채무	11,982	14,139	16,520	19,167	22,107	25,367
13	채무	4,500	24,500	24,500	24,500	24,500	24,500
14	**부채 총계**	16,482	38,639	41,020	43,667	46,607	49,867
15							
16	**자기자본**						
17	기초 자기자본	69,275	74,134	76,948	83,252	90,156	97,729
18	순이익	6,940	7,600	8,807	11,141	13,739	16,627
19	배당금	−2,082	−4,786	−2,503	−4,237	−6,167	−8,313
20	**자기자본**	74,134	76,948	83,252	90,156	97,729	106,042
21	**부채와 자기자본 총계**	90,616	115,587	124,272	133,823	144,335	155,910

표 18.18
KMS의 추정 현금흐름표, 2016–2021

1	연도	2016	2017	2018	2019	2020	2021
2	**현금흐름표**($1,000)						
3	**순이익**		7,600	8,807	11,141	13,739	16,627
4	감가상각비		7,443	7,498	7,549	7,594	7,634
5	**순운전자본 변동**						
6	매출채권		−2,561	−2,827	−3,144	−3,491	−3,872
7	재고자산		−2,696	−2,976	−3,309	−3,675	−4,076
8	매입채무		2,157	2,381	2,647	2,940	3,261
9	**영업 현금흐름**		11,942	12,884	14,884	17,107	19,574
10	자본지출		−25,000	−8,000	−8,000	−8,000	−8,000
11	기타 투자		—	—	—	—	—
12	**투자활동 현금흐름**		25,000	8,000	8,000	8,000	8,000
13	순차입		20,000	—	—	—	—
14	배당금		−4,786	−2,503	−4,237	−6,167	−8,313
15	재무활동 현금흐름		15,214	−2,503	−4,237	−6,167	−8,313
16							
17	**현금의 변동(9항 + 12항 + 15항)**		**2,157**	**2,381**	**2,647**	**2,940**	**3,261**

19 운전자본 관리

학습목표

- 기업의 현금주기와 운전자본 관리의 중요성을 이해한다.
- 기업을 위하여 거래 신용을 이용한다.
- 신용을 확장하는 의사결정을 하고 신용 조건을 조정한다.
- 매입채무를 관리한다.
- 추가적인 재고를 보유하는 비용과 이익을 이해한다.
- 현금 잔액을 투자하기 위해 재무 관리자가 이용할 수 있는 다양한 수단을 비교한다.

기호

CCC	현금전환주기(cash conversion cycle)
NPV	순현재가치
EAR	실효 연간이자율(effective annual rate)
PV	현재가치
g	영구 성장률
r	할인율

Working Capital Management

제2장에서 우리는 기업의 순운전자본을 유동자산에서 유동부채를 차감한 것으로 정의했다. 순운전자본은 사업을 단기에 운영하는데 필요한 자본이다. 따라서 운전자본 관리는 현금, 재고자산, 매출채권 등의 단기 자산과 매입채무와 같은 단기 부채와 관련된다. 이러한 계정의 투자 수준은 기업마다 그리고 산업마다 다르다. 또한 사업의 유형과 산업 표준과 같은 요소에 의해 결정된다. 예를 들어 어떤 기업은 사업의 특성 때문에 대량의 재고자산을 보유해야만 한다.

소매 식료품 체인인 크로거(Kroger Company)와 항공회사인 사우스웨스트(Southwest Airline)를 생각해 보자. 2016년 초에 크로거의 재고자산은 총자산의 18%에 달했는데 사우스웨스트의 재고자산은 1%를 조금 넘는다. 식료품 마트는 대량의 재고자산이 필요한 반면에 항공사는 아마도 공장, 기계 및 설비 자산 즉 비행기에 대한 투자에 주력할 것이다.

재고자산, 매출채권에 대한 투자와 관련된 그리고 현금을 보유하는 기회비용이 있다. 이러한 계정에 적정수준을 초과한 자금을 투자하는 대신에 채무를 줄이거나 배당이나 자사주 매입을 통해 주주에게 분배할 수 있다. 이번 장에서 기업이 운전자본을 효율적으로 관리하고 기회비용을 최소화하는 기법에 중점을 둔다. 왜 기업은 운전자본이 있으며 어떻게 운전자본이 기업가치에 영향을 주는지를 논의하면서 시작한다. 완전자본시장에서 대부분의 운전자본 계정은 기업가치와 무관하다. 당연히 실제 기업에서 이러한 계정에는 시장 마찰(market friction)이 존재함을 볼 수 있다. 거래 신용의 비용과 이익을 논의하고, 기업이 다양한 운전자본 계정을 관리하면서 발생하는 상쇄관계를 평가한다. 마지막으로, 기업의 현금 잔액과 기업이 현금을 투자하는 단기 투자에 대한 개요를 설명한다.

19.1 운전자본의 개요

대부분의 기업 프로젝트에는 순운전자본의 투자가 필요하다. 순운전자본의 주요 구성요소는 현금, 재고자산, 매출채권, 매입채무이다. 운전자본은 매일매일 기준으로 기업을 운영하는 데 필요한 현금을 포함한다. 사업을 운영하는데 필요하지 않으며 시장 수익률을 얻기 위해 투자할 수 있는 초과 현금(excess cash)을 운전자본에 포함하지 않는다. 제13장에서 설명했듯이 초과 현금은 회사 채무를 상쇄하는 기업 자본구조의 일부로 볼 수 있다. 제9장에서 우리는 순운전자본의 증가가 기업의 사용 가능한 현금을 감소시키는 투자임을 어떻게 보여주는지 논의했다. 가치평가 원칙은 기업의 가치가 가용현금흐름의 현재가치임을 말한다. 따라서 운전자본은 가용현금흐름에 영향을 미침으로써 기업 가치를 변경한다. 이번 절에서 우리는 순운전자본의 구성요소와 그것이 기업의 가치에 미치는 영향을 분석한다.

현금주기

운전자본의 수준은 생산과정의 초기에 현금이 기업 밖으로 나가고 추후에 현금이 들어오는 시점 사이의 시간 기간을 반영한다. 인텔(Intel)의 사례를 보자. 인텔의 생산과정을 통해서 $1,000 값어치의 재고자산과 원재료의 흐름을 추적해 보자.

- 우선, 인텔은 공급자로부터 $1,000의 원재료를 신용으로 구매한다. 그것은 기업이 구매시

점에 당장 현금으로 지불할 필요는 없다는 것을 의미한다.

- 약 36일 뒤에, 인텔은 원재료와 재고자산의 대금을 지불하는데 그것은 인텔이 원재료를 구매한 시점에서 현금 유출이 발생한 시점 사이에 5주가 지난 것이다.
- 다시 55일 뒤에, 인텔은 (완성된 마이크로프로세서 형태의) 부품을 컴퓨터 제조업자에게 신용으로 판매하는데 그것은 컴퓨터 제조업자가 당장 현금으로 지불을 하지 않는 것을 의미한다. 인텔이 원재료를 구입하고 완성품으로 매출하기까지는 총 91일이 경과하였다.
- 약 32일 뒤에, 컴퓨터 제조업자는 마이크로프로세서 대금을 지불하는데 그것은 인텔의 현금유입이 된다.

인텔이 최초에 원재료를 사고 완성품의 매출로부터 현금을 회수하는 데까지 총 123일(36 + 55 + 32 =123)이 지났다. 따라서 인텔의 운영 주기는 123일이다. 기업의 **운영 주기(operating cycle)**는 기업이 최초에 재고자산을 구매한 시점과 제품 판매로 현금을 회수하는 시점까지의 평균 시간의 기간이다. 기업의 **현금주기(cash cycle)**는 기업이 최초 재고자산 구매의 현금을 지불한 시점에서 그 재고자산을 이용한 제품의 판매로부터 현금을 회수하는 시점까지의 시간의 기간이다. 인텔의 예를 보면, 현금주기는 87일이 되는데, 원재료 대금을 현금으로 지불하고 원재료를 55일간 보유하고 완제품을 판매하고 현금을 회수하는데 32일이 걸린 것을 합한 것이다. 어떤 기업은 실제 음(-)의 현금주기를 가지기도 한다. 제품 판매 대금을 생산비용을 지불하기 전에 회수하는 것이다! 일반적으로 매우 낮은 재고자산을 유지하고 원재료 공급업자를 기다리게 할 수 있는 힘이 될만한 매입규모를 가지고 있다면 가능하다. 예제 19.1은 애플(Apple)의 사례이다. 그림 19.1은 운영 주기와 현금주기를 보여준다.

운영 주기: 기업이 최초에 재고자산을 구매한 시점과 제품 판매로 현금을 회수하는 시점까지의 평균 시간의 기간

현금주기: 기업이 최초 재고자산 구매의 현금을 지불한 시점에서 그 재고자산을 이용한 제품의 판 매로부터 현금을 회수하는 시점까 지의 시간의 기간

일부 실무자는 현금전환주기를 계산하여 현금주기를 측정한다. **현금전환주기(cash conversion cycle, CCC)**는 아래와 같이 정의한다.

현금전환주기: 기업의 재고일수에 매출채권 회수일을 더하고 매입채무 지급일을 차감하여 계산한 현금주기의 측정치

$$\text{CCC} = \text{재고일수} + \text{매출채권 회수일} - \text{매입채무 지급일}$$
$$\text{재고일수} = \frac{\text{재고자산}}{\text{평균 일간 매출원가}}$$
$$\text{매출채권 회수일} = \frac{\text{매출채권}}{\text{평균 일간 매출액}} \quad (19.1)$$
$$\text{매입채무 지급일} = \frac{\text{매입채무}}{\text{평균 일간 매출원가}}$$

위에 있는 비율은 모두 기업의 재무제표에서 계산된다. 제2장에서 재무제표를 어떻게 이용하는지를 논의했다. 현금전환주기가 중요한 변수라고 하더라도 재무관리자는 각 개별 구성요소에 대하여 주의를 기울일 필요가 있다. 왜냐하면 개별 변수는 기업이 얼마나 효율적으로 운전자본을 운영하고 있는지에 대한 중요한 정보를 보여주기 때문이다. 높은 매출채권 회수일은 기업이 소비자로부터 현금을 회수하는 데 어려움이 있다는 신호가 될 수 있으며, 낮은 매입채무 지급일

은 공급자에게 대금지불을 늦출 수 있는 기회를 충분히 활용하지 못하고 있다는 의미가 될 수 있다. 마지막으로 높은 재고일수는 제품을 판매하기 전에 그렇게 오랫동안 재고자산을 보유하고 있을 필요가 있는지 관리자는 확인하여야 한다.

그림 19.1
기업의 현금주기와 운영주기

현금주기는 기업이 재고자산 대금을 지불한 시점에서 제품의 판매 대금을 회수하는 시점까지의 평균 시간이다. 기업이 재고자산을 현금으로 구매하면 이 기간은 운영 주기와 같아진다. 그러나 대부분의 기업은 재고자산을 신용으로 구매하고, 따라서 현금의 투자와 그 투자로부터 얻는 현금 수입 사이의 시간인 현금주기는 줄어든다.

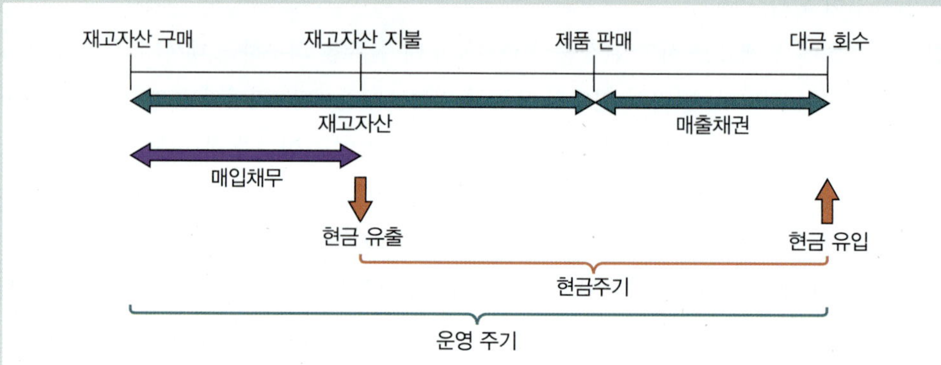

예제 19.1
현금전환주기의 계산

문제 *Problem*

아래 정보는 애플(Apple)의 2015년 손익계산서와 재무상태표에서 얻어진 것이다 (단위: $백만). 애플의 현금전환주기를 계산하시오.

매출액	233,715
매출원가	140,089
매출채권	16,849
재고자산	2,349
매입채무	35,490

풀이 *Solution*

● **계획**

식 19.1에서 CCC는 재고일수 + 매출채권 회수일 − 매입채무 지급일이다. 따라서 우리는 CCC계산에 필요한 세 가지 비율을 계산할 필요가 있다. 그러기 위해서 매출액과 매출원가를 각각 평균 일간 금액으로 전환해야 한다. 연간 총액을 365일로 나누면 된다.

● **실행**(단위: 1,000달러)

평균 일간 매출액 = 매출액 / 365일 = 233,715 / 365 = 640.32

평균 일간 매출원가 = 매출원가 / 365일 = 140,089 / 365 = 383.81

$$\text{재고일수} = \frac{\text{재고자산}}{\text{평균 일간 매출원가}} = \frac{2{,}349}{383.81} = 6.12$$

$$\text{매출채권 회수일} = \frac{\text{매출채권}}{\text{평균 일간 매출액}} = \frac{16{,}849}{640.32} = 26.31$$

$$\text{매입채무 지급일} = \frac{\text{매입채무}}{\text{평균 일간 매출원가}} = \frac{35{,}490}{383.81} = 92.47$$

따라서 애플의 CCC = 6.12 + 26.31 − 92.47 = − 60.04!

● 평가

애플은 음의 현금전환주기를 가지는데, 그것은 일반적으로 제품의 부품 공급자에게 대금을 지급하기 이전에 컴퓨터와 기타 제품의 판매 대금을 회수한다는 것을 의미한다. 애플은 소비자에게 직접 판매(주문에 대해 신용카드로 판매)와 낮은 매출채권을 유지하는 소매상 판매로 이루어져 있기 때문에 가능하다. 애플의 규모와 협상력 때문에 부품 공급자는 판매 대금의 회수까지 거의 93일을 기다려준다!

산업별 운전자본 필요

기업의 현금주기가 길면 길수록, 기업이 일상적인 운영을 수행하기 위한 운전자본과 현금은 더 많이 필요하게 된다. 표 19.1은 산업별 대표 기업의 필요한 운전자본에 대한 자료를 보여준다.

다양한 산업의 특성 때문에 운전자본의 수준은 뚜렷하게 다르다. 예를 들어, 소매 식품점의 소비자는 식료품 구매 시점에 현금으로 지불하기 때문에 기업의 매출액에서 매출채권이 차지하는 비중은 매우 작을 것이다.[1] 크로거(Kroger)의 매출채권은 단지 4일의 일간 기간을 보여준

표 2.1 다양한 산업에서의 현금전환주기 (2015년)

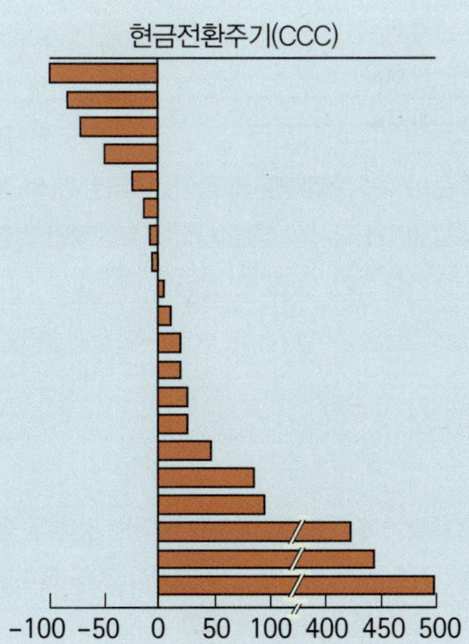

	회사명	산업	매출채권 회수일	재고 일수	매입채무 지급일	CCC
몰슨 쿠어즈(맥주)	Molson Coors Brewing Company	Brewing	48	37	184	−99
펩시코(음료)	Pepsico	Beverages	40	40	164	−84
버라이존(통신)	Verizon Communications	Telecommunications	37	8	117	−72
애플(컴퓨터)	Apple	Computer Hardware	26	6	92	−60
브리스톨 마이어즈(제약)	Bristol–Myers Squibb	Pharmaceuticals	72	126	223	−25
사우스웨스트(항공)	Southwest Airlines	Airlines	9	9	32	−14
아마존(통신판매)	Amazon.com	Internet Retail	19	45	73	−9
치포들 멕시칸그릴(요식업)	Chipotle Mexican Grill	Restaurants	2	2	10	−6
크로거(식료품점)	The Kroger Co.	Grocery Stores	4	24	23	5
월마트(소매점)	Walmart Stores	Superstores	4	47	39	12
마이크로소프트(소프트웨어)	Microsoft	Software	62	33	77	18
메이시(백화점)	Macy's	Department Stores	4	147	133	18
페드엑스(항공운송)	FedEx	Air Freight	43	5	22	26
스타벅스(요식업)	Starbucks	Restaurants	12	30	16	26
노드스톰(백화점)	Nordstrom	Department Stores	29	79	62	46
나이키(신발)	Nike	Footwear	36	91	41	86
AGL 리소스(유틸리티)	AGL Resources	Gas Utilities	150	76	132	94
브라운 포맨(위스키)	Brown–Forman	Distillers and Vintners	72	440	90	422
레나(주택건축)	Lennar	Homebuilding	3	463	23	443
티파니(사치품)	Tiffany Co.	Luxury Goods	17	546	66	497

출처: www.capitalig.com

1) 소비자가 식료품 구매에 신용카드를 사용하면 상점 입장에서는 현금매출과 같다. 신용카드 회사는 거래가 확인되면 비록 소비자가 카드 구매대금을 지불하지 않았더라도 상점에 현금을 지불한다.

다. 유사한 결과는 사우스웨스트 항공(Southwest Airlines)에도 해당된다. 항공 티켓은 현금이나 신용카드로 사전에 구매하기 때문이다. 매출액에 비해 재고자산의 비중이 높은 기업은 오랜 개발기간과 판매 주기를 가지고 있는 레나(Lennar)가 있다. 기업의 현금전환주기도 다양하다. 예를 들어, 사우스웨스트의 현금전환주기는 음수인데 공급자에게 지불하기 전에 소비자에게서 현금을 받는 사실을 반영한다.

기업 가치와 운전자본

운전자본 관리가 기업 가치를 어떻게 증가시킬 수 있는가를 이해하기 위해서 기업이 투자자로부터 조달한 자금은 투자자에게 기회 자본비용을 벌어 주어야 할 필요가 있음을 상기해 보자. 운전자본은 기업에게 수익을 가져올 수 있는 다른 곳에 투자할 수 있는 자금을 동결한다. 예를 들어, $50,000의 원재료가 공장에서 가공되기를 기다리고 있다고 해 보자. 그 $50,000은 수익을 얻어야 하는데 원재료가 제품으로 전환되는 시간이 지체되면 수익은 감소하게 된다. 생산 과정을 개선해서 원재료가 $30,000만 필요하고 기다리는 시간 없이 바로 생산에 사용되면, 나머지 $20,000을 주주에게 수익을 가져다 줄 다른 곳에 투자할 수 있다. 이와 유사하게 매출 쪽을 살펴

예제 19.2
운전자본 관리의 가치

문제 *Problem*

에메랄드 시티 (Emerald City Plants)의 내년도 손익계산서와 가용현금흐름이 아래 표와 같이 추정되었다(단위: $1,000).

순이익	20,000
+ 감가상각비	+5,000
− 자본지출	−5,000
− 운전자본의 증가	−1,000
= 가용현금흐름	19,000

에메랄드 시티는 자본 지출과 감가상각비는 매년 상쇄될 것이고 순이익과 운전자본의 증가는 매년 4%씩 성장할 것이다. 에메랄드 시티의 자본비용은 12%이다. 만일 에메랄드 시티가 회사의 다른 사업에 부정적인 영향을 주지 않고 효율적으로 운전자본을 운용해서 연간 운전자본의 증가를 20% 줄일 수 있다면 에메랄드 시티의 가치에 어떤 영향을 미칠까?

풀이 *Solution*

● **계획**

필요한 운전자본의 증가를 20% 줄이는 것은 출발점을 연간 $1,000,000에서 $800,000로 줄이는 것이다. 운전자본의 증가는 여전히 매년 4%씩 성장하지만 출발점이 20% 줄었기 때문에 증가분은 이전보다 20% 줄어들 것이다. 에메랄드 시티의 가치를 제4장의 성장하는 영구연금 공식 (식 4.7)을 이용하여 구할 수 있다.

$$PV = \text{현금흐름}/(r - g)$$

위의 표에서 보듯이, 에메랄드 시티의 현금흐름을 아래와 같이 구한다.

순이익 + 감가상각비 - 자본지출 - 운전자본의 증가

● **실행(단위: 1,000달러)**

현재 에메랄드 시티의 가치는 다음과 같다.

$$\frac{20{,}000{,}000 + 5{,}000{,}000 - 5{,}000{,}000 - 1{,}000{,}000}{.12 - .04} = 237{,}500{,}000$$

운전자본은 효율적으로 관리하면 가치는 달라질 것이다.

$$\frac{20{,}000{,}000 + 5{,}000{,}000 - 5{,}000{,}000 - 800{,}000}{.12 - .04} = 240{,}000{,}000$$

● **평가**

운전자본 운용의 변화가 에메랄드 시티의 이익(순이익)을 변화시키지 않았더라도, 주주에게 돌아가는 가용현금흐름을 증가시키고 기업의 가치를 $2.5백만이나 증가시킬 것이다.

보자. 만일 소비자에게 30일까지 대금 지급을 허용한다면 30일 무이자 대출을 한 것이다. 그러나 투자자나 은행은 기업에게 무이자 자금을 지원해 줄 까닭이 없다! 매출을 줄이지 않고 대금 납부 기간을 줄일 수 있다면, 사업을 통해 투자자가 얻는 수익률을 개선할 수 있다.

필요한 운전자본을 줄이는 것은 일반적으로 기업이 즉시 주주에게 분배할 수 있는 양의 가용현금흐름을 발생시키는 것이다. 예를 들어 만일 기업이 순운전자본을 $50,000만큼 줄일 수 있다면 주주에게 즉시 $50,000을 배당금으로 분배할 수 있게 된다.

가치평가 원칙에서 기업의 가치는 가용 현금흐름의 현재가치임을 의미한다. 운전자본을 효율적으로 관리하여 그러한 현금흐름을 증가시킬 수 있으며, 그것은 경영자가 기업가치를 극대화하는 것을 가능하게 한다. 이제 우리의 관심을 개별 운전자본 계정으로 돌리려고 한다.

개념확인

1. 기업의 현금주기와 운영 주기의 차이는 무엇인가?
2. 운전자본이 기업의 가치에 어떻게 영향을 미치는가?

19.2 거래 신용

기업이 소비자에게 상품 대금을 구매일보다 뒤에 지급하도록 허용하면, 그런 거래는 기업에게는 매출채권(account receivable)을 소비자에게는 매입채무(account payable)를 창출하는 것이다. 매출채권은 기업이 아직 대금을 받지 않은 신용 매출을 의미한다. 매입채무는 기업이 이미 받았는데 아직 대금을 지불하지 않은 상품의 공급자에게 의무를 진 금액이다. 기업이 소비자에게 제공한 신용은 **거래 신용(trade credit)**으로 알려져 있다. 그것은 매출채권과 매입채무의 차이로 신용 거래의 결과로 소진된 기업의 자본 순금액이다. 물론 기업은 판매시점에 현금으로 지급받는 것을 선호한다. 그러나 "순수현금(cash-only)" 정책은 경쟁에서 소비자를 잃는 결과를

거래 신용: 신용 거래의 결과로 소진된 기업의 자본 순금액으로 매출채권과 매입채무의 차이. 기업이 소비자에게 제공한 신용

가져올 수 있다. 심지어 고객이 수표를 사용한 후에도 지급된 수표의 처리과정 때문에 현금이 계산되는 데에는 지체가 일어난다. 이번 절에서는 경영자가 거래 신용의 비용과 이익을 비교하고 최적의 신용정책을 어떻게 결정하는 지를 보여준다.

거래 신용 조건

거래 신용의 조건이 어떻게 사용되는지 살펴보기 위해 다음 예를 보자. 공급자가 고객에게 "net 30"이라고 제시했다면 송장(invoice)[2] 이 청구된 날로부터 30일 이내는 지불 의무가 없다. 마감일인 30일이 끝날 때까지는 지급을 해야만 한다. 공급자는 고객이 돈을 추가 30일 동안 (순 30일간) 사용할 수 있도록 허용하는 것이다. (여기서 "30"은 특별한 숫자가 아니다. 송장은 "net 40"이나 "net 15" 혹은 아무 날이나 지급 기한으로 정할 수 있다.)

현금할인: 구매자가 일찍 대금을 지급할 때 제공되는 할인 퍼센트

할인기간: 구매자가 현금할인의 혜택을 받을 수 있는 날의 숫자

신용 기간: 구매자에게 제공되는 신용 시간의 총기간

때로는 판매 기업이 구매 기업에게 지급이 일찍 이루어지면 할인을 제시하기도 한다. 조건이 "2/10, net 30"이라면 그것은 10일 이내에 지급이 이루어지면 구매 기업이 2% 할인을 받을 수 있다는 의미이다. 그렇지 않으면 전액 지급은 30일째가 마감일이다. **현금할인(cash discount)**은 구매자가 일찍 대금을 지급할 때 제공되는 할인 퍼센트로 이 경우 2%이다. **할인기간(discount period)**은 구매자가 현금할인의 혜택을 받을 수 있는 날의 숫자로 여기서는 10일이다. 마지막으로 **신용 기간(credit period)**은 구매자에게 제공되는 신용 시간의 총기간으로 구매자가 반드시 지급을 해야만 하는 시간의 총기간이다. 우리 예에서 30일이다. 매출을 빨리 현금으로 회수하기 원하는 기업은 고객이 일찍 대금을 갚도록 독려하기 위해 할인을 제공한다. 그러나 할인금액은 판매가격의 총금액을 받지 못하기 때문에 판매기업의 비용을 의미한다. 아래의 시간선은 "2/10, net 30"의 조건을 보여준다.

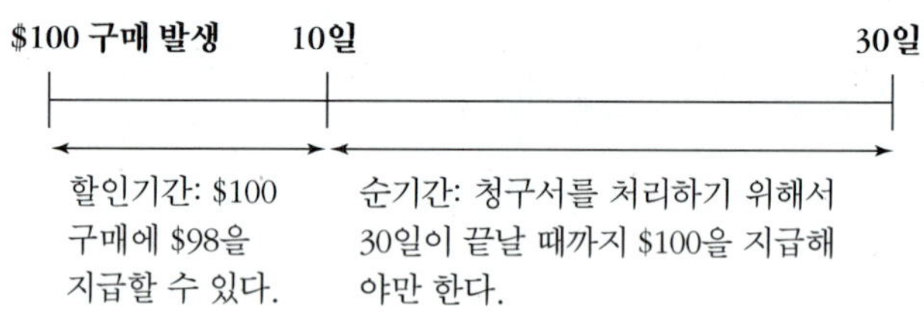

거래 신용과 시장 마찰

완전경쟁시장에서 거래 신용은 단지 또 다른 형태의 자금조달이다. 제16장에서 학습했듯이 자본조달 결정은 완전자본시장의 가정 아래에서 무관련하다. 현실에서는 상품시장은 거의 완전 경쟁이 아니며 기업은 자신의 거래 신용을 효율적으로 활용해서 기업 가치를 극대화할 수 있다.

---

2) 송장 (invoice)은 구매자에게 선적된 상품의 계산서이다. 일반적으로 송장일은 구매자가 상품이나 청구서를 받은 날이 아니라 선적일 혹은 청구일이다.

일반적인 실수 **거래 신용의 비용을 계산할 때 EAR 대신에 APR을 사용**

일부 경영자는 거래 신용 할인과 다른 자금조달 방법과 비교하는데 EAR 대신에 APR(단순이자)를 사용하여 거래 신용 비용을 완전히 인식하지 못하는 경우가 있다. APR은 복리계산을 무시하고 EAR이 "이자에 대한 이자"를 복리계산으로 적절하게 반영한다는 제5장의 내용을 기억하자. 따라서 위 내용에 해당하는 APR은 (365/20) × 2.04% = 37.23%가 되는데 이것은 신용의 실효 연간비용인 44.6% 보다 낮은 값이다.

거래 신용 비용 거래 신용은 본질적으로 판매회사가 고객에게 제공하는 대출이다. 가격할인은 이자율로 표현된다. 종종 기업은 고객에게 가격할인으로 거래 신용에 대하여 유리한 이자율을 제공한다. 따라서 재무 관리자는 거래 신용을 사용할 것인지를 결정하기 위해 거래 신용의 조건을 평가해야만 한다.

거래 신용의 이자율을 어떻게 계산할까? 기업이 상품을 $100에 판매하는데 고객은 2/10, net 30 조건을 받았다. 첫 10일간은 10일 무이자 대출 기간이기 때문에 아무것도 지불할 필요가 없다. 고객이 10일 할인 기간 내에 지급을 하여 할인의 혜택을 받을 수 있으면 고객은 $98에 상품을 구매하는 것이다. 판매기업에게 할인 비용은 판매가격에 할인율을 곱한 것이다. 이 경우 0.02 × $100 로 $2 이다.

10일 이내에 지급하는 대신에 고객은 $98를 20일간 (30 - 10 = 20) 사용할 수 있는 선택권을 가지고 있다. 20일 대출 조건의 이자율은 $2/$98 = 2.04% 이다. 이 20일 이자율과 다른 자금조달 방법에 해당되는 이자율을 비교하기 위해서, 제5장의 식 5.1을 사용하여 20일 이자율을 실효연간이자율(EAR)로 전환할 수 있는데, n은 20일 기간의 연간 횟수이다.

$$\text{EAR} = (1 + r)^n - 1$$

일년을 365일로 하면, 365/20(=18.25)가 20일 기간의 연간 횟수이다. 따라서 20일의 2.04%에 해당되는 실효연간이자율은 44.6%가 된다.

$$\text{EAR} = (1.0204)^{365/20} - 1 = 44.6\%$$

따라서 할인을 선택하지 않으면 20일간 돈을 빌리면서 실제로는 2.04%를 지불하는 것이고 실효연간이자율로는 44.6%가 되는 것이다! 만일 기업이 더 낮은 이자율로 은행 대출을 받을 수 있다면 더 낮은 이자율에 빌리는 것이 더 유리할 것이다. 즉 빌린 대출금을 사용해서 공급자가 제공하는 할인혜택을 받는 것이다.

거래 신용의 이익 여러 가지 이유에서 거래 신용은 매력적인 자금조달의 출처이다. 첫째, 거래 신용은 다른 자금 출처보다 낮은 거래비용을 가지며 사용하기 간편하고 편리하다. 예를 들어,

예제 19.3
거래 신용의 실효 비용을 추정하기

문제 *Problem*

당신의 기업이 공급자로부터 1/15, net 40의 조건으로 원재료를 구매했다. 이러한 거래 할인 조건의 혜택을 선택하지 않을 때 실효 연간비용은 얼마인가?

풀이 *Solution*

● **계획**

거래조건인 1/15, net 40에 \$100의 원재료를 구매한다면 15일 이내에 대금을 지불하면 1%의 할인을 받거나 40일 이내에 총액을 지불할 수 있다는 것이다. \$100의 1%는 \$1 할인이기 때문에 당신은 15일째 \$99를 지불 하거나 40일째 \$100을 지불할 수 있다. 당신은 두 기간의 차이인 25일 기간의 이자율을 계산하고 25일 기간 에 해당하는 EAR을 구해야 한다.

● **실행**

25일 기간의 이자율은 \$1/\$99 = 0.0101 혹은 1.01%이다. 그리고 25일 기간의 연간 횟수는 365/25 = 14.6이다. 따라서 실효 연이자율은 $(1.0101)^{14.6} - 1 = 0.158$ 혹은 15.8%이다.

● **평가**

당신이 주어진 전체 40일의 기간을 모두 활용하려면, 할인 혜택을 통해 얻는 이자율보다 더 낮은 이자율에 \$99를 빌려줄 수 있는 은행을 찾아서 이익을 얻는 것이다.

은행에서 대출을 받는 경우처럼 서류절차가 필요 없다. 둘째, 필요에 따라 사용이 가능한 유연한 출처이다. 마지막으로, 경우에 따라서는 기업에게 조달 가능한 유일한 자금 원천일 수 있다.

거래 신용과 일반 대출 어떤 기업은 전혀 거래 신용을 제공하지 않는 경우도 있다. 결국 대부분의 기업은 은행이 아닌데 굳이 사업을 하면서 대출을 할 필요가 있을까? 기업이 거래 신용을 제공하는 경우 몇 가지 이유가 있다. 첫째, 시장보다 낮은 이자율로 자금을 제공하는 것은 특정 고객에게만 가격을 낮춰주는 간접적인 방법이다. 예를 들어 자동차 회사를 고려해 보자. 판매부서는 모든 자동자의 가격을 낮추기 보다 나쁜 신용을 가진 고객에게는 매력적이지만 좋은 신용을 가진 고객에게는 매력적이지 못한 특별한 신용 조건을 제공할 수 있다. 이런 방법으로 자동차 회사는 자동차를 살 여력이 없는 나쁜 신용을 가진 고객에게만 가격을 할인해 줄 수 있다. 둘째, 공급자는 고객과 지속적인 사업관계를 가지기 때문에 은행과 같은 전통적인 외부의 대출자보다 고객의 신용 정보를 더 많이 가질 수 있다. 또한 공급자는 대금상환이 이루어지지 않으면 추가적인 원재료 공급을 중단할 것이라는 위협을 통해 상환의 가능성을 높일 수 있다. 마지막으로, 구매자가 파산하면 공급자는 재고자산을 담보로 확보할 수 있다. 재고자산은 외부보다는 공급자처럼(공급자는 재고자산에 대한 다른 고객을 가지고 있을 것이다) 같은 산업 내에 있는 기업에게 더 가치가 있을 것이다.

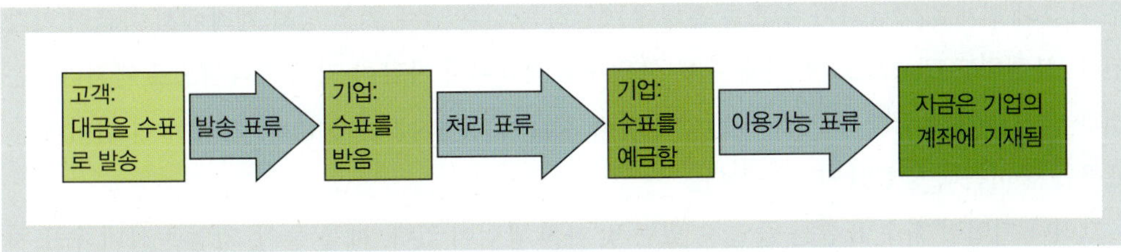

그림 19.2
회수 표류

표류 관리[3]

기업의 매출채권과 매입채무 사이에 발생하는 기간의 원인이 되는 한가지 요인은 청구된 금액이 지불되고 실제 현금이 회수되는 사이의 시간 지체다. 이러한 시간 지체를 처리표류(processing float)라고 하는데 기업의 운전자본 필요 금액에 영향을 미친다.

회수 표류 고객이 상품 대금을 지불한 후에 기업이 그 자금을 사용하는데 걸리는 시간을 **회수 표류(collection float)**라고 한다. 기업은 회수 표류를 줄여서 필요한 운전자본을 줄일 수 있다. 회수 표류는 아래 그림 19.2에서 보는 것처럼 세 가지 요인에 의해서 결정된다.

- **발송 표류(mail float):** 고객이 우편으로 발송한 지불 수표를 기업이 받는데 걸리는 시간
- **처리 표류(processing float):** 기업이 고객의 지불 수표를 처리하고 은행에 예금하는 데 걸리는 시간
- **이용가능 표류(availability float):** 은행에 기업이 예금한 고객의 지불 금액이 결제되어 자금으로 표기되는데 걸리는 시간

회수 표류: 고객이 상품 대금을 지불한 후에 기업이 자금을 사용하는 데 걸리는 시간

발송 표류: 고객이 우편으로 발송한 지불 수표를 기업이 받는 데 걸리는 시간

처리 표류: 기업이 고객의 지불 수표를 처리하고 은행에 예금하는 데 걸리는 시간

이용가능 표류: 은행에 기업이 예금한 고객의 지불 금액이 결제되어 자금으로 표기되는 데 걸리는 시간

지급 표류 기업에게 실제 현금유출의 결과로 나타나는 공급자에 대한 기업의 지불 이전에 걸리는 시간의 기간을 **지급 표류(disbursement float)**라고 한다. 회수 표류와 비슷하게, 이것은 발송시간, 처리시간, 수표결제시간의 함수이다. 비록 기업이 매입채무 기간을 늘려서 필요한 운전자본을 줄이려고 지급 표류를 연장하려고 하더라도, 기업은 공급자에게 연체 지급하는 위험이 있다. 그런 경우, 기업은 연체 지급에 대하여 추가적인 수수료를 물어야 할 것이며, 추후 미래 구매에 있어서는 인도 전 현금지급(cash before delivery, CBD)이나 인도 시 현금지급(cash on delivery, COD) 조건을 요구 받을 수 있다.

지급 표류: 기업에게 실제 현금 유출의 결과로 나타나는 공급자에 대한 기업의 지불 이전에 걸리는 시간의 기간

전자적 수표 처리(electronic check processing) 기업은 회수 표류와 지급 표류를 줄이기 위해 몇 가지 방안을 이용할 수 있다. 2004년 10월 28일에 효력을 발휘한 **21세기를 위한 수표 결제법(Check Clearing for the 21st Century Act, Check 21)**은 수표 결제 과정에서 지급 표류의 일부를 제거하였다. 이 법에 따르면 은행은 수표 정보를 전자적으로 처리할 수 있고 대부분의 경

21세기를 위한 수표 결제법: 수표 결제 과정 때문에 발생하는 지급 표류를 제거한다. 이 법에 따르면 은행은 수표 정보를 전자적으로 처리할 수 있고 대부분의 경우 기업의 원재료 공급자가 수표를 은행에 예금하는 같은 날에 기업 당좌 계좌에서 자금이 차감된다.

3) 표류 (float)는 일이 처리되는 데 지체되는 시간으로 지체시간을 뜻한다. 시간상 중간 과정에 떠 있다는 의미에서 표류라는 용어를 사용한다.

우 기업의 원재료 공급자가 수표를 은행에 예금하는 같은 날에 기업 당좌 계좌에서 자금이 차감된다. 불행히도 Check 21에 의해 수표 사용자의 계좌에서 자금이 거의 즉각적으로 빠져나가는 것과 달리 수표 예금자의 계좌에 그렇게 빨리 자금이 더해지지는 않는다. 따라서 이 법이 회수 표류를 줄이는데 공헌하지는 못한다.

그러나 기업이 회수 표류를 줄일 수 있는 몇 가지 방법이 있다. 예를 들어, 기업은 사내 수표 처리 절차를 간소화할 수 있다. 또한 인터넷 지불방법을 통해 당일에 고객의 은행계좌에서 직접 기업의 은행계좌로 자동적으로 대금 지불이 이루어져서 회수 표류를 0으로 줄일 수 있다. 비용 없이 회수 표류를 줄이기 위해 기업이 쓸 수 있는 방법이다. 새로운 수표처리 시스템은 비싸고, 대금회수를 촉진하려고 새로운 회수 대리인을 고용하는 것은 고객에게 불쾌하며 대리인에게 수수료를 지불하는 비용이 발생한다. 따라서, 어떤 방법을 채택할 것인가를 결정하기 위해서 기업은 회수된 현금을 좀 더 길게 활용하도록 도와 줄 새로운 시스템의 비용과 이익을 비교해야만 한다.

개념확인

3. "2/10, net 30"은 무슨 의미인가?
4. 회수 표류를 결정하는 세 가지 요인은 무엇인가?

19.3 매출채권 관리

이제까지 우리는 일반적인 거래신용의 비용과 이익을 논의했다. 다음으로 기업의 매출채권의 관리에서 발생하는 몇 가지 이슈에 대해 살펴볼 것이다. 특히 우리는 기업이 고객에게 신용을 제공하는 정책을 어떻게 채택하고 지속적으로 매출채권을 관리해 나가는 지에 대해 초점을 맞춘다.

신용정책 결정

신용정책의 결정에 관해 우리는 아래 세 가지 단계를 거쳐 설명하려고 한다.

1. 신용 기준의 설정
2. 신용 조건의 설정
3. 회수정책의 설정

신용 기준의 설정 경영자는 먼저 신용기준을 결정해야만 한다. 신용을 요청하는 모든 사람에게 신용을 제공할 것인가? 혹은 선택적으로 신용을 낮은 신용위험을 가진 고객에게만 제공할 것인가? 기업의 전자의 정책을 채택하지 않는 한 신용을 제공할 것인지를 결정하기 전에 고객의 신용위험을 평가해야만 한다. 대기업은 사내 신용부서에서 분석을 수행한다. 소규모 기업은 던 앤 브래드스트리트(Dun & Bradstreet)와 같은 신용평가사의 신용보고서를 구매한다.

많은 기업이 특정 고객에게 신용을 제공할 것인지를 결정할 때 추가적인 요소를 고려한다. 예

신용의 5C

채권자는 신용을 제공하지 전에 유명한 "신용의 5C"라고 하는 질적인 요건을 평가한다.

Character (성격): 과거 채무 기록을 봤을 때 채무자를 믿을 만한가?

Capacity (능력): 채무자가 지불할 만한 충분한 현금흐름을 가질 것인가?

Capital (자본): 대출을 갚을 충분한 자본(순재산)을 채무자는 가지고 있는가?

Collateral (담보): 채무자는 대출을 담보할 어떤 자산을 보유하고 있는가?

Conditions (상황): 채무자와 전체 경제적 상황은 어떻고 향후 어떻게 될 것으로 전망하는가?

를 들어, 매출을 올리기 위해서는 단골고객이 될 것 같은 고객에게 신용을 제공한다. 만일 신용비용이 구매가격에 비해 상대적으로 작으면 덜 제한적인 정책을 취할 것이다. 따라서 신용위험은 출발점이고 기업의 경영자는 잠재적으로 중요한 고객이거나 높은 마진의 매출을 다룰 때는 전략적으로 신용을 제공할 것인지를 선택한다.

어느 정도의 신용위험을 가정할 것인가를 결정하는 것은 얼마나 많은 금액이 매출채권에 묶이는가를 결정하는 데 중요한 역할을 한다. 비록 제한적인 정책이 매출액을 낮추는 결과로 나타나더라도 기업은 매출채권을 되도록 적게 유지해야 할 것이다. 반대로 덜 선택적인 정책은 매출을 높이겠지만 매출채권의 수준도 상승하게 될 것이다.

신용 조건의 설정 기업이 신용기준을 결정하고 나면, 다음으로 신용 조건을 설정해야만 한다. 기업은 대금지불이 이루어져야 하는 기간의 길이("net" 기간)를 결정하고 조기상환을 촉진하기 위한 할인을 제안할 것인지를 선택한다. 할인이 제안되면 할인율과 할인기간도 결정해야만 한다. 기업이 상대적으로 소규모이면, 이러한 조건을 설정한 산업내의 다른 선도기업을 아마 따라갈 수 있을 것이다.

예제 19.4
신용정책의 변화 평가하기

문제 *Problem*

현재 당신의 회사는 상품을 당장 현금을 지불할 경우 1% 할인하여 판매하고 있다. 그렇지 않으면 정가를 30일 내에 지불해야 한다. 고객의 절반은 할인 혜택을 이용한다. 당신은 할인 정책을 폐지하고 새로운 조건은 모두 net 30이 될 것이다. 그렇게 하면 할인 조건에서 구매를 하던 일부 고객을 잃을 것이고, 나머지 할인 고객은 30일 조건으로 변경할 것이다. 모두 고려해 보면, 당신은 월 20개 이내의 매출 손실을 예상한다(현재 500개 매출). 당신의 단위당 변동비용은 $60이고 단위당 가격은 $100이다. 당신의 요구수익률이 월 1%이면, 이러한 정책변화를 실행할 것인가?

풀이 *Solution*

- **계획**

정책 변경을 결정하기 위해 변화에 따른 NPV를 계산한다. 500개의 매출 단위에서 $30,000의 비용이 발생한다. 당신은 개당 $99(1% 할인)로 판매량의 절반을 현금으로 당장 받을 것이다. 나머지 절반은 30일 뒤에 개당 $100로 돌아올 것이다. 그 때, 다음 생산을 위해 준비한다. 따라서 당신의 현금흐름은 다음과 같은 30일 주기라고 생각할 수 있다.

	현재	30일 뒤		
당신은 500개를 개당 $60에 생산	−30,000			
고객은 250개를 개당 $99에 매입	+24,750			
고객은 250개를 개당 $100에 매입		+25,000		…
당신은 다음 기 500개를 개당 $60에 생산		−30,000		…
고객은 다음 기 250개를 개당 $99에 매입		+24,750		…
총액	**−5,250**	**+25,000**	**−5,250**	**…**

새로운 정책에 따라 현금흐름은 다음과 같이 변경된다.

	현재	30일 뒤		
당신은 480개를 개당 $60에 생산	−28,800			
고객은 480개를 개당 $100에 매입		+48,000		
당신은 다음 기 480개를 개당 $60에 생산		−28,800		…
총액	**−28,800**	**+48,000**	**−28,800**	**…**

이러한 현금흐름을 기준으로 정책 변경의 NPV를 계산할 수 있다.

● 실행

$$NPV(\text{현행}) = -5{,}250 + \frac{25{,}000 - 5{,}250}{.01} = 1{,}969{,}750$$

$$NPV(\text{신규}) = -28{,}800 + \frac{48{,}000 - 28{,}800}{.01} = 1{,}891{,}200$$

따라서 변경으로 인한 NPV는 $1,969,750 − $1,891,200 = −$78,550이 된다.

● 평가

남아있는 고객이 정가를 모두 지불한다고 하더라도, 너무 많은 고객을 잃어버리기 때문에 정책을 변경해서는 안 된다. NPV는 이러한 상쇄관계(tradeoff)를 평가할 수 있도록 해준다. 즉 비용의 현재가치와 이익의 현재가치를 비교하는데, 새로운 변경 결정은 나쁘다는 것이다.

회수정책의 설정 신용정책의 개발에 있어서 마지막 단계는 회수정책을 결정하는 것이다. 이 정책의 내용은 고객의 지불이 늦어질 때 아무것도 하지 않는 것(일반적으로 좋은 정책은 아님)부터 정중한 질의서를 보내거나, 정해진 기한을 넘어 지불기한을 확장하는 추가적인 수수료를 부가하거나, 최초의 연체에도 위협적인 법적 조치를 취하는 것까지 범위가 다양할 수 있다.

매출채권의 감시

신용정책을 설정한 후에 기업의 신용정책이 제대로 작동하는지를 분석하기 위해서 매출채권을 감시해야만 한다. 기업이 매출채권을 감시하기 위해 취하는 두 가지 방법으로 *매출채권 회수일(accounts receivable days 또는 평균회수기간)*과 *연령 기록(aging schedule)*이 있다.

매출채권 회수일 매출채권 회수일은 기업이 매출액을 회수하는 데 걸리는 평균적인 날짜의 숫자이다. 회사는 신용정책의 효과성을 판단하기 위해서 신용조건에서 정하고 있는 정책과 이 기간을 비교할 수 있다. 만일 신용조건이 "net 30"이라고 정하고 있고 매출채권 회수일이 50일이라면, 기업은 고객이 평균적으로 20일 늦게 지불하고 있다고 판단할 수 있다.

회사는 또한 매출채권 회수일의 추세를 살펴봐야 한다. 만일 매출채권 회수일이 지난 몇 년간 약 35일이었다가 올해 43일이라면, 기업은 신용정책을 재검토해야 한다. 물론 경제가 불황이고 전체 산업이 영향을 받는 경우도 있다. 그럴 경우에는 이러한 증가가 기업 자체의 문제는 아닐 수 있다.

매출채권 회수일은 기업의 재무제표를 이용해서 계산할 수 있다. 외부 투자자는 일반적으로 기업의 신용정책을 평가하기 위해서 이 기간을 활용한다. 매출채권 회수일의 주요 문제점은 그것이 단순히 하나의 숫자일 뿐이지만 다른 정보가 숨겨져 있다는 것이다. 계절적 매출이 있는 경우에 어느 시기에 매출채권 회수일을 측정했느냐에 따라서 달라질 수 있다. 또한 상당수 고객이 상환에서 늦어지고 있다면 합당한 것이라고 봐야 할 것이다.

연령 기록 **연령 기록(aging schedule)**은 기업의 장부에 기재되어 있었던 날짜의 숫자이다. 매출채권 계정의 숫자나 매출채권 계정에 기재된 금액으로 표현될 수 있다. 예를 들어, 기업이 2/15, net 30의 조건으로 $530,000의 매출을 하였는데 장부상에 15일 이내에 220개의 매출채권 계정이 있다고 하자. 또 다른 $450,000가 장부에 16일에서 30일 사이에 190계정, $350,000은 31

연령 기록: 기업의 장부에 기재되어 있었던 날짜에 따라 기업의 계정을 분류한다. 매출채권 계정의 숫자나 매출채권 계정에 기재된 금액으로 표현될 수 있다.

표 19.2
연령 기록

(a) 계정의 숫자

기재 기간	계정의 숫자	계정의 비율(%)
1–15	220	38.6
16–30	190	33.3
31–45	80	14.0
46–60	60	10.5
60+	20	3.5
	570	100.0

(b) 금액 잔액

기재 기간	계정의 숫자	계정의 비율(%)
1–15	530,000	33.1
16–30	450,000	28.1
31–45	350,000	21.9
46–60	200,000	12.5
60+	70,000	4.4
	1,600,000	100.0

예제 19.5
연령 기록

문제 *Problem*

파이넨셜 트레이닝 시스템(FTS)의 매출채권 계정은 "3/10, net 40"의 조건이다(10일 이내에 지급이 이루어지면 구매 기업이 3% 할인을 받을 수 있으며, 전액 지급은 40일째가 마감일). 회사의 매출채권 계정 중 $100,000은 기재된 지 10일 이하이고, $300,000은 11일에서 30일, $100,000은 31일에서 40일, $20,000은 41일에서 50일, $10,000은 51일에서 60일, $2,000은 60일이 넘는다. FTS의 연령 기록을 보여주시오.

풀이 *Solution*

● **계획**

연령 기록은 다양한 기간에 따른 총 매출채권의 금액과 비율(%)을 보여준다. 주어진 정보에 따라 금액 기준으로 연령 기록을 계산할 수 있다. (반올림에 따라 합계는 100%가 안될 수 있음)

● **실행**

기재 기간	기재 금액($)	기재 비율(%)
1−10	100,000	18.8
11−30	300,000	56.4
31−40	100,000	18.8
41−50	20,000	3.8
51−60	10,000	1.9
60+	2,000	0.4
	532,000	100.0

● **평가**

표를 보면 FTS의 기재 기간 비율이 오래 끌고 있지 않아서 초과 비율이 높지 않다(매출채권의 단지 6%만이 40일이 넘는 기재 기간을 가지고 있음).

일에서 45일 사이에 190계정, 그리고 $200,000이 46일에서 60일 사이에 60계정이 있다. 그리고 다른 $70,000이 장부에 60일 이상으로 20계정이 있다. 표 19.2는 계정의 숫자와 기재된 금액을 근거로 만든 연령 기록을 보여준다.

이 사례에서 기업의 평균 일간매출액이 $65,000이라면 매출채권 회수일은 $1,600,000/$65,000 = 25일이다. 그러나 좀 더 자세히 보면, 표 19.2의 연령기록을 이용해서 28%(금액으로 39%)의 신용 고객이 늦게 지불하는 것을 볼 수 있다.

지불 패턴: 매출 이후에 매달 기업이 회수하는 월별 매출의 비율에 대한 정보를 제공한다.

만일 연령 기록이 기재 기록 뒤쪽 절반의 비율이 두꺼워서 연체기간이 길수록 비율이 커지는 형태인 "하체 비만형(bottom-heavy)"이라면 기업은 신용정책을 재검토하는 것이 좋다. 연령 기록은 매출 이후에 기업이 매달 회수하는 월별 매출의 비율에 대한 정보를 제공하는 **지불 패턴(payments pattern)**의 분석으로 가끔 확대하기도 한다. 과거 자료를 분석하여, 회사는 매출액의 10%가 일반적으로 매출월에 회수되고, 40%는 다음 달에, 25%는 매출 2개월 뒤에, 20%는 3개월 뒤에, 그리고 5%는 4개월 뒤에 회수되는 것을 관찰한다고 하자. 경영자는 이러한 정상적 지불 패턴을 현재의 지불 패턴과 비교할 수 있다. 지불 패턴을 아는 것은 회사의 운전자본 필요액을 예측하는 데 역시 도움이 된다.

개념확인

5. 신용정책을 설정하는 3단계를 설명하시오.
6. 매출채권기간과 연령 기록의 차이점은 무엇인가?

19.4 매입채무 관리

기업은 거래 신용이 가장 저렴한 자금 원천일 경우에만 매입채무를 이용해서 빌리는 선택을 해야만 한다. 거래 신용의 비용은 신용 조건에 달려 있다. 제시된 할인 비율이 높을수록 할인을 포기하는 비용은 커진다. 할인 포기의 비용은 또한 대출기간이 짧을수록 커진다. 만일 기업이 두 곳의 공급자와의 거래 신용을 고려한다면 덜 비싼 대안을 선택해야만 한다.

또한 기업은 최대한 허용된 기한 말에 상환을 해야만 한다. 예를 들어, 만일 할인 기간이 10일이고 회사가 할인을 택한다면 지불은 2일째가 아닌 10일째에 해야 한다. 거래 조건이 2/1, net 30이고 할인을 택하지 않는다면 최종 지불은 16일째가 아닌 30일째에 이루어져야 한다. 회사는 거래 상대방과의 관계를 해치지 않고 비윤리적인 행동이 아니라면 가능한 운전자본을 기업 내

예제 19.6
매입채무 관리

문제 *Problem*

라우드(Rowd Company)는 평균 매입채무 잔액으로 $250,000을 가지고 있다. 평균 일간 매출원가는 $14,000이고 공급자에게서 "2/15, net 40"의 조건을 받았다. 라우드는 할인을 포기하기로 했다. 매입채무를 잘 관리한다고 할 수 있다.

풀이 *Solution*

- **계획**

주어진 매입채무와 일간 매출원가(CGS)를 가지고 공급자에게 상환하는 평균기간을 계산할 수 있다. 평균기간은 평균 잔액을 일별 비용으로 나누면 된다. 공급자의 조건을 보면, 라우드는 (할인이 가능한 마지막 날인) 15일째 지급을 하던지, (마지막 상환일인) 40일째 상환을 해야만 한다. 다른 시기에 지불을 하면 아무런 이득이 없다.

- **실행**

라우드의 매입채무 지급일은 $250,000/$14,000 = 17.9일이다. 만일 라우드가 3일 먼저 상환을 하면 2%의 할인 혜택을 받을 수 있다. 혹은 할인을 포기한다면 40일이 될 때까지 총액 상환을 해서는 안 된다.

- **평가**

회사는 매입채무를 잘 관리한다고 할 수 없다. 더 일찍 지불하면 현금은 회사를 더 일찍 떠나는 것이다. 따라서 마감일인 40일 이전에 지불하는 유일한 이유는 할인을 받은 경우이다. 18일째 지불을 하는 것은 할인을 놓치는 것뿐만 아니라 22일 (40 − 18) 동안의 현금사용에 대한 비용을 발생시키고 있다.

에 유지하려고 해야만 한다. 이번 절에서 우리는 기업이 매입채무를 감시하는데 사용하는 두 가지 기법을 검토한다. 그것은 매입채무 지급일 결정과 매입채무 연장이다.

매입채무 지급일 결정

매출채권과 마찬가지로 기업은 최적의 시기에 상환을 하기 위해서 매입채무를 감시해야 한다. 한 가지 방법은 매입채무 지급일을 계산하고 신용 조건과 비교하는 것이다. 매입채무 지급일은 매입채무 잔액을 매출원가에 기재된 기간으로 표현한다. 만일 매입채무 지급일이 40일이고 조건이 2/10, net 30이면 기업은 일반적으로 늦게 상환하는 것이고 공급자에게 어려움을 준다고 판단할 수 있다. 반면에 만일 매입채무 지급일이 25일이면 기업은 할인을 받지 못하면서 너무 일찍 상환하는 것이다. 5일 동안 이러한 자금으로 이자수입을 얻을 수 있을 것이다.

매입채무 연장

매입채무 연장: 기업이 상환 마감기간을 무시하고 채무 금액을 나중에 지불하는 경우

일부 기업은 상환 마감기간을 무시하고 채무금액을 나중에 지불하는데 실무에서는 이를 **매입채무 연장(stretching the accounts payable)**이라고 한다. 예를 들어, 주어진 조건 2/10, net 30에서 기업이 45일이 지나도록 채무 금액을 상환하지 않기로 결정할 수 있다. 이렇게 하면 거래 신용의 직접 비용을 줄인다. 왜냐하면 기간을 늘림으로써 기업은 자금을 사용할 수 있기 때문이다. 비록 기간 이자율이 $2/$98= 2.04%로 일정하다고 해도 기업은 거래 신용 조건으로 제시된 추가

예제 19.7
매입채무 연장을 가진 거래 신용 비용

문제 *Problem*

기업이 매입채무를 60일로 연장한다면, "1/15, net 40"의 신용 조건이 연간 실효비용은 얼마인가?

풀이 *Solution*

● **계획**

우선 기간당 이자율을 계산할 필요가 있다. $100 매입에 대하여 1%의 할인이 의미하는 것은 할인 기간에 $99를 지불하던지 $99를 보유하고 나중에 $100를 지불하는 것이다. 따라서 당신은 $99에 대하여 $1의 이자를 지불하는 것이다. 만일 제때에 채무를 지불하면 $1는 15일째에서 45일째까지 25일간의 이자가 된다. 만일 연장한다면 $1는 15일째에서 60일째까지 45일간의 이자이다.

● **실행**

기간당 이자율은 $1/$99 = 1.01%이다. 만일 기업이 지급을 60일째로 지체하면 할인기간을 넘어서 45일 동안 자금을 사용하는 것이다. 45일은 일년에 365/45 = 8.11 기간이 있다. 따라서 실효 연간비용은 $(1.0101)^{8.11} - 1 = 0.0849$ 혹은 8.49%이다.

● **평가**

25일의 신용 기간에 맞춰 지불하면, 25일이 일년에 365/15 = 14.6 기간이 있다. 따라서 기업이 40번째 날에 지불하면 실효 연간비용은 $(1.0101)^{14.6} - 1 = 0.1580$ 혹은 15.8%이다. 지불을 연장함으로써 기업은 실효 신용 비용을 상당히 낮출 수 있다.

적인 20일(net 30일)이 아니라 $98를 할인 기간을 넘어 35일 동안 사용할 수 있다.

회사가 (10일의 할인 기간이 지난) 13일째에 할인 금액으로 지불을 하는 경우가 있을 수 있다. 혹은 일부에서는 할인된 금액으로 13일 이후에 지불하는 경우도 있다. 이러한 모든 행동으로 거래 신용과 관련된 실효 연간이자율을 낮출 수 있다고 하더라도 기업은 이로 인해 비용을 겪을 수 있다. 공급자는 항상 상환을 늦게 하는 기업에게는 인도 시 현금지급(cash on delivery, COD)이나 인도 전 현금지급(cash before delivery, CBD)을 요구할 수도 있다. 규범을 어기는 기업은 이러한 거래 조건으로 인한 추가적인 비용을 부담하고 대금지급을 위한 현금마련을 위해 은행과 대출을 협의해야 할 것이다. 공급자는 불성실한 고객과의 거래를 중단할 수도 있다. 불성실한 기업은 고가에 낮은 품질의 원재료로 전환해야 할는지 모른다. 낮은 신용 등급을 받게 될 수 있으면 다른 공급자와의 거래에서도 좋은 조건을 받지 못하게 될 것이다. 무엇보다도 기업이 매출 조건에 명백하게 동의를 했음에도 이를 위반하는 것은 비도덕적인 사업 행위인 것이다.

개념확인

7. 매입채무를 상환하는 최적의 시기는 언제인가?
8. COD와 CBD 조건이란 무엇인가?

19.5 재고자산 관리

앞에서 논의했듯이, 완전자본시장에서 기업은 매입채무나 매출채권을 보유할 이유가 없다. 거래 신용 이자율은 경쟁적일 것이며 기업은 대체할 수 있는 자본조달 원천을 사용할 수 있을 것이다. 그러나 거래 신용과 달리 재고자산은 생산에 필요한 요소를 나타낸다. 따라서 완전자본시장 아래서도 기업은 재고자산이 필요하다.

재고자산 관리는 생산관리 분야에서 집중적인 관심을 받아왔다. 그럼에도 불구하고 기업의 재고자산 정책을 유지하기 위해 필요한 자금을 조정하고 기업의 전반적인 수익성을 확보하는 책임을 가지고 있는 것은 기업의 재무관리자이다. 따라서 재고자산 관리의 기능은 재고자산과 관련된 비용과 이익의 균형을 맞추는 것이다. 초과 재고자산은 현금을 사용하기 때문에 효율적인 재고자산의 관리는 기업의 가치를 증진시킨다.

재고자산 보유의 이익

기업은 몇 가지 이유로 운영을 위해서는 재고자산이 필요하다. 첫째, 재고자산은 기업이 생산에 필요한 원재료를 얻을 수 없는 위험을 최소화하는데 도움을 준다. 기업이 너무 적은 재고자산을 보할 때 기업이 모든 재고자산을 소진하는 상태인 **재고소진(stock-outs)**이 일어날 수 있으며 결과적으로 매출 손실로 이어진다. 실망한 고객은 우리 회사의 경쟁사로 구매처를 전환할 수 있다.

재고소진: 기업이 재고자산을 모두 소진할 때 일어나는 상황

둘째, 고객의 구매량이 효율적인 생산 사이클과 완전하게 일치하지 않는 것을 뜻하는 수요의 계절성과 같은 요인 때문에 기업은 재고자산을 보유한다. 샌드포인트 토이(Sandpoint Toy Company)의 사례를 살펴보자. 대부분의 장난감 생산자와 마찬가지로 샌드포인트의 연간 매출액의 80%는 연말 선물시즌에 대비한 9월에서 12월 사이에 일어난다. 샌드포인트의 입장에서는 연중에 상대적으로 고루 장난감을 생산하는 것이 좀 더 효율적이다. 만일 샌트포인트가 일정한 속도로 생산을 한다면 9월에 매출이 증가하기 시작될 것을 기대하고 8월에 재고자산 수준이 매우 높을 것이다. 반면에 샌드포인트는 계절적 생산 전략을 계획하여 매출이 많은 9월에서 12월 사이에 생산을 늘릴 수 있다. 이 전략은 재고자산을 누적시키지 않아서 운전자본에 소요되는 현금흐름을 자유롭게 하고 재고 비용을 줄인다. 그러나 계절적 생산은 추가적인 비용이 발생하는데, 수요가 피크일 때 생산 설비를 과도하게 활용하면서 발생하는 마모 비용을 증가시키고 계절적 근로자의 채용과 교육 비용도 발생한다. 샌드포인트는 일정한 생산으로 인한 재고자산 누적의 비용과 효율적 생산의 이익을 가늠해야만 한다. 최적의 선택은 두 극단적 선택을 조정하는 것으로 샌드포인트는 어느 정도의 재고자산을 보유하게 될 것이다.

재고자산 보유의 비용

샌드포인트 토이의 예에서 제시된 바와 같이, 자본을 재고에 묶어 두는 것은 기업에게 비용을 발생시킨다. 재고자산과 관련된 직접비용을 세 가지 그룹으로 나눌 수 있다.

- *획득비용(acquisition costs)*은 분석기간(일반적으로 1년) 동안 발생하는 재고 자체의 비용이다.
- *주문비용(order costs)*은 분석기간 동안에 걸쳐 주문을 내는 총비용이다.
- *유지비용(carrying costs)*은 보관비용, 보험, 세금, 손상, 진부화 비용, 재고에 묶인 자금의 기회비용 등을 포함한다.

이러한 총비용을 최소화하는 데에는 몇 가지 상쇄되는 관계(tradeoff)가 있다. 예를 들어, 대량주문 할인이 없다고 하고, 재고수준을 낮추어서 유지 비용을 줄이면 더 자주 주문을 해야 하기 때문에 연간 주문비용이 증가한다.

적시 재고관리: 기업이 필요할 때만 재고를 구매하여 재고 수준을 항상 0이나 0에 가깝게 유지하도록 정확하게 재고를 구매하는 것

어떤 기업은 가능한 유지 비용을 줄이기 위한 방안을 강구한다. **"적시" 재고관리(just-in-time (JIT) inventory management)**는 기업이 필요할 때만 재고를 구매하여 재고수준을 항상 0이나 0에 가깝게 유지하는 것이다. 이 기법은 기업의 생산에 필요한 재고 수요를 예측하는 것뿐만 아니라 공급자와의 각별한 협력이 필요하다. 2007년에 보잉은 신형 787인 "Dreamliner" 생산을 위해 국제 생산 시스템을 설치했다. 신형 항공기의 아주 적은 일부만 실제로 워싱턴 주의 에버렛 공장에서 생산되었다. 대신에 연료계통, 날개를 포함하는 모든 주요 시스템은 다른 곳에서 생산

재고자산 관리가 갭(GAP)에게 더해 준 결론

2003년에 의류 체인인 갭(GAP)은 재고일수를 24% 줄임으로써 재고에 대한 투자 금액을 상당히 줄였다. 이러한 변화로 인해 $344백만의 현금을 다른 목적에 사용할 수 있게 되었다. 갭은 이 현금의 일부를 만기 3개월에서 1년 사이인 미국 국공채와 은행 CD 등의 단기 증권에 투자했다. 그리고 2002년에 비해 2003년에 이자수입이 $1.2백만이 증가했음을 공시했다. 회사는 이자수입의 증가 원인으로 투자를 가능하게 한 평균 현금 잔액의 증가를 들고 있다.

출처: GAP의 2003년 연간 보고서

되어 최종 조립공장으로 747 특별 화물 항공기를 통해 조달되었다. 이 부품들은 항공기의 최종 조립단계에 필요한 바로 직전에 도착했기 때문에, 보잉은 많은 재고를 관리하는 유지 비용에 직면할 필요가 없었다. 그러나 이 계획은 위험을 내포하는데 초기에 보잉은 계약을 체결한 생산회사가 적시에 부품을 마무리하는데 상당한 어려움을 겪었다. 결과적으로 보잉이 첫 번째 항공기를 인도하는 데 지체가 발생했고 이에 따라 금전적 패널티를 물어야 했다. 그럼에도 불구하고 2010년에 787의 시험 비행을 하면서 보잉은 이러한 새로운 생산 시스템에 완전히 정착하기로 결론을 내렸다. 그러기 위해서 보잉은 수 천명의 엔지니어를 부품 공급자에게 파견하여 생산차질 문제를 해결하도록 도왔으며 심지어 몇 개의 회사는 직접 인수하였다.

당신의 기업이 JIT 재고관리를 실행하지 않더라도, 주요 고객이 그렇게 하면 어쩔 수 없이 채택해야만 하는 경우가 있다. 예를 들어, 1999년에 토이저러스(Toys-R-Us)는 JIT를 시행했는데, 그로 인해 공급자 중 하나인 장난감 제조업체 하스브로(Hasbro)가 생산 계획을 변경하게 되었다.[4]

개념확인

9. 재고를 보유하는 직접적인 비용은 무엇인가?
10. "적시(just-in-time)" 재고관리를 설명하시오.

19.6 현금관리

완전자본시장에서 현금 수준은 무관련하다. 완전자본시장에서 기업은 신규 현금을 정당한 이자율에 즉각적으로 조달할 수 있기 때문에 현금 부족은 발생하지 않는다. 마찬가지로 기업은 초과 현금을 0의 NPV를 얻는 정당한 이자율(IRR)로 투자할 수 있다.

물론 현실에서는 시장이 완전하지 않다. 유동성은 비용이다. 예를 들어, 유동성 있는 자산을 보유하면 시장 수익률보다 낮은 수익률을 얻으며, 반면에 기업이 현금을 급하게 조달하려면 거래 비용에 직면하게 된다. 또한, 초과 현금의 보유는 세금 측면에서 불리하다는 것을 제16장에서 이미 학습했다. 이 모든 경우를 보면, 기업의 최적화 전략은 상품 수요의 계절적 특성을 반영

4) 하스브로의 1999년 연간보고서.

하면서 사업에 영향을 미치는 급작스런 충격을 예상한 현금을 보유하는 것이다. 위험한 기업과 높은 성장 기회를 가지는 기업은 자산에서 상대적으로 현금 비중을 높게 가져가는 경향이 있다. 자본시장에 쉽게 접근할 수 있는 (따라서 현금 조달의 거래비용이 낮은) 기업은 현금을 덜 보유하는 경향이 있다.[5] 이번 절에서, 우리는 기업의 현금보유 동기, 현금관리 기법, 그리고 기업이 투자하는 단기 투자상품을 분석한다.

현금보유의 동기

기업이 현금을 보유하는 데에는 다음 세 가지 이유가 있다.

- 일상적 요구(day-to-day needs)를 충족하기 위해서
- 현금흐름과 관련된 불확실성을 보상하기 위해서
- 은행의 요구를 만족시키기 위해서

이제 우리는 위 세가지 동기를 자세히 살펴볼 것이다.

거래 잔고: 기업이 청구서를 지불하기 위해서 필요한 현금의 양

거래 잔고 개인과 마찬가지로 기업은 청구서를 납부하기 위해서 충분한 현금을 보유하고 있어야 한다. 기업이 청구서를 지불하기 위해서 필요한 현금의 양을 **거래 잔고(transactions balance)**라고 부른다. 이러한 거래 잔고를 만족하기 위해 필요한 현금의 양은 기업의 평균 거래 규모와 이번 장 앞에서 배운 기업의 현금주기에 따라 좌우된다.

예비 잔고: 미래 현금 필요량을 둘러싼 불확실성에 대응하기 위해 기업이 보유하는 현금의 양

예비 잔고 미래 현금 필요량을 둘러싼 불확실성에 대응하기 위해 기업이 보유하는 현금의 양을 **예비 잔고(precautionary balance)**라고 한다. 이 잔고의 규모는 기업의 현금흐름을 둘러싼 불확실성의 정도에 달려있다. 미래 현금흐름이 불확실성이 클수록 기업이 거래 필요 금액을 예측하는 것이 어려워지고 예비 잔고는 커져야만 한다.

보상적 잔고: 은행이 수행하는 서비스에 대한 보상으로 기업이 은행 계정을 유지하도록 거래 은행이 요구하는 현금의 양

보상적 잔고 은행이 수행하는 서비스에 대한 보상으로 은행 계정에 **보상적 잔고(compensating balance)**를 유지하도록 은행은 기업에게 요구한다. 보상적 잔고는 일반적으로 이자를 지급하지 않거나 아주 낮은 이자율의 계정에 예금하도록 하는 것이다. 이러한 처리 방법은 은행이 개인에게 어느 수준, 예를 들어 1,000달러, 이하로 계정 잔고가 내려가지 않는 한 수표 발행을 무료로 할 수 있도록 하는 것과 유사하다. 결국 고객은 수표를 사용하는 수수료를 지불하지 않으려면 $1,000 이상의 현금을 유지해야만 한다. 마찬가지로 기업이 보상적 잔고 요구를 맞추기 위해 보유한 현금은 다른 곳에 사용할 수 없다.

---

5) Opler, T., L. Pinkowitz, R. Stulz, and R. Williamson, "The Determinants and Implications of Corporate Cash Holdings," *Journal of Financial Economics* 52 (1) (1999): 3-46. 참고.

표 19.3 화폐시장 투자 증권

투자상품	특징	만기	위험	유동성
미 재무부 단기채 (Treasury Bill)	미국 정부의 단기 채무	4주, 3개월(91일), 6개월 (182일)	파산 무위험	유동성 매우 높으며 시장성
양도성예금증서(CD)	은행이 발행하는 단기 채무. 최소 발행금액은 $100,000	1년까지 다양함	발행은행은 FDIC에 의해 보험 커버되어 $250,000까지 무위험	개인 구매 CD와 달리, 유통 시장에서 매매되지만 유동성은 미 재무부 단기채보다 낮음
환매조건부 채권(RP)	증권 딜러는 "채무자"이고 투자자는 "채권자"인 기본적으로는 대출 계약. 투자자는 미 재무부 단기채(T-bill)과 같은 증권을 딜러에게 정해진 날에 정해진 더 높은 가격에 되팔 것을 계약하고 딜러로부터 구매	아주 단기로, 듀레이션은 오버나잇부터 3개월까지	증권이 대출의 담보로 기능하여 투자자의 위험 낮음. 증권 딜러의 신용도를 평가해야 함	유통시장이 없음
은행 인수어음 (Banker's Acceptance, BA)	채무자가 작성하고 인수어음이 인출될 은행에 의 해 보증된 증서. 주로 국제 무역거래에서 사용됨. 채무자는 상품의 대금으로 증서를 작성하는 수입 업자	1개월에서 6개월	채무자와 은행 모두 BA에 의해 보증되어 위험이 아주 낮음	수출업자가 BA를 받으면 만기까지 보유하여 전액 수 령하거나 만기 전에 할인하여 판매
기업어음(Commercial Paper, CP)	대규모 주식회사가 발행하는 단기 무담보의 채권. 최소 발행금액은 $25,000이지만, 대체로 CP의 액면가는 $100,000을 가짐	1개월에서 6개월	파산 위험은 발행회사의 신용도에 따름	활발한 유통시장은 없으나, 발행사가 CP를 되살 수는 있음
비과세 단기상품 (Short-Term Tax Exempt)	주정부나 지방정부의 단기 채무. 이자수입에 대한 연방세를 면제받기 때문에 유사한 위험의 과세 상품의 세전 수익률보다 낮음	1개월에서 6개월	파산 위험은 발행 정부의 신용도에 따름	중간 정도의 유통시장

현금 축적(Hoarding Cash)

회사의 유동성은 단기 화폐시장 증권에 대한 기업의 투자로 측정한다. 미국에서 1999년에 $3.6조에서 2007년에는 $5.6조로 55%이상 증가했다. 시카고의 컨설팅 회사인 트레저리 스트라티지(Treasury Strategies)의 2004년 360개 기업에 대한 조사에 따르면, 과반수 이상의 기업이 단기 부채 보다는 단기 증권 투자액이 더 많은 순투자자의 입장이었다.

기업은 왜 현금을 축적하고 있는가? 공장 및 기계 설비에 대한 투자가 많은 제조업과 같은 산업에서 벗어나서 낮은 자본 지출과 높은 현금흐름을 가지는 금융 서비스업이 강화되었다는 점과 1990년대 후반에 기술 투자에 집중한 후에 기업이 투자를 꺼리는 것도 요인이 될 것이다. 결과적으로 기업의 저축이 역대 최고 수준에 이르렀다.

기업은 현금을 어떻게 투자하는가? 트레저리 스트라티지의 2007년 조사에 따르면 20%는 화폐시장 펀드(MMF)에 투자되었고 18%는 채권에 나머지는 CP, CD, RP 등에 투자되었다.

2008년의 금융위기 동안 단기 신용 시장이 얼어붙고 단기 신용에 의존하는 많은 기업이 사업을 수행할 수 없다는 것을 깨달았다. 현금을 많이 보유한 기업은 문제가 없이 거뜬했다. 그러나 위기 기간에 현금보유 기업은 현금으로 무엇을 해야 할 지 몰랐다. 정부가 대형 은행을 구제하는 것이 명확해 지기 전에는 회사의 현금이 얼마나 안전한지에 대해 확신할 수 없었다. 은행이 파산하는 경우라면 기업은 단기에 현금을 사용할 수 없는 위험과 어쩌면 현금을 모두 손해 보는 위험에 직면하게 된다. 사업상 현금 계정에 의존하는 기업에게 금융시장의 붕괴가 가져올 영향은 신용을 이용하는 기업에게 미치는 영향만큼 잠재적으로 큰 것이었다.

출처: Federal Reserve Data에서 산출된 자료와 Treasury Strategies (2007)의 Corporate Liquidity Research Overview

대안적 투자

회수 표류와 지급 표류를 논의한 부분에서 우리는 기업이 현금을 단기 증권에 투자할 것이라고 가정했다. 사실 기업은 파산위험과 유동성 위험 측면에서 서로 다른 다양한 단기 증권 중에서 선택을 할 수 있다. 위험이 클수록 그 투자에 대한 기대 수익률은 커진다. 재무관리자는 높은 수익률을 얻기 위해서 어느 정도의 위험을 허용할 것인지를 결정해야만 한다. 만일 기업이 향후 30일 이내에 자금을 필요로 할 것이라면 관리자는 낮은 유동성을 기피할 것이다. 표 19.3은 가장 자주 사용되는 단기 투자상품을 설명하고 있다. 이러한 단기 채무 증권은 *화폐시장 증권(money market securities)*으로 불린다.

기업의 자금을 가장 덜 위험한 증권에 투자하려는 재무관리자는 미 재무부 단기채(T-bill)를 선택할 것이다. 그러나 만일 재무관리자가 단기 투자에서 높은 수익률을 얻기를 원한다면 기업어음(CP)와 같은 위험한 대체 상품에 초과 현금의 일부 혹은 전부를 투자할 것이다.

개념확인

11. 기업이 현금을 보유하는 세 가지 이유를 설명하시오.
12. 기업이 현금을 투자하는 방법을 선택할 때 겪는 상쇄효과는 무엇인가?

myfinancelab 핵심요점 및 공식

19.1 운전자본의 개요

- ▶운전자본 관리는 기업의 단기 자산과 단기 부채를 관리하는 것과 관련된다.
- ▶기업의 현금주기는 기업이 최초 재고자산 구매의 현금을 지불한 시점에서 그 재고자 산을 이용한 제품의 판매로부터 현금을 회수하는 시점까지의 시간의 기간이다. 운영 주기는 기업이 최초에 재고자산을 구매한 시점과 제품 판매로 현금을 회수하는 시점 까지의 평균 시간의 기간이다.

19.2 거래 신용

- ▶거래 신용은 본질적으로 판매회사가 고객에게 제공하는 대출이다. 거래 신용의 비 용은 신용 조건에 달려있다. 공급자가 제공하는 할인을 받지 않는 비용은 대출에 대한 이자율을 의미한다.
- ▶기업은 고객에게 두 가지 이유에서 거래 신용을 제공한다. (a) 낮은 가격을 통한 간접적 방볍으로써 그리고 (b) 고객에게 대출을 해 주는 이점이 있기 때문이다.
- ▶기업이 거래 신용을 사용할 것인지를 결정하기 위해서는, 거래 신용 비용과 대안이 되는 자금의 비용을 비교해야만 한다.
- ▶회수 표류는 고객이 상품 대금을 지불한 후에 기업이 그 자금을 사용하는 데 걸리는 시간

이다. 기업은 회수 표류를 줄여서 필요한 운전자본을 줄일 수 있다.

19.3 매출채권 관리

▶신용정책의 결정에 관해 우리는 아래 세 가지 단계와 관련이 있다. 그것은 신용 기준의 설정, 신용 조건의 설정, 회수정책의 설정이다.

▶매출채권기간과 연령 기록은 기업이 매출채권을 감시하기 위해 취하는 두 가지 방법이다.

19.4 매입채무 관리

▶기업은 최적의 시기에 상환을 하기 위해서 매입채무를 감시해야 한다.

▶매입채무 늘리기로 알려진 연체는 거래 신용의 직접비용을 줄일 수는 있겠지만 공급 자로부터 불리한 조건을 제시 받는 결과를 낳게 된다.

19.5 재고자산 관리

▶과도한 재고자산은 현금을 사용하기 때문에, 효율적인 재고관리는 기업의 가용현금 흐름을 증가시키고 결과적으로 기업의 가치를 증신시킨나.

▶기업은 계절적 수요와 같은 요인 때문에 그리고 재고소진으로 인한 매출 손실을 피 하기 위해 재고자산을 보유한다.

▶재고의 비용은 획득비용, 주문비용, 유지비용을 포함한나.

19.6 현금관리

▶기업의 현금보유 필요성이 감소하면, 자금은 마 재무부 단기채(T-Bill), 양도성예금증 서(CD), 기업어음(CP), 환매조건부 채권(RP), 은행 인수어음(BA), 비과세 단기상품 등의 다양한 단기 증권에 투자될 수 있다.

비판적 사고

1. 기업의 현금주기가 이야기하는 것은 무엇인가?
2. 다음 질문에 답하시오.
   a. 기업의 현금주기와 운영주기의 차이는 무엇인가?
   b. 기업의 현금주기는 다른 것이 일정할 때 재고자산의 증가에 의해 어떤 영향을 받는가?
   c. 기업의 현금주기는 다른 것이 일정할 때 공급자로부터 할인을 제공 받게 되면 어떤 영향을 받는가?
3. 기업의 현금주기의 증가가 기업이 현금을 잘못 관리하고 있음을 의미하는가?
4. 거래 신용이 중요한 이유는 무엇인가?

5. 매출채권의 관리가 기업의 가치에 어떻게 영향을 미치는가?
6. 신용정책을 세우는 세 가지 단계는 무엇인가?
7. 기업이 매입채무 관리를 결정하는 요인은 무엇인가?
8. "매입채무 연장하기"가 무엇을 의미하는가?
9. 재고자산을 줄이는 상쇄효과(tradeoff)는 무엇인가?
10. 기업의 현금을 투자할 수 있는 다양한 방안은 무엇인가?
11. T-bill, CD, 비과세 단기상품, CP 중에서 가장 높은 세전 수익률(before-tax return)을 기대할 수 있는 단기 증권은 무엇인가? 그 이유는 무엇인가?

연습문제

* 표기가 되어 있는 문제는 난이도가 높다는 것을 뜻한다.

운전자본의 개요

1. 호머 보트(Homer Boats)는 매입채무 지급일 20일, 재고일수 50일, 매출채권 회수일 30일을 가지고 있다. 운영 주기(operating cycle)은 얼마인가?
2. 패스트칩(FastChips) 반도체는 재고일수가 75일, 매출채권 회수일이 30일, 매입채무 지급일이 90일이다. 현금전환주기(CCC)는 얼마인가?
3. 웨스털리(Westerly Industries)는 아래와 같은 재무정보를 가지고 있다. 현금전환주기는 얼마인가?

매출액	100,000
매출원가	80,000
매출채권	30,000
재고자산	15,000
매입채무	40,000

4. 에버딘 아웃보드 모터(Aberdeen Outboard Motors)는 새로운 공장을 위해 빌딩 건축을 고민중이다. 공장을 위해 최초 투자금액으로 $2백만의 순운전자본 투자가 필요할 것으로 예상한다. 공장은 10년 동안 유지될 것인데, 그 시점에 순운전자본은 회수될 것이다. 주어진 연간 할인율이 6%이면 순운전자본 투자의 NPV는 얼마인가?
5. 당신 회사의 순운전자본 $100,000은 연간 4%로 영구히 성장할 것으로 예상된다. 어떤 제안을 받았는데, 성장률을 연간 3%로 변경할 수 있다고 한다. 할인율이 12%라면 이 변화 제안이 기업의 가치에 미치는 영향은 무엇인가?
6. 그릭 커넥션(Greek Connection)은 2015년에 $32백만의 매출액과 $20백만의 매출원가를 보

여주었다. 단순화시킨 재무상태표는 아래와 같다.

a. 그릭 커넥션의 2015년 순운전자본을 계산하시오.

b. 그릭 커넥션의 2015년 현금전환주기 (CCC)를 계산하시오.

c. 산업평균 매출채권 회수일은 20일이다. 산업평균 매출채권 회수일에 맞추려면 2015년 그릭 커넥션의 현금전환주기는 얼마가 되어야 하는가?

그릭 커넥션

재무상태표 (단위: $1,000) 2010년 12월 21일

자산		부채와 자기자본	
현금	$2,000	매입채무	$1,500
매출채권	3,950	지급어음	1,000
재고자산	1,300	미지급액	1,220
총유동자산	$7,250	총유동부채	$3,720
공장, 기계 및 설비	8,500	장기 채무	$3,000
		총부채	$6,720
총자산	$15,750	자기자본	$9,030
		총부채와 자기자본	$15,750

거래 신용

7. 공급자가 제공한 신용 조건이 3/5, net 30이라고 하자. 할인을 받지 않고 30일에 지불을 하는 경우에 거래 신용의 비용을 계산하시오.

8. 공급자가 1/10, net 45의 조건을 제시했다. 할인을 받지 않고 45일에 지불한다면 거래 신용의 실효 연간비용은 얼마인가?

*9. 패스트 리더(Fast Reader Company)는 전국의 호텔 체인에 게시판 서비스를 제공한다. 회사의 소유주는 수수료 청구와 회수를 대행하는 청구 회사를 고용할 것인지를 조사하고 있다. 청구 회사는 이러한 서비스에 특화되어 있어서 회수 표류가 20일 줄어들 것이다. 평균 일별 회수금액은 $1,200이고 소유주는 연간 8%(APR, 월간 복리계산)의 투자 수익률을 가지고 있다. 만일 청구 회사가 월 $250의 서비스 비용을 요구한다면, 이 제안을 받아들여야 할까?

*10. 새반(Saban Corporation)은 새반의 고객으로부터의 전자 송금 업무를 하는 은행을 교체할 것인지를 고민하고 있다. 새반의 재무관리자는 새로운 시스템이 회수 표류를 5일까지 줄일 수 있을 것으로 계산한다. 새로운 은행은 보상적 잔고(compensating balance)로 $30,000을 요구하고 있고 현재 거래은행은 보상적 잔고를 요구하지 않는다. 새반의 평균 일별 회수금액이 $10,000이고 단기 투자에서 8%를 얻을 수 있다. 은행을 교체해야 할까? (새로운 은행의 보상적 잔고는 이자가 없는 계정으로 가정한다.)

매출채권 관리

11. 마나나(Manana Corporation)는 올해 $60백만의 매출액을 기록했다. 매출채권 잔고는 평균 $2백만이었다. 평균적으로 매출액을 회수하는 데 걸리는 시간은 얼마인가?

12. 마이티 파워툴(Mighty Power Tool Company)은 아래와 같은 매출 장부를 가지고 있다.

고객명	미회수 금액($)	기간(일)
ABC	50,000	35
DEF	35,000	5
GHI	15,000	10
KLM	75,000	22
NOP	42,000	40
QRS	18,000	12
TUV	82,000	53
WXY	36,000	90

회사는 신용조건을 1/15, net 30으로 하고 있다. 15일 단위로 60일까지의 연령 기록을 만들고, 60일이 넘는 기재 기간을 가지는 계정을 확인하시오.

매입채무 관리

13. 심플 시몬즈 베이커리(Simple Simon's Bakery)는 원재료를 1/10, net 25의 조건으로 구매한다. 심플 시몬즈가 할인을 선택하려면 은행에서 단기 대출을 받아야만 한다. 근처 은행에서는 심플 시몬즈의 소유주에게 대출 이자율로 12%를 제시하였다. 심플 시몬즈는 은행에서 대출을 받아 대금 지급에서 할인을 받아야 할까?

14. 당신의 회사는 3/15, net 40의 조건으로 원재료를 구매한다.
    a. 할인을 택하지 않고 40일에 지불을 한다면 실효 연간비용은 얼마인가?
    b. 할인을 택하지 않고 50일에 지불을 한다면 실효 연간비용은 얼마인가?

*15. 아래 제시된 인터내셔널 모터(International Motor Corporation, IMC)의 재무제표를 이용하여 질문에 답하시오.
    a. 2015년과 2016년 IMC의 현금전환주기(CCC)를 계산하시오. 어떤 변화가 일어났는가? 다른 것이 일정할 때, 이 변화가 IMC의 현금 필요에 어떤 영향을 주었나?
    b. IMC의 공급자는 net 30의 조건을 제시한다. IMC는 매입채무를 잘 관리하고 있는가?

인터내셔널 모터

손익계산서(단위: $백만) 12월 31일 기준

	2015	2016
매출액	$60,000	$75,000
매출원가	52,000	61,000
총이익	$8,000	$14,000
판매 및 일반 관리비	6,000	8,000
영업이익	$2,000	$6,000
이자비용	1,400	1,300
세전이익	$600	$4,700
법인세	300	2,350
세후이익	$300	$2,350

인터내셔널 모터

재무상태표(단위: $백만) 12월 31일 기준

	2015	2016		2015	2016
자산			**부채**		
현금	$3,080	$6,100	매입채무	$3,600	$4,600
매출채권	2,800	6,900	지급어음	1,180	1,250
재고자산	6,200	6,600	미지급액	5,600	6,211
총유동자산	$12,080	$19,600	총유동부채	$10,380	$12,061
공장, 기계 및 설비	$23,087	$20,098	장기 채무	$6,500	$7,000
			총부채	$16,880	$19,061
총자산	$35,167	$39,698	**자기자본**		
			자본금	$2,735	$2,735
			이익잉여금	$15,552	$17,902
			총자기자본	$18,287	$20,637
			총부채와 자기자본	$35,167	$39,698

재고자산 관리

16. 당신의 회사는 작년에 $10백만의 매출액을 기록했다. 매출원가는 $7백만이고 평균 재고자산 금액은 $1,200,000이다. 평균 재고일수는 얼마인가?
17. 해피밸리 홈케어(Happy Valley Homecare Suppliers, HVHS)는 2015년에 $20백만의 매출액, $8백만의 매출원가, 그리고 평균 재고자산 금액 $2,000,000을 기록했다.
    a. HVHS 평균 재고일수를 계산하시오.
    b. 산업평균 재고일수가 73일이다. 산업평균에 맞추려면 HVHS는 재고자산 금액을 얼마로 줄여야 하는가?

사례연구 [6]

당신은 월마트(Walmart)의 재무 관리 이사(CFO)이다. 오늘 오후에 당신은 이사회 멤버와 골프를 쳤다. 라운딩 후반부에 이사회 멤버인 그녀는 어느 경영학 학술지에서 읽은 최근의 논문에 대해 열정적으로 설명하였다. 논문에서는 효과적인 운전자본 관리를 통해 주식가격이 개선된 몇 개 회사를 언급하고 있다고 역설했다. 그녀는 월마트가 운전자본 관리를 효과적으로 하겠지만 더 효과적으로 할 수 있지 않겠는지 궁금하다고 말하였다. 월마트는 운전자본을 어떻게 관리하고 있고, 운전자본 관리로 널리 알려진 경쟁회사인 코스트코(Costco)와 비교하면 어떤 상태일까?

집으로 돌아온 당신은 인터넷에서 얻을 수 있는 자료를 이용해서 임시로 사전 분석을 해보기로 했다.

1. 코스트코의 지난 4년 동안의 재무제표는 http://moneycentral.msn.com 에서 얻는다.
   a. 박스에 주식 표식(COST)을 치고 "Get Quote"를 클릭한다.
   b. 왼쪽 열에서 "손익계산서(Income Statement)"를 클릭한다.
   c. 인터넷 익스플로러를 사용하고 있으면 "연간(Annual)"을 선택한다. 커서를 손익계산서에 위치한 후에 마우스의 오른쪽 버튼을 클릭한다. 메뉴에서 "엑셀로 보내기(Export to Microsoft Excel)"를 선택한다. 만일 이 선택이 없으면, 자료를 복사해서 엑셀에 붙여 넣기 한다.
   d. 웹페이지로 돌아가서 상단에 있는 "재무상태표(Balance Sheets)"를 클릭하고 동일한 다운로드 절차를 실행한다.
   e. 재무상태표를 손익계산서와 동일한 워크시트에 붙여넣기 한다.
2. 코스트코의 자료 수집 단계와 동일한 절차를 따라서 월마트(WMT)의 재무제표를 http://moneycentral.msn.com 에서 비교를 위해 얻는다.
3. 지난 4년 동안의 월마트와 코스트코의 현금전환주기를 계산한다.
   a. 매출원가로 "매출의 비용(Cost of Revenue)"을 이용하여 재고일수를 연간 365일로 계산한다.
   b. 연간 365일로 매출채권 회수일을 계산한다.
   c. 연간 365일로 매입채무 지급일을 계산한다.
   d. 매년 현금전환주기(CCC)를 계산한다.
4. 월마트의 지난 몇 년간 CCC는 어떻게 변화되었는가?
5. 월마트의 가장 최근의 재고자산과 매출채권 회전율과 코스트코의 가장 최근 비율과 비교한다.

---

6) 향후 이 사례를 위한 자료를 언급한 웹 사이트에서 얻을 수 없게 되면, 자료는 교과서 웹 사이트에 공지될 것이다.

a. 매출의 비용(매출원가)/재고자산으로 재고자산 회전율을 계산한다.

b. 매출총액/순매출채권으로 매출채권 회전율을 계산한다.

6. 월마트의 재고자산과 매출채권 회전율이 매입채무 지급일을 바꾸지 않고도 코스트코의 비율과 유사하다고 가정하자.

   a. 월마트의 가용현금흐름이 지금에 비해 얼마나 변화할 것인가?

   b. 월마트의 현금전환주기는 이 경우 어떻게 될 것인가?

7. 이러한 간단한 임시 분석을 통한 월마트의 운전자본 관리에 대한 당신의 느낌은 무엇인가? 현금전환주기를 코스트코에 가깝게 맞추는 것의 장점과 단점이 있다면 논의해 보자.

20 단기 재무계획

학습목표

- 현금흐름과 단기 자금조달 필요성을 예측한다.
- 은행에 의한 자금조달 대안으로서 기업어음을 사용한다.
- 단기 자금 필요성을 단기 자금 원천과 일치시키는 원칙을 이해한다.
- 매출채권 또는 재고자산에 의해 담보된 자금조달 사용 방법을 이해한다.
- 여러 가지 은행 대출과 그들의 상쇄 관계 형태를 이해한다.
- 단기 재무계획 수립을 이해한다.

기호

APR 연율화 이자율

EAR 실효 연이자율

Short-Term Financial Planning

하스브로(Hasbro)는 S&P 500 지수에 포함된 기업으로, 2015년 말 자산이 $4.7십억이다. 하스브로는 전 세계에서 장난감을 설계하여 생산한다. 주요 생산 라인은 플레이스쿨(Playskool), 톤카(Tonka), 트랜스포머(Transformers) 상표다. 장난감 수요는 계절성이 매우 커서, 대개 12월 휴가철 소매 시즌을 기대하는 가을에 절정을 보인다. 결과적으로 하스브로의 수입은 연중 심하게 변한다. 예를 들어, 4분기의 수입은 1분기의 수입보다 2배 이상 많다.

하스브로의 가변적 영업 수익으로 인하여 당사의 현금흐름은 상당한 주기성을 가진다. 이 기업은 어떤 달에는 잉여 현금을 발생시키지만, 다른 달에는 자본 수요가 상당히 커진다. 이러한 계절적 자본조달 요구는 영구적 자본의 지속적이고 장기적인 수요와는 아주 다르다. 하스브로와 같은 기업이 연중 단기 현금 필요성을 어떻게 관리하여야 할까?

이 장에서는 단기 자본조달 계획을 분석하고자 한다. 기업이 단기 자본조달 필요성을 결정하기 위하여 현금흐름을 어떻게 예측하는가를 시작으로 하여, 기업이 단기 자본조달을 사용하는 이유를 살펴본다. 이러한 자본조달 의사결정을 이끄는 자본조달 정책에 대해서도 언급하고자 한다. 마지막으로, 기업이 충분한 현금을 창출하지 못할 때 자금 부족을 해결하는 대안적 방법들을 비교하는데, 여기에는 단기 은행 대출, 기업어음, 지급보증 대출에 의한 자본조달이 포함된다.

20.1 단기 자본조달 필요성의 예측

단기 자본조달 계획의 첫 단계는 기업의 미래 현금흐름을 예측하는 것이다. 이러한 예측은 두 가지 분명한 목적을 가진다. 첫째는 각 기간마다 현금 잉여 또는 부족이 발생할 것인가를 알기 위해서다. 둘째는 현금 잉여나 부족이 일시적인지 또는 영구적인지를 결정하기 위해서다. 만약 그것이 영구적이라면 기업의 장기 재무 의사결정에 영향을 미칠 것이다. 예를 들어, 기업의 지속적인 현금 잉여가 예상된다면 배당 지급의 증가를 선택할 수 있다. 장기 프로젝트의 투자에 의해 발생하는 현금 부족은 주식이나 장기 채권과 같은 장기 자본 원천으로부터 조달되어 야 한다.

이 장에서는 단기 자본조달 계획에 특별히 집중할 것이다. 일시적 자금조달이기 때문에 성질상 단기적인 현금 잉여와 부족의 유형을 먼저 분석한다. 기업은 단기 자본조달 필요성을 분석할 때, 주로 분기별로 현금흐름을 검토한다.

응용: 스프링필드 스노보드

설명을 위해 2017년 12월 스프링필드 스노보드의 경우를 생각해 보자. 스프링필드는 주로 스포츠 소매업자에게 팔리는 스노보딩 장비를 생산한다. 스프링필드는 2018년에 매출이 10% 증가하여 $20백만이 되고, 순이익은 $1,950,000이 될 것으로 기대하고 있다. 연중 매출과 생산이 일정하게 발생할 것으로 가정하여, 2018년의 분기별 순이익과 현금흐름표에 대한 경영진의 예측이 표 20.1의 스프레드시트에 제시되어 있다.[1] (회색으로 표시된 것이 2017년 4분기의 손익 계

---

1) 이 표와 이 장에서는 반올림 된 수치를 사용할 것이다. 순이익의 계산 등은 스프레드시트에서 중요한 자릿수까지 실제 수치에 근거하여 계산된다. 결과적으로 엑셀에 의한 것과 손으로 계산한 것과는 약간의 차이가 발생한다.

1	분기	2017Q4	2018Q1	2018Q2	2018Q3	2018Q4
2	**손익계산서($000)**					
3	매출액	10,909	5,000	5,000	5,000	5,000
4	매출원가	−7,091	−3,250	−3,250	−3,250	−3,250
5	판매 및 일반 관리비	−773	−500	−500	−500	−500
6	EBITDA	3,045	1,250	1,250	1,250	1,250
7	감가상각	−455	−500	−500	−500	−500
8	EBIT	2,590	750	750	750	750
9	법인세	−907	−263	−263	−263	−263
10	**당기순이익**	1,683	488	488	488	488
11	**현금흐름표**					
12	당기순이익		488	488	488	488
13	감가상각		500	500	500	500
14	운전자본 변동					
15	매출채권		−136	–	–	–
16	재고자산		–	–	–	–
17	매입채무		48	–	–	–
18	**영업활동으로부터의 현금**		900	988	988	988
19	자본지출		−500	−500	−500	−500
20	기타 투자		–	–	–	–
21	**투자 활동으로부터의 현금**		−500	−500	−500	−500
22	순차입		–	–	–	–
23	배당		–	–	–	–
24	자본 출자		–	–	–	–
25	**자본조달 활동으로부터의 현금**		–	–	–	–
26	현금등가물 변동 (18 + 21 + 25)		400	488	488	488

표 20.1
동일 매출액을 가정한 스프링필드 스노보드의 2018년 예측 재무제표

산서 수치다.)[2]

이 예측에서 스프링필드는 수익성이 있는 기업임을 알 수 있다. 분기별 예측 순이익은 거의 $500,000에 가깝다. 스프링필드의 자본지출은 감가상각과 같다. 1분기 매출액 증가로 인하여 스프링필드의 운전자본 요구액이 증가하였음에도, 그 이후에는 일정하게 지속되어 더 이상의 현금흐름을 요구하지 않는다. 이러한 예측에 근거하여 스프링필드는 영업이익으로부터 예측된 매출액 증가에 필요한 자본을 충당하고, 계속해서 잉여 현금을 쌓아나갈 것이다. 이듬해 이후에도 비슷한 성장 예측이 가능하다면 이런 잉여 현금의 축적은 장기간 지속될 것이다. 스프링필드는 배당이나 자사주 매입을 통하여 잉여 현금을 줄일 수 있다.

이제 스프링필드의 잠재적 단기 자본조달 요구액을 살펴보자. 기업들은 세 가지 이유로 단기

2) 제2장과 제18장에 추정 재무제표 작성법이 제시되었으므로, 여기서는 그것에 대해서 자세히 언급하지 않는다. 그냥 간단하게 스프링필드에 채무가 없고, 잉여 현금에 이자가 없다고 가정한다

자본조달을 필요로 한다: 음(-)의 현금흐름 충격, 양(+)의 현금흐름 충격, 계절성.

음(-)의 현금흐름 충격

기업은 때때로 예측하지 못한 이유로 현금흐름이 일시적으로 음(-)이 되는 경우가 있다. 이런 경우를 음(-)의 현금흐름 충격(negative cash flow shock)이라고 하는데, 단기 자본조달의 필요성이 있는 시기다.

스프링필드 스노보드의 예로 돌아가서, 2018년 4월에 경영진은 생산 설비가 갑작스럽게 망가졌다는 것을 알게 되었다고 가정하자. 설비를 너무 비싸게 교체하게 되면, 스프링필드의 현금 보유액은 설비 교체에 충분하지 못할 것이다. 스프링필드는 이러한 부족을 방지하기 위하여 차입(또는 다른 방법의 자본조달)을 해야 한다. 그러나, 설비가 교체되면 다음 분기부터 양(+)의 현금흐름을 계속해서 창출할 것이고, 곧 대출을 상환할 수 있는 누적 현금흐름이 발생할 것이다. 따라서 이러한 음(-)의 현금흐름 충격은 단기 자본조달의 필요성을 만들게 된다.

양(+)의 현금흐름 충격

이제 양(+)의 현금흐름 충격이 단기 자본조달 필요성에 영향을 미치는 경우를 알아보자. 이것은 좋은 뉴스지만 그래도 단기 자본조달의 수요가 생기게 된다.

2018년 1분기에, 어떤 주요 스포츠 상품 체인이 스프링필드 스노보드 제품을 독점적으로 판매하는 것에 합의하였다. 이러한 성장의 기회는 막대한 마케팅 선행 투자, 운전자본, 그리고 생산 능력 확장 지출을 동반한다.

예측하지 못했던 이와 같은 빠른 성장 기회를 주는 사건은 긍정적이지만, 새로운 마케팅 비용과 자본지출로 인하여 1분기에 음(-)의 순현금흐름을 초래하게 된다. 다음 분기들부터 기업의 이익이 더 커질 것이기 때문에, 이러한 자본조달 필요성은 일시적이라고 할 수 있다.

계절성

많은 기업들의 경우 매출은 계절성을 가진다. 그림 20.1은 백화점, 스포츠 용품, 건물 자재의 매출에 계절성이 있다는 것을 보여준다. 건설 자재의 매출은 여름 건설 시즌을 앞둔 봄에 절정을 이루지만, 백화점과 스포츠 용품의 매출은 크리스마스 휴일 시즌에 집중되어 있다. 매출이 몇 달 동안에 집중된다면 현금의 원천과 사용도 계절성을 가질 것이다. 이런 기업들은 몇 달 동안은 현금 부족이 생기고, 다른 몇 달 동 안은 현금 부족을 보상할 수 있는 충분한 자금이 있게 된다. 이런 시간 차이 때문에 단기 자본 조달의 필요성이 생긴다.

이를 설명하기 위해서 스프링필드 스노보드의 예로 돌아가자. 표 20.1에서 스프링필드의 경영진은 매출이 연중 고르게 발생한다고 가정하였다. 사실 스노보드 생산업자에게 매출의 계절성은 상당하다. 매출의 20%는 1분기에, 2분기와 3분기에(대개 남반구의 매출)는 10%가 발생 하며, 북반구 겨울의 스노보드 계절에 기대되는 4분기에 매출의 60%가 발생한다고 가정하자. 표 20.2의 스프레드시트는 이에 따른 현금흐름표를 제시하고 있다. 계속해서 생산은 연중 고르게 이루어지고 있다.

표 20.2로부터 볼 때, 스프링필드는 아직도 수익성이 있는 기업이며 연간 순이익이 총 $1,950,000

그림 20.1
매출액 계절성(2010–2015)

월별 매출은 각 산업의 월평균 매출액의 배수로 표현됨.

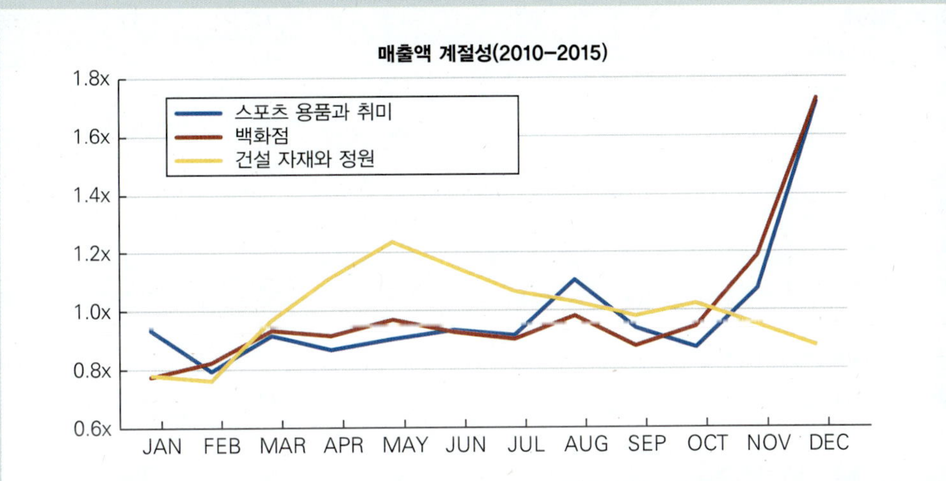

에 이른다. 그러나 매출의 계절성으로 인해 스프링필드의 현금흐름에 있어서 극적 인 변화가 있게 된다. 계절성이 현금흐름에 주는 효과는 두 가지가 있다. 첫째, 매출원가는 매출액에 비례하여 변동하지만 다른 비용들(간접 관리비와 감가상각 등)은 그렇지 않기 때문에 기업의 순이익은 분기별로 크게 변화한다. 둘째, 순운전자본 변화는 더욱 뚜렷하다. 1분기에 스프링필드는 지난해 4분기의 높은 매출로부터 발생한 매출채권으로부터 상당한 현금을 받게 된다. 2분기 및 3분기에는 기업의 재고가 증가하게 된다. 스프링필드는 여름철 매출은 낮지만, 생산설비의 생산 능력 제한으로 인하여 스프링필드는 연중 고르게 스노보드를 생산해야 한다. 생산이 연중 고르게 발생하기 때문에 매입채무는 연중 변화하지 않는다. 하지만 4분기의 매출을 예상하여 재고는 증가하게 되고, 재고 증가는 현금을 소모하게 한다. 결국, 스프링필드는 2 분기와 3분기의 재고를 감당하기 위하여 음(-)의 순현금흐름을 가지게 되지만, 4분기의 높은 매출이 재고자산에 소비된 현금을 회복시켜 준다.

계절성 매출은 단기 현금흐름 부족과 잉여를 발생하게 한다. 2분기와 3분기에, 기업은 재고 자산을 보관하기 위하여 추가적인 단기 현금의 원천을 필요로 한다. 4분기에 스프링필드는 단기 현금 잉여가 크게 발생한다. 계절적 현금흐름 필요성이 내년에도 발생할 것이므로, 스프링 필드

표 20.2
매출의 계절성을 가정한 스프링필드 스노보드의 2018년 예측 재무제표

1	분기	2017Q4	2018Q1	2018Q2	2018Q3	2018Q4
2	**손익계산서($000)**					
3	매출액	10,909	4,000	2,000	2,000	12,000
4	매출원가	−7,091	−2,600	−1,300	−1,300	−7,800
5	판매 및 일반 관리비	−773	−450	−350	−350	−850
6	EBITDA	3,045	950	350	350	3,350
7	감가상각	−455	−500	−500	−500	−500
8	EBIT	2,590	450	−150	−150	2,850
9	법인세	−907	−158	53	53	−998
10	**당기순이익**	1,683	292	−97	−97	1,852
11	**현금흐름표**					
12	당기순이익		292	−97	−97	1,852
13	감가상각		500	500	500	500
14	운전자본 변동					
15	매출채권		2,073	600	–	−3,000
16	재고자산		−650	−1,950	−1,950	4,550
17	매입채무		48	–	–	–
18	**영업활동으로부터의 현금**		2,263	−947	−1,547	3,902
19	자본지출		−500	−500	−500	−500
20	기타 투자		–	–	–	–
21	**투자활동으로부터의 현금**		−500	−500	−500	−500
22	순차입		–	–	–	–
23	배당		–	–	–	–
24	자본 출자		–	–	–	–
25	**자본조달 활동으로부터의 현금**		–	–	–	–
26	현금등가물 변동 (18 + 21 + 25)		1,763	1,447	−2,047	3,402

는 이 현금을 투자하기 위하여 제19장에서 언급된 단기 투자 대안 중의 하나를 선택할 수 있다. 경영진은 다음해에 단기 운전자본을 조달하기 위하여 이 현금을 사용할 수도 있다.

현금 예산

표 20.2의 현금흐름표 부분은 연중 현금 수입의 시점에 대한 스프링필드 경영진의 가정을 반영하고 있다. 스프링필드 경영진이 그 해의 매출과 생산비를 예측하면, 스프링필드가 실제로 매출 대금을 현금으로 받을 때와 납품업자들에게 대금을 지불할 때를 예측하여야 한다. 이를 **현금 예산(cash budget)**이라고 하는데, 현금 부족의 가능성을 알기 위하여 사용되는 분기별 현금 유입과 유출의 예측이다.

현금 예산: 현금 부족의 가능성을 알기 위하여 사용되는 분기별 현금 유입과 유출의 예측

예를 들어, 과거의 경험에 비추어 볼 때 스프링필드는 매출액의 70%를 매출 분기에, 매출액의 30%를 매출 다음 분기에 받는다고 가정하자. 이는 매출채권 지급 기간이 한 달이라고 하는 것

과 일치한다. 결국, 각 분기 현금 수입의 30%는 지난 분기의 외상 매출에서 발생하고, 70%는 당해 분기에서 발생한다는 것이다.

스프링필드의 분기별 현금 수입 = 30% × 지난 분기 매출액 + 70% × 당해 분기 매출액

이런 가정과 표 20.2의 매출액 예측에 근거하여 스프링필드의 현금 수입을 예측할 수 있다. 2017년 4분기의 매출액은 $10,909이었으므로, 기초 매출채권은 $3,273(= 30% × $10,909)이 된다. 표 20.3은 예측된 현금흐름을 보여주고 있다.

다음 단계는 현금 지출을 예측하는 것이다. 앞서 언급한 바와 같이, 스프링필드가 매출의 계절성을 가졌더라도, 스프링필드는 매 분기마다 동일한 양을 생산하고 재고를 쌓아간다. 따라서, 매 분기마다 스프링필드는 납품업자에게 동일한 재료비를 지불하여야 한다. 이 비용은 매출이 발생할 때 손익계산서에 반영되지만, 현금 유출은 납품업자에게 지불될 때 발생한다. 이 비용은 표 20.2에서 매출원가 행에 재고를 더하여 알 수 있다. 2018Q1에 이 비용이 - 3,250(= - 2,600 - 650)이고, 2018년의 나머지 분기에도 계속해서 - 3,250이 되어 스노보드의 안정적인 생산을 반영하고 있다. 스프링필드의 경영자는 매 분기마다 매출원가가 3,250이 될 것으로 예상하여, 분기당 2,725를 지불할 필요가 있고 다음 분기로 매입채무 525를 이월한다. 매 분기마다 재료 비에 대한 현금 지출은 지난 분기의 매입채무에 당해 분기의 비용인 2,725를 더한 값이다. 2018년에는 스프링필드의 생산이 더 낮았기 때문에, 비용은 더 낮아졌고 그 다음 분기들보다 매입 채무가 더 낮은 상태로 2015년을 마감하게 되었다. 표 20.4는 다른 분기들에 대해 매입채무가 525로 증가하기 직전인 2018년 첫 분기에만 477의 매입채무를 가진다는 것을 보여주고 있다. 이러한 사실과 가정들을 이용하여 재료비 지출을 예상할 수 있다. 다른 현금 지출은 표 20.2에서 예측한 바와 같이, 자본지출과 판매 및 일반 관리비가 될 것이다. 다음 표는 스프링필드의 현금 지출 예측을 보여준다.

표 20.3 매출의 계절성을 가정한 스프링필드 스노보드의 예측 현금 수입

1	분기	2018Q1	2018Q2	2018Q3	2018Q4
2	기초 매출채권	3,273	1,200	600	600
3	매출액	4,000	2,000	2,000	12,000
4	현금 회수(2행 + 3행의 70%)	6,073	2,600	2,000	9,000
5	기말 매출채권(3행의 30%)	1,200	600	600	3,600

이제 분기별 순현금흐름을 가지고 있으므로 스프링필드의 현금 예산을 편성할 수 있다. 이 단계에서 두 가지 정보가 더 필요하다. 2013년 초에 스프링필드가 가지는 현금과 거래 목적상 필요로 하는 최소 금액이다. 2013년 초에 스프링필드는 $1백만의 현금을 가지며, 경영자는 가능한 최소 현금 잔액을 $500,000으로 정한다. 이 모든 것을 고려하여 표 20.5에 스프링필드의 현금 예산을 제시하였다.

표 20.4
매출의 계절성을 가정한 스프링필드의 예측 현금 지출

패널 (a) 납품업자 지급액 계산하기					
1	분기	2018Q1	2018Q2	2018Q3	2018Q4
2	**납품업자 지급액**				
3	전 분기 매입채무	477	525	525	525
4	당 분기 지급액	2,725	2,725	2,725	2,725
5	전체 지급액	3,202	3,250	3,250	3,250
6					
7	기말 매입채무 (3,250−4행)	525	525	525	525

패널 (a) 납품업자 지급액 계산하기					
1	분기	2018Q1	2018Q2	2018Q3	2018Q4
2	**현금 회수 (표 20.3의 4행에서)**	6,073	2,600	2,000	9,000
3					
4	**지출**				
5	납품업자 지급액 (패널 (a)의 5행)	−3,202	−3,250	−3,250	−3,250
6	판매 및 일반 관리비+법인세+이자	−608	−297	−297	−1,848
7	자본지출 (표 20.2의 19행)	−500	−500	−500	−500
8	전체 지출	−4,310	−4,047	−4,047	−5,598
9					
10	순현금흐름 (2행+8행)	1,763	−1,447	−2,047	3,402

현금 예산을 보면 3분기에 상당한 양의 현금 부족이 발생할 것을 알 수 있다. 현금 부족을 인식하여 스프링필드 경영자는 외부 자금조달을 준비할 수 있다. 다음 두 절에서는 이러한 현금 부족을 해결하기 위한 방법들에 대해서 설명하고자 한다.

표 20.5
스피링필드 스노보드의 현금 예산

1	분기	2018Q1	2018Q2	2018Q3	2018Q4
2	기초 현금 잔액	1,000	2,763	1,316	−731
3	순현금흐름	1,763	−1,447	−2,047	3,402
4	기말 현금 잔액	2,763	1,316	−731	2,671
5	최소 현금 잔액	500	500	500	500
6	잉여 (부족)	2,263	816	−1,231	2,171

개념확인

1. 기업의 미래 현금 요구액을 어떻게 예측하는가?
2. 단기 현금흐름에 있어서 계절적 효과는 무엇인가?

20.2 대응 원칙

완전자본시장에서 자본조달 방법의 선택은 기업 가치와 무관하다. 따라서 기업이 단기 현금 필요성을 어떻게 해결하는지가 기업 가치에 아무런 영향을 미치지 않아야 하지만, 실제로는 거래

비용을 포함하여 중요한 시장 마찰들이 존재하기 때문에 그렇지 않다. 예를 들어, 거의 또는 전혀 이자를 지급하지 않는 계정에 현금을 보유하는 기회비용도 거래비용의 하나다. 또한, 기업이 현금 부족을 충당하기 위해서 단기간에 대출 협상을 할 필요가 있으면 높은 거래비용에 직면하게 된다. 기업은 이런 비용들을 최소화하기 위한 정책을 채택하여 기업 가치를 증가시킬 수 있다. 그런 정책 중의 하나가 **대응 원칙(matching principle)**이다. 대응 원칙이란 단기 현금 요구액은 단기채무에 의해서 조달하고, 장기 현금 요구액은 장기 자금 원천에 의해서 조달한다는 것을 말한다.

대응 원칙: 단기 현금 요구액은 단기채무에 의해서 조달하고, 장기 현금 요구액은 장기 자금 원천에 의해서 조달한다는 것을 말한다.

영구 운전자본

영구 운전자본(permanent working capital)이란 지속적인 영업 지원을 위하여 단기 자산에 투자해 놓고 있어야 하는 금액을 말한다. 이러한 운전자본 투자는 기업이 사업을 영위하는 동안 필수적이기 때문에 장기 투자를 구성하는 요소가 된다. 대응 원칙에 의하면 기업 운전자본의 영구적 투자는 장기 자금 원천에 의해 조달되어야 한다. 장기 자금 원천은 자주 대체되어야 하는 단기 원천보다 낮은 거래비용을 가지게 된다.

영구 운전자본: 지속적인 영업 지원을 위하여 단기 자산에 투자해 놓고 있어야 하는 금액

임시 운전자본

매출채권과 재고자산에 대한 기업 투자의 부분은 일시적이어서, 사업의 계절적 변동이나 기대하지 못했던 충격에 의해 발생한다. **임시 운전자본(temporary working capital)**은 단기 운전자본 필요에 대한 기업의 실질적인 투자 수준과 영구 운전자본 투자의 차이를 말한다. 일시적인 운전자본은 단기 필요 자금을 나타내기 때문에, 기업은 이러한 투자 부분을 단기 자금조달에 의해 해결해야 한다.

임시 운전자본: 단기 운전자본 필요에 대한 기업의 실질적인 투자 수준과 영구 운전자본 투자의 차이

영구 운전자본 대 임시 운전자본

영구 및 임시 운전자본을 구별하기 위하여, 스프링필드 스노보드 예로 다시 돌아가자. 표 20.2는 매출의 계절성을 가정한 현금흐름 예측을 나타내었다. 표 20.6의 스프레드시트는 이러한 예측에 상응하는 운전자본 수준을 보여주고 있다.

표 20.6에서 스프링필드의 운전자본이 2018년 1분기에 $2,125,000의 최소치에서 3분기에 $5,425,000까지 변하는 것을 알 수 있다. $2,125,000의 운전자본 최소 수준은 기업의 영구 운전자본으로 생각할 수 있다. 이 최소 수준과 다음 분기 중의 가장 높은 수준과의 차이($3,300,000 = $5,425,000 - $2,125,000)가 스프링필드의 임시 운전자본 요구액이 된다.

표 20.6
매출의 계절성을 가정한 2018년 스프링필드 스노보드의 운전자본 수준 예측

1	분기	2017Q4	2018Q1	2018Q2	2018Q3	2018Q4
2	**순운전자본 요구액 ($000)**					
3	최저 현금 잔액	500	500	500	500	500
4	매출채권	3,273	1,200	600	600	3,600
5	재고자산	300	950	2,900	4,850	300
6	매입채무	−477	−525	−525	−525	−525
7	**순운전자본**	3,596	2,125	3,475	5,425	3,875

자본조달 정책의 선택

대응 원칙을 따르는 것이 장기적으로 기업의 거래비용을 최소화하는 데 도움이 된다.[3] 그러나 대응 원칙을 사용하지 않고, 기업이 영구 운전자본을 단기채무에 의해서 조달한다면 어떻게 될까? 단기채무의 만기가 도래하면 기업은 새로운 차입을 협상하여야 할 것이다. 새로운 차입은 추가적인 거래비용을 유발하게 되어, 차입 시점의 시장 이자율로 조달될 것이다. 결과적으로 이 기업은 이자율 위험에 노출된다.

적극적 자본조달: 영구 운전자본의 일부 또는 전부를 단기채무로 조달하는 것

적극적 자본조달 정책 영구 운전자본의 일부 또는 전부를 단기채무로 조달하는 것을 **적극적 자본조달 정책(aggressive financing policy)**이라고 한다. 초적극적 정책(ultra-aggressive policy)은 공상, 재산 및 장비의 일부까지도 단기 자금의 원천으로 조달하는 것이다.

수익률 곡선이 상승하는 경우에는 단기채무의 이자율이 장기채무의 이자율보다 낮다. 그 경우에 단기채무는 장기채무보다 저렴할 수 있다. 그러나, 제16장에서 설명한 완전자본시장에서의 모딜리아니와 밀러 결과를 적용하면, 단기채무의 낮은 이자율 혜택은 장래에 높은 이자율의 채무로 다시 자금을 조달해야 하는 위험에 의해서 상쇄된다. 이 위험을 주식 보유자들이 감수해야 하므로, 기업의 주식 자본 비용이 증가하여서 낮은 차입 이자율의 혜택을 상쇄하게 될 것이다.

그렇다면 기업이 왜 적극적 자본조달 정책을 선택할 수도 있을까? 제16장에서 언급한 바와 같이 대리인 비용과 비대칭 정보와 같은 시장의 불완전성이 중요하면 그런 정책이 도움이 될 수 있기 때문이다. 단기채무의 가치는 장기채무보다 기업의 신용 수준에 덜 민감하다. 따라서 기업의 가치가 경영진의 행동과 정보에 의해 영향을 덜 받게 될 것이다. 결과적으로, 단기채무는 장기채무보다 대리인 비용과 레몬(역선택) 비용을 줄일 수 있기 때문에 적극적 자본조달 정책이 주주들에게 도움이 될 수 있다. 반면, 단기채무에 의존하게 되면 기업이 **자금조달 위험 (funding risk)**에 노출되는데, 이는 기업이 제때에 또는 합리적인 이자율로 채무를 다시 조달하지 못할 때 발생하는 재무적 곤경비용의 위험이다. 20.4절의 상업어음과 금융위기에 관한 내용과 도표가 조달 위험을 정확하게 보여주고 있다.

자금조달 위험: 기업이 제때에 또는 합리적인 이자율로 채무를 다시 조달하지 못할 때 발생하는 재무적 곤경비용의 위험

3) 대부분의 기업들이 대응 원칙을 따르다고 한다. 다음의 연구들을 참조하시오. W. Beranek, C. Cornwell, and S. Choi, "External Financing, Liquidity, and Capital Expenditures," Journal of Financial Research (Summer 1995): 207-222; M. H. Stohs and D. C. Mauer, "The Determinants of Corporate Debt Maturity Structure," Journal of Business 69 (3): 279-312.

보수적 자본조달 정책 대안적으로 기업은 단기 필요 자금을 장기채무로 조달할 수 있는데, 이를 **보수적 자본조달 정책(conservative financing policy)**이라고 한다. 보수적 자본조달 정책을 따르면 기업이 고정자산, 영구 운전자본, 계절적 필요 자금을 모두 장기 자금 원천을 이용하여 자금을 조달하게 된다. 기업은 계절적 자금 수요의 최대치를 충족하기 위해서도 단기채무를 의

보수적 자본조달 정책: 단기 필요 자금을 장기채무로 조달하는 것

그림 20.2
스프링필드 스노보드의 자본조달 정책 선택

이 그림은 $25,000의 고정자산을 가정할 때, 스프링필드 스노보드의 고정자산(녹색), 영구 운전자본($2,125, 노란색), 계절적 재고자산(빨간색) 수준을 보여준다. 패널 (a)에서 각 분기는 자산과 운전자본의 조달을 위해 사용한 장기 자본조달과 단기채무의 구성을 보여주고 있다. 패널 (a)에 나타난 적극적 정책에서는 스프링필드가 잉여 현금 준비금을 마련하지 않고 운전자본을 모두 단기 차입으로 조달한다. 차입 금액은 운전자본의 양과 일치한다.

패널 (b)는 스프링필드 스노보드가 일시적 자금조달 최고 요구액을 만족시키기 위하여 충분한 현금 준비금을 유지하는 보수적 정책을 보여주고 있다. 스프링필드는 고정자산, 영구 운전자본, 재고자산 최고액을 조달하기에 충분한 $30,425를 장기 자본조달에 의해 해결한다. 전체 운전자본은 $5,425로 일정하지만 운전자본의 구성은 연중 변화하는데, 재고자산 마련을 위해서는 현금 준비금(파란색)을 이용하고 재고자산을 매출하여 현금 준비금을 보충한다.

패널 (a): 적극적 자본조달 정책: 모든 운전자본이 단기채무로 조달된다.

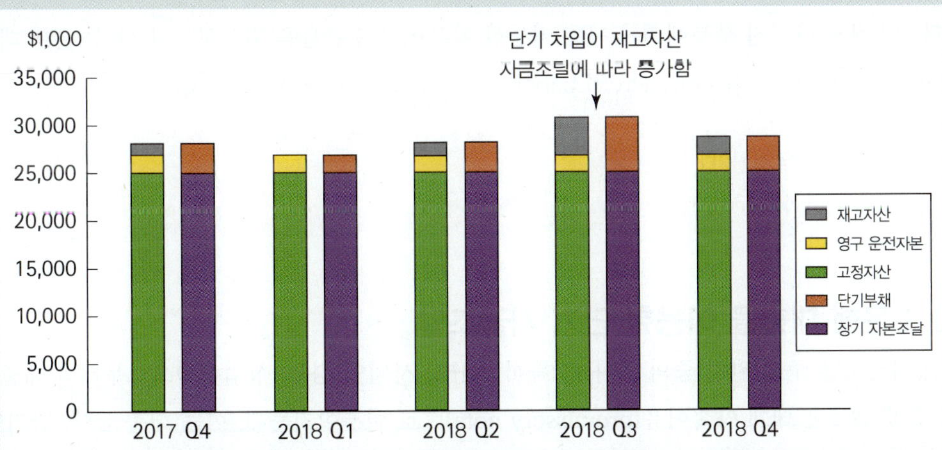

패널 (b): 보수적 자본조달 정책: 운전자본이 장기 자본으로 조달된다.

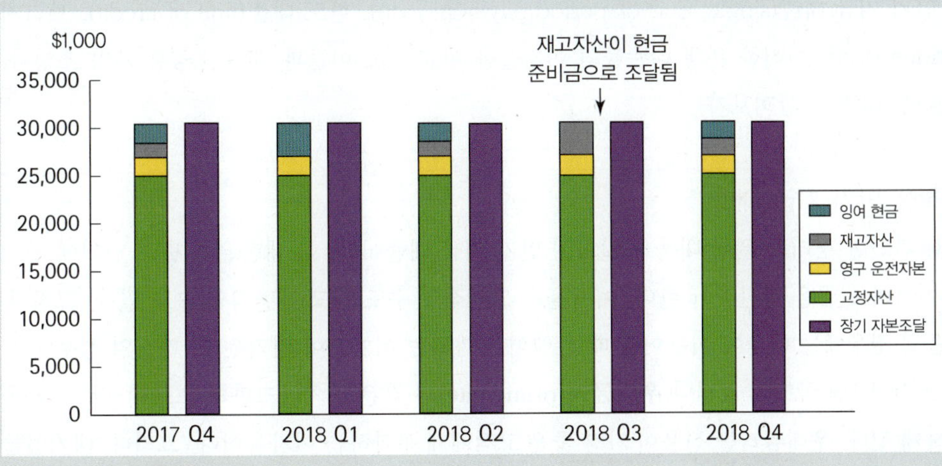

사용하지 않게 된다는 의미다. 그런 정책을 효과적으로 사용하기 위해서는 잉여 현금이 사용 가능하게 되는 기간이 필요한데, 기업이 임시 운전자본에 대한 투자가 거의 또는 전혀 필요 없는 기간이라고 할 수 있다. 불완전자본시장에서는 이 현금이 시장 이자율보다 낮은 이자를 받을 것이므로 기업의 가치를 감소시키게 된다. 또한 경영자가 잉여 현금을 개인적인 부수입처럼 비생산적으로 사용할 가능성이 커진다.

그림 20.2은 스프링필드의 적극적 및 보수적 자본조달 정책을 설명하고 있다. 스프링필드가 적극적 자본조달 정책을 취하면, 재고자산 증가를 위해 단기 자금조달을 이용하기 때문에 재고자산이 최고점에 달하는 3분기에 차입도 절정을 이루게 된다. 보수적 자본조달 정책을 사용하면, 재고자산이 최고점에 달하는 시점에 대비하기 위하여 장기 차입을 사용한다. 이 경우에 스프링필드의 차입에는 전혀 변동이 없다. 오히려 현금보유액을 인출하게 되어, 재고자산이 최고점에 달할 때 현금 준비금이 최저점에 이르게 된다.

기업이 단기 자본조달 필요액을 정하면, 그 목적에 맞게 사용할 자본조달 수단을 선택해야 한다. 이 장의 나머지 부분에서는 사용 가능한 자본조달 수단들을 검토하고자 한다: 은행 대출(bank loans), 상업어음(commercial paper), 담보 차입(secured financing).

개념확인

3. 대응 원칙이란 무엇인가?
4. 임시 운전자본과 영구 운전자본의 차이는 무엇인가?

20.3 은행 대출을 이용한 단기 자금조달

약속어음: 대출 금액, 만기일, 이자율을 기술한 명세서

단기 자금조달 주요 원천 중의 하나는, 특히 소규모 사업인 경우, 상업은행으로부터의 대출이다. 은행 대출은 대개 **약속어음(promissory note)**으로 이루어지는데, 이는 대출 금액, 만기일, 이자율을 기술한 명세서 형식이다. 이 절에서는 세 가지 유형의 은행 대출을 살펴본다: 일회성 만기 지급 대출(single, end-of-period payment loan), 한도 대출(line of credit), 브리지론(bridge loan). 이러한 은행 대출들의 이자율을 비교하고, 이들과 관련된 공통 계약 조항과 수수료에 대해서 살펴보자.

일회성 만기 지급 대출

우대금리: 은행이 신용이 가장 좋은 고객에게 부과하는 이자율

가장 간단한 형태의 은행 대출은 일회성 만기 지급 대출이다. 이 대출은 대출의 만기에 일시불로 이자와 원금을 상환해야 한다. 이자율은 고정적일 수도 있고 가변적일 수도 있다. 고정적 이자율일 경우에는 대출이 이루어질 때 은행이 부과하는 이자율이 명기된다. 가변일 경우에는 대출 조건이 1년 국고채 금리나 **우대금리(prime rate)**와 같은 벤치마크와의 스프레드로 이자율이 변하게 된다. 우대금리는 신용이 가장 좋은 고객에게 부과하는 이자율이다. 그러나, 대기업들은

종종 은행 대출을 우대금리 미만의 이자율로 협상한다. 예를 들어, 하스브로(Hasbro)는 2009년 연차 보고서에서 국내 금융기관으로부터의 단기 차입금에 대해 평균적으로 지급하는 가중평균 이자율이 2009년에 1.2%라고 하였는데, 그 해의 우대금리 평균은 3.25%이었다.[4] 또 다른 일반적 벤치마크는 LIBOR(London Inter-Bank Offered Rate)로, **런던 은행간 대출금리 (LIBOR)**이다. LIBOR는 주요 10개 통화에 대해 1일에서 1년 만기까지의 이자율로 호가된다. 이것은 신용도가 가장 좋은 은행에 의해 지급되는 이자율이므로, 대부분의 기업들은 LIBOR를 초과하는 이자율로 차입하게 된다.

런던 은행간 대출금리: 런던의 주요 은행간 대출 이자율

한도 대출

은행 대출의 다른 형태로 일반적인 것은 **한도 대출(line of credit)**이 있는데, 이것은 은행이 기업에게 정해진 최대 금액까지 대출하겠다는 계약이다. 유연한 계약 조건에 따라 기업은 자금이 필요할 때 한도 대출로부터 출금을 할 수 있다.

한도 대출: 은행이 기업에게 정해진 최대 금액까지 대출하겠다는 계약이다. 유연한 계약 조건에 따라 기업은 자금이 필요할 때 한도 대출로부터 출금을 할 수 있다.

기업들은 계절적 자금조달 필요성을 해결하기 위해 한도 대출을 사용한다. **비의무적 한도 대출(uncommitted line of credit)**은 은행이 법적으로 자금을 제공해 줄 의무가 없는 비공식적 계약이다. 차입자의 재무적 여건이 양호하면 은행은 추가적인 자금을 제공하게 된다. **의무적 한도 대출(committed line of credit)**은 기업이 계약 시의 조건을 만족하면(기업이 파산 상태가 아니라면) 기업의 재무적 여건과 무관하게(정해진 대출 한도까지의) 자금을 공급해야 하는 법적인 구속력을 가지는 문서상의 계약이다. 이런 계약들은 대개 보상 잔액 요건(기업이 은행 예금의 최소 수준을 유지하는 요건)과 기업의 운전자본 수준에 대한 제약을 함께 수반하게 된다. 기업은 차입한 금액에 대한 이자에 추가적으로 한도 금액 중에서 사용하지 않은 금액에 대해 1/4%에서 1/2%까지의 의무 수수료(commitment fee)를 지불한다. 한도 대출 계약은 어떤 시점에 발행 잔액이 0이 될 것을 조건으로 요구할 수 있다. 이 대출 정책은 기업이 장기 채무를 조달하기 위해 단기 자본을 사용하지 못하도록 한다.

비의무적 한도 대출: 은행이 법적으로 자금을 제공해 줄 의무가 없는 비공식적 계약이다.

의무적 한도 대출: 기업이 계약 시의 조건을 만족하면 (기업이 파산 상태가 아니라면) 기업의 재무적 여건과는 무관하게 (정해진 대출 한도까지의) 자금을 공급해야 하는 법적인 구속력을 가지는 문서상의 계약이다.

은행들은 보통 연 단위로 한도 대출의 조건을 재협상한다. **회전 한도 대출(revolving line of credit)**은 의무적 한도 대출로, 기업이 필요한 자금을 대개 2~3년의 오랜 기간 동안 사용할 수 있다는 것을 은행이 확실하게 약속하는 것이다. 정해진 만기가 없는 회전 한도 대출을 **상록 신용(evergreen credit)**이라고 한다. 하스브로는 2012년 연차 보고서에서 계절적 운전자본 요구액을 충족하기 위하여, $700백만의 상록 신용을 주요 자금조달 원천으로 사용한다고 보고하였다.

회전 한도 대출: 의무적 한도 대출로, 기업이 필요한 자금을 대개 2~3년의 오랜 기간 동안 사용할 수 있다는 것을 은행이 확실하게 약속하는 것이다.

상록 신용: 정해진 만기가 없는 회전 한도 대출

브리지론

브리지론(bridge loan)은 기업이 장기 자본조달을 할 수 있을 때까지의 기간 차이를 메우기 위

브리지론: 기업이 장기 자본조달을 할 수 있을 때까지의 기간 차이를 메우기 위해 사용하는 단기 은행 대출의 한 형태다.

---

4) 하스브로의 2009년 연차 보고서와 Federal Reserve Statistical Release 웹 사이트.

해 사용하는 단기 은행 대출의 한 형태다. 예를 들어, 부동산 개발업자가 쇼핑몰 건설을 위한 자금조달을 위해 일시 자금 대출을 사용할 수 있다. 쇼핑몰이 완성되면 개발업자는 장기 자본조달을 할 것이다. 다른 기업들은 장기채무나 주식 발행을 통한 수입이 생길 때까지 공장 및 설비 자금을 조달하기 위하여 브리지론을 사용하기도 한다. 자연 재해 이후에 대출자들이 기업들에게 보험금 지급이나 장기 재해 구호 자금을 받을 때까지의 단기적 연결 자금으로 브리지론을 사용할 수도 있다.

할인 대출: 브리지론의 한 형태로 차입자들은 할인된 금액을 대출받게 되므로 차입의 시작 시점에 이자를 지불하도록 요구 받는다. 대출자는 대출이 발생할 때 대출 금액으로부터 이자를 차감한다.

브리지론은 종종 고정 금리를 가지는 할인 대출로 이루어진다. **할인 대출(discout loan)**의 경우, 차입자들은 할인된 금액을 대출받게 되므로 차입의 시작 시점에 이자를 지불하는 것이다. 대출자는 대출이 발생할 때 대출 금액으로부터 이자를 차감한다.

일반적인 대출 계약과 수수료

이제 대출 이자율에 영향을 주는 일반적인 대출 계약과 수수료에 대해서 알아보고, 대출 의무 수수료(loan commitment fees), 대출 발생 수수료(loan origination fees), 보상 잔액 요건 (compensating balance requirements)을 살펴보도록 하자.

대출 의무 수수료 은행에 의해서 부과되는 다양한 대출 수수료들은 차입자가 지불하는 실효 이자율에 영향을 미친다. 예를 들어, 의무적 한도 대출과 관계된 의무 수수료는 기업의 대출 실효 비용을 증가시킨다. 이 수수료가 실제로는 다른 명칭의 이자 부담으로 부과될 수도 있다. 어떤 기업이 $1백만의 최대 금액과 10%(EAR: 실효 연이자율)의 이자율로 은행과 의무 한도 대출을 협상하였다고 하자. 의무 수수료는 EAR로 0.5%이고, 당해 연도 초에 $800,000을 차입하였다. 이 기업이 나머지 기간 동안 사용하지 않은 $200,000을 남기고 연말에 대출을 상환한다면, 대출의 총비용은 다음과 같다.

차입 자금에 대한 이자 = 0.10 ($800,000)	$80,000
미사용 부분에 지불된 의무 수수료 = 0.005 ($200,000)	$ 1,000
총비용	$81,000

대출 발생 수수료: 일반적인 수수료의 한 형태로 은행이 신용 확인과 법적 수수료를 보상받기 위해서 부과한다.

대출 발생 수수료 또 다른 일반적인 형태로 **대출 발생 수수료(loan origination fee)**가 있는데, 이는 은행이 신용 확인과 법적 수수료를 보상받기 위해서 부과한다. 기업은 대출이 발생할 때 이 수수료를 지불하여야 한다. 이것은 할인 대출과 비슷한 특징으로, 기업이 받게 되는 가용 수입의 양을 감소시켜서, 대출 의무 수수료와 같이 실질적인 추가적 이자비용이 된다.

티몬스 타월(Timmons Towel)과 다이애퍼 서비스(Diaper Service)가 12%의 APR로 $500,000의 3개월 대출을 제공받았다고 하자. 이 대출의 대출 발생 수수료는 1%이다. 대출 발생 수수료는 대출의 원금에 대해서 계산되고 부과된다. 이 경우의 대출 발생 수수료는 $5,000(= 0.01 × $500,000)이기 때문에, 실제 차입 금액은 $495,000이 된다. 3개월 이자비용은 $15,000(= $500,000 × $\frac{0.12}{4}$)이다. 이러한 현금흐름이 다음의 시간선에 표시되어 있다.

따라서, 3개월 실제 이자율은 다음과 같다

$$\frac{515{,}000 - 495{,}000}{495{,}000} = 4.04\%$$

이것을 EAR로 표현하면 17.17%(= 1.0404^4 — 1)가 된다.

보상 잔액 요건 대출의 구조와는 관계없이 은행은 가용 대출 수입을 감소시키는 보상 잔액 요건을 대출 계약에 포함할 수 있다. 제19장에서 본 바와 같이, 보상 잔액 요건은 기업이 당해 은행의 계정에 대출 원금의 일정 비율에 해당하는 금액을 예금해야 한다는 것이다. 대출 발생 수수료 이외에 티몬스 타월과 다이애퍼 서비스의 담당 은행이 이 기업에게 대출 기간 동안 무이자 계정에 대출 원금의 10%에 해당하는 금액을 보유하도록 요구한다고 하자. 대출 원금이 $500,000이므로, 이 요건은 티몬스가 은행 계정에 $50,000(= 0.10 × $500,000)을 보유해야 한다는 것을 의미한다. 따라서 이 기업은 대출 원금 전체에 대해서 이자를 지불해야 하지만, 실제로 차입하는 가용 자금은 $450,000에 불과하다. 대출 기간 말에, 이 기업은 $515,000(= $500,000 × (1 + $\frac{0.12}{4}$))을 지불해야 하므로, 보상 잔액을 상환 금액에 포함시킨 이후에 $465,000(= $515,000 — $50,000)을 지불해야 한다. 이러한 현금흐름이 다음의 시간선에 표시되어 있다.

3개월 실제 이자율은 다음과 같다.

$$\frac{465{,}000 - 450{,}000}{450{,}000} = 3.33\%$$

이것을 EAR로 표현하면 14.01%(= 1.0333^4 - 1)가 된다.

여기서는 티몬스의 보상 잔액이 당해 은행의 무이자 계정에 보유되고 있다는 것을 가정하였다. 종종 어떤 은행은 보상 잔액을 대출 이자의 일부를 상쇄할 수 있도록 약간의 이자를 지불하는 계정에 보유하는 것을 허용하기도 한다.

예제 20.1
보상 잔액 요건과 실효 연이자율

문제 *Problem*

티몬스 타월과 다이애퍼 서비스가 보상 잔액에 대해서 1%(분기별 복리의 APR)를 은행에게 지불한다고 가정하자. 티몬스의 3개월 대출에 대한 실효 연 이자율은 얼마인가?

풀이 *Solution*

● **계획**

$50,000에 대한 이자는 티몬스가 대출 상환을 위해 지불해야 하는 순지출액을 감소시켜 준다. 최종 지출액을 계산하면 내재적 3개월 이자율을 결정하고 그것을 실효 연 이자율로 환산할 수 있다.

● **실행**

보상 잔액 계정의 잔액이 $50,125(=$50,000(1+0.01/4))로 증가할 것이다. 따라서 최종 대출 상환액은 $464,875(= $500,000 + $15,000 − $50,125)가 된다. 보상 잔액 계정의 이자는 티몬스가 대출에 대해 지불하는 이자의 일부를 상쇄하게 된다. 새로운 현금흐름이 다음의 시간선에 제시되어 있다.

실제 지급되는 3개월 이자는 3.31%가 된다.

$$\frac{464,875 - 450,000}{450,000} = 3.31\%$$

이를 EAR로 표현하면 $1.0331^4 - 1 = 13.89\%$가 된다.

● **평가**

이 은행은 티몬스로 하여금 보상 잔액을 이자 지급 계정에 예치하도록 하였기 때문에, 보상 잔액으로부터 얻어지는 이자가 티몬스 대출의 전체적인 이자비용을 감소시켰다.

개념확인

5. 비의무적 한도 대출과 의무적 한도 대출의 차이는 무엇인가?
6. 일반적인 대출 계약과 수수료에 대해서 설명하시오.

20.4 기업어음을 이용한 단기 자금조달

기업어음: 대기업이 사용하는 단기 무담보 채무

기업어음(commercial paper)은 그림에 나타난 바와 같이 단기 은행 대출보다 저렴한 자금의 원천으로, 대기업이 사용하는 단기 무담보 채무다. 최소 액면 금액은 $25,000이고, 대부분의 기업어음은 적어도 $100,000의 액면 금액을 가진다. 장기 대출과 비슷하게 기업어음은 신용평가 기관에 의해 등급이 정해진다. 기업어음의 이자는 최초 할인 발행에 의해 지불되는 것이 전형적인 사례다.

직접어음: 기업이 증권을 투자자에게 직접 매도하는 기업어음

딜러어음: 딜러가 서비스에 대한 스프레드 또는 수수료를 받는 조 건으로 투자자에게 판매하는 기 업어음

기업어음의 평균 만기는 30일이고, 최대 만기는 270일이다. 270일을 초과하여 만기를 연장 하는 것은 SEC의 등록 조건을 까다롭게 하여 발행 비용을 증가시키고 발행 매출의 시간적 지연을 초래하게 된다. 기업어음은 **직접어음**(direct paper) 또는 **딜러어음**(dealer paper)이라고도 한

단기 자금조달과 2008년 가을의 금융위기

높은 신용등급을 가지는 대기업들은 은행 대출의 대안으로 기업어음 시장을 이용할 수 있다. 아래의 그림은 우대금리와 비교하여 비교적 저렴한 기업어음의 비용을 보여주고 있다. 대부분의 기간 동안 기업어음의 이자율은 미 재무부 단기채의 이자율보다 0.5% 이상 높지 않았다. 이 그림은 금융위기 시기에 이자율 차이가 어떠하였는가도 보여준다. 2008년 가을의 금융위기 기간에 당면한 가장 큰 문제 중의 하나는 단기 자금조달이었다. 리먼 브라더스(Lehman Brothers)의 파산 이후 몇 주 만에 단기 신용 시장은 얼어붙었다. 많은 투자자들이 단기금융 뮤추얼 펀드(MMF)를 신뢰하지 않게 되면서 상환이 발생하기 시작하였다. 이렇게 되자 펀드 매니저들은 단기 투자를 청산하였고, 이로 인하여 단기 신용이 위축되면서 단기 이자율이 급등하였다. 이런 현상은 기업어음 시장에서 가장 극명하게 나타났다.

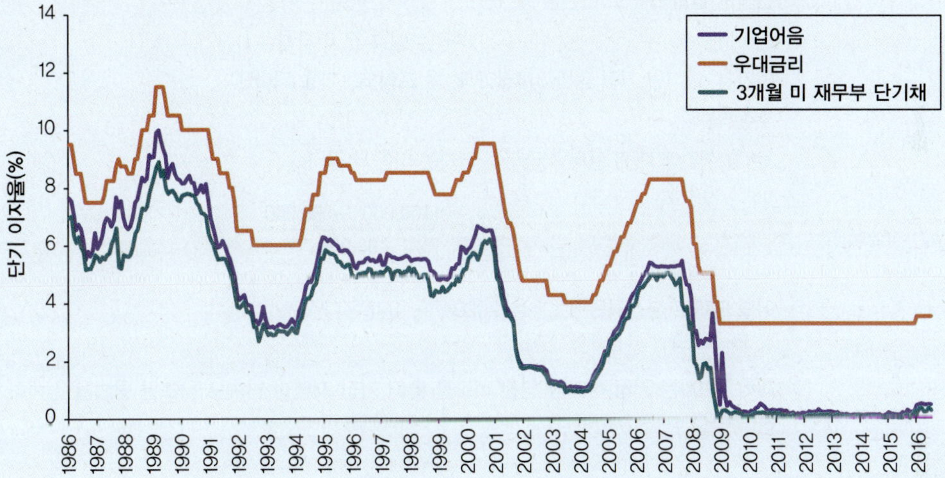

2008년 10월까지 기업어음과 미 재무부 단기채의 이자율 차이가 거의 3% 정도였다. 해가 바뀌어 단기채무 시장이 안정되기 시작하면서 2009년 7월경에 그 차이가 2007년 가을 수준으로 돌아왔다. 2008년의 기업어음과 미 재무부 단기채의 이자율 차이는 많은 기업들을 기업어음 시장에서 몰아내어 그들의 사업 운영을 심각하게 방해하였다. 20.2절에서 언급하였던 적극적 자금조달 정책을 추구하던 기업들은 특히 더 어렵게 되었고, 금융시장의 불확실성 증가로 기업들은 투자를 더 회피하였다. 금리 차이와 투자 회피의 두 효과는 금융위기에 따른 전 세계적인 경기 침체의 중요한 원인이 되었다.

다. 직접어음은 기업이 증권을 투자자에게 직접 매도하는 것이고, 딜러어음은 딜러가 서비스에 대한 스프레드 또는 수수료를 받는 조건으로 투자자에게 기업어음을 판매하는 것이다. 스프레드는 발행 기업이 받는 수입을 감소시켜 어음의 실효 비용을 증가시킨다. 장기채무와 마찬가지로, 기업어음도 신용평가 기관에 의해 등급이 정해진다.

예제 20.2
기업어음의 실효 연이자율

문제 *Problem*

어떤 기업이 $100,00의 액면가를 가지는 3개월 만기 기업어음을 발행하여 $98,000을 받았다. 이 자금에 대한 실효 연 이자율은 얼마인가?

풀이 *Solution*

● **계획**

먼저, 이 기업의 현금흐름을 시간선에 나타내면 다음과 같다.

3개월 이자율은 미래가치 $100,000과 현재가치 $98,000을 비교하여 계산할 수 있다. 식 5.1을 이용하여 계산된 이자율을 EAR로 환산할 수 있다.

$$\text{EAR} = \text{실효 연 이자율} = (1 + r)^n - 1$$

여기서 n은 1년 기간 동안 3개월이 몇 번 포함되는가를 나타낸다.

● **실행**

3개월 기간에 대해 실제 지급되는 이자는 다음과 같다.

$$\frac{100{,}000 - 98{,}000}{98{,}000} = 2.04\%$$

이를 EAR로 환산하면 8.42%(= $1.0204^4 - 1$)가 된다.

● **평가**

재무관리자는 기업의 자금 원천 비교를 통해 가장 저렴한 단기 자금조달 방법을 선택하기 위하여 모든 원천의 EAR을 알아야 한다.

개념확인

7. 기업어음이란 무엇인가?
8. 기업어음의 최대 만기는 얼마인가?

20.5 담보를 이용한 단기 자금조달

담보 대출: 기업의 매출채권이나 재고자산과 같은 특정 자산을 대출 담보물로 제공하는 기업 대출의 한 형태

팩토링 업자: 다른 기업의 매출채권을 매입하는 기업

기업은 **담보 대출**(secured loan)을 이용해서 단기 자금을 조달할 수도 있는데, 이는 기업의 매출채권이나 재고자산과 같은 특정 자산을 기업의 담보물로 제공하는 기업 대출의 한 형태이다. 상업은행 및 금융기관과, 다른 기업의 매출채권을 매입하는 **팩토링 업자**(factors)들이 담보부 단기 대출의 가장 일반적인 제공자들이다.

담보로서의 매출채권

기업들은 매출채권을 담보 또는 팩토링 대상 증권으로 사용할 수 있다. 이제부터 매출채권을 대출 담보로 사용하는 예를 보고자 한다.

매출채권의 담보화: 대출자가 차입 기업의 신용 매출을 나타내는 매출 명세서를 검토하여, 대출에 대한 담보물로 인정할 신용 계정을 자체적 신용 기준에 의해 결정하는 계약

매출채권의 담보화 **매출채권의 담보화**(pledging of accounts receivable) 계약에서, 대출자는

17세기의 자금조달 해법

최근에 소규모 사업체들이 재고자산 매입을 위해 자금을 조달하는 것이 더 어려워졌다. 이런 추세에는 여러 가지 요인들이 작용하였는데, 첫째는 대형 은행들이 전통적으로 소규모 사업체들의 중요한 대출 원천이었던 지역 은행들을 인수하였기 때문이다. 둘째는 대형 은행들이 소규모 차입자들에 대한 대출 요건을 강화하였다는 것이다. 셋째는 많은 소규모 사업체들이 점점 선지급을 요구하는 외국 납품업자들에 의존하는 경향이 커져서, 소규모 사업체들의 시급한 자본 수요가 증가하였기 때문이다.

몇몇 소규모 사업체들은 400년 전통을 가지는 벤처사업 자금조달(venture merchant financing) 방법을 사용하기 시작하였다. 이 자금조달 형태는 17세기에 시작된 것으로, 네덜란드 선장들의 항해에 다수의 투자자들이 자본을 제공하는 것이었다. 선장들은 이 자본을 이용하여 이국적인 상품들을 매입하면서 바다를 항해했다. 상품들이 팔리면 자금조달에 대한 보상으로 투자를 했던 은행들은 선장들 이익의 1/3을 가지게 되었다.

뉴욕 웨스트베리에서 음식점과 슈퍼마켓에 이국적인 유태인 정결 식품을 판매하는 코셔 디포(Kosher Depot)를 생각해 보자. 이 기업은 성장을 원했지만, 특별한 정결 음식의 재고를 더 많이 매입할 자본이 부족하였다. 코셔 디포는 캡스톤 비즈니스 크레딧(Capston Business Credit)과 $3.3백만의 2년짜리 벤처사업 자금조달 계약을 체결하였다. 코셔 디포는 판매를 미리 예약하였고, 캡스톤에게 코셔 디포를 위해 그들의 자본으로 제품을 매입하라고 고지한다. 캡스톤은 제품을 매입하고 수입하여 자체 창고에 보관하였다. 이 창고는 주문에 따라 코셔 디포에게 제품을 공급하면 된다. 이런 서비스로 캡스톤은 이익의 30%를 취했다.

이 계약의 비용(벤처사업 이익의 30%)은 이 장에서 언급했던 다른 자금조달 계약과 비교하면 상대적으로 비쌀 수 있다. 그러나 다른 단기 자금조달 대안이 없는 소규모 사업체에게는 가치가 있는 계약이라고 할 수 있다.

출처: Marie Leone, "Capital Ideas: A Little Cash'll Do Ya," http://CFO. com, March 3, 2005.

차입 기업의 신용 매출을 나타내는 매출 명세서를 검토하여, 대출에 대한 담보물로 인정할 신용 계정을 자체적 신용 기준에 의해 결정한다. 대출자는 담보물로 인정한 매출 명세서의 일정 비율(예를 들어, 75%)을 차입자에게 대출하는 것이 매출채권 담보화의 전형적인 사례이다. 차입 기업의 고객이 대금 지불에 실패할 경우, 당해 기업은 대출자의 자금에 대해 책임을 져야 한다.

매출채권의 팩토링 **매출채권의 팩토링(factoring of accounts receivable)** 계약에서, 기업은 매출채권을 대출자에게 매도하고, 대출자는 채권 회수 기간 말에 기업이 고객으로부터 받을 금액을 당해 기업에게 지불할 것에 동의한다. 예를 들어, 어떤 기업이 30일 신용으로 제품을 판매하면, 채권 매수업자는 30일 뒤에 받을 매출채권 액면 금액을 수수료를 제외하고 당해 기업에게 지불한다. 기업의 고객들은 보통 대출자에게 직접 지불하도록 조치된다. 많은 경우에 있어서 기업은 팩토링 업자로부터 매출채권의 80% 정도를 차입할 수 있으므로, 매출채권으로 묶인 자금을 미리 받는 효과가 생긴다. 그런 경우에 대출자는 팩토링 수수료에 추가적으로 대출에 대한 이자를 부과한다. 대출자는 기업의 차입 규모와 관계없이 매출채권 액면 금액의 0.75~1.5% 정도에 해당하는 팩토링 수수료를 부과한다. 이자율과 팩토링 수수료는 기업의 규모와 매출채권의 크기에 따라 변한다. 팩토링 계약에 관계된 금액은 상당히 많을 수 있다. 예를 들어, 2015년에 마텔은 팩토링 계약으로 매출채권의 $20백만 정도를 현금화하였다.

매출채권의 팩토링: 기업은 매출채권을 대출자에게 매도하고, 대출자는 채권 회수 기간 말에 기업이 고객으로부터 받을 금액을 당해 기업에게 지불할 것에 동의하는 계약

금융 계약이 **상환 청구권부(with recourse)**라는 것은 차입자의 고객이 파산할 경우 대출자가

상환 청구권부: 차입자의 고 객이 파산할 경우 대출자가 차입 자에게 지불을 청구할 수 있는 금 융 계약

상환 비청구권부: 차입자의 고 객이 파산할 경우 차입자 자산에 대한 대출자의 청구권이 보증된 담보물로 제한된다는 금융 계약

차입자에게 지불을 청구할 수 있다는 것이다. 이에 비해, 금융 계약의 **상환 비청구권부(without recourse)**라는 것은 고객이 파산할 경우 차입자 자산에 대한 대출자의 청구권이 보증된 담보물로 제한된다는 것이다. 후자의 경우 팩토링 업자는 고객으로부터 대금을 지불받는 것과는 관계없이 당해 기업에게 만기 액면 금액을 지불하여야 한다. 만약 계약이 상환 청구권을 가진다면, 대출자는 매출이 발생하기 전에 고객 계정의 승인을 요구하지 않을 수 있다. 팩토링 계약에 상환 청구권이 없다면, 차입 기업은 제품을 발송하기 전에 팩토링 업자로부터 고객에 대한 신용 승인을 받아야 한다. 팩토링 업자가 승인을 하면, 당해 기업은 제품을 발송하고 고객은 대출자에게 대금을 직접 지불하도록 조치된다.

담보로서의 재고자산

재고자산도 다음 세 가지 중 한 가지 방법에 의해 대출 담보물로 사용될 수 있다: 재고자산 담보(floating lien), 신탁 영수(trust receipt), 또는 창고 계약(warehouse arrangement). 이들은 다음과 같이 설명될 수 있다.

재고자산 담보(일반 담보권 또는 총괄 담보권): 기업의 모든 재고자산이 대출을 보증하는 담보로 사용되는 금융 계약

재고자산 담보 **재고자산 담보(floating lien)**, **일반 담보권(general lien)**, 또는 **총괄 담보권(blanket lien)** 계약에서는, 기업의 모든 재고자산이 대출을 보증하는 담보로 사용된다. 대출을 보증하기 위해 사용되는 담보의 가치가 재고자산이 판매되면서 감소하기 때문에, 이 계약은 대출자의 입장에서 가장 위험한 설정이다. 기업이 재무적 곤경에 빠지게 될 때, 경영진은 대출을 상환하지 않고 재고자산을 매도하고 싶어질 수 있다. 그런 경우에 기업은 재고자산을 대체할 충분한 자금을 가질 수 없다. 결과적으로 대출에 대한 담보 가치가 부족하게 될 수 있다. 그 위험 때문에 이 대출은 다음에 설명할 두 계약보다 더 높은 이자율을 감수하여야 한다. 또한 대출자는 재고자산 가치의 일부에 해당하는 금액만을 대출하게 된다.

신탁 영수 대출(매입 자금 대출): 확실히 구별되는 재고자산이 대출 보증을 위한 신탁으로 보유되는 대출의 한 형태. 신탁이 된 재고 자산이 판매되면 기업은 판매 대금을 대출 상환을 위해 대출자에 게 보낸다.

신탁 영수 **신탁 영수 대출(trust receipt loan)** 또는 **매입 자금 대출(floor planning)**에서는 확실히 구별되는 재고자산이 대출 보증을 위한 신탁으로 보유된다. 신탁이 된 재고자산이 판매되면 기업은 판매 대금을 대출 상환을 위해 대출자에게 보낸다. 대출자는 정기적으로 대리인을 통해서 차입자가 지정된 재고자산의 판매 여부와 대출 상환에 실패했는가의 여부를 확인한다. 자동차 딜러들은 생산자로부터 자동차를 구입하기 위한 자금을 마련하기 위하여 이런 형태의 보증된 자금조달 방법을 종종 사용한다.

창고 계약: 대출 담보로 사용되는 재고자산이 창고에 보관되는 금융 계약

공공 창고: 공공 창고는 보관 및 재고자산의 유출입을 추적하는 단일 목적을 가지는 사업으로, 대출자는 보관된 재고자산 가치에 따라서 차입 기업에게 대출을 제공함

창고 계약 **창고 계약(warehouse arrangement)**에서는 대출 담보로 사용되는 재고자산이 창고에 보관된다. 창고 계약은 대출자의 입장에서 가장 위험이 작은 담보 계약이다. 이런 형태의 계약은 다음 둘 중 한 가지 방법으로 체결될 수 있다.

첫 번째 방법은 **공공 창고(public warehouse)**를 사용하는 것인데, 공공 창고는 보관 및 재고

대출 보증: 수출입 은행 논란

운전자본을 조달하고자 하는 수출업자는 종종 국내 대출자로부터의 대출에 어려움이 있다. 대출자들은 외국 고객의 신용 위험을 적절하게 평가할 수 없다고 느낄 수 있다. 예를 들어, 수출업자의 매출채권을 담보로 대출하거나 재고 매입 자금을 조달해 줄 의지가 없는 경우다.

미국의 수출입은행(또는 Ex-Im Bank)은 "국제 시장에 미국 상품과 서비스 수출을 위한 자금조달을 도와주기" 위한 독립된 수출 신용 기관으로 프랭클린 디 루즈벨트 대통령에 의해 1934년에 설립되었다. 이 은행은 전쟁이나 외환의 교환 불가능으로 인한 지불 위험뿐만 아니라 외국 고객에 의한 도산 위험에 대해 수출업자의 매출채권을 보장한다. 그런 대출 보증을 얻은 후에, 수출업자는 전통적인 대출자로부터 단기적인 운전자본 요구액을 마련하는 것이 가능해진다.

비평가들은 이 은행이 정부의 후원을 받기 때문에 대출 보증이 대출의 위험을 암묵적으로 미국 납세자들에게 전가한다고 주장한다. 도산의 규모가 이 은행의 준비금을 초과하면, 연방정부는 이 은행을 구제할 필요가 있을 것이다. 옹호자들은 이 은행이 미국 수출업자의 성장을 지지하여 일자리를 창출하고 있으며, 이런 보증이 없다면 이 은행이 도와주는 기업들은 경쟁적인 자금조달 계약을 하지 못할 것이라고 주장한다.

2012년과 2014년에 갈등이 있었던 재승인 투표 이후에, 미국 의회는 수출입 은행의 승인이 2015년 6월 30일에 만료되어 은행을 폐쇄하도록 하였다. 하지만 몇 달 동안 미국 업계의 강력한 로비에 의해, 의회는 드물게도 초당파적인 노력으로 이 은행을 다시 승인하여 2015년 12월에 개점하도록 하였다.

자산의 유출입을 추적하는 단일 목적을 가지는 사업이다. 대출자는 보관된 재고자산 가치에 따라서 차입 기업에게 대출을 제공한다. 차입 기업이 재고자산을 판매할 필요가 있을 때에는 대출자로부터 허가를 받아서 이를 창고에 전달하고 재고자산을 찾아온다. 이 계약은 대출자에게 재고자산에 대해 가장 엄격한 통제권을 준다. 공공 창고는 판매 준비가 되기까지 잘 숙성되어야 하는 와인이나 담배 제품과 같은 재고자산의 형태에 잘 맞는다. 이 방법은 창고로 운반하기 어려워서 손상되기 쉽거나, 매우 부피가 커서 다루기 힘든 제품에 대해서는 적당하지 않다.

두 번째 방법은 제3자에 의해 운영되는 **수탁 창고(field warehouse)**로, 대출의 담보가 되는 재고자산이 차입자의 주된 공장과 떨어진 분리된 장소에 보관되도록 하는 차입자의 약속이 있어야 한다. 이런 형태의 계약은 차입자에게 편리하면서도 대출자에게도 담보로 제공된 재고자산이 제3자에 의해 통제된다는 추가적 안전성을 준다.

수탁 창고: 제3자에 의해 운영되고 대출의 담보가 되는 재고자산이 차입자의 주된 공장과 떨어진 분리된 장소에 보관되도록 하는 창고 계약의 한 형태임

수탁 창고 계약은 비용이 많이 든다. 창고를 운영하는 사업자는 대출에 대해서 차입자가 대출자에게 지불하여야 하는 이자 이외에 수수료를 부과한다. 그러나 차입자는 재고자산 보관 비용을 절약할 수도 있다. 창고업자는 대개 재고자산 통제의 전문가이기 때문에 제품의 손상과 절도에 의한 손실이 거의 없어서 보험 비용을 낮춰 준다. 또한 재고자산의 통제가 제3자에 의해 이루어지기 때문에, 대출자는 다른 재고자산 계약보다 더 높은 재고자산 시장가치 비율 금액을 대출할 수 있을 것이다.

대출 담보로 재고자산을 사용할 때 기업이 채용하는 방법은 최종 대출 비용에 영향을 미치게 된다. 총괄 담보권 계약은 대출자를 가장 큰 위험에 노출시키고, 결국 위에서 언급된 세 가지 방법 중 가장 높은 이자율을 부담하도록 한다. 창고 계약은 대출자에게 가장 높은 재고자산 통제

권을 제공하지만, 대출에 대해서 더 낮은 이자율을 부과하기 때문에 차입 기업에 도움이 된다. 이런 이유 때문에 차입 기업은 창고업자에 의해 부과되는 추가적 수수료를 지불하여야 하고, 재고자산 통제권 상실과 관련된 불편성도 받아들여야 한다. 신탁 영수 계약이 총괄 담보권 계약보다 더 낮은 이자율을 제공하고 기업이 창고 계약과 관련된 높은 수수료를 회피할 수 있도록 하지만, 특정한 재고자산 형태에만 사용될 수 있다는 단점이 있다.

예제 20.3
창고 자금조달의 연별 실효 비용의 계산

문제 *Problem*

로우 캐너리(Row Cannery)는 1개월 동안 $2백만을 차입하고자 한다. 재고자산을 담보로 하여 APR 12%의 대출을 받을 수 있다. 대출자는 창고 계약이 사용될 것을 요구한다. 창고 수수료는 월말에 지급되는 조건으로 $10,000이다. 이 대출에 대한 로우 캐너리의 실효 연 이자율을 계산하시오.

풀이 *Solution*

● **계획**

월별 수익률은 12%/12 = 1%이다. 월말에 로우가 지불하여야 하는 전체 현금흐름(이자와 창고 비용을 포함) 을 계산하여야 한다. 이 현금흐름을 대출 금액으로 나누면 EAR로 변환할 수 있는 전체 월별 비용을 얻게 된다.

● **실행**

월말에 로우는 원금과 이자에 해당하는 $2,000,000 × 1.01 = $2,020,000과 창고 수수료인 $10,000을 지불하여야 한다. 이 현금흐름을 시간선에 표현하면 다음과 같다.

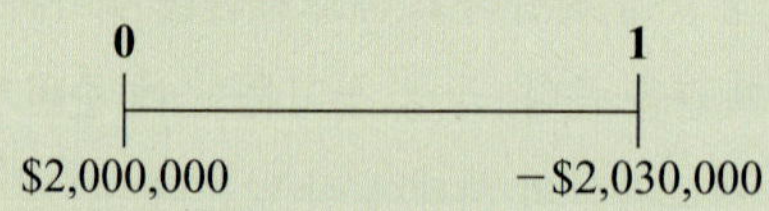

실제 지불되는 1개월 이자는 다음과 같다.

$$\frac{2{,}030{,}000 - 2{,}000{,}000}{2{,}000{,}000} = 1.5\%$$

이것을 EAR로 표현하면 1.01512 − 1 = 0.196 또는 19.6%가 된다.

● **평가**

창고 계약은 비용이 상당히 많이 든다. 대출 자체에 대한 EAR은 (1.01)12 − 1 = .1268 또는 12.68%이지만, 창고 계약이기 때문에 19.6%로 증가하게 된다.

개념확인

9. 매출채권의 팩토링이란 무엇인가?
10. 재고자산 담보와 신탁 영수의 차이는 무엇인가?

20.6 종합정리: 단기 재무계획의 수립

다시 스프링필드 스노보드의 예로 돌아오자. 표 20.2에서 스프링필드 매출의 계절성 때문에 예측된 현금흐름에 있어서 상당한 변동성이 있을 것임을 알았다. 즉 1분기와 4분기에는 상당히 큰

표 20.7
스프링필드 스노보드의 예측 현금 잔액과 단기 자금조달

1	분기	2017Q4	2018Q1	2018Q2	2018Q3	2018Q4
2	**현금 잔액과 단기 자금조달($000)**					
3	기초 현금 잔액		1,000	2,763	1,316	500
4	현금등가물 변동		1,763	−1,447	−2,047	3,402
5	최저 현금 잔액		500	500	500	500
6	**최저치 대비 초과액(부족액)** (3 + 4 − 5)		2,263	816	−1,231	3,402
7	단기 자금조달 증가(감소)		0	0	1,231	−1,268
8	현재 단기 자금조달	0	0	0	0	1,268
9	전체 단기 자금조달 (7 + 8)	0	0	0	1,231	0
10	**기말 현금 잔액** (3 + 4 + 7)	1,000	2,763	1,316	500	2,634

양(+)의 현금흐름이, 2분기와 3분기에는 큰 음(-)의 현금흐름이 발생하기 때문이다. 스프링필드의 재무관리자는 이러한 현금흐름의 변동을 어떻게 처리할 것인가에 대한 계획을 세워야 한다. 특히, 현금 부족인 경우에 어떻게 자금을 조달할 것인가에 대한 계획이 필요하다. 그러기 위해서는 표 20.7에서 나타난 바와 같이 스프링필드의 현금 잔액과 단기 자금조달을 알아내는 스프레드시트를 준비하여야 한다. 스프링필드는 $1백만의 현금을 가지고 2017년 4분기를 마감할 것이고, 기본적인 거래 필요성을 충족하기 위하여 $500,000의 최소 현금 잔액을 유지할 필요가 있다. 표 20.2에서 예측된 현금흐름이 주어졌을 때 2018년 3분기에 현금 적자가 발생하게 된다.

이러한 분석은 재무관리자가 당면한 두 가지 의사결정을 확인시켜 준다: 1분기에 발생되는 잉여 현금으로 무엇을 할 것인가? 그리고 3분기의 적자에 대해 어떻게 자금을 조달할 것인가? 여기서의 분석은 잉여 현금이 단지 현금으로 보유되는 것을 가정하였다. 하지만 19장에서 언급하였듯이, 단기간이라고 할지라도 잉여 현금을 투자할 수 있는 많은 수단들이 있기 때문에 (과세 대상이 되는) 이자 수입을 얻을 수 있다. 그런 투자를 통해서 각 분기의 기초 현금은 전기 말의 현금에 세후 수입 이자를 더한 값이 된다.

3분기 적자의 경우 4분기 현금흐름이 3분기 적자의 자금조달을 변제하기에 충분할 것임을 알 수 있다. 자금조달 수단을 검토한 뒤에, 스프링필드의 경영자는 일시 상환을 하는 3개월 은행 대출을 얻기로 결심한다. 당해 은행이 3%의 이자를 부과하므로 스프링필드는 4분기에 1,268(= 1,231 × 1.03)을 상환할 필요가 있지만, 그때의 잉여 현금흐름으로 볼 때 쉽게 상환할 것이다. 단기 자금조달 계획을 수립하여 경영자들은 현금 부족을 예상할 수 있다. 따라서 경영자들은 현금 부족 해결을 위해 충분한 시간을 가지고 가장 저렴한 자금조달원을 찾을 수 있다.

myfinancelab 핵심요점 및 공식

20.1 단기 자본조달 필요성의 예측

- ▶ 단기 자본조달 계획의 첫 단계는 기업의 미래 현금흐름을 예측하는 것이다. 현금흐름의 예측은 기업이 현금흐름 잉여 또는 부족을 가지는지와, 잉여나 부족이 단기적인지 장기적인지를 알게 한다.
- ▶ 기업은 계절적 음(-)과 양(+)의 현금흐름 충격과 운전자본 요구액을 관리하기 위하여 단기 자금조달을 필요로 한다.
- ▶ 현금 유출입 예측을 이용한 현금 예산으로 경영자는 잠재적인 현금 부족을 확인할 수 있다.

20.2 대응 원칙

- ▶ 대응 원칙은 단기 현금 요구액은 단기채무에 의해서 조달되어야 하고, 장기 현금 요구액은 장기 자금 원천에 의해서 조달되어야 한다는 것을 말한다.

20.3 은행 대출을 이용한 단기 자금조달

- ▶ 은행 대출은 단기 자금조달의 주요 원천이며, 소규모 기업의 경우에는 더욱 그렇다.
- ▶ 가장 일반적인 은행 대출의 유형이 일회성 만기 지급 대출이다.
- ▶ 은행의 한도 대출을 통해 기업은 주어진 최대 금액까지 차입할 수 있다. 한도 대출은 비공식적 합의에 의한 비의무적 한도 대출과, 의무적 한도 대출이 있을 수 있지만, 후자가 더 전형적 방법이다
- ▶ 브리지론은 기업이 장기 자본조달을 할 수 있을 때까지의 기간 차이를 메우기 위해 사용하는 단기 은행 대출의 한 형태다.
- ▶ 복리 기간과 의무 수수료, 대출 발생 수수료 및 보상 잔액 요건과 같은 다른 대출 조항들은 은행 대출의 실효 연 이자율에 영향을 미친다.

20.4 기업어음을 이용한 단기 자금조달

- ▶ 기업어음은 대개 높은 신용등급을 가지는 대규모 기업이 이용 가능한 단기 자금조달 방법의 하나이다. 이것은 기업어음 시장을 이용할 수 있는 기업에게는 단기 은행 대출에 비해 저렴한 단기 자금조달 대안이다.

20.5 담보를 이용한 단기 자금조달

- ▶ 단기 대출은 담보 대출로도 구성될 수 있다. 매출채권과 기업의 재고자산은 대개 단기 담보부 자금조달 계약의 담보물로 사용된다.

▶ 매출채권은 대출의 담보물이나 팩토링을 위해 사용될 수 있다. 팩토링 계약에서 매출채권이 대출자(또는 팩토링 업자)에게 매도되면, 기업의 고객들은 대개 팩토링 업자에게 직접 지불하게 된다.

▶ 재고자산이 담보로 이용되는 방법에는 여러 가지가 있다. 재고자산 담보(일반 또는 총괄 담보권), 신탁 영수 대출(매입 자금 대출), 또는 창고 계약이다. 이런 계약들은 재고 자산의 특별 항목들이 담보로 이용되는 정도에 따라 달라진다. 결과적으로, 대출자가 직면한 위험의 규모가 달라지게 된다는 것이다.

20.6 종합정리: 단기 재무계획의 수립

▶ 단기 금융 계약은 기업의 현금 잔액과, 기존 및 신규 단기 자금조달에 따라 달라진다. 경영자들은 현금 부족을 예측하여 가장 저렴한 방법으로 필요한 자금을 조달하고자 한다.

비판적 사고

1. 단기 자금조달 계획의 목적은 무엇인가?
2. 계절성이란 무엇이고, 단기 자금조달 계획에 있어서 계절성의 역할은 무엇인가?
3. 다음 중 어떤 기업이 단기 자금조달 필요성이 높을 것인가? 왜 그런가?
   a. 의류 소매업자
   b. 전문적 스포츠 팀
   c. 전기 사업자
   d. 통행료 징수 도로의 운영 기업
   e. 음식점 체인
4. 영구적 현금 부족과 일시적 현금 부족을 구별하는 것이 왜 중요한가?
5. 영구 운전자본과 임시 운전자본의 차이는 무엇인가?
6. 기업이 현금흐름 부족에 대처할 수 있는 방법들을 기술하시오.
7. 은행을 통한 여러 가지 자금조달 방법이 무엇이며, 그들의 상대적인 장점들은 무엇인가?
8. 상록 신용과 회전 한도 대출의 차이는 무엇인가?
9. 직접어음과 딜러어음의 차이는 무엇인가?
10. 대출을 위해 매출채권을 담보로 하는 것과 매출채권을 팩토링 하는 것의 차이는 무엇인가? 기업이 현금 부족을 해결하기 위하여 어떤 형태의 단기 담보부 자금조달을 사용할 수 있는가?
11. 단기 자금조달 계획이 재무관리자가 무엇을 할 수 있도록 할 것인가?

연습문제

단기 자본조달 필요성의 예측

1. 세일보트(Sailboats Etc.)는 요트와 기타 관련 장비에 특화된 소매업 기업이다. 다음 표는 현재(0월)의 운전자본 수준과 재무적 예측을 포함하고 있다

	월						
($000)	0	1	2	3	4	5	6
순이익		$10	$12	$15	$25	$30	$18
감가상각		2	3	3	4	5	4
자본지출		1	0	0	1	0	0
운전자본 수준							
매출채권	$2	3	4	5	7	10	6
재고자산	3	2	4	5	5	4	2
매입채무	2	2	2	2	2	2	2

a. 이 기업의 계절적 운전자본 필요성이 가장 클 때는 어떤 월인가?

b. 이 기업은 언제 잉여 현금을 가지는가?

2. 에메랄드 시티 엄브렐러(Emerald City Umbrellas)는 시애틀에서 우산과 우비를 판매한다. 그러나 연중 수요가 아주 변동적일 것으로 예측되는 다른 시장으로 진출하려고 한다. 다음은 새로운 시장의 기대 매출액이다:

Q1	Q2	Q3	Q4
$20,000	$50,000	$10,000	$50,000

이 기업은 다음 분기 매출의 20%를 재고자산으로, 10%를 매입채무로, 이번 분기 매출액의 20%를 매출채권으로 가지고 간다.

a. 새로운 시장에서 $4,000의 재고자산과 $2,000의 매입채무가 있지만, 매출채권은 없이 출발한다고 하자. 이 기업의 네 분기 동안의 운전자본 수준과 변화를 예측하시오.

b. 에메랄드 시티 엄브렐러의 순이익이 매출액의 20%이라면, 분기별 자금조달 필요성은 얼마인가?

대응 원칙

다음 표는 당신 기업의 내년도 분기별 운전자본 수준을 포함하고 있다. 이를 이용하여 3~7번 문제에 답하시오.

($000)	분기 1	2	3	4
현금	$100	$100	$100	$100
매출채권	200	100	100	600
재고자산	200	500	900	50
매입채무	100	100	100	100

3. 당신 기업의 영구 운전자본 필요 금액은 얼마인가? 임시 필요 금액은 얼마인가?
4. 당신이 장기 자금조달만을 사용한다면, 영구적 기준으로 당신이 차입해야 하는 금액은 얼마인가?
5. 당신이 언제나 $100의 현금만을 보유한다면, 당신의 최대 단기 차입은 언제 얼마가 되는가?
6. 당신이 $400의 현금을 가지고 연초를 시작했다면, 당신의 최대 단기 차입은 얼마인가?
7. 당신이 최대 단기 차입을 $500으로 제한하고 싶다면, 당신이 가져가야 하는 잉여 현금은 얼마인가?

은행 대출을 통한 단기 자금조달

8. 핸드투마우스 기업(H2M)은 현재 현금 제약이 있어서 공급업자에 대한 지출을 연기할지 아니면 대출을 받을지에 대한 의사결정을 해야 한다. 공급업자와 2/10 Net 40 조건이 있어서 이 기업이 (할인 기간이 만료되는) 오늘 지불하면 공급업자는 2%의 할인을 제공할 것이다. 대안적으로, 송장이 만기가 되는 한 달 뒤에 $10,000을 지불할 수 있다. H2M은 다음 세 가지 옵션들을 고려하고 있다

   대안 A: 무역 신용 계약의 할인을 잊어버리고, 기다렸다가 한 달 뒤에 $10,000을 지불한다.

   대안 B: APR 12%로 한 달 대출을 제공하는 은행 A로부터 공급업자에게 지불해야 하는 금액을 차입한다. 이 은행은 이 기업에게 대출 액면 금액의 5%에 해당하는 무이자 보상 잔액 예금과 $100의 대출 발생 비용을 요구한다. H2M은 현금이 없기 때문에 이 추가적인 금액을 조달하기 위하여 차입할 필요가 있다.

   대안 C: 은행 B로부터 자금을 차입하는데, 이 은행은 이 기업에게 30일 동안 15%의 APR로 $10,000을 대출하는 조건으로 1%의 대출 발생 비용을 요구한다.

   어떤 대안이 핸드투마우스에게 가장 저렴한 자금조달 방법인가?
9. 당신의 회사는 0.5%(EAR)의 의무 수수료와 6%(EAR)의 이자율로 은행과의 의무적 한도 대출을 가지고 있다. 총 한도는 $500,00이고 당신은 금년 초에 $300,000을 차입하였다. 금년 말에 $300,000을 상환하면, 이자율과 의무 수수료를 포함하는 총비용은 얼마인가?

10. 당신 회사는 $400,000 규모의 단기차입에 대해 두 가지 선택을 제공하였다. 첫째는 0.5%(EAR)의 의무 수수료와 5%의 이자율을 가지는 의무적 한도 대출이다. 둘째는 5%의 보상 잔액과 7.6%(APR, 분기 복리)의 이자율을 가지는 대출이다. 연초에 $380,000의 자금이 필요하고, 여날에 상환할 계획이라면, 어떤 선택이 효과적인 연율을 가지는가? 왜 그런가?

11. 1년 만기와 동일한 액면 금액을 가지는 두 가지 대출을 생각해 보자: 1%의 대출 발생 비용과 8% 이자율의 대출, 5%의 무이자 보상 잔액 예금을 요구하는 8% 이자율의 대출. 어떤 대출이 가장 높은 실효 연 이자율을 가지는가? 왜 그런가?

12. 다음 1년 만기 $1,000 은행 대출 중 어떤 것이 가장 낮은 실효 연 이자율을 가지는가?
    a. 월별 복리의 6% APR 대출
    b. 10%의 무이자 보상 잔액 요구를 가지는 연별 복리의 APR 6% 대출
    c. 1%의 대출 발생 비용을 가지는 연별 복리의 6% APR 대출

13. 니디 주식회사(Needy Corporation)는 이즈 은행(Bank Ease)으로부터 $10,000을 차입했다. 대출 조건에 따르면, 니디는 3년의 대출 기간 동안 3개월마다 $400의 이자를 은행에 지급하고, 만기에 원금을 상환해야 한다. 니디가 지불해야 하는 실효 연 이자율은 얼마인가?

기업어음을 이용한 단기 자금조달

14. 트레드워터 은행(Treadwater Bank)은 3개월 기업어음으로 $1백만을 조달하고자 한다. 이 자금조달로부터 은행의 순수입은 $985,000이 될 것이다. 이 자금조달에 대한 트레드워터의 실효 연 이자율은 얼마인가?

15. 마그나 주식회사(Magna Corporation)는 $1,000,000의 액면 금액과 6개월 만기를 가지는 기업어음을 가지고 있다. 마그나는 이 어음을 발행하였을 때 $973,710의 순수입을 얻었다. 이 기업어음에 대한 마그나의 실효 연 이자율은 얼마인가?

16. 분기 복리로 계산되는 우대 금리가 APR 8%이다. 12번의 트레드워터와 13번의 마그나가 기업어음 시장을 이용하여 얼마의 이자비용을 절약했는가?

17. 시그넷 주식회사(Signet Corporation)가 $6백만의 액면 금액을 가지는 4개월 기업어음을 발행하였다. 이 발행을 통하여 시그넷은 $5,870,850을 얻었다. 이 자금에 대한 시그넷의 실효 연 이자율은 얼마인가?

담보를 이용한 단기 자금조달

18. 오하이오 밸리 스틸 주식회사(Ohio Valley Steel Corporation)는 재고자산을 수탁 창고에 담보로 제공하여 정해진 9% 이자율로 1개월 동안 $5백만을 차입하였다. 창고업자는 만기에 지급해야 하는 $5,000의 수수료를 부과한다. 이 대출의 실효 연 이자율은 얼마인가?

19. 라스퓨틴 양조(Rasputin Brewery)는 공공 창고 대출을 이용하여 단기 자금의 일부를 조달하려고 한다. 이 기업은 $500,000의 대출을 요구할 것이다. 대출 이자율은 연별 복리로 APR 10%이며 연말에 지불해야 한다. 창고 수수료는 대출 액면 금액의 1%로 연말에 지불해야 한다. 이 창고 금융 계약의 실효 연 이자율은 얼마인가?

단기 자금조달 계획의 수립

20. 20.1절 양(+)의 현금흐름 충격에서 서술된 확장 기회에 따라 스프링필드 스노보드의 단기 자금조달 계획을 수립하라. 매출액이 더 커지는 Q2 - Q4와 함께 Q1과 Q2의 추가적 자본지출, 마케팅(판매 및 일반 관리비) 및 운전자본을 예측하는 다음 표에 따라 계획을 세우시오. 스프링필드는 2017년을 $1백만의 현금을 가지고 마감하며, 은행은 분기당 2.5%의 이자율로 단기 대출을 제공할 것이라고 가정하자.

1	분기	2017Q4	20138Q1	2018Q2	2018Q3	2018Q4
2	**손익계산서($000)**					
3	매출액	4,545	5,000	6,000	6,000	6,000
4	매출원가	−2,955	−3,250	−3,900	−3,900	−3,900
5	판매 및 일반 관리비	−455	−1,000	−600	−600	−600
6	**EBITDA**	1,136	750	1,500	1,500	1,500
7	감가상각비	−455	−500	−525	−525	−525
8	**EBIT**	682	250	975	975	975
9	세금	−239	−88	−341	−341	−341
10	**당기순이익**	443	162	634	634	634
11	**현금흐름표**					
12	당기순이익		162	634	634	634
13	감가상각비		500	525	525	525
14	운전자본 변화					
15	매출채권		−136	−300	–	–
16	재고자산		–	–	–	–
17	매입채무		48	105	–	–
18	**영업활동으로부터의 현금**		574	964	1,159	1,159
19	자본지출		−1,500	−525	−525	−525
20	기타 투자		–	–	–	–
21	**투자 활동으로부터의 현금**		−1,500	−525	−525	−525
22	순차입		–	–	–	–
23	배당		–	–	–	–
24	자본 출자		–	–	–	–
25	**자금조달 활동으로부터의 현금**		–	–	–	–
26	**현금 등 변화** (18 + 21 + 25)		−926	439	634	634

제7부 통합사례

이 사례는 제18장에서 제20장 사이의 내용을 바탕으로 한다.

아이덱소 주식회사(Idexo Corporation)는 오하이오 신시내티에 면허가 있는 비공개 대학 의류 디자인 및 생산업자다. 몇 년의 실적 부진 이후인 2016년 후반에, 이 기업의 소유자이자 설립자인 레베카 페리스(Rebecca Ferris)가 은퇴 생활을 접고 현재 CEO를 교체하기 위하여 돌아와서 기업에 활기를 불어넣고 궁극적으로 매각이나 기업공개를 준비하고 있다. 그녀는 향후 5년 동안 기업의 재무계획을 위해 당신을 고용하였다.

2016년에 아이덱소는 약 \$103백만의 전체 자산과 \$100백만의 연매출을 가졌다(표 1을 보시오). 이 기업은 2016년의 기대수익이 \$9백만을 초과하여 9.1%의 순이익률을 가지는 수익성 좋은 업체였다. 그러나 최근에 수입(매출액)의 성장률이 급격히 약해지고 기업의 순이익률이 감소하였다. 페리스는 이 기업이 호전될 수 있다는 확신을 가지고 있다. 몇 주 동안의 상황 파악 이후에 그녀는 이 기업의 향후 성장을 주도할 여러 가지 잠재적 개선 사항들을 파악하였다.

운영 개선 사항 페리스는 운영 측면에서 이 기업의 전망이 매우 낙관적이라고 본다. 시장은 연 6%로 성장할 것으로 기대되고, 아이덱소는 뛰어난 제품을 생산하고 있다. 기존의 경영진은 제품 개발, 판매 및 마케팅에 충분한 재원을 배분하지 않았기 때문에 최근에 아이덱소가 성장 하지 못했다. 동시에 아이덱소는 관리비용을 너무 지나치게 지불하고 있다. 표 1에서 보듯이 아이덱소의 현재 관리비용은 매출액의 18%(= \$18백만/\$100백만)로 매출과 마케팅에 들어가는 비용인 15%를 초과하고 있다. 경쟁자들은 매출과 마케팅보다 간접관리비에 더 적은 비용을 지출하고 있다.

페리스의 계획은 관리비용을 즉각 매출액의 15%로 삭감하여, 이 재원을 신제품 개발과 판매 및 마케팅으로 돌리는 것이다. 그녀는 그렇게 하면 아이덱소의 시장 점유율이 향후 4년 동안 10%에서 14%로 증가할 것이라고 믿는다. 현재의 생산라인에서도 초과근무와 주말 교대근무를 하면 증가된 매출액 수요를 감당할 수 있다. 그러나 노동비용의 증가는 기업의 총이익률을 53%로 감소시킬 것이다. 표 2는 이 계획에 근거하여 향후 5년에 걸쳐 매출 및 운영비용 예측을 보여주고 있다. 이 계획에 따르면, 향후 5년 동안 관리용 자원을 판매 및 마케팅으로 재배치할 것이며, 매년 2%의 인플레이션 가정하에 아이덱소의 평균 매출 가격 증가도 있을 것으로 예상한다.

1	연도	2016
2	**손익계산서 ($000s)**	
3	매출액	100,000
4	매출원가	
5	원자재	−21,333
6	직접 노동비	−24,000
7	**총이익**	54,667
8	판매 및 마케팅	−15,000
9	관리비	−18,000
10	**EBITDA**	21,667
11	감가상가	−6,667
12	**EBIT**	15,000
13	(순)이자비용	−1,021
14	**법인세차감전이익**	13,979
15	법인세	−4,893
16	**순이익**	9,086

1	연도	2016
2	**재무상태표 ($000s)**	
3	**자산**	
4	현금등가물	15,000
5	매출채권	20,000
6	재고자산	8,219
7	**전체 유동자산**	43,219
8	재산, 공장 및 장비	60,000
9	영업권	−
10	**전체 자산**	103,219
11	**부채 및 자기자본**	
12	매입채무	6,205
13	채무	20,000
14	**전체 부채**	26,205
15	**자기자본**	77,014
16	**전체 부채 및 자기자본**	103,219

표 1
2010년 아이덱소의 손익계산서와 재무상태표

1	연도		2016	2017	2018	2019	2020	2021
2	**매출 자료**	**성장률/연**						
3	시장 규모(000s 단위)	6.0%	20,000	21,200	22,472	23,820	25,250	26,765
4	시장 점유율	*1.0%	10.0%	11.0%	12.0%	13.0%	14.0%	14.0%
5	평균 매출가($/단위)	2.00%	50.00	51.00	52.02	53.06	54.12	55.20
6								
7	**운영비용과 법인세 자료**							
8	총이익률		54.7%	53.0%	53.0%	53.0%	53.0%	53.0%
9	판매 및 마케팅 (%매출액)		15.0%	16.5%	18.0%	19.5%	20.0%	20.0%
10	관리 (%매출액)		18.0%	15.0%	15.0%	14.0%	13.0%	13.0%
11	법인세율		35.0%	35.0%	35.0%	35.0%	35.0%	35.0%

*시장 점유율은 2020년까지만 기대치가 존재함.

표 2
아이덱소의 매출 및 운영비용 예측

확장 계획 표 3은 향후 5년간 아이덱소의 자본지출 예측을 보여주고 있다. 자본지출과 감가상각 추정치에 근거하여, 이 스프레드시트는 2016년 말부터 시작하여 아이덱소의 공장, 재산 및 장비의 장부가치를 추적하고 있다. 향후 2년간 투자는 상대적으로 낮은 수준을 유지하여 감가상각을 약간 하회할 것으로 예상한다. 아이덱소는 이 기간 동안 현재의 공장을 더 효율적으로 사용하여 생산을 더 확대할 것이다.

그러나 아이덱소의 생산량이 현재 수준의 50%를 초과하여 증가하면 생산 능력 증진을 위해 대대적인 확장의 필요성이 있을 것이다. 표 2의 예측에 의하면, 2013년에는 매출 성장이 현재 매출액 수준의 50%를 넘어서게 된다. 따라서 표 3은 그때의 대대적인 공장 확장을 위한 예산 사항

표 3
아이덱소의 자본지출 예측

1	연도	2016	2017	2018	2019	2020	2021
2	**고정자산과 자본 투자($000s)**						
3	기초 장부가치	60,167	60,000	58,500	57,150	73,935	77,341
4	자본 투자	6,500	5,000	5,000	25,000	12,000	8,000
5	감가상각	−6,667	−6,500	−6,350	−8,215	−8,594	−8,534
6	기말 장부가치	60,000	58,500	57,150	73,935	77,341	76,807

을 보여주어, 결국 2013년과 2014년에 자본지출이 크게 증가하게 된다.

운전자본 관리 판매 및 마케팅 노력의 열세를 보상하기 위해, 아이덱소는 아주 느슨한 신용 정책을 일부 사용하여 소매업자들의 충성도를 유지하려고 하였다. 이 정책은 아이덱소의 운전자본 요구액에 영향을 미친다. 고객이 매출채권의 상환을 하루 연기하면 매출채권이 증가하게 되어 현금 수입이 줄어든다. 표 1에 나타난 아이덱소의 손익계산서와 재무상태표에서 매출채권 회수일을 다음과 같이 추정할 수 있다.

$$\text{매출채권 회수일} = \frac{\text{매출채권(\$)}}{\text{매출액(\$/연)}} \times 365\text{일/연}$$
$$= \$20\text{백만}/\$100\text{백만} \times 365 = 73\text{일}$$

이 산업의 매출채권 회수일 기준은 45일이다. 페리스는 매출액을 희생하지 않으면서 신용 정책을 강화하여 매출채권 회수일을 45일 기준으로 만들 수 있다고 믿고 있다.

페리스는 아이덱소의 운전자본 관리에 있어서 어떤 의미 있는 개선을 예상하지 않고 있으며, 매출액 증가와 더불어 재고자산과 매입채무는 비례적으로 증가할 것이라고 생각한다. 이 기업은 또한 유동성 요구를 만족하기 위하여 최소 현금 잔액을 30일 매출액으로 유지할 필요가 있을 것이다. 최소 현금 잔액에 대해서는 이자가 발생하지 않고, 페리스는 매년 잉여 현금을 기업의 주주에게 배당으로 지급하려고 한다.

자본구조 변경: 채무의 증가 아이덱소는 현재 6.8%의 이자로 $20백만의 채무를 발행하였고, 향후 5년간 이 채무에 대해서만 이자를 지불할 것이다. 이 기업은 2019년과 2020년 말에 표 4에서 본 것과 같이 생산 공장의 확장을 위해 추가적인 자본조달을 할 것이다. 아이덱소의 신용 등급이 그 때쯤 향상될지라도 이자율이 어느 정도 증가할 수 있다. 여기서는 대출에 대한 미래의 이자율이 6.8%라고 가정하자.

아이덱소의 발행 채무가 주어졌을 때, 매년 이자비용은 다음과 같이 계산된다.

$$t\text{년의 이자} = \text{이자율} \times (t - 1)\text{년의 기말 잔고}$$

이 채무에 대한 이자는 아이덱소의 과표를 상쇄하는 유용한 세금 절약 방법이 될 것이다.

1	연도	2016	2017	2018	2019	2020	2021
2	**채무와 이자표($000s)**						
3	발행 채무	20,000	20,000	20,000	35,000	40,000	40,000
4	기한부 대출 이자율 6.8%		−1,360	−1,360	−1,360	−2,380	−2,720

표 4
아이덱소의 부채와 이자 예측

사례질문

1. 이 사례의 예측과 아래의 스프레드시트를 이용하여 향후 5년간 아이덱소의 예측 손익계산서를 작성하시오. 이 기간에 연별 순이익 증가율은 얼마인가?

1	연도	2016	2017	2018	2019	2020	2021
2	**손익계산서($000s)**						
3	매출액	100,000					
4	매출원가	−45,333					
5	**총이익**	54,667					
6	판매 및 마케팅	−15,000					
7	관리	−18,000					
8	**EBITDA**	21,667					
9	감가상각	−6,667					
10	**EBIT**	15,000					
11	(순)이자비용	−1,021					
12	**법인세차감전이익**	13,979					
13	법인세	−4,893					
14	**순이익**	9,086					

2. 아래의 스프레드시트를 이용하여 아이덱소의 향후 5년간 운전자본 요구액을 추정하시오. 2017년에 순운전자본이 음(-)으로 커지는 이유는 무엇인가? 2017년부터 2018년까지 순운전자본의 감소가 커지는 이유는 무엇인가?

1	연도	2016	2017	2018	2019	2020	2021
2	**순운전자본 ($000s)**						
3	**자산**						
4	매출채권	20,000					
5	재고자산	8,219					
6	최저 현금 잔액	8,219					
7	전체 유동자산	36,438					
8	**부채**						
9	매입채무	6,205					
10	**순운전자본**	30,233					
11	순운전자본 증가						

3. 당신의 예측 자료에 근거하여 2017~2021년 기간 동안 아이덱소의 가용현금흐름을 예측하고 아래의 스프레드시트를 완성하시오. 이 기간 동안 기업의 가용현금 흐름이 안정적으로 증가할까? 왜 또는 왜 안그럴까?

1	**연도**	2017	2018	2019	2020	2021
2	**가용현금흐름($000s)**					
3	**순이익**					
4	더함: 세후 이자비용					
5	**무차입 기업의 순이익**					
6	더함: 감가상각					
7	차감: 순운전자본 증가					
8	차감: 자본지출					
9	**기업의 가용현금흐름**					
10	더함: 순차입					
11	차감: 세후 이자비용					
12	**자기자본 가용현금흐름**					

4. 아이덱소는 최소 필요 현금만을 유지하고 모든 잉여 현금을 배당으로 지급하려고 한다.

1	**연도**	2016	2017	2018	2019	2020	2021
2	**재무상태표($000s)**						
3	자산						
4	현금 및 현금등가물						
5	매출채권						
6	재고자산						
7	**총 유동자산**						
8	재산, 공장 및 장비						
9	영업권						
10	**총 자산**						
11	**부채 및 자기자본**						
12	매입채무						
13	채무						
14	**총 부채**						
15	**자기자본**						
16	기초 자기자본						
17	순이익						
18	배당						
19	자본지출						
20	**자기자본**						
21	**총 부채 및 자기자본**						

a. 2016년 말에 페리스는 모든 잉여 현금을 즉각적 배당 지급으로 사용하려고 한다. 배당으로 지급할 수 있는 금액은 얼마인가? 앞에 나온 스프레드시트를 사용하여 이 배당을 반영하는 2016년의 새로운 재무상태표를 작성하시오.

b. 가용현금흐름에서 새로운 차입을 더하고 세후 이자비용을 차감하여 향후에 배당으로 지급할 수 있는 현금(자기자본의 가용현금흐름)을 예측하시오. 모든 해에 아이덱소가 배당을 지급할 충분한 현금을 가지는가? 설명하시오.

c. 기업 배당 예측을 이용하여 향후 5년간 아이덱소의 예측 재무상태표를 작성하시오.

5. 2016년 하반기에 페리스가 CEO로 돌아오자마자, 이 기업은 발행 주식의 $210백만을 매각하라는 의도하지 않았던 제안을 받는다. 만약 페리스가 이 제안을 받아들이면 이 계약은 2016년 말에 이루어질 것이다. 페리스는 아이덱소가 2018년 말에 마지막 EBITDA의 9배에 해당하는 기업가치로 매각될 수 있다고 믿는다고 하자. 아이덱소의 무차입 자본 비용은 10%이다. 여기서 10%는 세전 WACC이다. 3번에서 추정된 아이덱소의 2017~2021년 가용현금흐름과 2021년의 마지막 사업가치를 이용하여 다음 값들을 추정하시오.

a. 2016년 말 아이덱소의 무차입 가치.

b. 2017~2021년 기간 동안 이자 세금 절약의 현재가치는 얼마인가? (이 세금 절약 효과는 고정적이고 채무와 같은 위험 수준을 가진다.)

c. 2016년 말 아이덱소의 사업가치. 5번 (a)에서 계산한 무차입 기업의 가치에 5번 (b)에서 계산한 이자 세금 절약의 현재가치를 더하라.)

d. 아이덱소의 현재 주식의 가치. (2016년 말의 기업 채무와 잉여 현금을 반영하기 위하여 (5번 (c)에서의 사업가치를 수정하시오.)

e. 당신의 분석에 근거하면 페리스는 지금 이 기업을 매각하여야 하는가?

제8부

특별 주제

가치평가 원칙의 연계. 제8부는 이 책의 마지막 부분으로 기업재무관리의 특별 주제에 대해 다루고자 한다. 가치평가 원칙은 이 주제들에 대해서도 계속해서 통합된 구조를 제공해 준다. 제21장은 옵션을 다루는데, 옵션의 가격결정을 이해하는 열쇠도 일물일가의 법칙을 가치평가 원칙에 적용하는 것에서 시작된다. 제22장에서는 합병과 인수를 살펴본다. 제23장은 해외 투자 시에 회사가 직면하는 문제와 해외 프로젝트의 가치평가에 대해서 설명한다. 이러한 설명으로부터 일물일가의 법칙이 해외 현금흐름의 가치평가를 움직이는 몇 가지 중요한 관계를 유도한다는 것을 알게 될 것이다.

21 옵션의 응용과 기업재무

Option Applications and Corporate Finance

학습목표

- 기본적인 옵션 용어를 이해한다.
- 콜과 풋의 차이, 옵션의 보상, 만기 보유 시의 보상을 살펴본다.
- 옵션 가격에 영향을 주는 요인을 분석한다.
- 블랙-숄즈의 옵션 가격결정 공식에 익숙해진다.
- 동일 주식에 대한 콜과 풋 사이에 성립하는 관계를 설명한다.
- 기업재무에 옵션이 어떻게 적용되는지 보여준다.

기호

NPV 순현재가치

PV 현재가치

1973년에 시카고옵션거래소(Chicago Board Options Exchange, CBOE)에서 옵션이 처음 거래되기 시작하면서 금융 옵션은 가장 중요하고 활발하게 거래되는 금융 자산의 하나가 되었다. 옵션의 중요성은 이미 널리 인식되어서, 미국에서만 2,000개 이상의 기업(구글, 아마존, 애플을 포함) 주식을 대상으로 옵션이 발행되고 있다. 나이키와 같은 많은 기업들이 경영진에 대한 보상의 일부를 스톡옵션으로 주고 있으며, 1997년 노벨 경제학상은 옵션 가격결정 모형의 공로에 수여되었다. 옥수수, 밀, 석유, 콩, 금과 같은 상품의 엄청난 양이 옵션을 통해서 거래가 된다. 델과 같은 기업들은 매년 외국환 옵션을 매입하기 위해서 수백만 달러를 쓴다. '카지노 로얄(Casino Royal)'이라는 제임스 본드 영화의 내용은 악당의 옵션이 아무런 가치가 없이 만기가 되었을 때, 이 악당이 모든 것을 잃게 된다는 것이다. 옵션의 사용이 증가하면서 옵션 이해의 가치도 함께 증가하였다.

이 장에서는 두 당사자 간의 금융 계약인 금융 옵션에 대해 소개하고자 한다. 제9장에서 이미 프로젝트 관리의 유연성인 실물옵션의 개념에 대해서 간단히 언급하였다. 여기서는 옵션이 무엇이며, 옵션 가치에 영향을 주는 요인이 무엇인가를 자세히 살펴보고자 한다. 금융 옵션의 기본적인 유형을 살펴보는 것으로 시작하여, 옵션 관련 주요 용어와 여러 가지 옵션 전략의 보상에 대해서도 언급한다. 옵션 가격에 영향을 주는 요인들을 검토하는 것도 매우 중요하다. 마지막으로, 위험 채무의 가격결정뿐만 아니라 주식과 채무 보유자의 이해상충에 관한 본질을 파악하기 위해서 회사의 자기자본 주식과 채무를 옵션으로 모형화할 것이다.

21.1 옵션의 기초

금융 옵션: 옵션 보유자에게 미래의 어떤 시점에 정해진 가격으로 자산을 매입하거나 매도할 수 있는 권리(의무가 아님)를 주는 계약

콜옵션: 옵션 보유자에게 자산을 매입할 수 있는 권리를 주는 금융 옵션

풋옵션: 옵션 보유자에게 자산을 매도할 수 있는 권리를 주는 금융 옵션

옵션 발행자: 옵션 계약의 매도자

파생상품: 현금흐름이 다른 시장성 자산의 가격에 의존하는 증권

금융 옵션(financial option) 계약은 옵션 보유자에게 미래의 어떤 시점에 정해진 가격으로 어떤 자산을 매입하거나 매도할 수 있는 권리(의무가 아님)를 제공한다. 옵션에는 기본적으로 두 종류의 계약이 있다: **콜옵션(call option)**과 **풋옵션(put option)**. 콜옵션은 옵션 보유자에게 자산을 매입할 수 있는 권리를 주고, 풋옵션은 옵션 보유자에게 자산을 매도할 수 있는 권리를 준다. 옵션은 두 당사자 간의 계약이기 때문에, 금융 옵션의 모든 보유자에 대해서 옵션 계약의 상대방이 되어 옵션 계약을 매도하는 **옵션 발행자(option writer)**가 존재하게 된다. 옵션은 그 가치가 다른 자산의 가격으로부터 결정되기 때문에 **파생상품(derivates)**이라고 부르는 광범위한 증권 계열의 한 부문이다.

가장 일반적인 옵션 계약은 주식을 대상으로 하는 옵션이다. 스톡옵션은 보유자에게 주어진 가격으로 정해진 날이나 그 이전에 주식을 매입하거나 매도할 권리를 준다. 예를 들어, 3M 주식회사 주식의 콜옵션은 보유자에게 3M 주식을 정해진 날(예를 들어, 2019년 1월 18일) 또는 그 때까지 주당 \$180에 살 수 있는 권리를 준다. 비슷하게, 3M 주식의 풋옵션은 보유자에게 3M 주식을 정해진 날(예를 들어, 2019년 2월 15일) 또는 그 때까지 주당 \$175에 팔 수 있는 권리를 준다. 일반적인 콜옵션은 현존하는 주식에 대해서 제3자가 발행하지만, 기업이 당해 기업 신주를 대상으로 콜옵션을 발행하면 이를 **워런트(warrant)**라고 한다. 워런트의 보유자가 이를 행사하여 주식을 매입하면, 당해 기업은 신주를 발행하여 주식을 인도하여야 한다. 다른 모든 면에서는 워런트와 콜옵션은 동일하다.

워런트: 기업이 자신의 신주를 대상으로 발행하는 콜옵션

옵션 계약

실무자들은 옵션 계약의 자세한 사항을 특별한 용어를 사용하여 표현한다. 옵션 보유자가 계약을 실행하여 정해진 가격에 주식을 매매하는 것을 **옵션의 행사(exercising)**라고 한다. 옵션을 행사할 때, 옵션 보유자가 주식을 매매하는 가격을 **행사가격(strike price 또는 exercise price)**이라고 한다.

(옵션의) 행사: 옵션 보유자가 계약을 실행하여 정해진 가격에 주식을 매매하는 것

행사가격: 옵션 보유자가 옵션을 행사할 때 주식을 매매하는 가격

아메리칸 옵션: 가장 일반적인 유형으로 옵션 보유자가 만기일이라고 하는 마지막 날까지 언제든지 행사할 수 있는 옵션

만기일: 옵션 보유자가 옵션을 행사할 수 있도록 허용된 마지막 날

유로피안 옵션: 옵션의 만기일 당일에만 행사할 수 있는 옵션

옵션은 행사 시점에 따라 두 가지 유형이 존재한다. 가장 일반적인 유형인 **아메리칸 옵션(American options)**의 경우에는, 옵션 보유자가 **만기일(expiration date)**이라고 하는 마지막 날까지는 언제든지 옵션을 행사할 수 있다. **유로피안 옵션(European options)**은 만기일 당일에만 행사할 수 있다는 것이 다르다. 따라서 유로피안 옵션의 보유자는 만기일 전에 옵션을 행사할 수 없다. 아메리칸이나 유로피안이라는 이름은 옵션의 거래 장소와는 아무런 관계가 없다. 두 유형의 옵션들은 전 세계에서 거래가 되고 있다. 스톡옵션의 경우에는 만기일이 만기월의 세 번째 금요일 다음의 토요일이다. 하지만 옵션의 거래는 세 번째 금요일에 중단된다.

다른 금융 자산과 마찬가지로 옵션은 살 수도 있고 팔 수도 있다. 좀더 특화된 옵션들은 딜러를 통해 거래되지만, 표준적인 스톡옵션은 조직화된 거래소에서 거래된다. 가장 오래되고 큰 옵션 거래소는 시카고옵션거래소(CBOE)이다. 관례에 따라 모든 옵션은 만기월 세 번째 금요일 다음의 토요일에 만기가 되며, 옵션의 시장 가격은 *옵션 프리미엄(option premium)*이라고 부른다.

*옵션 보유자(option holder)*로 불리는 *옵션 매입자(option buyer)*는 옵션을 행사할 권리와 함께 옵션 계약의 매입(long) 포지션을 가진다. 옵션 발행자(option write)로 불리는 옵션 매도자(option seller)는 옵션을 팔았기(발행했기) 때문에 옵션 계약의 매도(short) 포지션을 가진다. 매입측이 옵션을 행사할 권리를 가지기 때문에, 매도측은 계약을 수행할 의무를 가진다. 예를 들어, 당신이 행사가격 $25를 가지는 휴렛-팩커드 주식의 콜옵션을 가지고 있다고 하자. 휴렛-팩커드 주식은 현재 $40에 거래되고 있기 때문에, 당신은 이 옵션을 행사하기로 결정한다. 이 옵션 계약의 매도 포지션을 가지고 있는 사람은 휴렛-팩커드 주식을 당신에게 $25에 매도해야 하는 의무가 있다. 당신의 수익은 당신이 지불하는 $25와 휴렛-팩커드 주식을 시장에서 매도하면 얻을 수 있는 $40의 차이인 $15로, 이것이 매도 포지션의 손실이 된다.

투자자들은 무엇인가를 얻을 수 있을 경우에 옵션을 행사한다. 결과적으로 옵션이 행사되면 매도 포지션의 사람은 매입 포지션의 수익을 감당하여야 한다. 즉, 의무가 비용을 수반하게 된다. 그렇다면 왜 사람들이 옵션을 발행하는 것인가? 그 해답은 옵션을 발행할 때 보상을 받기 때문인데, 옵션은 항상 양(+)의 가격을 가진다. 이러한 선불이 옵션이 행사될 때 발생하는 매도자의 손실 위험을 보상하는 것이다. 이러한 용어들이 혼란스러울 수 있겠지만, 그 개념들을 확실히 이해하기만 하면 이 장의 나머지 부분들은 쉽게 넘어갈 수 있을 것이다. 표 21.1은 용어들을 정리하고 있다.

표 21.1
옵션의 용어

콜옵션	정해진 가격으로 주식을 매입할 수 있는 옵션
풋옵션	정해진 가격으로 주식을 매도할 수 있는 옵션
행사가격	옵션 계약에서 행사를 위해 미리 정해진 가격
옵션의 발행	옵션을 매도함
(옵션의) 행사	옵션 계약에서 정해진 가격으로 주식을 매매하는 권리를 실행함
매도/매입 포지션	옵션 발행자(매도자)가 옵션의 매도 포지션을, 매입자는 매입 포지션을 가짐
아메리칸 옵션	만기일 이전의 어느 시점에나 옵션을 행사할 수 있음
유로피안 옵션	만기일에만 옵션을 행사할 수 있음
워런트	기업에 의해 발행되는 콜옵션으로 워런트가 행사되면 새로운 주식이 발행됨

스톡옵션의 호가

표 21.2는 2016년 7월 18일의 CBOE 웹 사이트(www.cboe.com)로부터 가져온 아마존 스톡옵션 근월물들을 보여주고 있다. 콜옵션은 왼쪽에, 풋옵션은 오른쪽에 나열되어 있고, 각 행은 개별 옵션들을 표시한다. 옵션 이름에서 처음 두 단위는 만기 연도를 나타낸다. 옵션 이름은 만기월, 행사가격, 개별 옵션의 시세 표식(ticker symbol)도 포함한다. 표 21.2를 보면, 왼쪽 열의 첫 행은 2016년 8월 셋째 금요일 다음 토요일(2016년 8월 20일 토요일)에 만기가 되는 행사가격 $715의 콜옵션이나. 이름 오른쪽의 열들은 옵션에 대한 시장 지료들을 나타내고 있다. 이 중 첫 열은 마지막 매도가격을, 다음 열들은 각각 전일의 종가로부터의 변화, 현재 매입 및 매도 호가, 일별 거래량이다. 마지막 열은 **미결제약정(open interest)**이라는 것으로, 발행되었지만 아직 결제되지 않은 특정 옵션의 전체 계약 수를 말한다. 여기서 결제된다는 의미는 옵션 계약이 행사되거나 반대 매매에 의해서 포지션이 없어지는 것을 말한다.

미결제약정: 발행되었지만 아직 결제되지 않은 특정 옵션의 전체 계약 수

옵션 시세 표시의 맨 윗줄은 주식 정보를 표시한다. 이 경우에는, 아마존 주식이 주당 $736.07의 가격으로 최종 거래되었는데, 이는 전일보다 $0.63 작은 금액이다. (빨간색은 하락을 나타낸다)

옵션의 행사가격이 주식의 현재 가격과 같으면, 이 옵션은 **등가격(at-the-money)**에 있다고 말하는데, 대개 등가격에 가까운 옵션들에서 많은 거래가 이루어진다. 즉, $735의 행사가격을 가지는 콜과 풋의 경우다. 8월물 735콜이 높은 거래량을 가진다. 그것은 마지막에 $34.04로 거래되었는데 이는 현재 매입 호가인 $32.20과 매도 호가인 $33.00보다 높다. 마지막 거래 가격이 현재의 시장 가격이 아니기 때문에 이는 최근에 거래가 잘 일어나지 않았음을 나타낸다.

등가격: 옵션의 행사가격이 주식의 현재 가격과 같은 상태

스톡옵션 계약은 항상 주식 100주 단위로 발행된다. 예를 들어, 당신이 행사가격 $110인 8월물 콜 계약 한 개를 매입하기로 하였다면, 주당 $715에 100주를 매입하는 옵션을 매입하게 될 것이다. 옵션 가격은 주당 기준으로 호가되기 때문에, $44.35의 매도 호가는 그 계약에 대해서 당신이 $4,435(= 100 × $43.35)를 지불하여야 한다는 것을 의미한다. 비슷하게 당신이 행사가격

표 21.2 아마존 주식의 옵션 호가

거래되는 각 옵션은 다음과 같이 호가된다: 만기 연도와 월, 행사가격, 괄호 안에 특정 옵션 시리즈의 이름. 예를 들 어, 첫 번째 콜옵션은 2016년 8월에 만기가 도래하고 $715.00의 행사가격을 가진다.

AMZN (AMAZON.COM INC) 736.07 0.63

Jul 18 2016 @ 17:47 ET

콜옵션	마지막 거래	순증	매입 호가	매도 호가	거래량	미결제 약정	풋옵션	마지막 거래	순증	매입 호가	매도 호가	거래량	미결제 약정
16 Aug 715.00	44.20	0.09	43.55	44.35	44	1253	16 Aug 715.00	22.10	21.47	22.05	22.75	97	590
16 Aug 720.00	41.79	0.52	40.55	41.35	135	806	16 Aug 720.00	24.00	21.87	24.05	24.70	158	610
16 Aug 725.00	38.79	0.74	37.60	38.45	149	602	16 Aug 725.00	25.60	22.09	26.15	26.80	37	624
16 Aug 730.00	36.07	0.47	34.95	35.65	168	1496	16 Aug 730.00	27.81	22.24	28.40	29.15	49	714
16 Aug 735.00	34.04	1.26	32.20	33.00	156	656	16 Aug 735.00	30.31	22.04	30.70	31.40	28	318
16 Aug 740.00	30.36	0.16	29.70	30.40	185	669	16 Aug 740.00	33.10	21.12	33.10	33.65	65	657
16 Aug 745.00	28.65	0.71	27.30	27.95	51	602	16 Aug 745.00	35.70	21.65	35.70	36.50	19	338
16 Aug 750.00	25.70	0.10	24.80	25.60	378	1671	16 Aug 750.00	38.60	21.50	38.35	39.10	25	615
16 Aug 755.00	24.20	0.75	22.90	23.35	57	682	16 Aug 755.00	41.00	21.41	41.10	41.90	8	305

출처: Chicago Board Options Exchange(www.cboe.com)

$715의 8월물 풋 계약을 매입하기로 하였다면, 주당 $715에 아마존 주식 100주를 매도하는 옵션에 대해서 $2,275(= 100 × $22.75)을 지불하여야 한다는 것이다.

표 21.2에서 2016년 8월 만기일이 되며 행사가격이 낮은 콜옵션은 시장 가격이 높다. 즉, 낮은 가격에 주식을 매입할 수 있는 권리는 높은 가격에 주식을 매입할 수 있는 권리보다 더 가치가 있다는 것이다. 반대로 풋옵션은 행사가격에 주식을 매도할 수 있는 권리이기 때문에, 만기일이 같다면 높은 행사가격을 가지는 풋의 가치가 더 높게 된다. 한편, 표에는 제시되지 않았지만, 행사가격이 동일할 때 콜과 풋은 만기가 길어질수록 더 비싸진다. 이 옵션들은 만기 이전에 언제든지 행사될 수 있는 아메리칸 옵션이기 때문에, 더 긴 기간 동안 사거나 팔 수 있는 권리를 가지는 것이 가치가 있다.

옵션을 즉시 행사하여 얻는 보상이 양(+)이라면, 옵션은 **내가격(in-the-money)**이라고 한다. 현재 주가보다 낮은 행사가격을 가지는 콜옵션과 현재 주가보다 높은 행사가격을 가지는 풋옵션은 내가격에 있게 된다. 표 21.2의 호가 자료 정보의 시점에 아마존의 주가는 $736.07이었으

내가격: 옵션을 즉시 행사하여 얻는 보상이 양(+)인 상태

외가격: 옵션을 즉시 행사하여 얻는 보상이 음(−)인 상태

심내가격: 주가와 행사가격의 차이가 매우 커서 내가격이 심한 상태

심외가격: 주가와 행사가격의 차이가 매우 커서 외가격이 심한 상태

므로, 이보다 낮은 $715에서 $735의 행사가격을 가진 8월물 콜옵션은 내가격이다. 마찬가지로, $736.07보다 높은 $740에서 $755의 행사가격을 가진 8월물 풋옵션도 내가격이다. 이와는 반대로, 지금 당장 행사하여 얻는 보상이 음(-)이면, 이 옵션은 **외가격(out-of-the-money)**이라고 한다. 현재의 주가보다 높은 행사가격을 가진 콜옵션과, 현재의 주가보다 낮은 행사가격을 가 진 풋옵션은 외가격에 있게 된다. 표 21.2에서 $745에서 $755의 행사가격을 가지는 8월물 콜옵 션과 $715에서 $735의 행사가격을 가지는 8월물 풋옵션은 외가격이다. 물론 외가격 옵션의 보 유자는 행사를 하지 않을 것이다. 주가와 행사가격의 차이가 매우 커서 내가격이 심할 경우 심 **내가격(deep in-the-money)**이라 하고, 외가격이 심할 경우 **심외가격(deep out-of-the-money)**이라고 한다.

다른 금융 증권의 옵션

헤징(또는 헤지): 투자자의 위험 노출과 음(−)의 관계를 가지는 계약이나 증권을 보유하여 투자 위험을 감소시키는 것

가장 일반적으로 거래되는 옵션은 스톡옵션이지만, 다른 금융 자산의 옵션들도 존재한다. 그 중 가장 잘 알려진 것이 S&P 100 지수, S&P 500 지수, 다우존스 산업평균 지수, NYSE 지수 등을 기초자산으로 하는 옵션이다. 이런 대중적인 옵션들은 투자자들의 투자 가치를 불리한 시장 변화로부터 보호해 줄 수 있다. 예를 들어, 주가지수 풋옵션은 시장 침체기에 투자자 포트폴리오의 손실을 상쇄하기 위해서 사용될 수 있다. 투자자의 위험 노출과 음(-)의 관계를 가지는 계약이나 증권을 보유하여 투자 위험을 감소시키기 위해 옵션을 사용하는 것을 **헤징(hedging)**이

예제 21.1
옵션의 매입

문제 *Problem*

2016년 7월 18일 한낮에 당신은 행사가격이 $740이고 8월 만기인 아마존 주식의 콜옵션을 10개 매입하기로 결정하였다. 매입자이므로 매도 호가를 지불하여야 한다. 이 옵션의 매입 비용은 얼마인가? 이 옵션은 내가격인가 아니면 외가격인가?

풀이 *Solution*

● **계획**

표 21.2에서 이 옵션이 매도 호가는 $30.40이다. 호가는 주식 한 단위당이고 옵션 계약은 100주를 단위로 거래된다.

● **실행**

당신은 10계약을 매입하고 한 계약은 100주 단위이므로, 이 거래는 수수료를 무시할 경우 $30,400(= 3.40 × 10 × 100)의 비용이 든다. 이 계약은 콜옵션이고 행사가격이 현재 주가인 $736.07보다 높으므로, 이 옵션은 현재 외가격이다.

● **평가**

이 옵션이 현재 외가격이지만 아직도 가치는 있다. 만기까지 남은 기간 동안 주가가 행사가격 $740을 초과할 수 있기 때문이다.

주식 이외의 다른 자산들에 대해서도 많은 옵션들이 만들어진다

이 장의 예제들은 주로 주식의 옵션에 치중하고 있지만, 다양한 다른 자산을 기초자산으로 하는 옵션들도 많다. 예를 들어, 미 재무부 채권(국채)에 대해서도 옵션이 거래된다. 이러한 옵션들을 이용하여 투자자들은 이자율 위험에 승부를 걸거나 헤지할 수 있다. 통화(제23장에서 자세히 언급함), 금, 백금 및 동 또는 석유와 같은 상품에도 옵션이 존재한다. 밀, 콩, 가축, 면화, 오렌지주스, 설탕과 같은 농산물에도 옵션이 다양하게 존재한다. 이러한 옵션들을 이용하여 농부들과 대규모 농업 관련 업자들이 생산량 및 가격 변동의 위험을 헤지한다.

라고 한다. 투자자들은 옵션을 이용하여 **투기(speculate)**를 할 수도 있다. 즉 옵션을 이용해 시장이 움직일 것 같다고 믿는 방향으로 크게 승부를 거는 것이다. 콜을 매입하여 실제로 시장 지수에 투자하는 것보다 훨씬 작은 금액으로 시장 상승에 승부를 거는 것이 그 예가 될 수 있다.

투기: 시장이 움직일 것 같다고 믿는 방향으로 증권을 이용해 승부를 거는 것

개념확인

1. 옵션의 보유자는 옵션을 반드시 행사하여야 하는가?
2. 아메리칸 옵션과 유로피안 옵션의 차이는 무엇인가?

21.2 만기일 옵션의 보상

이제는 풋과 콜의 기본적 이해를 가지고 옵션의 가치를 살펴보고자 한다. 가치평가 원칙은 어떤 증권의 가치는 그 증권의 보유에 의해 투자자가 얻게 되는 미래의 현금흐름에 의해 결정된다고 한다. 따라서 옵션의 가치를 평가하기 전에 만기일 옵션의 보상을 결정하여야 한다.

옵션 계약의 매입 포지션

당신은 \$20의 행사가격을 가지는 콜옵션을 보유하고 있다. 만기일에 주가가 행사가격보다 크다면, 예를 들어 \$30이라면, 당신은 콜을 행사하고(행사가격 \$20을 지불함), 그 주식을 곧 \$30에 시장에서 매도하여 이익을 얻게 된다. \$10의 차이는 옵션의 가치가 된다. 결과적으로 만기일에 주가가 행사가격을 초과하면, 콜의 가치는 주가와 행사가격의 차이다. 만기일에 주가가 행사가격보다 작다면, 보유자는 콜을 행사하지 않을 것이므로 옵션의 가치는 없다. 그림 21.1에 이러한 보상 구조가 표시되어 있다.

따라서 만기일에 콜의 가치는 다음과 같다.

그림 21.1
$20의 행사가격을 가지는 콜옵션의 만기일 보상

주가가 행사가격인 $20보다 크면, 콜옵션은 행사될 것이다. 콜옵션 보유자의 보상은 주가와 행사가격의 차이가 된다. 주가가 행사가격보다 작으면, 콜옵션은 행사되지 않을 것이고 아무런 가치가 없을 것이다.

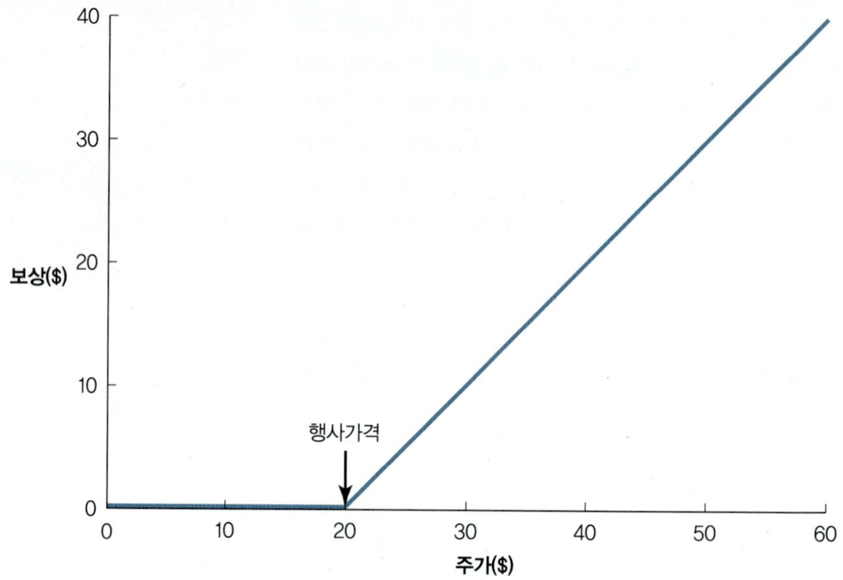

만기일 콜의 가치

$$\text{콜의 가치} = \begin{cases} \text{주가} - \text{행사가격}, & \text{주가} > \text{행사가격} \\ 0, & \text{주가} \leq \text{행사가격} \end{cases} \quad (21.1)$$

풋옵션의 보유자는 주가가 행사가격보다 작다면 옵션을 행사할 것이다. 주가가 행사가격보다

예제 21.2
만기일 풋옵션의 가치

문제 *Problem*

당신은 오늘 만기가 되는 행사가격 $20의 오라클(Oracle) 주식 풋옵션을 보유하고 있다. 주가의 함수로 이 옵션의 가치를 그리시오.

풀이 *Solution*

● **계획**

식 21.2와 행사가격이 $20이라는 사실로부터 풋옵션의 가치는 다음과 같게 된다. 주가가 $20보다 작으면 풋옵션 가치는 ($20−주가)가 되고, 주가가 $20보다 크면 풋옵션은 아무런 가치가 없게 된다.

● **실행**

이 함수를 그래프로 그리면 다음과 같다.

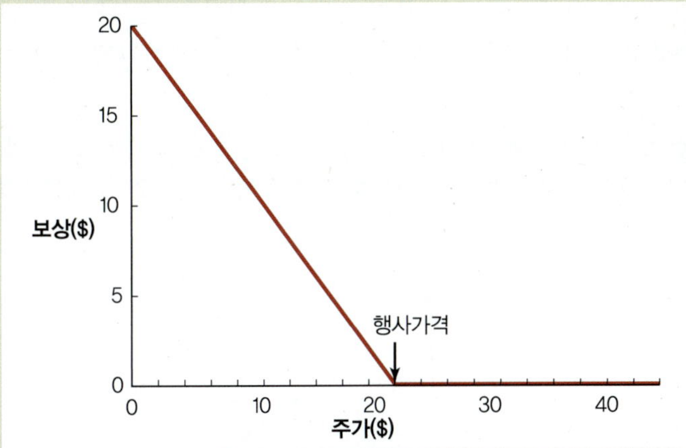

● **평가**

풋옵션 발행자에게 주식을 $20으로 매입할 것을 강제할 수 있으므로, 현재의 주가와는 무관하게 오라클 주가가 떨어질수록 풋옵션의 보상은 증가하게 되는 것을 알 수 있다. 예를 들어, 오라클 주가가 $10이 되면 당신은 시장에서 오라클 주식을 $10에 매입하여 풋옵션 발행자에게 $20에 매도할 수 있으므로, $10의 이익을 취할 수 있다.

작다면 옵션 보유자는 행사가격을 받을 것이기 때문에, 옵션 보유자의 수익은 행사가격에서 주가를 차감한 금액이다. 따라서 만기 시점에 풋의 가치는 다음과 같다.

만기일 풋의 가치

$$\text{풋의 가치}=\begin{cases}\text{행사가격} - \text{주가}, & \text{주가} < \text{행사가격} \\ 0, & \text{주가} \geq \text{행사가격}\end{cases} \tag{21.2}$$

옵션 계약의 매도 포지션

옵션의 매도 포지션을 보유한 투자자는 의무를 가지게 된다. 이 투자자는 옵션의 매입 포지션 투자자와 계약의 상대방이 된다. 따라서 매도 포지션의 현금흐름은 매입 포지션 현금흐름의 정반대가 된다. 이익이 발생한 경우 옵션의 매입 포지션 투자자는 만기일에 이익을 받을 수만 있고 (옵션이 외가격인 경우 행사하지 않기 때문임), 매도 포지션 투자자는 돈을 지급할 수만 있다. 이를 보여주기 위하여 당신이 $20의 행사가격을 가지는 콜옵션의 매도 포지션에 있다고 하자. 주가가 행사가격보다 크다면, 예를 들어 $25라면, 당신은 두 가격의 차이인 $5를 잃게 된다. 그러나 만기일에 주가가 행사가격보다 작다면, 옵션 보유자는 옵션을 행사하지 않을 것이므로 당신은 아무것도 잃지 않게 된다. 즉, 옵션의 행사 권리가 아무런 가치가 없다는 것이다. 이러한 보상 구조가 그림 21.2에 표시되어 있다.

주가는 0보다 작게 떨어질 수 없으므로, 풋옵션 매도 포지션의 손실은 옵션의 행사가격으로 제한된다. 그러나 콜옵션의 매도 포지션 손실은 아무런 제한이 없다(그림 21.2를 보시오).

그림 21.2
만기일 콜옵션의 매도 포지션

주가가 행사가격보다 크면, 콜옵션은 행사될 것이고, 콜옵션의 매도자는 주가와 행사가격의 차이만큼을 잃게 될 것이다. 주가가 행사가격보다 작으면, 콜옵션은 행사되지 않을 것이고, 매도자는 아무런 의무가 없게 된다.

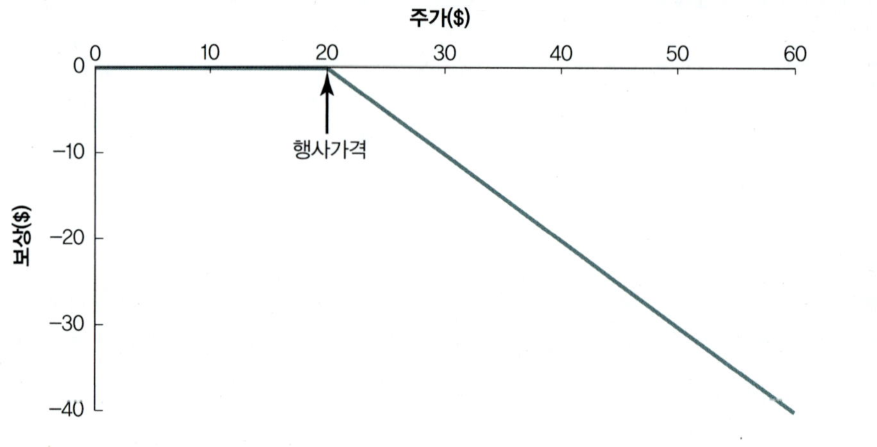

만기까지의 옵션 보유 이익

옵션 계약 매입 포지션의 지급액은 음(-)이 될 수 없음에도 불구하고, 옵션을 매입하여 만기까지 보유할 때 발생하는 이익은 음(-)이 될 수 있다. 만기시의 보상이 옵션의 최초 비용보다 작을 수 있기 때문이다.

이를 알아보기 위해서 표 21.2에 호가된 아마존 주식의 콜옵션 중에서 "10 August 130"을 매입하였을 때의 잠재적 이익을 생각해 보자. 이 옵션의 비용은 $3,300(= $33.00 × 100)이고, 33일

예제 21.3
풋옵션 매도 포지션의 보상

문제 *Problem*

당신은 오늘 만기가 되는 행사가격 $20의 오라클 주식 풋옵션을 매도하였다. 주가의 함수로 이 옵션의 가치를 표시하시오.

풀이 *Solution*

● **계획**

행사가격이 $20인 풋옵션의 매도 포지션이므로 당신의 현금흐름은 앞의 예제와 정반대가 된다. 따라서 당신의 현금흐름은 다음과 같다.

$$-(20 - \text{주가}) = -20 + \text{주가}, \quad \text{만약 주가} < 20$$
$$= 0, \quad \text{만약 주가} > 20$$

● **실행**

현금흐름의 그래프는 다음과 같다.

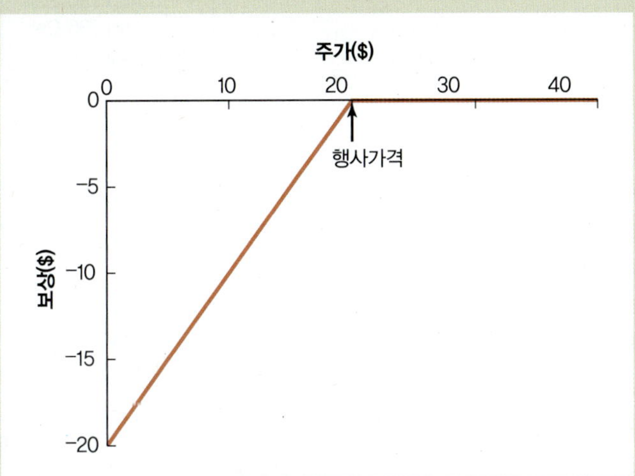

● **평가**

현재의 주가가 $30이면 풋옵션은 행사되지 않을 것이므로 당신은 아무런 부담이 없게 된다. 하지만 현재 주가가 $15이면 풋옵션은 행사될 것이고 당신은 $5를 잃게 될 것이다. 이 그래프와 예제 21.2의 그래프를 비교하면 각각의 현금흐름 보상이 완전히 대칭이 되는 것을 알 수 있다.

뒤인 8월 20일 토요일에 만기가 된다. 연 3%의 이자로 $3,300을 차입한다고 가정하자. 33일 뒤에 차입금을 상환하기 위하여 $3,308.83(= $3,300 × $1.03^{33/365}$)이 필요할 것이다. 그림 21.3의 자주색 선과 같이, 이 포지션의 이익은 콜의 보상에서 차입금 상환액 $3,308.83을 차감한 값이다. 포지션 비용을 고려하면, 주가가 $768.09을 초과하여야만 양(+)의 이익을 얻을 수 있다. 예를 들어, 주가가 $768.10이라면 옵션을 $735에 행사하고 주식을 $768.10에 매도하여 주당 $33.10의 수익을 얻을 수 있다. 옵션 한 개는 100주를 단위로 하기 때문에 $3,310의 전체 수익을 얻게 되어 차입금을 상환하는 데 아무런 문제가 없다. 표 21.2에서 알 수 있듯이, 옵션이 내가격 상태가 심해질수록 최초 가격과 잠재적 손실이 더 커지게 된다. 외가격 옵션은 최초 비용이 더 작기 때문에 잠재적 손실도 더 작아지지만, 이익이 양(+)이 되는 만기 시점의 주식가격이 더 커지기 때 문에 수익이 발생할 확률은 더 작아진다.

옵션의 매도 포지션은 매입 포지션의 상대방이 되기 때문에, 옵션 매도 포지션의 이익은 매입 포지션 이익의 음수 값이 된다. 예를 들어, 그림 21.3에 나타난 "16 August 740"의 아마존 콜과

그림 21.3
만기까지의 콜옵션 보유 이익

이 그래프는 2016년 7월 18일에 표 21.2의 8월물 콜옵션들을 3% 이자로 차입한 자금으로 매입하여 만기까지 보유하는 포지션의 주당 이익을 보여준다. 모든 보상 그래프들은 옵션의 프리미엄만큼 아래쪽으로 움직이게 된다. 따라서 보상이 양(+)이라 할지라도 옵션을 매입하기 위하여 지불하는 프리미엄을 상쇄하지 못하면 당신의 이익은 음(−)이 될 것이다.

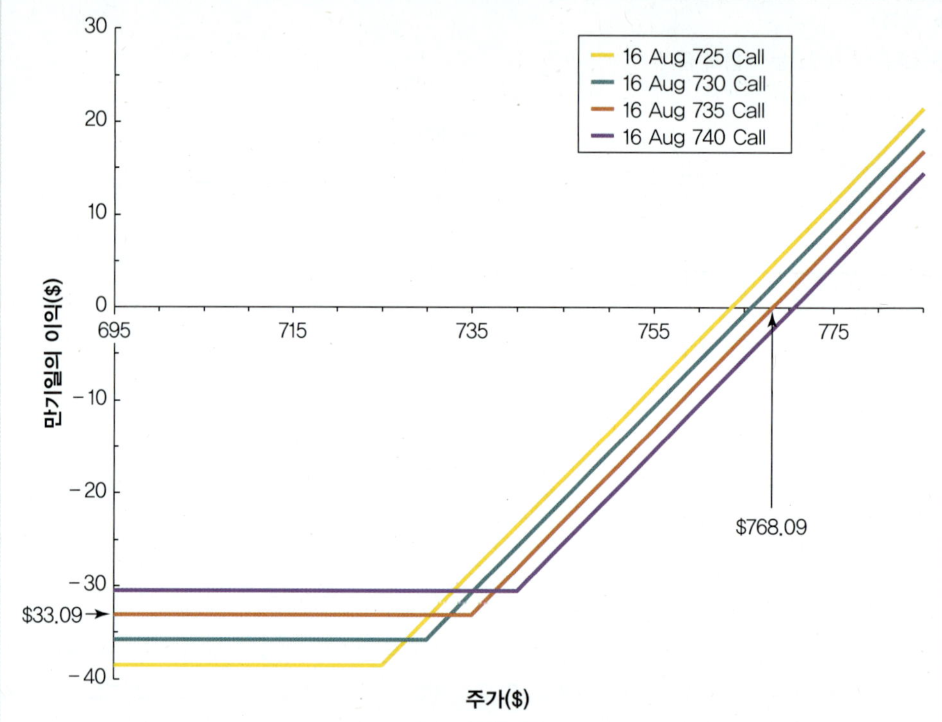

같은 외가격 옵션의 매도 포지션은 아마존 주가가 $774.49 밑으로 떨어지면 작은 이익을 주지만, $774.49 위로 올라가면 손실이 발생한다.

만기까지 옵션을 보유할 경우의 수익률

잠재적인 수익률에 따라 옵션을 비교할 수도 있다. 그림 21.4는 2016년 7월 18일에 표 21.2의 2016년 8월물 옵션 하나를 매입하여 만기까지 보유할 경우의 수익률을 보여준다. 패널 (a)의 콜옵션으로 시작해 보자. 모든 경우에 최대 손실은 100%다. 즉, 옵션이 아무런 가치가 없이 만기가 도래한 경우다. 이제 행사가격의 함수로 수익률 선이 어떻게 변하는가를 살펴보자. 외가격 콜옵션의 잠재적 수익률은 내가격 콜보다 더욱 극단적이다. 즉, 외가격 콜옵션은 -100%의 수익률을 갖기 쉽다. 그러나 주가가 충분히 상승하면, 내가격 옵션보다도 훨씬 큰 수익률을 갖게 된다. 비슷하게 콜옵션은 주식 자체보다 훨씬 극단적인 수익률을 가진다(아마존의 최초 주가가 $736.07이라고 할 때, 그림에서의 주가 범위는 -10%에서 +10%의 수익률을 나타냄). 결과적

예제 21.4
만기까지 풋옵션을 보유할 경우의 이익

문제 *Problem*

당신은 2016년 7월 18일에 표 21.2에 호가된 8월물 725에서 740 풋옵션을 매입하기로 결정하였고, 33일 동안 각 포지션을 3%의 이자로 자금을 조달하고자 한다. 각 포지션의 이익을 만기일 주가의 함수로 표시하시오.

풀이 *Solution*

- **계획**

P를 8월 21일에 각 풋옵션의 가격이라고 하자. 만기일의 현금흐름은 다음과 같이 계산될 수 있다.

$$(\text{행사가격}-\text{주가}) - P \times 1.03^{33/365}, \text{ 만약 주가} < \text{행사가격}$$
$$\text{또는 } 0 - P \times 1.03^{33/365}, \text{ 만약 주가} > \text{행사가격}$$

- **실행**

당신의 이익은 다음의 그래프와 같다.

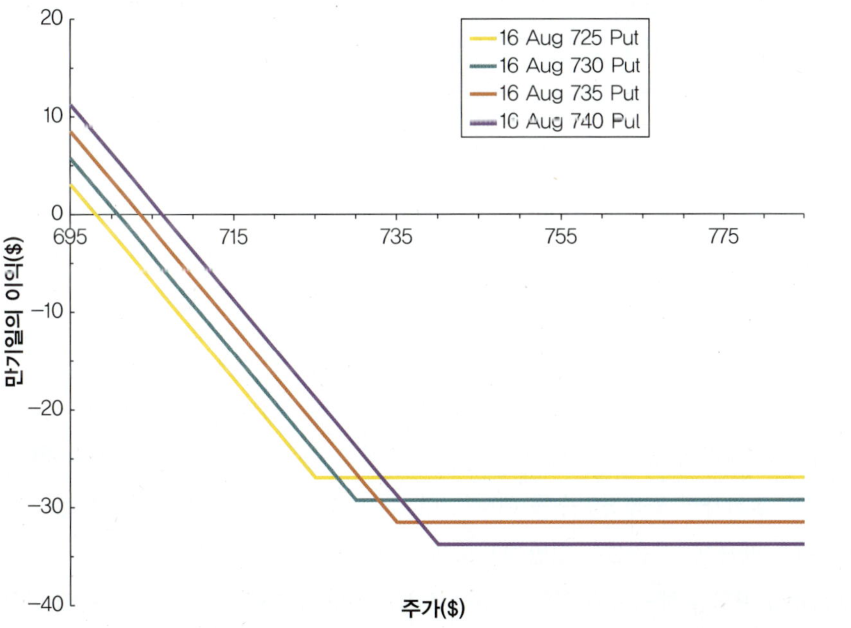

- **평가**

이 그래프는 그림 21.3의 콜옵션 경우와 같이 최대 손실과 이익 가능성 사이의 상쇄 관계를 보여주고 있다. 가장 큰 이익의 가능성은 가장 비싼 옵션에서 발생할 수 있으므로, 만약 그 옵션이 아무런 가치가 없이 만기가 되면 당신은 가장 큰 손실을 보게 될 것이다.

으로, 콜옵션의 위험은 주식의 위험보다는 상대적으로 증폭된다. 이러한 위험의 증폭은 외가격이 심한 콜일수록 더 커진다. 따라서 주식이 양의 베타를 가지면, 그 주식에 발행된 콜옵션은 더 큰 베타를 가지고, 주식보다 기대수익률이 더 크게 될 것이다.

그림 21.4 옵션을 매입하여 만기까지 보유할 경우의 수익률

패널 (a)는 2016년 7월 18일에 표 21.2의 8월물 콜옵션을 매입하여 만기일까지 포지션을 보유할 경우의 만기일 수익률을, 패널 (b)는 8월물 풋옵션을 매입할 경우의 수익률을 보여준다. 옵션의 외가격이 심할수록 주가 변화에 대해 수익이 얼마나 더 민감한가를 알 수 있다. 예를 들어, 패널 (a)에서 행사가격에 도달한 이후에 수익 곡선의 기울기는 외가격이 심할수록 더 가파르게 된다. 8월물 740 콜옵션의 경우, 주가가 약간만 변하더라도 수익의 변화는 클 수 있다. 풋옵션에 대해서도 비슷한 효과가 패널 (b)에 보여지고 있다.

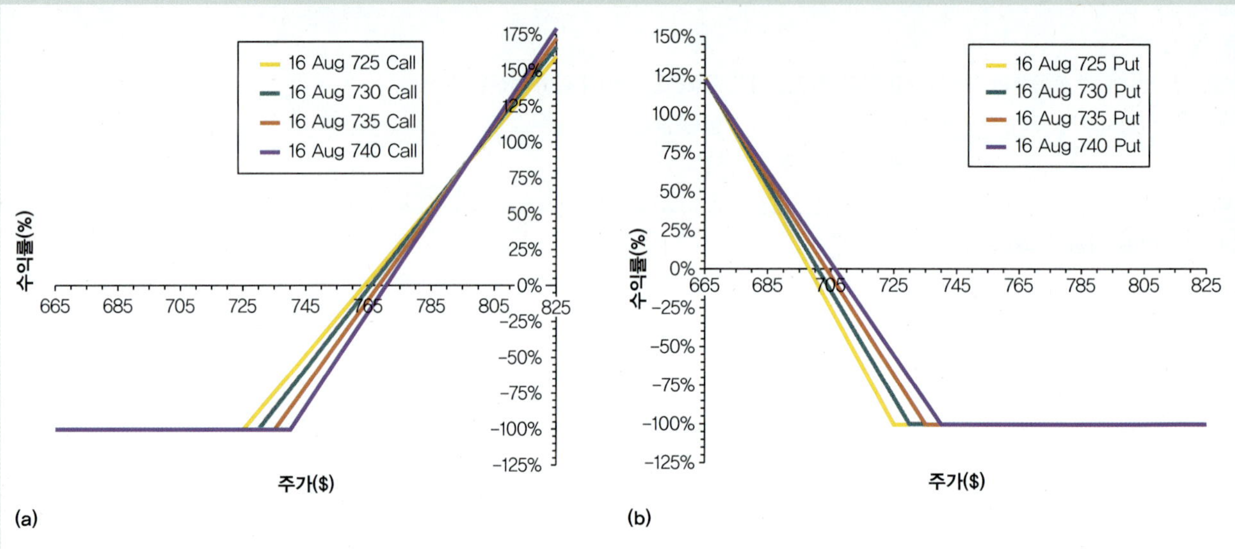

이제 풋옵션의 수익률을 보자. 그림 21.4의 패널 (b)를 신중하게 살펴보자. 풋옵션 포지션은 주가가 낮은 상태에서 높은 수익률을 가진다. 즉 주식이 양(+)의 베타를 가지면, 풋은 음(-)의 베타를 가진다. 따라서 양(+)의 베타를 가지는 주식의 풋옵션은 기초 주식보다 기대수익률이 더 낮아진다. 심외가격 풋옵션일수록 베타는 더 음(-)이 될 것이고, 기대수익률은 작아질 것이다. 이런 이유 때문에, 풋옵션은 일반적으로 투자를 위해서 보유되지는 않고, 포트폴리오의 하방(downside) 위험을 헤지하기 위한 보험으로 사용된다. 21.5절에서 보험을 위해 사용되는 옵션의 개념에 대해서 더 자세히 살펴보고자 한다.

옵션의 매입 비용인 프리미엄과 만기 시의 보상 및 이익들을 알아보았다. 대개 교환의 대상이 되는 다음 세 가지 것들의 개념을 기억하는 것이 도움이 된다: (1) 옵션 프리미엄, (2) 주가, (3) 주식의 지분. 옵션은 두 당사자 간의 계약이기 때문에 한쪽의 손실은 다른 쪽의 수익이 된다. 표 21.2에 언급된 아마존 주식의 “16 August 735” 콜과 풋에 대해서 이 관계를 표 21.3에 정리하여 보았다. 표의 내용을 해석할 때, 옵션을 보유하고 행사하여 음(-)의 보상이 나오면, 행사가 이루어지지 않아서 아무런 보상이 없다는 것을 명심하시오(식 21.1과 식 21.2를 보시오).

표 21.3
표 21.2의 옵션을 매입 또는 매도함에 따른 보상 및 이익

매입 시점		주가 $695에서 만기인 경우		주가 $775에서 만기인 경우	
		보상	이익	보상	이익
"16 Aug 735 Call" 1개 매입	33.00 지불	0	**−33.00** −100% 수익률	775 − 735 = **40**	40 − 33 = **7** 7/33 = 21% 수익률
"16 Aug 735 Call" 1개 매도	33.00 수입	0	**33.00**	735 − 775 = **−40**	33.00 − 40 = **−7**
"16 Aug 735 Put" 1개 매입	31.40 지불	735 − 695 = **40**	40 − 31.40 = **8.60** 8.60/31.40 = 27% 수익률	0	31.40 −100% 수익률
"16 Aug 735 Put" 1개 매도	31.40 수입	695 − 735 = **−40**	31.40 − 40 = **−8.60**	0	31.40

각 계약은 100주 단위로 이루어진다. 보상은 1주당으로 표현하였다.

개념확인

3. 옵션 매입의 이익이 만기에 옵션의 보상과 어떻게 다른가?
4. 콜옵션 매입의 보상이 콜옵션 발행의 보상과 어떻게 관계되는가?

21.3 옵션 가격에 영향을 미치는 요인들

표 21.2에서 옵션 가격과 다른 특성들과의 관계를 언급하였다. 이 절에서는 옵션의 가격에 영향을 미치는 모든 요인들을 밝히고 설명하고자 한다.

행사가격과 주가

표 21.2의 아마존 옵션 호가에서 이미 언급하였듯이, 다른 조건이 동일할 때 행사가격이 낮은 콜옵션의 가치가 더 높다. 풋은 주식을 팔 수 있는 권리이므로, 낮은 행사가격을 가지는 풋의 가치가 더 낮게 된다.

행사가격이 주어졌을 때, 현재 주가가 높으면 옵션이 내가격으로 마감할 가능성이 커지므로 콜옵션의 가치는 더 커진다. 반대로 풋옵션의 가치는 주가가 떨어지면 증가한다.

옵션 가격과 만기일

아메리칸 옵션의 경우, 만기일까지의 시간이 길면 길수록 옵션의 가치는 증가한다. 이것을 알아보기 위하여 두 개의 옵션을 생각해 보자. 만기일까지 1년이 남은 옵션과 6개월이 남은 옵션이 있다. 1년 만기 옵션을 보유한 사람은 일찍 옵션을 행사하여 6개월 만기 옵션으로 전환할 수 있다. 즉, 1년 만기 옵션은 6개월 만기 옵션과 동일한 권리와 특권도 가지기 때문에, 가치평가 원칙에 따라 6개월 만기 옵션보다 가치가 작을 수는 없다. 즉 늦은 만기일을 가진 아메리칸 옵션은 빠른 만기일을 제외하고는 동일한 조건을 가진 아메리칸 옵션보다 가치가 작을 수 없다. 대개 옵션의 행사를 연기하는 것은 금전적 가치를 가지게 되어, 더 늦은 만기일을 가지는 옵션의

가치가 더 클 것이다.

유로피안 옵션의 경우는 어떤가? 1년 만기 유로피안 옵션은 6개월 만에 일찍 행사될 수 없기 때문에, 동일한 논리가 유로피안 옵션에 대해서는 적용되지 않을 것이다. 결과적으로, 늦은 만기일을 가지는 유로피안 옵션은 빠른 만기일을 제외하고는 동일한 조건을 가진 유로피안 옵션보다 더 낮은 가격으로 거래될 수도 있다. 예를 들어, 6개월 뒤에 청산 배당금(liquidating dividend)을 주는 주식에 대한 유로피안 콜옵션을 생각해 보자. 청산 배당금이란 기업이 영업을 중단하고 자산을 매각하여 그 수익금을 배당 형태로 지불하는 것이다. 이 주식에 대한 1년 만기 유로피안 콜옵션은 아무런 가치가 없지만, 6개월 만기 옵션은 가치가 있을 것이다.

옵션 가격과 무위험 이자율

콜옵션의 가치는 무위험 이자율에 따라 증가하지만, 풋옵션의 가치는 무위험 이자율에 따라 감소한다. 이에 대한 직관적인 이유는 높은 이자율이 행사가격의 가치를 감소시킨다는 것이다: 콜옵션을 행사하기 위하여 행사사격을 지불하여야 하므로, 행사가격의 현재가치 감소는 옵션의 가치를 증가시킨다는 것이다. 이와는 반대로, 풋옵션을 행사할 경우에는 행사가격 현재가치의 감소는 풋옵션의 가치를 감소시킬 것이다. 하지만 무위험 이자율의 통상적인 움직임 범위 내에

예제 21.5
옵션의 가치와 변동성

문제 *Problem*

두 개의 서로 다른 주식에 대해서 행사가격 $50인 유로피안 콜옵션 두 개가 발행되었다. 변동성이 작은 주식의 가격은 내일 확실히 $50이 될 것이다. 변동성이 큰 주식은 내일 $60 또는 $40이 될 확률이 동일하다. 두 옵션의 만기일이 내일이라면, 오늘 어떤 옵션의 가치가 더 클 것인가?

풀이 *Solution*

● **계획**

옵션의 가치는 만기 시점에 주식들의 가치에 따라 달라진다. 만기시 옵션의 가치는 내일 주가가 $50보다 크다면 (주가-$50)이 될 것이고, 그렇지 않으면 0이 될 것이다.

● **실행**

변동성이 작은 주식은 확실히 $50이 될 것이므로 옵션의 가치는 확실히 $0이다. 변동성이 큰 주식은 $40 또는 $60이 될 것이므로, 이 옵션의 가치는 $0 또는 $10(= $60 - $50)이 될 것이다. 옵션은 음(−)의 보상을 제공하지 않으므로, 양(+)의 보상이 50%가 될 옵션이 변동성이 낮은 주식의 옵션(보상이 양(+)이 될 가능성이 없음)보다 더 가치가 있어야 한다.

● **평가**

변동성은 옵션이 양(+)의 보상을 제공할 가능성을 증가시키기 때문에, 두 주식에 대한 내일의 기대 주가가 $50으로 동일하다고 할지라도 두 옵션의 가치는 달라진다. 변동성이 작은 주식의 내일 기대 가격은 확실히 $50이지만, 변동성이 큰 주식의 내일 기대 가격은 확률적으로 $50(= $40 $\times \frac{1}{2}$ + $60 $\times \frac{1}{2}$)이 된다.

서는 옵션이 존재하는 동안 옵션 가격에 실질적으로 큰 영향을 주지는 않는다.

옵션 가격과 변동성

옵션의 가격을 결정하는 중요한 요인의 하나는 기초자산인 주식의 변동성이다. *일반적으로 옵션의 가치는 변동성이 커지면 증가한다.*[1] 이 결과에 대한 직관적인 이유는 변동성 증가가 주가가 아주 높거나 낮을 가능성을 증가시키기 때문이다. 콜옵션의 보유자는 주가가 상승하여 내가격이 되면 보상에 의한 이익을 얻지만, 일단 외가격이 되면 주가 하락의 정도와는 상관없이 동일하게 아무런 보상을 받지 못한다. 옵션 보상의 이러한 비대칭성 때문에, 옵션 보유자는 일반적으로 변동성 증가로부터 수익을 얻는다. 다음의 예를 살펴보자.

예제 21.5는 콜옵션의 가치가 기초자산인 주식의 변동성 증가에 따라 증가한다는 직관적 이유를 확인해 주고 있다. 동일한 논리가 풋에 대해서도 적용된다. 풋옵션을 포트폴리오에 추가하는 것은 포트폴리오 가치 하락에 대비하는 보험 매입과 유사하다는 것을 기억하자. 보험은 변동성이 클 때 가치가 커지므로, 변동성이 큰 주식의 풋옵션은 더 가치가 크다. 표 21.4는 옵션 가치에 영향을 주는 요인과 각 요인의 증가가 옵션 가치에 어떤 영향을 주는가를 정리하고 있다.

표 21.4 각 요인의 증가가 옵션 가치에 미치는 영향

	아메리칸		유로피안	
	콜옵션	풋옵션	콜옵션	풋옵션
주가	가치 증가	가치 감소	가치 증가	가치 감소
행사가격	가치 감소	가치 증가	가치 감소	가치 증가
만기	가치 증가	가치 증가	불확실	불확실
무위험 이자율	가치 증가	가치 감소	가치 증가	가치 감소
주가 변동성[2]	가치 증가	가치 증가	가치 증가	가치 증가

개념확인

5. 늦은 만기일을 가지는 유로피안 옵션이 만기일이 빠른 것을 제외하고 다른 조건이 동일한 유로피 안 옵션보다 가치가 작을 수 있는가?
6. 주가의 불확실성이 커지면 그 스톡옵션의 가치가 증가하는 이유는 무엇인가?

21.4 블랙-숄즈 옵션 가격결정 공식

피셔 블랙(Fischer Black)과 마이런 숄즈(Myron Scholes) 교수는 노벨상을 받은 기념비적인 연구에서 배당이 없는 주식의 유로피안 콜옵션 가격을 결정하는 공식을 유도하였다. 그 공식은 이

---

1) 주식의 변동성과 옵션 가치의 관계는 실무자들에 의해 가정된 현실적인 주가 분포에 대해서 성립하는데, 변동성의 증가는 미래 주가의 범위 전체에 대해 퍼짐이 커진다는 것을 의미한다. 예를 들어, 주가의 변동성이 어떤 범위에서는 커지고, 다른 부분에서는 떨어진다면 이러한 관계가 성립하지 않을 수 있다.

2) 각주 1을 보시오.

제 전 세계적으로 거래되는 옵션 계약의 가격결정의 기본으로 이용되고 있다. 그 공식은 다음과 같다.

배당이 없는 주식의 유로피안 콜옵션을 위한 블랙-숄즈 가격

$$\text{콜 가격} = \text{주가} \times N(d_1) - \text{행사가격의 현재가치} \times N(d_2) \quad (21.3)$$

현재가치는 무위험 이자율을 사용하여 계산하고, $N(d_1)$과 $N(d_2)$는 확률이다. d_1과 d_2의 의미는 복잡하기 때문에 이에 대한 설명은 다른 재무론 과정으로 미루기로 한다.[3] 하지만 그것들이 포함하는 요소는 주가, 행사가격, 무위험 이자율, 옵션 만기까지의 기간, 주식의 변동성이다. 따라서 블랙-숄즈는 다섯 가지 요인만이 옵션의 가치를 결정한다는 것을 확신하였다. 특기할 만한 사항은 주가의 기대수익률을 알 필요가 없다는 것이다. 옵션과 같이 미래 주가에 전적으로 의존하는 증권의 가치를 결정하는 과정에서, 당해 주식의 기대수익률을 전혀 알 필요가 없다는 것은 매우 이상하게 여겨질 수밖에 없다. 사실, 주식의 기대수익률은 이미 현재의 주가에 반영되었고, 현재 옵션의 가치는 현재의 주가에 의존하게 된다.

다행스럽게도 블랙-숄즈의 공식을 사용하기 위해서 그런 과정을 모두 이해할 필요는 없다. 세상에는 옵션의 가치를 계산해 주는 많은 온라인 계산기가 있고, 블랙-숄즈에 입각한 엑셀 내장 함수도 있다. 그림 21.5는 Option Industry Council이 제공하는 옵션 계산기를 보여주고 있다.

지금까지 개별 콜과 풋의 가격에 영향을 미치는 요인들에 대해서 알아보았다. 그림 21.5는 주식을 대상으로 하는 콜과 풋의 가격이 제시되어 있다. 사실, 콜과 풋의 가격들은 각기 독립적으로 움직일 수 없다. 다음 절에서 동일한 주식에 대한 콜과 풋의 가격에 밀접한 관계가 존재한다는 것을 보여줄 것이다.

---

3) 관심이 있는 학생들을 위해서 그것들에 대한 공식을 보면 다음과

$$d_1 = \left(\frac{\ln[\text{주가}/\text{행사가격의 현재가치}]}{\sigma\sqrt{T}}\right) + \frac{\sigma\sqrt{T}}{2}, \quad d_2 = d_1 - \sigma\sqrt{T}$$

여기서, σ는 주가 수익률의 연별 표준편차이고, T는 연으로 환산된 옵션 만기까지의 기간이다. 식 21.3에서 N(•)는 누적 정규분포 함수를 말한다.

옵션 가격 계산기는 블랙-숄즈의 옵션 가격결정 공식에 근거한다. 여기서는 "Black-Scholes (European) in the Model/Exercise" 상자를 선택하고, 주가 $46, 행사가격 $45, 2016년 9월 만기, 무위험 이자율 1%, 주가변동성 연 25%, 배당 없음을 입력한다. 스크린의 오른쪽은 콜옵션의 가치가 $2.42임(풋옵션의 가치는 $1.35임)을 보여준다. 스크린 오른쪽의 다른 결과들은 대부분 그리스어 표현이기 때문에(vega는 그리스 문자가 아님) "그리스 문자"라고 부른다. 그 의미에 관심 있는 학생들은 웹 사이트에 가서 각 그리스 문자 옆의 물음표를 클릭하면 된다. 옵션의 가치는 만기일이 얼마나 가까운가에 달려 있으므로 당신이 계산할 때마다 동일한 값을 얻을 것이라고 기대해서는 안 된다.

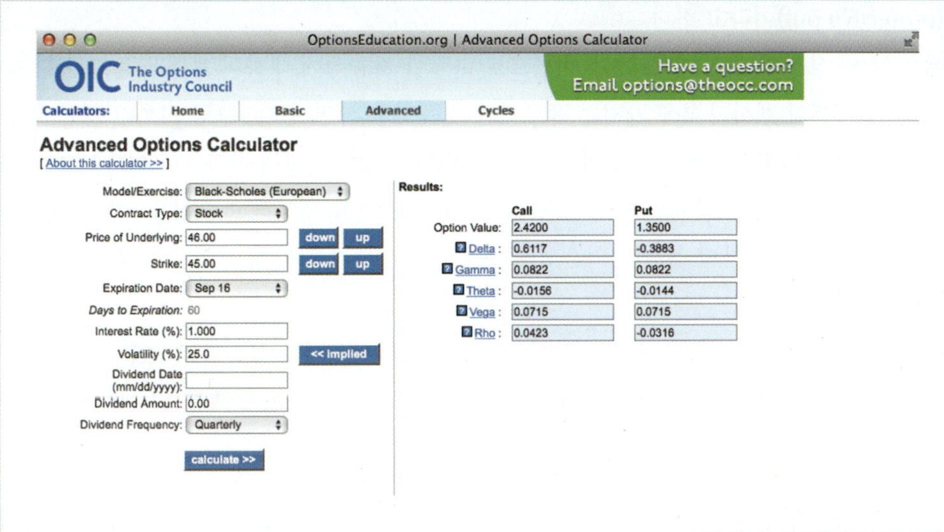

출처: http://www.optionseducation.org. Courtesy of The Options Industry Council. Used with permission.

그림 21.5
온라인 옵션 가격 계산기

개념확인

7. 콜옵션의 가격을 알기 위하여 블랙-숄즈 공식에서 사용하는 요인들은 무엇인가?
8. 블랙-숄즈 공식이 어떻게 주식의 기대수익률을 포함하지 않을 수 있는가?

21.5 풋-콜 패리티

이미 살펴보았듯이, 풋과 콜의 보상은 모두 기초자산인 주식의 가격에 달려 있다. 기대 보상이 옵션의 가격을 결정하기 때문에 풋과 콜의 가격은 부분적으로 기초 주식의 가격에 의존한다. 주어진 주식에 대한 풋과 콜의 가격은 당해 주식의 가격에 영향을 받기 때문에, 풋과 콜의 가격도 당연히 관계가 있을 수밖에 없다. 이 절에서는 풋과 콜이 동일한 목적(주가 하락에 대비하는 보험)을 달성하기 위해서 서로 다른 포트폴리오로 구성될 수 있다는 것을 보이고, 그들 간의 관계를 유도하고자 한다. 두 개의 포트폴리오가 정확히 동일한 보상을 준다면 두 포트폴리오의 가격이 같아야 한다는 것을 보여주기 위해서, 가치평가 원칙의 일물일가의 법칙을 사용할 것이다.

포트폴리오 보험

어떤 주식에 손실이 발생하는 것을 방지하기 위하여 옵션의 조합을 사용할 수 있는지를 살펴보

자. 투자 이론에서는 주식의 손실 방지를 보험 매입에 의해 해결한다. 당신이 지금 $80의 주식을 보유하고 있고, 그 주식의 가격 하락 가능성에 대하여 보험을 들고 싶다. 그렇게 하기 위한 하나의 쉬운 방법은 지금 그 주식을 매도하여 주가 상승에 따른 이익의 가능성을 포기하면 된다. 하지만 주가 상승의 이익을 포기하지 않고 어떻게 주식에 대해 보험을 들 수 있을까? 그에 대한 정답은 당해 주식을 보유하고 있으면서, 그 주식에 대한 풋옵션을 매입하면 된다. 이를 **방어적 풋**(protective put)이라고 한다.

방어적 풋: 이미 보유하고 있는 주식에 대한 풋옵션을 매입함

예를 들어, 상기의 주식가격이 $75 미만으로 하락할 가능성에 대하여 보험을 들고 싶다고 하자. 그러면 $75의 행사가격을 가지는 유로피안 풋옵션을 사면 된다. 그림 21.6의 노란색 선은 옵션 만기일에 주식과 풋옵션 조합의 가치를 보여준다. 만기일에 주가가 $75 이상이라면 주식을 계속 보유하면 된다. 하지만 $75 미만으로 하락하면, 풋을 행사하고 주식을 $75에 매도하면 된다. 결국 당신은 주가의 상승 이익은 취할 수 있지만, 주가 하락에 대해서는 보험을 들게 된 것이다.

당신은 동일한 전략을 주식 포트폴리오의 손실 방지를 위해서도 사용할 수 있는데, 이때는 개별 주식에 대한 풋옵션이 아니라 포트폴리오에 대한 풋옵션을 매입하면 된다. 결국, 주식과 풋옵션의 조합은 **포트폴리오 보험**(portfolio insurance)의 한 방법이다.

포트폴리오 보험: 하나의 주식보다는 포트폴리오에 대해 발행된 방어적 풋옵션 (하지만 하나의 주식도 포트폴리오가 될 수 있음.)

풋–콜 패리티: 무배당 주식 채권과 콜옵션을 소합하여도 포트폴리오 보험을 달성할 수 있다. $80의 주식에 대한 매입된 보험의 예로 다시 돌아가자. 이 주식은 배당을 지급하지 않고, 옵션

그림 21.6
포트폴리오 보험

이 그림은 주가가 $75 미만으로 떨어질 가능성에 대한 보험으로 동일한 보상을 가지는 두 개의 방법을 보여준다. 패널 (a)의 노란색 선은 1개의 주식과 행사가격 $75인 유로피안 풋옵션으로 구성된 포지션의 만기일 가치를 보여준다. 파란색 점선은 주식 자체의 보상이다. 패널 (b)의 노란색 선은 $75의 액면가를 가지는 무이표채와 행사가격 $75를 가지는 주식의 유로피안 콜옵션으로 구성된 포지션의 만기일 가치를 보여준다.

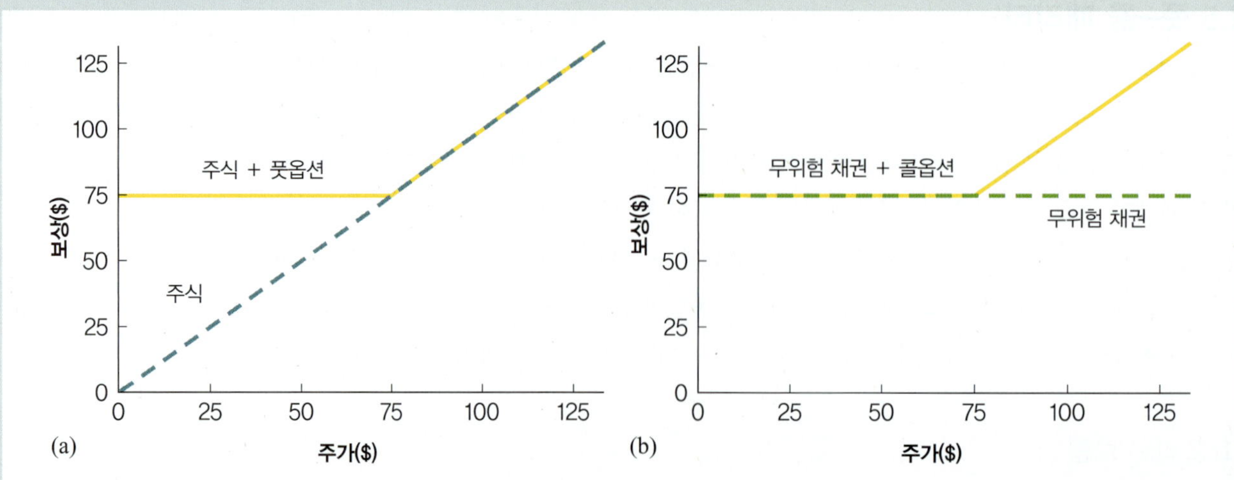

의 만기까지 아무런 현금흐름이 없다고 가정하자. 주식과 풋옵션을 보유하기보다 $75의 액면가를 가지는 무위험 이자율 무이표채와 $75의 행사가격을 가지는 유로피안 콜옵션을 매입하면 동일한 보상을 얻을 수 있다. 이 경우에 주가가 $75 미만이면 채권으로부터의 보상만을 받는다. 하지만 주가가 $75를 상회하면, 채권으로부터의 보상인 $75를 행사가격으로 하여 콜을 행사하고 주식을 얻을 수 있다. 그림 21.6에서 패널 (b)의 노란색 선은 옵션 만기일의 포트폴리오 조합의 가치를 보여주고 있다. 이것은 주식과 풋옵션을 보유하는 것과 정확히 동일한 보상이 된다.

그림 21.6에서 설명된 포트폴리오 보험의 두 가지 방법을 생각해 보자: (1) 주식과 풋을 매입하거나, (2) 채권과 콜을 매입함. 두 가지 포지션 모두 동일한 보상을 주기 때문에, 가치평가 원칙의 일물일가의 법칙에 의해 양자는 동일한 가격을 가져야 한다.

$$\text{주가} + \text{풋의 가격} = \text{PV(행사가격)} + \text{콜의 가격}$$

이 등식의 왼쪽은 주식과 풋을 매입하는 비용이고, 오른쪽은 콜의 행사가격과 같은 액면가를 가지는 무이표채와 콜옵션을 매입하는 비용이다. 이때 콜과 풋의 행사가격은 동일하다. 무이표채의 가격은 액면가의 현재가치로 PV(행사가격)으로 나타낸다. 식을 정리하면 무배당 유로피안 콜옵션의 가격은 다음과 같다.

$$\text{콜의 가격} = \text{풋의 가격} + \text{주가} - \text{PV(행사가격)} \tag{21.4}$$

주식, 채권, 콜 및 풋의 이런 관계를 **풋-콜 패리티(put-call parity)**라고 한다. 즉 유로피안 콜의 가격은 주가에 풋의 가격을 더하고 옵션 만기일의 행사가격에 해당하는 액면가를 가지는 무이표채의 가격을 차감한 것이 된다. 다시 말해서, 콜의 가격은 주식의 차입 포지션인 (주가 - PV(행사가격))과 주가 하락 방어 장치인 풋이라는 보험을 조합한 것이다.

(무배당 주식에 대한) 풋-콜 패리티: 콜의 가격은 주가에 풋의 가격을 더하고 행사가격의 현재가치를 차감한 값이라는 관계. 또는 콜옵션과 행사가격의 현재가치를 합한 포트폴리오의 가치와 풋옵션과 현재의 주가를 합한 포트폴리오의 가치가 동일하다는 콜과 풋의 관계로, 양 포트폴리오는 모두 포트폴리오 보험이 된다.

풋-콜 패리티: 배당 주식 주식이 배당을 지급한다면 어떻게 될까? 이 경우에는 무이표채는 배당을 지급하지 않고 주식은 배당을 지급하기 때문에, 포트폴리오 보험을 만드는 두 가지 방법 이 동일한 보상을 제공하지 않는다. 따라서 미래 배당의 현재가치를 채권과 콜의 조합에 더해 주어야만, 두 전략의 수행 비용이 동일해진다.

예제 21.6
풋-콜 패리티의 이용

문제 *Problem*

당신은 비공개적으로 거래되는 옵션을 취급하는 옵션 딜러라고 하자. 고객 중의 하나가 행사가격이 $20인 HAL 컴퓨터 시스템즈(HAL Computer Systems)의 1년짜리 유로피안 콜옵션을 매입하고자 한다. 다른 딜러는 행사가격이 $20인 HAL 컴퓨터 시스템즈의 1년짜리 유로피안 풋옵션을 발행하여, 이 풋옵션을 주당 $2.50의 가격으로 당신에게 매도하려고 한다. HAL은 배당을 지급하지 않고, 현재 주당 $18에 거래가 되며, 무위험 이자율이 6%라면, 당신이 요구하는 가장 낮은 콜옵션 가격은 얼마이고, 그 가격이 당신에게 이익을 보장하는가?

풀이 *Solution*

● **계획**

콜옵션의 가격을 결정하기 위하여 풋–콜 패리티 관계를 사용할 수 있다.

$$콜\ 가격 = 풋\ 가격 + 주가 - PV(행사가격)$$

$20의 행사가격을 가지는 1년짜리 유로피안 콜옵션의 가격을 결정하기 위하여, 동일한 행사가격을 가지는 1년짜리 유로피안 풋옵션의 가격, 현재의 주가, 무위험 이자율을 알아야 한다. 이 모든 정보를 가지고 있다면 준비는 완료되었다.

● **실행**

$$콜\ 가격 = 풋\ 가격 + 주가 - PV(행사가격)$$
$$= \$2.50 + \$18 - \$20/1.06 = \$1.632$$

● **평가**

풋–콜 패리티는 행사가격 $20인 1년짜리 콜옵션의 보상을 다음의 포트폴리오를 보유하여 복제하려는 것을 의미한다. 다른 딜러로부터 행사가격 $20인 1년짜리 풋옵션과 주식을 매입하고 $20의 액면가를 가지는 1년짜리 무위험 무이표채를 매도한다. 이런 조합을 이용하면 1년 뒤 HAL의 만기 시점의 주가에 따른 만기 시점의 보상을 다음과 같이 얻을 수 있다.

		보상	
		만기 시점의 주가	
		S1 < $20	S1 ≥ $20
	풋옵션의 매입	20 − S1	0
+	주식의 매입	S1	S1
+	채권의 매도	−20	−20
=	포트폴리오	0	S1 − 20
+	콜옵션의 매도	0	− (S1 − 20)
=	전체 보상	0	0

세 가지 증권으로 구성된 포트폴리오의 만기 시점 보상은 콜옵션의 보상과 일치한다. 따라서 고객에게 콜옵션을 매도하고 무슨 일이 발생하든지 미래의 보상이 0이 되도록 만들 수 있다. 포트폴리오로 계산된 옵션의 가치인 $1.632보다 콜옵션을 비싸게 매도할 수 있다면, 이렇게 하는 것이 가치가 있게 된다.

$$주가 + 풋의\ 가격 = PV(행사가격) + PV(배당) + 콜의\ 가격$$

이 등식의 왼쪽은 주식과 풋의 가치이고, 오른쪽은 무이표채, 콜옵션, 옵션의 만기까지 지급될 배당의 가치가 된다. 이 식을 정리하면 일반적인 풋-콜 패리티를 얻을 수 있다.

풋-콜 패리티

$$콜의\ 가격 = 풋의\ 가격 + 주가 - PV(행사사격) - PV(배당) \tag{21.5}$$

이 경우에 콜은 배당이 없는 주식의 차입 포지션과 주가 하락에 대한 보험을 가지고 있는 것과 같다.

개념확인

9. 풋-콜 패리티를 설명하시오.
10. 풋옵션이 풋-콜 패리티에 의한 가치보다 높은 가격에 거래된다면, 당신은 어떤 행동을 해야 하는가?

21.6 옵션과 기업재무

우리는 제9장에서 자본예산 수정을 할 때 실물옵션을 살펴보았다. 이때 실물옵션에 의해 제공되는 유연성의 가치(프로젝트의 연기, 변경, 포기의 옵션)를 강조하였다. 이 장에서 설명된 바와 같이 실물옵션도 행사하는 것이 유리할 때만 행사할 것이다.

제15장에서 언급한 바와 같이 채권의 만기를 앞당기는 콜옵션은 기업 입장에서 가치 있는 옵션이고, 채권을 주식으로 전환하는 권리도 채권 보유자의 입장에서 옵션에 해당한다. 조기 상환부 채권을 발행한다는 것은 상환 가격(call price)과 같은 행사가격의 콜옵션을 기업이 가지면서 채권을 판매하는 것이라고 말할 수 있다. 채권의 매입자는 기업에 가치 있는 콜옵션을 주는 것이기 때문에, 조기 상환부 채권에 대해서 조기 상환이 없는 동일한 채권보다 가격을 덜 지불할 것이다. 비슷하게 전환사채를 발행한다는 것도 채권과 주식에 대한 워런트를 함께 발행하는 것과 같다. 워런트도 가치 있는 옵션이기 때문에 전환사채의 가격은 전환 옵션이 없는 동일한 채권보다 가격이 높을 것이다.

기업재무에서 옵션은 넘쳐난다. 제14장에서는 초과 배정된 주식 발행에서 인수자에게 추가적인 주식 매도권을 주는 초과배정 옵션(greenshoe option)에 대해서도 설명하였다. 많은 신설 기업과 하이테크 기업들이 근로자들에게 당해 기업 주식에 대한 옵션으로 보상하는 것과 이런 형태로 CEO의 보상을 주는 것이 일반적인 사례다.

기업재무에 있어서 옵션의 다른 중요한 응용은 기업의 자본구조를 기업 자산의 옵션으로 해석하는 것이다. 주식의 권리인 주권은 행사가격을 채권의 가치로 하는 기업 자산에 대한 콜옵션으로 생각할 수 있다.[4] 설명을 위해서 기업이 기말에 청산되는 1기간 세상을 생각하자. 기말에 기업 가치가 채권의 가치를 초과하지 못하면 기업은 파산을 선언하고 주식 보유자들은 아무것도 받지 못한다. 반대로 기업 가치가 채권의 가치를 초과하면, 주식 보유자들은 채권이 상환되고 난 뒤의 잔여 가치를 가지게 된다. 그림 21.7은 이러한 보상 관계를 보여주고 있다. 주식에 대한 보상이 어떻게 콜옵션의 보상과 정확히 일치하게 되는가를 확인하자.

이렇게 보면 주권은 기업 자산의 콜옵션이다. 사실, 채무의 보유자들은 기업을 소유한 것처럼 생각될 수 있고, 그들이 요구하는 채권 상환액을 행사가격으로 하는 기업 자산에 대한 콜옵션을 주식 보유자들에게 준 것이다. 옵션 가격은 기초 증권의 변동성 수준에 따라 증가한다는 것을 기억하자. 이는 주식 보유자들이 변동성이 높은 투자안으로부터 이익을 본다는 의미다. 주

4) 이러한 개념은 적어도 블랙과 숄즈가 옵션 가치 결정에 대한 그들의 기념비적인 논문을 썼을 때부터 알려진 것이다. 다음 논문을 보시오: F. Black and M. Scholes, "The Pricing of Options and Corporate Liabilities," Journal of Political Economy 81 (3) (1973): 637-654.

그림 21.7
콜옵션으로서의 주식

기업의 자산 가치가 채무의 상환 요구액을 초과한다면, 주식 보유자는 채무가 상환되고 남는 가치를 받을 것이다. 그렇지 않으면, 이 기업은 파산이 되어 주식의 가치는 전혀 없게 된다. 따라서 주식의 보상은 채무의 요구액을 행사가격으로 하는 기업 자산의 콜옵션과 동일하다.

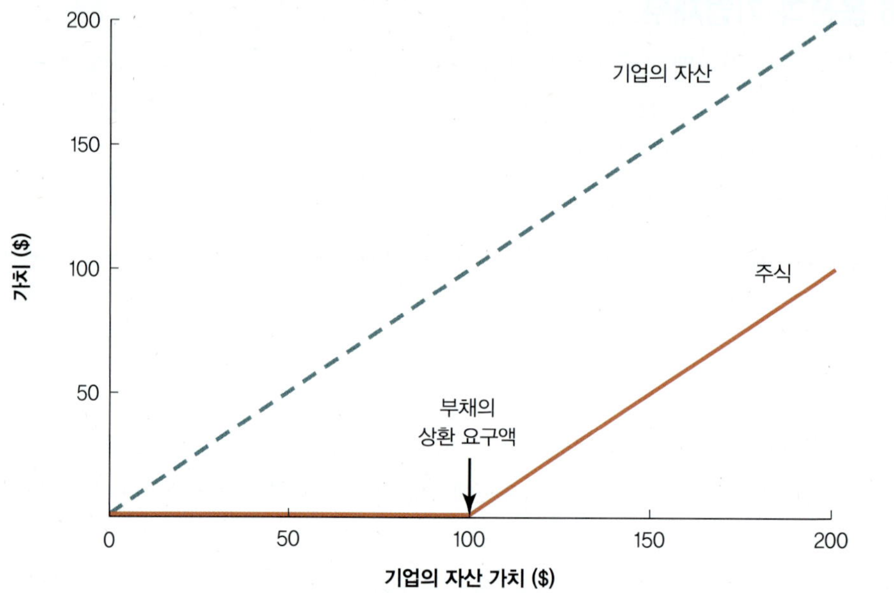

식의 가격이 기업 자산의 변동성에 따라 커지기 때문에, 주식 보유자들은 기업 자산의 변동성을 증가시키는 제로 NPV 프로젝트로부터 이익을 얻을 수 있다. 그러나 기업에 대한 대출자산인 채무 보유자들은 기업 자산의 위험 증가로부터 이익을 얻는 것은 아니다. 따라서 그런 프로젝트는 주식의 가치를 증가시키고 채권의 가치를 감소시킨다. 프로젝트가 제로 NPV를 가지기 때문에, 그 프로젝트를 수행하는 것이 전체적인 회사의 가치를 변화시키지는 않는다. 채권의 가치는 주권의 가치가 증가하는 양만큼 정확히 감소한다. 이런 효과가 주식 보유자와 채권 보유자 사이의 이해상충을 야기시킨다. 옵션 가격결정 이론은 이런 이해상충이 왜 발생하는가를 이해하는 데 도움이 된다.

옵션의 가격은 내가격 옵션보다는 등가격 옵션의 변동성 변화에 더욱 민감하다. 기업재무의 입장에서 기업이 파산에 가까워지면 등가격에 있다고 할 수 있다. 이 경우, 음(-)의 NPV 투자를 선택하는 것으로부터의 주식 가치 손실은 변동성 증가에 의해 얻게 되는 이익에 의해 압도 될 수 있다. 따라서 주식 보유자들은 음(-)의 NPV와 높은 변동성을 가지는 투자를 취할 유인을 가진다. 제16장에서 본 바와 같이, 이러한 과도한 위험 선택 문제는 비용을 감수해야 하는 채무 보유자들에게 관심거리가 된다.

11. 주식이 어떻게 기업의 콜옵션으로 생각될 수 있는가를 설명하시오.
12. 어떤 상황에서 주식 보유자들이 음(−)의 NPV 투자를 선택할 유인을 가지게 되는가?

개념확인

myfinancelab 핵심요점 및 공식

21.1 옵션의 기초

- 옵션 보유자에게 미래 특정일에 어떤 자산을 매입할 수 있는 권리를 주는 옵션을 콜옵션이라고 한다.
- 옵션 보유자에게 미래 특정일에 어떤 자산을 매도할 수 있는 권리를 주는 옵션을 풋옵션이라고 한다.
- 옵션의 보유자가 계약을 실행하여 정해진 가격에 주식을 매매할 때, 옵션을 행사한다고 한다.
- 옵션이 행사될 때 옵션 보유자가 매매하고자 하는 가격을 행사가격이라고 한다.
- 옵션 보유자가 옵션을 행사할 수 있는 마지막 날을 만기일이라고 한다.
- 아메리칸 옵션은 만기일을 포함하여 그 이전에 행사될 수 있다. 유로피안 옵션은 만기일에만 행사될 수 있다.
- 옵션을 즉시 행사하여 이익을 얻으면 그 옵션은 내가격이다. 반대로, 옵션을 즉시 행사하여 손실을 보게 된다면 그 옵션은 외가격이다.

21.2 만기일 옵션의 보상

- 만기일에 콜옵션의 가치

$$= \begin{cases} \text{주가} - \text{행사가격}, & (\text{주가} > \text{행사가격})\text{인 경우} \\ 0, & (\text{주가} \leq \text{행사가격})\text{인 경우} \end{cases} \tag{21.1}$$

- 만기일에 풋옵션의 가치

$$= \begin{cases} \text{행사가격} - \text{주가}, & (\text{주가} < \text{행사가격})\text{인 경우} \\ 0, & (\text{주가} \geq \text{행사가격})\text{인 경우} \end{cases} \tag{21.2}$$

- 옵션의 매도 포지션에 있는 투자자는 의무가 있다. 즉, 매입 포지션에 있는 투자자에 게 계약의 상대방이 된다.

21.3 옵션 가격에 영향을 미치는 요인들

- 다른 조건이 같을 경우 행사가격이 더 낮을수록 콜옵션의 가치는 커진다. 반대로, 행사가격이 더 높을수록 풋옵션의 가치는 커진다.

▶ 주가가 커질수록 콜옵션의 가치는 커지고, 풋옵션의 가치는 작아진다.

▶ 옵션의 가치는 일반적으로 주식의 변동성이 커질수록 커진다.

21.4 블랙-숄즈 옵션 가격결정 공식

▶ 블랙-숄즈의 옵션 가격결정 공식은 무배당 주식에 대한 옵션의 가격이 현재의 주가, 행사가격, 만기, 주식의 변동성 및 무위험 이자율의 함수라는 것을 보여준다.

21.5 풋-콜 패리티

▶ 풋-콜 패리티는 유로피안 콜옵션의 가치를 유로피안 풋옵션 및 주식의 가치와 연결시킨다.

$$\text{콜 가격} = \text{풋 가격} + \text{주가} - PV(\text{행사가격}) - PV(\text{배당}) \quad (21.5)$$

21.6 옵션과 기업금융

▶ 주식은 기업을 기초자산으로 하는 콜옵션이다.

▶ 채무 보유자는 기업을 보유하고 있으면서 채무 상환 요구액을 행사가격으로 하는 콜옵션을 매도한 것과 같다.

비판적 사고

1. 다음의 금융 용어들이 의미하는 바를 설명하시오.
   a. 옵션　　b. 만기일　　c. 행사가격
   d. 콜　　e. 풋
2. 유로피안 옵션과 아메리칸 옵션의 차이는 무엇인가?
3. 풋의 매입 포지션과 콜의 매도 포지션의 차이는 무엇인가?
4. 콜의 매도 포지션과 풋의 매도 포지션 중 어떤 것의 하방 위험 노출이 더 큰가? 즉 최악의 경우에, 두 포지션 중 어떤 것의 손실이 더 클 것인가?
5. 만기가 된 콜옵션을 가지고 있고, 주가와 행사가격이 같다면, 당신의 이익은 0인가?
6. 주식 변동성의 증가가 콜옵션의 보유자에게 좋은가? 풋옵션의 보유자에게도 좋은가?
7. 동일 주식에 대한 풋과 콜의 가격들이 왜 연계가 되는가?
8. 옵션이 보험 계약으로 생각될 수 있는 이유를 설명하시오.
9. 주식이 회사에 대한 콜옵션으로 생각될 수 있는 이유를 설명하시오.

연습문제

* 표시는 난이도가 높은 문제임을 나타낸다.

옵션의 기초

1. 다음은 CBOE 웹 사이트의 IBM 스톡옵션 호가다.
   a. 오늘 어떤 옵션 계약의 거래량이 제일 많은가?
   b. 전체적으로 어떤 옵션 계약의 미결제약정이 가장 많은가?
   c. 당신이 IBM1616I155-E라는 표식을 가지는 옵션 하나를 매입하였다고 하자. 수수료를 제외할 때, 이 옵션에 대해서 당신의 브로커에게 얼마를 줄 것인가?
   d. 당신이 IBM1619H165-E라는 표식을 가지는 옵션 하나를 매도하였다고 하자. 수수료를 제외할 때, 얼마를 받을 것인가?
   e. 행사가격이 현재 내가격 상태에 있는 콜은 어떤 것인가? 어떤 풋이 내가격인가?

IBM (INTL BUSINESS MACHINES) 161.36 1.78
Jul 20 2016 @ 17:21 ET 매입 161.11 매도 161.3 크기 3x1 거래량 4372921

콜옵션	마지막 거래	순증	매입 호가	매도 호가	거래량	미결제 약정	풋옵션	마지막 거래	순증	매입 호가	매도 호가	거래량	미결제 약정
16 Aug 155.00 (IBM1619H155–E)	6.45	0.75	6.95	7.25	9	7640	16 Aug 155.00 (IBM1619T155–E)	1.18	–0.75	1.17	1.25	61	4505
16 Aug 160.00 (IBM1619H160–E)	3.3	0.85	3.15	3.3	101	12811	16 Aug 160.00 (IBM1619T160–E)	2.76	–1.24	2.71	2.84	61	2114
16 Aug 165.00 (IBM1619H165–E)	1.05	0.3	0.96	1.06	178	27064	16 Aug 165.00 (IBM1619T165–E)	7.1	–0.4	5.7	5.9	1	332
16 Aug 170.00 (IBM1619H170–E)	0.21	–0.01	0.21	0.27	20	6086	16 Aug 170.00 (IBM1619T170–E)	12.25	0	9.95	10.3	0	393
16 Sep 155.00 (IBM1616I155–E)	7.77	1.58	7.5	7.7	2	122	16 Sep 155.00 (IBM1616U155–E)	2.34	–0.59	2.13	2.22	3	251
16 Sep 160.00 (IBM1616I160–E)	4.05	0.76	4	4.2	6	380	16 Sep 160.00 (IBM1616U160–E)	4	–1.09	3.8	4	1	476
16 Sep 165.00 (IBM1616I165–E)	1.87	0.47	1.76	1.88	161	297	16 Sep 165.00 (IBM1616U165–E)	6.65	–2.1	6.55	6.75	1	27
16 Sep 170.00 (IBM1616I170–E)	0.65	0.07	0.63	0.71	2	498	16 Sep 170.00 (IBM1616U170–E)	12.35	0	10.4	10.7	0	47

출처: Chicago Board Options Exchange at www.cboe.com

만기일 옵션의 보상

2. 당신은 $40의 행사가격을 가지는 인투이트(Intuit) 주식 콜옵션 하나를 가지고 있다. 이 옵션은 정확히 3개월 뒤에 만기가 될 것이다.
   a. 이 주식이 3개월 뒤에 $55에 거래가 된다면, 이 콜의 보상은 얼마인가?
   b. 이 주식이 3개월 뒤에 $35에 거래가 된다면, 이 콜의 보상은 얼마인가?
   c. 주가의 함수로서 만기일의 콜 가치를 나타내는 보상 도표를 그리시오.
3. 당신이 2번의 콜옵션을 매도하였다고 가정하자.

a. 이 주식이 3개월 뒤에 $55에 거래가 된다면, 당신의 손실은 얼마인가?

b. 이 주식이 3개월 뒤에 $35에 거래가 된다면, 당신의 손실은 얼마인가?

c. 주가의 함수로서 만기일에 당신의 손실액을 나타내는 보상 도표를 그리시오.

4. 당신은 $10의 행사가격을 가지는 포드 주식의 풋옵션을 보유하고 있다. 이 옵션은 정확히 6개월 뒤에 만기가 돌아온다.

   a. 이 주식이 6개월 뒤에 $8에 거래된다면, 이 풋의 보상은 얼마인가?

   b. 이 주식이 6개월 뒤에 $23에 거래된다면, 이 풋의 보상은 얼마인가?

   c. 주가의 함수로서 만기일의 풋 가치를 나타내는 보상 도표를 그리시오.

5. 당신이 4번의 풋옵션을 매도하였다고 가정하자.

   a. 이 주식이 6개월 뒤에 $8에 거래된다면, 당신의 손실은 얼마인가?

   b. 이 주식이 6개월 뒤에 $23에 거래된다면, 당신의 손실은 얼마인가?

   c. 주가의 함수로서 만기일에 당신의 손실액을 나타내는 보상 도표를 그리시오.

6. 당신은 동일 만기일을 가지는 동일 주식의 콜과 풋을 동시에 보유하고 있다. 콜의 행사가격은 $40이고, 풋의 행사가격은 $45이다. 만기일에 주가의 함수로서 이 조합의 가치를 그려 보시오.

7. 당신은 동일 만기일을 가지는 동일한 주식의 옵션 두 개를 보유하고 있다. 첫 번째 콜의 행사가격은 $40이고, 두 번째 콜의 행사기격은 $60이다. 추기적으로 당신은 다른 조건은 동일하고 행사가격만 $50으로 다른 콜 두 개를 매도하였다. 만기일에 주가의 함수로서 이 조합의 가치를 그리시오.

*8. 선도계약(forward contract)이란 미래의 특정한 날에 정해진 가격으로 어떤 자산을 매입하는 계약이다. 계약의 양 당사자는 계약을 이행할 의무가 있다. 옵션 포지션으로부터 주식의 선도계약을 어떻게 구성하는가를 설명하시오.

9. 당신은 코스트코(Costco) 주식을 보유하고 있다. 당신은 이 주식의 가격 하락을 걱정하여 하락 가능성을 보험으로 해결하고자 한다. 주가 하락에 대한 보험을 어떻게 매입할 수 있는가?

옵션 가격에 영향을 미치는 요인들

10. 콜옵션과 풋옵션이 가질 수 있는 최대 가치는 얼마인가?

11. 만기가 긴 아메리칸 옵션이 일반적으로 다른 조건은 동일하고 만기만 짧은 동일한 옵션보다 가치가 더 큰 이유는 무엇인가?

풋–콜 패리티

12. 다이내믹 에너지 시스템즈(Dynamic Energy Systems) 주식은 현재 주당 $33에 거래되고 있다. 이 주식은 배당을 지급하지 않는다. 행사사격이 $35인 다이내믹의 1년 만기 유로피안 풋

옵션이 현재 $2.10에 거래되고 있다. 1년 무위험 이자율이 10%라면, 행사가격 $35인 다이내믹의 1년 만기 유로피안 콜옵션의 가격은 얼마인가?

13. 당신은 우연히 신문을 보다가 차익거래 기회를 알게 되었다. 인트라웨스트(Intrawest)의 현재 주가는 주당 $20이고, 1년 무위험 이자율은 8%이다. 행사가격 $18인 인트라웨스트의 1년 만기 풋이 $3.33에 매도되고, 동일한 조건의 콜은 $7에 매도되고 있다. 이 차익거래 기회를 활용하기 위하여 당신이 해야 할 일을 설명하시오.

옵션과 기업재무

*14. 주식 보유자의 포지션을 풋옵션과 관련하여 설명하시오.

15. 채무 보유자의 포지션을 풋옵션과 관련하여 설명하시오.

사례연구

당신의 외삼촌이 월마트 주식을 10,000주 보유하고 있다. 그는 임박한 "중대 발표" 때문에 월마트 주식의 단기 전망에 관심이 있다. 이 중대 발표는 언론의 많은 관심을 받고 있기 때문에, 그는 주가가 다음 달에 크게 변할 것으로 기대하지만 손익의 방향에 대해서는 확신이 없다. 그는 주가가 오르기를 바라지만, 주가가 단기간에 떨어질 때의 고통을 겪고 싶지는 않다.

그의 브로커는 이 주식에 대해 "방어적 풋"을 매입하라고 권하지만, 그는 전에 옵션을 거래한 적도 없고 위험을 많이 감수하는 사람도 아니다. 그는 발표 내용이 긍정적이면 매도 이익을 취할 것이지만 뉴스로 인해 주가가 떨어져도 방어할 수 있는 계획을 당신이 고안해 주기를 원한다. 당신은 방어적 풋이 그의 주가 하락 위험을 방지할 수 있다는 것을 알지만, 동일한 행사가격을 가지는 콜과 풋을 동시에 매입하는 "스트래들(straddle)" 전략을 구사하면 잠재적인 주가 상승의 혜택을 더 취하면서 주가 하락 위험도 방지할 수 있다고 생각한다. 당신은 두 전략과 함께 각 전략으로부터 그가 취하게 되는 이익과 수익률들을 보여주기로 하였다.

1. CBOE에서 만기가 한 달 정도인 월마트 옵션들의 호가를 엑셀 스프레드시트에 다운로드 하시오. "만기가 가까운 등가격" 옵션을 다운로드 하기로 선택하면 한 달쯤 뒤에 만기가 도래하는 옵션들을 얻을 수 있다. 거래소의 거래 시간에 당신은 실제로 거래되고 있는 활발한 호가들을 얻을 수 있다. 거래소의 비거래 시간에는 매도 및 매입 호가를 얻을 수 없다.
2. 방어적 풋을 이용하는 경우에 외삼촌의 이익과 수익률을 결정하시오.
   a. 현재의 주가보다 작지 않으면서 그것에 가장 가까운 행사가격을 가지는 풋옵션을 확인한다. 10,000주를 방어하기 위해 필요한 투자를 결정하시오.
   b. 식 21.2를 이용하여 주가가 $25부터 $65까지 $5씩 증가할 때 풋옵션의 만기 가치를 결정하시오.

c. (b)에서 사용된 각 주가에 대해 풋옵션의 손익을 계산하시오.

d. (b)에서 사용된 각 주가에 대해 현재의 주가 대비 손익을 계산하시오.

e. 방어적 풋의 전체적인 손익을 계산하시오. (c)와 (d)에서 사용된 각 주가에 대해 풋과 주식의 손익을 결합하면 된다.

f. 방어적 풋의 전체적인 수익률을 계산하시오.

3. 스트래들을 이용하는 경우에 외삼촌의 이익과 수익률을 결정하시오.

a. 2번에서처럼 10,000주를 모두 감당할 수 있도록 외삼촌이 동일한 행사가격과 만기를 가지는 콜과 풋을 매입해야 하는 투자를 결정하시오.

b. 식 21.1과 식 21.2를 이용하여 주가가 $25부터 $65까지 $5씩 증가할 때 콜과 풋옵션의 만기 가치를 결정하시오.

c. (b)에서 이용된 각 주가에 대해 옵션들의 손익을 결정하시오.

d. (b)에서 사용된 각 주가에 대해 현재의 주가 대비 이익을 계산하시오.

e. 주식과 스트래들의 전체적인 손익을 결정하시오. (c)와 (d)에서 사용된 각 주가에 대해 두 옵션과 주식의 손익을 결합하면 된다.

f. 이 포지션의 전체적인 수익률을 계산하시오.

4. 발표가 주가의 상당한 하락을 초래할 경우 방어적 풋이 외삼촌의 손실을 방지한다는 것이 맞는가? 방어적 풋을 사용할 경우 외삼촌의 가능한 최대 손실은 얼마인가?

5. 스트래들을 사용할 경우 외삼촌의 가능한 최대 손실은 얼마인가?

6. 방어적 풋과 스트래들 중에서 어떤 전략이 외삼촌에게 가장 큰 잠재적인 주가 상승의 혜택을 주는가?

22 인수합병

학습목표

- 합병의 형태와 합병 활동의 추세를 논의한다.
- 인수 공시에 대한 주가의 반응을 이해한다.
- 인수의 여러 가지 이유에 대해 비판적으로 평가한다.
- 인수 과정의 주요 절차에 대해 알아본다.
- 인수에 대한 주요 방어전략에 대해 논의한다.
- 합병에서 참여 회사의 가치증가를 결정하는 요인에 대해 알아본다.

기호

A	합병전 인수기업의 가치
EPS	주당 순이익
N_A	피인수기업의 합병전 발행주식수
P/E	주가 순이익 비율
P_A	합병전 인수기업의 주가
P_T	합병전 피인수기업의 주가
S	시너지의 가치
T	합병전 피인수기업의 가치
x	피인수기업에게 지급하는 인수기업의 신주발행주식수

Mergers and Acquisitions

2008년 7월 14일 세인트 루이스에 있는 앤호이저-부시(Anheuser-Busch)는 벨기에의 맥주 거인인 인베브(InBev)에 의한 주당 $70의 현금 인수에 합의하였다. 이로 인해 상징적인 버드와이저(Budweiser) 맥주의 150년 독립의 역사는 끝이 났다. 사실 앤호이저-부시 이사회는 인베브의 주당 $65의 처음 제안을 거절하였고 독립을 유지하려 하였다. 그러나 회사의 가치를 다시 $60십억으로 평가한 매력적인 제안은 앤호이저의 이사회를 통과하게 하였다. 이제 인베브의 경영진은 앤호이저의 조직과 브랜드를 국제적으로 통합하고 자신들이 지불한 가격을 합리화할 만큼의 충분한 가치를 창출해야 하는 부담스런 업무에 직면하였다. 놓여진 복잡성과 잠재적인 자금의 위기 앞에서, 인수합병에서 가장 중요한 결정의 일부를 재무 경영자가 고려한다는 것은 명확하다.

이 장에서, 우리는 우선 인수합병 시장의 역사적 배경을 살펴본다. 다음으로 기업의 재무 경영자가 인수합병 추진을 결정하는 이유에 대해 논의한다. 그리고 인수 과정을 살펴보고 마지막으로 인수합병이 발생할 때 증가하는 가치에서 누가 이익을 얻는지를 알아본다.

22.1 배경과 역사적 추세

합병(merger)과 인수(acquisition)는 "기업 경영권 시장"으로 종종 언급되는 것이다. 하나의 회사가 다른 회사를 인수할 때, 매입하는 회사는 **인수기업(acquirer or bidder)**이며 매각되는 회사는 **피인수기업(target)**이다. 상장기업의 소유권과 경영권이 변경될 수 있는 방안에는 두 가지가 있다. 즉 기업 혹은 개인의 집단이 피인수기업을 인수하거나 혹은 다른 회사와 피인수기업이 합병할 수 있다. 양쪽 모두, 인수하는 회사는 피인수기업의 주식이나 기존의 자산을 현금이나 등가의 자산(인수기업이나 신규 합병회사의 주식)으로 구매해야만 한다. 단순화를 위해서 우리는 경영권의 변경이 일어나는 두 가지 방안을 **기업인수(takeover)**라고 부른다.

인수기업: 기업인수에서 다른 기업을 매입하는 회사

피인수기업: 인수나 합병에서 다른 회사에 의해 인수되는 회사

기업인수: 소유권과 경영권이 변하는 합병(merger)이나 인수(acquisition)를 의미

국제적인 기업인수 시장은 매우 활발하며 거래되는 가치로 연간 평균 $1조가 넘는다. 표 22.1은 2000년 8월에서 2016년 7월까지 13년 동안 일어났던 20개의 대규모 기업인수 거래를 보여준다. 표에서 보듯이 많은 기업이 잘 알려진 회사들이며 개별거래는 대규모 자금이 관련되어 있다.

합병의 물결

기업인수 시장은 기업인수 활동이 집중적으로 일어나는 절정기인 **합병의 물결(merger wave)**이라는 특징을 가지는데 이후 시장에서 거래가 드물어지는 침체기가 뒤따른다. 그림 22.1은 1926년부터 2015년까지의 기업인수 활동의 시기별 분포를 보여준다. 합병 활동은 경제 축소기보다는 경제 확장기에 더 활발하며 상승 시장(bull market)과 관련되어 있다. 상승시장을 이끈 기술적으로 그리고 경제적으로 동일한 대부분의 상황이 경영자에게 인수합병을 통해 자산을 재편성하도록 하는 동기를 준다. 따라서 경기 확장을 일으킨 것과 동일한 경제적 움직임이 또한 합병

합병의 물결: 기업인수 시장에서 기업인수 활동이 집중적으로 일어나는 절정기로 이후 거래가 드문 침체기가 뒤따름

표 22.1
2000년 8월부터 2016년 7월 사이에 발생한 20대 합병거래

공시일	실행일	피인수회사	인수회사	가치 (단위: $십억)
Apr. 2007	Nov. 2007	ABN-AMRO Holding NV	RFS Holdings BV	98
Mar. 2006	Dec. 2006	BellSouth Corp	AT&T Inc	89
Oct. 2004	Aug. 2005	Shell Transport & Trading Co	Royal Dutch Petroleum Co	80
Feb. 2006	July 2008	Suez SA	Gaz de France SA	75
Apr. 2015	Feb. 2016	Aventis SA	Sanofi-Synthelabo SA	69
Nov. 2014	Mar. 2015	Wyeth	Pfizer Inc	68
Jan. 2004	Aug. 2004	Pharmacia Corp	Pfizer Inc	65
Jan. 2009	Oct. 2009	Anheuser-Busch Cos Inc	InBev NV	64
July 2002	Apr. 2003	Bank One Corp,Chicago,IL	JPMorgan Chase & Co	60
June 2008	Nov. 2008	Gillette Co	Procter & Gamble Co	60
Jan. 2004	July 2004	FleetBoston Financial Corp,MA	Bank of America Corp	58
Jan. 2005	Oct. 2005	Merrill Lynch & Co Inc	Bank of America Corp	57
May 2015	May 2016	AT&T Wireless Services Inc	Cingular Wireless LLC	56
Oct. 2003	Apr. 2004	Nextel Communications Inc	Sprint Corp	49
Sep. 2008	Jan. 2009	Schering-Plough Corp	Merck & Co Inc	48
May 2014	July 2014	TXU Corp	A Private Equity Syndicate	48
Feb. 2004	Oct. 2004	Texaco Inc	Chevron Corp	47
Dec. 2004	Aug. 2005	Alcan Inc	Rio Tinto Canada Holdings Inc	46
Mar. 2015	July 2015	UFJ Holdings Inc	Mitsubishi Tokyo Financial Grp	46
Mar. 2009	Nov. 2009	XTO Energy Inc	Exxon Mobil Corp	45

출처: Thomson Financial의 SDC M&A 자료

활동의 절정기를 만든다고 할 수 있다.[1]

그림 22.1은 가장 많은 기업인수 활동이 발생했던 시기가 1960년대, 1980년대, 1990년대, 그리고 2000년대에 있음을 보여준다. 각각의 합병의 물결은 전형적인 형태로 특징지을 수 있다. 인수회사는 전형적으로 비관련 사업에 있는 기업을 인수했기 때문에, 1960년대에 있었던 인수 활동의 증가는 "다각적 합병의 물결(conglomerate wave)"로 알려져 있다. 그 시기에는, 경영자의 전문성이 사업 영역을 넘어서 나갈 수 있고 다각적 사업형태는 많은 재무적인 이점을 제공한다고 생각하였다. 이러한 다각적 합병의 유행은 결국 인기를 잃었고, 성과가 나쁜 다각적 기업을 인수기업이 매입하여 개별 사업부서를 매입가격보다 높은 가격에 팔아 치우는 적대적인 인수가 1980년대의 "해체(bust-up)" 인수로 알려져 있다. 반면에 1990년대는 우호적 합병이며 연관된 사업에 좀 더 관련이 되었던 "전략적(strategic)" 혹은 "국제적(global)" 거래로 잘 알려져 있다. 이러한 합병은 국제적으로 경쟁할 수 있도록 규모에서 강점을 만들기 위해 종종 고안되었다. 2004년 말에 기업인수 활동은 다시 증가하면서 텔레커뮤니케이션과 소프트웨어 같은 다수 산업의 결합으로 알려진 새로운 대규모 합병의 물결을 시작했다. 이 물결은 또한 사모투자를 과거

1) J. Harford, "What Drives Merger Waves," *Journal of Financial Economics* 77 (2005): 529-560에서 왜 이러한 물결이 발생하는지를 분석한 부분을 참고할 것.

그림 22.1
매분기별 피인수된 상장회사의 비율 (1926–2015)

합병은 뚜렷한 물결을 보이며 발생하는 것 같다. 가장 최근의 물결은 1980년대, 1990년대, 그리고 2000년대에 일어났다.

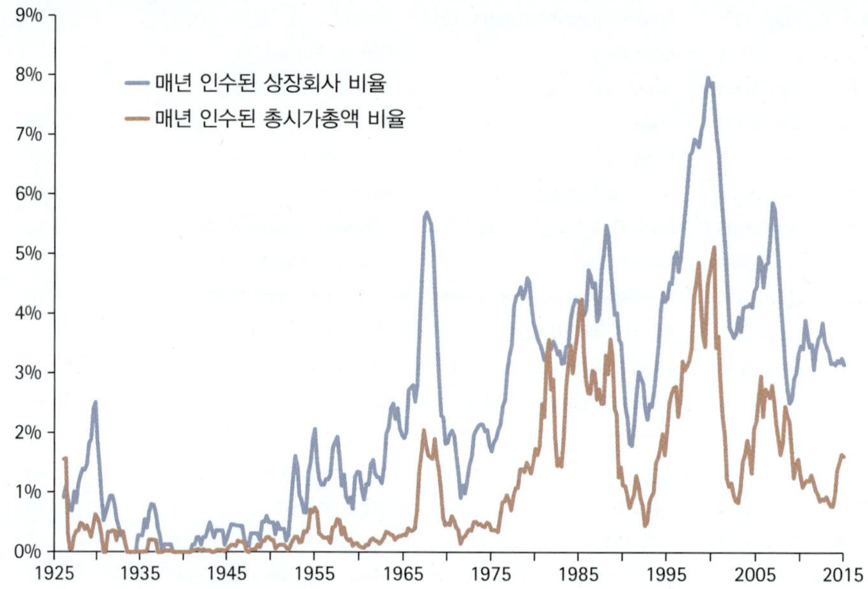

출처: CRSP 사료에 근거하여 저자가 계산함

보다 중요한 역할로 보았다. KKR, TPG, 블랙록(Blackrock), 서버러스(Cerberus)와 같은 사모투자 그룹이 허츠(Hertz, 제15장 참조), 크라이슬러, 하라스(Harrah's)와 같은 대기업을 인수하였다. 2008년의 금융위기와 심각한 신용경색은 가장 최근의 합병의 물결을 갑자기 중단시켰다.

합병의 종류

합병의 물결과 합병에 대한 일반적으로 서술하면서 "합병(merger)"이란 용어를 공통으로 사용하고 있지만, 피인수기업과 인수기업 사이의 관계와 대금 지급 방법에 의해 여러 유형의 거래를 포괄한다. 만일 피인수기업과 인수기업이 동일한 산업에 있다면 이런 합병은 일반적으로 **수평적 합병**(**horizontal merger**)이라고 한다. 반면에 만일 피인수기업의 산업이 인수기업의 산업과 사거나 파는 거래를 하는 경우에는 **수직적 합병**(**vertical merger**)이라고 한다. 마지막으로, 만일 피인수기업과 인수기업이 무관련한 산업에서 영업을 하면 이 거래는 **다각적 합병**(**conglomerate merger**)이다. 1960대에 유행했던 다각적 합병은 두 개의 무관련한 사업을 합칠 때 가치를 창출하기 어렵기 때문에 일반적으로 주주의 호감을 받지 못했다.

수평적 합병: 피인수기업과 인수기업이 동일한 산업에 있는 경우의 합병 형태

수직적 합병: 피인수기업의 산업이 인수기업의 산업과 사거나 파는 거래를 하는 경우의 합병 형태

다각적 합병: 피인수기업과 인수기업이 관련성이 없는 산업에서 영업을 하는 경우의 합병 형태

피인수기업의 주식에 대한 지불수단으로 주식이나 현금 중 어느 것을 피인수기업 주주가 받느냐에 따라 달라질 수 있다. 지불수단으로 주식을 받게 되면, 피인수기업 주주는 구주를 인수

기업이나 신설합병 기업의 주식으로 스왑(맞교환)하기 때문에 종종 **주식 스왑**(stock swap)으로 불린다. 피인수기업 주주에게 지불되는 보상은 채권, 옵션, 현금이나 주식 그리고 이들의 혼합을 포함하여 매우 복잡할 수 있다. 그러나 일반적으로 피인수기업 주주는 주식, 현금, 그리고 주식과 현금의 혼합을 받는다.

주식 스왑: 피인수기업의 주주가 피인수기업의 지불수단으로 주식을 받는 경우의 합병 거래

뉴스 보도가 당연하게 가격과 지불방법에 대해 초점을 맞추겠지만, **조건 문서**(term sheet)에 요약된 합병 거래의 구조는 아주 단순하거나 믿을 수 없을 만큼 복잡할 수 있다. 협상의 항목은 예를 들어, 누가 새로운 기업을 운영할 것인가, 새로운 이사회의 규모와 구성, 본부의 지역적 위치, 심지어 새로운 회사명을 포함한다.

조건 문서: 누가 새로운 기업을 운영할 것인가, 새로운 이사회의 규모와 구성, 본부의 지역적 위치, 새로운 회사명과 같은 상세한 내용을 포함하는 합병 거래 구조의 요약

개념확인

1. 합병의 물결이란 무엇인가?
2. 수평적 합병과 수직적 합병의 차이는 무엇인가?

22.2 기업인수에 대한 시장의 반응

미국에서의 법규는 피인수기업의 기존 주주가 지분을 매각해야만 할 때 보유 주식에 대해서 공정한 가격을 받을 수 있도록 요구하고 있다. 공정한 가격은 개념적으로 합병 자체로 인해 일어나는 모든 가치를 제외한 가치로 해석된다. 실무적으로는 이러한 원칙은 합병 이전의 가격으로 해석된다. 결과적으로, 인수회사는 기존의 시장가격보다 낮은 가격으로는 피인수기업을 인수하지는 않는다. 대신에 대부분의 인수회사는 상당한 금액의 **인수 프리미엄**(acquisition premium)을 지불하는데 이것은 인수가격과 피인수기업의 합병전 가격의 차이를 퍼센트로 표현한 것이다.

인수 프리미엄: 기업인수에서 인수회사가 지불한 피인수기업의 인수가격과 합병전 가격의 차이를 퍼센트로 표현

표 22.2는 과거의 평균적인 프리미엄과 기업인수에 대한 시장반응을 보여준다.[2] 표에서 볼 수 있듯이, 인수기업은 평균 프리미엄으로 피인수기업의 합병전 가격의 43%를 지불한다. 인수가 공시되면 피인수기업의 주주는 평균 주식가격의 15%를 이득으로 얻는다. 반면에 인수기업의 주주는 평균 1%를 얻으며, 인수기업의 절반은 주가가 하락한다. 이러한 사실은 이번 장에서 우리가 궁금해 할 세 가지 중요한 질문을 가져다 준다.

1. 왜 인수기업은 피인수기업의 시장가치를 초과하는 프리미엄을 지불하는가?
2. 피인수기업의 가격이 기업인수 공시 시점에 평균적으로 증가하기는 하지만, 인수기업이 제안하는 프리미엄보다는 낮은 이유는 무엇인가?
3. 인수합병이 좋은 거래라고 한다면, 왜 인수기업은 지속적인 주가상승을 경험하지 못하는가?

첫 번째 질문부터 시작하자. 왜 인수기업은 피인수기업의 시장가치를 초과하는 프리미엄을

2) 1970년대와 1980년대에 이루어진 연구는 성공적인 기업인수에서 주주는 이익(20%에서 30% 사이)을 얻는다는 것을 밝혔다. 보다 최근의 연구에서는 기업인수 공시에서 합쳐서 $240십억의 자본 손실을 얻는다는 결과를 얻었는데 특히 1990년대 후반에 이것은 몇 개의 대형 상장 피인수기업의 손실에서 비롯한 것으로 보인다.

표 22.2
평균 인수 프리미엄과 합병에 대한 주가 반응

합병전 가격에 비교하여 지불된 프리미엄	공시에 대한 주가 반응	
	피인수기업	인수기업
43%	15%	1%

출처: 1980년부터 2005년 사이의 모든 미국에서의 거래를 근거로 함. Handbook of Corporate Finance: *Empirical Corporate Finance*, Vol. 2, Chapter 15, pp. 291–430. B.E. Eckbo 편집본 (2008) 참조.

지불하는가? 사실, 이 질문은 두 가지로 구성되어 있다. 즉 (1) 피인수기업은 시장가치를 초과하는 프리미엄의 가치를 가지는가? (2) 피인수기업이 합병전 가치보다 높다고 하더라도, 인수기업은 왜 합병전 시장가격보다 많이 지불하는가? 이다. 다음 절에서, 우리는 질문의 첫 번째 부분에 대해 답한다. 두 번째 부분에 대한 논의는 우리가 기업인수 과정을 완전히 이해한 뒤인 이번 장의 끝으로 미룬다.

개념확인

3. 평균적으로 기업인수 공시에 대해 피인수기업의 주가는 어떻게 반응하는가?
4. 평균적으로 기업인수 공시에 대해 인수기업의 주가는 어떻게 반응하는가?

22.3 기업인수의 이유

대부분의 투자자에게 주식시장에서의 투자는 영(0)의 NPV 투자이다. 그렇다면 어떻게 인수기업은 피인수기업에게 프리미엄을 지불하면서도 투자가 양(+)의 NPV 기회여야 한다는 조건도 만족시킬 수 있을까? 이에 대한 답변은 인수기업이 기업인수를 통해 개인 투자자는 할 수 없는 경제적 가치를 추가할 수 있다는 것이다. 기업인수로 합쳐진 기업의 가치가 개별적인 두 기업의 합계보다 크다는 가정의 기초는 그들이 시너지를 만들 것이라는 가정이다. 시너지의 몇 가지 사례를 논의하지만, 단순하게 이번 절에서는 창출되는 모든 추가적인 가치를 **시너지(synergy)**라고 한다.

시너지: 피인수기업이 독립적인 기업으로 존재하면 얻을 수 없는 기업인수를 통해 얻어지는 가치. 즉 기업들의 독자적 가치를 초과하는 가치

대규모 시너지는 지금까지 인수기업이 피인수기업에게 지불하는 프리미엄의 가장 일반적인 정당화 이유이다. 극단적인 예는 SBC가 AT&T의 2005년 인수에서 $15십억을 지불한 것이다. 공시 직후의 인터뷰에서 SBC의 회장인 에드 위태커(Ed Whitacre)는 SBC가 AT&T에게 지불하기로 한 $15십억은 AT&T의 자산을 제외하고도 예상되는 시너지만으로도 정당화된다고 짤막하게 언급했다.

그러한 시너지는 대개 두 종류로 나누는데, 원가절감과 매출증대이다. 원가절감 시너지는 일반적으로 중복되는 직원의 축소와 중복되는 자원의 제거로 해석되기 때문에 좀더 일반적이고 달성하기 쉽다. 첫 해에 13,000명의 감원을 예상했던 SBC/AT&T의 인수의 사례가 그것이었다. 합병이 신시장 확장이나 더 많은 고객을 얻을 가능성을 높인다면 합병 파트너는 매출이 증대되는 시너지를 예상할 것이다. 예를 들어, 델타(Delta)와 노스웨스트(Northwest) 항공은 2008년

4월에 합병을 공시했고, 합병으로 인한 노선 확장과 선택권 증가가 승객 증가와 단골 확대를 가져와서 매년 $200-$300백만의 매출증대 시너지를 만들 것이라고 추정했다.

이제 인수기업이 기업인수를 정당화하기 위해 가장 자주 언급하는 시너지에 대해 자세히 알아보자.

규모의 경제와 범위의 경제

대기업은 소기업은 할 수 없는 대량 생산으로부터의 절약인 **규모의 경제(economies of scale)**를 누릴 수 있다. 예를 들어, 스트라이드 라이트(Stride Rite)가 2005년에 운동화 제조사인 소코니(Saucony)를 인수한 하나의 동기는 스트라이드 라이트는 규모가 커서 중국에서 우월한 제조계약을 협상할 수 있었기 때문에 소코니의 생산비용을 줄일 수 있다는 것이었다. 규모가 커진 기업은 또한 다른 유형의 상품(예를 들어, 음료수와 스낵과자)의 마케팅과 유통의 결합에서 오는 절약인 **범위의 경제(economies of scope)**로 이익을 얻을 수 있다.

규모의 경제: 소기업은 할 수 없는 대량 생산으로 대기업이 누리는 절약

범위의 경제: 관련된 다른 유형 상품의 마케팅이나 유통을 결합하여 대기업이 실현할 수 있는 절약

그러나 규모와 관련된 비용이 있다. 가장 큰 것은 대규모 기업은 관리하기 어렵다는 것이다. 소기업에서 CEO는 회사의 운영에 가까이 있다. 대규모 고객이나 회사에 중요한 사람을 직접 챙길 수 있고 변화하는 시장상황이나 잠재적인 문제점도 주시할 수 있다. 정보를 빨리 얻을 수 있기 때문에 소기업은 경제적 환경의 변화에 적시에 반응할 수 있다.

수직적 통합

수직적 통합(vertical integration)은 최종 제품의 생산 주기의 다른 단계에서 필요한 제품을 만드는 두 개 회사의 합병을 말한다. 제품 생산에 필요한 원재료를 직접 통제하면 제품을 개선할 수 있다고 회사는 판단할 수 있다. 이와 유사하게, 제품이 순조롭게 유통되지 못하는 것에 불만인 어떤 기업은 유통 채널을 통제하는 결정을 할 수 있다.

수직적 통합: 최종 제품의 생산 주기의 다른 단계에서 필요한 제품을 만드는 두 개 회사의 합병. 또한 어떤 회사와 공급자 간의 합병 혹은 어떤 회사와 고객 간의 합병을 의미

수직적 통합의 주된 이점은 협동이다. 두 회사를 하나의 중앙통제하에 둠으로써 경영진은 두 회사가 공통의 목적을 향해 일하게 할 수 있다. 예를 들어, 석유회사는 종종 수직적 통합을 한다. 원유 생산에서 정유까지 심지어 마지막 생산물인 휘발유를 판매하는 주유소까지 생산과정의 모든 단계를 보유한다. 또한 많은 경우 새로운 유전개발을 위한 부서를 두고 있다.

수직적으로 통합된 회사는 이미 우리가 지적했듯이 대규모이며 따라서 운영하는데 어려움이 있다. 결과적으로 모든 성공적인 기업이 수직적으로 통합된 것은 아니다. 좋은 예가 마이크로소프트(Microsoft)이다. 마이크로소프트는 대다수 컴퓨터 사용자들이 사용하는 운영체계를 만들고 있지만 컴퓨터를 생산하지는 않는다. 마이크로소프트의 초기 성공의 핵심 요소는 IBM이나 애플(Apple)과는 달리 수직적 통합을 하지 않은 결정이었다고 주장하는 전문가들이 많다.

전문성

회사는 좀 더 효율적으로 경쟁하기 위해서 특정 분야의 전문성이 필요한 경우가 있다. 이런 상황에서 기업은 노동시장에서 필요한 기술을 보유한 인력을 구하거나 고용을 할 수 있다. 그러나 적합한 능력을 가진 기술자를 고용하는 것은 익숙하지 않은 새로운 기술 때문에 힘들 경우가 있다. 좀 더 효율적인 해결책은 존재하는 회사를 인수하며 이미 활동하고 있는 단위로써 능력을 매입하는 것이다. 예를 들어, 2000년에 파리에 본부를 둔 AXA는 미국의 대규모 자산관리 시장에 이미 고객기반과 전문성을 가진 월스트리트의 비상장 합자회사인 샌포드 번스타인(Sanford C. Bernstein)을 매입했다. 유사하게 영국의 아멕(Amec)은 프랑스의 건설산업에서 지역적인 기반과 전문성을 얻기 위해서 프랑스 기업인 스삐 바티뇰(Spie Batignolles)의 다수 지분을 매입했다. 이러한 합병은 하이텍 산업에서는 흔하다. 네트워크 회사인 시스코(Cisco Systems)는 네트워크 신기술을 개발할 것으로 예상되는 초기단계 신설 기업을 매입하는 전략으로 유명하다.

독점력 획득

주요 경쟁회사를 합병하거나 인수하여 기업은 산업 내 경쟁을 상당히 줄이고 이익을 증가시킬 수 있다고 논의된다. 사회 전체가 독점전략의 비용을 감당하기 때문에 대부분의 국가에서 반독점법으로 이러한 행위를 제한한다.

이러한 법률은 정부의 정책에 의존하기 때문에 국가와 시기에 따라 다르다. 2000년 10월에 GE가 허니웰(Honeywell)을 매입하기로 했을 때, 미국 법무부(Justice Department)는 몇 가지 조건 아래에서 이 거래를 승인하였다. 그러나 유럽위원회(European Commission, EC)는 GE의 항공기 리스 부서와 허니웰의 항공 생산라인이 같은 경영진에게 놓이게 되면 항공 시장에서 허용할 수 없는 반경쟁 효과를 가져올 것이라고 결정했다. GE의 양보와 미국 정부의 고위급 정치인에 대한 로비에도 불구하고, EC는 거래의 승인을 거부했고 결국 합병은 취소되었다. GE/허니웰의 거래는 미국 정부에서 승인했지만 유럽 행정부에 의해 불발된 최초의 두 미국 기업간의 합병이었다. EC는 미국 회사에 대한 직접적인 관할권은 없지만 유럽연합 내에서의 매출에 제한을 가할 수 있는 위치에 있었다.

독점력은 매우 가치가 있으며 우리는 강한 반독점법이 없으면 많은 기업이 합병을 할 것이라고 예측한다. 그러나 경쟁이 줄어들면 산업 내 모든 기업이 이득을 보겠지만, 합병기업만 (예를 들어 피인수기업을 통합하고 더 큰 기업을 운영하는) 관련비용을 지불한다. 기존 반독점 규제와 더불어 아마도 이런 이유가 기업인수로 인한 경쟁완화의 결과로 나타나는 독점이익이 발생한다는 확실한 증거가 부족하다는 점을 설명한다. 예를 들어, 재무 연구자들은 산업내 합병 공시 이후 동일 산업에 있는 다른 기업의 주가가 증가하지 않는 것을 발견하였다.[3]

---

3) B. E. Eckbo, "Horizontal Mergers, Collusion and Stockholder Wealth," *Journal of Financial Economics* 11 (1) (1983): 241-273. 참조. 또한 R. Stillman, "Examining Antitrust Policy Toward Horizontal Mergers," *Journal of Financial Economics* 11 (1) (1983): 225-240. 참조.

효율성 획득

인수기업이 피인수기업에게 프리미엄을 지불하는 정당성의 이유로 언급하는 것 중 하나는 예를 들어, SBC/AT&T의 합병에서 언급되었던 중복을 제거함으로써 얻어질 수 있는 효율성 획득이다. 인수회사는 또한 피인수기업 조직을 기존의 경영진이 하는 것보다 좀 더 효율적으로 운영할 수 있다고 주장한다.

이론적으로 기존 주주의 투표에 의해 비효율적으로 회사를 운영하는 경영자가 쫓겨나고 이사회를 교체할 수 있지만 이런 방식으로 교체되는 경영진은 거의 없다. 대신에 화가 난 투자자는 일반적으로 주식을 매도하기 때문에 부적절한 경영자에 의해 운영되는 기업의 주식가격은 좀 더 능력 있는 리더를 가졌다면 받을 수 있는 가격보다 할인되어 거래된다. 이런 상황에서 인수기업은 할인된 가격에 주식을 매입하여 기업의 경영권을 취하고 좀 더 효율적인 경영자로 교체할 수 있다. 새로운 경영진의 이점이 투자자에게 명확하게 되면 구 경영진으로 인한 주가할인은 사라질 것이고 인수기업은 이익을 내면서 주식을 다시 매도할 수 있다.

비록 나쁜 성과를 내고 있는 회사를 찾는 것이 비교적 쉽다고 해도 문제를 해결하는 것은 완전히 다른 것이다. 피인수기업의 경영을 개선하겠다는 기업인수는 완성하기 어렵고 인수 이후 변화에 대한 저항도 크다. 따라서 비효율적으로 운영되는 모든 조직이 반드시 기업인수 이후에 더 효율적으로 되는 것은 아니다.

영업손실로부터 세금 절감

기업이 이익을 내게 되면 이익에 대한 세금을 납부해야만 한다. 그러나 손실이 발생하면 정부는 세금을 돌려주지는 않는다. 따라서 다각적 기업은 한 부서의 이익을 다른 부서의 손실로 상쇄할 수 있기 때문에 단순한 단일상품 기업보다 세금에서 이점을 가지고 있는 것으로 보인다. 예제를 가지고 이 시나리오를 살펴보자.

예제 22.1이 극단적이기는 하지만 다각적 합병의 이점을 보여주고 있다. 그러나 미국에서 국세청(IRS)이 2년 동안 손실을 소급공제(carry back)하고 20년간 이월공제(carry forward)할 수 있도록 허용하기 때문에 이러한 이점은 감소된다. 그런 규정이 예제 22.1의 이점을 감소시킨다 하더라도, 역시 이익이 많은 기업은 피인수기업을 통해 대규모 손실 이월공제를 통해 세금을 절감할 수 있기 때문에 기업인수 동기를 가지게 된다. 그러나 국세청이 인수의 주요 목적이 세금회피라는 것을 밝히면 이를 허용하지 않을 것이기 때문에, 세금 이익은 인수기업이 피인수기업을 인수하는 타당한 이유는 아닐 것이다.

다각화

다각화의 이점은 다각적 합병의 이유로 자주 언급이 된다. 이러한 이익의 정당성은 세 가지 유

예제 22.1
합병된 기업의 세금

문제 *Problem*

두 개의 기업 인(Yin)과 양(Yang)을 고려해 보자. 두 기업 모두 동일한 확률로 $50백만의 이익 혹은 $20백만의 손실을 얻을 것이다. 유일한 차이점은 두 기업의 이익이 완벽하게 반대의 관련을 가진다는 점이다. 즉 어떤 해에 양이 $50백만의 이익을 얻으면 인은 $20백만의 손실을 얻으며 반대의 경우에도 마찬가지다. 법인세율이 34%라고 가정하자. 두 기업이 별도로 존재하는 경우 세후 총기대이익은 얼마인가? 만일 두 기업이 운영은 별개로 하지만 합쳐서 인-양(Yin-Yang Corporation)이 된다면 세후 기대이익은 얼마인가?(소급공제나 이월공제가 모두 가능하지 않다고 가정한다)

풀이 *Solution*

● **계획**

이익과 손실 상태에서 각 기업의 세후이익을 이익에 (1 - 세율)을 곱해서 계산해야 한다. 그리고 세후 기대이익을 이익과 손실 상태에서 세후이익의 가중평균으로 계산한다. 만일 두 회사가 합쳐진다면 총이익은 항상 $50백만 - $20백만 = $30백만이 된다. 따라서 이 경우 세후이익은 항상 $30백만 x (1 - 세율)이 될 것이다.

● **실행**

인부터 계산하자. 이익 상태에서 법인세를 납부해야만 하기 때문에 세후 이익은 $50백만 x (1 - 0.34) = $33백만이 된다. 손실을 보고한 기업에게 세금은 없기 때문에 손실 상태 기업의 세후이익은 -$20백만이다.
따라서 인 기업의 세후 기대이익은 $33백만(0.5) + (-$20백만)(0.5) = $6.5백만이다. 양 기업도 동일한 기대이익 $6.5백만을 가진다. 따라서 두 기업을 별개로 운영할 때 총기대이익은 $13백만이다.
합병기업인 인-양의 경우에 세후이익은 $30백만 x (1 - 0.34) = $19.8백만이다.

● **평가**

인-양은 인과 양이 별개로 독자적일 때 총세후이익보다 높은 세후이익을 가진다. 이것은 어떤 부서의 손실이 다른 부서의 이익을 감소시키기 때문이다.

형에서 나온다. 직접적인 위험 감소, 낮은 차입비용 혹은 채무 수용력 확대, 그리고 유동성 증대이다. 차례로 살펴보자.

위험 감소 대규모 포트폴리오처럼 대기업은 개별 특질적인 위험(idiosyncratic risk)을 덜 가진다. 따라서 합병은 종종 결합된 기업이 덜 위험하다는 생각에서 정당화된다. 이런 주장의 문제점은 투자자도 두 기업의 주식을 별도로 매입해서 다각화의 이점을 스스로 성취할 수 있다는 사실을 무시하는 것이다. 대부분의 주주는 이미 잘 분산된 포트폴리오를 보유하고 있기 때문에 기업인수를 통한 기업 다각화로 인한 더 이상의 이익을 얻지 못한다. 더구나, 이미 지적했듯이 더 큰 다각화된 기업을 운영하는 합병에는 이와 관련된 비용이 존재한다. 정확하게 다각적 합병의 성과를 측정하기 어렵기 때문에 대리인 비용이 증가하고 여러 부서에 자원을 배분하면서 자원이 비효율적으로 배분될 수 있다. 결과적으로, 투자자에게는 기업인수를 통해 다각화한 기업에 투자하는 것보다 스스로 포트폴리오를 구성해서 분산하는 것이 저렴하다.

채무 수용력과 차입 비용 다른 것이 일정하다면 같은 부채비율 아래서 더 분산된 기업일수록 더 낮은 파산가능성을 가진다. 결과적으로 분산된 기업은 레버리지를 높일 수 있고 재무적 곤경 비용을 심각하게 발생시키지 않으면서 세금 절감을 누릴 수 있다. 따라서 레버리지를 통해 증가된 세금이득과 파산비용의 감소는 다각적 합병의 잠재적 이점이 된다. 물론 합병을 정당화하기 위해서는 이러한 이득이 덜 집중된 대기업을 운영하는 단점을 충분히 상쇄할 수 있어야만 한다.

유동성 비상장기업의 주주는 종종 덜 분산되어 있다. 자신의 부를 비상장기업에 주로 투자하여 한쪽에 치우쳐 있다. 결과적으로 인수기업이 비상장 피인수기업을 매입하는 것은 피인수기업의 소유주에게 비상장 피인수기업 투자를 현금화하여 분산된 포트폴리오에 재투자하도록 하여 위험노출을 줄이는 방안을 제공하는 것이다. 인수기업이 비상장 기업 소유주에게 제공하는 이러한 유동성은 가치가 있고 피인수기업 주주가 기업인수에 동의하도록 하는 중요한 동기가 된다.

이익 성장

합병자체가 경제적 가치를 창출하지 못하더라도, 두 기업의 합병으로 인해 주당 순이익(EPS)이 합병전 두 기업의 주당 순이익을 초과하는 것이 가능하다. 어떻게 그런 일이 일어나는지 살펴보자.

예제 22.2에서 보여주듯이, 낮은 성장 잠재력을 가진(따라서 낮은 P/E 배수를 가진) 기업을 인수하면, 높은 성장잠재력을 가진(높은 P/E 배수를 가진) 기업은 주당 순이익을 높일 수 있다. 과

예제 22.2
합병과 주당 순이익(EPS)

문제 *Problem*

주당 순이익이 $5인 두 기업을 고려하자. 첫 번째 회사는 올드월드(OldWorld Enterprises)로 성장기회가 많지 않은 성숙형 기업이다. 1백만 주의 발행주식을 가지고 있고 주당 가격은 $60이다. 두 번째 회사는 뉴월드(NewWorld Corporation)로 성장기회가 풍부한 신생기업으로, 결과적으로 높은 가치를 가지고 있다. 발행주식 수가 같지만 주당 가격은 $100이다. 뉴월드가 자신의 주식을 이용하여 올드월드를 인수한다고 가정하자. 기업인수는 가치를 창출하지 않는다. 완전시장에서 인수 이후 뉴월드의 가치는 어떻게 될까? 현재 시장가격에서 뉴월드는 올드월드 주주에게 지분에 대한 대가로 얼마의 주식을 주어야 할까? 마지막으로, 합병 이후에 뉴월드의 주당 순이익은 얼마인가?

풀이 *Solution*

● **계획**

기업인수가 가치를 더하지 않기 때문에, 뉴월드의 합병후 가치는 별도의 두 기업 가치의 합과 같다. 즉 ($100 x 1백만) + ($60 x 1백만) = $160백만이다. 올드월드를 인수하기 위해 뉴월드는 $60백만을 지불해야만 한다. 올드월드 주주에게 $60백만을 지불하기 위해서 뉴월드는 얼마만큼의 신주를 발행해야만 하는지 계산한다. 올드월드 주식에 대한 뉴월드 신주의 비율은 교환비율이 될 것이다. 일단 필요한 신주의 양을 알게 되면, 합쳐진

기업의 총이익을 새로운 총발행주식수로 나누어서 주당 순이익을 계산할 수 있다.

● **실행**

뉴월드의 인수전 주식가격 \$100에, 필요한 발행주식수는 600,000주(\$60백만/\$100 = 600,000)이다. 전체적으로 보면, 올드월드 주주는 올드월드 1백만 주를 뉴월드 600,000주로 교환하게 될 것이다. 교환비율은 교환되는 주식을 위해 발행되는 주식의 비율로 600,000/1백만 = 0.6이다. 따라서 올드월드 주주는 1주당 뉴월드 주식 0.6주를 받게 될 것이다. 뉴월드 주식은 인수이후에도 주당 가격이 같다는 점을 기억하자. 뉴월드의 새로운 가치는 \$160백만이고 1.6백만 주의 발행주식수가 있기 때문에 주당 가격은 \$100이다. 그러나, 뉴월드의 주당 순이익은 변한다. 인수 이전에 양 기업은 주당 순이익 \$5 x 1백만 주 = \$5백만을 벌었다. 합쳐진 기업은 따라서 \$10백만의 이익을 얻는다. 이제 1.6백만 주의 주식이 있으니, 뉴월드의 새로운 합병후 주당 순이익은 아래와 같다.

$$EPS = \frac{\$10\text{백만}}{1.6\text{백만 주}} = \$6.25(\text{주당})$$

올드월드를 인수함으로써 뉴월드는 주당 순이익을 \$1.25만큼 증가시켰다.

● **평가**

가치가 창출되지 않았기 때문에 우리는 합쳐진 회사를 단순히 뉴월드와 올드월드의 포트폴리오로 생각할 수 있다. 이 포트폴리오가 높아진 주당 순이익을 가지게 되었지만 또한 낮은 성장률을 가진다. 왜냐하면 낮은 성장률의 올드월드가 높은 성장률의 뉴월드에 합쳐졌기 때문이다. 높은 주당 순이익은 낮아진 주당 순이익의 성장률과 함께 가격에 반영될 것이다.

거에는, 이런 주당 순이익의 증가를 합병이유로 언급하기도 했다. 물론 현명한 투자자는 이러한 합병이 경제적 가치를 추가하지 않음을 알 것이다. 여기에서 일어난 것은 높은 성장기업이 낮은 성장의 기업을 합쳐서 전반적인 성장률을 낮춘 것이다. 결과적으로 주당 순이익의 증가를 위해 P/E 배수는 떨어져야만 한다. 따라서 인수기업의 이익에 미치는 영향만을 보고 합병의 이득이 있는지를 판단하는 결론을 내릴 수는 없다.

경영자의 합병동기

이제까지 살펴본 합병의 이유는 경제적인 것으로 주주가 원하는 것이었다. 그러나 경영자도 때로는 기업인수를 실행하는 자신만의 이유를 가진다. 연구결과는 합병을 공시할 때 대규모 인수기업의 주가는 평균적으로 하락하며 특히 상장된 피인수기업의 인수에서 더 하락한다는 것을 보여준다. 이에 대한 두 가지 가능한 설명은 주주와의 이해관계 갈등과 과잉확신이다.

이해관계의 갈등 경영자는 추가적인 보상과 명성으로 인해 규모가 더 큰 기업을 운영하는 것을 선호한다. 대부분의 경영자는 회사 지분의 아주 일부만을 보유하고 있기 때문에 개인적인 이

예제 22.3
합병과 P/E 비율

문제 *Problem*

예제 22.2에서 기술한 기업인수 전후의 뉴월드 P/E 비율을 계산하시오.

풀이 *Solution*

● **계획**

P/E 비율은 주당가격(Price)/주당 순이익(EPS)이다. 뉴월드의 주가는 인수 전후에 모두 \$100이고, 주당 순이익은 인수전 \$5, 인수 이후 \$6.25이다.

● **실행**

기업인수 이전에 뉴월드의 P/E 비율은: $P/E = \dfrac{\$100}{\$5} = 20$ 이다.

기업인수 이후에 뉴월드의 P/E 비율은: $P/E = \dfrac{\$100}{\$6.25} = 16$ 이다.

● **평가**

올드월드를 인수한 이후에 뉴월드의 가치는 미래의 성장잠재력에서 나오는 이익보다는 현재의 사업에서 나오는 이익에 좀 더 기울어졌기 때문에, P/E 비율은 하락하였다.

익을 증가시키면서 잘못된 합병의 비용은 충분히 감당하지 않는다.[4] 예를 들어, 회사 지분의 1%를 보유한 경영자는 잘못된 기업인수에서 발행하는 손실의 1%만을 감당하면서 대기업 CEO로서 얻게 되는 보상과 명성의 100%를 누리게 된다. 만일 기업인수가 주주 가치의 \$100백만을 감소시키지만 경영자 자신은 추가적으로 \$1백만 이상을 현재가치로 보상받는다면 어찌되건 그는 합병을 실행하는 것을 선호할 것이다. 왜 이사회는 이러한 경영자의 동기를 그대로 두는가? 경영자에 대한 이사회의 감시감독이 잘못되었거나 혹은 시장은 동의하지 않더라도 이러한 전략이 옳다고 믿기 때문이며, 이사회는 잘못된 기업인수로 인해 비용이 초래되더라도 회사 규모가 커짐에 따라 CEO에 대한 보상을 증가시킨다.[5]

과잉확신 제10장에서 설명했듯이 사람들은 일반적으로 자신의 능력을 과잉확신하는 경향이 있다. 심리학 연구는 자신이 평균이상의 능력을 가지고 있다는 사람의 믿음을 바꾸는 것이 계속 실패하고 있음을 보여준다. 대부분의 CEO는 CEO로 재직하는 기간 중에 기껏해야 한 건의 대형 기업인수를 실행한다. 잘 알려진 1986년의 논문에서 리처드 롤(Richard Roll)은 과잉확신하는 CEO가 성공할 수 있을 만큼 충분히 훌륭한 경영능력을 가지고 있다고 진짜로 믿기 때문에 가치 창출에 낮은 가능성을 가진 합병을 추구한다는 "거만 가설(hubris hypothesis)"로 기업인수

4) M. Jensen은 1986년의 논문에서 기업인수 결정의 대리인 갈등을 보여주었다. "Agency costs of free cash flow, corporate finance and takeovers," *American Economic Review* 76 (1986): 323-329.

5) J. Harford and K. Li, "Decoupling CEO Wealth and Firm Performance: The Case of Acquiring CEOs," *Journal of Finance 62* (2007): 917- 949는 인수기업의 주주가 손실을 입더라도 합병의 75%에서 인수기업의 CEO는 결국 이득을 본다는 것을 보여준다.

를 설명하려 하였다.[6] 이 가설과 앞서 논의했던 동기 갈등의 뚜렷한 차이점은 과잉확신하는 경영자가 주주를 위해 옳은 일을 하고 있다고 믿는다는 것이다. 그러나 비이성적으로 자신의 능력을 과대평가하는 것이다. 동기 갈등의 설명은 경영자가 주주 가치를 훼손한다는 사실을 알지만 인수를 통해서 개인적인 이득을 얻는다는 것이다.

개념확인

5. 기업인수에서 거론되는 가장 흔한 이유는 무엇인가?
6. 위험 다각화의 이점과 이익 성장이 주주 부를 증가시키는 기업인수의 정당한 이유가 되지 않는 이유는 무엇인가?

22.4 기업인수 과정

이번 절에서 우리는 어떻게 기업인수 과정이 진행되는지를 살펴본다. 인수기업이 어떻게 최초 제안을 결정하는지를 가지고 시작한다. 그리고 특히 기업인수와 관련된 세금과 회계적 이슈를 논의하고 규제와 승인 과정을 설명한다. 마지막으로 기업인수를 저지하기 위한 방어전략과 이사회의 노력을 포함하여 이사회 승인을 논의하면서 마무리한다.

가치평가

제7장과 제10장에서 우리는 회사 주식을 어떻게 가치평가하는지를 배웠다. 피인수기업의 가치를 평가하는 데 적용할 수 있는 가치평가 접근법에는 크게 두 가지 분류가 있다는 것을 기억하자. 첫째는 가장 단순한 방법으로 피인수기업을 다른 비교대상 기업과 비교하는 것이다. 비록 이 방법이 실행하기는 쉽지만, 기껏해야 대략적인 가치 추정치를 알려준다. 비교대상 기업의 배수를 사용하여 피인수기업의 가치를 평가하는 것에는 인수기업이 실행하려고 하는 기업운영의 개선과 기타 시너지 효율성이 직접적으로 포함되어 있지 않다. 회사를 매입하는 것은 일반적으로 대규모의 자본 투자 결정을 필요로 하기 때문에 기업의 운영 측면과 함께 인수합병으로 인해 창출될 궁극적인 현금흐름에 대한 주의 깊은 분석을 포함한 좀 더 정확한 가치 추정을 필요로 한다. 따라서, 두 번째 가치 평가 접근법은 인수합병의 결과로 발생할 기대 현금흐름의 전망과 이러한 현금흐름의 가치평가를 필요로 한다.

기업인수를 위한 핵심 이슈는 합병의 결과로 인한 가치 증분을 숫자화하고 할인하는 것이다. 22.3절에서 보여준 것처럼, 기업인수는 인수 시너지로 특징지을 수 있는 여러 가지 가치의 원천을 창출할 수 있다.

피인수기업에 지불한 가격은 피인수기업의 합병인수 제안 이전의 시가총액에 인수합병에서 지불된 프리미엄을 더한 것과 같다는 것을 알고 있다. 합병인수 제안 이전의 시가총액을 피인수

---

6) R. Roll, "The Hubris Hypothesis of Corporate Takeovers," *Journal of Business 59* (2) (1986): 197-216.

기업의 독립적인 가치로 본다면 인수기업의 관점에서 인수로 인해 창출될 시너지를 프리미엄이 초과하지 않을 때에만 기업인수는 양의 NPV 사업이 된다.[7] 제안된 프리미엄이 확실한 금액인 반면에 시너지는 그렇지 않기 때문에 투자자는 인수기업의 시너지 추정치에 대해 회의적일 수 있다. 인수기업의 주식가격은 합병공시에 대하여 인수기업이 피인수기업에게 과도하게 지불했는가 혹은 덜 지불했는가에 대한 투자자의 평가를 나타내는 방향으로 반응한다. 표 22.2가 보여주듯이, 평균 주가반응은 1%이고 중앙값은 0에 가깝다. 따라서, 평균적으로 시장은 프리미엄이 시너지와 적절하게 같다고 믿는 것이다. 그럼에도 불구하고 프리미엄은 거래에 따라 매우 다르다. 합병의 가치 효과에 대한 최근의 연구에 따르면 인수기업에 대한 양의 반응은 소규모 인수기업에만 국한되어 있음을 보여준다. 사실 1990년대에 87개의 기업인수를 선언한 대규모 인수기업은 공시시점에 $1백만 이상의 가치 하락을 경험했다.[8] 이러한 결과는 앞의 절에서 논의한 경영자의 동기와 관련될 가능성이 크다.

합병인수 제안

인수기업이 가치평가 과정을 완료하고 나면 공개매수(tender offer)를 제안하는 단계에 있게 된다. 그것은 특정한 가격에 대규모로 주식을 매입할 의사가 있음을 공개적으로 선언하는 것이다. 인수기업은 피인수기업에게 현금과 주식의 두 가지 지불방법을 사용할 수 있다. 현금거래의 경우, 인수기업은 피인수기업에게 프리미엄을 포함해서 단순히 현금을 지불한다. 주식 스왑 거래의 경우, 인수기업은 신주를 발행하여 피인수기업의 주주에게 신주를 교부함으로써 피인수기업에 대한 대가를 지불한다. 제안된 "가격 (price)"은 피인수기업 주식에 대한 교환으로 받게 되는 인수기업 주식수인 **교환비율(exchange ratio)**에 인수기업의 주식가격을 곱하여 결정된다.

교환비율: 기업인수에서 피인수기업 주식에 대한 교환으로 받게 되는 인수기업 주식수

주식 스왑 합병은 합병된 기업의 주가(인수합병 이후 인수기업의 주가)가 인수기업의 합병전 가격을 초과한다면 인수기업 주주에게 양의 NPV 투자이다. 이러한 조건을 다음과 같이 표현할 수 있다. A를 합병전 독립적 인수기업의 가치로, T를 합병전 (독립적) 피인수기업의 가치라고 하자. S는 합병으로 인해 창출되는 시너지의 가치이다. 만일 인수기업이 합병전에 N_A의 발행주식수로 가지고 x의 신주를 피인수기업에게 발행한다면, 인수기업의 주가는 합병이후에 다음과 같이 증가한다.

$$\frac{A + T + S}{N_A + x} > \frac{A}{N_A} \tag{22.1}$$

---

7) 피인수기업에 대한 잠재적인 인수합병 소문은 프리미엄 제안의 기대감으로 피인수기업의 주가를 끌어 올릴 것이다. 실무자들은 "영향을 받지 않은(unaffected)" 주가를 언급하는데, 그것은 소문에 의해 영향을 받기 이전의 피인수기업 주가를 의미한다. 이 가격이 피인수기업의 독립적 가치를 계산하는데 사용된다.

8) S. Moeller, R. Stulz, and F. Schlingemann, "Wealth Destruction on a Massive Scale: A Study of Acquiring Firm Returns in the Recent Merger Wave," *Journal of Finance 60* (2) (2005): 757-782. 변진호와 안소림(2007)은 한국의 합병연구에서 인수기업의 규모에 따른 상이한 시장반응을 발견하였다.

수식 22.1의 좌변은 합병된 기업의 주가이다. 분자는 합병된 기업의 총가치를 가리킨다. 즉, 인수기업과 피인수기업의 독립적 가치에 합병으로 인해 창출된 시너지를 더한 것이다. 분모는 합병이 끝난 후의 총발행주식수이다. 이 비율은 합병후 주가이다. 수식 22.1의 우변은 인수기업의 합병전 주가이다. 즉, 인수기업의 합병전 가치를 합병전 발행주식수로 나눈 것이다.

수식 22.1을 x에 대해서 풀면 양의 NPV를 달성하면서 인수기업이 제안할 수 있는 최대 신주의 수를 얻을 수 있다.

$$x < \left(\frac{T+S}{A}\right)N_A \tag{22.2}$$

우리는 합병전 피인수기업의 발행주식수 N_T로 양변을 나누어서 이러한 관계를 교환비율로 표현할 수 있다.

$$\text{교환비율} = \frac{x}{N_T} < \left(\frac{T+S}{A}\right)\frac{N_A}{N_T} \tag{22.3}$$

수식 22.3을 합병전 피인수기업 주가 $P_T = T/N_T$ 와 인수기업의 주가 $P_A = T/N_A$ 의 형태로 다시

예제 22.4
주식 인수에서의 최대 교환비율

문제 *Problem*

스프린트(Sprint)가 2004년 12월 넥스텔(Nextel)을 인수할 계획을 공시했을 때, 스프린트의 주식은 주당 $25에 넥스텔의 주식은 주당 $30에 거래되었다. 만일 예상되는 시너지가 $12십억이고 넥스델은 1.033십억 주의 발행주식을 가지고 있었다면 스프린트가 양의 NPV를 만들어 내면서 제안할 수 있는 최대 교환비율은 무엇인가? 스프린트가 제안할 수 있는 최대 현금제안 금액은 무엇인가?

풀이 *Solution*

● **계획**

식 22.4를 이용하여 스프린트가 여전히 양의 NPV를 가지면서 제안할 수 있는 최대 주식을 계산할 수 있다. 최대 현금제안 금액을 계산하기 위해서는 주당 시너지를 계산하고 넥스텔의 현재 주가에 더해야 한다.

● **실행**

식 22.4를 이용하면

$$\text{교환비율} < \frac{P_T}{P_A}\left(1+\frac{S}{T}\right) = \frac{30}{25}\left(1+\frac{12}{31}\right) = 1.665$$

즉 스프린트는 여전히 양의 NPV를 창출하면서 하나의 넥스텔 주식에 대해 1.665주의 스프린트 주식을 제공할 수 있다.

현금제안에 대해서는, 주어진 시너지 $12십억을 발행주식수로 나누면 ($12십억/1.033십억주 = $11.62) 주당 시너지 $11.62를 얻는다. 스프린트는 $30 + $11.62 = $41.62를 제안할 수 있다.

● 평가

현금제안과 교환제안($25 x 1.665 = $41.62)은 동일한 가치를 가진다. 이 가치는 스프린트에게는 넥스텔의 최대 가치이다. 만일 스프린트가 $41.62를 넥스텔에게 지불하면 그것은 넥스텔 주주에게 넥스텔의 가격과 얻어진 모든 시너지를 함께 지불하는 것으로 스프린트 주주에게 남는 것은 없다. 따라서 $41.62에 넥스텔을 매입하는 것은 정확하게 0의 NPV 사업이 된다.

표현할 수 있다.

$$\text{교환비율} < \frac{P_T}{P_A}\left(1 + \frac{S}{T}\right) \tag{22.4}$$

합병 차익거래

공개매수가 공시된다고 사실 그 가격에 인수합병이 일어날 것이라는 보장은 없다. 인수기업은 거래를 성사시키기 위해 가격을 올려야만 할 때도 있다. 반대로, 매수 제안이 종료되기도 한다. 인수기업이 피인수기업에게 제안을 할 때, 인수기업이 인수합병 제안 이전 주가에 상당한 프리미엄을 부과하더라도, 피인수기업의 이사회는 제안을 거부하고 기존 주주에게 매수에 응하지 말 것을 권할 수도 있다. 피인수기업의 이사회가 제안을 지지하더라도 규제당국이 인수합병을 불허할 가능성도 있다. 인수합병의 성공에는 불확실성이 존재하기 때문에 인수합병이 공시될 때 시장가격은 일반적으로 프리미엄만큼 오르지는 않는다.

이러한 불확실성은 투자자에게 거래의 결과에 대하여 투기를 할 수 있는 기회를 만들어 준다. 거래자는 **위험 차익거래자(risk arbitrageurs)**로 알려진다. 그들은 거래의 결과를 예측할 수 있다고 믿고 그 믿음에 따라 포지션을 취한다. 이러한 거래자가 사용하는 전략이 차익거래로 불리지만 사실은 꽤 위험하며 이 교재에서 정의했듯이 진정한 의미의 차익거래 기회는 아니다. 2002년의 휴렛 팩커드(Hewlett-Packard, HP)와 컴팩(Compaq)의 주식 스왑 합병을 이용한 전략을 살펴보자.

위험 차익거래자: 기업인수합병 제안이 공시되면, 합병 거래의 결과에 대하여 투기하는 거래자

2001년 9월 HP는 컴팩 주식 1주에 HP 주식 0.6325주를 스왑하여 컴팩을 매입하겠다는 주식 스왑 합병을 공시하였다. 공시 이후, HP는 주당 $18.87에 거래되었는데, 그것은 HP의 제안이 따르면 컴팩의 내재된 주식가격이 $18.87 × 0.6325 = $11.9353이라는 것을 의미한다. 그러나 컴팩의 주식은 공시 이후에 주당 $11.08에 불과하여 HP의 제안보다 $0.8553 낮게 거래되었다. 따라서 위험 차익거래자는 10,000주의 컴팩 주식을 매입하고 동시에 HP주식 6,325주를 공매도하여, 순이익 (6,325 × $18.87) - (10,000 × $11.08) = $8,553을 즉시 얻을 수 있다. 만일 인수합병이 처음 조건대로 성공적으로 끝난다면, 10,000주의 컴팩 주식은 6,325주의 HP주식으로 전환할 수 있고 이 차익거래자는 공매도한 HP 포지션을 추가 비용 없이 마감하여 거래를 완

결할 수 있다. 따라서 차익거래자는 최초 $8,553을 자신의 이익으로 취할 수 있게 될 것이다.[9]

위에서 서술한 잠재적 이익은 피인수기업의 주가와 내재된 제안 가격의 차이로부터 발생한다. 그리고 그것은 **합병-차익거래 스프레드(merger-arbitrage spread)**라고 불린다. 그러나 거래가 완료되지 못할 위험이 있기 때문에 이것은 진짜 차익거래 기회는 아니다. 만일 인수합병이 성공하지 않는다면 위험 차익거래자는 자신의 포지션을 어떤 시장가격이더라도 결국 마감해야만 한다. 대부분의 경우 가격은 불리하게 움직이기 때문에 (특히 컴팩의 가격은 인수가 발생하지 않았다면 하락했을 것이다), 자신의 포지션에서 손실에 직면하게 될 수 있다.

합병-차익거래 스프레드: 기업인수에서 피인수기업 주식의 가격과 내재된 제안 가격 사이의 차이

HP-컴팩의 인수합병은 거래의 불확실성이 피인수기업의 주저함에서 오는 것이 아니라 주로 인수기업의 주저함에서 발생했다는 특징이 있다. 처음에는 합병을 지지했지만 휴렛(Hewlett) 가족은 냉담했다. 거래가 공시된 이후 2개월 뒤에 월터 휴렛(Walter Hewlett)은 휴렛 가족의 반대를 선언했다. 월터 휴렛의 발표일에 HP 주가는 $19.81로 올랐고 컴팩의 주가는 $8.50으로 하락해서 합병-차익거래 스프레드는 ($19.81 × 6,325) - ($8.5 × 10,000) = $40,298로 벌어졌다. HP-컴팩 합병의 합병-차익거래 스프레드는 그림 22.2에 그려져 있다. 위에서 약술한 위험-차익거래 전략은 이 스프레드에 대한 공매도 포지션이기 때문에 만일 스프레드가 줄어들면 이득

그림 22.2
HP와 컴팩의 합병에서 합병-차익거래 스프레드

합병이 궁극적으로 성공적으로 완결된다고 가정할 때, 그림은 표시된 날짜에 컴팩 주식 10,000주를 매입하고 HP 주식 6,325주를 공매도하는 잠재적 이익을 보여준다. 합병거래가 이루어질 것을 예상하는 위험 차익거래자는 스프레드가 커질 때 포지션을 취하고 스프레드가 감소한 이후 포지션을 종료하여 이익을 얻을 수 있다.

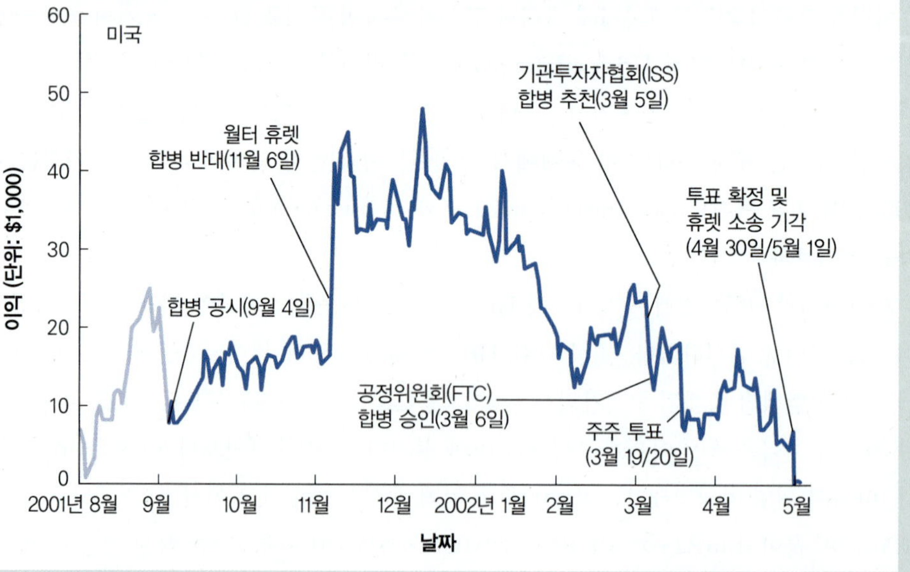

9) 단순화를 위해서 이 기간 동안의 배당금 지급은 무시하였다. 합병이 끝나기 전에 HP는 $0.24를 컴팩은 $0.075를 배당으로 지급하여, (10,000 × $0.075) – (6,325 × $0.24) = –$768만큼 거래로 인한 이익을 감소시킨다.

이 된다. 따라서, 거래가 공시되었을 때 전략을 취했던 차익거래자가 월터 휴렛이 반대를 공시했을 때 포지션을 마감하게 되면 \$40,298 - \$8,553 = \$31,745의 손실에 직면하게 되는 것이다.

휴렛 가족이 HP의 대주주이기는 했지만 주주를 통제할 수는 없었다. 인수합병 거래를 막을 만큼의 독자 지분을 충분히 보유하고 있지는 않았다. 따라서 휴렛 가족과 당시 CEO인 칼리 피오리나(Carly Fiorina)의 HP의 통제권을 확보하려는 전투가 컴팩의 인수합병의 배후 사정이었다. 이러한 갈등은 몇 달 뒤에 HP 주주가 근소한 차이로 신주 발행을 승인하면서 비로소 마무리되었다. 신주발행은 결과적으로 합병의 승인이며 합병을 기대하던 위험 차익거래자에게 순이익을 가져다 주는 것이다. 그림 22.2에서 보듯이, 계속 포지션을 유지할 만한 배포가 없는 차익거래자라면 롤러코스터를 타는 동안 몇 차례 대규모 손실을 겪었을 것이다. HP의 CEO인 피오리나가 이처럼 경영권에 대한 초기 도전에서 살아 남았지만, 합병 이후 HP의 초라한 성과는 휴렛의 위치를 지지하게 되었다. 결국 HP의 이사회는 2005년에 피오리나를 해고하였다.

세금과 회계적 이슈

거래조건이 결정되면, 합병의 세금과 회계적 의미가 성해질 수 있다. 인수기업이 피인수기업에 대한 대금지불 방법은 피인수기업의 주주와 합병된 기업의 세금에 영향을 미친다. 지분에 대한 대가로 전액 혹은 일부라도 받은 현금은 즉시 피인수기업 주주에게 세금 의무로 부가된다. 피인수기업 주주는 주식의 대금으로 받은 가격과 자신들이 최초에 주식을 매입했던 가격의 차이에 대해 자본이득세를 납부하게 될 것이다. 만일 인수기업이 피인수기업의 대가를 전부 인수기업의 주식으로 교환한다면 피인수기업 주주가 실제 인수기업의 신주를 매도할 때까지 세금 의무는 연기된다.

만일 인수기업이 (피인수기업의 주식이 아니라) 피인수기업의 자산을 직접 구매한다면, 피인수기업 자산의 장부가치가 구매한 가격으로 **스텝 업(step up)** 될 수 있다. 높아진 감가상각가능 자산은 감가상각비의 증가를 통해 미래의 세금을 줄인다. 더구나 모든 영업권은 세금 목적으로 15년에 걸쳐 또한 상각될 수 있다. 피인수기업이 소멸하여 인수기업에 합병되고 피인수기업 주주는 그들의 지분에 대한 대가로 현금을 받는 직접 현금합병(forward cash-out merger)에도 자산 매입과 동일한 처리방법이 적용된다.

스텝 업: 인수기업이 피인수기업 의 주식을 매입하는 대신에 직접 자산을 구매할 때 피인수기업 자산의 장부가치가 구매가격으로 증가하는 것

많은 인수합병 거래가 세제상 기업인수 구조조정(acquisitive reorganization)으로 처리된다. 이것은 피인수기업의 주주가 인수기업 주식으로 받은 부분에 대한 세금 의무를 연기하도록 하지만, 인수기업이 피인수기업 자산의 장부가치를 스텝 업하는 것은 허용하지 않는다. 그러나 피인수기업의 자산과 부채를 인수기업의 자회사와 분리할 수 있도록 하고 있다. 이것은 피인수기업의 알려진(혹은 알려지지 않은) 채무에 노출되기를 원하지 않는 인수기업에게는 매우 매력적이다.

현금이냐 주식이냐의 지불방법이 세금 목적에서 피인수기업의 자산 가치를 어떻게 기록하는가에 영향을 주지만 합병된 기업의 재무보고를 위한 재무제표에는 영향을 주지 않는다. 합병된 기업은 재무제표상에 피인수기업 자산으로 할당된 가치에 정당한 시장가격에 따라 피인수기업 자산의 구매가격을 배분하여 표기를 해야만 한다. 만일 피인수기업 것으로 확인할 만한 자산의 구매가격이 정당한 시장가격을 초과하면 잔액은 영업권으로 기록하고 기업내 회계사가 매년 검토하여 가치의 하락여부를 결정해야 한다. 예를 들어, HP의 컴팩 인수에서 HP는 $10십억 이상을 영업권으로 기록했다. 재무제표의 주석은 이것을 컴팩 브랜드 가치에 대한 영업권이며 시한이 없다는 가정을 기록하고 있다.

인수합병이 양의 NPV를 가진다고 해도, 인수회사 경영자는 합병이 이익에 미치는 영향에 매우 신경을 쓴다. 이것은 합병의 이유인 이익 증가 논쟁과 반대되는 장면이다. 두 기업의 합병이 경제적 가치에 영향을 주지 않고 이익을 증가시킬 수 있는 것처럼, 경제적 가치에 영향을 주지 않고 이익을 감소시킬 수도 있다. 경제적 영향이 없는데도 불구하고, 인수기업은 단지 단기적이라도 주당 순이익의 희석이 발생하는 거래를 주저한다.

이사회와 주주 승인

합병이 진행되기 위해서는 피인수기업과 인수기업의 이사회가 거래를 승인해야만 하고 피인수기업의 (경우에 따라서는 인수기업도) 주주 투표에 부쳐야 한다.

우호적 인수: 피인수기업의 이사 회가 합병을 지지하고 잠재적 인 수기업과 협상을 하고 궁극적으로 는 주주 투표에 상정할 가격에 동 의하는 경우

적대적 인수: 때로는 기업 사냥꾼으로 불리는 개인 혹은 조직이 대규모로 피인수기업의 지분을 구매하고 피인수기업 이사회와 CEO를 교체하기에 충분한 투표권을 얻으려고 하는 상황

기업 사냥꾼: 적대적 인수에서 인수자(인수기업)

우호적 인수(friendly takeover)에서 피인수기업의 이사회는 합병을 지지하고 잠재적 인수기업과 협상을 하고 궁극적으로는 주주 투표에 상정할 가격에 동의한다. 인수회사 이사회가 합병에 반대하는 경우는 드물지만, 피인수기업 이사회는 인수회사가 많은 프리미엄을 제안하더라도 거래를 지지하지 않는 경우가 있다. **적대적 인수**(hostile takeover)에서 피인수기업의 (고위 경영자와 함께) 이사회는 인수기업의 인수시도에 맞서 싸운다. 인수에 성공하기 위해서 인수기업은 피인수기업의 통제권을 가지기에 충분한 지분을 보유하고 이사회를 교체해야만 한다. 기업인수가 적대적일 때의 인수기업을 종종 **기업사냥꾼**(corporate raider or raider)이라고 부른다.

피인수기업의 주주가 현재 시장가치를 초과하는 프리미엄을 받게 되는데, 이사회는 왜 인수합병에 반대하는 것일까? 여러 가지 이유가 있다. 우선 이사회가 제안가격이 너무 낮다고 정당하게 믿을 수 있다. 이 경우에 더 높은 가격을 지불할 의사가 있는 다른 인수회사가 나타나거나 최초의 인수회사가 제안가격을 올리게 될 수 있다. 다른 이유로, 인수 제안이 주식 스왑일 경우, 피인수기업 경영자는 인수회사의 주식이 고평가 되었고 따라서 제안된 가격이 실제로 피인수기업의 독립적 가치보다 낮다고 느끼기 때문에 반대할 수 있다. 마지막으로, 경영자(그리고 이사회)는 본인들의 이해관계 때문에 특히 기업인수의 기본적인 동기가 효율성 획득이라면 인수를 반대할 수 있다. 이것은 인수기업이 회사경영의 리더십을 완전히 바꿀 계획을 거의 가지고 있을

경우이다. 고위 경영자는 자신의 업무를(그리고 종업원의 업무를) 보호하기 위해서 합병을 반대할 수 있다. 사실 이런 우려는 아마도 적대적 인수를 만들어 내는 것과 관련된 가장 큰 단일한 이유일 것이다. 굉장히 많은 효율성 획득이 실제 가능하다면 현재의 경영진은 효율적으로 자신의 업무를 수행하지 못하고 있다는 것을 명심하자. 기업인수 혹은 인수합병의 위협은 따라서 투자자가 문제를 해결할 수 있는 유일한 궤도수정이 될 것이다.

이론적으로 피인수기업 이사회의 의무는 피인수기업 주주 이익의 최대화를 위해 행동하는 것이다. 회사가 독립적으로 존재하는 것이 주주를 위해 결과적으로 더 많은 가치를 실현한다는 것을 이사들이 합리적으로 주장할 수 있다면 프리미엄 제안을 거절하는 것을 포함하여, 실제로 법원은 피인수기업 이사에게 회사를 위한 가장 최선의 방안을 결정하기 위한 소위 "사업 판단의 규칙(business judgment rule)"이라고 불리는 폭넓은 수단을 부여해 왔다. 이 규칙의 전제조건은 위법행위나 내부거래가 증거가 없는 한 법원은 정보를 가진 선출된 이사가 제출한 의견 대신에 법원의 판단을 적용하지 않는다는 것이다.

그러나 합병 거래는, 보통 "레블롱 의무(Revlon duties)"와 "유노칼(Unocal)"로 알려져 있는 엄격한 사법 감시 아래 있다. 레블롱 의무는 만일 기업 경영권의 변화가 발생하면 이사들은 주주를 위해 최고의 가치를 추구해야만 한다는 것을 말한다(주주의 가치 이외에는 어떠한 것에 근거해서 어느 한 편에 서서는 안 된다). 유노칼 사례는 이사가 방어적 행위로(다음 절에서 상세히 다룰 것임) 간주되는 행동을 취할 때 성립되는데, 이러한 방어적 행위가 강압적이거나 단순히 인수합병 거래를 배제하려고 고안된 것이 아니라는 것을 보장하는 추가적인 감시를 받아야만 한다. 이사회는 기업 전략에 위협이 존재한다는 확신을 가지고 있어야 하며, 이러한 방어적 행위는 위협의 강도에 상응하는 것이어야만 한다.

개념확인

7. 기업인수 과정의 절차는 무엇인가?
8. 위험 차익거래자는 무엇을 하는가?

22.5 기업인수 방어전략

적대적 인수가 성공하기 위해서 인수기업은 피인수기업의 이사회에 접근하고 피인수기업 주주에게 직접 호소를 해야만 한다. 인수기업은 주주로부터 직접 피인수기업 주식을 매입하겠다는 불초청(unsolicited) 제안인 공개매수(tender offer)를 통해서 할 수 있다. 인수기업은 대체로 공개매수를 **위임장 경쟁(proxy fight)**과 함께 진행한다. 인수회사는 피인수회사 이사회에 인수회사 후보가 선출되도록 위임장 투표를 사용하여 피인수회사 이사회를 빼앗는 것을 피인수기업 주주에게 설득하려고 한다. 피인수회사는 이러한 시도를 막는데 사용할 전략을 가지고 있다. 이러한 전략은, 피인수회사의 이사회의 독립성에 달렸지만, 인수회사의 제안가격을 올리게 만

위임장 경쟁: 적대적 인수에서 인수기업이 피인수회사 이사회에 인수회사 후보가 선출되도록 위임장 투표를 사용하여 피인수회사 이사회를 빼앗는 것을 피인수기업 주주에게 설득하려고 하는 경우

들거나 경영자의 지위를 좀 더 확고하게 할 수 있다. 가장 효과적인 방어전략인 포이즌필로 설명을 시작한다.

포이즌필

포이즌필: 적대적 인수에 대한 방어로, 상당히 할인된 가격에 피인수기업 혹은 인수기업의 주식을 매입할 수 있는 권리를 피인수기업 주주에게 부여한 주주배정 유상증자

포이즌필(poison pill)은 기존의 피인수기업 주주에게 어떤 조건이 충족되면 상당히 할인된 가격에 피인수기업의 주식을 매입할 수 있는 권리를 부여한 주주배정 유상증자이다. 인수기업은 이러한 유상증자에서 특별히 배제된다. 피인수기업 주주는 시장가격보다 낮은 가격에 매입할 수 있기 때문에 주주배정은 인수기업이 가진 주식의 가치를 희석시킨다. 이러한 희석효과는 거래를 승인한 인수기업 주주에게 인수합병을 비싼 것으로 만든다.

포이즌필은 1982년 제너럴 아메리칸 오일(General American Oil)에 의한 엘파소 일렉트릭(El Paso Electric)에 대한 인수를 막는데 성공했던 인수합병 변호사인 마틴 립톤(Martin Lipton)이 만들었다.[10] 원래 포이즌필은 기업인수가 완료되는(즉 발행주식수의 100% 매입) 사건에만 영향을 주었기 때문에, 이것을 우회하는 방법은 기업인수를 완료하지 않는 것이다. 이러한 우회 전략은 발행주식수의 50%를 상회하여 매입하여 크라운 젤러바흐(Crown Zellerbach)의 경영권을 취득한 제임스 골드스미스(Sir James Goldsmith)에 의해 처음 시도되었다. 나머지 지분을 매입하지 않았기 때문에 크라운 젤러바흐의 포이즌필은 효력을 잃었다.

크라운 젤러바흐의 기업인수에 대한 대응으로 기업 변호사들은 원래의 포이즌필을 완벽하게 만들었다. 현재 대부분의 포이즌필은 기업사냥꾼이 피인수기업 주식의 촉발 물량(일반적으로 20%) 이상을 매입하면(발행주식을 모두 매입하여 기업인수를 완료하지 않더라도), 인수기업을 제외한 기존 주주가 할인가격에 피인수기업의 주식을 매입할 수 있도록 정하고 있다.

포이즌필이라는 용어는 스파이의 세계에서 유래한다. 체포되면 스파이는 중요한 비밀을 누설하기 보다는 포이즌필을 삼켜서 생명을 포기하게 되어 있다. 포이즌필은 기업인수를 중지시키는 데 매우 효과적이만, 자살이 기업에게 주는 의미는 무엇인가? 포이즌필을 채택하는 것은 주주가 나쁜 경영자를 교체하는 것을 보다 어렵게 만듦으로써 회사가 효과적으로 기존 경영진을 보호하게 하고, 결과적으로 잠재적으로 가치를 훼손하는 것이다. 재무 연구자들은 이러한 효과를 검증했다. 기업이 포이즌필을 채택하면 회사의 주가는 전형적으로 하락한다. 더구나 일단 채택되면, 포이즌필을 가진 회사는 평균 이하의 재무성과를 가진다.[11]

포이즌필을 채택한 회사가 인수합병되기 더 어렵다는 것은 놀라운 일이 아니며 기업인수가 발생하면 기존 주주가 자신의 주식에 더 높은 가격의 프리미엄을 받는다. 따라서 포이즌필은 기업

---

10) 간략한 내용을 위해서는 Len Costa, "The Perfect Pill," *Legal Affairs* (March 2005) 참고. www.legalaffairs.org. 한국에서는 2011년 상법이 개정됨으로써 신주인수선택권의 형태로 포이즌필이 도입되었다.

11) P. Malatesta and R. Walkling, "Poison Pill Securities: Stockholder Wealth, Profitability and Ownership Structure," *Journal of Financial Economics* 20(1) (1988): 347-376, M. Ryngaert, "The Effects of Poison Pills Securities on Stockholder Wealth," *Journal of Financial Economics* 20(1) (1988): 377-417.

인수 비용을 증가시키기 때문에, 다른 것이 일정할 때, 피인수기업은 기업인수 싸움을 지속하는 비용을 정당화하기 위해서, 인수를 당함으로써 더 나쁜 상황에 처해야만 한다(독립적일 때 이익에서 더 나은 기회가 있어야만 한다).

또한 포이즌필은 피인수기업 이사회의 협조 없이는 기업인수를 완료하는 것을 어렵게 하기 때문에 인수기업과 협상할 때 피인수기업의 협상력을 증가시킨다. 효과적으로 사용되면 피인수기업의 주주가 포이즌필이 없을 때 받을 것보다 더 높은 프리미엄을 협상할 수 있어서, 이러한 협상력은 피인수기업 주주에게 좀 더 많은 인수합병 이득을 줄 수 있다. 반기업인수 조항(anti-takeover provisions)의 영향에 관한 수 많은 연구는 그러한 조항이 피인수기업의 기존 주주에게 더 높은 프리미엄을 가져다 준다는 것을 발견하였다.[12]

시차임기제 이사회

포이즌필에 직면한 단단히 결심한 인수기업은 또 다른 대안을 가지고 있다. 다음 정기 주주총회에서 안건을 제출할 수 있는데, 피인수기업의 이사회에 인수회사측 인물이 선출되어 이사 직함을 가지는 것이다. 피인수기업 주주가 그러한 후보자를 선출하게 되면, 새로운 이사는 포이즌필을 취소하고 인수회사의 제안을 허용할 수 있다. 그러한 쿠데타가 발생하는 것을 막기 위해서, 상장회사의 약 3분의 2는 **시차임기제 이사회(staggered or classified board)**를 가진다. 전형적인 시차임기제 이사회에서, 모든 이사는 3년의 임기를 가지지만 임기는 시차를 가져서 오직 3분의 1의 이사만이 매년 선출된다. 따라서 인수회사의 후보자가 이사회 의석을 차지하더라도 피인수회사 이사회에서 소수의 통제권만을 가지게 된다. 인수회사가 피인수회사 이사회에서 다수를 차지하기 위해서는 인수회사의 후보자가 2년 연속으로 위임장 경쟁에서 이겨야만 한다. 피인수회사가 시차임기제 이사회를 가지면, 이사회를 마음대로 운용하기 위해 필요한 시간으로 인해 인수회사의 기업인수 시도를 지연된다. 대부분의 전문가는 포이즌필과 시차임기제 이사회의 결합을 피인수기업이 취할 수 있는 가장 효과적인 방어책으로 간주한다.

시차임기제 이사회: 많은 상장회사에서, 이사의 3년 임기는 시차를 가져서 오직 3분의 1의 이사만이 매년 선출되는 이사회

백기사

적대적 인수가 불가피하게 일어나면 피인수기업은 때로는 자사를 인수할 다른 우호적인 회사를 찾는다. 피인수기업의 구원을 책임지기 위해 나타난 이런 회사는 **백기사(white knight)**로 알려져 있다. 백기사는 적대적 인수 제안보다 피인수기업에게 더 유리한 제안을 한다. 피인수기업의 현직 경영자는 자신의 지위를 유지해 주겠다는 백기사와의 협정을 통해 경영권을 유지한다.

백기사: 적대적 인수 시도에 대한 피인수기업의 방어로 피인수회사는 자사를 인수할 다른 우호적인 회사를 찾음

백기사 방어의 변형이 **백지주(white squire)** 방어이다. 이 경우, 대규모 투자자나 회사가 특별

백지주: 백기사 방어의 변형으로 대규모 소극적 투자자나 회사가 특별 의결권을 가지며 상당한 물량의 피인수기업 주식 지분을 매입하기로 약속

12) R. Comment and G. W. Schwert, "Poison or Placebo: Evidence on the Deterrence and Wealth Effects of Modern Antitakeover Measures," *Journal of Financial Economics* 39(1), (1995): 3-43; N. Varaiya, "Determinants of Premiums in Acquisition Transactions," *Managerial and Decision Economics* 8(3) (1987): 175-184; R. Heron and E. Lie, "On the Use of Poison Pills and Defensive Payouts by Takeover Targets," *Journal of Business* 79(4) (2006): 1783-1807.

의결권을 가지며 상당한 물량의 피인수기업 주식 지분을 매입하기로 약속한다. 이 행위는 적대적 사냥꾼이 피인수기업의 통제권을 인수하는 것을 막아준다. 백지주 스스로가 통제권을 행사하지 않을 것이라는 가정이 있다.

황금 낙하산

황금 낙하산: 회사가 인수되고 경영자가 해고되는 상황에서 기업의 고위 경영자에게 보장하는 극단적으로 이득이 되는 해고계약 패키지

황금 낙하산(golden parachute)은 회사가 인수되고 경영자가 해고되는 상황에서 기업의 고위 경영자에게 보장하는 극단적으로 이득이 되는 해고계약 패키지이다. 예를 들어, 로널드 페럴만(Ronald Perelman)이 레블롱(Revlon)을 성공적으로 인수했을 때, 레블롱의 전임 회장인 마이클 버제락(Michael Bergerac)은 $35백만이 넘는 황금 낙하산 보상 패키지를 받았다고 알려졌다.

황금 낙하산은 주주의 부를 남용하고 과도하기 때문에 비난을 받아왔다. 사실은 실증 증거는 이런 관점을 지지하지 않는다.[13] 오히려 있다면, 황금 낙하산의 채택은 실제로 가치를 창출한다는 관점을 지지한다. 황금 낙하산이 존재하면 경영자는 기업인수에 대해 좀 더 수용적이다. 이것은 황금 낙하산의 존재가 경영자의 참호효과를 줄일 가능성이 있다는 것이다. 연구자들은 회사가 황금 낙하산 정책의 시행 계획을 공시하면 주가가 평균적으로 상승하고, 황금 낙하산이 존재하면 피인수회사를 놓고 경쟁하는 인수기업의 숫자와 인수 프리미엄이 더 높다는 것을 발견했다.

자본재조정

기업인수에 대응하는 또 다른 방어는 회사가 자사의 자본구조를 변경하여 피인수기업으로서 덜 매력적으로 만드는 자본재조정이다. 예를 들어, 풍부한 현금을 가진 회사는 대규모 배당금을 지급하는 것을 선택한다. 현금이 부족한 회사는 대신에 채권을 발행하고 그 대금으로 배당금을 지급하거나 자사주를 매입할 수 있다.

채무를 증가시키면 왜 피인수회사로서 덜 매력적이 되는가? 많은 경우에 인수기업이 기업인수에서 기대하는 상당 부분의 시너지는 비용절감과 레버리지 증가로 인한 세금 이득에서 온다. 피인수기업이 레버리지를 증가시키면 이자의 세금 절감효과의 이득을 얻을 수 있다. 더구나 채무를 감당할 현금 창출의 필요성은 경영자에게 회사를 효율적으로 운영하는 강력한 동기를 제공한다. 사실 자본재조정 그 자체가 효율성 획득을 만들어 내고, 종종 기업인수의 첫 번째 주요 동기를 제거한다.

다른 방어전략

회사의 경영자와 방어전략의 조언자는 기업인수를 미연에 방지하는 또 다른 방책을 개발해

13) M. Narayanan and A. Sundaram, "A Safe Landing? Golden Parachutes and Corporate Behavior," University of Michigan Business School Working Paper No. 98015 (1998).

왔다. 회사 정관은 합병 승인을 위해 초다수(supermajority)의 (경우에 따라서는 80%까지) 투표를 요구할 수 있다. 또한 정관은 최대 주주의 투표권을 제한할 수 있다. 마지막으로 회사는 "공정(fair)" 가격을 요구할 수 있다. 무엇이 "공정"한 것인가는 이사회나 고위 경영자가 결정한다. 아름다움이 항상 보는 사람에 따라 결정되듯, 대체로 이 경우 "공정"은 가치에 대한 긍정적 결정을 의미한다.

우리는 방어전략의 존재가 기업가치를 낮춘다고 예상할 수 있다. 그러나 그레그 제럴(Gregg Jarrell)과 아네트 폴센(Annette Poulsen)은[14] 1979년-1985년 사이 600개 기업의 반인수 정관 변경 공시가 평균적으로 공시기업의 주식 가치에 유의적이지 않은 영향을 주었다는 것을 발견했다.

규제 승인[15]

모든 합병은 규제당국의 승인을 받아야만 한다. 22.3절에서 우리는 인수합병으로부터 독점력 획득과 반독점 규제가 합병을 제한한다는 것을 논의했다. 미국에서 반독점 규제는 3개 규정

윌러멧에 대한 와이어하우저(Weyerhaeuser)의 적대적 인수

워싱턴 주 페더럴웨이(Federal Way)에 있는 목재 회사인 와이어하우저(Weyerhaeuser)는 오리건 주 포틀랜드(Portland)에 있는 인근 지역의 작은 회사인 윌러멧(Willamette)을 주당 $48에 적대적 인수하겠다는 제안을 2000년 11월에 공시하였다. 1998년 갑작스럽게 윌러멧의 CEO를 그만두고 와이어하우저의 CEO가 되었던 스티브 로젤(Steve Rogel)은 윌러멧을 인수하려고 하였다. 로젤은 오랫동안의 고용주를 사적으로 찾아갔지만 매번 거절당했다. 적대적 공개매수에 대한 반응도 다르지 않았다. 제안된 가격이 이전 주가에 상당한 프리미엄이 붙은 것이지만 윌러멧의 이사회는 제안을 거절하고 주주에게는 와이어하우저의 공개매수에 응하지 말라고 강권하였다.

윌러멧의 방어는 시차임기제 이사회와 포이즌필을 포함했고, 와이어하우저는 윌러멧의 이사회가 포이즌필을 취소하는 조건으로 공개매수를 제안했다. 결과적으로 와이어하우저는 2001년 6월의 차기 주주총회에서 위임장 경쟁을 시작했다. 재선출을 앞 둔 이사 중 한 명은 윌러멧의 CEO인 듀앤 맥두걸(Duane McDougall)이었다. 주주총회 한 달 전에 와이어하우저는 제안 가격을 주당 $50로 올렸지만, 윌러멧의 이사회는 여전히 너무 가격이 낮다고 믿었고 합병 이후에 오래된 종업원들이 해고를 당할 것을 우려하고 있었다. 그럼에도 불구하고 주주총회에서 와이어하우저는 윌러멧보다 1.4%의 투표를 더 받았고, 결과적으로 윌러멧의 CEO는 이사회를 떠나게 되었다.

이사회 의석 상실이 윌러멧의 입장을 바꾸지 못했다. 와이어하우저의 제안 가격을 올리는 인수경쟁을 만들기 위해 백기사를 찾으려던 윌러멧의 시도는 실패했다. 윌러멧은 또한 조지아-퍼시픽(Georgia-Pacific)의 빌딩 부서를 매입하려 하였다. 그러한 거래는 회사 규모를 증가시키고 채무를 늘려서 와이어하우저에게는 회사의 매력을 떨어뜨리는 것이었다.

결국 와이어하우저는 2002년 1월에 제안 가격을 주당 $55.50으로 올렸고, 윌러멧은 인수에 동의하고 조지아-퍼시픽과의 협상을 취소하였다. 다른 인수의향 기업이 없었지만, 윌러멧의 이사회는 와이어하우저에게서 공정 가격으로 간주되는 것을 얻어낼 수 있었다.

---

14) G. Jarrell and A. Poulsen, "Shark Repellents and Stock Prices: The Effects of Antitakeover Amendments Since 1980," *Journal of Financial Economics* 19 (1988): 127-168.

15) 한국의 경우 인수합병에 관련된 법 규제는 "상법", "자본시장과 금융투자업에 관한 법률(자본시장법)"과 "독점규제 및 공정거래에 관한 법률(공정거래법)"로 대별된다. "상법"에서는 제3자에 대한 신주인수권 배정, 상호주 규제, 정관에 의한 주식의 양도제한 등이 있고, "공정거래법"에서는 기업결합의 제한, 출자총액제한제도 및 상호출자제한제도 등이 있으며, "자본시장법"에서는 공개매수제도, 주식 등의 대량보유상황의 보고, 의결권 대리행사의 권유, 외국인 유가증권 취득제한, 주식매수선택권, 자기주식취득 등이 있다.

에 의해 적용된다. 셔먼법(Sherman Act), 클레이톤법(Clayton Act), 그리고 하트-스콧-로디노법(Hart-Scott-Rodino Act)이다. 1890년의 셔먼법은 스탠다드 오일(Standard Oil)과 같은 대형 석유회사의 설립에 대응하기 위해 제정되었고, 독점이나 과도한 시장 지배를 만드는 합병을 금지한다. 1914년에 제정된 클레이톤법은 경쟁에 부정적인 영향을 주는 기업간 주식(추후에 혹은 '자산'으로 개정) 인수를 금지하여 정부의 입장을 강화하여 주었다. 셔먼법과 클레이톤법 아래에서 정부는 합병을 막기 위해 소송을 해야만 했다. 결정이 이루어질 무렵이면, 합병은 이미 일어나서 되돌리기 어려웠다. 1976년의 하트-스콧-로디노(HSR)법은 입증 책임을 합병 당사자에게 부과했다. HSR 아래에서, 일정 규모(거래 자격을 결정하기 위한 공식은 복잡하지만 대략 $60백만) 이상의 모든 합병은 제안된 인수가 일어나기 전에 정부의 승인을 얻어야만 한다. 그러나, 승인을 결정하거나 제안된 합병 통지를 수령한 후 20일 이내에 추가정보를 요청해야만 하기 때문에 정부는 거래를 영구히 지연할 수는 없다.

유럽 위원회(EC)는 합병 당사자가 EC에 통지하고 요청을 받으면 합병 제안에 관한 추가 정보를 제공하고 합병을 진행하기 전에 승인을 기다려야만 하는 HSR절차와 유사한 절차를 만들었다. 허니웰/GE의 예에서 논의했듯이, EC가 기술적으로 미국 회사의 합병을 막을 법적 권한이 없다고는 하여도 결합된 회사의 유럽 내 운영이나 매출에 제한을 가하여 기업인수를 중지시킬 수 있다. 전세계적으로 기업인수가 80개국이 넘는 국가의 반독점 규세를 만족시켜야만 하지만, 기업이 소속된 나라의 규제 이외에 가장 중요한 규제당국은 유럽과 미국이다.

개념확인

9. 원하지 않는 기업인수에 저항하는 피인수기업이 취할 수 있는 방어전략은 무엇인가?
10. 적대적 인수기업은 독약처방을 어떻게 극복할 수 있는가?

22.6 기업인수에서 누가 가치증가를 취하는가?

지금까지 우리는 기업인수 과정을 설명하였고, 다시 이 장의 초기에 제시되었던 남아있는 질문으로 돌아갈 수 있다. 왜 인수기업의 가격은 기업인수 공시에 대해 상승하지 않는가 그리고 왜 인수기업은 피인수기업에게 프리미엄을 지불해야만 하는가?

회사를 인수하고 경영진을 교체하는 일을 진행하는 사람이 합병을 통해 가치를 취할 것이라고 생각할 수 있다. 평균적인 주가 반응을 보면 인수회사가 이 가치를 모두 가지는 것은 아닌 것 같다. 대신에 인수회사가 지불하는 프리미엄은 거의 증가된 가치와 같다. 그것은 피인수기업(target) 주주가 궁극적으로 인수회사가 증가시키는 가치를 취한다는 것을 의미한다. 이유를 살펴보기 위해서, 우리는 어떻게 시장이 기업인수 공시에 반응하는지 알 필요가 있다.

무임승차자 문제

당신은 모든 주주가 1주를 보유하고 있는 하이라이프(HighLife Corporation)의 1백만 주주 중 하나라고 가정하자. 하이라이프는 채무가 없다. 최고 경영자는 잘 경영하지 못하고 있는데, 시카고의 회사에서 업무를 보는 것보다 콜로라도 주 아스펜(Aspen)의 회사 콘도에 회사 제트기를 타고 가서 시간을 보내는 것을 즐긴다. 따라서 회사 주식은 저평가로 할인되어 거래되고 있다. 현재 주가는 주당 $45로 하이라이프의 시가총액은 $45백만이다. 유능한 경영자라면 회사 가치가 $75백만이 될 것이다. 하이라이프의 회사 정관은 모든 의사결정에 단순한 다수결을 요구하기 때문에 하이라이프의 경영권을 얻기 위해서 주주는 발행주식의 절반을 매입해야만 한다.

티 분 아이콘(T. Boone Icon)은 현금으로 주당 $60에 발행주식의 절반을 매입하는 공개매수를 하여 상황을 개선하기로(그리고 동시에 이익을 얻기로) 결심했다. 주주의 50% 미만이 공개매수에 응한다면 거래는 취소된다.

원칙적으로 이러한 계획은 티 분에게 대단한 이익을 가져다 줄 수 있다. 만일 주주의 50%가 공개매수에 응한다면, 주식 매입 비용은 $60 x 500,000 = $30백만이 된다. 일단 그가 경영권을 가지게 되면 경영진을 교체할 수 있다. 값비싼 제트기와 콘도를 매각하면 시장은 새로운 경영자가 회사의 성과를 개선하기 위해 노력하고 있다는 것을 알게 되고 회사의 시장가치는 $75백만으로 상승할 것이다. 따라서 티 분의 주식은 주당 $75가 되고, 그는 순이익으로 $15 x 500,000 = $7.5백만을 얻게 된다. 그러나 50%의 주주는 공개매수에 응하겠는가?

제안 가격은 주당 $60로 인수가 진행되지 않았을 때의 회사의 가치인 주당 $45를 초과한다. 따라서, 이 제안은 전반적으로 이득이 되는 거래이다. 그러나 모든 주주가 공개매수에 응할 때 개인 주주로서의 당신은 매수에 응하지 않을 경우 가장 이득을 얻는다. 즉 만일 티 분이 경영권을 가지면, 당신의 지분은 매수에 응할 때 얻게 되는 $60가 아니라 $75의 가치를 가질 것이다. 이 경우에 매수에 응하지 않는 것이 더 현명한 것이다. 물론, 모든 주주가 이런 식으로 생각을 하면 아무도 공개매수에 응하지 않을 것이고 티 분의 거래는 실행될 수 없을 것이다. 매수에 응하도록 주주를 설득할 수 있는 유일한 방법은 최소한 주당 $75를 제안하는 것인데, 이 경우 티 분의 이익 기회는 사라진다. 여기서의 문제는 기존의 주주가 시간과 노력을 투자할 필요 없이 티 분이 창출해 내는 모든 기업인수의 이득에 여전히 참여한다는 것으로 이것을 "무임승자차 문제(free rider problem)"라 한다. 이런 방식으로 이득을 나누어 가짐으로써 티 분은 상당한 이익을 포기해야만 하고 따라서 아무 것도 하려고 하지 않을 것이다.

사전 매집주

티 분이 주주의 공개매수에 주저하는 것을 우회하기 위한 방법은 주식을 시장에서 익명으로 매입하는 것이다. 그러나 SEC 규정은 투자자가 10% 이상의 주식을 비밀리에 매입하는 것을 어렵

사전 매집주: 기업 사냥꾼이 기업 인수 시도를 시작하는 데 사용할 수 있는 초기에 소유한 피인수회사 지분

게 하고 있다.[16] 티 분이 피인수기업 초기 지분인 **사전 매집주(toehold)**를 매입한 후에, 자신이 보유한 대규모 지분을 투자자에게 알림으로써 자신의 의도를 공개해야만 한다. 하이라이프의 경영권을 성공적으로 얻기 위해서, 그는 주당 $75에 추가적으로 40%의 주식을 매입하는 공개매수를 공시해야만 할 것이다. 일단 경영권을 얻으면 그는 자신의 지분을 주당 $75에 매도할 수 있을 것이다. 최초 10%의 지분을 주당 $50에 매입했다고 가정하면 그의 이익은 $25 × 100,000 = $2.5백만이 된다. 나쁘지는 않지만, 그가 추가한 가치보다는 상당히 적다.

왜 투자자는 티 분의 이익이 그가 창출한 가치보다 상당히 낮은지에 관심가져야 하는가? 대답은 티 분과 같은 사람이 중요한 서비스를 제공하기 때문이다. 기업인수를 실행하고 자신을 해고하려는 사람이 존재한다는 위협 때문에, 최고 경영자는 자신의 의무를 게을리 하지 않게 된다. 따라서 우리가 이런 활동이 수익성을 더 높일수록, 이런 활동에 의존할 가능성은 더 낮아지게 된다. 만일 $2.5백만이 티 분의 시간과 노력을 정당화할 만큼 크지 않다면, 그는 하이라이프를 인수하려고 하지 않을 것이다. 현재 경영자는 자신의 참호에 남게 되고, 티 분은 주가의 감소가 더 일어나서 그에게 거래가 더 이득이 나는 경우에만 회사를 인수할 생각을 할 것이다.

인수회사가 무임승차자 문제를 피하고 인수에서 발생하는 이득을 더 많이 취할 수 있는 여러 가지 방안이 있다. 그 중 가장 일반적인 두 가지인 차입매수와 소액주주 축출 합병에 대해 설명한다.

차입매수

주주에게 희소식은 티 분 아이콘 같은 사람이 회사를 인수해서 나쁜 성과의 경영자를 해고할 수 있는 상당히 낮은 비용의 또 다른 방안이 있다는 것이다. 이 방안은 차입매수(leveraged buyout, LBO)로 불리는데 제15장을 기억해 보자. 하이라이프 주식회사로 돌아가서, 이 방안이 어떻게 작동하는지 설명하도록 한다.

티 분이 시장에서 비밀리에 어떤 주식도 매입하지 않고 대신에 주당 $50에 발행주식의 절반을 공개매수를 통해 매입하겠다고 공시한다고 가정하자. 그러나 주식 매입을 위해 자신의 현금을 사용하는 대신에 그는 (단순히 기업인수를 위한 목적에서 만들어진) 껍질 회사를 통해 자금을 차입하는데 차입의 담보물로 회사의 주식을 저당으로 설정하여 차입을 실행한다. 자금이 필요한 시점은 오로지 차입매수가 성공했을 때이다. 따라서 은행은 그가 담보물에 대한 통제를 가질 것임이 확실하기 때문에 자금을 빌려준다. 더 중요한 것은 만일 공개매수가 성공하고 그가 회사의 통제권을 가지게 되면, 티 분은 피인수회사를 껍질 회사와 합병할 수 있어서 상환의무를 효과적으로 직접 피인수기업에 합칠 수 있다. 즉 티 분이 아니라 피인수기업이 자금을 차입

16) 규정은 실제 회사의 5% 이상을 소유한 모든 주주가 이 사실을 공시하도록 요구한다. 그러나 공시과정의 시간적인 지연은 투자자가 정보를 공개하기 전에 5% 이상을 축적하는 것을 가능하게 한다.

한 것으로 만드는 것이다. 이 과정의 결과로 티 분은 주식의 절반을 보유하지만, 회사가 차입금을 상환할 의무를 가진다. 티 분은 회사에 대한 대가를 지불하지 않고 지분의 절반을 효과적으로 인수한 것이 된다!

아마도 당신은 어떤 주주도 이런 상황에서 공개매수에 응하지 않을 것이라고 상상할 것이다. 놀랍게도 이런 결론은 잘못되었다. 만일 당신이 주식 매수에 응하게 되면 주당 $50를 받게 될 것이다. 만일 당신이 매수에 응하지 않고 충분한 수의 다른 주주가 그렇게 한다면, 티 분은 회사의 통제권을 가지게 될 것이다. 경영자를 교체한 후에 회사의 가치는 $75백만이 될 것이다. 만일 매수에 응하지 않으면 당신의 주식은 얼마의 가치를 가질까?

단순화를 위해서, 시장마찰이나 세금이 없다고 가정하자. 회사의 통제권을 가지기 위해서 발행주식의 절반을 매입하기 위해서 티 분은 $50 x 500,000= $25백만을 차입했다. 이 채무는 이제 하이라이프의 것이기 때문에 하이라이프 자기자본의 총가치는 회사의 총가치에서 채무의 가치를 뺀 것이다.

하이라이프 자기자본의 총가치 = $75백만 - $25백만 = $50백만

발행주식수는 이전과 같고 (티 분이 기존 주식을 매입했음을 기억하자), 따라서 주당가격은 $50 (=$50백만/1백만 주)이다. 만일 공개매수가 성공하면, 당신은 무차별적일 것이다. 당신이 매수에 응하든 주식을 그대로 보유하는 주식가치는 항상 $50이다. 만일 주식을 보유한 상태에

예제 22.5
차입매수

문제 *Problem*

FAT 주식은 현재 주당 $40에 거래되고 있다. 발행주식수는 20백만 주며 회사는 채무가 없다. 당신은 차입매수(LBO) 전문회사의 파트너이다. 당신의 분석은 FAT의 경영을 상당히 개선할 수 있다는 것을 보여준다. 만일 좀더 유능한 경영자로 교체되면 회사의 가치가 50% 증가할 것이라고 예상된다. 당신은 LBO를 실행하고 최소한의 통제권인 발행주식수의 50%를 공개매수하려고 한다. 당신이 거래를 성립시키면서 얻을 수 있는 최대한의 이익은 얼마인가?

풀이 *Solution*

● **계획**

현재, 회사의 가치는 $40 x 20백만 = $800백만이다. 당신은 추가적으로 50%의 가치 혹은 $400백만을 증가시킬 수 있다고 예상한다. 만일 $400백만을 빌리고 공개매수가 성공하면 당신은 회사의 통제권을 가지게 되고 새로운 경영진으로 교체할 것이다. 회사의 총가치는 50% 증가하여 $1.2십억이 될 것이고, 당신은 채무를 회사에 전가할 수 있기 때문에 회사는 $400백만의 채무를 가지게 된다. 당신은 합병후 자기자본의 가치와 당신의 이익을 계산할 수 있다. 당신은 $400백만 이상을 빌리고 이득은 변함이 없다고 가정하면서 이러한 계산을 반복할 수 있다.

● 실행

거래가 성립된 후의 자기자본의 가치는 총가치에서 채무를 차감한 것이다.

총자기자본 = $1,200백만 – $400백만 = $800백만

자기자본의 가치는 합병전 가치와 같다. 당신은 지분의 절반인 $400백만을 보유하고 있고 갚을 것이 없기 때문에, 당신은 FAT가 얻게 될 증가된 가치를 취하게 된다.

만일 당신이 $400백만 이상을 빌리게 되면 어떻게 될까? $450백만을 빌린다고 가정하면 합병후 자기자본의 가치는 아래와 같다.

총자기자본 = $1,200백만 – $450백만 = $750백만

이것은 합병전 가치보다 낮다. 그러나 미국에서 기존주주는 최소한 합병전 가격의 매수가격을 받아야만 한다. 기존주주는 거래가 완성되면 주가가 낮아질 것임을 알기 때문에, 모든 주주가 공개매수에 응할 것이다. 이것은 당신이 거래를 완료하기 위해서 기존주주의 주식에 $800백만을 지불해야 한다는 것을 의미한다. 따라서 당신은 $800백만 – $450백만 = $350백만을 직접 지불해야만 한다. 결국, 당신은 $750백만 가치의 모든 지분을 소유하게 된다. 이것을 위해 $350백만을 지불했기 때문에, 당신의 이익은 역시 $400백만이 된다.

● 평가

모든 상황에서 당신이 얻을 수 있는 최대 금액은 FAT를 인수하면서 증가된 가치인 $400백만이다. 따라서 기업인수를 통해 증가된 가치 이상의 가치를 취할 수는 없다.

서 공개매수가 실패하면 주당가격은 $45에 머물 것이다. 명확하게 당신의 지분을 공개매수를 통해 매도하는 것이 최선의 선택이 되고, 티 분의 공개매수는 성공할 것이다. 티 분은 또한 사전 매집주 전략을 이용하면 더 많은 이익을 얻을 수 있다. 기업인수 완료 이후 그의 주식가치의 이익은 $50 × 500,000 = $25백만이다.

우리가 보여준 것은 인수기업이 프리미엄이나 초기 투자금을 지불하지 않고 피인수기업을 인수한다는 극단적인 예이다. 실제로 LBO 거래에서 프리미엄은 상당히 크고, LBO가 무임승차자 문제를 피할 수 있다고 해도, 인수회사는 포이즌필과 같은 다른 방어를 극복하고 이사회 승인을 얻어야만 하고 다른 잠재적 인수경쟁자를 이겨야만 한다.

또한 대출자는 일반적으로 인수 후에 청구된 이익이 실현되지 않을 경우를 대비하여 채권자로부터 자신을 보호하기 위해 인수회사가 상당량의 자기지분을 보유할 것을 요구한다. 제15장에서 기술했던 Hertz의 $15.2백만 LBO(당시 역사상 두 번째 규모)에서, Hertz의 주식을 위해 지불되었던 총 $5.6십억 중에서 $2.3십억을 인수회사가 현금으로 지불했다.

2003년에서 2007년 사이에, 매수전문 혹은 사모투자(buyout or private equity) 기업에 대한 대규모의 자금흐름과 지분투자를 하려는 매수전문 집단에게 매력적인 조건으로 기꺼이 차입을 허용한 대출자의 위험증가 취향의 결합으로 인하여 차입매수 활동이 급증했다. 매수전문 기업

KKR에 의한 RJR-내비스코의 차입매수 (LBO)

1988년 여름에 RJR-내비스코(Nabisco)의 CEO인 로스 존슨(Ross Johnson)에게 자신의 다각적 기업이 보여주는 낮은 주식가격 성과에 대한 근심이 점차 커지고 있었다. 뛰어난 이익 실적에도 불구하고, 경영진은 담배회사의 이미지를 털어내지 못하고 있었고 주가는 $55에서 머물고 있었다. 1988년 10월에 존슨과 RJR의 일부 경영진은 월스트리트의 리만 브라더스(Lehman Brothers)의 도움을 받아 회사에 대한 주당 $75의 매수제안을 공시했다. 이 가격의 제안은 $17.6십억의 가치를 가지는 것이었고, 그 때까지 있었던 최대 차입매수(LBO)보다 두 배 큰 것이었다. 거래는 회사의 현직 경영진이 연루되었기 때문에 LBO의 특별 분류인 경영자 매수(management buyouts, MBOs)에 속하였다.

공시는 RJR에 대한 월스트리트의 관심을 집중시켰다. 제안이 알려지고 경쟁이 발생하면서 존슨과 그 일행에게 MBO는 상당한 프리미엄에도 불구하고 훌륭한 거래로 보였다. 그 중에서 가장 눈에 띄는 경쟁자는 콜버그-크래비-로버츠(Kohlberg, Kravis, and Roberts, KKR)였다. KKR은 주당 $90의 현금 제안을 하였다. 인수경쟁은 제안가격이 결국 $109까지 오르면서 거래의 가치가 $25십억 이상이 되었다. 경영진의 최종 제안이 KKR보다 조금 높았지만, 결국 존슨과 KKR는 매우 유사한 거래를 제안했다. 결과적으로 RJR의 이사회는 KKR의 RJR 주식에 대한 주당 $109 제안을 받아들였다. 제안가격은 현금 $81와 주당 $18의 우선주와 $10의 무담보채권으로 구성되었다.

경제적인 관점에서 이러한 결과는 놀라운 것이다. 회사에 대한 내부자 정보를 근거로 경영진은 회사의 가치를 평가하는 것뿐만 아니라 회사를 운영하는 것에도 최상의 위치에 있었을 것이라고 생각할 수 있다. 그런데 왜 외부자는 회사의 내부자보다 더 높은 가격을 제시할 수 있었는가? RJR의 사례에서, 대답은 경영자 자신들을 가리키고 있는 것으로 보인다. 거래가 진행되면서, 경영자(그리고 이사회 구성원)가 전례 없는 특권을 누리는 것이 점차 투자자에게 명확하게 보이게 되었다. 예를 들어, 존슨은 여러 도시에서 회사소유 아파트를 개인적으로 사용하였고, 본인과 고위 경영자, 이사회 구성원이 개인적인 여행에 사용하는 소위 회사 제트기 편대가 있었다. 그들의 차입매수 제안에서는, 그들은 거의 $1십억의 가치를 가지는 최고 경영자를 위한 4%의 지분과 $52.5백만의 황금 낙하산, 그리고 RJR 항공(회사 제트기 편대)의 이용 확약을 얻었고, 이색적인 아틀랜타의 본사는 예산 축소의 대상이 아니었다.

은, 피인수기업의 단기이익 성취를 바라는 대중 투자자의 압박에 대해 신경을 쓰지 않고, 그들의 성과를 증가시킨다고 언급한 목적을 위해 사모를 통해 많은 회사를 인수했다. 그들은 또한 많은 소규모 회사를 매입하는 소위 "말아 올리기(roll-up)" 전략을 채택했는데, 그것은 이미 특정 산업에서 비공개인 소규모 회사를 매입하여 하나의 대형 회사로 합치는 것이다. 전형적인 LBO는 회사를 다시 공개하거나, 운영회사에 매각하거나, 혹은 다른 사모투자 회사에 매각하는 등 투자회수에 5년이 계획된다. 2008년에 금융위기와 신용경색은 거의 절반가량의 사모투자 활동을 중지시켰다. 절정기에 대규모 차입을 한 일부 사모투자 거래는 불황기에 채무부담으로 인해 흔들렸다. 예를 들어, 다임러 크라이슬러(DaimlerChrysler AG)에서 서버러스 그룹(Cerberus)의 사모투자에 의해 매입되어 비공개화되었던 크라이슬러(Chrysler)는 서버러스의 크라이슬러 지분을 완전히 제거하고 2009년에 파산을 선언했다.

소액주주 축출 합병

소액주주 축출 합병: 공개매수에 관 한 법률이 인수기업이 공개매수 가격 에 매수에 응하지 않은 주주가 공개 매수 가격에 주식을 팔도록 강제함으로써 합병의 이익에서 기존 주주 를 배척할 수 있도록 허용하는 상황

차입매수가 투자자 집단이 회사를 구매하기 위해 사용하는 효과적인 수단이지만, 어떤 회사가 다른 회사를 인수하는 경우에는 그리 적합하지 않다. 대안적인 방법이 **소액주주 축출 합병(freezeout merger)**이다. 공개매수에 관한 법률은 인수기업이 공개매수 가격에 매수에 응하지

않은 주주가 주식을 팔도록 강제함으로써 합병의 이익에서 기존 주주를 배척할 수 있도록 허용하고 있다. 어떻게 그것이 가능한지를 보도록 하자.

인수기업은 피인수기업의 현재 주식가격보다 약간 높은 가격에 공개매수를 제안한다. 공개매수가 성공하면 인수기업은 피인수기업의 통제권을 얻고 피인수기업 자산을 인수기업이 완전히 소유한 신설회사에 합병한다. 사실 공개매수에 응하지 않은 주주는 피인수기업이 더 이상 존재하지 않기 때문에 그들의 지분을 잃는다. 이에 대한 보상으로 공개매수에 응하지 않은 주주는 보유 주식을 공개매수 가격으로 받을 권리를 가진다. 결론적으로 인수기업은 공개매수 가격으로 피인수기업의 소유권을 완전히 가지게 된다.

공개매수에 응하지 않은 주주는 보유 지분의 대가로(합병전 주가보다 높은) 공개매수 가격을 받게 되므로, 법률은 일반적으로 공정가격으로 인식하고 그들은 법적인 행위를 취할 수 없다. 이러한 상황 아래에서, 기존 주주는 주식을 보유하는 이득이 없다는 생각에 보유 주식을 제공할 것이다: 만일 공개매수가 성공하면 주주는 어차피 매수가격을 받는다. 만일 끝까지 보유하면 거래가 망가지고 작은 이득도 잃어버릴 위험이 있다. 따라서 인수회사는, 차입인수에서처럼, 합병에서 발생하는 거의 모든 가치 증가분을 취할 수 있다. 그리고 무임승차자 문제를 효과적으로 제거할 수 있다.

소액주주 축출 합병 공개매수는 인수기업이 전액 현금 제안을 할 필요가 없기 때문에 차입매수에 비해 상당한 이점이 있다. 피인수기업의 주주에게 현금을 지급하는 대신에, 인수기업의 자사 주식으로 인수대금을 지불할 수 있다. 이 경우에 인수기업은 피인수기업 주주의 주식을 인수기업 주식으로 교환하는 제안을 한다. 인수기업 주식의 가치가 피인수기업의 합병전 가치를 초과하도록 교환비율이 정해진다면, 공개매수에 응하지 않은 주주는 자신의 보유주식에 대해 공정가격을 받을 것이고 법적 행위를 취할 수 없을 것이다.

경쟁

표 22.2의 실증 증거는 기업인수 전략으로써 소액주주 축출 합병 합병과 차입매수가 가능하더라도 대부분의 가치 증분이 여전히 피인수기업의 주주에게 돌아간다는 것을 보여준다. 평균적으로 기업인수 공시에 대해 인수기업은 양의 가격반응을 보이지 않는다. 왜 인수기업은 자신이 만든 가치를 피인수기업의 주주에게 넘겨주는 그렇게 많은 프리미엄을 지불하는 것을 선택할까?

이전에 논의했던 인수합병에 대한 방어의 존재와 함께 가장 그럴듯한 설명은 인수합병 시장에 존재하는 경쟁이다. 인수기업이 피인수기업에게 제안을 시작하면 상당한 이득이 있다는 것이 명확해지고 다른 잠재적 인수기업은 자신의 제안을 내놓으려 할 것이다. 이것의 결과는 피인수기업이 가장 높은 제안가격에 팔리는 사실상의 경매이다. 인수 경쟁이 일어나지 않았을 때라도 그것은 인수경쟁에 참여하기 보다는 인수경쟁을 미연에 방지할 만큼 최초 프리미엄을 충분히 크게 제안한 인수기업 때문일 것이다. 간단히 말해서, 인수기업은 대부분의 가치 증분을 피인수기업의 주주에게 양보해야만 한다.

개념확인

11. 기업인수에서 무임승차자 문제를 극복하기 위한 기업사냥꾼의 방법은 무엇인가?
12. 실증결과에 근거하면 기업인수에서 누가 가치증가의 이익을 얻는가? 이런 사실에 대한 가장 합당한 설명은 무엇인가?

myfinancelab 핵심요점 및 공식

22.1 배경과 역사적 추세

- 합병은 수평적, 수직적, 다각적일 수 있다.
- 국제적인 기업인수 시장은 매우 활발하며 거래되는 가치로 연간 평균 $1조가 넘는다. 가장 많은 기업인수 활동이 발생했던 시기는 1960년대, 1980년대, 1990년대, 그리고 2000년대이다.
- 1960년대의 거래는 다각적 기업을 만드는 것이 목적이었다. 1980년대에서는 추세가 역전되어 다각적 기업은 개별적 사업으로 분할되었다. 1990년대는 국제적으로 경쟁할 수 있도록 "전략적" 혹은 "국제적" 거래가 증가하였다. 2004년에서 2008년 사이에, 다수산업의 결합과 국제적 규모의 거래가 가장 최근의 합병 물결에 기여하였다.

22.2 기업인수에 대한 시장의 반응

- 인수기업의 주주는 작거나 거의 0의 이득을 평균적으로 얻는 반면에, 피인수기업의 주주는 일반적으로 기업인수 공시에서 15%의 이득을 누린다.

22.3 기업인수의 이유

- 기업인수의 가장 일반적인 정당화는 인수를 통해 얻을 수 있는 시너지이다.
- 시너지의 원천으로 가장 일반적으로 언급되는 것은 규모의 경제와 범위의 경제, 수직적 통합으로 얻는 통제력, 독점력 획득, 피인수기업에서 얻는 전문성, 운영 효율성, 그리고 차입능력 확대와 세금 절약과 같이 다각화와 관련된 이익이다.
- 비상장 기업의 주주는 좀 더 유동성 높은 투자로 전환하는 이득을 얻는다.
- 일부 합병은 인수기업 경영자의 이해 갈등이나 과잉확신에서 비롯된다.

22.4 기업인수 과정

- 인수기업의 관점에서 기업인수는 지불한 프리미엄이 창출된 시너지를 초과하는 양(+)의 NPV 사업이다. 합병 공시에 대한 인수기업의 주가 반응은 인수기업이 피인수기업에게

과도하게 지불했는가 덜 지불했는가에 대한 투자자의 평가를 측정하는 방법이다.

- 공개매수는 특정한 가격에 대규모로 주식을 매입할 의사가 있음을 공개적으로 선언하는 것이다. 공개매수를 제안하는 것이 거래가 일어나는 것을 보장하지 않는다.
- 인수기업은 피인수기업에게 현금과 주식의 두 가지 지불방법을 사용한다. 현금거래의 경우, 인수기업은 피인수기업에게 단순히 현금을 지불한다. 주식 스왑 거래의 경우, 인수기업은 신주를 발행하여 피인수기업의 주주에게 신주를 교부함으로써 피인수기업에 대한 대가를 지불한다. 인수기업이 사용하는 지불방법은 세금과 회계적 의미를 가진다.
- 합병을 진행하기 위해서, 피인수기업과 인수기업의 이사회는 합병을 승인하여야 하고 피인수기업의(경우에 따라서는 인수기업도) 주주 투표에 부쳐야 한다.
- 우호적 인수에서 피인수기업의 이사회는 합병을 지지하고 잠재적 인수기업과 협상을 한다.
- 만일 피인수기업 이사회가 합병을 반대하면, 인수기업은 피인수기업 이사회를 우회하고 직접 피인수기업 주주에게 합병을 지지할 새로운 이사회를 선출할 것을 호소해야만 한다.

22.5 기업인수 방어전략

- 피인수기업의 이사회는 몇 가지 방법으로 합병을 막을 수 있다. 가장 효과적인 방어전략은 피인수기업 주주에게 피인수기업 혹은 인수기업의 주식을 상당히 할인된 가격에 매입할 수 있는 권리를 부여한 포이즌필이다. 이러한 매입은 피인수기업의 기존 주주를 효과적으로 지원하여 인수비용을 비싸게 만든다.
- 또 다른 효과적인 방어 전략은 인수회사가 단기간에 이사회를 통제하는 것을 방지하는 시차임기제 이사회를 가지는 것이다.
- 기타 방어전략은 우호적 인수기업을 찾는 백기사, 경영자 교체의 비용을 높이는 것, 그리고 회사의 자본구조 변경을 포함한다.

22.6 기업인수에서 누가 가치증가를 취하는가?

- 인수기업이 제안을 하면, 피인수기업의 주주는 소유 주식을 계속 보유하고 다른 주주가 낮은 가격에 매도하게 하여 이익을 얻을 수 있다. 그러나 모든 주주가 주식을 보유할 동기를 가지기 때문에 아무도 매도하려 하지 않을 것이다. 이러한 시나리오는 무임승차자 문제로 알려져 있다.
- 이 문제를 극복하기 위해서, 인수회사는 사전 매집주 전략, 차입매수 시도를 할 수 있고 또한 인수자가 기업인 경우 소액주주 축출 합병을 제안할 수 있다.

비판적 사고

1. 상장된 주식회사의 소유권과 통제권이 변할 수 있는 두 가지 주요 방법은 무엇인가?
2. 합병이 시간상 무리를 지어 발생하는 합병의 물결은 왜 일어난다고 생각하는가?
3. 수평적 합병이 주주에게 가치를 창출하는 몇 가지 이유는 무엇인가?
4. 피인수기업의 주주가 기업인수에서 평균적으로 이득을 누리고 반면에 인수기업의 주주는 아무것도 얻지 못하는 이유는 무엇이라고 생각하는가?
5. 전문성을 얻기 위한 목적에서 인수합병을 계획 중이라면, 당신은 기본적으로 인적 자본을 얻으려는 것이다. 물적 자본을 매입할 때 고려하는 것과는 다르게 거래를 구조화하고 합병후 결합(PMI)에서 고려해야 할 것은 무엇인가?
6. 유럽연합(EU)이 미국 기반의 기업간 합병을 막을 수 있다고 생각하는가? 그 이유는 무엇인가?
7. 미국의 세제에서 소급공제와 이월공제 조항은 운영 손실을 얻기 위한 합병에 어떤 영향을 주는가?
8. 다각화는 주주에게 이롭다. 그렇다면 경영자가 회사를 다각화하기 위해서 다른 산업의 회사를 인수하지 않는 이유는 무엇인가?
9. 사전 매집주는 무임승차자 문제를 극복하는데 어떻게 도움을 주는가?

연습문제

1. 당신의 회사는 $4의 주당 순이익을 가진다. 회사는 1백만 주의 발행주식이 있고 주가는 $40이다. 당신은 주당 순이익 $2의 1백만 주의 발행주식을 가지고 주가는 $25인 타겟코(TargetCo)를 매입하려고 한다. 당신은 신주를 발행하여 타겟코를 매입할 것이다. 이 거래에서 시너지는 기대하지 않는다.
   a. 타겟코의 매입에 프리미엄을 지불하지 않는다면, 합병후 주당 순이익은 얼마가 되겠는가?
   b. 타겟코의 매입 제안가격은 20% 프리미엄을 가지도록 양사의 현재 공시전 주가를 이용하여 교환비율을 제안한다고 하자. 합병후 주당 순이익은 얼마인가?
   c. (a)에서 주당 순이익의 변화는 어떻게 설명할 수 있나? 당신 회사의 주주는 이익을 얻는가 손실을 얻는가?
   d. 합병후 (프리미엄을 지불하지 않으면)당신의 주가/순이익 비율(P/E ratio)은 얼마인가? 합병전 P/E 비율과 비교하면 어떻게 되는가? 타겟코의 합병전 P/E 비율과 비교하면 어떠한가?
2. (문제 1에서) 타겟코와 같은 산업에 속하는 회사이 이익의 14배의 배수로 거래된다면, 타겟코를 위한 적절한 프리미엄은 얼마로 추정되는가?

3. 당신은 그린프레임(GreenFrame)에 투자하였다. 회사 CEO는 그린프레임의 3%를 소유하고 있고 기업 인수합병을 하나 고려하고 있다. 인수합병이 그린프레임의 가치를 $50백만 만큼 해치고 CEO 보상은 현재가치로 $5백만 만큼 증가시킨다면 CEO는 이익을 얻는가 손실을 보는가?

기업인수 과정

4. 로키(Loki, Inc.)와 토르(Thor, Inc.)는 로키가 토르의 합병전 가격에 40% 프리미엄을 지불하는 주식 스왑 합병 협의에 들어갔다. 만일 토르의 합병전 주당 가격이 $40이고 로키는 $50이면, 로키가 제안에 필요한 교환비율은 무엇인가?
5. NFF는 LE를 합병하겠다는 계획을 공시하였다. NFF는 주당 $35에 LE는 주당 $25에 거래되고 LE의 합병전 가치는 $4십억이다. 만일 추정된 시너지의 가치가 $1십억이면, NFF가 양의 NPV를 창출하면서 주식 스왑에서 지불할 수 있는 최대 교환비율은 얼마인가?
6. 문제 1번의 (b)로 돌아가 보자. 거래가 끝났을 때 당신 회사가 타겟코에 지불할 실제 프리미엄은 20%가 아니다. 시너지 없이도 당신 회사가 타겟코에 프리미엄을 지불할 의사가 있다는 것을 반영하여 공시일에 피인수기업의 주가는 상승하고 당신 회사의 주가는 하락하기 때문이다. 기업인수가 확실히 일어날 것이고 모든 시장 참가자가 기업인수 공시에 대해 알고 있다고 가정하자(화폐의 시간가치는 무시함).
   a. 합병이 끝나자마자 합쳐진 회사의 주당 가격은 얼마인가?
   b. 공시 직후 당신 회사의 주당 가격은 얼마인가?
   c. 공시 직후 타겟코의 주당 가격은 얼마인가?
   d. 당신 회사가 지불할 실제 프리미엄은 얼마인가?
7. ABC는 1백만 주의 발행주식이 있고 주식의 가격은 $20이다. 1백만 주의 발행주식이 있고 주당 가격이 $2.50인 XYZ를 인수하는 제안을 했다. 기업인수가 확실히 일어날 것이고 모든 시장 참가자가 기업인수 공시에 대해 알고 있다고 가정하자. 그리고 두 기업의 합병에서 시너지는 없다.
   a. ABC가 XYZ를 $3백만에 매입하는 현금제안을 했다고 가정하자. 공시에 대하여 ABC와 XYZ의 주식 가격은 어떻게 되겠는가? 이 제안이 현재의 시장가격을 초과하는 프리미엄을 반영하는가?
   b. ABC가 교환비율 0.15인 주식 스왑 제안을 하였다고 가정하자. 이번에는 ABC와 XYZ의 주식 가격은 어떻게 되겠는가? 현재의 시장가격을 초과하는 프리미엄을 이 제안은 나타내는가?
   c. 현재 시장주가에서 두 제안 모두는 XYZ를 $3백만에 매입하는 것이다. 그것은 (a)와 (b)의

답변이 동일하다는 것을 의미하는가? 설명하시오.

기업인수 방어전략

8. BAD의 주식가격은 $20이고 2백만 주의 발행주식을 가지고 있다. 당신은 회사를 매입하고 경영진을 교체하면 회사의 가치를 증가시킬 수 있다고 믿는다. BAD가 20%에 촉발되는 포이즌필을 가지고 있다고 가정하자. 만일 촉발되면(인수회사를 제외한) 모든 BAD의 주주는 보유 물량만큼 BAD의 신주를 50% 할인하여 매입할 수 있다. 당신이 주식을 매입하는 동안에 가격이 $20에 머문다고 가정하자. 만일 BAD의 경영진이 당신의 매수시도에 저항한다면, 당신은 소유권의 20% 한계점을 넘어갈 것이다.
   a. 어느 가격에 얼마만큼의 신주가 발행되겠는가?
   b. 당신의 BAD 소유권 비율은 어떻게 되겠는가?
   c. 당신의 BAD 주식의 가격은 어떻게 되겠는가?
   d. 포이즌필을 촉발시키는 것이 당신에게 이득이 될까 손실이 되겠는가? 손실이라면 손실은 어디로 가는가(누가 이득을 얻는가)? 이득이라면 이득은 어디에서 오는가(누가 잃는가)?

기업인수에서 누가 가치증가를 취하는가?

9. 당신은 차입매수를 위해 일하고 있으며 언더워터(UnderWater)의 잠재적 차입매수를 평가하고 있다. 언더워터의 주가는 $20이고 2백만 주의 발행주식을 가지고 있다. 당신은 회사를 매입하고 경영진을 교체하면 가치가 40% 증가할 것이라고 믿고 있다. 당신은 언더워터의 차입매수를 실행할 계획을 가지고 있으며, 회사 경영권을 위해 주당 $25의 공개매수를 제안할 것이다.
   a. 당신이 50%의 통제권을 가지면, 공개매수에 응하지 않은 주식은 어떻게 되겠는가?
   b. (a)의 답변이 주어졌을 때, 주주는 공개매수에 응하겠는가, 응하지 않겠는가, 아니면 상관없겠는가?
   c. 이 거래에서 얻는 당신의 이득은 무엇인가?

23 국제 기업재무

학습목표

- 외환(foreign exchange)의 기초에 대해 설명한다.
- 환 위험(exchange rate risk)을 파악하고 헤지한다.
- 통합된 자본시장(integrated capital markets)을 이해하고, 통합된 자본시장이 가격에 시사하는 점을 이해한다.
- 자본예산 수립에서 외환 현금흐름을 어떻게 다루는지를 결정한다.
- 각 나라의 서로 다른 세율이 기업의 투자 의사결정과 기업가치에 미치는 영향을 분석한다.
- 분할된 국제시장(segmented international markets)으로부터의 기회를 어떻게 이용하는지를 보여준다.
- 자본예산 접근에서 환 위험을 어떻게 처리하는지를 예시한다.

기호

C_{FC}	외환 현금흐름	r_{FC}	외환 무위험 이자율
D	채무의 시장가치	r_{FC}^*	외환 자본비용
E	자기자본의 시장가치	r_D	타인자본에 대한 요구수익률
F	선도환율	r_E	자기자본에 대한 요구수익률
$r_\$$	달러 무위험 이자율	r_{wacc}	가중평균 자본비용
$r_\$^*$	달러 자본비용	S	현물환율

International Corporate Finance

1990년대에 스타벅스 커피(Starbucks Coffee)는 일본을 수익성 좋은 커피 제품에 대한 잠재적인 신시장으로 파악하고, 일본에서 영업하기 위해 1996년에 $10 백만이나 되는 금액을 투자하기로 결정했다. 스타벅스는 일본 시장에 대한 전문적인 지식이 필요함을 인식했기 때문에, 일본의 소매 및 레스토랑 기업인 사자비 주식회사(Sazaby, Inc.)와 조인트 벤처를 설립했다. 스타벅스 커피 일본 유한회사(Starbucks Coffee Japan Ltd.)라고 불린 이 조인트 벤처는 초기 단계에 12개의 점포를 개설할 계획이었다. 점포 개설이 예상했던 것보다 느리게 진행되었지만, 2001년에는 200개가 넘는 점포를 갖고 ￥29 십억($252 백만)의 매출을 올렸으며, 2003년 11월에는 500번째 점포가 개설되었다. 이 회사는 성장에 대한 자금조달을 위해 일본 자본시장을 이용했다. 2001년 10월 오사카 증권거래소에서 시가총액 ￥90.88 십억($756 백만)의 기업공개를 하여 확장을 위한 추가적인 자본으로 ￥18.8 십억($156 백만)을 조달했다. 어떻게 스타벅스의 경영자가 이러한 투자기회를 받아들이기로 결정했을까? 왜 미국시장이 아닌 일본시장에서 자본을 조달하기로 결정했을까? 이 장에서는 기업이 해외투자를 할 때 직면하게 되는 특별한 요소들에 초점을 맞춘다. 스타벅스 커피 일본 유한회사처럼 해외 투자 프로젝트를 고려할 때, 기업들은 다음 세 가지 핵심적인 이슈들에 직면하게 된다.

- 비록 기업은 프로젝트의 자국통화 가치에 관심이 있지만, 해외 프로젝트는 대부분 외환 현금흐름을 발생시킨다.
- 서로 다른 거시환경으로 인해 외국에서는 이자율과 자본비용이 다를 수 있다.
- 기업은 외국에서 다른 세율에 직면하고 해외와 국내에서 서로 다른 세법의 적용을 받을 수 있다.

외환시장에 대한 개괄과 환율변동으로 인한 위험을 설명하면서 국제재무에 대한 입문을 시작하고자 한다. 이어서 기업이 환 위험을 관리하는 방법에 대해 살펴볼 것이다. 그 다음에는 국내 및 외국 자본시장이 통합된 경우, 재무관리자가 해외 프로젝트를 평가하는 방법을 설명한다. 자본시장이 통합된 경우는 해외 프로젝트의 가치평가에 사용되는 다른 방법들을 비교할 수 있는 유용한 벤치마크와 해외 및 국내 세법의 가치평가에 대한 시사점을 제공한다. 마지막으로, 자본시장이 분할된 경우 해외 프로젝트의 가치평가 방법을 고찰한다.

23.1 외환

우리는 제3장에서 그림 23.1과 같은 맥도날드 빅맥 가격 리스트를 보았다. 또한 우리는 제3장에서 운송비용이 들지 않으면 베네수엘라에서 살 수 있는 최대한의 빅맥을 산 다음 스위스에서 팔아 이익을 낼 수 있다고 지적했다. 그러나 어떻게 이것이 가능할 수 있을까? 만약 이러한 거래를 미국에서 시작한다면, 베네수엘라서 빅맥을 사기 위해 미국 달러를 베네수엘라 볼리바르 푸에르테(bolívar fuerte)로 바꾸어야 한다. 그 다음에는 빅맥을 스위스에서 팔아 스위스 프랑을 받게 될 것이다. 마지막으로 이득을 실현하기 위해 스위스 프랑을 미국 달러로 바꾸어야 한다. 그림 23.2는 이러한 거래를 요약하고 있다.

그림이 예시하는 것처럼 이러한 거래는 미국 달러로 베네수엘라 볼리바르 푸에르테를 사는 것부터 시작한다. 처음에는 돈을 사는 것이 이상하게 생각될 수도 있지만, 돈을 사는 것은 외환시장에서 매일 발생한다. 모든 통화는 다른 통화의 관점에서 가격을 가지고 있다. 보다 구체적으로 **환율(exchange rate)**은 다른 통화의 가치로 표시된 한 통화의 가격이다. 예를 들어 200 볼리바르 푸에르테를 사기 위해 $1의 비용이, 1 유로를 사기 위해 $1.10의 비용이 각각 발생할 수 있다. 당신이 국제 공항 환전소와 같은 환전소에서 적은 금액의 유로를 매입할 수 있다. 하지만 보다 더 많은 금액의 외환이 외환시장에서 하루 24시간내내 거래되고 있다.

환율: 다른 통화의 가치로 표시된 한 통화의 가격

그림 23.1
다른 통화들로 표시된 빅맥의 가격

제3장에 있는 표를 재작성한 이 표는 2016년 1월 빅맥의 가격을 보여주고 있다. 각 도시에서 현지 통화로 구입하는데 드는 비용을 미국 달러로 환산하면, 미국 달러로 환산된 빅맥의 가격이 폭넓게 분포되어 있음을 알 수 있다.

도시	현지 가격	US$ 가격
스위스	6.50 Swiss francs	$6.44
스웨덴	45 Swedish Krona	$5.23
미국	4.93 US dollars	$4.93
영국	2.89 pounds	$4.22
캐나다	5.84 Canadian dollars	$4.14
호주	5.30 Australian dollars	$3.74
아랍에미레이트	13 dirhams	$3.54
브라질	13.50 reals	$3.35
일본	370 yen	$3.12
멕시코	49 pesos	$2.81
중국	17.60 yuan	$2.68
홍콩	19.20 HK dollars	$2.48
폴란드	960 zlotys	$2.37
인도네시아	30,500 rupiahs	$2.19
러시아	114 rubles	$1.53
베네수엘라	132 bolivares fuertes	$0.66

그림 3.2
맥도날드 빅맥의 세계적 거래

이 그림은 전세계적으로 가격이 다른 빅맥을 사고 팔아 돈을 버는 거래를 요약하고 있다.

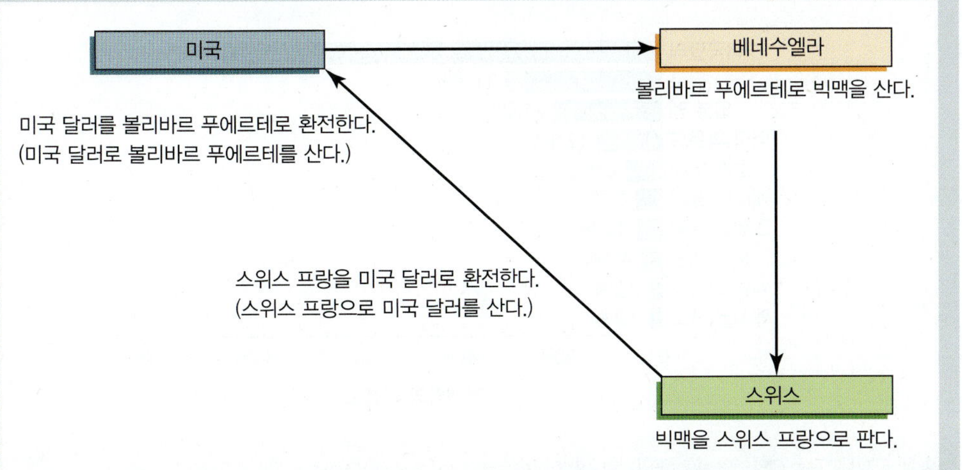

외환시장

외환시장: 중심이 되는 물리적인 장소 없이 통화가 거래되는 시장

매일 24시간씩 개장하고, 중심이 되는 물리적 장소가 없으며, 일 거래량이 $4 조가 넘는 시장을 상상해보라. 통화(currency)가 거래되는 **외환시장(foreign exchange market 또는 FX market)**이 바로 이런 시장이다. 통화가 거래되는 데에는 여러 가지 이유가 있다. 하지만 우리는 여러 나라에서 사업을 하는 기업, 즉 다국적 기업의 재무관리자가 통화를 거래하는 이유에만 초점을 맞춘다. 스타벅스와 애플을 고려하자. 각 기업은 많은 다른 나라들에 소매 직판점(outlet)들을 가지고 있고, 수익을 많은 다른 통화들로 지급받는다. 하지만 두 기업은 미국 기업이므로 유로, 엔, 파운드 및 다른 통화들로 발생한 이익을 결국 미국 달러로 환전하기를 원한다. 각 기업은 수익 이외에도 다른 나라들에서 발생하는 비용을 가지고 있다. 예를 들어 스타벅스는 전 세계에서 커피를 구매하고, 우유, 치즈 등의 재고를 대부분 현지에서 조달한다. 이와 유사하게 애플도 아이팟과 맥북을 해외에서 생산하고, 부품과 노동에 대한 대가를 다른 나라의 통화로 지급해야 한다.

외환시장의 주된 참여자는 도이치뱅크(Deutsche Bank), 유비에스(UBS), 시티뱅크(Citibank)와 같은 대형 글로벌 투자은행들이다. 이러한 은행들은 통화를 다국적 기업을 위해 거래하기도 하지만 자기의 고유계정으로 거래하기도 한다. 또한 대형 다국적 기업들은 통화를 직접 거래하기도 한다. 외환시장의 다른 참여자로 중앙은행, 헤지 펀드, 투자 관리자 및 소매 브로커 등이 있다. 150여개의 통화가 전세계적으로 거래되고 있지만, 미국 달러와 유로의 거래가 외환시장 총 거래량의 절반 이상을 차지한다. 그림 23.3는 빈번하게 거래되는 상위 10개 통화를 보여준다. 모든 거래에는 매수 측과 매도 측이 있기 때문에, 통화에 대한 총 거래량이 100%가 아니

그림 23.3
총 거래량에서 차지하는 비중 상위 10개 통화

전체 통화의 총 거래량은 매수된 전체 통화 100%와 매도된 전체 통화 100%를 합산한 200%로 계산된다. 이 표는 2010년 전체 통화의 총거래량에서 각 통화가 차지하는 비중 기준으로 상위 10개 통화를 나타내고 있다. 상위 10개 통화가 전체 통화의 총 거래량 200%에서 차지하는 비중은 181%를 초과한다.

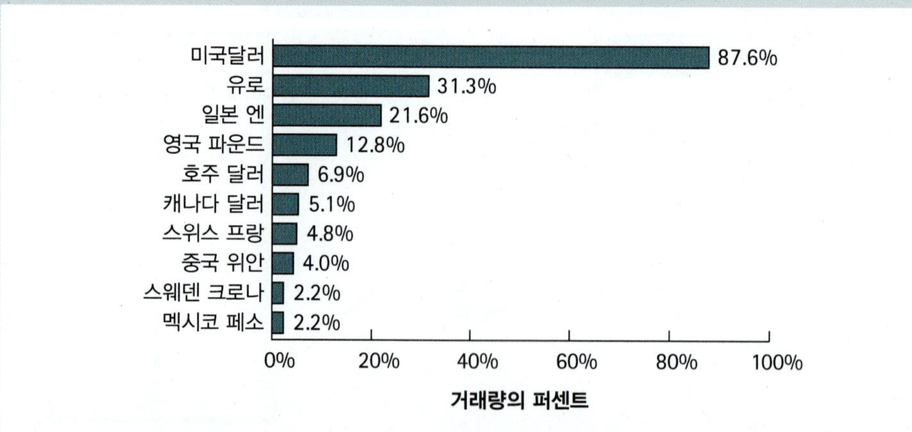

출처: 국제결제은행(BIS), 3년 주기 중앙은행 서베이(Triennial Central Bank Survey), 2016년 9월.

그림 23.4
미국 달러(USD) 환율

국가/통화	USD 표시 통화 가치	USD 당 통화 가치	USD 대비 퍼센트 변화율
Americas			
Argentina peso	0.0667	14.9925	15.9
Brazil real	0.308	3.249	−18
Canada dollar	0.767	1.304	−5.8
Chile peso	0.002	655.31	−7.5
Colombia peso	0.000	3069	−3.3
Ecuador US dollar	1	1	unch
Mexico peso	0.053	18.762	9
Peru new sol	0.298	3.352	−1.8
Uruguay peso	0.033	29.878	−0.1
Venezuela b. fuerte	0.100	9.990	58.4
Asia-Pacific			
Australian dollar	0.760	1.317	−4.1
China yuan	0.150	6.653	2.5
Hong Kong dollar	0.129	7.758	0.1
India rupee	0.015	66.711	0.7
Indonesia rupiah	0.000	13089.005	−5.5
Japan yen	0.010	102.041	−15.1
Kazakhstan tenge	0.003	352.113	4
Macau pataca	0.125	7.989	−0.2
Malaysia ringgit	0.248	4.026	−6.4
New Zealand dollar	0.720	1.388	−5.1
Pakistan rupee	0.010	104.822	unch
Philippines peso	0.021	47.170	0.5
Singapore dollar	0.746	1.340	−5.5
South Korea won	0.001	1112.347	−5.4
Sri Lanka rupee	0.007	145.400	0.8
Taiwan dollar	0.031	31.817	−3.3
Thailand baht	0.029	34.771	−3.5
Vietnam dong	0.000	22296.544	0.7

국가/통화	USD 표시 통화 가치	USD 당 통화 가치	USD 대비 퍼센트 변화율
Europe			
Bulgaria lev	0.572	1.749	−2.8
Croatia kuna	0.149	6.698	−4.5
Czech Rep. koruna	0.041	24.190	−2.8
Denmark krone	0.150	6.658	−3.1
Euro area euro	1.118	0.895	−2.8
Hungary forint	0.004	278.560	−4.1
Iceland krona	0.008	121.021	−7
Norway krone	0.118	8.446	−4.5
Poland zloty	0.257	3.899	−0.6
Romania leu	0.250	3.997	−3.9
Russia ruble	0.015	66.007	−8.2
Sweden krona	0.117	8.562	1.4
Switzerland franc	1.032	0.969	−3.3
Turkey lira	0.335	2.989	2.4
Ukraine hryvnia	0.040	24.814	3.4
U.K. pound	1.323	0.756	11.4
Middle East/Africa			
Bahrain dinar	2.652	0.377	unch
Egypt pound	0.113	8.881	13.4
Israel shekel	0.262	3.815	−2
Kuwait dinar	3.307	0.302	−0.4
Oman sul rial	2.597	0.385	unch
Qatar rial	0.275	3.640	−0.1
Saudi Arabia riyal	0.267	3.751	−0.1
South Africa rand	0.072	13.889	−10.3

주: $1 백만 이상의 은행간 거래에 근거하여, 4pm, EST에 로이터에 의해 고시된 환율임.
출처: 월 스트리트 저널 2016년 7월 29일.

라 200%임에 주목하기 바란다.

환율

그림 23.4는 2016년 7월 29일 월스트리트 저널에 고시된 환율을 보여주고 있다. 이 환율들은 모두 특정 통화와 미국 달러 간의 환율이다. 예를 들어 첫 행은 1 아르헨티나 페소(Argentine peso)가 $0.0667에 매입할 수 있음을, 혹은 $1를 14.9925 아르헨티나 페소에 매입할 수 있음을 의미한다.

$$1\text{페소} = \$0.0667,\ \text{따라서}\ \frac{\$1}{(\$0.0667/\text{페소})} = 14.9925\text{페소}/\$$$

따라서 만약 100 페소를 미국 달러로 바꾸고자 한다면, 페소의 숫자에 $/페소 환율을 곱한다. 100 페소 × $00667/페소 = $6.67. 역으로 $6.67를 페소로 전환하고자 한다면, 미국 달러의 숫자에 페소/$ 환율을 곱한다. $6.67 × 14.9925 페소/$ = 100 페소(달러 금액의 숫자를 $/페소 환율로 나누어도 결과가 동일함에 주목해야 한다. $6.67 ÷ $0.0667/페소 = 100 페소.)

대부분의 환율이 시장가격이어서, 매일매일 그리고 하루 중에도 변동한다. 이로 인해 여러분들이 해외에서 한 한기 공부하는 예산을 계획하기 어려운 것처럼, 해외에서 사업하는 기업들도 막대한 환율변동 위험, 즉 환 위험(foreign exchange risk)에 직면하게 된다. 다음 절에서는 환 위험과 환 위험을 줄이는 방법에 대해 논의할 것이다.

개념확인

1. 환율은 무엇인가?
2. 왜 다국적 기업은 통화를 교환할 필요가 발생하는가?

23.2 환 위험

다국적 기업들은 환율변동으로 초래되는 위험인 환 위험에 직면한다. 이 절에서는 기업들이 환 위험을 헤지하기 위하여 사용하는 두 가지 전략인 통화선도계약(currency forward contracts)과 통화옵션(currency options)에 대해 살펴본다.

환율변동

미국 달러와 유로 간의 관계를 고려하자. 2008년 4월 유로화의 달러화 대비 가치가 사상 최고치를 기록했다. 이때의 환율은 €0.625/$ 혹은 $1.600/€이었다.

$$\frac{1}{(€0.625/\$)} = \$1.600/€$$

변동환율: 외환시장에서의 각 통화에 대한 수요와 공급에 의존하여 연속적으로 변동하는 환율

대부분의 환율처럼 달러/유로 환율도 **변동환율(floating rate)**이다. 변동환율은 외환시장에서의 각 통화에 대한 공급량과 수요량에 의존하여 연속적으로 변동하는 환율이다. 각 통화에 대한 공급량과 수요량은 다음 세 가지 요인에 의존한다.

- *상품을 거래하는 기업들:* 미국 자동차 딜러는 독일 자동차 회사로부터 자동차를 구입하기 위해 달러를 유로로 교환한다.
- *증권을 거래하는 투자자들:* 일본 투자자들은 미국 채권을 매입하기 위해 엔을 달러로 교환한다.

- *각 국 중앙은행들의 개입:* 영국 중앙은행은 파운드의 가치를 낮추기 위해 파운드를 유로로 교환할 수 있다.

통화에 대한 공급과 수요는 글로벌 경제 상황에 따라 달라지기 때문에 환율은 변동한다. 그림 23.5는 2001년부터 2016년 7월까지 유로의 달러 가격을 나타내고 있다. 유로의 가격이 종종 수 개월간이라는 짧은 기간 동안 10%나 변동함을 주목하기 바란다. 2002년부터 2004년까지 달러 대비 유로의 가치는 50% 이상 상승했다. 비교적 최근인 2014년 3월부터 2015년 3월까지 달러 대비 유로희 가치는 20% 이상 하락했다.

환율변동은 국제시장에서 사업을 하는 기업들에게 *수입업자-수출업자 딜레마(importer-exporter dilemma)*라고 알려진 문제를 유발한다. 예를 들어 미국의 소규모 자전거 주문 제작 회사인 만지니 사이컬러리(Manzini Cyclery)가 직면한 문제를 고려해보자. 만지니는 이탈리아 공급업자인 캄파놀로(Campagnolo)부터 부품을 수입해야 한다. 캄파놀로가 부품 가격을 유로로 결정하면, 만지니는 달러 가치가 하락하고 유로 가치가 상승하여 필요한 부품이 더 비싸지는 위험에 직면한다. 만약 캄파놀로가 부품 가격을 달러로 결정하면, 캄파놀로는 달러 가치가 하락하여 미국 제소업자에게 파는 부품에 대한 가격으로 더 적은 유로를 받게 되는 위험에 직면한다.

단기간에 환율에서 극적인 변동에 주목하기 바란다.

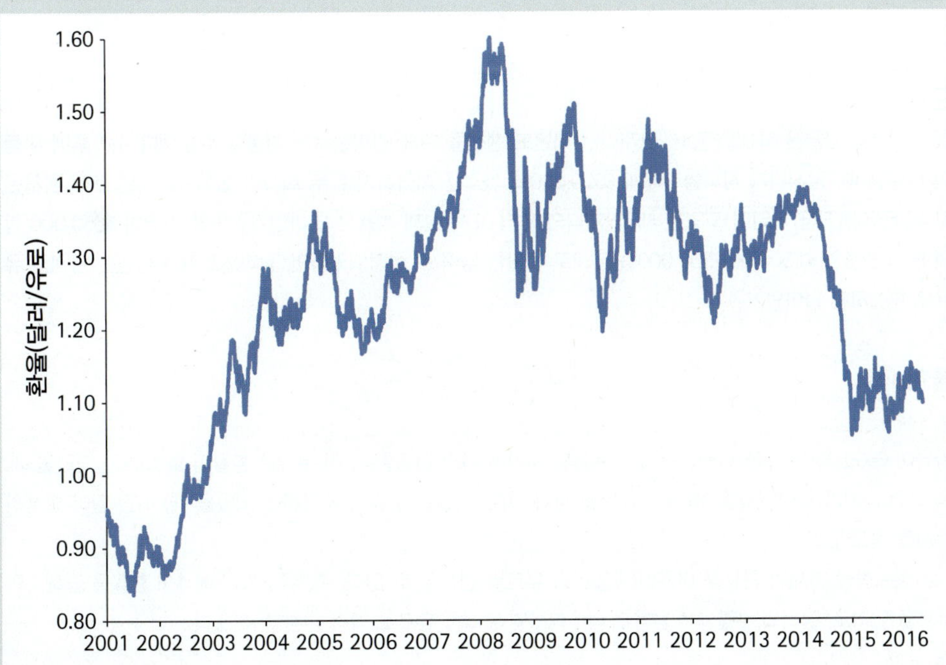

출처: 미 연준 이사회(H.10 Release).

그림 23.5
유로당 달러($/€) 환율, 2001년 1월–2016년 7월

브렉시트(Brexit)

2016년 6월 23일, 영국 투표자들은 유럽연합(EU)에서 탈퇴하기로 투표 함에 따라 금융시장을 깜짝 놀라게 했다. "British-Exit 소위 Brexit"에 대한 이 투표 결과가 공표됨에 따라 미 달러 대비 영국 파운드의 가치는 11% 하락했다. 유럽연합의 통화인 유로도 동시에 하락했다. 이러한 환율의 급변은 외환거래자들의 두 지역에서 미래의 무역, 경제활동 및 소비자 신뢰와 관련된 불확실성에 대한 우려를 반영한 것이었다. 이 결정에 의해 미래 경제성장이 위축될 것이라는 우려를 반영하여 주식시장 역시 폭락했다.

아래 그림은 투표를 앞두고 영국이 EU에 잔류할 것이라는 외환거래자들의 기대가 증가함에 따라 영국 파운드의 가치가 상승하는 것을 보여주고 있다. 이후 영국의 탈퇴 결과가 공표됨에 따라 영국 파운드의 가치는 급락했다.

브렉시트(2016년 6월 23일) 전후 미 달러 대비 영국 파운드의 가치

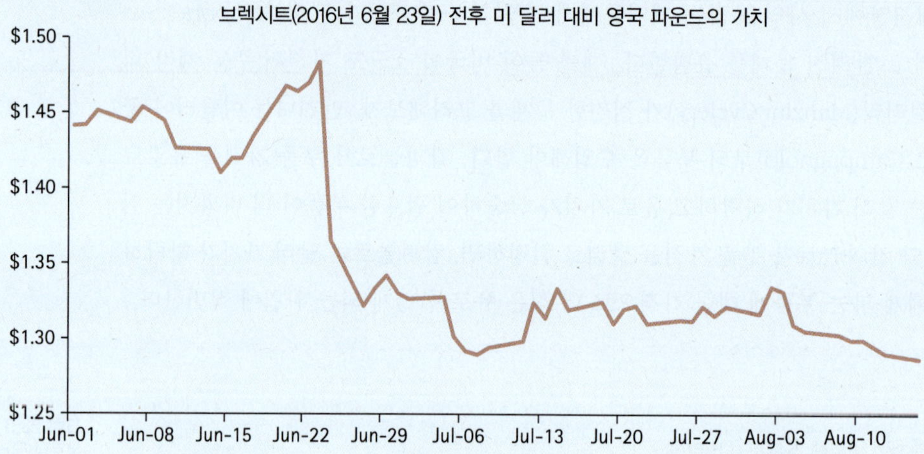

예제 23.1
환 위험의 효과

문제 *Problem*

2009년 1월 환율은 $1.30/€일때, 만지니는 내년도 생산을 위해 캄파놀로에 부품을 주문했다. 1년 후에 부품이 배달될 때, 만지니가 캄파놀로에게 €500,000의 가격을 지급하기로 두 회사가 합의했다. 1년 후에 환율은 $1.45/€였다. 지급 기일이 되었을 때, 만지니의 달러 표시 실제 비용은 얼마인가? 만약 가격이 $650,000(합의 당시 환율인 $1.30/€에 €500,000를 달러로 전환한 금액)로 설정되었다면, 캄파놀로가 지급받는 금액을 유로로 환산하면 얼마인가?

풀이 *Solution*

● **계획**

가격이 €500,000로 설정되었지만, $/€ 환율이 시간에 따라 변동한다. 이 문제는 환율이 $1.45/€가 되었을 때, 즉 달러 가치가 하락하였을 때(즉, 1 유로를 사기 위해 더 많은 달러를 지급하게 되었을 때) 어떤 일이 발생하는지를 묻고 있다.

우리는 항상 현재의 환율을 이용하여 달러와 유로를 전환할 수 있다. 즉, 유로의 수에 $/€ 환율을 곱해주면 유로를 달러로, 달러의 수를 $/€ 환율로 나누어주면 달러를 유로로 각각 전환할 수 있다.

● **실행**

가격이 €500,000일때, 만지니가 지급해야 하는 금액은 (€500,000) × ($1.45/€) = $725,000이다. 만지니의 달

러 표시 실제 비용은 가격이 달러로 설정되었을 때보다 $75,000 혹은 12% 증가하게 된다.

만약 가격이 달러로 설정되어 만지니가 $650,000를 지급했다면, 이 지급액은 $650,000 ÷ ($1.45/€) = €448,276의 가치를 갖고 캄파놀로에게 지급되는 유로 금액이 10% 줄어들게 된다.

● **평가**

가격이 유로 또는 달러로 설정되는지에 관계없이, 거래의 한 당사자는 막대한 손실을 입는다. 사전에 누가 손실을 입게 될지를 모르기 때문에 각 당사자는 헤징을 할 유인을 갖는다.

환 위험 문제는 수입업자와 수출업자 관계에서 발생하는 일반적인 문제이다. 두 회사 중 어떤 회사라도 환 위험을 받아드리려고 하지 않는다면, 거래가 힘들어지거나 교섭 자체도 불가능해질 수 있다. 예제 23.1은 잠재적인 문제의 크기를 예시하고 있다.

선도계약을 통한 헤징

환율 변동으로 발생하는 위험인 환 위험은 거래 당사자들이 서로 다른 통화를 사용할 때 항상 발생한다. 즉, 환율이 변동하면 거래의 한 당사자가 환 위험에 노출된다. 기업들이 환 위험을 줄이기 위해 여러 가지 방법을 사용하는데, 그 중 가장 많이 사용되는 방법이 통화선도계약이다.

통화선도계약(currency forward contract)은 특정 통화에 대한 환율과 교환하고자 하는 금액을 사전에 정하는 계약이다. 이 계약은 대개 기업과 은행 사이에 맺어지며, 미래의 특정일에 발생할 거래에 대한 환율을 사전에 고정시킨다. 통화선도계약은 (1) 환율, (2) 교환할 통화의 금액, (3) 교환이 발생할 인도일(delivery date)을 지정한다. 통화선도계약에서 설정되는 환율은 미래의 교환에 적용될 환율이므로 **선도환율**(forward exchange rate)이라고 부른다. 기업은 통화선도계약을 맺으면 환율을 사전에 동결(lock in)시킬 수 있으며, 통화 가치의 변동으로 인한 위험 노출을 줄이거나 제거할 수 있다.

통화선도계약: 특정 통화에 대한 환율과 교환하고자 하는 금액을 사전에 정하는 계약

선도환율: 통화선도계약에서 결정되는 환율로 미래에 발생할 교환에 적용된다.

만약 선도계약이 수입업자로 하여금 유로 강세의 위험을 제거하도록 한다면, 위험은 어디로 가는 걸까? 적어도 초기에는 이 위험이 선도계약을 발행한 은행에게 전가된다. 은행이 고정된 환율에 달러와 유로의 교환하는 것에 동의했기 때문에, 유로 가치가 상승하면 은행은 손실을 입게 될 것이다. 예제 23.2에 따르면, 은행은 선도계약에서 $645,000를 받고 $725,000의 가치를 갖는 유로를 포기한다.

왜 은행은 이 위험을 기꺼이 받아드리려고 하는 걸까? 첫째, 은행은 수입업자보다 기업 규모가 더 크고, 자본이 더 많으므로 재무곤경에 빠지지 않고 이 위험을 감내할 수 있다. 더욱 중요한 것은 대부분의 경우 은행이 이 위험을 떠안지 않는다는 것이다. 대신 은행은 유로를 달러로 교환하는 두 번째 선도계약을 체결할 다른 거래자를 찾는다. 두 번째 선도계약의 체결은 두 계약의 위험을 서로 상쇄시켜 은행으로 하여금 두 계약의 위험을 동시에 제거하도록 한다.

예제 23.2
선도계약을 이용한 환율의 동결 문제

문제 *Problem*

2009년 1월, 은행들은 1년 통화선도계약을 $1.29/€의 선도환율로 제안하고 있었다. 이 당시 만지니는 캄파놀로에 €500,000의 가격에 주문을 넣음과 동시에 2010년 1월에 €500,000를 $1.29/€의 선도환율에 매입하는 선도계약을 체결했다. 만지니가 2010년 1월에 지급해야 하는 금액은 얼마인가?

풀이 *Solution*

● **계획**

만약 만지니가 환율을 $1.29/€로 동결시키는 선도계약을 체결했다면, 2010년 1월에 환율이 얼마가 되느냐에 관계없이 $1.29/€ 환율에 €500,000를 매입할 수 있을 것이다.

● **실행**

2010년 1월 환율이 $1.45/€로 올라 유로 가치가 상승해도 만지니는 선도계약을 통해 $1.29/€의 선도환율에 €500,000를 매입할 수 있다. 따라서 만지니가 2010년 1월에 지급하여야 하는 금액은 €500,000 × $1.29/€ = $645,000이다. 만지니는 이 금액을 은행에 지급하고, 은행으로부터 캄파놀로에 지급할 €500,000를 지급받는다.

● **평가**

이 경우에는 선도계약이 만지니에게 이득이 되었다. 만약 헤징이 없었다면, $1.45/€의 환율에 달러를 유로로 바꾸었으면 비용이 $725,000로 상승했을 것이기 때문이다. 하지만 환율은 상승하지 않고 하락할 수도 있다. 만약 환율이 $1.15/€로 하락했다면, 선도계약을 체결한 만지니는 여전히 $1.29/€의 환율로 지급해야 할 의무가 있다. 바꾸어 말하면, 선도계약은 환율을 동결시키고 환율이 유리한 방향 또는 불리한 방향으로 변동하느냐에 관계없이 환 위험을 제거한다.

그림 23.6
통화선도계약을 이용한 환 위험의 제거

이 예에서 미국 수입업자와 미국 수출업자는 통화선도계약(파란색으로 표시)을 이용하여 환 위험을 헤지한다. 서로 상쇄되는 두 계약을 발행함으로써 은행은 환 위험을 떠안지 않으면서 각 거래로부터 수수료를 받게 된다.

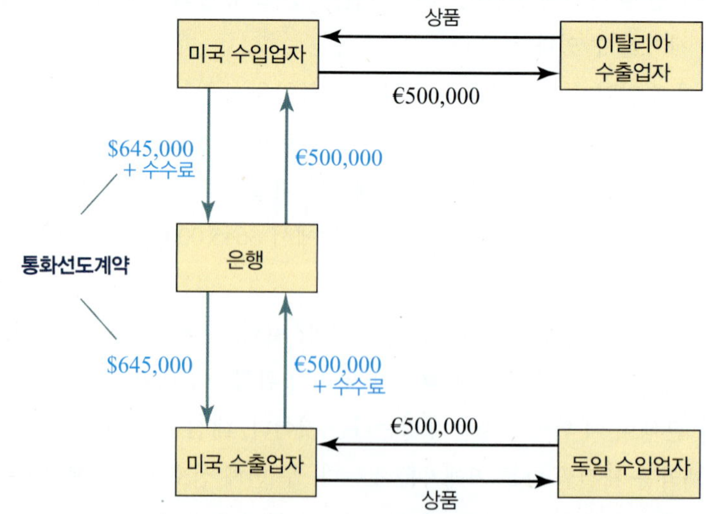

이러한 경우가 그림 23.6에 예시되어 있다. 상품에 대한 대금을 유로로 지급하는 미국 수입업자는 선도계약을 통해 은행으로부터 $1.29/€의 선도환율에 유로를 매입했다. 이 거래는 수입업자의 비용을 $645,000에 고정시킨다. 유로로 대금을 지급받는 미국 수출업자도 유로를 은행에 파는 선도계약을 통해 수익을 $645,000에 고정시킬 수 있다. 은행은 달러를 유로로 교환하는 선도계약과 유로를 달러로 교환하는 선도계약 두 개의 선도계약을 보유한다. 결국 은행은 환 위험을 떠안지 않으면서 수출업자와 수입업자로부터 수수료를 받는다.

캐시 앤 캐리 전략과 통화선도계약의 가격결정

기업이 환 위험을 제거하는데 사용하는 다른 방법으로 캐시 앤 캐리 전략(cash-and-carry strategy)이 있다. 이 전략은 선도계약과 동일한 현금흐름을 제공하기 때문에, 일물일가의 법칙을 사용하면 이 전략을 통해 선도환율을 결정할 수 있다. 이를 위해 먼저 투자자들이 미래의 외환을 미래의 달러와 교환하는 서로 다른 방식들을 고려해보자.

통화시간선 통화선도계약은 투자자들이 선도환율에 미래의 외환을 미래의 달러로 교환할 수 있도록 한다. 그림 23.7은 이러한 교환을 **통화시간선(currency timeline)**에 나타내고 있다. 통화시간선은 수평적으로는 표준적인 시간선처럼 날짜를, 수직적으로는 달러 및 유로 등과 같은 통화를 나타내는 시간선이다. 따라서 통화시간선에서 1년 후 달러는 위-오른쪽 점, 1년 후 유로는 아래-오른쪽 점에 각각 해당된다. 이 두 점 간의 현금흐름 전환을 위해서는 현금흐름들을 적절한 환율로 바꾸어야 한다. 선도환율(F€/$로 표시)은 선도계약을 이용하여 1년 후 달러를 1년 후 유로로 교환할 수 있는 환율을 말해준다.

통화시간선: 수평적으로는 표준적인 시간선처럼 날짜를, 수직적으로는 달러 및 유로 등과 같은 통화를 나타내는 시간선

캐시 앤 캐리 전략(검정색의 세 가지 거래)는 한 통화를 빌려 이를 현물환율에 다른 통화로 교환하여 이 새로운 통화에 투자함으로써 선도계약(파란색)을 복제한다.

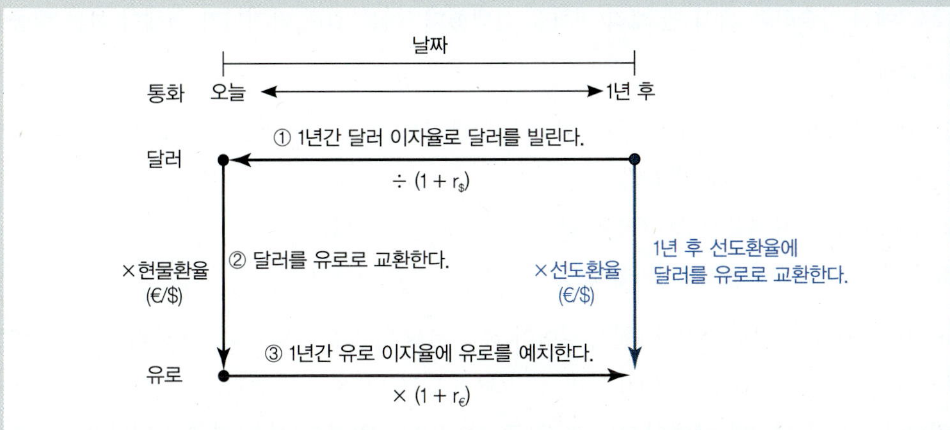

그림 23.7
선도계약과 캐시 앤 캐리 전략을 예시하는 통화시간선

현물환율: 현재의 환율

그림 23.7은 날짜 또는 통화 간 이동하기 위하여 사용할 수 있는 다른 거래들을 통화시간선에 예시하고 있다. **현물환율(spot exchange rate)**이라 불리는 현재의 환율(S€/$로 표시)에 오늘의 달러를 오늘의 유로로 전환할 수 있다. 마지막으로 오늘의 유로는 유로 표시 계정에서 은행들이 돈을 빌리거나 빌려주는데 적용되는 1년 유로 이자율에 1년 후의 유로로 전환할 수 있다.

캐시 앤 캐리 전략: 자산의 미래 비용을 동결(lock in)시키기 위해 사용되는 전략으로, 오늘 해당 자산을 현물(cash)로 매입하여 미래의 날짜까지 보관(carrying) 하는 전략

캐시 앤 캐리 전략 그림 23.7이 예시하는 바와 같이 서로 다른 거래들을 결합하면, 1년 후의 유로를 1년 후의 달러로 전환하는 또 다른 방법을 제공한다. **캐시 앤 캐리 전략(cash-and-carry strategy)**은 오늘 특정 통화를 매입하여 미래의 특정일까지 이 통화를 무위험 계좌에 예치함으로써 이 통화에 대한 미래의 비용을 동결시키는데 사용되는 전략이다. 이 전략은 다음 세 가지 동시적인 거래로 이루어진다.

1. 오늘 1년 만기 대출을 통해 달러 이자율로 달러를 빌린다.
2. 오늘 현물환율에 달러를 유로로 교환한다.
3. 오늘 유로를 유로 이자율로 이자가 가산되는 계좌에 1년 동안 예치한다.

1년 후에 거래 1의 대출로 인해 달러를 지급하여야 하며, 거래 3의 예치로 인해 유로를 지급받는다. 즉, 이 전략은 선도계약처럼 1년 후의 달러를 1년 후의 유로로 바꿀 수 있도록 한다. 이 방법은 현금(cash)을 빌려서, 이를 미래까지 보관(carry) 또는 투자(invest)하기 때문에 캐시 앤 캐리 전략이라고 부른다.

커버된 이자율 패리티 앞서 살펴본 바와 같이 선도계약과 캐시 앤 캐리 전략은 동일하게 1년 후 달러를 1년 후 유로로 전환할 수 있었다. 따라서 일물일가의 법칙이 성립하려면 동일한 환율 하에서는 선도계약과 캐시 앤 캐리 전략이 동일한 전환을 해야 한다. 예제 23.2의 만지니의 문제로 다시 돌아가자. 2009년 1월에 현물환율은 $1.30/€ 혹은 0.769 €/$이고, 달러 이자율은 연 1.2%, 유로 이자율은 연 2.4%였다. 예제 23.2에서처럼 선도계약을 체결하는 대신, 만지니는 그림 23.7에서 기술하는 캐시 앤 캐리 전략을 선택했다. 이를 위해 만지니가 취해야 하는 행동들은 다음과 같다.

1. 2009년 1월에 연 1.2%의 달러 이자율로 달러를 빌려, 2009년1월에 2010년 1월 $1당 $0.988(= $1/1.012)을 받는다.
2. 달러로 빌린 금액을 0.769 €/$의 환율에 유로로 교환한다.
3. 유로를 연 2.4%의 유로 이자율로 2010년 1월까지 예치한다.

만지니는 2009년 1월에 2010년 1월에 갚아야 하는 $1당 $0.988를 받는다. 이 달러 금액을 0.769 €/$의 환율에 유로로 교환하여 €0.760(=$0.988 × 0.769 €/$)를 받는다. 마지막으로 1년 후에 만지니가 유로로 예치한 금액이 €0.778(€0.760 × 1.024)로 불어난다. 결국 만지니가 1년 후에

갚아야 되는 금액은 $1이고, 받는 금액은 €0.778이다. 따라서 만지니는 1년 후에 달러와 유로를 은행이 제시하는 선도환율인 0.778 €/$ 혹은 $1.29/€의 환율에 교환한다. 세 가지 거래는 다음과 같이 표현될 수 있다.

$$\frac{\$1.00}{1.012} \times (€0.769/\$) \times 1.024 = €0.778$$

위 등식에서 항목을 재정렬함으로써 이자율, 현물환율, 선도환율간에 다음과 같은 일반적인 관계를 얻을 수 있다.

$$€0.778 = (€0.769/\$) \times \frac{1.024}{1.012}$$

만약 달러 이자율 $r_\$$로, 유로 이자율을 $r_€$로 나타내면, 다음과 같은 선도환율에 대한 무차익 공식을 얻을 수 있다.

커버된 이자율 패리티

$$\underbrace{\text{선도환율}}_{\frac{1\text{년 후 }€}{1\text{년 후 }\$}} = \underbrace{\text{현물환율}}_{\frac{\text{오늘}€}{\text{오늘}\$}} \times \underbrace{\frac{1 + r_€}{1 + r_\$}}_{\frac{1\text{년 후}€/\text{오늘}€}{1\text{년 후}\$/\text{오늘}\$}} \tag{23.1}$$

식 23.1은 선도환율을 현물환율과 각 통화에 대한 이자율의 함수로 나타내고 있다. 이 식 양변에서의 단위가 모두 1년 후 €/$임을 주목하기 바란다.

식 23.1은 **커버된 이자율 패리티 등식**(covered interest parity equation)이라고 부른다. 이 등식은 선도환율과 현물환율간의 차이가 두 통화의 이자율 차이와 관련되어 있다는 것을 말해주고 있다. 나라별로 이자율이 다를 때, 투자자들은 이자율이 낮은 통화로 돈을 빌려 이자율이 높은 통화에 투자할 유인을 갖는다. 물론 투자 기간 동안 이자율이 높은 통화의 가치가 하락하는 위험이 항상 존재한다. 당신이 선도계약을 통해 미래 환율을 동결시킴으로써 이 위험을 회피하려고 한다고 가정하자. 식 23.1은 선도환율이 높은 이자율에서 얻는 편익을 완전히 상쇄시켜 차익거래 기회를 제거한다는 것을 의미한다.

커버된 이자율 패리티: 선도환율과 현물환율간 차이가 두 통화에 대한 이자율 차이와 관련이 있다는 등식

식 23.1은 1년보다 더 긴 계약기간에 대해서도 쉽게 일반화된다. 동일한 논리가 적용되지만, 1년이 아닌 T년 동안 투자나 차입이 이루어지고 1년 후가 아닌 T년 후에 교환이 이루어지는 점이 다르다. T년 무차익 선도환율을 다음과 같이 나타낼 수 있다.

$$\text{선도환율}_T = \text{현물환율} \times \frac{(1 + r_€)^T}{(1 + r_\$)^T} \tag{23.2}$$

예제 23.3
무차익 선도환율 계산하기

문제 *Problem*

일본 엔에 대한 현물환율이 ¥116/$라고 가정하자. 이 때 1년 이자율이 미국에서 4.85%, 일본에서는 0.10%였다. 이 이자율들에 근거하면, 1년 선도환율이 얼마의 값을 가지면 차익거래가 발생하지 않겠는가?

풀이 *Solution*

● **계획**

식 23.1을 이용하여 선도환율을 계산할 수 있다. 환율이 달러 당 엔(¥/$)으로 표시되므로 '1+엔 이자율'을 '1+달러 이자율'로 나누어주어야 한다.

$$선도환율_{¥/\$} = 현물환율_{¥/\$} \times \left(\frac{1 + r_¥}{1 + r_\$}\right)$$

(이자율 비율의 단위가 환율의 단위와 일치하여야 한다는 것은 기억해야 할 유용한 규칙이다. 환율의 단위가 ¥/$이므로, '1+엔 이자율'을 곱해주고 '1+달러 이자율'로 나누어주어야 한다. 또한 환율의 단위를 $/¥으로 바꾸어도 이 문제를 풀 수 있다.)

● **실행**

$$선도환율_{¥/\$} = 현물환율_{¥/\$} \times \frac{1 + r_¥}{1 + r_\$} = ¥116/\$ \times \frac{1.0010}{1.0485} = ¥110.7/\$ \text{ (1년 후)}$$

● **평가**

선도환율이 현물환율보다 낮아 달러 투자에 대한 이자율이 높은 것을 상쇄시킨다. 만약 선도환율이 ¥110.7$가 아닌 ¥111/$라면, 차익거래가 가능해진다. 0.10%의 이자율로 빌린 ¥1 십억을 $8,620,690(= ¥1 십억 ÷ ¥116/$)로 바꾸어 달러 계좌에 예치하면 4.85%의 이자를 받게 될 것이다. 1년 후에 $9,038,793(= $8,620,690 × 1.0485를 지급받고, ¥1.00십억(= ¥1 십억 × 1.0010)을 지급하여야 한다. 만약 ¥111/$의 선도환율로 환율을 동결시켰다면, 대출상환을 위해 $9,018,018(= ¥1.0010 십억 ÷ ¥111/$)를 지급하여야 하는데, 이는 $20,775의 무위험 차익을 가져다 준다. 선도환율이 무차익 선도환율인 ¥110.7/$가 될 때까지 차익거래가 지속적으로 발생할 것이다.

위 식에서 현물환율과 선물환율의 단위는 €/$이고, 이자율은 각 통화의 수익률 곡선으로부터 구한 현재의 T년 무위험 이자율이다.

선도계약의 장점 왜 기업들은 캐시 앤 캐리 전략이 아닌 선도계약을 사용하는가? 첫째, 선도계약은 단순하다. 즉, 캐시 앤 캐리 전략은 세 건의 거래를 필요로 하지만 선도계약은 한 건의 거래만을 필요로 하고, 이로 인해 더 적은 거래비용이 들 수 있다. 둘째, 많은 기업들이 외환으로 쉽게 돈을 빌릴 수 없고, 만약 신용등급이 낮다면, 더 높은 이자율로 돈을 빌리게 된다. 일반적으로 캐시 앤 캐리 전략은 쉽게 그리고 적은 거래비용으로 돈을 빌릴 수 있는 대규모 은행에 의해 주로 사용된다. 은행은 선도계약의 계약의무로부터 발생하는 통화 위험노출(currency exposure)을 헤지하기 위해 캐시 앤 캐리 전략을 사용한다.

옵션을 이용한 환 위험의 헤징

통화옵션(currency options)은 기업들이 환 위험을 헤지하기 위하여 사용하는 또 다른 방법이다. 통화옵션은 제21장에서 소개한 주식 옵션처럼 보유자에게 주어진 환율에 통화를 교환할 수 있는 권리(의무가 아님)를 부여한다. 통화선도계약은 기업들로 하여금 미래 환율을 동결시킬 수 있도록 한다. 즉, 통화옵션은 기업들로 하여금 환율이 특정 수준을 초과하여 불리하게 변동하는 위험으로부터 스스로를 보호할 수 있도록 한다.

선도계약 대 옵션 선도계약을 통한 헤징과 옵션을 통한 헤징의 차이에 대한 예시를 위해 다음과 같은 특정한 상황을 고려보자. 2008년 5월 1년 선도환율이 $1.55/€이었다. 1년 후 유로를 필요로 하는 기업이 선도계약을 통해 환율을 동결하지 않고, 1년 후에 미리 정해진 행사가격(strike price)에 유로를 매입할 권리를 부여하는 콜 옵션(call option)을 매입할 수 있다.[1] 유로를 기초자산(underlying asset)으로 하고 행사가격이 $1.55인 1년 유러피언 콜 옵션이 유로당 $0.05에 거래된다고 가정하자. 즉, 이 기업은 1년 후에 유로당 $1.55에 유로를 매입할 수 있는 권리(의무가 아님)를 유로당 $0.05의 비용으로 매입할 수 있다. 이렇게 함으로써 이 기업은 유로 가치가 크게 상승하는 것으로부터 스스로를 보호할 수 있지만, 유로 가치 하락할 때 발생하는 혜택 또한 얻을 수 있다.

표 23.1은 1년 후의 실제 환율이 첫 열에 보고되는 가치 중의 하나일 때, 콜 옵션을 이용한 헤징의 성과를 보여주고 있다. 현물환율이 이 옵션의 행사가격인 $1.55/€보다 낮다면, 이 기업은 옵션을 행사하지 않고, 현물 외환시장에서 달러를 유로로 교환할 것이다. 만약 현물환율이 $1.55/€보다 높다면, 이 기업은 옵션을 행사하고 달러를 유로로 $1.55/€의 환율로 환전할 것이다(두 번째와 세 번째 열 참조). 여기에 옵션의 비용(네 번째 열)을 더하면, 유로당 총 달러 비용(다섯 번째 열)이 결정된다.[2]

그림 23.8은 옵션을 이용한 헤징과 선도계약을 이용한 헤징, 그리고 헤징을 전혀 하지 않는 경우를 비교하고 있는 표 23.1의 자료를 도표로 나타내고 있다. 만약 기업이 헤징을 하지 않는다면, 유로의 비용은 단순하게 현물환율이다. 만약 기업이 선도계약을 통한 헤징을 한다면 유로의

표 23.1 행사가격 $1.55/€와 초기 프리미엄 $0.05/€의 통화옵션으로 헤징할 때 유로의 비용($/€)

2009년 5월 현물환율	옵션행사 여부	환전하는 환율	+	옵션의 비용	=	총비용
1.35	No	1.35		0.05		1.40
1.50	No	1.50		0.05		1.55
1.65	Yes	1.55		0.05		1.60
1.80	Yes	1.55		0.05		1.60

1) 통화옵션(currency options)은 장외시장에서 은행으로부터 또는 거래소에서 구입할 수 있다. 필라델피아증권거래소는 통화옵션을 거래하는 거래소 중의 하나이다.

2) 총 비용을 계산할 때, 옵션 프리미엄에 대해 발생하는 적은 금액의 이자를 무시했다.

그림 23.8
선도계약을 통한 헤징, 옵션을 통한 헤징 및 헤징을 하지 않는 경우의 비교

선도계약을 통한 헤징은 환율을 동결하여 모든 위험을 제거한다. 헤징을 하지 않는 경우는 기업들이 환 위험에 완전히 노출되도록 한다. 옵션을 통한 헤징은 환율이 하락하면 기업들이 이득을 얻도록 하고 환율이 큰 폭으로 상승하면 기업들을 보호한다.

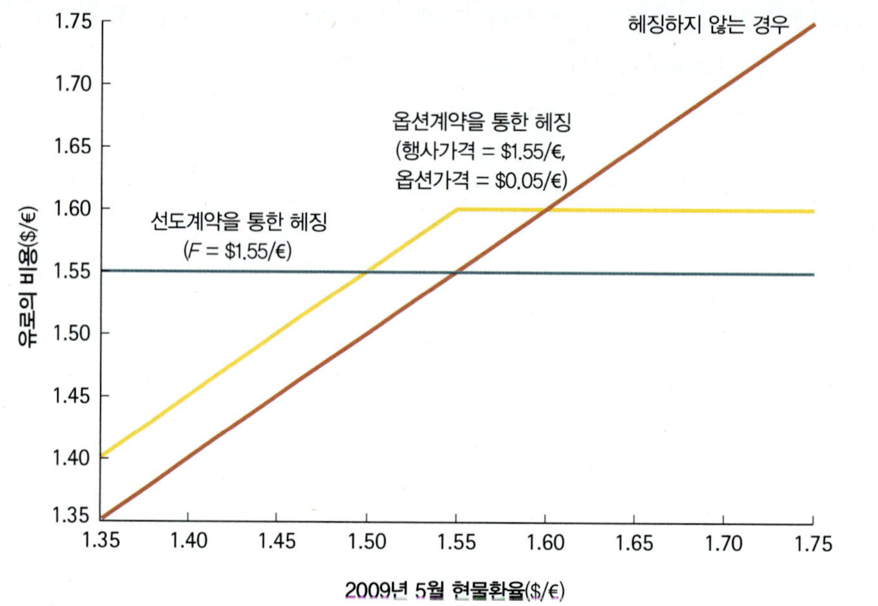

비용이 선도환율에 동결되고 기업의 비용은 고정된다. 그림 23.8이 예시하는 것처럼 옵션을 통한 헤징은 선도계약을 통한 헤징과 헤징을 하지 않는 경우의 절충안을 제시한다. 즉, 이 기업은 잠재적인 비용에 상한을 씌우지만, 유로 가치가 하락하면 혜택을 얻을 수 있다.

옵션의 장점 왜 기업들은 선도계약을 통한 헤징 대신 옵션을 통한 헤징을 선택할까? 많은 경영자들은 시장 환율보다 더 높은 환율을 지불하는 것에 묶여 있기 보다는 환율이 유리한 방향으로 움직일 때 자기 회사가 혜택을 보기를 원한다. 또한 헤징하는 거래가 발생하지 않을 수 있다면, 기업들은 선도계약보다 옵션을 선호한다. 이 경우 선도계약은 기업들로 하여금 불리한 환율로 필요하지도 않은 통화로의 교환을 약정하도록 할 수 있다. 하지만 옵션은 기업들로 하여금 교환으로부터 벗어날 수 있도록 한다. 만약 헤징한 거래가 발생하지 않고 옵션이 내가격(in-the-money) 상태가 되면, 옵션 보유자는 기초자산인 통화의 인도를 요구하는 대신 옵션 포지션을 이득을 보고 매도할 수 있기 때문에 실제로 통화의 인도를 요구할 필요가 없어진다.

개념확인

3. 기업들은 어떻게 환 위험을 헤지하는가?
4. 왜 기업들은 선도계약보다 옵션을 이용하여 환 위험을 헤지하는 것을 더 선호하는가?

23.3 국제적으로 통합된 자본시장

해외투자의 가치는 분석에 사용되는 통화에 의존하는가? 이 질문은 국제 재무관리에서 매우 중요한 질문이며, 이 질문에 답하기 위해서는 **국제적으로 통합된 자본시장(internationally integrated capital markets)**이라고 불리는 개념적인 벤치마크가 필요하다. 국제적으로 통합된 자본시장에서는 투자자들이 금액에 관계없이 현물환율 또는 선도환율에 통화들을 교환할 수 있고, 어떤 증권도 금액에 관계없이 어느 나라에서나 자유롭게 현재의 시장가격에 사고 팔 수 있다. 국제적으로 통합된 자본시장 가정이 성립하면, 해외 투자의 가치가 분석에 사용되는 통화에 의존하지 않는다.

국제적으로 통합된 자본시장: 투자자들이 금액에 관계없이 현물환율 또는 선도환율에 통화들을 교환할 수 있고, 어떤 증권도 금액에 관계없이 어느 나라에서나 자유롭게 현재의 시장가격에 사고 팔 수 있는 경우

런던증권거래소(London Stock Exchange)에서 거래되는 보더폰 그룹(Vodafone Group, PLC)의 주가를 고려해보자. 보더폰은 배당을 지급하지 않고 주가가 1년 후에 £260의 가치를 갖게 될 것으로 기대된다. 이 주식의 런던증권거래소에서의 가격은 현지 투자자들의 자본비용을 이용하여 구한 1년 후 현금흐름의 현재가치이다. 보더폰의 적절한 자본비용이 13%라고 가정하면, 1년 후 현금흐름의 현재가치는 £260/1.13 = £230.09이다. 만약 달러와 파운드간의 현물환율이 $1.33/£이라면, 이 주식을 매입하고자 하는 미국 투자자의 달러 비용은 $306.02(= £230.09 × $1.33/£)이다.

보더폰 주식 한 주를 매입하는 어떤 미국 투자자도 주식을 판매할 때 발생하는 미래의 파운드 현금흐름을 달러 현금흐름으로 바꿀 것이다. 따라서 이 투자자의 성과는 달러 현금흐름으로 나타난다고 할 수 있다. 미국 투자자가 오늘 1기 후에 *기대되는* 현금흐름의 가치를 결정하기 위해, 이 현금흐름을 $1.36/£의 선도환율에 달러로 바꾸는 계약을 했다고 가정하자. 만약 현물환율과 증권의 외환 현금흐름이 상관관계가 없다면, 이 미국 투자자의 기대 달러 현금흐름은 $353.60(= £260 × $1.36/£)이다. 만약 미국 투자자의 관점에서 적절한 자본비용이 15.55%라면, 기대 달러 현금흐름의 현재가치는 $353.60/1.1555 = $306.02이고, 이 금액은 오늘 보더폰 한 주를 매입하는 달러 비용이다. 가치평가 원칙에 따르면, 기대 현금흐름의 달러 현재가치가 미국 투자자가 이 증권에 대하여 지급하는 금액과 같아야 한다.

$$\underbrace{\$1.33/£}_{\text{현물환율}} \times \underbrace{\frac{£260}{(1.13)}}_{\substack{£\text{ 할인율로 할인한}\\ \text{기대 }£\text{ 현금흐름}}} = \underbrace{\frac{\overbrace{\$1.36/£ \times £260}^{\text{선도환율 × 기대 £ 현금흐름}}}{\underbrace{1.1555}_{\$\text{ 할인율}}}}_{\substack{\$\text{ 할인율로 할인한}\\ \$\text{ 현금흐름}}}$$

달러 할인율과 외환 할인율을 각각 $r_{\$}^{*}$ 및 r_{FC}^{*}로 나타내어 위 식을 다음과 같이 일반화시킬 수 있다.

$$\text{현물환율} \times \frac{\text{외환 현금흐름}}{(1+r^*_{FC})} = \frac{\text{선도환율} \times \text{외환 현금흐름}}{(1+r^*_{\$})}$$

항목들을 재정렬하면, 위 식은 다음과 같이 표현될 수 있다.

$$\text{선도환율(달러/외환)} = \frac{(1+r^*_{\$})}{(1+r^*_{FC})} \times \text{현물환율(달러/외환)} \tag{23.3}$$

예제 23.4
현재가치와 국제적으로 통합된 자본시장

문제 *Problem*

당신이 1년 후에 발생하는 ¥10 백만의 현금흐름의 현재가치를 계산하고자 하는 미국 투자자라고 가정하자. 현물환율은 ¥110/$이고 1년 선도환율은 ¥105.8095/$이다. 적절한 달러 자본 비용(r$*)은 5%이고, 적절한 엔 자본비용(r¥*)은 1%이다. 일본 투자자의 관점에서 ¥10 백만 현금흐름의 달러 현재가치는 얼마인가? 미국 투자자는 먼저 ¥10 백만을 달러로 전환한 다음 여기에 달러 할인율을 적용하여 현재가치를 구한다. 미국 투자자의 관점에서 ¥10 백만 현금흐름의 달러 현재가치는 얼마인가?

풀이 *Solution*

● **계획**

일본 투자자 관점에서의 현재가치를 구하려면 엔 할인율을 적용하여 미래 엔 현금흐름의 현재가치를 계산한 다음, 이 현재가치를 현물환율을 이용하여 달러금액으로 전환하여야 한다. 한편, 미국 투자자 관점에서 현재가치를 구하기 위해서는 선도환율을 이용하여 미래 엔 현금흐름을 달러 현금흐름으로 전환한 다음, 달러 할인율을 적용하여 전환된 달러 현금흐름의 현재가치를 계산해야 한다. 우리가 알고 있는 사항들을 정리하면 다음과 같다.

$$\text{미래 CF} = ¥10\text{백만}, \qquad \text{1년 선도환율} = ¥105.8095/\$$$
$$r^*_{\$} = 0.05 \qquad \text{현물환율} = ¥110/\$$$
$$r^*_{¥} = 0.10$$

● **실행**

일본 투자자 관점에서 엔 현금흐름의 달러 현재가치는 다음과 같다.

$$\frac{\text{엔 현금흐름}}{(1+\text{엔 할인율})} \times \text{현물환율} = \frac{¥10{,}000{,}000}{1.01} \times (\$1/¥110) = \$90{,}009$$

먼저 ¥10 백만을 달러로 교환한 다음 여기에 달러 할인율을 적용하는 미국 투자자 관점에서의 달러 자본비용은 다음과 같다.

$$\frac{\text{엔 현금흐름} \times \text{선도환율}}{(1+\text{달러 할인율})} = \frac{¥10{,}000{,}000 \times (\$1/¥105.8095)}{1.05} = \$90{,}009$$

● **평가**

미국과 일본의 자본시장이 국제적으로 통합되었기 때문에, 두 방법이 동일한 결과를 가져온다.

일반적인 실수 **환율 뒤집기를 잊어버리기**

예제 23.4에서는 환율이 달러 당 엔인 ¥110/$로 표현되었다. 하지만 엔을 달러로 전환해야 하는 경우가 발생할 수 있으며, 이 경우 엔으로 표시된 현재가치에 환율의 역수인 $1/¥110을 곱하면 된다. 엔으로 표시된 현재가치를 ¥110/$으로 나누어주어도 똑같은 결과를 얻을 수 있다는 점에 주목하기 바란다. 환율을 가지고 작업할 때, 흔히 어떤 통화가 분자에 들어가고 어떤 통화가 분모에 들어가는지를 혼동한다. 항상 통화를 추적할 수 있도록 현금흐름과 함께 해당 통화의 기호를 적어두는 것이 최선이다. 그 다음에는 아래와 같이 분자와 분모에 있는 동일한 통화 기호를 제거한 후 정답에 올바른 통화 기호가 남아 있는지를 확인한다.

$$\frac{\text{엔 현금흐름}}{(1+\text{엔 할인율})} \times \text{현물환율}$$

$$= \frac{\yen 10{,}000{,}000}{1.01} \times \left(\frac{\$1}{\yen 110}\right) = \$90{,}009$$

식 23.3은 커버된 이자율 패리티(식 23.1)이기 때문에, 이 등식이 매우 친숙하게 느껴질 것이다. 두 등식에 차이가 있다면, 식 23.1은 무위험 현금흐름에 대한 커버된 이자율 패리티인 반면 식 23.3은 위험 현금흐름에 대한 커버된 이자율 패리티다.

개념확인

5. 국제적으로 통합된 자본시장이 되기 위한 조건들은 무엇인가?
6. 국제적으로 통합된 자본시장이 서로 다른 나라에서 거래되는 동일한 자산의 가치에 대해 시사하는 바는 무엇인가?

23.4 외환 현금흐름의 가치평가

해외 프로젝트가 국내 프로젝트와 가장 두드러지게 차이 나는 점은 해외 프로젝트의 경우 외환으로 표시된 현금흐름을 창출한다는 것이다. 해외 프로젝트가 국내 기업에 의해 소유된다면, 경영자와 주주는 외환으로 표시된 현금흐름의 국내 통화 가치를 결정해야 한다.

국제적으로 통합된 자본시장에서는 해외 프로젝트의 NPV를 계산하기 위하여 다음 두 가지의 동등한 방법을 사용할 수 있다.

1. 외환으로 표시된 NPV를 계산한 다음, 이를 현물환율을 이용하여 자국 통화로 전환한다.
2. 해외 프로젝트의 현금흐름을 자국 통화로 전환한 다음, 자국 통화로 표시된 현금흐름의 NPV를 계산한다.

첫 번째 방법은 단일 통화로 프로젝트의 NPV를 계산하는 이 책 전반에서 사용해왔던 방법에 현물환율을 이용하여 NPV를 자국 통화로 전환하는 단계를 추가한 것이다. 지금 단계에서는 첫 번째 방법이 두 번째 방법보다 여러분들에게 더 친숙하게 느껴질 것이므로, 이하에서는 두 번째 방법을 중심으로 설명할 것이다. 두 번째 방법은 외환 현금흐름을 기대 달러 가치로 전환한 다음, 국내 프로젝트처럼 프로젝트의 가치를 평가하는 방법이다.

응용: 잇예시 주식회사

잇예시 주식회사(Ityesi, Inc.)는 미국에 본사를 둔 맞춤형 포장재 제조회사이다. 이 회사는 가중평균자본비용(WACC) 기법을 이용하여 영국에서의 프로젝트에 대한 가치를 평가하고자 한다. 잇예시는 영국에서 포장재 생산라인을 도입하는 것을 고려하고 있는데, 이 프로젝트는 이 회사의 첫 번째 해외 프로젝트다. 이 프로젝트는 완전히 영국에서 자급하는 것이어서 모든 수입과 비용이 영국에서 창출된다.

엔지니어는 새로운 제품에 사용되는 기술이 4년 후에 진부화될 것이라고 예상한다. 마케팅 그룹은 이 생산 라인에 대한 연 매출액이 £37.5 백만이 될 것 예상한다. 매출원가(cost of goods sold)는 매년 £15.625 백만이고, 영업비용(operating expenses)은 매년 £5.625 백만이 될 것으로 예상된다. 제품의 개발을 위해 4년 후 진부화되는 자본설비에 £15 백만의 초기 투자비용이 들고, 마케팅 경비로 £4.167 백만이 소요될 것이다. 잇예시는 제품을 생산하는 국가에 관계없이 40%의 세율로 법인세를 지급하고 있다. 표 23.2의 스프레드시트는 제안된 프로젝트의 기대 파운드 현금흐름을 나타내고 있다.

잇예시의 경영자는 프로젝트 현금흐름의 불확실성과 현물 달러-파운드 환율의 불확실성간에 상관관계가 없다고 결정했다. 마지막 절에서 설명하겠지만, 이 조건이 충족되면 미래 달러 현금흐름의 기대 가치가 파운드 현금흐름의 기대 가치에 선도환율을 곱한 값으로 계산된다. 하지만 미래시점이 4년 후처럼 먼 시점이라면, 은행들이 제시하는 선도환율 호가를 얻기 쉽지 않다. 따라서 잇예시 경영자는 커버된 이자율 패리티 공식(식 23.2)을 사용하여 선도환율을 계산하기로 결정했다.

표 23.2
잇예시 영국 프로젝트의 기대 파운드 가용 현금흐름

1	연도	0	1	2	3	4
2	**예상 증분 순이익(£백만)**					
3	매출액	—	37.500	37.500	37.500	37.500
4	매출원가	—	−15.625	−15.625	−15.625	−15.625
5	**매출총이익**	—	21.875	21.875	21.875	21.875
6	영업비용	−4.167	−5.625	−5.625	−5.625	−5.625
7	감가상각	—	−3.750	−3.750	−3.750	−3.750
8	**EBIT**	−4.167	12.500	12.500	12.500	12.500
9	세금(세율 40%)	1.667	−5.000	−5.000	−5.000	−5.000
10	**무차입 순이익**	−2.500	7.500	7.500	7.500	7.500
11	**가용현금흐름**					
12	더함: 감가상각	—	3.750	3.750	3.750	3.750
13	차감: 자본지출	−15.000	—	—	—	—
14	차감: 순운전자본 증가	—	—	—	—	—
15	**파운드 가용현금흐름**	−17.500	11.250	11.250	11.250	11.250

선도환율 현재 현물환율(S)은 \$1.60/£이다. 두 나라의 수익률 곡선이 수평이라고 가정하자. 달러 무위험 이자율($r_\$$)은 4%, 파운드 무위험이자율($r_£$)은 7%이다. 다년 선도환율에 대한 커버된 이자율 패리티 조건(식 23.2)을 이용하면, 각 년도의 선도환율은 다음과 같이 계산된다.

$$F_1 = S \times \frac{(1 + r_\$)}{(1 + r_£)} = (\$1.60/£)\frac{(1.04)}{(1.07)} = \$1.5551/£$$

$$F_2 = S \times \frac{(1 + r_\$)^2}{(1 + r_£)^2} = (\$1.60/£)\frac{(1.04)^2}{(1.07)^2} = \$1.5115/£$$

$$F_3 = S \times \frac{(1 + r_\$)^3}{(1 + r_£)^3} = (\$1.60/£)\frac{(1.04)^3}{(1.07)^3} = \$1.4692/£$$

$$F_4 = S \times \frac{(1 + r_\$)^4}{(1 + r_£)^4} = (\$1.60/£)\frac{(1.04)^4}{(1.07)^4} = \$1.4280/£$$

가용 현금흐름 전환 표 23.3의 스프레드시트에서 보는 바와 같이 기대 파운드 가용 현금흐름에 선도환율을 곱함으로써 기대 달러 가용 현금흐름을 계산할 수 있다.

표 23.3 잇예시 영국 프로젝트의 기대 달러 가용현금흐름

1	연도	0	1	2	3	4
2	**달러 가용현금흐름($백만)**					
3	파운드 FCF(£백만)	−17.500	11.250	11.250	11.250	11.250
4	선도환율($/£)	1.6000	1.5551	1.5115	1.4692	1.4280
5	**파운드 FCF의 달러 가치(3×4)**	**−28.000**	**17.495**	**17.004**	**16.528**	**16.065**

WACC로 잇예시 해외 프로젝트의 가치평가 우리는 영국 프로젝트의 달러 표시 현금흐름을 이용하여 해외 프로젝트의 가치를 미국 프로젝트인 것처럼 계산할 수 있다. 제12장에서 했던 것처럼, 영국 프로젝트의 시장 위험이 이 회사 전체의 시장 위험과 동일하다는 가정 하에 가치평가를 한다. 그 결과 잇예시의 미국에서의 자기자본 비용과 타인자본 비용을 이용하여 해외 프로젝트의 WACC를 계산할 수 있다.[3]

잇예시는 투자 목적으로 \$20 백만의 현금을 조달하여 보유하고 있고, \$320 백만의 채무를 가지고 있다. 따라서 순 채무(D)는 \$320 - \$20 = \$300 백만이다. 이 금액은 자기자본의 시장가치(E)와 같으며, 이는 (순)부채비율이 1임을 의미한다. 잇예시는 예상할 수 있는 미래에 동일한 (순)부채비율을 유지하고자 한다. 따라서 WACC를 계산할 때 표 23.4에서처럼 자기자본과 채무에 동일한 가중치를 부여한다.

3) 해외 프로젝트의 위험은 국내 프로젝트(혹은 기업 전체)의 위험과 정확하게 일치하지 않을 것이다. 그 이유는 해외 프로젝트가 국내 프로젝트가 가지고 있지 않은 환 위험을 포함하고 있기 때문이다. 잇예시의 경우 경영자가 환 위험에 대한 추가적인 위험 프리미엄이 작다고 결정했다. 이로 인해 경영자들은 실용적인 목적으로 환 위험을 무시하고 국내 자본비용을 사용했다.

표 23.4 잇예시의 현재 시장가치 재무상태표와 영국 프로젝트가 없을 때 자본비용

자산		부채와 자기자본		자본비용	
현금	20	채무	320	채무	6%
기존 자산	600	자기자본	300	자기자본	10%
	620		620		

잇예시의 자기자본 비용 10%와 타인자본 비용은 6%를 이용하여 잇예시의 WACC를 다음가 같이 계산할 수 있다.

$$r_{wacc} = r_E \frac{E}{E+D} + r_D(1 - T_C)\frac{D}{E+D}$$
$$= (10.0\%)(0.5) + (6.0\%)(1 - 40\%)(0.5) = 6.8\%$$

이제 WACC를 이용하여 미래 가용 현금흐름의 현재가치를 계산하면 해외 프로젝트의 가치를 결정할 수 있다.

$$\frac{17.495}{1.068} + \frac{17.004}{1.068^2} + \frac{16.528}{1.068^3} + \frac{16.065}{1.068^4} = \$57.20 \text{ 백만}$$

영국 프로젝드의 NPV는 미래 기용 현금흐름의 현재가치에서 생산 라인 도입을 위한 달러 표시 초기 비용 $28 백만을 뺀 값으로 구해진다. 따라서 영국 프로젝트의 NPV는 $57.20 - $28 = $29.20 백만이다. 따라서 잇예시는 영국 프로젝트를 수행해야 한다.

일물일가의 법칙과 강건성(robustness) 점검

잇예시 프로젝트의 NPV에 도달하기 위해서는 국제 자본시장이 통합되고, 환율과 프로젝트의 현금흐름간에 상관관계가 없다는 가정을 비롯하여 여러 가지 가정들을 필요로 한다. 잇예시의 경영자는 당연히 이러한 가정들이 정당화될 수 있는지에 우려를 표할 것이다. 운 좋게도 이 분석이 점검할 수 있는 방법이 있다.

해외 프로젝트의 NPV를 계산하는 방식에 두 가지 방식이 있음을 상기하자. 잇예시는 해외 현금흐름을 해외 자본비용으로 할인함으로써 해외 NPV를 계산하고, 계산된 해외 NPV를 현물환율을 이용하여 국내 NPV로 전환할 수 있다. 이 방법은 마지막 단계를 제외하면 이 책 전반에서 수행해왔던 국내 프로젝트의 NPV 계산과 동일한 계산을 요구한다. NPV를 결정하기 위해 자본비용(이 경우는 영국에서 투자의 자본비용)을 알아야 한다. 자본비용을 계산하기 위하여서는 공개시장에서 주식이 거래되는 단일제품(single-product) 회사(이 경우 영국 기업)의 주식 수익률 자료가 필요함을 상기하자. 이 방법이 다른 방법과 동일한 결과를 제시하기 위해서는 해외 자본비용이 일물일가의 법칙을 만족해야 한다. 이는 식 23.3으로부터 다음 등식이 성립하여

야 함을 의미한다.

$$(1 + r_{£}^{*}) = \frac{\text{현물환율}(\$/£)}{\text{선도환율}(\$/£)}(1 + r_{\$}^{*}) \tag{23.4}$$

만약 식 23.4의 등식이 성립하지 않으면, 잇예시의 경영자는 분석에서 적용한 단순한 가정들이 타당하지 않다는 것을 파악해야 한다. 즉, 시장마찰이 존재하여 시장통합 가정이 현실에 대한 좋은 근사치가 아니거나 현물환율과 현금흐름간에 유의한 상관관계가 존재할 수도 있다.

커버된 이자율 패리티 관계(식 23.1)을 사용하여 식 23.4을 다음과 같이 나타낼 수 있다.

$$\frac{\text{현물환율}(\$/£)}{\text{선도환율}(\$/£)} = \frac{1 + r_{£}}{1 + r_{\$}} \tag{23.5}$$

예제 23.5
자본비용의 국제화

문제 *Problem*

일물일가의 법칙을 사용하면 잇예시의 달러 WACC로부터 파운드 WACC를 추정할 수 있다. 추정된 파운드 WACC를 이용하여 파운드 가용 현금흐름을 할인한 다음 이를 현물환율을 이용하여 달러로 전환했을 때 얻게 되는 NPV가 앞서 구한 잇예시 프로젝트의 NPV와 동일함을 보이시오.

풀이 *Solution*

● **계획**

식 23.6을 이용하여 파운드 WACC를 추정할 수 있다. 이를 위해 필요한 시장 데이터는 다음과 같다.

$$r_{£} = 0.07,\ r_{\$} = 0.04,\ r_{\$}^{*} = 0.068$$

마지막으로, 파운드 NPV를 달러로 전환하기 위해 현물환율 ($1.60/£)을 필요로 한다.

● **실행**

식 23.6을 적용하면, 파운드 WACC는 9.88%로 추정된다.

$$r_{£}^{*} = \frac{1 + r_{£}}{1 + r_{\$}}(1 + r_{\$}^{*}) - 1 = \left(\frac{1.07}{1.04}\right)(1.068) - 1 = 0.0988$$

추정된 잇예시의 파운드 WACC를 이용하여 표 23.3에 보고된 파운드 가용 현금흐름의 현재가치를 구할 수 있다.

$$\frac{11.25}{1.0988} + \frac{11.25}{1.0988^2} + \frac{11.25}{1.0988^3} + \frac{11.25}{1.0988^4} = £35.75\text{백만}$$

이 투자기회의 파운드 표시 NPV는 파운드 가용 현금흐름의 현재가치에서 초기 투자비용을 뺀 값인 £18.25 백만(=£35.75 백만 − £17.5 백만)이다. 현물환율을 이용하여 이 금액을 달러로 전환하면, $29.20 백만(=£18.25 백만 × $1.6/£)이고, 이는 앞서 계산한 NPV와 정확히 일치한다.

● **평가**

미국과 영국 시장이 통합되어 있고 WACC 가치 평가에 대한 단순화된 가정이 타당하다.

여기서 $r_£$와 $r_\$$는 각각 해외 및 국내 무위험 이자율을 나타낸다. 식 23.4와 23.5를 결합하여 항목들을 재정렬 하면, 해외 자본비용이 국내 자본비용과 이자율의 함수로 나타난다.

외화 표시 자본비용

$$r_£^* = \frac{1 + r_£}{1 + r_\$}(1 + r_\$^*) - 1 \tag{23.6}$$

잇예시가 NPV 계산을 위해 적용한 단순한 가정들이 타당하다면, 식 23.6을 이용하여 계산한 자본비용 추정치가 비교될 수 있는 영국의 단일제품 회사를 이용하여 직접 계산한 자본비용에 근사한 값을 갖게 될 것이다.

개념확인

7. 해외 프로젝트의 NPV를 계산하는데 사용되는 두 가지 방법을 설명하시오.
8. 이 두 가지 방법은 언제 해외 프로젝트에 대해 동일한 NPV를 산출하는가?

23.5 가치평가와 국제 과세

이 장에서 잇예시가 어디에서 이익을 창출하든지 40%의 세율로 세금을 지급한다고 가정했다. 현지 국가(이 예에서는 영국)와 본국(미국) 두 국가에 세금을 납부하여야 하기 때문에, 실제로 해외 소득에 대한 세금의 결정은 복잡하다. 만약 해외 프로젝트가 모회사에서 분리되어 설립된 주식회사 형태의 자회사라면, 기업이 납부하는 세금의 금액은 일반적으로 **본국 송금(repatriated)** 이익의 금액에 의존한다. 본국 송금 이익은 기업이 본국으로 되가져 가는 해외 프로젝트의 이익이다. 국제 과세는 특화된 전문가가 많은 시간을 투여하는 복잡한 주제이다. 여기서는 입문 단계이므로, 이 주제에 대한 광범위한 개괄과 관련된 이슈들의 의미를 제시하는 것을 목적으로 한다.

본국 송금: 이익 기업이 본국으로 되가져 가는 해외 프로젝트의 이익

단일 해외 프로젝트와 즉각적인 이익 본국 송금

우리는 기업이 단일 해외 프로젝트를 가지고 있고, 모든 해외 이익을 즉시 본국으로 송금한다는 가정에서 출발했다. 국제적으로 일반화된 기업 이익 과세에 대한 관행에 따르면, 현지 국가가 국경 내에서 창출된 이득에 대한 과세의 첫 번째 기회를 갖는 것이다. 그 다음에 본국이 국내 기업이 해외 프로젝트에서 창출한 이익에 대한 과세 기회를 갖는다. 특히 본국은 해외 이익과 해외 이득에 대한 외국에서의 과세를 처리하는 방식을 명시하는 과세정책을 수립하여야 한다. 또한 과세의 시점(timing of taxation)을 설정해야 한다.

미국의 과세정책은 미국 기업들이 해외 이익에 대한 세금을 미국 내에서 벌어들인 이익과 동일한 세율로 납부하도록 하고 있다. 하지만 해외에서 납부한 세금은 미국에서의 납세의무 금액(the amount of U.S. tax liability)까지 전액 세액공제(full tax credit)를 받는다. 환언하면 만약

해외 세율이 미국 세율보다 낮으면, 기업은 해외 이익에 대해 미국 세율과 같은 세율로 총 세금을 납부한다. 그 이유는 처음에 해외 세율로 세금을 내고, 미국 세율에 도달할 때까지의 추가적인 금액의 세금을 납부하기 때문이다. 이 경우 모든 기업들의 이익은 잇예시에 대해 적용했던 가정처럼 이익의 발생 국가에 상관없이 동일한 세율로 과세된다.

만약 해외 세율이 미국 세율보다 높으면, 해외 이익에 대하여 높은 세율로 세금을 납부하여야 한다. 미국 세액공제가 미국 납세의무 금액을 초과하므로, 미국에서의 납부해야 하는 세금이 없다. 미국 과세정책은 기업들이 사용되지 않은 세액공제로 미국 납세의무 금액을 상쇄시키기는 것을 허용하지 않는다. 따라서 미국 납세의무 금액을 초과하는 세액공제는 사용될 수 없다. 해외 세율이 미국 세율보다 높은 경우, 기업은 해외 이익에 대해 높은 세율로 세금을 납부하고 미국에서 창출한 이익에 대해서는 낮은 세율로 세금을 납부한다.

복수 해외 프로젝트와 이익 본국 송금의 연기

지금까지 기업이 단지 한 개의 프로젝트를 가지고 있고, 해외 프로젝트에서 발생하는 이익을 즉시 본국으로 송금한다고 가정했다. 하지만 이 두 가정 모두 현실적이지 않다. 기업들은 복수의 해외 프로젝트를 통합하거나 이익의 본국 송금을 연기함으로써 세금을 줄일 수 있기 때문이다. 먼저, 모든 해외 프로젝트에서 발생하는 이익을 통합하는 방안에서 발생하는 혜택을 살펴보자.

복수 해외 프로젝트 통합 미국 세법에 의하면, 세율이 높은 해외 국가에서 발생한 어떠한 세액공제도 세율이 낮은 국가에서 발생한 이익에 대한 순 미국 납세의무(net U.S. tax liability)을 상쇄하는데 사용될 수 있다. 이러한 방식에서는 모든 해외 세금을 통합하여 합산한 금액을 해외 이익에 대한 총 미국 납세의무 금액과 비교한다. 만약 미국 세율이 모든 해외 이익의 통합 세율보다 높다면, 기업의 이익이 어디에서 발생했는지에 관계없이 모든 이익에 동일한 세율이 적용된다고 가정하는 것이 타당하다. 만약 그렇지 않다면, 기업은 해외 이익에 대해 더 높은 세율로 세금을 납부하여야 한다.

이익 본국 송금의 연기 이제 해외 이익의 본국 송금을 연기하는 방안을 고려해보자. 만약 해외 사업체가 해외 지점이 아닌 모회사와 분리된 주식회사 형태의 자회사라고 한다면, 이익이 본국으로 송금되기 전까지 미국 납세액이 발생하지 않기 때문에 이익의 본국 송금을 연기하는 방안에 대한 고려가 중요하다. 예를 들어 어떤 기업이 £12.5 백만의 세전이익을 본국으로 송금하지 않기로 선택하면, 해외에서 발생한 이익을 사실상 재투자한 것이며 미국에서의 납세를 미루는 것이다. 해외 세율이 미국 세율보다 높다면, 이러한 경우 미국에서의 추가적인 납세의무가 없기 때문에 미국에서의 납세를 연기함으로써 얻는 혜택이 없다.

해외 세율이 미국 세율보다 낮다면, 기업이 미국에서 납세를 연기함으로써 현저한 혜택을 얻을 수 있다. 자본이득의 실현을 미루면 자본이득세에 의해 부과되는 세금부담이 줄어드는 것처럼, 이익의 본국 송금을 미루면 기업의 전반적인 세금부담이 줄어든다. 이익의 본국 송금 연기로 인한 다른 혜택들은 기업이 이익의 본국 송금이 사실상 가장 적은 비용으로 가능한 시점에 이익을 본국으로 송금하는 실물옵션을 갖기 때문에 발생한다. 기업은 해외 이익을 통합함으로써 사실상 모든 해외 이익에 대해 통합된 세금을 납부한다. 이 경우 나라별로 발생하는 이익이 매년 변동하므로, 해외 이익에 대한 결합된 세율도 매년 달라지게 될 것이다. 결합된 세율이 미국 세율보다 높은 년도에는 이익의 본국 송금액 증가가 미국에서의 납세의무의 증가를 가져오지 않을 것이며, 이로 인해 이익의 본국 송금이 세금을 내지 않고 가능해진다.

개념확인

9. 해외 프로젝트의 가치평가를 위해 어떤 세율을 사용하여야 하는가?
10. 미국 기업이 해외 프로젝트에 대한 세금을 어떻게 하면 낮출 수 있는가?

23.6 국제적으로 분할된 자본시장

여기까지는 국제 자본시장이 통합되었다는 가정하게 논의를 전개했다. 하지만 종종 이 가정이 적합하지 않다. 어떤 나라에서는, 특히 개발도상국에서는 모든 투자자들이 금융 증권에 동등한 접근이 불가능하다. 이 절에서는 왜 각 국의 자본시장이 통합되지 않는지, 즉 **분할된 자본시장**(segmented capital markets)이라고 불리는 사례를 고려한다.

분할된 자본시장: 국제적으로 통합되지 않은 자본시장

국제 재무관리에서 많은 흥미 있는 질문들이 자본시장이 국제적으로 분할되었을 때 발생하는 결과와 관련되어 있다. 이 절에서는 분할된 자본시장의 주요한 발생 원인을 간략하게 살펴보고, 분할된 자본시장의 국제 재무관리에 대한 시사점을 살펴보고자 한다.

시장에 대한 차별적 접근

어떤 나라의 무위험 증권 시장은 국제적으로 통합되었지만, 그 나라의 특정 기업 증권에 대한 시장은 통합되어 있지 않은 경우가 종종 있다. 기업 정보에 대한 비대칭이 존재한다면, 기업은 시장에 대한 차별적 접근에 직면할 수 있다. 예를 들어 잇예시는 자기 회사에 대한 기업 분석을 하고 비교적 인정받고 있는 애널리스트 공동체에 정기적으로 정보를 제공한다. 이로 인해 잇예시가 미국에서는 잘 알려져 있고, 달러 주식시장 및 채권시장에 쉽게 접근할 수 있다. 하지만 영국에서는 정보제공 실적이 없기 때문에, 잇예시가 잘 알려져 있지 않고, 파운드 자본시장에 접근하는 것이 쉽지 않을 수 있다. 정보 비대칭으로 인해 영국 투자자들이 미국 기업이 발행한 파운드 주식 및 채권에 대해 더 높은 수익률을 요구할 수 있다.

국제시장에 대한 차별적 접근으로 잇예시는 식 23.6에 의한 WACC보다 더 높은 파운드 WACC에 직면할 수 있다. 이렇게 되면 잇예시는 영국에서 자금조달을 하면 미국에서 자금조달을 하

는 것보다 해외 프로젝트의 가치를 더 낮게 평가하게 될 것이다. 사실상, 주주 가치를 극대화하기 위하여 이 회사는 자본을 본국에서 조달해야 한다. 그리고 해외 프로젝트를 국내 프로젝트처럼 가치 평가하는 방법이 더 정확한 NPV를 제공할 것이다. 국가 자본시장(national capital markets)에 대한 차별적인 접근은 **통화스왑(currency swaps)**이 존재하는 이유에 대한 최선의 설명이 될 정도로 매우 흔하다. 통화스왑은 두 당사자가 사전에 정해진 만기와 환율에 의해 서로 다른 통화로 발행한 채권에 대한 이표와 액면가치를 상호 교환하는 계약이다. 즉, 통화스왑의 보유자는 만기 이전에는 한 통화로 표시된 이표를 받고, 다른 통화로 표시된 이표를 지급하며, 만기 시에는 서로 다른 통화로 표시된 액면가치에 대한 교환을 한다. 기업은 가장 잘 접근할 수 있는 자본시장에서 채권을 발행하고, 발행된 채권의 이표와 액면가치를 통화스왑을 이용하여 지급받고 싶은 통화로 표시된 이표와 액면가치로 교환한다. 따라서 통화스왑은 기업들로 하여금 투자와 자금조달을 가장 유리한 곳에서 하면서 자산과 채무 사이에 환 위험 노출을 완화시킬 수 있도록 한다.

통화스왑: 두 당사자가 서로 다른 통화로 표시된 이표 지급과 최종 액면가치 지급을 교환하기로 약정한 계약

거시 수준의 왜곡

무위험 자산에 대한 시장도 분할될 수 있다. 분할된 자본시장에 대한 주요 거시경제적인 원인으로 국제 자본흐름에 대한 장애물을 만들어 분할된 국가시장(national market)을 만드는 자본 통제와 외환 통제를 들 수 있다. 많은 나라들은 자본의 유입과 유출을 규제 또는 제한하거나, 자국의 통화를 달러로 자유롭게 바꾸는 것을 허용하지 않는다. 이로 인해 자본시장이 분할된다. 어떤 나라들은 금융 증권의 보유자를 제한하기도 한다.

나라별로 서로 다른 정치적, 법적, 사회적, 문화적 특징들은 국가 위험 프리미엄이라는 형태의 보상을 요구한다. 예를 들어 재산권 시행을 약하게 하는 전통을 갖는 나라의 국채 또는 다른 증권에 지급되는 이자율은 진정한 무위험 이자율이 아닐 수 있다. 대신 이러한 나라의 이자율은 채무 불이행에 대한 위험 프리미엄을 반영할 수 있으며, 이로 인해 커버된 이자율 패리티와 같은 관계가 정확하게 성립되지 않을 수 있다.

국제적으로 분할된 자본시장의 시사점

분할된 자본시장은 국제 기업재무에 중요한 시사점을 갖는다. 두 수익률이 동일한 통화로 비교되었을 때, 한 국가 또는 통화의 수익률이 다른 국가 또는 통화의 수익률보다 더 높다. 만약 수익률 차이가 자본통제와 같은 시장마찰로 인해 발생한다면, 기업들은 수익률이 낮은 국가에서(또는 통화로) 자금을 조달하여 수익률이 높은 국가에서(또는 통화로) 프로젝트를 수행함으로써 이 시장마찰을 활용할 수 있다. 물론 기업들이 이 전략을 이용하여 이익을 얻을 수 있는 가능성은 당연히 제한적이다. 만약 이러한 전략을 쉽게 이행할 수 있다면, 기업들이 이 전략을 경쟁적

예제 23.6
위험이 있는 정부 채권

문제 *Problem*

2008년 5월 23일 파이낸셜 타임즈(The Financial Times)는 보고했다. 루블(Ruble)–달러 현물환율이 R23.5937/$이고 1년 선도환율이 R24.2316/$이라고 보고했다. 이 당시 1년 만기 미 재무부 채권 수익률이 2.1%, 미 재무부 채권과 비교될 수 있는 러시아의 단기 국채 수익률이 5.7%였다. 커버된 이자율 패리티를 이용하여 1년 내재 선도환율(implied forward rate)을 계산하시오. 그리고 이를 실제 선도환율과 비교하고 왜 두 선도환율이 다른지를 설명하시오.

풀이 *Solution*

● **계획**

다음 식으로 표현된 커버된 이자율 패리티를 이용하면 내재 선도환율을 구할 수 있다.

$$\text{선도환율} = \text{현물환율} \times \frac{(1 + r_R)}{(1 + r_\$)}$$

따라서 내재 선도환율을 구하기 위해서는 현물환율(R23.5937/$), 달러 이자율($r\$ = 0.021$), 그리고 루블 이자율($r_R = 0.057$)이 필요하다.

● **실행**

$$\text{선도환율} = \text{현물환율} \times \frac{(1 + r_R)}{(1 + r_\$)} = (\text{R}23.5937/\$)\frac{1.057}{1.021} = \text{R}24.4256/\$$$

내재 선도환율은 이 당시 현물환율보다 더 높다. 그 이유는 러시아 국채 수익률이 미국 국채 수익률보다 더 높기 때문이다. 하지만 실제 선도환율이 내재 선도환율보다 더 낮다. 실제 선도환율과 내재선도환율의 차이는 러시아 국채의 채무불이행 위험을 반영하였을 가능성이 높다(러시아 정부는 비교적 최근인 1998년에 채무에 대한 채무불이행을 선언했다). 100,000 루블을 보유한 투자자가 진정한 무위험 투자를 찾는다면, 루블을 달러로 바꾸어 미 재무부 채권에 투자하고, 이로부터 얻는 수익을 선도계약을 통해 동결된 환율에 다시 루블로 바꿀 수 있다. 이렇게 함으로써 이 투자자가 얻는 수익은 다음과 같다.

$$\frac{\text{R}100{,}000}{\text{R}23.5937/\$\ \text{오늘}} \times \frac{\$1.021\ \text{1년 후}}{\$\ \text{오늘}} \times (\text{R}24.2316/\$\ \text{1년 후}) = \text{R}104{,}860\ \text{1년 후}$$

루블의 실효 무위험 이자율은 4.860%가 될 것이다.

● **평가**

5.7%의 높은 러시아 국채 수익률은 0.840%(= 5.7% − 4.860%)의 신용 스프레드를 반영한 것이다.

으로 사용하려 하면서 수익률 차이가 쉽게 사라지기 때문이다. 그럼에도 불구하고, 특정 기업들은 이 전략을 이행하는데 있어서 경쟁우위를 확보할 수 있을 것이다. 예를 들어 해외 정부는 투자 유인을 제공하기 위해 특정 기업에 대해서만 자본통제를 완화하는 협상을 할 수 있을 것이다.

예제 23.7에서 예시하는 것처럼 분할된 자본시장의 존재는 많은 국제 기업재무 결정들을 더욱 복잡하게 만들지만, 시장 분할을 잘 활용할 수 있는 포지션에 있는 기업들에게는 유리한 기회를 제공한다.

예제 23.7
분할된 시장에서 해외 기업 인수의 가치평가

문제 *Problem*

카마쵸 엔터프라이즈(Camacho Enterprises)는 미국 회사로 멕시코에 있는 회사인 제타파 주식회사(Xtapa, Inc.) 인수를 통한 기업 확장을 고려하고 있다. 이 인수는 카마쵸의 첫 해 가용 현금흐름을 21 백만 페소(pesos) 증가시킬 것으로 기대된다. 그 다음부터는 가용 현금흐름이 매년 8%의 성장률로 성장할 것으로 기대된다. 이 투자의 가격은 525 백만 페소이며, 이를 10 pesos/$의 현재 환율에 달러로 환산하면 $52.5 백만이다. 멕시코 시장에서의 분석에 근거하여, 카마쵸는 적절한 페소 세후 WACC가 12%라고 결정했다. 만약 카마쵸가 이 확장에 대한 달러 세후 WACC가 7.5%라고 결정했다면, 멕시코에서의 인수에 대한 가치는 얼마인가? 멕시코와 미국의 무위험 증권 시장이 통합되었고 두 나라의 수익률 곡선이 수평이라고 가정하자. 미국의 무위험 이자율은 6%, 멕시코의 무위험 이자율은 9%라고 한다.

풀이 *Solution*

● **계획**

확장의 NPV를 페소로 계산하고 계산된 값을 현물환율에 달러로 전환할 수 있다. 기업 인수로 인해 가용 현금흐름(단위: 백만)은 다음과 같다.

0	1	2	3	...
−525페소	21페소	21 (1.08)페소	21 $(1.08)^2$페소	

페소 기대 현금흐름을 선도환율을 이용하여 달러로 전환함으로써 확장의 NPV를 달러로 계산할 수 있다. pesos/$로 표시되는 N년 선도환율(식 23.2)은 다음과 같다.

$$F_N = S \times \frac{(1 + r_p)^N}{(1 + r_\$)^N} = 10 \times \left(\frac{1.09}{1.06}\right)^N = 10 \times 1.0283^N = 10.283 \times 1.0283^{N-1}$$

● **실행**

페소 WACC를 이용하여 구한 페소 현금흐름의 NPV는 다음과 같다.

$$NPV = \frac{21\text{페소}}{0.12 - 0.08} - 525\text{페소} = 0$$

이 기업 인수는 NPV가 0인 거래다. 아마도 카마쵸는 다른 멕시코 기업들과 인수를 위해 경쟁하고 있을 것이다. 달러 WACC를 이용하여 NPV를 계산하기 위해 페소 현금흐름을 달러 현금흐름으로 전환해야 한다. 앞의 시간선에 있는 페소 현금흐름(C^N_{pesos}으로 표시)은 적절한 선도환율(F_N으로 표시)을 이용하여 달러 기대 현금흐름으로 전환된다. 환율이 pesos/$로 표시되므로 페소 현금흐름을 선도환율로 나누어준다.

$$C^N_{pesos}/F_N = \frac{21\,(1.08)^{N-1}}{10.283 \times 1.0283^{N-1}} = 2.0422 \times 1.0503^{N-1}$$

따라서 달러 기대 현금흐름은 다음과 같다.

0	1	2	3	...
−\$52.5	\$2.0422	\$2.0422 (1.0503)	\$2.0422 $(1.0503)^2$	

달러 현금흐름은 매년 5.03%의 성장률로 성장한다. 이 현금흐름의 NPV는 다음과 같다.

$$NPV = \frac{\$2.0422}{0.075 - 0.0503} - \$52.5 = \$30.18\text{백만}$$

● **평가**

서로 다른 NPV가 계산되었다. 둘 중 어떤 NPV가 확장의 혜택을 더 정확하게 나타낼까? 이 문제에 대한 정답은 차이의 발생 원인에 의존한다. 선도환율에 페소 기대 현금흐름을 달러 기대 현금흐름으로 전환하기 위해서는 현물환율이 프로젝트의 현금흐름과 상관관계가 없다는 가정을 받아들여야 한다. 단지 이 가정이 성립하지 않기 때문에 차이가 발생할 수 있다. 또 다른 가능성은 차이의 발생 원인이 각 WACC 추정에 있어서 추정 오차를 반영하기 때문일 수 있다.

만약 카마쵸가 현물환율과 WACC 추정에 대한 기정에 있어서 상대적으로 자신이 있다면, 세 번째 가능성은 멕시코와 미국의 자본시장이 통합되지 않았다는데 있다. 아마도 제타파의 인수를 위해 경쟁하는 다른 기업들은 멕시코 밖의 자본시장에 접근하지 못할 수 있다. 이로 인해 카마쵸가 다른 기업들보다 더 낮은 비용에 자본을 조달할 수 있다. 물론 이러한 논의는 다른 미국 기업들이 제타파의 인수를 위해 경쟁하지 않는다는 전제를 필요로 한다. 하지만 카마쵸가 다른 미국 기반 기업들이 갖지 못한 제타파 시장에 대한 특별한 지식을 갖고 있을 수 있으며, 이로 인해 카마쵸가 다른 미국 기업들보다 제품시장에서의 경쟁 우위를 확보하고, 제품시장에서 다른 멕시코 기업들과 동등한 위치에 놓이도록 할 수 있다. 카마쵸가 자본시장에서 다른 멕시코 기업들보다 경쟁 우위에 있기 때문에 인수의 NPV가 양(+)의 값을 갖지만, 다른 제타파 입찰자들은 인수의 NPV가 0의 값을 가질 수 있다.

개념확인

11. 자본시장이 분할된 이유는 무엇인가?
12. 분할된 자본시장의 국제 기업재무에 대한 주된 시사점은 무엇인가?

23.7 환 위험과 자본예산

기업이 해외 프로젝트를 고려할 때 발생하는 마지막 이슈는 프로젝트의 현금흐름이 환 위험에 노출될 수 있다는 것이다. 환 위험은 프로젝트에 의해 창출되는 현금흐름이 미래 환율의 수준에 의존하는 것이다. 국제 기업재무에서 많은 부분이 환 위험을 다룬다. 이 절은 외환 현금흐름의 가치평가 관점에서 환 위험에 대한 개관을 제공한다.

이 절에서 지금까지 해왔던 가정은 프로젝트의 가용 현금흐름이 현물환율과 상관관계가 없다는 것이다. 종종 이러한 가정이 타당할 때도 있다. 만약 기업이 외국시장에서 현지 기업을 운영하여 현지에서 모든 투입요소를 구입하고 완제품을 판매한다면, 투입요소와 완제품의 가격은 환율과의 상관관계가 존재하지 않을 것이다. 하지만 많은 기업들은 수입된 투입요소를 생산과정에 사용하거나 완제품을 해외로 수출한다. 이러한 시나리오는 프로젝트의 환 위험의 본질을 바꾸며 이는 외환 현금흐름의 가치평가를 변화시킨다.

응용: 잇예시 주식회사

예를 들어 영국에 있는 잇예시 프로젝트가 미국에서 원재료를 수입한다고 가정해보자. 이 경우 프로젝트의 파운드 가용 현금흐름이 환율과 상관관계를 갖게 될 것이다. 미국에서 원재료 비용이 안정적이라고 가정할 때 파운드 대비 달러가치가 상승한다면, 원재료의 파운드 비용이 증가하고 이로 인해 파운드 가용 현금흐름이 줄어들게 될 것이다. 반대되는 경우도 성립하여 파운드 대비 달러가치가 하락하면, 파운드 가용 현금흐름이 증가하게 될 것이다. 따라서 이 경우 가용 현금흐름의 변동이 환율 변동과 상관관계를 갖지 않는다는 가정이 성립하지 않는다. 더 이상 기대 파운드 가용 현금흐름을 선도환율을 이용하여 기대 달러 가용현금흐름으로 전환하는 계산이 적절하지 않다.

프로젝트가 여러 통화들의 가치에 의존하는 현금흐름을 갖고 있을 때, 가장 편리한 접근법은 현금흐름을 의존하는 통화에 따라 분리하는 방법이다. 예를 들어 잇예시의 매출원가의 일부가 달러 가치에 따라 변동하는 원재료에 대한 것일 수 있다. 보다 구체적으로 £5.625 백만의 비용이 파운드 표시 비용이고, 추가적인 $16 백만(혹은 $1.60/£의 현재 환율로 환산하면 £10 백만)의 비용이 달러 가치에 따라 가격이 변동하는 원재료에 대한 비용이다. 이 경우 잇예시의 파운드 표시 가용 현금흐름은 표 23.5에서 보는 바와 같이 달러 기반 비용을 제외하고 계산한다.

만약 표 23.5의 스프레드시트에서 수익과 비용이 현물환율의 변동에 영향을 받지 않는다면, 가용 현금흐름의 변동이 현물환율 변동과 상관관계를 갖지 않는다는 가정이 타당하다. 따라서 표 23.4에서 했던 것처럼 파운드 표시 가용 현금흐름을 선도환율을 이용하여 달러 표시 가용 현금흐름으로 전환할 수 있다. 표 23.6은 이와 같은 계산을 하여 5행에 파운드 표시 가용 현금흐름의 달러 가치를 보고하고 있다.

표 23.5 잇예시의 파운드 표시 가용 현금흐름

1	연도	0	1	2	3	4
2	**예상 증분 순이익(£백만)**					
3	매출액	—	37.500	37.500	37.500	37.500
4	매출원가	—	−5.625	−5.625	−5.625	−5.625
5	**매출총이익**	—	31.875	31.875	31.875	31.875
6	영업비용	−4.167	−5.625	−5.625	−5.625	−5.625
7	감가상각	—	−3.750	−3.750	−3.750	−3.750
8	**EBIT**	−4.167	22.500	22.500	22.500	22.500
9	세금(세율 40%)	1.667	−9.000	−9.000	−9.000	−9.000
10	**무차입 순이익**	−2.500	13.500	13.500	13.500	13.500
11	**가용현금흐름**					
12	더함: 감가상각	—	3.750	3.750	3.750	3.750
13	차감: 자본지출	−15.000	—	—	—	—
14	차감: 순운전자본 증가	—	—	—	—	—
15	**파운드 가용현금흐름**	**−17.500**	**17.250**	**17.250**	**17.250**	**17.250**

그 다음에는 달러 기반 현금흐름을 더하여 프로젝트의 달러 표시 전체 가용 현금흐름을 계산한다. 표 23.6의 6행부터 8행까지가 이 계산에 해당된다. 잇예시의 달러 표시 비용을 뺀 다음 달러 표시 비용과 관련된 감세효과를 더한다. 비록 세금이 영국에서 파운드로 지급되더라도, 원재료의 달러 비용에 따라 세금이 변동하게 되므로 세금을 달러 표시 현금흐름으로 볼 수 있다.

표 23.6의 8행에 주어진 달러 표시 가용 현금흐름을 잇예시의 달러 WACC로 할인하여 이 프로젝트의 NPV를 계산할 수 있다.[4]

$$\frac{\$17.225}{1.068} + \frac{\$16.473}{1.068^2} + \frac{\$15.744}{1.068^3} + \frac{\$15.033}{1.068^4} - \$28.000 = \$27.05\text{백만}$$

표 23.6
잇예시 영국 프로젝트의 기대 달러 가용 현금흐름

1	연도	0	1	2	3	4
2	**달러 가용현금흐름($백만)**					
3	파운드 FCF(£ 백만)	−17.500	17.250	17.250	17.250	17.250
4	선도환율($/£)	1.6000	1.5551	1.5115	1.4692	1.4280
5	**파운드 FCF의 달러 가치(3×4)**	−28.000	26.825	26.073	25.344	24.633
6	달러비용	—	−16.000	−16.000	−16.000	−16.000
7	세금(세율 40%)	—	6.400	6.400	6.400	6.400
8	**가용현금흐름**	−28.000	17.225	16.473	15.744	15.033

결론

잇예시 예는 단순화되었다. 달러-파운드 환율과 완전한 상관관계를 가질 수 있는 현금흐름이 환율과 전혀 상관관계를 갖지 않는다는 가정을 했기 때문이다. 실제로 프로젝트 현금흐름의 환율에 대한 민감도를 결정하는 것이 어렵다. 만약 역사적 자료가 획득 가능하면, 프로젝트의 현금흐름의 환율에 대해 회귀분석 하는 방법론을 사용하여 프로젝트 현금흐름의 환 위험을 파악할 수 있다. 이 방법론은 제4부에서 증권 수익률의 시장위험을 파악하는 방법과 매우 유사하다. 국제 자본예산은 한 권의 책으로 다룰 정도로 충분히 복잡하다. 따라서 이 이슈를 한 개의 장에서 다루는 것에 대한 정당성을 부여하기 힘들다. 그럼에도 불구하고, 이 책에서는 국제 자본예산 이슈에 대한 기본적인 프레임워크를 제공하고자 한다.

개념확인

13. 어떤 조건들이 해외 프로젝트의 현금흐름이 환 위험에 노출되도록 하는가?
14. 프로젝트의 투입과 산출이 서로 다른 통화로 표시될 때 어떻게 조정을 해야 하는가?

4) 우리는 환 위험에 대한 추가적인 위험프리미엄이 작다는 가정을 유지하기 때문에, 이 현금흐름을 할인하기 위해 다시 국내 WACC를 사용한다. 이 가정이 성립하지 않는다면, 달러 비용과 기대 파운드 가용현금흐름의 달러가치는 국내 WACC가 아닌 파운드 가용 현금흐름에 내포된 추가적인 환 위험을 반영하는 할인율로 할인되어야 한다.

myfinancelab 핵심요점 및 공식

23.1 외환

- 외환시장은 외환(또는 통화)이 거래되는 시장이다.
- 외환시장은 거래량이 매우 많고, 대규모 국제은행들이 주로 참여하며, 하루 24시간 운영되는 시장이다.
- 환율은 다른 통화로 표시되는 한 통화의 가격이다.

23.2 환 위험

- 기업들은 환 위험 관리를 위해 금융시장에서 사전에 환율을 동결시키는 통화선도계약 또는 특정 수준을 초과하는 환율 변동으로부터 보호해주는 통화옵션 계약을 이용한다.
- 캐시 앤 캐리 전략(cash-and-carry strategy)은 통화선도 계약과 동일한 현금흐름을 제공하는 대안 전략이다. 우리는 일물일가의 법칙과 커버된 이자율 패리티 등식이라고 불리는 보관비용(cost-of-carry) 공식을 이용하여 선도환율을 결정할 수 있다. 임의의 외환 "FC"에 대한 환율을 "FC/$"로 나타내면, 1년 후 발생하는 교환에 대한 선도환율은 다음과 같이 표현된다.

$$\text{선도환율} = \text{현물환율} \times \frac{1 + r_{FC}}{1 + r_{\$}} \tag{23.1}$$

- 통화옵션은 기업들로 하여금 특정 수준을 초과하는 환율 변동으로부터 자신들을 보호할 수 있도록 한다. 기업은 아래 조건이 충족되면 선도계약 대신 옵션을 선택할 수 있다.
  - 유리한 환율 변동으로부터 혜택을 얻고 싶지만, 불리한 환율에 의무적으로 교환을 하고 싶지 않다.
  - 헤징하는 거래가 발생하지 않을 가능성이 있다.

23.3 국제적으로 통합된 자본시장

- 국제적으로 통합된 자본시장의 보장을 위해 필요한 조건은 해외 투자의 가치가 분석에 사용되는 통화(본국 또는 현지 통화)에 의존하지 않아야 한다는 것이다.
- 자본시장이 국제적으로 통합되고 현물환율의 불확실성이 외환 현금흐름과 상관관계가 없다면, 외환 현금흐름의 가치평가를 위해 다음 두 가지 방법이 사용된다.
  - 기대 외환 현금흐름에 선도환율을 곱함으로써 외환 현금흐름의 기대 가치를 본국 통화로 계산한다. 그 다음에는 국내 자본비용을 이용하여 이 본국 통화 현금흐름의 NPV를 계산한다.

▶ 기대 외환 현금흐름을 해외 자본비용으로 할인한 NPV를 구함으로써 해외 프로젝트의 외환 가치를 계산한다. 그 다음에는 현재의 현물환율을 이용하여 외환 NPV를 본국 통화로 전환한다.

23.4 외환 현금흐름의 가치평가

▶ 자본시장이 국제적으로 통합되고 현물환율의 불확실성이 외환 현금흐름과 상관관계가 없다면, 해외 WACC와 국내 WACC는 다음과 같은 관계를 갖는다(외환을 "FC"로 표시).

$$r_{FC}^* = \frac{1 + r_{FC}}{1 + r_\$}(1 + r_\$^*) - 1 \tag{23.6}$$

23.5 가치평가와 국제 과세

▶ 미국 기업들은 해외 또는 국내 세율 중 높은 세율을 적용하여 해외 프로젝트에 대한 세금을 낸다. 미국 기업들은 서로 다른 나라들에서 벌어들인 이익을 통합하거나 이익의 본국 송금을 연기함으로써 납세액을 줄일 수 있다.

23.6 국제적으로 분할된 자본시장

▶ 자본시장은 국제적으로 분할되어 있을 수 있다. 동일한 통화로 비교할 때, 한 국가 또는 통화가 다른 국가 또는 통화보다 더 높은 자본비용을 갖고 있으면 자본시장이 분할되어 있음을 시사한다.

23.7 환 위험과 자본예산

▶ 프로젝트가 서로 다른 통화로 표시되는 투입요소와 산출물을 갖고 있는 경우, 외화 표시 현금흐름이 현물환율 변동과 상관관계를 가질 수 있다. 이 경우 프로젝트의 가치를 정확하게 평가하기 위해서는 해외 현금흐름과 국내 현금흐름이 분리되어 가치평가 되어야 한다.

비판적 사고

1. 환율은 어떻게 사용되는가?
2. 재무관리자가 외환시장에 접근해야 하는 이유는 무엇인가?
3. 옵션과 선도계약을 통해 환 위험을 헤징하는 차이는 무엇인가?
4. 국제 자본시장이 통합되었다고 이야기 하는 것은 어떤 의미인가?
5. 국내 WACC 방법을 이용하여 외환 현금흐름의 가치평가를 하기 위해 필요한 가정은 무엇인가?

6. 미국 기업들의 해외 이익에 대한 과세는 어떻게 이루어지는가?
7. 국제적으로 자본시장이 분할되어 있다면, 이는 재무관리자가 가치평가 문제를 접근하는 방식에 어떤 변화를 주는가?
8. 환 위험은 가치평가 접근에 어떤 영향을 주는가?

연습문제

*는 난이도가 높은 문제임을 나타낸다.

외환

1. 당신은 $500가 들어 있는 지갑을 가지고 방금 영국에 도착했다. 환전창구에 멈추어서 파운드가 $1.95/£에 호가되고 있는 것을 알았다. 당신이 가지고 있는 $500를 얼마의 파운드로 바꿀 수 있는가?
2. 당신 회사는 프랑스 납품업자에게 €500,000를 지급해야 한다. 환율이 €0.65/$라면, 이 금액을 유로로 바꾸기 위해 필요한 달러 금액은 얼마인가?

환 위험

3. 당신의 신생회사는 폴란드의 제조회사에 데이터베이스 설치를 제공하는 계약을 협상했다. 이 회사는 데이터베이스가 설치되고 3개월 후에 $100,000의 대금을 지급하는데 동의했다. 하지만 이 회사는 폴란드 즐로티(Polish zloty; PLN)로 대금을 지급하겠다고 주장한다. 당신은 거래를 잃고 싶지 않지만(이 회사는 당신 회사의 첫 고객!), 환 위험이 걱정이 된다. 특히, 즐로티의 달러 대비 상대가치 하락이 걱정된다. 당신은 폴란드의 포티스 은행(Fortis Bank)에 사전에 즐로티 환율을 동결시킬 수 있는지를 문의하였다.
   a. 현재 현물환율이 2.3117 PLN/$, 3개월 선도환율이 2.2595 PLN/$라고 가정하자. 당신이 선도계약을 통해 환 위험을 헤지한다면, 3개월 후에 $100,000를 받으려면 이 회사와의 계약에서 얼마의 즐로티를 요구하여야 하는가?
   b. 문제 (a)의 은행 선도환율이 주어졌다면, 이 당시 폴란드의 단기 이자율이 미국의 단기 이자율보다 높은가 아니면 낮은가? 그 이유를 설명하시오.
4. 당신은 클로이스 프로덕츠(Choyce Products)의 냉동 수산물 제품 브로커다. 당신은 방금 벨기에 판매점과 계약을 했다. 계약 조건에 따르면, 당신은 1년 후에 4000 킬로그램의 냉동 킹그랩을 €100,000를 받고 배송해야 한다. 당신이 킹그랩을 조달하는 비용은 $110,000다. 모든 현금흐름은 정확히 1년 후에 발생한다.
   a. 이 계약으로부터 당신이 얻는 이익을 $0.75/€부터 $1.50/€ 사이의 범위를 갖는 1년 후 환율의 함수로 도표에 나타내시오. 이 선에 "헤지하지 않은 이익"이라는 라벨을 붙이시오.

b. 만약 1년 선도환율이 $1.25/€이고, 당신이 이 선도환율에 유로를 파는 선도계약을 체결했다고 가정하자. 문제 (a)의 그림에 킹크랩 계약과 선도계약으로부터 얻는 이익을 결합하여 1년의 환율의 함수로 도표로 나타내시오. 이 선에 "선도 헤지"라는 라벨을 붙이시오.

c. 당신이 선도계약 대신 옵션을 이용하는 것을 고려한다고 가정하자. 1.25/€의 행사가격에 유로를 매입하는 콜옵션 계약이 $0.10/€에 거래되고 있다. 그리고 1.25/€의 행사가격에 유로를 매도하는 풋옵션이 $0.10/€에 거래되고 있다. 당신이 얻는 이익의 위험을 헤지하기 위해 콜과 풋 중 어떤 옵션을 매입 또는 매도해야 하는가?

d. 문제 (a)와 (b)의 그림에서, 옵션을 이용한 모든 이익(킹크랩 계약, 옵션계약 및 옵션 가격을 결합한 이익)을 1년 후 환율의 함수로 도표에 나타내시오. 이 선에 "옵션 헤지"라는 라벨을 붙이시오. (주목: 옵션 가격에 대한 이자는 무시할 수 있다.)

e. 그 해 연말에 전쟁이 발발해서 미국 수산물 제품에 대한 유럽의 통상금지(embargo) 조치가 내려졌다고 가정하자. 이로 인해 당신의 거래가 취소되어 받기로 한 금액의 유로를 받지 못하고 킹크랩을 조달하는 비용이 발생하지 않았다. 하지만 당신은 선도계약 또는 옵션계약에 대한 이득 또는 손실을 여전히 가지고 있다. 새로운 그림에 선도 헤지 및 옵션 헤지와 관련된 이익을 도표로 나타내고 각 선에 "선도 헤지" 또는 "옵션 헤지"의 라벨을 붙이시오. 취소의 위험이 있을 때 어떤 유형의 헤지가 가장 적은 하향 위험(downside risk)을 갖는가? 그 이유를 간략히 설명하시오.

국제적으로 통합된 자본시장

5. 당신은 1년 후에 발생하는 €5 백만 현금흐름의 현재가치를 계산하고자 하는 미국 투자자다. 현물환율(S)은 $1.25/€이고, 선도환율(F1)은 $1.215/€이다. 당신은 이 현금흐름에 대한 적절한 달러 할인율이 4%, 적절한 유로 할인율이 7%라고 추정한다.
   a. 먼저 유로 현금흐름을 할인한 다음 이를 달러로 바꾸면, €5 백만의 현재가치는 얼마로 계산되는가?
   b. 먼저 현금흐름을 달러로 바꾼 다음 이를 할인하면 €5 백만의 현재가치는 얼마로 계산되는가?
   c. 문제 (a)와 (b)의 정답에 근거하면, 이 시장들이 국제적으로 통합되었는지에 대해 어떤 결론을 내릴 수 있는가?

6. 미국의 완구 제조회사인 미아 카루소 엔터프라이즈(Mia Caruso Enterprises)는 인도에서 판매를 하고 1년 후에 400 백만 루피(rupee)의 현금흐름이 유입될 것을 예상하고 있다(현재 인도의 통화는 루피다). 현물환율(S)은 $0.022/ rupee이고, 선도환율(F1)은 $0.021/ rupee라고 한다.

a. 루피 현금흐름을 10%의 적절한 루피 할인율로 할인한 다음 달러로 전환하면, 미아 카루소가 받게 될 400 백만 루피의 현재가치는 얼마로 계산되는가?
b. 루피 현금흐름을 먼저 달러 현금흐름로 바꾼 다음 이를 5%의 적절한 달러 할인율로 할인하면, 미아 카루소가 받게 될 400 백만 루피의 현재가치는 얼마로 계산되는가?
c. 문제 (a)와 (b)의 정답에 근거하면, 이 시장들이 국제적으로 통합되었는지에 대해 어떤 결론을 내릴 수 있는가?

외환 현금흐름의 가치평가

7. 미국 제조업자인 에데마디 아말가메이티드(Etemadi Amalgamated)는 포르투갈에 신규 프로젝트를 고려하고 있다. 당신은 에데마디의 재무부서에 근무하고 있고, 이 프로젝트의 수행 여부를 결정하는 책임을 맡고 있다. 유로 표시 기대 가용 현금흐름은 다음과 같다.

연도	0	1	2	3	4
가용현금흐름(€백만)	−15	9	10	11	12

당신은 현물환율(S)이 $1.15/€라는 것을 알고 있다. 한편, 달러 무위험 이자율은 4%, 유로 무위험 이자율은 6%라고 한다. 미국과 포르투갈 양국의 시장이 국제적으로 통합되었고, 프로젝트의 현금흐름이 환율의 불확실성과 상관관계를 갖지 않는다고 가정한다. 당신은 이 현금흐름에 대한 달러 WACC가 8.5%라고 결정했다. 이 프로젝트의 달러 현재가치는 얼마인가? 에데마디는 이 프로젝트를 수행해야 하는가?

8. 문제 7의 미국 제조회사인 에데마디 아말가메이티드는 아직도 포르투갈의 신규 프로젝트를 고려하고 있다. 현물환율이 26% 낮아진 것을 제외하면, 문제 7에서 제시된 모든 정보가 아직 정확하다. 신규 프로젝트의 현재가치는 달러로 얼마인가? 에데마디는 이 프로젝트를 수행해야 하는가?
9. 당신은 한 미국 회사에서 일하고 있다. 당신의 상사는 당신에게 유로를 사용하는 국가들에 대한 자본비용을 계산할 것을 요청했다. 당신은 현물환율(S)이 $1.20/€, 선도환율(F1)이 $1.157/€라는 것을 알고 있다. 당신 회사의 달러 WACC가 8%로 알려져 있다고 가정하자. 미국과 유로 사용 국가들의 자본시장이 국제적으로 통합되었다면, 현물환율과 상관관계를 갖지 않는 가용 현금흐름을 갖는 프로젝트에 대한 유로 자본비용을 추정하시오. 당신 회사는 이익이 어디에서 발생하는지에 관계없이 동일한 세율로 세금을 납부한다고 가정한다.
10. 미국의 조명기구 제조 회사인 메릴랜드 라이트(Maryland Light)는 일본에서의 투자를 고려하고 있다. 메릴랜드 라이트의 달러 자기자본 비용은 11%다. 당신은 이 회사의 경리부서에 근무하고 있고, 현물환율와 상관관계를 갖지 않는 가용 현금흐름을 갖는 프로젝트에 대한 엔

자기자본 비용을 알아내야 한다. 달러 무위험 이자율($r_\$$)은 5%, 엔 무위험 이자율($r_¥$)은 1%라고 한다. 메릴랜드 라이트는 미국과 일본의 자본시장이 국제적으로 통합되었다고 흔쾌히 가정한다. 엔 자기자본 비용은 얼마인가?

11. 미국의 리서치 회사인 힐리 컨설팅(Healy Consulting)에 대한 달러 타인자본 비용은 7.5%라고 한다. 이 회사는 이익이 어디에서 발생했는지에 관계없이 모든 이익에 대해 30%의 세율에 직면한다. 이 회사의 경영자는 엔 타인자본 비용을 알아야 한다. 그 이유는 이 회사가 일본에서 신규 투자를 하기 위해 동경에서 신규 채무 발행을 고려하고 있기 때문이다. 달러 무위험 이자율($r_\$$)은 5%, 엔 무위험 이자율($r_¥$)은 1%라고 한다. 힐리 컨설팅은 미국과 일본의 자본시장이 국제적으로 통합되었고, 가용 현금흐름이 엔-달러 현물환율과 상관관계를 갖지 않는다고 흔쾌히 가정한다. 힐리 컨설팅의 엔 세후 타인자본 비용은 얼마인가? (힌트: 먼저 달러 세후 타인자본 비용을 찾은 다음, 이에 상응하는 엔 세후 타인자본 비용을 찾는다.)

12. 미국의 식품 가공 및 판매 회사인 만제티 푸드스(Manzetti Foods)는 독일에서의 투자를 고려하고 있다 당신은 만제티 기업재무 부서에서 일하고 있고, 이 프로젝트의 수행 여부를 결정하는 책임을 맡고 있다. 유로 기대 가용 현금흐름은 다음과 같으며, 현물환율과 상관관계를 갖지 않는다.

연도	0	1	2	3	4
가용현금흐름(€백만)	−25	12	14	15	15

이 신규 프로젝트는 만제티의 다른 프로젝트와 동일한 달러 위험을 가지고 있다. 이 회사는 회사 전체의 달러 WACC가 9.5%라고 알고 있으며, 이 프로젝트에 대한 WACC로 회사 전체 WACC를 흔쾌히 이용하려고 한다. 달러 무위험 이자율은 4.5%, 유로 무위험 이자율은 7%라고 한다.

a. 만제티는 미국과 유럽연합이 국제적으로 통합되었다고 가정하고 있다. 이 회사의 유로 WACC는 얼마인가?

b. 이 프로젝트의 현재가치는 유로로 얼마인가?

가치평가와 국제 과세

13. 미국의 남성복 제조회사인 테일러 존슨(Tailor Johnson)은 에티오피아에 자회사를 가지고 있다. 올해 이 자회사는 이자세금차감전이익(EBIT)이 100 백만 에티오피아 비르(Ethiopian birr)라고 보고하고, 이를 본국 송금했다. 현재 현물환율이 8 birr/$ 혹은 S_1 = $0.125/birr라고 가정한다. 이 영업활동에 대한 에티오피아의 세율은 25%이다. 미국의 세법은 테일러 존슨으로 하여금 미국에서 창출한 이익과 동일한 세율(현재 45%)로 에티오피아 이익에 대한

세금을 납부하도록 요구하고 있다. 하지만 미국은 해외 납부 세금에 대해서 미국에서의 납세의무 금액(the amount of U.S. tax liability)까지 전액 세액공제를 해주고 있다. 테일러 존슨의 에티오피아 자회사에 대한 미국 납세액은 얼마인가?

*14. 테일러 존슨은 문제 13에서 기술된 바와 같이 에티오피아에 자회사를 둔 남성복 제조회사이다. 이 회사는 자회사에서 벌어들인 이익의 본국 송금을 늦춤으로써 감세혜택을 얻는 것을 고려하고 있다. 미국 세법 하에서는 자회사 이익이 본국으로 송금될 때까지 미국에서의 납세의무가 발생하지 않는다. 데일러 존슨은 본국 송금이 10년간 연기될 것을 예상한다. 이 시점에 비르 순이익이 당시 현물환율인 S10에 달러로 전환되고, 에티오피아 납부 세금에 대한 세액공제는 여전히 S_1 = \$0.125/birr의 환율에 전환된다. 테일러 존슨의 세후 타인자본 비용은 5%이다.

a. 만약 10년 후 환율이 올해 환율과 같다고 한다면, 테일러 존슨의 에티오피아 이익에 대한 미국에서의 납세를 10년간 연기하는 것의 현재가치는 얼마인가?

b. 10년 후 환율이 미국에서 실제 납세액에 어떤 영향을 미치는가? 미국에서 납세액을 10년 후 환율인 S_{10}의 함수로 나타내시오.

15. 미국의 무역회사인 페리퍼테틱 엔터프라이즈(Peripatetic Enterprises)는 국제 세금 상황을 고려하고 있다. 미국의 세법은 미국 기업들이 해외 이익에 대한 세금을 미국 내에서 벌어들인 이익과 동일한 세율(이 세율은 현재 45%)로 납부하도록 하고 있다. 하지만 해외에서 납부한 세금은 미국에서의 납세의무 금액(the amount of U.S. tax liability)까지 전액 세액공제 된다. 페리퍼테틱이 주로 영업하고 있는 폴란드와 스웨덴에서는 세율이 각각 20%와 60%이다. 이익은 전액 그리고 즉각적으로 본국 송금되며, 올해 해외 납세액은 아래와 같다.

	폴란드	스웨덴
이자세금차감전이익(EBIT)	\$80 백만	\$100 백만
현지 국가 납세액	\$16 백만	\$60 백만
이자차감전세금차감후이익	\$64 백만	\$40 백만

a. 스웨덴 자회사가 존재하지 않는다고 가정하면, 폴란드 자회사로부터 얻는 이익에 대한 미국 납세액은 얼마인가?

b. 폴란드 자회사가 존재하지 않는다고 가정하면, 스웨덴 자회사로부터 얻는 이익에 대한 미국 납세액은 얼마인가?

c. 미국 세법 하에서는 페리퍼테틱이 해외 이익에 대한 미국 납세액을 계산할 때 폴란드와 스웨덴 자회사로부터 얻는 이익을 통합할 수 있다. 총 EBIT는 \$180 백만이고 총 현재 납세액은 \$76 백만이다. 해외 이익에 대한 총 미국 납세액은 얼마인가? 이 정답은 문제 (a)

와 (b)에서의 정답과 어떻게 연계되는가?

국제적으로 분할된 자본시장

*16. 러시아 정부 국채에 대한 이자율이 7.5%, 루블에 대한 현재 환율이 R28/$이다. 만약 선도 환율이 R28.5/$이고 현재 미국 무위험 이자율이 4.5%라면, 러시아 국채에 대한 내재 신용 스프레드(implied credit spread)는 얼마인가?

환 위험과 자본예산

*17. 표 23.2의 원래 잇에시 예에서 모든 매출이 실제 미국에서 발생하고 4년동안 매년 $60 백만의 매출이 발생한다고 가정하자. 모든 비용이 동일하게 유지될 때 이 투자기회의 NPV를 계산하시오.

사례연구

당신은 아이비엠(IBM) 자본예산팀에서 선임 재무분석가로 일하고 있다. IBM은 긍정적인 사업환경과 미국과의 문화적인 동질성 때문에 호주에서의 사업확장을 고려하고 있다.

새로운 생산설비는 AUD 5 백만의 고정자산에 대한 초기 투자와 1-4년도 동안 매년 3%의 추가적인 자본투자를 필요로 한다. 모든 자본투자는 이 생산설비가 가동되는 동안 5년동안 정액법으로 감가상각 된다. 이 생산설비로부터의 첫 해 수익은 AUD 6 십억이고, 이후 수익이 매년 10%씩 증가할 것으로 기대된다. 매출원가는 수익의 40%이고 기타 영업비용은 수익의 12%다. 순운전자본 필요액은 매출의 11%이고, 실제 수익이 발생하기 직전 년도에 필요로 한다. 두 나라의 세율이 동일하고, 두 나라 자본시장이 국제적으로 통합되었으며, 프로젝트의 현금흐름 불확실성이 환율변동과 상관관계가 없음을 가정한다. 당신 팀의 팀장은 12%의 자본비용을 이용하여 프로젝트의 NPV를 달러로 결정할 것을 원한다.

1. 나스닥 웹사이트(www.nasdaq.com)에 간다.
   a. “Enter symbol(s)” 상자에 IBM의 주식 심별인 IBM을 입력하고 “Summary Quotes”를 클릭한다.
   b. 좌측 메뉴에서 “Income Statement”를 클릭한다. 손익계산서가 나타나면, 커서를 손익계산서 안에 두고 마우스 우측 버튼을 클릭한다. 메뉴가 나타나면 “마이크로 소프트 엑셀로 내보내기”를 선택한다. 만약 메뉴가 나타나지 않으면, 해당 정보를 직접 복사하여 엑셀 스프레드시트에 붙인다.
2. 블룸버그 웹사이트(www.bloomberg.com)에 가서 환율과 비교할 수 있는 호주 이자율을 언

는다.

a. "Market Data" 드롭다운(drop-down) 메뉴에서 "Currencies"를 클릭하고 그 다음에는 "Foreign Exchange Cross Rates"을 클릭한다. 환율 표를 복사하여 IBM 손익계산서가 있는 스프레드시트에 붙이다.

b. 웹사이트로 다시 돌아가 "Market Data" 메뉴에서 "Rates & Bonds"을 클릭한다. 그 다음에는 "Government Bonds"와 "Australia"를 차례로 클릭하여 호주 국채 수익률 표를 얻는다. 이 표를 복사하여 이전과 동일한 스프레드시트에 붙인다.

c. 웹사이트로 다시 돌아가 "Government Bonds"와 "U.S."를 차례로 클릭하여 미 재무부 채권 수익률 표를 얻는다. 이 표를 복사하여 이전과 동일한 스프레드시트에 붙인다.

3. 당신은 이미 블룸버그 웹사이트에서 미 재무부 채권 4년 수익률을 입수할 수 없음을 발견하였을지도 있다. 4년 수익률을 추정하기 위하여 3년 수익률과 5년 수익률의 평균을 계산한다.
4. 프로젝트의 기대 가용 현금흐름을 나타내기 위해 엑셀 스프레드시트에서 시간선을 갖는 새로운 워크시트를 만든다.

   a. IBM 연간 법인세의 4년 평균을 연간 세전이익으로 나눔으로써 이 회사의 세율을 계산한다.

   b. 프로젝트의 기대 가용 현금흐름을 결정한다.
5. 문제 4에서 계산된 기대 가용 현금흐름이 호주 달러로 표시된 점에 주목하기 바란다. 식 23.2를 이용하여 프로젝트가 진행되는 5년 동안 각 년도에 대해 선도환율을 결정하시오. 그 다음에는 이 선도환율을 이용하여 각 현금흐름을 미국 달러로 전환하시오.
6. 당신 팀의 팀장이 제시한 12%의 요구수익률을 이용하여 프로젝트의 NPV를 미국 달러로 계산하시오.

찾아보기

ㅅ

ㅊ

저자 소개

조나단 버크(Jonathan Berk)

스탠포드대학교 경영대학원 석좌교수(A.P. Giannini Professor of Finance)이며 전미경제연구소(National Bureau of Economic Research, NBER) 연구위원이다. 그는 스탠포드대학교 부임 전에 UC 버클리 하스 경영대학원의 석좌교수(Sylvan Coleman Professor of Finance)를 역임했다. 예일대학교에서 박사학위를 취득하기 전 골드만삭스에서 근무하였는데, 그의 재무 교육은 사실상 이때부터 시작하였다고 할 수 있다.

버크 교수의 재무에서 관심 연구 분야는 기업 가치평가, 자본구조, 뮤추얼펀드, 자산가격결정 이론, 실험경제학 및 노동 경제학이다. 그는 연구를 통해 TIAA-CREF 폴 사뮤엘슨 상, 스미스 브리든 상, Review of Financial Studies(RFS) 올해의 최우수 논문상, FAME 연구 상 등 많은 상을 수상했다. 그의 논문 "규모 관련 이례현상에 대한 비평(A Critique of Size-Related Anomalies)"은 RFS에 게재된 두 편의 최우수 논문 중 한 편으로 선정되었다. 그는 재무 실무에 대한 영향력을 인정받아, 번스타인-파보지/제이콥 레비 상, 그라함 앤 도드 우수상, 로저 에프 뮤레이 상을 수상한 바 있다. 그는 Journal of Finance 부편집인의 임기 두 번과 미국 재무학회 및 서부 재무학회의 이사, 재무관리학회의 학술 이사의 임기 한 번을 역임하였다. 그는 현재 재무관리학회의 팰로우이며, Journal of Portfolio Management의 자문위원을 맡고 있다.

남아프리카의 요하네스버그에서 태어난 버크 교수는 결혼하여 두 딸이 있으며, 스키와 자전거에 열렬한 취미를 가지고 있다.

피터 드마르조(Peter DeMarzo)

스탠포드대학교 경영대학원의 석좌교수(Mizuho Financial Group Professor of Finance)이며 NBER 연구위원이다. 그는 현재 기업재무 및 재무 모형화 등에 대한 MBA 및 Ph.D. 과목을 가르치고 있다. 그는 스탠포드대학교에 오기 전에 UC 버클리 하스 경영대학원 교수, 노스웨스턴 캘로그 경영대학원 교수, 후버 연구소의 연구위원을 역임한 바 있다.

드마르조 교수는 스탠포드에서 슬론 우수 강의 상, 버클리에서 얼 에프 쉐이트 우수 강의 상을 수상했다. 그는 American Finance Association 이사와 Review of Financial Studies(RFS), Financial Management, B.E. Journals in Economic Analysis and Policy의 부편집인을 역임했다. 그는 Western Finance Association(WFA)의 부회장, 회장을 역임했다. 그의 연구 분야는 시장 구조 및 규제, 기업 투자 및 자금조달, 자산 증권화 및 계약이다. 그의 최근 연구에서 다루고 있는 이슈는 계약 및 증권의 최적 설계, 레버리지 다이내믹, 은행 자본 규제의 역할, 정보 비대칭이 주가 및 기업 투자에 미치는 영향 등이다. 그는 WFA의 기업재무 상, RFS의 바클레이즈 글로벌 투자자/마이클 브레난 최우수 논문 상 등 연구와 관련하여 많은 상을 수상했다.

뉴욕주 화이트스톤에서 태어난 드마르조 교수는 결혼하여 세 명의 아들이 있으며, 가족과 함께 하이킹, 자전거 및 스키를 즐기는 취미를 가지고 있다.

제라드 하포드(Jarrad Harford)

와싱턴 대학교 석좌교수(Paul Pigott – PACCAR Professor of Finance)로 재직 중이다. 그는 와싱턴 대학교에 오기 전에 오리건 대학교 경영대학원 교수를 역임했다. 그는 로체스터 대학교에서 재무 박사 학위를 취득하였으며, 조직 및 시장을 부전공 했다. 그는 지난 19년간 비즈니스 재무와 같은 학부 필수 재무 과목과 기업 인수합병과 같은 선택 과목, 경영자 교육 과정의 "비재무 경영자를 위한 재무" 등의 과목을 가르쳐 왔다. 그는 워싱턴대학교 올해의 재무 교수 상(2010, 2012, 2016), 펜헬레닉/인터프레테니티 위원회 올해의 경영 교수 상(2011, 2013), ISMBA 우수 강의 상(2006), 웰스 파고 학부 우수 강의 상(2005) 등 강의와 관련하여 많은 상은 수상했다. 그는 현재 Journal of Financial and Quantitative Analysis 편집인과 Journal of Financial Economics, 및 Journal of Corporate Finance의 부편집인을 맡고 있다. 그의 주요 연구 분야는 기업 현금관리와 지배구조, 지급정책, 글로벌 세금 고려사항과의 상호작용, 합병의 다이내믹 등이다. 펜실베이니아 주에서 태어난 하포드 교수는 결혼하여 두 아들이 있으며, 가족들과 여행, 하이킹 및 스키를 즐긴다.

역자 소개

선정훈

건국대학교 경영대학 재무 전공 교수로 재직 중이다. 그는 고려대학교에서 경제학 학사와 석사를, 미국 펜실바니아주립대학교에서 재무경제학 전공으로 경제학 박사학위를 취득하였다. 주요 강의 및 연구 분야는 금융시장 및 금융기관론, 투자론, 국제재무관리 등이다. 건국대학교 부임 이전에는 한국은행 과장, 한국증권연구원(현 자본시장연구원) 연구위원을 역임했다. 건국대학교 부임 이후에는 한국은행 객원연구원, 금융감독원 자문위원, 감사원 자문위원, 공무원연금, 남북협력기금 및 대외협력기금 위원, 자본시장연구원 초빙위원, 한국재무학회 이사, 한국증권학회 이사 및 편집위원, 한국증권학회지 편집위원장 등으로 활동해왔다. 기본 재무관리(공저), 핵심 기업재무(공저), 현대사회와 지속가능 경영(공저) 등의 저서가 있으며 Journal of International Money and Finance, Asia-Pacific Journal of Financial Studies, 증권학회지, 재무연구, 금융연구 등 학술지널에 여러 편의 재무 분야 게재 논문이 있다.

고광수

부산대학교 경영대학 재무 전공 교수로 재직 중이다. 그는 연세대학교 경영학과를 졸업하고, 한국과학기술원(KAIST)에서 재무 및 투자론 전공으로 공학 박사학위를 취득하였다. 주요 강의 및 연구 분야는 투자론, 재무관리, 국제재무관리, 행동 재무론 및 뮤추얼 펀드 재무론 등이다. 부산대학교 부임 이전에는 한국투자신탁 조사역, 한국증권연구원(현 자본시장연구원) 선임연구위원 등을 역임했다. 한국증권학회, 재무학회 이사 및 편집위원을 역임하였다. 증권학회지, 재무연구, 금융연구 및 Journal of Banking & Finance, Emerging Markets Review, International Review of Economics & Finance 등에 재무 분야의 논문을 게재하였다.

변진호

이화여자대학교 경영대학 재무 전공 교수로 재직 중이다. 그는 연세대학교에서 경영학 학사와 석사를, 위스콘신대학교에서 재무학 석사를, 뉴욕주립대학교에서 재무학 박사학위를 취득하고, 한국증권연구원(현 자본시장연구원) 연구위원을 역임했다. 주요 강의 및 연구 분야는 투자론, 기업재무, 행태 재무학 등이며, 이화여자대학교 자금팀장, 국민연금 투자정책전문위원, 한국증권학회, 재무학회, 파생상품학회, FP학회의 이사 및 재무관리연구의 편집위원장으로 활동해 왔다. Journal of Finance, Asia-Pacific Journal of Financial Studies, Emerging Markets Finance and Trade, 증권학회지, 재무연구, 재무관리연구, 경영학연구 등 국내외 학술저널에 다수의 논문을 게재하였다.